ALLEMAGNE

Capitale : Berlin
Superficie : 357 021 km^2
Population : 82,31 millions d'hab.
Monnaie : euro
Langue officielle : Allemand

Collection sous la responsabilité d'Anne Teffo

Ont contribué à l'élaboration de ce guide :

Édition	Damienne Gallion
Rédaction	Serge Guillot, Anne-Claire Juramie, Philippe Longin, Marie Ruat, Philippe Vouillon, Jocelyn Bouraly, Aude Flicoteaux, Élise Pinsolle, François Zaninotto
Cartographie	Michèle Cana, Thierry Lemasson, Fabienne Renard, Thierry Rocher, Laurence Sénéchal, APEX Cartographie, DzMap Algérie, Alain Baldet, Pascale Bisson, Geneviève Corbic
Informations pratiques	Destatis
Conception graphique	Laurent Muller (couverture), Agence Rampazzo (maquette intérieure)
Relecture	Agnès Jeanjean
Régie publicitaire et partenariats	michelin-cartesetguides-btob@fr.michelin.com *Le contenu des pages de publicité insérées dans ce guide n'engage que la responsabilité des annonceurs.*
Remerciements	Office National Allemand du Tourisme à Paris
Contacts	Michelin Cartes et Guides Le Guide Vert 46, avenue de Breteuil 75324 Paris Cedex 07 ☏ 01 45 66 12 34 – Fax : 01 45 66 13 75 LeGuideVert@fr.michelin.com www.cartesetguides.michelin.fr www.ViaMichelin.com

Parution 2008

Le Guide Vert,

la culture en mouvement

Vous avez envie de bouger pendant vos vacances, le week-end ou simplement quelques heures pour changer d'air ? Le Guide Vert vous apporte des idées, des conseils et une connaissance récente, indispensable, de votre destination.

Tout d'abord, **sachez que tout change.** Toutes les informations pratiques du voyage évoluent rapidement : nouveaux hôtels et restaurants, nouveaux tarifs, nouveaux horaires d'ouverture... Le patrimoine aussi est en perpétuelle évolution, qu'il soit artistique, industriel ou artisanal... Des initiatives surgissent partout pour rénover, améliorer, surprendre, instruire, divertir. Même les lieux les plus connus innovent : nouveaux aménagements, nouvelles acquisitions ou animations, nouvelles découvertes enrichissent les circuits de visite.

Le Guide Vert **recense** et **présente ces changements** ; il réévalue en permanence le niveau d'intérêt de chaque curiosité afin de bien mesurer ce qui aujourd'hui vaut le voyage (distingué par ses fameuses 3 étoiles), mérite un détour (2 étoiles), est intéressant (1 étoile). Actualisation, sélection et appréciation sur le terrain sont les maîtres mots de la collection, afin que Le Guide Vert soit à chaque édition le reflet de la réalité touristique du moment.

Créé dès l'origine pour **faciliter et enrichir vos déplacements**, Le Guide Vert s'adresse encore aujourd'hui à tous ceux qui aiment connaître et comprendre ce qui fait l'identité d'une région. Simple, clair et facile à utiliser, il est aussi idéal pour voyager en famille. Le symbole signale tout ce qui est intéressant pour les enfants : zoos, parcs d'attractions, musées insolites, mais également animations pédagogiques pour découvrir les grands sites.

Ce guide vit pour vous et par vous. N'hésitez pas à nous faire part de vos remarques, suggestions ou découvertes ; elles viendront enrichir la prochaine édition de ce guide.

Anne Teffo
Responsable de la collection
Le Guide Vert Michelin

ORGANISER SON VOYAGE

QUAND ET OÙ PARTIR

À FAIRE AVANT DE PARTIR

ALLEMAGNE PRATIQUE

À FAIRE ET À VOIR

POUR PROLONGER LE VOYAGE

VILLES ET SITES

Dans les deux rabats de couverture, la **carte générale** intitulée « **Les plus beaux sites** » donne :

- **une vision synthétique** de tous les lieux traités ;
- **les sites étoilés** visibles en un coup d'œil ;
- **les circuits de découverte**, dessinés en vert, aux environs des destinations principales.

Dans la partie **« Découvrir les sites »** :

- les **destinations principales** sont classées par région ;
- les **destinations moins importantes** leurs sont rattachées sous les rubriques « Aux alentours » ou « Circuits de découverte » ;
- les informations pratiques sont regroupées dans les **carnets pratiques** sous un fond vert.

L'index permet de retrouver rapidement la description de chaque lieu.

SOMMAIRE

COMPRENDRE L'ALLEMAGNE

PAYSAGES ET RÉGIONS

HISTOIRE

ART ET ARCHITECTURE

CULTURE

L'ALLEMAGNE AUJOURD'HUI

DÉCOUVRIR LES SITES

BERLIN ET LE BRANDEBOURG

LA CÔTE BALTIQUE ET L'INTÉRIEUR DES TERRES

LE NORD-OUEST

L'OUEST

LE SUD-OUEST

MUNICH ET LE SUD DE LA BAVIÈRE

LE NORD DE LA BAVIÈRE

AU CŒUR DU PAYS

L'EST

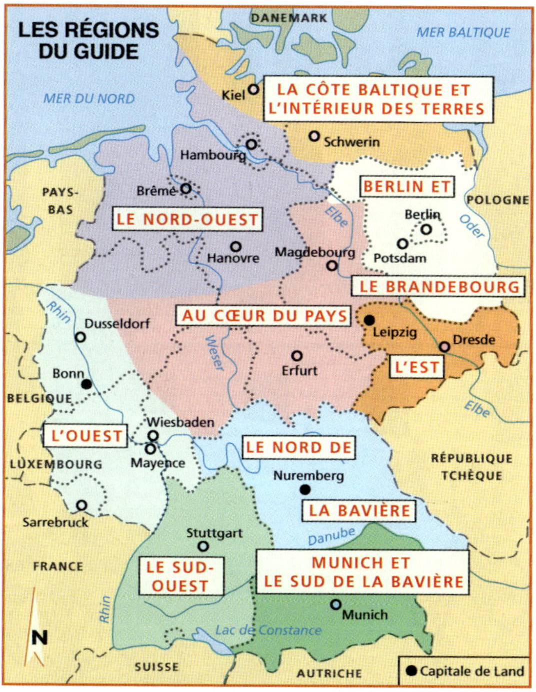

Devant le Reichstag à Berlin.

Sime / PHOTONONSTOP

ORGANISER SON VOYAGE

QUAND ET OÙ PARTIR

L'Allemagne au fil des saisons

Le temps, quelle que soit la saison, est susceptible de nombreuses variations en Allemagne, variations qui peuvent occasionner de bonnes comme de mauvaises surprises. La période la plus sûre pour partir est certainement celle qui s'étend de mai à octobre (vous aurez même sans doute chaud dans le Bade-Wurtemberg et en Bavière). Toutefois, l'automne et le printemps, alors que la fréquentation des sites touristiques est moindre, peuvent aussi constituer de bons moments pour découvrir le pays. Il est en tout cas prudent de prévoir des vêtements imperméables quel que soit le mois. N'oubliez pas, avant le départ, de vous renseigner sur les fêtes, foires et autres manifestations qui peuvent considérablement accroître la fréquentation de certaines villes et rendre difficile la recherche de chambres (voir le calendrier festif en fin de chapitre).

Nos propositions d'itinéraires

ENTRE BALTIQUE ET MER DU NORD

Circuit de 6 jours au départ de Hambourg

Ce circuit, à travers les Länder de Hambourg et du Schleswig-Holstein, vous invite à découvrir l'extrême nord de l'Allemagne, région au glorieux passé hanséatique. Deuxième ville du pays, située au fond de l'estuaire de l'Elbe, **Hambourg** est un port vibrant d'activités ; les quartiers centraux se prêtent à la promenade et les musées, particulièrement riches, raviront les amateurs d'art. De Hambourg à **Lübeck**, il y a à peine 70 km. Cette perle de l'Allemagne du nord est, depuis 1987, classée au patrimoine mondial de l'Unesco. Remarquablement conservée, elle abrite un ensemble exceptionnel de maisons et monuments des époques les plus variées. Avant-poste de Lübeck sur la Baltique, **Travemünde** est réputée pour sa plage de sable fin, sa vaste promenade sur le front de mer et son casino. Le voyage se poursuit vers le nord avec le port de **Kiel**, véritable porte de la Scandinavie, où respire une atmosphère à la fois joyeuse et mondaine. La route le long de la Baltique, en direction du nord-ouest, nous amène à **Schleswig**, étape idéale pour associer découverte et détente. En faisant route d'est en ouest, d'une mer à l'autre, on atteint rapidement l'**île de Sylt** et les **îles Frisonnes**. Sauvages, en lutte perpétuelle contre l'érosion marine, elles opposent à la mer du Nord leurs fragiles ondulations de sable. Enfin, la paisible ville côtière de **Husum** offre tous les attraits d'une station touristique moderne.

LA CÔTE DE LA BALTIQUE ET LES LACS DU MECKLEMBOURG

Circuit d'une semaine au départ de Neubrandenbourg

Voilà un itinéraire qui vous mettra au contact d'une Allemagne méconnue, à la fois sauvage et attachante. La ville de **Neubrandenbourg** surprend par ses imposants remparts médiévaux, miraculeusement épargnés par la Seconde Guerre mondiale. Le périple se poursuit, en direction de l'ouest, à travers les **lacs du Mecklembourg**. Cette région si bien préservée compte parmi les moins peuplées d'Allemagne. Riche en lacs et offrant de nombreuses possibilités d'activités, elle ravira tous ceux qui souhaitent s'adonner aux joies du tourisme nature. **Schwerin** est assurément une des villes les plus agréables de l'Allemagne du Nord. Cette cité de caractère séduit par son architecture raffinée et le charme majestueux de son château qui règne sur une île face à la vieille ville. Après Schwerin, notre itinéraire se prolonge vers le nord, pour épouser le littoral. **Wismar**, avec ses édifices en brique rouge, constitue une excellente introduction à la côte baltique. Le centre historique de la ville a été classé en 2002 au patrimoine de l'Unesco. Le long de la côte s'égrène un chapelet de villes intéressantes – **Bad Doberan**, **Rostock** et **Stralsund** – qui constitueront autant d'étapes avant l'**île de Rügen,** la plus grande d'Allemagne, qui cache de petites mers intérieures, de belles plages de sable et d'impressionnantes falaises calcaires. Elle est, au même titre que sa voisine **Usedom**, une destination très prisée des vacanciers auxquels elle propose d'agréables stations balnéaires, climatiques et de thalassothérapie. Enfin, on appréciera **Greifswald** pour son architecture très ancienne dans laquelle on discerne l'influence scandinave.

VILLES PORTUAIRES ET RICHES CITÉS DU NORD

Circuit de 5 jours au départ de Brême

Brême est une ville où règne une animation des plus plaisantes. Grand port et cité d'art, où s'épanouit le style Renaissance de la Weser, elle s'agrémente de nombreux parcs et d'une charmante promenade le long du fleuve. Après une étape à **Hambourg**, située 125 km au nord-est *(voir descriptif dans le circuit ci-dessus Entre Baltique et mer du Nord)*, nous vous invitons à découvrir **Lüneburg** qui a longtemps dû sa richesse au sel. La ville constitue la porte d'entrée des vastes étendues de la **lande de Lüneburg**. Ce milieu sauvage, que l'on s'efforce de préserver face à l'avancée croissante de l'agriculture, étale de pittoresques bosquets de bouleaux, de pins et de genévriers ; la floraison des bruyères (de mi-août à mi-septembre) est un moment d'une rare beauté. Située au sud de la Lande de Lüneburg, **Celle** a gardé le cachet d'une cité aristocratique : trésors de la ville ancienne, palais ducal magnifiquement restauré... Les passionnés de voiture ne manqueront pas la visite d'**Autostadt**, le vaste complexe automobile aménagé par Volkswagen, à une soixantaine de kilomètres de Celle. On s'attardera ensuite volontiers dans la belle cité de **Wölfenbuttel** qui possède un ensemble exceptionnel de maisons Renaissance. Plus à l'ouest, **Hildesheim** est la dernière étape avant **Hanovre** dont vous apprécierez les plans d'eau, et les célèbres jardins de Herrenhausen qui sont situés en pleine ville.

BERLIN ET LE BRANDEBOURG

Circuit de 6 jours au départ de Berlin

Ville bouillonnante, **Berlin** séduit par les fastes de sa vie culturelle comme de sa vie nocturne. Cette étonnante métropole, l'une des plus étendues et les plus vertes du Vieux Continent, vit aujourd'hui un nouvel âge d'or. Marquée par la personnalité de Frédéric le Grand qui y attira une cour brillante et cosmopolite, **Potsdam** (38 km seulement au sud-ouest de Berlin) est un authentique « joyau du rococo » qui ne laisse personne indifférent. Remontez ensuite vers le nord pour visiter le **château de Rheinsberg**, autre demeure de Frédéric II le Grand, et pour découvrir la pittoresque région des **lacs du Mecklembourg.** Après la visite de **Neubrandenburg** *(voir circuit La côte de la Baltique et les lacs du Mecklembourg)*, retour vers le sud en passant par l'**abbaye de Chorin** qui témoigne de l'architecture en brique du nord du pays.

À TRAVERS LE LAND DE SAXE

Circuit d'une semaine au départ de Dresde

La Saxe fait partie des régions qui ont joué un rôle historique clé en Allemagne. Ville d'art et de culture, **Dresde** attire un nombre sans cesse croissant de visiteurs. Un long travail de reconstruction, qui dure encore aujourd'hui, lui a rendu ses joyaux baroques et lui a ainsi permis de redevenir la « Florence de l'Elbe » qu'elle était autrefois. Au sud de Dresde s'étend la **Suisse saxonne** ; cette région, avec ses impressionnantes parois de grès en forme de tables et ses longues gorges taillées dans la roche, constitue un des sites naturels les plus spectaculaires d'Allemagne. Les villes de **Görlitz** et **Bautzen** vous donneront l'occasion de faire étape au pays des Sorabes. Cette minorité ethnique d'Allemagne, qui occupe la région de la Lusace, à cheval sur les Länder de Saxe et du Brandebourg, a longtemps fait partie du royaume de Bohême. Outre sa langue, toujours pratiquée, elle a conservé vivantes de nombreuses traditions, telles que la décoration des œufs de Pâques, le port du costume sorabe et des grandes coiffes brodées. Un crochet par le nord vous conduira à **Branitz**. Passionné de jardins, le prince Hermann von Pückler-Muskau y aménagea un château ainsi qu'un remarquable parc. En reprenant la direction de Dresde, vous vous arrêterez au château de **Moritzburg** et à **Meissen**, réputée pour ses porcelaines. Plus au sud, en se rapprochant de la frontière tchèque, **Annaberg-Bucholz** livre, avec

Dresde.

l'église Ste-Anne un des exemples les plus accomplis du gothique flamboyant de Saxe.

VILLES DE CULTURE ET MASSIF DU HARZ

Circuit d'une semaine au départ de Leipzig

Ce parcours vous plonge dans une Allemagne historique où s'épanouirent, au 18e s. notamment, les lettres et la musique. **Leipzig** est une ville d'art qui peut s'enorgueillir d'un héritage musical exceptionnel ; Bach, Wagner et Mendelssohn y ont jadis résidé et elle occupe aujourd'hui encore une place de tout premier plan sur la scène musicale allemande. À une soixantaine de kilomètres au sud, **Naumburg** est établie dans un paysage de coteaux où s'enchevêtrent vignes et forêts. La ville doit notamment sa renommée à son exceptionnelle cathédrale qui marie roman et gothique. Les noms de **Weimar**, **Iéna**, **Erfurt** et **Eisenach** sont riches de résonances dans la culture et la conscience allemandes ; y sont associées, entre autres, des personnalités comme Luther, Goethe et Schiller.

Offrant une diversion agréable au « pèlerinage culturel », la **forêt de Thuringe** et le **massif du Harz**, plus au nord, font découvrir la « verte Allemagne ». Le Harz, vaste plateau parsemé de lacs, de marais et de profondes vallées, est comme une île posée sur la plaine. Les possibilités d'activités sont nombreuses : amateurs de randonnée à pied ou à cheval, VTT, sports nautiques, escalade et autres sports trouveront là le terrain idéal pour s'adonner à leur passion.

VALLÉES DU RHIN ET DE LA MOSELLE

Circuit de 5 jours au départ de Cologne

Non loin des frontières belge et luxembourgeoise, ce parcours longe deux des grands fleuves allemands et croise quelques hauts lieux de l'identité et de l'histoire du pays dont la mythique Lorelei ou le *Deutsches Eck* (coin allemand), confluence du Rhin et de la Moselle au cœur de Coblence. Ville de départ du circuit, **Cologne**, avec ses deux flèches noires tendues vers le ciel, sa multitude d'églises, ses petites maisons colorées, ses nombreux musées, ses lieux de foire et d'exposition, regorge de richesses. À 100 km au sud, Coblence est une étape idéale pour partir à la découverte des **vallées du Rhin et de la Moselle**. Ces

D. Scherf / Michelin

La vallée du Rhin.

deux périples (respectivement jusqu'à **Rüdesheim** et **Trèves,** considérée comme la plus vieille ville d'Allemagne) sont émaillés de villages pittoresques, de châteaux et de vignobles. Croisières ou pratiques d'activités, comme la randonnée et le vélo, pourront, selon vos envies, agrémenter votre séjour. Au sud-est de Coblence, **Mayence** est dotée d'un centre historique qui regorge de petites ruelles aux maisons anciennes abritant parfois des artisans. On n'omettra pas, en remontant vers **Aix-la-Chapelle**, au nord-ouest, de marquer un arrêt à **Monschau**. Cette ravissante bourgade, qui porta le nom de Montjoie jusqu'en 1919, est nichée au fond d'une gorge sinueuse de la Rur.

NUREMBERG ET FRANCONIE

Circuit d'une semaine au départ de Nuremberg

Cet itinéraire propose une découverte des sites éternels du nord de la Bavière. Il s'ouvre avec **Nuremberg**, ville traditionnelle des fondeurs de bronze et des batteurs d'or, qui fut l'une des plus belles cités médiévales d'Allemagne. Au gré de vallées fluviales ou de collines fertiles, l'itinéraire de la **Route romantique** fait revivre à chacune de ses étapes des aspects du passé qui n'appartiennent qu'à l'histoire allemande : tour à tour sont évoquées les grandes heures des vieilles cités médiévales (**Nördlingen, Dinkelsbühl, Rothenbourg**). À **Wurtzbourg**, les vestiges de la grandeur due, au milieu du 17e s., à trois princes-évêques de la famille de Schönborn se retrouvent dans les églises baroques de la cité et le splendide palais de la Résidence.

Après **Bamberg**, ville à laquelle, selon les résultats d'un sondage, les Allemands se sentent le plus intimement liés, notre parcours bavarois vient flirter avec la région de Thüringe et passe par **Cobourg** non sans recommander une étape à l'**église des Quatorze Saints**.

Ce sanctuaire de pèlerinage est une merveille du baroque qui surprendra même les moins convaincus par ce style. Son ordonnance intérieure révèle la hardiesse de l'architecte Balthasar Neumann, et la décoration captive les yeux par sa richesse. Pour finir, la visite de **Bayreuth** comblera aussi bien les amateurs de musique wagnérienne que les admirateurs du style rococo.

DE LA FORÊT-NOIRE À STUTTGART

Circuit de 5 jours au départ de Fribourg

Dans le sud-ouest de l'Allemagne se concentre une étonnante série de sites offrant un attrait touristique remarquable. Difficile de rester insensible à la douceur de vivre qui caractérise **Fribourg**, vieille ville universitaire dont les ruelles pavées sont une invitation à la promenade. La **Forêt-Noire** dans son ensemble est un lieu de légendes. On y trouve une diversité de paysages surprenante dans une région si peu étendue. Si l'on ajoute des villages pittoresques, la passion des « coucous », la possibilité de faire des randonnées en été et du ski en hiver, on comprend que ce massif montagneux soit devenu l'une des grandes destinations touristiques de l'Allemagne.

À travers des villes comme **Baden-Baden**, élégante station thermale qui attire en toute saison une clientèle fortunée, ou **Karlsruhe**, on remontera jusqu'à **Bruchsal**. La ville a hérité d'un fastueux château du 18e s. qui abrite un musée ludique et original entièrement consacré aux instruments de musique mécaniques. À quelques kilomètres au sud-est de Bruchsal, l'abbaye de **Maulbronn**, construite en 1147, fait partie des premières fondations cisterciennes d'Allemagne.

Stuttgart, dont le centre-ville est métamorphosé, propose une offre culturelle et des musées d'art et d'automobiles passionnants. La route vers le sud mène à **Tübingen** où un dédale de ruelles en pente, bordées d'anciennes maisons à colombages, se conjugue à l'animation étudiante pour composer une atmosphère de détente et de bien-être à l'abri de la cohue des touristes.

AU FIL DU DANUBE

Circuit de 6 jours au départ de Donaueschingen

Deuxième plus long fleuve d'Europe (2 850 km), le Danube parcourt 687 km en territoire allemand, de sa source en **Forêt-Noire** à la frontière autrichienne. Tout commence dans une fontaine aménagée comme un temple, au parc du château de **Donaueschingen**, agréable cité Art Nouveau. Dans la vallée du Danube supérieur, les eaux ont creusé de profonds méandres à travers le **Jura Souabe**. La route suit le fleuve au pied des forteresses de **Wildenstein** et Werenwag, de falaises et d'aiguilles rocheuses jusqu'à **Sigmaringen** où l'on ne manquera pas le château des Hohenzollern.

Le Danube reprend ensuite un cours plus tranquille en direction d'Ulm. Sur le parcours, une escapade vers l'église baroque de **Zwiefalten** est conseillée. À **Ulm**, la cathédrale domine de son clocher, le plus haut du monde, l'ancien quartier des pêcheurs et les sculptures contemporaines qui bordent les rives du Danube. Suivent de vastes landes aux environs d'Ingolstadt avant que le fleuve ne devienne majestueux en franchissant les spectaculaires **gorges du Danube** (*Donaudurchbruch*). Embarquer à bord d'un bateau reste le meilleur moyen de découvrir ce tronçon du fleuve.

En accostant au monastère bénédictin de **Weltenburg**, vous visiterez la plus ancienne brasserie d'abbaye du monde et l'un des plus beaux *Biergarten* de Bavière. Vingt kilomètres en aval, la vieille ville de **Ratisbonne** et son pont de pierre, classée au patrimoine mondial de l'Unesco, nous plonge dans l'atmosphère du Moyen Âge. Il ne reste plus alors qu'à rejoindre la paisible **Passau**, ville aux trois rivières, au confluent de l'Ilz, de l'Inn et du Danube qui prend ici la teinte verte des eaux de l'Inn. Des bateaux proposent des excursions à la journée ou même des croisières fluviales jusqu'à la mer Noire…

ROUTES HISTORIQUES

En plus de la Route romantique ou de la route allemande des Alpes, il existe une multitude d'itinéraires à thèmes pour sillonner l'Allemagne d'une manière originale. En voici plusieurs, parmi les plus célèbres :

La route des « Allées », de Sellin sur l'île de Rügen à Goslar (Basse-Saxe) puis jusqu'au lac de Constance (2 500 km) sur des routes bordées d'arbres centenaires.

La route du Baroque en Haute-Souabe (Oberschwäbische Barockstraße), d'Ulm au lac de Constance.

La route allemande des Jouets, en Franconie et Thuringe, à partir de Nuremberg. Musées et parcs d'attractions.

La route du Verre, en Forêt bavaroise et Haut-Palatinat, de Neustadt an der Waldnaab à Passau.

La route saxonne de l'Argent (sur le thème des mines d'argent et de l'artisanat local), en Saxe, de Zwickau à Dresde.

La route des Châteaux (Burgenstraße), de Mannheim à Prague en passant par Bayreuth, sur 975 km.

La route allemande des Colombages (Deutsche Fachwerk Straße) : 6 itinéraires en Basse-Saxe et en Hesse.

La Route romane (Die Straße der Romanik), circuit à partir de Magdebourg.

L'ancienne route du Sel (Alte Salzstraße), de Lüneburg à Lübeck (à l'est de Hambourg).

La route allemande du Vin (Deutsche Weinstraße), de Bockenheim/Palatinat à Wissembourg/Alsace.

La route badoise du Vin (Badische Weinstraße), de Baden-Baden à Lörrach.

COMMUNE DE REILINGEN

Sur la route badoise du Vin.

La route du vin de Franconie (Bocksbeutelstraße) : 5 itinéraires différents au départ de Wurtzbourg.

Nos conseils de lieux de séjour

Lacs, mers, montagnes… L'offre touristique et la diversité des paysages de l'Allemagne est beaucoup plus riche qu'il n'y paraît. Du sud au nord du pays, voici plusieurs idées de lieux de séjour.

LAC DE CONSTANCE

Entre Alpes et Jura, cette « mer Souabe » étonne par la douceur de son climat, idéal pour un séjour de détente, de baignade et de sports nautiques dès le printemps. **Mainau**, l'île aux fleurs, avec ses palmiers et ses orangers, prend même des allures tropicales en été. Pour profiter au mieux du lac, il faut alterner trajets en bateau et balades cyclistes sur les rives. On atteint facilement l'île de **Reichenau**, dont le monastère bénédictin fut l'un des berceaux de la culture en Occident, ou l'étonnant village lacustre d'**Unteruhldingen**. À la pointe est, **Lindau im Bodensee**, île et cité, expose ses joyaux d'architecture Renaissance, gothique et baroque, et dévoile une riche gastronomie régionale faite de poissons et de vins nés sur les rives du lac.

LE PAYS DE BERCHTESGADEN

Cette station climatique de Haute-Bavière et les villages voisins constituent un endroit rêvé pour se refaire une santé. Au « menu », pureté de l'air, climat montagnard et soins thermaux à base d'eau salée. Le territoire protégé du Parc national offre de vastes forêts, de verts alpages, un plateau karstique unique et des panoramas facilement accessibles en téléphérique. Si les montagnes sont surtout connues des étrangers pour avoir abrité le fameux « nid d'aigle » d'Adolf Hitler, toujours très visité, la diversité des sites touristiques dans cet ancien petit État religieux est vraiment surprenante, qu'il s'agisse de l'église de pèlerinage de Saint-Bartholomä bâtie au bord d'un lac, du **Konigsee**, pareil à un fjord, de la saline historique ou du château royal, résidence d'été des Wittelsbach.

LA CÔTE BALTIQUE

Cette région du Nord de l'Allemagne qui s'étend du Danemark à la baie de Poméranie, à la frontière polonaise, offre un dépaysement total : interminables plages de sable fin, lumineuses falaises de craie blanche et fjords profonds. Les amateurs d'architecture pourront visiter des villes de la Hanse, comme **Rostock** dont les bâtiments gothiques en brique témoignent de la richesse des marchands du Moyen Âge.

Les stations balnéaires construites à partir de la fin du 19e siècle exposent de riches villas et des établissements de cure comme à **Binz**, sur l'idyllique **île de Rügen**. Les amoureux de la mer trouveront ici les meilleurs sites pour pratiquer leurs sports favoris. Sur les plages et dans les villages côtiers animés par les marchés aux poissons et les restaurants de fruits de mer, les as du cerf-volant, pêcheurs et collectionneurs d'ambre ou de coquillages seront dans leur univers.

Nos idées de week-end

Avec les nouvelles liaisons TGV et les offres de compagnies aériennes *low-cost*, aller passer un week-end outre-Rhin devient de plus en plus facile.

HAMBOURG

Quand on prend le temps de la visiter, la deuxième plus grande métropole d'Allemagne possède un charme indéniable. Son port commercial ouvert aux visites guidées en bateau est un labyrinthe de quais et de canaux, de bassins et de ponts. Une véritable ville dans la ville, ouverte sur le monde avec son trafic incessant de conteneurs.

Parmi les incontournables, le quartier de Speicherstadt et ses entrepôts centenaires qui affichent leurs élégantes façades de briques surmontées de tourelle, ainsi que la cité portuaire de Hafen City qui représente actuellement le plus grand projet de développement urbain en Europe. Sur les rives de l'Elbe ou de l'Alster, les espaces verts invitent à la flânerie. Et si vous venez en mai, ne manquez pas la plus grande fête portuaire du monde, rendez-vous des plus majestueux voiliers de la planète.

COLOGNE

« Pourquoi est-on si bien sur les rives du Rhin ? », demande une chanson populaire allemande… Il faut venir à Cologne sur la place de Tanzbrunnen, esplanade qui offre une vue panoramique sur la ville rhénane, pour trouver la réponse. Mais aussi boire une Kölsch, la bière locale, à la terrasse d'une brasserie au bord du fleuve, flâner dans les ruelles de la vieille ville dominée par les deux flèches de l'incontournable cathédrale, emblème de la ville et du pays, ou encore partir naviguer sur le Rhin… Cologne est également une métropole artistique dotée de plus d'une centaine de galeries, du musée Ludwig connu pour sa collection d'art américain et d'une foire renommée, Art Cologne. Autre événement marquant, le carnaval et les cinq « journées folles » qui précèdent le mercredi des Cendres. Cologne et ses habitants vous surprendront par leur vitalité et leur joie de vivre.

MUNICH

Aux yeux des Français, la capitale de la Bavière ne bénéficie pas d'une image aussi favorable que celle de Berlin. Et pourtant… Cette métropole qui a vue sur les Alpes depuis les tours de son impressionnante cathédrale gothique, la Frauenkirche, vibre toute l'année, et pas seulement durant la Fête de la bière. Munich mêle avec réussite modernité et savoir-vivre. Aller prendre un casse-croûte entre amis dans l'un des vastes *Biergarten* (littéralement « jardin de bière ») est l'un des rituels de l'été à ne pas manquer. L'architecture de ce « village d'un million d'habitants » en partie dessiné par les rois de Bavière est passionnante à découvrir, d'autant que la ville connaît ces dernières années un renouveau marquant sur le plan urbain. Point d'orgue d'une escapade culturelle à Munich : les Pinacothèques. Attention, un week-end vous laissera tout juste le temps de découvrir l'une de ces collections d'art qui figurent parmi les plus importantes au monde…

BERLIN

Marcher au cœur de l'histoire de l'Allemagne et de l'Europe dans une ville en permanent devenir… Telle est l'une des nombreuses impressions que laisse Berlin à celui ou celle qui la découvre. On franchira la porte de Brandebourg, symbole de la réunification ; on montera dans la coupole du Reichstag signée par l'architecte sir Norman Foster pour un coup d'œil sur la cité la plus palpitante d'Europe ; on se promènera dans les nouveaux quartiers de la capitale allemande qui mêlent architecture moderne, shopping, divertissement et business. Quant à l'offre des musées et des expositions de Berlin, elle est inépuisable : le Kulturforum et l'île des Musées, classée au patrimoine mondial de l'Unesco, en constituent les deux principaux pôles. Berlin rend « dépendant », disent ceux qui y ont goûté. Enfin, la vie nocturne berlinoise est légendaire. Autrement dit, si vous n'y allez qu'un week-end, il y a de grandes chances pour que vous y retourniez très vite.

O. Forir / MICHELIN

Dans le quartier Moabit, à Berlin.

Escapades à la frontière

Les voisins de l'Allemagne sont Suisses, Autrichiens, Tchèques, Polonais, Danois, Hollandais, Belges, Luxembourgeois et... Français. En voilà des cousins européens à visiter !

EN SUISSE

L'Allemagne et la Suisse se partagent le lac de Constance et la ville de Constance est même étonnamment située sur la rive helvétique. Il sera donc facile de visiter St-Gallen dont la bibliothèque abbatiale et la cathédrale baroque sont des trésors d'architecture. En gagnant Schaffhausen, on peut rejoindre par bateau le bourg médiéval de Stein am Rhein et flirter avec les bouillonnantes chutes du Rhin, les plus puissantes d'Europe. Si vous arpentez le sud de la Forêt-Noire, ne manquez pas de vous rendre à Bâle, une ville en pleine ébullition culturelle qui compte pas moins de 33 musées.

EN AUTRICHE

Tout séjour en Bavière, quelle que soit la région, incite à franchir la frontière et à découvrir une ville autrichienne parfois très liée avec sa voisine. Songez qu'il faut trente minutes pour rejoindre Salzbourg depuis Berchtesgaden ! Idem pour Innsbruck ou le Vorarlberg, paradis de la randonnée alpine, tout proche de Garmisch-Partenkirchen et du lac de Constance. La cité de Lindau, d'ailleurs, sur les rives du lac, touche celle de Bregenz, mondialement connue pour son festival de musique, de théâtre et d'opéra durant l'été. Enfin, à Passau, c'est en bateau sur le Danube qu'on filera vers Linz, capitale de l'État de Haute-Autriche.

Winsquer / BREGENZER FESTSPIELE

Le festival de Bregenz et sa scène flottante.

EN RÉPUBLIQUE TCHÈQUE

Si vous êtes de passage dans l'Est de l'Allemagne et tout particulièrement à Dresde, il serait dommage de ne pas en profiter pour visiter Prague (150 km environ entre les deux villes). L'idéal est de pouvoir rester deux jours au moins dans la capitale tchèque : le célèbre Pont Charles, la Vieille Ville, le quartier juif Josefov, Malá-Strana (le quartier historique de la capitale tchèque le mieux conservé), et enfin le Château de Prague : autant de visites qui rempliront très vite votre séjour !

À FAIRE AVANT DE PARTIR

Où s'informer ?

Voici quelques adresses pour organiser son voyage et rassembler la documentation nécessaire.

OFFICES DE TOURISME

Pour se renseigner de manière efficace, le mieux est de s'adresser en premier lieu aux représentations de l'**Office national allemand du tourisme (ONAT)**.

Le site Internet de l'office du tourisme est très complet et permet notamment de télécharger ou de commander des brochures (*Allemagne, tout un monde* avec un supplément *Art et culture, À la découverte des musées, Escapades loisirs et culture, Destinations bien-être, L'Allemagne à prix malins).*

ONAT en France – 21 r. Leblanc, Le Ponant II - 75015 Paris - ☏ 01 40 20 01 88 - www.allemagne-tourisme.com

ONAT en Belgique – Gulledelle 92 Val d'Or - 1200 Bruxelles - ☏ 02 245 97 00.

Deutsche Zentrale für Tourismus (DZT) en Suisse – Talstraße 62 - CH-8001 Zurich - ☏ (01) 213 22 00.

German National Tourist Office au Canada – 480 University Av., suite 1 500 - Toronto - Ontario M5G1V2 - ☏ (001) 416 968 1685.

CENTRES CULTURELS

Institut Goethe – 17 av. d'Iéna - 75016 Paris - ☏ 01 44 43 92 30 - www.goethe.de

L'institut Goethe est installé aussi à Bordeaux, Lille, Lyon, Nancy, Strasbourg et Toulouse.

Maison Heinrich-Heine – 27 C boulevard Jourdan - 75014 Paris - ☏ 01 44 16 13 00 - www.maison-heinrich-heine.org

Institut historique allemand – 8 r. du Parc-Royal - 75003 Paris - ☏ 01 44 54 23 80 - www.dhi-paris.fr

Fédération des maison franco-allemandes – 4 r. des Trésoriers-de-la Bourse - BP 2077 - 34025 Montpellier Cedex 1 - ☏ 04 67 60 48 11.

Cette fédération regroupe plusieurs structures : Maison de Heidelberg à Montpellier, Maison de Rhénanie-Palatinat à Dijon, Centre Culturel Franco-Allemand de Nantes, Maison de Tübingen et Centre Franco-Allemand à Aix-en-Provence, Maison de l'Allemagne à Brest, Centre Franco-Allemand de Rennes.

AMBASSADES

En France

Ambassade de la République fédérale d'Allemagne – 13-15 av. Franklin-Roosevelt - 75008 Paris - ☏ 01 53 83 45 00 - www.amb-allemagne.fr

Consulat de la République fédérale d'Allemagne – 28 r. Marbeau - 75016 Paris - ☏ 01 53 83 45 00.

Pour des informations sur la politique du gouvernement allemand concernant l'Allemagne, l'Europe et les relations franco-allemandes, il est possible de s'adresser au **Centre d'information de l'Ambassade d'Allemagne (CIDAL)** - 24 r. Marbeau - 75016 Paris - ☏ 01 44 17 31 31.

Consulat de Lyon – 33 bd des Belges - 69458 Lyon Cedex 06 - ☏ 04 72 69 98 98.

Consulat de Bordeaux – 377 bd du Pdt-Wilson - 33000 Bordeaux - Caudéran - ☏ 05 56 17 12 22.

Consulat de Marseille – 338 av. du Prado - 13295 Marseille Cedex 08 - ☏ 04 91 16 75 20.

Consulat de Strasbourg – 15 r. des Francs-Bourgeois - 67081 Strasbourg Cedex - ☏ 03 88 15 03 40.

SITES INTERNET

www.deutschland.de – Le portail de la République fédérale d'Allemagne propose des accès vers tous les domaines de la société en six langues.

www.amb-allemagne.fr – Le site de l'ambassade d'Allemagne à Paris renseigne sur l'actualité, les relations franco-allemandes et tous les programmes d'échanges scolaires. Accès aux infos du CIDAL.

www.tatsachen-ueber-deutschland.de – Tous les faits et chiffres relatifs à l'Allemagne (disponible en version papier auprès du CIDAL).

www.allemagne-tourisme.com – Le site de la Centrale allemande du tourisme (DZT) donne une bonne vue d'ensemble sur ce pays de vacances qu'est l'Allemagne.

www.dw-world.de – La Deutsche Welle (DW), la radio-télévision allemande destinée à l'étranger, diffuse de nombreuses informations rédigées par des journalistes et des cours de langues.

www.magazine-deutschland.de – Version online du magazine *Deutschland*, publié en 11 langues, et qui se présente comme « la revue des décideurs à l'étranger ». Dossiers politiques, culturels et économiques.

AGENCES DE VOYAGE

DB France – ✆ 01 44 58 95 50 ou 01 44 58 95 50 40 - www.dbfrance.fr. La filiale française de la compagnie ferroviaire Deutsche Bahn est un tour-opérateur spécialisé pour l'Allemagne. Il propose des forfaits train ou avion + hôtels, des villages de vacances, des voyages à la carte. Réservation uniquement par téléphone, fax ou Internet.

Plusieurs voyagistes programment l'Allemagne dans leurs brochures, en particulier pour des formules week-end à la découverte des grandes villes, des croisières fluviales, un séjour lors d'une exposition, d'un festival ou d'une fête populaire. Parmi les agences :

Arts et vie – ✆ 01 40 43 20 21 - www.artsetvie.com

Clio – ✆ 0 826 10 10 82 - www.clio.fr

Croisieurope – ✆ 0 825 33 37 77 - www.croisieurope.com

Euridice Opéra – ✆ 04 42 91 33 91 - www.euridice-opera.fr

Europatours / Schmitttours – ✆ 03 88 85 10 11

www.europatours-schmittours.fr

Grand Angle / Voyages et randonnées – ✆ 04 76 95 23 00

www.grandangle.fr

Formalités

DOCUMENTS IMPORTANTS

Pour un voyage de moins de trois mois, il suffit aux citoyens de l'Union européenne d'être en possession d'une carte d'identité en cours de validité ou d'un passeport (éventuellement périmé depuis moins de cinq ans). Les enfants, même très jeunes, doivent disposer d'une carte d'identité (la photo n'étant pas obligatoire jusqu'à l'âge de 10 ans) ou figurer sur le passeport des parents.

Pour conduire en Allemagne, il vous faudra un permis de conduire à trois volets ou permis de conduire international. Outre les papiers du véhicule, il est recommandé de se munir d'une carte internationale d'assurance automobile, dite **« carte verte »**. Se renseigner auprès de sa propre compagnie d'assurances.

DOUANES

Depuis le 1er janvier 1993, le voyageur ressortissant d'un pays membre de

O. Forir / MICHELIN

Enseigne de magasin à Rottweil.

l'Union européenne peut acheter des biens sans limites de quantité et de valeur s'ils sont destinés à son usage et à sa consommation personnels. À titre indicatif : 800 cigarettes et 90 litres de vin…

ANIMAUX DE COMPAGNIE

Pour les chiens et les chats, un carnet de vaccination européen comportant la vaccination antirabique ainsi que le tatouage ou le port d'une puce électronique sont obligatoires. La vaccination doit avoir été effectuée depuis plus d'un mois et moins d'un an avant le passage de la frontière.

ASSURANCES SANTÉ

Pour une prise en charge de vos soins médicaux lors de votre séjour, on vous demandera votre carte européenne d'assurance maladie. Elle remplace le formulaire E 111 depuis juin 2004. Pour obtenir cette carte valable un an, individuelle et nominative (même pour les enfants de moins de 16 ans), adressez-vous à votre caisse d'Assurance Maladie (www.ameli.fr), au minimum deux semaines avant votre départ. Pour les accidents de voiture, les Suisses jouissent de la convention prévue par le formulaire ICH.

Se rendre en Allemagne

EN AVION

Des vols directs assurés par plusieurs compagnies aériennes relient les grands aéroports français à 14 aéroports internationaux allemands. Vous pouvez vous adresser à :

Air France – ✆ 3654 (0,34 €/min) - www.airfrance.fr. Dix destinations en vols directs au départ de Roissy mais également de Lyon (Berlin, Francfort,

Munich, Stuttgart, Düsseldorf). On bénéficiera d'un meilleur tarif en réservant le plus tôt possible, à partir de 42 jours avant le départ selon le principe de la gamme Évasion (*Évasion 42 à Évasion 0)*. Sur le site Internet, des offres *Week-end, Évasion Jeunes, Évasion Senior, Évasion Couple/Famille* offrent des réductions et chaque mercredi, des « Coups de cœur » à saisir. Le programme de fidélité *Flying Blue* permet d'accumuler des Miles et de profiter d'un large choix de primes.

Lufthansa – ✆ 0 826 10 33 34 (0,15 €/min) - www.lufthansa.fr. La Lufthansa propose des vols vers l'Allemagne à partir d'une dizaine d'aéroports français. Les liaisons directes concernent les villes de Berlin, Cologne, Düsseldorf, Francfort, Hambourg, Hanovre, Munich, Nuremberg et Stuttgart. Le site www.lufthansa.fr permet, grâce à un moteur de recherche, de trouver très facilement les meilleurs tarifs offerts par la compagnie selon la date de départ.

Au départ de Biarritz, Marseille, Montpellier, Mulhouse, Nice, Paris et Toulouse, on trouve des vols assurés par les compagnies à bas prix suivantes :

Air Berlin – ✆ 0 811 025 102 depuis la France, ✆ 0782 50 146 depuis la Belgique (0,05 €/min) ; ✆ 0848 737 800 (0,11 CHF/min) depuis la Suisse - www.airberlin.com. Dessert huit villes au départ de Paris.

Germanwings – ✆ 0 826 10 98 88 - www.germanwings.com. Vols Paris-Cologne et Paris-Stuttgart.

Ryanair – www.ryanair.com

Easy Jet – www.easyjet.com

Tuifly – www.tuifly.com

EN BATEAU

Des liaisons en ferry vers l'Allemagne existent au départ de l'Angleterre, du Danemark, de la Suède, de la Finlande, de la Pologne, de la Russie, de la Lituanie et de l'Estonie.

EN TRAIN

La France, la Belgique et la Suisse sont reliées à l'Allemagne par un réseau ferroviaire très dense. Depuis juin 2007, les rames du TGV est et de l'ICE (Inter City Express) empruntent une ligne à grande vitesse : Paris-Francfort via Sarrebruck, Kaiserslautern et Mannheim (3h50 en ICE), Paris-Stuttgart via Karlsruhe (3h40 en TGV). Le TGV Thalys offre, au départ de Paris-Nord, 6 liaisons quotidiennes vers Aix-la-Chapelle et Cologne (3h50). La compagnie ferroviaire Deutsche Bahn propose des trains de nuit avec couchettes de Paris vers Berlin (12h), Hambourg, Munich et Francfort ; et des trains-autos au départ du sud de la France.

G. Schneider / Presse und Informationsamt des Landes Berlin

Train en gare de Friedrichstraße, à Berlin.

SNCF – ✆ 3654 - Minitel 3615 SNCF - www.voyages-sncf.fr
www.tgvesteuropeen.com

Thalys – ✆ 3635 ou 0 892 35 35 36 (hors de France) (0,34 €/min) ; depuis la Belgique ✆ 02 528 28 28 - www.thalys.com

Deutsche Bahn France – 47 av. de l'Opéra - 75002 Paris - ✆ 01 44 58 95 40 - www.dbfrance.fr

EN CAR

Les compagnies **Eurolines** et **Gullivers** assurent des liaisons, au départ de France et de Belgique, vers les principales villes allemandes. À titre indicatif : départ de Paris à 19h30, arrivée à Berlin le lendemain à 9h30 (à partir de 76 € chez Gullivers).

Le **Pass Eurolines** permet de voyager pour un prix fixe à travers 32 villes européennes pendant 15 ou 30 jours. Pour l'Allemagne, les villes concernées sont Berlin, Cologne, Francfort, Munich et Hambourg.

Eurolines – Gare routière internationale de Paris-Gallieni - boîte 313 - 28 av. du Général de Gaulle - 93541 Bagnolet - ✆ 0 892 89 90 91 (0,34 €/min) - www.eurolines.fr

Gullivers Autocars – 2, rue Borda - 75003 Paris - ✆ 01 48 04 08 23 - www.gullivers.fr

EN VOITURE

Cartes

La **carte Michelin Europe n° 705** ainsi que la **carte France n° 726, Belgique et Luxembourg n° 716, Suisse n° 729,** indiquent les voies de passages principales pour se rendre en Allemagne.

Propositions d'itinéraires

Le site **www.ViaMichelin.fr** permet d'obtenir un plan de route détaillé. Il vous donne notamment le kilométrage, le temps total du voyage, des informations pratiques et touristiques ainsi que des adresses d'hôtels et de restaurants sélectionnées par *Le Guide Rouge Michelin*. Les calculs d'itinéraires sont également accessibles sur Minitel (3615 ViaMichelin) et peuvent être envoyés par fax (3617 et 3623 Michelin).

Réserver son hébergement

Dans les grandes villes allemandes, la disponibilité des hôtels en semaine est assez dépendante de la tenue de foires et salons professionnels. Le week-end, l'offre est souvent plus importante et les hôteliers proposent d'ailleurs des prix avantageux en fin de semaine. Pour assister à des événements touristiques tels que la Fête de la bière de Munich, il est conseillé de réserver son hébergement au moins six mois à l'avance. Se loger à Bayreuth, en plein festival et sans réservation est mission impossible ! De nombreux offices de tourisme disposent de centrales de réservations efficaces dont vous trouverez les coordonnées sur le site Internet www.allemagne-tourisme.com

Dans la rubrique « Se loger » *(voir p. 24)*, vous trouverez tous les conseils pour réserver votre hébergement.

Argent

L'Allemagne a adopté l'**euro** depuis le début de l'année 2002. Les ressortissants des pays non membres de la zone euro peuvent changer leurs devises dans les aéroports, les banques ainsi que certaines gares et certains hôtels. Les produits de consommation courante et les services sont soumis à une TVA de 19 %.

Budget

Le voyageur trouvera des prix assez comparables à ceux pratiqués en France. D'une manière générale, les restaurants sont, à qualité équivalente, un peu moins chers outre-Rhin. Une étude parue en 2005 indique que les Français ont dépensé en moyenne 40 € par jour pour un séjour de 5 à 6 jours dans le pays. Les touristes logeant à l'hôtel devront prévoir un budget supérieur. Comptez au moins entre 60 et 70 € pour une chambre double de moyen standing.

Banque

Les banques sont fermées les samedi et dimanche. Elles sont ouvertes en semaine de 8h30 à 13h et de 14h30 à 16h (jusqu'à 17h30 le jeudi). Les bureaux de change *(Wechselstuben)* ont généralement des horaires d'ouverture plus étendus.

CARTES DE CRÉDIT

Les chèques de voyage et les principales cartes de crédit internationales (dont les Cartes Bleues Visa et Eurocard-Mastercard) sont acceptés dans beaucoup d'hôtels et de restaurants. Nous signalons dans ce guide, par un pictogramme, ceux qui la refusent. L'emploi des cartes de paiement, même s'il se développe, est beaucoup moins répandu qu'en France, notamment auprès des petits commerçants, dans certains distributeurs (parking par exemple) ou pour des achats d'un montant inférieur à 15 €. Le paiement en espèces reste fréquemment le seul possible.

Ces cartes vous permettent également de réaliser des retraits d'espèces dans les distributeurs de billets.

En cas de perte ou de vol de cartes, téléphonez immédiatement au numéro communiqué par votre banque ou à défaut : **Visa** ✆ 0 800 811 8440, **Eurocard-Mastercard** ✆ 0 800 819 1040, **American Express** ✆ 01 47 77 72 00 (appel en France 24h/24, 7j/7).

Qu'emporter

Tout dépend bien sûr de la saison à laquelle vous partez et du type d'activité pratiquée. Chaussures de randonnée, lunettes de soleil et crème solaire ne seront pas inutiles dans les Alpes bavaroises. N'oubliez pas votre tenue de bain pour profiter des très nombreux saunas et bains relaxants dans les hôtels et les établissements thermaux. Rappelez-vous aussi qu'une tenue de soirée sera exigée pour fréquenter certains casinos.

ALLEMAGNE PRATIQUE

Adresses utiles

EN CAS D'URGENCE

Les numéros indiqués ci-après sont à conserver à portée de main.

Urgences médicales / Premiers secours ✆ 112

Accidents de la circulation ✆ 110

Des bornes d'appel sont disposées le long de la bande d'arrêt d'urgence sur les autoroutes. Il existe également des boutons d'alarme sur les quais des S-Bahn et U-Bahn.

AMBASSADES ET CONSULATS

Ambassade de France en Allemagne – Pariser Platz 5 - 10117 Berlin - ✆ 030 590 03 90 00 - www.botschaft-frankreich.de

Consulats généraux français :

Berlin – Pariser Platz 5 (entrée du public par Wilhelmstrasse 69) - 10117 Berlin - ✆ 030 590 03 90 00 - 160 880 63 13 (portable en cas d'urgence).

Düsseldorf – Poststraße 24 - 40213 Düsseldorf - ✆ 0211 82 85 460.

Francfort – Zeppelinallee 35 - 60325 Frankfurt am Main - ✆ 069 79 50 960.

Hambourg – Helmhuder Straße 55 - 20148 Hamburg - ✆ 040 41 33 250.

Munich – Helmeranstraße 31 - 80339 München - ✆ 089 41 94 110.

Sarrebruck – Am Ludwigsplatz 10 - 66117 Saarbrücken - ✆ 0681 94 74 581.

Stuttgart – Diemershaldenstraße 11 - 70184 Stuttgart - ✆ 0711 23 925 50.

Pour la Belgique

Ambassade de Belgique en Allemagne – Jägerstraße 52-53 - Berlin - ✆ 030 206 420.

Pour le Canada

Ambassade du Canada en Allemagne – Leipziger 17 - 10117 Berlin - ✆ 030 20 31 20.

Pour la Suisse

Ambassade de Suisse en Allemagne – Otto-von-Bismarck Allee 4 - 10557 Berlin - ✆ 030 390 40 00.

OFFICES DE TOURISME

Offices de tourisme – Sur les plans des villes de ce guide, les offices de tourisme sont signalés par le symbole **i**. Vous trouverez l'adresse et le numéro de téléphone de l'office de tourisme dans les adresses utiles des encadrés sur fond vert (« pratique »).

Se déplacer en Allemagne

FORFAITS DE TRANSPORT

En train

Le voyage est gratuit jusqu'à l'âge de 14 ans pour les enfants ou petits-enfants d'un voyageur adulte (pensez à vous munir d'une carte d'identité). Les autres enfants l'accompagnant bénéficient de 50 % de réduction.

Le **Pass Eurodomino** vous permet de circuler librement sur l'ensemble du réseau de la Deutsche Bahn, en 1re ou en 2e classe. Le pass consiste en un nombre de journées de voyage – entre 3 et 8 – à répartir sur la période de validité d'un mois. Un pass de 3 jours coûte 189 € (2e classe) ; compter 20 € pour la journée supplémentaire (8 jours maximum).

Des forfaits très intéressants pour les familles ou les groupes sont également disponibles dans chaque région pour des trajets locaux (bus + train + bateau, dans certains cas). Demandez les formules « Länder-Tickets » (à partir de 24 € pour 5 pers. en semaine) et « Schönes-Wochenende-Ticket » (à partir de 33 € pour 5 pers. le week-end).

Pour les grands voyageurs, la Deutsche Bahn propose plusieurs formules d'abonnement **BahnCard** (valable sur l'ensemble du réseau ferroviaire hors S-Bahn et U-Bahn) :

La BahnCard 25, personnelle et valable un an, permet de bénéficier de 25 % de réduction sur le tarif normal. Elle coûte 53 € pour la 2e classe (106 € pour la 1re classe). On estime qu'elle est rentable à partir d'un montant de voyages annuels de 200 €.

La BahnCard 50 donne droit à 50 % de réduction. Elle est proposée au prix de 212 € pour la 2e classe (424 € pour la première). Compter au moins un volume de voyages annuels d'une valeur de 600 € pour la rentabiliser.

EN AVION

Il existe de nombreuses liaisons aériennes intérieures en Allemagne. La plupart sont assurées par **Lufthansa**

(✆ 0180 80 38 03, www.lufthansa.com). De petites compagnies desservent des aéroports de taille modeste, comme ceux d'Augsburg ou d'Erfurt. La compagnie **Air Berlin** (✆ 01805 737 800 depuis l'Allemagne, 0 811 025 102 depuis la France - www.airberlin.de) propose souvent des tarifs plus compétitif que la compagnie nationale.

À titre purement indicatif, sachez qu'il vous faudra compter (hors réduction particulière) au moins 130 € pour un aller-retour entre deux villes allemandes en classe économique avec Lufthansa. Les enfants jusqu'à l'âge de 11 ans peuvent bénéficier de réductions allant de 33 % à 50 % du prix du billet.

EN TRAIN

Assuré par la **Deutsche Bahn (DB)**, le service ferroviaire allemand est l'un des plus performants d'Europe. Il vous est possible d'obtenir des informations auprès de l'agence française de la Deutsche Bahn (✆ 01 44 58 95 40, *voir rubrique Se rendre en Allemagne*). Les trains allemands sont confortables, ponctuels et les correspondances entre grandes lignes et trains régionaux bien étudiées. L'**ICE** (InterCity Express), qui assure les liaisons entre les principales villes du pays, s'apparente à notre TGV français. Les liaisons avec la partie est du pays (nouveaux Länder) se révèlent souvent plus longues et problématiques.

EN CAR

Le bus peut être pratique pour circuler dans certaines régions d'Allemagne (comme le Harz) ou pour des trajets difficilement réalisables en train. Les stations de bus sont généralement situées à proximité des gares ferroviaires.

Le service Europabus propose aux touristes des lignes spéciales sur des itinéraires particulièrement intéressants : la Route romantique, La route des Châteaux (Die Burgenstraße). Une ligne régulière relie Strasbourg à Reutlingen et Mannheim à Hambourg (de nuit).

Deutsche Touring Gmbh – Am Römerhof 17 - 60486 Frankfurt am Main - ✆ 069 7903 501 - www.deutsche-touring.com

EN VOITURE

Cartes routières

Pour circuler dans l'ensemble du pays, utilisez la carte Michelin n° 718 (couverture rouge) au 1/750 000 ou la n° 719 qui regroupe l'Allemagne, le Benelux, l'Autriche et la République tchèque. Les cartes régionales n°s 541 à 546 (couverture orange) couvrent l'ensemble du pays.

La signalisation routière en Allemagne.

Code de la route

Votre véhicule devra porter une plaque précisant le pays d'origine et vous devrez être en possession d'une carte d'identité ou d'un passeport. Le port de la ceinture est obligatoire et le taux d'alcoolémie maximum autorisé est de 0,5 g/l. Prévoir un siège spécial pour les enfants de moins de 4 ans. Notez qu'il est illégal, comme en France, de téléphoner au volant.

Vitesse – Même si le plus souvent aucune limitation de vitesse ne s'applique aux véhicules dépourvus de remorque sur les axes autoroutiers, il est préférable de ne pas dépasser les 130 km/h. Veillez à ne pas être surpris par les brusques ralentissements à l'entrée dans les zones limitées à 80 ou 100 km/h. La vitesse en agglomération est limitée entre 30 et 50 km/h ; hors agglomération entre 70 et 100 km/h.

Réseau routier

L'Allemagne dispose d'un vaste réseau de 11 000 km d'autoroutes gratuites (désignées par un A, pour *Autobahn*, et par la couleur bleue).

Les numéros pairs désignent des autoroutes allant dans le sens ouest-est ou inversement (par exemple, A 2 Dortmund-Berlin), les numéros impairs dans le sens nord-sud ou inversement (par ex. A 7 Flensburg-Füssen). Les autres routes sont désignées par des panneaux jaunes.

Stationnement

Les centres-ville sont très souvent réservés au piétons. Il est possible de se garer dans les nombreux parkings couverts *(Parkhaus)*. Il est recommandé de se munir d'un disque de stationnement pour se garer en zone bleue (1h30 maximum).

Carburant

Le GPL est nommé *Autogas*, *LPG* ou *Flüssiggas* ; à ne pas confondre avec le *ERdgas*, non compatible avec le GPL. Le GNV (gaz naturel pour véhicules) prend l'appellation de *CNG*.

Accident

En cas d'accident entre deux véhicules sur la voie publique, il est fortement recommandé aux conducteurs, après avoir signalé l'accident par la pose du triangle réglementaire, de rester sur les lieux et de ne pas déplacer les véhicules. La police allemande a coutume de se déplacer sur les lieux d'un accident : les parties concernées et les témoins éventuels sont interrogés sur place, les circonstances exactes de l'accident sont dûment consignées par cette autorité qui est compétente pour déterminer les responsabilités de chaque conducteur.

Établir un constat à l'amiable peut être interprété dans ce pays comme un délit de fuite passible d'une amende pouvant atteindre plus de 1 000 €, assortie du retrait immédiat du permis de conduire.

Secours routier (Pannenhilfe) – Il est assuré sur les autoroutes et les routes principales par l'ADAC (l'Automobile-Club allemand), que l'on peut joindre au ✆ 0180 2 22 22 22 (composer le 22 22 22 si vous utilisez un portable), www.adac.de. Le dépannage sur place est gratuit, seules les pièces de rechange sont à payer.

Se loger

En dehors de certaines régions (Alpes bavaroises ou Forêt-Noire) et de certaines grandes villes comme Munich, l'hôtellerie propose des prix corrects. Notre sélection d'hôtels, d'auberges et de pensions est répartie en quatre catégories, sur la base du prix d'une chambre double standard en basse saison, petit-déjeuner compris. Dans le cas d'un écart de prix important entre les périodes de haute et de basse saison et aux périodes des foires et salons (*Messe*) dans certaines villes (Munich, Stuttgart), une fourchette de prix est indiquée.

HÔTELS

Nous ne saurions trop vous conseiller d'effectuer vos réservations à l'avance, notamment si vous partez dans des régions très touristiques (Berlin, Allemagne du Sud), lors de la période s'étendant de mai à octobre. L'hôtellerie classique (*Hotel, Gasthof, Gasthaus*) offre une gamme de ressources variées. L'hôtel **garni** indique un hôtel sans restaurant, uniquement avec chambre et petit-déjeuner. Le prix des nuits d'hôtel inclut généralement le petit-déjeuner qui consiste le plus souvent en un copieux buffet. **« Zimmer frei »** – Ce panneau signale l'existence de chambres disponibles.

Des listes d'hôtels ou de pensions sont disponibles auprès des offices de tourisme des villes ou des régions. Vous trouverez la liste de ces organismes à la rubrique « hôtels » du site Internet www.allemagne-tourisme.com. Ceux-ci communiquent aussi des adresses de **locations**, de **séjours à la ferme**, de **châteaux-hôtels** et peuvent se charger de réserver des chambres. Si d'aventure vous n'avez pu trouver votre bonheur parmi toutes nos adresses, vous pouvez consulter le *Guide Deutschland Hôtels & Restaurants* qui propose une sélection de plus de 7 500 hôtels.

Centrales de réservation :
www.hotellerie.de
www.hrs.de
www.ehotel.de

Châteaux-hôtels

Une association regroupe les établissements aménagés dans des demeures anciennes ou historiques.

Gast Im Schloss – Postfach 1428 - 65527 Niedenhausen - ✆ 6127 99 90 98 - www.gast-im-schloss.de

Voir également le site européen www.relaischateaux.com

Hôtels familiaux

Deux chaînes hôtelières proposent des chambres dans un cadre en harmonie avec la nature et des services adaptés aux familles (garderies, animations pour les enfants).
www.familotel.de
www.landidyll.de

Un tour-opérateur est spécialisé dans les séjours en villages de vacances et hôtels-

C. Labonne / MICHELIN

Réservez surtout si vous partez en été.

NOS CATÉGORIES DE PRIX		
	Se restaurer (prix menu déjeuner)	**Se loger** (prix d'une chambre double)
●	moins de 16 €	moins de 70 €
●●	de 16 à 25 €	de 70 à 110 €
●●●	de 25 à 40 €	de 110 à 150 €
●●●●	plus de 40 €	plus de 150 €

clubs avec animations pour enfants : www.kuf-reisen.de

HÉBERGEMENT À PETIT PRIX

La brochure *L'Allemagne à prix malins* éditée par l'office national du tourisme (envoi sur simple demande) propose une sélection de plus de 300 hébergements avec des offres à moins de 40 €.

Camping

L'Allemagne est riche d'environ 2 200 terrains de camping équipés. Si la plupart sont fermés de novembre à avril, plus de 400 sites restent ouverts pendant la saison hivernale. Comptez de 16 à 20 € pour 3 adultes et un emplacement de camping-car, ou une tente plus une voiture. Vous pouvez vous informer auprès du **Deutscher Camping-Club**, Mandlstraße 28, 80802 Munich, ✆ 089 380 14 20, www.camping-club.de, ou de l'**ADAC**, Am Westpark 8, D-81373 München, ✆ 089 767 60, www.adac.de (guide camping-caravaning en vente sur le site, 17,90 €).

Pour trouver un emplacement de camping, consulter le site www.eurocampings.net/fr

L'ONAT fournit sur demande les adresses des campings en Bavière et Forêt-Noire.

Auberges de jeunesse

Le pays compte plus de 550 auberges de jeunesse. Si vous ne disposez pas de la carte internationale (www.fuaj.org), vous pourrez néanmoins accéder à l'auberge moyennant le paiement d'un supplément. Un lit en dortoir avec petit-déjeuner vous coûtera de 15 à 25 € environ. Des chambres simples ou doubles pour des couples ou des familles sont également disponibles. À noter qu'en Bavière, les auberges de jeunesse n'acceptent pas les voyageurs au delà de 27 ans. L'ONAT fournit sur demande une carte avec localisation et adresses des auberges.

Deutsches Jugendherbergswerk – Bismarckstraße 8 - 32756 Detmold, ✆ 052 31 740 10 - www.djh.de. Le site permet d'obtenir la liste des établissements et d'effectuer des réservations.

Vous trouverez des adresses d'auberges indépendantes sur www.hostel-list.de.

LOCATIONS

La location d'appartements pour de courtes périodes est une pratique courante en Allemagne. Les offices de tourisme détiennent des listes des offres disponibles. L'agence parisienne de la **Deutsche Bahn**, 4 r. Daunou 75002 Paris, ✆ 01 44 58 95 50, www.dbfrance.fr, est également en mesure de vous proposer des locations dans des hôtels-clubs ou villages de vacances.

On trouvera des propositions sur le site www.homecompany.de.

VACANCES À LA FERME

Ce type d'hébergement est particulièrement développé en Bavière et dans les régions vinicoles. Le site de la Société allemande d'Agriculture (DLG ; www.landtourismus.de) propose plus de 900 gîtes et deux guides d'adresses édités par **DLG-Verlag** : *Urlaub auf dem Bauernhof* (ferme), *Urlaub Im Winzer* (vigneron). Ouvrage disponible également sur le site www.allemagne-service.com

Pour des réservations en ligne, consultez le site www.bauernhofurlaub-deutschland.de

LOGEMENT CHEZ L'HABITANT

C'est une formule très répandue en Allemagne, surtout à la campagne où le prix pour une chambre avec un petit-déjeuner copieux se situe entre 25 et 30 € pour deux personnes.

En ville, ce sont généralement des agences spécialisées dans les locations de courte durée, les *Mitwohnzentralen*,

O. Forir / Michelin

Enseigne de boulangerie à Berchtesgaden.

qui peuvent réserver des chambres chez l'habitant. Consultez les sites Internet : www.bed-and-breakfast.de (en anglais et allemand) ; www.gastgeber.de ; www.traum-ferienwohnungen.de.

Un guide en langue française *Chambres chez l'habitant - Forêt-Noire, Lac de Constance, Alpes Bavaroises* est vendu par correspondance auprès de Bernard Kaiser - 30 r. Berzelius - 75017 Paris - ✆ 01 42 26 70 77 - www.allemagne-service.com

L'agence **TCH Voyages** réserve des chambres d'hôte et des maisons d'hôte et logements chez l'habitant dans plus de 40 pays dont l'Allemagne - www.tourismechezlhabitant.com

Se restaurer

Nous vous proposons une sélection de **restaurants** choisis pour leur situation, leur ambiance ou leur caractère insolite. Ils sont répartis en quatre catégories. Le prix indiqué correspond à celui du menu complet (entrée, plat, dessert) le moins cher. Le *Guide Deutschland Hôtels & Restaurants* propose une sélection de 1 700 restaurants. Pour chacun, les prix minimum et maximum sont indiqués, auxquels s'ajoutent de nombreux renseignements pratiques.

Pourboire

Le service n'étant généralement pas inclus dans le prix, les pourboires sont plus importants en Allemagne. Comptez environ 10 % de l'addition, jusqu'à 15 % si vous êtes très satisfait. Le pourboire est remis directement au serveur au moment de l'addition. Il n'est pas d'usage de le laisser sur la table.

LA CUISINE ALLEMANDE

La cuisine allemande est plus variée et équilibrée qu'on ne le pense, et la composition des repas est en soi originale : le petit-déjeuner **(Frühstück)**, assez copieux, inclut charcuterie et fromages. Le déjeuner **(Mittagessen)** commence généralement par un potage, suivi d'un plat principal de viande ou de poisson toujours accompagné d'une portion de salade (verte, de concombre, de chou râpé). Vous trouverez un peu partout des **Imbisse,** établissements de restauration rapide qui proposent notamment la traditionnelle **Bratwurst** (saucisse grillée). Celle-ci peut être accompagnée d'une salade de pommes de terre et arrosée d'une bière à la pression **(Bier vom Faß)**. Il est possible, l'après-midi, de faire la pause dans un « café » (salon de thé). Ces établissements proposent un large choix de gâteaux : **Schwarzwälder Kirschtorte** ou **Käsekuchen**. On y trouve également des tartes aux fruits et le fameux **Strudel**, mélange de fruits enroulés dans une pâte croustillante. Le café est généralement servi avec de la crème **(Kaffeesahne)**. Pour le repas du soir **(Abendessen)**, que les Allemands prennent tôt, on peut se faire servir un assortiment de charcuteries froides **(Aufschnitt)** et de fromages avec de nombreuses variétés de pains.

Si chaque région a sa propre cuisine, certains plats sont proposés dans tout le pays : **Wiener Schnitzel** (escalope panée), **Eisbein** (jarret de porc salé), **Sauerbraten** (bœuf en sauce brune aigrelette), **Gulasch** (en ragoût ou en potage). Les Allemands sont aussi très ouverts aux saveurs étrangères, italiennes, chinoises et grecques et à la créativité de la cuisine internationale. Les produits bio sont également de plus en plus présents dans les assiettes.

La bière et les vins – Les Allemands sont fiers, à juste titre, de leur boisson nationale, la bière, produite par près de 1 200 brasseries réparties dans tout le pays, sous 5 000 marques différentes. Le vignoble allemand, l'un des plus septentrional au monde, s'étend sur 98 500 ha disséminés entre le lac de Constance et les Sept Montagnes, entre Trèves et Wurtzbourg. Il recouvre une grande variété de crus et de cépages.

On distingue parmi les **vins blancs** (80 % de la production) : les rieslings vigoureux du Mittelrhein, et ceux de Moselle, Sarre et Ruwer, bouquetés et rafraîchissants ; ceux du Rheingau, nobles et gouleyants ; de la Nahe, riches en corps et élégants, ceux de Franconie, puissants ou âpres, de Bade et de Wurtemberg, nombreux et variés. Peu connus hors de leurs frontières, les vins rouges sont à découvrir qu'il s'agisse de *Spätburgunder* (pinot noir), ou de cépages plus confidentiels (*Portugieser, Lemberger, Regent, Trollin-*

ger). N'hésitez pas, au cours de votre séjour, à profiter des **Weinstuben** qui permettent, dans un cadre agréable, de déguster les meilleurs vins au verre *(offene Weine)*.

Les eaux de source ou minérales servies, très à la mode, sont le plus souvent gazeuses. Pour boire de l'eau plate, commander de la *stilles Wasser* ou de la *Leitungswasser* (eau du robinet).

Santé

Aucun risque sanitaire particulier n'est à noter en Allemagne. Les randonneurs veilleront cependant aux tiques, en particulier en Bavière où ces petits acariens, localisés sur la végétation basse (sous-bois, fourrés, hautes herbes...) et qui peuvent être porteurs d'agents pathogènes, sont assez répandus.

Vérifiez également que vous bénéficiez d'une assurance **assistance-rapatriement** (souvent comprise dans l'assurance voiture ou liée à votre carte bancaire).

PHARMACIE

Pour des troubles bénins, il vous est possible d'obtenir des médicaments dans une **pharmacie** (signalée par un A rouge pour *Apotheke*). Les jours de fermeture, les pharmacies fermées affichent les noms des médecins et de la pharmacie de garde.

MÉDECINS ET HÔPITAUX

Les consultations chez le médecin ont lieu en général de 8h à 12h et de 16h à 18h, sauf le mercredi, samedi et dimanche. La carte européenne d'assurance-maladie est nécessaire.

Allemagne pratique de A à Z

ACHATS

Les magasins ouvrent généralement à partir de 9h et 10h et ferment entre 18h30 et 20h. Le samedi, ils ferment à 16h (sauf les épiceries, boucheries, boulangeries qui ferment entre 13h et 14h).

Quelques boulangeries ouvrent le dimanche matin.

ÉLECTRICITÉ

Le voltage est le même qu'en France (220 V). Les prises de courant sont de type européen.

JOURS FÉRIÉS

1er janvier

6 janvier - Fête des Rois (Épiphanie) - seulement Bade-Wurtemberg, Bavière et Saxe-Anhalt.

Vendredi saint

Lundi de Pâques

1er Mai - Fête du Travail

Ascension

Lundi de Pentecôte

7 juin - Fête-Dieu - seulement Bade-Wurtemberg, Bavière, Hesse, Rhénanie du Nord-Westphalie, Rhénanie-Palatinat et Sarre.

15 août - Assomption - seulement Sarre et régions catholiques en Bavière.

3 octobre - Fête Nationale

31 octobre - Fête de la Réforme - seulement Saxe, Brandebourg, Mecklembourg-Poméranie, Saxe-Anhalt et Thuringe.

1er novembre - Toussaint - seulement Bade-Wurtemberg, Rhénanie du Nord-Westphalie, Bavière, Rhénanie-Palatinat et Sarre.

21 novembre - Jour de Pénitence et de Prière - seulement en Saxe.

25 et 26 décembre - Jour de Noël.

HANDICAP

Dans le cadre du programme « **barrierefreier Tourismus** » (tourisme sans barrières), l'Allemagne propose un certain nombre de services et d'hébergements prêts à accueillir des personnes handicapées - www.bbtev.de (site en allemand).

Deutsche Bahn – Mobilitätsservice - ✆ 01805 512 512 - www.bahn.de/handicap. Pour disposer des services d'aide d'accès aux trains.

Bundesverband Selbsthilfe Körperbehinderter e.V. (BSK) – Altkrautheimer Staße 20 - 74238 Krautheim - ✆ 06294 42810 - www.bsk-ev.org (site en allemand). Cette association organise des voyages accompagnés pour personnes handicapées.

INTERNET

En ville, vous trouverez des cybercafés, le plus souvent dans le quartier de la gare. Dans certains bâtiments publics ou dans les hôtels, des réseaux locaux sans-fil (WLan) permettent de connecter son propre ordinateur portable.

MÉDIAS

Une des spécificités de l'Allemagne réside dans la souveraineté des Länder en matière de culture et de radio-télévision ainsi que dans la forte place de certains quotidiens régionaux. Le *Süddeutsche Zeitung* de Munich et le *Frankfurter Allgemeine*, de tendance plutôt conservatrice, ont un lectorat étendu dans tout le pays. Le quotidien berlinois le plus populaire est le *Tagesspiegel*, mais le *Berliner Zeitung* et le *Tageszeitung* ont également les faveurs des lecteurs de la capitale. Parmi les journaux nationaux, notons *Die Welt*, et le quotidien à caractère sensationnel *Bild* tiré à près de 4 millions d'exemplaires. *Focus*, *Spiegel* et *Die Zeit* sont d'excellents hebdomadaires alors que le *Stern* et le *Bunte* appartiennent plutôt au genre de la presse à scandale.

Les principaux quotidiens français sont disponibles dans les aéroports, les gares et les kiosques des grandes villes ou lieux touristiques.

La télévision publique allemande garde une place de premier plan avec plus de douze chaînes publiques (ARD, ZDF), huit chaînes régionales comme la Westdeutscher Rundfunk (WDR) de Cologne ou la Bayrischer Rundfunk (BR) de Munich et trois chaînes transnationales dont la chaîne culturelle franco-allemande Arte, la chaîne culturelle helvético-austro-allemande 3sat et celle d'information destinée à l'étranger Deutsche Welles.

De nombreuses chaînes privées proposent, entre autres programmes, feuilletons, sitcoms et jeux télévisés. Si la plupart se révèlent « racoleuses » (RTL 2, PRO 7, SAT 1...), certaines ont une orientation thématique, comme la chaîne musicale VIVA, équivalent allemand de MTV, ou DSF spécialisée dans le sport.

MUSÉES

Les musées sont généralement fermés le lundi. Les musées d'art proposent souvent une nocturne, un soir par semaine. Attention, la billetterie ferme de 30mn à 1h avant l'horaire de fermeture.

Les musées nationaux sont en général gratuits le dimanche après-midi et les jours fériés. Des réductions sont accordées aux mêmes catégories de visiteurs qu'en France.

Renseignez-vous également dans les offices de tourisme des villes sur les tickets « pass » qui permettent de visiter plusieurs musées à des tarifs plus économiques.

Carte pass pour les musées.

POSTE

Comme en France, le jaune est la couleur de la poste en Allemagne. La plupart des bureaux sont ouverts du lundi au vendredi de 8h à 18h et le samedi de 8h à 12h. Certains, notamment dans les gares et aéroports des grandes villes, ont des horaires d'ouverture plus étendus. Pour la France et la zone Europe, les tarifs sont les suivants : lettre standard (jusqu'à 20 g) 0,70 € ; carte postale 0,65 €. Pour le Canada : lettre standard (jusqu'à 20 g) 1,70 € ; carte postale1 €.

TÉLÉPHONE

Pour appeler l'Allemagne

Depuis la France ou l'étranger : 00 + 49 (indicatif de l'Allemagne) + indicatif urbain **sans** le 0 + numéro du correspondant.

Pour appeler depuis l'Allemagne

Composez le 00 + indicatif du pays concerné. La France : 00 33 ; pour la Belgique : 00 32 ; pour la Suisse : 00 41 ; pour le Canada : 00 1.

Appels nationaux

Pour appeler en Allemagne, il faut composer le 0 devant l'indicatif de la ville.

Renseignements : ✆ 11 833 (en allemand), ✆ 11 837 (en anglais), ✆ 11 843 (pour l'étranger).

Appel en PCV : ✆ 013 08 000 + 33 (pour la France).

Téléphones publics : les cartes téléphoniques *(Telefonkarten)* à 5 et 10 € sont vendues dans les bureaux de poste et les kiosques à journaux.

Attention, le coût des communications dans les hôtels est généralement élevé. Depuis août 2007, le coût des appels internationaux depuis votre **portable** est en baisse. Pensez tout de même à vous informer auprès de votre opérateur sur les tarifs du forfait.

À FAIRE ET À VOIR

Sports et loisirs

Avec ses paysages variés, l'Allemagne constitue, pour les amoureux de la nature et de sports en plein air, un espace privilégié qui permet de pratiquer toutes sortes d'activités. Pour chacune des rubriques, on pourra se reporter au très complet site Internet www.allemagne-tourisme.com (rubrique Nature, Sport, Loisirs).

BAIGNADE

Longues plages de sable des rives de la mer du Nord, côtes de la Baltique, vastes lacs au pied des Alpes dont celui de Constance, petits lacs de volcans dans le massif de l'Eifel, sans oublier rivières aux eaux pures... On se baigne partout en Allemagne. En Europe, c'est également le pays qui compte le plus de piscines en plein air. On y trouve aussi de vastes parcs aquatiques ultra-modernes.

CHASSE

Pour toute information sur la pratique de la chasse en Allemagne, s'adresser à : **Jagdschutz-Verbandes** – Johannes-Henry-Straße 26 - 53113 Bonn - ✆ 02 28 94 90 620 - www.jagd-online.de.

L'administration de chaque Länder peut délivrer un permis de chasse spécial pour les étrangers (*Ausländertagesjagdschein*).

CROISIÈRES FLUVIALES

Les grands fleuves – Rhin, Main, Moselle, Neckar, Danube – sont idéaux pour des excursions en bateau-promenade à la journée ou pour des croisières plus longues. On peut également louer des bateaux pour sillonner les canaux, notamment le superbe réseau de voies navigables qui s'étend de Berlin et du Brandebourg au Mecklembourg-Poméranie occidentale. Dans certains cas, il n'est pas nécessaire de disposer du permis bateau ; le permis d'affrètement (*Charterschein*) délivré par le loueur suffit.

CYCLOTOURISME

Le vélo est un moyen pratique, économique, plaisant et très utilisé pour sillonner certaines régions d'Allemagne. La voie cyclable au bord du Danube, de Donaueschingen en Forêt-Noire jusqu'à Passau en Bavière, soit un parcours de 600 km, est l'un des itinéraires les plus connus. L'office national du tourisme met en ligne sur son site Internet une carte interactive et une brochure qui décrit plus de soixante circuits à vélo.

ADFC Allgemeiner Deutscher Fahrrad-Club – Postfach 10 77 47 - 28077 Bremen - ✆ 0421 34 62 90 - www.adfc.de

ÉQUITATION

Des listes des centres équestres sont disponibles auprès des comités du tourisme régionaux et de la Fédération nationale équestre.

Deutsche Reiterliche Vereinigung – Freiherr-von-Langenstrasse 13 - 48231 Warendorf - ✆ 02581 636 20 - www.pferd-aktuell.de

GOLF

L'Allemagne ne manque pas de terrains de golf. Compter de 25 à 50 € pour une carte journalière en semaine, de 30 à 70 € pour un jour de week-end.

Deutscher Golf Verband e.V. – Viktoriastraße 16 - 65189 Wiesbaden - ✆ 0611 99 02 00 - www.golf.de

PARCS D'ATTRACTIONS

Petits et grands vivront une journée inoubliable, faite de jeux et de sensations fortes, dans l'un des parcs sélectionnés dans le tableau ci-contre.

PARCS NATIONAUX

Ils constituent par excellence le but d'un voyage privilégiant le contact avec la nature plutôt que le tourisme culturel. L'Allemagne compte 14 parcs nationaux.

Bavière : Bayerischer Wald, Berchtesgaden.

Basse-Saxe : Niedersächsisches Wattenmeer, Harz.

Brandebourg : Unteres Odertal.

Hambourg : Hamburgisches Wattenmeer (lagunes).

Hesse : Kellerwald-Edersee.

Mecklembourg-Poméranie occidentale : Jasmund, Müritz, Vorpommersche Boddenlandschaft.

Rhénanie du Nord-Westphalie : Eifel

Saxe : Sächsische Schweiz.

Schleswig-Holstein : Schleswig-Holsteinisches Wattenmeer.

Thuringe : Hainich.

Parc/Lieu	✆ Adresse Internet	Sortie d'autoroute la plus proche (n°)
Bavaria-Filmstadt/Geiselgasteig (Bavière)	089 64 99 20 00 www.filmstadt.de	A 99 : Oberhaching (4)
Belantis/Leipzig (Saxe)	01 379 37 30 30 www.belantis.de	A 38 : Leipzig Neue Harth
Erlebnispark Schloß Thurn/ Heroldsbach (Bavière)	091 90 92 98 98 www.schloss-thurn.de	A 73 : Baiersdorf Nord (10)
Erlebnispark Tripsdrill/Cleebronn-Tripsdrill (Bade-Wurtemberg)	071 35 99 99 www.tripsdrill.de	A 81 : Mundesheim (13)
Erlebnispark Ziegenhagen/ Witzenhausen (Hesse)	055 45 246 www.www.erlebnispark-ziegenhagen.de	A 75 : Hann.-Münden (75)
Europa-Park/Rust (Bade-Wurtemberg)	01 805 77 66 88 www.europapark.de	A 5 : Ettenheim (57)
Fränkisches Wunderland/Plech (Bavière)	092 44 98 90 www.wunderland.de	A 9 : Plech (46)
Freizeit-Land/Geiselwind (Bavière)	09 556 92 110 www.freizeit-land.de	A 3 : Geiselwind (76)
Filmpark Babelsberg/Potsdam (Brandebourg)	0331 721 27 55 www.filmpark.de	A 115 : Potsdam-Babelsberg (5)
Fort Fun Abenteuerland/Bestwig-Wasserfall (Rhénanie-Westphalie)	029 05 811 23 www.fortfun.de	A 46 : Bestwig (71)
Hansa-Park/Sierksdorf (Schleswig-Holstein)	045 63 47 40 www.hansapark.de	A 1 : Eutin (15)
Heide-Park/Soltau (Basse-Saxe)	01 805 91 91 01 www.heidepark.de	A 7 : Soltau-Ost (44)
Holiday Park/Haßloch (Rhénanie-Palatinat)	018 05 00 32 46 www.holidaypark.de	A 65 : Neustadt-Süd (13)
Legoland/Günzburg (Bavière)	08 221 700 700 www.legoland.de	A 8 : Günzburg (67)
Phantasialand/Brühl (Rhénanie-Westphalie)	022 32 36 200 www.phantasialand.de	A 553 : Brühl-Süd (2)
Playmobil-Fun Park/Zirndorf (Bavière)	0911 9666 1700 www.playmobil-funpark.de	A 73 : Nürnberg Fürth (38)
Ravensburger Spieleland/Weitnau (Bavière)	075 42 400 100 www.spieleland.com	A 96 : Wangen-West (5)
Safari- und Hollywood-Park/ Schloß Holte-Stukenbrock (Rhénanie-Westphalie)	052 07 95 24 25 www.safaripark.de	A 2, puis A 33 : Stukenbrock-Senne (23)
Sea Life Constance (Bade-Wurtemberg)	075 31 12 82 70 www.sealife.de	A 81 ou A 98, puis B33
Serengeti-Safaripark/Hodenhagen (Basse-Saxe)	051 64 979 90 www.serengeti-park.com	A 7 : Westenholz (7)
Taunus-Wunderland/Schlangenbad (Hesse)	061 24 40 81 www.taunuswunderland.de	A 66 : Wiesbaden-Frauenstein (2)
Tropical Islands Resort/Krausnick (Brandebourg)	0354 77 60 50 50 www.my-tropical-islands.com	A 13 : Staakow (6)
Warner Bros. Movie World/Bottrop- Kirchhellen (Rhénanie-Westphalie)	020 45 89 90 www.movieworld.de	A 31 : Kirchhellen-Feldhausen (40)

Europarc Deutschland – Marienstraße 31 - 10117 Berlin - ✆ 030 28 87 88 20 - www.europarc-deutschland.de

PÊCHE

La Fédération des pêcheurs allemands (VDSF) renseigne les étrangers sur les possibilités de pratiquer leur passion. La réglementation impose de disposer d'un permis de pêche national et d'une carte de pêche (autorisation du propriétaire ou gérant des cours d'eau).

Verband Deutscher Sportfischer – Siemensstrasse 11-13 - 63071 Offenbach - ✆ 069 85 50 06 - www.vdsf.de

RANDONNÉE

Chaque région, presque chaque commune, dispose de sentiers de randonnées balisés – soit 200 000 km pour l'ensemble du pays – entretenus par des associations locales regroupées au sein d'une fédération nationale. Cette dernière a sélectionné sur son site Internet plus de 90 itinéraires de grande randonnée décrits avec précision et les références des guides (*Wanderführung*) et des cartes (*Wanderkarte*).

Verband Deutscher Gebirgs- und Wandervereine – Wilhelmshöher Allee 157-159 - 34121 Kassel - ✆ 0561 93 87 30 - www.wanderverband.de

SPORTS NAUTIQUES

Les sports nautiques sont très prisés par les Allemands et offrent par conséquent de nombreuses possibilités. **Planche à voile**, **kite-surf**, **ski nautique**, **wakeboard** – et même du **surf** sur l'île de Sylt ! – sont pratiqués en mer du Nord, en Baltique et sur de très nombreux lacs. Idem pour la **plongée** à la recherche d'épaves ou pour l'observation de la faune lacustre ou sous-marine. En montagne, les rivières fougueuses attireront les passionnés de **canyoning**, de **rafting** et de **kayak**. Certains préféreront descendre des cours d'eau plus tranquilles à bord d'un **canoë**.

C. Labonne / Michelin

Le lac de Constance.

Voile

Avec plus de 180 écoles de voile disséminées le long de la mer du Nord, de la Baltique et des nombreux lacs intérieurs, la pratique de la voile est pour le moins courante en Allemagne.

Verband Deutscher Sportbootschulen (Écoles de voile) – Birkental 25 - 67098 Bad Dürkheim - ✆ 06322 956280 - www.sportbootschulen.de

Deutscher Seglerverband (Fédération de navigation à voile) – Gründgenstrasse 18 - 22309 Hamburg - ✆ 40 632 00 90 - www.dsv.org

SPORTS D'HIVER

La pratique du **ski de piste** se concentre dans les Alpes bavaroises autour des stations de Garmisch-Partenkirchen, Berchtesgaden, Oberstdorf et Mittenwald. Des domaines skiables plus modestes se trouvent en Forêt-Noire et dans certains sites de moyenne montagne (le massif du Harz, la forêt de Thuringe, le massif de l'Eifel, le Sauerland, le Jura Souabe) susceptibles, selon l'enneigement, de se prêter à la pratique du ski, principalement le **ski nordique**. Beaucoup de stations villages ayant su garder leur caractère traditionnel, on aura aussi plaisir à passer un séjour hivernal en faisant de la **luge**, en s'essayant au **curling** ou en marchant sur les sentiers piétons balisés et entretenus en toute saison.

STATIONS THERMALES

Avec 350 stations thermales et climatiques héritières d'une longue tradition, l'Allemagne est une destination de premier plan pour ceux qui recherchent le bien-être et la remise en forme par les bienfaits de l'eau. Soixante sources curatives constituent aussi l'un des points forts du « patrimoine santé » du pays. La plupart des établissements ont été rénovés ou ont ouvert récemment, portés par la mode du *wellness* et du spa. La Bavière et le Bade-Wurtemberg sont les deux principales régions à proposer ce type de séjour. Sébastien Kneipp (1821-1897) est à l'origine de cures naturelles (soins par l'eau froide et les plantes) qui portent son nom (en allemand Kneipp-Kur). De nombreux centres proposent cette méthode qui associe hydrothérapie, phytothérapie, activité physique, diététique, et un style de vie sain et équilibré.

L'office national du tourisme présente sur son site (www.allemagne-tourisme.

com) la totalité des stations et une brochure gratuite, *Allemagne, au bonheur des sens*, rassemble quelques offres de séjours tout-compris.

Que rapporter

Produits du terroir

Blonde, brune ou ambrée… On dit qu'il y a plus de 5 000 **bières** dans le pays ! Les amateurs n'auront que l'embarras du choix pour rapporter quelques bouteilles, tout en visitant une brasserie. Moins de variétés dans le vignoble, mais d'excellents crus dans les vallées du Rhin et de la Moselle, la Franconie, le Bade et le Wurtemberg.

Sachez que les **vins** sont classés en quatre catégories. Ceux de qualité supérieure portent la dénomination « *Qualitätswein mit Prädikat* » suivie d'un label selon le degré de maturité croissant des raisins à la vendange : *Kabinett* (réserve spéciale), *Spätlese* (récolte tradive), *Auslese* (raisins sélectionnés), *Beerenauslese* et *Trockenbeerenauslese* (vins liquoreux), *Eiswein* (vin de glace). Les bouteilles de **schnaps** accompagnées d'un verre de 2 cl gardent les bouquets des eaux-de-vie de grain du nord du pays ou celles de fruits des vergers et des baies du sud.

Pour les petits creux, pensez aux excellentes **charcuteries** (jambons de Westphalie, du Holstein ou de la Forêt-Noire, salamis de chevreuil ou de sanglier).

Artisanat

La **sculpture sur bois** est l'une des spécialités artisanales des Monts métallifères, près de Dresde. On trouvera des jouets, de petits arbres à base de copeaux de bois (*Spanbäumchen-Stechen*), des figurines diffusant une fumée odorante (*Räuchermännchen*) et des crèches. Le village d'Oberammergau (Bavière) est lui aussi tourné vers la création d'objets en bois, surtout religieux. L'artisanat du **verre** est localisé dans l'Est de la Bavière (entre Ratisbonne et Passau) où une route du verre mène d'ateliers de créateurs en usines. La manufacture de Meissen (Saxe) garde son savoir-faire unique pour la fabrication de **porcelaine**, tout comme l'entreprise Villeroy & Boch, à Mettlach (Saxe), spécialisée dans la **céramique** et l'art de la table.

Magasins d'usine

Côté **vêtements**, des articles de sport des marques Puma et Adidas sont en vente sur le site d'Herzogenaurach, près de Nuremberg (Bavière).

Hugo Boss est un précurseur de la vente en magasins d'usine (*outlets*) à Metzingen (près de Stuttgart) qui compte aussi des boutiques Esprit, Levis, Nike, Swatch…

Les autres sites importants se situent à Ingolstadt Village (80 km au nord de Munich), Wertheim Village (90 km au sud-est de Francfort), DOZ Designer Outlet à Zweibrücken (30 km à l'est de Sarrebruck), B5 Designer-outlet à Wustermark (10 km à l'ouest de Berlin).

Événements

En plus des manifestations sélectionnées ci-après, les **marchés de Noël** et les **carnavals** comptent parmi les fêtes les plus populaires.

Marchés de Noël

Pour voyager dans les odeurs de pains d'épices et de saucisses grillées, il faut flâner sur les marchés installés jusqu'au 23 décembre dans de très nombreuses villes. Parmi les plus réputés : Hambourg et ses manèges historiques ; Nurembreg et sa roue géante à vapeur, ses crèches de style franconien dans une ambiance médiévale ; Dresde, le plus ancien d'Allemagne (1434) ; Cologne dont l'un des marchés est flottant.

Carnaval

Côté carnaval, trois traditions existent en Allemagne. Le **carnaval rhénan** débute chaque année le 11 novembre à 11h11 et dure jusqu'au mercredi des Cendres. L'événement majeur des réunions costumées est le cortège du « Lundi des roses ». Les villes de Cologne, Düsseldorf et Mayence voient défiler les fous et le couple princier sur leurs chars, au milieu de la liesse populaire.

Le **carnaval alémanique**, ou Fasnet, qui a ses foyers en Forêt-Noire et en Souabe, a conservé son caractère païen et mystérieux. Chaque hiver, les habitants du Sud-Ouest de l'Allemagne se travestissent et peuplent les rues de dieux et de démons, de sorcières et de sorciers. Leurs masques en bois, sculptés et peints à la main au cours de l'année, varient selon les villes. Les hauts lieux de ce carnaval sont Villingen, Rottweil, Bad Dürrheim, Donaueschingen, Fribourg, Waldshut et Rottenburg.

Le **carnaval de Munich** se nomme **Fasching** et débute le 7 janvier, au lendemain de la fête des Rois. Plus de 1 000 manifestations et bals ont lieu dans les théâtres et les brasseries munichoises. Il se clôt avec la danse des marchandes en costume traditionnel, le *Dirndl,* sur la place du Viktualienmarkt en plein cœur de Munich.

PRINTEMPS

Bautzen et environs (Saxe) – Marché aux œufs de Pâques chez les Sorabes (du Jeudi saint au lundi de Pâques).
Hambourg – Anniversaire du port (Hafengeburtstag), la plus grande fête portuaire du monde (début mai).
De Bonn à Linz – Rhin en flammes, spectacle pyrotechnique sur les rives (premier samedi de mai).
Leipzig – Festival Bach (Ascension).
Halle – Festival Händel (juin).
Wernigerode – Nuit de Walpurgis (Walpurgisnacht) : spectacle de la nuit des sorcières et du diable (30 avril/1er mai).
Villes du Harz, Marbourg – Nuit de la Walpurgis. Les habitants et les étudiants saluent l'arrivée du mois de mai (30 avril/1er mai).
Wiesbaden – Theatrium ou Wilhelmstraßenfest, l'une des plus anciennes fêtes de rues d'Allemagne.
Weingarten – Blutritt : procession à cheval en l'honneur du Précieux Sang (vendredi après l'Ascension).
Schwetzingen – Festival de musique classique (début mai à début juin).
Baden-Baden – Courses internationales de galop à Iffezheim (2e quinzaine de mai).
Merfelder Bruch – Wildpferdefang : capture et vente aux enchères d'étalons âgés d'un an (dernier samedi de mai).
Schwäbisch Hall – Kuchen- und Brunnenfest : danse des saulniers en costume du 16e s. (Pentecôte).
Rothenburg ob der Tauber – Meistertrunk : représentation de la « magistrale rasade » et évocation de la guerre de Trente Ans par la population costumée (Pentecôte).
Kötzting – Pfingstritt : procession à cheval (Lundi de Pentecôte).
Deidesheim – Historische Geißbockversteigerung : vente aux enchères d'un bouc (costumes historiques, danses folkloriques, fête populaire) (mardi après la Pentecôte).
Munich – Procession solennelle dans la ville décorée (Jour de la Fête-Dieu).
Cologne – Mülheimer Gottestracht : procession en bateau sur le Rhin (Jour de la Fête-Dieu).
Hüfingen – Procession par les rues fleuries (Jour de la Fête-Dieu).
Schwalmstadt – Salatkirmes (kermesse de la Salade) commémorant l'introduction de la pomme de terre en Hesse ; costumes du Schwalm (14 jours après la Pentecôte, du vendredi au lundi).
Wurtzbourg – Africa Festival : musique africaine sur les berges du Main (mai).

Les deux plus importantes Fêtes de la bière ont lieu à Munich et Stuttgart.

ÉTÉ

Hanovre – Schützenfest, l'une des plus grandes fêtes foraines du monde (dix jours de fin juin à début juillet).
Munich – Tollwood : marché artisanal, concerts, théâtre (juin-juillet ; novembre-décembre).
Hameln – Rattenfängerspiel : spectacle retraçant la légende du Charmeur de rats (mi-mai à mi-septembre chaque dimanche à 12h).
Chorin – Été musical de Chorin (concerts à l'abbaye) (juin-août)
Bad Hersfeld – Festival dans l'ancienne abbatiale (théâtre, art lyrique) (juin-août).
Cassel – Documenta (la plus grande exposition mondiale d'art contemporain) (de juin à septembre, tous les 5 ans, la prochaine fois en 2012).
Kiel – Semaine de Kiel (régates et fête populaire) (dernière semaine de juin).
Freiberg – Parade en costumes historiques (dernier week-end de juin).
Landshut – « Die Fürstenhochzeit » (mariage princier) ; spectacle en costumes historiques (quatre dimanches de fin juin à mi-juillet, tous les 4 ans, la prochaine fois en 2009).
Différents lieux du Schleswig-Holstein – Festival de musique du Schleswig-Holstein (juillet-août).
Heidelberg – Illuminations du château, feux d'artifice (1er week-end de juin, de septembre, 2e week-end de juillet).
Différents lieux du Mecklembourg-Poméranie antérieure – Festival de musique du Mecklembourg-Poméranie antérieure dans les châteaux, manoirs et églises (été).
Hanovre – Schützenfest (fête des Tireurs) : grand défilé (début juillet).
Lübbenau – Fête du Spreewald, fête traditionnelle sorabe (1er week-end de juillet).

SITES OU ACTIVITÉS À FAIRE EN FAMILLE			
Chapitre du guide	**Nature**	**Musée**	**Loisirs**
Annaberg-Bucholz		Mine d'argent Im Gößner	
Bamberg		Chemin des crèches à Noël	
Bayreuth	Suisse franconienne, Parc naturel du Fichtelgebirge	Musée du Monde primitif de Haute-Franconie	
Berlin	Jardin zoologique, Großer Müggelsee (lac), Spreewald	Musée allemand de la Technique	
Berchtesgaden		Mines de sel	Croisière sur le Königssee
Brême		Musée d'Outre-Mer	
Château de Bruchsal		Musée des automates à musique	
Cassel		Musée d'Astronomie et Planétarium	Parc de Wilhelmshöhe
Chiemsee		Château de Herrenchiemsee	Baignade sur les bords du lac, bateau
Cologne			Köln Triangle Panorama, musée des Jeux olympiques, Phantasialand
Lac de Constance		Village lacustre d'Unteruhldingen	Baignade à Überlingen et Meersburg (plages avec piscines)
Dresde	Suisse saxonne	Musée des Arts et Traditions populaires, la Voûte verte	
La Forêt-Noire	Promenade des Cascades, lac Titisee		
Füssen			Promenade en bateau sur le Forggensee et baignade
Garmisch-Partenkirchen	Sommet du Zugspitze (chemin de fer à crémaillère ou téléphérique)	Château de Linderhof	
Goslar		Palais impérial, mines de Rammelsberg	VTT, canoë, varappe, randonnées dans le massif du Harz
Hambourg		Dialogue dans le noir, Miniatur Wunderland	Promenade en bateau sur les canaux de la ville
Kiel	Parc naturel « la Suisse du Holstein »	Musée de la Navigation	
Leipzig			Montée au monument de la bataille des Nations
Lübeck	Plage de Travemünde	Musée des Marionnettes	
Magdebourg			Parc de l'Elbe
Lacs du Mecklembourg	Parc national de Müritz		
Meissen		Atelier de démonstration de la manufacture de porcelaine	
Munich		Deutsches Museum, Centre des Transports, Sea Life, musée BMW	Parc du château Nymphenburg, parc zoologique de Hellabrunn
Münster			Découverte à vélo des châteaux du pays de Münster
Nuremberg		Musée du Jouet	Playmobil Funpark (voir tableau des parcs p. 31), zoo.
Oberstdorf	Sommets du Nebelhorn et du Fellhorn		Thermes
Rostock		Musée de la Navigation	Baignade à Warnemünde (plage)
Île de Rügen	Falaise du Königsstuhl		Vélo et randonnées sur l'île d'Hiddensee, train à vapeur
Wolfenbüttel		Château de Wolfenbüttel	Autostadt (« ville de l'automobile »)
Schleswig		Musée des Vikings de Haithabu	
Wismar	Île de Poel		
Wurtzbourg			Excursion en bateau au château de Veitshöchheim, promenade sur les coteaux de la forteresse

Ulm – Fischerstechen (joute de pêcheurs), mi-juillet, tous les 4 ans (la prochaine fois en 2008). Schwörmontag (lundi du Serment) : cortège de barques sur le Danube (avant-dernier lundi de juillet).

Dinkelsbühl – Kinderzeche : commémoration du sauvetage de la ville, grâce aux suppliques des enfants (costumes historiques) 3e week-end de juillet (samedi, dimanche, lundi).

Kaufbeuren – Tänzelfest : grand défilé historique animé par les enfants des écoles (3e dimanche et lundi de juillet).

Hitzacker – Festival musical d'été (du dernier samedi de juillet au 1er dimanche d'août).

Bayreuth – Festival Richard Wagner (de fin juillet à fin août).

Erfurt – Festival de la cathédrale (juillet-août).

Coblence – Oberwesel, St. Goar - Embrasement de la vallée du Rhin (juillet-août).

Constance – Seenachtsfest : fête du lac de Constance (2e samedi d'août).

Furth im Wald – Der Drachenstich : « La mise à mort du dragon » selon la légende de saint Georges : spectacle et défilé en costumes historiques (2e semaine d'août).

Markgröningen – Schäferlauf : course de bergers – pieds nus – dans un champ de chaume (samedi après le 24 août).

Baden-Baden – Courses internationales de galop à Iffezheim (dernière semaine d'août).

Nürburg – Rock am Ring, le plus grand festival de rock d'Allemagne sur la ligne des stands du circuit automobile du Nürburgring (juin).

Nuremberg – Rock im Park : festival de musique rock en plein air dans le stade Frankenstadion.

AUTOMNE

Bonn – Festival Beethoven. Depuis 1845, une trentaine de concerts.

Celle – Parade des étalons de Celle (Celler Hengstparade) : parade équestre du haras du land de Basse-Saxe (septembre).

Rothenburg ob der Tauber – Commémoration de la ville d'Empire ; grand feu d'artifice (septembre)

Stuttgart – Cannstatter Volksfest : la seconde plus grande fête de la bière après Munich (fin septembre-début octobre)

Munich – Oktoberfest : Fête de la bière. La plus grande fête populaire du monde attire chaque année plus de 6 millions de

http://www.hameln.de

Marché de Noël, à Hameln.

personnes dans la capitale de la Bavière (les 15 jours qui précèdent le 1er dimanche d'octobre).

Neustadt an der Weinstraße – Fête du vin ; défilé et élection de la Reine du vin (1er et 2e week-end d'octobre).

Brême – Bremer Freimarkt : Marché franc de Brême, la plus grande fête populaire d'Allemagne du Nord (dernière décade d'octobre).

Bad Tölz – Leonhardifahrt : cortège de chevaux et de chars paysans décorés (à la gloire du protecteur des chevaux et du bétail) le 6 novembre (St-Léonard).

Benediktbeuern – Leonhardifahrt : cortège de chevaux et de chars paysans décorés (à la gloire du protecteur des chevaux et du bétail) (dimanche précédant le 6 novembre).

HIVER

Garmisch-Partenkirchen – Saut à ski international du Nouvel An dans le cadre de la « Tournée des quatre Tremplins » (1er janvier).

Munich – « München narrisch » : carnaval (Dimanche précédant le Mardi gras)

Cologne, Düsseldorf, Mayence – Rosenmontagsumzug : grand défilé de carnaval (Lundi gras).

Rottweil – Narrensprung : « Cavalcade des fous », carnaval alémanique (Lundi et Mardi gras).

Nuremberg – Christkindlesmarkt (marché de l'Enfant Jésus) : vente d'objets pour les arbres de Noël ; nombreuses manifestations enfantines sur la place du Marché illuminée (Avent).

Berchtesgaden – Weihnachtsschießen ; Neujahrsschießen : Tir de Noël et de la Saint-Sylvestre (nuits de Noël et du Nouvel An).

Berlin – Berlinale, festival international du film (février). Un des grands rendez-vous du cinéma qui délivre l'Ours d'or au meilleur film en compétition.

POUR PROLONGER LE VOYAGE

Quelques livres

OUVRAGES GÉNÉRAUX - TOURISME - SOCIÉTÉ

Allemagne, peuple et culture, par Anne-Marie Le Gloannec (La Découverte, 2005). Un état des lieux du pays, à travers ses frontières, son histoire, sa civilisation et sa culture.

L'Allemagne, par Claude Mangin (Belin, 2003). Un ouvrage universitaire pour approcher ce pays différent de la France dans son organisation de l'espace.

L'Allemagne vue du ciel, par Daniel Philippe (La Martinière, 2002).

Voyages en Allemagne, par Marc Walter et Alain Rustenholz (Chêne, 2004). Un vagabondage photographique et littéraire sur les traces d'écrivains français, de Victor Hugo à travers la Forêt-Noire, aux romantiques châteaux en ruine avec Maurice Genevoix.

Le Bonheur allemand, par Pascale Hughes (Le Seuil, 1998). À travers douze histoires, la correspondante française pour *Libération* et *Le Point* dresse un portrait insolite et drôle du pays réunifié. Une bonne claque aux préjugés des Français à l'égard de leurs voisins.

L'Allemagne, par Béatrice Angrand (Le Cavalier bleu - collection idées reçues, 2006). L'auteur expose seize clichés – *les Allemands aiment l'ordre* ou *L'Allemagne n'est pas une destination touristique* – en y cherchant le vrai et le faux.

Cousins par alliance : les Allemands en notre miroir, par Béatrice Durand (Autrement, 2002). Le caractère et les mœurs des Allemands expliqués aux Français. Un livre incisif, écrit dans un style enlevé, et qui balaie des malentendus.

Savoir vivre avec les Allemands : petit guide interculturel, par Bettina Mrosowski (L'Harmattan, 2003).

Allemagne, un voyage, par Wolfgang Büscher (L'esprit des péninsules, 2006). Reporter pour *Die Zeit*, Wolfgang Büscher a parcouru 3 500 km en suivant les frontières de son pays. Il nous livre une carte secrète de l'Allemagne et un portrait singulier de nos voisins.

Petit voyage dans l'âme allemande, par Francesca Predazzi (Grasset, 2007). Cet ouvrage érudit et distrayant nous emmène sur les sentiers de la langue allemande. Avec, en prime, l'explication de quelques mots intraduisibles, témoins des transformations récentes de l'Allemagne.

L'Harmattan édite le fruit de travaux de chercheurs d'horizons très variés, dans une collection intitulée « Allemagne d'hier et d'aujourd'hui » :

HISTOIRE

Histoire de l'Allemagne : de la Germanie à nos jours, par Henry Bogdan *(Perrin Poche, 2003).*

Histoire de l'Allemagne, par Joseph Rovan (Le Seuil, 1998).

L'Allemagne de Berlin, différente et semblable, par Alfred Grosser (Alvik, 2002).

Histoire de l'Allemagne : le long chemin vers l'Occident, par Heinrich August Winkler (Fayard, 2005).

Allemagne : une puissance en mutation, par Jean-Pierre Gougeon (Folio Gallimard, 2006). L'auteur dessine les nouveaux contours du pays après la réunification et face à la mondialisation.

Histoire d'un Allemand : Souvenirs 1914-1933, par Sebastian Haffner (Actes Sud, 2004). Dans un texte rédigé en 1939 et publié à titre posthume, le journaliste allemand Sebastian Haffner fait une chronique saisissante de ses expériences personnelles pendant l'époque de l'instauration du nazisme.

Mémoires allemandes, sous la direction d'Étienne François et Hagen Schulze (Gallimard, 2007). À travers l'examen des lieux de mémoire nationaux, l'ouvrage propose une plongée originale dans une Allemagne peu familière aux Français.

L'Allemagne nazie - La haine au pouvoir, par Corinne Maier (Milan, 2004). Comment le nazisme a-t-il pu naître en Allemagne ? Ce livre aborde avec justesse cet événement central du 20e siècle.

L'État SS : le système des camps de concentration allemands, par Eugen Kogon (Éd. de la Jeune Parque). L'ouvrage d'un rescapé de Buchenwald écrit en 1946, traduit en français dès 1947, qui fit date.

Histoire du IIIe Reich, par François-Georges Dreyfus (Le Livre de Poche, 1998).

Procès de Nuremberg : les nazis face à leur crimes, par Christian Delage (Arte Vidéo). Ce film nous plonge pour la première fois au cœur du procès. Un document historique rare et indispensable.

1989, le mur de Berlin s'effondre, Le Monde, (Seuil, 1999).

Biographies

Frédéric Barberousse, par Marcel Pacaut (Fayard, 1991).

Frédéric II le Grand, par Jean-Paul Bled (Fayard, 2004).

AKG_IMAGES

Hermann Hesse.

Bismarck, le révolutionnaire blanc, par Lothar Gall et Jeanne-Marie Gaillard-Paquet (Fayard, 2001).

Guillaume II, par Marc Blancpain (Perrin, 1998).

Louis II de Bavière, par Jean des Cars (Perrin, 2005).

Hitler, par Ian Kershaw *(Flammarion, 1999)*.

Pour les enfants

Auschwitz expliqué à ma fille, par Annette Wieviorka (Le Seuil, 2001).

J'ai vécu le mur de Berlin, par Philippe Démenet (Bayard Jeunesse, 2007).

Contes et légendes d'Allemagne, de Suisse, et d'Autriche, par Elena Balzamo et Reinhard Kaiser (Flies France, 2004).

ART

Le Banquet des anges, par Dominique Fernandez (Plon).

Bauhaus, par Magdalena Droste (Taschen, 2006).

Dictionnaire de la peinture allemande et d'Europe centrale (Larousse).

Dictionnaire de la musique allemande et autrichienne, collectif (Larousse, 2003).

Berlin, les années 20, par Rainer Metgzer (Hazan, 2006). Des années de créations tous azimuts dans l'art et la culture.

100 ans de cinéma allemand, par Monika Bellan (Ellipses, 2001).

LITTÉRATURE

Cette sélection privilégie largement les œuvres contemporaines portant un regard sur l'histoire récente du pays et la société. Pour les grands classiques de la littérature allemande, se reporter à la partie Culture du chapitre Comprendre *(voir p.73)*.

Effi Briest, Theodor Fontane (Gallimard). Écrite en 1895 par le fondateur du roman allemand moderne, cette œuvre relate le destin brisé d'une jeune femme adultère dans la Prusse du 19e s.

Le Loup des steppes (1927), par Hermann Hesse (LGF, 1991). Une des œuvres majeures du Nobel de littérature.

L'Honneur perdu de Katharina Blum, par Heinrich Böll (Seuil, 1974). Dans le contexte du terrorisme des années 1970, une dénonciation des abus de la grande presse allemande.

Le Tambour (1959), par Günter Grass (Seuil, 1961). À trois ans, Oscar renonce à grandir. Témoin des événements qui se déroulent à Dantzig de 1924 à 1950, il brosse un tableau grotesque et impitoyable de la condition humaine.

Le Sauteur de mur, par Peter Schneider (Grasset, 1983). Le héros du roman sait comment franchir la triple enceinte, mais revient avant l'aube à Berlin-Est. Un interrogation sur l'identité allemande par l'un des plus fins observateurs de cette société.

Bonne fête, le Turc !, par Jakob Arjouni (Fayard, 1992). Voici la première des enquêtes de Kemal Kayankaya, le « privé » d'origine turque inventé par Arjouni. Un style percutant, un personnage lucide et sans illusion dans la lignée des détectives du roman noir américain.

Le Liseur, Bernard Schlink (Gallimard, 1996). Amour, trahison, culpabilité… Derrière la relation entre Michaël et Hanna se dessine le destin d'une génération aux prises avec son passé.

Le Complexe de Klaus, par Thomas Brussig (Albin Michel, 1998). Ce roman iconoclaste relate les mésaventures de Klaus Uhltzscht, héros inconnu qui aurait joué un rôle dans la chute du Mur… Une satire incisive de la réalité socialiste.

Histoires sans gravité, un roman de la province est-allemande, par Ingo Schulze (Fayard, 1999). À travers 29 séquences de la vie quotidienne dans une ville de Thuringe après la réunification, le portrait de citoyens de l'ex-RDA confrontés à leur nouvel univers.

Le Pont de la Corne d'or, par Emine Sevgi Özdamar (Éditions Pauvert, 1999). Ce roman autobiographique raconte le périple d'une jeune fille turque arrivée à Berlin en 1966. Un document précieux sur l'immigration turque.

L'Aigle et l'Ange, par Juli Zeh (Belfond, 2004). L'un des écrivains les plus novateurs de la littérature allemande, entre Bret Easton Ellis et Michel Houellebecq, livre dans ce thriller un constat terrible de la déliquescence de nos sociétés.

Racaille, par Feridun Zaimoglu (Stock, 2004). Une histoire vraie, celle d'Ertan Ongun, 25 ans, d'origine turque, né en Allemagne qui raconte sa vie où se mêlent drogue, crime, sexe et prison.

La Traversée des fleuves, par Georges-Arthur Goldschmidt *(Seuil, 1999)*. Traducteur de Nietzsche, Goethe, Kafka et Handke, l'auteur raconte sa douloureuse histoire : celle d'un enfant né dans une famille de la grande bourgeoisie à laquelle le nazisme allait dramatiquement rappeler son origine juive.

Les Arpenteurs du monde, par Daniel Kehlmann (Actes Sud, 2007). Un livre érudit et drôle qui brosse le portrait de deux fous de science du début du 19e s., le géographe Alexander von Humboldt et le mathématicien Carl Friedrich Gauss.

Les Émigrants, par W.G. Sebald (Actes Sud, 1999). Entre enquête et fiction, la vie de quatre personnes qui ont dû quitter l'Allemagne pendant la première moitié du 20e s pour l'Angleterre ou les États-Unis.

BANDE DESSINÉE

Astérix et les Goths, René Goscinny (scénario) et Albert Uderzo (dessin). Troisième album de la série publié en 1963, où la séparation entre Wisigoths et Ostrogoths fait surtout allusion à la division de l'Allemagne.

Quelques disques

Bertolt Brecht (EPM, 2006). Des extraits de *L'Opéra de quat' sous* et autres pièces mises en musique par Kurt Weil.

Der Rebell, par Hannes Wader (Koch Universal, 1999). Un poète à la guitare entre engagement politique et traditions.

Trans-Europe Express, par Kraftwerk (Capitol Records, 1989). Un des précurseurs de la musique électronique.

Doldinger Jubilee, par Klaus Doldinger (WM Germany, 1990). Un aperçu du style du saxophoniste de jazz.

Quelques films

Ces films sont tous disponibles en DVD.

L'Ange bleu, de Josef Von Sternberg (1930).

Les Larmes amères de Petra von Kant, de Fassbinder (1972).

L'Énigme de Kaspar Hauser, de Werner Herzog (1974).

Le Tambour, de Volker Schlöndorff (1979).

Heimat, d'Edgar Reitz (1984).

Les Ailes du désir, de Wim Wenders (1987).

Good Bye, Lenin !, de Wolfgang Becker (2003).

Head On (Gegen die Wand), Fatih Akin (2003).

Rossenstrasse, de Margarethe von Trotta (2004).

La Chute (Der Untergang), d'Olivier Hirschbiegel (2005).

La Vie des autres, de Florian Henckel von Donnersmarck (2006).

Sophie Scholl - Les derniers jours, par Marc Rothemund (2005).

Festival du cinéma allemand – Paris (chaque année en octobre) www.festivalcineallemand.com

À la télévision

Branchez-vous sur **Arte** pour suivre vos émissions préférées en version originale ou connectez-vous à son site Internet (www.arte.tv). À suivre impérativement, le magazine de Claire Doutriaux, *Karambolage*, tous les dimanches à 20h. Un mot, un objet, une image, une coutume, une onomatopée... : l'émission se penche avec humour sur les particularités de la culture quotidienne française et allemande (livre et DVD disponibles).

Pour retrouver l'Allemagne

RESTAURANTS - ÉPICERIES

Le Stübli – 11 r. Poncelet - 75017 Paris - ✆ 01 42 27 81 86.

Tante Emma Laden – Marché Saint Quentin - 85 bis bd Magenta - 75010 Paris - ✆ 01 42 56 51 17 - www.tante-emma-laden.fr.

LIBRAIRIES

Info-Buch – 23, rue des Blancs Manteaux - 75004 Paris - ✆ 01 48 04 04 47

Librairie Buchladen – 3, r. Burq - 75018 Paris - ✆ 01 42 55 42 13

Marissal – 42 r. Rambuteau - 75003 Paris - ✆ 01 42 74 37 47 - www.marissal.com

ÉVÉNEMENTS

Le CIDAL propose tous les trois mois un calendrier contenant une sélection des manifestations culturelles sur l'Allemagne en France. Consultez le site : www.amb-allemagne.fr/cidal.

Les instituts Goethe proposent également toutes sortes de rencontres culturelles *(voir coordonnées p.18)*.

REVUES

Paris-Berlin, le news magazine franco-allemand - www.magazine-paris-berlin.com

À Potsdam, le château de Sans-Souci et ses jardins en terrasse.

J. Malburet/MICHELIN

COMPRENDRE L'ALLEMAGNE

PAYSAGES ET RÉGIONS

Au cœur de l'Europe, délimitée au sud par les Alpes et au nord par la mer Baltique, l'Allemagne est pratiquement dépourvue de frontières naturelles à l'ouest et à l'est. Cette large ouverture aux échanges a marqué profondément son histoire et sa civilisation. Le territoire allemand offre une grande diversité de richesses naturelles : montagnes boisées, majestueuses forêts de bouleaux protégés, chênes millénaires, marais salants, marécages, tourbières, dunes, prairies et landes.

BREMER TOURISTIK-ZENTRALE

Falaise de grès rouge sur l'île de Helgoland.

Trois grandes régions naturelles

L'ALLEMAGNE DU NORD

Au nord du pays, l'immense plaine germano-polonaise, formée par les glaciations du quaternaire, doit à son socle cristallin résistant de n'avoir pas été profondément touchée par les plissements hercyniens et alpins.

La basse vallée du Rhin et la Westphalie – Verdoyante et plate, mais à l'abri des inondations, la plaine du Rhin inférieur évoque, par ses maisons confortables, la Hollande voisine. On retrouve un paysage semblable autour de Münster, dans la plaine bocagère de la Westphalie qui offre, en outre, l'attrait de ses nombreux châteaux à douves (Wasserburgen).

La grande plaine du Nord – Malgré sa structure uniforme, cette vaste région, qui s'étend pour sa partie allemande de l'Ems à l'Oder, présente une certaine diversité de paysages. Au sud, au pied des dernières hauteurs de la Weser et du Harz, entre la Weser et l'Elbe, s'étendent les campagnes des Börde dont une couverture de lœss (limon très fin et fertile déposé par le vent) assure la fertilité légendaire. Cette zone très peuplée est favorisée par son sous-sol riche en minerai de fer et en potasse. Plus au nord, la région de la Geest, de part et d'autre de l'Elbe, doit aux glaciers scandinaves qui la recouvraient encore à l'époque paléolithique, un drainage insuffisant et des sols trop sablonneux ; entre Berlin et la Baltique, le plateau du Mecklembourg est parsemé de lacs peu profonds et entrecoupé de dépôts morainiques témoins de la présence prolongée du front glaciaire. À l'ouest de la Basse-Weser et dans la région de Worpswede, au nord de Brême, les tourbières (Moor), dont la plupart ont été mises en culture après leur assainissement par drainage, font parfois place à des herbages très humides. La région située au sud de Lunebürg conserve, grâce à l'existence d'une réserve naturelle, un paysage de lande intact.

La côte de la mer Baltique – La côte allemande de la mer Baltique, qui s'étend de Flensburg jusqu'à l'estuaire de l'Oder (Stettiner Haff), est un paysage de moraines, qui présente à plusieurs endroits des éminences de plus de 100 m d'altitude. Vu la faible amplitude des marées de la mer Baltique, dont la profondeur moyenne n'est que de 55 m, cette côte n'a subi que des altérations relativement minimes. C'est pourquoi de nombreuses villes riches en tradition ont pu s'établir ici. Entre les baies de Lübeck et de Kiel, on trouve la Suisse du Holstein, vestige glaciaire d'une moraine frontale profonde qui a donné naissance à une succession de lacs et de collines. Plus à l'est, la côte est caractérisée par des golfes découpés et peu profonds (Bodden) datant de la période postglaciaire. Quatre îles gardent la côte, la plus importante étant Rügen.

La côte de la mer du Nord – Cette côte, qui s'étend des Pays-Bas au Danemark, est soumise par le vent et les vagues à d'incessantes mutations. Les marées (qui se répètent toutes les 12 heures, 25 minutes et 53 secondes) font monter et descendre le niveau de la Wattenmeer (le nom allemand de cette mer côtière) de 2 à 3,50 m. Plusieurs groupes d'îles longent la côte, immenses étendues de vase d'une largeur de 5 à 30 km recouvertes d'eau à marée haute et délaissées à marée basse. Le système écologique de la Wattenmeer héberge quelque 2 000 espèces animales, allant du phoque jusqu'à de minuscules organismes dont la taille ne dépasse pas le dixième de millimètre. Derrière la côte s'étend une large bande d'anciens polders, les Marschen, endigués par l'homme au cours des siècles. Les marées y avaient accumulé dans des temps plus lointains des masses de sable fin auxquelles étaient incorporées des substances végétales et animales, qui constituaient la base des sols riches des Marschen, dont l'agriculture tire profit aujourd'hui. Puis viennent les collines de la Geest, moins fertiles, constituées de détritus d'origine glaciaire : sables, graviers, glaises et éboulis. Dans les dépressions s'étirent de vastes marais, partiellement cultivés. C'est au fond des interminables estuaires de l'Elbe et de la Weser que se trouvent les deux principaux ports allemands : Hambourg et Brême.

L'ALLEMAGNE CENTRALE

À l'ère primaire, le formidable plissement hercynien a créé, au centre de l'Allemagne actuelle, un ensemble complexe de petits massifs, aujourd'hui usés et en grande partie boisés, et de dépressions. En bordure de cette zone hercynienne se sont accumulés les dépôts houillers de la Ruhr et de la Silésie, qui ont permis l'essor industriel de l'Allemagne au 19e s.

Le Massif schisteux rhénan – Ce massif ancien, entaillé par le Rhin (qui constitue la seule véritable voie de communication entre le nord et le sud du pays), la Moselle et la Lahn, se compose de l'Eifel, du Westerwald, du Taunus et du Hunsrück. Ces différents blocs se caractérisent par la rudesse de leur climat. L'Eifel forme un plateau bien connu pour ses lacs de cratère ou Maare. Le Haut-Sauerland (841 m), montagne couverte de forêts, joue, grâce à ses barrages, le rôle de réserve d'eau pour la région industrielle de la Ruhr.

Les monts de la Haute-Hesse et de la Weser – Entre le Massif schisteux rhénan et la forêt de Thuringe (Thüringer Wald) règne un dédale de hauteurs, parfois volcaniques (Vogelsberg, Rhön), et de bassins qui ont été utilisés comme voies de passage, depuis les premières invasions, entre l'Allemagne du Nord et l'Allemagne du Sud. Les monts de la Weser, prolongés à l'ouest par le Teutoburger Wald, forment entre la Westphalie et l'Allemagne du Nord un obstacle que l'on franchit le plus aisément à la Porta Westfalica, près de Minden. Plus à l'est, les monts Métallifères (Erzgebirge) servent de frontière naturelle avec la République tchèque.

Le Harz – Ce massif relativement élevé, situé au cœur de l'Allemagne (point culminant : 1 142 m au Brocken), jouit d'un climat de montagne, caractérisé par d'importantes chutes de neige en hiver.

L'ALLEMAGNE DU SUD

Au sud, le domaine alpin du pays se limite aux Préalpes bavaroises dont les débris arrachés et broyés par les dernières glaciations quaternaires ont formé le Plateau bavarois, vaste glacis qui s'étend jusqu'au Danube.

La plaine du Rhin supérieur – De Bâle à la trouée de Bingen, un sol de lœss très fertile et un climat peu pluvieux, aux printemps précoces et aux étés très chauds, ont permis le développement de cultures riches (blé, houblon, tabac) et aussi celui de la vigne.

La Forêt-Noire – Ce bloc cristallin (1 493 m au Feldberg) dominant le fossé du Rhin est relativement peuplé. Un climat privilégié et d'importantes ressources thermales lui assurent une forte fréquentation touristique.

Le bassin souabe-franconien – La Franconie, constituée de vastes plateaux faiblement ondulés, est bordée au sud-est par le petit massif calcaire du Jura franconien d'où l'on extrait la plus belle pierre de revêtement d'Allemagne, et au nord et au nord-est par les massifs cristallins, très boisés, des confins de Bohême et de Thuringe. La Souabe, ancien domaine des rois de Wurtemberg, offre une grande variété de paysages vigoureux, barrés au sud par la ligne bleue du Jura souabe qui culmine à 874 m. Les petites vallées, égayées par la vigne et les vergers, alternent avec de modestes reliefs boisés.

Les Alpes et le Plateau bavarois – Les Alpes bavaroises et les Alpes de l'Allgäu présentent de beaux contrastes entre le vert sombre de leurs forêts et les tons gris des parois rocheuses escarpées. La Zugspitze, point culminant de l'Allemagne, atteint 2962 m. Descendus des Alpes, de gros torrents ont façonné, sur le Plateau bavarois qui s'incline doucement jusqu'au Danube, des couloirs propices aux cultures et au développement des villes (Ulm, Augsbourg, Munich).

Une nature préservée

Bien que densément peuplée et fortement industrialisée, l'Allemagne offre encore une large place à la nature. Les forêts recouvrent 29 % du territoire (soit 10,7 millions d'hectares). La forêt bavaroise constitue ainsi le plus grand espace de montagnes boisées en Europe centrale et la Forêt-Noire conserve toujours un caractère sauvage.

L'Allemagne compte 15 **parcs nationaux**, qui permettent de découvrir des espaces naturels conservés dans leur aspect originel, et plus de 90 **parcs naturels**, qui, outre leur vocation de protection de la nature, ont été aménagés et sont utilisés par l'homme, avec pour mission la préservation des coutumes, de l'artisanat et de l'architecture locale traditionnels. Dans les Parcs nationaux du Schleswig-Holstein ou de la Lagune hambourgeoise, on peut ainsi observer parmi les plus grandes régions de lagunes au monde ; ceux de la Lagune de Basse-Saxe ou de Jasmund abritent marais salants et autres marécages mais aussi les falaises de craie abruptes, immortalisées par le peintre Caspar David Friedrich. Quant au Parc national du Harz, au nord de l'Allemagne – l'un des plus fréquentés et qui représente une zone de loisirs importante – il compte pas moins de six zones de végétations différentes, avec des écosystèmes proches de leur état naturel primitif tels que tourbières ou biotopes rocheux.

La **faune** locale reste très proche de celle rencontrée dans le reste de l'Europe, mais avec une grande variété du monde ornithologique. Une grande partie des espèces d'oiseaux recensés en Europe centrale a ainsi élu domicile au Parc national de Kellerwald-Edersee ou encore dans le Parc de la Lagune hambourgeoise. Outre les balbuzard, grue, grand tétras, gélinotte, chouette passériforme, pic épeiche et autres colonies d'oiseaux marins, certaines espèces d'oiseaux protégés, tels que la cigogne noire ou la rousserolle, ou réintroduits, comme le grand duc, peuvent être observées. Les rapaces ne sont pas en reste puisque le rarissime aigle des mers, menacé de disparition, ou le tout aussi unique aigle royal se sont réfugiés dans certaines régions. Le Parc de Poméranie occidentale « Bodden » abrite ainsi le plus grand lieu de nidification de grues cendrées d'Europe (près de 30000 chaque année).

Enfin, des expériences pionnières de pâturage (Parc national de Müritz) permettent de préserver des communautés d'animaux menacées de disparition en Europe centrale ou en Europe du Nord, comme les vaches de Fjeld suédoises et les moutons de Gotland.

Animals-Animals/SUNSET

Le Parc national de Berchtesgaden.

HISTOIRE

Longtemps divisée en une multiplicité d'États autonomes, dont les limites et les régimes n'ont cessé de se modifier au cours des siècles, l'Allemagne n'a réalisé que tardivement son unité. Son cheminement vers une démocratie libérale et un système parlementaire stable fut long et parsemé d'épisodes douloureux. Mais cette nation si diverse, marquée par le féodalisme et qui maintient encore des pouvoirs régionaux forts, est devenue aujourd'hui l'un des principaux fers de lance de l'unité européenne.

BILDARCHIV PREUSSISCHER KULTURBESITZ

L'empereur Charles IV et les sept princes-électeurs (armorial vers 1370).

Des origines à la Germanie franque

LA PRÉHISTOIRE

La présence d'hominidés sur le territoire allemand est attestée dès l'époque préhistorique. Les premiers ossements humains, datés de 400 000-500 000 ans, ont été retrouvés non loin de la ville de Heidelberg, où vécut l'*Homo heidelbergensis*. Mais c'est près de Düsseldorf que fut exhumé le fameux homme de Neandertal, il y a environ 100 000 ans. La période néolithique a livré, sur les rives du lac de Constance, des traces de cités lacustres remontant à 8 000 ans. L'Allemagne est ensuite occupée par des populations celtes au cours du premier millénaire av. J.-C.

Musée du Palatinat électoral, à Heidelberg.

ROMAINS ET GERMAINS

Dès ce premier millénaire av. J.-C., les peuplades germaniques, venues de Scandinavie, progressent peu à peu vers le sud. Ayant franchi le Rhin, elles se heurtent au monde celtique, avant d'être contenues puis repoussées par les Romains. Les légions romaines tiennent en effet la ligne du Rhin et du Danube sur laquelle elles ont établi des colonies au 1er s. av. J.-C. ; celles-ci donneront naissance à des villes comme Trèves, Mayence ou Cologne.

Les Germains ne tardent pas à constituer une menace sérieuse pour Rome qui doit à plusieurs reprises réagir militairement à leurs tentatives d'expansion. En l'an 9 apr. J.-C., le général romain Varus est même battu par **Arminius** (qui sera considéré comme un héros national sous le nom d'Hermann), qui conduit la révolte des Chérusques. Afin de défendre le territoire compris entre Rhin et Danube, les Romains bâtissent le **limes** au 2e s. Cette ligne de frontière fortifiée établit une claire partition entre la Germanie « barbare » et celle soumise à Rome. Mais à la fin du 4e s., la pression des tribus germaniques devient trop forte pour l'empire romain affaibli. Bousculés par les Huns venus d'Asie, les Goths, les Vandales, les Francs, les Lombards et autres tribus franchissent l'Elbe. Ils déferlent bientôt sur Rome après avoir rompu le limes.

La Porta Nigra et les thermes à Trèves, le Musée romain germanique à Cologne et à Mayence.

L'EMPIRE DES FRANCS

Au début du 6e s., **Clovis**, roi des Francs (tribu installée à l'origine à l'embouchure du Rhin), se convertit au christianisme. Il soumet, à l'est, les Alamans, et colonise le territoire qui deviendra la Franconie. **Charlemagne**, après avoir soumis les Saxons et les Bavarois, est couronné empereur à Rome par le pape, en l'an 800. Il entend ainsi prendre l'héritage légitime de l'Empire romain, dans l'ancienne Gaule et en Germanie. L'éclatement de l'Empire carolingien intervient peu de temps après la disparition de Charlemagne (814). Le **traité de Verdun**, en 843, donne ainsi naissance à la Francie orientale – ou royaume de Germanie – attribuée à Louis le Germanique. Cette partition s'explique notamment par la diversité linguistique et culturelle de l'empire dont l'unité, toute politique, reposait sur la seule personne de l'empereur ; elle consacre en tout cas l'affaiblissement du pouvoir central alors que se constituent des duchés émancipés de la tutelle impériale. En 911, les Francs de l'est choisissent un roi de Germanie parmi les leurs et commencent à se différencier de la nation des Francs de l'Ouest, future France.

La cathédrale d'Aix-la-Chapelle et le trésor de la cathédrale.

L'Allemagne médiévale

LE SAINT-EMPIRE ROMAIN GERMANIQUE

Soucieux de réaliser l'unité du royaume en rassemblant ses différentes composantes politiques, Henri Ier obtient de l'ensemble des grand électeurs que son fils Othon soit désigné comme son successeur. Othon Ier (empereur de 936 à 973) rétablit, à Rome, l'Empire romain d'Occident comprenant les royaumes de Germanie, d'Italie puis, à partir de 1032, le royaume de Bourgogne ; il fonde, animé par la volonté d'unir pouvoirs temporel et spirituel, le Saint-Empire romain germanique.

La **couronne impériale** est élective, et tout candidat doit détenir une vertu dynastique par l'appartenance à une lignée souveraine. La Diète réunissant les ducs, comtes et hauts prélats élit le roi des Romains, qui ne devient empereur qu'une fois sacré à Rome par le pape. Les empereurs s'efforceront de maintenir la couronne dans leurs familles en faisant, de leur vivant, élire leurs fils rois

J. Remmer / BILDARCHIV PREUSSISCHER KULTURBESITZ

Buste reliquaire de Charlemagne.

des Romains, pratique qui deviendra définitive avec les Habsbourg. Ne disposant pas d'institutions centralisées pour gérer un empire qui s'étend de la Sicile à la mer Baltique et du Rhône à la Pologne, ils s'assurent, par des donations territoriales et l'octroi de privilèges, de la fidélité des comtes et des ducs, sur qui repose l'administration de l'Empire, sa sécurité et son expansion vers l'est. Fonctionnaires et vassaux de l'empereur, ces seigneurs disposent de puissantes prérogatives qui échappent rapidement au contrôle impérial et deviennent l'apanage de l'aristocratie laïque.

En outre, l'empereur dispose, selon la tradition carolingienne et de par le sacre, d'un pouvoir religieux ; il peut ainsi réunir les conciles, décider les affaires de l'Église, confirmer ou casser l'élection des papes et intervenir dans l'attribution des évêchés. Cette situation provoque inévitablement des querelles avec la papauté.

LA LUTTE DU SACERDOCE ET DE L'EMPIRE

Énergique réformateur de l'Église, le pape Grégoire VII, élu en 1073, remet en cause la tutelle impériale sur la papauté. Il entend mettre un terme à l'investiture des ecclésiastiques par les laïcs.

Cette **querelle des Investitures** affaiblit considérablement l'Empire et ébranle la chrétienté. Elle prend fin avec le **Concordat de Worms** (1122) par lequel l'empereur renonce à la nomination des évêques et des abbés ; les terres du Saint-Siège sont affranchies de sa suzeraineté. Se présentant comme le successeur de Charlemagne et de Othon Ier, **Frédéric Ier**

Barberousse (1152-1190) s'emploie à renforcer le pouvoir impérial et à limiter le pouvoir pontifical au domaine spirituel. Petit-fils de Barberousse, Frédéric II (1212-1250) doit sa couronne au puissant pape Innocent III. Négligeant l'Allemagne, il se consacre à la constitution d'un domaine familial en Italie (royaume des Deux-Siciles) qui, à sa mort, se détache du Saint Empire.

La **Bulle d'or**, en 1356, institue l'élection impériale par un collège de trois électeurs ecclésiastiques (archevêques de Mayence, Cologne et Trèves) et de quatre électeurs laïcs (duc de Saxe, margrave de Brandebourg, comte palatin, roi de Bohême).

La Bulle d'or

Promulguée par l'empereur **Charles V** de Luxembourg, la Bulle d'or, considérée comme l'une des premières constitutions occidentales, jette les bases d'un État moderne. Elle définit les cadres institutionnels qui instaurent une monarchie à caractère électif, fédéral et laïc ne laissant à l'empereur qu'un pouvoir limité. Elle restreint également l'assemblée des princes-électeurs afin de favoriser le pouvoir de certaines puissances territoriales.

Si la lutte entre la papauté et l'Empire permet progressivement la constitution en Allemagne d'États ecclésiastiques, dans le même temps les concessions accordées aux princes par l'empereur confortent les pouvoirs seigneuriaux dans une large autonomie : la détention d'une autorité publique et de fiefs, auxquels l'hérédité a été accordée en 1176, inclut une pleine liberté d'action et des droits régaliens. Une prolifération d'alliances privées et de liens de fidélité se nouent indépendamment des relations déjà existantes avec l'empereur. Les princes allemands profitent de la période dite du **Grand Interrègne** (1250-1273), qui voit l'élection de deux empereurs non allemands, pour accroître leur puissance. C'est également au cours de cette période qu'est fondée la **Ligue hanséatique**, union de défense des villes commerçantes.

L'octroi de privilèges aux princes, aux grands prélats et aux villes, parallèlement à l'habitude prise par les seigneurs de partager leurs fiefs entre leurs héritiers, conduit à la formation d'un conglomérat d'États qui seront au nombre de 350 au 16e s. et parmi lesquels se détachent trois grandes puissances rivales qui, par leur situation géographique, créent un équilibre dans l'Empire : la Bavière, le Brandebourg et la Saxe.

Bavière, Brandebourg et Saxe au Moyen Âge – La Bavière et la Saxe ont le statut de duchés ; d'abord nommé margraviat, le Brandebourg s'étend progressivement vers l'est et ne deviendra duché que lors de sa réunion avec la Prusse en 1618.

Sur ces trois États s'établit un système commun : l'attribution d'un territoire à une grande dynastie – **Wittelsbach** en Bavière, **Hohenzollern** au Brandebourg et **Wettiner** en Saxe – qui s'affermit ensuite soit par des mariages, soit par des conquêtes, soit par des donations. À tour de rôle, ces trois duchés sont les puissances territoriales prépondérantes en Allemagne, et renforcent leur autorité non seulement par l'accession momentanée à la dignité impériale, mais aussi par le choix d'un régime institutionnel spécifique à chacun d'eux. Ainsi le Brandebourg établit-il un État centralisé fondé sur la force d'une armée permanente, tandis que la Bavière et la Saxe conservent le principe du fief.

La Ligue hanséatique

La Ligue hanséatique ou Hanse (de « hansen », s'associer), désigne l'union de cités commerçantes qui dominèrent les échanges de l'Europe du Nord, ainsi que l'axe commercial stratégique mer du Nord-mer Baltique. Elle naît en 1241 avec l'alliance nouée par Hambourg et Lübeck. Ces deux villes ne tardent pas à s'associer à la Flandre, en particulier à Bruges qui joua un rôle de premier plan dans le développement de la Hanse. Dirigée par une diète réunissant des représentants des cités membres, la ligue regroupe bientôt plus de 80 villes, chacune fournissant à l'association son contingent militaire et sa contribution en argent. La Hanse connaît, jusqu'à la fin du 15e s., une remarquable prospérité, exerçant un contrôle étroit sur le commerce du Nord de l'Europe. Son déclin s'amorce avec la découverte de l'Amérique et l'expansion de la puissance maritime de la Hollande et de l'Angleterre. La dernière diète se réunit en 1669, alors que la ligue, très affaiblie par la guerre de Trente Ans, n'est plus que l'ombre d'elle-même.

La dynastie des Habsbourg

Héritant d'un empire ravagé par la peste noire, Albert V, duc d'Autriche et comte de Habsbourg, est élu empereur sous le nom d'**Albert II** en 1438. Il inaugure ainsi le règne des Habsbourg qui va s'étendre sur plus de trois siècles. Cette période, au cours de laquelle l'empire est sans cesse menacé de morcellement, est aussi marquée par un intense développement économique. Ainsi voit-on se constituer, à la fin du 15e s., de puissantes dynasties de banquiers comme les **Fugger**, créanciers des Habsbourg.

Par son mariage avec Marie de Bourgogne (1477), le futur **Maximilien Ier** hérite de vastes territoires. Il étend plus tard sa domination aux Pays-Bas grâce au traité d'Arras (1482) et, par un jeu d'alliances tactiques, fait des Habsbourg les héritiers des Rois Catholiques d'Espagne. À la mort de Maximilien, en 1519, la couronne impériale proposée au roi de France François Ier est finalement attribuée à **Charles Quint** qui hérite du trône d'Espagne et de Bourgogne.

Les empereurs tentent des réformes afin de limiter l'hégémonie des États dynastiques ; maîtres du titre impérial, les Habsbourg s'évertuent à arrondir leurs domaines par la pratique d'une fructueuse politique matrimoniale et rétablissent habilement le principe héréditaire. À la veille de la Réforme, on distingue toujours trois étages du pouvoir dans le Saint Empire ; outre la **dignité impériale**, conférée au plus puissant des États territoriaux, il faut compter avec les **princes** à la tête des États autonomes, et les **villes** qui, en constituant des alliances du type de la Hanse, tendent à s'affranchir du pouvoir des princes.

L'église Ste-Anne et la cité Fuggerei à Augsbourg.

LE FAIT RELIGIEUX À L'ÉPOQUE MODERNE

Dès le 15e s., l'adhésion de grandes dynasties à la nouvelle confession établie par **Martin Luther** est à l'origine de nombreux conflits entre l'empereur et certains grands qui s'unissent dans des ligues.

Réunis à Augsbourg par Charles Quint en 1530, les deux camps ne parviennent pas à s'entendre. **Melanchthon** rédige, au nom des luthériens, la *Confession d'Augsbourg* qui deviendra la charte du protestantisme. La nouvelle confession privilégie le rapport direct à Dieu, dans l'Écriture au détriment des directeurs de conscience : le salut est avant tout affaire de libre examen. Il faut attendre 1555 et

Luther, le père de la Réforme

En 1503, Martin Luther (1483-1546) entre au couvent des augustins d'Erfurt. Nommé professeur de théologie, il trouve dans l'Écriture, vers 1512-1513, la réponse cherchée : « L'Homme se justifie par la Foi, sans les œuvres de la Loi. » Le salut de l'homme, qui le tourmente, est selon lui assuré par la grâce de Dieu, à laquelle il répond par la Foi. Cette position l'amène à s'attaquer au trafic des indulgences et, le 31 octobre 1517, il affiche sur les portes de l'église de Wittenberg 95 thèses condamnant ces pratiques et rappelant la place primordiale du sacrifice de la croix et de la grâce de Dieu. Invité par le pape à se rétracter, il refuse et brûle, en 1521, la bulle pontificale le menaçant d'excommunication. Luther s'en prend ensuite aux sacrements, oppose à la primauté des clercs dans le domaine spirituel le sacerdoce universel des chrétiens conféré par le baptême, et critique l'Église dans ses institutions et sa hiérarchie. Ayant refusé de se rétracter, il est mis au ban de l'Empire et ses œuvres sont brûlées.

BILDARCHIV PREUSSISCHER KULTURBESITZ

Bible de Luther de 1534 (Greiz).

la **paix d'Augsbourg** (« à tel pouvoir, telle confession ») pour que le protestantisme soit reconnu officiellement dans les États de l'Allemagne du Nord.

Bavière, Brandebourg et Saxe au 16e s. – Très vite, Brandebourg et Saxe optent pour les thèses luthériennes. Le duc de Saxe, **Frédéric le Sage**, offre son hospitalité à Luther, qui traduit la Bible en allemand, traduction qui est considérée comme la première œuvre littéraire en allemand moderne. Albert de Hohenzollern, grand maître de l'ordre des chevaliers Teutoniques, dont les territoires s'étendaient de la Vistule à la Lituanie, tire argument des principes posés par Luther pour séculariser ces biens à son profit et fonder le duché de Prusse en 1525. La Bavière pour sa part reste catholique, autant par conviction religieuse que par opposition à la seconde branche des Wittelsbach, qui règne sur le Palatinat, bénéficie du rang électoral et a choisi le protestantisme. Elle se pose en championne du catholicisme, prend la tête de la Contre-Réforme et de la **Ligue catholique**, tandis que la Saxe et le Brandebourg participent à l'**Union évangélique** patronnée par l'électeur palatin.

LA GUERRE DE TRENTE ANS

L'affrontement de l'Union évangélique et de la Ligue catholique marque le début de la guerre de Trente Ans (1618-1648) qui, par le jeu des alliances, s'étend aux grandes nations d'Europe (notamment la France, l'Angleterre et la Suède). À la mort sans héritier direct de l'empereur Mathias II, en 1618, les États de Bohême refusent de reconnaître pour roi Ferdinand d'Autriche, héritier légitime, et élisent l'électeur palatin Frédéric V. La Défenestration de deux représentants impériaux à **Prague** met le feu aux poudres.

La première phase de la guerre (1618-1623) s'achève par la défaite de Frédéric à la Montagne Blanche. La seconde phase (1625-1629), au cours de laquelle le Danemark emmène les troupes protestantes, se conclut aussi par la victoire de l'empereur. Invoquant l'oppression dont sont victimes les protestants allemands, le roi de Suède Gustave Adolphe intervient à son tour en 1630, mais il est tué à Lützen deux ans plus tard. Alliée de la Suède, la France entre à son tour dans le conflit. Les victoires françaises à **Rocroi** (1643) et à **Lens** (1648) contraignent l'empereur Ferdinand III à signer la paix. Les **traités de Westphalie** (1648) règlent les différends religieux et donnent aux États protestants l'occasion d'étendre leurs territoires. Un 8e électorat est créé au profit de l'électeur palatin, qui avait été dépouillé de son titre par le duc de Bavière.

Sur fond de justifications confessionnelles, la guerre de Trente Ans a constitué une lutte intérieure contre le pouvoir impérial, doublée d'une guerre européenne contre les Habsbourg régnant à Madrid et à Vienne. Pour un pays comme la France, il était vital en effet que les Habsbourg, déjà maîtres de l'Espagne, de l'Italie et des Pays-Bas, n'aient pas la haute main sur l'Allemagne. Mené essentiellement sur le territoire allemand, le conflit a dévasté les campagnes et saccagé les grandes villes, provoquant la ruine de l'économie.

L'ASCENSION DE L'AUTRICHE ET DE LA PRUSSE

Les Habsbourg s'emploient, après la guerre de Trente Ans, à restaurer leur puissance mise à mal par le conflit. Menant une politique d'expansion active vers le sud-est, l'Autriche rattache la Hongrie à la couronne puis la Transylvanie, la Slovénie, la Croatie, Belgrade et une partie de la Serbie.

Cette période voit aussi l'émergence d'un pouvoir politique fort et concurrent en Prusse autour de la famille des **Hohenzollern**.

Après avoir hérité en 1618 du duché de Prusse, le margrave de Brandebourg obtient aux traités de Westphalie, entre autres territoires, la Poméranie orientale : en trente ans, ses possessions ont triplé et l'État prusso-brandebourgeois est devenu la deuxième puissance territoriale de l'Empire après l'Autriche. Oscillant sans cesse entre l'alliance et l'opposition à la France, l'électeur **Frédéric-Guillaume** (1640-1688) met à profit un engagement mesuré dans les guerres avec Louis XIV pour consolider cet État, l'organiser et le développer. Il favorise considérablement le développement de Berlin en donnant asile à des milliers de huguenots français poussés à l'exil par la **Révocation de l'édit de Nantes** en 1681. Second roi de Prusse, son petit-fils, **Frédéric-Guillaume Ier** (1713-1740), dit le **« Roi-Sergent »** poursuit son œuvre. La guerre de Succession d'Autriche permet à **Frédéric II** d'acquérir la Silésie en 1742. En effet, malgré la Pragmatique Sanction, selon laquelle Marie-Thérèse doit succéder à son père Charles VI, le trône impérial est revendiqué par le duc-électeur de Bavière, soutenu par la France. Sans attendre que ne se déclenche le prévisible conflit général,

Frédéric II envahit la Silésie, que **Marie-Thérèse** lui cède afin de se consacrer à la guerre contre la Bavière et la France. Cette cession est entérinée par le traité d'Aix-la-Chapelle en 1748. La lutte pour l'hégémonie en Allemagne va désormais se circonscrire entre la Prusse des Hohenzollern (représentée, en cette fin de 18e s., par Frédéric II, ami des philosophes et incarnation du despotisme éclairé) et l'Autriche des Habsbourg (dominée par une Marie-Thérèse peu sensible aux Lumières et catholique intransigeante) : la Saxe s'épuise à tenter de conquérir la Pologne ; la Bavière, éliminée après la guerre, prépare sa réunion avec le Palatinat, et l'électeur de Hanovre, qui apparaissait comme une puissance montante, se désintéresse de l'Allemagne après avoir hérité du trône de Grande-Bretagne.

Le château de Nymphenburg, près de Munich.

LA FIN DU SAINT-EMPIRE

La Révolution française rencontre d'abord des échos très favorables dans la classe intellectuelle allemande. Cependant, les excès de la Terreur ne tardent pas à susciter la réprobation. Résolus à soutenir Louis XVI, les Prussiens envahissent la France mais sont défaits à **Valmy** (septembre 1792). Les **guerres napoléoniennes** bouleversent la structure de l'Allemagne. Lors du traité de Lunéville en 1801, la France acquiert la rive gauche du Rhin, dépossédant un nombre important de princes d'Empire auxquels devaient être versées des indemnités territoriales prélevées sur la rive droite. C'est pourquoi Napoléon fait établir un projet de redistribution (adopté par la Diète d'Empire en 1803) qui repose essentiellement sur la suppression de tous les États ecclésiastiques et de 46 villes libres sur 52, et réduit à 39 le nombre d'États au sein de l'Empire germanique. Ces compensations s'avèrent parfois avantageuses pour certains États : la Prusse, qui perd 127 000 sujets sur la rive gauche, en récupère 500 000 en recevant des territoires en Westphalie.

Après le traité de Presbourg, fin 1805, qui rejette l'Autriche hors d'Allemagne, la Bavière, la Saxe et le Wurtemberg sont élevés au rang de royaumes. Seize États de l'Allemagne du Sud et de l'Ouest entrent dans la **Confédération du Rhin**, créée par Napoléon en 1806 pour affaiblir l'Autriche, et s'excluent ainsi de l'Empire. Le 6 août 1806, François II renonce à sa couronne et prononce la dissolution du Saint-Empire.

Vers l'unité allemande

Face à la Confédération du Rhin qui avait fini par regrouper 37 des États, la Prusse se pose en championne de la libération nationale, parvenant à rallier l'ensemble des Allemands, qui participent tous à la **bataille des Nations** et à la défaite des troupes françaises à Leipzig (1813). Cependant, le souci de maintenir le morcellement de l'Allemagne et le refus des princes de céder la moindre parcelle qu'ils devaient à Napoléon conduit à la création de la Confédération germanique.

LA CONFÉDÉRATION GERMANIQUE

Constituée au **congrès de Vienne** (1814-1815), elle regroupe trente-cinq États ou « villes libres » conservant leur

AKG-IMAGES

La canonnade de Valmy (1792).

autonomie interne et représentés par une « Diète » de onze membres désignés par les gouvernements, siégeant à Francfort-sur-le-Main sous la présidence de l'Autriche ; **Metternich**, Rhénan devenu chancelier d'Autriche, arbitre en fait cette fédération dont la formule surannée heurte les libéraux allemands. Cependant, la création en 1834 d'une union douanière **(Zollverein)** conduite par la Prusse constitue une étape vers l'unité par le biais de la solidarité économique. La réunion d'un Parlement national allemand à Francfort (1848-1849), à la suite des troubles de 1848, reste un épisode sans lendemain.

L'ÈRE BISMARCK

Huit ans suffisent à Bismarck, nommé ministre-président de Prusse en 1862, pour imposer « par le fer et par le sang » la formation d'une Allemagne centralisée (ou **Petite Allemagne**) sous la direction de la Prusse, en écartant les tentatives autrichiennes de fédérer les divers États en une « Grande Allemagne » s'étendant de la mer du Nord à l'Adriatique.

Au cours de la campagne éclair de 1866, il vainc l'Autriche à Sadowa. Bismarck a alors les mains libres pour organiser l'Allemagne du Nord, rattachant à la Prusse le Hanovre, la Hesse, le Schleswig-Holstein et formant avec tous les États situés au nord du Main la Confédération du Nord. Tirant ensuite parti de la méfiance créée en Allemagne du Sud par les requêtes maladroites de Napoléon III, désireux d'obtenir le Palatinat bavarois comme prix de sa neutralité, il suscite dans l'ensemble de l'Allemagne un violent ressentiment à l'égard de la France. Exploitant l'affaire de la candidature Hohenzollern *(voir Bad Ems p. 286)*, il réussit à enflammer l'orgueil national des deux côtés de la frontière. La déclaration de guerre étant le fait de la France, les alliances défensives qu'avaient consenties les États du Sud jouent et toute l'Allemagne fait bloc autour de la Prusse.

De l'Empire à Weimar

L'EMPIRE (1871-1918)

Après la défaite française de **Sedan** (2 septembre 1870), **Guillaume Ier** est proclamé empereur dans la galerie des Glaces du château de Versailles, le 18 janvier 1871. Si l'Empire allemand, agrandi de l'Alsace-Lorraine, reste un État fédéral, la Prusse occupe désormais au sein de cet Empire une position nettement dominante. Favorisée par Bismarck, la **révolution industrielle** est marquée par le développement rapide d'activités telles que la chimie, la métallurgie et l'extraction minière. La constitution d'un pôle financier robuste apporte un soutien efficace aux industriels.

Guillaume II succède à Guillaume Ier en 1888. Deux ans plus tard, l'empereur, qui supporte mal l'autoritarisme du chan-

Le « chancelier de fer »

Né à Schönhausen, dans l'ouest du Brandebourg, Otto von Bismarck (1815-1898) est un Prussien dans l'âme. C'est en retournant sur ses terres en Poméranie pour les mettre en valeur qu'il commence sa carrière politique, comme député au Landtag. Représentant la Prusse à la Diète fédérale de Francfort et chargé de rétablir de bonnes relations avec l'Autriche, il acquiert la conviction que « la politique de Vienne avait fait l'Allemagne trop étroite pour que la Prusse et l'Autriche puissent y vivre ensemble ». Alors ambassadeur, il est rappelé en 1862 par Guillaume Ier lorsque l'État prussien est en crise. Bismarck déclare à la tribune : « Ce n'est pas par des discours et des votes à la majorité que les grandes questions de notre époque seront résolues [...] mais par le fer et par le sang. » Il est nommé peu après ministre-président, poste qu'il occupera quasiment sans interruption jusqu'en 1890, et ministre des Affaires étrangères. Gouvernant par décrets, de façon inconstitutionnelle, au milieu de l'opposition générale, Bismarck compte sur les victoires extérieures pour justifier sa politique et construit l'unité de l'Allemagne autour de la dynastie des Hohenzollern.

Portrait de Bismarck.

celier, pousse celui-ci à la démission. Bismarck laisse une Allemagne en pleine crise de croissance : la poussée démographique et le rapide essor industriel ont fait naître un besoin d'expansion que les « pangermanistes » élèvent au rang de doctrine. Le mécontentement social croissant assure la progression du parti social-démocrate (SPD) qui obtient en 1912 la plus large représentation au Reichstag. La politique étrangère hasardeuse de Guillaume II lui vaut par ailleurs l'hostilité de l'Angleterre, de la Russie et de la France.

Le premier conflit mondial – Survenant dans une atmosphère tendue, l'assassinat à Sarajevo (28 juin 1914) de l'archiduc autrichien **François-Ferdinand** par un nationaliste serbe déclenche le cataclysme. L'entrée en guerre de l'Autriche contre la Serbie provoque la mobilisation des armées en Europe. Le 3 août 1914, l'Allemagne déclare la guerre à la France et à la Russie. Elle espérait une victoire rapide sur le front ouest, mais son offensive se brise sur la **Marne** : la guerre de positions commence. Alors que la Russie, secouée par la révolution, demande un armistice en 1917, les États-Unis, dont la marine marchande est attaquée par les sous-marins allemands, entrent dans le conflit. Le moral de la population allemande est très affecté par le **blocus naval** imposé par les Alliés. Ceux-ci lancent en octobre 1918 une contre-attaque générale qui fait plier les Allemands tandis qu'à l'arrière la révolution socialiste éclate. C'est une Allemagne dirigée par le Conseil des Commissaires du peuple qui signe le 11 novembre l'armistice de Rethondes.

LA RÉPUBLIQUE DE WEIMAR

Les soviets de soldats et d'ouvriers animés par les spartakistes cherchent à imposer la révolution, mais n'obtiennent pas l'appui des masses populaires qui se sont soulevées pour imposer la paix immédiate. Cet isolement permet au gouvernement provisoire, dirigé par **Ebert**, de réprimer l'insurrection. Le 11 août 1919, l'Allemagne se donne une constitution républicaine adoptée par une assemblée nationale siégeant à Weimar, et pratiquement imposée par les vainqueurs.

Cette « République sans républicains » aura la lourde tâche d'assumer les conditions du **traité de Versailles** (28 juin 1919) : concessions territoriales, perte des colonies, réduction des effectifs militaires, paiement de lourdes réparations. Très vite, la crise économique, provoquée par l'impossibilité de remettre en marche l'industrie et par l'endettement de l'État, génère une **inflation** démentielle ; les classes moyennes sont ruinées. En 1923, les Français, mécontents du retard pris dans le paiement des réparations, occupent la Ruhr. La résistance passive des Allemands aggrave l'état de l'économie et les extrémistes s'agitent à nouveau : à droite, ils se regroupent autour du Parti ouvrier allemand national-socialiste auquel Adolf Hitler avait adhéré dès 1919. Devenu leader du mouvement, ce dernier tente un putsch à Munich (8-9 novembre 1923) dont l'échec le conduira en prison. Libéré en 1924, il attendra dix ans pour prendre le pouvoir.

De 1923 à 1929, l'Allemagne connaît six années de calme relatif. Encouragée par l'échelonnement des réparations, l'évacuation de la Ruhr et l'arrivée en masse des capitaux américains, le redressement de l'économie est spectaculaire. En 1925, le très conservateur maréchal **Hindenburg**, soutenu par les nationaux-allemans du DNVP, remplace le social-démocrate Ebert à la présidence. Sur le plan international, le ministre des Affaires étrangères, **Gustav Stresemann**, reconnaît les frontières occidentales et fait entrer l'Allemagne dans la Société des Nations.

Mais le grand **« krach » de 1929** frappe de plein fouet l'économie allemande : l'inflation repart et le chômage s'accroît de manière dramatique. Profitant du mécontentement des classes populaires et s'appuyant sur des organisations paramilitaires (SA, SS), les nationaux-socialistes obtiennent près de 38 % des voix aux élections de 1932. Les classes dirigeantes et les milieux d'affaires, voyant en lui un rempart contre le communisme, font accéder Hitler au poste de chancelier le 30 janvier 1933.

Hitler et le IIIe Reich

LA DICTATURE

Très vite, Hitler organise l'État totalitaire. Il profite de l'**incendie du Reichstag**, le 27 février 1933, pour faire arrêter 4 000 dirigeants communistes et se faire attribuer les pleins pouvoirs. Le 1er décembre, le parti nazi devient parti unique et un plébiscite organisé dans un climat de terreur lui apporte l'« approbation populaire » (12 décembre). La mort d'Hindenburg, en août 1934, fait d'Hitler le maître absolu de l'Allemagne, le « Führer » (le Guide). Il a désormais les mains libres pour appliquer son programme destiné à « fixer pour mille ans la forme de vie allemande ».

La résorption du chômage est obtenue par la réalisation de grands travaux, une politique de réarmement et l'embrigadement de la jeunesse dans les Hitlerjungend. La population est soumise à une propagande intense et les foyers de résistance sont impitoyablement brisés : les opposants, traqués par la Gestapo, sont internés dans des camps de concentration dès 1933. La persécution contre les Juifs prend, avec les **lois raciales de Nuremberg** (septembre 1935), un caractère radical et systématique : interdictions, pogroms et arrestations en masse constituent le mode d'expression de l'idéologie antisémite. Lors de la **nuit de Cristal**, violente démonstration antisémite organisée dans la nuit du 9 au 10 novembre 1938, de nombreux logements et commerces appartenant à des Juifs sont mis à sac et incendiés.

La politique étrangère d'Hitler ne rencontre que peu de résistance de la part des démocraties. Il viole le traité de Locarno en occupant militairement la Rhénanie (1936), annexe l'Autriche

Le IIIe Reich et les camps de la mort

Nommé chancelier par le président Hindenburg, Hitler met en place un système totalitaire visant à mettre hors d'état de nuire ses opposants. Il prend des mesures de discrimination envers les Juifs et crée des camps afin de « rééduquer » tous les ennemis du régime. Le premier, à Dachau, ouvre le 22 mars 1933. À partir de 1936, l'organisation de tous les camps est confiée à Himmler et aux SS (Schutzstaffel) qui, dès 1939, les transforment en machines de mort.

À la veille de la Seconde Guerre mondiale, la population concentrationnaire est en grande partie utilisée comme main-d'œuvre pour les industries engagées dans l'effort d'armement. Au fur et à mesure de l'invasion des pays européens et de l'adoption de la « solution finale » de la question juive, le 20 janvier 1942, les camps prolifèrent dans les territoires occupés : Tchécoslovaquie (Theresienstadt), Pologne (Auschwitz-Birkenau, Treblinka, Maïdanek), France (le Struthof), Autriche (Mauthausen) et tant d'autres jusqu'en Scandinavie et dans les pays baltes.

(1938) et obtient de Paris et de Londres, à la **conférence de Munich** (septembre 1938), le rattachement des Sudètes. La marche vers la guerre s'accélère : la Tchécoslovaquie est démantelée en mars 1939 et, le 1er septembre suivant, l'agression contre la Pologne, peu après la conclusion du pacte germano-soviétique, oblige les Alliés à honorer leurs engagements.

Le Reichstag, le Musée juif à Berlin, l'ancien site des congrès du parti nazi à Nuremberg.

LA SECONDE GUERRE MONDIALE

Débutant avec l'invasion de la Pologne, elle mettra aux prises l'Allemagne, l'Italie de Mussolini et le Japon d'une part, la France, l'Angleterre, les États-Unis et l'URSS d'autre part. Une foudroyante offensive en 1940 permet aux Allemands, mieux préparés à la guerre que leurs adversaires, d'envahir la majeure partie de l'Europe occidentale. Seuls les Anglais résistent grâce à l'action héroïque de leur aviation. Rompant le pacte germano-soviétique de 1939, Hitler attaque la Russie le **22 juin 1941**, tandis que les Balkans sont conquis et que Rommel développe son offensive en Afrique. En 1942, le IIIe Reich est à l'apogée de sa puissance. L'année 1943 marque un tournant. Amorcée par la **victoire de Stalingrad**, la contre-offensive soviétique, sur le front est, met à mal la Wehrmacht. Les Américains, entrés dans le conflit depuis l'agression japonaise de **Pearl Harbor** (décembre 1941), débarquent en Sicile en juillet. Après le **débarquement allié en Normandie** (6 juin 1944), le recul de l'armée allemande s'accélère. Hitler se suicide peu avant l'entrée des chars soviétiques dans Berlin (avril 1945) et le Reich capitule le 8 mai 1945. L'Allemagne n'est plus qu'un immense champ de ruines. La libération des camps de la mort révèle au monde la réalité de la politique d'extermination nazie (6 millions de morts).

Mémorial de l'Holocauste à Berlin, musée-mémorial de Sachsenhausen à Orianenburg, mémorial de Dachau.

L'Allemagne depuis 1945

DIVISION ET RECONSTRUCTION

Les Trois Grands (États-Unis, Grande-Bretagne, URSS), réunis à la conférence de **Potsdam**, décident le 2 août 1945 la division de l'Allemagne en quatre zones d'occupation, dont une française. Le même partage s'applique à la ville de Berlin située dans la zone soviétique. Lorsque les trois zones d'occupation occidentales fusionnent en 1948, les rapports entre les Occidentaux et l'Union Soviétique se sont considérablement détériorés. Le **blocus de Berlin Ouest** imposé par les Russes en juin 1948 est contré par les États-Unis qui, dès le 25 juin, mettent au point l'opération *Vittles* (Victuailles) et établissent un pont aérien qui sauve la ville de la famine.

La partition de l'Allemagne est dès lors inévitable. La République fédérale d'Allemagne **(RFA)**, comprenant les trois zones occidentales fusionnées, est créée le 23 mai 1949. La zone soviétique devient le 7 octobre la République démocratique allemande **(RDA)**, État satellite de l'URSS.

LANDESARCHIV BERLIN/PROF. H. RIES/PRESSE UND INFORMATIONSAMT DES LANDES BERLIN

Le pont aérien à Berlin en 1948.

Les grandes dates de l'histoire allemande

1er millénaire av. J.-C. – Les Germains venus de Scandinavie franchissent le Rhin.
1er s. av. J.-C. – Établissement de colonies romaines sur la ligne Rhin-Danube.
2e s. apr. J.-C. – Les Romains bâtissent le limes.
6e s. – Clovis roi des Francs colonise le territoire correspondant à la Franconie.
Fin 7e s. – Charlemagne soumet les Saxons et les Bavarois
843 – Naissance de la Francie orientale (royaume de Germanie) sous Louis le Germanique.
911 – Première scission entre Francs de l'Est et Francs de l'Ouest.
936-973 – Règne de Othon Ier et fondation du Saint-Empire romain germanique.
Septembre 1122 – Concordat de Worms.
1241 – Fondation de la Ligue Hanséatique.
1356 – La Bulle d'or est promulguée par Charles V.
1432 – Albert II élu empereur inaugure le règne des Habsbourg.
31 octobre 1517 – Luther affiche ses 95 thèses.
Septembre 1555 – Paix religieuse d'Augsbourg.
1648 – Traité de Westphalie.
1740-1786 – Règne de Frédéric II (Frédéric le Grand).
6 août 1806 – Dissolution du Saint Empire.
1806-1808 – Occupation napoléonienne.
1870-1871 – Guerre franco-allemande.
18 janvier 1871 – Naissance de l'Empire allemand.
3 août 1914 – L'Allemagne déclare la guerre à la France et à la Russie.
1918-1933 – République de Weimar.
30 janvier 1933 – Hitler accède au poste de chancelier.
27 février 1933 – Incendie du Reichstag.
Août 1934 – Mort d'Hindenburg, Hitler devient maître absolu.
Septembre 1935 – Lois raciales de Nuremberg.
9 novembre 1938 – Nuit de Cristal.
1er août 1939 – L'Allemagne envahit la Pologne ; entrée en guerre des Alliés.
22 juin 1941 – L'Allemagne attaque la Russie.
8 mai 1945 – Capitulation du Reich.
2 août 1945 – Division de l'Allemagne en quatre zones d'occupation.
23 mai 1945 – Création de la République fédérale d'Allemagne (RFA).
7 octobre 1945 – Création de la République démocratique allemande (RDA).
13 août 1961 – Édification du mur de Berlin.
9 novembre 1989 – Chute du mur de Berlin.
3 octobre 1990 – Réunification officielle de l'Allemagne.
1982 à 1998 – Helmut Kohl élu quatre fois chancelier.
1998 à 2005 – Gerhard Schröder chancelier.
22 novembre 2005 – Élection d'Angela Merkel au poste de chancelier.

Sous la direction de **Konrad Adenauer**, chancelier jusqu'en 1963, la République fédérale connaît un spectaculaire redressement économique et normalise ses relations internationales. Cependant, la ville de Berlin, avec son enclave occidentale dans la sphère d'influence soviétique, est devenue le symbole de la bipolarisation du monde. Khrouchtchev est résolu à ôter la « tumeur cancéreuse » de Berlin Ouest pour obtenir à son profit un règlement global de la question allemande. Réponse soviétique à l'exode qui frappe la RDA, le **« mur »** de Berlin est édifié le 13 août 1961.

La fin des années 1960 marque un tournant dans les relations entre les deux Allemagnes. La signature du Traité fondamental entre la RFA et la RDA, en 1972, concrétise la politique d'ouverture à l'est **(Ostpolitik)** du chancelier **Willy Brandt** : la RFA reconnaît l'existence de « l'autre Allemagne », sans pour autant abandonner l'objectif de l'unification. Mais cette bonne volonté se heurte à la rigidité du régime de RDA qui s'appuie sur une redoutable police politique, la STASI ; secrétaire général du parti socialiste unifié à partir de 1971 et président en 1976 du Conseil d'État, **Erich Honec-**

ker reste sur une ligne brejnevienne sourde aux tendances réformatrices.

La porte de Brandebourg, le musée de l'Histoire allemande, le musée de la RDA à Berlin.

L'ALLEMAGNE RÉUNIFIÉE

Alors que Mikhaïl Gorbatchev mène une politique d'ouverture en Union Soviétique, le fossé se creuse, en RDA, entre le gouvernement et sa population. Sous la pression populaire, le régime est-allemand doit se résoudre, le 10 novembre 1989, après la chute du mur de Berlin, à l'ouverture de la frontière interallemande. Partisan d'une réunification rapide, le chancelier ouest-allemand **Helmut Kohl** propose, dès le 28 novembre 1989, un programme en dix points qui prévoit, dans un premier temps, la constitution d'une confédération. Le 3 octobre 1990 (aujourd'hui jour de fête nationale), le Parlement siégeant au Reichstag à Berlin ratifie le **traité de réunification**. Helmut Kohl sort victorieux des élections organisées en décembre 1990, et, en 1991, le Bundestag choisit Berlin pour capitale du pays réunifié. Avec le retrait en 1994 des dernières troupes d'occupation, l'Allemagne est désormais une nation totalement souveraine. Elle se tourne vers la construction européenne dont le couple franco-allemand, doit, selon Helmut Kohl, constituer la clef de voûte. Après la présidence fédérale, le Parlement est, en 1999, la deuxième institution à s'installer à Berlin. Le 19 avril est inaugurée la nouvelle salle de séances du Reichstag, coiffée d'une coupole conçue par l'architecte britannique Norman Foster.

LES ANNÉES SCHRÖDER

Menée avec une grande rapidité dans le domaine politique, la réunification a eu pour conséquence des difficultés importantes dans les domaines économique et social; baisse de compétitivité, taux de chômage élevés dans les nouveaux Länder, pression fiscale accrue sur l'Ouest pour financer la « mise à niveau » de l'Est alimentent les mécontentements. Ces problèmes issus de l'unité retrouvée entre les deux Allemagnes expliquent en partie la sanction qui frappe la CDU-CSU (Union chrétienne démocrate) d'Helmut Kohl aux élections législatives de 1998. Le parti du chancelier obtient son pire résultat depuis 1949 et les élections sont remportées par le SPD (Parti social-démocrate). Arrivé au pouvoir, **Gerhard Schröder** forme avec les Verts un gouvernement de coalition, en nommant notamment Joschka Fischer vice-chancelier et ministre fédéral des Affaires étrangères. Le principal défi du nouveau chancelier est la question de l'emploi. Au niveau européen et international, Joschka Fischer lance un ambitieux projet de constitution européenne, qui avortera finalement en 2005 après les votes négatifs de la France et des Pays-Bas. L'Allemagne voit également croître son rôle sur la scène internationale.

Dans un contexte socio-économique troublé et avec un bilan morose (croissance en panne, chômage en hausse, accroissement de la dette de l'État…), Gerhard Schröder est cependant réélu aux élections générales de septembre 2002, une nouvelle fois grâce à l'appui des Verts avec lesquels il constitue son deuxième cabinet, dans une nouvelle coalition « rouge-verte ». Ce deuxième mandat est marqué d'une part par sa ferme opposition à la guerre en Irak et d'autre part par sa volonté de mettre en place des réformes fondamentales afin d'assainir les finances du pays.

LA SECONDE GRANDE COALITION

Lors d'élections régionales organisées en 2005, le SPD, confronté à la contestation de ses réformes sociales, est sanctionné et essuie une défaite historique. Après le recul de son parti, jouant son va-tout, Schröder décide alors d'élections législatives anticipées. Cette mesure va conduire, après plusieurs semaines de blocage et de suspense politique, à un changement à la tête du gouvernement fédéral. En novembre de cette même année, **Angela Merkel** (CDU) devient chancelière d'Allemagne. Son gouvernement est soutenu par une « grande coalition », constituée des principaux partis : la CDU, la CSU et le SPD. Plus jeune chancelier fédéral de l'histoire, mais également première femme à occuper ce poste, Angela Merkel est aussi originaire de l'ex-RDA.

Vis-à-vis de l'Europe, Berlin entend redonner des impulsions à la Constitution de l'Union et permettre à l'État allemand d'occuper une position centrale dans les relations entre pays membres (en particulier avec les nouveaux États d'Europe centrale), tout en s'impliquant davantage dans le traitement des crises régionales et des questions mondiales. Renforcer le dialogue politique avec les États-Unis après la crise irakienne, en maintenant une politique de non-engagement sur le terrain est également l'une des volontés du gouvernement Merkel.

ART ET ARCHITECTURE

La situation géographique de l'Allemagne et son histoire mouvementée ont favorisé la pénétration des grands courants artistiques européens, principalement français à l'époque gothique et italien à la Renaissance. Chaque style est interprété et adapté aux goûts régionaux. Cette inventivité permet à l'Allemagne de développer un art original qui donne naissance aux décors somptueux des abbayes baroques de Bavière ou à l'expressionnisme de l'Entre-deux-guerres.

GOODSHOOT.COM®

La cathédrale de Cologne.

L'architecture

Les remparts, places, thermes, temples et villas érigés par les Romains comptent parmi les premiers témoignages artistiques rencontrés sur le sol allemand. Il faut cependant attendre le règne de Charlemagne pour que débute véritablement l'architecture allemande.

L'ART ROMAN

La période carolingienne (9e s.-début du 10e s.)

Sous l'impulsion de l'empereur et des grands prélats, l'Allemagne se dote de nombreux édifices religieux qui adoptent le plan basilical ou le plan centré (chapelle palatine d'Aix-la-Chapelle, 790), tous deux hérités de l'Antiquité. L'art carolingien est marqué par l'édification de sanctuaires à deux chœurs : à l'ouest naît une forme particulière, le **Westwerk** (massif occidental), haute structure quadrangulaire greffée sur la nef et souvent encadrée de deux tours comme à Corvey. Le Westwerk constitue à lui seul une église réservée qui a pu accueillir l'empereur et où se développe une liturgie particulière. Il marque durablement l'architecture romane allemande.

La période ottonienne (10e s.-début du 11e s.)

La restauration de la puissance impériale par Otton Ier en 962 s'accompagne d'un renouveau de l'architecture religieuse en Saxe ainsi que dans les pays du Rhin inférieur et de la Meuse. Les vastes églises de cette époque, dotées de transepts très saillants et d'amples bas-côtés, possèdent des charpentes en bois généralement peintes. L'alternance des piliers et des colonnes rompt l'uniformité du vaisseau central. La recherche de perfection mise en œuvre, l'harmonie qui en découle basée sur des proportions savantes, oppose deux massifs volumineux, l'un à l'est, l'autre à l'ouest, reliés par la nef. De cette époque datent les sanctuaires de St-Michel d'Hildesheim et de St-Cyriaque de Gernrode encore debout aujourd'hui.

Le style roman-rhénan

À partir du 11e s., à Cologne et dans la région avoisinante, plusieurs églises offrent une ordonnance particulière : elles s'achèvent par trois absides formant trèfle. C'est le cas notamment à Ste-Marie du Capitole à Cologne. Ces absides sont décorées à l'extérieur d'arcatures aveugles et d'une « galerie naine » (Zwerggalerie), motif d'origine lombarde.

Sur le Rhin moyen, le style roman rhénan atteint toute sa plénitude dans les majestueuses cathédrales « impériales » de Spire, première église entièrement voûtée, puis de Mayence et Worms. Leur plan se caractérise par un double chœur sans déambulatoire et parfois par un double transept.

Au début du 13e s., les églises de Limbourg et d'Andernach, ainsi que la cathédrale de Naumburg, marquent le passage entre deux époques. Ce style de transition associe une esthétique encore romane à des structures gothiques : triforium, voûtes sur croisée d'ogives.

L'ART GOTHIQUE

Une lente apparition (13e s.)

L'art gothique, d'inspiration française, se défait difficilement des austères formes romanes et ne se répand véritablement en Allemagne qu'au milieu du 13e s. L'architecture atteint alors un grand raffinement et produit des chefs-d'œuvre comme la cathédrale de Cologne. Celle-ci frappe par l'ampleur de ses nefs, l'élancement de ses deux tours de façade à la mode française et la hauteur de ses voûtes sur croisées d'ogives. L'influence du gothique français se retrouve encore dans les cathédrales de Ratisbonne, de Fribourg-en-Brisgau, de Magdebourg et d'Halberstadt.

L'autre témoignage de la prépondérance de l'art français est l'implantation de monastères cisterciens entre 1150 et 1250 caractérisés par des églises abbatiales sans tours ni clochers – leur intérieur fut fréquemment « baroquisé » par la suite – et dont le chœur carré à chevet plat est cantonné de chapelles rectangulaires. L'un des ensembles cisterciens les plus complets d'Europe reste celui de l'abbaye de Maulbronn.

L'originalité allemande

Elle apparaît d'abord dans l'utilisation de la brique. Au nord du pays s'élèvent en effet d'imposants monuments en brique ; les églises Ste-Marie de Lübeck et St-Nicolas de Stralsund, ainsi que les hôtels de ville de ces mêmes agglomérations, la cathédrale de Schwerin et l'abbatiale de Bad Doberan représentent les formes typiques de ce « gothique de la brique » (Backsteingotik).

L'autre particularité allemande qui traverse toute la période gothique est l'adoption d'un nouveau type d'agencement des volumes inspiré de l'architecture cistercienne et qui caractérise les **églises-halles** (Hallenkirche). Dans ces édifices, les nefs latérales sont élevées à la hauteur de la nef centrale, de ce fait dépourvue de fenêtres hautes, et ne sont séparées de celle-ci que par les piliers. À Ste-Élisabeth de Marburg, de minces supports séparent les trois nefs laissant une impression d'espace et d'homogénéité.

Le gothique tardif (Spätgotik)

Cette très longue période (14e, 15e, 16e s.) voit la multiplication des églises-halles : la cathédrale de Freiberg, Notre-Dame de Munich et St-Georges de Dinkelsbühl par exemple. Sur les voûtes apparaissent des nervures purement décoratives formant des réseaux en forme d'étoiles ou de fleurs qui contrastent fortement avec la sobriété des murs. L'église Ste-Anne d'Annaberg-Buchholz illustre cette virtuosité de l'artiste libéré des contraintes architecturales.

L'architecture civile à la fin du Moyen Âge

Aux 14e et 15e s., l'enrichissement des marchands et des artisans entraîne le développement des cités où se bâtissent des hôtels de ville et des maisons à pignon et à colombages richement décorées de sculptures et de peintures. Ratisbonne, Rothenburg, Goslar et Tübingen avec leur centre ancien témoignent encore de l'architecture civile de cette époque.

LA RENAISSANCE

La Renaissance (1520-1620) ne constitue qu'un épisode dans l'histoire de l'architecture allemande. Tardant à s'imposer face à la persistance des formes gothiques, elle est finalement éclipsée par les troubles de la Réforme. Les édifices de style Renaissance sont donc rares dans les villes allemandes à l'exception d'Augsbourg avec ses beaux hôtels particuliers bordant la Maximilianstaße et son hôtel de ville réalisé par **Elias Holl** (1573-1646) qui donna à la Renaissance allemande ses monuments les plus importants.

L'Allemagne du Sud est très marquée par l'influence italienne : les fines arcatures florentines sont utilisées par Fugger le Riche dans la décoration de sa chapelle funéraire d'Augsbourg (1518) ; les jésuites s'inspirent de leur sanctuaire du Gesù, à Rome, pour construire l'église St-Michel de Munich (1589) ; à Cologne, l'hôtel de ville, avec son portique à deux niveaux, rappelle les solutions vénitiennes.

L'Allemagne du Nord connaît à l'inverse l'emprise des modes flamande et hollandaise. Dans les quartiers marchands, les pignons aux multiples étages, comme celui du Gewandhaus à Brunswick, reçoivent une foule de motifs ornementaux. Le château de Güstrow, celui d'Heidelberg et la vieille ville de Görlitz restent d'importants témoignages de cette architecture Renaissance. Les édifices de Wolfenbüttel, Celle, Bückeburg et Hameln sont imprégnés du charme de la « Renaissance de la Weser » *(voir Hameln)*.

LES SPLENDEURS DU BAROQUE

Après les troubles de la guerre de Trente Ans (1618-1648), les principautés, profitant d'une reprise de l'activité artistique, introduisent l'art baroque en accueillant des architectes français et italiens. Dominé par l'irrégularité des contours et la diversité des formes, le style baroque recherche avant tout l'effet, le mouvement et les contrastes. Poussé à l'extrême raffinement, il est bientôt submergé par les décors rococo venus du rocaille français, style au départ profane et courtisan qui colonisera jusqu'aux édifices religieux.

L'Allemagne du Sud en reçoit l'empreinte à partir du milieu du 17e s., sous l'effet des encouragements donnés par la Contre-Réforme à l'exaltation du dogme de la Présence réelle, au culte de la Vierge et des saints et, en général, à toutes les manifestations de la piété populaire. L'Allemagne du Nord, protestante, reste réservée face à cette exubérance.

Les maîtres du baroque germanique et danubien – Le baroque a été illustré, en Bavière, par de brillantes personnalités, comme **Johann Michael Fischer** (Diessen, Zwiefalten, Ottobeuren), **les frères Asam** (Weltenburg, St-Jean-Népomucène à Munich) et **Dominikus Zimmermann** (1685-1766, Steinhausen, Wies).

M. Hertlein / MICHELIN

L'église de Zwiefalten.

En Franconie, le mouvement, encouragé par les princes-évêques de la famille Schönborn siégeant à Mayence, Wurtzbourg, Spire et Bamberg, apparaît comme étant étroitement lié à l'épanouissement du baroque en Bohême. Les frères Dientzenhofer ornent les palais de Prague aussi bien que de Bamberg. **Balthasar Neumann** (1687-1753), qui a œuvré pour les mêmes prélats, domine ses contemporains par l'étendue de sa culture, enrichie au contact des maîtres français, viennois et italiens. Il réalise notamment l'église des Quatorze Saints près de Bamberg où il parvient à associer le plan basilical à l'idéal du plan central.

En Saxe, le palais du Zwinger de Dresde, chef-d'œuvre de l'architecte **Matthäus Daniel Pöppelmann** (1662-1736) et du sculpteur Permoser, illustre avec éclat ce baroque allemand puisant aux sources italiennes. Le raffinement du décor rococo du château de Sans-Souci à Potsdam est plus étonnant, au cœur d'une Prusse réputée austère, mais s'explique par les études que suivit en France et en Italie **Georg Wenzeslaus von Knobelsdorff** (1699-1753), architecte officiel et ami de Frédéric le Grand.

Les églises – Les façades s'animent d'un mouvement sinueux à dominante convexe et de la superposition de deux frontons au dessin différent. Deux tours à bulbe les dominent. À l'intérieur, de vastes tribunes succèdent, en élévation, aux chapelles latérales, à hauteur des chapiteaux des pilastres aux tailloirs très saillants. Ces chapelles latérales et ces tribunes font défaut dans le transept qui acquiert ainsi plus d'envolée. Les fenêtres hautes dispensent un éclairage abondant.

Le retable monumental – Il devient l'élément essentiel du sanctuaire. Rappelant les arcs de triomphe, construit en bois sculpté ou en stuc poli, il encadre un grand tableau et/ou un groupe sculpté (abbatiale d'Ottobeuren). La présence de colonnes torses donne l'illusion du mouvement chère à cette époque. L'éclairage en contre-jour, provenant d'une source lumineuse invisible, crée un contraste saisissant entre l'ombre et la lumière.

Les châteaux – La construction, à un seul étage, est souvent mise en valeur par un soubassement. Le plan s'articule sur un corps central circulaire ne présentant sa convexité que du côté des jardins.

Intérieur du château de Bruchsal.

Les escaliers monumentaux à plusieurs volées, d'un effet théâtral, sont souvent l'élément le plus représentatif des palais allemands du 18e s. La cage d'escalier, embellie de galeries à arcades et d'un plafond peint, donne accès à la salle d'honneur du 1er étage ou « bel étage ». Dans son élévation majestueuse, cette salle atteint sous plafond la hauteur du 2e étage. On retrouve souvent dans les grandes abbayes ces aménagements pompeux, que complète une autre salle d'apparat, la bibliothèque.

DU NÉOCLASSICISME AU NÉOGOTHIQUE

L'idéal d'une sobriété originelle

À partir de 1750, les travaux de Winckelmann sur l'art antique et les découvertes des fouilles de Pompéi jettent de nouvelles lumières sur l'architecture gréco-romaine. Parallèlement, l'exemple de Versailles inspire en Allemagne un nouveau style de vie de cour, surtout dans les pays rhénans et dans le Berlin de Frédéric II. De nombreux architectes français sont consultés par les électeurs du Palatinat, de Mayence, de Trèves et de Cologne ; ils dessinent principalement les plans de châteaux de plaisance, aux noms évocateurs de Monrepos, Solitude. D'autres, allemands, comme **Carl Gotthard Langhans** (1732-1808) contribuent au changement de style du baroque vers le néoclassicisme (porte de Brandebourg et théâtre de Charlottenburg à Berlin).

Les frontons très simples, les balustrades courant à la base des toits et les portiques à colonnes précédant l'entrée d'honneur expriment un souci d'élégance discrète. Dans le nouveau répertoire des formes, la préférence des architectes va au style dorique et à l'ordre colossal (les colonnes et pilastres d'un même « ordre » embrassent deux étages et non plus un seul).

La décoration intérieure, moins profuse, mêle les grappes de fleurs aux motifs rocaille devenus plus légers (guirlandes, frises de perles ou d'oves, vases).

L'architecture répond à présent à une exigence de rationalité qui vient en réaction au baroque tardif et au rococo.

Karl-Friedrich Schinkel (1781-1841) – Nommé architecte d'État par Frédéric-Guillaume III en 1815, il multiplie les chantiers : Nouvelle Garde, Vieux Musée et Schauspielhaus à Berlin. Grand représentant du classicisme romantique, il utilise des éléments antiques dans une approche épurée et tente toujours de lier ses constructions à leur environnement. Ses édifices aux longues colonnades caractérisent le courant romantique avec leur goût du grandiose et les contrastes de lumière qui concourent aux effets dramatiques.

Le 19e s. et le néogothique

Le mouvement néoclassique, stérile dès avant 1830, s'efface, sauf à Munich, devant le renouveau du gothique qui devient, pour les romantiques, le symbole de la Vieille Allemagne.

Parallèlement, le goût dit **Biedermeier** (meubles confortables et légers aux lignes souples, vitrines à bibelots…), qui correspond au style français Louis-Philippe, marque de son empreinte les intérieurs bourgeois entre 1815 et 1848.

À partir de 1850 s'ouvre l'**époque des fondateurs** (Gründerzeitstil, style du temps de la fondation) avec E. Ludwig et A. Koch qui revendiquent un art plus adapté à leur temps. Mais les grandes familles enrichies par l'industrie cèdent à la tentation des pastiches prétentieux du Moyen Âge ou de la Renaissance, qui sévit également dans les palais officiels (Reichstag de Berlin).

LES MOUVEMENTS DU 20e S.

À la fin du 19e s., la volonté de s'affranchir des styles du passé et d'entrer dans la modernité lance les artistes dans l'exploration de nouvelles voies.

L'**Art nouveau** ou **Jugendstil** – Ce mouvement européen connaît en Allemagne une grande vogue. L'idée des architectes est de réaliser une œuvre d'art total accessible à tous qui unirait structure, décoration et mobilier. Cet idéal doit se baser sur une coopération avec l'industrie, ses modes de production et l'utilisation des nouveaux matériaux (verre, fer, ciment) qu'elle promeut. La notion d'esthétique industrielle, mise en avant par les pionniers Peter Behrens, **Mies van der Rohe** et **Walter Gropius**, devient primordiale. Cet art s'épanouit surtout à Munich, Berlin et Darmstadt (avec le centre d'art de Mathildenhöhe). L'engagement des artistes qui s'exprime au sein des Sécessions (Munich 1892, Berlin 1899) se double d'une revendication politique d'indépendance.

Le Bauhaus – En 1919, W. Gropius fonde le **Bauhaus** (Weimar : 1919-25, Dessau : 1926-32), institut d'art qui radicalise le mouvement de modernisation avec un intérêt encore plus poussé pour la production industrielle. La recherche de l'unité entre l'art et la technique est un élément fondamental. L'architecture reste, au moins en principe, la forme d'expression privilégiée puisqu'elle unit structure et décoration et permet d'appliquer les principes de fonctionnalité et de rationalité (*voir Dessau et Weimar*). Le mouvement initie la réflexion contemporaine sur l'architecture et l'habitat.

L'école, qui critique la société, est fermée en 1933 par les nazis qui mettent en place une architecture monumentale et pompeuse chargée de signifier la puissance du pouvoir en place. Celle-ci sera le plus souvent détruite.

Après la fin de la guerre, la reconstruction stimule la création architecturale. Des architectes comme Dominikus Böhm et Rudolf Schwartz ont compté parmi les artisans du renouveau de l'art sacré marqué par des réalisations dépouillées.

Plus près de nous, la Philharmonie (1956-63) et la bibliothèque de l'État de Prusse à Berlin (1963-79) de **Hans Scharoun**, l'un des représentants les plus célèbres de l'architecture organique, et le bâtiment de la nouvelle Galerie nationale de Stuttgart, conçue par **James Stirling** en 1984 qui combine abstraction géométrique et références classiques, chef-d'œuvre post-moderne, sont l'occasion d'audaces architecturales rendues possibles par des techniques de construction et des matériaux nouveaux.

Aujourd'hui, le paysage urbain est toujours en pleine évolution. Nouveaux quartiers, gratte-ciel inventifs, édifices industriels, équipements culturels et sportifs sortent de terre, témoignant tous d'une architecture créative, largement ouverte aux influences extérieures et aux architectes de toutes nationalités parmi les plus réputés au monde.

De grands chantiers ont ainsi vu le jour à Berlin autour du nouveau quartier du gouvernement, avec le bâtiment du Reichstag, construit à l'origine en 1884-94, transformé par **sir Norman Foster** entre 1995 et 1999, ou encore sur la Potsdamer Platz, ancien carrefour au centre de la ville, où **Meinhard von Gerkan** et **Renzo Piano** ont créé un ensemble architectural original. Autre réalisation des plus symboliques, élevée à Berlin : le Musée juif achevé en 1998 par **Daniel Libeskind** - l'architecte qui a remporté le projet de reconstruction du site du World Trade Center). L'édifice marque une totale rupture avec l'urbanisme environnant.

Mais Berlin n'est pas un cas unique. D'autres tours élancées, de verre et d'acier, bâties par sir Norman Foster ou **Helmut Jahn**, se sont élevées au cœur du centre ultramoderne de Francfort, tandis qu'à Düsseldorf, dans le nouveau quartier (Neue Zollhof), **Frank O. Gehry**

La Tour du Rhin, de F. O. Gehry, à Düsseldorf.

a conçu des bâtiments aux lignes arrondies et aux volumes déconstruits.

D'autres projets sont à venir tel celui de la Philharmonie de l'Elbe à Hambourg, dont l'achèvement est prévu pour la fin 2009. La conception de l'édifice a été attribuée au cabinet d'architectes **Herzog & de Meuron** (à qui l'on doit déjà l'impressionnant stade de Munich, l'Allianz Arena).

Les grands peintres et sculpteurs

15e SIÈCLE

En peinture comme en architecture, l'Allemagne reste encore longtemps attachée à la tradition du gothique tardif qui refuse le réalisme prisé en Italie. Le pays est divisé en de multiples écoles locales sensibles à l'influence hollandaise. Le 15e s. recherche la force expressive de l'émotion et exprime les inquiétudes religieuses qui marquent la fin du Moyen Âge.

Stephan Lochner (vers 1410-1451) – Chef de l'école de Cologne, il perpétua la tradition du gothique international dont il donna une version lyrique et raffinée avec la douceur des visages et la délicatesse des coloris. L'emploi des fonds dorés lui permirent de ne pas céder complètement aux exigences de la perspectives (*Adoration des Mages*, musée Schnütgen de Cologne; *Vierge au buisson de roses*, musée Wallraf-Richartz à Cologne).

Veit Stoss (vers 1445-1533) – Sculpteur, peintre et graveur au génie tourmenté, il excella dans le travail du bois. Ses figures ont généralement un caractère pathétique (*Annonciation* dans l'église St-Laurent à Nuremberg, *Retable de la Nativité*, cathédrale de Bamberg).

Tilman Riemenschneider (vers 1460-1531) – Sculpteur sur albâtre et bois, il dirigea un important atelier où il exécuta de nombreux retables. Ses œuvres, au modelé délicat, sont riches d'une expression intense, pleine de gravité (**tombeau d'Henri II**, cathédrale de Bamberg; *Adam et Ève*, musée du pays du Main franconien à Wurtzbourg; *Retable de la Vierge*, chapelle de Creglingen).

Le maître de saint Séverin (fin 15e s.) – Le caractère intimiste et les couleurs chatoyantes de ses œuvres dénotent une influence hollandaise (*Le Christ devant Pilate*, musée Wallraf-Richartz à Cologne).

Le maître de la vie de la Vierge (fin 15e s.) – L'artiste subit l'influence flamande de Van der Weyden et réalisa des œuvres originales (*Scènes de la Vie de la Vierge*, Alte Pinakothek à Munich, *Vision de saint Bernard*, musée Wallraf-Richartz à Cologne).

« *Marie-Madeleine* », *par Cranach.*

La gravure – Née en Allemagne vers 1400, elle devient l'activité de prédilection des plus grands maîtres allemands. Le précurseur est le **Maître E. S.** actif entre 1450 et 1467. Puis les techniques de la taille douce se perfectionnent et servent au mieux les virtuoses comme **Martin Schongauer** (v.1450-1491) dont Albrecht Dürer suivit par la suite les modèles.

16e SIÈCLE

La Renaissance allemande apparaît tardivement au 16e s. avec Dürer. L'observation de la nature et son idéalisation amènent à des œuvres de plus en plus précises et raffinées. L'« école du Danube » marque un nouvel intérêt pour le paysage, favorisant sa naissance en tant que genre, tandis que Holbein renouvelle l'art du portrait qu'il anime d'une vérité psychologique.

Matthias Grünewald (vers 1480-1528) – Puissant génie né du gothique tardif, il donna à ses œuvres une intensité tragique à même d'exprimer la douleur de l'humanité (**Crucifixion**, musée des Beaux-Arts de Karlsruhe; *Vierge à l'Enfant*, église de Stuppach).

Albrecht Dürer (1471-1528) – Artiste le plus célèbre de la Renaissance allemande, il fut fasciné par l'art antique et la Renaissance italienne auxquels il sut associer la gravité nordique. Installé à Nuremberg, il travailla la xylographie et réussit à rendre de somptueux effets de lumière et une gamme très étendue de gris (*l'Apocalypse*). En peinture, il exécuta des portraits et des scènes religieuses d'une extraordinaire intensité de vie (*Les Quatre Apôtres*, *Autoportrait à la pelisse*, Ancienne Pinacothèque de Munich ; *Charlemagne*, Musée national germanique à Nuremberg).

Lucas Cranach l'Ancien (1472-1553) – Attaché aux princes électeurs de Saxe, à la tête d'un important atelier, il fut le portraitiste des personnalités de la Réforme, notamment de son ami Luther. Son sens du mystère de la nature l'apparente aux artistes de l'« école du Danube ». Au service de la cour de Wittenberg, il réalisa des tableaux religieux inspirés des idées luthériennes. Ses œuvres de jeunesse, plus expressionnistes, laissèrent place à des tableaux pleins de grâce et de noblesse qui caractérisent le raffinement vers lequel se dirige l'art allemand du 16e s. (*L'Électeur de Saxe*, musée des Beaux-Arts à Hambourg, *La Sainte Famille*, musée Städel à Francfort, *Martin Luther*, Musée national germanique à Nuremberg).

Albrecht Altdorfer (vers 1480-1538) – Représentant de l'« école du Danube ». Il distribue à l'intérieur de ses tableaux des éclairages contrastés d'un effet pathétique. Il fut l'un des initiateurs de l'art du paysage auquel il donna une place primordiale dans ses peintures (*La Bataille d'Alexandre*, Ancienne Pinacothèque de Munich).

Hans Baldung Grien (1485-1545) – Dans ses compositions complexes, il rechercha les effets de lumière dramatiques, les couleurs étranges et les mouvements torturés (retable du *Couronnement de la Vierge*, cathédrale de Fribourg).

Hans Holbein le Jeune (1497-1543) – Peintre des marchands allemands, des milieux de la cour et de la haute aristocratie, il donna à l'art du portrait un nouveau souffle. Ses personnages sont décrits avec une précision illusionniste dans un décor savamment composé qui appuie leur fonction. Ses compositions, à la fois solennelles et réalistes, s'éloignent définitivement de la tradition gothique (*Portrait du marchand Georg Gisze*, musée de Dahlem à Berlin).

17e ET 18e SIÈCLES

Durant ces deux siècles, l'influence italienne reste très sensible. Les milieux de la cour accueillent de nombreux artistes étrangers, italiens ou français, qui introduisent un art baroque de plus en plus gagné par l'exubérance.

Adam Elsheimer (1578-1610) – Par sa manière de traiter les paysages dans ses tableaux de petit format à sujets mythologiques et bibliques, il a su conjuguer les influences italiennes avec une conception du paysage propre à la peinture flamande et allemande. Il mène, parallèlement au Caravage, des recherches sur la puissance de la lumière dans l'évocation de la nature, notamment dans des paysages nocturnes aux accents dramatiques (*Fuite en Égypte*, 1609, Ancienne Pinacothèque de Munich).

Andreas Schlüter (vers 1660-1714) – Maître de la sculpture baroque en Allemagne du Nord et architecte de talent, on lui doit des œuvres pleines de vigueur (*Statue du Grand Électeur*, château de Charlottenburg à Berlin ; *Masques de guerriers mourants*, arsenal de Berlin).

Les Merian (17e s.) – Famille de graveurs spécialisés dans la représentation des villes allemandes.

Balthasar Permoser (1651-1732) – Formé à Rome, Vienne et Venise, sculpteur à la cour de Dresde, il fait triompher avec virtuosité l'exubérance du baroque italien, notamment au Zwinger (*Pavillon du Rempart*, *Bain des Nymphes* du Zwinger à Dresde).

Antoine Pesne (1683-1757) – Peintre français émigré à la cour de Prusse, il devint portraitiste de Frédéric II qui l'appréciait pour son coloris brillant. Il réalisa de nombreux portraits ainsi que quelques grands décors mythologiques (*Portrait de Frédéric II et de sa sœur Wilhelmine*, appartements du château de Charlottenburg à Berlin).

Joseph Anton (1696-1770) **et Johann Michael II** (1709-1772) **Feichtmayr** – Membres d'une famille de sculpteurs et décorateurs allemands, ils ont contribué à perpétuer le style rococo dans des compositions fantaisistes (décor des abbayes d'Ottobeuren, de St-Gall).

Matthäus Günther (1705-1788) – Élève de C. D. Asam, maître de la peinture rococo d'Allemagne du Sud, il est connu pour avoir décoré de nombreuses églises de Souabe et de Bavière (Amorbach, Rott am Inn).

19e SIÈCLE

Le 19e s. est d'abord le siècle du **style Biedermeier** (1815-1848) qui exalte les valeurs bourgeoises et un certain art de vivre qu'illustrent parfaitement les scènes de genre de G. F. Kersting.

Puis vient le temps des contestations. Le romantisme remet en cause les valeurs classiques et entame un dialogue entre raison et sentiment personnel. Le réalisme et l'impressionnisme venus de

France servent aux artistes allemands à exprimer certaines idées socialistes naissantes. Ces expressions artistiques variées répondent toutes à la crise morale de l'Europe moderne.

Caspar David Friedrich (1774-1840) – Artiste de l'école romantique, il s'est attaché à représenter le paysage comme une manifestation divine et un lieu d'émerveillement propice à la méditation (*Le Moine et la Mer*, *La Croix sur la montagne*, Alte Nationalgalerie à Berlin ; *Le Promeneur au-dessus de la mer de nuages*, musée des Beaux-Arts de Hambourg). Par leurs tonalités et leurs sujets, ses peintures sont également empreintes d'un grand caractère mélancolique.

Friedrich Overbeck (1789-1869) – Membre de la fraternité de Saint-Luc, il fut le membre le plus important du groupe des **Nazaréens** qui s'installèrent dans le couvent désaffecté de San Isidoro de Rome en 1810. Prônant une peinture exaltant des valeurs morales, en réaction contre le néoclassicisme, ils renouèrent avec l'art médiéval et recherchèrent la pureté des primitifs italiens et flamands du 15e s. (*Italia et Germania*, Nouvelle Pinacothèque de Munich).

Adolf von Menzel (1815-1905) – Il représente le réalisme allemand, illustrant d'abord des thèmes anecdotiques pour traiter finalement du monde industriel dans une manière puissante, adoucie par les leçons de l'impressionnisme (*Fonderie*, Galerie Nationale à Berlin).

Wilhelm Leibl (1844-1900) – Maître de l'école réaliste allemande, il fut influencé par Courbet et s'attacha à des scènes villageoises (*Trois femmes à l'église*, musée des Beaux-Arts de Hambourg ; portrait de *Mina Gedon*, Nouvelle Pinacothèque de Munich).

Adolf von Hildebrand (1847-1921) – Sculpteur allemand établi à Munich, il montre, dans le domaine de la sculpture monumentale, un goût sûr inspiré du style grec le plus austère qui contraste avec les excès du 19e s. (*Fontaine des Wittelsbach* à Munich).

Max Liebermann (1847-1935) – Marqué par le naturalisme français, il peint le monde paysan et ouvrier sans concession. Plus tard, intégrant les leçons de l'impressionnisme, il laisse entrer la lumière dans sa palette chromatique. Il conduit la « sécession » à Berlin en 1898, qui prône liberté et réalisme contre les mièvreries patriotiques des artistes de cour (*Ruelle des Juifs à Amsterdam*, musée Wallraf-Richartz à Cologne).

LA PREMIÈRE MOITIÉ DU 20e SIÈCLE

Le début du siècle marqué par l'expressionnisme laisse la place à un nouveau mode de révolte et d'exaltation du sentiment subjectif. Le choc de la Première Guerre mondiale et la crise sociale qui en découle fait naître un art sombre et désabusé. La contestation politique ou sociale prend la forme de nouveaux mouvements d'avant-garde qui se succèdent. L'art a plus que jamais la volonté de changer la société et d'en dénoncer les dysfonctionnements.

L'expressionnisme – L'expressionnisme allemand introduit dans la peinture une vision du monde déformée, violente et tragique, fruit de la subjectivité de l'artiste qui s'inscrit dans la lignée de Van Gogh et du peintre norvégien Edvard Munch (1863-1944), très influent en Allemagne. Le groupe **« Die Brücke »** (le pont) réunit de 1905 à 1913 à Dresde puis à Berlin, des peintres comme Erich Heckel, **Ernst Ludwig Kirchner** et Karl Schmidt-Rottluff dont les œuvres rappellent le fauvisme français par l'utilisation de la couleur pure. Voir les œuvres d'**Emil Nolde** (1867-1956) à Seebüll et celles d'autres artistes de ce mouvement au Brücke-Museum, à Berlin.

Le cavalier bleu (Der Blaue Reiter) – Ce mouvement artistique est créé en 1911 à Munich par **Franz Marc** et **Vassily Kandinsky**, auxquels s'adjoignent **Auguste Macke** et **Paul Klee**. Son but est de libérer l'art des contraintes réalistes, de l'ouvrir aux couleurs les plus osées et aux formes éloignées de la tradition, ouvrant ainsi la voie à l'abstraction (*Chevreuils dans la forêt* par Franz Marc, orangerie du musée des Beaux-Arts de Karlsruhe ; *Le Magasin de mode* par August Macke, musée Folkwang à Essen). Le mouvement se disperse pendant la guerre.

Le Bauhaus – Le mouvement qui groupe tous les arts compte dans ses rangs de nombreux peintres et sculpteurs d'avant-garde. Outre Klee et Kanfinsky, on peut citer Oskar Schlemmer, Laszlo Moholy-Nagy, **Lyonel Feininger** et **Joseph Albers**.

La nouvelle objectivité (Neue Sachlichkeit) – Ce courant, qui touche l'ensemble des arts, apparaît au début des années 1920. Il s'attache à l'illustration réaliste des faits et des phénomènes sociologiques. Il correspond à la prise de conscience de la situation dure et pénible de l'après-guerre. Les artistes pionniers du mouvement sont **Otto Dix** et **George Grosz** (*La Guerre* par **Otto Dix**, 1932, Albertinum à Dresde).

« À l'être suprême », d'Anselm Kiefer.

Le mouvement dada présent à Cologne, Hanovre et Berlin avec **Kurt Schwitters** utilise l'art à des fins politiques. En marge de ces courants, **Max Beckmann** (1884-1950), profondément marqué lui aussi par la guerre, donne à voir une vision très sombre de l'humanité.

DE LA SECONDE MOITIÉ DU 20e S. À NOS JOURS

Le nazisme met fin brutalement à ces expériences artistiques taxées d'« art dégénéré ». Il leur substitue un art néo-classique exaltant la race, la guerre et la famille. Cet « art nazi » s'éteint avec la fin du Reich en 1945.

Le **réalisme socialiste**, art officiel qui sert l'idéologie du régime, va dominer la peinture de la RDA jusque dans les années 1960-1970. Les peintres réalistes socialistes, et tout particulièrement ceux de Leipzig, commencent à être de plus en plus reconnus au niveau international : ainsi Bernhard Heisig, Wolfgang Mattheuer, Willi Sitte et Werner Tübke.

L'art allemand retrouve son dynamisme dans les années 1960 et voit l'émergence de nouvelles formes de création : le **groupe Zebra**, héritier de la **Nouvelle Objectivité**, s'oppose à l'expressionnisme abstrait ; le **groupe Zéro** (Heinz Mack, Otto Piene, Gunther Vecker) s'attache par l'art cinétique à transposer les pensées en objets visibles. Dans les années 1970, **Joseph Beuys** et les artistes appartenant à la **Sculpture constructive** de Düsseldorf cherchent, en pratiquant une relation directe avec le public (Happening), à redéfinir la place de l'art et de l'artiste dans la société contemporaine (**Galerie nationale**, Potsdamerstraße à Berlin ; **musée de Hesse** à Darmstadt ; **Galerie nationale** à Stuttgart).

À partir des années 1980, une nouvelle génération de peintres allemands s'affirme sur le plan international avec **Georg Baselitz** et **Markus Lüpertz**, les « nouveaux fauves » qui développent un expressionnisme revisité, **Sigmar Polke**, plus proche du pop art, **Anselm Kiefer** qui ne cesse d'interroger l'histoire, ou encore avec le groupe des Berlinois **Rainer Fetting** et **Helmut Middenform**.

Aujourd'hui, **Gerhard Richter**, peintre originaire de Dresde, est considéré comme l'un des grands noms de l'art contemporain allemand. Il s'inspire de ses propres photographies pour peindre paysages, natures mortes ou scènes intimes, dans des œuvres allant de l'abstraction au réalisme.

Parmi les représentants de la « jeune peinture allemande » (labellisée « Young German Artists »), on peut citer **Neo Rausch** de la « nouvelle école de Leipzig » ou **Thomas Scheibitz** du courant « pop art » de Dresde. Une « nouvelle intériorité » figure parmi les thèmes abordés par les artistes plasticiens tels que **Jonathan Meese**, **André Butzer** ou **Franz Ackermann** et ses *Mental Maps*.

La photographie occupe aussi une place majeure avec des personnalités comme celles de **Bernd et Hilla Becher** qui apparaissent comme les chefs de file d'un important courant documentaire allemand, auquel appartiennent également **Andreas Gursky**, **Candida Höfer**, **Thomas Ruff** et **Thomas Struth** (la plupart anciens élèves des Becher aux Beaux-Arts de Düsseldorf). La sculpture enfin n'est pas en reste avec **Ulrich Rückriem** et **Jochen Gerz**.

Quelques termes d'art

Abside : extrémité, en demi-cercle ou polygonale, d'une église, derrière l'autel.

Absidiole : petite chapelle ouvrant sur le déambulatoire d'une église.

Archivolte : ensemble des arcs ornant une arcade.

Atlante (ou Télamon) : statue masculine servant de support.

Atrium : cour bordée de portiques, devant la façade des édifices religieux paléochrétiens et romans.

Bande lombarde : décor roman formé de bandes verticales en faible relief ou lésènes reliées entre elles par de petites arcatures.

Bossage : motif ou revêtement architectural formé de bosses, pierres taillées uniformément en saillie sur la paroi externe.

Bras de transept : chacune des deux parties du transept, de part et d'autre de la croisée ; appelée aussi **croisillon**.

Chevet : extrémité extérieure de l'église, du côté du maître-autel.

Ciborium : dans l'église, édicule surmontant un autel.

Claveau : pierre taillée en forme de coin qui entre dans la composition d'un arc.

Console (ou cul de lampe ou corbeau) : élément en pierre ou en bois en forte saillie sur un mur, destiné à être le support de poutres ou de corniches.

Cordon : élément ornemental horizontal accusant la démarcation des étages.

Croisée : point central des églises cruciformes où se croisent la nef et le transept.

Ébrasement : disposition biaise, par rapport au plan d'axe du mur, des parois latérales d'une baie de porte ou de fenêtre.

Église-halle : église dont les trois vaisseaux sont de même hauteur et pratiquement de même largeur, communiquant entre eux sur toute leur hauteur.

Encorbellement : saillie par rapport à l'alignement.

Fenêtres jumelées, trilobées, bigéminées : fenêtres divisées verticalement par deux, trois, quatre compartiments.

Fenêtre à meneaux : fenêtre avec deux arcs divisée par une colonne centrale.

Grotesque : motifs d'ornementation fantastiques inspirés des motifs de décoration de l'Antiquité.

Jambage (ou piédroit) : montant vertical qui délimite latéralement une baie et qui soutient le linteau.

Jubé : tribune transversale, élevée entre la nef et le chœur.

Lanternon : tambour avec des fenêtres, surmontant une coupole.

Lésène : pilastre de faible saillie, se détachant légèrement du mur, utilisé comme ornement.

Linteau : élément horizontal qui sert à relier des pilastres ou des colonnes et qui constitue la partie inférieure de l'entablement.

Modillon : pièce en saillie destinée à soutenir une corniche, un arc, etc.

Narthex : portique précédant la nef d'une église.

Nef : chaque partie de plan allongé d'une église. On distingue la nef centrale des nefs latérales appelées bas-côtés.

Nervure : élément de séparation de la surface d'une coupole et d'une voûte, qui sert à décharger le poids sur les structures inférieures.

Ogive : arc tendu diagonalement qui sert à soutenir une voûte.

Oriel : fenêtre en encorbellement faisant saillie sur un mur de façade.

Ove : ornement en forme d'œuf.

Pendentifs : éléments triangulaires venant se raccorder aux murs et permettant de passer du plan carré au plan octogonal ou circulaire (couronné par la coupole).

Pignon à redans : couronnement triangulaire d'un mur orné de découpes en forme de dents.

Polyptyque : ensemble de panneaux peints ou sculptés liés entre eux par des charnières.

Prédelle : partie inférieure d'un polyptyque ou d'un retable.

Rosace : fenêtre circulaire souvent placée sur la façade d'une église.

Tambour : élément cylindrique ou polygonal sur lequel repose la coupole.

Transept : vaisseau transversal coupant la nef donnant à l'église la forme d'une croix.

Tribune : pièce ou galerie placée à l'étage, s'ouvrant sur l'intérieur d'un vaisseau.

Triforium : passage mural situé au-dessus des bas-côtés, ouvrant sur la nef au moyen d'une arcature, parfois aveugle.

Trompes : petites voûtes semi-coniques au sommet inversé, qui servent à transformer un plan carré en plan octogonal et à soutenir ainsi une coupole.

Westwerk : massif occidental d'une église intégrant un deuxième chœur, caractéristique de l'architecture carolingienne et ottonienne.

ABC d'architecture

Architecture religieuse

Plan d'une église

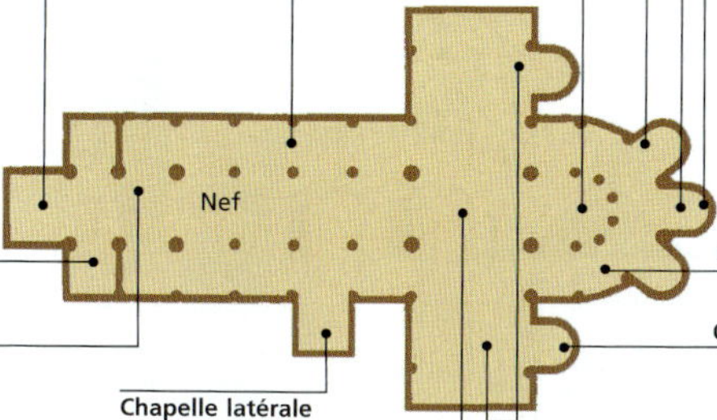

Coupe d'une église

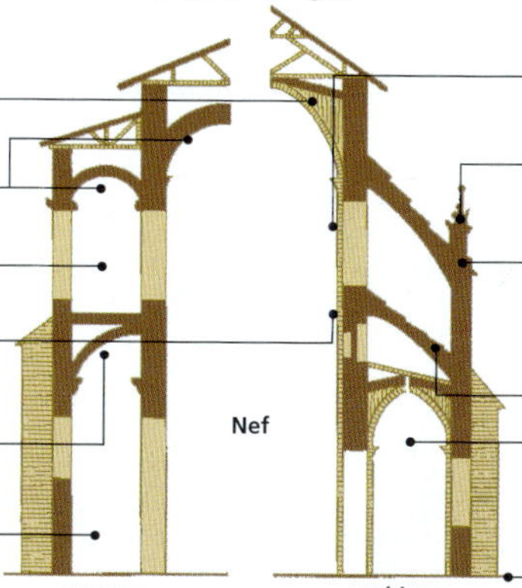

Église-halle

Contrairement à la basilique, les collatéraux ont la même hauteur que la nef centrale et sont couverts par le même toit ; leurs fenêtres éclairent l'intérieur de l'édifice.

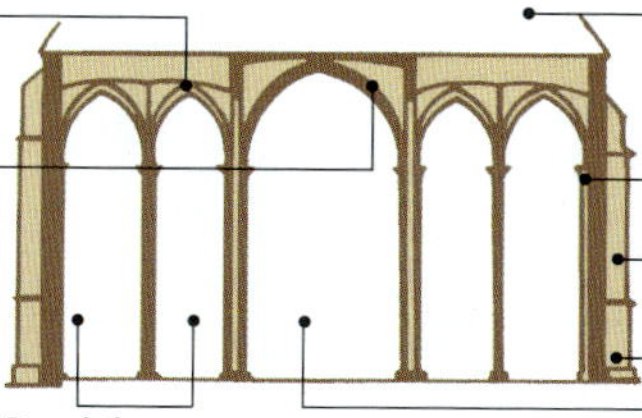

SPIRE - Façade Est de la cathédrale (11e s.)

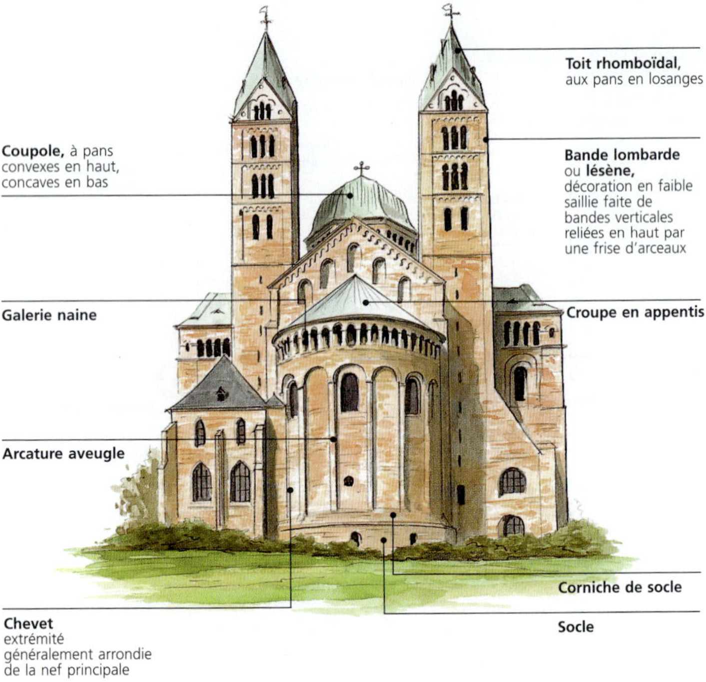

FRIBOURG - Chœur de la cathédrale (14e-16e s.)

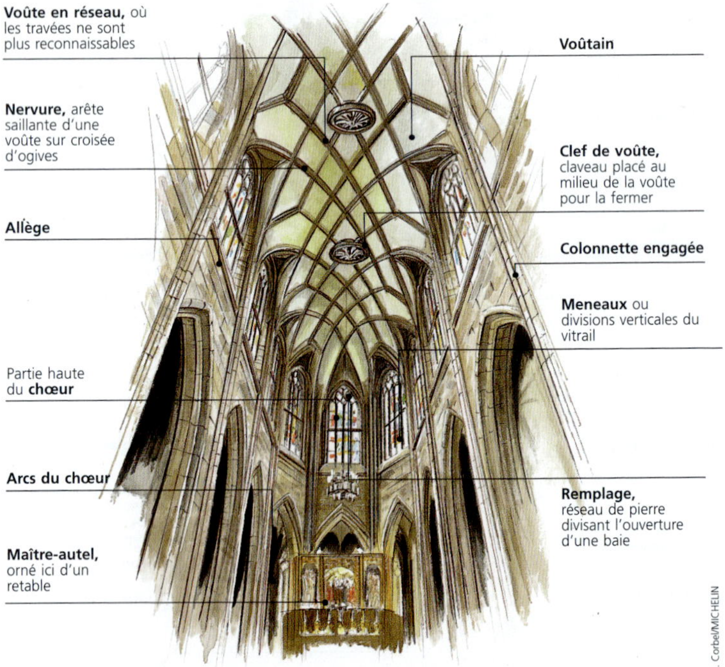

R. Corbel/MICHELIN

Cathédrale de COLOGNE (de 1248 à 1880), façade Sud

Entreprise en 1248, la construction de la cathédrale de Cologne s'étendit sur plus de six siècles. Les cathédrales de Paris, Reims et Amiens servirent de modèles pour cette première Église gothique de Rhénanie. La configuration de la façade à deux tours marque l'apogée du gothique flamboyant : ses étagements et ses rangées de verrières, de gâbles richement décorés, de contreforts élancés partent en gerbes touffues, comme autant de lignes fuyant vers l'extrémité des flèches qui s'élèvent à 157 m de hauteur.

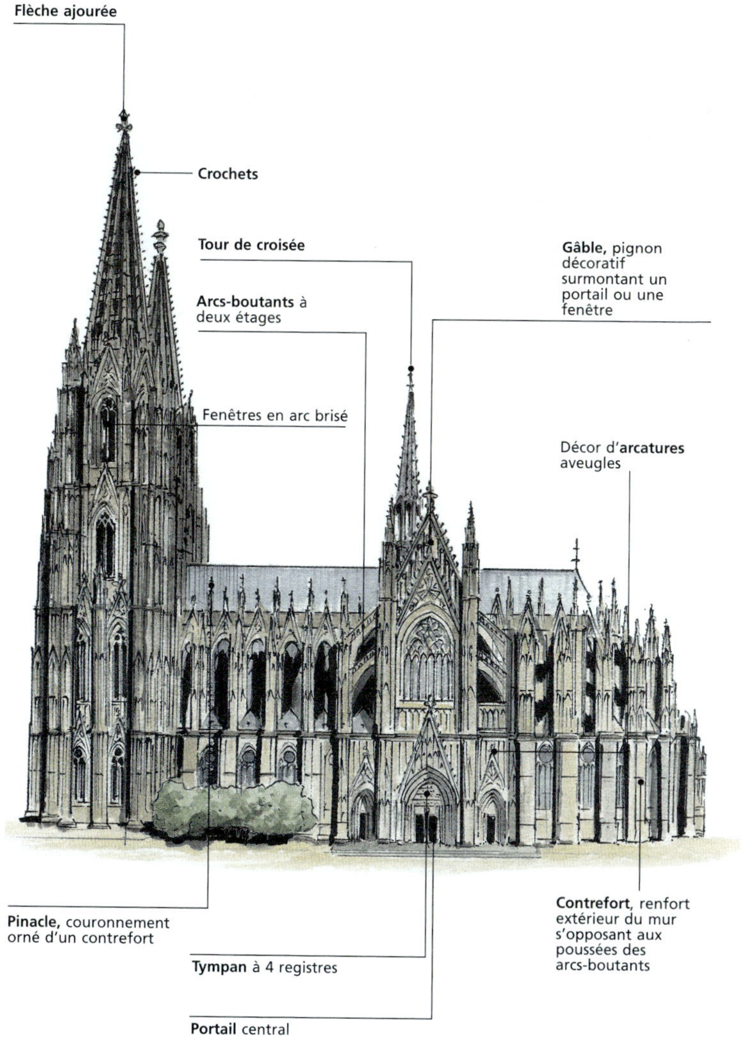

R. Corbel/MICHELIN

Château de BRUCHSAL - Façade sur jardin (18e s.)

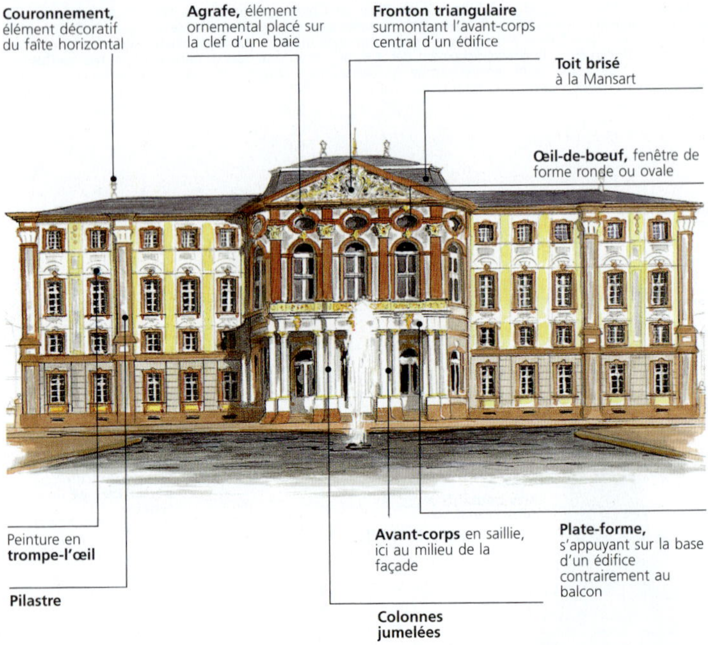

R. Corbel/MICHELIN

POTSDAM, château de Sans-Souci
(Georg Wenzeslaus von Knobelsdorff et Frédéric II, 1745-47)

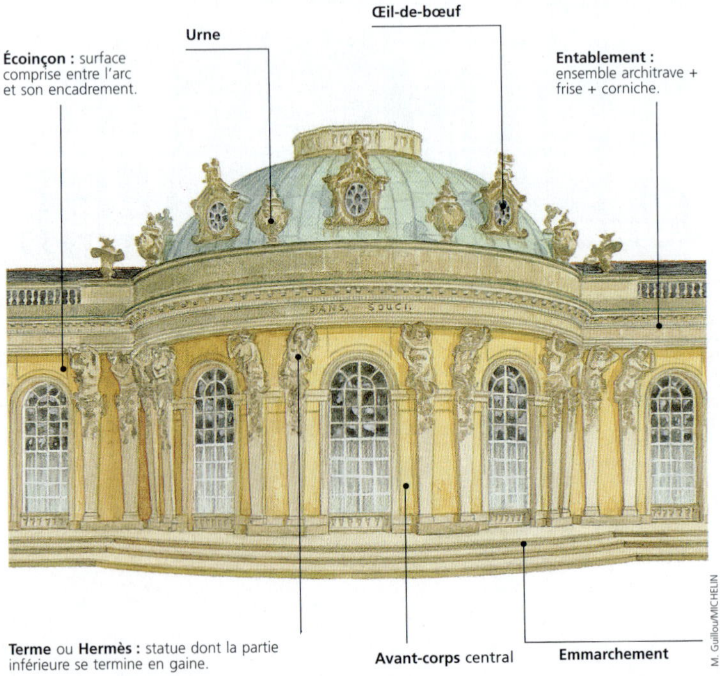

M. Guillou/MICHELIN

Égliseûabbatialeûbaroqueûd'OTTOBEURENû(18 s.)

Ottobeuren est caractéristique des église de Bavière à la décoration éblouissante et à l'architecture faite de jeux de lumière et de symétrie

**BERLIN (Zehlendorf) - Lotissement de la « case de l'oncle Tom »
(Bruno Taut, Hugo Häring, Otto Rudolf Salvisberg, 1926-32).**

Conçu pour abriter 15 000 personnes, ce lotissement, construit sous la direction de Martin Wagner, ne donne aucune impression de monotonie. Le centre en est la station de U-Bahn, équipée d'un centre commercial et d'un cinéma.

Toutes les maisons sont d'une hauteur modérée

Toit-terrasse

La sobriété des façades et leur revêtement de couleurs vives, d'où le surnom de **« lotissement-perroquet »,** correspond à un plan rationnel de construction et à l'emploi de matériaux standardisés peu coûteux.

L'implantation libre dans la nature est fidèle aux idées, émises au début du siècle, par le mouvement des **cités-jardins.**

Les maisons individualisées par un décrochement et les hautes fenêtres caractérisent l'art de Salvisberg, responsable des constructions le long de la Riemeisterstraße.

BERLIN - Philharmonie (Hans Scharoun, 1960-63) et Salle de concerts de musique de chambre (Edgar Wisniewski, sur une esquisse de Scharoun, 1984-88)

Lors d'une conférence, en 1957, H. Scharoun envisageait de « donner une forme adéquate à un lieu où l'on joue de la musique et où entendre la musique est une expérience commune ». Les rangs de mélomanes sont disposés autour de l'orchestre, situé au point le plus profond de cette « arène musicale ».

Plaques d'aluminium perforées ajoutées seulement en 1978-81. Auparavant, le béton du toit était peint en ocre.

La structure intérieure et l'aspect extérieur sont étroitement liés. L'emplacement de l'orchestre détermine la première (trois pentagones imbriqués pour la Philharmonie, un hexagone pour la Salle de concert de musique de chambre) ; le toit en forme de tente favorise l'acoustique et donne un aspect dynamique au second.

Philharmonie

Salle de concerts de musique de chambre

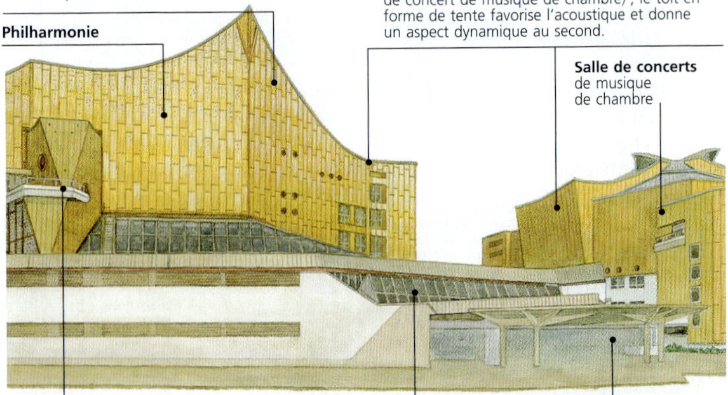

Garde-corps

Verrière

Porche

M. Guillou/MICHELIN

CULTURE

De Goethe à Nietzsche, de Beethoven à Wagner, en passant par Marx, Brecht, Schumann ou Mahler, pour n'en citer que quelques-uns, l'Allemagne possède une tradition littéraire, philosophique et musicale parmi les plus riches au monde. Dans la période de l'après-guerre, en dépit des difficultés qu'elle a engendrées, la division du pays a suscité une certaine diversité dans la création. De même, la réunification a impulsé une vigueur nouvelle à la jeune génération d'auteurs, d'artistes ou de réalisateurs, particulièrement à l'écoute des faits de société.

Littérature et philosophie

Les lettres allemandes, témoignant ainsi de leur vigueur, n'ont cessé, du règne de Charlemagne à nos jours, de faire éclater les formes établies pour inventer des moyens d'expression nouveaux. C'est à partir du 18e s., dominé par la personnalité monumentale de Goethe, qu'elles acquièrent un éclat qui assure aux meilleurs auteurs une renommée mondiale.

DU MOYEN ÂGE AU 17e S.

La littérature allemande du Moyen Âge s'exprime à travers une multiplicité de dialectes. S'appuyant largement sur la tradition orale, elle est marquée par la poésie lyrique et par des genres que l'on peut qualifier de populaires : drames, ballades, chansons ou épopées. Datant du règne de Charlemagne, le *Chant de Hildebrand* (820) constitue une œuvre fondatrice. L'épopée nationale et populaire des *Nibelungen*, œuvre anonyme de la fin du 12e s., puise aux sources de la mythologie germanique et met en avant l'esprit héroïque qui affronte épreuves et souffrances sans jamais renoncer. L'épopée courtoise eut un grand représentant en la personne de **Wolfram von Eschenbach** ; il aborde dans son *Perceval* (vers 1200), poème évoquant la quête du Graal, les thèmes de la vie religieuse et de la vie chevaleresque. Le 14e s. fut le siècle de la littérature mystique illustrée, entre autres, par **Maître Eckhart**.

La satire s'impose, au 16e s., comme l'une des formes dominantes (*La Nef des Fous* de **Sébastien Brandt** paraît en 1494) à côté des chansons populaires ou de la poésie des maîtres chanteurs. **Hans Sachs** (1494-1576), poète-cordonnier de Nuremberg, fut une figure éminente de ce dernier genre dont l'opéra de Wagner *Tannhäuser* nous a transmis le souvenir. Cette période est aussi marquée par l'apport décisif de **Luther** qui, aussi bien à travers ses hymnes que dans sa traduction de la Bible (1534), donne naissance à des œuvres littéraires rédigées en allemand moderne. La fin du 16e s. voit la parution du *Livre de Faust* (1587) de **Johan Spies**, dressant le portrait saisissant d'un homme dominé par une inextinguible soif de savoir qui l'éloigne de Dieu.

Les ravages de la guerre de Trente Ans (1618-1648) devaient laisser une empreinte profonde dans les esprits ; la littérature du 17e s. porte les résonances de ce traumatisme. Volontiers édifiante, elle a fréquemment pour thème la vanité humaine et l'exigence pour l'homme de se rapprocher de Dieu afin d'assurer son salut. *Les Aventures de Simplicius Simplicissimus* (1669) de **Grimmelhausen** (1622-1676), roman s'inscrivant dans la tradition picaresque, évoque ainsi l'itinéraire d'un héros qui, après les souffrances de la guerre, finit par se choisir une vie de retraite tournée vers la méditation.

LE SIÈCLE DES LUMIÈRES

Avec le 18e s. commence la grande période de la littérature allemande, dont le rayonnement et l'influence s'étendent alors bien au-delà des pays germanophones. Les sujets philosophiques et moraux sont au cœur des préoccupations de cette époque qui s'attache, par-delà les fioritures du langage, à cultiver le naturel. L'influence de **Leibniz** (1646-1716), dont la *Théodicée*, rédigée en français et en latin, justifie le mal au moyen d'arguments rationnels tendant à montrer que nous vivons dans « le meilleur des mondes possibles », demeure très forte. Le courant rationaliste, si sensible chez un **Christian Wolff** (1679-1754), coexiste avec une survivance très tenace du piétisme qui met l'accent, dans tout phénomène religieux, sur l'expérience émotionnelle. C'est ainsi que **Lessing** (1729-1781), dans ses écrits sur les religions (*L'Éducation du Genre Humain*, 1780), s'efforce de conjuguer un déisme rationaliste avec la croyance en la révélation. Lessing fixe par ailleurs les principes du nouveau théâtre allemand en créant le drame bourgeois

(*Émilia Galotti*). S'exprimant dans un style parfois aride, son contemporain **Emmanuel Kant** (1724-1804) s'attache à définir le champ du connaissable; seul ce qui est déterminé par les formes pures de l'entendement fait l'objet d'une connaissance rationnelle. Ce qui échappe à cette détermination (l'âme, Dieu...) peut certes être « pensé » et donner lieu à une « croyance », mais ne saurait être « connu ».

« STURM UND DRANG » ET CLASSICISME

Par réaction contre la sécheresse de l'Aufklärung, le **Sturm und Drang** (Tempête et Élan), représenté par des personnalités comme **Herder** (1744-1803) ou **Hamann** (1730-1788), exalte le sentiment, la nature et la liberté du Titan. Il privilégie la poésie, « langue mère de la race humaine », et revisite le passé germanique, portant un intérêt particulier à un genre comme la chanson populaire. Les œuvres du jeune **Goethe** (1749-1832), ainsi *Les Souffrances du Jeune Werther*, témoignent de l'influence du Sturm und Drang. Toutefois, le poète et génie universel qu'est Goethe ne devait pas tarder à tempérer cet enthousiasme pour se tourner vers la tradition de l'**humanisme classique**. Exerçant, avant l'émergence du courant romantique, dont il se tint toujours à l'écart, une sorte de magistère sur les lettres allemandes, il est l'auteur d'une œuvre abondante. Elle comprend notamment des drames classiques (*Iphigénie en Tauride*, *Egmont*, *Torquato Tasso*), des romans (*Les Affinités électives*, *Les Années d'apprentissage de Wilhelm Meister*), et les deux *Faust* (1808 et 1832) qui livrent sans doute la quintessence du message goethéen. Établi à Weimar, à partir de 1775, Goethe fut rejoint par Herder, **Wieland** et **Schiller** (1759-1805). Poète et dramaturge de génie, ce dernier fit de ses drames historiques (*Don Carlos*, *Wallenstein*, *Guillaume Tell*) des hymnes à la liberté.

Deux personnalités littéraires se détachent au cours de la période de transition entre le classicisme weimarien et le romantisme proprement dit : **Hölderlin** (1770-1843), auteur tragique et lyrique (*Hypérion*, *La Mort d'Empédocle*), passionné par la Grèce ancienne, qui s'exprime dans des odes puissantes et le romancier Johann Paul Friedrich Richter (1763-1825), plus connu sous le nom de **Jean Paul**, au style souvent ardu mais à l'imagination créatrice.

LE 19e S. : ENTRE ROMANTISME ET RÉALISME

Expression fondamentale de la sensibilité germanique, le **romantisme** est le mouvement du moi en quête d'infini sous toutes ses formes. Outre la littérature, il touche aussi les beaux-arts, la philosophie et même la vie religieuse et politique. Iéna dans un premier temps, puis Heidelberg et Berlin en sont les principaux centres. D'abord théorisée par les **frères Schlegel**, la doctrine romantique reçut une expression poétique forte chez **Novalis** (1772-1801). Poète et mystique, il exalte l'art et la religion du Moyen Âge et définit l'absolu à travers le thème de la Fleur bleue (*Henri d'Ofterdingen*).

Dans son effort d'élaboration théorique, le romantisme naissant subit l'influence des philosophes idéalistes post-kantiens, en particulier de **Fichte** (1762-1814), **Schelling** (1775-1854) et **Hegel**

AKG-IMAGES

« Goethe dans la campagne romaine », par Tischbein.

J.-P. Anders / BILDARCHIV PREUSSISCHER KULTURBESITZ

Portrait des frères Grimm.

(1770-1831). Il manifeste aussi un intérêt accru pour la littérature populaire et se replonge volontiers dans les sources vives des mythes ou légendes, comme en témoignent les contes des **frères Grimm** (1812) ou ceux, plus inquiétants, d'**Hoffmann** (1776-1822).

Un peu en retrait de la scène romantique, le dramaturge **Heinrich von Kleist** (1777-1811) donne au théâtre des pièces remarquables, en particulier *Le Prince de Homburg* (1810), drame de l'homme d'action plongé dans ses rêves.

À l'idéalisme exubérant du romantisme succédèrent des courants littéraires témoignant une plus grande attention au réel. Personnalité brillante et poète « romantique défroqué » de la *Lorelei*, **Heinrich Heine** (1797-1856) use volontiers d'une ironie mordante à l'égard des naïvetés de son temps et s'enthousiasme pour le saint-simonisme. Psychologue subtil, **Hebbel** (1813-1863) met en scène, dans des pièces empruntant souvent leur sujet à l'histoire biblique ou à la matière du mythe, les conflits entre l'individu et l'ordre moral existant (*Judith*, *Hérode et Marianne*, *Agnès Bernauer*).

Nombre d'écrivains, vers le milieu du 19e s., tentent de rapprocher la littérature de la vie et de l'expérience quotidienne ; des romanciers comme **Stifter** (1805-1868) et **Keller** (1819-1890) sont représentatifs de cette tendance « réaliste ». Certains, comme **Fontane** (1819-1898) et **Raabe** (1831-1810), mettent l'accent sur les conditions sociales et politiques de l'existence humaine. Le drame social est brillamment illustré par **Hauptmann** (1862-1946), auteur foisonnant dont l'écriture naturaliste se fait à l'occasion allégorique et symbolique, allant puiser ses sujets à la source de la légende ou du mythe (*La Tétralogie des Atrides*).

Dans le domaine philosophique, **Schopenhauer** (1788-1860), théoricien pessimiste du vouloir-vivre, décrit la réalité dernière comme volonté et cette volonté comme souffrance (*Le Monde comme volonté et représentation*, 1818) ; son influence sur la formation de la pensée d'auteurs comme Nietzsche, Freud ou Wittgenstein fut décisive. La pensée politique prend par ailleurs un cours nouveau avec **Karl Marx** (*Le Manifeste du parti communiste* paraît en 1848) ; rejetant l'idéalisme hégélien, Marx, qui fut tout autant philosophe qu'économiste, élabore la théorie du « matérialisme historique ». Cofondateur avec **Engels** du « socialisme scientifique » opposé au socialisme dit « utopique », il fut à l'origine du mouvement ouvrier international contemporain.

L'ÉPOQUE CONTEMPORAINE

Friedrich Nietzsche, mort en 1900, appartient tout autant à l'histoire de la philosophie qu'à celle de la littérature. Il fut et reste aujourd'hui une influence majeure dans l'histoire des lettres et de la pensée occidentales. Très sévère à l'égard de l'esprit allemand, il passe au crible de la critique « généalogique » (*La Généalogie de la morale*, 1887) toute croyance qui nie ou diminue les forces vitales en postulant un arrière-monde. Plaçant l'affirmation de la vie au cœur de sa philosophie, il appelle dans une langue débordant de lyrisme au dépassement de l'homme (*Ainsi parlait Zarathoustra*, 1886).

Habitées par la dualité souvent irréconciliable entre l'esprit et les sens, entre l'irrationnel et le rationnel, les œuvres de **Thomas Mann** (*Les Buddenbrooks*, *La Montagne magique*) et **Hermann Hesse** (*Le Loup des steppes*) portent l'écho du nietzschéisme. Écrivain tchèque de langue allemande, **Franz Kafka** (1883-1924) diffère de ces auteurs par le style comme par l'esprit ; il livre, dans des romans inquiétants (*Le Procès*, *Le Château*, *Amerika*), la vision d'un monde déshumanisé où dominent les sentiments de l'angoisse et de l'absurde. Son contemporain Viennois **Stefan Zweig**, donne naissance à une œuvre nettement moins tourmentée. Il se révèle, dans ses meilleures nouvelles (*Amok ou le Fou de Malaisie*, *La Confusion des sentiments*, *Le Joueur d'échecs*), un remarquable conteur à l'esprit humaniste.

Le début du 20e s. voit également advenir un renouveau dans la sphère poétique.

Stefan George (1868-1933) publie des poèmes d'une grande perfection formelle qui l'apparentent aux symbolistes français, tandis que les Autrichiens **R.M. Rilke** (1875-1926) et **Hoffmannsthal** (1874-1929) atteignent le sommet de l'impressionnisme poétique.

La pensée des années 1930 et 1940 est marquée par une interrogation croissante sur le sens de la vie ; se nourrissant des apports de la phénoménologie husserlienne, **Heidegger**, et dans une moindre mesure **Jaspers**, réintroduit la question de l'être au cœur de la philosophie.

La scène théâtrale est dominée par la personnalité de **Bertolt Brecht** (*L'Opéra de Quat'sous*, *Mère Courage*, *Galilée*). Auteur socialiste engagé, il refuse le « théâtre de l'illusion » et prône la distanciation : le spectateur doit être un observateur critique de ce qui se déroule sur scène.

Le national-socialisme oblige bon nombre de poètes et écrivains à s'exiler (**Walter Benjamin**, **Alfred Döblin**, **Lion Feuchtwanger**, **Else Lasker-Schüler**, **Thomas** et **Heinrich Mann**, **Carl Zuckmayer**, **Stefan Zweig**). **Gottfried Benn** (1886-1956) se réfugie dans le silence. Enfin, **Ernst Jünger** (1895-1998) publie courageusement son roman *Sur les falaises de marbre* en 1939.

LA LITTÉRATURE DEPUIS 1945

Les douze années de national-socialisme avaient interrompu la création littéraire. Le Groupe 47 (chiffre de l'année de sa fondation) de **Hans Werner Richter** et d'**Alfred Andersch** a aidé l'Allemagne à retrouver sa place au sein de la littérature mondiale et exercé une influence extraordinaire qui s'est maintenue durant une vingtaine d'années. Ses membres et ses lauréats ont fortement marqué la littérature allemande contemporaine : **Paul Celan**, **Heinrich Böll** (prix Nobel de littérature, 1972), **Günter Grass** (prix Nobel de littérature, 1999), **Siegfried Lenz**, **Peter Weiss**, **Hans Magnus Enzensberger**. La fin des années 1950 a vu la publication d'œuvres de renommée internationale, comme le chef-d'œuvre de Günter Grass *Le Tambour*, écrit avec une verve célinienne. **Uwe Johnson** publia *Conjectures sur Jakob*, Heinrich Böll *Les deux Sacrements* et **Martin Walser** *Quadrille à Philippsburg*. **Arno Schmidt**, en marge du Groupe 47, donna naissance à une œuvre de qualité ; **Wolfgang Koeppen** développa une étonnante virtuosité linguistique.

Le Groupe 47 fut finalement victime de sa politisation croissante qui conduisit à son démantèlement. Si les années 1960 avaient été marquées par l'engagement critique, les écrivains se retirèrent dans une « intériorité » redécouverte au cours de la décennie qui suivit. La littérature féminine se révéla extrêmement fertile dans le courant des années 1970 et 1980 (**Gabriele Wohmann**, **Karin Struck**, **Verena Stefan**).

Le théâtre, encore sous le charme de Brecht, vit l'apparition d'une nouvelle garde, personnifiée par des auteurs tels que **Tankred Dorst** (*Toller*, 1968), **Peter Weiss** (*Hölderlin*, 1971), **Heinar Kipphardt**. **Rolf Hochhuth** se fit connaître grâce à des pièces traitant de thèmes moraux actuels (*Le Vicaire*, 1963) ; il en fut de même pour **Botho Strauß**, le dramaturge allemand le plus joué et dont les œuvres connurent un succès international (*L'Hypochondre*, 1972, *Le Parc*, 1983, *Chœur final*, 1991).

La division politique de l'Allemagne se manifesta également dans le domaine de la littérature. En RDA, on donna aux lettres la mission de contribuer à inculquer au peuple les valeurs socialistes. Nombre de poètes résistèrent à l'influence du parti ; ce fut le cas de **Peter Huchel**, **Johannes Bobrowski** et **Erich Arendt** qui créèrent dans les années 1950 et 1960 des œuvres lyriques remarquables. Dès le début des années 1960, **Günter de Bruyn** s'imposa comme un grand écrivain, aux côtés de **Stefan Heym** (mort en 2001) ou **Erwin Strittmatter**. Pour sa part, **Anna Seghers**, revenue après la guerre de son exil américain, était considérée comme le plus grand écrivain de la vieille génération de la RDA, alors que **Christina Wolf** commença à connaître le succès dans les deux Allemagnes. Le théâtre jouit d'un nouveau souffle avec **Ulrich Pflenzdorf** et **Peter Hacks**, et surtout **Heiner Müller**. La littérature germanophone de l'après-guerre doit aussi beaucoup à la contribution des Suisses **Max Frisch** et **Friedrich Dürrenmatt**, au lyrisme des Autrichiennes **Ilse Aichinger** et **Inge Bachmann** ainsi qu'à la voix provocante de l'Autrichien **Thomas Bernhard**.

Le questionnement sur le passé ou l'analyse des névroses de l'Allemagne contemporaine dominent l'œuvre de ceux qui ont commencé leur carrière dans les années 1980, tels **Sten Nadolny** (*Selim ou le Don du Discours*, 1993, *La Découverte de la lenteur*, 1998, *Lui ou Moi*, **2001**), **Uwe Timm** (*À l'exemple de mon frère*, 2001), **F.C. Delius**, **Brigitte Kronauer** et **Ralf Roth**.

De nos jours, des auteurs comme **Judith Hermann** (*Rien que des fantômes* ; *Maison d'été, plus tard*) occupent le devant de la nouvelle scène littéraire allemande. L'ex-RDA est également un vivier d'auteurs prometteurs. **Ingo Schulze** (*Histoires sans gravité, 33 moments de bonheur*) se penche sur l'effondrement des régimes communistes et décrit avec talent le quotidien de ceux qui l'ont vécu. **Thomas Brussig** (*Le Complexe de Klaus*) porte un regard plein d'humour sur la vie en Allemagne de l'Est. Enfin, **Durs Grünbein** (*Aux très chers morts*) est l'un des grands noms de la poésie allemande contemporaine.

Musique

L'Allemagne et le monde germanophone en général ont considérablement contribué à enrichir la musique occidentale. Connaissant un premier point d'orgue au 18e s., avec la période baroque, la musique allemande s'affirme ensuite à travers des compositeurs de génie comme Beethoven et Wagner. Les recherches contemporaines, menées depuis l'apparition du dodécaphonisme, témoignent aujourd'hui encore de la vitalité du courant musical allemand.

DES TROUVÈRES AUX MAÎTRES CHANTEURS

Aux 12e et 13e s., la cour des seigneurs constitue le lieu d'expression musicale par excellence. Les **Minnesänger** (trouvères), souvent de nobles chevaliers tels que **Wolfram von Eschenbach** ou **Walther von der Vogelweide**, puisent leur inspiration dans la poésie lyrique française.

Les **maîtres chanteurs** (*Meistersinger*), du 14e au 16e s., adoptent un mode de vie sédentaire et s'organisent en corporations. Ils introduisent la polyphonie en Allemagne. Parmi eux, citons **Heinrich von Meissen** (1250-1318) qui marqua la transition de la *Minnesang* à la poésie des *Meistersinger*. Cordonnier de son état et ardent défenseur de Luther, **Hans Sachs** (1494-1576) est l'auteur d'une œuvre abondante ; nombre de ses compositions furent adaptées sous la forme de chorals protestants. Sachs fut choisi par Wagner comme sujet de son opéra *Le Maître Chanteur de Nuremberg*.

DE LA RENAISSANCE AU 17e S.

La Réforme luthérienne donne son autonomie à la musique allemande avec l'apparition du choral, fruit de la collaboration entre **Luther** et **Johann Walther** (1496-1570). Cantique à la mélodie simple, le choral, chanté en langue vulgaire, s'ouvre bientôt au répertoire profane et intègre les genres musicaux populaires. Il donnera plus tard naissance à la cantate et à l'oratorio allemands.

Grand maître de la musique sacrée, **Heinrich Schütz** (1585-1672) marie admirablement les éléments du génie allemand et italien. Il compose le premier opéra allemand, *Dafne*, œuvre malheureusement perdue aujourd'hui. *Les Sept Paroles du Christ* (1645) dénotent l'influence de Monteverdi qui fut, avec Gabrieli, un des maîtres de Schütz.

La seconde moitié du 17e s. voit se multiplier les écoles d'orgue, l'une des plus fameuses ayant son siège à Nuremberg. Modèle pour Bach, **Dietrich Buxtehude** (1637-1707) organise les premiers concerts spirituels. Dans le Sud de l'Allemagne, **Johann Pachelbel** (1653-1706) est le chef de file de l'école d'orgue ; de son œuvre, seul le *Canon a tre* nous est parvenu.

BACH ET LA MUSIQUE BAROQUE

Sa science de la composition, sa capacité d'invention et sa maîtrise absolue du contrepoint permettent à **Bach** (1685-1750) de porter au plus haut degré d'achèvement tous les genres qu'il aborde. Établi à Weimar jusqu'en 1717, il effectue ensuite, auprès du prince de Köthen, un séjour de quelques années à l'occasion duquel il compose *Les Concertos brandebourgeois*. En 1723, il s'installe à St-Thomas de Leipzig comme « cantor ». Bach doit y composer une cantate par semaine, pour la liturgie du dimanche. Travailleur infatigable, il assure en outre les offices de quatre églises, enseigne le latin, le chant et trouve le temps d'écrire nombre d'œuvres instrumentales ou vocales. Mentionnons, parmi d'autres chefs-d'œuvre, *Le Clavier bien tempéré* (1722 et 1744) et *La Passion selon saint Matthieu* (1727).

Compositeur de cour brillant, influencé par ses voyages en Italie, **Georg Friedrich Haendel** (1685-1759) excelle dans l'opéra et l'oratorio (*Le Messie*, 1742). Natif de Halle, il assume pendant un temps la charge d'organiste de la cathédrale de cette ville, avant de poursuivre sa carrière à l'opéra de Hambourg, puis en Angleterre, où il s'établit à partir de 1714.

Ami de Haendel, **Georg Philipp Telemann** (1681-1767) subit l'influence des Français et des Italiens. Compositeur particulièrement fécond, il abandonne le contrepoint pour la mélodie et compose des œuvres de musique de chambre et d'église ainsi que des opéras. Telemann fut le parrain du second fils de Bach, **Carl Philipp Emmanuel** (1714-1788) qui donna son essor à la sonate classique.

DE L'ÉCOLE DE MANNHEIM À BEETHOVEN

Au milieu du 18e s., les musiciens de **l'école de Mannheim**, réunie autour de la cour de l'Électeur Palatin Charles Théodore, contribuent à mettre au point la forme moderne de la symphonie et accordent une importance accrue aux instruments à vent. Sensible aux innovations de Mannheim, **Christoph Willibald Gluck** (1714-1787) entreprend de « réformer l'opéra » et donne naissance à des œuvres épurées, où s'affirme la primauté du texte poétique ; il déchaîne d'un côté l'enthousiasme des novateurs, de l'autre les fureurs des partisans de l'opéra traditionnel à l'italienne en donnant, à Paris, *Iphigénie en Aulide* et *Orphée*. Cette période est également marquée par l'apparition en Allemagne du **Singspiel**, sorte d'opéra populaire où les dialogues sont entrecoupés de pièces en forme de lied. *La Flûte enchantée* de Mozart (1791) et le *Fidelio* de Beethoven (1814) fournissent une illustration brillante de ce genre plus tard identifié à l'opérette.

L'apport du **classicisme viennois**, au cours de la seconde moitié du 18e s., s'avère absolument décisif. **Haydn** (1732-1809) fixe la forme classique de la symphonie, du quatuor à cordes et de la sonate pour piano. **Mozart** (1756-1791) porte ces genres jusqu'à la perfection et crée des opéras immortels (*Les Noces de Figaro, Don Juan*).

Né à Bonn, **Beethoven** (1770-1827) se rend à Vienne pour y recevoir l'enseignement de Haydn et d'Antonio Salieri. Transformant les genres existants, il introduit dans la musique de nouvelles harmonies qui annoncent le romantisme. La profondeur de sa réflexion, tantôt pleinement intériorisée, tantôt élargie en une croyance dans l'universalité du pouvoir de la musique, éclate avec une formidable puissance d'expression, notamment dans ses symphonies.

LA MUSIQUE ROMANTIQUE ET WAGNER

Franz Schubert (1797-1826), le premier, porte la musique romantique à son apogée. Plaçant la composition de Lieder au centre de sa création, il associe de manière inégalée chant populaire et artistique.

Œuvre de **Carl Maria von Weber** (1786-1826), le *Freischütz*, premier opéra romantique allemand, est annonciateur des caractères du drame wagnérien. Créé en 1821 à Berlin, il obtient un véritable triomphe auquel l'emploi des chants populaires n'est certainement pas étranger. L'univers aérien de **Felix Mendelssohn Bartholdy** (1809-1847) est, quant à lui, étranger aux forces du mal qui planent dans le *Freischütz*. Musicien classique de par la clarté de son écriture, Mendelssohn, qui fut chef d'orchestre, pianiste et fondateur du Conservatoire de Leipzig, manifeste aussi une inquiétude toute romantique.

Robert Schumann (1810-1856), tour à tour passionné et tendre, nourri de tradition germanique, s'efforce de concilier l'héritage classique avec l'expression personnelle. Critique musical talentueux, il écrit d'abord pour le piano seul (*Carnaval, Kinderszenen*) puis, écoutant son admiration pour Schubert et les conseils de son ami Mendelssohn, se lance dans la composition de Lieder (*Dichterliebe*). Il évolue ensuite surtout vers le genre symphonique et la musique de chambre. Proche de Schumann, **Johannes Brahms** (1833-1897) incarne le romantisme allemand enclin à l'introversion. Longtemps taxé de formalisme, il fut redécouvert au 20e s., notamment grâce à l'influence de Schönberg (*Brahms le progressiste*).

Couronnement du mouvement romantique allemand, l'œuvre de **Wagner** (1813-1883) renouvelle puissamment le genre de l'opéra. La musique, au service du drame, doit selon lui créer un « climat », hors duquel le message ne peut passer, d'où l'importance de l'orchestration. L'année 1850 marque la première de *Lohengrin* à Weimar sous la direction de **Franz Liszt**. Conçu par Wagner lui-même, comme lieu destiné à la représentation de l'œuvre d'art totale (*Gesamtkunstwerk*), le théâtre de Bayreuth est inauguré en 1876 avec *L'Anneau des Nibelungen* (tétralogie qui comprend *L'Or du Rhin*, *La Walkyrie*, *Sigfried* et *Le Crépuscule des dieux*), fruit d'un travail s'étendant sur 22 années. Le dernier opéra de Wagner, *Parsifal*, donné à Bayreuth en 1882, aborde le thème de la rédemption à travers le renoncement.

À la fin du 19e s., **Gustav Mahler** (1860-1911), créateur du lied symphonique, et **Hugo Wolf** (1860-1903) développent un langage musical nouveau qui forme la transition entre le romantisme et le dodécaphonisme.

Représentation de « Tannhäuser » (acte II), Festival de Bayreuth 2003.

Richard Strauss (1864-1949) excelle dans la musique d'orchestre (*Ainsi parlait Zarathoustra*), unissant à certaines audaces harmoniques un talent somptueux de coloriste.

L'ÉPOQUE CONTEMPORAINE

Les recherches musicales contemporaines sont surtout issues de l'école autrichienne dodécaphoniste représentée par **Arnold Schönberg** et ses deux principaux disciples **Alban Berg** et **Anton von Webern**. Introduisant un nouveau système d'écriture musicale, le dodécaphonisme connaîtra de nombreux prolongements ; il est révélé au public par Schönberg, en 1928, dans les *Variations pour Orchestre*. Berg applique l'innovation de son maître au drame lyrique (*Lulu*), tandis que Webern, tournant radicalement le dos au romantisme, cultive la concision des formes. Musicien brillant, d'abord influencé par le romantisme, **Paul Hindemith** (1895-1963) est étranger aux innovations de Schönberg ; en rupture avec la tradition allemande, il trouva une voie originale entre atonalité et dodécaphonisme.

On doit à **Carl Orff** (1895-1982), créateur du « Orffsche Schulwerk » (l'École Orff : 1930-1935), une conception novatrice de la pédagogie musicale. Très original, son théâtre musical réunit les mouvements corporels, le chant et la parole dans une rythmique fascinante : puissant ensemble de chants profanes aux rythmes entraînants, les *Carmina Burana* (1937) acquièrent vite une réputation mondiale. Élève de Carl Orff, **Werner Egk** (1901-1983) laisse également entrevoir dans son œuvre, en particulier dans sa musique d'opéra et de ballet, l'influence d'Igor Stravinski et de Richard Strauss.

Quant à **Kurt Weill** (1900-1950), orienté au début de sa carrière vers la composition atonale, il revient, sous l'influence du jazz, vers la musique tonale et compose *L'Opéra de Quat'sous* (1928).

Si **Wolfgang Fortner** (1907-1987) subit encore l'influence de Hindemith, il se tournera cependant vers la technique du dodécaphonisme. Plus tard, il intégrera des éléments électroniques à ses œuvres musicales.

Pour **Bernd Alois Zimmermann** (1918-1970), le passé, le présent et le futur ne font qu'un ; une telle technique de composition correspond à la multiplicité de la réalité. L'opéra *Les Soldats* est son œuvre principale.

À partir de 1950 se développe la musique électro-acoustique avec une génération de musiciens plus jeunes, sous l'égide du compositeur **Karlheinz Stockhausen** (né en 1928). Son œuvre, impressionnante, s'est développée autour du sérialisme intégral, de la musique aléatoire et du concept de forme momentanée. **Hans Werner Henze** (né en 1926) forme un théâtre musical très expressif dans lequel le moderne est associé au traditionnel et la tonalité à l'atonalité.

Aujourd'hui, cette musique tend vers davantage de diversité. **Wolfgang Rihm** (né en 1952), élève de Fortner et de Stockhausen, mélange, à l'instar de Henze, des éléments de style traditionnel avec de nouvelles techniques dans un langage extrêmement complexe. Il compte parmi les compositeurs les plus joués en Allemagne. Également élève de Stockhausen, **Helmut Lachenmann** (né en 1935) traduit dans son travail une volonté de synthèse des techniques instrumentales et électro-acoustiques. **Heiner Goebbels** (né en 1952), compositeur, musicien et metteur en scène, crée des œuvres aux croisements de plusieurs pratiques artistiques et d'éléments culturels variés.

Les autres musiques

Originaire de Francfort, le musicien **Hans Zimmer** est actuellement l'un des grands compositeurs de musique de films, notamment à Hollywood où il a signé les bandes originales de *Rain Man*, *Gladiator* ou *Da Vinci Code*. Enfin, dans d'autres genres musicaux, on peut citer le chanteur, musicien et parolier **Herbert Grönemeyer** (né en 1956), monstre sacré de la scène musicale allemande, ou encore le compositeur et saxophoniste de jazz **Klaus Doldinger** (né en 1936).

Cinéma

Après la période expressionniste des années 1920, qui donna naissance à de nombreux chefs-d'œuvre, le cinéma allemand connut une éclipse dont il ne sortit qu'au cours des années 1960. Même s'il peine aujourd'hui à s'imposer face aux productions américaines, on lui doit des réalisations remarquables souvent primées dans les festivals internationaux.

L'ÂGE D'OR DE L'EXPRESSIONNISME

La création de l'**UFA** en 1917 (*Universum Film Aktiengesellschaft*), compagnie de production aux moyens très importants et dirigée, à partir de 1921 par le producteur **Erich Pommer,** a permis la réalisation d'œuvres fastueuses. L'expressionnisme sensible dans l'expression littéraire, théâtrale et picturale marqua aussi, dans le contexte politique et social troublé de l'après-guerre, la production cinématographique. Dans des ambiances souvent angoissantes, cultivant l'exaspération des formes et contrastes, il se caractérise notamment par l'emploi du clair-obscur et la stylisation géométrique du décor. Les œuvres relevant d'une esthétique purement expressionniste sont en réalité peu nombreuses ; on pensera en particulier au *Cabinet du Docteur Caligari* (1919), chef-d'œuvre de **R. Wiene**. Les années 1920 sont dominées par les réalisations de **F.W. Murnau** (*Nosferatu le Vampire*, 1922, *Le Dernier des hommes*, 1924, *Faust*, 1926) et **Fritz Lang** (*Docteur Mabuse*, 1922, *Metropolis*, 1925). L'œuvre allemande de Lang connaît son point d'orgue en 1931 avec *M. Le Maudit*, premier film parlant du réalisateur. *Le Testament du Docteur Mabuse* en 1932 fut l'objet de la censure nazie. Lang, à qui Goebbels avait proposé la direction de la production cinématographique du Reich, ne devait pas tarder à prendre le chemin de l'exil pour s'établir en Californie où il poursuivit sa carrière de réalisateur.

L'Allemagne des années 1920 a également donné naissance à des œuvres d'orientation réaliste, en rupture avec la tendance expressionniste dominante. Les réalisations de **G.W. Pabst** (*La Rue sans joie*, 1925, *Le Journal d'une fille perdue*, 1926, *Loulou*, 1929) s'inscrivent dans cette tendance à laquelle appartient aussi l'admirable *Ange bleu* (1930) de **J. von Sternberg**.

UN ÉLAN BRISÉ

L'élan si prometteur du cinéma allemand, après la Première Guerre mondiale, fut malheureusement brisé par l'avènement du IIIe Reich. Nombre de réalisateurs et acteurs choisirent la voie de l'exil. Les nationaux-socialistes firent du septième art un outil au service de l'idéologie du régime ; la cinéaste **Leni Riefenstahl** se distingue, dans ce genre généralement décevant et peu artistique du film de propagande, avec des réalisations d'une étonnante beauté formelle (ainsi *Les Dieux du stade* qui magnifient les Jeux olympiques de Berlin de 1936).

L'après-guerre fut une longue traversée du désert. Alors qu'en RDA prévalait l'esthétique du « réalisme-socialiste », la production des années 1950 en RFA fut de faible qualité. Seuls quelques films, comme *Le Dernier Pont* (1954) ou *Le Général du diable* (1955), de **Helmut Kaütner**, échappent à la médiocrité dominante.

LE CINÉMA EN EX-RDA

Il est difficile de porter un jugement sur le cinéma de l'ex-RDA. Comme à toutes les autres formes d'art, on lui confia pour mission d'éduquer le peuple. Il y eut tout d'abord un grand nombre de films s'inspirant de classiques de la littérature, les réalisateurs n'osant pas aborder les thèmes d'actualité. En trente ans, **Konrad Wolf** s'est véritablement imposé. Il connut un succès international avec *Étoiles* (1958). C'est dans *Solo Sunny* (1979) que, pour la première fois, il plaida en faveur de l'individualisme, créant ainsi un climat de contestation au sein de la production cinématographique est-allemande. **Egon Günther** fut largement salué pour *Der Dritte* (1971) et **Heiner Carow** (*Paul et Paula*, 1973) obtint, avec la DEFA, entreprise cinématographique d'État, le plus grand succès au box-office. **Rainer Simon** fut l'un des réalisateurs les plus importants des années 1970-1980 (*Das Luftschiff*, 1982, *Die Frau und der Fremde*, 1985). Enfin, **Lothar Warneke** porta son attention, dans ses films, aux problèmes quotidiens de ses concitoyens et œuvra pour l'assouplissement des positions idéologiques rigides (*Einer trage des anderen Last*, 1988).

LE RENOUVEAU DES ANNÉES 1960

Acte de naissance d'un langage cinématographique nouveau, le **manifeste Oberhausen** de 1962 fut signé par 26 jeunes cinéastes; la relance tant attendue arrivait enfin. À l'instar de la « Nouvelle Vague » en France, un « jeune cinéma allemand » apparaît dans les années 1960. Les premiers à se faire connaître sont **Werner Herzog**, **Volker Schlöndorff** (*Les Désarrois de l'élève Törless*, 1966) et **Alexander Kluge** (*Les Artistes sous le chapiteau : perplexes*, 1968). Cette jeune génération assura au cinéma allemand une renommée internationale dans le milieu des années 1970. Volker Schlöndorff tourne *L'Honneur perdu de Katharina Blum* (avec **Margarethe von Trotta**, 1975) et *Le Tambour* (1979). Werner Herzog s'évade dans un monde imaginaire et exotique avec *Aguirre ou la Colère de Dieu* (1972), *Nosferatu, fantôme de la Nuit* (1979) et *Fitzcarraldo* (1982). L'**école de Munich** compte dans ses rangs **Rainer Werner Fassbinder** (1945-1982), qui travailla également pour la télévision et laissa derrière lui une œuvre considérable (*Tous les autres s'appellent Ali*, 1973; *Le Mariage de Maria Braun*, 1978; *Berlin Alexanderplatz*, téléfilm en 14 épisodes, 1980), et **Wim Wenders** (*L'Ami américain*, 1977; *Paris, Texas*, 1984; *Les Ailes du désir*, 1987; *Buena Vista Social Club*, 1999). La seule réalisatrice féminine à s'être imposée est **Margarethe von Trotta** (*Rosa Luxembourg*, 1986; *La Promesse*, 1995). **Edgar Reitz**, lui aussi dans la mouvance du jeune cinéma allemand, acquiert une renommée par-delà des frontières avec sa saga *Heimat* (1984) et sa suite *Heimat 2* (1993). Un style narratif très marqué caractérise le cinéma de la République fédérale des années 1960 à 1990. Mentionnons également **Doris Dörrie**; réalisatrice de *Mes deux hommes* (1985) et de *Bin ich schön ?* (1998), elle porte sur notre époque un regard plein d'humour.

Florian Henckel von Donnersmarck/COLLECTIONCHRISTOPHEL

L'affiche du film « La Vie des autres ».

UNE NOUVELLE VITALITÉ

Avec la sortie du film *Cours, Lola, cours* (1999) de **Tom Tykwer**, le cinéma allemand retrouve une nouvelle vigueur. **Caroline Link** obtient un joli succès avec *Jenseits der Stille* (1996), mais c'est surtout avec *Une enfance en Afrique* qu'elle se fait connaître au niveau international (Oscar en 2002). Le *Goodbye Lenin* de **Wolfgang Becker**, couronné en 2003 par le prix du meilleur film européen au festival de Berlin, rencontre un grand succès dans nombre de pays (1,2 million d'entrées en France). Cette tragi-comédie décrit à travers la vie d'une famille est-allemande la chute du communisme dans l'ex-RDA.

D'autres réalisateurs ont également choisi de se tourner vers des questions de société, tel **Fatih Akin**, réalisateur allemand d'origine turque, avec *Head On* (2004) ou *De l'autre côté* (2007).

Quant à **Oliver Hirschbiegel**, il décide de briser les tabous en montrant, dans le drame historique *La Chute* (2005), les derniers jours d'Hitler. Enfin, Oscar du meilleur film étranger et de nombreux autres prix, *La Vie des autres*, réalisé par **Florian Henckel von Donnersmarck** (2006), aborde, à travers une histoire forte, les pratiques de la Stasi dans l'ex-Allemagne de l'Est.

Influencés par le cinéma américain, des réalisateurs comme **Roland Emmerich** ou **Wolfgang Petersen** (*Das Boot*, 1981), après un grand succès dans leur pays, sont partis à Hollywood poursuivre leur carrière.

L'ALLEMAGNE AUJOURD'HUI

La chute du Mur n'a fait que renforcer l'Allemagne dans son désir de construction européenne. Mais à l'intérieur, le pays n'a toujours pas fini de digérer sa réunification. Le retard économique des « nouveaux » Länder de l'Est n'est pas complètement résorbé, et les stéréotypes entre « Ossis » (Allemands de l'Est) et « Wessis » (Allemands de l'Ouest) ont la vie dure. La société dans son ensemble doit également faire face à de nouvelles difficultés, aux premiers rangs desquelles une natalité insuffisante et un vieillissement de la population.

H. Champollion / MICHELIN

La coupole du Reichstag, le parlement allemand.

La société allemande

LA POPULATION

L'Allemagne compte plus de **82,3 millions d'habitants** ce qui fait d'elle le pays le plus peuplé de l'Union européenne. Elle est, depuis 25 ans environ, en phase de **déclin démographique** et le **vieillissement** de sa population tend à s'accélérer (l'âge moyen, supérieur à 39 ans, est le plus élevé d'Europe).

Près de 90 % des Allemands vivent dans des villes ou des zones urbaines et le pays compte 90 grandes villes de plus de 100 000 habitants. Par ordre d'importance : Berlin reste la ville la plus peuplée (3,4 millions d'habitants), puis viennent Hambourg (1,7 million), Munich (1,2 million), Cologne (1 million) et enfin Francfort-sur-le-Main (655 000 habitants). C'est de loin la partie occidentale du pays qui présente les densités les plus élevées. Si l'**immigration**, depuis les années 1970, a fourni un appoint conséquent de main d'œuvre, la sévérité accrue de la législation (loi pour réguler l'immigration depuis 2005) a sensiblement freiné les flux de personnes en provenance de l'étranger.

Près de **7,3 millions d'étrangers** sont aujourd'hui établis en Allemagne. Parmi eux, il faut compter 1,8 million de Turcs, 1 million de personnes originaires de l'ex-Yougoslavie, mais aussi des immigrés venus de Pologne, des pays baltes ou de Roumanie.

UNE NATALITÉ EN BERNE

La société allemande connaît aujourd'hui un vieillissement sans précédent. Son taux de natalité est très faible (1,3 enfant par femme), et environ une personne sur quatre a plus de 60 ans.

Longtemps, les femmes allemandes ont été vouées aux trois « K » : *Kinde, Küche, Kirche* (enfants, cuisine, église). Le principe « Il travaille. Je m'occupe de la famille » est encore profondément enraciné dans les mentalités. Ainsi, les femmes qui travaillent ne veulent pas sacrifier leur carrière, tandis que celles qui font garder leurs jeunes enfants sont encore dévalorisées, voire considérées comme des mères indignes. Les structures d'accueil des enfants ont été de ce fait négligées pendant des décennies.

Pour toutes ces raisons, la grande coalition actuellement au pouvoir concentre sa politique familiale sur la réorganisation des subventions (mise en place du salaire parental en 2007) et sur les infrastructures (développement des crèches et des garderies). Pas moins de 230 000 places de crèches seront ainsi créées d'ici 2010. Même si des progrès ont été réalisés – presque deux tiers des femmes travaillent désormais, même après avoir eu des enfants (bien que beaucoup choisissent de travailler à temps partiel) – cette question reste cruciale pour le pays.

VERS UNE RÉFORME DES RETRAITES

Conséquence de son faible taux de naissances et de l'allongement de l'espérance de vie (76 ans pour un homme ; 81 ans pour une femme), la société allemande vient au troisième rang mondial par l'importance du pourcentage de personnes âgées (après le Japon et l'Italie).
Le **contrat entre les générations** (système de financement de l'assurance vieillesse) est de plus en plus difficile à financer et il est complété par une assurance retraite privée. Après des débats houleux et en dépit de critiques nombreuses, notamment des syndicats, les députés ont finalement adopté en mars 2007 la loi sur le relèvement de l'âge de la retraite de 65 à 67 ans (de 2012 à 2035, l'âge de la retraite sera progressivement relevé d'un mois).

L'ENVIRONNEMENT

Les parcs et les espaces verts, relativement nombreux, ne sont qu'un des aspects des préoccupations de l'Allemagne pour l'environnement, qui représente un véritable enjeu et occupe une place majeure dans la politique du pays. En juin 2000 (loi votée en 2002), l'Allemagne a ainsi décidé de renoncer à terme au nucléaire. Elle prévoit l'arrêt progressif et la fermeture de ces réacteurs au plus tard en 2021.
Pour tenter de résoudre son problème d'approvisionnement – l'Allemagne est le plus gros consommateur européen d'énergie – elle est devenue un pays leader en matière d'énergies renouvelables (énergies éolienne, photovoltaïque et géothermique). Le long des côtes de la mer du Nord et de la Baltique, les champs d'éoliennes sont devenus un spectacle fréquent.
Au niveau économique, de nombreuses entreprises allemandes se sont tournées vers les technologies de l'environnement et occupent aujourd'hui une place importante sur le marché mondial (les fabricants d'éoliennes détiennent ainsi 50 % du marché). L'énergie éolienne fournit déjà près de 5 % de l'électricité du pays, un chiffre qui devrait doubler d'ici à 2010, bien que ce procédé rencontre des opposants.

Un État aux structures fédérales

De tout temps morcelée en un certain nombre de territoires largement autonomes, n'ayant pour ainsi dire pas connu la domination d'une capitale (Berlin ne fut capitale du Reich que pendant soixante-dix ans), l'Allemagne s'est naturellement dotée de structures de type fédéral. C'est donc aujourd'hui un État fortement décentralisé, accordant des prérogatives importantes aux Länder ou Régions.

LE RÉGIME POLITIQUE

La nouvelle Constitution, appelée **Loi fondamentale**, instaurée en 1949, garantit les libertés individuelles et définit les institutions de la République, État de droit fondé sur des principes démocratiques. Le Parlement fédéral est composé de deux chambres (système bicaméral) : le **Bundestag** (Parlement), assemblée nationale de 598 députés, élus pour quatre ans au suffrage universel, exerce le pouvoir législatif, choisit le chancelier et contrôle le gouvernement ; le **Bundesrat** (Conseil), formé de 69 membres issus des gouvernements des seize Länder (les Länder disposent de voix au prorata de leur population), participe au pouvoir législatif dans certains domaines, en particulier ceux concernant les Länder. Il exerce par ailleurs un certain contrôle sur le gouvernement qui est tenu de lui présenter en priorité ses projets de loi.
Détenteur du pouvoir exécutif, le **chancelier** est élu par les députés du Bundestag devant lesquels il est responsable. Il dispose de pouvoirs étendus et s'occupe de définir les orientations du gouvernement. Ce dernier a l'initiative des lois (adoptées par le Bundestag) qu'il est aussi en charge de faire appliquer.
Le président fédéral **(Bundespräsident)** a quant à lui un rôle essentiellement représentatif. Il conclut les traités avec les États étrangers, nomme et révoque les juges et les fonctionnaires fédéraux, ainsi que les ministres fédéraux proposés par le chancelier.
Enfin, l'instance judiciaire suprême de la République fédérale est le **Tribunal constitutionnel** qui siège à Karlsruhe. Veillant au respect de la Loi fondamentale, il est le gardien des principes

constitutionnels. Il a vocation à arbitrer les conflits entre le gouvernement fédéral et les Länder.

Le droit de vote général est à 18 ans, mais il peut être parfois de 16 ans pour les élections municipales.

LES LÄNDER : DES RÉGIONS AUX POUVOIRS ÉTENDUS

Aux onze Länder qui, jusqu'en 1990, composaient la République fédérale se sont ajoutées les cinq régions reconstituées à partir des quinze districts qui formaient l'ancienne RDA (les Länder est-allemands avaient été dissous en 1952). Chacun des seize Länder a sa propre constitution élaborée dans le respect de la Loi fondamentale. Les Länder possèdent également une assemblée législative (**Landtag**) élue au suffrage universel et un exécutif regroupant des ministres placés sous la tutelle d'un président du Conseil (**Ministerpräsident**). Si des domaines (engageant la souveraineté de l'État) comme les Affaires étrangères, la défense ou la politique monétaire du pays relèvent du seul gouvernement fédéral, les Länder n'en possèdent pas moins des pouvoirs très larges ; l'éducation et la culture relèvent de leur compétence exclusive, et ils interviennent de façon active dans les domaines de l'économie et de la justice.

Un bipartisme dominant

Le paysage des partis politiques est clairement lisible en Allemagne. Deux partis, la **CDU** (Union chrétienne démocrate) et le **SPD** (parti social-démocrate) ont, à partir de 1949, dominé la vie politique de la RFA. Le système électoral allemand rendant très difficile pour un parti de former un gouvernement à lui seul, il est d'usage de former des alliances. Parmi toutes les coalitions (21 depuis les premières élections en 1949), celles qui ont été nouées entre les deux formations CDU et SPD sont cependant exceptionnelles. Le cas s'est présenté une première fois en 1966, avec la constitution de la « grande coalition » (*Große Koalition*) et tout récemment (2005) avec l'élection d'Angela Merkel. Dans cette nouvelle « grande coalition », la CDU-CSU a obtenu six ministères et la direction de la chancellerie, tandis que le SPD a la responsabilité de huit portefeuilles.

L'Union chrétienne-démocrate (**CDU**) possède une branche bavaroise, un peu plus marquée à droite, la **CSU** (Union chrétienne-sociale). Au Bundestag, les députés des deux partis forment depuis toujours un même groupe parlementaire. De tendance libérale et conservatrice, la CDU-CSU, alliée aux libéraux du

P. Wysocki / EXPLORER-HOA QUI

Sur le Mur, la nuit du 31 décembre 1989.

FDP, obtint la majorité des voix en 1949, date à laquelle débuta le mandat d'**Adenauer**. Elle regagna le pouvoir en 1982, sous l'égide de **Helmut Kohl** qui fut élu chancelier à quatre reprises (1983, 1987, 1991 et 1994), puis revient à nouveau sur le devant de la scène en 2005, avec l'élection d'**Angela Merkel**.

Le SPD s'est rallié à l'économie de marché et à l'alliance atlantique en 1959, abandonnant ainsi toute référence à la théorie marxiste. Il fit l'expérience du pouvoir une première fois en 1969 (**Willy Brandt**), à la faveur d'une alliance avec les libéraux, puis en 1974 (**Helmut Schmidt**). Plus récemment, il obtint un succès aux élections de 1998, avec à sa tête **Gerhard Schröder**. Le chancelier Schröder dut sa réélection, en 2002, à l'alliance du SPD avec les Verts.

Susceptible de nouer des alliances avec l'une ou l'autre des deux grandes formations, le **FDP**, Parti démocrate-libéral, a longtemps été en position d'arbitre sur l'échiquier politique. Son président, **Guido Westerwelle**, est l'archétype du jeune politique dynamique.

Successeur du SED, ancien parti communiste de RDA, le Parti du Socialisme démocratique (**PDS**) a une audience importante dans les nouveaux Länder. Les élections de 2002, à l'issue desquelles il passa sous la barre des 5 % des voix, ont cependant constitué pour lui un sérieux revers.

Quant au parti écologiste **Die Grünen**, il a fait son entrée au Bundestag en 1984. L'alliance nouée en 1998 avec le SPD a permis à leur leader (retiré des affaires politiques en 2006), **Joschka Fischer**, d'accéder au poste de ministre des Affaires étrangères et de vice-chancelier du gouvernement Schröder.

Un géant économique

L'économie ouest-allemande a connu, après la Seconde Guerre mondiale, un redressement spectaculaire généralement désigné comme **« miracle économique »** (*Wirtschaftwunder*). Les efforts considérables de reconstruction, soutenus par l'aide américaine du plan Marshall, ainsi qu'une politique fiscale et monétaire judicieuse ont en effet propulsé l'économie ouest-allemande dans les premiers rangs mondiaux. Aujourd'hui, l'Allemagne reste la troisième puissance économique mondiale, derrière les États-Unis et le Japon, et la première dans l'Union européenne (les exportations allemandes représentent 10 % du commerce mondial). Avec le PIB et la population les plus élevés d'Europe, elle constitue le marché national le plus important de l'Union européenne.

UNE NOUVELLE DIMENSION APRÈS LA RÉUNIFICATION

La **réunification** des deux Allemagnes, en 1990, a constitué un défi de taille ; très coûteuse, l'intégration économique de l'ex-RDA a fortement affecté la compétitivité de la RFA. La « mise à niveau » des nouveaux Länder (en particulier la modernisation des infrastructures et de l'appareil industriel) ainsi que l'accompagnement social des employés de l'Est ont considérablement grevé le budget fédéral. Toutefois, les investissements massifs décidés par le gouvernement fédéral – qui a dû se résoudre, en 1995, à augmenter les impôts à l'ouest – et les aides structurelles apportées par l'Europe ont finalement permis à l'Est d'opérer la transition d'une économie planifiée vers l'économie de marché. Ce coût de la réunification explique en partie que, malgré une politique d'austérité efficace, les **déficits publics** sont restés élevés.

Après plusieurs années de **ralentissement économique** et un **taux de chômage élevé** (8,8 % au 31 août 2007), l'économie allemande a vu en 2006 sa **croissance repartir** (+ 2 %), grâce au maintien de ses exportations, mais surtout au redémarrage de la consommation intérieure.

Le maintien de la croissance est l'une des priorités du gouvernement d'Angela Merkel. Des réformes (modification du droit du travail pour faciliter l'emploi, baisse des charges sociales, baisse du coût du travail, soutien en faveur des PME, PMI et créateurs d'entreprise…) et des investissements doivent ainsi venir renforcer la compétitivité allemande.

L'INDUSTRIE, MOTEUR DE LA PROSPÉRITÉ

Malgré le fort développement des activités de services, l'industrie demeure le pilier de la puissance économique allemande. Le secteur industriel, qui représente environ le tiers du PIB (Produit intérieur brut), se compose de grands groupes internationaux aux activités diversifiées (ThyssenKrupp, Bayer, Hoechst, Siemens, Bosch…) et de nombreuses entreprises, PME et PMI qui, pour être de dimensions modestes, n'en sont pas moins dynamiques et au cœur de l'économie allemande (70 % des salariés travaillent dans des PME et des PMI). Le bassin de la Ruhr, les conurbations de Stuttgart et Munich, Francfort-sur-le-Main, Cologne, Hambourg et Leipzig forment les plus grands sites industriels du pays réunissant pôles de service et financier, centres high-tech et automobiles… Par ordre d'importance, parmi les principaux secteurs industriels, celui de l'automobile vient en premier avec les constructeurs Volkswagen, Audi, BMW, Daimler-Chrysler, Porsche, Opel (l'Allemagne est, avec les États-Unis et le Japon, le plus grand constructeur automobile). Viennent ensuite l'électrotechnique, la construction technique, l'industrie chimique et le secteur tertiaire (quinze des cent plus grandes entreprises mondiales sont allemandes).

G. Denis / VIEW/ARTUR

Nouvelle usine BMW à Leipzig.

LA STABILITÉ DES PARTENAIRES SOCIAUX

Une tradition de négociations est d'usage entre les partenaires sociaux (syndicats, chefs d'entreprises et patronats). La principale fédération syndicale (DGB) comprend 7 millions de membres et représente huit syndicats, dont Ver.di (services) et IG Metall (métallurgie) pour les plus importants. Elle a pour interlocuteur la BDA, la Confédération des organisations patronales allemandes.

La bonne qualité des relations entre les partenaires sociaux et la puissance du système bancaire ont contribué à soutenir cette croissance exceptionnelle. **« L'économie sociale de marché »** (libéralisme autorisant l'intervention de l'État pour corriger les effets pervers du marché) a longtemps constitué le cadre de ce développement, stimulé en outre par une conjoncture favorable.

UN CHAMPION DE L'EXPORTATION

Avec un volume d'exportations correspondant à un tiers de son produit national brut, l'Allemagne peut se targuer du titre de « champion du monde de l'exportation », devant les États-Unis et la Chine. Elle entretient ses relations commerciales les plus étroites avec les membres de l'Union européenne (presque 72 % de ses exportations concernent l'espace européen) et avec les États-Unis. Mais l'ouverture économique et commerciale vers des pays émergents, en particulier en Asie avec la Chine et l'Inde, connaît également un développement important.

Fortement tournées vers les marchés mondiaux, les grandes entreprises allemandes intègrent toutes une stratégie

J. Giribas / ROPI-REA

Départ pour l'Afghanistan de soldats allemands et d'avions Tornado.

de diversification mondiale, à laquelle vient s'ajouter un processus de délocalisation de leurs activités (Siemens est ainsi présent dans 190 pays).

De par sa position géographique en plein cœur de l'Europe, son savoir-faire technologique, sa main d'œuvre qualifiée et son infrastructure de qualité comme sa fiscalité avantageuse, l'Allemagne est un site attractif pour les investisseurs étrangers : les 500 plus grandes entreprises mondiales se sont ainsi implantées sur son sol.

Retour sur la scène mondiale

Pourtant géant économique, l'Allemagne, en raison de son histoire, a longtemps été éloignée de tout rôle politique sur la scène internationale.

L'ALLEMAGNE ET L'EUROPE

L'intégration de l'Allemagne au sein de l'Europe, prévue dans la Loi fondamentale de 1949, s'est avérée un facteur essentiel pour la paix, la stabilité et la sécurité. De par sa situation centrale, sa puissance économique et sa densité démographique, l'Allemagne considère l'Union européenne comme un champ d'action essentiel de sa stratégie internationale. Le renforcement du rôle de l'Europe dans la politique mondiale est d'ailleurs l'un de ses objectifs. Les Allemands participent à hauteur de 21 % environ au budget de l'Union.

LA POLITIQUE ÉTRANGÈRE

Son intégration au sein des grandes organisations de coopération internationales constitue le fondement de la politique étrangère allemande. En 1957, l'Allemagne fait partie des six pays fondateurs de l'Union européenne. Depuis 1972, elle siège à part entière aux Nations unies (ONU). L'Allemagne est membre de l'OTAN depuis 1955, de l'OCDE (Organisation pour la coopération et le développement économique), de l'OSCE (Organisation pour la sécurité et la coopération en Europe), de la Banque mondiale et du FMI (Fonds monétaire international).

Avec la réunification, le pays s'est retrouvé à partir de 1990 au cœur des bouleversements mondiaux. En œuvrant avec ses partenaires européens ou internationaux à la prévention et la résolution des conflits, au maintien de la paix, de la sécurité, à la défense des droits de l'homme et à la démocratie, il s'est progressivement impliqué dans des missions à l'étranger. Il assume maintenant des responsabilités internationales plus importantes, dans de nombreux points du globe. L'armée allemande (Bundeswehr), qui compte actuellement 267 000 hommes, s'est ainsi retrouvée en première ligne au sein des forces de l'OTAN (avec la KFOR) lors du conflit au Kosovo en 1999. En 2005, elle était engagée dans dix missions dans le monde (Afghanistan, Balkans...), toujours sous l'égide des Nations unies, de l'OTAN ou de l'Union européenne, aussi bien dans le cadre de la lutte contre le terrorisme, pour le maintien de la paix ou de l'aide humanitaire. Elle apporte actuellement les plus gros contingents de soldats dans les missions internationales destinées à prévenir les crises et à surmonter les conflits.

Vue sur la Spree et le quartier St-Nicolas à Berlin.

S. Ollivier/MICHELIN

Radeberger
Ephraim's
Radeberger
Weinstube
Enoteca
Ephraim's

Berlin★★★

3 388 480 HABITANTS
CARTE GÉNÉRALE C2 – CARTES MICHELIN N^{OS} 718 M5 ET 542 AX 24
BERLIN

Princes-électeurs et rois conquérants, développement industriel fulgurant, rayonnement culturel intense, dictature, occupation et division tragique… En quelques siècles seulement, Berlin a tout connu ou presque. Cité de mémoire, la ville assume sans complexes son histoire mouvementée, des heures les plus glorieuses aux périodes les plus noires. Redevenue capitale de l'Allemagne en 1990, elle vit un nouveau printemps, une véritable « movida » : réalisations architecturales audacieuses, avant-garde musicale, profusion de galeries d'art, de bars et de lieux de sortie originaux… Huit fois plus grande que Paris, Berlin peut parfois vous désorienter. Mais elle ne manquera pas de vous séduire, par la richesse de son patrimoine, son dynamisme culturel, ses nombreux espaces verts et la diversité de ses quartiers.

Se repérer – Enclavé à l'intérieur du Brandebourg, le Land de Berlin s'étend sur près de 900 km2, soit l'équivalent de Paris et des départements limitrophes. La ville s'ordonne autour du long axe rectiligne formé par les avenues Unter den Linden, du 17-juin et Bismarck, en passant par le parc du Tiergarten, centre géographique de Berlin.

À ne pas manquer – L'île des Musées, le château de Charlottenburg, la Potsdamer Platz, une promenade dans le centre historique.

Organiser son temps – Si vous ne disposez que de deux jours, consacrez-les aux sites incontournables (*voir ci-dessus*). Si vous avez une semaine, prévoyez une journée hors du centre, dans l'un des vastes parcs entourant la ville.

Avec les enfants – Le jardin zoologique, la tour de télévision et le musée allemand de la Technique.

Pour poursuivre le voyage – Potsdam, le parc de Wörlitz, les lacs du Mecklembourg, Magdebourg.

Comprendre

Les origines – La capitale allemande tire son origine de deux villages qui apparaissent dans l'histoire au 13e s., Cölln et Berlin, des bourgades de rouliers et de pêcheurs. Berlin capitale sera une création politique des Hohenzollern, Électeurs de Brandebourg. Le premier château de Cölln, achevé en 1451, devient en 1470 la résidence permanente de la dynastie.

Le Grand Électeur (1640-1688) – **Frédéric-Guillaume de Brandebourg** trouve Berlin à moitié abandonnée à la fin de la guerre de Trente Ans. Ce grand capitaine, qui réussit à Fehrbellin (1675) l'exploit de vaincre l'armée suédoise, est aussi un organisateur. Admirateur de la Hollande, où il a passé sa jeunesse, il fait aménager les quais de la Spree et promulgue un grand nombre d'ordonnances, visant à faire de Berlin

Ph. Gajic / MICHELIN

La porte de Brandebourg.

une ville salubre et policée. L'ouverture d'un canal reliant la Spree à l'Oder stimule l'activité commerciale. Mais surtout, il ouvre les portes de Berlin aux huguenots français après la révocation de l'édit de Nantes (1685). L'arrivée de ce contingent massif – environ un huguenot pour cinq Berlinois de souche – transforme la ville, dont le rayonnement s'accroît dès lors grâce à un afflux d'ouvriers d'art, d'érudits, de théologiens, de médecins, etc.

L'urbanisme à Berlin au siècle des Lumières (18e s.) – Le premier roi de Prusse, Frédéric Ier, fait édifier, pour son épouse Sophie-Charlotte, le château de Charlottenburg. Il confie les travaux à un architecte et sculpteur de génie, Andreas Schlüter (vers 1660-1714), qui travaille surtout au Palais royal et à l'Arsenal. Son successeur, **Frédéric-Guillaume Ier** (1713-1740), est connu, dans l'histoire, sous le nom de **Roi-Sergent** en raison de son goût pour une gestion pointilleuse des affaires et de sa politique de recrutement systématique, base de la force militaire prussienne. Il s'intéresse moins aux embellissements qu'à l'agrandissement de Berlin. À l'extérieur des anciens bastions, il fait tracer la nouvelle ville de Friedrichstadt. Des mesures draconiennes accélèrent le lotissement de ce quartier percé de grandes artères, telles que la Leipziger Straße, la rue la plus animée du Berlin d'avant-guerre, la Friedrichstraße, la Wilhelmstraße (actuelle Toleranzstraße) où se concentraient les ministères et palais officiels du Reich.

Frédéric II le Grand (1740-1786) poursuit cet effort, donnant à la fameuse Unter den Linden et au Forum Fredericianum (Bebelplatz) leur ordonnance monumentale. Il fait appel aux talents de Knobelsdorff (1699-1753), architecte aussi heureusement inspiré par la tradition du rococo (Sans-Souci) que par des réminiscences antiques (opéra). Le néoclassicisme triomphe ensuite à Berlin, jusque vers 1835. À cette époque, la ville s'enrichit notamment de la porte de Brandebourg (1789) et de la *Neue Wache* (1818).

Berlin au 19e s. – L'exaltation patriotique, galvanisée par les professeurs de l'Université, fondée en 1810 par Wilhelm von Humboldt, et par l'appel aux armes lancé en 1813 par le roi de Prusse, qui se joint aux adversaires de Napoléon, donne pour la première fois aux Berlinois une âme commune. La ville, bénéficiant du prestige grandissant du royaume de Prusse et de ses élites, s'engage dans l'ère industrielle, sous l'impulsion de grands patrons comme August Borsig, « le roi de la locomotive », Werner von Siemens (1816-1892), chef de file de l'électrotechnique, Emil Rathenau, fondateur de la puissante AEG. Si l'architecture officielle s'empâte dans de prétentieux monuments comme le Reichstag, les espaces verts de la ville se multiplient sous la poussée des quartiers résidentiels vers la forêt de Grunewald, à l'ouest. En 1871, Berlin devient la métropole de l'Empire et approche le million d'habitants.

Le Grand Berlin – Formé en 1920, il réunit en un seul ensemble administratif de six arrondissements urbains, sept villes, cinquante-neuf villages et vingt-sept domaines totalisant quatre millions d'habitants. Malgré les secousses qui ébranlent alors l'Allemagne, les « années 1920 » sont pour Berlin une période exaltante, surtout dans le domaine intellectuel et artistique. Les journaux berlinois donnent le ton à toute la presse allemande. Grâce à des réalisateurs comme Ernst Lubitsch, Fritz Lang, Carl Mayer, Georg Wilhelm Pabst, et à des acteurs comme Emil Jannings ou Marlene Dietrich, les films tournés dans les studios de la capitale (*L'Ange bleu, Jeunes Filles en uniforme,* etc.) recueillent un succès international. L'art théâtral, renouvelé par Max Reinhardt (1873-1943), brille également de tous ses feux. En 1928, Bertolt Brecht donne la première représentation de *L'Opéra de quat' sous.* L'avènement du régime hitlérien, les persécutions contre les Juifs, la mise à sac du patrimoine artistique et littéraire au nom de la lutte contre « l'art dégénéré » freinent malheureusement cet élan artistique.

La prise de Berlin – En février 1945, Berlin se voit octroyer par la conférence de Yalta un statut spécial stipulant que chaque puissance disposerait de son propre secteur d'occupation à l'intérieur de la ville. Du 21 avril au 3 mai, la capitale allemande est le théâtre des ultimes combats entre l'Armée rouge et l'armée allemande. Sur les 248 ponts que comptait la cité, 120 sautent. La bataille se termine par la prise du Reichstag.

Berlin divisé – Après la capitulation de l'Allemagne signée à Berlin le 8 mai, les quatre puissances victorieuses (États-Unis, URSS, France et Grande-Bretagne) prennent en main l'administration du Grand Berlin. Mais la tension ne cesse de croître entre les puissances occidentales et Moscou. Le blocus, provoqué par l'opposition russe à l'introduction de la réforme monétaire occidentale et que le « pont aérien » permet de surmonter (26 juin 1948-12 mai 1949), la proclamation, à l'est, d'une Républi-

1
BERLIN-CENTRE
plan I
0
1km
N
Ancien tracé du mur de Berlin
Colonie de jardins familiaux "Laubenkolonie"
Secteur en travaux
VOLKSPARK JUNGFERNHEIDE
MARIA REGINA MARTYRUM
Heckerdamm
Saatwinkler
Friedrich-
Olbricht-
Goebelstr.
Geißlerpfad
Toeplerstr.
Halemweg
Heilmannring
A 111 E 26
SIEMENSSTADT
Schneppenhorstweg
Halemweg
Jakob-Kaiser-Pl.
Reichwein-
damm
A 100
WESTHAFEN
Siemens-
damm
WERNERWERK
AB. DR. CHARLOTTENBURG
SPREE
Jungfernheide
Gustav-Adolf-K.
Tegeler
Herschelstr.
Sickinge
Hutten
Charlottenburger Verbindungskanal
Fürstenbrunner
Weg
PARC CHARLOTTENBURG
Mierendorffpl.
Kaiserin-
Augu
Osnabrücker Str.
Mierendorffstr.
Sömmeringstr.
Kraftwerk Charlottenburg
Am Spreebord
Sophie-
CHÂTEAU DE CHARLOTTENBURG
Luisenpl.
Winterstein-str.
Siemenssteg
Lüdtgeweg
HÔTEL DE VILLE (CHARLOTTENBURG)
Alt-Lietzow
Spandauer
Damm
COLLECTION BERGGRUEN
MUSÉE BRÖHAN
Gierke-pl.
Otto-
Villa Kogge
Warburgzeile
Suhr-
Allee
Cauerstr.
Westend
Schloßstr.
Schustehrusstr.
Luisenk.
Richard-Wagner-Pl.
Schustehruspark
Richard-Wagner-Str.
Königin-Elisabeth-Str.
Soor-str.
Charlotten-str.
Kaiser-
DEUTSCHE OPER
Deutsche Oper
Bismarckstr.
Knobelsdorff-
Sophie-Charlotte-Pl.
Bismarckstr.
Krumme
SCHILLER THEATER
Kaiser-damm
POL.
Friedrich-
Wilmersdorfer-
Schiller-
Str.
damm
HAUS DES RUNDFUNKS
Wundtstr.
LIETZEN-
Masurenallee
Witzleben
Neue-
Kantstr.
Wilmersdorfer Str.
Kantstr.
Amtsgerichtspl.
Leonhardt-
Charlottenburg
TOUR DE LA RADIO
ICC
SEE
Suarez-
str.
Savign
Messe-gelände
Rönne-
Lewisham-
Mommsen-
Leibniz-
Dernburgstr.
A 115
Westkreuz
Wilmersdorfer-Str.
Leibniz-Kolonnaden
DAM
Adenauerpl.
AVUS
AB. DR. FUNKTURM
Lehniner Pl.
KURFÜRSTEN-
SCHAUBÜHNE
Olivaer Platz
Wilsr.
Halensee-str.
Düsseldorfer
Württembergische
Halensee
Westfälische
Halensee
Rathenaupl.
Konstanzer Str.
Brandenburgische
Sächsische
Hohenzol
allee
Bismarckpl.
Cicero-
Eisenzahn-
Fehrbelliner Platz
Koenigs-
Johanna-pl.
Lynarstr.
WILMERSDORF

2
Dohna-
gestell
GOETHE-PARK
Plötzensee
Hüttigpfad
Damm
Nordufer
Zuckermuseum
Amrumer Str.
Alte Nazareth-kirche
Leopoldpl.
Luxemburger Str.
Universitätsklinikum Rudolf Virchow
Augustenburger-Pl.
Amrumer Str.
Trift-str.
WEDDING
Sylter Str.
See-
BERLIN-SPANDAUER-SCHIFFAHRTSKANAL
KANAL
WESTHAFEN
Föhrer Str.
Nordufer
Lynar-str.
Westhafen
Beussel-str.
GROSSMARKT
Putlitzbrücke
Quitzow-str.
Heide-
Siemens-str.
straße
Birkenstr.
Birken-str.
Perleberger
Kruppstr.
Lehrter
Rostocker-str.
REFORMATIONSKIRCHE
Berlichingen-str.
AEG TURBINEN FABRIK
Wiclefstr.
Waldenser-str.
Bremer Str.
Stromstr.
Bugenhagen-str.
Rathenower str.
FRITZ-SCHLOSS-PARK
POSTSTADION
MOABIT
Reuchlin-str.
Turmstr.
HEILANDSKIRCHE
Wilsnacker Str.
Turmstr.
Seydlitzstr.
Allee
Ottopl.
Turmstr.
Neues Kriminalgericht
St. Johannis
Invaliden-
PTZ
SPREE
Alt-Moabit
Haus am Wasser
Moabit
Gotzkowskybrücke
LANDES-BILDSTELLE
Levetzowstr.
Wikingerufer
HANSA-VIERTEL
Kirchstr.
Moabiter Brücke
Alt-
Helmholtzstr.
Dove-str.
Akademie der Künste (Tiergarten)
Bellevue
BUNDES
Salz-
Franklinstr.
Bartningallee
Moabiter Werder
Château de Bellevue
Haus der Kulturen der Welt (ehem. Kongreßhalle)
March-str.
ufer
Hansapl.
Altonaer-Str.
Bach-str.
ENGLISCHER GARTEN
Bundespräsidialamt
Spree-weg
Paul-straße
Lutherbrücke
Ernst-Reuter-Platz
KPM
Tiergarten
Straße des 17. Juni
Technische
Charlottenburger-Tor
Colonne de la Victoire
Rousseauinsel
Schleuseninsel
Großer Stern
Charlottenburger-Brücke
Universität
Neuer See
TIERGARTEN
Luiseninsel
Hardenberg-str.
Tiergartenufer
LANDWEHR-
HOCHSCHULE DER KÜNSTE
NORDISCHE BOTSCHAFTEN
KULTURFORUM
Botschaft der Republik Indien
Rauchstr.
Hildebrandstr.
GALERIE DE PEINTURE
JARDIN ZOOLOGIQUE
Steinpl.
Klingelhöfer-str.
Ludwig-Erhard-Haus
IHK
Carmerstr.
ÉGLISE COMMÉMORATIVE
MEXIKANISCHE BOTSCHAFT
Köbis-str.
Reichpietsch-ufer
SAVIGNY-PL.
Theater des Westens
Budapester-Str.
Budapester-Str.
Cornelius-str.
Stauffenberg-str.
KANAL
STILWERK
Kant-Dreieck
Europa-Center (centre commercial et d'affaires)
ARCHIVES DU BAUHAUS
Lützow-
Schöneberg
Grolmanstr.
Synagoge Fasanenstraße
Kurfürsten-damm
Tauentzien-str.
Lützowpl.
Magdeburger Pl.
Uhlandstr.
Wittenbergpl.
An der Urania
Einemstr.
Kurfürsten-
The Story of Berlin
MUSÉE K. KOLLOWITZ
Augsburger Str.
Grand magasin de l'Ouest
URANIA
Kleiststr.
Kurfürstenstr.
Nollendorfpl.
Universität der Künste
Bülowstr.
Bülowstr.
FASANEN-STR.
Maaßen-str.
Motzstr.
BUNDESHAUS
Spichernstr.
Spichernstr.
Nachodstr.
Viktoria-Luise-Pl.
Winterfeldtpl.
LUDWIGKIRCHPL.
Ansbacher
SCHÖNEBERG
Pallas-str.
Goebenstr.
KIRCHE AM HOHENZOLLERNPL.
Hohenzollernpl.
Hohenstaufen-str.
Kleistpark
Potsdamer Str.
Landshuter Str.
Kammergericht
Großgörschen-str.
Pfalzburger
Bundesallee
Güntzelstr.
Luther-str.
Goltzstr.
Kleistpark
Uhland
Güntzel-str.
Eisenacher Str.
Bayerischer Pl.
Grunewaldstr.
St. Matthäus Kirchhof

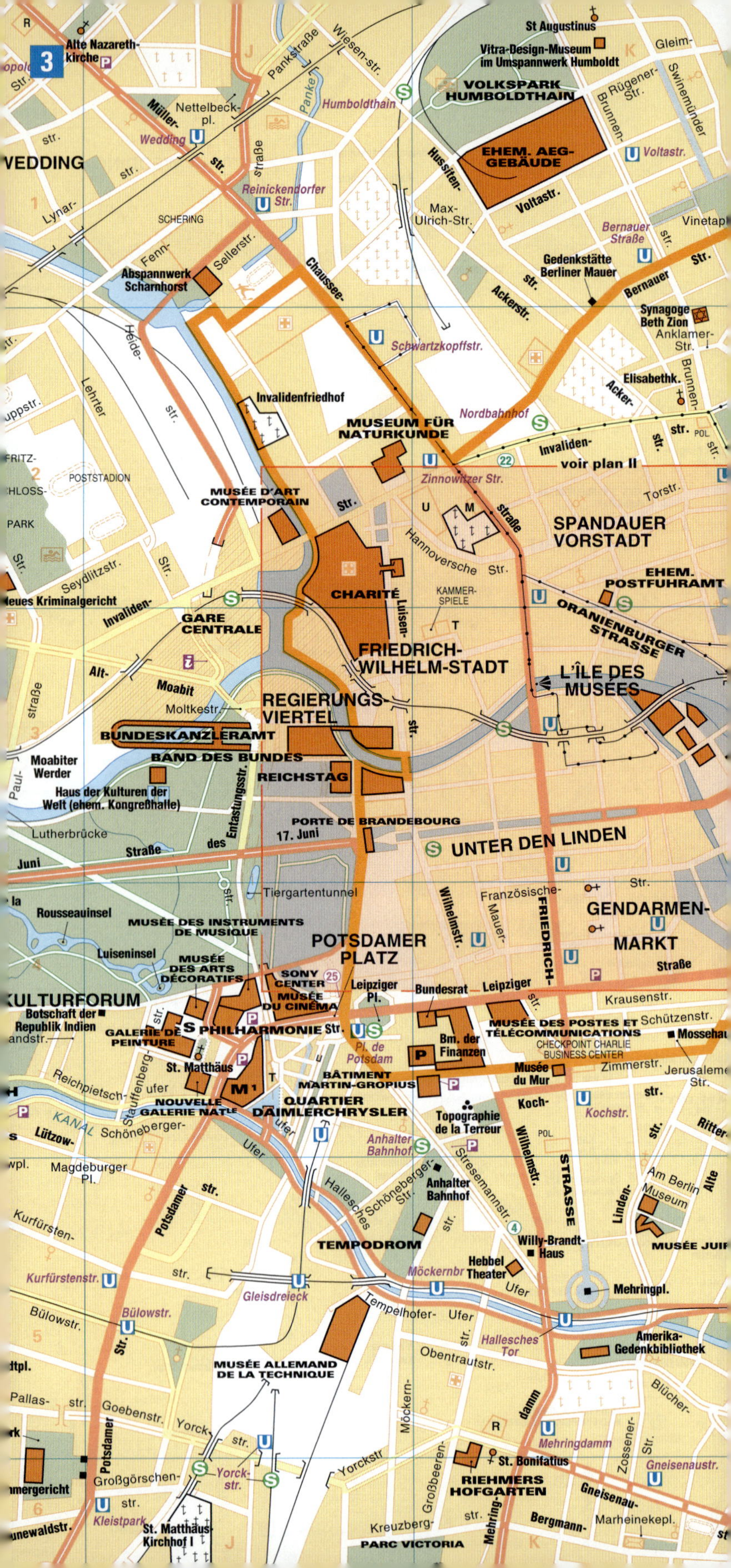
3
Alte Nazareth-kirche
St Augustinus
Vitra-Design-Museum im Umspannwerk Humboldt
VOLKSPARK HUMBOLDTHAIN
Gleim-
Swinemünder
Rügener-Str.
Brunnen-
Pankstraße
Wiesen-str.
Panke
Humboldthain
Nettelbeck-pl.
Wedding
Müller-str.
VEDDING
EHEM. AEG-GEBÄUDE
Voltastr.
Hussiten-
Reinickendorfer Str.
Lynar-
SCHERING
Max-Ulrich-Str.
Bernauer Straße
Vinetapl.
Sellerstr.
Fenn-
Abspannwerk Scharnhorst
Chaussee-
Gedenkstätte Berliner Mauer
Ackerstr.
Bernauer Str.
Synagoge Beth Zion
Anklamer-Str.
Heide-str.
Schwartzkopffstr.
Elisabethk.
Acker-
Brunnen-
Lehrter
Invalidenfriedhof
Nordbahnhof
MUSEUM FÜR NATURKUNDE
Invaliden-
22
voir plan II
FRITZ-
2
SCHLOSS-
PARK
POSTSTADION
MUSÉE D'ART CONTEMPORAIN
Zinnowitzer Str.
Torstr.
SPANDAUER VORSTADT
Hannoversche Str.
Seydlitzstr.
Neues Kriminalgericht
CHARITÉ
Luisen-
KAMMER-SPIELE
EHEM. POSTFUHRAMT
ORANIENBURGER STRASSE
Invaliden-
GARE CENTRALE
FRIEDRICH-WILHELM-STADT
L'ÎLE DES MUSÉES
Alt-
Moabit
Moltkestr.
REGIERUNGS-VIERTEL
3
BUNDESKANZLERAMT
BAND DES BUNDES
Moabiter Werder
REICHSTAG
Haus der Kulturen der Welt (ehem. Kongreßhalle)
Entlastungsstr.
Paul-
Lutherbrücke
PORTE DE BRANDEBOURG
17. Juni
Straße des
Juni
UNTER DEN LINDEN
Tiergartentunnel
Französische-
Mauer-
Wilhelmstr.
FRIEDRICH-
GENDARMEN-MARKT
Straße
Rousseauinsel
MUSÉE DES INSTRUMENTS DE MUSIQUE
Luiseninsel
MUSÉE DES ARTS DÉCORATIFS
POTSDAMER PLATZ
SONY CENTER
25
MUSÉE DU CINÉMA
Leipziger Pl.
Bundesrat
Leipziger str.
Krausenstr.
KULTURFORUM
Botschaft der Republik Indien
GALERIE DE PEINTURE
PHILHARMONIE
Pl. de Potsdam
MUSÉE DES POSTES ET TÉLÉCOMMUNICATIONS
CHECKPOINT CHARLIE BUSINESS CENTER
Schützenstr.
Mosseha
Bm. der Finanzen
St. Matthäus
BÂTIMENT MARTIN-GROPIUS
Musée du Mur
Zimmerstr.
Jerusaleme Str.
Reichpietsch-
Stauffenberg-
ufer
NOUVELLE GALERIE NATLE
QUARTIER DAIMLERCHRYSLER
Topographie de la Terreur
Koch-
Kochstr.
KANAL
Schöneberger-
Lützow-
Anhalter Bahnhof
Ufer
Anhalter Bahnhof
Stresemannstr.
Wilhelmstr.
POL
STRASSE
Ritter-
Magdeburger Pl.
Halle-sches
Schöneberger-str.
Am Berlin Museum
Linden-
Alte
Potsdamer
Kurfürsten-
TEMPODROM
Willy-Brandt-Haus
MUSÉE JUIF
Hebbel Theater
Kurfürstenstr.
Gleisdreieck
Möckernbr.
Ufer
Mehringpl.
Tempelhofer-
Ufer
Bülowstr.
Bülowstr.
Hallesches Tor
Amerika-Gedenkbibliothek
5
Obentrautstr.
MUSÉE ALLEMAND DE LA TECHNIQUE
Blücher-
Pallas-str.
Goebenstr.
Yorck-str.
Möckern-
damm
Mehringdamm
Zossener-Str.
Gneisenaustr.
Yorck-str.
Yorckstr.
Großgörschen-
St. Bonifatius
RIEHMERS HOFGARTEN
Großbeeren-
Gneisenau-
Kleistpark
St. Matthäus Kirchhof I
Kreuzberg-
Mehring-
Bergmann-
Marheinekepl.
PARC VICTORIA

4
PRENZLAUER BERG
Gethsemanek.
Stargarder
Ostseepl.
Erich-
Weinert-
Hosemann-
MAX-SCHMELING-HALLE
GROTERJAHN-BRAUREI
Buchholzer-Str.
Schönhauser
Pappelallee
Prenzlauer Allee
Grell-
Str.
F.-L.-JAHN-SPORTPARK
STADION
ZEISS-GROSSPLANETARIUM
Greifswalder
Eberswalder Str.
Eberswalder-
Str.
Storkower
Danziger
Prenzlauer
KULTUR-BRAUEREI
Ernst-Thälmann-Park
Greifswalder Str.
Schwedter
Oderberger-
Str.
Arkonapl.
Kastanien-
allee
KOLLWITZ-PL.
Anton-
Saefkow-
Str.
Allee
Marienburger-
Str.
Danziger
ionskirche
JÜDISCHER FRIEDHOF
Kollwitz-
Ryke-
Fehrbelliner-
Prenzlauer Berg Museum
POL.
28
Greifswalder
Hufelandstr.
Volkspark am Weinberg
Senefelderpl.
Prenzlauer
Kniprode-
Straße
HERZ-JESU-KIRCHE
Torstr.
Am
Friedrichshain
Virchow-
VOLKSBÜHNE
Liebknecht-Str.
Mollstr.
Braun-
Frieden-
Volkspark Friedrichshain
FREIZEIT-PARK
Otto-
ALEXANDERPLATZ
Pl. der Vereinten Nationen
Allee
TOUR DE TÉLÉVISION
Mollstr.
Landsberger
straße
Karl-
ATH. PROTESTANTE DE BERLIN
Gruner-
Alexander-
Schillingstr.
KARL-
Straße
STRAUSBERGER PL.
Schillingstr.
SCHLOSS-PLATZ
HÔTEL DE VILLE ROUGE
MARX-
ALLEE
Strausberger Pl.
Singer-
Lichtenberger
str.
Weberwiese
FRANKFURTER TOR
QUARTIER ST-NICOLAS
Stralauer Str.
FRIEDRICHSHAIN
Gertrauden-str.
Holzmarkt-
Andreas-
FISCHER-INSEL
MUSÉE DE LA MARCHE
Inselstr.
Michaelkirch-str.
Ostbahnhof
Seydelstr.
Heinrich-Heine-Str.
Köpenicker
Sebastian-
Annenstr.
Jakobstr.
St. Michael
SPREE
Mühlenstraße
EAST SIDE GALLERY
Heinrich-Heine-
ORANIEN-
Moritzpl.
Engel-
damm
St. Thomas
Straße
Künstlerhaus Bethanien
Waldemar-
Mariannen-platz
Pücklerstr.
Eisenbahn-
Zeughof-
OBERBAUM-BRÜCKE
Oranienpl.
Naunyn-
STR.
KREUZBERG
Adalbert-
Marheinike-Halle
Schlesisches Tor
Wassertorpl.
Ritterstr.
Heinrichpl.
Lausitzer Pl.
Skalitzer-
Wrangelstr.
itschiner
Prinzen-
Prinzenstr.
Kottbusser Tor
Görlitzer Bahnhof
Kottbusser-Brücke
LANDWEHRKANAL
Wiener
Görlitzer Park
Fraenkelufer
Reichenberger
Plan-
ufer
Paul-
Lincke-
Ufer
Maybach-
ufer
LANDWEHR-
Urban-
Grimmstr.
Schönleinstr.
Kottbusser
Damm
Körtestr.
Pflüger-str.
Heidelberger-Str.
Südstern
Graefe-

SE LOGER

- Adlon 1
- Am Anhalter Bahnhof 4
- Am Wilden Eber 7
- Berlin-Plaza 10
- Circus 13
- Grand Hotel Esplanade 16
- Hackescher Markt 19
- Honigmond 22
- Künstlerheim Luise 25
- Transit-Loft Hotel 28

SE RESTAURER

- Bamberger Reiter 1
- Borchardt 4
- Diekmann 7
- Harry's New-York Bar 10
- Lutter und Wegner 13

que démocratique (7 octobre 1949), le soulèvement populaire du 17 juin 1953 et sa répression, l'afflux de réfugiés à Berlin-Ouest sont autant d'étapes sur le chemin de la coupure. Le 13 août 1961, les autorités de l'est interdisent tout passage entre les deux Berlin. Quelques jours plus tard commence l'édification du mur, matérialisant sur le terrain, avec une implacable minutie, le pointillé qui délimitait sur la carte le secteur soviétique. Désormais, de part et d'autre d'un mur de béton de 160 km de long et de 4 m de haut, doublé par des rangées de chevaux de frise, de miradors et de postes de tir, les deux parties de la ville poursuivront leur développement suivant des modèles idéologiques opposés. Les tentatives de franchissement, d'est en ouest, de cette frontière connaîtront le plus souvent une fin tragique.

De la « chute » du Mur au Berlin d'aujourd'hui – Concrétisant la décision des autorités de Berlin-Est prise, sous la pression des mouvements de contestation, de

Marjellchen 16
Mutter Hoppe / Alt-Berliner Weisbierstube 19
Parc Fermé 22
Papiano 25
Zander 28
Zoe 31

Abgeordnetenhaus von Berlin (ehem. Preußischer Landtag) ..... **P**
Cabinet des estampes .... **S**
Friedrichswerdersche .... **M**
Maxim-Gorki-Theater (ehem. Singakademie) .... **T**

Reiterdenkmal Friedrichs II .... **D**
Bibliothèque nationale .... **M¹**
Villa Von-der-Heydt «Stiftung Preußischer Kulturbesitz» .... **H**

Parmi les curiosités figurant sur ces plans, seules celles qui sont citées à l'index en fin de guide sont décrites dans ce texte. Pour les autres, se référer au Guide Vert Berlin.

rétablir la liberté de passage entre les deux États, l'ouverture du mur dans la soirée du 9 novembre 1989 provoque une nuit d'allégresse, en particulier autour de la porte de Brandebourg. En juin 1991, le Bundestag décide de faire de Berlin, déjà qualifiée de capitale dans le traité d'unification, le siège du gouvernement. En 1994, Richard von Weizsäcker, le président fédéral (*Bundespräsident*) de l'époque, établit son siège au château de Bellevue. En 1999 et 2000, le Bundestag (Diète fédérale), le Bundesregierung (gouvernement fédéral) et le Bundesrat (Conseil fédéral) quittent successivement Bonn pour Berlin.

Il reste que, pour un certain temps encore, la physionomie des quartiers orientaux et celle des quartiers occidentaux conserveront quelques spécificités : l'urbanisme « socialiste », dominé par les larges avenues (du type Karl-Marx-Allee) et les grands ensembles d'habitation, constituera une donnée rémanente du paysage. Et l'empreinte du Mur ne s'effacera, au sol comme dans les mémoires, que lentement, telle une plaie trop longtemps maintenue béante.

Fragilité économique – Si le statut de capitale de Berlin est incontesté, il n'en va pas de même de sa situation économique. On attendait du transfert de la fédération l'installation de grandes entreprises, un afflux de population, un boom de l'immobilier. Or, tout cela est resté lettre morte. Malgré l'arrivée de fonctionnaires, la ville a perdu 93 000 habitants entre 1994 et 2000. Les entreprises ont préféré conserver leur siège dans les villes d'Hambourg, Munich ou Francfort. Même « l'enfant du pays », Siemens, n'est pas revenu... Les laboratoires Schering sont la seule entreprise d'envergure à être restée fidèle à la ville qui l'a vue naître. À cette déception s'ajoutent des restructurations douloureuses du tissu industriel de Berlin-Est, ayant entraîné des fermetures d'usines et les faillites en cascade des entreprises de Berlin-Ouest, largement subventionnées pendant la guerre froide et qui n'ont pas résisté à la mise en concurrence. Pas moins de 220 000 emplois ont été supprimés en dix ans.

Après une période de spéculation immobilière où des immeubles sortaient de terre à chaque coin de rue, l'effervescence est retombée. Les bureaux non occupés sont légion. Même la Potsdamer Platz peine à trouver des occupants. Les finances du Land sont aussi au plus bas. La ville est menacée de banqueroute avec près de 50 milliards d'euros de dette cumulée, et le taux de chômage y avoisinait les 18 % en 2006.

Pour une visite approfondie de la ville, il est recommandé de se procurer le « Guide Vert Berlin ».

Se promener dans le centre historique★★★

Visite : une journée à pied (sans compter l'île des Musées). Départ du Reichstag et arrivée dans le quartier St-Nicolas (voir plan II, pages précédentes).

Berlin a reconquis son centre ! Autour de la célèbre allée Unter den Linden (« Sous les tilleuls ») par laquelle les Princes-Électeurs accédaient à la réserve de chasse du Tiergarten, **Mitte★★★**, le cœur monumental de la ville et de l'Allemagne tout entière, est l'objet de toutes les attentions. Rénovation complète de l'île des Musées, reconstruction achevée de la Pariser Platz, projet de reconstruction du château des Hohenzollern...

Véritable livre ouvert sur l'histoire du pays, Mitte est un kaléidoscope architectural à découvrir à pied : ici, les monuments baroques ou néoclassiques côtoient les édifices staliniens et les réalisations contemporaines.

Reichstag★★ Plan II N2

C'est à partir de 1894 que se tinrent dans ce palais, lourd pastiche de la Renaissance érigé par Paul Wallot, les séances de la diète d'Empire (Reichstag), assemblée élue au suffrage universel. Détruit, à l'instigation supposée de Goering, par un incendie en 1933 et fortement endommagé par les bombardements alliés en 1945, il se vit amputer en 1954 de sa célèbre coupole. Il fut reconstruit, sans coupole, dans les années 1970.

Le 4 octobre 1990 se tint entre ses murs la première séance du parlement de l'Allemagne réunifiée. En 1995, les artistes **Christo** et **Jeanne-Claude** entourèrent pendant quinze jours le Reichstag d'immenses rubans de plastique argenté. La reconstruction du palais fut ensuite entamée, sur les plans de l'architecte britannique **Norman Foster**, qui conçut une coupole de verre dont l'apesanteur forme un contraste saisissant avec la lourdeur de l'édifice. Elle se dresse sur douze colonnes et diffuse par un cône renversé revêtu de miroirs la lumière du jour dans la salle plénière du Bundestag. Autre élément fascinant, il est possible de gagner par une rampe longeant les parois de la coupole une **plate-forme panoramique★★**. Cette dernière attire particulièrement les visiteurs.

Le 19 avril 1999, les députés du Bundestag purent tenir leur première séance plénière dans l'enceinte du nouveau Reichstag.

Quitter le Reichstag et prendre la Eberstraße, en direction de la porte de Brandebourg.

Porte de Brandebourg★★ (Brandenburger Tor) Plan II N3

Cette porte triomphale constitue l'emblème de Berlin, mais fut pendant presque trois décennies le symbole de la division de la ville : le monument faisait partie intégrante du Mur, qui suivait un axe nord-sud vers la Potsdamer Platz.

Vaste perspective vers la rue du 17-Juin et la colonne de la Victoire à l'ouest, et l'avenue Unter den Linden à l'est.

L'architecture de la porte (1789) fut inspirée à Carl Gotthard Langhans par les Propylées du Parthénon. Six colonnes doriques sont surmontées d'un entablement à l'antique.

L'ensemble est couronné par le célèbre quadrige de la Victoire (copie) de Gottfried Schadow (1793), apporté à Paris après une campagne napoléonienne et remis à sa place en 1814. Le quadrige a retrouvé, après bien des débats, son aigle et sa croix de fer, attributs guerriers dessinés par Schinkel à la demande du roi Frédéric-Guillaume III.

Si vous avez le temps, faites un détour au sud de la porte de Brandebourg par l'Eberstraße.

Une ville aérée

Ravagée à la fin de la guerre, Berlin, la plus grande ville d'Allemagne, a perdu une part de son patrimoine historique, mais a vu de grands architectes participer à sa reconstruction (Le Corbusier, Scharoun, Jean Nouvel, Libeskind…). Des ruines de 1945 a surgi une ville moderne, drainée par de larges artères reliant les différents quartiers entrecoupés de vastes espaces verts. La Havel s'élargit au milieu des forêts pour former des lacs (Tegeler See, Stößensee, Großer Wannsee). Au total, plus du tiers de la superficie de la ville est couverte de forêts, de parcs et de plans d'eau.

Mémorial de l'Holocauste
(Holocaust-Mahnmal) Plan II N3

☎ 030 74 07 29 29 - www.holocaust-denkmal-berlin.de - tlj 24h/24 - centre d'information 10h-20h - fermé 1er janv., 24-26 déc. et 31 déc. - gratuit. Après plusieurs années de polémiques, deux concours d'architecture et le veto d'Helmut Kohl au projet, un mémorial dédié aux victimes juives d'Europe a enfin vu le jour en 2005, près de la porte de Brandebourg, à 300 m du bunker d'Hitler *(situé près de la Voßstraße)*. L'architecte américain Peter Eisenman a édifié un champ de **2 711 stèles** de tailles différentes. Elles reposent sur un sol ondulé qui donne l'impression de s'affaisser par endroits. Pour rejoindre le musée aménagé sous terre, il faut pénétrer dans ce cimetière labyrinthique angoissant.

Le centre d'information brosse un panorama de la politique d'extermination nationale-socialiste, présente des témoignages de victimes et le destin de 15 familles juives vivant dans différents pays européens et évoque quelque 200 lieux d'extermination et de persécution sur tout le continent. Dans le hall, les visiteurs peuvent interroger une banque de données qui rassemble les noms des victimes recensées par le mémorial de Yad Vashem en Israël.

Revenir sur ses pas et passer la porte de Brandebourg.

Avenue Unter den Linden★★ Plan II (débute en N3)

La célèbre avenue « Sous les tilleuls », tracée par le Grand Électeur Frédéric-Guillaume en 1647, est bordée par l'imposante **ambassade de Russie**, construite entre 1949 et 1952 pour servir de siège aux tout-puissants diplomates de l'ex-URSS. À partir de la Friedrichstraße, l'avenue aligne des monuments des 17e et 19e s. Les tilleuls qui ombrageaient Unter den Linden à l'origine ont été abattus en 1658. Quatre rangées furent replantées en 1820.

Emprunter la Friedrichstraße vers le sud.

Friedrichstadtpassagen★ Plan II O3

Friedrichstraße 67-76. Boutiques chic, bureaux aux loyers prohibitifs, traiteurs… rien ne semble trop beau pour l'ancienne « rue de la soif » d'avant-guerre qui affiche aujourd'hui un luxe ostentatoire. 2,6 milliards d'euros ont été investis, dont presque la moitié dans les trois « Quartiere », trois blocs d'immeubles reliés les uns aux autres et situés entre la Französischer Straße et la Mohrenstraße.

L'immeuble en verre des **Galeries Lafayette★** *(Quartier 207, Friedrichstraße à l'angle de la Französische Straße)*, conçu par **Jean Nouvel**, est fréquenté du Tout-Berlin. Son élément le plus spectaculaire réside dans le cône géant recouvert de miroirs qui captent puissamment la lumière. À sa suite, le **Quartier 206★** imaginé par les cabinets d'architecture américains Pei, Cobb, Freed & Partners est particulièrement surprenant de nuit, où une illumination souligne son architecture. Le hall avec son pavement en marqueterie de marbre reflète un luxe certain et l'ensemble puise clairement son inspiration dans l'Art déco *(voir photo p. 100)*. Le **Quartier 205** réalisé par **Oswald Mathias Ungers** s'avère plus austère. Il s'articule autour d'éléments carrés de différentes hauteurs et couleurs.

Gendarmenmarkt★★ Plan II O3

Cette place est sans aucun doute l'une des plus belles de Berlin. Son nom vient du régiment « Gens d'Armes » du roi Frédéric-Guillaume Ier, dont les écuries se trouvaient ici autrefois. Le Schauspielhaus, élégant théâtre édifié par Schinkel en 1821,

H. Champollion / MICHELIN

Vue du hall en marbre du Quartier 2006, dans le Friedrischstadtpassagen.

est encadré au sud par la **cathédrale allemande★** *(Deutscher Dom)*, au nord par la **cathédrale française★** *(Französischer Dom)*, églises du début du 18e s., munies de coupoles par Karl Gontard sous le règne de Frédéric le Grand. La cathédrale allemande abrite l'exposition **Fragen an die Deutsche Geschichte** (Questions sur l'histoire allemande), la cathédrale française le **Hugenottenmuseum**, le musée des Huguenots (*voir encadré ci-dessous*).

Konzerthaus★★ **Plan II O3** – Le théâtre fut construit en 1820 par Karl Friedrich Schinkel, qui s'inspira fortement de l'antiquité grecque, ce dont témoigne le portique s'appuyant sur six colonnes. C'est ici que fut célébrée en 1821 la première du *Freischütz* de Carl Maria von Weber. L'édifice, détruit pendant la Seconde Guerre mondiale, a été reconstruit de 1980 à 1984 dans l'esprit de l'architecture classique. Si l'intérieur n'a pas été reconstitué fidèlement, les salles de concert sont d'une splendeur éblouissante.

Le monument à Schiller élevé devant le perron de la *Konzerthaus* est une œuvre de l'artiste berlinois Reinhold Begas, réalisée en 1871.

Remonter la Markgrafenstraße, puis tourner à droite sur la Behren Straße.

Forum Fridericianum★★ (Bebelplatz) Plan II O3

Cet ensemble important trouve son origine dans un plan urbanistique de Frédéric II. Le forum Fridericianum (également appelé Friedrichsforum ou Lindenforum) devait conférer à la monarchie prussienne un rayonnement artistique et scientifique européen sans précédent. Conçu par Knobelsdorff, qui prévoyait l'aplanissement des fortifications, le site devait comporter un opéra, un bâtiment destiné à l'Académie des sciences et un château avec une cour d'apparat. Seul l'opéra fut construit selon les plans initiaux, le roi étant de plus en plus attiré par la ville résidentielle de Potsdam. La bibliothèque a été édifiée à la place de l'Académie des sciences, sur un emplacement plus petit que prévu. Le château fut remplacé par un palais pour le frère du roi, le prince Henri de Prusse. L'angle sud-ouest vit l'édification de la cathédrale Ste-Edwige.

Les huguenots, un apport français à Berlin

En 1685, lors de la révocation de l'édit de Nantes par Louis XIV, le Grand Électeur Frédéric-Guillaume de Brandebourg répond par l'**édit de Potsdam** qui vise à attirer les calvinistes français. Une vaste campagne de propagande est menée en France même et à Francfort-sur-le-Main, où transitent 100 000 huguenots en 20 ans. Ils sont 15 000 en Brandebourg, 6 000 à Berlin (le quart de la population), qui assurent le développement de **Friedrichstadt**. La communauté française bénéficie jusqu'au 19e s. de sa propre organisation ecclésiastique et juridique. Son influence se manifeste dans des domaines variés : apparition d'une cinquantaine de corps de métiers, création de manufactures, essor de l'industrie textile, acclimatation de fruits et de légumes, nouvelles danses (cotillon, gavotte, menuet), naissance des premières hôtelleries.

Friedrich Nicolai avait dit du forum, autrefois nommé *Opernplatz*, dans sa description de Berlin de 1786, qu'il s'agissait d'une des plus belles places du monde. Les modifications entreprises depuis lors brisèrent l'équilibre de l'espace et des volumes. Au 19e s., l'ensemble fut complété par un palais impérial et un bâtiment de la Dresdner Bank. Au 20e s., l'opéra fut agrandi tant en hauteur qu'en largeur et la banque fut surélevée de plusieurs étages. C'est la cathédrale Ste-Edwige qui pâtit le plus de ces transformations, qui la privèrent de son espace vital. Ces travaux provoquèrent une levée de boucliers, certains y voyant une injure à « la dignité architecturale de la plus grande place de Berlin ». En 1994, Micha Ullman réalisa la **Versunkene Bibliothek** (« bibliothèque engloutie ») sur le trajet souterrain du tramway, qui passait autrefois sous la place. Cette salle aux étagères vides, que l'on peut observer derrière des vitres, commémore l'autodafé de la Bebelplatz, du 10 mai 1933.

Ancienne bibliothèque★ (Alte Bibliothek) – *Bebelplatz*. Conçue par Georg Friedrich Boumann dans le style baroque viennois, l'ancienne bibliothèque royale fut inaugurée en 1780.

Cathédrale Ste-Edwige (St-Hedwigs-Kathedrale) – *Bebelplatz*. De récentes recherches ont révélé que la cathédrale Ste-Edwige a été érigée sur des plans de Georg Wenzeslaus von Knobelsdorff, qui s'est fortement inspiré du Panthéon de Rome ; la construction de cette église catholique a commencé en 1743 pour s'achever en 1773. Frédéric II venant de conquérir la Silésie, elle fut dédiée à sainte Edwige, la patronne de cette province. Fortement endommagée pendant la Seconde Guerre mondiale, elle fut en grande partie reconstruite entre 1952 et 1963.

Opéra d'État Unter den Linden★ (Staatsoper Unter den Linden) – *En face de Ste-Edwige, sur la Bebelplatz*. L'opéra d'État, bâti par Knobelsdorff de 1740 à 1743, fut le seul de trois projets réalisé sur le « Forum Fridericianum » (étaient également prévus un palais et une académie des Beaux-Arts). Il fut la proie des flammes en 1843 ; Langhans le reconstruisit en respectant le plan original. À nouveau détruit pendant la Seconde Guerre mondiale, il a été rebâti de 1951 à 1955 par Richard Paulick dans un esprit historique.

Université Humboldt – *Sur Unter den Linden, en face de l'opéra*. L'ancien palais du frère de Frédéric II, le prince Henri, fut bâti en 1753 par Johann Boumann l'Ancien et transformé en université en 1810. La statue de l'un de ses fondateurs, Wilhelm von Humboldt, est placée à gauche de l'entrée en vis-à-vis de celle de son frère, le géographe Alexander von Humboldt. L'université, qui compte aujourd'hui 20 000 étudiants a accueilli des noms prestigieux : Fichte en fut le premier recteur ; Hegel, Einstein et Planck y enseignèrent ; Heine et Marx y firent une partie de leurs études. Au milieu de l'avenue, statue équestre de Frédéric le Grand, réalisée par Christian Daniel Rauch entre 1840 et 1851.

Poursuivre sur l'avenue Unter den Linden.

Nouvelle Garde (Neue Wache) Plan II O2

La Nouvelle Garde est un petit monument de proportions parfaites dû à Schinkel (1818), qui se présente comme un temple à colonnades doriques, bloqué entre deux piles massives.

Cet édifice est devenu en 1966 le monument « aux victimes du fascisme et du militarisme ». Aujourd'hui, principal mémorial d'Allemagne, il est dédié à la mémoire et au souvenir des victimes de la guerre et de la dictature. À l'intérieur, au milieu d'un vide saisissant, se trouve une reproduction agrandie de la sculpture de Käthe Kollwitz : *Mère avec son fils mort*.

Musée de l'Histoire allemande★★
(Deutsches Historisches Museum) Plan II P2

Unter den Linden 2 – ✆ 030 20 30 40 - www.dhm.de - tlj 10h-18h - fermé les 24 et 31 déc. - 2 €, gratuit le lun.

Ornée de belles sculptures, repeinte en rose pâle, la façade du plus beau monument baroque de Berlin, l'ancien **Arsenal** prussien, déploie ses fastes face au Kronprinzenpalais. Entre 1695 et 1706, les plus grands architectes participèrent à sa construction, notamment **Andreas Schlüter** qui sculpta les 22 **mascarons★**, représentant des visages de guerriers mourants dans la cour intérieure. L'ancien Arsenal (Zeughaus) abrite aujourd'hui le **musée de l'Histoire allemande** qui prend la suite du musée de l'Histoire allemande de la RDA. L'exposition permanente retrace les périodes clés de l'histoire de l'Allemagne dans une perspective européenne, des Grandes Invasions à l'époque contemporaine, sur trois étages. Une salle de cinéma a également été aménagée dans laquelle sont diffusés des films d'archives, des documentaires et de

La façade du musée de l'Histoire allemande, par I. M. Pei.

grands classiques du cinéma. La récente extension sur le versant nord est destinée aux expositions temporaires. Sa réalisation a été confiée en 1992 à l'architecte sino-américain **I. M. Pei**, auteur de la Pyramide du Louvre à Paris. L'édifice triangulaire aérien doté d'une façade convexe transparente se marie parfaitement avec les monuments historiques alentour. Les deux édifices sont reliés par un tunnel qui donne dans la cour intérieure de l'Arsenal, couverte par une verrière.
Détour possible au sud par la Niederlagstraße.

Église Friedrichswerdersche★ (Friedrichswerdersche Kirche) Plan II P3 (M)

✆ 030 20 90 55 77 - www.smb.spk-berlin.de - ♿ - 10h-18h - gratuit.
Cette impressionnante église en brique fut construite entre 1824 et 1830 d'après un projet de l'architecte Karl Friedrich Schinkel. Elle abrite le **musée Schinkel**★ *(Schinkelmuseum)* ; sculptures de cet artiste au talent très varié, qui a façonné la ville comme nul autre, documentation sur son œuvre et sculptures du classicisme berlinois.
En franchissant le bras de la Spree, on accède à l'île des Musées (description ci-après). Sur la gauche se dresse la cathédrale.
Revenir jusqu'à l'avenue Unter den Linden et traverser le pont Schlossbrücke.

Cathédrale de Berlin (Berliner Dom)★ Plan II P2

✆ 030 20 26 91 28 - www.berliner-dom.de - possibilité de visite guidée - avr.-sept. : lun.-sam. 9h-20h, dim. 12h-20h ; oct.-mars : lun.-sam. 9h-19h, dim. 12h-19h.
L'imposante cathédrale protestante, de style Renaissance italienne, a été édifiée de 1894 à 1905. Le somptueux **intérieur**★★ offre un spectacle grandiose ; 1 500 personnes peuvent y prendre place. Du côté sud, on peut admirer le sarcophage monumental de Frédéric Ier et de sa deuxième épouse, Sophie Charlotte, par Andreas Schlüter. La **crypte**, dont une partie est ouverte aux visiteurs, renferme plus de 90 sarcophages de la dynastie des Hohenzollern, qui a dominé le Brandebourg et la Prusse pendant cinq siècles.
Passer le pont Liebknechtbrücke et prendre l'escalier à gauche.

Musée de la RDA★★ (DDR Museum Berlin) Plan II P2

Karl-Liebknecht-Straße 1 - ✆ 030 847 123 731 - www.ddr-museum.de - lun.-sam. 10h-20h, dim. 10h-22h - 5 €. Ce musée original décrit la vie des habitants sous l'ex-RDA, sans concession mais avec beaucoup de sensibilité. Sont évoqués, au travers de nombreux objets, des aspects très variés du quotidien : la consommation et ses prix contrôlés, les difficultés pour trouver certains produits, les services secrets et leurs caméras omniprésentes, ou encore les vacances, avec une exposition de photos-souvenirs. Ne manquez pas de monter à bord de la Trabi, la voiture mythique de l'ancienne RDA et de visiter l'appartement-témoin, où la télévision du salon diffuse l'une des émissions les plus populaires de l'époque.
Remonter les escaliers et emprunter la Karl-Liebknecht-Straße.

Alexanderplatz★ Plan II Q2

Elle doit son nom à la visite que fit à Berlin le tsar Alexandre en 1805. Important carrefour de transports en commun et vaste centre commercial, elle est le centre de la vie urbaine de la partie orientale de Berlin. Entièrement détruite lors de la Seconde Guerre mondiale, « l'Alex », comme l'appellent les Berlinois, a été pour l'essentiel reconstruite dans le style austère de l'architecture socialiste. L'**église Ste-Marie** *(Marienkirche)*, de la fin du 14e s., possède une fresque de la Danse macabre du 15e s. (dans la tour) et une chaire baroque de Schlüter.

Cette dernière paraît bien frêle face à la vertigineuse **tour de télévision★** *(Fernsehturm)*, haute de 365 m. Sa sphère tournante abrite un restaurant et une plate-forme panoramique.

Au sud de la place, l'**hôtel de ville rouge★** *(Rote Rathaus)*, construit entièrement en brique de 1861 à 1869, possède une tour haute de 97 m.

Tourner à gauche juste après l'hôtel de ville et prendre la première rue à droite.

Quartier St-Nicolas★ (Nikolaiviertel) Plan II P2

Le quartier St-Nicolas s'étend entre l'hôtel de ville et la Spree, la Rathausstraße et le Mühlendamm. Avec ses maisons reconstruites à l'ancienne – dont la **maison Knoblauch★** (Knoblauchhaus – *☎ 030 27 57 67 31 - www.stadtmuseum.de - tlj sf lun. 10h-18h, merc. 12h-20h - fermé w.-end de Pâques, 1er Mai, 24 et 31 déc. - gratuit*) et le **palais Ephraima** (Ephraim-Palais – *angle de Poststraße et Mühlendamm - ☎ 030 24 00 21 21 - ♿ - tlj sf lun. 10h-18h, merc. 12h-20h - fermé 1er Mai, 24 et 31 déc. 5 €, gratuit merc.*), tous deux propriétés du musée de la ville –, ses ruelles pavées et ses estaminets, il arbore une allure provinciale en plein centre-ville.

Le quartier est dominé par les deux clochers néogothiques de **St-Nicolas★** *(Nikolaïkirche)*, la plus ancienne église de Berlin. L'ancienne basilique romane, qui a conservé son chœur gothique (1379), fut transformée en église-halle gothique en brique après le grand incendie qui ravagea la ville en 1380. Elle abrite une **exposition permanente** du musée de la Marche sur sa propre histoire et sur les personnages influents qui furent ses bienfaiteurs ou qui y sont enterrés. On remarque à l'intérieur de somptueux monuments funéraires, ainsi que des peintures et sculptures d'art religieux, de l'époque gothique jusqu'au 18e s.

À VOIR ENCORE DANS LE CENTRE HISTORIQUE

La Gare centrale (Hauptbahnof)★ Plan I J3

Inaugurée en 2006 après quatre ans de travaux, la plus grande gare d'Europe est l'un des symboles de la réunification de la ville : l'ancienne station, située à proximité immédiate de la ligne de démarcation, fut abandonnée avec la construction du Mur. Proche du Reichstag, la nouvelle gare, conçue par l'architecte allemand Meinhard von Gerkan, est construite sur 5 niveaux ouverts les uns aux autres : les niveaux supérieurs et inférieurs accueillent le trafic ferroviaire (urbain, national et international), respectivement à 10 m au-dessus du sol et à 15 m sous terre, tandis que les plates-formes intermédiaires forment un vaste centre commercial.

Gare de Hambourg (Hamburger Bahnhof) – Musée d'Art contemporain★★ (Museum für Gegenwart Berlin) Plan II N1

Invalidenstr. 50-51 - ☎ 030 39 78 34 39 - www.smb.spk-berlin.de - ♿ - mar.-vend. 10h-18h, sam. 11h-20h, dim. 11h-18h - 8 €.

La plus ancienne gare de voyageurs de Berlin maintenue en état fut construite entre 1845 et 1847. Désaffectée en 1884, elle fut dotée d'une superbe halle métallique pour accueillir le musée des Transports et du Bâtiment. Rénovée par l'architecte Paul Keihues, elle constitue le magnifique musée d'Art contemporain, consacré à l'art depuis 1960. Le noyau de la collection provient essentiellement du fonds légué par Erich Marx.

La grande halle accueille des œuvres d'Anselm Kiefer (*Recensement*, 1991), de Richard Long *(Berlin Circle)*, de Mario Merz et de Günther Uecker. La grande galerie abrite des œuvres de premier plan de Cy Twombly, Robert Rauschenberg et Andy Warhol. Une salle entière est consacrée à Joseph Beuys et à ses compositions (*Arrêt de tramway* conçu pour la biennale de 1976).

Musée de la Marche (Märkisches Museum) / Fondation du musée de la Ville de Berlin★ (Stiftung Stadtmuseum Berlin) Plan II Q3

Am Köllnischen Park 5 - ☎ 030 30 86 60 - www.stadtmuseum.de - ♿ - tlj sf lun. 10h-18h (merc. 12h-20h) - travaux de restauration jusqu'en 2008, se renseigner - fermé 1er Mai, 24 déc. - 4 €.

Le pittoresque ensemble architectural du musée de la Marche et de la Fondation du musée de la Ville de Berlin, groupé autour de deux cours intérieures, a été érigé de 1899 à 1908, dans l'esprit de l'architecture gothique et Renaissance de la Marche de Brandebourg. Ce musée retrace l'évolution historique et culturelle de Berlin depuis les premières traces de vie humaine jusqu'à l'époque actuelle.

Devant l'entrée du musée se dresse une copie de la gigantesque statue de Roland de Brandebourg, de 1474, symbole des libertés et privilèges dont jouissaient les villes de la Hanse.

L'île des Musées (Museuminsel)★★★

Créée à l'initiative du roi Frédéric-Guillaume III au début du 19e s, l'île des Musées témoigne d'un siècle de politique culturelle qui a abouti à la constitution d'une des plus riches collections d'œuvres d'art au monde. En 1999, l'Unesco a inscrit ce lieu au patrimoine mondial. Un vaste travail de restauration est en cours, qui devrait lui redonner tout son éclat. La fin des travaux est prévue pour 2012, avec, en clé de voûte, une **Promenade archéologique** destinée à relier le rez-de-chaussée et les cours intérieures des différents édifices. L'**Ancienne galerie nationale** est le premier musée à avoir été réorganisé conformément aux directives du plan d'ensemble, en 2001.

Musée de Pergame★★★ (Pergamonmuseum) Plan II O2

Am Kupfergraben 5 - ✆ 030 20 90 55 77 - www.smb.spk-berlin.de - ♿ - 10h-18h (jeu. 22h) - 12 €. Édifié entre 1909 et 1930, d'après les plans d'Alfred Messel, qui mourut avant le début des travaux, et sous la direction de Ludwig Hoffmann, le musée de Pergame est le plus récent de l'île. Particulièrement renommé pour ses reconstructions monumentales, il est divisé en trois départements (nous indiquons, pour chacun d'eux, les principaux centres d'intérêt).

Collection des Antiquités★★★ *(Antikensammlung)* : **autel de Pergame★★★**, chef-d'œuvre de l'art hellénistique dédié à Zeus (2e s. av. J.-C.) ; **porte du Marché de Milet★★** *(en cours de rénovation)*, richement ouvragée (2e s. apr. J.-C.) ; sculptures grecques et romaines.

Musée des Antiquités proche-orientales★ *(Vorderasiatisches Museum)* : **voie processionnelle de l'ancienne Babylone menant à la porte d'Ichtar★★**, 580 av. J.-C. (salles 8 et 9) ; stèle d'Assarhaddon datant du 7e s. av. J.-C. (salle 3) ; façade en brique du temple de la déesse Irmin à Uruk (culture sumérienne) ; bas-reliefs du temple d'Assurnasirpal II à Nimrud, 9e s. av. J.-C.

Musée d'Art islamique★★ *(Museum für Islamische Kunst)* : façade du château omeyyade de Mchatta (8e s.), à une vingtaine de kilomètres à l'est de la mer Morte ; décor mural d'une maison syrienne (début du 17e s.) ; peintures miniatures (du 15e au 17e s.).

Pérégrinations des trésors égyptiens

La collection berlinoise compte parmi les plus fascinantes et les plus connues au monde grâce au buste de Néfertiti. Elle fut fondée dès 1828 à l'instigation du célèbre explorateur Alexandre von Humboldt et exposée à partir de 1850 dans le Nouveau Musée. La Seconde Guerre mondiale et l'après-guerre eurent des conséquences désastreuses pour elle. De nombreuses pièces furent détruites et la division de Berlin entraîna une nouvelle répartition des collections entre le pavillon Stüler à Charlottenburg dans la partie ouest, et le musée Bode de l'île des Musées, dans la partie est. La réunification mit fin à cette séparation. Toutefois, il faudra attendre 2009 pour que l'intégralité des collections égyptiennes soient visibles. Elles retrouveront leur emplacement d'origine dans le Nouveau Musée. Les œuvres monumentales (sphinx et statues) seront exposées au musée de Pergame.

Ancienne Galerie nationale★★ (Alte Nationalgalerie) Plan II P2

Bodestr. 1-3 - 10178 Berlin - ✆ 030 20 90 55 77 - www.smb.spk-berlin.de - ♿ - tlj sf lun. 10h-18h (jeu. 22h) - 12 €.

Conçue par Friedrich August Stüler, élève de Schinkel (1864-1874), l'Ancienne Galerie nationale présente des peintures et des sculptures du 19e s.

À l'étage supérieur de l'exposition, où commence la visite, sont exposées des œuvres de l'époque de Goethe au romantisme tardif (parmi lesquelles sont représentés **Caspar David Friedrich**, Waldmüller, Blechen et Schinkel). À l'étage intermédiaire, on peut admirer des œuvres de Feuerbach, Böcklin, Marées, Leibl, Liebermann, d'impressionnistes français, ainsi que de peinture historique allemande et belge ; en bas, remarquer les œuvres réalistes, avec un accent sur les peintres et sculp-

Le musée Bode, à la proue de l'île des Musées.

teurs berlinois (**Adolph Menzel**, Krüger, Schadow), ainsi que le réalisme paysager (Constable, Courbet).

Musée Bode★★ (Bode-Museum) Plan II O2

Monbijoubrücke - ✆ 030 20 90 55 77 - www.smb.spk-berlin.de - 10h-18h (jeu. 22h) - 12 €. L'édifice semble surgir fièrement de l'eau à la pointe de l'île des Musées avec, à l'avant, semblable à la proue délicatement arrondie d'un navire, 7 superbes voûtes. En dépit d'un emplacement peu favorable (la voie ferrée passe juste derrière), l'architecte de la Cour **Ernst von Ihne** (1848-1917) a su exploiter avec talent l'asymétrie du site. Le corps principal est constitué de colonnes et de pilastres surplombés d'une balustrade ornée de personnages et d'une coupole en cuivre bien visible dans le paysage berlinois. Avec une désinvolture tout impériale, le bâtiment tourne le dos aux autres musées. Autrefois appelé Kaiser-Friedrich-Museum, ce musée fut, après sa reconstruction progressive dans les années 1950, renommé musée Bode, du nom du premier directeur des Musées royaux.

À l'issue d'une longue restauration, le musée a rouvert ses portes en octobre 2006. Deux mille œuvres d'art, de l'Antiquité au début du 19e s., ont trouvé leur place dans les 66 salles d'exposition du Bode qui accueillent désormais 150 tableaux de **maîtres anciens**, une prestigieuse **collection de sculptures** (Skulpturensammlung), le **musée d'Art byzantin** (Museum für Byzantinische Kunst) et un **Cabinet de monnaies** (Münzkabinett).

Ancien Musée★★ (Altes Museum) Plan II P2

✆ 030 20 90 55 77 - www.smb.spk-berlin.de - 10h-18h (jeu. 22h) - 12 €.

Érigé par Schinkel, entre 1824 et 1830, il fut le premier musée public de Berlin. Le portique de la façade principale, d'une hauteur de 87 m et soutenu par dix-huit colonnes ioniennes, est un chef-d'œuvre de l'art néoclassique. À l'intérieur, remarquer la coupole décorée de fresques. Le bâtiment, très endommagé pendant la guerre, a été reconstruit entre 1951 et 1966. À partir de 2008, l'**Ancien Musée** fermera par tranches durant quelques années pour subir d'importants travaux. Il abrite des **collections archéologiques** (essentiellement de l'**Antiquité grecque**) et, en attendant l'ouverture du Nouveau Musée, des œuvres de l'**Égypte antique**.

L'architecture monumentale et les sculptures antiques étant présentées au musée de Pergame, le rez-de-chaussée de l'Ancien Musée accueille les œuvres archéologiques de petites dimensions, essentiellement issues de la civilisation grecque. La Rome antique n'est représentée que par quelques pièces, tandis que l'art étrusque, clé de voûte de la collection, ne sera visible qu'après la rénovation générale du bâtiment. Dans son excursion à travers l'histoire artistique et culturelle de la Grèce antique, le visiteur admirera tout d'abord les idoles de marbre des Cyclades (3e millénaire av. J.-C.), puis parcourra la période archaïque (7e au 5e s. av. J.-C.), l'hellénisme et enfin l'Empire romain.

À l'étage, les pièces datant de l'époque du pharaon Akhénaton, au pouvoir entre 1353 et 1336 av. J.-C., constituent le fleuron de la collection égyptienne. Elles ont été découvertes à **Tell-el-Amarna**, la capitale d'**Aménophis IV-Akhénaton**, par la Deutsche-Orient-Gesellschaft (Société allemande d'Orient), qui fouilla le site de 1911 à 1914. Elle y dégagea de nombreuses maisons privées, qui ont livré de précieuses informations sur la vie quotidienne, ainsi que l'atelier du sculpteur Thoutmès, exceptionnellement riche en découvertes. Dans la salle des portraits, le **couple d'Amenemipet et de sa femme Hathor** (vers 1280 av. J.-C.), qui date du règne des Ramsès, semble avoir triomphé de l'agitation parfois extrême de l'époque d'Akhénaton. La « **tête verte de Berlin** »★★ (vers 300 av. J.-C.) est considérée comme l'un des chefs-d'œuvre les plus accomplis de l'époque tardive. Dans la seconde section sont rassemblées les **découvertes d'Amarna**★★★. Deux reliefs (1360 av. J.-C.) représentent Aménophis III, le père d'Akhénaton, coiffé du diadème et de la couronne. Il s'agit de représentations idéalisées mais intégrant malgré tout des détails réalistes. L'art du portrait atteint un sommet avec celui de la **reine Tiyi**★★ (vers 1355 av. J.-C.), sculpté dans du bois d'if, autrefois orange clair. L'expression hostile de la grande épouse royale d'Aménophis III est d'un grand réalisme, notamment dans le traitement des marques de l'âge. Cette tête a été ornée d'une couronne (récemment découverte).

Parmi les autres chefs-d'œuvre de l'époque d'Amarna se détachent les représentations de la **famille royale d'Akhénaton**★★, portraits et reliefs d'Akhénaton, Néfertiti, Toutankhamon et de princesses, de ce style « impressionniste » si caractéristique. Le célèbre **buste de la reine Néfertiti**★★★, épouse d'Akhénaton, attire tous les regards. Ce portrait d'une femme d'une grande beauté n'avait jamais quitté l'atelier du sculpteur Thoutmès avant sa découverte en 1912 puis son transport à Berlin. Il servait de modèle pour les futures effigies de la reine (ce qui explique qu'un seul œil ait été incrusté).

Nouveau Musée (Neues Museum) Plan II P2

En travaux jusqu'en 2009 - se renseigner auprès de l'office de tourisme pour les horaires d'ouverture. Peu après l'inauguration de l'Ancien Musée, on décida de confier à **Friedrich August Stüler** (1800-1865) la construction d'un autre édifice : le Nouveau Musée, réalisé dans un style classique élégant entre 1841 et 1859. Le bâtiment est resté dans un état de ruine avancé du temps de la RDA ; d'importants travaux sont entrepris pour assainir ses fondations qui s'affaissent dans le sol marécageux et redonner tout leur éclat aux intérieurs richement décorés. À partir de 2009, il abritera le musée de la Protohistoire et de la Préhistoire (Museum für Vor- und Frühgeschichte) et le musée Égyptien (Ägyptisches Museum).

Le Kulturforum★★★

Le Kulturforum fut conçu, à la fin des années 1950, de manière à devenir le centre culturel de Berlin-Ouest, constituant ainsi un pendant à l'île des Musées, qui se trouvait dans Berlin-Est. Non loin de l'immense Potsdamer Platz, il est aujourd'hui situé au cœur de la capitale réunifiée.

Galerie de peinture★★★ (Gemäldegalerie) Plan I (planche 3) J4

Matthäikirchplatz 4/6 - ✆ 030 266 29 51 - www.smb.spk-berlin.de - ♿ - tlj sf lun. 10h-18h (jeu. 22h) - 8 €.

La collection de la Galerie de peinture tire son origine de la passion commune du Grand Électeur (1620-1688) et de Frédéric le Grand (1712-1786). Le musée doit son essor à **Wilhelm von Bode**, directeur de la galerie à partir de 1890, qui multiplia les acquisitions et rassembla, avant la Première Guerre mondiale, une collection presque complète de peintures européennes du 13e au 18e s.

Avec le transfert de la Galerie au Kulturforum et le regroupement, en 1998, des collections dont une partie se trouvait au musée Bode et l'autre partie au musée de Dahlem, il fut mis fin à cinquante années de division et de solutions provisoires. En dépit des pertes dues à la guerre (400 toiles ont été détruites), la collection de ce musée est, aujourd'hui encore, l'une des plus importantes du monde.

Le bâtiment qui abrite la Galerie de peinture fut conçu par les architectes Heinz Hilmer et Christoph Sattler, de telle sorte que la quasi-totalité des salles reçoivent la lumière du jour par le haut. Cinquante-trois salles se succèdent en fer à cheval, dans lesquelles sont exposées plus de onze cents peintures, autour d'un foyer central. La galerie des Études *(Studiengalerie)*, au rez-de-chaussée, regroupe trois cents autres véritables chefs-d'œuvre.

Les œuvres sont présentées de manière chronologique et classées par école. Nous mentionnons ci-dessous les écoles et, pour chacune d'entre elles, quelques artistes et toiles représentés :

Salles I-III et cabinets 1-4 : peinture allemande, 13e-16e s. (gothique tardif/Renaissance) illustrée notamment par Martin Schongauer *(La Naissance du Christ)*, Lucas

Cranach l'Ancien (retable du *Jugement dernier, Vénus et l'Amour, Adam et Ève*), Hans Holbein le Jeune *(Le Marchand Georg Gisz)*, Albrecht Dürer (portrait de *Hieronymus Holzschuher*).

Salles IV-VI et cabinets 5-7 : peinture hollandaise, 15e-16e s. (gothique tardif/Renaissance) avec Gérard David, Hans Memling, Hugo Van der Goes, Jan Gossaert, Jan Van Eyck, Quentin Metsys et Pieter Bruegel l'Ancien (dont on pourra voir la toile fameuse *Les Proverbes néerlandais*).

Salles VII-XI et cabinets 8-19 : peinture flamande et hollandaise, 17e s. (baroque). Cette section est d'une impressionnante richesse. Sont représentés, entre autres, Pierre Paul Rubens *(L'Enfant à l'oiseau, La Vierge et l'Enfant Jésus)*, son élève Anton Van Dyck *(Un couple de patriciens génois)*, Matthias Stomer *(Esaü vend son droit d'aînesse)*, Rembrandt *(Autoportrait, Moïse brandissant les tables de la Loi, Suzanne et les vieillards, L'Homme au casque d'or)*, Jacob van Ruisdael *(Chênes près d'un lac)*, Jan Bruegel l'Ancien *(Bouquet de fleurs)*, Frans Hals *(Jeune Chanteur avec une flûte)*, Jan Vermeer dit Vermeer de Delft *(Le Verre de vin)*.

Cabinets 20-22 : peinture anglaise, française et allemande, 18e s. (rococo/néo-classicisme), avec des œuvres de Thomas Gainsborough *(Les Enfants Marsham)*, Antoine Watteau *(La Danse)*, Jean-Baptiste Chardin *(Le Dessinateur)*, Antoine Pesne *(Frédéric le Grand en prince héritier)*.

Salles XII-XIV et cabinets 23-26, 28 : peinture italienne, 17e-18e s. (baroque/maniérisme) ; **peinture française, 17e s. ; peinture espagnole, 16e-17e s.** (maniérisme/baroque). On y trouvera notamment Francesco Guardi *(Le Grand Canal à Venise)*, Canaletto *(Le Grand Canal avec vue sur le pont du Rialto)*, Vélasquez *(Portrait d'une dame)*, Le Caravage *(L'Amour vainqueur)*, Claude Lorrain *(Paysage romain idéal)*, Nicolas Poussin *(Autoportrait)*, Georges de La Tour *(Les Mangeurs de pois)*.

Salles XV-XVII et cabinets 29-32 : peinture italienne, fin 15e-16e s. (Renaissance tardive/maniérisme). Cette partie du musée comprend des œuvres du Corrège *(Léda et le Cygne)*, de Parmesan *(Le Baptême du Christ)*, du Titien *(Vénus avec l'organiste, Portrait d'un jeune homme barbu)*, du Tintoret *(Vierge à l'Enfant)*, et plusieurs tableaux de Raphaël (dont la *Madone Terranuova*).

Cabinet 34 : miniatures, 16e-18e s. dont *Catherine de Bora* par Lucas Cranach l'Ancien.

Salle XVIII et cabinets 35-41 : peinture italienne, 13e-fin 15e s. (gothique/début Renaissance), dont Botticelli *(Saint Sébastien, Vierge sur un trône)*, Giovanni Bellini, Andrea Mantegna *(Présentation de Jésus au Temple)*, Fra Angelico *(Le Jugement dernier)*, Lorenzo Monaco *(La Dernière Cène)*.

Studiengalerie. Des chefs-d'œuvre de toutes les écoles sont également exposés dans la **galerie des Études**, parmi lesquels de très belles natures mortes : Jan Fyt *(Nature morte avec poissons et fruits)*, Jan de Heem *(Nature morte avec fruits et homard)*, Pieter Claesz *(Nature morte avec verres, pichets et fruits)*.

Musée des Arts décoratifs★★ (Kunstgewerbemuseum) Plan I J4

Tiergarteustrasse 6 - ☎ 030 266 29 02 - www.smb.spk-berlin.de - ♿ - mar.-vend. 10h-18h, w.-end 11h-18h - possibilité de visite guidée (1h) sur demande préalable - fermé j. fériés (mar. suivant lun. férié), 24 et 31 déc. - 8 €.

Il s'agit du plus ancien musée du Kulturforum. L'aménagement intérieur spacieux et la clarté de la présentation en rendent la visite très agréable. Le musée abrite une magnifique collection de pièces d'orfèvrerie et possède une annexe dans le château de Köpenick. Il donne un très bon aperçu des arts décoratifs depuis le Moyen Âge jusqu'au design industriel contemporain.

La salle I *(rez-de-chaussée)* est consacrée au Moyen Âge. À l'entrée, on trouve le **trésor du « Dionysiusstift »★** d'Enger-Herford (Westphalie), dont fait partie, entre autres, un précieux reliquaire-bourse incrusté de pierres précieuses (seconde moitié du 8e s.). Au milieu de la salle se trouve exposé le **trésor des Guelfes★★★** comprenant notamment un reliquaire en forme d'église byzantine à coupole (Cologne, vers 1175). Ne pas manquer dans les autres salles : salle II *(rez-de-chaussée)* : majoliques italiennes des 14e-16e s., verre vénitien des 16e-17e s. ; salle III *(rez-de-chaussée)* : **trésor de Lunebourg★★★** (gothique tardif et Renaissance) et des objets d'orfèvrerie de Nuremberg ; salle IV *(1er étage)* : le contenu de l'**armoire d'art de Poméranie★** ; salle V *(1er étage)* : porcelaines chinoises et allemandes des 17e-18e s., cabinet chinois ; salle VI *(1er étage)* : verre du Biedermeier, de « l'historicisme » et de l'Art nouveau, cabinet des glaces lambrissé du château de Wiesentheid en Franconie (1724) ; salle VII *(1er étage)* : porcelaines, faïences et verre Art nouveau *(Jugendstil)* et Art déco. Au sous-sol *(salles IX et X)*, on peut visiter la plus grande exposition permanente d'Allemagne de design international (meubles, vaisselle...).

Cabinet des estampes★ (Kupferstichkabinett und Sammlung der Zeichnungen und Druckgraphik) Plan I J4 (S)

Matthäikirchplatz 8 - ✆ 030 266 20 02 - www.smb.museum/kk - ♿ - mar.-vend. 10h-18h, w.-end 11h-18h - fermé j. fériés.

La constitution de cette collection remonte à l'époque de Frédéric-Guillaume, dit le Grand Électeur, qui fit l'acquisition en 1652 de 2 500 dessins et aquarelles. De là naquit un **cabinet des Estampes** bénéficiant d'un prestige international avec, à l'heure actuelle, environ 1 100 000 dessins, aquarelles, gouaches et pastels du 14e au 20e s., complétés par 540 000 estampes de la fin du Moyen Âge à nos jours. Le fonds de dessins de maîtres allemands anciens et de maîtres hollandais – dont 80 de Rembrandt – est unique au monde. Dans la salle de consultation, les visiteurs peuvent demander à voir des œuvres du fonds sans avoir trop à attendre. Plusieurs expositions temporaires sont organisées chaque année.

C'est également sur la Matthäikirchplatz qu'est située la **bibliothèque des Beaux-Arts** *(Kunstbibliothek)*, qui renferme de très nombreux ouvrages. Cette bibliothèque publique accueille également des expositions temporaires.

Nouvelle Galerie nationale★★ (Neue Nationalgalerie) Plan I J4

Potsdamerstr. 50 - ✆ 030 266 29 51 - www.smb.spk-berlin.de - ♿ - mar.-vend. 10h-18h (jeu. 22h), w.-end 11h-18h - 8 €.

Un bâtiment de verre et d'acier (1968) dû à **Mies van der Rohe** abrite les peintures et les sculptures du 20e s. de la Nouvelle Galerie nationale.

Les collections comptent des œuvres importantes du courant moderne classique européen et de l'art américain des années 1960 et 1970. La collection présente d'abord les précurseurs de l'**expressionnisme**. On peut ensuite visiter une salle très intéressante, où sont exposées des œuvres des artistes du **Brücke**. La visite s'achève avec de nombreuses œuvres de Lovis Corinth, Oskar Kokoschka, Wilhelm Lehmbruck et Ernst Barlach. Le cubisme français est représenté par Picasso et Juan Gris. Les modernes classiques sont illustrés par les peintres du **Bauhaus** (Schlemmer, Kandinsky), George Grosz *(Les Béquilles de la société)*, **Paul Klee** et le surréaliste **Max Ernst**. Les points forts des collections d'art moderne sont constitués par les œuvres du groupe Zéro et du Nouveau Réalisme et par la peinture américaine. Parmi les sculptures disposées à l'intérieur de la galerie ou sur la terrasse, on remarque la *Laveuse* de Renoir, *Têtes et Queues* de Calder et la gracieuse statue de *Maja* par Gerhard Marcks.

Les œuvres plus proches de nous sont exposées au **musée d'Art contemporain** de la gare de Hambourg *(Hamburger Bahnhof)*.

J. Anders / Nationalgalerie / PREUSSISCHER KULTURBESITZ

« Potsdamer Platz » (1914) d'Ernst Ludwig Kirchner (Neue Nationalgalerie).

Philharmonie★★★ Plan I J4

Herbert von Karajanstr. 1 - ✆ 030 25 48 81 56 - www.berliner-philharmoniker.de - visite guidée 13h - fermé 24-26 et 31 déc. - 3 €. Le toit de ce bâtiment dû à **Hans Scharoun** (1963) présente une asymétrie hardie évoquant une gigantesque vague *(voir p. 72)*. C'est ici que se produisent les musiciens de la Philharmonie de Berlin qui fut sous la direction d'**Herbert von Karajan** de 1954 à 1989. Son successeur, **Claudio Abbado**, a cédé la direction de l'orchestre à **Simon Rattle** en septembre 2002. L'orchestre est situé au centre de la salle ; tout autour, les gradins en terrasses peuvent accueillir 2 200 auditeurs. La **salle de musique de chambre** (1988) édifiée à côté de la Philharmonie, avec son toit en forme de tente, œuvre de Scharoun et d'Edgar Wisniewski, son élève, peut contenir 1 150 personnes. Dans un bâtiment annexe *(Tiergartenstraße 1)*, également dû à Scharoun et Wisniewski, se trouve le **musée des Instruments de musique★** *(Musikinstrumenten-Museum)*, collection importante d'instruments à touches, à cordes et à percussion dont les plus anciens remontent au 16e s. *Ben Gurion Str. - ✆ 030 25 48 11 78 - www.mim-berlin.*

WWW.BERLIN-TOURIST-INFORMATION.DE

Le château et le parc de Charlottenburg.

de - mar.-vend. 9h-17h (jeu. 22h), w.-end 10h-17h - possibilité de visite guidée (45mn) - fermé 1er janv., 1er Mai, 24-25 et 31 déc. - 4 €.

La **Bibliothèque nationale**★ (*Staatsbibliothek Preußischer Kulturbesitz* – environ 3,7 millions de volumes), qui se trouve en face de la Galerie nationale (**Plan I J4, M1**), est aussi l'œuvre de Scharoun. Elle mérite que l'on y entre pour admirer les espaces intérieurs. La salle de lecture est le lieu d'une belle scène des *Ailes du désir* de Wim Wenders.

L'exposition retrace l'histoire de la résistance contre le national-socialisme.

Le château de Charlottenburg★★★ Plan I E3

Compter une journée pour la visite.

Spandauer Damm 20-24 - ✆ 030 32 09 14 40 - www.spsg.de - ♿ - visite guidée tlj sf lun. 9h-17h - fermé 24-25 et 31 déc. - 8 €.

Le château de Charlottenburg était à l'origine la retraite préférée de la reine Sophie-Charlotte, épouse de Frédéric Ier, qui fonda avec Leibniz, en 1700, la Société des Sciences. Après sa mort précoce en 1705, le château de Liezenburg fut rebaptisé Charlottenburg en son honneur. La construction de l'édifice avait débuté en 1695 par un premier bâtiment très modeste qui devait servir de résidence d'été, mais qui ne tarda pas à être agrandi et coiffé d'une coupole en 1710 (à son sommet, la statue dorée moderne de la Fortune sert de girouette). Le roi-sergent Frédéric-Guillaume Ier délaissa Charlottenburg, mais Frédéric II fit élever par Knobelsdorff une nouvelle aile est, dont un avant-corps à péristyle forme le seul élément décoratif. Plus tard, le château fut surtout habité par la reine Louise, épouse de Frédéric-Guillaume III. Après les importants dommages causés par la Seconde Guerre mondiale, le château de Charlottenburg fut de nouveau complètement reconstruit, ainsi qu'une grande partie des appartements.

Dans la **cour d'honneur**★ se trouve la statue équestre du Grand Électeur, chef-d'œuvre d'Andreas Schlüter (1703).

Salles historiques★★

La visite commence par une petite pièce, où sont exposées deux maquettes du château et des jardins en l'état, l'une du 18e s. (jardin baroque), l'autre du début du 19e s.

Les trois petites pièces de l'**appartement Mecklembourg** abritent des dessus-de-porte ingénieusement sculptés et des plafonds décorés d'arabesques. Remarquable cheminée dans la chambre.

Les grands appartements s'étendent sur 140 m face au jardin. Là, sous des portraits des Hohenzollern et des Hanovre, vous pourrez apprécier le beau travail des meubles laqués et admirer le clavecin de Sophie-Charlotte, la salle de bains et la chambre du roi. Le célèbre **cabinet des porcelaines**★★ (1706) présente, sur des cimaises et des consoles, ou accrochées aux murs, les pièces de la superbe collection de porcelaine d'Extrême-Orient reconstituée après la Seconde Guerre mondiale. La **chapelle du château**★ (*Schlosskapelle* – 1706) fait parfois office de salle de concerts. La tribune royale est surmontée d'une colossale couronne, que portent deux allégories, et de l'aigle de Prusse.

La visite s'achève par les appartements de Sophie-Charlotte et les soixante-six tableaux de sa chambre à coucher. L'élégant **escalier** d'Eosander, architecte chargé de l'agrandissement du château à partir de 1702, fut le premier du genre réalisé en Allemagne.

Emprunter l'escalier pour accéder au 1er étage du corps central.

La rotonde supérieure, qui ouvre sur la cour d'honneur, est ornée de splendides lustres ; la salle supérieure ovale, garnie de miroirs, offre, quant à elle, une belle **vue** sur le parc.

L'**ancien cabinet de Frédéric-Guillaume IV**, dernier souverain à séjourner régulièrement à Charlottenburg, et de son épouse Élisabeth, contient peu de meubles. Sur l'un des tableaux, *Parade sur Unter den Linden en 1837*, par Franz Krüger, on pourra reconnaître les plus importants édifices de la célèbre avenue. Dans les pièces qui suivent sont exposées des parties de la collection des Schlobitten (siège de la noblesse ruinée dans l'ancienne Prusse orientale) et l'on peut admirer des tableaux, tapisseries, porcelaines, pièces d'orfèvrerie et médailles. Remarquer surtout l'**argenterie du prince héritier★★**, fils de Guillaume II, que les villes prussiennes lui offrirent à l'occasion de ses fiançailles en 1904 avec la duchesse Cécile de Mecklembourg-Schwerin. Les joyaux de la couronne de Prusse sont exposés dans le **cabinet royal**.

L'argenterie du Kronprinz

Ce chef-d'œuvre de l'artisanat d'art allemand du 20e s. fut offert par 414 villes prussiennes à l'occasion du mariage, en 1904, du prince héritier Guillaume, fils de Guillaume II, avec la duchesse Cécile de Mecklembourg-Schwerin. Le service comptait à l'origine 2 600 pièces, destinées à cinquante personnes, et se déployait sur une table de 16 m. Les serviettes et les verres (il y en avait de cinq types) ont disparu pour la plupart. Terrines, plats et saladiers sont exposés en un somptueux buffet derrière la table. Celui-ci est de style classique et *Jugendstil*. Les statuettes sont charmantes et les figures monumentales : éléphants surmontés d'un obélisque, statues équestres et candélabres appartiennent à une longue tradition des services de cour.

Nouvelle aile★★ (aile Knobelsdorff)

L'escalier conduit à la **salle blanche** (Weißer Saal), que Frédéric II utilisait à la fois comme salle de banquets et salle du trône. Les peintures abstraites du plafond, de Hans Trier (1973), remplacent une composition d'Antoine Pesne détruite en 1943.

Longue de 42 m, la **galerie dorée★★** *(Goldene Galerie)*, vaste salle de bal et de concert, témoigne de l'éclat du « rococo fédéricien », fait de vert tendre, de rose et d'or.

Les pièces de l'**appartement de Frédéric II** présentent dans leur décor rococo blanc et or de remarquables tableaux de peintres français du 18e s., pour lesquels le roi éprouvait une vive admiration. C'est ici que se trouvent deux des chefs-d'œuvre de **Watteau** : **L'Enseigne de Gersaint★★★** (1720 – *salle de concert*) et **L'Embarquement pour Cythère★★★**. Remarquer aussi les belles pièces de mobilier.

Appartements d'hiver★ – Ils furent habités par le successeur de Frédéric II, Frédéric-Guillaume II, sa belle-fille Louise et l'épouse de Frédéric-Guillaume III, entre la fin du 18e et le début du 19e s. Les pièces, orientées sud, frappent par les tons chauds du classicisme prussien. Dans la **chambre à coucher de la reine Louise★**, le lit et les dessertes (une partie de l'ameublement original) ont été conçus (1810) par Schinkel dans une harmonie de tons mauves. La dernière pièce de cette enfilade contient une belle **collection★** de portraits de femmes brossés par Antoine Pesne. Les trois pièces tournées vers le parc sont décorées dans un style rococo fastueux. Une vitrine de la **bibliothèque** présente de précieux échantillons de la **collection de tabatières** de Frédéric II.

Au rez-de-chaussée, on pourra voir une maquette du **château de Berlin**, détruit en 1950 par les autorités de Berlin-Est. Dans la pièce voisine, on peut admirer des tapisseries baroques décorées de scènes chinoises et des pièces de la collection d'antiquités de Frédéric le Grand.

La **galerie chinoise** et le **cabinet chinois** donnant sur le parc servirent d'appartement d'été à Frédéric-Guillaume II. Dans les appartements de Frédéric-Guillaume III sont exposés des tableaux représentant des scènes illustrant les guerres de libération, parmi lesquelles le célèbre portrait de Napoléon en cavalier, par J.-L. David.

Aile ouest (grande orangerie) – Construite entre 1701 et 1707 par Eosander et aujourd'hui utilisée pour des expositions temporaires et diverses manifestations. L'architecte de l'ancien théâtre (construction de 1788 à 1791), à l'extrémité ouest de l'orangerie, était Langhans. Juste en face, on trouve la petite orangerie qui sert aujourd'hui de restaurant et de café.

Musée de Préhistoire et de Protohistoire★ (Museum für Vor- und Frühgeschichte)
✆ 030 32 67 48 40 - www.smb.spk-berlin.de - mar.-vend. 9h-17h, w.-end 10h-17h - 3 €.
Ce musée évoque, au moyen d'objets de fouilles et de dioramas, la préhistoire et la protohistoire en Europe. Tout un étage est consacré à des expositions d'une conception nouvelle sur l'âge du fer, notamment la période de Hallstatt, la civilisation de Lusace, l'époque de La Tène et les Celtibères. L'Empire romain, la fin de l'Antiquité et le Moyen Âge, ainsi que l'âge du bronze et du fer en Eurasie y sont bien représentés.

Parc★★ (Schlossgarten)

Transformé dans le goût anglais sous Frédéric-Guillaume II, le **parc** fait oublier les contraintes de la vie urbaine. À l'ouest, au bout d'une allée d'ifs et de cyprès, se trouve le petit **mausolée★** en forme de temple bâti en 1810 par Heinrich Gentz. Il abrite les tombeaux de Frédéric-Guillaume III, de la reine Louise, de l'empereur Guillaume Ier et de la reine Augusta.

Le **nouveau pavillon★ (pavillon de Schinkel)**, *situé entre l'extrémité est de l'aile de Knobelsdorff et le pont du château*, fut construit en 1824 par Schinkel pour servir de résidence d'été à Frédéric-Guillaume III. Il fut aménagé dans le style italien. C'est aussi à Schinkel que l'on doit la quasi-totalité de l'aménagement intérieur, qui fut toutefois détruit pendant la Seconde Guerre mondiale. Ce pavillon forme aujourd'hui un cadre de choix pour les œuvres d'art exceptionnelles qui y sont exposées, telles que les peintures de C.D. Friedrich, K. Blechen et E. Gaertner. Ces dernières rappellent la brillante époque de Schinkel.

Au nord du lac, en direction de la Spree, se trouve le **Belvédère★**, dessiné par Langhans. Il abrite une **exposition historique★** de la Manufacture royale de porcelaines de Berlin (KPM), issue d'une fondation bourgeoise et dirigée à partir de 1763 par le roi. Cette exposition illustre l'évolution de la porcelaine de Berlin du style rococo au style Biedermeier.

Édifices de Stüler

Schlossstraße 1, en face du château. Les bâtiments surmontés de dômes en face du château, de part et d'autre de la Schlossstrasse, ont été construits entre 1851 et 1859 par Friedrich August Stüler et servaient de casernes aux gardes du corps du roi. On trouve dans la partie occidentale la collection Berggruen, tandis que le bâtiment de gauche abrite encore provisoirement le Musée égyptien.

Collection Berggruen★★ – Picasso et son temps

(Sammlung Berggruen – Picasso und seine Zeit) Plan I E3
Schloss-Str. 1 - ✆ 030 326 95 80 - www.smb.spk-berlin.de - ♿ - tlj sf lun. 10h-18h - 6 €.
La collection de l'ancien marchand d'art parisien Heinz Berggruen comprend surtout des œuvres de Picasso (peintures, sculptures, gouaches et dessins), d'où l'appellation **Picasso et son temps**. Toutes les facettes de sa production y sont représentées : peintures (*Le Pull-over jaune*, de 1939 ; *Dora Maar aux ongles verts*), sculptures (*Tête de Fernande*, 1909), dessins et gouaches. On y trouve aussi des tableaux de Cézanne, Van Gogh, Matisse, Braque, Laurens, Giacometti et des ouvrages d'art africain. Le 2e étage est presque entièrement réservé à **Paul Klee** que Heinz Berggruen appréciait tout particulièrement ; plus de cinquante œuvres de l'artiste sont ici réunies, dont *Stadtartiger Aufbau (Structure urbaine)*, une aquarelle de 1917, l'aquarelle *Betrachtung beim Frühstück* de 1925 et le tableau *Klassische Küste* (1931).

Musée Bröhan★ (Bröhan-Museum) Plan I E3

Schlossstrasse 1A - ✆ 030 32 69 06 00 - www.broehan-museum.de - ♿ - tlj sf lun. 10h-18h - possibilité de visite guidée (1h) - fermé 24 et 31 déc. - 5 €.
Ce musée, issu d'une collection privée, présente l'artisanat d'art et le design industriel de 1900 à 1930 (Art nouveau, Art déco). Voir surtout les **meubles** des ébénistes français des années 1920 (J.E. Ruhlmann), l'**art du verre** français (Gallé, Marinot) et la **porcelaine**. Ne pas manquer non plus les tableaux de la Sécession berlinoise.

Non loin du château de Charlottenburg, dans la Sophie-Charlotten-Straße, aux nos 17-18 se trouve l'**atelier des moulages des musées nationaux** *(Gipsformerei der Staatlichen Museen)* qui, avec ses quelque 6 500 pièces, constitue avec les collections du Louvre et celles du British Museum, l'un des plus importants au monde. *Exposition-vente : Sophie-Charlotten-Str. 17-18 - ✆ 030 326 76 90 - www.smb.spk-berlin.de - gratuit.*

La Potsdamer Platz★★ et ses environs

Lieu mythique du Berlin de l'Entre-deux-guerres, la place de Potsdam fut longtemps le carrefour le plus fréquenté d'Europe. Coupée en deux par le Mur, elle fut, avec la division de la ville, reléguée au rang de terrain vague jusqu'à ce que des investisseurs privés, à la réunification, lui redonnent son lustre d'antan. Ainsi Sony rejoignit Daimler-Chrysler, en 1990, en tant que deuxième investisseur de la Potsdamer Platz.

Sony Center★★★ Plan I (planche 3) J4

Le Sony Center est dominé à l'extérieur par la **BahnTower**, une tour de verre hébergeant le siège de la société de chemin de fer Deutsche Bahn. Mais c'est à l'intérieur que le complexe d'acier et de béton conçu par l'architecte **Helmut Jahn** révèle ses charmes : une grande place de 4 000 m^2 abritée par un **chapiteau**★★★ spectaculaire, véritable prouesse technologique. Les édifices alentour supportent un anneau massif d'où s'échappe un mât légèrement penché qui maintient le chapiteau en fibre de verre. Sur la place, on remarquera çà et là des vestiges de l'**Esplanade**, un ancien hôtel de luxe néobaroque. Celui-ci, malgré ses milliers de tonnes, fut déplacé en 1996 au cours d'une manœuvre impressionnante afin d'être intégré dans l'ensemble. Donnant directement sur la place, la Filmhaus héberge des institutions liées au cinéma, dont le musée du Cinéma.

Musée du Cinéma★★ (Filmmuseum Berlin) Plan I J4

Dans le Sony Center. Potsdamer Straße 2 – ☏ 300 90 30 - www.filmmuseum-berlin.de - ♿ - tlj sf lun. 10h-18h, jeu. 20h - fermé le 24 déc. - tarif pour les familles 12 €.

Le musée du Cinéma de Berlin expose une partie de l'extraordinaire fonds de la Deutsche Kinemathek créée en 1963 par le réalisateur Gerhard Lamprecht. Dans les archives du musée, pas moins de 10 000 films allemands et étrangers et près d'un million de documents, photos, affiches, programmes, liés au septième Art. Le musée porte essentiellement sur le cinéma allemand : maquette et accessoires du film **Metropolis**★ (1927), chef-d'œuvre de Fritz Lang, reconstitution du **Cabinet du Dr Caligari**★ (1919), autre célèbre film expressionniste de Robert Wiene ou bien films de Leni Riefenstahl, la réalisatrice controversée des **Dieux du stade**, un documentaire tourné pour les Jeux olympiques de 1936.

Bâtiment Martin-Gropius★★ (Martin-Gropius-Bau) Plan I J4

Niederkirchnerstr. 7 - ☏ 030 25 48 60 - www.gropiusbau.de - ♿ - tlj sf mar. 10h-20h - fermé 24 et 31 déc. - prix par exposition. Le bâtiment néo-Renaissance en forme de cube (1881) est inspiré de l'Académie d'architecture de Schinkel. Conçu par Martin Gropius (grand-oncle de Walter Gropius) et Heino Schmieden, il était destiné à l'origine à abriter le musée royal des Arts décoratifs. La décoration très raffinée de céramiques, mosaïques et frises en pierre l'apparente à un palais italien. L'intérieur, avec la majestueuse salle à colonnes, témoigne du savoir-faire des décorateurs prussiens de l'époque des Fondateurs *(Gründerzeit)*.

S. Guillot / MICHELIN

Le Sony Center.

Les vestiges du Mur

Équipé de miradors, de barbelés et d'installations de tir automatique, le mur de Berlin séparait le secteur occidental du secteur oriental de la ville et du territoire environnant. Rares sont les vestiges qui subsistent de la division de la ville, tels que le mirador de la porte de Silésie *(Schlesisches Tor)*, où s'est installé un « musée de l'art interdit », ou les portes murées de la Heidelberger Strasse, dans le district de Treptow. Quant aux restes du Mur, on n'en trouve que sporadiquement.
Le plus long tronçon du Mur à avoir été préservé est la « East Side Gallery », à Friedrichshain. La Bernauer Strasse demeure le symbole de l'inhumanité du mur de la honte. Dans l'enceinte du cimetière de la paroisse Ste-Sophie (angle Bernauer Straße/Ackerstraße), a été inauguré en 1998 le **Mémorial du mur de Berlin**.

Topographie de la terreur (Topographie des Terrors) Plan I K4
Niederkirchnerstraße 8 – ✆ 030 254 86 703 - www.topographie.de - mai-sept. : 10h-20h ; oct.-avr. : 10h-18h ou jusqu'à la tombée de la nuit - fermé 1er janv., 24 et 31 déc. - gratuit. Cette exposition en plein air se trouve derrière un pan de **Mur★★**, sur les ruines des **administrations centrales du IIIe Reich**. La police secrète d'État (*Geheime Staatspolizei* ou « Gestapo »), la direction des SS *(Reichsführung SS)*, le service de Sécurité de la SS (*Sicherheitsdienst* ou SD) et le Service central de la Sécurité du Reich *(Reichssicherheitshauptamt)* étaient regroupés ici. L'exposition évoque l'histoire des organismes de répression et le destin des personnes poursuivies. Un **centre de documentation** devrait être construit dans les années à venir.

Musée du Mur (Museum Haus am Checkpoint Charlie) Plan I K4
Kochstrße 6, à l'angle de la Friedrichstraße - ✆ 030 253 72 50 - ♿ - www.mauermuseum.de - 9h-22h - 9,50 €. Ce musée expose des documents sur l'édification du Mur et les émouvantes tentatives de franchissement. Les moyens pour passer à l'ouest furent souvent rocambolesques (à bord d'un tracteur, caché dans un coffre de voiture, à la place de la batterie et du chauffage ou dans une valise, avec des échelles, en télésiège suspendu à un câble…) et nombre de tentatives finirent tragiquement. Le chiffre officiel des tués est de 80, mais il y en eut peut-être plusieurs centaines.

Musée des Postes et Télécommunications★
(Museum für Post und Kommunikation Berlin) Plan I K4
Leipziger Straße 16 - ✆ 030 20 29 40 - www.museumsstiftung.de - ♿ - tlj sf lun. 9h-17h, w.-end et j. fériés 11h-19h - 3 €. Le musée des Postes et Télécommunications a trouvé un cadre magnifique dans l'édifice historique de l'ancien musée des postes du Reich. Ce somptueux palais wilhelmien, qui abrita le premier musée des postes du monde, présente l'histoire, le présent et l'avenir de la communication.

Kreuzberg★

Célèbre centre de la contre-culture de Berlin-ouest avec ses nombreux centres alternatifs, toujours actifs, côtoyant la communauté du « Petit-Istanbul », Kreuzberg se fait également plus opulente aux alentours du parc Victoria, avec ses immeubles wilhelmiens magnifiquement restaurés.

Musée juif★★ (Jüdisches Museum Berlin) Plan I K5
Lindenstr. 9-14 - ✆ 030 25 99 33 00 - www.jmberlin.de - ♿ - 10h-20h (lun. 22h) - Fermé les jours de fêtes juives mobiles de Rosh Hashanah (Nouvel An juif) et Yom Kippour (jour du Grand Pardon), 24 déc. - 5 €. Le bâtiment spectaculaire, en forme d'éclair, du Musée juif a été conçu par l'architecte américain **Daniel Liebeskind**. Ce musée a ouvert ses portes en 2001. Véritable labyrinthe, il symbolise, avec ses espaces vides qui débouchent dans le néant, l'extermination de la culture judéo-allemande.

L'exposition permanente retrace l'histoire des Juifs en Allemagne depuis les premiers témoignages retrouvés jusqu'à nos jours. Elle met particulièrement l'accent sur le rôle que les Juifs ont joué dans le développement de Berlin du 18e au 20e s., réservant une place importante à la Shoah, à la persécution des Juifs et à la profanation de leurs droits sous le joug nazi. Une place particulière est attribuée à l'époque actuelle, elle montre l'accroissement de la communauté juive de Berlin dû à un afflux de population provenant notamment de Russie. Le bâtiment voisin, l'ancienne cour d'appel *(Lindenstraße 14)* fait également partie du Musée juif.

Musée allemand de la Technique★★

(Deutsches Technikmuseum Berlin) Plan I J5

Trebbiner Str. 9 - ✆ 030 90 25 40 - www.dtmb.de - ♿ - mar.-vend. 9h-17h30, w.-end 10h-18h - fermé 1er janv., 1er Mai, 24-25 et 31 déc. - 4,50 €.

Les bâtiments de l'ancienne gare de marchandises d'Anhalt abritent une exposition vivante sur les techniques, symboles de l'histoire culturelle de l'homme. Sont notamment représentés l'aviation, l'astronomie, les transports terrestres et maritimes, ainsi que les techniques de communication, de la photo ou encore de l'énergie. La **section ferroviaire★★**, particulièrement riche, expose des locomotives, dont certaines remontent aux débuts du chemin de fer. Dans le **Spectre**, 250 expériences naturelles et scientifiques sont proposées au visiteur.

Parc Victoria★ (Viktoria-Park) Plan I J-K 5

Il occupe les pentes du Kreuzberg, l'éminence naturelle la plus élevée de la ville (66 m). Un monument créé par Schinkel en mémoire des guerres de Libération le coiffe. De la terrasse, vue étendue sur Berlin.

Le Tiergarten★ et le district de Charlottenburg★

Véritable poumon vert de Berlin, le Tiergarten est le plus ancien parc de la ville. Il s'étend de la place Ernst-Reuter à la porte de Brandebourg, sur près de 3 km. Il fut une réserve de chasse puis un champ de manœuvres avant de devenir, grâce au célèbre architecte paysagiste Peter Josef Lenné (1789-1866), un splendide parc à l'anglaise. Au nord s'étend le quartier résidentiel de la Hanse, modèle d'urbanisme, reconstruit en 1957 par quatorze architectes de renom. Au sud-est s'étend le complexe du **Kulturforum**. À l'ouest enfin, le vaste district de Charlottenburg va du Kufürstendamm, l'ancien centre de Berlin-Ouest, à la tour de la radio, pendant occidental de la tour de télévision soviétique.

Colonne de la Victoire (Siegessäule) Plan I H3 (planche 2)

✆ 030 25 00 25 - www.berlin-tourist-information.de - avr.-oct. : 9h30-18h30, w.-end 9h30-19h ; nov.-mars : 9h30-17h30 - fermé 23 et 24 déc. - 2,20 €. Haute de 67 m et surmontée d'une Victoire, la Siegessäule commémore les campagnes prussiennes de 1864, 1866 et 1870 (contre le Danemark, l'Autriche et la France). Du sommet (285 marches), **vue★** sur la Spree, le quartier de la Hanse, le Tiergarten, la porte de Brandebourg, Unter den Linden ainsi que l'hôtel de ville de Berlin. La perspective de 12 km s'étire vers les bords de la Havel.

Château de Bellevue (Schloss Bellevue) Plan I H3

Ne se visite pas. Édifié en 1785 dans le style néoclassique par Boumann, ce château constitua le palais d'été du frère cadet de Frédéric le Grand, le prince Auguste-Ferdinand. C'est aujourd'hui la résidence officielle du président de la République. Derrière le château s'étend un parc de 20 ha dont la partie ouest est dessinée à l'anglaise.

Archives du Bauhaus★ (Bauhaus-Archiv) Plan I H4

Klingelhöferstrasse 14 - ✆ 030 254 00 20 - www.banhaus.de - tlj sf mar. 10h-17h - possibilité de visite guidée - fermé 24 et 31 déc. - 6 €. Ce bâtiment fut construit en 1979 d'après les plans de **Walter Gropius**, fondateur du Bauhaus *(voir chapitre « Art et Architecture » et Dessau)*. Si l'école du Bauhaus est surtout connue pour ses réalisations en matière d'architecture, elle a aussi exercé une forte influence sur les arts plastiques ; à travers les objets usuels qu'elle a façonnés, elle est en plus le précurseur du design contemporain. À côté des produits artisanaux et industriels, le musée du Bauhaus expose des sculptures et des peintures (entre autres des montages) de Schlemmer, Moholy-Nagy, Feininger, Kandinsky et Klee, ainsi que des maquettes, des travaux typographiques (projets d'affiches publicitaires) et des dessins.

Jardin zoologique★★★ (Zoologischer Garten) Plan I G-H 4

Hardenbergplatz 8 (entrée principale) - ✆ 030 25 40 10 - www.zoo-berlin.de - ♿ - avr.-sept. : 9h-18h ; oct.-mars : 9h-17h - 11 €. Situé en plein cœur de Berlin, le jardin zoologique réunit les espèces les plus diverses : 14 000 animaux représentant plus de 1 400 espèces en font l'un des plus importants au monde. L'**aquarium** *(entrée par le zoo ou directement par la Budapester Straße)* abrite une importante collection (650 espèces environ). Au 1er étage, le terrarium est fameux pour ses crocodiles *(9h-18h - www.aquarium-berlin.de - ♿ - 12 € (billet combiné avec zoo 18 €).*

Kurfürstendamm★★ Plan I, débute en E5

Au 16e s., le Kurfürstendamm n'était qu'une simple chaussée permettant aux princes-électeurs de gagner le pavillon de chasse de Grunewald. Bismarck la fit transformer, entre 1882 et 1886, en une allée prestigieuse. Avec ses 3,5 km, le « Ku'damm » est aujourd'hui le centre de la vie cosmopolite de Berlin, où s'alignent cafés, restaurants, théâtres, cinémas, galeries d'art et boutiques de mode.

Église commémorative★ (Kaiser-Wilhelm-Gedächtniskirche) Plan I G4

Breitscheidplatz - ✆ 030 218 50 23 - www.gedaechtniskirche-berlin.de - ♿ - 9h-19h - gratuit. L'église commémorative, édifiée entre 1891 et 1895 dans le style néoroman en mémoire de l'empereur Guillaume Ier, fut considérablement endommagée par les bombardements pendant la Seconde Guerre mondiale. On a conservé les ruines de la tour – devenue le symbole de Berlin – pour témoigner des horreurs de la guerre. Elle forme le centre d'un complexe moderne (1959-1961), ensemble de constructions polygonales en béton ajouré de verre bleu. Les vingt mille vitraux ont été fabriqués à Chartres d'après des dessins de Gabriel Loire.

L'ancien hall d'entrée sous la tour est aménagé en **hall du souvenir**. Une exposition présente l'histoire de l'église, rappelle les victimes de la guerre et exhorte à la réconciliation. Les **mosaïques★** du plafond et des murs (1906), à la gloire des Hohenzollern et de l'Empire allemand, sont dans un bon état de conservation.

Tauentzienstraße Plan I G5

Dans cette rue traditionnellement commerçante se trouve le **KaDeWe** (Kaufhaus des Westens : grand magasin de l'ouest), qui passe pour être le plus important grand magasin du continent. L'**Europa-Center**, qui se trouve juste derrière l'église commémorative, est un centre commercial et d'affaires qui abrite aussi des restaurants, des cinémas, et le célèbre cabaret *Die Stachelschweine* (Les Porcs-épics). L'horloge hydraulique *(Horloge du temps qui passe)* sur le Blumenhof est l'œuvre du Français Bernard Gitton. Depuis le toit du bâtiment haut de 100 m *(ascenseur jusqu'au 20e étage, puis deux étages à pied)*, on a une belle **vue★** sur les quartiers centraux de Berlin.

La fontaine avec ses caractères exotiques et ses sculptures en bronze, sur la place entre l'église commémorative et l'Europa-Center, symbolise le globe terrestre. Les Berlinois l'appellent simplement **Wasserklops**.

Musée Käthe Kollwitz★ (Käthe-Kollwitz-Museum) Plan I G5

Fasanenstr. 24 - ✆ 030 882 52 10 - www.kaethe-kollwitz.de - tlj sf mar. 11h-18h - 5 €. Le musée donne un aperçu d'ensemble de l'œuvre de la dessinatrice et sculpteur Käthe Kollwitz (1867-1945). Ses séries de gravures *La Révolte des tisserands* (1893-1897) et *La Guerre des paysans* (1903-1908), les gravures sur bois *La Guerre* (1922-1923) et *Le Prolétariat* (1925), ses lithographies tardives *La Mort* ainsi que ses autoportraits sont autant de jalons de son œuvre. Des affiches connues des années 1920 comme *Plus jamais la guerre (Nie wieder Krieg)* attestent de l'engagement politique de l'artiste. À l'étage sont exposées les sculptures, parmi lesquelles le *Muttergruppe* (*Les Mères*, bronze de 1924-1937).

Tour de la radio★ (Funkturm) Plan I E4

Masurenallee - ♿ - lun. 11h-20h, mar.-dim. 10h-23h - fermé 1er janv. et 24 déc. - 4 €. Appelée par les Berlinois le « Grand Flandrin », la tour de la Radio (150 m) est indissociable de la ville. **Panorama★★★** sur Berlin de la plate-forme située à 126 m de hauteur.

À voir dans le grand Berlin

Avec près de 900 km², le land de Berlin ne manque pas de surprendre par la diversité de ses paysages : anciennes bourgades aux charmes provinciales, pavillons noyés dans la verdure, cités-jardins, châteaux, lacs et vastes forêts formant une ceinture naturelle autour de la cité.

DAHLEM★ Hors plan

Ce quartier est situé au sud-ouest de la ville, au sud du Kurfüstendamm (**Plan I E-F5**). Parsemé de villas dans le style des cottages anglais, adapté au cadre brandebourgeois par **Hermann Muthesius** (1861-1927), l'ancien domaine seigneurial de Dahlem est resté une banlieue résidentielle noyée dans la verdure. Doté d'une vaste université, dont les bâtiments, malgré leur taille basse, jurent un peu au milieu des villas, Dahlem est surtout intéressant pour son remarquable ensemble de musées. Après le transfert de la Galerie de peintures au Kulturforum et la réunion des fonds du musée d'Art islamique dans le musée de Pergame, les espaces d'exposition libérés ont pu être consacrés aux collections du musée d'Ethnographie, du musée d'Art de l'Extrême-Orient et du musée d'Art indien.

Ces trois musées, avec le musée des Cultures européennes, portent aujourd'hui le nom officiel de **Musées de Dahlem – arts et cultures du monde (Museen Dahlem – Kunst und Kulturen der Welt)★★★**.

À la sortie de **U** *Dahlem-Dorf (U-Bahn, voir rubrique Transports dans Berlin pratique), prendre à droite l'Iltisstraße.*

Musée ethnologique★★★ (Ethnologisches Museum)

Lansstr. 8 - ✆ 030 830 14 38 - www.smb.spk-berlin.de - ♿ - mar.-vend. 10h-18h, w.-end 11h-18h - 6 €. Les collections du Musée ethnologique comptent parmi les plus importantes au monde avec près de 400 000 objets répertoriés.

Amérique précolombienne★★★ – **Stèles** et sculptures en pierre de Cozumalhuapa (Guatemala) et objets de la civilisation maya. Importante **statuaire sacrée et profane** des Aztèques (coupe de sacrifice humain). Période pré-inca : tissus aux motifs polychromes et céramiques anthropomorphes du Pérou. La **Chambre d'or★★★** contient de magnifiques bijoux et objets de culte ciselés datant du 7e s. av. J.-C. jusqu'au 11e s. apr. J.-C.

Océanie★★ – Parmi les objets rassemblés depuis la fin du 18e s. (en partie grâce aux expéditions de James Cook), remarquer les **bois sculptés** et les **masques peints** de Nouvelle-Guinée, les **bateaux d'Océanie** et le magnifique manteau de plumes ocre et rouge du roi de Hawaii.

Asie du Sud★ – Objets d'Asie du Sud-Est, de l'Inde et du Sri Lanka. Les civilisations de ces contrées s'expriment à travers des masques, des marionnettes et des figurines du théâtre d'ombres chinoises. L'Indonésie est bien représentée par un ensemble de figures de culte et de textiles.

Afrique du Nord, Afrique de l'Ouest★★ – Les points forts des collections sont les bijoux berbères, les **têtes féminines en terre cuite d'Ife** (Nigeria) et les **bronzes** de l'ancien royaume du Bénin. Sculptures en bois du Cameroun.

Musée d'Art indien★★ (Museum für Indische Kunst)

Entrée Lansstraße - mêmes horaires et conditions d'ouverture que le Musée ethnologique. L'exposition permanente du musée d'Art indien est organisée en trois secteurs : le sous-continent indien, l'Asie du sud-est et la route de la Soie – avec l'Inde, bien sûr, mais aussi le Pakistan, l'Afghanistan, le Sri Lanka, le Népal, le Tibet, Myanmar et le Vietnam. Le musée trouve son point d'orgue dans la **collection de Turfan★★** (nom d'une oasis du Turkistan chinois) avec ses peintures murales, ses statues, ses textiles et ses écrits ainsi que le lieu de culte intitulé « Grotte de la colombe à l'anneau ».

Musée d'Art d'Extrême-Orient★ (Museum für Ostasiatische Kunst)

Entrée Lansstraße - mêmes horaires et conditions d'ouverture que le musée ethnologique. Ce musée est consacré à la Chine, au Japon et à la Corée. Œuvres en bronze, bois, ivoire, laque et céramique du 3e millénaire à nos jours. Céramiques et laques chinois, japonais et coréens.

Musée des Cultures européennes★ (Museum europäischer Kulturen)

Im Winkel 6/8 - ✆ 030 83 90 12 87 - www.smb.spk-berlin.de - mar.-vend. 10h-18h, w.-end 11h-18h. C'est Virchow lui-même qui fut à l'origine de la fondation en 1889 du musée du Folklore et des Arts populaires allemands. Après la Seconde Guerre mondiale, un deuxième musée des Arts et Traditions populaires fut créé dans la partie ouest de la ville. La fusion des deux a été réalisée en 1992 dans les bâtiments du musée de Dahlem.

Le musée rassemble des objets documentant les traditions populaires du 16e s. à nos jours. Un programme d'expositions de grande envergure est proposé (expositions exceptionnelles, journées culturelles familiales, marché de Pâques et de Noël). *Le circuit de la visite commence à l'étage supérieur.*

1er étage – Placée sous le signe des « Contacts culturels en Europe », l'exposition permanente a pour thème l'évolution de la réception des images : partant des splendides images des œuvres d'art religieuses, elle explore le domaine des images imprimées servant de modèles aux peintures murales et aux meubles, pour déboucher sur les biens de consommation de masse et le flot d'images actuel.

Rez-de-chaussée – L'image est d'abord présentée ici à la lumière des trois religions monothéistes que sont le judaïsme, le christianisme et l'islam. L'accent est ensuite mis sur le rôle social joué par la religion aux 19e et 20e s.

Jardin botanique★★ (Botanischer Garten)

Königin-Straße 6-8 - ✆ 838 501 00. www.bgbm.org/bgbm - ♿ - mai-juil. : 9h-21h ; avr. et août : 9h-20h ; sept. : 9h-19h ; nov.-janv. : 9h-16h ; fév. : 9h-17h ; mars et oct. : 9h-18h - fermé 24 et 31 déc. - 5 €. Ce jardin extraordinaire offre une profusion et une variété fascinantes

Serre du jardin botanique de Dahlem.

d'arbres, de plantes et d'arbustes des cinq continents (22 000 espèces), en plein air et surtout en **serres★★** (1906-1907). Celles-ci forment un véritable labyrinthe de dômes de verre abritant des plantes magnifiques des zones climatiques tropicales ou arides.Côté Königin-Luise-Straße, le **Musée botanique★** (Botanisches Museum) complète la visite ; avec son herbier, ses dioramas et ses modèles, il apporte des informations utiles sur les plantes et leur formation. Diverses expositions y sont régulièrement organisées *(℘ 838 501 00 - ♿ - 10h-18h - fermé 24 et 31 déc. - 2 €).*

PRÈS DE DAHLEM Hors plan

Lotissement « La Case de l'oncle Tom »★ (Onkel Toms Hütte)

Au croisement d'Onkel-Tom-Straße et Argentinische Allee, Zehlendorf (U Onkel Toms Hütte). Conçu pour abriter 15 000 personnes, ce lotissement construit sous la direction de Martin Wagner entre 1926 et 1932 est l'un des exemples les plus réussis de cités-jardins à Berlin. Autour de la station de métro qui en constitue le centre – avec centre commercial et cinéma –, les bâtiments de hauteur modérée (deux étages le plus souvent) sont implantés au milieu de la nature. À la sobriété de leurs façades, correspondant à l'emploi de matériaux standardisés peu coûteux, répond l'éclat de leurs revêtements de couleur vive (vert, rouge, jaune, bleu, etc.), d'où le surnom de « lotissement-perroquet » *(voir p. 72).*

Musée du mouvement Die Brücke★★ (Brücke-Museum)

Bussardsteig 9 - BUS 115, arrêt Pücklerstraße à partir de S Hohenzollerndamm. Prendre la Pücklerstraße vers l'ouest, puis la première à gauche (Fohlenweg) et la première à droite - ℘ 030 831 20 29 - www.bruecke-museum.de - tlj sf mar. 11h-17h - fermé 24 et 31 déc. - 4 €. Ce musée est consacré au plus important groupement d'artistes de l'expressionnisme allemand, connu sous le nom de **« Die Brücke »**. Le *Brücke* fut fondé à Dresde en 1905 par quatre étudiants en architecture (Bleyl, Heckel, Kirchner et Schmidt-Rottluff), qui voulaient créer un art expressif par la déformation des lignes et l'utilisation de couleurs violentes. En 1911, le groupe se déplaça à Berlin où il se dispersa en 1913. La plupart des tableaux, des sculptures, des aquarelles et des dessins exposés sont dus à **Karl Schmidt-Rottluff** et Erich Heckel. Sont également représentés Max Pechstein, Otto Mueller, Ernst Ludwig Kirchner et Emil Nolde.

Les cités-jardins

Né à la fin du 19e s. à l'initiative de l'urbaniste anglais Ebenezer Howard, le mouvement des cités-jardins (*Gartenstadtbewegung*) avait pour ambition de donner à chacun un habitat correct, au milieu d'un cadre verdoyant. Berlin fut précurseur dans ce domaine, et sous l'impulsion de Martin Wagner, directeur des service de l'Urbanisme à partir de 1926, la ville se dota de lotissements équipés de services de proximité, conçus par des architectes de renom, tels que Walter Gropius, Bruno Taut ou Hans Scharoun. Parmi les plus célèbres, outre « La Case de l'Oncle Tom » : « Le Fer à cheval » (Britz) ou « La ville Blanche » (Reinickendorf).

Grunewald★★

Cette forêt à essences mixtes de 3 100 ha était, dès le 16e s., une réserve de chasse des princes-électeurs. Elle est limitée à l'est par un chapelet de petits lacs, entre lesquels s'étendent des zones résidentielles. Au bord d'un de ces lacs, le lac de Grunewald, se trouve le **pavillon Grunewald★** *(Jagdschloss Grunewald)*, construit en 1542 par Caspar Theyss pour le prince-électeur Joachim II. Ce petit château Renaissance fut reconstruit environ cent soixante années plus tard dans le style baroque par le roi Frédéric Ier.
Hüttenweg 100 – BUS 115, arrêt Pücklerstraße à partir de la station S Hohenzollerndamm. Suivre la Pückler-straße vers l'ouest jusqu'au Grunewaldsee - ☎ 030 813 35 97 - www.spsg.de - travaux de rénovation ; se renseigner sur la date de réouverture.
À l'intérieur du château, on peut admirer des meubles et une galerie de tableaux comprenant des œuvres allemandes et hollandaises du 15e au 19e s.

Île des Paons★★ (Pfaueninsel)

Accès en bac depuis l'embarcadère situé au bout du Nikolskoer Weg (services suivant les besoins). Avec ses jardins paysagers et ses constructions, l'île des Paons, située sur la Havel, témoigne du goût qui régnait à la fin du 18e s. Le **château★** (1794-1797) est un exemple du style « ruines » qui était à la mode au début du romantisme. Les salons avec leurs parquets et leurs lambris en bois précieux contiennent des souvenirs de la reine Louise. *☎ 0331 96 94 202 - www.spsg.de - avr.-oct. : tlj sf lun. 10h-17h - 3 €.*

AU SUD-EST DE LA VILLE Hors plan

Pour visiter les curiosités ci-dessous, se rendre dans la bourgade de Köpenick (au sud-est du centre de Berlin) : emprunter le réseau express régional (S-Bahn), ligne S3, arrêt Köpenick.

Musée des Arts décoratifs★★ (Kunstgewerbemuseum)

Dans le château de Köpenick (île du Château). ☎ 030 266 29 02 - ♿ - tlj sf lun. 10h-18h - possibilité de visite guidée (1h) sur demande préalable - fermé j. fériés (mar. suivant lun. férié), 24 et 31 déc. - 4 €. Fondé en 1867, il est le plus ancien **musée des Arts décoratifs** d'Allemagne et a l'insigne privilège d'être abrité dans le superbe **château de Köpenick**. L'édifice actuel fut construit entre 1677 et 1681 pour le prince de la cour Frédéric (le futur roi Frédéric Ier). Après une longue restauration, le public peut à nouveau admirer les magnifiques salons qui proviennent de différents châteaux et palais. La salle en marqueterie du château Haldenstein, de style Renaissance, le cabinet des miroirs baroque du château Wiesentheid, la chambre chinoise décorée de précieuses peintures laquées du palais Graneri de Turin comptent parmi ses trésors. Au second étage, la luxueuse **Wappensaal** est ornée d'armoiries en stuc qui entourent une table dressée de vaisselle en porcelaine du 18e s. Pas moins de 29 salons sont à découvrir !

Großer Müggelsee★★

Ce lac de 4 km de long pour 2,5 km de large est le plus grand de Berlin. Il compte aussi parmi les plus majestueux. Dans la forêt municipale de Köpenick, qui jouxte le plan d'eau, les possibilités de promenades sont nombreuses.

Aux alentours

ORANIENBURG

31 km au nord. Le **camp de concentration de Sachsenhausen**, aujourd'hui aménagé en un musée-mémorial *(Gedenkstätte und Museum Sachsenhausen)*, fut construit dès 1936. Plus de la moitié des 200 000 personnes qui y furent internées y périrent. L'atroce histoire du camp est retracée sous ses différents aspects dans des expositions permanentes et temporaires agencées sur les lieux mêmes de l'épouvantable tragédie. Dans le **musée Baracke 38**, qui a ouvert ses portes en 1997, une exposition est consacrée à l'histoire des déportés juifs.

Un parcours à travers le camp *(suivre le plan remis à l'entrée)* permet de comprendre l'organisation implacable du système concentrationnaire, dont la devise cynique est toujours présente au-dessus de la porte d'entrée : *Arbeit macht frei* (« Le travail rend libre »). On peut assister à la projection d'un film. *☎ 033 01 20 02 00 - www.gedenkstaette-sachsenhausen.de - ♿ - de mi-mars à mi-oct. : tlj sf lun. 8h30-18h ; de mi oct. à mi-mars : tlj sf lun. 8h30-16h30 - fermé 1er janv., 24, 25 et 31 déc. - gratuit.*

ABBAYE DE CHORIN★★ (Kloster Chorin)

61 km au nord. ☎ 033 366 70 377 - www.kloster-chorin.com - avr.-oct. : 9h-18h ; nov.-mars : 9h-16h - travaux de restauration, se renseigner - 3 €.

Les majestueux vestiges de l'abbaye de Chorin se dressent dans un site verdoyant sur les rives de l'Amtssee. L'édifice fut construit à partir de 1273 par les moines cisterciens de l'abbaye de Lehnin *(voir p. 132)*, à la demande des margraves de Brandebourg. L'abbaye fut ensuite désaffectée en 1542, plusieurs parties du bâtiment tombèrent en ruine. En 1825, l'architecte Karl-Friedrich Schinkel attira l'attention du roi de Prusse sur l'intérêt historique que présentait ce site et le persuada d'œuvrer pour sa sauvegarde. En partie réhabilitée, l'abbaye constitue l'un des plus beaux exemples d'architecture en brique d'Allemagne du Nord. Ce lieu paisible accueille l'été un festival de musique classique.

Église – Les moines de Lehnin ont adopté à Chorin le même plan basilical à trois nefs, mais, à Chorin, le sanctuaire est prolongé par une abside à sept pans, les travées de la nef ne sont plus jumelées, les ogives et les doubleaux ne reposent plus sur des dosserets mais sur des fûts en faisceau, et les piliers rectangulaires sont affinés par de minces colonnettes engagées. Dans son état actuel, l'édifice est dépourvu de son mur sud. La façade occidentale, à la division verticale très marquée, allie la rigueur à l'élégance : entre deux tourelles d'escalier, trois baies, séparées par des contreforts, sont surmontées d'une rosace tandis que la partie supérieure présente un joli décor de pignons et d'arcatures aveugles.

Bâtiments conventuels – Des bâtiments d'origine subsistent l'aile ouest, qui était destinée aux frères convers (c'est-à-dire aux frères se consacrant à des travaux manuels), et l'aile est, qui avec l'aile sud (détruite) était réservée aux moines.

On peut encore voir la maison de l'abbé, la brasserie et les restes d'un moulin.

CHÂTEAU DE RHEINSBERG★

87 km au nord-ouest. ✆ (03 39 31) 72 60 - www.spsg.de - avr.-oct. : 10h-17h ; nov.-mars : 10h-16h - possibilité de visite guidée hors sais. 10h-12h30, 13h-16h - 6 €.

Ce beau château élevé au bord du Grienericksee est associé à **Frédéric II le Grand**, même si celui-ci n'y a vécu que quatre ans. « Les années les plus heureuses de ma vie », comme il le déclara plus tard. Ses relations avec son père avaient toujours été tendues, au point que Frédéric tenta de fuir vers l'Angleterre (1730) et que son père ordonna l'exécution de son ami Katte qui l'avait aidé dans son entreprise. Frédéric consentit pourtant à se fiancer avec Elisabeth-Christine de Brunswick et fut libéré de la forteresse où son père l'avait enfermé. Puis, en 1734, Frédéric-Guillaume Ier acheta Rheinsberg pour son fils et lui donna les moyens financiers pour transformer ce château fort datant du 16e s. L'architecte brandebourgeois Johann Gottfried Kemmeter conçut l'édifice baroque à trois ailes. Le prince royal et Georg Wenzeslaus von Knobelsdorff participèrent également à l'élaboration des plans. Ce dernier prit la direction des travaux à partir de 1737.

C'est à Rheinsberg que le jeune Frédéric, discutant avec ses amis et épousant les idées philosophiques de son époque, défendit l'idée que le prince devait être le « premier serviteur de son État ». Dès lors commença l'échange de correspondance avec Voltaire, qui sera poursuivi jusqu'à la mort de celui-ci en 1778. L'architecte Knobelsdorff, le peintre Antoine Pesne et le sculpteur Friedrich Christian Glume ont marqué le style

Mauritius / PHOTONONSTOP

Le château de Rheinsberg.

de Rheinsberg, qui devait connaître son apogée un peu plus tard avec le rococo de Charlottenburg et de Sans-Souci.

Le bâtiment central est dû à Knobelsdorff. Son attique porte 4 statues, des allégories de la rhétorique, de la musique, de la peinture et de la sculpture.

Intérieur – La salle des glaces, le cabinet de Bacchus et l'antichambre, dont le plafond comporte de magnifiques fresques d'Antoine Pesne, sont remarquables. La chambre rouge et la chambre à coucher de l'appartement où vivait la princesse Amalie renferment de nombreuses peintures. Quant à l'appartement de Ferdinand, il a été conçu selon les plans de Carl Gotthard Langhans en 1767.

Le château abrite le **mémorial Kurt Tucholsky,** écrivain allemand (1890-1935) qui passa quelques jours à Rheinsberg en 1911 avec l'élue de son coeur. Le récit qu'il fit de cet épisode (*Rheinsberg - Ein Bilderbuch für Verliebte*) contribua à le rendre célèbre et donna une certaine aura à la ville.

Le parc – Aménagé selon les plans de Knobelsdorff et de Johann Samuel Sello, le parc tenait compte de l'intérêt particulier de Frédéric II pour l'art des jardins : un jardin utilitaire devait coexister avec un jardin d'agrément. Le prince Henri étendit le jardin jusqu'à l'autre côté du lac de Grienerick (très belle vue du château de ce côté).

LE SPREEWALD★★

À moins de 100 km au sud-est de Berlin.

Sillonnée par un entrelacs de plus de trois cents cours d'eaux, cette région aux allures de « Venise verte » fait la joie des amateurs de silence et de balade en chaland. Ancienne forêt marécageuse patiemment défrichée et asséchée, le Spreewald est le fief de la minorité sorabe, population slave descendant des Vénèdes (*voir Bautzen*) : très attachés à leurs traditions, ses habitants continuent notamment à pratiquer la langue de leurs ancêtres.

Promenade en chaland

On peut entreprendre à peu près partout des promenades en chaland, toutefois, Lübbenau s'est spécialisée dans cette activité. À Lübbenau, quitter la route principale en face de la gare et, par la Maxim-Gorki-Straße, gagner les parkings aménagés à proximité de l'embarcadère.

Embarcadère : Grosser Spreewaldhafen - Dammstrasse 77a - 03222 Lübbenau - ☎ 03542 22 25 - www.grosser-hafen.de - tlj - à partir de 8 €.

Les visites s'effectuent à bord de barques plates sous la conduite d'un batelier-conférencier. On pénètre ainsi au cœur d'un paysage verdoyant, façonné par la main des hommes en un immense jardin. Seul le glissement sur l'eau et les cris des oiseaux et des canards rompent le silence.

Une escale à **Lehde★**, petit village établi dans la lagune de 150 habitants qui compte pratiquement autant d'îles que de maisons, donne l'occasion de visiter le **musée de Plein Air** *(Freilandmuseum Lehde)*. Trois fermes du début du 19e s. comprenant les bâtiments d'habitation et leurs dépendances exposent des meubles rustiques, des objets d'arts et de traditions populaires, des costumes et des outils agricoles.

Les visiteurs préférant une découverte pédestre peuvent emprunter, au départ de Lübbenau, trois sentiers : vers Lehde *(1h AR)*, vers Wotschofska et vers Leipe *(3h AR)*.

Lübbenau

Outre la vieille ville, il est conseillé de visiter l'**église St-Nicolas★** *(Stadtkirche St. Nikolai)*, édifice élevé entre 1738 et 1741 par le maître-architecte Findeisen de Dresde, spécialisé dans les ouvrages fortifiés. L'intérieur, aménagé dans le style baroque propre à Dresde, surprend par son homogénéité. Le long des murs courent des tribunes à deux étages, qui se terminent dans le chœur par des loges vitrées. Remarquer les **tombeaux** et, notamment, celui du comte Moritz Carl zu Lynar, réalisé vers 1765.

☎ 035 42 36 68 - ♿ - de mai aux vac. scol. d'automne (du Brandebourg) : tlj sf dim. 14h-16h - fermé j. fériés - offrande demandée.

Le secteur autour du château de Lübbenau vaut le détour. On peut y voir le bâtiment de la chancellerie (élevé en 1745 et transformé en musée), le château néoclassique (construit en 1817, aménagé en hôtel) et l'orangerie.

Berlin pratique

Informations utiles

Office de tourisme – Berlin Tourismus – ✆ *030 25 00 25 - www.visitberlin.de (informations en français).*

Bureaux de tourisme (Berlin Infostore) : *pte de Brandebourg, tlj 10h-18h ; Scheidemannstraße (pavillon face au Reichstag), tlj 10h-18h ; Hauptbahnhof, tlj 8h-22h ; Neues Kranzler Eck, Kurfüstendamm 21, lun.-sam. 10h-20h, dim. 10h-18h.*

Transports

ARRIVER À BERLIN

Aéroports – Berlin possède 3 aéroports. Pour des informations générales sur les liaisons aériennes ✆ *0180 500 01 86.* **Tegel (TXL)**, situé au nord-ouest de Berlin, assure une bonne partie du trafic international. Un service de bus (n° 109 ou X9 en direction du *Zoologischer Garten*) permet de gagner le centre-ville depuis l'aéroport. Le Jet Express Bus TXL relie, quant à lui, Tegel au quartier Mitte (notamment la Potsdamer Platz, la Friedrichstraße et Unter den Linden).

SE DÉPLACER À BERLIN

Les transports en commun sont nombreux, rapides et pratiques.

Informations – Les lignes du réseau express régional (S-Bahn), ainsi que les lignes de bus et de métro (U-Bahn) sont regroupées dans la **Berliner Verkehrs-Betriebe** (BVG, régie des transports urbains berlinois) - ✆ *194 49 ou Hotline 24h/24 -* ✆ *0180 599 66 33 - www.bvg.de*

Les transports suburbains et le réseau express régional (S-Bahn) sont réunis, avec la BVG, dans la **Verkehrsverbund Berlin-Brandenburg** (VBB, réseau des transports urbains de Berlin-Brandebourg) - ✆ *030 25 41 41 41 - www.vbbonline.de*

En raison des nombreux chantiers de construction, un service de navettes est régulièrement mis en place, ainsi qu'un service de remplacement sur rail ; faites attention aux panneaux !

Zones et tarifs – Berlin et ses environs (dont Potsdam) sont divisés en trois zones tarifaires (A, B et C) ; si vous souhaitez circuler à l'intérieur de la ville uniquement, vous devez acheter un billet valable pour la zone AB. Vous pouvez le faire dans toutes les stations de métro, S-Bahn et tramway, aux distributeurs automatiques ou auprès des conducteurs de bus. Pour être valable, ce ticket doit être validé.

Le billet simple (valable 2h) coûte 2,10 € (2,35 € pour les 3 zones ABC) ; le billet à la journée (valable à partir de l'oblitération et jusqu'à 3h le matin suivant) coûte 6 € (6,20 € pour les 3 zones) et le billet valable 7 jours *(7 Tage Karte)* coûte 22 € pour deux zones, 23 € pour 3 zones ; à noter enfin le billet pour trajets courts *(Fahrausweis für Kurzstrecken)* à 1,20 € pour des trajets ne dépassant par 3 stations de métro ou 6 stations de tramway (ou de bus).

Welcome Card – Valable 72h, elle coûte 21 €, permet à un adulte, accompagné au plus de trois enfants de moins de 14 ans, de circuler sur l'ensemble du réseau de la VBB ; cette carte donne également droit à des réductions d'entrée dans certains théâtres, musées, spectacles et visites de la ville en autocar. Vous pouvez l'acheter auprès de tous les points de vente de la BVG, ainsi qu'aux points d'information de la *Berlin Tourismus Marketing GmbH*.

Bus 100 – Ce bus, qui relie la gare Zoo à l'Alexanderplatz, et par là même les deux centres de la ville, permet de découvrir de nombreuses curiosités de Berlin.

BVG-Bild

Emprunter le bus 100 permet d'avoir rapidement un bon aperçu du centre-ville.

Visites de la ville

En autocar – Visites commentées de 2h avec explications données sur casques d'écoute, départ toutes les 30mn à partir de 10h, plusieurs arrêts avec possibilité de descendre du car. Points de départ : le Kurfürstendamm (entre la Joachimsthaler Straße et la Fasanenstraße) et l'Alexanderplatz (devant l'hôtel Forum). La compagnie Severin & Kühn propose un grand tour de Berlin (Große Berlin-Tour) avec visites commentées (durée : 3 à 4h) à 10h et 14h.

Informations – Severin & Kühn - ✆ *880 41 90.* Bus-Verkehr-Berlin - ✆ *885 98 80.* Berliner-Bären-Service - ✆ *030 35 19 52 70, www.sightseeing.de.* Berolina - ✆ *88 56 80 03 - www.berolina-berlin.com*

À pied – Des circuits pédestres sont prévus sur différents thèmes historiques et d'actualité.

Informations – *Kulturbüro -* ✆ *030 444 09 36, www.stadt-fuehrung.de.* Circuits artistiques *: Berlin -* ✆ *030 28 09 63 90 ; Stattreisen -* ✆ *030 455 30 28, www.stattreisen.berlin.de*

En bateau – Berlin dispose d'une vaste flotte de bateaux de croisières circulant sur la Spree et la Havel (circuits de 1h à 4h env.). Les circuits classiques effectuent une boucle autour de l'île des Musées (1h, départs de Friedrichsbrücke, SchlossBrücke, Karl-Liebknecht-Brücke, Friedrichstraße et face au Märkisches Museum).

Informations – *Reederverband - Kattfußstr. 29 - ☏ 030 34 22 431, www.reederverband-berlin.de.* Agence rassemblant l'ensemble des compagnies de croisières à Berlin. Brochure exhaustive classée par arrondissement, avec prix et horaires (délivrée également dans les offices de tourisme).

Se loger

MITTE

⊖ The Circus – **Plan II P1** - *Weinbergsweg 1A - U Rosenthaler Platz - ☏ 030 28 39 14 33 - www.circus-berlin.de - 28 ch. et 11 appart. - 62 €.* À quelques minutes à pied seulement de Hackerscher Markt, un agréable hôtel au mobilier moderne. Chambres claires et colorées, avec salles de bains communes (sur le palier) ou privatives, appartements spacieux et dortoirs de 3 à 8 lits. Accueil sympathique et services nombreux (safebox, Internet, location de vélos, etc.).

⊖⊖ Hotel Künstlerheim Luise – **Plan II N2** - *Luisenstraße 19 - ☏ 030 28 44 80 - www.kuenstlerheim-luise.de - 47 ch. - 79/150 €.* Ce palais municipal très classique, construit en 1825 et classé monument historique, héberge un hôtel original où des artistes ont apporté leur touche créative à la décoration des chambres. Vous pouvez aussi opter pour des chambres au confort plus modeste et meilleur marché, équipées de douches.

⊖⊖ Honigmond Garden Hotel – **Plan I, K2** - *Invalidenstr. 122 - U Zinnowitzer Str. - ☏ 030 28 44 55 77 - www.honigmond-berlin.de - P - 16 ch. et 4 appart. - 89/109 €.* Des chambres de caractère avec parquet et tableaux anciens, situées dans un quartier silencieux à proximité immédiate du centre historique. Vous pourrez profiter du jardin verdoyant à l'arrière, où le petit déjeuner est servi en été.

⊖⊖⊖ Hotel Hackescher Markt – **Plan II P2** - *Große Präsidentenstraße 8 - ☏ 030 28 00 30 - www.loock-hotels.com - P - 31 ch.- 140/215 €.* Bâtiment récent à la façade d'aspect historique. Chambres spacieuses au mobilier en bois clair. Malgré la situation centrale de l'hôtel, les chambres avec terrasse sont très calmes (petite cour intérieure).

⊖⊖⊖⊖ Hotel Adlon – **Plan II N3** - *Unter den Linden 77 - ☏ 030 226 10 - www.hotel-adlon.de - P - 336 ch. - 380/490 € - 32 €.* Une légende vivante ! Depuis 1997, il est de nouveau possible de loger dans ce somptueux édifice restauré situé près de la porte de Brandebourg et de l'avenue Unter den Linden. Le luxe est partout ; dans les chambres, les suites et les trois restaurants.

POTSDAMER PLATZ

⊖ Hotel Am Anhalter Bahnhof – **Plan I K5** - *Stresemannstraße 36 - 10963 Berlin-Kreuzberg - ☏ 030 251 03 42 - www.hotel-anhalter-bahnhof.de/ - P - 33 ch. - 55 € (avec douche/WC sur le palier)/75 € (sdb dans la chambre).* Cet établissement très central, situé à proximité de la Potsdamer Platz. Cadre sobre. Un arrêt de bus se trouve juste devant la porte. Chambres au confort modeste, mais très propres et bon marché.

⊖⊖⊖⊖ Grand Hotel Esplanade – **Plan I H4** - *Lützowufer 15 - ☏ 030 25 47 80 - www.esplanade.de - P - 386 ch. - 255/305 €. 20 €.* Ce grand hôtel, gagné par l'animation culturelle du quartier, ressemble à une exposition consacrée à la décoration moderne. Collection de tableaux des « Berliner Wilden ». Chambres très modernes et luxueuses.

PRENZLAUER BERG

⊖⊖ Transit-Loft Hotel – **Plan I M2** - *Greifswalder Straße 219 (accès par la Immanuelkirchstraße) - Tram 4 - ☏ 030 48 49 37 73 - www.transit-loft.de - P - 47 ch. - 72 €.* Depuis 2001, cet ancien bâtiment d'usine, situé au beau milieu du Szenebezirk (quartier de la scène) de Berlin, a été transformé pour accueillir sur deux étages un « hôtel pour les jeunes ». Toutes les chambres sont simples mais très bien entretenues.

CHARLOTTENBURG

⊖ Hotel Berlin-Plaza – *Knesebeckstraße 63 - ☏ 030 88 41 30 -* **Plan I G5** - *www.plazahotel.de - P - 131 ch. - 59/94 €.* La situation très centrale de cet hôtel, installé dans une rue proche du Ku'damm, est appréciable et permet de prendre part à l'animation de la capitale. Chambres modernes à l'équipement fonctionnel.

ZEHLENDORF

⊖⊖ Am Wilden Eber – **Hors plan, vers F6** - *Warnemünder Straße 19- Tram Podbielskiallee - ☏ 030 89 77 79 90 - www.hotel-am-wilden-eber.de - P - 15 ch. - 85 € - 7,50 €.* Un hôtel simple et sobre : les chambres, toutes identiques, sont soignées et plutôt calmes ; en sous-sol, vous pouvez profiter d'une petite piscine couverte et d'un sauna.

Se restaurer

MITTE

⊖ Zoe – **Plan II, P 1-2** - *Rochstr. 1 - ☏ 030 24 04 56 35 - info@zoe-berlin.de - fermé dim. midi, 24 déc. et j. fériés - 10/15 €.* Ici, deux chefs se partagent les fourneaux : une cuisine soignée et délicate, qui oscille entre saveurs méditerranéennes et asiatiques. Grandes tables, cadre simple.

⊖⊖ Mutter Hoppe / Alt-Berliner Weißbierstube – **Plan II P2** - *Rathausstraße 21 - U Alexanderplatz - ☏ 030 24 24 454 - www.prostmahlzeit.de -*

20/25 €. Ce restaurant typique du vieux Berlin se trouve tout près du quartier St-Nicolas. Aménagement rustique avec d'anciens comptoirs à bière et de vieilles photos. Les vendredis et samedis à partir de 20h, vous pourrez faire connaissance avec la musique « live » du vieux Berlin.

Lutter und Wegner – **Plan II O3** - *Charlottenstraße 56 - ✆ 030 202 95 40 - www.lutter-wegner-gendarmenmarkt.de - 30/45 €.* Cette maison d'angle à la façade en grès se trouve près du Gendarmenmarkt. À l'intérieur, des boiseries sombres donnent à l'établissement son caractère de taverne. Trois grandes colonnes, peintes par des artistes contemporains, soutiennent la devise de ce restaurant : « Le vin, les femmes et la chanson ».

Borchardt – **Plan II O3** - *Französische Straße 47 - ✆ 030 81 88 62 62 - borchardt@gastart.de - fermé dim. - 30/45 €.* Vous serez impressionné par les colonnes aux chapiteaux dorés et les plafonds ornés de stucs de ce restaurant. Rien d'étonnant à ce qu'il fasse partie des adresses « chic et branchées » de la ville, avec son mobilier raffiné. On y vient pour « voir et être vu ! » Vous y dégusterez une cuisine saisonnière d'inspiration française.

POTSDAMER PLATZ

Vapiano – **Plan I J4** - *Potsdamer Platz 5 - U Potsdamer Platz - ✆ 030 23 00 50 - www.vapiano.de - 15 €.* Un self-service original où vous combinez selon votre convenance les pâtes et la sauce qui les accompagne, les ingrédients de votre salade ou ceux de votre pizza. Les cuisiniers concoctent votre plat devant vous, et, une fois à table, vous pouvez l'agrémenter de feuilles de basilic, de romarin ou de menthe disposés en pots.

Harry's New York Bar – **Plan I H4** - *Lützowufer 15 - ✆ 030 254 78 86 30 - info@esplanade.de - fermé dim. - 30/45 €.* Cuisine internationale et créative dans l'un des lieux les plus chic de Berlin.

PRENZLAUER BERG

Zander – **Plan I L2** - *Kollwitzstraße 50 - U Senefelderplatz - ✆ 030 44 05 76 79 - www.restaurant-zander.de - Ouvert le soir, fermé lun. - 25/45 €.* Parquet et chaises bistrot en bois sombre confèrent à ce restaurant un caractère coquet. Cuisine moderne, plats différents toutes les semaines.

CHARLOTTENBURG

Marjellchen – **Plan I F5** - *Mommsenstraße 9 - ✆ 030 883 26 76 - www.marjellchen-berlin.de - fermé le midi - 12/20 €.* Adresse berlinoise agréable et typique, où l'on vous servira des plats consistants de Prusse orientale et de Silésie. Le Marjellchen a hérité des recettes de la grand-mère de sa propriétaire.

Diekmann – **Plan I G5** - *Meinekestraße 7 - ✆ 030 883 33 21 - www.j-diekmann.de - fermé dim. midi - 15/30 €.* Élégante décoration à l'ancienne dans ce restaurant qui propose des formules rapides le midi. Plats variés, qui s'inspirent à la fois des cuisines allemande et française.

Bamberger Reiter – **Plan I G5** - *Regensburger Straße 7 - ✆ 030 21 96 63 55 - www.neuer-bamberger-reiter.de- fermé dim. et le midi - 30/40 €.* Une cuisine aux saveurs françaises et transalpines, à savourer dans une ambiance bistro. À l'intérieur, vous serez accueilli dans un cadre rustique et élégant avec de beaux bois, des miroirs étincelants, le tout agencé avec goût.

Parc fermé – **Plan I F2** - *Wiebestraße 36-37 (district de Moabit, à la limite avec celui de Charlottenburg) - ✆ 030 20 61 30 - www.kaiserstuben.de - fermé dim. lun. et le midi - 36/45 €.* Cet établissement a élu domicile à l'intérieur d'un ancien entrepôt de trains datant de 1901, occupé désormais par une magnifique collection de voitures anciennes. Cuisine classique et raffinée. Bonne sélection de vins.

Faire une pause

MITTE

Café am Schiffbauerdamm – *Albrechtstraße 13 - Tram Friedrichstraße - ✆ 030 28 38 40 49 - à partir de 10h.* Une atmosphère des plus agréables règne dans les salles lumineuses et sur la terrasse du Café am Schiffbauerdamm, installé dans une rue tranquille de Friedrich-Wilhelm-Stadt. On y sert des gâteaux et des tartes, ainsi que des sandwichs et des repas légers ou copieux.

Café Ephraim's – *Spreeufer 1 (près de Mühlendamm) - Tram Klosterstraße - ✆ 030 24 72 59 47 - à partir de 12h.* La perle des cafés du quartier Nikolai, au mobilier « Gründerzeit » (fin 19e s.) et à l'atmosphère chaleureuse. On peut également s'asseoir dehors sur les bords de la Spree. Outre les spécialités de Berlin, on y sert des gâteaux et des tartes maison.

Telecafé – *Panoramastraße 1a (près d'Alexanderplatz) - U Alexanderplatz - ✆ 030 2 42 33 33 - www.berlinerfernsehturm.de - à partir de 9h (10h en hiver).* Situé en haut de la tour de la télévision, à 207,53 m de hauteur, ce café effectue une rotation complète en 30mn et permet d'apprécier tout Berlin en prenant un café ou un rafraîchissement.

En soirée

Bon à savoir – Tous les deux mois, Berlin Tourismus Marketing publie le *Berlin Kalender* (1,20 €) qu'on peut acheter aux bureaux de BTM, à la porte de Brandebourg, au KaDeWe et à l'Europa-Center (les deux dans Tauentzienstr.). Des magazines *Tip*, *Zitty* et *Prinz* informent également sur les manifestations les plus diverses (en vente dans les librairies et kiosques). Si vous souhaitez assister à une représentation, il est recommandé de réserver vos places trois semaines à l'avance auprès de *Berlin Tourismus*. Vous pouvez également le faire à l'avance auprès des nombreuses caisses des théâtres.

Bon à savoir – La « scène berlinoise » est très décentralisée ; il existe de nombreux quartiers et rues animés (pour des informations plus détaillées, reportez-vous au *Guide Vert Berlin*) : dans le quartier de Charlottenburg, autour de la Savignyplatz et sur le Kurfürstendamm ; dans le quartier de Schöneberg, autour de la Winterfeldtplatz ; dans le quartier de Kreuzberg, autour de la Chamissoplatz, dans l'Oranienstr. et la Wiener Str., ainsi que le long du Landwehrkanal ; dans le quartier de Mitte, le long de la Friedrichstr., dans le quartier Saint-Nicolas et autour du Hackescher Markt, ainsi que dans le quartier de Prenzlauer Berg, autour de la Kollwitzplatz et le long de la Kastanienallee.

MITTE

Clärchen's Ballhaus – *Auguststraße 24-25 - Tram Weinmeisterstraße - ✆ 030 2 82 92 95 - www.claerchens-ballhaus.de.* Ce dancing traditionnel du quartier de Spandauer Vorstadt appartient à la même famille depuis 1913. Dans une ambiance agréable, on y danse sur des vieux classiques et des tubes d'aujourd'hui. Le mercredi, cours d'initiation au tango. Le Clärchen's est également ouvert le vendredi et le samedi.

Oxymoron – *Hackesche Höfe/Rosenthaler Straße 40-41 - Tram Weinmeisterstraße - ✆ 030 28 39 18 86 - www.oxymoron-berlin.de - 10h-1h. Club : merc.-sam. à partir de 21h.* Situé dans la première des cours des Hackesche Höfe, l'Oxymoron est, de jour, un restaurant et un salon de thé (à partir de 11h) avec bar, et de nuit (le mercredi à partir de 20h et le vendredi et le samedi à partir de 23h) une discothèque chic. Il accueille également parfois des défilés de mode et des concerts.

925 Loungebar – *Taubenstraße 19 - Tram Hausvogteiplatz, Stadtmitte - ✆ 030 20 18 71 77 - à partir de 17h.* Bar à cocktails sur le Gendarmenmarkt : les salles, le mobilier et la lumière sont rouges. À l'origine de son nom, son comptoir en argent sterling 925.

FRIEDRICHSHAIN

Die Tagung – *Wühlischstraße 29 (à l'est de Warschauer Str.) - Tram Frankfurter Tor - ✆ 030 29 77 37 88 - www.die-tagung.de - à partir de 19h.* L'attrait de ce bistrot sombre et un peu délabré provient de sa décoration faite d'un bric-à-brac de souvenirs de la RDA : bustes, panneaux et affiches de toutes sortes ornent ses moindres recoins.

PRENZLAUER BERG

Müller-Lüdenscheid – *Szredskistraße 45 (entre Schönhauser et Prenzlauer Allee ; au sud de Danziger Str.) - Tram Eberswalder Straße - ✆ 030 44 04 92 24 - tlj sf lun. à partir de 18h.* Ce bar à vins agréable et lumineux propose plus de 150 variétés de vins, dont beaucoup sont vendus au verre ; l'accent est mis sur les crus allemands.

CHARLOTTENBURG

Universum Lounge – *Kurfürstendamm 153 - Tram Adenauerplatz - ✆ 030 89 06 49 94 - à partir de 15h.* Ce bar-restaurant se situe dans le même bâtiment que la Schaubühne, le plus grand cinéma de Berlin avant-guerre et l'une des meilleures scènes de théâtre de la ville. Au-dessus des banquettes en cuir colorées, les murs sont lambrissés de teck. Partout, des images éclairées des premiers pas de l'homme sur la lune et de l'univers. Le comptoir orné de clous en cuivre et la salle légèrement arrondie épousent les courbes du bâtiment d'Erich Mendelsohn.

Zillemarkt – *Bleibtreustraße 48a (en parallèle entre Leibniz- et Uhlandstr.) - S Savignyplatz - ✆ 030 8 81 70 40 - www.zillemarkt.de - 10h-1h.* Décor traditionnel (Guillaume II veille sur les consommateurs !) avec des petites tables en bois brut et un comptoir éclairé par de vieilles lampes. Petit jardin très agréable à l'arrière pour déguster une bière en été.

Achats

Bon à savoir – Les rues commerçantes les plus importantes de la ville sont Kurfürstendamm, Tauentzienstr. (avec les grands magasins Europa-Center et KaDeWe), ainsi que Friedrichstraße et Fasanenstraße dans le centre-ville. Les passages commerçants les plus prestigieux sont Leibnizkolonnaden (entre Leibniz- et Wielandstraße), Potsdamer Platz Arkaden, Friedrichstadtpassagen (avec les Galeries Lafayette) et les Hackesche Höfe.

Galeries d'art – Elles sont installées dans la partie ouest de la ville, principalement autour de la Savignyplatz (Charlottenburg), dans la Fasanenstraße (Charlottenburg) et la Pariser Str. (Wilmersdorf), et, dans la partie est de la ville, entre la Oranienburger Str. et la Rosa-Luxemburg-Platz.

Antiquaires – Ils se concentrent le long de l'Eisenachstr., la Kalckreuthstr. et la Fasanenstr., dans le quartier formé par la Bleibtreustr., la Pestalozzistr. et la Knesebeckstr., ainsi qu'aux abords de la gare Friedrichstr.

Marchés aux puces – Großer Berliner Trödel- und Kunstmarkt (œuvres d'art et bric-à-brac), Straße des 17. Juni (Charlottenburg), sam. et dim. de 11h à 17h ; marché aux puces de Wilmersdorf, Fehrbelliner Platz, sam. et dim. de 7h à 16h ; marché d'art et d'antiquités sur l'île des Musées, sam. et dim. de 11h à 17h.

Marchés – Marché de la Winterfeldplatz, merc. et sam. de 8h à 13h ; marché hebdomadaire turc, Maybachufer (Neukölln), mar. et vend. de 12h à 18h30.

Potsdam★★★

144 980 HABITANTS
CARTE GÉNÉRALE C3 – CARTES MICHELIN N^OS 718 L6 ET 542 AV 25
BRANDENBURG

À quelques encablures de Berlin, la cité d'élection des anciens rois prussiens possède un charme tout provincial, avec ses maisons basses, ses voies piétonnes, ses anciennes portes, sans oublier ses célèbres joyaux rococo, le château de Sans-Souci et le Nouveau Palais, dissimulés au milieu de la verdure. Mais la capitale du Brandebourg vit aussi un véritable second souffle. Le centre retrouve peu à peu son canal longtemps enfoui. Un nouveau quartier à l'architecture résolument contemporaine voit le jour au bord du Tiefer See. Enfin, la place historique du Vieux Marché va bientôt retrouver son parlement et son aspect d'origine.

- **Se repérer** – La capitale du Brandebourg est à 40 km à l'ouest de Berlin.
- **Organiser son temps** – Prévoyez une journée pour apprécier pleinement les joyaux du parc de Sans-Souci, et une seconde journée pour profiter des charmes de la ville et des bords de la Havel.
- **Avec les enfants** – Le Filmpark Babelsberg.
- **Pour poursuivre le voyage** – Wörlitz, Dessau.

Comprendre

Un Versailles prussien – Le règne du « Roi-Sergent » Frédéric-Guillaume Ier (1713-1740) fit de Potsdam un centre administratif et surtout une ville de garnison au point que les trois quarts de sa population se composaient de militaires. Son fils, Frédéric le Grand (Frédéric II, 1712-1786, règne à partir de 1740), ami des Arts et des Lettres, dotera Potsdam des prestigieux monuments qui font aujourd'hui sa renommée, au premier rang desquels Sans-Souci et le Nouveau Palais. Le roi, qui s'exprimait aussi bien en français que dans sa propre langue, accueillit à sa cour de nombreux Français, dont Voltaire qui séjourna trois ans à Potsdam. Ces deux rois reposent aujourd'hui dans le domaine de Sans-Souci.

La conférence de Potsdam – Signé le 2 août 1945 au château de Cecilienhof par les dirigeants des puissances alliées (Churchill, puis Attlee, Truman et Staline), le traité de Potsdam définissait le rôle des vainqueurs dans les zones d'occupation et l'avenir de l'Allemagne.

Découvrir

PARC ET CHÂTEAU DE SANS-SOUCI★★★

Voir photo p. 40 et illustration p. 70. Suivre l'itinéraire de visite proposé sur le plan.

Tracé en partie par Peter Joseph Lenné, le plus talentueux paysagiste de Prusse, il couvre près de 300 ha et compte plusieurs centaines d'espèces d'arbres. Les différents châteaux et bâtiments ont été élevés entre 1744 et 1860. Classé au patrimoine mondial depuis 1990, cet ensemble paysager et architectural est incontestablement la plus grande réussite allemande dans ce domaine.

Église de la Paix (Friedenskirche)

Elle fut construite sur le modèle de la basilique St-Clément de Rome, sous Frédéric-Guillaume IV, entre 1844 et 1854. C'est ici qu'il est enterré. Dans l'abside, on peut admirer une belle **mosaïque★**, provenant de l'île de Murano et remontant à la première moitié du 18e s. Dans le mausolée, on aperçoit les statues couchées de l'empereur Frédéric III et de son épouse, ainsi que le sarcophage de Frédéric-Guillaume Ier.

Grotte de Neptune (Neptungrotte) – La grotte de Neptune fut aménagée d'après des plans de Knobelsdorff entre 1751 et 1757. Statue de Neptune.

Galerie de tableaux★ (Bildergalerie)

☏ 0331 96 94 181 - www.spsg.de - mai-oct. : tlj sf lun. 10h-17h - 3 €. La galerie fut construite entre 1755 et 1763. Dans la grande salle, au pompeux décor rococo, on admire principalement des œuvres des écoles italienne (le Tintoret, le Caravage, Bassano), française (Simon Vouet, Van Loo) et flamande (Terbrugghen, Van Dyck, Rubens), toutes achetées par Frédéric II.

Château de Sans-Souci★★★ (Schloß Sanssouci)

☏ 0331 96 94 190 - www.spsg.de - ♿ - visite guidée avr.-oct. : tlj sf lun. 9h-17h ; nov.-mars : tlj sf lun. 9h-16h - fermé 24-25 et 31 déc. - été 12 €, hiver 8 €, possibilité de billet

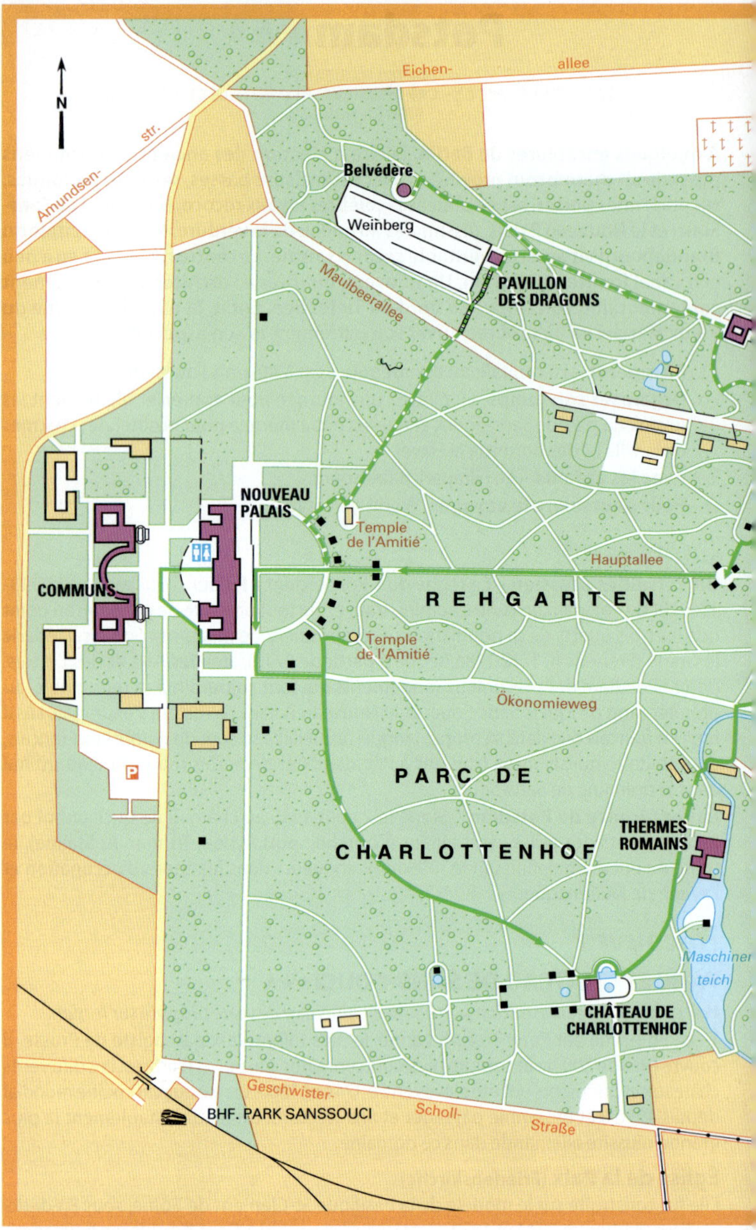

combiné. Difficile de rester insensible à l'impression majestueuse engendrée par l'apparition progressive de la façade au-dessus des terrasses en gradins, lorsque l'on gravit le grand escalier.

D'après l'idée de Knobelsdorff, la façade, ornée de trente-six atlantes, devait longer la terrasse ; le roi préféra préserver un vaste espace qui devint un de ses endroits favoris. De l'autre côté, la façade de la cour d'honneur est flanquée d'une élégante colonnade en demi-cercle.

La visite des salles révèle toute la maîtrise et la virtuosité, en matière de rococo, des artistes chargés de leur ornementation.

Dans la **chambre** et le **cabinet de travail**, on peut admirer le bureau de Frédéric II, ainsi que le fauteuil dans lequel il mourut. La **salle de concert**, chef-d'œuvre du rococo prussien, était toutefois la pièce préférée du roi. Remarquer également la **salle de marbre**. C'est dans cette salle ouverte sur une terrasse grâce à de grandes portes-fenêtres que se déroulaient les « tables rondes philosophiques ».

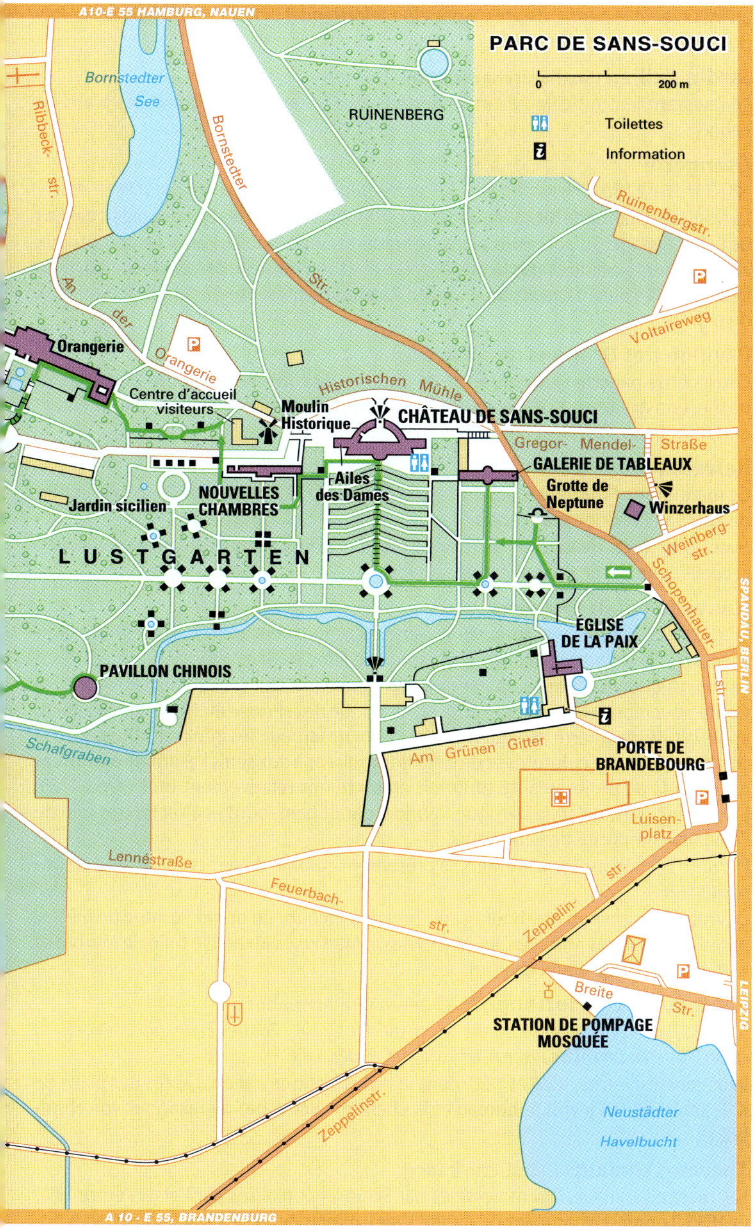

Nouvelles chambres★ (Neue Kammern)

℘ 0331 96 94 206 - www.spsg.de - ♿ - possibilité de visite guidée mai-oct. : tlj sf lun. 10h-17h ; avr. : w.-end et j. fériés 10h-17h - 3 €.

L'ancienne orangerie, construite sur les plans de Knobelsdorff en 1747, fut transformée en appartements pour les invités du roi entre 1771 et 1775. Le mobilier rococo de l'intérieur est clair et charmant. La **galerie d'Ovide★** est particulièrement remarquable, avec ses boiseries décorées de scènes des *Métamorphoses* d'Ovide.

Moulin (Historische Mühle)

Ce moulin a été rendu célèbre par une anecdote qui met parfaitement en évidence le rôle de l'État et l'absolutisme éclairé de Frédéric II.

Son tic-tac dérangeait le roi, qui s'efforça donc de convaincre le meunier d'arrêter de travailler ou de quitter l'endroit. Il tenta tous les moyens, allant même jusqu'à proposer de l'argent et à menacer, mais ce fut peine perdue. Frédéric II intenta alors un procès au meunier et le perdit, d'après le principe selon lequel : « Dans les tribunaux, les lois doivent parler et le roi se taire. »

Jardin sicilien (Sizilianischer Garten)

Le ravissant jardin sicilien de style Renaissance fut aménagé d'après les plans de Lenné.

Orangerie

℘ 0331 969 42 80 - www.spsg.de - ♿ - visite guidée (45mn) mai-oct. : tlj sf lun. - 4 €.

La Nouvelle Orangerie fut construite entre 1851 et 1860 dans le style des palais italiens de la Renaissance, d'après des plans de Frédéric-Guillaume IV. Parmi les somptueux appartements occupés par le tsar Nicolas Ier et son épouse, on remarque particulièrement la salle en malachite. La **salle Raphaël★** présente 47 copies de tableaux du peintre.

Pavillon des Dragons (Drachenhaus)

Cette petite pagode (surmontée de 16 dragons de cuivre) est aujourd'hui un salon de thé. Construite en 1770 par Karl von Gontard, à proximité d'un vignoble aménagé en 1769, elle servait alors de maison au vigneron.

Belvédère

Ce magnifique bâtiment, construit entre 1770 et 1772, fut la dernière construction de Potsdam décidée par Frédéric II.

Avant d'arriver au Nouveau Palais, on aperçoit le **temple des Antiquités**, qui devait accueillir une partie des collections du roi.

Nouveau Palais★★ (Neues Palais)

℘ 0331 969 43 61 - www.spsg.de - ♿ - avr.-oct. : tlj sf vend. 9h-17h ; nov.-mars : tlj sf vend. 9h-16h - appartement royal : visite guidée 11h, 13h, 15h - 6 €.

La construction de l'imposant et pompeux Nouveau Palais fut voulue par Frédéric le Grand pour montrer que la puissance économique de la Prusse était demeurée intacte après la difficile guerre de Sept Ans. Les 213 m de largeur, les quelque 400 pièces, la surabondance de sculptures et de détails traduisent à eux seuls l'esprit de démesure qui présida au projet, réalisé toutefois en un temps relativement bref : 1763-1769. L'extérieur, dans un style baroque débridé, paraît bien lourd et affecté, très loin de l'élégante simplicité de Sans-Souci.

Derrière le château, les communs se présentent comme de petits châteaux à colonnades (1766-1769).

La visite dure environ une heure et permet de parcourir un grand nombre de pièces, parmi lesquelles la *Muschelsaal*, la galerie de Marbre, la luxueuse salle de Marbre et le théâtre, installé dans l'aile sud.

Château de Charlottenhof★ (Schloss Charlottenhof)

℘ 0331 9 69 42 00 - www.spsg.de - visite guidée (3/4h) - Paques et de mai à fin oct. : tlj sf lun. 10h-17h (dernière visite à 17h) - fermé 24 déc. - 4 €.

Il fut construit entre 1826 et 1829 dans le style classique italien d'après des plans de K. F. Schinkel. On y voit le bureau et la chambre à coucher d'Alexander von Humboldt.

Thermes romains (Römische Bäder)

Les thermes romains furent dessinés par Schinkel et réalisés par Persius entre 1829 et 1835, Lenné se chargeant du jardin. L'idée directrice de ce projet consistait à disposer des objets architecturaux différents, de telle sorte qu'ils soient en harmonie avec la nature.

Pavillon chinois★★ (Chinesisches Teehaus)

Ce pavillon circulaire, décoré de statues dorées, est le fruit de la « sinomanie » du 18e s. À l'intérieur, exposition de porcelaines chinoises.

Visiter

LE CENTRE-VILLE

Pour la description des curiosités figurant sur le plan p. 130 et qui ne sont pas présentées ci-dessous, se reporter au Guide Vert Berlin.

Vieux Marché (Alter Markt) B2

Avant la Seconde Guerre mondiale, le « Grand Pont » (Lange Brücke) menait directement au **château** (Stadtschloss), le premier construit à Potsdam en 1660 par le Grand Électeur. Très endommagé par les bombardements de 1945, ce symbole

S. Guillot / MICHELIN

Le théâtre Hans Otto, l'un des symboles du renouveau de Potsdam.

de la monarchie prussienne a été complètement rasé vers 1960, pour des raisons idéologiques. L'**église St-Nicolas★** (Nikolaikirche) domine la place. Cette œuvre de **Schinkel** (1837) est l'un des plus beaux exemples d'architecture néoclassique allemande. Le dôme, achevé en 1850 par les élèves du maître, prend exemple sur des modèles prestigieux, tels que la basilique St-Pierre de Rome ou la cathédrale St-Paul de Londres.

Nouveau Marché★★ (Neuer Markt) B2

Cette petite place, qui mêle de beaux bâtiments des 18e et 19e s., est l'une des plus anciennes et des plus belles de la ville. Son ensemble le plus remarquable est le **Kutschenstall★**, édifice destiné à abriter les chevaux des carrosses royaux. Construit entre 1787 et 1790 sur des plans d'**Andreas Ludwig Krüger**, c'est un exemple précoce d'architecture néoclassique. Il abrite aujourd'hui la **Maison de l'histoire prussienne et brandebourgeoise** (*Haus der Brandenburgisch-Preußischen Geschichte*).

Musée du Cinéma★ (Filmmuseum Potsdam) B2

Breite Straße 1A - ✆ 0331 27 181 12 - www.filmmuseum-potsdam.de - tlj 10h-18h - 5 €. Ce bâtiment baroque est l'un des plus anciens monuments de la ville et l'un des rares vestiges du château de Potsdam. À l'origine, il s'agissait d'une orangerie, édifiée en 1685 par Johann Arnold Nering (1659-1695). Au 18e s., l'édifice fut transformé en écurie royale (Marstall). De nos jours, il abrite le musée du Cinéma de Potsdam, consacré essentiellement aux célèbres **studios de Babelsberg**, situés sur l'autre rive de la Havel *(voir plus loin)*. C'est là que furent tournés notamment *Les Nibelungen* de Fritz Lang (1924) ou, plus récemment, *Le Pianiste* de Polanski (2002).

Quartier hollandais★ (Holländisches Viertel) B1

De part et d'autre de la **Mittelstraße**, on peut voir les maisons à pignons, de couleurs variées, constituant le Quartier hollandais construit vers 1740 par Boumann, architecte néerlandais, pour loger les artisans venus de Hollande.

Théâtre Hans-Otto★ (Hans Otto Theater) Hors plan, par B1

Schiffbauergasse 11. Avec sa façade de verre feuilletée de rouge, le théâtre de la ville (2006), dédié au célèbre acteur du début du 20e s., est l'emblème du renouveau de Potsdam. Situé sur les bords du Tiefer See (Havel), il est au cœur d'un vieux pôle industriel, métamorphosé en centre culturel et d'affaires, comprenant également un port de plaisance.

Porte de Brandebourg★ (Brandenburger Tor) A2

Luisenplatz. La monumentale porte de Brandebourg, en forme d'arc de triomphe romain, fut réalisée dans le style baroque en 1770.

AUX ALENTOURS DU CENTRE-VILLE

Station de pompage « Mosquée »★ (Moschee Pumpwerk) A2

Zeppelinstraße 176 - ✆ 0331 96 94 202 - www.spsg.de - de mi-mai à mi-oct. : w.-end 10h-17h - 2 €. Frédéric II n'avait jamais pu faire fonctionner les fontaines de Sans-Souci. Un siècle plus tard, Frédéric-Guillaume IV imagine un pavillon de style oriental

SE LOGER		SE RESTAURER	
Altstadt Hotel	3	Il Teatro	4
Am Luisenplatz	5	Maison du Chocolat	7

destiné à abriter des pompes à vapeur pour les alimenter. L'architecte Persius réalise la « **Mosquée** » (1841-1843), mélange réussi et étonnant d'art et d'industrie. La visite permet aussi de découvrir la machinerie.

Babelsberg★ Hors plan, par B1

À l'est du centre-ville. BUS 694 jusqu'à l'arrêt Schloss Babelsberg. Pour le Filmpark, BUS 696, arrêt Stahnsdorferstraße.

Parc de Babelsberg★

Ce parc romantique, conçu par **Lenné**, est parsemé de fabriques néogothiques et éclectiques : **salle des Machines à vapeurs** (Dampfmaschinenhaus) qui assurent l'alimentation en eau des fontaines, **Petit Château** (Kleines Schloss), antérieur au château de Babelsberg, **maison des Matelots** (Matrosenhaus), utilisée pour les bateaux du roi… Faites un détour par les **arcades du Tribunal** (Gerichtslaube) qui ne sont pas néogothiques : cet authentique monument du 13e s., provenant de Berlin, était destiné à être détruit et a été donné au roi qui l'a reconstruit dans son parc. Enfin, la **Flatowturm**, tour quant à elle bien néogothique, offre une jolie vue sur le centre-ville de Potsdam (*✆ 0331 96 94 202 - www.spsg.de - avr.-oct : tlj sf lun. 10h-17h - 2 €).*

Château de Babelsberg (Schloss Babelsberg)

✆ 0331 96 94 202 - www.spsg.de - 25 juin-29 oct. : tlj sf lun. 10h-17h - 5 €.

Il voit le jour sur un terrain, au bord du Tiefer See, offert par Frédéric-Guillaume III à son fils cadet Guillaume, le futur empereur. L'épouse de celui-ci, la princesse Augusta de Saxe-Weimar, charge Schinkel d'y édifier une demeure néogothique en 1833. Mais le goût de la maîtresse de maison pour les décors chargés entraîne une brouille avec l'architecte qui préfère les décors clairs, comme celui de la salle à manger octogonale. Le château fut finalement agrandi, après 1840, par un architecte répondant mieux aux désirs du couple princier, pour former ce curieux ensemble tarabiscoté et hétéroclite. Le château est en cours de restauration et seules certaines salles sont accessibles.

Filmpark Babelsberg

✆ 0331 72 127 50 - www.filmpark.de - ♿ - avr.-oct. : tlj 10h-18h - fermé les lun. et mar. en juin et sept. - adulte 19 €, enfant 12,50 €, carte famille 55 €.

Installé sur les terrains des célèbres studios de l'UFA et de la DEFA, le Filmpark Babelsberg offre une découverte des processus de fabrication du cinéma et de la télévision, notamment des effets spéciaux et des numéros de cascades. La **Caligarihalle** et le **Filmkabinett** exposent des accessoires et des décors de productions réalisés à Babelsberg.

Les plus petits pourront aussi visiter les **jardins du petit Muck** et le **monde merveilleux de Janosch** ainsi que le studio du film télévisé est-allemand **Le Petit Marchand de sable** *(Das Sandmännchen)*, inspiré d'un conte d'Andersen.

JARDINS ET FAUBOURGS AU NORD DE LA VILLE

Nouveau Jardin★★ (Neuer Garten) B1

Il fut aménagé à la fin du 18e s. sur la rive du Lac sacré *(Heiliger See)* par Peter Lenné pour Frédéric-Guillaume II, passionné par les jardins anglais.

L'établissement hollandais, où étaient hébergés les domestiques, l'Orangerie, la Pyramide et les cuisines, aménagées par Langhans dans un bâtiment imitant une ruine antique, méritent une visite ; à côté se trouve le palais de Marbre. Le château de Cécilienhof est situé au nord du Nouveau Jardin.

Palais de Marbre (Marmorpalais) – *✆ 0331 96 94 246 - www.spsg.de - ♿ - avr.-oct. : tlj sf lun. 10h-17h (mar.-vend. visite guidée uniquement) ; nov.-mars (visite guidée uniquement) : w.-end 10h-16h - fermé 24, 25 et 31 déc. - 4 € (5 € avec visite guidée).*

Le palais de Marbre fut construit par Karl von Gontard et aménagé par Langhans pour servir de résidence d'été à Frédéric-Guillaume II (1786-1797). Visiter les appartements privés du roi avec leur luxueux mobilier et les salons. Remarquer surtout la salle de concert avec vue sur l'eau depuis trois côtés et le cabinet oriental.

Château de Cecilienhof★★ (Schloss Cecilienhof) – *✆ 0331 96 94 244 - www.spsg.de - ♿ - possibilité de visite guidée avr.-oct. : tlj sf lun. 9h-17h - 5 €.*

C'est dans le château de Cecilienhof – aujourd'hui un hôtel de luxe – que se déroula la conférence historique de Potsdam de 1945. Il fut construit dans le style anglais pendant la Première Guerre mondiale pour le prince héritier Guillaume (1882-1951) et son épouse Cécile de Mecklembourg-Schwerin (1886-1954).

Lieu historique de la conférence de Potsdam – À l'intérieur du château, il est possible de visiter, outre les salles de conférence et de réunion où fut rédigé et signé en 1945 l'accord de Potsdam, l'appartement privé de la princesse royale, ainsi qu'une chambre de la princesse Cécile meublée sur le modèle d'une cabine de bateau.

Colonie russe Alexandrowka★★ (Russische Kolonie) Hors plan, par B1

Au nord du centre-ville. Comptez 1,5 km à pied ou Tram 90 ou 92 (départs à Hauptbahnhof, Alter Markt, Nauener Tor…) jusqu'à l'arrêt Puschkinallee.

Dédié à la mémoire de son ami le tsar Alexandre Ier (1777-1825), le roi Frédéric-Guillaume III fait construire, entre 1826 et 1827, cet ensemble de maisons en bois sur le modèle des villages russes. Lenné est chargé de bâtir 13 maisons entourées de jardins et disposées selon un plan en croix de Saint-André.

Privilège accordé par le roi aux chanteurs d'un chœur militaire russe résidant à la Cour, les maisons ne peuvent être transmises que de père en fils : deux d'entre elles abritent encore leurs descendants.

Le **musée Alexandrowka** reconstitue et retrace la vie de cette curieuse petite colonie *(Russische Kolonie 2 - ✆ 0331 817 02 03 - www.alexandrowka.de - tlj sf lun. 10h-18h, fermé janv.-fév. - 3,50 €).*

Aux alentours

Brandenburg

38 km à l'ouest.

C'est au 14e s. que cette petite ville établie au milieu du Havelland (pays de la Havel, parsemé de lacs) commença à prospérer à partir du commerce et de la draperie.

La cathédrale **St-Pierre-et-St-Paul★**, fondée en 1165 et transformée au 14e s., possède plusieurs retables gothiques ; la crypte à deux nefs abrite un mausolée à la mémoire des ecclésiastiques assassinés pendant le nazisme.

L'**église Ste-Catherine★** (15e s.), à la riche décoration extérieure, est pourvue d'un déambulatoire caractéristique du gothique construit en brique.

Abbaye de Lehnin★ (Kloster Lehnin)

28 km au sud-ouest. ✆ *033 82 73 070 - www.lehnin.de*

L'abbaye de Lehnin fut fondée en 1180 par le margrave Otton IV, fils d'Albert l'Ours, à l'intention des cisterciens. La basilique à trois nefs en brique porte l'empreinte du gothique primitif. Pierre tombale du margrave Otton IV et croix triomphale (1225).

Potsdam pratique

Informations utiles

Office de tourisme – *Brandenburger Straße 3 -* ✆ *0331 27 55 80 - www. potsdamtourismus.de*

Se loger

Bed and Breakfast am Luisenplatz – *Zimmerstraße 1 -* ✆ *0331 971 900 - fax 0331 9 719 019 - www. bed-breakfast-potsdam.de - P - 15 ch. et appart. - 69 € - 7 €.* Des chambres et des appartements modernes, dotés d'un mobilier en bois clair, idéalement situés à proximité immédiate du parc de Sans-Souci.

Altstadt Hotel – *Dortustraße 9 -* ✆ *0331 284 990 - fax 0331 284 9930 - www. altstadt-hotel-potsdam.de - P - 29 ch.- 72/88 €.* Un établissement parfaitement tenu proposant des chambres confortables, dont certaines sous les combles.

Se restaurer

Il Teatro – *Schiffbauergasse 12 -* ✆ *0331 200 97 291 - 20/30 €.* Juste à côté du théâtre Hans-Otto, une agréable adresse tenue par une famille italienne. Cuisine soignée à déguster, pendant les beaux jours, en terrasse, face à la Havel. Excellent espresso.

La Maison du Chocolat – *Benkertstraße 20 -* ✆ *0331 237 07 30 - - 25/35 €.* Ce restaurant tire son nom de la boutique dans laquelle on peut acheter entre autres de succulents gâteaux et truffes au chocolat. Un petit coin de France dans le quartier hollandais de Potsdam !

Faire une pause

Café Heider – *Friedrich-Ebert-Str. 29 -* ✆ *0331 270 55 96.* Animé à toute heure, le plus vieil établissement de la ville (1878) propose un vaste choix de cafés, de thés et de chocolats, sur fond de musique entraînante.

Château de Branitz★★

CARTE GÉNÉRALE C3 – CARTES MICHELIN N^OS 718 N6 ET 542 BD 30 BRANDENBURG

Joyau paysager, le parc de Branitz est le fruit d'une passion, celle du prince Hermann von Pückler-Muskau pour l'art des jardins. Celui-ci dépensa sans compter pour aménager le site selon les canons anglais : étangs, massifs fleuris ou saules isolés et leurs cortèges de feuilles tombantes, sont à découvrir autour du fastueux château princier.

- **Se repérer** – Branitz se situe à 130 km au sud-est de Berlin, et tout près de la ville de Cottbus.
- **À ne pas manquer** – La promenade dans le parc.
- **Organiser son temps** – Prévoyez une demi-journée.
- **Pour poursuivre le voyage** – Bautzen.

Comprendre

La vie mouvementée du prince von Pückler-Muskau – C'est en 1785, à Muskau, que naquit le prince Hermann von Pückler-Muskau. Très dépensier, il commença très tôt à contracter des dettes, tant et si bien qu'il mit le patrimoine familial en péril. Dans sa détresse, son père essaya même de le faire mettre sous tutelle.

Sa vraie vocation ne se révéla à lui qu'à la suite de voyages à l'étranger, notamment outre-Manche, où il tomba sous le charme des vastes parcs à l'anglaise. À son retour en 1815, il entreprit d'aménager un parc paysager à Muskau. Il consacra à cette œuvre trente années de sa vie.

En 1817, il fit un mariage d'argent avec Lucie von Hardenberg, de neuf ans son aînée. Bien que le couple vécût en harmonie, le prince divorça quelques années plus tard afin de pouvoir se marier de nouveau. Mais cette nouvelle union ne se réalisa jamais car on découvrit qu'il avait déjà dilapidé les biens de sa première femme pour financer l'aménagement de son parc… Contre vents et marées, le couple se reforma et resta inséparable jusqu'à la mort de Lucie en 1858. Après que les huissiers l'eurent contraint en 1845 à se séparer de son château de Muskau, il se tourna, à l'âge de 60 ans, vers un nouveau projet : le parc de Branitz, auquel il consacra les vingt-cinq dernières années de sa vie. « Un jardin de grand style, c'est comme une collection de tableaux, qui ont besoin d'être encadrés pour être mis en valeur », disait-il.

Visiter

Château

Robinienweg 5 - 03042 Cottbus - ✆ (0355) 75 150 - www.pueckler-museum.de - avr.-oct. : 10h-18h ; nov.-mars : tlj sf lun. 11h-17h - fermé 24 déc. - 4,50 €.

Grâce à la vente de son domaine de Muskau, le prince von Pückler put transformer et aménager luxueusement le **château de Branitz**, édifié en 1772 par Gottfried Semper. Certains meubles d'origine sont bien conservés, notamment ceux qui ornent la salle à manger et la bibliothèque.

Une galerie de peinture rassemblant des œuvres de **Karl Blechen**, artiste romantique né à Cottbus, a été aménagée dans certaines pièces.

Devant le château se dressent les anciennes **écuries** de style Tudor, où ont lieu des expositions temporaires, et la maison des cavaliers, aujourd'hui reconvertie en salon de thé. Ces deux bâtiments sont reliés par une cour à pergola, ornée de reliefs en terre cuite dessinés par Bertel Thorvaldsen et de statues en zinc. Côté jardin s'ouvre une terrasse arborant deux griffons en bronze.

R. Chéret / MICHELIN

La terrasse et le parc du luxueux château de Branitz.

Parc

Sur 90 ha ont été aménagés éminences, cours d'eau et lacs pour créer un paysage lacustre artificiel. Le prince apporta beaucoup de soin à faire alterner espaces dégagés, bouquets d'arbres, arbres isolés, fossés et étangs.

Tumulus

Le prince von Pückler avait des conceptions bien particulières de la vie et de la mort. Ainsi exigea-t-il que sa dépouille soit soumise à l'action conjuguée de la soude caustique, de la potasse et du calcaire. Selon ses dernières volontés, ses restes furent ensevelis dans un tumulus, haut de 11 m et planté de vigne sauvage, qu'on éleva dans le lac des Pyramides.

Plage sur la presqu'île de Fischland.

T. Krieger/MICHELIN

LA CÔTE BALTIQUE ET L'INTÉRIEUR DES TERRES

Lübeck★★★

212 760 HABITANTS
CARTE GÉNÉRALE B2 – CARTES MICHELIN N^{OS} 718 J3 ET 541 AG 12
SCHLESWIG-HOLSTEIN

Avec ses maisons patriciennes et ses nombreux monuments gothiques, Renaissance et néoclassiques, l'ancienne capitale de la Hanse, classée au patrimoine mondial depuis 1987, a su traverser les âges sans encombre et demeure la cité allemande la plus dynamique de la Baltique. Toujours cerné par les eaux, le centre ancien a été rendu en grande partie aux piétons et aux vélos : passé la Holstentor, la plus célèbre porte du pays, vous découvrirez au fil de ses venelles et de ses quais une architecture d'une grande richesse, où alternent les influences hollandaises et scandinaves. La France y est également présente, à sa façon : Lübeck est réputée depuis des siècles pour ses caves où vieillissent les vins importés de l'Hexagone…

- **Se repérer** – Lübeck est à une soixantaine de kilomètres au nord-est de Hambourg. Pour rejoindre la ville depuis Hambourg, emprunter l'autoroute A1.
- **À ne pas manquer** – La spécialité de la ville, le Marzipan, pâtisserie à base de pâte d'amande.
- **Organiser son temps** – Prévoyez deux journées pour découvrir pleinement les richesses du centre ancien et faire une escapade à Travemünde.
- **Avec les enfants** – Le musée des Marionnettes.
- **Pour poursuivre le voyage** – Wismar, Hambourg, Kiel, Schwerin.

M. Hertlein / MICHELIN

La Holstentor.

Comprendre

À la tête de la Hanse – Le 14e s. marque le faîte de la puissance de Lübeck, capitale de la Hanse ; cette association des villes du Nord de l'Allemagne et des Pays-Bas organisa du 12e au 16e s. le commerce avec la Scandinavie et la Russie. Au 16e s., le dynamisme des armateurs et des négociants permit de surmonter une longue période de déclin grâce aux relations nouées avec la Hollande – dont l'architecture bourgeoise deviendra à la mode sur les bords de la Trave –, avec la France et la péninsule Ibérique qui envoient à Lübeck leurs cargaisons de vins. La ville est restée, depuis le 17e s., le centre d'importation le plus réputé du pays pour les vins rouges de France – appelés localement *Rotspon* – traités et vieillis dans des caves qui s'étendent jusque sous la Trave.

Une suprématie contestée – Au 19e s., la ville est menacée par le port prussien de Stettin (actuelle Pologne) et l'ouverture du canal de Kiel. La percée d'un canal de jonction avec l'Elbe et l'afflux de près de 100 000 réfugiés en 1945 lui ont permis de conserver son rang dans l'Allemagne d'aujourd'hui.

Se promener

LA VILLE ANCIENNE★★★ (ALTSTADT) *visite : 3h*

Dominée par une couronne de clochers et ceinturée de canaux, la ville ancienne de Lübeck est établie sur une île, environnée de verdure.
Partir de la Holstentor et suivre l'itinéraire sur le plan.

Holstentor★★

Cette porte fortifiée, aux énormes tours jumelles, fut élevée entre 1469 et 1478, en avant du mur d'enceinte, moins comme ouvrage de défense que comme édifice de prestige. La face la plus soignée, côté ville, montre trois étages d'arcatures et des frises ornementales de céramique. Le bâtiment abrite le **musée d'Histoire locale de la ville** *(Stadtgeschichtliche Museum).*
En remontant la Holstentraße, s'engager dans la première rue à droite.

Musée des Marionnettes★★ (TheaterFigurenMuseum Lübeck)

0451 786 26 - www.tfm-luebeck.com - tlj sf jeu. hors saison (nov.-mars), 10h-18h - 4 €.
Dissimulé dans une des venelles les plus pittoresques du vieux Lübeck, à l'intérieur d'une maison à pinacles datant du 16e s., le musée des marionnettes présente l'une des plus riches collections de marionnettes au monde, rassemblée par Friz Frey. Les quatre niveaux dévoilent des pièces des 18e, 19e et 20e s., en provenance d'Europe, d'Afrique et d'Asie. Vous ne manquerez sûrement pas d'admirer, entre autres, les figures du théâtre d'ombre indonésien, les marionnettes à pieds nigérianes, les grands personnages du Bunraku japonais ou encore les célèbres guignols français.
Continuer sur Kolk, puis remonter la Große Petersbruge jusqu'à l'église St-Pierre.

Église St-Pierre (Petrikirche)

0451 397 7320 - avr.-sept. : tlj 9h-21h ; oct.-mars : tlj sf lun. 10h-19h - 2,50 €.
Cette ancienne église gothique, reconstruite à la fin des années 1950 après sa destruction pendant la Seconde Guerre mondiale, jouit d'une très belle **vue**★ sur l'ensemble du vieux Lübeck, du haut de sa tour perchée à 50 m au-dessus de la ville.
Emprunter la Schmiederstraße et continuer tout droit jusqu'à la cathédrale.

Cathédrale (Dom)

La cathédrale romane fut transformée par l'extension, au 14e s., de son chœur dans le style gothique. Sur le côté nord du transept furent ajoutés, au milieu du 13e s., une entrée couverte et un très beau porche. À l'intérieur, on admire un **crucifix**★ gigantesque, sculpté entre 1470 et 1477 dans le style gothique flamboyant par Bernt Notke. Un jubé de pierre (2e moitié du 14e s.), portant une balustrade de bois à remplage, marque la séparation avec le chœur. Aux piliers de la croisée se dressent de somptueux retables : celui donné par les marchands de Stecknitz en 1422, le retable des Heures canoniales datant du premier tiers du 15e s., le retable des Meuniers (vers 1460) et le retable de la Vierge (1506).
Emprunter la Fegefauer jusqu'à la St-Annen-Straße.

Musée Ste-Anne★ (St-Annen-Museum)

0451 122 41 34 - www.luebeck.de - janv.-mars : mar.-dim. 11h-17h ; avr.-déc. : mar.-dim. 10h-17h - 5 €. Cet ancien couvent rassemble une large collection de peintures et sculptures des 15e et 16e s. provenant des églises de Lübeck, et un ensemble d'objets d'arts décoratifs témoignant de la richesse des notables locaux dans les siècles passés. Pour finir : œuvres d'artistes allemands contemporains.
Reprendre la St-Annen-Straße et continuer tout droit jusqu'à la Glockengießerstraße (tourner à gauche).

Les « Höfe et Gänge » de la Glockengießerstraße

Vous découvrirez dans cette rue, à travers ses « cours », les lotissements à caractère social aménagés par de généreux notables du 17e s. On verra successivement aux nos 49-51 le *Glandorpshof,* au no 41 le *Glandorps-Gang* et au no 25 le ravissant **Füchtingshof**★ (portail baroque de 1639).

Maison Günter-Grass (Günter Grass Haus)

01805 92 92 00 - www.guenter-grass-haus.de - tlj 10h-17h - fermé janv.-mars - 5 €.
Célèbre pour *Le Tambour* (1961) et *En Crabe* (2002), l'écrivain Günter Grass, prix Nobel de littérature 1999, rassemble ici, à l'intérieur de son ancien atelier d'écriture, la plupart de ses manuscrits, mais également ses œuvres de sculpteur et de graphiste.
Au bout de la Glockengießerstraße, tourner à gauche jusqu'à l'entrée de l'église.

Église Ste-Catherine★ (Katharinenkirche)

✆ 0451 122 41 80 - www.luebeck.de - ♿ - avr.-déc. : tlj sf lun. 10h-17h - 1 €.

Les niches inférieures de la façade (14e s.) de l'église Ste-Catherine ont été dotées de **statues★** dont les trois premières, à gauche, sont dues à Ernst Barlach. À l'intérieur, remarquer à droite en entrant la *Résurrection de Lazare* du Tintoret.

Prendre à droite en sortant de l'église et continuer sur la Königstraße.

Hospice du St-Esprit★ (Heiligen-Geist-Hospital)

L'hospice du St-Esprit (fin du 13e s.) aligne sur le Koberg ses trois pignons flanqués de sveltes tourelles. La **chapelle**, large halle gothique décorée de peintures des 13e et 14e s., précède le grand vaisseau de la salle d'hospice réaménagé au 19e s. (chambres-cabines accueillant à demeure les personnes âgées).

Suivre la Große Burgstraße, dans le prolongement de la Königstraße.

Burgtor★

Cette porte défendait la languette de terrain – aujourd'hui recoupée par un canal – qui constituait le seul accès de Lübeck par voie de terre. Belle réalisation d'art militaire (13e-15e s.), avec son ordonnance décorative de baies en tiers-points superposées.

Revenir sur ses pas, prendre la première rue à droite.

Maison de la corporation des marins★ (Haus der Schiffergesellschaft)

Derrière le pignon en escalier de la Renaissance, l'**intérieur★★** (restaurant) de cette maison a gardé son aménagement pittoresque de taverne : lustres de cuivre, lanternes et modèles de bateaux suspendus à la charpente.

Église St-Jacques★ (Jakobikirche)

En face de la Haus der Schiffergesellschaft. Église-halle gothique, l'église St-Jacques possède deux **orgues★★** des 16e et 17e s., magnifiques travaux de boiserie ; dans une chapelle du côté sud, l'autel dit *Brömbse* (15e s.) comporte des bas-reliefs d'une grande finesse d'exécution. La première chapelle latérale du côté nord, aménagée en mémorial des naufragés, abrite un canot de sauvetage du *Pamir*, voilier-école de Lübeck disparu corps et biens en 1957.

Continuer sur la Breite Straße, puis emprunter la Mengstraße.

Maison des Buddenbrook (Buddenbrookhaus)

Mengstr. 4 - ✆ 0451 122 41 92 - www.buddenbrookhaus.de - avr. déc. : 10h-18h ; janv.-mars : 11h-17h - fermé 24-25 et 31 déc. - 7 €.

Contrairement à la légende, **Heinrich et Thomas Mann** ne sont pas nés dans cette maison de 1758, dotée d'une belle façade. Leur grand-père, Johann Siegmund Mann, l'acquit en 1841 et y reçut souvent ses petits-fils. C'est dans ce cadre que Thomas Mann (1875-1955) a situé l'action de son roman *Les Buddenbrook*, saga d'une famille patricienne de Lübeck. Cette maison abrite aujourd'hui un musée consacré à la vie et aux œuvres des deux enfants célèbres de Lübeck.

Église Ste-Marie★★ (Marienkirche)

L'église Ste-Marie est l'une des plus belles églises gothiques de brique d'Allemagne. Élevée d'abord, à partir de 1250, sur le schéma d'une halle *(voir chapitre « Art et Architecture »)* sans transept, elle fut transformée en cours de chantier. Puis, sur le modèle des cathédrales françaises, on éleva le vaisseau central jusqu'à 38,50 m en le soutenant par des arcs-boutants. Les flèches de 125 m furent achevées en 1350. Le compositeur Buxtehude (1637-1707) fut l'organiste attitré de l'église.

L'intérieur de l'édifice, d'une élévation très hardie, ménage une perspective grandiose. L'incendie survenu en 1942 à la suite d'un bombardement a fait apparaître le décor polychrome des 13e et 14e s. À l'ouest du bas-côté droit, la **Briefkapelle** est décorée de hautes lancettes de style gothique rayonnant ; les voûtes en étoile retombent sur deux fines colonnes monolithes de granit. Dans la tour sud, deux cloches tombées pendant le bombardement restent enfoncées dans le sol.

Les voûtes du déambulatoire couvrent, d'une seule portée, les deux chapelles rayonnantes de l'abside ; la chapelle axiale abrite le retable de la Vierge, travail anversois de 1518.

Hôtel de ville★ (Rathaus)

Voir photo p. 140. Construit à partir de 1250, l'hôtel de ville dresse ses constructions de brique sombre vernissée, élevées sur une galerie à arcades. Remarquer les hauts murs-boucliers, ajourés d'arcatures ou de grandes ouvertures rondes béantes, que décorent et renforcent de minces tourelles coiffées en éteignoir. Devant l'aile nord fut plaqué un avant-corps Renaissance en grès très ouvragé. À l'extrémité de l'aile

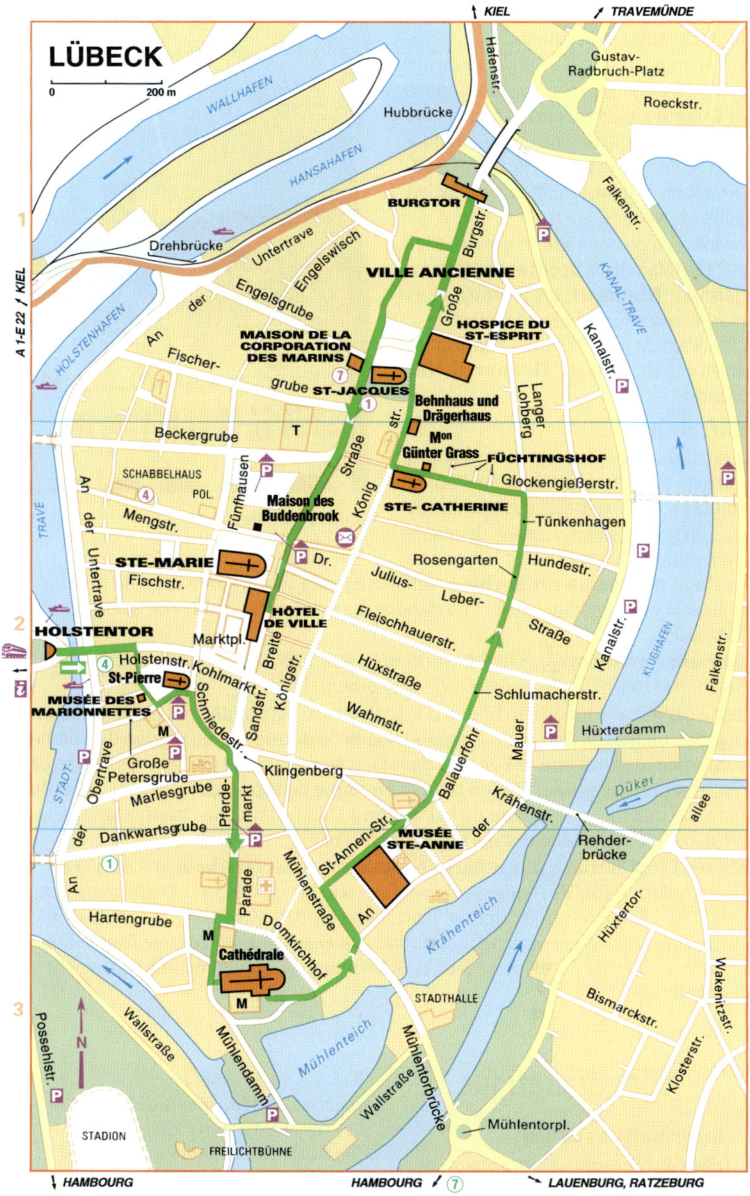

SE LOGER		SE RESTAURER	
Am Dom	1	Paulaner's	1
Jensen	4	Roberto Rossi	4
Kaiserhof	7	Schiffergesellschaft	7

est, le *Neues Gemach* (1440) est rehaussé d'un mur ajouré avec fantaisie. Passer sous les arcades pour voir, sur la Breite Straße, un escalier en pierre (1594) bâti dans le style de la Renaissance hollandaise.

Aux alentours

Travemünde★

20 km au nord-est. Plan dans le Guide Rouge Michelin Deutschland. Cette station mondaine sur la mer Baltique est réputée pour sa plage de sable fin, sa vaste promenade sur le front de mer et son casino. On y organise tous les ans en juillet/août la **Semaine de Travemünde**, régate ouverte aux compétiteurs allemands et étrangers. C'est aussi un important port de liaison avec la Scandinavie et l'Estonie.

À l'entrée de la ville, le pittoresque village d'origine se serre contre l'église St-Laurent *(St-Lorenz kirche)* dédiée aux pêcheurs. Sur la rive opposée *(prendre le ferry)* s'étend la presqu'île de **Priwall**, où mouille le quatre-mâts *Passat*, ancien voilier marchand.

Derrière la promenade se dressent les petites falaises du **Brodtener Ufer**. En gagnant **Niendorf**, on jouit de vues magnifiques sur la baie de Lübeck et la côte. Plus au nord s'étend l'importante station balnéaire de **Timmendorfer Strand**.

J. Bouraly / MICHELIN

L'hôtel de ville de Lübeck.

Ratzeburg★

23 km au sud-est. La ville de Ratzeburg offre un aspect séduisant au milieu de son **lac★**, le plus grand des nombreux lacs disséminés dans la zone de reliefs morainiques, entre l'Elbe et Lübeck. Le meilleur **panorama sur la ville★**, rehaussé par la silhouette trapue de la cathédrale, est obtenu depuis Belle Vue *(Schöne Aussicht)*, à Bäk, sur la rive est du lac de Ratzeburg.

Cathédrale★ (Dom) – *✆ 045 41 34 06 - avr.-sept. : 10h-12h, 14h-18h, dim. 14h-18h ; oct.-mars : 10h-12h, 14h-16h, dim. 14h-16h - gratuit.*

Cette cathédrale romane en brique (12e s.) se dresse à la pointe nord de l'île, dans un paysage de parc. À l'extérieur, remarquer la riche décoration du pignon du porche sud, aménagé en chapelle. Pénétrer dans la cathédrale par le portail sous la tour. Le maître-autel est surmonté d'un retable en forme de triptyque ; la châsse centrale porte un magnifique **tableau de la Passion★** (1430). Dans une chapelle latérale au nord, beaux habits sacerdotaux brodés de fil d'or.

Musée Ernst-Barlach (Ernst-Barlach-Museum « AltesVaterhaus ») – *Au nº 3 de la Barlachplatz, à côté de l'église St-Pierre (Peterskirche). ✆ (045 41) 37 89 - mars-oct. : 11h-17h - 5 €.* Œuvres du sculpteur Ernst Barlach (1870-1938), l'un des chefs de file de l'expressionnisme allemand : *Le Chanteur, Le Joueur de flûte, La Mère Terre…* Ernst Barlach vécut une partie de sa jeunesse à Ratzeburg, où il demanda également à être enterré.

Lübeck pratique

Informations utiles

Office de tourisme – *Holstentorplatz 1 - ✆ 01 805 88 22 33 - www.luebeck-tourismus.de - lun.-vend. 9h30-19h (18h hors sais.), sam. 10h-15h, dim. et j. fériés 10h-14h - fermé dim. hors sais.*

Se loger

⊖ **Hotel Am Dom** – *Dankwartsgrube 43 - ✆ 0451 399 9410 / 399 9430 - hotel-am-dom@gmx.de - 🚭 P - 17 ch. - 68 €.* Dans une rue calme du centre ancien, proche du quai, petit établissement familial aux chambres simples et bien tenues.

⊖⊖ **Hotel Jensen** – *An der Obertrave 4 - ✆ 0451 70 24 90 - fax 0451 73 386 - www.hotel-jensen.de - P - 42 ch. - 98 €.* Situé dans le « triangle historique », entre la Trave, la Holstentor et le grenier à sel. Hôtel particulier appartenant depuis 1307 à des marchands et des aubergistes. Chambres modernes et repas dans la salle des yachts, au décor inspiré de la mer.

⊖⊖ **Hotel Kaiserhof** – *Kronsforder Allee 11 - ✆ 0451 70 33 01 - fax 0451 795 083 - www.kaiserhof-luebeck.de - P 🏊 - 60 ch. - 100/135 € ☕.* À quelques minutes du centre-ville, ces deux hôtels particuliers restaurés se distinguent par leur décoration de bon goût. Remarquez le bain de vapeur romain, ainsi que la salle insonorisée réservée aux musiciens.

Se restaurer

⊖ **Schabbelhaus / Roberto Rossi** – *Mengstraße 48-52 - ✆ 0451 720 11 - www.schabbelhaus.de - fermé dim. - 15 €.* La maison du maître boulanger Schabbel, construite à sa mort, selon ses vœux, pour en faire une fondation (début du 20e s.), conserve tout son charme d'antan : plafond à poutres, mezzanine aux balustrades peintes, armoires séculaires, etc. Dégustez une cuisine italienne savoureuse : en semaine, menu déjeuner à petit prix (comptez 30 € à la carte).

⊜⊜ **Paulaner's** – *Breite Straße 1-5 - ✆ 0451 707 94 50 - ♿ - www.paulaners.de - 15/25 €.* Spécialités d'Allemagne du Nord et bavaroises. Agréable *Biergarten* dans la cour de l'église St-Jacques.

⊜⊜⊜ **Schiffergesellschaft** – *Breite Straße 2 - ✆ 0451 767 76 - www.schiffergesellschaft.de - 25 €.* Rendez-vous des marins, cette auberge de 1535 est une véritable institution. On s'assoit à de longues tables sur de vieux bancs en bois massif ; admirez aussi de nombreux souvenirs de navigateurs de Lübeck.

Faire une pause

Café Niederegger – *Breite Str. 89 - ✆ 0451 5 30 11 26 - www.niederegger.de.* La référence en matière de pâte d'amande sous toutes ses formes dans le magasin du rez-de-chaussée, en gâteaux dans le salon de thé (rez-de-chaussée et 1er étage).

Café Utspann – *Wahmstr. 35-37 (dans la cour de Hansehof) - ✆ 0451 7 07 06 77 - fermé dim. et j. fériés.* Le cadre de ce salon de thé au décor bleu-blanc est presque familial. Les gâteaux sont faits sur place. En été, quelques tables sont disposées dans la vieille cour de la Hansehof.

En soirée

Brauberger – *Alfstr. 36 (en parallèle entre Meng- et Fischstr.) - ✆ 0451 7 14 44 - www.brauberger-luebeck.de - fermé dim., une sem. en janv.* Cette micro-brasserie est dotée d'une cave qui date de l'année 1225. Au 1er étage, petite terrasse en plein air. Petits en-cas et spécialités régionales pour accompagner la bière, brassée sur place.

Metro – *Mühlenbrücke 11 (en prolongation de Mühlenstr.) - ✆ 0451 7 02 06 98 - www.metrocafe.de.* Ce café inspiré d'une station de métro parisienne est l'un des plus originaux de la ville. À la carte, des petits coupe-faim (tartes flambées). Très belle terrasse et *Biergarten* au bord de l'eau.

Kiel★

233 040 HABITANTS
CARTE GÉNÉRALE B2 – CARTES MICHELIN NOS 718 J3 ET 541 AC 8
SCHLESWIG-HOLSTEIN

Cité du large blottie au fond d'une rade ouverte aux vents de la Baltique, Kiel est intimement liée à la mer. Membre de la prestigieuse ligue de la Hanse dès sa fondation, elle devient la tête de pont de la marine du Reich jusqu'à la Seconde Guerre mondiale, avant de retrouver une vocation plus pacifique : chaque année, elle accueille la plus importante compétition de voile au monde, la Kieler Woche (Semaine de Kiel). La capitale du Schleswig-Holstein est une ville paisible et verdoyante, où il fait bon se promener pour admirer les bateaux à quai, sentir les embruns et voir défiler les navires géants, en transit sur son canal.

- **Se repérer** – Kiel est à 96 km au nord de Hambourg, à l'extrémité orientale du canal reliant la mer du Nord à la Baltique.
- **À ne pas manquer** – La promenade aménagée le long de la rade.
- **Organiser son temps** – Comptez une journée pour profiter paisiblement de la ville et de sa rade.
- **Avec les enfants** – Les maquettes du musée de la Navigation.
- **Pour poursuivre le voyage** – Schleswig (56 km au nord), Lübeck (76 km au sud), Hambourg (94 km au sud).

Comprendre

Une cité maritime – Kiel fut fondée au 13e s. par Adolf IV de Schauenburg, comte du Holstein. En raison de sa situation géographique privilégiée, elle a toujours vu son sort lié à la navigation et au commerce. Membre de la Ligue hanséatique dès 1284, la ville mena durant des siècles une vie paisible. Tout changea cependant en 1871, lorsqu'elle fut choisie, suite à l'annexion du Schleswig-Holstein par les Prussiens, comme première base navale du Reich. En l'espace de quelques décennies, le modeste port se transforma en une grande ville.

Visiter

La rade★★

Ses rives sont animées par des stations balnéaires bien abritées : Stein, Strande, Schilksee, Schönberger Strand, Laboe, Heikendorf. Des régates se déroulent depuis plus d'un siècle dans sa partie nord ; plus de 5 000 navigateurs venus du monde entier participent chaque année à la « **Semaine de Kiel** ».

Mauritius / PHOTONONSTOP

Les régates de la Semaine de Kiel.

Musée de la Navigation★ (Schifffahrtsmuseum)

Wall 65 - ✆ 0431 901 4 328 - 10h-18h (17h hors sais.) - fermé lun. hors sais. - 3 €.

Signalé par le vieux phare mis à la retraite, le musée de la Navigation est abrité à l'intérieur de l'ancienne halle aux poissons (1910) : sous sa grande voûte, exposition d'instruments de navigation, de tableaux, de plans de navire, de livres de bord et d'une intéressante **collection de maquettes** de bateaux. La visite se prolonge sur le quai : montez à bord de trois anciens navires de la première moitié du 20e s. : le bateau de sauvetage *Hindenburg*, le bateau-pompe *Kiel* et le mouilleur de bouées *Bussard*.

Quai Hindenburg★★ (Hindenburgufer)

Promenade de près de 4 km aménagée le long de la rade et de parcs ombragés, le quai Hindenburg offre de larges **vues★** sur le bassin maritime de la ville.

Hôtel de ville (Rathaus)

Construit entre 1907 et 1911, il mêle les styles baroque et Art nouveau. Il est dominé par une tour de 106 m. De la galerie supérieure, **vue★** sur toute la rade, jusqu'au mémorial de Laboe. *✆ 01 805 65 67 00 (1,14 €/mn) - www.kurskiel.de - mairie : lun.-vend. - tour : visite guidée (1h) mai-sept. : merc. et sam. 12h30-13h30 - 3 €.*

Aux alentours

Musée de plein air du Schleswig-Holstein★★ (Schleswig-Holsteinisches Freilichtmuseum)

6 km au sud. ✆ 0431 65 96 60 - www.freilichtmuseum-sh.de - avr.-oct. : 9h-18h ; reste de l'année : dim. 11h-16h - 6 €.

Une soixantaine de fermes et de constructions rurales du 16e au 19e s., provenant du pays situé au nord de l'Elbe et regroupées en hameaux selon leur origine géographique, constituent le musée de plein air du Schleswig-Holstein. Des artisans font revivre forge, poterie, four à pain, métiers à tisser et moulins.

Laboe★

20 km au nord. Bancs de sable et fonds plats pour cette station balnéaire, qui possède un beau port de pêche et de plaisance. La haute tour (85 m), affectant la forme d'une étrave, constitue avec les salles souterraines le **mémorial de la Marine★** *(Marine-Ehrenmal)* : l'histoire de la marine de guerre allemande est ici retracée. On peut voir le sous-marin U 995, lancé à Hambourg en 1943, qui opéra en mer de Norvège et dans la mer de Barents. *Strandstr. 92 - 24233 Laboe - ✆ (04343) 427 00 - www.deutscher-marinebund.de - ♿ - avr.-oct. : 9h30-18h ; nov.-mars : 9h30-16h - 4 €.* Du sommet de la tour, **vue★★** sur la rade et, par temps clair, l'archipel danois.

Canal de Kiel (Nord-Ostsee-Kanal)

Reliant la mer du Nord à la Baltique, de Brunsbüttel à Kiel, le **canal de Kiel** fut inauguré en 1895 par Guillaume II. Long de 100 km, il est le plus fréquenté du monde : plus de 38 000 navires l'empruntent annuellement, mais il n'arrive qu'à la 3e place quant au tonnage transporté.

Du deuxième viaduc routier reliant Kiel à Holtenau *(Olympiabrücke, accessible depuis Kiel par la Holtenauer Straße et la Prinz-Heinrich-Straße)*, on domine les écluses de **Holtenau** qui mettent le canal en liaison avec la Baltique. Sur l'île a été aménagée une exposition interactive présentant une maquette du canal et des écluses. Parmi les ouvrages qui traversent le canal, les plus imposants sont le **viaduc ferroviaire de Rendsburg★** *(voir ci-dessous)*, le **viaduc ferroviaire et routier de Grünental** doté d'une plate-forme panoramique *(accès depuis Albersdorf par la B204)* et le **viaduc ferroviaire de Hochdonn**.

Suisse du Holstein★ (Holsteinische Schweiz)

51 km – environ 2h 1/2. Entre Kiel et la baie de Lübeck, à deux pas de la mer Baltique, la « **Suisse du Holstein** » (point culminant : 168 m au Bungsberg) est un parc naturel parsemé de lacs séparés par des collines morainiques boisées.

Au centre de la région, **Plön** s'est établie au bord du plus grand lac *(Großer Plöner See)* ; de la terrasse de son château, la **vue★** porte sur les lacs alentour. Plus à l'est, **Eutin**, ville natale du compositeur Carl Maria von Weber, a conservé un centre ancien aux constructions en brique du 17e s. Le château à douves (1723) est entouré d'un parc à l'anglaise bordant le lac.

Kiel pratique

Informations utiles

Office de tourisme – *Andreas-Gayk-Straße 31 - ✆ 01805 656 700 - www.kiel-tourist.de - lun.-vend. 9h-18h, sam. 10h-14h.*

Se loger

⊖⊖ **Consul** – *Walkerdamm 11 - ✆ 0431 53 53 70 - fax 0431 5 353 770 - www.hotel-consul-kiel.de - 40 ch.- 105 €.* Près du port, hôtel bien desservi par les transports. Toutes les chambres sont différentes, propres et bien équipées. Restaurant décoré avec goût.

⊖⊖⊖ **Parkhotel Kieler Kaufmann** – *Niemannsweg 102 - ✆ 0431 881 10 - fax 0431 881 1135 - www.kieler-kaufmann.de - P - 43 ch.- 130 €.* En amont du parc des yachts, villa ancienne au hall d'entrée confortable, agrémenté d'une cheminée. Coquettes chambres modernes avec accès Internet. Restaurant classique.

Se restaurer

⊖⊖ **Alte Mühle** – *An der Holsatiamühle 8 (sur la rive est de la Kieler Förde, suivre les panneaux indiquant « Schwentinetal ») - ✆ 0431 205 90 01 - www.altemuehle-kiel.de - ♿ - 20 €.* Au bord de la rivière Schwentine, dans un ancien moulin du 19e s. Cuisine traditionnelle qui varie selon les saisons. Du lundi au vendredi, formules déjeuner à prix intéressants.

⊖⊖⊖ **Lüneburg-Haus - Zum Hirschen** – *Dänische Straße 22 - ✆ 0431 982 60 00 - 1881@lueneburghaus.com - fermé 4 sem. en juil.-août, dim. et j. fériés - 30 €.* Au 1er étage, tables élégamment dressées et cadre agréable et décontracté. Personnel attentif ; carte des vins très complète. Restaurant de style bistrot moderne.

Faire une pause

Werkstatt-Café – *Falckstr. 16 (centre-ville) - ✆ 9 18 65 - fermé dim. et j. fériés, lun.-vend. 10h-20h, sam. 10h-19h.* Salon de thé sympathique et familial à côté d'un atelier (« Werkstatt ») d'orfèvre. Délicieux gâteaux maison et quelques plats du jour. Le café expose régulièrement les œuvres d'artistes de la région. Jardin magnifique.

En soirée

Café-Restaurant Schöne Aussichten – *Düsternbrooker Weg 16 (au nord du centre-ville, sur la rive ouest de la Kieler Förde) - ✆ 2 10 85 85 - tlj 11h30-22h30 - 25 €.* Vue superbe sur la Förde (surtout depuis la terrasse d'été) qui justifie son nom. Cuisine d'inspiration méditerranéenne surtout à base de poissons. On peut aussi grignoter un gâteau ou prendre un verre.

Kieler Brauerei – *Am Alten Markt 9 (centre-ville) - ✆ 90 62 90 - www.kieler-brauerei.de - lun.-sam. 10h-24h, dim. 12h-1h - 10 €.* Micro-brasserie rustique proposant buffet de salades, plats chauds. Formules intéressantes pour quatre personnes, boissons incluses (sf lun.). En commandant un tonneau (à partir de 4,5 l), tirez la bière vous-même à votre table.

Événements

Kieler Woche – *Mi-juin (9 j.) - ✆ 0431 901 905 - www.kieler-woche.de*
Compétition de voile annuelle la plus importante du monde : plus de 5 000 compétiteurs originaires d'une cinquantaine de pays.

Schleswig★

24 290 HABITANTS
CARTE GÉNÉRALE B2 – CARTES MICHELIN N^OS 718 H2 ET 541 Z 7
SCHLESWIG-HOLSTEIN

Petite cité paisible au cadre verdoyant, Schleswig est la ville historique des Vikings et l'une des plus anciennes d'Europe du Nord. Sa visite est l'occasion d'une véritable plongée dans le lointain passé de la Baltique et de ses mythes.

- **Se repérer** – Schleswig est située à 56 km au nord de Kiel, à l'extrémité de la Schlei, un bras de la mer Baltique long de 43 km aux allures de rivière.
- **À ne pas manquer** – Depuis le parc de stationnement aménagé le long de la B76, on a une jolie vue sur la vieille ville.
- **Avec les enfants** – La collection d'armes japonaises du musée d'Archéologie.
- **Pour poursuivre le voyage** – Husum (36 km à l'ouest), Kiel, Hambourg (124 km au sud, accès direct par l'autoroute A7).

Comprendre

Les Vikings – Au début du 9e s., des marchands s'installèrent sur la rive sud de la Schlei. Grâce à cette situation privilégiée, au carrefour de la vieille route du Jutland (sud-nord) et du chemin de portage est-ouest (mer Baltique-mer du Nord), leur cité ne tarda pas à devenir une plaque tournante du commerce en Europe du Nord. **Haithabu** (nom danois signifiant « la ville dans la bruyère ») fut entourée par de vastes fortifications dont subsiste le solide retranchement semi-circulaire au bord de l'étang de Haddebyer Noor. Le **Busdorfer Runenstein**, pierre gravée de caractères runiques, autre témoignage de cette époque, se trouve dans le musée des Vikings de Haithabu. Au 11e s., sans cesse assaillis, les habitants de Haithabu se replièrent sur la rive nord de la Schlei, plus facile à défendre. C'est là que naquit la ville de Schleswig.

Visiter

CHÂTEAU DE GOTTORF (SCHLOSS GOTTORF)

Compter une demi-journée pour la visite. ✆ 04 621 81 32 22 - www.schloss-gottorf.de - ♿ - avr.-oct. : 10h-18h ; nov.-mars : tlj sf lun. 10h-16h (w.-end 17h) - fermé 24 et 31 déc. - 6 €.

Le château de Gottorf (16e-18e s.) est le berceau des ducs de Schleswig-Holstein-Gottorp, qui montèrent sur le trône russe en 1762. Il abrite de riches musées consacrés à l'histoire du pays.

Musée régional de l'Art et de la Culture★★ (Landesmuseum für Kunst und Kultur)

Ce musée contient d'importantes collections d'art et d'artisanat. Voir la salle gothique (art sacré du Moyen Âge), les salles réservées aux riches **collections de faïences et de porcelaines★** de la célèbre collection de Cranach et les meubles anciens. L'amateur d'art sera séduit par la **chapelle Renaissance★★** avec sa loge ducale et sa chambre de prière. Ne pas manquer la remarquable **collection d'œuvres du Jugendstil★**.

Dans un bâtiment annexe, on visitera la précieuse collection de Rolf Horn, avec des œuvres de l'expressionnisme à nos jours ; on sera notamment saisi par l'incroyable intensité des couleurs des tableaux d'Emil Nolde et Alexej Jawlensky. Une salle est consacrée aux sculptures d'Ernst Barlach.

Les écuries rassemblent sur deux étages des œuvres du *Brücke*, la plus grande exposition de ce mouvement artistique après le *Brücke-Museum* de Berlin. Au 2e étage, des ouvrages d'artisanat du nord de l'Allemagne sont admirablement mis en valeur.

Musée régional d'Archéologie★ (Archäologisches Landesmuseum)

Ce musée d'Archéologie présente de manière systématique la préhistoire du Schleswig-Holstein, depuis le néolithique jusqu'à l'époque des Vikings. On sera impressionné par les objets exhumés, datant du 4e s. apr. J.-C. (cadavres, restes de vêtements, chaussures, armes), préservés de la décomposition par la tourbe.

Le château de Gottorf abrite également d'importantes **collections ethnologiques,** parmi lesquelles la plus vaste collection d'armes japonaises en Allemagne.

Bateau de Nydam (Nydam-Boot)

Dans la halle Nydam. Ce bateau bien proportionné, en bois de chêne, datant approximativement de 320 apr. J.-C., fut trouvé en 1863 dans les marais de **Nydam**, en ter-

Le musée régional du Schleswig-Holstein dans le château de Gottorf.

ritoire danois. Avec ses 23 m de long et ses 3 m de large, le vaisseau de Nydam est la plus ancienne embarcation germanique de grande taille que nous connaissions. À l'intérieur de la halle, on peut également admirer d'autres découvertes originaires de Nydam et de Thorsberg.

Cathédrale St-Pierre★ (Dom St-Peter)

On reconnaît de loin, grâce à sa flèche, cette église gothique en brique. Entrer par le portail de St-Pierre *(Peterstür)* au sud (tympan sculpté de 1170). L'œuvre d'art la plus remarquable de l'église est le **retable de Bordesholm★★** (1521) placé dans le chœur. Au nord-ouest du transept s'ouvre le **cloître** (14e s.), dont les voûtes sont peintes de motifs stylisés représentant des feuillages et de la vigne.

Le Holm★

Ce vieux quartier de pêcheurs et de marins groupe ses maisons basses autour d'un paisible cimetière et de sa chapelle.

Musée des Vikings de Haithabu (Wikinger Museum Haithabu)

Accès par la B76 en direction de Kiel. ✆ 04 621 81 32 22 - www.haithabu.de ou www.schloss-gottorf.de - ♿ - avr.-oct. : 9h-17h ; nov.-mars : maisons Haithabu fermées, musée tlj sf lun. 10h-16h - fermé 24 et 31 déc. - 4 €.

Annexe du musée régional d'Archéologie, le musée des Vikings se trouve près de l'étang de Haddebyer Noor, à proximité immédiate de l'ancienne cité viking dont elle retrace l'histoire. Un grand nombre d'objets de fouilles (bijoux, armes, outils, instruments domestiques), ainsi que des panneaux et des maquettes de la ville renseignent sur la vie et l'économie des anciens habitants de Haithabu. Dans une salle, on peut voir un drakkar, reconstitué avec des éléments d'époque retrouvés dans le port de Haithabu.

Schleswig pratique

Informations utiles

Office de tourisme – *Plessenstraße 7 - 24837 - ✆ 046 21 850 056 - schleswig@ostseefjordschlei.de*

Se loger

Zollhaus – *Lollfuß 110 - ✆ 04 621 29 03 40 - fax 04 621 290 373 - www.zollhaus-schleswig.de - fermé 15 janv.-15 fév. et du 15 au 30 oct. - P - 10 ch. 85 €.* À proximité de la Schlei, dans une rue adjacente animée. Chambres claires, fonctionnelles, aux meubles en hêtre. Expositions temporaires de tableaux dans le restaurant-bistrot.

Se restaurer

Olschewski's – *Hafenstr. 40 - 24837 - ✆ 04621 2 55 77 - www.hotelolschewski.de.vu - fermé lun., mar., et en janv.-fév. - 30 €.* Tout près du port. Cuisine internationale. Nombreux plats de poissons. Agréable terrasse. Fait également hôtel.

Wismar★

45 720 HABITANTS
CARTE GÉNÉRALE B2 – CARTES MICHELIN N^OS 718 J3 ET 542 AL 12
MECKLEMBOURG-POMÉRANIE

Connue pour ses pêcheries et chantiers navals, Wismar est une séduisante cité côtière aux édifices en brique rouge caractéristiques de la Baltique. Classé en juin 2002 au patrimoine mondial de l'Unesco, le centre enfin rénové témoigne des influences suédoises et hollandaises avec notamment la maison Schabbell et la maison du Vieux Suédois, sur la pittoresque place du Marché.

- **Se repérer** – Wismar est à 68 km à l'est de Lübeck.
- **À ne pas manquer** – Déambuler dans les rues de la vieille ville et admirer la silhouette massive de l'église St-Nicolas.
- **Avec les enfants** – La découverte de l'île de Poel en vélo.
- **Pour poursuivre le voyage** – Rostock (57 km au nord-est), Lübeck (61 km à l'ouest), Schwerin (31 km au sud).

Comprendre

Une cité commerçante – La fondation de Wismar date de 1229. En tant que ville hanséatique, elle connut un essor prodigieux, reposant surtout sur le commerce avec les pays européens les plus importants. La brasserie et le tissage de la laine représentèrent d'autres sources de revenus.

Les méfaits de la guerre – La **guerre de Trente Ans** entraîna le déclin de Wismar. Les préliminaires du traité de Westphalie confirmèrent, en 1648, la cession de la ville aux autorités suédoises jusqu'en 1803. Ce n'est que vers la fin du 19e s. qu'elle connut un nouvel essor, avec l'établissement d'usines et le développement du commerce maritime. Au cours des dernières décennies, ce sont les chantiers navals, le commerce maritime et la pêche qui ont influé sur le destin de la ville.

Visiter

LA VIEILLE VILLE★

Dans la vieille ville, on peut admirer de magnifiques maisons récemment rénovées. Avec un peu d'imagination, le visiteur se représentera le bijou que fut Wismar et celui qu'il redevient peu à peu avec les travaux de réhabilitation.

Place du Marché★ (Marktplatz)

De dimensions énormes (10 000 m^2), la **place du Marché** est dominée au nord par la silhouette blanche de l'**hôtel de ville** bâti entre 1817 et 1819. Les maisons à frontons appartiennent aux époques les plus diverses ; chacune d'entre elles raconte un chapitre de l'histoire de l'architecture ou de l'art. À l'est, on remarquera plus particulièrement la maison bourgeoise la plus ancienne. Il s'agit d'un édifice en brique rouge, dénommé le « Vieux Suédois » *(Alter Schwede)* et construit aux environs de 1830. À sa droite, on aperçoit la maison de Reuter ; c'est ici que furent publiées les œuvres de l'écrivain mecklembourgeois Fritz Reuter.

La maison de style Art déco se trouvant à gauche du « Vieux Suédois » est également très attrayante. Au sud-est de la place, le **château d'eau★** attire tous les regards. Il fut construit entre 1580 et 1602 selon le style de la Renaissance hollandaise et a servi pendant de nombreux siècles à alimenter la ville en eau.

Église Ste-Marie (Marienkirchturm)

De l'**église Ste-Marie**, construite dans la première moitié du 13e s. et détruite au cours de la Seconde Guerre mondiale, il ne reste que le **clocher** de 80 m de haut *(carillon à 12h, 15h et 19h.)*. L'**archidiaconat** en brique, à l'angle de Marienkirchhof et de Sargmacherstraße, date de 1450.

Fürstenhof

À l'ouest du clocher de l'église Sainte-Marie. Cet édifice est le château de style Renaissance le plus septentrional d'Europe. Il abrite aujourd'hui le tribunal de la ville.

Église St-Georges (St-Georgen-Kirche)

Il s'agit d'une église en brique de style gothique flamboyant (commencée en 1290, terminée dans le courant du 15e s.). Elle a été considérablement endommagée pendant la Seconde Guerre mondiale. Les travaux de restauration en cours devraient lui rendre son ancienne splendeur.

Grube

La *Grube* est un cours d'eau artificiel creusé en 1255. On y lavait encore son linge au début du 20e s. C'est le seul dans son genre à avoir été conservé en Allemagne ; les efforts de rénovation des rues qui le bordent le transforment en l'un des quartiers les plus pittoresques de Wismar.

Le port de Wismar.

D. Scherf / MICHELIN

Maison Schabbell★
(Schabbellhaus)

℘ 03 841 28 23 50 - www.schabbellhaus.de - mai-oct. : tlj sf lun. 10h-20h ; nov.-avr. : tlj sf lun. 10h-17h - possibilité de visite guidée sur demande préalable - 2 €.

La **maison Schabbell**, édifice en brique rouge richement décoré, de style Renaissance néerlandais, est située à l'angle de Schweinsbrücke et de *Frische Grube*. Construite entre 1569 et 1571 par l'architecte néerlandais Philipp Brandin pour Heinrich Schabbell, elle témoigne de la richesse de son maître d'œuvre, un commerçant et bourgmestre renommé de la ville. La maison abrite le **musée municipal** *(Stadtgeschichtliches Museum)*.

Église St-Nicolas★ (Nikolaikirche)

℘ 03 841 21 36 24 - mai-sept. : lun.-sam. 8h-20h, dim. 11h15-20h ; avr. et oct. : lun.-sam. 10h-18h, dim. 11h15-18h ; nov.-mars : 11h-16h - 1 €. De l'autre côté du *Grube* se dresse la masse sombre de l'**église St-Nicolas** en brique rouge, la plus haute du monde après l'église Ste-Marie de Lübeck. Cette basilique fut construite entre 1381 et 1487. Les arcs-boutants des nefs latérales atténuent la sévérité de la construction. La décoration intérieure est très riche. L'**autel de la guilde des merciers★** *(Krämergilde)*, retable réalisé vers 1430, retient particulièrement l'attention. Des fonts baptismaux en bronze (1335) représentent la vie du Christ, le Jugement dernier ainsi que les Vierges sages et les Vierges folles. La « grille du diable » autour des fonts baptismaux date du 16e s.

Le vieux port

En partant du *Grube* et en passant par la jolie rue *Am Lohberg*, on atteint le port en quelques minutes. Là se trouve un édifice baroque simple, appelé *Baumhaus*. À cet endroit, un tronc d'arbre empêchait l'accès au port à des heures bien précises. Le rôle des deux « têtes de Suédois » colorées reste inconnu ; assuraient-elles une fonction de dissuasion ? En tout cas, elles existent depuis 1672.

Aux alentours

Île de Poel (Insel Poel)

Cet îlot de la Baltique situé au nord de Wismar est un lieu des plus dépaysants. Avec ses étendues sauvages et ses charmants villages de bord de mer, il est en soi une invitation à l'exploration. L'absence de relief et de dénivelés importants en fait une zone idéale pour la pratique de la bicyclette. L'office de tourisme local propose des locations journalières.

Wismar pratique

Informations utiles

Office de tourisme – *Am Markt 11 - 23966 - ℘ 038 41 194 33 - tlj 9h-18h (16h le dim. de janv. à mars) - www.wismar.de*

Se loger

Willert – *Schweriner Straße 9 - ℘ 038 41 261 20 - www.hotel-willert.de - P - 17 ch. - 78/89 €.* Construite en 1910, cette villa de style Art nouveau a été minutieusement restaurée après la chute du mur de Berlin. La cage d'escalier a notamment été conservée dans son état d'origine.

Reuterhaus – *Am Markt 19 - ℘ 03841 222 30 - 10 ch. - 80/90 €.* Petit hôtel aménagé dans un ancien bâtiment rénové. Il offre des chambres assez grandes et confortables.

Rostock★

198 310 HABITANTS
CARTE GÉNÉRALE B2 – CARTES MICHELIN N^{OS} 718 K3 ET 542 AP 10
MECKLEMBOURG-POMÉRANIE

S'étalant sur les deux rives de l'estuaire de la Warnow, Rostock, avec ses vastes installations navales, est la cité la plus importante de la région. Abrité au fond de l'estuaire, le centre historique, encore circonscrit en partie par sa muraille, est dominé par l'imposante silhouette de l'église Notre-Dame, tandis que la place principale s'ouvre sur la vénérable université, la plus ancienne d'Europe du Nord.

- **Se repérer** – Rostock est à 230 km au nord de Berlin (les deux villes sont reliées par l'A 19 et son prolongement l'A 4, compter 2h 1/2).
- **À ne pas manquer** – Tout près de Rostock, la station balnéaire de Heiligendamm et le vieux port de pêche de Warnemünde, avec sa grande plage très fréquentée dès les beaux jours.
- **Organiser son temps** – Comptez une bonne journée pour visiter le centre de Rostock et le musée de la Navigation, une autre pour ses environs.
- **Avec les enfants** – Le musée de la Navigation.
- **Pour poursuivre le voyage** – Stralsund (75 km à l'est) ou les lacs du Mecklembourg (accessibles par l'A 19 vers le sud).

Comprendre

Objet de toutes les convoitises – Dès le 13e s., Rostock faisait partie de la ligue hanséatique, battait monnaie et tentait d'affirmer son indépendance vis-à-vis des princes du Mecklembourg. En 1419, la ville créait la première université des pays de la Baltique, université que l'on ne tarda pas à qualifier de « lumière du Nord ». Cette position et ce rayonnement ne manquèrent pas de susciter la convoitise des puissants voisins ; Rostock subit ainsi d'importants dommages pendant la guerre de Trente Ans et le conflit qui mit aux prises les pays nordiques de 1700 à 1721. Les **guerres napoléoniennes** n'épargnèrent pas davantage la ville, occupée par les troupes françaises jusqu'en 1813. Jusqu'à la **réunification**, Rostock représentait, avec ses installations portuaires, ses chantiers navals et sa flotte de pêche, la seule ouverture importante de la RDA sur la mer Baltique… et donc sur le monde.

Se promener

LA VIEILLE VILLE★

Le quartier historique de Rostock, dont le périmètre décrit une sorte d'ovale, s'étend au sud de la Warnow. En son centre se trouve l'église Notre-Dame. Il est borné à l'ouest par la porte de Kröpelin, au sud par la porte Stein (*Steintor*).

Porte de Kröpelin★ (Kröpeliner Tor) B

Fermant à l'ouest la Kröpeliner Straße, la **porte de Kröpelin** comporte six étages en brique élevés au 14e s. L'intérieur abrite la collection du **Musée historique** de la ville.

Kröpeliner Straße

Cette voie piétonne traversant le centre-ville, de la Kröpeliner Tor à l'hôtel de ville, constitue son artère commerçante. Elle est bordée de nombreuses maisons à pignons, essentiellement gothiques, et possédant des façades Renaissance et baroques : au n° 82, la façade en brique de l'ancien presbytère de l'hôpital du Saint-Esprit (fin du 15e s.) se distingue par ses pignons à redans.

Musée historique★ (Kulturhistorisches Museum) B

✆ 0381 20 359 10 - tlj sf lun. 10h-18h - gratuit. L'ancien couvent des cisterciens, fondé en 1270 par la reine danoise Margarethe, est le seul édifice de son genre préservé dans le pays. Il constitue avec son église à trois nefs de style gothique en brique un ensemble d'une harmonie rare. Outre l'art sacré moyenâgeux, représenté, entre autres, par le **retable des Trois Rois★** (fin du 15e s.), ce musée illustre également les points forts de ses importantes collections d'art et de folklore.

Église Notre-Dame★★ (Marienkirche) C

Am Ziegen-Markt. L'actuelle **église Notre-Dame**, imposante basilique en forme de croix, est le résultat de la transformation, dans la deuxième moitié du 15e s., d'une église datant du siècle précédent. Ses dimensions en font l'une des plus vastes de l'Allemagne du Nord. La tour massive, rythmée par des étages à ouvertures, n'a été achevée qu'à la fin du 18e s. Son ascension offre un joli **panorama★** sur la ville. L'intérieur frappe par la sensation de verticalité qu'il dégage. Il faut voir l'**horloge astronomique★★**, construite en 1472 et dont le cadre a été refait en 1643 ; elle comprend un calendrier valable jusqu'en 2017. Les **fonts baptismaux★** (1290) sont un délicat travail en bronze ; soutenus par quatre hommes, ils sont décorés de scènes de la vie du Christ. Les orgues baroques datent de 1770.

Hôtel de ville (Rathaus) C

Neuer Markt. Ce splendide bâtiment de couleur rose est le plus vieil hôtel de ville gothique en brique d'Allemagne. Bâti entre 1270 et 1290, il est constitué de trois maisons à pignons couronnées par une galerie à arcades supportant sept tourelles. Une façade baroque (1727) fut ajoutée ultérieurement à l'édifice.

Église St-Pierre (Petrikirche) C

Am Alter Markt - lun.-vend. 10h-19h (16h nov.-mars en sem.), sam.-dim. 10h-17h - 2 € (tour). La plus ancienne église de Rostock (14e s.), dédiée à saint Pierre, patron des pêcheurs, servit longtemps de point de repère pour les marins, grâce à sa tour qui se dressait à 117 m au-dessus de la place. Après la destruction de l'église en 1942, la vieille ville a retrouvé en 1994 la silhouette de son clocher historique (réduit à 44 m de hauteur) : sous les charpentes, **vue** dégagée sur l'estuaire de la Warnow.

Aux alentours

Musée de la Navigation / Parc IGA★★ (Schiffahrtsmuseum / IGA Park)

10 km au nord-ouest du centre (dir. Warnemünde). ✆ 0381 1283 1300 - www.iga-park-rostock.de - avr.-oct. : tlj 9h-18h ; nov.-mars 10h-16h - 4 €.

Situé au milieu d'un vaste parc bordant l'estuaire de la Warnow, le musée de la Navigation est abrité à l'intérieur d'un ancien cargo de 10 000 tonnes, le *MS Dresden*. Vous découvrirez, outre la vaste salle des machines, une vaste exposition dédiée à l'histoire de la navigation sur la mer Baltique, à la construction navale et aux sports de voile. Vous aurez également l'occasion de monter à bord d'un des rares exemplaires de bateau construit entièrement en béton (1943).

Warnemünde★

11 km au nord. L'ancien village de pêcheurs, « acheté » en 1323 par la ville de Rostock au prince de Mecklembourg, est devenu aujourd'hui une station balnéaire convoitée.

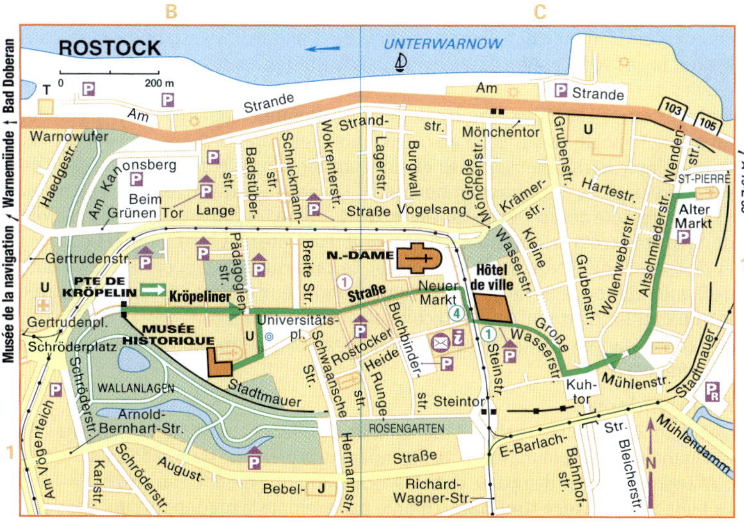

SE LOGER

Die kleine Sonne.......................... ①

Steigenberger.............................. ④

SE RESTAURER

Stilbruch.. ①

M. Hertlein / MICHELIN

Plage typique de la côte baltique, avec des fauteuils en osier.

Warnemünde n'a pas pour autant perdu toute authenticité et ses ruelles, ainsi que son front de mer, gardent tout leur charme. La gare maritime est la tête de pont des liaisons avec le Danemark.

Bad Doberan

16 km à l'ouest. Cette petite ville de cure s'est développée entre 1800 et 1825 pour accueillir les hôtes de la station balnéaire voisine : Heiligendamm. À l'époque, Bad Doberan était la résidence d'été de la cour de Mecklembourg. La ville, qui possède le plus ancien hippodrome d'Allemagne, est réputée pour ses courses de chevaux organisées en juillet et août. Sa principale curiosité reste cependant son exceptionnelle cathédrale gothique en brique.

Cathédrale★★ (Münster) – *✆ 038 203 62 716 - www.muenster-doberan.de - mai-sept. : lun.-sam. 9h-18h, dim. 11h-18h ; avr. et oct. : lun.-sam. 9h-17h, dim. 11h-17h ; nov.-fév. : lun.-sam. 9h-16h, dim. 11h-16h - possibilité de visite guidée sur demande préalable - ♿ - fermé j. fériés et 24 déc. - 2 €.* Érigée entre 1294 et 1368, l'ancienne abbatiale cistercienne constitue l'un des plus beaux exemples du « gothique brique » de l'Allemagne du Nord. Une imposante ouverture décore la façade ouest. Une chapelle prolonge le chœur avec déambulatoire, selon le modèle des Flandres. L'unique décoration, dans le droit fil de la conception cistercienne, est constituée par les arcs en frise ornés de feuilles de trèfle.

À l'**intérieur**, ici aussi, les briques dominent, atténuées cependant par la couleur du triforium peint. La basilique à trois nefs voûtées d'arêtes donne une impression de souplesse harmonieuse. Une riche décoration rappelle que l'église a servi de sépulture pour les ducs mecklembourgeois. Le **maître-autel★**, réalisé à Lübeck en 1310, représente des scènes de l'Ancien et du Nouveau Testament. L'**autel de la croix** de 1370 et la **croix triomphale★** présentent d'un côté un Christ (pour les convers) et de l'autre une Vierge (pour les moines). Le **tabernacle★** en bois de chêne date de la même époque (style gothique flamboyant). Deux fenêtres des bas-côtés avec **vitraux** du 14e s. attirent tout particulièrement l'attention.

Les **tombeaux** de la maison princière de Mecklembourg se trouvent dans les chapelles entourant le chœur.

Heiligendamm

Une magnifique allée de tilleuls mène de Bad Doberan aux stations balnéaires de Heiligendamm et Kühlungsborn. Heiligendamm, la première station de bains de mer d'Allemagne, fut fondée par le duc de Mecklembourg Frédéric-François Ier en 1793. La belle **architecture thermale**, comme par exemple la maison de cure classique construite en 1814-1816, et de nombreux édifices élégants dans la Prof.-Vogel-Straße témoignent du passé somptueux de cette ville thermale.

Kühlungsborn★

Station balnéaire et thermale, Kühlungsborn doit à ses plages s'étirant sur plusieurs kilomètres et à ses immenses pinèdes de figurer parmi les plus fréquentées de la côte de la Baltique.

Fischland★, Darß et Zingst

Au nord-est de Rostock. La presqu'île Fischland-Darß-Zingst est une magnifique réserve naturelle où alternent forêts, prés salés, marécages et vastes étendues d'eau. L'étroite langue de terre s'étend au nord et à l'est parallèlement à la terre ferme, séparée d'elle par des *Bodden* (baies peu profondes) dans lesquelles se rencontrent l'eau saumâtre de la Baltique et l'eau douce des eaux y affluant. Le **Fischland**, légèrement accidenté, possède une station balnéaire particulièrement appréciée, le village d'artistes **Ahrenshoop**. **Darß** et **Zingst** appartiennent au Parc national « Vorpommersche Boddenlandschaft ». Les petits villages et les villes thermales avec leurs maisons aux toits de chaume sont la grande attraction de cette région.

Güstrow★

À 50 km au sud de Rostock. Dès 1228, Güstrow possédait toutes les franchises qu'une ville pouvait posséder. En tant que résidence des ducs de Mecklembourg-Güstrow, la ville connut un essor de 1556 à 1695 qui se perpétua au cours des siècles suivants. Les maisons bourgeoises en témoignent, de même que la magnifique architecture de la **place de la Cathédrale et du Marché**.

Château ducal★ (Schloss) – *✆ 038 43 75 20 - tlj sf les lun. d'oct. à avr., 9h-17h - fermé 24 déc. - 3 €.* C'est l'un des édifices de style Renaissance les plus importants en Allemagne du Nord. Réunissant des éléments de style italien, français et allemand, il fut construit à partir de 1558 pour le duc Ulrich.

Le château accueille une partie du **Musée national de Schwerin** *(Staatliches Museum Schwerin).*

Cathédrale★ (Dom) – Cette **cathédrale** gothique en brique fut inaugurée en 1335. Elle possède une riche décoration, car elle fut temporairement l'église de la cour des ducs mecklembourgeois. Les **monuments funéraires★** de style Renaissance, situés au nord du chœur, possèdent une riche décoration ; ils ont été réalisés par Philipp Brandin. Les **apôtres de Güstrow★** représentent les plus beaux chefs-d'œuvre de la cathédrale : ces douze figures de chêne presque de taille humaine ont été réalisées par Claus Berg, de Lübeck, vers 1530. Tout cela offre un contraste saisissant avec la célèbre statue d'Ernst Barlach, *Der Schwebende* (*Le Moine planant*).

Fondation Ernst-Barlach★ (Ernst-Barlach Stiftung) – *Heidberg 15 - ✆ 03 843 84 40 00 - www.ernst-barlach-stiftung.de - ♿ - avr.-oct. : 10h-17h ; nov.-mars : 11h-16h - 4 €.* La fondation Ernst-Barlach honore en trois sites différents de Güstrow la mémoire du grand artiste. La **chapelle Ste-Gertrude** *(Gertrudenkapelle)*, du gothique tardif, présente ses sculptures religieuses. En empruntant le Barlachweg, on parvient au lac Inselsee, au sud de la ville, et à l'**Atelierhaus am Heidberg**, maison où il réalisa ses œuvres et où est exposée une collection de maquettes d'ateliers. Enfin, à quelques pas de là, a été inauguré en 1998 le premier musée (expositions temporaires) bâti dans les nouveaux Länder de l'ancienne Allemagne de l'Est.

Rostock pratique

Informations utiles

Office de tourisme – *Neuer Markt 3 - ✆ 0381 3812 222 - www.rostock.de - lun.-vend. 10h-18h (19h juin-août), sam. 10h-16h (15h oct.-avr.), dim. 10h-16h (fermé oct.-avr.).*

Visite du port

Embarcadères : Stadthafen *(Höhe Schnickmannstraße)* et Warnemünde/Alter Strom et Neuer Strom.

Se loger

DANS LE CENTRE DE ROSTOCK

⊜ **Die Kleine Sonne** – *Steinstraße 7 - ✆ 0381 461 20 - www.die-kleine-sonne.de - 48 ch.- 56 €* ☕. Un hôtel central accueillant et bien tenu. Cette maison est égayée à l'intérieur de peintures et de gravures d'un artiste égyptien.

⊜⊜ **Steigenberger Hotel Sonne** – *Neuer Markt 2 - ✆ 0381 495 30 - www.rostock.steigenberger.de - P - 111 ch. - 92 €* ☕. Idéalement situé face à l'hôtel de ville et à l'église Notre-Dame, cet établissement dispose de chambres modernes et très confortables.

À WARNEMÜNDE

⊜⊜ **Hotel & Appartementhaus Fischerhus** – *Alexandrinenstr. 124 - ✆ 0381 54 83 10 - www.hotel-fischerhus.de - P ♿ - 30 app. - 100 €.* Vous disposerez d'appartements au confort moderne, pour la plupart aménagés dans d'anciennes cabanes de pêcheurs et équipés d'une kitchenette. Petit déjeuner servi au Café Wellenspiel, dans de la porcelaine blanche de Meissen.

Se restaurer

DANS LE CENTRE DE ROSTOCK

⊜⊜ **Stilbruch** – *Eselföterstr. 27 - ✆ 0381 452 822 - 💳 - 20 €.* Une agréable salle à l'étage s'ouvrant sur une cour arrière verdoyante. Une cuisine roborative avec grand choix d'escalopes.

À WARNEMÜNDE

Seekiste zur Krim – *Am Strom 47 - 0381 521 14 - fermé lun. - - 20 €.* Avant de s'établir à Warnemünde, le patron était marin. Aussi a-t-il décoré son établissement d'objets venus des quatre coins du monde. Dans un cadre au charme rustique, ce restaurant propose des plats traditionnels surtout à base de poissons pêchés dans la mer Baltique.

Zur Gartenlaube 1888 – *Anastasiastraße 24 - 0381 526 61 - fermé dim. - 35 €.* Les nostalgiques des temps révolus trouveront leur bonheur derrière cette façade peinte : dans un décor rustique, vous prendrez place sur d'anciens bancs d'église, où l'on vous servira une cuisine variée.

Faire une pause

Marientreff – *Bei der Marienkirche 27 - 0381 492 23 89 - fermé dim.* Ce lieu de rencontre aménagé en salon de thé a été créé par des bénévoles dans l'ancienne maison du sacristain près de l'église Ste-Marie. Dans une ambiance chaleureuse, on sert des gâteaux maison ainsi que des boissons. Prix défiant toute concurrence, et dons toujours bienvenus.

En soirée

Bon à savoir – Le quartier Kröpeliner Tor-Vorstadt à l'ouest de la vieille ville est surtout fréquenté par les jeunes et les étudiants. À Warnemünde, les promenades le long de l'estuaire de la Warnow et de la plage de la mer Baltique sont bordées de cafés, restaurants et bars fort animés en saison.

Szenario – *Friedhofsweg 44a - 0381 510 84 22 - lun.-sam. 11h-23h.* La patronne ne peut contester son origine suisse, preuve en est les *röstis* au menu. D'autres plats vous sont également proposés (*tapas* à partir de 18h) ainsi qu'une grande variété de boissons incluant des cocktails. Sur les murs du bistrot situé dans une ancienne école de 1878, exposition d'art contemporain.

Stralsund★

59 140 HABITANTS
CARTE GÉNÉRALE C2 – CARTES MICHELIN N^{OS} 718 L2 ET 542 AU 8
MECKLEMBOURG-POMÉRANIE

Cité indissociable de la navigation et du commerce du grand large depuis des siècles, Stralsund, la rivale de la puissante Lübeck, est une ville historique de caractère. Ses remparts, son riche patrimoine gothique en brique rouge et son centre-ville entouré d'eau invitent à un véritable voyage dans le temps. Et l'île de Rügen qui lui fait face, reliée par un pont de 2,5 km, offre l'occasion d'une très belle excursion.

- **Se repérer** – Stralsund se situe à 73 km à l'est de Rostock par la route 105.
- **Organiser son temps** – Prévoyez une journée pour faire le tour de la ville.
- **Avec les enfants** – Le Musée océanographique.
- **Pour poursuivre le voyage** – Greifswald, Rostock.

Comprendre

Une cité convoitée – Dès sa fondation en 1209 par le prince Wizlaw I de Rügen, Stralsund fut soumise aux assauts de ses voisins : Lübeckois, Danois, Suédois et même Hollandais s'employèrent à conquérir ce port admirablement situé. Protégée par une ceinture de remparts, la ville résista pendant la guerre de Trente Ans aux troupes de Wallenstein. Possession de la Suède depuis 1648, elle revint à la Prusse après les guerres napoléoniennes. Aujourd'hui, Stralsund vit principalement de la construction navale, du secteur des services et des administrations, ainsi que du tourisme.

Visiter

LA VIEILLE VILLE★

La vieille ville de Stralsund forme un îlot de faible étendue environné à l'est par le Strelasund, à l'ouest par des lacs.

Hôtel de ville★ (Rathaus)

Alter Markt. Construit aux 13e et 14e s., l'**hôtel de ville** se compose de deux corps de bâtiment parallèles. La magnifique **façade nord★★**, surmontée d'un fronton à pignons ajourés, inspirée par celle de l'hôtel de ville de Lübeck, fut ajoutée vers 1450.

Les arcades du rez-de-chaussée ouvrent sur une halle couverte. Un passage conduit au portail ouest de l'église St-Nicolas. Parmi les maisons anciennes qui bordent la place, la **Wulflammhaus** (n° 5), du nom d'un ancien maire de la ville, construite en brique vers le milieu du 15e s., est curieusement surmontée d'un pignon à trois étages.

Église St-Nicolas★ (Nikolaikirche)

Alter Markt, en face de l'hôtel de ville. Construite sur le modèle de l'église Ste-Marie de Lübeck, l'**église St-Nicolas** (13e s.) a vu sa nef centrale rehaussée et sa tour unique remplacée par une puissante façade à deux tours. Au chevet, le déambulatoire peu élevé est dominé par de solides contreforts.

À l'intérieur, le contraste est frappant entre la hauteur modeste des collatéraux, flanqués de chapelles, et l'envolée spectaculaire de la nef. Certains piliers et plusieurs chapelles ont conservé leurs fresques de style gothique flamboyant. Remarquer six retables sculptés du Moyen Âge, une sculpture du groupe de sainte Anne (vers 1290) et le retable central réalisé au début du 18e s. d'après des dessins d'Andreas Schlüter.

Musée océanographique★ (Meeresmuseum)

Le musée devrait être transféré au printemps 2008 dans le nouveau complexe « Ozeanum » - se renseigner auprès de l'office de tourisme.

Adresse à fin 2007 : Katharinenberg 14-20 - ✆ 03831 265 02 10 - www.meeresmuseum.de - juin-sept. : 10h-18h ; oct.-mai : 10h-17h - fermé 1er janv., 24 déc. - 6,50 €.

Dans le **Musée océanographique allemand**, sont exposées des représentations sur les thèmes de l'océanographie, de la pêche en mer, ainsi que de la faune et de la flore de la mer Baltique. Ne pas manquer les **aquariums**. Dans un bassin géant de 50 000 litres, vous pourrez voir des requins. Dans le chœur est suspendu le squelette long de 15 m d'un rorqual venu s'échouer sur la côte de l'île de Rügen en 1825.

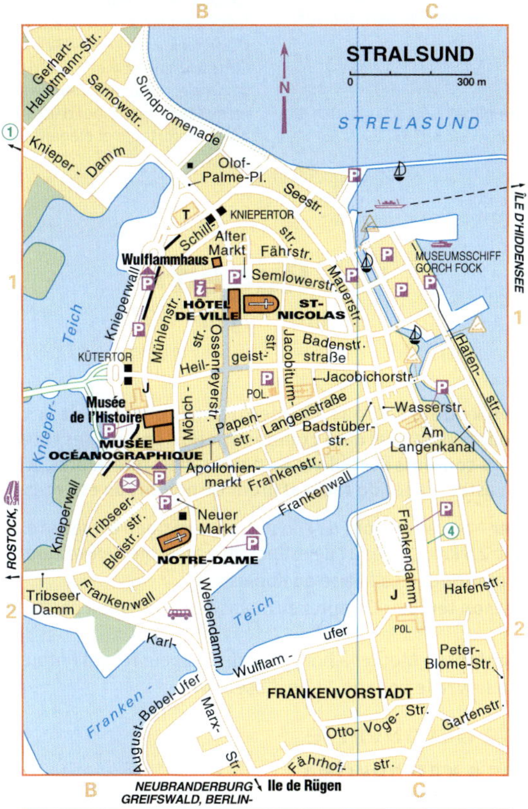

SE LOGER

An den Bleichen .... ①

Steigenberger Hotel Baltic .... ④

Musée de l'Histoire (Kulturhistorisches Museum)

Mönchstr. 25/27 - ✆ 03 831 28 790 - tlj sf lun. 10h-17h - 3 €.
Dans les magnifiques salles couvertes de voûtes d'arêtes ou en réseau sont regroupés des objets et des documents illustrant l'histoire de Stralsund, l'orfèvrerie de l'île de Hiddensee au temps de la préhistoire (copie du trésor viking, *voir Rügen*), l'art sacré du Moyen Âge.

Église Notre-Dame★ (Marienkirche)

Neuer Markt. Construite vers la fin du 14e s., à l'exception de l'impressionnante tour ouest ajoutée entre 1416 et 1478, l'**église Notre-Dame** offre la particularité de dissimuler les arcs-boutants du chœur sous la toiture. La tour occidentale, formée d'un corps central flanqué d'ailes latérales à la manière d'un transept, comporte des voûtes en réseau. Remarquez le maître-autel gothique avec le Couronnement de Marie (15e s.) ainsi que l'orgue de Friedrich Stellwagen (vers 1659).

Remparts

La partie la mieux conservée des remparts est située à l'ouest de la ville, en bordure du lac *(Kniepertteich)*, entre la Kniepertor et la Kütertor.

Stralsund pratique

Informations utiles

Office de tourisme – *Alter Markt 9 - 18409 - ✆ 038 31 246 90 - www.stralsundtourismus.de - mai-sept : lun.-vend. 9h-19h, sam. 9h-14h, dim. 10h-14h ; oct.-avr. : lun.-vend. 9h-17h, sam. 10h-14h, fermé le dim.*

Se loger

⊖ **An den Bleichen** – *An den Bleichen 45 - ✆ 03 831 39 06 75 - fax 03 831 39 21 53- www.hotelandenbleichen.de - P - 23 ch. - fermé mi-déc. à début janv. - 60/72 €.* Hôtel familial situé dans une zone résidentielle, près de la vieille ville, du port et de la plage, et entouré de coquets jardins. Chambres pratiques et confortables.

⊖⊖⊖ **Steigenberger Hotel Baltic** – *Frankendamm 22 - ✆ 03 831 20 40 - www.steigenberger.de - - 134 ch. - 120 €.* Cette ancienne caserne a été complétée par une construction moderne en brique vernissée pour donner naissance à un hôtel confortable et élégant.

Île de Rügen★

Insel Rügen

CARTE GÉNÉRALE C1 – CARTE MICHELIN N^OS 718 L2 ET 542 AV À AY, 5 À 8
MECKLEMBOURG-POMÉRANIE

Destination phare de la Baltique, l'île de Rügen, la plus grande île d'Allemagne, présente un paysage littoral d'un grande variété. À l'ouest, ses côtes très découpées suivent les contours irréguliers de petites mers intérieures. À l'est, falaises crayeuses et vastes plages de sable attirent de nombreux estivants.

- **Se repérer** – Située au nord de l'île d'Usedom, Rügen est reliée à Stralsund par un pont de 2,5 km. L'accès à l'île est possible aussi bien en voiture qu'en train.
- **À ne pas manquer** – La falaise du Königsstuhl.
- **Organiser son temps** – Comptez au moins deux jours pour parcourir l'ensemble de l'île.
- **Avec les enfants** – Monter à bord du train à vapeur reliant Putbus à Göhren.
- **Pour poursuivre le voyage** – L'île d'Usedom.

Circuit de découverte

DE PUTBUS À KAP ARKONA

75 km – Une demi-journée.

Putbus★

La ville « blanche », agglomération résidentielle et balnéaire située au sud-est de l'île, fut fondée en 1810 par le prince Wilhelm Malte von Putbus d'après le modèle de Bad Doberan. Bien que le château princier ait été démoli en 1960, la ville classique a subsisté ; il existe en Allemagne peu de villes qui présentent aux visiteurs un ensemble aussi homogène. C'est à juste titre que l'on nomme Putbus « la perle de Rügen ».

Circus★ – La place circulaire est entourée d'édifices aux nombreuses décorations classiques. Enduits d'un blanc éblouissant, ils tranchent sur la couleur verte des chênes. Au milieu de la place se dresse l'obélisque construit en 1845, d'une hauteur de 21 m, portant au sommet la couronne princière.

Théâtre★ – *Alleestraße*. L'édifice fut construit par l'architecte berlinois Steinmeyer (élève de Schinkel) de 1819 à 1821. Quatre colonnes toscanes forment le portique. Une frise en stuc représentant Apollon et les muses couronne l'entrée. Le théâtre est célèbre pour son acoustique.

Parc du château★ (Schlosspark) – Le parc du château, d'une superficie de 75 ha, l'**orangerie** (modifiée en 1853 par Friedrich August Stüler), ainsi que les **écuries** et l'**église paroissiale** sont intégrés à un jardin anglais.

Train à vapeur

Le train à vapeur *Rasender Roland* relie Putbus à Göhren en 1h15 environ. Il dessert Binz et plusieurs autres localités qui représentent les points les plus touristiques de l'île. Il fonctionne toute l'année. Durant la haute saison (fin avril-début octobre), quatre départs de Putbus le matin (premier départ à 7h48), un dans l'après-midi. Selon la distance parcourue, les tarifs varient entre 1,60 € et 8 € (aller seulement). La première section de ce train a été ouverte en 1895 : autant dire que le *Rasender Roland* fait partie du patrimoine historique de l'île de Rügen ! Pour tout renseignement : ✆ 038 301 801 12 et sur www.rasender-roland.de.

Pavillon de chasse de Granitz (Jagdschloss Granitz)

12 km à l'est de Putbus, au sud de Binz. ✆ 38 393 22 63 - www.mv-schloesser.de - mai-sept. : 9h-18h ; oct.-avr. : 10h-16h (nov.-mars fermé lun.) - fermé 25 déc. - 3 €.

Sur le Tempelberg, point culminant de Rügen-Est (107 m d'altitude), le prince Wilhelm Malte Ier von Putbus fit construire en 1837 ce pavillon de chasse de style Tudor néo-gothique. Au cœur de la forêt de Granitz se dresse ce château massif avec ses tours rondes crénelées. Un belvédère d'une hauteur de 38 m fut érigé en 1844 dans la cour intérieure, d'après les plans de Karl Friedrich Schinkel. Les 154 marches d'un superbe **escalier en colimaçon** en fer forgé permettent d'accéder à la plate-forme offrant une **vue★★** époustouflante sur l'île de Rügen. Il est possible de visiter l'intérieur.

Stations balnéaires★

Elles se trouvent à l'est de l'île. **Binz**, **Sellin**, **Baabe** et **Göhren** offrent des plages de sable attrayantes, une magnifique architecture et un arrière-pays très boisé.

On peut les atteindre en empruntant le **Rasender Roland**, petit chemin de fer reliant Putbus (via Granitz) à Göhren *(voir encadré ci-dessus)*.

Saßnitz

Cette ville portuaire est le point de départ des ferry-boats qui vont en Scandinavie. Très belles hêtraies au nord de cette agglomération.

Stubbenkammer★★

Le **Königsstuhl** *(Chaise du Roi)*, une falaise de 117 m de haut, domine l'impressionnante côte calcaire escarpée qui surplombe la mer. Si l'on a la chance de s'y trouver par un jour ensoleillé, on aperçoit le rocher blanc entouré de verdure brillant de tous ses feux au-dessus de la mer bleu foncé : véritable paysage de carte postale qui inspira Caspar David Friedrich.

Kap Arkona★

Kap Arkona, avec ses falaises de 50 m de haut, est le point de l'île situé le plus au nord. Le Vieux Phare (**Alte Leuchtturm**, ✆ 038 391 41 90 - *www.kap-arkona.de*), phare carré en brique de trois étages, fut construit sur un socle de granit entre 1826 et 1829 selon les plans de Karl Friedrich Schinkel.

La **vue★★** sur l'île voisine de **Hiddensee★** est superbe. Les remparts situés non loin du phare représentent les vestiges de la forteresse de Jaromarsburg érigée par les Slaves et détruite par les Danois en 1168. Près des remparts se dresse la tour de repérage de la marine, construite en 1927 ; cette dernière abrite le centre d'exposition internationale de la côte baltique.

Aux alentours

Île d'Hiddensee★

Bacs au dép. de Schaprode et Wiek, sur l'île de Rügen, et de Stralsund. Embarcadères sur Hiddensee : Neuendorf, Vitte et Kloster. Durée du trajet : 1h1/2 à 2h1/2. Renseignements auprès de : Reederei Hiddensee GmbH - Büro Hiddensee - Achtern Diek 4 - 18565 Vitte/ Hiddensee - ✆ 0383 00 2 10 - www.reederei-hiddensee.de

La circulation automobile, hors véhicules de service, est interdite sur l'île. Nous vous conseillons de débarquer à Kloster et de louer un vélo. Compter 5h de visite.

La « perle de la mer Baltique » s'étire sur 17 km à l'ouest de Rügen et s'inscrit quasi entièrement, comme la presqu'île voisine de Darß-Zingst, dans les limites du Parc national de Poméranie-Occidentale *(Nationalpark Vorpommersche Boddenlandschaft, Bodden = baie peu profonde)*.

Avec ses paysages idylliques, où caracolent des chevaux débonnaires, sa lande tapissée en saison de fleurs sauvages, Hiddensee ne manquera pas de séduire les amoureux de la nature. Ils arpenteront ce petit paradis en empruntant les nombreux sentiers pédestres et pistes cyclables, découvrant ici et là des maisons à toit de chaume, dont les plus anciennes sont regroupées à **Grieben**.

Le relief de l'île, modelé par le retrait des glaciers scandinaves il y a quelque 10 000 ans, culmine au nord à 72 m dans le **Dornbusch**, où se dresse le **phare** principal, dont la terrasse supérieure offre une ample **vue★** sur les étendues lagunaires du Bessin. Dans le Bessin ainsi que dans la « Gellen », la pointe sud de l'île, les bancs sablonneux se mêlant aux basses eaux constituent au printemps et en automne une aire de

La légende du pirate Störtebeker

Klaus Störtebeker est une figure emblématique des côtes de la mer Baltique. C'est dans le village de Ruschwitz, sur l'île de Rügen, que serait né en 1370 le célèbre pirate. Un jour, alors qu'il était au service d'un maître et qu'il avait très soif, il s'approcha de la chope de bière de ce dernier et absorba une grande lampée du breuvage. L'ayant vu faire, le maître le fit enchaîner et lui fit infliger une sévère correction. Mais le jeune homme était d'une telle force qu'il brisa ses chaînes et mit à mal ses bourreaux. S'enfuyant dans un bateau de pêcheurs, il atteignit le cap Arkona, où il rencontra Michael Gödecke, chef d'une bande de brigands de sinistre réputation. Avant d'être admis parmi eux, il dut accomplir quelques tours de force, ce qui ne lui causa aucun problème. Il devint alors l'un des pirates les plus redoutés de son époque et se mit à écumer les mers. Mais trahi par l'un de ses compagnons, il finit par être arrêté en 1401 à Hambourg et fut condamné à périr sous le couperet. Son dernier vœu (sauver de la mort quelques-uns de ses fidèles) fut exaucé.

La légende raconte qu'il aurait caché son butin dans les falaises des Stubbenkammer et qu'une fois par an, un bateau à voiles, conduit par les ombres fantomatiques des flibustiers, hante les lieux. Chaque été, à Ralswiek, un spectacle, auquel participent un bon nombre d'insulaires, commémore les aventures de Störtebeker, terreur des riches et bienfaiteur des pauvres…

Le phare sur l'île d'Hiddensee.

nidification et de repos pour les oiseaux migrateurs : cygnes tuberculés, canards siffleurs, tadornes de Belon.
Le village de **Kloster** se concentre autour de l'église, à l'emplacement de l'abbaye cistercienne implantée en 1296. Dans le cimetière attenant repose l'écrivain **Gerhart Hauptmann** (1862-1946), dont on peut visiter la résidence d'été, **Haus Seedorn**, dans la rue Kirchweg. **Vitte** est le centre administratif de l'île (office de tourisme), où l'on peut admirer la « grange bleue » *(Blaue Scheune)*, ancienne ferme du 19e s. Entre Vitte et Neuendorf s'étendent des dunes, parsemées de marécages. **Neuendorf**, le village le plus méridional de l'île, aligne ses maisons de pêcheurs selon un axe est-ouest.

Île de Rügen pratique

Se loger

Strandhotel Lissek – *Strandpromenade 33 - 18609 Binz - 038 393 38 10 - www.strandhotel-lissek.de - P - 40 ch. : 82/116 €*. L'extérieur de cet hôtel, doté d'une tourelle, a été rebâti dans ses moindres détails selon la construction d'origine. À l'intérieur, vous profiterez de tous les avantages d'un hébergement moderne. Deux restaurants, l'Orangerie (récompensé par plusieurs prix) et le Fischmarkt.

Wreecher Hof – *Kastanienallee - 18581 Putbus-Wreechen - 038 301 850 - www.wreecher-hof.de - P - 43 ch.- 84/104 € (pour une chambre en mansarde) - restaurant, menu 37 €*. Le Wreecher Hof, situé au cœur d'un grand jardin, est un complexe hôtelier qui réunit sept maisons de campagne au toit de chaume et à l'aménagement confortable. Vous y trouverez la nature à l'état pur et une atmosphère de bien-être. Le restaurant compte également un jardin d'hiver bien aéré ainsi qu'une belle terrasse.

Greifswald★

52 870 HABITANTS
CARTE GÉNÉRALE C2 – CARTES MICHELIN N^OS 718 L3 ET 542 AW 10
MECKLEMBOURG-POMÉRANIE

Signalée par les clochers de ses trois imposantes églises paroissiales, Greifswald est une cité pittoresque, appréciée par le grand peintre romantique Caspar David Friedrich. Outre son centre historique médiéval, vous aurez l'occasion de découvrir son village de pêcheurs avec son pont basculant en bois et les ruines de l'abbaye Eldena qui inspira tant l'artiste.

- **Se repérer** – Greifswald est située en bordure de la Baltique sur le Ryck, à 33 km au sud-est de Stralsund, et à mi-chemin entre les îles de Rügen et d'Usedom.
- **Organiser son temps** – Prévoyez une journée pour la ville et l'abbaye.
- **Pour poursuivre le voyage** – Stralsund, Rostock, les lacs du Mecklembourg.

Comprendre

Souveraineté suédoise – Par le traité de Westphalie, la Poméranie occidentale, et par conséquent Greifswald, passa à la Suède en 1648. Ce pays exerça pendant deux siècles une domination tolérante et souple qui, à défaut de la prospérité économique, procura aux habitants de la ville des libertés jusqu'alors inconnues. À partir de 1815, au moment où la Poméranie passa à la Prusse, s'ouvrit une période de construction active ; bon nombre de maisons bourgeoises témoignent encore de cette période d'expansion.

Les peintres romantiques – **Caspar David Friedrich**, l'incarnation de la peinture romantique allemande, est né à Greifswald en 1774 (sa maison natale, Lange Straße 57, fut détruite par un incendie en 1901). Même s'il quitta la ville à l'âge de 20 ans, il y resta attaché toute sa vie : Greifswald, mais surtout la ruine du cloître Eldena représentent les principaux thèmes de ses œuvres. Ses tableaux expriment des sentiments subjectifs qui n'ont jamais été représentés avant lui. Ils mettent souvent en scène des situations désespérées ainsi que la solitude de l'homme face à la nature et au destin.

Visiter

LA VIEILLE VILLE★

Place du Marché★ (Marktplatz)

Situé à l'ouest de la **place du Marché**, **l'hôtel de ville** (1738) se caractérise par des frontons de style Renaissance ; le clocheton en revanche est de style baroque. Les arcades du fronton ont été à nouveau dégagées en 1936. Quelques maisons intéressantes du point de vue de l'histoire de l'art se trouvent également sur la place. La **maison n° 11★** attire immédiatement le regard des visiteurs : le bâtiment du début du 15e s., avec son fronton en gradins richement décoré, représente l'un des plus beaux exemples du gothique brique en Allemagne du Nord.

Église Ste-Marie★ (Marienkirche)

03 834 22 63 - ♿ - mai-oct. : lun.-vend. 10h-16h, sam. 10h-15h, du dim. ap. la messe à 12h ; nov.-avr. : lun.-sam. 11h-15h, du dim. ap. la messe à 12h.

Église à trois nefs, **Ste-Marie** est dépourvue de chœur. Le fronton est, de structure élégante, atténue l'image massive et ramassée de l'église en brique appelée affectueusement « la grosse Marie » par ses habitants. Sa construction débuta en 1280 et s'acheva au 14e s. La **chaire★**, magnifiquement sculptée par Joachim Mekelenborg de Rostock, date de 1587. Fresques de style gothique flamboyant datant du 15e s., dont celle représentant la prise d'une baleine par les habitants du village de Wieck en 1545.

Cathédrale St-Nicolas★ (Dom St-Nikolai)

03 834 26 27 - www.sankt-nikolai-greifswald.de - ♿ - mai-oct. : lun.-sam. 10h-16h, dim. et j. fériés 11h-12h30, 15h-17h30 ; nov.-avr. : 11h-15h (dim. 13h) - 1,50 €.

La **cathédrale St-Nicolas** est dominée par une tour de 100 m de haut, dont la base carrée flanquée de quatre tours rondes supporte deux étages octogonaux, eux-mêmes coiffés d'une élégante

Greifswald pratique

Office de tourisme – *Rathaus (hôtel de ville) am Markt - 17489 - 038 34 52 13 80 - www.greifswald.de (infos en anglais).*

« Abbaye dans une forêt de chênes » de Caspar David Friedrich (1809-1810).

flèche à bulbe de style baroque (1653). Au 14e s., l'église d'origine fut transformée en basilique par l'adjonction d'une couronne de 21 chapelles construites en intégrant à l'édifice les arcs-boutants extérieurs. Au 19e s., les élèves de Schinkel, Gottlieb Giese et Joachim Christian Friedrich (le frère de Caspar David Friedrich) réalisèrent une transformation néogothique dans l'esprit du romantisme. Pierres tombales et nombreuses peintures à l'huile (16e-19e s.). Fresques datant de 1430 environ.

Université

Rubenowplatz. Après Rostock, l'université de Greifswald est la plus ancienne d'Europe du Nord. Elle fut fondée en 1456 par son premier recteur, le bourgmestre Heinrich Rubenow. L'étudiant le plus célèbre fut le poète Ernst Moritz Arndt, dont l'université porte le nom et qui y fut professeur d'histoire. L'édifice principal de la place Rubenow fut érigé au milieu du 18e s. Le fronton présente, côté rue, les armoiries royales suédoises et, côté cour, les armoiries de Poméranie.

Musée du Land de Poméranie (Pommersches Landesmuseum)

Rakower Straße 9 - ✆ 038 34 83 12 10 - www.pommersches-landesmuseum.dehand - mai-sept. : tlj sf lun. 10h-18h ; oct.-avr. : tlj sf lun. 10h-17h - 4,50 €. Visiter en particulier la **galerie de peintures** très complète, avec des œuvres du 17e au 20e s., parmi lesquelles des tableaux de Caspar David Friedrich.

L'ABBAYE ELDENA ET SES ENVIRONS★

Ancienne abbaye Eldena★ (Klosterruine Eldena)

Wolgaster Landstraße. L'ancienne abbaye cistercienne fut fondée en 1199. Elle a dû connaître son essor au milieu du 14e s. Ayant subi de plein fouet les ravages de la guerre de Trente Ans, elle fut un temps utilisée comme « carrière ». De ce magnifique édifice, il ne subsiste que quelques parties de l'église, du cloître et du bâtiment est du cloître. Ces vestiges sont cependant aussi pittoresques qu'à l'époque de Caspar David Friedrich qui non seulement les peignit, mais s'engagea également à assurer leur préservation.

Wieck★

Accessible à pied à partir des ruines de l'abbaye d'Eldena.

C'est à l'embouchure du fleuve Ryck, dans le Greifswalder Bodden, que se trouve ce village de pêcheurs, classé monument historique. Les maisons des pêcheurs à toits de chaume, le port idyllique et le **pont basculant**★ *(Zugbrücke)* en bois constituent un ensemble unique. Le pont, construit selon un modèle hollandais, est un monument de technique et date de 1887.

Île d'Usedom★

Insel Usedom

CARTE GÉNÉRALE C2 – CARTES MICHELIN Nos 718 M3 ET 542 AZ 12
MECKLEMBOURG-POMÉRANIE

Île la plus orientale de l'Allemagne et en partie polonaise, Usedom, véritable Deauville des Berlinois, est jalonnée de cités balnéaires aux hôtels distingués et aux élégantes maisons à balcons en fer forgé. Depuis le 19e s., ses visiteurs apprécient son caractère sauvage et sa très belle étendue de plages, face à la Baltique. L'île présente dans sa partie nord-ouest une relative absence de relief, alors que la région sud-est, plus accidentée, est souvent appelée l'Usedom suisse.

- **Se repérer** – L'île d'Usedom se situe à 30 km à l'est de Greifswald. Elle est reliée au continent par les routes 110 et 111.
- **À ne pas manquer** – Les plages et la cité balnéaire de Heringsdorf.
- **Organiser son temps** – Comptez une bonne journée pour faire le tour de l'île.
- **Pour poursuivre le voyage** – Greifswald (30 km au nord de Wolgast), Stralsund (63 km au nord de Wolgast), l'île de Rügen.

Visiter

Wolgast

Sur le continent. Il est possible d'accéder à Usedom au sud, près de Zecherin, ou par le nord-ouest près de Wolgast, au-dessus du fleuve Peene. Dans la ville natale du peintre romantique Philipp Otto Runge, il faut visiter l'**église paroissiale** *(Pfarrkirche St-Petri)* avec son clocher octogonal. Cette église fut construite en 1370. L'extérieur austère contraste avec l'intérieur richement décoré : peintures murales du 15e et du 16e s., un cycle de danse macabre peint par Caspar Sigmund Köppe aux environs de 1700 d'après une sculpture sur bois de Hans Holbein le Jeune. *✆ 038 36 25 12 15 - ♿ - mai-sept. : tlj sf dim. 10h-17h ; oct.-avr. : tlj sf w.-end 10h-12h30, 13h30-16h.*

Krummin

À l'est de Wolgast. À partir de la Bundesstraße 111, prendre à droite la plus belle **route★** bordée de tilleuls d'Usedom en direction du petit village de pêcheurs situé au Krumminer Wiek.

Peenemünde

Centre d'information historique et technique (Historisch-technisches Informationszentrum) – ✆ 03 83 71 50 50 *- www.peenemuende.de - ♿ - avr.-sept. : 10h-18h ; oct. : 10h-16h ; nov.-mars : tlj sf lun. 10h-16h - fermé 24-26 déc. - 6 €.*

Au nord de l'île, le **centre expérimental de recherche de Peenemünde** fut créé en 1936. C'est ici que Wernher von Braun développa les fusées V2 inaugurées en octobre 1942. Elles firent plusieurs milliers de victimes pendant la Seconde Guerre mondiale, mais marquèrent également le début de la navigation spatiale moderne.

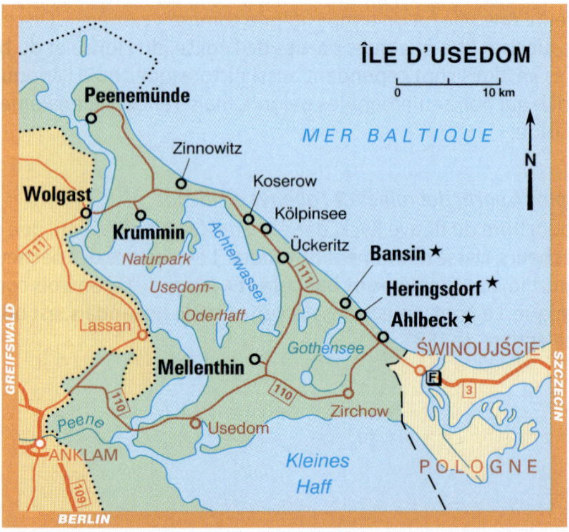

Pont et plage en hiver sur l'île d'Usedom.

Dans l'ancienne centrale électrique, une exposition est consacrée à l'histoire de l'évolution des fusées et à ses contradictions.

La « taille » d'Usedom

À l'endroit le plus étroit de l'île s'étendent des plages de sable blanc et les cités balnéaires de **Zinnowitz**, **Koserow**, **Kölpinsee** et **Ückeritz**, parfois séparées par des falaises. La largeur d'Usedom, près de Koserow ne dépasse pas 200 m.

Bansin, Heringsdorf★, Ahlbeck

Les « trois sœurs » au sud-est de l'île sont reliées entre elles par une promenade de 10 km de long. Au 19e s., elles étaient des cités balnéaires à la mode où les membres de l'aristocratie se retrouvaient. De nombreuses villas imposantes et des hôtels ayant résisté aux épreuves du temps témoignent de ce riche passé et donnent ce caractère propre aux villes balnéaires. **Heringsdorf**, surtout, fut une cité balnéaire très mondaine. L'empereur Guillaume II y venait régulièrement. Il résidait alors dans la villa Staudt, toujours existante *(Delbrückstraße 6)*. Heringsdorf possède une jetée longue de 508 m, la plus longue du continent européen. **Ahlbeck** est également fière de son attrayante jetée historique **Seebrücke★**, construite en 1898. En 1902 vint s'y ajouter un joli restaurant aux murs blancs, au toit rouge et aux quatre tours angulaires vertes : celui-ci est très apprécié des photographes de l'île.

Mellenthin

Au nord-est de la ville d'Usedom, à 2 km au nord de la B110. Une tranquillité sereine émane de ce petit village et de son château de style Renaissance. L'édifice à trois ailes, entouré de douves, est simple. La cheminée du vestibule, de style Renaissance (1613), est somptueuse. L'**église du village** (14e s.), au centre d'un cimetière où se trouvent des chênes de plus de 600 ans, est fortement endommagée. Sa **décoration intérieure★** du 17e s. est cependant remarquable. Sa galerie baroque de 1755 donne une image fraîche et naïve de la foi. Le tronc dans l'église date de 1125.

Île d'Usedom pratique

Se loger

Hotel Zur Post – *Seestraße 5 - 17429 Usedom-Bansin - ✆ 038 378 560 - fax 038 378 56 220 - www.hzp-usedom.de - P - 171 ch. - 106/154 € - restaurant 17,50/35 € à la carte.* Belle villa blanche et jaune de 1901. Si vous appréciez le raffinement, demandez l'une des deux chambres de la tour pourvues de jolis meubles. Le restaurant propose une agréable cuisine traditionnelle.

Romantik Seehotel Ahlbecker Hof – *Dünenstraße 47 - 17419 Usedom-Ahlbeck - ✆ 038 378 620 - fax 038 378 62 100 - www.ahlbecker-hof.de - P - 70 ch. - 127/190 € - brasserie 16/24 € (à la carte) et restaurant 43/56 € (à la carte).*

Cet édifice classique modernisé – un joyau de l'architecture balnéaire – satisfera les plus exigeants : les chambres et le complexe de bains sont aménagés avec élégance. Des lustres en cristal et un cadre classique confèrent au restaurant son caractère exceptionnel.

Neubrandenburg

69 160 HABITANTS
CARTE GÉNÉRALE C2 – CARTES MICHELIN N^{OS} 718 L4 ET 542 AW 14
MECKLEMBOURG-POMÉRANIE

Neubrandenburg, la cité du margrave Jean de Brandebourg, possède l'un des ensembles les mieux conservés de fortifications et de portes médiévales, heureusement épargnés par les bombardements de la Seconde Guerre mondiale. À l'intérieur de ce cercle quasi parfait, le centre historique, détruit, lui, à 80 % en 1945, est constitué d'un réseau de rues en damier tracé au cordeau. Neubrandenburg représente, avec le lac voisin de Tollense, un point d'attraction touristique important.

- **Se repérer** – Neubrandenburg est à mi-chemin entre Berlin et la côte baltique.
- **À ne pas manquer** – Le tour des remparts médiévaux.
- **Pour poursuivre le voyage** – Les lacs du Mecklembourg, Greifswald, l'île d'Usedom.

Visiter

Les remparts★★

Cinquante ans après la fondation de la ville, la nécessité de la protéger s'imposait. C'est ainsi que l'on commença la construction d'une enceinte de 2 300 m de long, de plus de 7 m de haut et d'une épaisseur de 1,40 m au pied du mur et de 0,60 m au sommet. À l'époque, on utilisa la pierre des environs ; seule la crête fut revêtue de plusieurs épaisseurs de tuiles. Quatre portes furent intégrées, fermées le soir et ouvertes seulement contre paiement ; celles-ci demeurèrent les seuls moyens de pénétrer dans la ville jusqu'au milieu du 19e s. Les portes ont toutes été construites selon le même schéma : la porte principale se trouve dans l'enceinte même ; elle est protégée par un ouvrage en demi-lune.

Afin de repousser les attaquants, on avait installé tous les 30 m des postes de combat de trois ou quatre étages dans le mur d'enceinte, appelés **Wiekhäuser**. Au 16e s., il y avait 56 bastions de ce type ; aujourd'hui, 26 d'entre eux ont été reconstruits. Tous les bourgeois de la ville en âge de porter les armes étaient recrutés pour occuper et défendre ces *Wiekhäuser*. La défense des portes incombait aux quatre corporations les plus importantes : les boulangers, les tisserands, les cordonniers et les forgerons.

Porte de Friedland (Friedländer Tor) – Construite aux alentours de 1300, la porte de Friedland est la plus ancienne de l'ensemble. Elle mesure 19 m de haut. Côté campagne, on remarque l'évolution entre le style roman et le style gothique, alors que le côté ville, qui a été construit plus tard, est clairement de style gothique. Les maisons

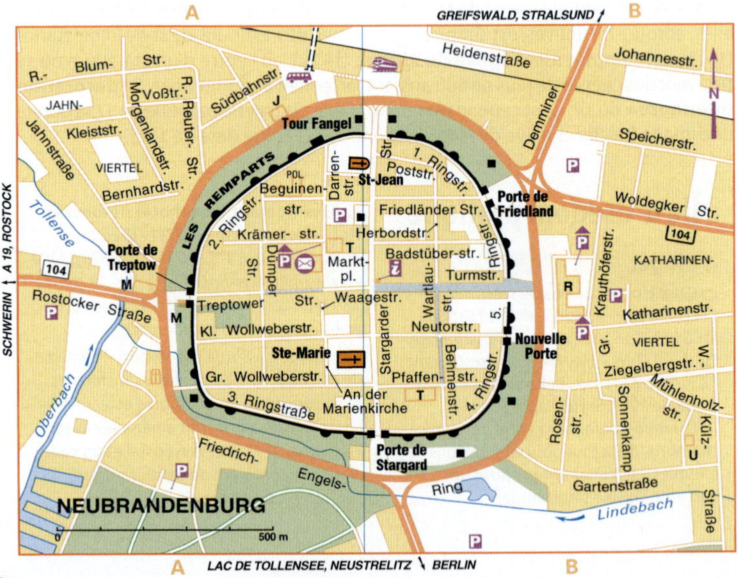

du garde, du secrétaire et du percepteur sont intégrées aux murs de 48 m de long situés entre la porte principale et la porte antérieure.

Porte de Stargard (Stargarder Tor) – Elle a été construite dans la 1re moitié du 14e s. La tour et le fronton forment une unité dont l'effet vertical est encore souligné par des statues en terre cuite portant de longues jupes à plis raides, les « vierges ». La porte antérieure est richement décorée.

Porte de Treptow (Treptower Tor) – Construite avant 1400, la **porte de Treptow** possède la plus haute tour (32 m). La porte principale et la porte antérieure sont richement décorées par des briques. La face campagne de ce chef-d'œuvre en style gothique rayonnant est plus décorée que la face citadine et montre combien la ville souhaitait plaire aux visiteurs.

Nouvelle Porte (Neues Tor) – Cet édifice de style gothique flamboyant, construit après 1550, réunit les éléments de décoration des trois autres portes.

Tour Fangel (Fangelturm) – Des deux tours qui renforçaient la fortification au 15e s., seule subsiste la tour Fangel d'une hauteur de 19 m.

Neubrandenburg pratique

Office de tourisme – *Stargarder Str. 17 - ☎ 01 805 170 330 - Site internet (uniquement en allemand) : www.neubrandenburg.de*

Église Ste-Marie (Marienkirche)

Construite à la fin du 13e s, elle a été en partie rebâtie dans le style néogothique au milieu du 19e s. L'intérieur a été converti en 1996 en salle de concert, aujourd'hui utilisée par l'orchestre philharmonique de Neubrandenburg.

Église St-Jean (St. Johanniskirche)

☎ 0395 582 22 88 - www.kirche-neubrandenburg.de - ♿ - mai-déc. : mar.-sam. 10h-16h. L'asymétrie de l'église, ancienne abbatiale d'un monastère franciscain des 13e et 14e s., surprend : elle ne possède en effet qu'une nef latérale. La peinture avec des motifs de plantes date du 19e s. L'**autel baroque** de 1730, avec ses abondantes sculptures sur bois, représente la Crucifixion. La **chaire★** de style Renaissance portée par Moïse, et qui date de 1598, est remarquable.

Lac de Tollense (Tollensesee)

Au sud de la ville se trouve cette étendue d'eau de 10,4 km de long et de près de 3 km de largeur, située au centre d'un paysage de moraines d'une grande beauté.

Aux alentours

Circuit des lacs par Feldberg★ (Feldberger Seenlandschaft)

Circuit de 75 km. Depuis **Burg Stargard**, la route mène à la ville de **Woldegk** et ses cinq moulins à vent, en passant devant une ruine imposante dominant le paysage. S'étend ensuite vers le sud un paysage de lacs. On y trouve des loutres, des orfraies, des balbuzards et des aigles. Entre Fürstenwerder et Feldberg alternent les forêts, les prairies, les marécages et les lacs. À Carwitz, l'ancienne maison de l'écrivain **Hans Fallada**, au bord du lac, est aujourd'hui un lieu commémoratif.

Neustrelitz

À 27 km au sud. L'ancienne résidence des ducs de Mecklembourg-Strelitz témoigne aujourd'hui encore de son passé glorieux : le **parc du château★** a été aménagé en jardin anglais au début du 19e s. et renferme des statues et des édifices gracieux ; on peut également admirer l'orangerie avec de remarquables **tableaux★** dans le style de Pompéi, l'**église municipale** (1768-1778) baroque, un **hôtel de ville** classique datant de 1841 et l'**église du château** néogothique (1855-1859).

Ravensbrück

19 km au sud de Neustrelitz, 1 km de Fürstenberg. Le camp de concentration de Ravensbrück fut construit en 1938 sur les bords du lac de Schwedtsee. Il s'agissait du centre de détention de femmes le plus important du pays : 132 000 femmes et 20 000 hommes originaires de 40 pays y furent déportés jusqu'en 1945. Des dizaines de milliers de femmes, d'enfants et d'hommes y périrent.

Mémorial national de Ravensbrück (Mahn- und Gedenkstätte Ravensbrück)

☎ (03 30 93) 60 80 - www.ravensbrueck.de - tlj sf lun. 9h-17h - gratuit. Le mémorial comprend encore des restes du camp, tels que le crématorium, les cellules et des parties du mur. Une exposition permanente est installée dans l'ancien poste de commandement et relate l'histoire du camp, la vie et la souffrance des victimes, mais aussi leur solidarité et leur volonté de survivre.

Lacs du Mecklembourg★★★

Mecklemburgische Seenplatte

CARTE GÉNÉRALE C2 – CARTES MICHELIN N^OS 718 L4 ET 542 AQ À AT 16
MECKLEMBOURG-POMÉRANIE

Formant un plateau couvert de forêts et d'étendues d'eaux, la région des lacs du Mecklembourg est l'une des plus sauvages et des mieux préservées du pays. Ses immenses paysages verdoyants constitués de pins, d'hêtres, d'aulnes, de bouleaux et de frênes, et ses vastes horizons lacustres hérités de la dernière époque glaciaire sont fréquentés par une riche variété d'oiseaux. Un paradis pour les amateurs de sports nautiques et de randonnées, et pour tous les amoureux de la nature.

- **Se repérer** – La région des lacs du Mecklembourg se situe quasiment à mi-chemin entre Berlin et Rostock.
- **À ne pas manquer** – Le parc national de Müritz.
- **Organiser son temps** – Comptez bien deux jours pour découvrir la région.
- **Avec les enfants** – L'observation des nombreux oiseaux du Parc national.
- **Pour poursuivre le voyage** – Neubrandenburg, Schwerin, Rostock.

Circuit de découverte

DE SCHWERIN AU LAC DE MÜRITZ

150 km – Une journée.

Le **lac de Schwerin** *(Schweriner See)* offre un cadre idéal à **Schwerin**★ *(voir ce nom)*, capitale du Land, et au château du même nom, qui se reflète dans ses eaux. Le **lac de Krakow** *(Krakower See)*, plus à l'est, est la patrie du poète régional mecklembourgeois Fritz Reuter. La région constitue un véritable eldorado pour les oiseaux (protégés) de toutes espèces.

Le **lac Plauer** *(Plauer See)*, troisième lac du Mecklembourg-Poméranie par sa superficie, se caractérise par une rive plate au nord et largement boisée au sud. Avec le **Müritz,** il forme le cœur du Mecklenburgische Seenplatte.

Au nord-est de ce lac s'étend la **Suisse mecklembourgeoise**, qui se prolonge vers les **lacs de Malchin** *(Malchiner See)* et de **Kummerow** *(Kummerower See)*. Elle doit son nom aux nombreuses éminences qui la caractérisent. À l'ouest du lac de Malchin (le long de la B108) se dresse, au milieu d'un paysage vallonné, le plus grand château classique du Mecklenbourg, le **Burg Schlitz** environné d'un joli parc. En passant par la ville de **Malchin**, qui possède une remarquable basilique de brique, on atteint le lac de Kummerow. Sur la route qui y mène, vous pouvez faire un détour par les **chênes d'Ivenack** (près de la ville de Reuter : Stavenhagen), âgés de plus de mille ans.

La perle du *Mecklenburgische Seenplatte*, le **Müritz**, est le deuxième plus grand lac d'Allemagne avec une superficie de 115 km^2. Son nom provient du slave *morcze*, qui signifie « petite mer ». Il est aussi désigné comme le « cœur bleu du Mecklembourg ».

K. Thiele / MICHELIN

Maisons lacustres sur le lac de Müritz.

La ville de **Waren**, le plus grand centre touristique de la région, se trouve sur sa rive nord. Les deux églises paroissiales Saint-Georges et Sainte-Marie, ainsi que l'ancien et le nouvel hôtel de ville et la *Löwenapotheke* attirent tous les regards. **Röbel** se transforme peu à peu en un charmant port de plaisance.

Parc national de Müritz★ (Müritz-Nationalpark)

Cette réserve naturelle de 310 km² s'étend à l'est du lac de Müritz. La forêt représente les deux tiers de sa superficie, les lacs en occupent 12 % et les marécages 8 %. Ce parc, dont 25 000 ha étaient réservés à la chasse d'État sous la RDA, est aujourd'hui le royaume des promeneurs et des cyclistes. Les visiteurs devront s'équiper de jumelles pour pouvoir observer le rare **balbuzard** (route de Federow en direction de Speck). Cet oiseau semble prendre plaisir à établir son nid sur les pylônes métalliques à haute tension (interdiction de stationner dans les environs du nid). On peut aussi rencontrer l'**orfraie**, rapace héraldique de l'Allemagne, près des viviers de Boek : son territoire atteint jusqu'à 50 km². À Kargow, couvent des **cigognes blanches**, et la réserve naturelle compte également des **cigognes noires** et des **grues**. Sur le sol sec, les pins et les hêtres prédominent. Les marais et les bourbiers de la rive est du Müritz se composent d'aulnes, de bouleaux et de frênes. Pour profiter de la richesse de la flore et de la faune (150 espèces d'oiseaux et 700 espèces de plantes), il est recommandé de participer aux visites guidées qui expliquent l'histoire naturelle de cette réserve.

Lacs du Mecklembourg pratique

Se loger

⊖ **Hotel Seestern** – *Müritzpromenade - 17207 Röbel - ✆ 039 931 580 30 - www.hotel-seestern-roebel.de - fermé janv., fév. et nov. -* P *- 29 ch.- 58/65 €.* Hôtel situé sur une petite langue de terre baignée par l'eau du lac. Chambres-maisonnettes avec superbe vue. Une annexe aux allures de jardin d'hiver complète le restaurant.

⊖ **Insel-Hotel** – *An der Drehbrücke - 17213 Malchow - ✆ 039 932 86 00 - www.inselhotel-malchow.de -* P *- 16 ch. - 65/76 €* ☕. Hôtel situé dans la vieille ville de Malchow, en bordure directe du pont tournant *(Drehbrücke)*. Chambres bien aménagées. Certaines avec vue sur le lac. Dans le restaurant, plats traditionnels servis sur des tables en bois.

⊖⊖ **Hotel Paulshöhe** – *Falkenhäger Weg - 17192 Waren - ✆ 03991 171 40 - www.hotel-paulshoehe.de -* P *- 14 ch. - 72/85 €* ☕. Hôtel et ses 7 bungalows situés à 200 m de la rive du Müritz. Il vous séduira par son emplacement et son équipement moderne. Restaurant au cadre soigné.

⊖⊖ **Hotel Kleines Meer** – *Alter Markt 7 - 17192 Waren - ✆ 03 991 64 80 - www.kleinesmeer.de - ⊁ - 30 ch. - 82/134 €* ☕. Hôtel de style contemporain non loin du port. Belles chambres bien aménagées. Fait également restaurant.

Schwerin★

97 700 HABITANTS
CARTE GÉNÉRALE B2 – CARTES MICHELIN N^OS 718 J4 ET 542 BA 26
MECKLEMBOURG-POMÉRANIE

Bordée par un lac, entourée de verdure, Schwerin est dotée d'un centre historique animé. Son architecture raffinée a été réhabilitée de façon exemplaire. Mais le véritable emblème de l'ancienne capitale du duché de Mecklembourg n'est autre que son château, qui se dresse majestueusement sur un îlot, en face de la ville. Cité natale de Marcel Duchamp, Schwerin possède une importante collection d'œuvres de l'artiste.

- **Se repérer** – Schwerin est à 120 km à l'est de Hambourg.
- **À ne pas manquer** – L'île du château et le Musée national.
- **Organiser son temps** – Prévoyez une journée pour la découverte de la ville.
- **Pour poursuivre le voyage** – Wismar, Lübeck.

Comprendre

La plus ancienne ville du Mecklembourg – Les origines de Schwerin, aujourd'hui capitale du Land de Mecklembourg-Poméranie, remontent au début du 11e s., lorsque les Slaves bâtirent une forteresse *(Zuarin)* dans l'actuelle île du Château. Ils furent bientôt chassés par le duc de Saxe, Henri le Lion, qui, en 1160, fit de la ville le deuxième centre urbain allemand à l'est de l'Elbe. Schwerin sera ensuite pendant près de cinq siècles (1358-1918) la capitale du duché de Mecklembourg. La ville traversa le 20e s. sans grand dommage, échappant aux ravages de la guerre. Un important programme de réhabilitation a aujourd'hui rendu à son quartier historique tout son caractère.

Visiter

ÎLE DU CHÂTEAU ET PARC★ *visite : 2h*

Édifié autour de la chapelle d'un château ducal du 16e s., le château de Schwerin est incontestablement le joyau de la ville. Le visiteur qui accède à l'édifice depuis le centre-ville est accueilli par la statue du duc Niklot, prince des Slaves vaincu par Henri le Lion. L'île du Château et ses deux ponts séparent le Burgsee du lac de Schwerin.

Château★ (Schloss)

☎ 0385 525 29 20 - www.schloss-schwerin.de - de mi-avr. à mi-oct. : 10h-18h ; de mi-oct. à mi-avr. : tlj sf lun. 10h-17h - fermé 24 déc. - 4 €.

Élevé entre 1845 et 1857 pour servir de résidence au grand-duc de Mecklenbourg-Schwerin, ce château de style néo-Renaissance, avec quelques emprunts au gothique et au baroque, est l'un des plus importants édifices civils du 19e s. allemand, aujourd'hui siège du Parlement *(Landtag)* du Land de Mecklembourg-Poméranie. Son aspect extérieur rappelle Chambord, dont les architectes Georg Adolph Demmler et Friedrich August Stüler se sont inspirés. Dans les anciennes pièces d'habitation et d'apparat, tableaux et artisanat des 18e et 19e s. Également exposition de porcelaine européenne et de peinture de cour dans les anciennes chambres d'enfants.

J. Bouraly / MICHELIN

Le château de Schwerin.

Voir en particulier la **salle du trône★** *(Thronsaal)*, la galerie des ancêtres *(Ahnengalerie)* et le fumoir *(Rauchzimmer)*. Remarquer les très beaux **parquets**.

Chapelle★ (Schlosskirche)

La **chapelle** fut construite entre 1560 et 1563 et transformée au 19e s. Des colonnes toscanes soutiennent les tribunes Renaissance et la voûte.

Jardin du château★ (Schlossgarten)

Ce splendide parc baroque, aménagé au 19e s, est un lieu de promenade très agréable avec son canal en croix à deux branches, ses allées de tilleuls et ses parterres de broderies. Près du canal, statues (copies) de Balthasar Permoser. Le chemin des Français *(Franzosenweg)* conduit du parc à la station balnéaire de Zippendof.

LA VIEILLE VILLE (ALTSTADT)

Place du Marché (Markt)

Au cœur de Schwerin, la place du marché constitue un lieu vivant et plein de charme. Près de l'hôtel de ville quatre maisons à colombages et à pignons de la fin du 17e s. et sur le côté nord, le **Nouveau Bâtiment** *(Neues Gebäude)*, élevé entre 1783 et 1785 dans le style classique, avec colonnes doriques, pour recevoir des commerces.

Cathédrale★ (Dom)

Construite en brique aux 14e et 15e s. dans le style gothique, la **cathédrale** occupe le site d'un ancien édifice roman de 1260. À l'intérieur : maître-autel gothique (atelier de Lübeck, vers 1480), dalles funéraires (14e s.), croix triomphale (1420) de l'église Ste-Marie de Wismar et fresques dans la chapelle de l'Assomption (vers 1335).

Musée national★ (Staatliches Museum)

Alter Garten 3 - ☎ 0385 59 580 - www.museum-schwerin.de - ♿ - de mi-avr. à mi-oct. : 10h-18h ; reste de l'année : mar.-dim. 10h-17h - fermé 24 et 31 déc. - 6 € (enf. 4 €).

Le Musée national est installé près de l'ancien jardin, à côté du château et du théâtre, dans un édifice néoclassique (1877-1882) décoré d'ornements de la Renaissance

italienne. On peut y admirer d'importantes collections de peinture hollandaise et flamande du 17e s. (Bruegel, Rembrandt, Rubens, Hals), européenne du 16e au 20e s. (Cranach, Oudry, Gainsborough, Friedrich, Stuck, Corinth), d'art contemporain (Cage, Polke), et la collection de Marcel Duchamp, originaire de Schwerin.
La section de la préhistoire montre les vestiges de bourgades slaves établies dans la région à l'âge de pierre.

Aux alentours

Ludwigslust★

Le duc Frédéric de Mecklembourg fonda la ville et transféra sa résidence de Schwerin à Ludwigslust en 1764. Le château et la ville furent construits en même temps, sous la direction de l'architecte de la cour, Johann Joachim Busch.

Château★ – *☏ 03 874 57 190 - www.schloss-ludwigslust.de - ♿ - de mi-avr. à mi-oct. : 10h-18h ; reste de l'année : tlj sf lun. 10h-18h - fermé 24 déc., 25-26 et 31 déc. : programme réduit - 3 €.*

Édifice baroque en forme de E (1772-1776), il présente déjà des éléments du classicisme. Exécutée en brique, la façade a été revêtue de grès de Pirna.

Le toit est couronné d'un attique coiffé de 18 vases et 40 statues. Les figurines qui représentent les arts, les sciences et les vertus symbolisent les centres d'intérêt du duc ; à sa demande, on a ainsi inventé des allégories de l'hydraulique et de l'hydrostatique ! À l'intérieur, le blanc et l'or dominent dans les pièces décorées en style torsadé (variante allemande du style Louis XVI, où les vrilles et les coquillages ont été remplacés par des médaillons et des festons). Des peintures au-dessus des portes figurent des paysages et des animaux. Les meubles sont d'origine. La **salle d'or★** *(Goldene Saal)* est somptueuse. Il s'agit d'une salle des fêtes s'étendant sur deux étages et dont la plupart des ornements sont en papier mâché. La *Vénus de Médicis*, dans le salon devant la galerie, a été fabriquée avec cette pâte, même si elle donne l'impression d'être en marbre.

Parc du Château★ (Schlosspark) – Avec ses 135 ha, le parc du château est le plus grand du Land de Mecklembourg-Poméranie. C'est également une création de Johann Joachim Busch, mais il fut modifié au milieu du 19e s. par Peter Joseph Lenné. En s'y promenant, on découvre des cours d'eau, des statues, des mausolées et une grotte en terre ferrugineuse qui donne naissance à une pierre poreuse lorsqu'elle sèche.

Un château en papier mâché…

Les activités intenses de reconstruction avaient miné les finances du duc Frédéric, mais il ne voulait pas renoncer à décorer son château de façon somptueuse. Aussi, là où on utilisait habituellement des matériaux précieux et chers, il fit mettre du papier mâché. On fabriqua à grand-peine une pâte à partir de vieux papiers, de colle et d'eau, qui était facile à modeler et pouvait même être poncée, polie et peinte après avoir durci. De plus, elle résistait aux caprices du temps. La manufacture de Ludwigslust atteignit un tel niveau de perfection que sa production fut exportée jusqu'en Russie. Elle ferma toutefois ses portes en 1835 par manque de commandes. La formule exacte n'a jamais été divulguée.

Schwerin pratique

Informations utiles

Office de tourisme – *Am Markt 14 -19055 - ☏ 0385 592 52 12 - www.schwerin.com - mai-oct. : lun.-vend. 9h-19h, sam.-dim. 10h-18h ; nov.-avr. : lun.-vend. 9h-18h, sam.-dim. 10h-16h.*

Se loger

⊖⊖ **Niederländischer Hof** – *Alexandrinenstr. 12 - ☏ 0385 59 11 00 - www.niederlaendischer-hof.de - P ⅹ - 32 ch. 104/115 € ☐ - restaurant 17/35 € (à la carte).* Bâtiment ancien à la façade classée monument historique, au bord du lac de Pfaffenteich, au nord de la cathédrale. Chambres élégantes et confortables, décorées dans le style anglais.

Se restaurer

⊖⊖ **Weinhaus Uhle** – *Schusterstr. 15 - ☏ 0385 56 29 56 - www.weinhaus-uhle.de - 18 €.* Près de la place du marché (*Marktplatz*). Restaurant très élégant (haute salle avec voûte du 18e s. et fenêtres en plein cintre). Plats variés et grand choix de vins.

Maison traditionnelle frisonne.

K. Raach Heinz/Laif/Rea

LE NORD-OUEST

Hambourg★★★

Hamburg

1 734 090 HABITANTS
CARTE GÉNÉRALE B2 – CARTES MICHELIN NOS 718 I4 ET 541 AC 15
HAMBOURG

Deuxième ville d'Allemagne après Berlin, traversée par l'Elbe et l'Alster, Hambourg est l'un des plus importants ports d'Europe. Ses titres de cité « libre et hanséatique » ainsi que son statut de « ville-État » (Stadtstaat) témoignent de son importance passée et actuelle. Ravagée par les bombardements de la Seconde Guerre mondiale, Hambourg a été reconstruite en béton. Mais pour celui qui prend le temps de la découvrir, ses multiples espaces verts, ses canaux, ses ponts et le joli lac que forme l'Alster en plein centre-ville font vite oublier cette apparence austère. Capitale allemande de l'édition et des médias, Hambourg est à juste titre réputée pour son dynamisme commercial, son caractère cosmopolite et son goût prononcé pour les fêtes nocturnes. La ville est aujourd'hui en pleine révolution, avec la réhabilitation spectaculaire du quartier des docks.

- **Se repérer** – Hambourg est à 293 km au nord-ouest de Berlin (les deux villes sont reliées par l'A 24), à 125 km au nord de Brême (A 1) et à 160 km au nord de Hanovre (A 7).
- **À ne pas manquer** – La découverte du port jusqu'aux entrepôts de Speicherstrasse ; une promenade autour des lacs Binnenalster et Aussenalster.
- **Organiser son temps** – Comptez 2 jours pour visiter Hambourg.
- **Avec les enfants** – La visite d'une partie de la ville en bateau et le Miniatur Wunderland.
- **Pour poursuivre le voyage** – Lüneburg, Lübeck, Kiel, Brême.

Comprendre

La ville hanséatique (13e-15e s.) – Hambourg qui, à l'origine, se limitait à une modeste agglomération établie sur les rives de l'Alster, petit affluent de l'Elbe, connaît une première époque de prospérité en entrant dans la ligue de la Hanse, patronnée par Lübeck. Le port tire parti des conditions particulières du trafic entre la Baltique et la mer du Nord. À cette époque, seules les lourdes cargaisons de blé et de bois empruntent la voie maritime, alors que les marchandises de quelque valeur transitent par Lübeck pour être acheminées par voie de terre à Hambourg, point de rembarquement.

Liberté et neutralité – Les bouleversements provoqués par les grandes découvertes des voies maritimes portent un coup fatal au commerce hanséatique. Hambourg s'oriente alors vers les fonctions intermédiaires d'entrepôt et de distribution. En 1558 s'y crée la première Bourse allemande. Ville d'affaires, Hambourg cultive une politique de stricte neutralité qui lui vaut d'être épargnée par la guerre de Trente Ans. En 1842,

HAMBURG TOURISMUS GMBH

Le bassin de l'Alster est un superbe plan d'eau situé au cœur de la ville.

un terrible incendie ravage la cité. L'indépendance américaine et l'affranchissement de l'Amérique latine favorisent son essor au 19e s. En 1913, la compagnie de navigation Hamburg-Amerika-Linie représente la plus importante compagnie d'armement du monde. Aujourd'hui, Hambourg est le deuxième plus grand port container d'Europe (derrière Rotterdam).

Découvrir

LE PORT★★

La découverte du port de Hambourg doit constituer un temps fort de toute visite de la ville. Pour un bon point de vue d'ensemble, gagner le sommet de la tour de l'église St-Michel ; le **Stintfang** (terrasse au pied de l'auberge de jeunesse, U/S-Bahn St-Pauli Landungsbrücken) offre également une **vue★** intéressante.

Visite du port en bateau

Durée : 1h. Dép. de l'embarcadère situé près du métro Baumwall - ✆ 040 37 31 68 - www.barkassen-centrale.de - avr.-oct. : 10h-18h ttes les 30mn ; nov.-mars : lun.-vend. 10h, 14h, w.-end 10h30-17h ttes les 30mn - 10 €. Le visiteur sera frappé par l'importance des chantiers de construction navale et surtout par l'animation extraordinaire de l'Elbe sur laquelle évoluent tous les échantillons de la construction maritime. Des barcasses automotrices faisant la navette entre les deux rives débarquent, à l'heure de sortie des bureaux, le personnel des entreprises de la rive gauche. Le dimanche matin et les jours fériés, avant 10h, le marché dit St-Pauli-Fischmarkt est très animé.

Quartier St-Paul (Sankt-Pauli) D3

Au nord du port et à l'ouest de la ville nouvelle. St-Paul connut son âge d'or dans les années 1960, lorsque les Beatles jouait au Star Club de la **Große Freiheit**. Prostitution et trafic de drogue ont sensiblement terni son image par la suite ; pourtant ce quartier, où s'est établi le poste de police le plus important de la ville **(Davidwache)**, a connu, depuis quelques années, une véritable renaissance. Si l'industrie du sexe y est toujours fortement implantée, il regorge aujourd'hui de bars, cafés et restaurants dont beaucoup se révèlent être des lieux authentiquement chaleureux, points de rencontre des noctambules de la ville et d'ailleurs. St-Paul s'organise autour de la **Reeperbahn**, son artère principale, qui court parallèlement au port.

Se promener dans le centre

Cette promenade fait découvrir les différentes facettes d'Hambourg, du lac d'Alster à la vieille ville en passant par le quartier d'entrepôts et de musées de la Speicherstadt. *Partir de l'embarcadère de Jungfernstieg sur le Binnenalster. Comptez la journée si vous voulez faire une promenade en bateau et visiter quelques musées.*

Binnenalster et Aussenalster★★★ G-H/1-2

Le lac d'Alster, au nord de la vieille ville, est un splendide plan d'eau. Il comprend deux bassins, le Binnenalster et l'Aussenalster, ce dernier, plus vaste, permettant de s'adonner à la pratique de la voile et du canotage en pleine ville. La flottille de vedettes de l'Alsterschiffahrt en dessert régulièrement les pontons : le **circuit en bateau** donne le recul suffisant pour embrasser d'un coup d'œil l'imposant tableau formé par les cinq tours, dépassant toutes 100 m de hauteur, des églises principales et le campanile de l'hôtel de ville. Il est également possible de naviguer sur les canaux de l'Alster (villas et parcs remarquablement entretenus alternent avec des rives restées sauvages) ainsi que sur les canaux de la vieille ville et du port (deux écluses permettent de gagner la zone portuaire depuis le Binnenalster). *✆ 040 35 74 24 19 - www.alstertouristik.de - dép. de l'embarcadère de Jungfernstieg (50mn), de fin mars à déb. oct. : 10h-18h, ttes les demi-heures ; oct. : 10h, 11h-16h ttes les demi-heures, 17h ; « croisières punch » à 10h30, 12h, 13h30 et 15h. 10 €. Alster-Kreuz-Fahrt (9 embarcadères/débarcadères au choix), de fin mars à déb. oct. : 10h15-17h15, ttes les heures. 1,30 € par embarcadère, 8,50 € AR.*

Le Marché aux poissons

Le Marché aux poissons de Hambourg, dont les origines remontent au début du 18e s., est une véritable institution. Il se tient tous les dimanches matin, au sud du quartier St-Pauli, le long de l'Elbe, de 5h30 à 9h30 (en hiver, à partir de 7h). La gouaille des vendeurs, la foule des gens de tous âges, acheteurs ou simples curieux, et les animations musicales de la *Fischauktionhalle* en font un événement vivant du folklore hambourgeois.

Jungfernstieg★ G2

Au fond du bassin de la Binnenalster, cette chaussée célèbre constitue l'artère cosmopolite de la ville, animée par les terrasses de l'Alsterpavillon (café-restaurant) et par le trafic des bateaux effectuant le service de l'Alster. Le quai est de la Binnenalster, le Ballindamm, est bordé d'immeubles d'affaires imposants.

Quitter le Jungfernstieg et longer l'Alster fleet jusqu'à la place de l'Hôtel de ville.

Place de l'Hôtel de ville (Rathausmarkt) G3

La place a été redessinée après l'incendie catastrophique qui ravagea la ville en 1842.

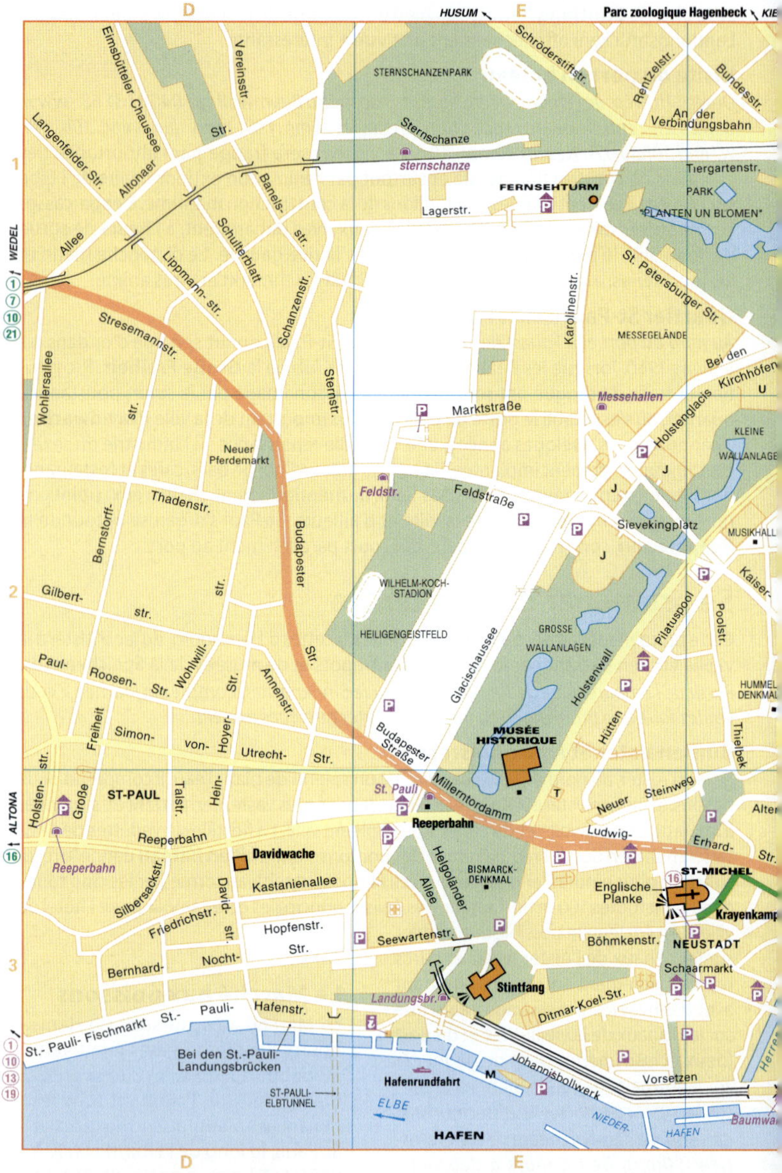

SE LOGER

Hotel Am Elbufer	1
Hotel Brenner Hof 1	4
Hotel Etap Hamburg-City	7
Hotel Schmidt	10
Hotel Schwanenwik	13
Hotel Stephan	16
Hotel Vier Jahreszeiten	19
Hotel Yoho	21

Elle est dominée par le campanile de l'hôtel de ville, construit en 1897 dans le style néo-Renaissance sur 4 000 pilotis.

Le pont (Schleusenbrücke), faisant corps avec l'écluse qui maintient le niveau des plans d'eau de l'Alster, franchit l'Alsterfleet, vestige du système de canaux caractéristiques du vieux Hambourg. À la tête du pont se dresse la haute stèle du monument aux morts de la Première Guerre mondiale (sculpture de Barlach). En face, les arcades de l'Alster *(Alsterarkaden)* abritent d'élégantes devantures de boutiques qui invitent à la dépense.

S'engager dans la Mönckebergstraße.

SE RESTAURER

Atlas ... 1	Louis C. Jacob ... 13
Café Paris ... 4	Old Commercial Room ... 16
Gröninger Haus ... 7	Warsteiner Elbspeicher ... 19
Le Canard Nouveau ... 10	

Église St-Pierre (St-Petrikirche) G3

Sur la Mönckebergstraße. Édifiée au 12e s., l'église St-Pierre a été reconstruite, après le grand incendie de 1842, en style néogothique.

Église St-Jacques (St-Jakobikirche) G3

Parmi les nombreux trésors de l'église St-Jacques, église-halle gothique (14e-15e s.), il faut mentionner le retable de saint Luc et de la corporation des pêcheurs, le triptyque de la guilde des tonneliers sur le maître-autel, la chaire de marbre et d'albâtre de Georg Baumann (1610), et surtout le célèbre orgue d'Arp Schnitger (1693).

Traverser la Steinstraße en direction du sud et gagner la Burchardplatz.

Les comptoirs G3

Ils dressent dans le quartier des affaires et de la presse, autour de la Burchardplatz, leur masse colossale de brique sombre.

Maison du Chili (Chilehaus) – *Entre la Burgstraße et Meßberg.* Ce bâtiment aux allures de paquebot fut construit en 1924 par l'architecte expressionniste Fritz Höger. Il était destiné à un riche marchand hambourgeois dont la fortune provenait notamment des relations commerciales qu'il avait nouées avec le Chili.

Le **Sprinkenhof** (1930) forme à lui seul une ville de bureaux, desservie de l'intérieur par des voies ouvertes à la circulation automobile.

Poursuivre en direction du sud et traverser le canal Auf dem Sande.

Speicherstadt★★ G3

Après que Hambourg, rattachée au Reich en 1871, eut rejoint la Fédération des douanes allemande, la constitution d'une zone franche fut nécessaire. C'est tout un quartier qui fut détruit, le long du Zollkanal et de ses canaux afférents, pour y édifier, à partir de 1885, les entrepôts de la Speicherstadt. L'ensemble abrite aujourd'hui encore sur 373 000 m^2 (il s'agit du plus vaste complexe d'entrepôts d'un seul tenant au monde) de précieuses marchandises telles que le tabac, le café, les épices, la soie brute et les tapis d'Orient. La Speicherstadt, avec ses rangées de bâtiments en brique à pignons surmontés de toits en cuivre verts, constitue un quartier original et d'une unité architecturale unique. Un bon nombre de ces bâtiments ont été réhabilités ces dernières années et reconvertis en musées.

Dialogue dans le noir★ (Dialog im Dunkeln) G3

☎ 0 700 44 33 2000 - www.dialog-im-dunkeln.de - ♿ - tlj sf lun. 9h-17h ; w.-end 11h-19h - 14 €. Ce musée propose une expérience particulièrement intéressante. Les visiteurs sont conduits en petits groupes par des guides aveugles à travers une reconstitution de notre environnement quotidien… plongé dans l'obscurité. Ils sont ainsi amenés à découvrir, à travers d'autres sens que la vue, un parc, l'ambiance de la ville ou d'un bar. Odeurs, courants d'air, températures et textures deviennent les seuls repères dans un univers où les rôles s'inversent puisque les guides sont les seuls à pouvoir aider les visiteurs.

Vous pouvez continuer sur Speicherstadt où se trouvent les deux musées ci-dessous ou bien traverser le deuxième pont sur votre droite qui mène à la vieille ville.

HAMBURG TOURISMUS GMBH

Le quartier de la Speicherstadt.

Miniatur Wunderland★ F3

040 300 6 800 - www.miniatur-wunderland.de - ♿ - tlj 9h30-18h, mar. 9h30-21h, sam. 8h-21h, dim. et j. fériés 8h30-20h - fermé 24 déc. -10 €.

Il s'agit du plus grand univers de trains modèles réduits au monde, sur plus de 4 000 m^2 et avec 700 trains qui parcourent des décors inspirés de la Scandinavie aux États-Unis en passant par la mer du Nord. Au cours de la visite, vous pourrez voir la salle de contrôle des aiguillages d'où le personnel met en mouvement ce ballet de miniatures. L'ensemble ne cesse de s'agrandir de nouveaux décors.

Donjon de Hambourg (Hamburg Dungeon)

040 36 00 55 00 - www.hamburgdungeon.com - ♿ - Tlj 11h-18h (à partir de 10h l'été) - fermé 24 déc. - Déconseillé aux - de 10 ans - 16,50 €.

Comptez près d'une heure trente pour découvrir les différents thèmes d'horreur de ce train fantôme, liés à l'histoire de Hambourg : le grand feu de 1842, la tempête de 1717, le donjon en 1350 et l'histoire du pirate Stortebeker au 14e s. *(voir p. 156).*

Vieille ville (Altstadt)

La vieille ville s'étend entre le Nikolaifleet, le Binnenhafen (bassin réservé à la navigation fluviale et aux remorqueurs) et le Zollkanal.

Église Ste-Catherine (St-Katharinenkirche) – Cette église gothique en brique (14e-15e s.) domine le quartier du vieux port de sa tour baroque bulbeuse et ajourée.

Cremon – Aux nos 33-36, anciennes maisons d'habitation et entrepôts offrant deux façades, l'une côté rue, l'autre côté canal.

Le pont « **Hohe Brücke** », bordant le Binnenhafen et jeté sur le Nikolaifleet, offre également une belle vue. Remarquer les traces des inondations de 1962 et de 1976.

Deichstraße *(à droite du pont)* – C'est dans cette rue que se déclara le grand incendie de 1842. D'anciennes maisons de marchands des 17e et 18e s. abritent aujourd'hui des tavernes. Accompagnant la courbe du canal Nikolaifleet, de l'autre côté, les entrepôts aux façades restaurées offrent une image du vieux Hambourg.

Continuer tout droit après le pont, tourner à droite dans l'Admirälitastraße, puis à gauche.

Église St-Michel★ (St-Michaelis-Kirche) E3

Construite en brique en 1762 par l'architecte Sonnin, l'un des meilleurs représentants de la tradition baroque en Allemagne du Nord, l'église St-Michel surprend par l'ampleur de ses proportions et sa luminosité. La **célèbre tour** (*Turm der Michel*, 1786), qui, sous le nom de « Michel », est le symbole populaire de Hambourg, dresse au-dessus de l'Elbe son lanternon en forme de rotonde. De la **plate-forme**, le **panorama★** se déploie sur le centre de la ville, mais surtout sur l'Elbe, zébrée en tout sens par le sillage des embarcations, sur les bassins, les entrepôts et les chantiers du port.

Au chevet de l'église, franchir le porche du n° 10, rue Krayenkamp. Cette impasse est bordée de surprenantes **maisonnettes de bois et brique**, construites en 1670 dans un but social. Des galeries d'art les occupent aujourd'hui.

Hafen City

Au sud de Hambourg a commencé le chantier de ce nouveau quartier qui constitue le plus grand projet de développement urbain en Europe ; sur une période de 20 ans, ce sont 155 ha qui viendront agrandir la ville de Hambourg. D'ores et déjà, quelques réalisations architecturales sont sorties de terre et l'ensemble mérite le coup d'œil, après un passage au Hafen City InfoCenter (*voir Hambourg pratique, informations utiles*), où vous trouverez entre autres une grande maquette. Future vitrine de l'architecture contemporaine, ce quartier accueillera en 2008 le **Musée maritime international** *(Elbchaussee 277 - www.peter-tamm-sen.de)*, et, à partir de fin 2009, la **Philharmonie de l'Elbe**, salle de concert transparente posée sur l'Elbe et conçue par le cabinet d'architectes suisse Herzog & De Meuron.

Les musées de Hambourg

Vous trouverez ci-dessous les principaux musées de la ville (hormis ceux de la Speicherstadt, cités ci-dessus).

PRÈS DU BINNENALSTER

Musée des Beaux-Arts★★ (Hamburger Kunsthalle) H2

Glockengiesserwall 040 428 131 200 - www.hamburger-kunsthalle.de - ♿ - tlj sf lun. 10h-18h - fermé 24 déc. - 6 €. Le musée des Beaux-Arts, l'un des plus grands d'Allemagne, a été récemment réaménagé afin de mieux mettre en valeur les œuvres exposées. Il présente en premier lieu les collections du Moyen Âge. Créé pour l'église St-Pierre de Hambourg, le **retable de Maître Bertram** (1379) est l'une des œuvres les plus vastes et les plus touchantes de la peinture primitive en Allemagne du Nord.

Le 17e s. hollandais est illustré par une œuvre de jeunesse de Rembrandt *(Siméon au temple)*, des paysages et marines d'Avercamp, Van Goyen, Ruysdael, Van de Velde, ainsi que des scènes de genre de Jan Steen et Pieter de Hooch.

L'un des principaux attraits du musée est la peinture allemande du 19e s. On trouve au centre les œuvres du peintre romantique Caspar David Friedrich *(La Banquise, Le Promeneur au-dessus de la mer de nuages)* et de Philipp Otto Runge. Également de très belles œuvres de Feuerbach, Marées et Böcklin. Une salle entière est consacrée à Menzel. Parmi les maîtres de l'école réaliste, on admirera le célèbre tableau *Trois Femmes à l'église* de Wilhelm Leibl. Mais aussi des toiles de Max Liebermann *(Femmes réparant des filets)*, de Lovis Corinth et de Munch *(Madone)*. Pour l'époque moderne, ce sont les œuvres de Max Beckmann et d'Oskar Kokoschka ainsi que des artistes du *Brücke* et du *Blauer Reiter* (Kirchner, Nolde, Marc) qui dominent. C'est dans ce cadre que le fascinant *Poisson d'or* de Paul Klee est exposé.

En 1997, on a annexé au musée un nouveau bâtiment, élevé sur les plans de l'architecte Oswald Mathias Ungers. Avec cette **galerie contemporaine** (Galerie der Gegenwart), consacrée à l'expression artistique depuis les années 1960, le musée a multiplié par deux sa surface d'exposition. Pour échapper à la monotonie, l'architecte a divisé l'espace en quadrilatères. Le résultat est particulièrement réussi dans la cour intérieure. Les œuvres contemporaines sont bien mises en valeur, de nombreux artistes ayant participé à l'accrochage ou à l'installation (Richard Serra, Claes Oldenburg, Hanne Darboven, Jenny Holzer).

Le bâtiment accueille des œuvres d'artistes notoires de ces dernières décennies (Bruce Naumann, Andy Warhol, Donald Judd, Richard Long). L'art contemporain allemand est bien représenté (Sigmar Polke, Georg Baselitz, Markus Lüpertz, Mario Merz, Gerhard Richter, Rosemarie Trockel). La pièce centrale, entièrement consacrée à Joseph Beuys, souligne le rôle majeur joué par cet artiste.

À L'EST DE LA VILLE

Musée des Arts et Métiers★ (Museum für Kunst und Gewerbe) H2

Steintorplatz 1, en face de la gare centrale. ✆ 040 428 134 27 32 - www.mkg-hamburg.de - tlj sf lun. 10h-18h, jeu. 10h-21h - fermé 1er janv., 1er mai, 24 et 31 déc. - 8 €.

Dans un palais de style néo-Renaissance du 19e s., ce vaste musée abrite de superbes collections de sculptures, faïences, meubles, bijoux, instruments de musique… Le parcours s'étend de l'Antiquité à nos jours, et comprend notamment une remarquable salle Art nouveau ainsi qu'une une maison de thé japonaise. Une partie du musée est consacrée à des expositions temporaires illustrant les tendances du design au 20e s.

À L'OUEST

Musée historique★ (Museum für Hamburgische Geschichte) E2

Holstenwall 24 - ✆ 040 42 81 32 23 80 - www.hamburgmuseum.de - ♿ - tlj sf lun. 10h-17h (dim. 18h) - fermé 1er janv., 1er Mai, 24 et 31 déc. - 7,50 €.

Outre les maquettes du vieux Hambourg, on peut admirer au Musée historique le département consacré au port et à la navigation (plus de cent maquettes de bateaux, dont l'impressionnant *Wappen von Hamburg* datant de 1722), et le grand modèle réduit de chemin de fer. On peut également y voir des vêtements et accessoires de mode datant de plusieurs siècles, ainsi que des habitations historiques richement meublées.

AU NORD

Parc zoologique Hagenbeck★★ (Tierpark Hagenbeck) Hors plan, par F1

Sortir par la Grindelallee. ✆ 040 540 00 10 - www.hagenbeck.de - ♿ - juil.-août : 9h-19h ; mai-juin et sept.-oct : 9h-19h ; nov.-fév. : 9h-16h30 - possibilité de visite guidée (1h30) - 14,50 €. Ce parc exceptionnel a été aménagé en 1907 ; ses vieux arbres, ses lacs et ses rochers artificiels invitent à de paisibles balades et permet d'appréhender la nature d'une manière unique. Environ 2 500 animaux (350 espèces) originaires des cinq continents vivent ici à l'air libre. Au fil des ans, de nombreuses espèces rares ont été élevées avec succès. Les éléphants asiatiques constituent la grande fierté de ce parc animalier et leur élevage est particulièrement bien réussi.

AU SUD

Musée de l'Émigration Ballinstadt

(Auswandererweit Hambourg) Hors plan

*Pour s'y rendre : par le métro (S-Bahn), lignes S3 ou S31 à partir de la gare centrale (Hauptbahnhof), direction Neugraben, arrêt Veddel ; par bateau, avec la « Circle Line », départ de St-Pauli Landungsbrücken (**D3**).*

Veddeler Bogen 2, au sud de la ville, de l'autre côté de l'Elbe, non loin de la jonction de l'A255 et l'A252 - lun.-dim. 10h-18h - www.ballinstadt.com - 9,80 €.

Ce musée, ouvert depuis l'été 2007, est dédié aux 5 millions d'émigrants européens qui ont transité par Hambourg entre 1850 et 1939 pour embarquer vers les Etats-Unis. Au début du 20e s., Albert Ballin, le dirigeant de la compagnie maritime HAPAG, avait fait bâtir tout un complexe pour les accueillir. Sur le lieu-même de ce complexe, trois répliques des anciens bâtiments ont été construites. Le musée Ballinstadt y fait revivre de manière très vivante (documents audio, vidéo, installations interactives...) l'histoire de ces émigrants, en évoquant les trois grands moments de leur périple : le départ de Hambourg, la traversée et l'arrivée à New York.

Aux alentours

Altona ; Klein Flottbek ; Wedel

22 km – Une demi-journée - Pour se rendre à Altona, sortir par Reeperbahn.

Musée d'Altona et d'Allemagne du Nord★★ (Altonaer Museum in Hamburg und Norddeutsches Landesmuseum) – *Museumstrasse 23 - ✆ 040 428 113 582 - www.altonaermuseum.de - ♿ - tlj sf lun. 10h-18h (jeu. 21h) - possibilité de visite guidée - 4 €.*

Ce musée évoque la vie quotidienne et les activités traditionnelles de la basse vallée de l'Elbe et du Schleswig-Holstein. On admirera l'exceptionnelle collection de **figures de proue** des 18e et 19e s., les maquettes expliquant les différents types de pêche et d'embarcations en mer du Nord, les céramiques, les fines broderies frisonnes ainsi qu'une étonnante variété de jouets anciens. Le département d'artisanat d'art abrite des pièces datant de la Renaissance tardive à l'Art nouveau. Galerie de peinture présentant des paysages d'Allemagne du Nord.

Une chaumière authentique des Vierlande, région au sud-est de Hambourg, est occupée par un petit restaurant. Le 3e étage est consacré à l'histoire d'Altona.

Balcon d'Altona (Altonaer Balkon) – De cette terrasse aménagée au sud de l'hôtel de ville, se déploie une **vue★** sur le Köhlbrandbrücke et le confluent des deux bras de l'Elbe qui délimitent la zone portuaire et industrielle de Hambourg.

Suivre l'**Elbchaussee★**, avenue bordée de superbes propriétés aménagées depuis le début du 19e s. par les grandes dynasties hambourgeoises d'armateurs et de négociants.

À Klein Flottbek, prendre à droite la Baron-Voght-Straße jusqu'au n° 50.

Villa Jenisch (Jenisch-Haus), à **Klein Flottbek** – *✆ 040 82 87 90 - www.altonaermuseum.de - tlj sf lun. 11h-18h - possibilité de visite guidée - 5 €.*

Dans un agréable parc à l'anglaise où prospèrent des essences exotiques se dresse la villa Jenisch, demeure néoclassique édifiée entre 1831 et 1834. Les pièces, richement meublées, donnent un bon aperçu de l'aménagement des intérieurs bourgeois de la fin de la Renaissance jusqu'à l'apparition de l'Art nouveau. Remarquer les beaux planchers en marqueterie des salons d'apparat, ainsi que les meubles d'inspiration danoise fabriqués à Altona.

Maison Ernst-Barlach (Ernst-Barlach-Haus), à **Klein Flottbek** – *Jenischpark - Baron-Voght-Str. 50A - ✆ 040 82 60 85 - www.barlach-haus.de - tlj sf lun. 11h-18h - fermé 24 et 31 déc. - 6 €.*

Conçue pour recevoir la collection personnelle du fabricant de cigarettes Hermann F. Reemtsma, la maison Ernst-

Figure de proue au musée d'Altona.

Barlach abrite des sculptures, des gravures sur bois et des dessins (exposés par roulement) de cet artiste né à Wedel. Parmi les œuvres présentées chronologiquement, on remarque : la *Frise de ceux qui écoutent*, sculptures murales en chêne, le *Groupe des trois hommes brandissant l'épée, Moïse…*, toutes d'une grande force expressive.

Continuer à suivre l'Elbchaussee, puis gagner Wedel après avoir traversé l'agréable villégiature de Blankenese.

Wedel – *Suivre la signalisation « Willkomm-Höft » pour gagner, au bord de l'Elbe, le grand café-restaurant « Schulauer Fährhaus ».* À l'intérieur est installé un poste de salut aux navires *(Schiffsbegrüßungsanlage)*. Le cérémonial comprend le salut des couleurs suivant le code maritime, et la diffusion de l'hymne national du pays représenté par le navire de passage.

Le **musée Ernst-Barlach** *(Ernst-Barlach-Museum)*, installé dans la maison natale de l'artiste *(Mühlenstraße 1)*, rassemble de beaux bronzes, dont les *Vieillards dansant*, ainsi que des dessins et des lithographies. *℘ 041 03 91 82 91 - www.ernst-barlach.de - tlj sf lun. 11h-17h - 5 €.*

Stade★

60 km à l'ouest de Hambourg.

Cette ville, âgée de plus de mille ans, est située sur les rives de la Schwinge, rivière navigable qui se jette dans l'Elbe au nord-est. Au Moyen Âge, le port de Stade pouvait rivaliser avec celui de Hambourg. Les Suédois occupèrent Stade lors de la guerre de Trente Ans et en firent le chef-lieu militaire et administratif de leurs possessions d'Allemagne du Nord pendant 70 ans.

Vieille ville★★ – La plupart des bâtiments de la belle vieille ville ont vu le jour après 1659, date du grand incendie au cours duquel deux tiers de l'ensemble des maisons furent détruites. Parmi les nombreuses maisons à colombage, remarquer surtout celle du marchand des quatre-saisons *(Hökerstraße 27)*, la maison jumelée *(Bäckerstraße 1-3)* et celle du valet de ferme *(Bungenstraße 20)*.

Vieux port – De part et d'autre du bassin sinueux, de très belles maisons méticuleusement restaurées forment un décor rappelant l'aspect de la ville au 17e s. La somptueuse **maison du maire** domine le tout *(Wasser West)*.

Entrepôt suédois★ / Musée (Schwedenspeicher / Museum) – *Am Wasser West. ℘ 041 4132 22 - www.schwedenspeicher.de - Tlj sf lun. 10h-17h, w.-end 10h-18h - fermé 1er janv., 25 et 31 déc. - 1 €, gratuit jeu.* L'ancien entrepôt suédois en brique, construit entre 1692 et 1705, accueille aujourd'hui les collections du musée évoquant la tradition commerciale de Stade et son système de fortifications, ainsi qu'une section préhistorique qui possède notamment quatre magnifiques **roues en bronze★** (environ 700 av. J.-C.), provenant d'une voiture funéraire, des bijoux, des armes et des poteries.

Hambourg pratique

Informations utiles

Office de tourisme – Gare centrale - *Hauptbahnhof, sortie principale côté Kirchenallee - ℘ 040 30 05 13 00 - www.hamburg-tourismus.de - tlj 8h-21h ; dim. et j. fériés : 10h-18h* - **Port St-Pauli** – *Sur le port, embarcadère St-Pauli, entre les ponts 4 et 5 - avr.-oct. : tlj 8h-18h (jusqu'à 19h mar., jeu., vend. et sam.) ; nov.-mars : 10h-18h (jusqu'à 19h mar., jeu., vend. et sam.).*

Hafen City Info Center – *Kesselhaus. Am Sandtorkai 30 (Speicherstrasse) - ℘ 040 36 90 17 99 - www.hafencity.com - tlj sf lun. 10h-18h.*

Renseignements – *Pour des informations d'ordre général ou pour des réservations de chambres : Tourismus-Zentrale Hamburg GmbH - ℘ 040 30 05 13 00 - du lun. au dim. 8h-20h.* Les magazines *Prinz* (bimensuel), *Szene Hamburg* (mensuel), en vente dans le commerce, et le *Hamburger Vorschau* (que vous pouvez obtenir dans les offices de tourisme) vous informent sur les manifestations les plus diverses. Vous pouvez réserver vos places auprès de l'office de tourisme principal de Hambourg *(Tourismus-Zentrale Hamburg)*.

Bureaux de poste aux horaires particuliers – Bureau de la gare principale, Hachmannplatz, lun.-vend. 8h-20h, sam. 8h-18h, dim. 10h-16h.

Quotidiens – *Hamburger Morgenpost, Hamburger Abendblatt.*

Internet – *www.hamburg.de ; www.hamburg-intern.de ; www.hamburg-web.de ; www.hamburg-information.de*

Transports en commun

Il est conseillé d'emprunter les bus et les tramways du HVV (Hamburger Verkehrsverbund), réseau des transports urbains de Hambourg, dont les lignes s'étendent jusqu'au Schleswig-Holstein, *℘ 194 49 - lun.- dim. 7h-20h ; www.hvv.de.*

Vous pouvez obtenir des renseignements au bureau du HVV de la gare principale, du lundi au vendredi de 6h à 21h, le samedi et le dimanche de 7h à 21h, ainsi que dans les nombreuses stations de métro et de S-Bahn. Vous pouvez vous procurer des billets aux distributeurs automatiques orange ou, pour les bus, auprès des conducteurs. Le billet simple pour des trajets à l'intérieur de la ville coûte 2,50 €, le billet journalier vaut 6 € pour une personne, le billet de groupe (cinq personnes maximum) coûte 8,60 € (ces deux derniers billets sont valables à partir de 9h et jusqu'à l'arrêt du service). Compter 15 € pour un pass de 3 jours.

La **Hamburg Card** existe en deux versions : elle coûte 8 € par personne et 11,80 € pour un groupe de cinq personnes maximum (carte valable le jour de l'oblitération et à partir de 18h la veille). Il existe également une version valable trois ou cinq jours vendue respectivement au prix de 18 € et de 33 € (29,80 € et 51 € pour un groupe). Outre l'utilisation de tous les transports du réseau du HVV, ce billet permet d'entrer gratuitement dans 11 musées d'État et d'obtenir des tarifs réduits sur certaines visites de la ville en bus ou en bateau. Vous pouvez vous procurer la Hamburg Card à l'office de tourisme, dans de nombreux hôtels, aux distributeurs automatiques, dans les bureaux du HVV, ainsi que dans les agences de voyages *(Reisebüros)*.

Visites organisées

Tours de la ville en autocar – Visite en autobus à impériale, départ et arrivée gare principale/Kirchenallee, possibilité de monter et descendre à d'autres arrêts (en particulier St-Pauli Landungsbrücken). Le *Top Tour Hamburg (environ 1h1/2 - www.top-tour-hambourg.de)*, départ tous les jours et toutes les 30mn à partir de 9h30 et jusqu'à 17h (uniquement à 11h et 15h l'hiver). Compter 14 € pour un adulte, moitié prix pour les enfants ; le *Maritim Tour (durée : 2h1/2 - www.maritim-tour.de)*, départ à 10h, 12h30 et 15h tlj d'avril à octobre (le w.-end seulement de novembre à mars) ; le *Gala Tour (durée : 2h1/2 - www.gala-tour.de)*, départ tous les jours à 10h, traverse les différents quartiers. 19 €. Le soir venu, découvrez les lumières de la ville : le *Lichter Tour (20h-23h, 30 €, www.lichter-tour.de) et Scene Night (20h-23h, 30 €, www.scene-night-tour.de)*. Visite de la ville avec le *Hummel-Bahn (durée : 2h)* à partir de la gare principale/Kirchenallee, d'avril à octobre tous les jours ; plusieurs itinéraires de 1h3/4 à 3h toutes les 2h entre 10h30 et 16h30, de novembre à mars le samedi et le dimanche toutes les 2h entre 10h30 et 14h30, ✆ 040 792 89 79 ; *www.hummelbahn.de*. L'office de tourisme principal de Hambourg *(Tourismus-Zentrale Hamburg)* et le *Stadtreisen Hamburg*, ✆ 040 430 34 81, proposent des **visites thématiques à pied**, notamment dans le quartier de St-Pauli ou la Speicherstadt (ville-grenier).

Circuits en bateau – Différents types de bateaux sont disponibles pour visiter le port de Hambourg *(durée : 1h minimum)* ; départ et arrivée embarcadères 1 à 9 de la gare fluviale de St-Pauli ; compter 9 € pour le plein tarif, 5,50 € si vous possédez la Hamburg Card ; service d'avril à octobre, tous les jours et toutes les demi-heures de 9h à 18h ; de novembre à mars, toutes les heures entre 10h30 et 16h30. La plus grosse compagnie de navigation est l'*HADAG* (Hafen-Dampfschiffahrts-Aktien-Gesellschaft), société de navigation à vapeur dans le port : *✆ 040 311 70 70 ; www.hadag.de*. Autres sociétés : *Rainer Abicht, ✆ 040 317 82 20 ; Kapitän Prüsse : ✆ 040 31 31 30*. D'autres compagnies de navigation plus petites proposent aussi des visites du port. Les circuits sur l'Alster valent également la peine, de même que les circuits sur les canaux (embarcadère Jungfernstieg), proposés par l'*Alster-Touristik GmbH, ✆ 040 357 42 40*.

Se loger

⊖ Hotel Etap Hamburg-City – *Holstenkamp 3 - 22525 Hamburg-Eimsbüttel - ✆ (040) 85 37 98 20 - www.etaphotel.com - P ⭿ ♿ - 180 ch. - 53 € - ☕ 5,50 €*. Ici on sait à quoi s'attendre ! Cet hôtel de chaîne dans le centre-ville est avant tout financièrement intéressant. Tout est soigné et fonctionnel.

⊖ Hotel Stephan – *Schmarjestraße 31 - Ⓢ Bahnhof Altona, dans les faubourgs de Hambourg, sortie 23 de l'A7 - ✆ 040 389 51 08 - fax 040 3 895 195 - www.hotel-stephan.de - P ⭿ - 29 ch. - 70 € ☕*. Établissement près du funiculaire et de la gare d'Altona. Chambres au mobilier assez sombre. En été, la terrasse protégée du vent permet de prendre le petit-déjeuner.

⊖ Hotel Schwanenwik – *Schwanenwik 29 - ✆ 040 220 09 18 - fax 040 2290 446 - www.hotel-schwanenwik.de - P - 18 ch. - 68 € ☕*. Somptueuse maison bourgeoise blanche, en bordure de l'Alster, datée du 18ᵉ s. Elle abrite, outre des bureaux, une coquette pension. Chambres simples et modernes avec belle vue sur le lac ou le jardin à l'arrière de l'établissement. Chambres les moins chères avec douche sur palier.

⊖⊖ Hotel Brenner Hof 1 – *Brennerstraße 70-72 - Tram Lohmühlenstraße - ✆ 040 280 88 80 - fax 040 28 088 888 - www.hotelbrennerhof.de - P ⭿ - 24 ch. - 75 € ☕*. Deux maisons du centre-ville de Hambourg, à 150 m l'une de l'autre, réunies pour former cet hôtel. Propose des chambres modernes. Bien desservi par les transports, il permet de profiter des comédies musicales à l'affiche en ville.

⊖⊖ Hotel Yoho – *Moorkamp 5 - ✆ 040 2841 910 - fax 040 28 419 141 - www.yoho-hamburg.de - P ♿ - réservation* *conseillée - 30 ch. - 95 € - ☕ 10 € - restaurant 28 €.* Une équipe d'architectes de Hambourg a imaginé l'aménagement intérieur de cette villa blanche, devenue une auberge de jeunesse. Décoration sobre aux tons clairs. Les moins de 26 ans bénéficient d'un « young rate », tarification spéciale plus avantageuse.

Hotel Schmidt – *Reventlowstraße 60 - 22605 Hamburg - Othmarschen, dans les faubourgs de Hambourg, sortie 29 de l'A7 - ✆ 040 88 90 70 - fax 040 88 90 715 - www.hotel-schmidt.de - P - 45 ch. - 90 € ☕.* Situé dans un quartier vert. Les chambres, dont l'équipement varie (certaines plus confortables, d'autres plus simples), sont réparties dans plusieurs bâtiments. Petit déjeuner servi à table.

Hotel Am Elbufer – *Focksweg 40a, 21129 Hamburg-Finkenwerder, sur la rive sud de l'Elbe, sortie 30 de la A7 et continuer sur la Finkenwerderstrasse - ✆ 040 742 19 10 - fax 040 74 219 140 - www.hotel-am-elbufer.de - fermé 24 déc.-5 janv. - P - 14 ch. - 105 € ☕.* Directement sur l'Elbe, petit hôtel intime et agréable où seuls les bateaux perturbent le calme ambiant. Réservez l'une des chambres modernes, bien pourvues en équipement « technique », en sanitaires et avec belle vue sur le fleuve.

Hotel Vier Jahreszeiten – *Neuer Jungfernstieg 9 - ✆ 040 349 40 - fax 040 34 942 600 - www.hvj.de - - 156 ch. - à partir de 230 € - ☕ 22 €.* L'un des derniers « vrais » grands hôtels, en bordure de l'Alster. Luxueux décor des années de la fondation *(Gründerzeit)* et chambres modernes, confortables et charmantes. Dans les restaurants Haerlin, Doc Cheng's et Jahreszeiten Grill, dégustez une cuisine de qualité.

Se restaurer

Gröninger Haus – *Willy-Brandstraße 47 - Tram 1 Messberg - ✆ 040 33 13 81 - www.groeninger-hamburg.de - fermé sam. midi et dim. - ♿ - réservation conseillée - 15/25 €.* Cette propriété de la digue intérieure, mentionnée pour la première fois dans un document en 1260, est le plus ancien hôtel de la ville. L'actuelle Gröninger Haus comprend la Gröniger Braukeller, l'Anno 1750 et la Brauhaus Hanseat. Plats consistants avec bière brassée sur place.

Atlas – *Schützenstraße 9a - ✆ 040 851 78 10 - www.atlas.at - réservation - 20/30 €.* Ancien bâtiment d'usine quelque peu caché dans la Phönixhof. Une véritable aventure : cet établissement de la Scène mélange bistrot-restaurant et bar à cocktails. Aménagement rectiligne et terrasse recouverte de lierre aux allures d'arrière-cour.

Café Paris – *Rathausstraße 4 - ✆ 040 32 52 77 77 - www.cafeparis.net - réservation conseillée - 20/35 €.* Sa situation au cœur d'une belle demeure à proximité de l'hôtel de ville est son principal attrait. Grande salle, plutôt coquette avec petit balcon. Propose salades, pâtes et une sélection de plats internationaux.

Warsteiner Elbspeicher – *Große Elbstraße 39 - S Königsstraße - ✆ 040 38 22 42 - www.warsteiner-elbspeicher.de - 30/40 €.* Choisissez entre les deux étages de cette ancienne maison avec grenier, à côté du port : au rez-de-chaussée, bistrot décontracté avec un grand comptoir et un buffet de gâteaux ; au 1er étage, restaurant rustique avec un grand choix de plats de poisson et de viande.

Old Commercial Room – *Englische Planke 10 - Tram Stadthausbrücke - ✆ 040 36 63 19 - www.oldcommercialroom.de - réservation - 25/40 €.* Fondé il y a des siècles par un armateur anglais, cet établissement cultive le style « pub », avec de l'acajou, du cuivre et des tableaux de marines. Dégustez des plats de marin *(Labskaus)*, mais aussi du homard, de la sole ou du jambonneau.

Louis C. Jacob – *Elbchaussee 401 - 22609 Hamburg-Nienstedten - ✆ 040 82 25 50 - www.hotel-jacob.de - 65/90 €.* Vue spectaculaire sur l'Elbe, intérieur élégant et huppé et succulente cuisine française dans cette institution hambourgeoise pour le plaisir des sens. La terrasse aux tilleuls fut immortalisée sur une toile par Max Liebermann en 1902.

Le Canard Nouveau – *Elbchaussee 139 - 22763 Hamburg-Altona - ✆ 040 880 50 57 - www.lecanard-hamburg.de - fermé dim. - 58/69 €.* Dans cet établissement à la façade blanche stylisée, en bordure directe de l'Elbe, dégustez une excellente cuisine classique d'inspiration française – à des prix particulièrement abordables le midi ! Salles modernes, claires et élégantes. Terrasse au plancher de bois offrant une vue sensationnelle sur le terminal des containers.

Faire une pause

Destille – *Steintorplatz 1 (dans le Musée des Arts et Métiers au 1er étage ; entrée par Brockesstr.) - ✆ 040 2 80 33 54 – 11h-17h (buffet jusqu'à 16h).* Petit café au buffet self-service (gâteaux et salades faits maison), où est exposée la collection d'arts décoratifs 1930 du propriétaire. Vue reposante sur la cour verdoyante.

En soirée

Bon à savoir – Pour connaître les événements à ne pas manquer, procurez-vous le mensuel *Vorschau...* (suivi du mois) qui est distribué gratuitement à partir du 1er du mois dans les bureaux de l'office de tourisme, à la gare centrale et aux Landungsbrücken (à St-Pauli).

Les quartiers animés – La vie nocturne de Hambourg est depuis toujours associée au nom de St-Pauli. Connu de longue date pour ses sex-shops et autres lieux de plaisir, le quartier de la Reeperbahn et de la Große Freiheit est également devenu ces dernières années un quartier de la « scène hambourgeoise ». Pas moins de 400 restaurants sont concentrés sur un emplacement grand comme un mouchoir de poche. On trouve également de nombreuses adresses intéressantes pour se restaurer et prendre un verre en centre-ville, entre le Gänsemarkt et la Millerntor (plus particulièrement autour du Großneumarkt) ; il est agréable de se promener dans le quartier des passages, entre la Jungfernstieg et le Stadthausbrücke.

Alex im Alsterpavillon – *Jungfernstieg 54 - ✆ 040 3 50 18 70 - www.alexgastro.de -vend.-sam. 8h-3h, lun.-jeu. et dim. 8h-1h.* L'incontournable de la ville. Sans doute la plus belle terrasse à Hambourg avec vue panoramique sur le Binnenalster. Lieu de rencontre fréquenté par un public de tout âge. Pour un verre ou un petit en-cas.

Amphore – *Hafenstr. 140 (rue qui longe l'Elbe vers l'ouest à partir de Landungsbrücken) - ✆ 040 31 79 38 80 - www.cafe-amphore.de - tlj à partir de 10h.* Petit café sympathique dont la terrasse au-dessus d'anciennes casemates offre une très jolie vue sur le port d'Hambourg. Pour les frileux, un panier avec des couvertures est à disposition. Petit-déjeuner servi jusqu'à 15h.

Christiansen's Fine Drinks & Cocktails – *Pinnasberg 60 (à St-Pauli, près de Fischmarkt) - ✆ 040 3 17 28 63 - www.christiansens.de -vend. 20h-4h, sam. 20h-5h30, lun.-jeu. 20h-3h.* Difficile de faire un choix parmi les 250 cocktails, les 160 marques de rhum et les 150 variétés de whisky proposés.

Cotton Club – *Alter Steinweg 10 - ✆ 040 34 38 78 - www.cotton-club.org - lun.-sam. à partir de 20h, début du concert à 20h30 ; dim. 11h-15h - entrée à partir de 5 €.* À Hambourg, ce club fondé en 1959 est la référence en matière de jazz. Rebaptisé « Cotton Club » en 1963 et établi à cette adresse depuis 1971, il propose presque quotidiennement des concerts. Les amateurs du genre s'y pressent, toutes générations confondues.

Hamborger Veermaster – *Reeperbahn 162 - ✆ 040 31 65 44 - www.hamborgerveermaster.de - à partir de 17h (de déb. janv. à Pâques : seulement vend.-sam.).* Si vous aimez faire la fête, alors rendez-vous ici chaque vendredi ou samedi soir : musique et bonne humeur règnent alors dans cette salle au décor maritime. Dans ce cadre folklorique et original, il est aussi agréable de venir prendre un verre ou de faire un repas les autres jours de la semaine.

Tower Bar – *Seewartenstr. 9 (à St-Pauli, près de Landungsbrücken, dans l'hôtel Hafen Hamburg,* ascenseur jusqu'au 11e*) - ✆ 040 31 11 35 24 - www.hotel-hamburg.de - tlj 18h-2h. (réservation possible entre 18h-21h30).* Près du port, au 12e étage de l'hôtel Hafen Hamburg, ce petit bar à cocktails offre une magnifique vue panoramique sur la ville – surtout depuis la galerie. L'endroit étant très apprécié, il est vivement conseillé de réserver.

Achats

Bon à savoir – Les principales artères commerçantes de la ville sont la Jungfernstieg, la Mönckebergstraße et la Spitalerstraße (on y trouve également les **grands magasins**). Les nombreux passages du centre-ville sont particulièrement propices au shopping ; plus de 300 boutiques et magasins spécialisés y sont regroupés. Les **boutiques de luxe**, quant à elles, se trouvent surtout dans la Neuer Wall.

Harry's Hamburger Hafenbasar – *Balduinstr. 18 (à St-Pauli, au croisement avec Erichstr.) - ✆ 040 31 24 82 - www.hafenbasar.de - mar.-dim. 12h-18h - fermé 2-3 sem. en juil.-août - entrée 2,50 € (remboursé lors d'un achat de plus de 10 €).* Sympathique bric-à-brac d'objets acheminés par des marins des quatre coins du monde. En réalité, il s'agit plus d'un musée d'ethnologie que d'un magasin. Dans le labyrinthe à deux étages que forment les couloirs de cette maison, vous pourrez acquérir principalement des sculptures en bois. Tout est à vendre sauf les animaux empaillés.

Galeries d'art – Elles sont installées dans le centre et les différents quartiers de la ville ; on ne distingue pas de périmètre particulier qui les regrouperait toutes.

Antiquaires – Principalement dans le quartier Satin, le long de la ABC-Straße et dans l'Antik-Center de la Markthalle, situé le long du Klosterwall.

Marchés aux puces – La brochure *Menschen & Märkte* vous informe sur les marchés aux puces ayant lieu à Hambourg (et dans tout le nord de l'Allemagne) de manière irrégulière. Deux marchés aux puces réguliers ont lieu tous les samedis à Barmbek, Hellbrockstraße, entre 7h et 17h, et à Eppendorf (Nedderfeld/Parkhaus), entre 16h30 et 19h30.

Marchés – Outre le Marché au poisson (Fischmarkt, le plus célèbre de tous les marchés de Hambourg), plusieurs marchés hebdomadaires ont également lieu dans tous les quartiers de la ville. Le marché très typique qui se tient le lundi et le vendredi sous le pont du métro à Eppendorf, mérite également une visite.

Événements

Fête du port (Hafengeburstag) – 2e w.-end de mai. L'une des plus grandes fêtes portuaires au monde.

Lüneburg★★

70 620 HABITANTS
CARTE GÉNÉRALE B2 – CARTES MICHELIN Nos 718 I5 ET 541 AE 18
BASSE-SAXE

Le sel a longtemps fait la richesse de Lüneburg. La ville est en effet bâtie sur un gisement, exploité depuis le 10e s. et jusqu'à une époque récente (1980). Épargnée par la Seconde Guerre mondiale, Lüneburg est aujourd'hui une cité universitaire de caractère où il fait bon se promener. Elle constitue également la porte d'entrée des vastes étendues sauvages de la lande de Lüneburg.

- **Se repérer** – Lüneburg est à une cinquantaine de kilomètres au sud-est de Hambourg. La ville est accessible par l'autoroute A7 (Hanovre-Hambourg). Depuis Hambourg, emprunter l'A 250.
- **À ne pas manquer** – L'hôtel de ville et notamment la grande salle du Conseil.
- **Organiser son temps** – Comptez une demi-journée pour la ville et un jour pour les alentours.
- **Avec les enfants** – Le parc d'attractions Heide-Park à Soltau (*Aux alentours*).
- **Pour poursuivre le voyage** – Hambourg, Lübeck (89 km au nord), Celle (89 km au sud), Hanovre (127 km au sud), Brême (139 km à l'ouest).

Visiter

Voir plan de la ville p. 184.

Hôtel de ville★★ (Rathaus)

☏ 04131 207 66 20 - www.lueneburg.de -visites guidées seulement, en allemand (doc. en français) (1h) : avr.-déc. : 10h, 11h30, 13h, 14h30, 15h30 ; janv.-mars : tlj sf dim. à 10h, 11h30,13h30, 15h - fermé 1er janv., 24-26 et 31 déc. - 4,50 €.

L'hôtel de ville est constitué d'éléments de différentes époques, du 13e au 18e s. La **grande salle du Conseil★★** *(Große Ratsstube)*, à droite du hall d'entrée, est un chef-d'œuvre de la Renaissance (1566-1584). Entièrement lambrissée, elle est ornée de sculptures sur bois très fouillées d'Albert de Soest.

Parmi les autres salles, on remarque au 1er étage la **salle des Princes** *(Fürstensaal)*, gothique, ornée de lustres en bois de cerf et d'un superbe plafond peint. La **salle de la Justice** (*Gerichtslaube*, datant de 1330 environ) possède une voûte en berceau : les peintures des murs et des plafonds sont inspirées des gravures de Hans Burgkmair et d'Heinrich Aldegrever.

La vieille ville★

Elle est marquée par l'architecture traditionnelle en brique. Voir les maisons qui bordent la place tout en longueur **Am Sande★**, en particulier au n° 1 la **maison noire** (*Schwarzes Haus*, dite aussi *Schütting*) du 16e s., et qui était à l'origine une brasserie. Dans la Große Bäckerstraße se trouve la **pharmacie** (*Rathsapotheke)* de 1598 avec ses beaux pignons de brique torsadée. La Reitende-Diener-Straße consiste en une succession de maisonnettes basses, toutes identiques, décorées de corniches en brique torsadée et de médaillons. La Rotehahnstraße est fort pittoresque. C'est là que se trouve, aux nos 14 à 19, l'ancien hôpital **(Haus Roter Hahn)** du 16e s. dont les trois pignons à colombages ont un caractère inattendu.

Église St-Jean (St-Johanniskirche)

La puissante **tour ouest** (108 m, 2 m de décalage au sommet de la tour) de l'église St-Jean porte les traces de différents remaniements. Réouverte en 2007 après restauration, l'église actuelle date du 14e s. L'intérieur, très vaste, à cinq nefs et deux rangées de chapelles latérales, forme un carré parfait, simplement fermé à l'est par des absides polygonales. L'élément le plus précieux du mobilier est le retable sculpté du maître-autel, dont les volets sont peints de scènes de la vie de saint Jean-Baptiste, sainte Cécile, sainte Ursule et saint Georges (1482). Les **orgues**, plusieurs fois remaniés, sont parmi les plus anciennes d'Allemagne (16e s.).

Quartier de l'eau★ (Wasserviertel)

Le pont sur l'Ilmenau offre un superbe panorama de ce « Quartier de l'eau », qui fut celui de l'ancien port. À gauche se dresse l'**ancien appareil de levage** (*Alter Kran* ; 14e s., remanié au 18e s.). Plus en amont, on a une belle vue, à gauche, sur le *Lüner Mühle*, imposant moulin à colombages du 16e s., au milieu, sur l'*Abtswasserturm* (château d'eau de l'abbé), et, à droite, sur l'arrière des vieilles maisons longeant la rue

L'hôtel de ville de Lüneburg.

Am Stintmarkt. À l'angle d'Am Werder et Lünertorstrasse s'élève l'ancienne **brasserie★** *(Brauhaus)*, une maison Renaissance à pignon décorée de motifs en brique torsadée et de médaillons ; les oriels (fenêtres en saillie) qui ornent cet édifice datant de 1550 n'ont été ajoutés qu'au 16e s. À l'angle de Lünertorstrasse et de Kaufhausstrasse, remarquez une maison impressionnante, bâtie en 1574, aux pilastres de grès surmontés d'une puissante corniche (qui abrite aujourd'hui l'Office du bâtiment). À côté, on contemplera la façade baroque (1741-1745) d'un ancien établissement de commerce.

Musée national du Sel (Deutsches Salzmuseum)

☎ 041 31 45 065 - www.salzmuseum.de - tlj 10h-17h (9h-17h en semaine d'avr. à sept.) - 4 €. L'activité autour du sel a façonné l'histoire de Lüneburg pendant mille ans. Le sel servait au Moyen Âge à approvisionner une grande partie de la Scandinavie, privée du précieux minéral puisque la mer Baltique est très faiblement salée. Le trafic empruntait alors la vieille route du sel, par Lauenburg, Ratzeburg et Lübeck. Le musée du Sel est l'un des premiers d'Allemagne à être installé dans un site industriel reconverti. Il retrace l'histoire de l'exploitation du sel à Lüneburg au cours des siècles : techniques, importance commerciale, routes du sel, visite de bâtiments industriels, etc.

Aux alentours

COUVENT DE LÜNE (Kloster Lüne)

2 km, direction Hambourg et Lauenburg. Le **couvent de Lüne** remonte au 15e s. et forme avec ses dépendances un ensemble harmonieux. Il abrite depuis la Réforme des religieuses protestantes. Voir le cloître gothique avec sa fontaine couverte, le chœur des religieuses, le réfectoire principal et le réfectoire d'été. Dans l'abbatiale, autel de 1524 et orgue baroque de 1645. À découvrir aussi : le petit musée de la Tapisserie, qui présente des tapisseries gothiques aux riches illustrations et de fines broderies.

LAUENBURG AN DER ELBE

25 km au nord, direction Hambourg et Lauenburg. La paisible cité se situe à un point de passage sur l'Elbe, sur la route du sel. Les **maisons à colombages**, construites du 16e au 19e s., s'alignent sur la route longeant le fleuve, au pied d'un versant boisé incliné. Au sommet se dresse la tour de l'église Ste-Marie-Madeleine, construite en 1227.

Le donjon forme le seul vestige de l'imposant château fort commencé en 1182. Les autres parties de l'édifice furent érigées à la fin du 17e et au début du 18e s.

Le **musée de la Navigation sur l'Elbe** (*Elbschiffahrtsmuseum*, dans la ville basse, n° 59 de l'Elbstraße) restitue l'histoire de la navigation fluviale entre la Bohême et Hambourg à partir de maquettes, de documents et de moteurs de bateaux (démonstrations). *☎ 041 53 59 99 35 - mars-oct. : 10h-17h ; nov.-fév. : merc., vend. et w.-end 10h-13h, 14h-16h30 - fermé 1er janv., 24-26 déc. - 2 €.*

LANDE DE LÜNEBURG (Lüneburger Heide)

Les pittoresques bosquets de bouleaux, de pins et de genévriers, et surtout la floraison des bruyères (de mi-août à mi-septembre) font le charme des paysages parfois austères de la lande de Lüneburg. Pour préserver ce milieu sauvage de l'avancée

SE LOGER		SE RESTAURER
Bargenturm......................①	Bergström ....④	Zum Heidkrug......................①

croissante de l'agriculture et de la sylviculture, une réserve naturelle de 200 km^2 a été créée autour du Wilseder Berg : faune et flore y sont intégralement protégées, la circulation automobile n'étant autorisée que sur les routes de traversée. Un effort est aussi accompli pour conserver à l'habitat rural de la Basse-Saxe son cachet traditionnel. Même en dehors de la réserve, les villages de la lande gardent en grande partie leur charme d'autrefois, avec leur clocher de bois, isolé de l'église et masqué par un couvert d'arbres.

Couvent d'Ebstorf (Kloster Ebstorf)

26 km au sud de Lüneburg. ☏ 05 822 23 04 - visite guidée (1h30) de déb. avr. à mi-oct. : mar.-sam. 10h-11h, 14h-17h, dim. 11h15, 14h-17h ; de mi-oct. à fin oct. : 14h - fermé nov.-mars et j. fériés - 4 €.

Voir surtout dans cet ancien **couvent de bénédictins** des 14e et 15e s. le cloître gothique et la tribune des religieuses qui conserve une statue en bois grandeur nature de saint Maurice (1300) et plusieurs Vierges romanes ou gothiques. Les amateurs de géographie ancienne ne manqueront pas de voir la reproduction de la célèbre **carte du monde★** *(Weltkarte)* datant du 13e s. ; l'original, conservé autrefois par le monastère, a brûlé au cours de la Seconde Guerre mondiale.

Handwerksmuseum am Mühlenberg, à Suhlendorf

51 km au sud-est de Lüneburg et 35 km à l'est du couvent d'Ebstorf- Mühlenweg 15 - ☏ 05 820 370 ou 346- www.museum.suhlendorf.de - ♿ - avr.-nov. : mar.-jeu. 11h-16h ; vend.-dim. 10h30-17h - 2,50 €. Ce musée a pour emblème un moulin à vent sur pivot que l'on aperçoit à des kilomètres à la ronde. Le métier de meunier est expliqué à l'aide d'un grand nombre de maquettes, tandis que les professions de sellier, de forgeron ou de cordonnier font l'objet de démonstrations dans les ateliers.

Undeloh★

À l'ouest de Lüneburg, 68 km en prenant l'autoroute (emprunter l'A 250 direction Hanovre, Brême, A 7, prendre la sortie 41, puis prendre à gauche K5 en direction d'Egestorf, Naturschutzpark, Lüneburger Heide).

Séduisant village dont les maisons s'abritent sous de gros chênes, Undeloh constitue le point de départ de la route de 4 km *(interdite aux voitures – service de voitures à chevaux)* menant à Wilsede, village de la réserve maintenu à l'écart de la civilisation.

Wilseder Berg★

Du sommet (marqué par une borne : 169 m), vaste **paysage de bois et de lande★**. Par temps clair, on distingue les flèches des églises de Hambourg, à 40 km au nord.

La lande

La lande, l'une des associations végétales les plus anciennes d'Europe, n'est pas un paysage naturel. Il s'agit d'une sorte de steppe composée d'arbrisseaux, d'herbes et de mousses, en partie créée par la main de l'homme. Il y a 5 000 ans, le sol était recouvert d'une forêt que les paysans ont commencé à défricher et que les troupeaux ont fini de débroussailler. Alors, la bruyère avide de lumière a pu croître. Afin d'éviter le reboisement naturel, on a eu recours au brûlage des terres, à l'intervention des moutons et à la « taille » (à l'aide de houes).

Les blocs erratiques – D'énormes blocs de granit et parfois de porphyre sont éparpillés dans la lande. Ce sont des débris morainiques venus de Scandinavie et restés lorsque les glaciers se sont retirés il y a environ 18 000 ans. Certains de ces blocs présentent des arêtes vives.

Heide-Park★, à Soltau

53 km au sud-ouest de Lüneburg - ✆ 05191 912 48 - www.heide-park-world.de - ♿ - 24 mars-4 nov. : 9h-18h - 27 € (enf. 23 €).

Ce parc d'attractions ne compte pas moins de 40 manèges. Des villages à thème (Basse-Saxe, Hollande, Little America), ainsi que des grands 8, canyons et autres numéros de dauphins, otaries et crocodiles font la joie des grands et des petits. La descente des rapides en radeau constitue l'attraction la plus populaire du parc.

Walsrode

32 km au sud de Soltau, à 80 km de Lüneburg. Dans le parc, suivre l'itinéraire de visite indiqué (Rundgang). ✆ 05 161 60 440 - www.vogelpark-walsrode.de - ♿ - mars-oct. : 9h-19h ; nov.-fév. : 10h-16h - possibilité de visite guidée (1h) - 14 €.

Dans le **parc ornithologique★** *(Vogelpark)* d'une superficie de 22 ha vivent 4 600 oiseaux (900 espèces du monde entier), le plus souvent en semi-liberté et dans leur milieu naturel. Les échassiers et les palmipèdes sont particulièrement bien représentés, ainsi que les perroquets et les perruches.

Une ancienne maison à colombages (1717) abrite le musée allemand des Volières *(Deutsches Vogelbauermuseum).*

Bergen-Belsen

À 74 km au sud de Lüneburg et 7 km au sud-ouest de Bergen. Dans la solitude d'une clairière se dresse le **mémorial** rendant hommage aux victimes du camp de concentration de Bergen-Belsen, érigé en 1946. À l'entrée se trouve le **centre de documentation** qui abrite une exposition permanente retraçant l'histoire du camp.

Le monument – *3/4h à pied AR au départ du parc de stationnement.* Passant à côté de tumulus qui marquent l'emplacement

WWW.LUENEBURG.DE

Berger et troupeau dans la lande de Lüneburg.

des fosses communes, on atteint le monument de tuf clair : un obélisque, portant des inscriptions en treize langues, honore la mémoire des victimes de la politique d'extermination menée par les nazis.

Celle★★ *(voir ce nom)*
À 91 km au sud de Lüneburg.

Couvent Wienhausen★ (Kloster Wienhausen)
(voir Celle : Aux alentours)

Musée des Moulins (wind - und wassermühlen - Museum), à Gifhorn★★
96 km au sud de Lüneburg - ✆ 053 71 55 050 - www.muehlenmuseum.de - Comptez 2h de visite - de mi-mars à fin oct. : tlj 10h-18h ; nov. : 10h-16h le w.-end - fermé déc.-mi-mars - 8 €.
Le vaste parc agrémenté de petites étendues d'eau navigables (possibilité de louer des barques) accueille une collection unique de 16 moulins, à eau ou à vent, tous différents les uns des autres. La « maison de cuisson » vous accueille pour la restauration tandis que le pain est cuit dans l'un des deux fours en pierre de la « maison du pain ».

Lüneburg pratique

Informations utiles

Office de tourisme – *Am Markt - 21335 Lüneburg - ✆ 041 31 207 66 20 - fax 041 31 207 66 44 - www.lueneburg.de ; www.lueneburger-heide.de - lun.-vend. 9h-18h ; mai-oct. et déc. : sam.-dim. 9h-16h ; nov.-avr. : sam. 9h-14h, fermé dim.*

Vélo – Avec plus de 900 km de pistes cyclables, la région est une aubaine pour les amateurs de vélo. Cartes disponibles de la FVV *(Fremden Verkehrs Verband). Rens. ✆ 01 805 200 705.*

Se loger

Bargenturm – *Vor der Sülze 2 - ✆ 041 31 72 90 - www.bargenturm.de - 40 ch. - 89/119 €* . Hôtel très confortable, de style moderne, à proximité de la zone piétonne.

Bergström – *Bei der Lüner Mühle - ✆ 04 130 30 80 - www.bergstroem.de - - 125 ch. - 114/134 €* . Choisissez entre les chambres dans le moulin médiéval ou celles dans le bâtiment plus moderne en face. Au total, sept bâtiments et deux restaurants, l'une des scènes les plus charmantes de la ville.

Se restaurer

Zum Heidkrug – *Am Berge 5 - ✆ 04131 241 60 - www.zumheidkrug.de - fermé 1er-22 janv. et 2 sem. en août - 36/52 €.* Édifice gothique en brique (15e s.) abritant un restaurant gastronomique. Des préparations classiques vous convaincront du savoir-faire des cuisiniers. Quelques chambres coquettes de style « maison de campagne » à disposition.

Husum

20 870 HABITANTS
CARTE GÉNÉRALE A 2 - CARTES MICHELIN N^OS 718 H3 ET 541 W 7
SCHLESWIG-HOLSTEIN

La ville natale de l'écrivain Theodor Storm (1817-1888) a toujours été livrée aux assauts de la mer du Nord. Elle est aujourd'hui le plus grand port de commerce et de pêche du Schleswig-Holstein et une station touristique moderne. Ville côtière paisible, elle constitue une base idéale pour les amateurs de vélo et pour tous ceux qui souhaitent se lancer à la découverte des îles Frisonnes.

Se repérer – Située à 144 km au nord de Hambourg, Husum fait partie des dernières villes côtières de la mer du Nord avant la frontière danoise.

Pour poursuivre le voyage – Schleswig (36 km au nord-est), Kiel (85 km à l'est), Hambourg, les îles frisonnes et l'île de Helgoland.

Husum pratique

Office de tourisme – *Großstraße 27 - 25813 - ✆ 048 41 898 70 - www.husum-tourismus.de - lun.-vend. 9h-18h (oct.-avr. jusqu'à 17h), sam. 10h-16h.*

Visiter

Le port

Le port intérieur se trouve en plein centre de la ville ; les bateaux suivent le rythme des marées, ils flottent ou reposent sur le fond.

La Großstrasse réunit quelques vieilles maisons de commerçants aux hauts pignons, parfois à redans. Les combles servaient à l'origine pour entreposer les marchandises.

Musée de la Frise du Nord★ (Nordfriesisches Museum)

Herzog Adolf Str. 25 - ✆ 04 841 25 45 - www.nissenhaus.de - ♿ - avr.-oct. : 10h-17h ; nov.-mars : tlj sf lun. et sam. 10h-16h.

Un bâtiment en brique vernissée accueille ce musée qui présente une exposition sur les différents paysages côtiers de la Frise du Nord (Watt, Geest, Marsch, Polder), ainsi que sur la culture et le mode de vie de leurs habitants. La construction des digues et la conquête des terres sur la mer, ainsi que les grandes inondations, y sont traitées d'une manière poignante.

Une section a pour thème l'émigration outre-mer des habitants du Schleswig-Holstein du 17e s. à nos jours. On peut également admirer une collection de peintures frisonnes et visiter la section consacrée à l'histoire de la ville de Husum.

Maison de Storm (Storm-Haus)

Wasserreihe 31 - ✆ 04841 803 86 30 - www.storm-gesellschaft.de - avr.-oct. : dim.-lun. 14h-17h, mar.-vend. 10h-17h, sam. 11h-17h ; nov.-mars : mar., jeu., sam. 14h-17h - fermé 24 et 31 déc. - 2,50 €.

Theodor Storm habita cette maison de marchands de 1866 à 1880. À l'intérieur : meubles Biedermeier, images, documents et manuscrits ayant appartenu à l'écrivain.

Theodor Storm

Né à Husum en 1817, Storm garda toute sa vie un lien affectif fort avec sa ville natale. Personnalité affirmée, et doué d'une sensibilité profonde, il a enrichi la littérature allemande d'œuvres originales, comme *Immensee* (1849), véritable « perle poétique » dans laquelle s'exprime la densité de l'expérience intérieure de son auteur.

Église Ste-Marie (Marienkirche)

Construite de 1829 à 1832 sur des plans de Christian Friedrich Hansen, architecte de la cour du Danemark, cette église est un exemple accompli d'édifice religieux protestant de style classique. Des colonnes doriques soutiennent la tribune, d'où le regard se porte sur l'autel surmonté d'un fronton.

Château (Schloss vor Husum)

Érigé de 1577 à 1582 comme résidence d'été par le duc Adolphe de Schleswig-Holstein-Gottorf, ce château, de style Renaissance néerlandaise, fut plus tard réservé aux veuves des ducs. L'édifice fut remanié en style baroque après 1752. Joli parc, qui déploie tout son charme au printemps, lorsque fleurissent les **crocus★**.

TOURIST INFORMATION FRIEDRICHSTADT

Vue de Friedrichstadt, ville de fondation hollandaise au sud de Husum.

Aux alentours

Friedrichstadt

15 km au sud. Des protestants hollandais persécutés, membres de la communauté des « remontrants », qui avaient trouvé refuge auprès du duc Frédéric III de Schleswig-Holstein-Gottorf, fondèrent cette petite ville en 1621. Leur protecteur voulait en faire une cité commerciale prospère et un port à l'image de certaines villes hollandaises. Ce caractère quelque peu étranger donne à Friedrichstadt un charme particulier. Un quadrillage de canaux verdoyants et de rues rectilignes bordées de maisons aux frontons à redans forme un cadre attachant, que l'on explorera à pied à partir de la Marktplatz, centre des activités de la ville, ou, mieux encore, en se laissant porter au fil de ses canaux.

Eidersperrwerk★

35 km au sud. Après avoir contourné un parc ornithologique, la route atteint l'embouchure de l'Eider, fermée par un **barrage** construit entre 1967 et 1972, à la suite du raz de marée catastrophique de 1962. Les cinq énormes portes d'acier restent ouvertes lorsque les conditions météorologiques sont normales, permettant ainsi le jeu des marées. Mais elles sont fermées en cas de tempête, empêchant la mer d'envahir l'arrière-pays en s'engouffrant dans le fleuve.

St-Peter-Ording

37 km au sud. Cette station balnéaire à l'extrémité ouest de la presqu'île d'Eiderstedt possède une plage de sable de 12 km de long. Elle est particulièrement appréciée pour ses eaux sulfureuses (parmi les plus concentrées d'Allemagne) et pour ses cures de thalassothérapie. Le pont-promenade Seebrücke, d'une longueur de 1 012 m, est particulièrement animé.

Musée Nolde★ (Nolde-Museum), à Seebüll

56 km au nord. ✆ 04 664 364 - www.nolde-stiftung.de - mars-nov. : 10h-18h (nov. 17h) - 8 €. Connu sous le pseudonyme de Nolde, le peintre Emil Nansen (1867-1956), l'une des figures les plus marquantes de l'expressionnisme allemand *(voir chapitre « Art et Architecture »)*, se fit construire entre 1927 et 1937 une maison à Seebüll, selon ses propres plans, dans la solitude des marais. Chaque année, une partie différente de ses œuvres est exposée dans cette maison, devenue le **musée Nolde**. La *Vie du Christ*, série de neuf tableaux, est présentée en permanence.

L'inquiétude et l'émotion religieuse de l'artiste s'expriment par des couleurs épaisses, agressives, incandescentes, qui détruisent totalement la forme.

Îles Frisonnes septentrionales★

Nordfriesische Inseln

CARTE GÉNÉRALE A 1/2 – CARTES MICHELIN N^OS^ 718 G 2/3 ET 541 S-3 V-7
SCHLESWIG-HOLSTEIN

Ce groupe d'îles sauvages, en lutte perpétuelle contre l'érosion marine, fait partie du Parc national Schleswig-Holsteinisches Wattenmeer créé en 1985. Protégées à grand renfort de digues et de bancs artificiels, elles opposent à la mer du Nord de fragiles ondulations de sable. Les plaisirs de la plage et l'air riche en iode en font des destinations appréciées.

Se repérer – Les îles Frisonnes septentrionales sont situées en face de la côte ouest du Schleswig-Holstein, en mer du Nord, près de la frontière avec le Danemark.

Pour poursuivre le voyage – Husum sur le continent (ferries pour Nordstrand depuis Amrum), l'île de Helgoland (ferries depuis Hörnum sur l'île de Sylt).

Comprendre

Des îles aux prises avec les éléments – Depuis l'époque de la fonte des glaciers quaternaires, le vent et la mer n'ont cessé de façonner les paysages des îles Frisonnes septentrionales : des îles furent rattachées au continent, certaines parties du continent s'en détachèrent. Les îles de la mer des Wadden se divisent en deux groupes : les îles de la Geest au sol sablonneux, Sylt, Föhr et Amrum, dont le noyau est composé de dépôts morainiques ; et les îles de Pellworm et Nordstrand, formées à la suite du raz de marée de 1634, qui sont au contraire constituées de dépôts de vase endigués.

Visiter

Sylt★★

S'y rendre en train-voiture : ☎ (046 61) 93 45 67 - www.syltshuttle.de - en partant de Niebüll (Westerland, 35mn) : véhicule avec passagers 80 € AR.

Par ferry, un service fonctionne entre les ports de Havneby (île danoise de Römö, accessible par route) : 5 à 7 liaisons quotidiennes (environ 50mn) ; voitures occupants inclus à partir de 59,50 € AR, passagers sans voiture 7,75 € AR ; renseignements et réservations : ☎ 018 03 10 30 30 - www.frs.de

Malgré sa faible superficie (à peine 100 km^2), Sylt présente des paysages très variés : cordons de dunes, terres conquises sur la mer, prés salés, champs cultivés, interminables étendues de vase (Watt, ou Wadden) et tumulus préhistoriques…

La côte occidentale est, quant à elle, bordée sur des kilomètres d'une immense plage de sable fin. L'île constitue aujourd'hui une destination très prisée des vacanciers auxquels elle propose d'agréables stations balnéaires, climatiques et de thalassothérapie.

Westerland★ – La plus grande localité de l'île est aussi la station balnéaire allemande la plus fréquentée de la mer du Nord, avec son centre de thalassothérapie *(Kurmittelhaus)*, sa piscine *Sylter Welle*, véritable parc de loisirs aquatiques en forme de bateau, et sa plage de sable longue de 7 km. Voir et être vu, c'est là la devise, pratiquée non seulement sur la Promenade mais aussi dans les nombreux bistrots, cafés et boîtes de nuit. Il ne manque à Westerland ni endroits où flâner *(Strandstraße et Friedrichstraße)*, ni galeries, boutiques ou casino (l'ancien établissement thermal de style Art nouveau). On peut s'y adonner à toutes sortes d'activités sportives et culturelles.

Keitum – Cette localité idyllique aux nombreux ateliers d'artistes est le « cœur vert » de l'île ; elle charme par ses maisons frisonnes séculaires couvertes de roseaux et blotties sous les fourrés de lilas, ses murs de pierres sèches où abonde l'églantier. De la **falaise verte** *(Grünes Kliff)*, vaste panorama sur les étendues marines et vaseuses du Parc national de la mer des Wadden. À la sortie du village (en direction de Munkmarsch), se trouve l'église des marins, St-Séverin (début du 13e s.), avec des fonts baptismaux romans.

Au sud de **Kampen**, ancien village d'artistes où l'on rencontre aujourd'hui bien des célébrités, la **falaise rouge★** *(Rotes Kliff)* domine la mer (*voir photo p. 190*). À Wenningstedt-Braderup se trouve le **Denghoog**, un dolmen de plus de 4 000 ans, constitué de trois énormes blocs de deux tonnes reposant chacun sur douze blocs verticaux. La **falaise de Morsum** intéressera les amateurs de géologie.

Au nord de Sylt, près du port de **List**, **dune mouvante** de sable quartzeux de 1 000 m de long et 30 m de haut, qui se déplace tous les ans de plusieurs mètres vers l'est.

Föhr

Liaisons vers Föhr : Dagebüll-Föhr (3/4h) : environ 9 à 12 liaisons quotidiennes. 11 € AR. Dagebüll-Amrum (1h1/2) : environ 6 à 10 liaisons quotidiennes. 15,60 € AR. Horaires variables. Renseignements et réservations pour le passage des voitures auprès de Wyker Dampfschiffs-Reederei Föhr-Amrum GmbH, à Wyk, sur Föhr. ☏ 018 05 08 01 40 - www.faehre1.de

Cette île au charme tranquille se situe dans la mer des Wadden. Son climat est étonnamment doux. Deuxième des îles Frisonnes septentrionales en surface (après Sylt), elle comprend des zones de dépôts limoneux, vertes et assez vastes, et des zones de moraines légèrement vallonnées, occupées par de jolis villages de chaumières (Nieblum, Süderende, Oldsum). Les plages sont dans la partie sud, alors que la partie nord, désertique, voit croître de petits bosquets destinés à la protection des oiseaux.

Au sud-est, **Wyk**, charmant petit port et chef-lieu de l'île, se distingue par ses kilomètres de promenades, ses petites rues bien entretenues et son front de mer planté d'arbres, aménagé à l'occasion des visites estivales de la famille royale danoise. Si vous êtes curieux du milieu, de l'histoire et de la culture de la Frise septentrionale, une petite visite au **musée de la Frise** *(Friesenmuseum)* s'impose. Dans l'écart de Boldixum se trouve l'**église St-Nicolas**, construite dans la seconde moitié du 13e s., dont les voûtes sont peintes de scènes de la Genèse. **Dunsum** est le point de départ des promenades vers Ansum à travers la mer des Wadden.

Amrum

Liaisons vers Amrum : Schlüttsiel-Amrum (2h1/2) : 1 à 2 liaisons quotidiennes. 16,20 € AR. Horaires variables. Renseignements et réservations pour le passage des voitures auprès de Wyker Dampfschiffs-Reederei Föhr-Amrum GmbH, à Wyk, sur Föhr. ☏ 018 05 08 01 40.

De toutes les îles de l'archipel, c'est sans conteste la plus originale et celle où la nature a gardé le plus de droits. L'immense plage de Kniepsand, constituée d'un banc de sable de 1,5 km de large, la protège à l'ouest des assauts de la mer du Nord. Derrière, en allant vers l'est, s'étendent de vastes dunes, des landes, des bois et des cultures qui atteignent la côte orientale et la mer des Wadden, où abondent les oiseaux de mer. Les différentes découvertes protohistoriques et préhistoriques faites à proximité de Steenode ont éclairé le passé de la Frise. Avec ses 4,70 m de hauteur et ses 26,50 m de diamètre, l'**Esenhugh** est le plus grand cairn (monticule) de l'île. Le plus charmant village, **Nebel**, fut édifié au 16e s. autour de l'**église médiévale St-Clément**. On pourra voir avec intérêt **Öömrang Hüs**, une maison de capitaine bâtie en 1736. Tout au nord, au cœur de la réserve ornithologique, **Amrum Odde** est le point de départ des promenades vers Föhr à travers la mer des Wadden.

Les Halligen★

Ce chapelet d'îles est tout ce qu'il reste d'une zone de dépôts marins qui constituait la ligne côtière à l'époque préhistorique. Vers 1600, on recensait encore 25 îlots ; il n'en subsiste qu'une dizaine, car certains ont disparu au cours de raz de marée ou se sont soudés les uns aux autres. Aucune digue ne protège les Halligen, aussi sont-ils fréquemment inondés (jusqu'à 50 fois dans l'année) ; n'émergent alors du *Land unter*

N. Bock / KURVERWALTUNG KAMPEN

La falaise rouge, au sud de Kampen, sur l'île de Sylt.

que les tertres artificiels, dits *Warften*, sur lesquels sont construites les maisons. 400 personnes habitent les Halligen, dont les îles les plus importantes sont **Langeneß**, **Oland** (rattachée au continent) et **Hooge**, dit « la reine des Halligen ».

Pellworm

Laisons vers Pellworm : Embarcadères : Nordstrand/Strucklahnungshörn, Pellworm. Liaisons (35mn) : entre 3 et 7 liaisons quotidiennes selon les marées. 9,50 €/personne, 47 €/voiture sans passager AR. ✆ 048 44 753.

Qui aime méditer trouvera là domaine approprié tant l'île est calme… Sans la digue longue de 25 km et haute de 8 m qui la cerne, elle disparaîtrait à chaque marée haute. Sur les digues paissent des moutons, partie intégrante du paysage au même titre que les vaches de race frisonne pie noire qui broutent dans les prés.

La principale curiosité de l'île est l'imposant clocher en ruine de l'**ancienne église du St-Sauveur** (11e-12e s.). À côté, le **cimetière des apatrides** reçoit les corps rejetés par les flots. Ici et là des vestiges de villages engloutis par le raz de marée de 1634. Les trouvailles archéologiques, en partie dues au facteur Heinrich Liermann, qui parcourut les Wadden pendant près d'un demi-siècle pour distribuer le courrier à Süderoog, sont regroupées au **musée des Wadden Liermann** *(Wattenmuseum Liermann)*.

Nordstrand

L'île est aujourd'hui rattachée au continent par une digue de 4 km. Les polders, consacrés aux céréales ou aux pâturages, y composent un véritable damier d'où émergent les fermes établies sur des tertres. Le cœur de l'île est **Süden**, charmante localité où se sont établis des artisans. Au nord de l'île, on avait cessé d'entretenir à partir de 1930 les bosquets plantés pour la protection des oiseaux ; certains sont désormais réaménagés pour témoigner du patrimoine insulaire, tandis qu'une zone bien délimitée est restée intacte pour servir de biotope de la forêt non défrichée.

Îles Frisonnes septentrionales pratique

Informations utiles

Toutes les adresses ci-dessous sont à Sylt.

Office de tourisme – *Keitumer Landstrasse 10b, 25980 Tinnum/Sylt - ✆ 04651 6026 - www.sylt-tourismus.de*

Transports

L'île de Sylt est reliée au continent depuis 1927 par la digue Hindenburg, qu'emprunte la voie ferrée. Il est possible d'accéder à Sylt par « trains-autos », en partant de Niebüll *(Westerland, 35mn : véhicule avec passagers 80 € AR. ✆ 046 61 93 45 67, 0,14 €/min.)*, ou par ferry : un service fonctionne entre les ports de Havneby *(île danoise de Römö, accessible par route ; à partir de Havneby/Dänemark : 5 à 7 liaisons/j., jusqu'à 12 en juil.-août. Durée : env. 50mn. Voitures occupants inclus à partir de 59,50 € AR, passagers sans voiture 7,75 € AR. Renseignements et réservations : ✆ 0180 310 30 30.*

Se loger

Parkhotel am Südwäldchen – *Fischerweg 45 - 25980 Sylt-Westerland - ✆ 046 51 83 63 00 - www.parkhotel-sylt.de - - P - - 24 ch.- 110-130 €* . Au calme dans une zone résidentielle, hôtel soigné constitué de deux maisons reliées entre elles par le sous-sol. Piscine couverte et sauna parmi les commodités du lieu.

Hotel Morsum Kliff – *Nösistig 13 - 25980 Sylt-Ost-Morsum - ✆ 046 51 83 63 20 - www.hotel-morsum-kliff.de - fermé lun. - 124 €.* Sur une falaise isolée de Morsum, à la pointe de l'île, pour un séjour reposant et faire honneur à la table. Endroit charmant, aménagé avec goût et recherche. Chambres élégantes. Au restaurant, offre variée, cuisine régionale.

Hotel Seiler Hof – *Gurtstig 7 - 25980 Sylt-Ost-Keitum - ✆ 04651 933 40 - fax 04651 933 444 - www.seilerhofsylt.de - - P - 11 ch. - à partir de 150 €* . Ancienne maison de capitaine datant de l'époque où les habitants de Sylt allaient pêcher la baleine au Groenland. Chambres confortables et charmant jardin.

Se restaurer

Webchristel – *Süderstraße 11 - 25980 Sylt-Westerland - ✆ 04651 229 00 - fermé 20 nov.-24 déc. et merc. - - 24/50 €.* Sur la route de Ranthum, ce restaurant au cadre rustique mérite une visite. Plats régionaux raffinés. Laissez-vous tenter !

Faire une pause

Kupferkanne – *Stapelhooger Wai - 25999 Sylt-Kampen - ✆ 046 51 41 010 - www.kupferkanne-sylt.de - tlj 10h-18h.* Café original dans un ancien bunker. Intérieur comme extérieur avec vue sur le Watt offrent un caractère insolite. Dégustez différents thés, cafés et gâteaux maison.

En soirée

Salon 1900 – *Süderstraße 40 - 25980 Sylt-Ost-Keitum - ✆ 046 51 93 60 00 - www.salon1900.de - tlj sf mar. 12h-23h (restaurant) ou 2h.* Café, restaurant, bar et discothèque réunis sous un toit de chaume. Agréable jardin.

Helgoland★★

1 450 HABITANTS
CARTE GÉNÉRALE A 2 – CARTES MICHELIN N^{OS} 718 G3 ET 541 Q 10
SCHLESWIG-HOLSTEIN

Située dans une zone de la mer du Nord réputée pour la puissance de ses courants et son climat imprévisible, Helgoland fut longtemps possession danoise avant de tomber, en 1814, sous la coupe des Britanniques. Elle fut finalement échangée en 1890 par les Allemands contre Zanzibar. L'apparition des falaises de grès rouge de l'île, à 70 km des bouches de l'Elbe, est saluée chaque année par des milliers de touristes, séduits par la perspective d'une croisière en haute mer.

Se repérer – L'île de Helgoland est à une soixantaine de kilomètres environ de la côte du Schleswig-Holstein.

Pour poursuivre le voyage – Les îles Frisonnes septentrionales (liaisons en ferry avec l'île de Sylt et avec Cuxhaven sur le continent).

Helgoland pratique

Office de tourisme – *Lung Wai 28 (im Rathaus) - 27498 Helgoland - fax 047 25 813 725 - www.helgoland.de*

Visiter

On se rend sur l'île de Helgoland partir de Cuxhaven et de Hambourg - billet journalier AR à partir de 56 €. Renseignements auprès de la Förde Reederei Seetouristik : ✆ 0180 320 20 25 - www.frs.de ou Reederei Cassen Eils : ✆ 047 21 3 50 82 84 - www.helgolandreisen.de.

Sime / PHOTONONSTOP

Dune et plage sur l'île de Helgoland.

L'île, minée par les flots au cours des siècles, s'étend actuellement sur une superficie inférieure à 1 km^2. En 1947, conformément aux accords de Potsdam, les installations militaires, dont la base de sous-marins, ont été détruites par les Britanniques qui ont utilisé 6 000 tonnes d'explosifs lors de cette opération. Restituée à l'Allemagne en 1952, l'île a retrouvé sa vocation touristique, grâce à la reconstruction d'une agglomération divisée en deux niveaux (Unterland et Oberland) par l'abrupt de la falaise.

Un aquarium, un observatoire ornithologique et une station de biologie marine confèrent au site un grand intérêt scientifique.

Helgoland réserve aux visiteurs de multiples attractions : promenades sur la falaise, bains de mer sur le banc de sable isolé de la Düne, à l'abri des oscillations de la marée, et privilège douanier détaxant la vente des tabacs, chocolats et spiritueux…

Brême★★

Bremen

544 860 HABITANTS
CARTE GÉNÉRALE A 2 - CARTES MICHELIN N° 718 H5 ET N° 541 W19
BRÊME

Réputée pour sa bière, la Beck's, et popularisée jadis par les frères Grimm, Brême, cité du coton et du café, est une ville portuaire et industrielle qui a su garder un visage agréable, à l'architecture variée (Renaissance, Art nouveau, Art déco...). Les rives de la Weser invitent à la promenade, et l'ancien quartier des pêcheurs, le Schnoor, avec ses bistrots, ses ateliers et ses restaurants, est très animé. À l'instar de la place du Marché, que les Brêmois considèrent tout simplement comme leur « salon ».

- **Se repérer** – La ville de Brême est desservie par l'autoroute A 1 qui relie Hambourg au nord-est (125 km) et Cologne au sud-ouest (317 km), alors que l'A 27 et l'A 7 mènent à Hanovre (131 km).
- **À ne pas manquer** – Goûtez aux spécialités culinaires dans un restaurant du quai Schlachte ou du quartier Schnoor.
- **Organiser son temps** – Comptez une journée.
- **Avec les enfants** – Le musée d'Outre-Mer.
- **Pour poursuivre le voyage** – Hambourg, Lüneburg.

Comprendre

Les dates-clés – Brême obtint très tôt le droit de marché, adhéra à la Hanse en 1358 et fut déclarée ville libre d'Empire en 1646. Dès 1783, elle était en relations commerciales directes avec les États-Unis d'Amérique.

Les ports de Brême – Environ un tiers de la population brêmoise dépend directement ou indirectement des ports de Brême, qui englobent les complexes portuaires de la ville même et de Bremerhaven. Avec un trafic de plus de 30 millions de tonnes, les ports de Brême constituent après Hambourg le deuxième port maritime d'Allemagne. Les matières premières les plus variées et d'autres produits, tels que le vin, le papier ou les fruits y transitent. Le complexe portuaire de Bremerhaven se distingue notamment par ses performances dans le domaine du transbordement de conteneurs et d'automobiles : plus d'un million de conteneurs passent chaque année le Wilhelm-Kaisen-Terminal, qui s'enorgueillit d'être le plus grand centre de manutention de conteneurs d'un seul tenant en Europe, et près de deux millions de véhicules transitent par les quais du complexe portuaire de Bremerhaven, qui est ainsi la plus grande plate-forme européenne de transbordement d'automobiles.

Se promener

LE VIEUX BRÊME *visite : 2h*

Place du Marché★★ (Marktplatz)

Au cœur du vieux Brême, la vaste place du Marché s'entoure des monuments les plus anciens de la ville. La gigantesque **statue de Roland**, surmontée d'un baldaquin gothique (près de 10 m de haut), érigée en 1404 devant l'hôtel de ville, en marque le centre ; le chevalier porte le glaive de la justice et le bouclier orné de l'aigle impériale.

Le **Schütting**, élégant bâtiment du 16e s., est l'ancien siège de la corporation des marchands. La décoration de sa façade est d'inspiration flamande.

Hôtel de ville★ (Rathaus)

Am Markt 21 - ✆ 01 805 10 10 30 - www.bremen-tourismus.de - visite guidée (1h) lun.-sam. 11h, 12h, 15h, 16h, dim. 11h, 12h - 5 €. L'hôtel de ville se compose d'un corps principal gothique dont les superstructures à pignons décoratifs sont une transformation du début du 17e s., dans le style de la Renaissance de la Weser.

La façade principale se divise en trois étages : la galerie à arcades surmontée d'une balustrade richement sculptée, la partie médiane où alternent les hautes fenêtres et les statues gothiques de Charlemagne et des Sept Électeurs (il s'agit de copies : les statues originales sont exposées au musée Focke), le couronnement à trois pignons.

À un angle de l'aile ouest se dresse le groupe de bronze moderne – œuvre de Gerhard Marcks – des *Animaux musiciens de la ville de Brême* (pyramide formée par un âne, un chien, un chat et un coq), rappelant le conte très populaire des frères Grimm.

L'hôtel de ville et la cathédrale Saint-Pierre sur la place du Marché.

Intérieur – La salle d'honneur du 1er étage s'orne d'un splendide **escalier★★** à vis en bois sculpté (1620). Sa décoration Renaissance évoque son affectation aux cours de justice *(Le Jugement de Salomon)* et le monde de la mer (maquettes de bateaux). La **Güldenkammer**, petite salle rénovée en 1905, présente un somptueux revêtement mural en cuir rehaussé d'or.

Église paroissiale Notre-Dame (Pfarrkirche Unserer Lieben Frauen)

La construction de l'église paroissiale Notre-Dame commença en 1229. Cette église-halle qui, à l'exception de la chaire de 1709, renonce à toute parure, est caractérisée par ses voûtes d'ogives bombées, qui sont encore d'origine. Les quatre vitraux principaux (1966-1979), d'Alfred Manessier, représentent des scènes de la Bible.

Sous la partie nord-est de l'église se trouve une **crypte** très dépouillée remontant à l'église St-Vit, qui occupait précédemment le même site. Datée de 1020, c'est le plus ancien espace clos préservé de Brême.

Cathédrale St-Pierre★ (St-Petri-Dom)

Brochure en français. La cathédrale St-Pierre présente quasiment les mêmes structures que l'édifice élevé au 11e s., mais les travaux effectués au 16e et au 19e s. ont amplement modifié son aspect.

Au premier pilier à gauche du chœur surélevé, belle **Vierge à l'Enfant★** du 16e s. La balustrade de la tribune d'orgue est ornée de sculptures parmi lesquelles on reconnaît, au centre, Charlemagne et Willehad, premier évêque de Brême.

Sous cette tribune se trouve la crypte ouest du 11e s. : chapiteaux romans et magnifique **cuve baptismale★★** en bronze (vers 1220). On voit également un petit orgue de Gottfried Silbermann. La crypte est, réalisée aux débuts de la période franque, présente des chapiteaux aux ornements en damier.

Le **musée de la Cathédrale** (Dom-Museum) renferme des objets provenant de tombes découvertes sous la nef.

Par la cour intérieure, on accède à la **cave au plomb** *(Bleikeller)*, où l'on découvre huit cercueils de verre contenant des corps momifiés. Cette momification est attribuée à l'air extrêmement sec qui règne dans la cave.

Böttcherstraße★

Cette rue étroite relie la Marktplatz à la Weser. Le négociant Roselius, enrichi par le commerce du café, la fit construire de 1923 à 1933. Alors que les architectes Runge et Scotland s'inspirèrent de l'architecture locale, Bernhard Hoetger s'inspira lui du style expressionniste enrichi de *Jugendstil* et d'Art déco. Les hautes maisons de brique à pignons de cette rue unique en son genre abritent des galeries d'art, des magasins et des musées. Un carillon de porcelaine, placé entre deux pignons, se fait entendre à 12h, 15h et 18h (toutes les heures entre 12h et 18h l'été).

Vous trouverez aux nos 6-10 de cette rue les deux musées suivants :

Musée Paula-Modersohn-Becker★ *✆ 0421 336 50 77 - www.pmbm.de - tlj sf lun. 11h-18h - possibilité de visite guidée sur demande - 5 €.* La maison de Paula Modersohn-Becker, construite par Bernhard Hoetger, constitue un cadre idéal pour exposer les toiles, esquis-

> **La ville du café**
> Le commerce du café est une tradition vieille de plus de trois siècles dans la ville de Brême. C'est en 1673 – bien avant Vienne et Hambourg – que se serait ouvert dans les pays germaniques le premier établissement servant la précieuse boisson. La moitié du café consommé en Allemagne transite aujourd'hui par les ports de Brême.

ses et gravures de cette femme peintre, précurseur de la peinture moderne.
Musée dans la maison de Roselius *(Museum im Roseliushaus)* – Cette vieille maison de négociant, qui date de 1588, abrite de précieux meubles, tableaux et objets d'art (12e-19e s.). La collection créée par Ludwig Roselius comporte notamment des œuvres de Cranach l'Ancien et une Pietà de Tilman Riemenschneider.
Un peu plus loin, la **Maison Atlantis** (1931), immeuble décoré de signes du zodiaque, possède un curieux escalier tournant de verre et de béton.
Non loin, au-delà de la Martinistraße, sur les bords de la Weser, se dresse l'**église St-Martin** *(St-Martinikirche)*, de type halle (13e et 14e s.).
Quitter la Böttcherstraße en remontant la Weser le long du quai. Après avoir dépassé le pont, prendre la première ruelle sur la gauche.

Quartier du Schnoor★ (Schnoorviertel)
Les maisonnettes du quartier du Schnoor, dernier vestige du vieux Brême, étaient habitées naguère par les pêcheurs. De styles différents (15e-19e s.), elles ont été restaurées et abritent aujourd'hui des restaurants, des galeries, des boutiques d'antiquités et d'artisanat. Le soir, ces ruelles sont très animées.

Visiter

Galerie d'art★ (Kunsthalle)
Am Wall 207 - ✆ 0421 32 90 80 - www.kunsthalle-bremen.de - ♿ - tlj sf lun. 10h-17h (mar. 21h) - fermé 24 et 31 déc. - 5 €.
La présentation la plus remarquable de la galerie d'art est celle des écoles de peinture allemande et française aux 19e et 20e s. : œuvres de Delacroix, Courbet, de l'école de Barbizon ; de Menzel, Leibl, Beckmann ; des impressionnistes français et de leurs contemporains allemands ; des artistes de l'école de Worpswede. Les autres époques de la peinture européenne sont également présentes avec, outre des maîtres du 15e s., Rubens, Rembrandt, Tiepolo et Picasso. La salle des gravures sur cuivre abrite plus de 230 000 dessins et gravures de l'époque de Dürer à nos jours.

Musée régional Focke★★ (Focke-Museum)
✆ 0421 699 60 00 - www.focke-museum.de - ♿ - mar. 10h-21h, merc.-dim. 10h-17h - possibilité de visite guidée sur demande préalable - fermé 1er janv., 3 oct., 24-25 et 31 déc. - 4 €.
La qualité des objets exposés au musée Focke et leur présentation aérée dans un cadre de verdure rendent la visite particulièrement attrayante. Les objets exposés dans le hall d'entrée évoquent des thèmes importants de l'histoire de la ville. Parmi ces thèmes : la maison brêmoise, la Weser, l'argenterie, l'automobile et les chantiers navals. Puis la visite se poursuit selon un itinéraire chronologique. La navigation et le commerce ne constituent qu'un aspect de l'histoire de cette ancienne cité hanséatique, depuis toujours tournée vers la mer. Un bâtiment annexe coiffé de roseaux abrite les collections consacrées à la préhistoire et aux débuts de l'histoire de la région.
Une ferme-halle de 1586 typique des plaines de l'Allemagne du Nord, transportée de Mittelsbüren et remontée ici, propose un panorama du patrimoine rural du Land de Brême. La grange de Tarnstedt contient des instruments liés au travail de la terre.
Le musée comporte encore un autre bâtiment, la **maison Riensberg** *(à droite de l'allée qui mène à l'édifice principal)*. Cette maison construite dans la seconde moitié du 18e s., jadis ferme et résidence d'été de riches familles brêmoises, abrite mobilier et vaisselle des maisons patriciennes, ainsi que des collections de porcelaines de Fürstenberg et de verreries européennes.

Musée d'Art contemporain (Neues Museum Weserburg)
✆ 0421 59 83 970 - www.nmwb.de - ♿ - tlj sf lun. 10h-18h, jeu. 10h-21h, w.-end 11-18h. fermé 1er mai, 3 oct., 24, 25 et 31 déc. - 5 €.
Il s'agit d'un des plus grands musées d'Allemagne consacré à l'art contemporain. Logé dans des anciens entrepôts en brique rouge sur une île de la Weser, il s'est enrichi de plusieurs collections privées et permet d'avoir une vision globale sur l'art contemporain de ces quarante dernières années.

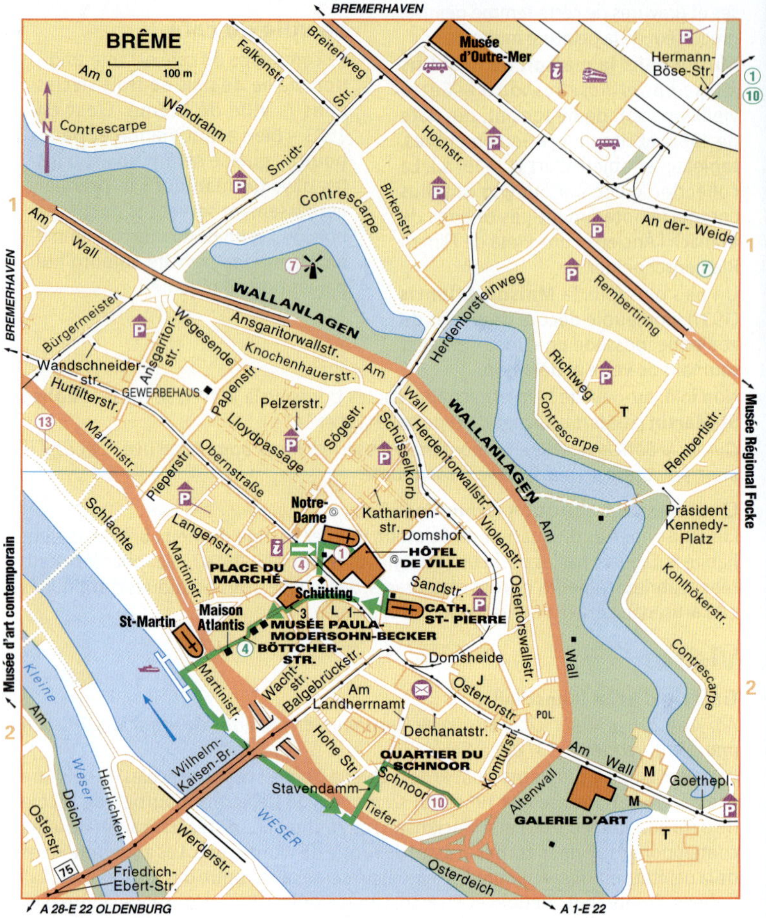

SE LOGER		SE RESTAURER			
Bölts am Park	1	Bremer Ratskeller	1	Paulaner's	13
Hilton Bremen	4	John Benton Restaurant	4	INDEX DES RUES	
Hotel Buthmann	7	Kaffee Mühle	7	Am Dom	1
Park Hotel	10	Katzen-café	10	Schüttingstr.	3

Musée d'Outre-Mer (Überseemuseum)

Bahnhofsplatz 13 - ☏ 0421 16 03 81 01 - www.uebersee-museum.de - tlj sf lun. 9h-18h - possibilité de visite guidée (1h30) sur demande préalable - fermé 1er janv., 1er Mai, 24-25 et 31 déc. - 6,50 €.

Sur les trois niveaux d'un bâtiment moderne et lumineux sont présentées différentes collections d'objets hétéroclites venus des quatre coins du monde. Les mises en scène intéresseront les plus jeunes, comme la section consacrée à la navigation avec de nombreuses maquettes et la reconstitution du travail et de la vie à bord.

Aux alentours

Worpswede

24 km au nord – environ 1h1/2. Sortir de Brême par Rembertiring. Autrefois isolé au milieu des tourbières, le village de Worpswede attira à la fin du 19e s. une colonie d'artistes (Rainer Maria Rilk, Paula Modersohn-Becker et son époux…). Depuis, galeries, ateliers, boutiques d'artisans d'art s'y sont multipliés. Les constructions biscornues du Café Worpswede et du Niedersachsenstein (monument commémoratif de la Première Guerre mondiale) laissent apparaître les ambitions des architectes liés au groupe.

Bremerhaven

58 km au nord. L'avant-port de Brême fut fondé en 1827 à l'embouchure de la Weser. La moitié de la flotte de pêche d'Allemagne y est amarrée, mais Bremerhaven est avant tout un important port de conteneurs *(voir en tête de chapitre : Les ports de Brême)*.

La ville compte plusieurs musées, dont le plus intéressant est le **musée allemand de la Navigation★★** (*Deutsches Schiffahrtsmuseum*). Les expositions permanentes de ce musée retracent les évolutions des techniques du Moyen Âge à nos jours. La section en plein air présente un ensemble unique de bateaux, témoins de l'histoire de la navigation allemande. *Hans-Scharoun-Platz 1 - ✆ 0471 48 20 70 - www.dsm.de - ♿ - 10h-18h - fermé lun. (nov.-mars), 24-25 et 31 déc. - 6 €.*

Parmi les autres musées de Bremerhaven, le Musée **historique** *(Historisches Museum Bremerhaven) - ✆ 0471 30 81 60 - www.historisches-museum-bremerhaven.de - tlj sf lun. 10h-18h. 4 €.*

On peut également aller voir le **musée de l'Émigration** *(Deutsches Auswandererhaus) - ✆ 0471 90 22 00 - www.dah-bremenhaven.de - tlj sf lun. 10h-18h, sam. 10h-19h (nov.-mars : ferme une heure plus tôt) - 9,50 €.*

Brême pratique

Informations utiles

Office de tourisme – *Am Bahnhofsplatz, ou Obernstraße (centre-ville) - ✆ 01 805 10 10 30 ; www.bremen-tourism.de - gare : lun.-vend. : 9h-19h, sam.-dim. : 9h30-18h - centre-ville : lun.-vend. : 10h-18h30, sam.-dim. : 10h-16h.*

EntdeckerCARD – *Carte valable 3 jours dans le nord-ouest-Entdeckerland, comprenant les visites des 48 musées et expositions de la région, les parcs de loisirs, des excursions en car ou en bateau et la gratuité des bus et des trains ; particulièrement rentable si vous enchaînez les visites - www.entdeckercard.de*

Bremer Erlebnis CARD – *Carte valable 1 ou 2 jours pour des transports gratuits dans la province et de nombreuses réductions, en particulier dans les musées.*

Radstation – *Am Hauptbahnhof - ✆ 0421 794 795 11 - www.adfc-bremen.de et www.happy-rikscha-bremen.de.* Location de vélos (9 €/24h, 35 €/semaine). Possibilité aussi de louer des *rickshaw*, avec ou sans chauffeur.

VISITE DES PORTS

Toutes les croisières partent de l'embarcadère Martini situé près de l'église St-Martin. Descente de la Wesser et visite du port (1h1/4) : mai-sept. : 10h15, 11h45, 13h30, 15h15, 16h45 ; oct.-avr. : 11h45, 13h13, 15h15 et w.-end à 10h15 et 16h45. 8 € - Excursions en barcasse traditionnelle (barque à tourbière) : mai-oct. - ✆ 018 05 10 10 30.

Se loger

⊜⊜ **Hotel Buthmann** – *Löningstraße 29 - ✆ 0421 32 63 97 - fax 0421 339 88 16 - www.hotel-buthmann.de - 10 ch. - 70 €* ☕. Petite pension proche de la gare. Chambres avec meubles en bois naturel ; décoration sobre mais propre et soignée. Prix raisonnables.

⊜⊜ **Bölts am Park** – *Slevogtstraße 23 - ✆ 0421 34 61 10 - fax 0421 341 227 - www.hotel-boelts.de - 16 ch. - 85 €* ☕. Comme son nom l'indique, petite pension très calme située dans un parc. Chambres très soignées et belle salle réservée au petit-déjeuner avec cheminée et vue sur le petit jardin à l'arrière. Deux chambres moins chères avec wc et douche sur le palier.

⊜⊜⊜ **Hilton Bremen** – *Böttcherstraße 2 - ✆ 0421 369 60 - www.hilton.com - P - 235 ch. - 120 €* ☕. Hôtel de grand standing autour d'un atrium vitré, qui communique avec la Böttcherstraße via la maison Atlantis.

⊜⊜⊜⊜ **Park Hotel** – *Im Bürgerpark - ✆ 0421 340 80 - fax 0421 3 408 602 - www.park-hotel-bremen.de - P - 150 ch. - à partir de 230 €* ☕. On devine le luxe et le caractère exclusif de l'endroit dès que l'on pénètre dans la somptueuse salle coiffée d'un dôme de cette ancienne maison de campagne. Les suites à la décoration personnalisée sont somptueuses. Partie remise en forme, avec bains turcs et piscine extérieure chauffée.

Se restaurer

⊜ **Katzen-café** – *Schnoor 38 - ✆ 0421 32 66 21 - www.katzen-cafe.de - 10/20 €.* Dans le quartier Schnoor, ce restaurant se démarque par son jeu de terrasses sur différents niveaux, agréables. Spécialités, dont de nombreux plats de la mer.

⊜⊜ **Paulaner's** – *Schlachte 30 - ✆ 0421 169 06 91 - www.paulaners.de - réservation conseillée - 15/30 €.* Établissement agréable à la décoration rustique. Service efficace et aimable. L'un des plus beaux *Biergarten* du centre-ville, à proximité directe de la Weser. Nombreux plats bavarois au menu.

⊜⊜ **John Benton Restaurant** – *Am Markt 1 - ✆ 0421 32 30 33 - fermé 24 déc. - ♿ - 15/30 €.* Adresse appréciée, au cœur de la vieille ville. De la terrasse, belle vue sur la cathédrale. Plats de viande variés.

⊜⊜ **Kaffee Mühle** – *Am Wall 212 - ✆ 0421 144 66 - www.muehle-bremen.de - 20/30 €.* Restaurant installé dans un ancien moulin au cœur du jardin Wallanlagen.

Cuisine allemande typique et formules économiques à midi. Terrasse.

⛁⛁⛁ **Bremer Ratskeller** – *Am Markt - ✆ 0421 32 16 76 - www.ratskeller-bremen.de - 25/35 €.* Superbe restaurant dans les caves de l'hôtel de ville. Sur le côté de la salle principale 6 *Priölkens*, petits compartiments nichés dans les boiseries, idéal pour repas en tête à tête. Ne sert que des vins allemands (carte exceptionnelle portant sur 600 crus environ).

BREMER TOURISTIK-ZENTRALE

Les animaux musiciens devant l'hôtel de ville.

Faire une pause

F. L. Bodes – *Bischofsnadel 1-2 (ruelle qui mène de Wallanlagen à Domshof) - ✆ 0421 32 41 44 - www.bodes.de - mar.-jeu. 8h-18h, vend. 8h-18h30, sam. 8h-15h - fermé dim., lun. et j. fériés.* Poissonnerie et snack-bar proche du centre-ville. Dégustez fruits de mer et poissons à la carte ou choisissez-les parmi la sélection qui vous est proposée ou encore directement sur les étals. Évitez les heures de grande affluence entre 11h30 et 14h.

Konditorei Knigge – *Sögestr. 42-44 - ✆ 0421 1 30 60 - www.knigge-shop.de - lun.-sam. 9h-18h30, dim. 12h-18h.* Le salon de thé classique de Brême. Les spécialités de la maison sont le « Bremer Klaben », un gâteau aux raisins et la tarte des capucins.

Alex – *Domshof 16 - ✆ 0421 32 26 70.* Cube de verre et d'acier au double toit couvrant la terrasse sur la place de la cathédrale. Snack-bar jeune et branché.

En soirée

Bon à savoir – Vous trouverez une grande concentration de bars, de restaurants et de petites boutiques dans le quartier historique Schnoor, au sud de la cathédrale. La Schlachte, rive droite de la Weser, est aussi un haut lieu de la gastronomie. En été, de nombreux bars ont l'avantage d'avoir une terrasse en bordure du fleuve.

Journaux – Les mensuels *Mix* (gratuit, disponible dans les restaurants et les bibliothèques), *Bremer* et *Prinz* qu'on peut acheter en librairies ou dans les kiosques à journaux de la ville vous seront utiles pour planifier vos soirées.

Café Frei'tag – *Böttcherstr. 3-5 - ✆ 0421 33 78 539 - tlj à partir de 10h (cuisine : 11h30-20h30).* Café-bar au design moderne et élégant dans la maison Robinson-Crusoé de la fameuse Böttcherstraße. En été, la terrasse devant le café permet d'assister au va-et-vient divertissant des passants.

Pannekoekschip Admiral Nelson – *Schlachte Anleger 1 - ✆ 0421 3 64 99 84 - www.admiral-nelson.de - cuisine : vend.-sam. 12h-22h, dim.-jeu. 12h-21h30 ; nov.-mai : tlj sf lun.* À la rescousse ! Des pirates hollandais ont jeté l'ancre dans la Weser près de la vieille ville de Brême… ils vous servent des *Pfannkuchen*, des crêpes épaisses au goût sucré ou salé.

Salomon's – *Ostertorstr. 11-13 - ✆ 0421 2 44 17 71 - www.salomons-bremen.de - 10h-2h.* Bar-restaurant aménagé dans une aile du palais de justice, de la fin du 19e s. En été, belle terrasse installée dans la cour intérieure du bâtiment historique. DJ souvent les vendredis et samedis soir.

Événements

Musikfest Bremen – Septembre. Festival de musique classique - *✆ 0421 33 66 99 ; www.musikfest-bremen.de.*

Îles Frisonnes orientales★

Ostfriesische Inseln

CARTE GÉNÉRALE A 2 – CARTES MICHELIN N° 718 F4/G4 ET N° 541 J15/E13
BASSE-SAXE

Depuis toujours aux prises avec les éléments, les îles Frisonnes orientales ne sont pas aujourd'hui au bout de leur mutation : érodées par les courants des marées et battues par le vent, de direction dominante nord-ouest, elles dérivent lentement vers le sud-est. Ourlées, sur leurs rives septentrionale et orientale, de plages de sable parsemées en été de grands fauteuils en osier (Standkörbe), ces îles se caractérisent, dans leur partie intérieure, par des formations de dunes qui laissent place, au sud, à de gras pâturages conquis sur la mer. Les amateurs de marche découvriront, au fil de leurs randonnées dans cet environnement sauvage, des sites naturels saisissants. Entre les îles et le continent se déploie la mer des Wadden, découverte à marée basse, qui a été déclarée Parc national en 1986.

- **Se repérer –** Les sept îles Frisonnes orientales habitées s'égrènent entre les embouchures de l'Ems et de la Weser, en mer du Nord.
- **Organiser son temps** – Emden constitue une bonne base pour visiter la Frise orientale (voir Sur la côte).
- **Pour poursuivre le voyage** – Brême.

Visiter

Borkum

2 à 3 liaisons (environ 2h) quotidiennes par ferry depuis Emden - ✆ 049 21 8 90 70 - www.ag-ems.de - 16,20 € AR.

Il s'agit de la plus grande des îles de la Frise orientale (38 km²). La promenade de la plage avec ses hôtels aux somptueuses façades 1900 est impressionnante. Par beau temps, monter au **nouveau phare**, bâti en 1879 *(315 marches)*, qui offre du haut de ses 60 m un vaste panorama sur le continent et sur le Hohes Riff, banc de sable peuplé de phoques.

Juist

Depuis Norddeich (environ 1h1/2) - 17,50 € AR - renseignements sur les horaires : ✆ 049 31 98 70 - www.reederei-frisia.de

Sur cette île de 17 km de long, on visitera le **musée de la Côte** *(Küstenmuseum)* dans le paisible village de Loog. Y sont traités des thèmes tels que la vie quotidienne sur la côte frisonne, l'histoire du sauvetage en mer, l'importance des digues ; on y trouve aussi une intéressante documentation sur le forage des gisements de pétrole et de gaz en mer du Nord. À la sortie du village commence la réserve naturelle de **Bill**, faite de dunes sauvages et romantiques.

Norderney

Depuis Norddeich (environ 1h) liaisons quotidiennes aux horaires variables selon les saisons -15 € - renseignements sur les horaires : ✆ 049 3198 70 - www.reederei-frisia.de

La plus urbanisée des îles était autrefois résidence d'été de la cour de Hanovre ; elle a pu conserver jusqu'à aujourd'hui un charme particulier, avec, au centre, l'établissement de cure sur la Kurplatz et son parc bien entretenu et, dans les ruelles avoisinantes, ses maisons du 19e s.

Baltrum

Embarcadères : Neßmersiel et Baltrum - 2 à 3 liaisons (30mn) selon les marées - 16 € le billet journalier AR - ✆ 049 33 99 16 06 - www.baltrum-linie.de

Même en pleine saison touristique, la plus petite des îles demeure relativement calme. Parmi les curiosités, la plus

FREMDENVERKEHRSBÜRO. HALLIG LANGENESS

Paysage des îles Frisonnes orientales.

notable est la **vieille église** de Westdorf, qui fut construite un an après la grande tempête de 1826. La cloche, située à côté du modeste sanctuaire, provient d'un bateau qui s'échoua sur la côte. Dans la partie est de l'île, où la nature a gardé tous ses droits, on fera un crochet par la **grande vallée des dunes** (Großes Dünental), fort impressionnante.

Langeoog

Depuis Bensersiel (environ 1h) : 9h30-17h30 - 18,50 € le billet journalier AR - ✆ 049 72 69 30 - www.langeoog.de

La Maison de l'île abrite le **musée de la Navigation** *(Schiffartsmuseum)* : devant le bâtiment, on jettera un coup d'œil sur le bateau de sauvetage *Langeoog*, qui a servi de 1945 à 1980. De la promenade qui parcourt en hauteur la chaîne de dunes, on bénéficie à marée basse d'une vue splendide sur 14 km de plages et des bancs de sable s'étirant sur plusieurs centaines de mètres.

Info pratique

L'accès aux îles se fait en ferry. Les embarcadères varient selon votre destination. Pour vous renseigner :

Office de tourisme Emden – *Alter Markt 2a - 26703 Emden - ✆ 04 921 97 400 ; www.emden-touristik.de - ouvert mai-sept. : lun.-vend. 9h-18h, sam. 10h-13h, dim. 11h-13h ; oct.-avr. : lun.-vend. 9h-13h et 15h-17h30, sam. 10h-13h.*

Office de tourisme Norddeich – *Döper Weg 22 - 26506 Norden-Norddeich - ✆ 04 931 98 62 00 - www.norddeich.de*

Spiekeroog

Embarcadères : Neuharlingersiel et Spiekeroog - 1 à 4 liaisons quotidiennes (environ 45mn) - 17 € le billet journalier AR - ✆ 049 76 9 19 31 01 - www.spiekeroog.de

Les installations modernes de cure et de tourisme n'ont guère porté atteinte à la structure traditionnelle du village et de l'île. La **vieille église** de 1696 est le plus ancien sanctuaire conservé sur les îles Frisonnes orientales. Une Pietà de bois et quelques parties de la chaire proviendraient d'un vaisseau de l'Armada espagnole anéantie en 1588. Le **musée des Coquillages** *(Muschelmuseum)*, situé au sous-sol du Palais des festivités *(Strandhalle)*, constitue une attraction originale.

Wangerooge

Depuis Harlesiel (environ 1h20) - 19,20 € AR. Renseignements sur les horaires : ✆ 044 64 94 94 11.

La plus orientale de ce chapelet d'îles a appartenu au cours de l'histoire à la Hollande, à la France, deux fois à la Russie et, à partir de 1818, au grand-duché d'Oldenbourg. Cette île attachante offre aux familles des vacances tranquilles. Du port solitaire à la pointe sud-ouest, un train bigarré mène cahin-caha jusqu'au village, traversant un paysage de lagunes riche en oiseaux.

Sur la côte

Emden

Située à l'embouchure de l'Ems, en face des Pays-Bas, Emden est une ville agréable qui a été reconstruite avec goût suite aux bombardements de la Seconde Guerre mondiale. Une grande partie de ses habitants est employée par l'immense usine Volkswagen qui s'y est implantée. Emden possède plusieurs musées intéressants.

Musée de la Frise orientale★ (Ostfriesisches Landesmuseum) - *Dans l'ancien hôtel de ville. ✆ 04 921 87 20 58 - www.landesmuseum-emden.de - tlj sf lun. 10h-18h - 6 €.* Les fouilles de tourbières, les maquettes du port et des bateaux de pêche, les peintures de l'école hollandaise font revivre un riche passé historique. Une place d'honneur est faite à la collection de l'ancienne **salle d'armes★★** *(Rüstkammer)* : armes blanches et armures des milices bourgeoises du 16e au 18e s. De la tour, vue sur le port et les environs.

Galerie d'art (Kunsthalle in Emden – Stiftung Henri und Eske Nannen). *Hinter dem Rahmen 13. Au nord-ouest de la ville. ✆ 04 921 97 50 50 - www.kunsthalle-emden.de - mar. 10h-20h, merc.-vend. : 10h-17h, w.-end 11h-17h - possibilité de visite guidée - fermé lun. et 24-25 déc. - 5 €.*

Un édifice postmoderne en brique rouge accueille la **galerie d'art**, dont le fonds est composé par la riche collection d'œuvres de l'expressionnisme et du néoréalisme allemands constituée avec amour et compétence par Henri Nannen, fondateur du magazine *Stern*, né à Emden. On y trouve également des tableaux et des œuvres d'art plastique de l'époque contemporaine.

Hanovre

Hannover

516 160 HABITANTS
CARTE GÉNÉRALE B3 – CARTES MICHELIN N° 718 I6 ET N° 541 AB 26
BASSE-SAXE

La capitale de la Basse-Saxe est l'un des principaux centres économiques de l'Allemagne du Nord. Elle accueille de nombreux salons professionnels de renommée internationale et joue également un rôle politique de premier plan au niveau national. Cité verte, établie à fleur d'eau au bord de la Leine et du Mittelandkanal, elle offre de nombreuses possibilités de promenades grâce à ses plans d'eau (Maschsee), son bois municipal et aux célèbres jardins de Herrenhausen.

- **Se repérer** – Hanovre est à mi-chemin entre la Baltique et la mer du Nord, à 129 km au sud-est de Brême. La ville est au point d'intersection des autoroutes A 2 et A 7, à 159 km de Hambourg et 292 km de Berlin.
- **À ne pas manquer** – Une promenade dans les jardins de Herrenhausen.
- **Avec les enfants** – Le jardin zoologique.
- **Pour poursuivre le voyage** – Hildesheim, Celle, Hameln, Brême.

Comprendre

La maison de Hanovre – Quand la principauté de Hanovre échoit au 17e s. à une branche de la maison de Brunswick et Lüneburg, la cour élit domicile à Hanovre. Herrenhausen s'anime, se transforme, la princesse Sophie, amie des Arts et des Lettres, fait venir le compositeur Haendel pour de fréquents concerts et le philosophe Leibniz comme bibliothécaire de la cour (il le restera pendant quarante ans). En 1692, la principauté est élevée au rang d'électorat de Brunswick et de Lüneburg.

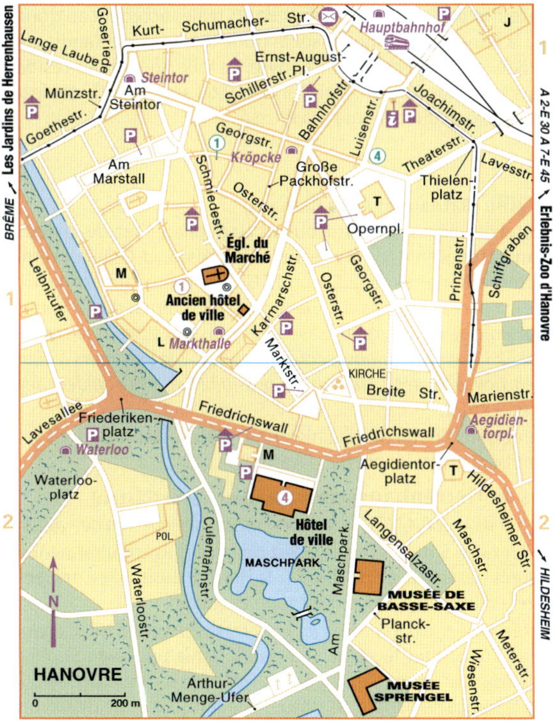

SE LOGER		SE RESTAURER	
CVJM City Hotel	1	Broyhan-Haus	1
Kastens Hotel Luisenhof	4	Der Gartensaal	4

Le parc du château de Herrenhausen.

De la cour de Hanovre à la cour d'Angleterre – Le mariage, en 1658, du duc Ernest-Auguste avec la princesse palatine Sophie, petite-fille du roi Jacques Ier Stuart, avait donné à la maison de Hanovre des droits sur la couronne d'Angleterre. C'est ainsi qu'en 1714, l'Électeur George-Louis, fils de la princesse Sophie, devient roi d'Angleterre sous le nom de George Ier tout en conservant son titre d'électeur de Hanovre. En 1814, le congrès de Vienne élève la principauté au rang de royaume. George III, roi d'Angleterre depuis 1760, devient du même coup roi du Hanovre.

L'union personnelle de l'Angleterre et du royaume de Hanovre est abolie en 1837 car la loi salique, qui veut que seuls les prétendants mâles accèdent au trône, s'applique au Hanovre : la reine Victoria monte sur le trône d'Angleterre, tandis que son oncle, Ernest-Auguste, accède à celui de Hanovre. La ville, désormais résidence royale, retrouve alors son éclat d'antan. Mais l'année 1866 amène la chute de la maison de Hanovre et l'annexion du royaume à la Prusse.

Visiter

Hôtels de ville (Rathaus et Altes Rathaus)

Le nouvel hôtel de ville est en partie ouvert au public. Le rez-de-chaussée accueille plusieurs maquettes géantes de la ville du 16e s. à nos jours. Celle concernant Hanovre après les bombardements de la Seconde Guerre mondiale est particulièrement saisissante. Il est par ailleurs possible de monter au sommet du bâtiment en utilisant un ascenseur unique en son genre, avec des rails qui suivent la courbe du dôme. *✆ 0511 12 34 51 11 - www.hannover-tourism.de - ♿ - de déb. mars à déb. nov. : 9h30-18h30 ; de déb. nov. à fin déc. : 11h-16h30 - possibilité de visite guidée - fermé 1er janv., 24-26 et 31 déc. - 2,50 €.*

Vous trouverez dans l'hôtel de ville historique **Altes Rathaus**, dont seul le hall est ouvert au public, un restaurant chic : l'Atrium.

Les jardins de Herrenhausen★★ (Herrenhäuser Gärten)

Visite : 1h1/2- ✆ 0511 168 47 576 - www.herrenhaeuser-gaerten.de - ♿ - 3 €.

Sortir par Leibnizufer. Situés au nord-ouest de la ville, ils comprennent quatre parcs différents réunis par une allée de tilleuls : la Herrenhäuser Allee, tracée en 1726 *(les automobilistes doivent emprunter la Nienburger Straße).*

Großer Garten★★ – *tlj à partir de 9h, les horaires de fermeture varient selon les saisons.* Commencé en 1666, il fut façonné et agrandi par la princesse Sophie entre 1680 et 1710 ; « ce jardin qui est ma vie... », écrivait-elle souvent. La partie la plus ancienne est un parc à la française peuplé de statues allégoriques et de dieux romains. Sur le côté gauche s'étend le théâtre de verdure, tandis qu'à l'opposé on trouve un labyrinthe. Dans la partie sud, les allées rayonnent autour de petites pièces d'eau.

Georgengarten – *✆ 0511 16 99 99 11 - ♿ Avr.-oct. : tlj sf lun. 11h-17h, w.-end. 11h-18h. Fermé vend. saint, 24 et 31 déc. 4,50 €.* Il fut réalisé dans le goût des jardins romantiques à l'anglaise de 1835 à 1841 avec de grandes étendues de pelouses. Au centre s'élèvent un temple dédié à Leibniz et le pavillon Wallmoden, qui accueille le petit **musée Wilhelm-Busch** (Wilhelm-Busch Museum), consacré au poète, illustrateur et humoriste

(1832-1908) qui s'est immortalisé comme précurseur de la bande dessinée avec *Max und Moritz*.

Berggarten★ – Les serres de ce jardin botanique abritent environ 2 500 variétés d'orchidées, des cactus et autres plantes « succulentes », ainsi que la flore des Canaries. Au fond de la perspective principale s'élève le mausolée de la maison royale de Hanovre.

Welfengarten – Dans le parc est édifié le château des Guelfes *(Welfenschloss)*, aujourd'hui occupé par l'université. Devant les bâtiments se dresse le cheval de Saxe *(Sachsenroß)*, emblème du Land de Basse-Saxe réalisé par Friedrich Wolff en 1876.

Info pratique

Pour ne rien manquer des principales curiosités d'Hanovre, rien de plus facile : un « Fil rouge » vous mène à travers la ville, sur une longueur d'environ 4 200 mètres, depuis le nouvel hôtel de ville (vue intéressante de la coupole), où l'on peut admirer des maquettes de Hanovre à différentes époques, jusqu'aux jardins de Herrenhausen.

Église du Marché (Marktkirche)

Cette église gothique en briques se distingue par un clocher en forme de tour à quatre pignons terminée par un clocheton pointu (14e s.). À l'intérieur, on peut admirer un superbe **retable★★** sculpté polychrome (15e s.) représentant la Passion, de beaux vitraux du 14e s. et des fonts baptismaux de bronze (15e s.).

Musée de Basse-Saxe★ (Niedersächsisches Landesmuseum)

Willy-Brandt-Allee 5 - ✆ 0511 9807 686 - www.nlmh.de - ♿ - tlj sf lun. 10h-17h (jeu. 19h) - fermé 1er janv., Vend. saint, 1er Mai, 24-25 et 31 déc. - 4 € (gratuit vend. 14h-17h).

Ce musée comprend quatre sections.

La **section de préhistoire★** *(Urgeschichte-Abteilung)* présente d'importants produits de fouilles originaux issus de la préhistoire et de la protohistoire de la Basse-Saxe, dont un corps humain bien conservé.

La **section d'histoire naturelle** *(Naturkunde-Abteilung)* renseigne sur les paysages de la Basse-Saxe ainsi que sur la formation des océans et des continents. Elle est dotée d'un aquarium.

Dans la **galerie de Basse-Saxe** *(Niedersächsische Landesgalerie)* sont évoqués neuf siècles de peinture et de sculpture avec un accent sur les beaux-arts en Allemagne du Moyen Âge à la Renaissance et durant les 19e et 20e s. : Holbein, Cranach, Riemenschneider, Friedrich, Liebermann, Slevogt. Les écoles italiennes du 14e au 18e s., flamande et hollandaise du 17e s. sont représentées d'une part par Botticelli et Tiepolo, d'autre part par Rubens et Ruysdael.

La **section d'ethnographie** *(Völkerkunde-Abteilung)* présente une exposition thématique sur la Nouvelle-Guinée. Beaux objets provenant du Mexique, du Cameroun et d'Indonésie (gamelan).

Musée Sprengel★ (Sprengel-Museum Hannover)

Kurt-Schwitters-Platz - ✆ 0511 16 84 38 75 - www.sprengel-museum.de - tlj sf lun. 10h-18h (mar. 20h) - 7 €.

Un stabile de Calder, *Le Hallebardier*, posté aux abords du Maschsee, signale ce musée consacré à l'art du 20e s. Parmi les cubistes, remarquez *Les Trois Femmes* (1908), de Picasso. Les peintres du Brücke (Karl Schmidt-Rottluff : *Quatre Baigneuses sur la plage*) et ceux du Cavalier Bleu (Kandinsky, Jawlensky, Macke : *Nu au collier de corail*, Marc : *Chevaux et aigle*) sont représentés par des œuvres maîtresses. Admirez plusieurs portraits de Max Beckmann *(Femme au bouquet d'œillets)*. Les recherches surréalistes sont avant tout illustrées par des réalisations de l'artiste Kurt Schwitters, hanovrien d'origine et auteur d'œuvres hétéroclites *(Merzbau)*. Tàpies, Dubuffet et Willi Baumeister représentent les tendances contemporaines.

Erlebnis-Zoo (Erlebnis-Zoo Hannover)

Adenauerallee 3 - Sortir par Schiffgraben - ✆ 0511 28 07 41 63 - www.zoo-hannover.de - ♿ - mars-oct. : 9h-18h ; nov.-fév. : 10h-16h - 18,80 €.

Ce jardin zoologique se veut novateur et s'est doté ces dernières années de nouvelles installations visant à faire vivre une véritable aventure au visiteur. Une partie du parcours peut se faire à l'aide de petites embarcations, à la découverte de la faune africaine. Aussi pourrez-vous découvrir le Mont des gorilles, avec sa chute d'eau et ses paysages étonnants d'authenticité ; un « sentier de l'évolution » qui suit les traces de l'homme de Neandertal ; un Palais de la jungle d'une surface de 12 000 m² pour les éléphants, les tigres, les léopards et les pythons tigres ; un paysage du Zambèze avec lions, girafes et springboks ; la steppe africaine pour les zèbres, les gazelles, les antilopes et les autruches ; sans oublier la ferme locale avec ses bâtiments à colombages autour desquels folâtrent volailles et porcins.

Hanovre pratique

Infomations utiles

Office de tourisme – *Ernst-August-Platz 8 - 30159 Hannover - ✆ 0511 16 84 97 00 - www.hannover-tourism.de - Ouvert du lun. au vend. de 9h à 18h et le sam. de 9h à 14h (mêmes horaires le dim. d'avr. à sept.).*

Se loger

La ville étant régulièrement le siège de foires internationales, il peut s'avérer indispensable de réserver à l'avance ou de décaler votre séjour : les prix flambent et il est souvent difficile de trouver une chambre libre. Un site regroupe les réservations de tous les hôtels : *www.hannover-tourism.de - ✆ 0511 1 23 45 555.*

CVJM City Hotel – *Limburgstraße 3 - ✆ 0511 360 70 - www.cityhotelhannover.de - 47 ch. - 80 €.* Cet hôtel dirigé de manière irréprochable constitue un endroit agréable dans la zone piétonnière de cette ville de foire. L'aménagement confortable des chambres et de la salle réservée au petit-déjeuner donne à l'endroit de faux airs méditerranéens.

Kastens Hotel Luisenhof – *Luisenstraße 1 - ✆ 0511 304 40 - www.kastens-luisenhof.de - P - 152 ch. - à partir de 192 € - restaurant 35/52 €.* Le confort est partout dans cet hôtel, le plus ancien d'Hanovre (1856). Il est doté d'un équipement élégant et personnalisé. On remarquera la suite « tour » qui possède une superbe vue sur la ville.

Se restaurer

Der Gartensaal – *Trammplatz 2 - ✆ 0511 16 84 88 88 - www.gartensaal-hannover.de - ouv. 11h-18h, de mi-mai à mi-sept. : 11h-22h - ♿ - 14/28 €.* Ce restaurant de style bistrot est installé dans un endroit hors du commun, dans le hall d'entrée sud de l'hôtel de ville. Des fenêtres en arc en plein cintre, mesurant presque la même hauteur que la pièce, offrent de superbes vues sur un parc et un étang. L'été, vous pouvez également profiter de la terrasse située devant le restaurant.

Broyhan-Haus – *Kramerstraße 24 - ✆ 0511 32 39 19 - www.broyhanhaus.de - fermé j. fériés - 22/38 €.* Ce bâtiment, qui compte parmi les plus anciennes maisons bourgeoises de la ville, fut édifié dans la seconde moitié du 14e s. Il fut acheté en 1537 par le maître brasseur Cord Broyhan. L'intérieur, aménagé sur 3 étages, s'articule autour de comptoirs et de caves de bière Urbock.

Faire une pause

Holländische Kakao-Stube – *Ständehausstr. 2-3 (rue qui prolonge Luisenstr. vers le sud-ouest) - ✆ 0511 30 41 00 - lun.-vend. 9h-19h30, sam. 9h-17h - fermé dim. et j. fériés.* Vous aimez le chocolat chaud ? Alors vous trouverez votre bonheur dans cet établissement de renom décoré de belles faïences hollandaises. Outre le vaste choix de chocolats chauds, tous aussi bons les uns que les autres, on vous propose des pâtisseries et confiseries maison ainsi que d'autres boissons et petits plats.

En soirée

heimW – *Theaterstr. 6 - ✆ 0511 235 23 03 - www.heim-w.de - vend.-sam. 9h-2h, lun.-jeu. 9h-1h, dim. 10h-1h.* Café-bar, style années 1970, à l'atmosphère décontractée. Même si vous n'avez pas la nostalgie *(Heimweh)* de cette époque, l'accueil familial et les plats raffinés, cuisinés en fonction des saisons, justifieront votre halte.

Oscar's – *Georgstr. 54 - ✆ 0511 23 52 434 - www.oscarsbar.de - dim.-jeu. tlj à partir de 16h.* Bar à cocktails traditionnel à l'intérieur décoré de bois sombre. L'été, vous profiterez de la terrasse sur le trottoir pour déguster l'un des 200 whiskies ou autres boissons avec ou sans alcool que propose sa carte. Cadre idéal pour terminer la visite de la ville. *Happy Hour* de 16h à 20h.

Celle★★

71 320 HABITANTS
CARTE GÉNÉRALE B3 - CARTES MICHELIN N^OS 718 I6 ET 541 AC 24
BASSE-SAXE

Jadis résidence des ducs de Brunswick-Lüneburg, Celle a gardé le cachet d'une cité aristocratique. Ses remarquables maisons à colombages sont restées intactes au fil des siècles, échappant miraculeusement aux ravages des guerres, et son château a été magnifiquement restauré. Atout supplémentaire, Celle se situe dans la lande de Lüneburg, région où abondent les petits villages de charme et où les occasions d'escapades nature sont nombreuses.

- **Se repérer** – Celle se trouve à 40 km au nord-est de Hanovre, par l'autoroute A 37 qui se prolonge par la B3.
- **Organiser son temps** – Comptez une journée avec la visite du couvent Wienhausen.
- **Pour poursuivre le voyage** – Hanovre (41 km au sud-ouest), Autostadt ou Lüneburg (89 km au nord).

OFFICE DU TOURISME DE CELLE

La Hoppenerhaus, l'une des plus belles façades de Celle.

Visiter

LA VIEILLE VILLE★★

Compter environ 1h pour la découverte du centre historique de Celle.
Riche en maisons à colombages, la vieille ville de Celle forme un harmonieux ensemble essentiellement piéton. Les maisons anciennes sont particulièrement abondantes dans la Neue Straße, la Zöllnerstraße, la Poststraße (Hoppenerhaus richement sculptée, 1532) et la Kalandgasse, près de l'église (**Alte Lateinschule**, 1602).

Hôtel de ville (Rathaus)

Crépi de couleur claire, l'**hôtel de ville** regroupe différents styles de la Renaissance. Le pignon nord, élevé en 1579 par des artisans venus des bords de la Weser *(sur la Renaissance de la Weser, voir Hameln)*, est bordé de volutes et couronné de pinacles fantaisistes.

Château★ (Schloss)

05 141 55 07 14 - www.region-celle.de - avr.-oct. : tlj sf lun. 11h-15h (sam. 15h30) ; nov.-déc et mars : visite guidée mar.-vend. 11h, 15h, w.-end 11h, 13h, 15h ; janv.-fév. : tlj sf lun. 10h-17h - fermé j. fériés - 3,50 €.
La construction de ce château débuta en 1292. Il servit d'abord de fortification à la ville. Transformé dans le style Renaissance en 1530, il fut finalement « baroquisé » à la fin du 18e s. Le dernier duc à y avoir résidé fut Georges Guillaume de Brunswick-Zelle (1624-1705). L'infortunée reine Caroline Mathilde du Danemark y mourut, exilée, en 1775. Elle avait 24 ans.

Le château est flanqué de tours d'angle massives. La façade est, orientée vers la ville, est surmontée de lucarnes à fronton arrondi, tout à fait dans le style de l'art Renaissance de la Weser.

La **chapelle★** est une œuvre originale de la Renaissance : ses tribunes sont en partie ouvertes, en partie vitrées. Le tableau d'autel représentant la Crucifixion est l'œuvre du peintre flamand Martin de Vos (1532-1603), qui dirigea l'aménagement de la chapelle à la fin du 16e s. Le **théâtre**, construit en 1674 sur le modèle italien, passe pour être le plus ancien théâtre de cour d'Allemagne. En activité aujourd'hui encore, une troupe lui est attachée.

L'aile Est accueille une section du musée Bomann consacrée à l'histoire du royaume de Hanovre.

Musée Bomann★ (Bomann-Museum)

Schlossplatz 7 - ✆ 05 141 12 372 - www.bomann-museum.de - ♿ - tlj sf lun. 10h-17h - fermé 24-25 et 31 déc. - 3 €.

Cet intéressant musée de style Art nouveau évoque la vie quotidienne et les métiers traditionnels de la Basse-Saxe. On peut y voir, entre autres, l'intérieur reconstitué d'une ferme (1571) de la lande de Lüneburg. Des « chefs-d'œuvre » et des coupes en argent et en étain rappellent les anciennes guildes de Celle.

Église★ (Stadtkirche)

Cette église primitivement gothique a été lourdement « baroquisée » par des stucateurs italiens entre 1676 et 1698. Noter l'**autel** (1613), où se combinent ornements Renaissance et éléments baroques, les stalles des princes (1565-1566) sous l'orgue et les fonts baptismaux (1610). Dans le **caveau des princes** *(sous le chœur)* reposent les ducs de Brunswick de la branche de Celle, dont le souvenir est rappelé par des pierres tombales dans le chœur.

Aux alentours

Couvent Wienhausen★ (Kloster Wienhausen)

10 km au sud. An der Kirche 1 - ✆ 05 149 18 660 - www.wienhausen.de - visite guidée de déb. avr. à mi-oct. : mar.-sam. à 10h, 11h, 14h, 17h (oct. 16h), dim. et j. fériés à 12h, 17h ; fermé de mi-oct. à fin mars, Vend. saint, mar.-jeu. av. Pentecôte et av. le 29 sept. - 3,50 €.

Cet ancien **couvent** de moniales cisterciennes fut fondé en 1233 par Agnès von Meißen, la bru de Henri le Lion. Occupé depuis la Réforme par une petite communauté de chanoinesses protestantes, il abrite des trésors de valeur, parmi lesquels la statue de pierre de la fondatrice (1280) et les statues en bois de la Vierge de Wienhausen et du Christ Ressuscité (13e s.). Le **chœur des moniales** est décoré de splendides **peintures murales★** du début du 14e s.

Une fois par an, à partir du vendredi suivant la Pentecôte, les célèbres **tapisseries de Wienhausen** (1300-1500), exécutées par les anciennes nonnes, sont exposées pendant onze jours.

Celle pratique

Informations utiles

Office de tourisme – *Markt 14-16 - 29221 Celle - ✆ 051 41 12 12 ; www.region-celle.com -Du 15 mai au 15 oct. : lun.-vend. 9h-18h, sam. 10h-16h, dim. 11h-14h ; du 16 oct. au 14 mai : lun.-vend. 9h-17h, sam. 10h-13h.*

Se loger

⊖⊖ **Hotel Am Hehlentor** – *Nordwall 62 - ✆ 05141 885 69 00 - www.hotel-am-hehlentor.de - P - 16 ch. - 90 €.* Cette charmante maison à colombages témoigne du caractère typique de la vieille ville. L'intérieur de cet établissement bien tenu est plutôt moderne. L'été, vous pourrez prendre le petit-déjeuner dans la cour intérieure, au milieu de la verdure.

⊖⊖ **Blumlage** – *Blumlage 87 - ✆ 05 141 97 44 70 - www.blumlage.de - 32 ch. - 98 €.* Hôtel situé à 500 m de la vieille ville. Chambres modernes et soignées.

Se restaurer

⊖⊖ **Weinkeller Postmeister von Hinüber** – *Zöllnerstraße 25 - ✆ 05141 284 44 - www.weinkeller-celle.de - fermé 3 sem. en juil.-août, dim. et lun. - 21/34 €.* L'intérieur de cette maison à colombages historique surprend par son cadre coquet. Le Weinkeller a élu domicile dans une cave en brique ; c'est une belle taverne rustique, où l'on s'assoit confortablement devant des tables en bois massif.

Wolfenbüttel★★

54 690 HABITANTS
CARTE GÉNÉRALE B3 – CARTES MICHELIN N^OS 718 J6 ET 541 AF 28
BASSE-SAXE

Sortie intacte de la Seconde Guerre mondiale, la charmante cité de Wolfenbüttel possède un ensemble exceptionnel de maisons Renaissance. Elle fut pendant trois siècles, jusqu'au transfert de la cour à Brunswick en 1753, la résidence des ducs de Brunswick et Lüneburg qui surent s'entourer des meilleurs architectes. Wolfenbüttel a également attiré artistes, poètes et compositeurs.

STADTMARKETINGGESELLSCHAFT WOLFENBÜTTEL MBH & CO.KG

Les maisons à colombages de Wolfenbüttel.

- **Se repérer** – Wolfenbüttel se trouve au sud-est de Hanovre, accessible par l'autoroute A 2 (50 km environ) avant de continuer sur la A 391.
- **À ne pas manquer** – Le centre historique.
- **Organiser son temps** – Comptez une demi-journée.
- **Pour poursuivre le voyage** – Goslar et le massif du Harz, Hildesheim.

Visiter

Maisons à colombages★★

Elles forment un ensemble pittoresque reflétant dans sa diversité la structure sociale de Wolfenbüttel au temps des ducs. Les demeures des hauts fonctionnaires de la cour, construites autour de 1600, présentent une façade majestueuse, soulignée par des avancées flanquant l'entrée principale. On les trouve dans la Kanzleistraße, la Reichsstraße et l'ouest de la Harzstraße.

Remarquer au n° 12 de la Harzstraße les figures grotesques baroques, ainsi que les versets de l'Ancien Testament. La décoration est plus abondante sur les maisons des petits fonctionnaires et des commerçants ; leur façade plus large et plus aplatie est dominée par un pignon unique (Lange Herzogstraße, Brauergildenstraße, Holzmarkt, Krambuden). Les maisons les plus simples (Krumme Straße, Stobenstraße) ne comportent que deux niveaux souvent joliment décorés de motifs en éventail polychromes.

Les maisons d'angle à oriels peu saillants sont une particularité de la ville. La place centrale *(Stadtmarkt)* est l'ensemble le plus homogène de ces maisons à colombages.

Place du Marché★ (Stadtmarkt)

Les maisons bourgeoises bordant les côtés nord et ouest (16e s.-17e s.) de la **place du Marché** forment l'hôtel de ville. Le poids municipal est reconnaissable à son portail surmonté de la sentence du roi Salomon et des armes de la ville.

La statue du duc Auguste le Jeune (1635-1666) honore l'un des princes les plus cultivés de la dynastie de Brunswick-Wolfenbüttel.

La ville de la Jägermeister

La *Jägermeister* (« Maître Chasseur ») apparut à Wolfenbüttel en 1935. Cette boisson alcoolisée au goût unique se compose de 56 plantes, racines et extraits de fruits que l'on fait mûrir pendant douze mois. Le cerf sur l'étiquette fait référence à saint Hubert, patron des chasseurs. Selon la légende, au 7e s. de notre ère, le roi Hubert se détourna des fastes de la royauté, après la mort de son épouse Floribana, pour s'adonner à la chasse. Lors d'une de ses escapades, un cerf avec une croix flottant entre ses bois lui apparut. Cette vision inspira la vocation du saint qui abandonna son titre et ses richesses pour fonder plusieurs monastères.

Château★ (Schloss)

✆ 05 331 92 460 - www.wolfenbuettel.de/fmis - tlj sf lun. 10h-17h - possibilité de visite guidée (1h) sur demande préalable - 3 €.

On accède au **château** par l'amusante rue étroite à arcades dénommée Krambuden. Ancien château fort du 12e s. conquis par Henri le Lion, il subit de très nombreuses transformations avant de devenir le deuxième plus grand château de Basse-Saxe (après le *Leineschloss*, à Hanovre), paré d'une belle **tour★** Renaissance et d'une magnifique façade baroque. Cette résidence guelfe fut, aux 16e et 17e s., grâce à ses ducs mécènes, le centre culturel du Land.

Appartements princiers – *Accès par la cour intérieure et l'escalier principal.* Le musée du château abrite les appartements princiers officiels de la période 1690-1750. Meubles précieux, tapisseries, tableaux et belle porcelaine donnent au visiteur un bon aperçu de l'art de l'habitat à l'époque du baroque rayonnant et flamboyant, comme les magnifiques murs en marqueterie incrustée d'ivoire du cabinet de la duchesse.

Bibliothèque Herzog-August★ (Herzog-August-Bibliothek)

Lessingplatz 2 - ✆ 05 331 80 80 - www.hab.de - tlj sf lun. 11h-17h - fermé 1er janv., Vend. saint, 24-25 et 31 déc. - 3 €. Fondée en 1572 par le duc Auguste le Jeune, la **bibliothèque** fut au 17e s. la plus importante d'Europe. Centre actif de recherche, elle abrite quelque 860 000 volumes, dont de précieux manuscrits et enluminures du Moyen

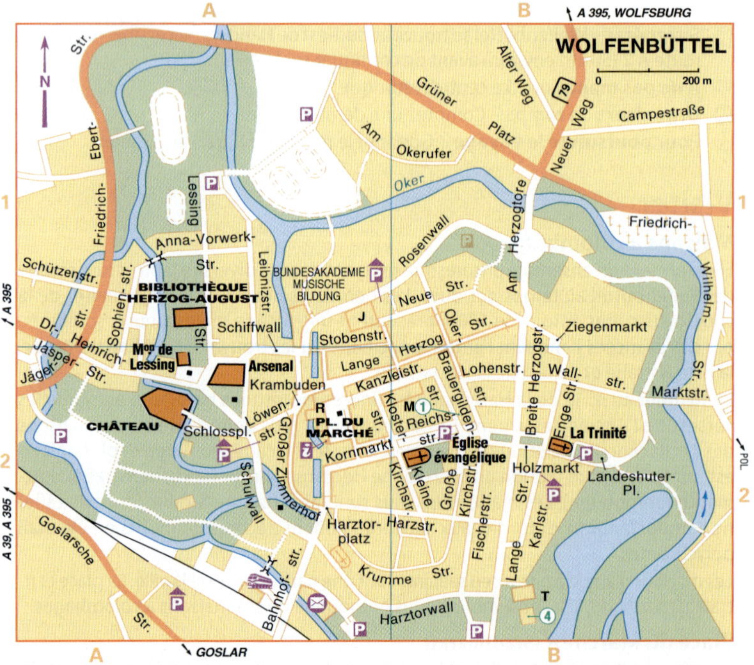

SE LOGER

«Bayrischer - Hof» Hotel.......... ①

Parkhotel Altes Kaffeehaus.......... ④

Âge (rare exemplaire du *Miroir des Saxons*, 14e s. et précieux **évangéliaire d'Henri le Lion**, 12e s.), exposés dans la *Augusteer-Halle*, nouvelle salle du trésor. Dans la salle des globes, deux globes, un terrestre et un céleste, des cartes et un portulan (carte marine) renseignent sur les connaissances géographiques des 15e, 16e et 17e s.

Maison de Lessing (Lessinghaus)

Lessingplatz 2 - ✆ 05 331 80 80 - www.hab.de - ♿ - tlj sf lun. 11h-17h - fermé 1er janv., Vend. saint, 24-25 et 31 déc. - 3 €. **Lessing**, le grand dramaturge, passa dix ans de sa vie dans ce pavillon (1770-1781) comme bibliothécaire de la cour. Il y écrivit notamment *Nathan le Sage*. À l'intérieur de la maison, les pièces ont été aménagées en musée et évoquent l'artiste et son époque.

À côté, l'**Arsenal** *(Zeughaus)*, construction Renaissance aux pignons à décrochements flanqués de volutes et d'obélisques. Beau portail à bossages sur la façade ouest.

Église Évangélique (Hauptkirche)

Tlj sf lun. 10h-12h, 14h-16h. Elle fut élevée en 1608 sur le Kornmarkt. Sa construction fut influencée par l'architecture du gothique flamboyant.

Église de La Trinité (Trinitatiskirche)

Mar. 11h-13h, merc. 11h-13h et 14h-16h, jeu. 15h-17h, sam. 11h-16h. L'**église de La Trinité** ferme le *Holzmarkt*, à l'est. Elle fut construite en 1719 en réutilisant une porte de ville à deux tours, d'où sa curieuse silhouette très aplatie.

Aux alentours

Autostadt★★

50 km au nord-est, à Wolfsburg, au nord du centre-ville. ✆ 053 61 400 - www.autostadt.de - ♿ - tlj 9h- 18h - fermé 24 et 31 déc. 15 €.

Cette « ville de la voiture » de 25 ha, aménagée par le groupe Volkswagen à proximité immédiate de ses ateliers de production, se caractérise par ses beaux plans d'eau et ses espaces de verdure, parsemés de constructions à l'architectonique impressionnante. Tout est en rapport avec la voiture, son histoire, ses valeurs, ainsi que son avenir.

Lorsque le visiteur s'aventure dans cette cité par le **KonzernForum** (forum du groupe), il pénètre dans un monde d'aventures marqué par les techniques les plus modernes, où cinémas, simulateurs et installations virtuelles l'attendent.

Dans le **Konzernwelt** (monde du groupe), quatre cinémas spéciaux présentent la culture de l'entreprise. L'**AutoLab** (laboratoire automobile) se concentre sur la fabrication et les techniques des véhicules. La **Zeithaus** (maison du temps) est un musée consacré à l'histoire de l'automobile, abritant des voitures célèbres (coccinelle de John Lennon), qui évoque l'histoire du succès de la marque Volkswagen. Dans les **Markenpavillons** (pavillons des marques), différentes marques de voitures du groupe Volkswagen. Admirez ainsi la vitesse et les performances de la *Lamborghini Diablo* dans un show avec effets sonores (110 dB) et lumineux ou vivez une expérience intéressante dans le cinéma sphérique 360 du pavillon Volkswagen. Dans le **KundenCenter** (centre des clients), avec les tours automobiles **(AutoTürmen)** éclairant la nuit, des voitures à peine sorties de l'usine sont même à votre disposition.

Des installations spéciales ont aussi été prévues pour les enfants de tous âges, que vous pourrez laisser en toute confiance. Les 5-11 ans peuvent même passer leur « permis de conduire », au volant de New Beetles miniatures. Restaurants, cafétérias, boutiques et hôtel cinq étoiles complètent le tableau de cette ville d'un autre genre. Du lundi au vendredi, possibilité de visite guidée de l'immense usine Volkswagen *(une heure de visite incluse dans le prix d'entrée, inscription lors de l'achat du billet).*

Wolfenbüttel pratique

Informations utiles

Office de tourisme – *Stadtmarkt 7 - 38300 - ✆ 053 31 862 80 - www.wolfenbuettel-tourismus.de - lun.-vend. 9h-18h, sam. 10h-14h.*

Se loger

« Bayrischer - Hof » Hotel – *Brauergildenstraße 5 - ✆ 05 331 50 78 - www.bayrischer-hof-wf.de - 17 ch. - 72 € - restaurant 15/30 €.* Les chambres, toutes différentes, occupent une belle maison à colombages du 16e s. Certaines donnent sur la place et l'église Ste-Marie.

Parkhotel Altes Kaffeehaus – *Harztorwall 18 - ✆ 05 331 88 80 - www.parkhotel-wolfenbuettel.de - P - 74 ch. - 100 € - restaurant 20/30 €.* Hôtel au confort moderne. Chambres soignées. Déjeuner dans le restaurant très lumineux ou la grotte des vins *(Weingrotte)*.

Goslar★★

43 730 HABITANTS
CARTE GÉNÉRALE B3 – CARTES MICHELIN N^OS 718 J7 ET 541 AF 30
BASSE-SAXE

Destination de week-end très appréciée en Allemagne, Goslar est une ancienne ville d'Empire qui fit jadis partie de la ligue hanséatique. Elle possède un très bel ensemble de maisons à colombages et de monuments de grand intérêt. La vieille ville ainsi que la mine de Rammelsberg ont été classées au patrimoine mondial de l'Unesco en 1992. Goslar se situe en bordure nord-ouest du Harz et constitue une parfaite porte d'entrée pour l'exploration du massif.

- **Se repérer** – Goslar est à 83 km au sud-est de Hanovre (les deux villes sont reliées par l'autoroute A 7).
- **À ne pas manquer** – Le palais impérial (*Kaiserpfalz*). Le spectacle du carillon sur la place du Marché (4 horaires différents dans la journée, *voir ci-dessous*).
- **Organiser son temps** – Comptez deux jours pour Goslar et sa région.
- **Avec les enfants** – La visite des installations minières de Rammelsberg en empruntant le chemin de fer de la mine.
- **Pour poursuivre le voyage** – Wolfenbüttel, Hildesheim.

Comprendre

Les mines – Fondée en 922 par Henri Ier, Goslar a longtemps dû sa prospérité aux richesses minières du Harz et plus particulièrement aux mines du **Rammelsberg** exploitées au Moyen Âge pour la production du plomb et de l'argent. Elle connut son apogée aux 15e et 16e s. ; de cette époque date une grande partie des maisons bourgeoises du centre-ville. La cession des mines aux ducs de Brunswick, vers le milieu du 16e s., entraîna un déclin économique. Aujourd'hui, Goslar vit principalement du tourisme qui ne cesse de se développer. Le quartier de **Hahnenklee-Bockswiese** constitue une station de sports d'hiver très prisée.

Visiter

Essentiellement piétonne, la vieille ville★★★ de Goslar offre des occasions de promenades agréables.

Marktplatz★

Digne et austère, la **place du Marché** est bordée de maisons aux façades revêtues d'ardoises. Le Kaiserworth et l'hôtel de ville de style gothique, derrière lequel s'élancent les flèches de la **Marktkirche** (12e s.), en sont les édifices les plus remarquables. Au milieu se dresse une **fontaine** à deux grandes vasques en bronze (1230), surmontées par l'aigle impérial couronné, aux ailes déployées. Sur le pignon de la maison située en face de l'hôtel de ville, un **carillon** présente quatre fois par jour l'histoire des mines du Harz, du Moyen Âge à nos jours (*9h, 12h, 15h, 18h*).

Hôtel de ville★ (Rathaus)

Il fut construit au 15e s. Suivant la coutume médiévale, le rez-de-chaussée est occupé par une halle s'ouvrant sur la Marktplatz par des arcades à arc brisé. Un escalier extérieur, côté sud, conduit au premier étage, jusqu'à la **grande salle d'honneur**. La retombée du toit est masquée par une balustrade à pignons décoratifs.

Salle de l'Hommage★★ (Huldigungssaal) – *05 321 78 060 - www.goslar.de - avr.-oct. et déc. : lun.-vend. 11h-15h, w.-end et j. fériés 11h-16h ; janv.-mars : 10h (dans le cadre de la visite de la ville) - 3,50 €.* Aménagée en **salle du conseil municipal** en 1450, elle fut magistralement décorée vers 1510. Au-dessus des boiseries délicatement sculptées, les murs présentent des effigies d'empereurs romains et de sibylles en costume de la Renaissance ; au plafond, des figures de prophètes et d'évangélistes entourent des scènes relatant l'enfance du Christ.

Derrière une porte se cache une minuscule chapelle conservant des peintures murales ayant trait à la Passion et le bras-reliquaire de sainte Marguerite (vers 1300). Une vitrine, côté ouest, abrite un magnifique hanap en argent repoussé et vermeil (1477), ainsi que l'évangéliaire de Goslar, précieux manuscrit datant de 1230.

Hôtel Kaiserworth

Situé au n° 3 de la place du Marché, ce joli bâtiment gothique (1494), actuellement un hôtel, s'orne d'un oriel à tourelles et de statues baroques d'empereurs surmontées de baldaquins.

Au pied de la statue de l'Abondance, sur une arête de pignon, le **Bonhomme aux Ducats** *(Dukatenmännchen)* illustre à sa façon le droit de battre monnaie à Goslar.

Maisons à pans de bois★★

La **Schuhhof**, au nord-ouest de l'hôtel de ville, est entourée de maisons à colombages, dont certaines reposent sur une galerie. Un passage donne accès à l'étroite Münzstraße, où se trouvent l'ancienne auberge **Am Weißen Schwan** et l'**ancienne Monnaie** *(Alte Münze)* datant de 1500 (transformée aujourd'hui en restaurant). La maison située à l'angle de la Münzstraße et de la Marktstraße, avec son splendide oriel à deux étages, date de 1526.

En face de la Marktkirche se dresse l'immense comble aigu du **Brusttuch**, construit en 1526 pour un riche propriétaire de mines et décoré, suivant le goût de la Renaissance, d'une foule de motifs bibliques, mythologiques et légendaires. Un peu plus loin, la **maison de la Guilde des boulangers** *(Bäckergildehaus)*, construite entre 1501 et 1557, présente un haut pignon. Les **maisons Renaissance** au carrefour de la Marktstraße et de la Bäckerstraße sont décorées de frises en éventail, fréquentes en Basse-Saxe (n° 2 Bäckerstraße), ou d'une frise d'arcatures aveugles (n° 3 Bäckerstraße).

S'engager dans Bergstraße qui s'étend en face de la Marktkirche.

Maison Siemens (Siemenshaus)

Schreiberstr. 12 - ✆ 05 321 23 837 - ♿ - mar. 9h-12h, jeu. 10h-12h - gratuit.

Cette imposante maison à colombages fut construite en 1693 par Hans Siemens, ancêtre du fondateur de la célèbre firme du même nom. Belle *Däle,* hall d'entrée carrelé qui servait de séjour en été.

Église Neuwerk★ (Klosterkirche Neuwerk)

Cette église abbatiale fut édifiée aux 12e et 13e s. Les hautes tours polygonales de la façade comptent parmi les plus élégantes jamais construites pour une église romane. Le décor du chevet est exceptionnellement soigné.

La nef est dominée par des voûtes d'ogives massives, en arc brisé. La balustrade de la tribune d'orgue porte six bas-reliefs provenant de l'ancien jubé, d'une élégance déjà gothique (le Christ, la Vierge et quatre apôtres).

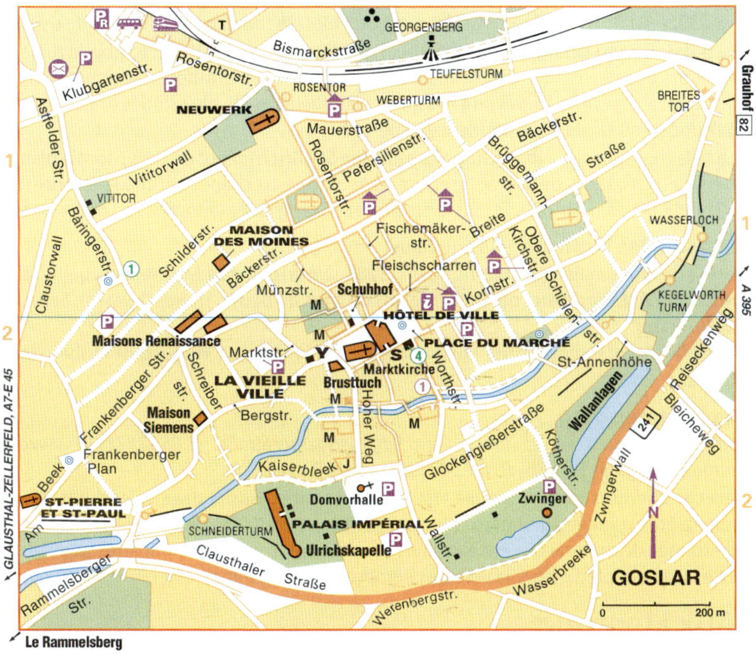

SE LOGER
Die Tanne .... (1)
Hotel Kaiserworth .... (4)

SE RESTAURER
Worthmühle .... (1)

Kaiserworth .... S
Maison de la Guilde des Boulangers ... Y

GOSLAR MARKETING GMBH

Le palais impérial à Goslar.

Église Pierre et Paul★ (Pfarrkirche Peter und Paul)

Les transformations ultérieures qui affectèrent l'église ne purent guère compromettre son caractère roman.

À l'intérieur, les piliers et clés de voûte, et surtout les colonnes finement ouvragées de la galerie occidentale, inspirées de celles de la basilique de Königslutter *(voir Braunschweig : excursions)*, séduisent par leurs riches ornements taillés dans la pierre. Au-dessus de la galerie et au niveau des fenêtres hautes sont préservées des peintures du début du 13e s. L'autel du 12e s. est orné d'un superbe retable baroque de 1675, issu, comme la chaire (1698), des ateliers de sculpture sur bois de Heinrich et Jobst Heinrich Lessen, de Goslar.

Palais impérial★ (Kaiserpfalz)

✆ 05321 311 96 93 - www.goslar.de - avr.-oct. : 10h-17h ; nov.-mars : 10h-16h - 4,50 €.

Le **palais impérial**, érigé sous l'empereur Henri III au milieu du 11e s. et tombé en ruine au cours des siècles, fut reconstitué de 1868 à 1879. Les peintures historiques dans la gigantesque **salle impériale** évoquent des événements historiques importants à l'époque où Goslar était résidence impériale.

La salle communique avec la **chapelle palatine St-Ulrich** (début du 12e s.) dont le plan passe, en élévation, de la croix grecque à l'octogone. La chapelle abrite le tombeau d'Henri III (gisant du 13e s.), dont le cœur est conservé dans le socle.

Maison des Moines★ (Mönchehaus)

Une ancienne maison à colombages (1528), la **maison des Moines**, accueille le **musée d'Art moderne**, qui présente des œuvres de Beuys, Hundertwasser, Serra, de Kooning...

Dans le jardin, sculptures de Ernst et Rennertz, ainsi qu'un intéressant mobile de Calder.

Le Rammelsberg

Situé au sud-ouest, par les Clausthaler et Rammelsberger Straße. ✆ 05 321 75 00 - www.rammelsberg.de - 9h-18h - fermé 24 et 31 déc. - 11 €.

Avec ses nombreux minerais, il a assuré la prospérité à Goslar des siècles durant. La mine a été exploitée sans interruption pendant au moins 1 000 ans. Près de 30 millions de tonnes de minerai ont été extraites. Les diverses installations minières peuvent être visitées à pied ou par la voie de chemin de fer de la mine.

Aux alentours

Église de Grauhof★

3 km. Sortir par la Okerstraße. Les augustins du couvent de Grauhof (1527) firent construire cette église entre 1701 et 1717 par un architecte italien. Remarquer une chaire en forme de vaisseau (1721), le splendide buffet d'orgue (1737), et les **stalles** du chœur en bois précieux représentant en cinquante-six tableaux la vie et la règle de saint Augustin.

Circuit de découverte

Massif d'altitude moyenne, **le Harz★★** commence juste au sud de Goslar et s'étend sur environ 100 km. Le week-end, il constitue une destination de prédilection pour les Allemands de la région. Les possibilités d'activités y sont nombreuses : randonnée, VTT, canoë, ski, varappe, etc.

LE HAUT-HARZ 1

81 km – Une demi-journée - quitter Goslar par la Clausthaler Straße.

L'itinéraire, favorisé par un excellent réseau routier, traverse de vastes paysages aux reliefs arrondis et couverts de conifères.

Clausthal-Zellerfeld

C'est l'ancienne capitale minière du Harz. À Zellerfeld, le **musée des Mines du Haut-Harz** *(Oberharzer Bergwerksmuseum)* présente les procédés d'exploitation utilisés jusqu'à la fermeture de la dernière mine en 1931. *✆ 053 23 9 89 50 - www.bergwerksmuseum.de - 10h-17h - fermé 24 déc. - 5 €.*

À Clausthal, l'**église du St-Esprit** (Marktkirche zum Hl. Geist – *Hindenburgplatz*), construite en 1642, est l'une des plus grandes églises en bois d'Europe. Remarquer la disposition majestueuse des tribunes et l'éclairage oblique à la naissance de la voûte lambrissée.

Barrage de l'Oker (Okertalsperre)

De la crête du barrage, jolie **vue★** sur le lac artificiel.

St. Andreasberg

La route dessert d'abord, au fond de la vallée, l'**ancienne mine d'argent Samson★** *(Silberbergwerk Samson).* On peut y voir le *Fahrkunst*, engin d'une simplicité géniale servant à la remontée des mineurs. *✆ 055 82 12 49 - www.sankt-andreasberg.de - visite guidée (1h) à 11h et 14h30. Musée : 8h30-16h - fermé 1er janv. et 24 déc. - 4,50 €.* Le musée abrite une section de géologie : présentation de nombreux minéraux.

Braunlage

Cette importante station touristique est située sur un plateau dominé par les hauteurs boisées du **Wurmberg** (971 m).

Schierke★
Occupant un site magnifique, ce centre de villégiature desservi par le chemin de fer du Brocken *(Brockenbahn)* est le point de départ de nombreux sentiers pédestres conduisant notamment au sommet du **Brocken**.

Wernigerode★
C'est l'une des localités les plus attachantes de la région. L'**hôtel de ville★★** du 16e s. (sur la Markplatz) est considéré comme l'un des plus beaux édifices à colombages d'Allemagne. Wernigerode possède aussi de remarquables **maisons anciennes★★**, en particulier dans la **Breite Straße**. Cette rue, au départ de la Marktplatz, forme l'ensemble le plus pittoresque avec ses alignements de maisons construites par de riches bourgeois aux 16e, 17e et 18e s. Les solives et les panneaux en bois sont souvent décorés de masques et de motifs sculptés, à l'image de la maison dite « der Krummel » (1674) au n° 72.

Un lieu de légende
Le point culminant du massif du Harz, balayé par le vent, est le **Brocken** (alt. 1 142 m) ; il attire une foule de randonneurs. C'est à son sommet, selon la légende, que les sorcières se réunissaient, la première nuit de mai – **nuit de la Walpurgis** – pour un sabbat qu'une scène de Faust a rendu fameux. Les magasins de souvenirs du Harz rendent aujourd'hui un hommage appuyé à la légende de la Walpurgis et proposent aux visiteurs toutes sortes d'articles qui s'y rapportent…

LE HARZ ORIENTAL 2
89 km – Une demi-journée.
Dans cette partie du Harz, les forêts font une plus large place aux espèces à feuilles caduques. Bien que moins imposant par son ampleur, le paysage offre cependant des curiosités naturelles plus spectaculaires.

Wernigerode★ *(voir ci-dessus)*

Rübeland
La localité, dont l'activité principale est l'exploitation du calcaire, est connue pour ses grottes issues de l'érosion calcaire. Dans la **grotte d'Hermann★** *(Hermannshöhle)*, voir la Salle des cristaux et le petit étang peuplé de « poissons des cavernes » *(Grottenolmen)* aveugles, vivant dans l'obscurité. *✆ 0394 54 491 32 - www.harzer-hoehlen.de - visite guidée (1h), juil.-août : 9h-17h30 ; fév.-juin et sept.-oct. : 9h-16h30 ; nov.-janv. : 9h-15h30 - 6 €.*
Par Blankenburg, on gagne Thale, pour suivre la vallée de la Bode.

Vallée de la Bode★★
La rivière s'est frayé tant bien que mal un passage au milieu d'un dédale de rochers, coulant maintenant au pied d'impressionnantes falaises. Le site le plus spectaculaire est sans conteste la **« Roßtrappe »★★** (le « Pas du cheval »), que l'on gagne à pied en 10mn à partir du parking : du belvédère, qui s'avance vertigineusement dans le méandre, **vue★★★** sur le fond de la vallée, les à-pics rocheux et les lointains boisés.

J. Bouraly / MICHELIN
Paysage du Harz.

L'endroit doit son nom à la légende qui veut qu'un cheval, monté par une princesse poursuivie par un géant, aurait, en prenant son élan pour franchir le gouffre, laissé l'empreinte de son sabot dans le rocher.

La route serpente au milieu de paysages forestiers tourmentés, en suivant le cours de la rivière. La beauté du site et le caractère accidenté du parcours, jusqu'à la jonction avec la route n° 81, imposent une allure modérée.

Goslar pratique

Informations utiles

Office de tourisme – *Markt 7 - 38640 Goslar - ✆ 053 21 780 60 - www.goslar.de - lun.-vend. 9h15 -18h, sam. 9h30-16h, dim. 9h30-14h.*

MuseumSpass – *Permet de visiter les 5 musées de la ville.*

Se loger

Hotel Die Tanne – *Bäringer Straße 10 - ✆ 05321 343 90 - www.die-tanne.de - 25 ch. - 65 €*. Classée monument historique, la façade en schiste de cette maison de la vieille ville cache des chambres confortables. À l'extérieur, des petites ruelles romantiques invitent à la flânerie.

Hotel Kaiserworth – *Markt 3 - ✆ 05 321 70 90 - www.kaiserworth.de - 66 ch. - à partir de 117 €*. Ancienne demeure de 1494 richement décorée, dont l'origine remonte à la guilde des fabricants d'habits et des négociants, au cœur de la place du marché. Superbe salle de restaurant sous une série d'arcades.

DANS LE MASSIF DU HARZ

Hotel Zum Brockenbäcker – *Lindenwarte 20 - 38875 Tanne - ✆ 03 94 57 97 60 - www.brockenbaecker.de - fermé 1 sem. en nov. - 16 ch.- 45/80 €*. Cet établissement fut aménagé en hôtel en 1912, dans une construction en partie garnie de bois, typique du Harz. On peut aujourd'hui y louer des chambres d'hôte rustiques. Dans le restaurant, de croustillants petits pains sortent tous les matins du four.

Michels Kurhotel Vier Jahreszeiten – *Herzog-Julius-Straße 64b, 38667 Bad Harzburg - ✆ 05 322 78 70 - www.kurhotelvierjahreszeiten.de - 74 ch. - à partir de 80 € - restaurant 25/35 €*. Une rénovation complète a permis de « redonner vie » à cet ancien établissement thermal. Une architecture historique et un intérieur moderne se combinent harmonieusement. Le restaurant est aménagé dans le style d'un élégant salon de thé.

Se restaurer

Worthmühle – *Worthstraße 4 - Goslar - fermé 1er-7 janv., mar. et sam. midi - ✆ 05 321 434 02 - www.worthmuehle.de - 36 €*. Ambiance typique et chaleureuse dans cet ancien moulin au bord du cours d'eau. Cuisine régionale, bière produite localement et agréable *Biergarten*.

Sports et excursions

MASSIF DU HARZ

En vélo (VTT) – Le massif est particulièrement bien aménagé avec 1 800 km de pistes à cet effet. Cartes et informations disponibles à l'office du tourisme de Goslar ; www.harzinfo.de

En train – Reliant Wernigerode et Nordhausen, un chemin de fer à voie étroite, le **Harzquerbahn**, tracté par d'anciennes locomotives à vapeur, traverse la région du nord au sud, avec une ramification pour le Brocken. Il constitue, surtout entre Wernigerode et la station d'Eisfelder Talmühle, ainsi qu'entre Schierke et le Brocken, un excellent moyen pour pénétrer au cœur du Harz oriental.

Hildesheim★

103 250 HABITANTS
CARTE GÉNÉRALE B3 – CARTES MICHELIN N°s 718 I6 ET 541 AB 28
BASSE-SAXE

Capitale de l'art roman ottonien en Allemagne, Hildesheim a conservé son précieux héritage médiéval jusqu'à ce qu'une attaque aérienne de mars 1945 le détruise totalement. Une partie du centre historique a néanmoins pu être rebâtie, en particulier la place du Marché et l'église St-Michel. Aujourd'hui reliée au Mittellandkanal par un canal latéral, la ville développe notamment des activités liées à la protection de l'environnement.

- **Se repérer** – Hildesheim se trouve à une trentaine de kilomètres au sud de Hanovre, sur la route séculaire qui va de Bruges à Novgorod.
- **Organiser son temps** – Comptez une demi-journée
- **Pour poursuivre le voyage** – Hanovre (33 km au nord), Hameln (49 km à l'ouest), Goslar (51 km au sud-est).

Comprendre

Le rosier millénaire – Un soir de l'année 815, dit la légende, Louis le Débonnaire, fatigué par une journée de chasse, cache son reliquaire dans les branches d'un rosier et s'endort. Le lendemain matin, il ne parvient pas à retirer le coffret de l'arbuste. Devant ce signe du ciel, il fonde une chapelle, puis un évêché autour duquel se développe Hildesheim.

Le rosier a survécu à la destruction de la ville en 1945 et à l'incendie de la cathédrale ; il verdit et fleurit chaque année.

Visiter

Place du Marché★ (Marktplatz)

L'historique place du Marché a été reconstruite d'une manière remarquable. Ici, le visiteur peut admirer des styles de construction très variés puisque huit siècles sont représentés.

Hôtel de ville (Rathaus) – L'hôtel de ville gothique, construit entre 1246 et 1290, domine le côté est de la place du Marché. Son architecture a été simplifiée lors de sa reconstruction, mais son carillon résonne encore tous les jours à 12h, 13h et 17h.

Sime / PHOTONONSTOP

La maison du Boucher, sur la place du Marché.

Maison du Temple (Tempelhaus) – *Au sud de la place.* Son style oriental la distingue des autres constructions de la place du Marché. Érigée entre 1320 et 1330, quelques beaux ajouts ont été apportés par la suite tels que le pignon et les deux petites tourelles (probablement du 16e s.), et le magnifique **encorbellement★** Renaissance de 1591 représentant l'histoire de l'enfant prodigue sur la balustrade.

À côté, la **Wedekindhaus** présente un avant-corps typique des maisons hollandaises de la Renaissance. Cette maison à colombages date de 1598. Très belles sculptures sur bois. À côté de cette maison, voir la Lüntzelhaus de 1755 (qui abrite la Caisse d'épargne de la ville) et le bâtiment gothique de la Rolandstift (14e s.) avec son avant-corps baroque (1730).

Les **maisons du Boulanger** *(Bäckersamtshaus)* et **du Boucher** *(Knochenhaueramtshaus)*, respectivement édifiées en 1451 et 1529, ont été fidèlement reconstruites. L'imposante maison du Boucher, avec ses huit étages, est souvent considérée comme « la plus belle maison à colombages du monde ». Les cinq étages supérieurs abritent maintenant le **Musée municipal** *(Stadtmuseum)*.

La **maison rococo** sur le côté nord de la place se trouve entre les **brasseries de la ville** *(Stadtschänke)* et la **maison de la corporation des Tisseurs** *(Wollenwebergildehaus)*.

Cathédrale★ (Dom)

✆ 0512 11 79 17 60/61 - avr.-oct. : lun.-sam. 9h30-17h, dim. et j. fériés 12h-17h ; nov.-mars : lun.-sam. 10h-16h30, dim. et j. fériés 12h-16h30 - possibilité de visite guidée sur demande - 1 €.

La **cathédrale** actuelle est la copie, d'après les plans originaux, de la basilique romane du 11e s. Toutefois, les chapelles latérales ont été refaites dans leur style gothique et la coupole du transept sur le modèle de celle du 18e s.

L'intérieur respecte la simplicité de l'architecture basilicale d'origine. Dans la nef, l'alternance d'un pilier pour deux colonnes est typique de l'école d'architecture de la Vieille Saxe. La cathédrale abrite de belles **œuvres d'art★**. À la croisée du transept pend un immense lustre datant du 11e s. Dans la dernière chapelle latérale gauche est exposée une précieuse cuve baptismale sculptée du 13e s., portée par quatre personnages symbolisant les fleuves du Paradis. Dans le croisillon droit est déposée une colonne de bronze du 11e s., consacrée à la vie du Christ.

Le **cloître★** roman à deux étages jouxte la partie est de la cathédrale. Le long de l'abside grimpe le rosier millénaire.

Les **portes de bronze** sur la façade ouest sont un superbe témoignage de la sculpture romane primitive. Les panneaux présentent des scènes de l'Ancien et du Nouveau Testament.

Tout près de la cathédrale, la **chapelle St-Antoine** *(Antoniuskapelle)* abrite un magnifique **jubé★** Renaissance. La cathédrale actuelle, classée au patrimoine mondial de l'Unesco, est la copie, d'après les plans originaux, de la célèbre basilique romane du 11e s. Toutefois, les chapelles latérales ont été refaites dans leur style gothique et la coupole du transept sur le modèle de celle du 18e s.

Musées Roemer et Pelizaeus★

✆ 05121 936 90 - www.rpmuseum.de - ♿ - 10h-18h - fermé 1er janv., 24-25 et 31 déc. - 8 €. Le musée Pelizaeus abrite l'une des plus importantes collections d'antiquités égyptiennes d'Allemagne. La statue assise grandeur nature du vizir et des neveux de Chéops, Hem et Iunu, qui servit de modèle au Potiphar du roman *Joseph et ses frères* de Thomas Mann, et celle du scribe Heti, issue de fouilles effectuées près de Gizeh, sont particulièrement impressionnantes.

Le musée Roemer présente de vastes collections ayant trait aux sciences naturelles et à l'histoire.

Église St-Michel★ (St-Michaelis-Kirche)

Le plan de l'église St-Michel à deux chœurs du début du 11e s. est caractéristique de l'art ottonien en Vieille Saxe.

On remarque dans la nef le plafond peint du 13e s. et l'alternance des piliers et des colonnes, typique de la Basse-Saxe, et dans les transepts les tribunes à deux étages ainsi que la simplicité des chapiteaux ottoniens en dé. De la décoration ancienne subsiste la **clôture des Anges**, à droite du chœur ouest *(à gauche en entrant)* ; elle est couronnée par une balustrade dont la face intérieure est décorée de treize anges dans des écoinçons.

Église St-Gothard★ (St-Godehardikirche)

L'église St-Gothard (12e s.) a une élégante silhouette caractérisée par les pointes effilées qui coiffent ses tours octogonales. C'est un chef-d'œuvre de l'art roman saxon.

Église St-André (St-Andreaskirche)

L'imposante église gothique St-André, érigée aux 14e et 15e s. par les bourgeois de la ville, détruite pendant la Seconde Guerre mondiale, puis reconstruite, intègre la

partie occidentale de l'église romane qui la précéda. La **façade**★ est remarquable par la clarté de son architecture. Le clocher avec ses 114 m de hauteur, le plus élevé de la Basse-Saxe, est l'élément déterminant de la silhouette de la ville.

Le Brühl

Ce quartier épargné par la guerre est typique de l'ancien Hildesheim. À proximité se trouve la maison Wernesche de 1606.

Église Ste-Croix (Heiligkreuzkirche)

Derrière la façade baroque de l'église Ste-Croix se cache un édifice de style roman primitif issu, au 11e s., du remaniement d'une porte fortifiée. À l'intérieur se côtoient des éléments romans ottoniens, gothiques et baroques.

Église St-Maurice (St-Mauritiuskirche)

Sortir du plan par le Bergsteinweg. Édifiée au 11e s. (cloître des 12e et 13e s.), l'église St-Maurice se trouve dans le quartier de Moritzberg, à l'ouest de la ville. L'intérieur a été « baroquisé ».

Hildesheim pratique

Informations utiles

Office de tourisme – *Rathausstraße 18-20 - 31134 Hildesheim - ✆ 051 21 179 80 - www.hildesheim.de - Ouvert lun.-vend. 8h30-18h, sam. 8h30-15h30.*

Se loger

Gästehaus Klocke – *Humboldtstraße 11 - ✆ 05 121 17 92 13 - www.gaestehaus-klocke.de -* P ♿ *- 20 ch. - 46/74 €* ☕. Cette maison, construite il y a cent ans, est toujours dirigée, avec cœur, par la même famille. Calmes et fonctionnelles, les chambres sont assez différentes les unes des autres en raison des données architecturales du lieu.

Van der Valk – *Markt 4 - ✆ 05 121 30 06 00 - www.vandervalk.de - 111 ch. - 122 €* ☕. Sur la place du Marché, sa belle façade historique (en partie rococo) attire l'œil. Les trois bâtiments qui composent cet hôtel tout confort datent du 16e, 17e et 18e s. Cinq catégories de chambres, toutes décorées avec élégance. Piscine, sauna, bar à cocktails… Cuisine internationale et régionale au restaurant (*Gildehaus*).

Einbeck★

28 190 HABITANTS
CARTE GÉNÉRALE B3 – CARTES MICHELIN N^{OS} 718 I7 ET 541 AB 31
BASSE-SAXE

Forte de ses 700 brasseries artisanales, Einbeck ravitaillait au Moyen Âge toute l'Allemagne en « Einpöckisches Bier », bière forte, blonde ou ambrée, qui a donné aujourd'hui l'appellation Bockbier. Cette ancienne ville hanséatique, située entre le Harz et la Weser, a conservé une partie de son enceinte fortifiée médiévale, mais surtout près de 400 maisons à colombages du 16e s. aux riches sculptures polychromes.

- **Se repérer** – Einbeck est située entre le massif du Harz et la vallée de la Weser. La ville est facilement accessible depuis Hanovre par la B (73 km) ou par l'autoroute A 7 qui rejoint Hanovre au nord et Hann. Münden au sud.
- **À ne pas manquer** – Les amateurs apprécieront la diversité des bières brassées localement.
- **Pour poursuivre le voyage** – Hildesheim, Hann. Münden, la forêt de Thuringe.

Einbeck pratique

Office de tourisme – *Rathaus - Marktplatz 6 - 37574 - ✆ 055 61 161 21 - www.einbeck-online.de - L'été : lun.-vend. 9h-17h30, sam. 10h30-15h, dim. 14h-16h ; l'hiver : lun.-jeu. 9h-13h et 14h30-17h, vend. 9h-12h30.*

Visiter

VIEILLE VILLE★

Compter environ une heure pour cette visite.

Le centre-ville d'Einbeck possède un remarquable ensemble de maisons à colombages. La plupart se trouvent à proximité de la place du Marché.

Place du Marché★★ (Marktplatz)

Remarquer d'abord les deux maisons d'angle de la Münsterstraße : le *Brodhaus* (1552), et surtout l'imposant immeuble de la *Ratsapotheke* (1590), dont les combles pourvus de lucarnes servaient, comme dans la majorité des maisons de la ville, à entreposer l'orge et le houblon. En face se dressent l'hôtel de ville avec ses trois avant-corps surmontés de toits pointus en forme de heaume et le **poids public**★ *(Ratswaage)*. La façade parfaitement conservée de cette ancienne bascule permet de découvrir la décoration typique des maisons bourgeoises d'Einbeck : éventail plus ou moins développé de palmettes, moulures torsadées et perlées des encadrements de portes et des traverses, frises festonnées en guirlandes.

Tiedexerstraße★★

Elle commence derrière la tour de l'église (Marktkirche). Les façades et les pignons de cette rue développent une harmonieuse perspective.

Marktstraße

Voir surtout la **maison d'Eickesche**★★ *(Eickesche Haus) (au n° 13, à l'angle de la Knochenhauerstraße)*. Cette maison à colombages édifiée entre 1612 et 1614 imite les hôtels de pierre de la Renaissance. Les caissons sculptés des rambardes représentent les vertus et les muses rassemblées dans un cycle allégorique ; des personnages et des masques expressifs décorent les montants et les terminaisons des poutres.

Aux alentours

Bad Gandersheim

22 km au nord-est. La ville de Roswitha von Gandersheim, la première poétesse d'Allemagne (10e s.), est aujourd'hui une station thermale d'eau salée appréciée. Le centre historique est dominé par la **cathédrale**★ (11e s.) à l'aspect très particulier avec sa façade qui présente deux tours octogonales. À l'intérieur se trouvent deux **autels** de grande valeur, des 15e et 16e s. Autour de la place du Marché de nombreuses maisons à colombages bien conservées (du 16e s. pour la plupart) et l'**hôtel de ville Renaissance**, relié à la Moritzkirche.

Hann. Münden★★

25 310 HABITANTS
CARTE GÉNÉRALE B3 – CARTES MICHELIN N^OS 718 I8 ET543 AA 34
BASSE-SAXE

Pour Alexander von Humboldt, célèbre naturaliste et voyageur, la belle cité de Hann. Münden, établie au confluent de la Fulda, de la Werra et de la Weser, fait partie des « sept villes les mieux situées d'Allemagne ». Outre sa situation exceptionnelle Hann. Münden peut compter sur un centre historique remarquable où abondent les maisons à colombages soigneusement restaurées.

Se repérer – Hann. Munden est une ville-carrefour, au croisement de l'A 7, reliant Cassel à Göttingen, et de la route 80 qui descend le long de la Weser.

Pour poursuivre le voyage – Cassel, Göttingen, Eisenach, la forêt de Thuringe, Goslar et le massif du Harz.

Comprendre

La ville des trois fleuves – Hann. Münden est construite au fond d'une vallée boisée, là où Fulda et Werra s'unissent pour former la Weser (« où Werra et Fulda, à vouloir s'embrasser, leurs noms durent laisser »). Des fouilles ont révélé qu'une colonie existait déjà au temps de Charlemagne. La fondation proprement dite de la ville remonte à Henri le Lion. Le droit d'étape, dont elle jouit de 1247 à 1823, fut la source d'une prospérité dont témoigne encore le très bel ensemble de maisons à colombages du centre historique.

Un brin de toponymie – À l'origine, la localité portait le nom de Münden ; au 18e s., on commença à parler de Hannoversch Münden, pour éviter la confusion avec la ville prussienne de Minden *(Preussisch Minden)*. Les postes introduisirent en 1870 l'appellation Hann. Münden, à laquelle se rallia en 1909 l'administration des chemins de fer. Ce n'est qu'en 1991 que le conseil municipal adopta officiellement la désignation Hann. Münden.

Visiter

La vieille ville★

Elle comporte plus de 700 **maisons à colombages★★** qui témoignent de six siècles d'architecture. Les plus intéressantes bordent les rues situées entre l'hôtel de ville et la Werra. Les donjons et les ruines des fortifications donnent une touche finale au charme dégagé par ce joyau de l'art médiéval.

Hôtel de ville★ (Rathaus)

La façade principale de l'**hôtel de ville** est caractéristique du style Renaissance de la Weser *(voir Hameln)* avec ses volutes, ses pyramides et ses pignons décorés de statues.

Musée municipal du château Guelph

Merc.-vend. 10h-12h, 14h30-17h ; sam. 10h30-12h, 14h30-16h ; dim. 10h-12h30 - visites guidées de mai à sept. le vend. après-midi (en allemand, réserver à l'avance pour l'anglais) - ♿ - 1,70 €.

Petit musée sur l'histoire de la ville qui prend un grand intérêt lors des visites guidées de l'hôtel de ville et du château, avec les salles de la Renaissance et celle du cheval blanc. Ces salles sont aussi ouvertes lors de la journée du patrimoine. Vous pouvez également assister à des concerts occasionnels de musique classique dans la plus grande pièce du château.

Église St-Blaise (St-Blasiikirche)

La tour hexagonale de l'église St-Blaise domine le toit à forte pente. À l'intérieur, transformé en halle gothique à la fin du 15e s., on remarque surtout : dans le collatéral droit, le tombeau du duc Guillaume de Brunswick (mort en 1503) ; à gauche du chœur, l'épitaphe de son fils et, dans le bas-côté gauche, une cuve baptismale du 14e s.

Circuit de découverte

LA HAUTE VALLÉE DE LA WESER★

67 km – environ 2h

De Münden à Bad Karlshafen, la Weser serpente au milieu d'une vallée boisée. Des huguenots français, recueillis par les landgraves de Hesse, y ont créé au 18e s. des villages baptisés de noms symboliques comme Gottstreu (fidélité à Dieu), Gewissenruh (conscience en repos).

Wahlsburg-Lippoldsberg – L'ancienne église abbatiale de Lippoldsberg est l'un des premiers sanctuaires romans voûtés de l'Allemagne du Nord.

Emprunter le bac pour repasser sur la rive gauche.

Gewissenruh – Voir le minuscule temple (1779) et les inscriptions françaises sur les maisons.

Bad Karlshafen – Cette petite ville a été fondée en 1699 par le landgrave Charles de Hesse pour accueillir les réfugiés français ; son plan régulier et ses constructions homogènes lui donnent un caractère monumental.

Le petit **musée des Huguenots** *(Deutsches Hugenotten-Museum, Hafenplatz 9)* est installé dans une ancienne manufacture de tabac. Au premier étage, l'histoire des huguenots en France est présentée à partir de l'exemple du célèbre céramiste Bernard Palissy et l'évocation de son triste destin. Le deuxième étage est consacré à l'accueil des huguenots en Allemagne et à leur influence dans le domaine de l'artisanat, des sciences et des arts. *☏ 056 72 14 10 - www.hugenottenmuseum.de- ♿ - de mi-mars à fin oct. : tlj sf lun. 10h-12h, 14h-18h, w.-end 11h-18h ; nov. -déc. : merc. 10h-12h, 14h-17h, sam. 14h-17h, dim. 11h-17h - 3 €.*

Fürstenberg – Le château-manufacture produit depuis 1747 de célèbres porcelaines. Il abrite un **musée des Porcelaines** *(Schlossmuseum)* où l'on peut admirer de très belles pièces et découvrir les techniques de fabrication (film vidéo, démonstrations). *☏ 05 271 40 11 61 - www.fuerstenberg-porzellan.com - ♿ - possibilité de visite guidée (1h) - avr.-oct. et 27-30 déc. : mar.-dim. 10h-17h ; nov.-mars : sam.-dim. 10h-17h - fermé 1er-11 janv., 24-26 et 31 déc. - 4 €..*

Höxter★ – Ses maisons à pans de bois décorés, dans l'esprit de la Renaissance et du baroque, sont couvertes de toitures anciennes en feuillets de grès rose ; les plus pittoresques s'alignent le long de la **Westerbachstraße**. L'église St-Kilian possède une **splendide chaire★★** ornée de précieux motifs d'albâtre de la Renaissance (1597).

Corvey – L'**église** de cette abbaye ne conserve de l'édifice carolingien que l'imposant **ouvrage ouest★** ; au-dessus de l'avant-nef, on accède à un sanctuaire carré sur lequel s'ouvrait la loge attribuée, selon une tradition incertaine, à l'empereur. Dans les salles du château **(musée)** est évoqué le passé de Corvey.

Suite à la sécularisation, le landgrave de Hesse-Rotenbourg fit l'acquisition des anciens bâtiments conventuels pour les transformer en résidence. Aujourd'hui propriété des ducs de Ratibor, le château abrite le **musée de Höxter-Corvey**.

Hann. Münden pratique

Informations utiles

Office de tourisme – *Lotzestraße 2 (à l'hôtel de ville) - 34346 Hann. Munden - ☏ 055 41 753 13 - www.hann.muenden.de - L'été : lun.-vend. 9h-17h30, sam. 10h30-15h, dim. 11h-15h ; l'hiver : lun.-jeu. 8h-14h, vend. 8h-13h.* Vous pourrez y acheter des cartes pour profiter de la région en vélo.

Se loger

⊖ Hotel Aegidienhof – *Aegidienstraße 7/9 - ☏ 05 541 984 60 - www.fahrrad-hotel.de - P - 14 ch. - 57 €* ☕. Deux maisons historiques à colombages ont été réunies pour créer cet hôtel agréable et très apprécié des familles. À l'intérieur, on remarquera un peu partout des témoignages de l'histoire du lieu, vieux de 500 ans ; la cave voûtée abrite une collection de céramiques découvertes lors de fouilles. Quelques chambres plus grandes pour les familles.

⊖ Hotel Alte Rathausschaenke – *Ziegelstraße 12 - ☏ 05 541 88 66 - www.hotel-rathausschaenke.de - 10 ch. - 70 €* ☕. Charmant petit hôtel dans une maison à colombages, central et à prix raisonnable.

⊖⊖⊖ Hotel Alter Packhof – *Bremer Schlagd 10-14 - ☏ 05 541 98 890 - www.packhof.com - 25 ch. 112 €* Superbe bâtisse de la première moitié du 19e s. Les rivières Werra et Fulda se mêlent à ses pieds. Cadre historique et luxueux.

Se restaurer

⊖⊖⊖ Die Reblaus – *Ziegelstraße 32 (Kirchplatz) - ☏ 05 541 95 46 10 - www.die-reblaus.com - tlj 12h-14h30, 18h-cuisine chaude jusque 22h - 21/37 €.* Ce petit restaurant est aménagé dans une maison à colombages du 17e s. Cuisine internationale.

Hameln★

58 910 HABITANTS
CARTE GÉNÉRALE B3 – CARTES MICHELIN N^{OS} 718 H6 ET 541 Y 28
BASSE-SAXE

Cité privilégiée du folklore allemand, Hameln est surtout connue pour la légende du charmeur de rats, racontée par les frères Grimm au 19e s. Les très belles maisons à colombages continuent à entretenir l'atmosphère de conte de fées à jamais attachée à la ville. Hameln rayonne sur le Weserbergland, un espace de collines et de cours d'eau dont une partie est préservée au sein d'un grand parc naturel.

- **Se repérer** – Implantée au bord de la Weser, Hameln est à 47 km de Hanovre.
- **Organiser son temps** – Si vous êtes en voiture, comptez une journée pour Hameln et ses environs.
- **Pour poursuivre le voyage** – Lemgo, Hildesheim.

Comprendre

Un joyau de la Renaissance de la Weser – Hameln est dotée de belles maisons anciennes, dont les plus caractéristiques appartiennent à la Renaissance de la Weser (fin 16e s. - début 17e s.). Ce style d'architecture se distingue par les volutes cornues et les aiguilles qui décorent les pignons, les bandeaux de pierre délicatement taillés qui cerclent les bâtiments, les pavillons en avancée traités comme une réduction de la façade principale et les édicules à pignon décoratif faisant saillie, à la base du toit, à la manière de lucarnes.

La légende du « charmeur de rats » – En 1284, un homme énigmatique, en vêtements multicolores, promit aux habitants de Hameln qu'il les débarrasserait de tous les rats et souris de la ville contre une forte récompense : il se mit à jouer du fifre et tous les rongeurs, sortant de leurs trous, le suivirent jusque dans la Weser où ils se noyèrent. Mais la récompense promise ne vint pas. Pour se venger, l'homme revint un dimanche, à l'heure de la messe, et fit sortir tous les enfants des maisons au son du fifre : ils le suivirent et disparurent à jamais. Ils étaient 130 et l'on ne sut jamais rien d'eux, car les seuls rescapés furent un aveugle et un muet. La version historique de l'événement fait état d'une surpopulation telle, au 13e s., que l'on aurait envoyé d'autorité une troupe de tout jeunes gens s'établir, sans espoir de retour, dans les lointains territoires de l'Est.

Une adaptation théâtrale du conte est jouée sur la terrasse de la maison des Mariages tous les dimanches d'été à midi.

Se promener

VIEILLE VILLE★ (ALTSTADT)

Maison du charmeur de rats★ (Rattenfängerhaus)

Cette grande maison de 1603 est fascinante : sa façade, tout en pierre avec des bandeaux différemment travaillés, est enrichie de nombreux ornements sculptés (bustes, masques). Son pignon, portant les volutes et pinacles propres au style de la Weser, se dresse haut dans le ciel.

Engagez-vous dans la Osterstraße, l'une des rues les plus connues de Hameln. C'est là que les enfants suivirent le joueur de flûte, un certain 26 juillet 1284… Arrêtez-vous à hauteur de la Kleine Straße pour admirer les splendides maisons Renaissance (Haus Osterstraße 12, Leithaus et Stiftherrenhaus).

Maison des Chanoines (Stiftsherrenhaus)

Osterstraße 8. Remarquable maison à colombages (1558), la maison des Chanoines est pourvue de consoles sculptées représentant des personnages bibliques. Cette maison et celle d'à côté abritent le musée de la ville.

*Une rue rappelle que des huguenots français ont trouvé refuge à Hameln à la fin du 17e s. (Französischen Straße). Rendez-vous au marché aux Chevaux (Pfedermarkt) pour voir la sculpture de l'*Ouverture du rideau de Fer*, créée par l'entreprise Adolf Vogeley, et l'église St-Nicolas du 13e s.*

Maison Dempter (Demptersches Haus)

Sur le Markt. Construite en 1607, la magnifique maison Dempter se distingue par un avant-corps caractéristique de la Renaissance de la Weser, un rez-de-chaussée et premier étage en grès, et les autres étages à colombages.

Théâtre de rue à Hameln autour de la légende du « charmeur de rats ».

Maison des Mariages★ (Hochzeitshaus)

Sur le Markt. C'est ici que se déroulaient les réceptions des mariages bourgeois. Sur sa façade, trois élégants pignons rompent les lignes horizontales que soulignent les corniches et les longs bandeaux de pierre.

Prendre la Fischpfortenstraße et passez devant la Wilhelm-Busch-Haus. De là, vous pouvez continuer tout droit jusqu'à la Weser. Revenir sur vos pas pour vous rendre sur la Wendenstraße où se trouvent la Burgerhus et la Lückingsches Haus.

Maison Lücking

Wendenstraße 8. Cette riche demeure à colombages de 1638 se distingue par sa porte cintrée, largement décorée d'inscriptions et ornementée.

Au bout de la rue, prendre à droite la Bäckerstraße

Rattenkrug

Bäckerstraße 16. Remarquer surtout le pavillon en avancée et le haut pignon à cinq étages de cet édifice de 1568. Son cœur est une maison du début du gothique, datant de 1250.

Continuer jusqu'à la Münsterkirchhof.

Collégiale (Münsterkirchhof)

Du jardin public, au sud, la collégiale apparaît comme protégée par la puissante tour polygonale du transept qui appartenait à la basilique romane du 12e s. (transformée en halle gothique au 13e s.). À l'intérieur, remarquer l'ordonnance des piliers et les chapiteaux à palmettes ou à damier dans le transept surélevé.

Terminez votre tour en revenant par la Alte Markt-Straße et jetez un coup d'œil au passage à la Kürie Jérusalem.

Aux alentours

Fischbeck

7 km au nord-ouest. L'**abbaye** *(Stift)* fut reconnue par l'empereur Otton Ier en 955. De nos jours, elle abrite une communauté de dames protestantes. *✆ 05 152 86 03 - www.stift-fischbeck.de - ♿ - de Pâques à fin oct. : tlj sf lun. 14h-15h30 - 3,50 €.*

L'église date du 12e s. ; les loges qui permettaient aux pensionnaires d'assister aux offices ont été ajoutées au 19e s. La **crypte**, dont chaque colonne porte un chapiteau de motif différent, a été conservée dans son style roman. À gauche du chœur, émouvant Ecce Homo en bois sculpté ; à droite, la célèbre **tapisserie de Fischbeck** du 16e s. illustrant la fondation de l'abbaye. Surplombant l'entrée de la sacristie, une statue du 13e s. représente Helmburg, fondatrice de l'ordre.

Le cloître, dans son état actuel, date des 13e et 14e s.

Hämelschenburg★

11 km au sud. Baigné par un étang et des douves, le **château★** *(Schloss)* en forme de fer à cheval, construit entre 1588 et 1618, est l'un des chefs-d'œuvre de la Renaissance de la Weser. L'aile dominant la route est la plus ornée, avec son alternance

Le château de Hämelschenburg.

de surfaces lisses et de bandeaux à bossages, son oriel surplombant le fossé et ses quatre pignons décoratifs.

On peut visiter l'intérieur : meubles, armes, trophées, tableaux. *31860 Emmerthal - ✆ 05 155 95 16 90 - www.schloss-haemelschenburg.de - ♿ - visite guidée (50mn) - mai-sept. : tlj sf lun. 10h-17h ; avr., oct. : tlj sf lun. 11h-16h - 5 €.*

Hameln pratique

Informations utiles

Office de tourisme – *Deisterallee 1 - 31785 Hameln - ✆ 051 51 95 78 23 - www.hameln.com - L'été : lun.-vend. 9h-18h30, sam. 9h30-16h, dim. 9h30-13h ; l'hiver : lun.-vend. 9h-18h, sam. 9h30-13h, dim. 9h30-13h (seulement oct. et mars).*

Se loger

An der Altstadt – *Deisterallee 16 - ✆ 05151 402 40 - www.hotel-an-der-altstadt.de - fermé de fin déc. à mi-janv. - 🅿 - 19 ch. - 75 €*. Ce bâtiment de style Art nouveau *(Jugendstil)*, au cœur de la légendaire « ville du charmeur de rats » *(Rattenfängerstadt)*, abrite un hôtel garni et coquet aux chambres dotées de meubles en bois de cerisier.

Faire une pause

Museumscafé – *Osterstraße 8 - ✆ 05151 215 53 - www.museumscafe.de - fermé Noël et 1er janv.* Le Museumscafé de la maison des chanoines *(Stiftsherrenhaus)* de 1562 possède certainement l'une des plus belles façades à colombages de la ville. Vous pourrez y déguster gâteaux et tartes mais également de copieux repas. Goûtez donc à la « tarte du charmeur de rats » *(Rattenfängertorte)* !

Lemgo★

42 030 HABITANTS
CARTE GÉNÉRALE B3 – CARTES MICHELIN N^OS^ 718 H7 ET 543 W 29
RHÉNANIE-WESTPHALIE

Fondée en 1200 par les comtes de Lippe, Lemgo fut entourée en 1365 de hauts remparts, encore debout de nos jours. Les somptueuses maisons patriciennes du gothique tardif et de la Renaissance, au cœur de la vieille ville, témoignent de la prospérité de cette ancienne cité hanséatique.

- **Se repérer** – À l'est de la Rhénanie-Westphalie, Lemgo se trouve à quelques kilomètres de l'A2 qui relie Hanovre (89 km) à Dortmund.
- **À ne pas manquer** – La spécialité locale, les *Lemgoer Strohsemmel*, « petits pains de paille » créés par un apprenti boulanger enrôlé dans les troupes napoléoniennes, lors de la campagne de Russie.
- **Pour poursuivre le voyage** – Hameln, Hildesheim, Hanovre, Münster.

Se promener

LA VILLE ANCIENNE★

Entrez dans la ville par la porte de l'est (Ostertor) d'où part la Mittelstraße, qui constitue l'axe de la ville ancienne. De très belles maisons bourgeoises à colombages bordent la rue. Remarquez sur la façade du n° 17 les jolies sculptures en bois sur quatre étages et arrêtez-vous un instant devant le n° 36, dite maison des Planètes.

Hôtel de ville★★ (Rathaus)

L'hôtel de ville se compose de plusieurs bâtiments. Il intègre au coin de la Marktplatz une splendide apothicairerie de style Renaissance avec au premier étage de la façade les portraits sculptés de dix philosophes et médecins célèbres, d'Aristote à Paracelse. Les arcades centrales accueillirent vers 1670 de terribles procès en sorcellerie.
S'avancer à gauche dans la Breite Straße.

Maison du bourgmestre des sorcières (Hexenbürgermeisterhaus)

☎ 05 261 21 32 76 - www.lemgo.de - tlj sf lun. 10h-17h. Cette maison (1571) arbore une des plus belles façades patriciennes de la ville, caractéristique du style Renaissance de la Weser. À l'intérieur, musée local *(Städtisches Museum)* sur l'habitat, la vie quotidienne, l'artisanat et les métiers. Une exposition a pour thème la chasse aux sorcières à Lemgo.

Église Ste-Marie (Marienkirche)

Église gothique à trois nefs de la fin du 13e s. et du début du 14e s. Voir belles orgues Renaissance (1587-1613), parmi les plus anciennes d'Allemagne, boiseries finement sculptées, fonts baptismaux (1592), chaire (1644) et croix triomphale (vers 1500).
Revenir à la Papenstraße que l'on suit à droite.

Église St-Nicolas (St-Nicolaikirche)

Dédiée au patron des marchands, l'église St-Nicolas (13e s.) mêle les éléments romans (ancien tympan à trois personnages, dans le bas-côté droit ; triptyque de pierre dans le bas-côté gauche) et gothiques (fresques et clefs de voûte). La chaire et les fonts baptismaux sont de la fin de la Renaissance (vers 1600).
La Papenstraße ramène au point de départ.

Visiter

Maison de Junker★ (Junkerhaus)

Hamelner Str. 36 - ☎ 05 261 66 76 95 - www.junkerhaus.de - avr.-oct. : tlj sf lun. 10h-17h ; nov.-mars : vend.-dim. 11h-15h.

Karl Junker (1850-1912), architecte, peintre et sculpteur, contemporain de l'essor de l'Art nouveau, a laissé dans sa maison le témoignage d'un style surprenant. Il a organisé son plan comme une spirale suivant un jeu savant de correspondances et de mouvements opposés, provoquant divers effets de surprise.

Château de Brake (Schloss Brake)

Schlossstrasse 18. ☎ 052 61 9 45 00 - www.wrm.lemgo.de - ♿ - tlj sf lun. (sf j. fériés) 10h-18h - fermé 1er janv., 24, 25 et 31 déc. - 3 €. Dans ce château, construit entre le 12e et le 19e s., admirez les différents aspects des arts et de la culture depuis la Réforme jusqu'à la guerre de Trente Ans **(Weserrenaissance-Museum)**.

Münster★★

269 580 HABITANTS
CARTE GÉNÉRALE A 3 – CARTES MICHELIN NOS 718 G7 ET 543 NW 029
RHÉNANIE-WESTPHALIE

Capitale historique de la Westphalie, Münster est l'un des centres universitaires les plus importants d'Allemagne. Une restauration active lui a rendu aujourd'hui l'attrait de ses nombreuses façades gothiques, baroques et Renaissance. Les amateurs de vélo apprécieront particulièrement cette ville : ses rues et les centaines de kilomètres de pistes cyclables aux alentours fourmillent de bicyclettes, appelées « Leeze » dans le dialecte local.

- **Se repérer** – Accessible par l'autoroute A 1 (Dortmund-Brême), Münster est à une heure de voiture environ des grandes villes de la Ruhr, à 152 km de Cologne et à 171 km de Brême.
- **À ne pas manquer** – Les châteaux du pays de Münster *(voir Aux alentours)*. Redécouvrez le vélo dans cette région où les aménagements présagent les villes écologiques de demain.
- **Organiser son temps** – Münster est une étape idéale vers la mer du Nord.
- **Pour poursuivre le voyage** – Le bassin de la Ruhr.

Comprendre

La paix de Westphalie – Proclamée le 24 octobre 1648 à Münster, elle mit fin à la guerre de Trente Ans. Elle est le résultat de cinq années de négociations, menées dans la ville, entre l'empereur et les plénipotentiaires des États catholiques (France et Espagne). Les discussions entre l'empereur et les États protestants eurent lieu à Osnabrück. La conséquence du traité fut un émiettement accru de l'Allemagne, au détriment du prestige impérial. La paix reconnut ou confirma la cession à la France de l'Alsace et des Trois Évêchés (Metz, Toul et Verdun), l'indépendance des Pays-Bas et de la Suisse. Elle favorisa l'ascension de la Prusse.

Sur le plan religieux, la paix de Westphalie reconnaît les trois confessions, les calvinistes recevant les mêmes droits que les luthériens.

Visiter

Cathédrale St-Paul★★ (Dom)

Cette cathédrale trapue à deux tours, deux chœurs et deux transepts, appartient au style westphalien de transition du 13e s.

Entrer par le porche sud (16e s.). Le portail intérieur est entouré de statues (13e s.) et dominé par le Christ du Jugement ; au trumeau saint Paul (16e s.), patron de l'église.

Faire le tour intérieur dans le sens contraire des aiguilles d'une montre.

La nef principale, très ample, aux larges travées, est couverte de voûtes bombées rappelant les voûtes angevines. Les nefs latérales sont très basses. Le déambulatoire possède une **horloge astronomique★** de 1540, animée par des jaquemarts. Tom Ring l'Ancien a peint, au sommet, une galerie occupée par des spectateurs. La chapelle du Saint-Sacrement, à gauche de l'entrée du cloître, possède un riche **mobilier★**, en particulier un tabernacle en argent du 18e s., provenant d'un atelier d'Augsbourg. Du croisillon gauche du transept, on accède au sobre cloître (14e s.).

Le trésor de la cathédrale★★ (Domkammer) – *Accès par le cloître. ☎ 0251 49 55 87 - www.muenster.de - tlj sf lun. 11h-16h.* Le bâtiment moderne où est exposé le trésor s'intègre de façon harmonieuse à la cathédrale, à laquelle il est indirectement accolé par le cloître.

Au rez-de-chaussée, les quatorze bustes-reliquaires des prophètes (15e s.) en cuivre et en argent repoussé, le chef reliquaire de saint Paul du 11e s. et la madone du 13e s., tous deux en or repoussé, entourent la **croix processionnelle** du chapitre, point de mire du trésor. Au sous-sol, collection de vêtements liturgiques, surtout des 17e et 18e s., et d'objets rituels ; au centre, un autel portatif du 12e s., orné de broderies de perles. Au 1er étage, parmi la statuaire gothique et baroque, **retable de saint Jean** (1520).

Musée régional de Westphalie★ (Westfälisches Landesmuseum für Kunst und Kulturgeschichte)

Domplatz 10 - ☎ 0251 590 72 01 - www.landesmuseum-muenster.de - tlj sf lun. 10h-18h (jeu. 21h) - possibilité de visite guidée sur demande (1h) - fermé 24-25 et 31 déc. - 3,50 €.

L'art médiéval westphalien revit au musée régional de Westphalie avec la statuaire

Sime/PHOTONONSTOP

Les maisons à pignon du Prinzipalmarkt.

gothique de la cathédrale et des églises de Münster, une série de vitraux et les sculptures de Johann et Heinrich Brabender. Remarquable ensemble de **retables★★**, dus à Conrad von Soest, Koerbecke et aux maîtres de Liesborn et de Schöppingen. L'influence flamande est sensible dans les œuvres de la famille Tom Ring : Ludger Tom Ring fut un précurseur de la nature morte. Intéressants portraits de Luther et de sa femme par Lucas Cranach. Une section regroupe les œuvres du 20ᵉ s. (avec August Macke, Ernst Ludwig Kirchner ou Josef Albers).

Prinzipalmarkt★

C'est un lieu chargé d'histoire, le centre de l'activité commerciale. Les maisons à pignon de style gothique tardif ou Renaissance appartenaient à la riche bourgeoisie. Sous les arcades, propices à la flânerie, de beaux étalages côtoient tavernes ou restaurants. Au nord, le Prinzipalmarkt se poursuit par la Bogenstraße (à mi-hauteur, sur une placette, populaire statue d'un colporteur avec sa hotte, le *Kiepenkerl*).

Hôtel de ville (Rathaus)

La façade à pignon de l'hôtel de ville, de la fin du 14ᵉ s., est une très belle œuvre de l'architecture civile gothique. Elle est ornée de fins remplages et de pinacles.

La salle de la Paix★ (Friedenssaal) – La salle de la Paix, avec ses belles boiseries, date de la 2ᵉ moitié du 12ᵉ s. et fut le théâtre, en 1648, de la proclamation de la paix entre l'Espagne et les Pays-Bas, qui déboucha sur les traités de Westphalie. Transféré en d'autres lieux pendant la dernière guerre, l'ancien mobilier est conservé tel que Gérard Terborch l'avait représenté sur son tableau figurant la conclusion de la paix. Les portes finement ciselées de la petite armoire à casiers derrière le bureau du bourgmestre comptent parmi les ouvrages les plus étranges de la sculpture sur bois allemande du début du 16ᵉ s. Le mélange hétéroclite de motifs religieux et grotesques laisse supposer que la disposition actuelle des panneaux n'est pas d'origine. *☎ 0251 492 27 24 - ♿ - tlj sf lun. 10h-17h, w.-end 10h-16h - 1,50 €.*

Musée graphique Pablo-Picasso★ (Graphik Museum Pablo Picasso)

☎ 0251 414 47 10 - www.graphikmuseum-picasso-muenster.de - ♿ - mar.-jeu. 10h-18h, vend. 10h-22h, sam.-dim. et j. fériés 10h-19h. 10 €.

Près de 800 lithographies constituent les fonds permanents de ce musée, où sont régulièrement proposées des expositions temporaires avec d'autres œuvres de l'artiste.

Église St-Lambert (Lambertikirche)

Sous son élégante **flèche★** ajourée de 99 mètres, la tour renferme les trois cages de fer dans lesquelles furent exposés les cadavres des chefs anabaptistes après la répression du mouvement en 1536. L'intérieur présente une voûte en réseau dans la nef principale et des voûtes en étoile dans les nefs latérales. Au chevet de l'église, la maison de la guilde des merciers offre un beau pignon de 1588.

Château des Princes-Évêques★ (Residenzschloss)

Ancien château baroque des princes-évêques, la Résidence, bâtie dans un écrin de verdure, appartient actuellement à l'université. La façade à trois corps, conçue par Johann Conrad Schlaun, est élégante. Les placages de grès sur la brique rouge en rompent la monotonie. Derrière s'étend un parc *(Schlossgarten)*, entouré d'eau, près du jardin botanique. Au sud du château, les espaces verts se poursuivent par la promenade des Bastions *(Wallpromenade)*, en vue du lac de l'Aa.

Erbdrostenhof

Palais de 1757 à majestueuse façade concave et avant-cour triangulaire, dû à Johann Conrad Schlaun.

Aux alentours

LES CHÂTEAUX DU PAYS DE MÜNSTER★

Dans la région, au relief peu accentué, qui s'étend autour de Münster, s'égrènent une centaine de châteaux entourés de douves ou d'étangs. Si la plupart appartiennent à des particuliers et ne peuvent être vus que de l'extérieur, certains accueillent les visiteurs. Leur bon état de conservation et leur architecture originale font de la visite un moment fort de la découverte de la Westphalie. Le vélo est le meilleur moyen pour sillonner ce pays verdoyant, qui compte plusieurs centaines de kilomètres de pistes cyclables.

Vornholz★

À Ostenfelde, le gracieux château de Vornholz, avec son corps principal (1666) flanqué de deux ailes, est un exemple typique de *Wasserburg*, aménagé sur deux îles de la région de Münster.

Hülshoff★

Les grosses tours carrées des dépendances (première île) du **château** accompagnent un corps central de gentilhommière (seconde île) élevé en 1545, en brique et en pierre, présentant des pignons à décrochement et un lanternon. La chapelle néogothique a été ajoutée en 1870. Cette demeure (petit musée) a vu naître en 1797 la poétesse Annette von Droste-Hülshoff.

Vischering★

☏ 02 591 797 00 - avr.-oct. : 10h-12h30, 13h30-17h30 ; reste de l'année : 10h-12h30, 13h30-16h30 - fermé lun. - 2,50 € (enf. 1 €). Les deux parties du **château** se dressent sur des îles protégées par une double ceinture de murailles. En 1271, l'évêque de Münster fit bâtir le *Hauptburg* sur un plan semi-circulaire. Les remaniements ultérieurs (adjonction d'une tour au centre en 1550 et d'une avancée côté sud vers 1620) n'ont pas sensiblement modifié sa silhouette trapue. À l'intérieur, meubles de différentes époques, dont un lit d'apparat du 16e s., peintures murales et fresques ornant les plafonds et cheminées de grès.

Les dépendances, érigées sur la première île, servaient autrefois de communs. Aujourd'hui, elles accueillent une exposition sur la vie et le travail des paysans. La remise abrite des carrosses richement parés.

Non loin du château de Vischering, à 8 km au sud-est de Lüdinghausen, s'élève le château de **Nordkirchen** du 18e s., surnommé le « Petit Versailles westphalien ». Il abrite une école de finances.

Lembeck★

☏ 02 369 71 67 - www.schloss-lembeck.de - musée : visite guidée (40mn) lun.-vend. : 13h-17h, w.-end 11h-17h ; jardin : 10h-18h - fermé nov.-fév. - 4 € (musée et jardin). L'effet de perspective de la longue allée d'accès au château, accusé par la succession de portails baroques et de voûtes ménagés dans les différents corps de bâtiment, est

saisissant. À l'emplacement de la forteresse du 14e s. fut édifiée, à la fin du 17e s., la bâtisse monumentale qui se répartit sur deux îles. Tous les angles sont occupés par des tours massives à couronnement baroque. À l'intérieur, visite de quelques salons, dont la grande salle décorée de lambris et de stucs, aux meubles précieux, tapisseries, porcelaines et tableaux du 17e s. au 19e s.

Au printemps, symphonie de couleurs des massifs de rhododendrons en fleur.

Raesfeld

www.raesfeld.de - visite guidée (1h) sur demande préalable à l'office de tourisme - ✆ 02 865 60 910. Le château, construit entre 1643 et 1658 par Alexander von Velen, se compose aujourd'hui d'un ouvrage principal à deux ailes, d'un bâtiment abritant les dépendances et d'une chapelle. Haute de près de 50 m, la tour, dont la flèche est couronnée d'un bulbe, est visible à la ronde.

Gemen

Ce château est aujourd'hui un centre de formation pour les jeunes ; visite de l'intérieur uniquement sur demande - ✆ 02 861 93 92 52 - www.borken.de. Le **château** groupe ses corps de bâtiment (15e s., remaniés au 17e s.) et ses tours sur un îlot fortifié, au milieu d'un beau plan d'eau ombragé. Le donjon primitif a reçu une toiture baroque.

Anholt★

✆ 02 874 45 353 - www.fuerst-salm.de - visite guidée (1h) mai-sept. : tlj sf lun. 11h-17h ; oct.-avr. : dim. 13h-17h - fermé 24 déc.-1er janv. - 6 €.

Entouré d'un parc paysager de 34 ha et de jardins baroques reconstitués, ce château ceint de douves est constitué d'un ouvrage principal et d'un pavillon d'entrée (12e au 17e s.), remanié vers 1700 en une résidence baroque disposée autour d'une cour carrée. Le musée donne une bonne impression de trois siècles d'habitat princier : collection de tableaux (Rembrandt, Bruegel, Murillo), tapisseries, meubles, porcelaines, armes.

À l'intérieur, voir le grand escalier en chêne, la salle des chevaliers avec sa galerie d'ancêtres, la salle de réception décorée de tapisseries flamandes, les collections de porcelaine et la galerie de peinture composée d'œuvres de maîtres néerlandais.

Le château d'Anholt.

Münster pratique

Informations utiles

Office de tourisme – *Klemensstraße 9 - ✆ 0251 492 27 10 - www.tourismus.muenster.de - www.muenster.de - www.muensterland-tourismus.de.* Vous trouverez aussi des informations sur la région avec des cartes détaillées pour la découvrir à vélo. *Autre antenne dans le hall de l'hôtel de ville - lun.-vend. 9h30-18h, sam. 9h30-13h.*

Se loger

⊖⊖ **Hotel-Restaurant Hiltruper Hof** – *Westfalenstraße 148 - 48165 Münster-Hiltrup - ✆ 0251 278 80 - www.hiltruper-hof.de - P - 17 ch. - 70 € - restaurant 9/25 €.* Petit hôtel familial depuis 150 ans. Chambres soignées et modernes. À proximité, bons équipements de sports et loisirs. Point de départ intéressant pour promenades à vélo.

Sports et excursions

Friedensroute – Boucle de 170 km (A/R) de pistes cyclables entre Münster et Osnabrück. Renseignements à l'office de tourisme.

LOCATION DE VÉLOS

Radstation – *Berliner Platz 27a, devant la gare (en sous-sol) - ✆ 0251 484 01 70 - lun.-vend. 5h30-23h, w.-end 7h-23h - location pour un jour (7 €), 3 j (16 €) ou une semaine (30 €).* Plus grand centre de location de vélos de la ville ; prévoir une pièce d'identité (passeport).

Le carnaval de Cologne.

J-C. & D. Pratt/PHOTONONSTOP

Cologne★★

Köln

965 960 HABITANTS
CARTE GÉNÉRALE A3 – CARTES MICHELIN N^OS 718 F9 ET 543 J 38
RHÉNANIE DU NORD-WESTPHALIE

Les habitants de Cologne sont réputés pour leur sens de l'humour et leur convivialité. Une bonne humeur inséparable du « Kölsch », à la fois dialecte de Cologne et célèbre bière brassée dans la région. La métropole rhénane où il fait si bon vivre a pourtant vécu des années sombres. Presque entièrement détruite au cours de la Seconde Guerre mondiale, elle s'est relevée avec une remarquable vigueur. Avec ses deux flèches noires tendues vers le ciel, devenues le symbole de la ville, la plus ancienne des métropoles d'Allemagne est aujourd'hui un centre culturel et artistique incontournable.

- **Se repérer** – Cologne est la plus grande ville à l'ouest de l'Allemagne, à 70 km de la frontière avec la Belgique.
- **À ne pas manquer** – La cathédrale et la profusion de musées de renommée internationale.
- **Organiser son temps** – Comptez deux jours minimum, si vous voulez visiter plusieurs musées.
- **Avec les enfants** – Musée des Jeux olympiques, Phantasialand *(voir Aux alentours)*.
- **Pour poursuivre le voyage** – Bonn (29 km au sud), Düsseldorf (39 km au nord), le massif de l'Eifel (Bad Münstereifel est situé 49 km au sud-ouest).

Comprendre

Cologne au temps des Romains – En 38 av. J.-C., les Ubiens, peuple germanique allié des Romains, reçurent du général Agrippa (gendre d'Auguste) l'autorisation de s'établir sur la rive gauche du fleuve ; ils fondèrent alors l'oppidum Ubiorum. En l'an 50, l'oppidum obtient le titre de colonie romaine grâce à Agrippine ; la troisième épouse de l'empereur Claude et mère de Néron, était native de Cologne. Devenue résidence du gouverneur de la Germanie inférieure, la cité prit le nom de *Colonia Claudia Ara Agrippinensium* (CCAA) et reçut son premier mur d'enceinte (les restes les plus visibles se trouvent dans la Zeughausstraße, la porte nord de la ville devant la cathédrale, et le **prétoire** sous l'hôtel de ville). Ce fut le début d'une époque florissante pour l'artisanat, le commerce et l'architecture qui ne prit fin qu'à l'époque des Grandes Invasions (5e s.).

La ville sainte au bord du Rhin – D'abord évêché, puis archevêché (depuis Charlemagne), Cologne connut un essor sans précédent au Moyen Âge. Jusqu'à la bataille de Worringen en 1288, les archevêques de Cologne exercèrent un pouvoir non seulement spirituel, mais aussi temporel. On édifia ainsi plus de 150 églises – dont la

R. Interstock / SUNSET

Dans la vieille ville de Cologne.

L'eau de Cologne

La célèbre *Aqua mirabile* était déjà connue à Cologne au 16e s. Toutefois, son commerce ne commença qu'au 18e s. avec l'arrivée d'une famille d'immigrants italiens : les Farina. **Jean-Marie Farina** développa la vente de cette préparation, censée posséder des vertus médicinales. Son succès poussa d'autres fabricants à produire eux aussi cette eau miraculeuse, bientôt exportée sous le nom d'« eau de Cologne ». L'un d'eux, **Wilhelm Mühlens**, fonda en 1792 un établissement dans la Glockengasse. Pendant l'occupation française, l'administration napoléonienne interdit l'utilisation de l'eau de Cologne comme remède. Mais les fabricants eurent tôt fait de contourner la loi, en présentant leur produit sous forme d'eau de toilette. À la même époque, l'occupant français établit un numérotage des maisons et des rues. C'est ainsi que fut attribué à la maison Mühlens de la Glockengasse le numéro 4711, qui devint en 1875 la marque de fabrique de la « Véritable eau de Cologne » *(Echt Kölnisch Wasser).*

cathédrale –, couvents et collégiales. La « Rome du Nord » devint un centre brillant de la vie religieuse, intellectuelle et artistique. Au 13e s. et au début du 14e s., de grands penseurs enseignèrent à Cologne : les dominicains **Albertus Magnus** (professeur de Thomas d'Aquin) et **Maître Eckart**, ainsi que le franciscain écossais **Duns Scot**. C'est le travail de ces érudits religieux qui permit en 1388 la fondation de l'université par les bourgeois colonais.

Une cité commerçante – Sa situation au bord du Rhin, au carrefour des grandes voies de communication, fit de Cologne une ville commerciale importante. Le système de poids et mesures en usage à Cologne s'imposa dans toute l'Allemagne du Nord. L'instrument de ce pouvoir fut le **Stapelrecht** (droit de stockage) : les marchands étrangers passant par Cologne étaient obligés de laisser au moins trois jours leurs chariots dans la ville, pour y vendre leurs marchandises ; les gens du lieu bénéficiaient ainsi d'un droit d'achat prioritaire. C'est en 1360 qu'eut lieu la première foire. L'élévation au rang de ville libre en 1475 ne fit qu'entériner juridiquement le rôle prépondérant que la bourgeoisie de Cologne exerçait déjà depuis le 13e s.

La ville moderne – Dans la seconde moitié du 19e s., l'industrialisation apporta à Cologne une croissance fulgurante. Après la Première Guerre mondiale, **Konrad Adenauer** contribua de façon décisive au développement de la ville moderne. Celui qui devait devenir le premier Chancelier de la République fédérale resta maire de Cologne de 1917 à 1933, date de sa déposition par les nazis. C'est sous son mandat qu'eurent lieu la réouverture de l'université (1919), fermée en 1798 sous l'occupation française, la construction du palais de la foire à Deutz, et l'aménagement des ceintures vertes.

Art et culture aujourd'hui – À Cologne, la vie culturelle est marquée par une grande diversité. À côté de la musique et des spectacles, les arts plastiques occupent une place prépondérante : environ 120 galeries se chargent de présenter au public les productions contemporaines. Deux grandes foires artistiques internationales ont lieu chaque année : la *Westdeutsche Kunstmesse* et surtout l'**« Art Cologne »**, entièrement consacrée à l'art moderne. La **Josef-Haubrich-Halle**, à côté du musée Schnütgen, abrite d'importantes expositions.

L'un des plus éminents représentants de la littérature d'après-guerre, **Heinrich Böll**, est né à Cologne. L'œuvre du prix Nobel de littérature 1972, dont les critiques n'épargnent ni l'Église ni la société, est inséparable de sa patrie rhénane.

Berceau de l'édition et des médias – Imprimeurs et éditeurs de livres (et de journaux) se sont établis à Cologne il y a plusieurs siècles déjà. Plus récemment, le secteur des médias s'est beaucoup développé. Aujourd'hui, Cologne fait figure de capitale allemande de la télévision. Elle compte huit chaînes de télédiffusion, dont une régionale, la Westdeutscher Rundfunk, trois programmes de RTL, *Viva, Vox* et cinq chaînes de radiodiffusion, sans compter plusieurs studios d'enregistrement, un complexe consacré aux médias et une école supérieure des médias.

La vie colonaise – Un certain sens du terroir se manifeste dans la relation qui unit les habitants de Cologne à leurs **« Veedeln »**, ces quartiers traditionnels de la ville ancienne, centrés sur une église paroissiale et qui ont gardé beaucoup de caractère ; St-Séverin est l'un des plus anciens. Mais les Colonais apprécient aussi beaucoup la vieille ville des bords du Rhin, remodelée dans les années 1980. La mise sous tunnel de la voie sur berge, entre le pont Hohenzollern et le pont de Deutz *(Deutzer Brücke)*, a permis l'aménagement de **jardins** *(Rheingarten)*, où les habitants peuvent se promener au calme, en bordure immédiate du fleuve. C'est le point de départ pour les **excursions en bateau**. La **fontaine de la Danse** *(Tanzbrunnen)*, située dans les 40 ha du **parc du Rhin** *(Rheinpark)*, sur la rive droite du fleuve, continue à être très appréciée pour les manifestations de plein air qu'on y donne.

Visiter

LA CATHÉDRALE★★★ (DOM)

0221 92 58 47 30 - www.domforum.de - ♿ - visite guidée (45mn) lun.-sam. 11h, 12h30, 14h, 15h30, dim. 14h, 15h30 - 5 €.

L'édification de l'imposante cathédrale, dédiée à sainte Ursule, a duré plus de six cents ans. En 1164, Frédéric Barberousse offre à la ville de Cologne des **reliques des Rois mages** rapportées de Milan ; les pèlerins affluent. En 1248 commence la construction d'une nouvelle cathédrale, la première église gothique de Rhénanie. Les cathédrales de Paris, Amiens et Reims servent de modèles. En 1300, le chœur est terminé. Lorsque la construction de la tour sud est interrompue en 1410, celle-ci possède déjà deux étages. En 1437, les travaux s'arrêtent de nouveau, puis en 1560, les bâtisseurs du Moyen Âge parviennent juste à couvrir le reste de l'édifice au niveau du rez-de-chaussée avant l'arrêt des travaux de la nef et du transept. Presque trois siècles s'écoulent avant que ne soit comblé le vide qui s'étend entre le chœur et la tour : ce n'est qu'en 1842, en effet, dans l'engouement romantique pour le gothique, que l'on reprend la construction selon les plans originaux. L'inauguration solennelle du bâtiment achevé a lieu en 1880, en présence de l'empereur Guillaume Ier.

Extérieur

La configuration de la **façade à deux tours** (façade ouest) marque l'apogée du gothique flamboyant : ses étagements et ses rangées de verrières, de gâbles richement

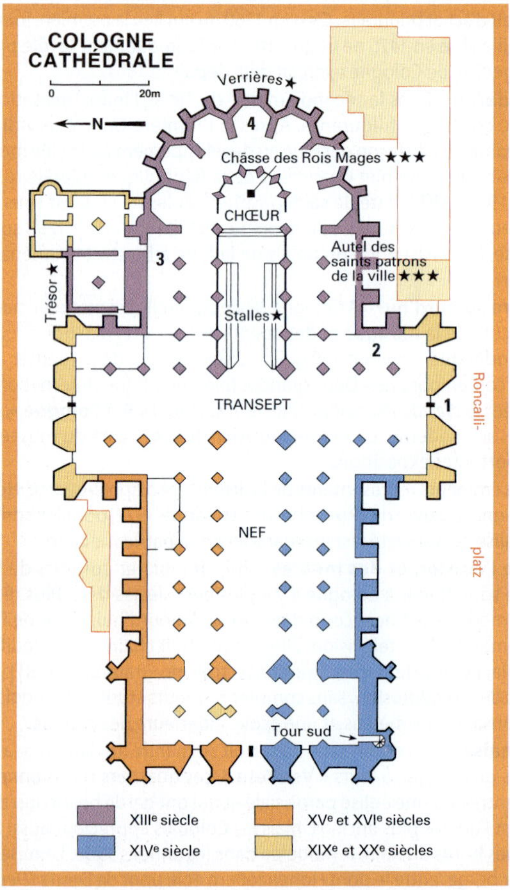

décorés, de contreforts élancés partent en gerbes touffues, comme autant de lignes fuyant vers l'extrémité des flèches qui s'élèvent à 157 m de hauteur. L'abside orientée vers le Rhin, avec sa multitude de clochetons et de tourelles, est un exemple de prouesse architecturale. Sur le portail sud, les **portes de bronze (1)** (1948-1953) sont de E. Mataré ; sur le vantail droit, représentation de la Jérusalem céleste au-dessus de Cologne en flammes *(voir également p. 69)*.

Intérieur

En pénétrant à l'intérieur par le portail ouest, on découvre une perspective unique sur toute la longueur de la nef (144 m de long, 45 m de large, 43,5 m de haut) jusqu'au chœur : vu de la nef, le chœur semble flotter dans des lointains infinis, tandis que la voûte plane à une hauteur irréelle.

Les cinq **verrières★** de style gothique tardif (1507-1508) du bas-côté nord illustrent la vie de la Vierge et celle de saint Pierre.

La première chapelle (chapelle de la Croix), dans le déambulatoire nord, abrite la **croix de Gero★ (3)** du 10e s., témoignage de l'art ottonien. La chapelle axiale (chapelle des Rois mages) fut parée dès 1265 d'un **vitrail de la Bible** (*Älteres Bibelfenster* – **4**). Derrière le **maître-autel** se dresse la **châsse des Rois mages★★★**, pièce d'orfèvrerie finement décorée de personnages, qui contiendrait les reliques des trois Rois mages. La châsse en forme de basilique, aux dimensions inhabituelles (2,20 m de long), fut commencée en 1181 par **Nicolas de Verdun** et terminée vers 1220 par des maîtres de Cologne. Dans la dernière chapelle du déambulatoire sud (chapelle de Marie) se trouve le célèbre **autel des patrons de la ville★★★**, un retable peint par **Stefan Lochner** (vers 1440). La partie centrale montre l'Adoration des Mages, les panneaux extérieurs les saints patrons de la ville de Cologne : à gauche sainte Ursule, à droite saint Géréon. L'un des pilastres du mur sud est orné de la **Madone de Milan**, Vierge à l'Enfant d'un style assez comparable aux statues des piliers du chœur (1270-1280).

Dans le transept sud se trouve le **retable des Cinq Maures** (*Agilolphusaltar* – **2**), un grand polyptyque flamand de 1521.

Chœur – *Mêmes horaires de visite que la cathédrale. Le déambulatoire n'est pas accessible lors des services liturgiques. ☏ 0221 92 58 47 30.* Les **stalles★** richement sculptées (14e s.) comptent cent quatre places ; ce sont les plus grandes stalles médiévales d'Allemagne. Au-dessus, des **fresques** peintes vers 1332-1340 représentent diverses légendes de vies de saints. Les quatorze **statues** des piliers du chœur représentent Jésus, Marie et les apôtres.

Tour sud – Après l'ascension très raide (509 marches) de la plate-forme (97 m de hauteur), on jouit d'un large panorama sur Cologne et ses environs. Ne pas manquer de jeter un coup d'œil dans la **salle des cloches**. La **cloche Saint-Pierre** *(Petersglocke)*, fondue en 1923, d'un poids de 24 t – le battant à lui seul pèse 800 kg – est une des plus grosses cloches du monde.

Trésor★ *(Domschatzkammer) – Entrer par le croisillon nord, à l'extérieur - ☏ 0221 17 94 05 55 - www.domschatzkammer-koeln.de - ♿ - 10h-18h - 4 €.* Le trésor est réuni sous les voûtes gothiques de la sacristie et présente de nombreux objets liturgiques en or et en argent, des crosses épiscopales et des croix. Remarquer la châsse baroque, la crosse de saint Pierre et l'ostensoir de reliques avec la chaîne de saint Pierre, ainsi que l'étoffe d'époque des Rois mages.

LA VIEILLE VILLE

Comptez 2h pour la visite de la vieille ville (visite des musées non comprise).

Le cœur de Cologne bat à proximité immédiate de la gare et du **pont Hohenzollern** *(Hohenzollernbrücke)*, le pont de chemin de fer le plus fréquenté du monde (un train toutes les deux minutes, de jour comme de nuit). En face du Musée romain-germanique et du Musée diocésain, derrière la cathédrale, se dresse, depuis 1986, le musée Ludwig (*voir description des musées dans les pages suivantes*).

Köln Triangle Panorama★ Hors plan I, vers B2

Ottoplatz 1 - ☏ 0221 630 86 53 - www.koelntriangle.de - ♿ - mai-sept. 9h-22h (24h vend. et sam.), ; oct.-avr. 9h-18h - 3 €.

Cette tour est située de l'autre côté du Rhin (par rapport à la cathédrale), au niveau du pont Hohenzollern. Avec sa plate-forme panoramique, elle permet de découvrir Cologne vue du ciel et d'en avoir une vision d'ensemble avant de partir à sa découverte.

Rejoindre la place du Vieux-Marché (Alter Markt).

La place du **Vieux-Marché** est située à l'ancien emplacement du port romain, et possède en son centre une fontaine dédiée à Jan von Wertht. C'est ici que l'on donne le coup d'envoi du carnaval de Cologne. Toute proche, l'**église Grand-St-Martin** est entourée de vieilles maisons (reconstruites). Le **quartier St-Martin** (Martinsviertel), entre le Vieux Marché et le Rhin, regorge d'auberges et de cafés.

Ancien Hôtel de Ville★ (Altes Rathaus) Plan II C5

Situé au milieu de l'ancien quartier juif, l'ancien hôtel de ville se caractérise par une **tour** gothique (1407-1414, *le carillon fonctionne à 12h et 17h*) et un **pavillon Renaissance** formant un porche (1569-1573).

Les noms des rues alentour (Judengasse, Salomonsgasse) témoignent encore de l'existence du ghetto, dont portes et barrages régulaient l'accès, et qui fut incendié lors d'un pogrom en 1349. Seul bâtiment ayant résisté à l'assaut, la **Mikwe**, de 1170,

abritée sous une pyramide de verre, servait pour le bain rituel *(visite possible du lun. au vend. ; demander les clés à l'accueil de l'hôtel de ville)*.

Prétoire (Prätorium) Plan II C5

Entrée dissimulée près du parking souterrain de la Kleine Budengasse. ✆ *0221/221 22 394 - tlj sf lun. 10h-17h - 2,50 €.*

Les fondations du **prétoire**, ou palais du préteur (1er au 4e s.), furent mises au jour après la guerre et en grande partie sauvegardées. L'ouvrage massif présente des fissures laissant supposer que la dernière construction s'est effondrée à cet endroit. Dans le vestibule sont rassemblés figurines, tuiles, récipients, stèles funéraires et quelques éléments architecturaux de l'époque romaine. On peut accéder au **système d'écoulement**, utilisé comme abri pendant la guerre par les habitants de la ville.

Salle des fêtes Gürzenich Plan II C5

Cette salle des fêtes constitue l'une des premières constructions gothiques profanes (1441-1444) ; elle servit de modèle à de nombreuses maisons bourgeoises. Utilisée dès le Moyen Âge pour les réceptions et banquets, la salle constitue depuis le 19e s. l'un des hauts lieux du carnaval. Le reste de l'année, il s'y tient des séminaires.

En direction des berges du Rhin, on aperçoit le **Heumarkt** (marché au foin) dominé par la statue équestre de Friedrich Wilhelm III, roi de Prusse entre 1770 et 1840. Si l'on poursuit la promenade vers le sud, on atteint l'église **Ste-Marie-du-Capitole** (St-Maria-im-Kapitol) et son très joli cloître. De là, on peut se rendre jusqu'à la presqu'île Rheinauhafen qui abrite le **musée du Chocolat** et le **musée des Jeux olympiques** *(voir description ci-après)*. L'**église St-Marie des Lys** (St. Maria in Lyskirchen), en face de l'île, possède de jolies voûtes peintes ainsi qu'une Vierge à l'Enfant protectrice des bateliers, de 1420 environ.

LES MUSÉES

Musée Ludwig★★ (Museum Ludwig) Plan II C4

✆ *02 21 22 12 61 65 - www.museenkoeln.de - tlj sf lun. 10h-18h (10h-22h le 1er vend. du mois) - fermé 1er janv., jeu.-mar. pdt le carnaval, 24, 25 et 31 déc. - 7,50 €.* Aménagé dans

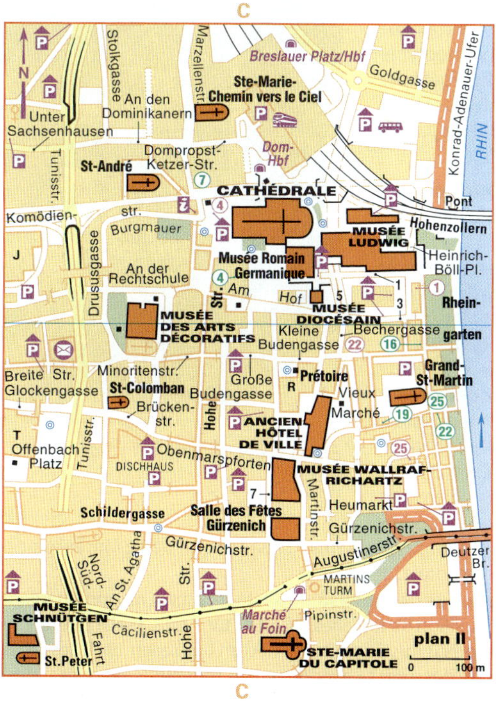

INDEX DES RUES

Bischofsgarten-Str. 1
Große Neugasse 3
Kurt-Hackenberg-Pl............ 5
Quatermarkt 7

SE LOGER

Brandenburger Hof 1
Dom Hotel 4
Excelsior Hotel Ernst 7
Hotel Im Wasserturm 10
Im Kupferkessel 13
Kunibert der Fiese 16
Lint Hotel 19
Rhein Hotel 22
Stapelhaeuschen Hotel 25

SE RESTAURER

Em Krützche 1
Hanse Stube 4
Hase 7
Heising und Adelmann 10
Le Moissonnier.......... 13
Osman 30 16
Paul's Restaurant 19
Peter's Brauhaus 22
Pfaffen Brauerei 25

un bâtiment construit par P. Busmann et G. Haberer, l'architecture moderne du musée Ludwig, au toit en dents de scie, contraste avec la cathédrale gothique et la gare ; le complexe architectural englobe aussi dans ses sous-sols la **Philharmonie**.

Ce musée accorde une grande place à l'art du 20e s., représenté par une magnifique collection. Le mouvement **expressionniste** est largement illustré par des œuvres des mouvements du **Brücke** et du **Cavalier bleu** *(Blauer Reiter)*. Une attention particulière est également accordée à l'art allemand de l'Entre-deux-guerres : constructivisme, Bauhaus (tel que *Chemin principal et chemins secondaires*, par Klee), Nouvelle Objectivité. Le musée abrite également le musée de l'Histoire de la photo (*voir ci-dessous*).

La section réservée au surréalisme présente des gouaches, des peintures à l'huile et des collages du pionnier du dadaïsme, **Max Ernst** *(Le Rendez-vous des amis)*, né à Brühl près de Cologne, ainsi que des œuvres d'Arp, Schwitters, Miró, Dali et Magritte.

L'art moderne français est représenté par les **cubistes** Braque, Gris, Léger et Delaunay ; le **Nouveau Réalisme** par des œuvres d'Arman, Klein, Saint-Phalle, Tinguely, Tàpies, Burri et Dubuffet. Une place particulière est accordée à **Pablo Picasso**, représenté ici dans toutes les phases de sa création artistique grâce à une collection d'œuvres des plus complètes.

D'importants tableaux du **groupe Zéro,** et surtout de **Joseph Beuys**, Baselitz, Richter, Polke, Penck et Kiefer, permettent de découvrir l'**art allemand d'après-guerre et contemporain**. Vous pourrez aussi vous initier à la peinture abstraite américaine (Rothko, Newman, de Kooning) et au **pop'art** (Rauschenberg, Warhol, Segal).

De nombreuses œuvres d'artistes contemporains internationaux originaires d'Europe, d'Amérique, du Japon et de Chine – parmi lesquelles une série d'œuvres de grand format – complètent ce panorama des dernières tendances artistiques.

Musée de l'Histoire de la photo Ludwig / Afga (**Museum Ludwig / Agfa Photo-Historama**) – *✆ 0221 22 12 24 11 - www.museenkoeln.de - ouv. seul. pdt les expositions, se renseigner.* Constitué à partir de la collection d'Erich Stenger, déjà fameuse en 1955, ce musée retrace plus de cent cinquante ans de l'histoire de la photographie. Une juxtaposition de photos et de films d'une grande valeur artistique et historico-culturelle vient illustrer les étapes marquantes de l'histoire de cette épopée : lanterne magique, daguerréotypie (1839), calotypie (procédé du négatif par Talbot, 1841), photos d'amateurs et films en bobines (Eastman, 1888), appareils pour photos de format réduit.

RHEINISCHES BILDARCHIV, KOLN

Appareil photographique de voyage vers 1880.

Musée romain germanique
(Römisch-Germanisches Museum)
Plan II C4

Le musée est très fréquenté le matin par les écoliers. Visite recommandée l'après-midi ou le week-end. ✆ 0221 244 38 - www.museenkoeln.de - ♿ - mar.-dim. 10h-17h - 5 €. Capitale de la province romaine de la Germanie inférieure, Cologne connut entre le 1er s. et le 4e s. une intense prospérité, matérialisée par des échanges très féconds entre la civilisation romaine et la culture germanique des Ubiens. Les différents témoignages de cette époque, exhumés au fil du temps, sont exposés par thèmes dans le très moderne Musée romain germanique, au sud de la cathédrale.

Au sous-sol se trouve la **mosaïque de Dionysos★**, ouvrage romain magnifiquement conservé et composé de 1,5 million de tesselles (14,50 m sur 7 m). La salle des fêtes a été découverte à cet endroit précis lors du creusement d'un bunker en 1941. Les salles adjacentes évoquent le « culte des morts » avec des stèles funéraires et votives, ainsi que la vie domestique à l'époque romaine. Le musée doit en partie sa célébrité au **mausolée de Lucius Publicius**, officier de la 5e légion, retiré à Cologne. Reconstruit dans les années 1960, cet édifice monumental (14,60 m de haut) prend toute son ampleur, vu des étages supérieurs. On distingue aisément les pierres rapportées des originales.

Parmi les décorations de demeures colonaises, on accordera une attention particulière à la **mosaïque des Philosophes** : ce sol de mosaïque d'une étonnante ordonnance géométrique représente les Sept Sages de la Grèce. La précieuse collection de **verreries★★** conjugue à l'infini les fantaisies de l'imagination. Elle contient des pièces uniques comme la **coupe diatrète** du 4e s. (vase décoratif coulé en plusieurs fois avant d'être orné d'un remplage en relief et d'une inscription grecque de couleur pourpre), des bouteilles à décor de **serpentins** (2e s.), ou une série de récipients anthropomorphes.
Les **bijoux** romains et « barbares » en or ciselé ou en émail cloisonné sont d'une inestimable valeur archéologique.

Musée diocésain★ (Diözesanmuseum) Plan II C4

✆ 0221 257 76 72 - www.kolumba.de - ♿ - tlj sf jeu. 11h-18h - gratuit. Outre des objets religieux précieux (accessoires liturgiques, ornements religieux, chapelets...), le petit musée diocésain abrite une collection intéressante d'art sacré du Moyen Âge, notamment des statues qui ornaient autrefois une partie de la cathédrale. Un des fleurons est **La Madone à la violette** de Stefan Lochner. Des sculptures et des pièces d'orfèvrerie du 11e au 16e s., parmi lesquelles le célèbre crucifix Herimann avec une tête romaine en lapis-lazuli, constituent une part importante des collections du musée.

Musée Wallraf-Richartz★★ (Museum Wallraf-Richartz)

✆ 02 21 22 12 11 19 - www. museenkoeln.de - tlj sf lun. 10h-18h, mar. 10h-20h, w.-end 11h-18h - fermé 1er janv., carnaval, 24, 25 et 31 déc. - 6,50 €. Début 2001, le musée Wallraf-Richartz a quitté le flanc sud de la cathédrale, qu'il occupait avec le musée Ludwig, pour occuper un nouvel édifice de grand style conçu par **Oswald M. Ungers**.
Il expose d'abord une collection unique de **peinture colonaise du Moyen Âge**, qui culmine avec les œuvres du gothique tardif de Stefan Lochner et de ses contemporains. Signalons en particulier le **maître de sainte Véronique** avec le triptyque de *La Sainte Parenté* (début du 15e s.), le **maître de la vie de la Vierge** avec le triptyque de *L'Annonciation* (envers des volets), et la **Vierge au buisson de roses** (vers 1450) de **Stefan Lochner**. Les œuvres de peintres allemands, italiens (Lorenzetti, Martini), flamands et hollandais du Moyen Âge rendent compte de la dimension européenne de la peinture religieuse de l'époque. Le portrait est très bien représenté par **Bartholomäus Bruyn l'Ancien** (portraits de Gerhard Pilgrim, Heinrich Salsburg...). Parmi les **anciens maîtres allemands** figurent **Dürer** *(Le Joueur de fifre et le Joueur de tambourin)* et Lucas Cranach l'Ancien *(Vierge à l'Enfant)* ; parmi les Italiens du 16e s., les Vénitiens Titien et le Tintoret.
Une autre partie est consacré à l'art baroque. On peut ainsi découvrir les œuvres des grands noms de la **peinture hollandaise et flamande** : Rubens (*Vénus et Argus, La Sainte Famille* et *Les Stigmates de saint François*), Ruysdael *(Vue d'une rivière)*, Frans Hals *(Fille de pêcheur)*, et **Rembrandt** avec un célèbre *Autoportrait*. Viennent ensuite les peintres espagnols (Murillo), italiens (Tiepolo, Bordone) et français (*Jeune Fille se reposant*, de Boucher ; *Grands Paysages*, de Claude Lorrain).
La section consacrée aux 18e et 19e s. est dominée par les artistes allemands et français. On y trouve les romantiques allemands (entre autres C.D. Friedrich) et les **réalistes** avec **Wilhelm Leibl**, natif de Cologne *(Portrait de H. Pallenberg)*. Les impressionnistes allemands ne sont pas en reste : Liebermann, Corinth, Klinger... La peinture française part du romantisme (Delacroix) et du réalisme (Courbet) pour aboutir aux **impressionnistes** : Renoir, Monet, Sisley, Cézanne, Van Gogh *(Pont de chemin de fer)* et Gauguin. Sculptures à partir de 1800.

L'école de Cologne

Au 14e s. déjà, l'enluminure et la décoration d'autels de chevet étaient florissantes. La peinture colonaise connut son apogée au début du 15e s. avec les œuvres du **maître de sainte Véronique** et de **Stefan Lochner**, natif de Meersburg. À partir de 1450, et sous l'influence de la peinture hollandaise, on abandonna l'idéalisme mystique de l'époque gothique pour se tourner vers le réalisme gracieux de la Renaissance. La peinture colonaise de chevalet est caractérisée par la délicatesse des coloris et la suavité des sujets. La grande époque de la sculpture religieuse, à Cologne, se situe entre le 14e et le 15e s. De nombreuses **Madones** témoignent du style dit « tendre », qui se répandit dans toute l'Europe vers 1400 : sourire à peine esquissé, douceur des drapés, déhanchement gracieux, telles sont les principales caractéristiques de ces Vierges du gothique flamboyant.

Musée Schnütgen★★ (Schnütgen-Museum) Plan II C5

✆ 0221 22 12 36 20 - www.museenkoeln.de - ♿ - mar.-vend. 10h-17h, w.-end 11h-17h - fermé 1er janv., 24-25 et 31 déc. - 3,20 €.

Le cadre de l'église Ste-Cécile (12e s.), l'une des 12 églises romanes encore debout à Cologne, convient bien à ce musée consacré à l'art religieux du 6e s. au 19e s., mais essentiellement centré sur le Moyen Âge.

Un grand nombre de **Madones en bois** illustrent la période du « style tendre » dans la statuaire colonaise. Le saint Hieronymus au lion (Erkelenz, 1460-1470) constitue un chef-d'œuvre de la sculpture sur bois du gothique flamboyant. Le panneau d'autel en or (vers 1170) vient de Ste-Ursule.

Les objets médiévaux en **ivoire** originaires d'Allemagne, de France ou de Byzance sont d'une extrême finesse. Les travaux d'**orfèvrerie** ne leur cèdent en rien. Voir aussi les objets en bronze des chrétiens d'Orient. Admirer enfin la somptueuse collection de tissus (parements) du Moyen Âge au 18e s.

M. Borgese / HEMIS.FR

Le musée Schnütgen.

Musée d'Art d'Extrême-Orient★★
(Museum für Ostasiatische Kunst) Hors plan I, vers A2

Universitätsstr. 100 - ✆ 021 94 05 18 34 - www.museenkoeln.de - ♿ - mar.-sam. 11h-17h, dim. 11h-20h - fermé 1er janv., 24-25 et 31 déc. - 4,20 €.

La collection de ce musée, le plus vieux d'Allemagne en ce domaine (il fut fondé en 1909), est présentée dans un édifice dû à Kunio Maekawa ; le jardin japonais a été dessiné par Masayuki Nagare.

Les collections regroupent des œuvres d'art depuis l'âge de la pierre jusqu'au 20e s. On y trouve aussi bien des **bronzes archaïques** des dynasties Shang et Zhou (Chine, 16e-12e s. av. J.-C.) qu'une remarquable collection de **sculptures et de peintures bouddhiques** des 6e-16e s. (Chine, Japon).

À noter les délicates peintures chinoises et les meubles des dynasties Ming (1368-1644) et Qing (1644-1911) qui recréent l'atmosphère sereine d'un cabinet d'homme de lettres. Les paravents japonais, décorés de fleurs et d'oiseaux ou de scènes de *matsuri* (festivités annuelles) sur fond d'or *(kimpaku)*, et les illustrations *ukiyo-e* emportent le visiteur dans un monde disparu.

Musée des Arts décoratifs★ (Museum für Angewandte Kunst) Plan II C4

✆ 0221 267 29- www.museenkoeln.de - ♿ - tlj sf lun. 11h-17h - fermé 1er janv., 24-25 et 31 déc. - 4,20 €.

Le musée des Arts décoratifs présente une vue d'ensemble de l'évolution de l'esthétique fonctionnelle, depuis l'art artisanal du Moyen Âge jusqu'au design post-moderne.

À côté d'une importante collection de meubles, la section des **céramiques** fait découvrir des productions variées allant des grès rhénans jusqu'aux majoliques italiennes et islamiques en passant par la porcelaine européenne produite depuis 300 ans.

Les temps forts du carnaval

La saison du carnaval, qui s'ouvre le 11 novembre à 11h11, est marquée par plusieurs temps forts : le **carnaval des femmes** (le jeudi précédant le Lundi gras – attention : sans crier gare, les femmes coupent la cravate des messieurs !) ; les **Veedelszöch**, défilé des habitants des quartiers et des écoliers, qui a lieu le dimanche et où l'on retrouve les survivances d'un passé romain ; le **défilé du lundi des Roses** (*Rosenmontag*, ou Lundi gras), où alternent chars, fanfares et caricatures géantes qui parodient l'actualité ; le **Mardi gras**, dernier jour des festivités, dont on marque la fin à minuit en brûlant le *Nubbel*, pantin de paille déguisé. Le soir du mercredi des Cendres, les sociétés carnavalesques se réunissent pour le repas de poisson qui annonce le début du Carême. Pendant le carnaval, les Colonais et les nombreux touristes font la fête sans discontinuer.
Une brochure et un dépliant indiquant l'itinéraire du défilé et donnant tous les renseignements sur l'achat des billets dans les tribunes, la circulation en ville et la réservation de chambres sont disponibles auprès de l'office de tourisme.

Dans la partie réservée au travail du métal, l'étain fin des 16e et 17e s. ainsi que la **section des bijoux** constituent les points forts de la collection. Les pièces majeures de la **section du verre** sont les verres (de teinte verdâtre) fabriqués dans les régions forestières d'Allemagne, les verres vénitiens en filigrane, les coupes baroques et les créations de style Art nouveau (Émile Gallé).
Remarquer également la **section des sculptures** rassemblant des œuvres de Tilman Riemenschneider, la **collection de textiles** avec une section mode, et les statues animalières de la manufacture de porcelaine de Meissen.
La **section design** donne un bon aperçu du moulage du 20e s. à aujourd'hui.

Musée ethnographique Rautenstauch-Joest

(Rautenstrauch-Joest-Museum für Völkerkunde) **Plan I B3**

Ubierring 45 - ✆ 0221 33 69 40 - www.museenkoeln.de - mar.-vend. 10h-16h, w.-end 11h-16h - fermé 1er janv., 24-25 et 31 déc. - 5 €.

Art **thaï** et **khmer** du 8e s. au 16e s. (sculptures en pierre, en bronze et en terre, céramique) et **antiquités égyptiennes** sont les pôles d'intérêt du Musée ethnographique Rautenstrauch-Joest. Nouvelle section sur la civilisation indienne d'Amérique du Nord et esquimau.

Musée du Chocolat★ (Imhoff-Stollwerck-Museum) Plan I B3

Rheinauhafen - ✆ 0221 931 88 80 - www.schokoladenmuseum.de - mar.-vend. 10h-18h, sam.-dim. 11h-19h - fermé pdt le carnaval, 1er janv., 24-25 et 31 déc. - 6,50 €.

Ce musée d'un caractère insolite, non seulement par son architecture, mais surtout par son **site★**, est aménagé dans un bâtiment du port douanier construit à l'époque des fondateurs *(Gründerzeit)*, qui a été intégré dans un édifice en verre accessible par un petit pont jeté sur le Rhin. Informations très précises sur l'histoire du chocolat ; fabrique miniature de chocolat ; beaux récipients en porcelaine et en argent. La maison Stollwerck, fondée à Cologne en 1839 retrace l'histoire de cette boisson autrefois réservée à l'aristocratie.

Musée des Jeux olympiques★

(German Sports and Olympic Museum) **Plan I B3**

Im Zollhafen 1 - ✆ 0221 336 090 ; www.sportmuseum-koeln.de - ♿ - tlj sf lun. 10h-18h, w.-end 11h-19h - fermé 1er janv., jeu.-merc. pdt le carnaval, 24, 25 et 31 déc. - 5 €.

Le parcours à travers ce musée retrace l'histoire des Jeux olympiques en s'attardant plus précisément du 19e s. à nos jours. Conjointement à une collection de photos, de documents visuels et sonores, vous découvrirez le matériel, les équipements sportifs et les progrès accomplis dans ce domaine. Sujets de prédilection traités dans cette exposition, l'évolution de la place du sport dans la société et celle des femmes, qui accédèrent tardivement aux équipements sportifs.

Centre de documentation du National-Socialisme

(NS-Documentationszentrum) **Plan I A2**

Appellhofplatz 23-25 - ✆ 0221 2212 63 32 - www.nsdok.de - ♿ - mar.-vend. 10h-16h - 3,60 €.

Le centre de documentation et de recherche sur l'histoire du national-socialisme est installé dans une ancienne prison et propose des expositions permanentes et temporaires, des forums ainsi qu'une une importante bibliothèque.

LES ÉGLISES ROMANES

À Cologne, la période romane (milieu du 10e s.-milieu du 13e s.) a vu la construction de très nombreuses églises. En parcourant la vieille ville, où douze églises de cette époque subsistent, on a donc un admirable aperçu des périodes et des différents styles de l'architecture religieuse romane en Rhénanie. Certains types caractéristiques de construction, comme le **plan tréflé** du chœur et du transept, se sont développés à Cologne *(voir chapitre « Art et Architecture : Le style roman-rhénan » p.57). Pour se renseigner sur les concerts dans les églises, voir le site www.kirchenmusik-koeln.de*

Ste-Marie-du-Capitole★ (St-Maria-im-Kapitol) Plan II C5

Cette église est un édifice du 11e s. caractéristique de l'architecture ottonienne tardive, bâti sur les fondations d'un temple romain. Le **chœur et le transept à plan tréflé★** sont les plus anciens de ce type à Cologne. La crypte qui s'étend sous le chœur est la plus grande d'Allemagne, après celle de la cathédrale de Spire. Dans le chœur, à gauche, statue de la Madone du bienheureux Hermann-Joseph datant de 1180 environ. À gauche, devant le **jubé Renaissance** (réalisé vers 1525), se dresse la Madone de Limbourg (fin du 13e s.). À l'extrémité ouest de la nef, deux **stèles funéraires** de Plektrudis, épouse de Pépin de Herstal : celle de gauche date de 1160 et celle de droite de 1280. À l'extrémité ouest du bas-côté sud, **portes de bois★** romanes de 1065.

St-Séverin Plan I B3

L'église St-Séverin est la plus ancienne fondation chrétienne de Cologne. L'**intérieur★** présente une belle nef gothique. Remarquer, dans les deux bras du transept, des tableaux du **maître de saint Séverin**, dans le croisillon sud une croix fourchue du 13e s., et derrière le maître-autel la châsse (refaite au 19e s.) de saint Séverin. Dans la crypte, **tombeau de saint Séverin**, évêque de Cologne vers 400 et l'un des saints patrons de la ville.

St-Pantaléon★ Plan I A3

Construite au 10e s., cette église est un témoignage de l'architecture ottonienne. À l'intérieur, **jubé★** gothique flamboyant. Dans la crypte et le bas-côté droit, tombeaux de l'archevêque Bruno de Cologne (10e s.), frère d'Otton le Grand, et de l'impératrice Théophanie, épouse d'Otton II (10e s.).

St-Géréon★ (Gereonskirche) Plan I A2

L'originalité de l'église St-Géréon vient de son plan elliptique et de l'adjonction en 1220 d'un **décagone★** entre ses deux tours. La **crypte** au pavé en mosaïque (11e s.) contient les sarcophages de Géréon et des martyrs des légions thébaines. Les **fresques** sont du 13e s. et le retable surmontant l'autel est un exemple de style Renaissance manifestant des survivances gothiques. À l'intérieur de l'église, côté nord, remarquer le tabernacle avec des reliefs retraçant la Cène (1608) et la tapisserie d'Aubusson ; côté sud, Vierge à l'Enfant (1400) polychrome.

St-André (St-Andreas) Plan II C4

L'église St-André, du roman tardif, fut construite dans le premier quart du 13e s. Il s'agit d'une basilique voûtée à piliers avec un transept ouest à deux étages, une courte nef, une tour de croisée octogonale et un transept est avec abside. Ses sculptures sont remarquables. Au début du 15e s., le long chœur fut démoli et remplacé par un chœur gothique avec une châsse vitrée, sur le modèle de celui d'Aix-la-Chapelle (1414-1420). Dans les chapelles gothiques, on peut admirer des peintures murales datant de la 1re moitié du 13e s. Riches stalles datant de 1430 environ.

Ste-Ursule (St-Ursula) Plan I B1

Le bas-côté nord de l'église Ste-Ursule abrite un cycle peint (30 scènes) par Stephan Lochner (1456) illustrant le martyre de sainte Ursule, princesse anglaise tuée par les Huns au 5e s. avec 10 de ses compagnes. La tradition a transformé ce chiffre en 11 000. Dans le croisillon sud, la chambre d'ora (1643) contient plus de 120 bustes-reliquaires et 700 ossements. La châsse d'Ursule (1256) et la châsse d'Éthérines (1170-1180), en cuivre repoussé, sont déposées dans le sanctuaire. *✆ 0221 13 34 00 - www.romanische-kirchen-koeln.de - lun.-sam. 9h-12h, 15h-17h, dim. 15h-17h.*

Aux alentours

Château d'Augustusburg★★ (Schloss Augustusburg)

13 km au sud, dans la ville de Brühl.

Compter au moins une heure pour la visite. ✆ 02 232 44 000 - www.schlossbruehl.de - ♿ - visite guidée (1h) fév.-nov. : mar.-vend. 9h-12h, 13h30-16h, w.-end et j. fériés 10h-17h - fermé déc.-janv. et carnaval - 4 €. Tout le château a été construit pour célébrer Clemens-Auguste, son illustre propriétaire, membre de la famille princière de Wittelsbach. Ce dernier, nommé évêque à 19 ans, était plus tourné vers les biens de ce monde que de celui de Dieu. La chasse au faucon était son passe-temps favori. Aussi avait-il décidé de bâtir un pavillon de chasse. Lorsqu'il devint archevêque et prince-électeur quatre ans plus tard, le projet évolua vers un palais pouvant servir à des réceptions officielles. De 1725 à 1768, Johann Conrad Schlaun, architecte originaire de Westphalie, et François Cuvilliés, architecte officiel à la cour de Bavière, construisirent un somptueux château rococo. Pour émerveiller les visiteurs, ils aménagèrent un fantastique escalier, avec au plafond un superbe trompe-l'œil faisant croire à une coupole. Quant aux jardins, leur aménagement fut confié à un élève de Le Nôtre.

Escalier★★ – Ce magnifique escalier est l'une des plus belles réalisations de **Balthasar Neumann**, architecte officiel à la cour de Wurtzbourg. Les nombreux éléments en faux marbre se déploient dans les tons gris-vert et jaune orangé. Cariatides et atlantes sont groupés par quatre autour de chaque pilier, soutenant la voûte. La **fresque du plafond★**, de Carlo Carlone, glorifie le prince et la dynastie des Wittelsbach.

Intérieur★★ – La visite fait découvrir plus d'une vingtaine de pièces.

Nouveaux grands appartements – Salle de garde coiffée d'un plafond peint par Carlo Carlone ; salle à manger dotée d'une galerie, de superbes peintures murales et de fresques au plafond ; somptueuse **salle d'audience★**.

Appartement d'été – Les pièces, situées au rez-de-chaussée, étaient habitées pendant les chaudes journées d'été. Pour accentuer l'impression de fraîcheur, on a artistiquement carrelé le sol avec des pavés bleu et blanc de Rotterdam composant de jolis motifs. Meubles de choix.

Appartement jaune – Appartement privé de Clément-Auguste. Cuvilliés décora les pièces dans le style Régence.

Jardin★ – Ce jardin à la française imaginé par Dominique Girardet, élève de Le Nôtre, avec son plan d'eau où se reflètent le somptueux édifice et son parterre en broderie, fut transformé en jardin paysager, aménagé vers 1840 par Peter Joseph Lenné.

Château de Falkenlust (Jagdshloss Falkenlust)

À environ 2,5 km du château d'Augustusburg ; après la pièce d'eau, emprunter la Falkenluster Allee. Une présentation audiovisuelle (20mn) relate l'historique de la construction et de l'aménagement du château. ☏ 02 232 44 000 - www.schlossbruehl.de - fév.-nov. : mar.-vend. 9h-12h, 13h30-16h, w.-end et j. fériés 10h-17h - fermé déc.-janv. et carnaval - 3 €.
Ce charmant petit pavillon rococo à deux étages, surmonté d'un belvédère lui-même coiffé d'un lanternon, est entièrement conçu selon un plan symétrique.

Rez-de-chaussée – Vestibule avec statues en pied. Le salon, réservé aux sociétés de chasse, est pavé avec des carreaux bleu et blanc provenant de Rotterdam. Salle à manger ornée de lambris, de nombreux stucs et de décorations rocaille. Remarquer le petit **cabinet des laques★**, ainsi que le **cabinet des glaces★**, véritable œuvre d'art avec ses boiseries serties d'éléments bleus et ses cadres sculptés et dorés.

Phantasialand★

À 21 km au sud de Cologne, à la sortie sud de Brühl. Berggeiststr. 31-41 - ☏ 02232 362 00 - www.phantasialand.de - ♿ - 1er avr.-4 nov. : 9h-18h (les caisses ferment à 16h) - 28 €.
Ce parc, qui s'étend sur 28 ha, est connu pour ses nombreuses attractions, parmi lesquelles le manège aquatique doté de toboggans atteignant 16 m de dénivelée ; un des plus grands 8 du monde ; un engin propulseur sur monorail ; un **Wild West Stunt Show** et une impressionnante simulation de vol à travers l'espace. Au **Wintergarten-Show★** *(réservation des places à la caisse du Wintergarten)*, spectacle magique, dont le clou est un numéro d'illusionnisme faisant intervenir des tigres blancs.

Cathédrale d'Altenberg★

20 km au nord-est. L'ancienne abbatiale cistercienne appelée aussi Bergischer Dom (cathédrale du duché de Berg) est située dans un vallon du pays de Berg, très apprécié des Colonais. Depuis 1857, dans l'église de style gothique, on célèbre en alternance le culte catholique et le culte protestant. Remarquer les **vitraux à grisaille** dans le chœur et la gigantesque **verrière** colorée (18 m sur 8 m) au-dessus du portail ouest, réalisée en 1400.

Zons★

24 km au nord. Cette pittoresque petite ville rhénane fut fortifiée au 14e s. Ses remparts et ses tours lui confèrent un charme particulier. Elle est demeurée presque intacte et représente ainsi un bon exemple de **forteresse** du Moyen Âge.

Cologne pratique

Informations utiles

Office de tourisme – *En face de la cathédrale, Unter Fettenhennen 19 - 50667 Köln - ℘ 0221 30 400 (appel local) ou 49 221 221 30 400 (appel hors d'Allemagne) - lun.-sam. 9h-20h, dim. et j. fériés 10h-17h - www.koeln.de/tourismus/ (infos en français).*

Köln WelcomeCard – Valable 24, 48 ou 72h (9 €, 14 € et 19 €), cette carte, en vente à l'office de tourisme, vous permet d'utiliser les transports gratuitement jusqu'à Bonn et de profiter de nombreuses réductions dans les musées.

Transports

ACCÈS

L'autoroute périphérique qui enserre Cologne communique avec près de 10 axes autoroutiers : l'A 3 en provenance de Francfort se prolonge au nord vers Duisburg et Essen ; l'A 4 relie la ville à Aix-la-Chapelle, l'A 59 à Düsseldorf et l'A 555 à Bonn.

TRANSPORTS EN COMMUN

Le trafic suburbain de Cologne est principalement géré au niveau public par les *Kölner Verkehrsbetriebe* (KVB), entreprises de transport de Cologne, qui regroupent la plupart des bus, métros et tramways. Les KVB font partie du *Verkehrsverbund Rhein-Sieg* (VRS), réseau de transports Rhin-Sieg, qui s'étend, entre autres, jusqu'à Bonn.

Cologne et sa région sont divisées en plusieurs zones tarifaires ; le billet simple coûte 1,90 €, 2,30 € ou 3,20 €, selon la distance parcourue. Le billet mini-groupe (jusqu'à 5 personnes maximum) vaut 7,40 € ; il est valable à partir de 9h et permet d'utiliser à volonté tous les transports en commun de Cologne pendant une journée. Le billet 24h coûte 5 € pour une personne, le billet pour la semaine 13,20 €.

POINTS D'INFORMATION

Vous pouvez obtenir des informations 24h/24 au ℘ 50 40 30 ou vous renseigner dans l'un des points d'information *(Informationsstellen)* des KVB de Cologne et de sa banlieue, les principaux étant situés dans la gare principale, côté est *(Hauptbahnhof Ostseite)*, bureau ouvert du lundi au samedi de 7h à 20h, le dimanche de 12h à 20h ; Neumarkt 25, bureau ouvert du lundi au vendredi de 7h à 19h et le samedi de 8h30 à 16h ; Ehrenfeldgürtel 14, bureau ouvert du lundi au vendredi de 7h à 19h et le samedi de 8h30 à 14h.

Internet – *www.kvb-koeln.de*

Visites

En autocar – Tour en autocar organisé par la compagnie Cologne Coach Service avec guide et visite d'un musée, départ de l'office du tourisme de Cologne *(Büro Köln Tourismus)*, en face de la cathédrale - *℘ 0221 979 25 70 - www.ccs-busreisen.de - tlj avr.- oct. à 10h, 12h et 14h, le w-end également à 16h ; tlj nov.-mars à 11h et 14h - durée 1h30 environ - 13 €.*

La même compagnie propose une autre solution qui consiste à prendre un bus « Hop On Hop Off » qui fait un circuit de 13 stations (1h30) où vous pouvez descendre et monter à votre convenance. 18 €. Pour les visites guidées de la cathédrale, rdv devant le portail principal, du lundi au samedi à 11h, 12h30, 14h et 15h30, le dimanche uniquement à 14h et 15h30.

À pied – Les deux compagnies suivantes organisent des visites à pied de la ville.

StattReisen Köln - *℘ 0221 732 51 13 - www.stattreisen-koeln.de*

Inside Cologne-City Tours - *℘ 0221 52 19 77 - www.inside-cologne.de*

En bateau – La compagnie de navigation sur le Rhin de Cologne-Düsseldorf est celle qui possède le plus grand nombre de bateaux d'excursion sur le Rhin et qui vous mènera le plus loin puisqu'il est possible d'aller jusqu'à Mayence.

Köln-Düsseldorfer Deutsche Rheinschiffahrt (KD) - *℘ 0221 208 83 18 - www.k-d.com*

D'autres compagnies proposent également des circuits en bateau :

Dampfschiffahrt Colonia - *℘ 0221 257 42 25* - www.dampfschiffahrt-colonia.de/

KölnTourist Personenschiffahrt - *℘ 0221 12 16 00* - www.koelntourist.net

En vélo – La *Kölner Fahrradverleih*, outre la location de vélos (de 1h à 7j), propose des tours de la ville en *rickshaw* (3h, 15 €). *℘ 0171 62 98 796 - www.koelnerfahrradverleih.de*

Se loger

La ville accueille régulièrement des foires et salons de renommée internationale, et les prix augmentent alors fortement. Mieux vaut réserver à l'avance.

⊖ **Hotel Brandenburger Hof** – **Plan I** - *Brandenburger Straße 2 - ℘ 0221 12 28 89 - fax 02 21 135 304 - www.brandenburgerhof.de - ⊠ - P - 31 ch. - à partir de 46 €.* Au nord de la vieille ville et à proximité de la gare principale *(Hauptbahnhof)* et de la cathédrale, cet hôtel aux chambres sobres et fonctionnelles, est agrémenté d'un petit jardin. Prix raisonnables, encore moins élevés si vous prenez une chambre avec toilettes et douche sur le palier.

⊖ **Stapelhaeuschen Hotel** – **Plan II** - *Fischmarkt1-3 - ℘ 0221 257 42 32 - www.koeln-altstadt.de/stapelhaeuschen - 22 ch.- à partir de 64 €.* L'hôtel se démarque de ses voisins par son atmosphère d'antan avec ses boiseries, son mobilier et la chambre « historique » sous la charpente du toit. Douche et/ou toilettes sur le palier pour certaines chambres.

⊖ **Rhein Hotel** – **Plan II** - *Frankenwerft 31-33 - ℘ 0221 257 79 55 - www.koeln-*

altstadt.de/rheinhotel - 45 ch. - à partir de 65 €. Parmi les premiers prix en centre-ville. Toutes les chambres disposent de douches, les moins chères ayant les wc sur le palier.

Hotel Im Kupferkessel – **Plan I** - *Probsteigasse 6 (rue au nord de Christophstr. à la hauteur de St-Gereon) - 0221 2 70 79 60 - www.im-kupferkessel.de - 13 ch. (dont 10 single)- 73 €*. Petit hôtel bien tenu et à l'accueil chaleureux aux abords de la vieille ville. Les chambres sont petites et de confort simple (quelques-unes avec salle de bains à l'étage). La salle du petit déjeuner est agréable.

Hotel Kunibert der Fiese – **Plan II** *- Am Bollwerk 1-5 - 0221 92 54 680 - www.kunibertderfiese.de - 22 ch. - à partir de 79 €*. Un bon compromis entre confort, prix et localisation (près du centre). D'autres hôtels de catégorie équivalente se trouvent à proximité, tous avec vue sur le Rhin.

Lint Hotel – **Plan II** - *Lintgasse 7 - 0221 920 550 - www.lint-hotel.de - 18 ch.- 129 €* - Hôtel au mobilier contemporain, équipé de tout le confort moderne et au cœur du centre historique.

Dom Hotel – **Plan II** - *Domkloster 2a - 0221 20 240 - www.cologne.lemeridien.com - 124 ch. - à partir de 180 €*. Ce grand hôtel raffiné, idéalement situé sur la grande place piétonne de la cathédrale, est légèrement moins cher que le Wasserturm et l'Excelsior.

Hotel Im Wasserturm – **Plan I** *- Kaygasse 2 - 0221 200 80 - fax 0221 20 08 888 - www.hotel-im-wasserturm.de - - 88 ch. - à partir de 215 € - 22 €*. Cette imposante construction en brique qui fut autrefois le plus grand château d'eau d'Europe, offre un cadre original et des chambres personnalisées. Style « design » à l'intérieur. Le hall de l'hôtel est particulièrement impressionnant avec ses 11 m de hauteur. Depuis le restaurant, situé au 11ᵉ étage, vous jouirez d'une belle vue sur la métropole rhénane.

Excelsior Hotel Ernst – **Plan II** - *Domplatz - 0221 27 01 - fax 0221 135 150 - www.excelsiorhotelernst.de - 152 ch.- à partir de 325 €*. La meilleure adresse de Cologne, juste en face de la cathédrale. Un très beau hall d'entrée en marbre permet d'accéder à cet établissement traditionnel. Un personnel hautement qualifié, des chambres raffinées et des suites de grand style, ainsi qu'un sauna et un espace de remise en forme attirent une clientèle exigeante.

Se restaurer

Pfaffen Brauerei – **Plan II** - *Heumarkt 62 - 0221 257 77 65 - www.max-paeffgen.de - 15/25 €*. Une des dernières brasseries de Cologne où l'on brasse la bière sur place et qui a conservé un côté artisanal. Dans un décor rustique, on vient surtout pour déguster la bière typique de la ville, la Kölsch, et des plats régionaux. En été, vous pourrez profiter de l'agréable *Biergarten*, à l'arrière du restaurant.

Peters Brauhaus – **Plan II** - *Mühlengasse 1 - 0221 257 39 50 - www.peters-brauhaus.de - 15/30 €*. Une brasserie typique de Cologne que vous apprécierez pendant votre séjour. Le bois ajoute convivialité et chaleur au cadre rustique et confortable du lieu. Plusieurs espaces avec un coin brasserie et une salle de restaurant.

Hase – **Plan I** - *St.-Apern-Straße 17 - 0221 25 43 75 - fermé dim. - - 25/40 €*. Les tables en bois clair de ce restaurant-bistrot ajoutent à la note rustique du lieu. Quelques plats, généralement classiques, vous sont proposés sur une ardoise.

Heising und Adelmann – **Plan I** - *Friesenstraße 58-60 - 0221 130 94 24 - www.heising-und-adelmann.de - lun.-jeu. 18h-1h, vend.-sam. 18h-3h, fermé dim. et j. fériés - 20/35 €*. Ce restaurant à la mode propose des plats variés dans un cadre décontracté. Au bar, vous aurez le choix parmi 50 cocktails différents. Belle terrasse située à l'arrière.

Em Krützche – **Plan II** - *Am Frankenturm 1 - 0221 258 08 39 - www.em-kruetzche.de - fermé sem. sainte et lun. - 29/45 €*. Fondée il y a plus de 400 ans, cette maison familiale de la vieille ville propose une cuisine internationale. Terrasse donnant sur le Rhin.

Osman 30 Restaurant – **Plan I** - *Im Mediapark 8 - 0221 5005 20 80 - www.osman-cologne.de - tlj 18h-1h - 39 €*. Restaurant moderne et chic au 30ᵉ étage de la tour de verre du Media-Park. Bar à vin et le w.-end, brunch et tea-time.

Paul's Restaurant – **Plan I** - *Bülowstraße 2 - 50733 Köln-Nippes - 0221 76 68 39 - www.pauls-restaurant.de - fermé 1 sem. au moment du carnaval, 2 sem. en août et lun. - 34/50 €*. L'intérieur de cette maison restaurée, située dans une zone résidentielle, est rustique et soigné. Tables bien dressées, plats originaux.

Le Moissonnier – **Plan I** - *Krefelder Straße 25 - 0221 72 94 79 - www.lemoissonnier.de - fermé lun. et j. fériés, 24 déc.-3 janv., 1 sem. à Pâques et 3 sem. en août/sept. - réservation recommandée - menus à 49 et 78 €*. On se sent « comme un coq en pâte » dans ce bistrot typique de style Art nouveau *(Jugendstil)*, aménagé dans une maison ancienne du centre-ville. Les préparations créatives de la gastronomie française font le reste.

Hanse Stube – **Plan II** - *Dompropst-Ketzer-Straße 2 - 0221 270 34 02 - www.excelsiorhotelernst.de - 40/71 €*. Cet élégant restaurant est installé dans l'Excelsior Hotel Ernst. Un personnel stylé vous servira notamment des plats français.

Faire une pause

Café Reichard – *Unter Fettenhennen 11 (en face de la cathédrale) - ✆ 0221 2 57 85 42 - www.cafe-reichard.de - 8h30-20h.* Ce café au décor intérieur classique comporte un jardin d'hiver et une grande terrasse. Si l'on y ajoute la magnifique vue sur la cathédrale, on comprend pourquoi l'établissement est aussi fréquenté. La véranda est sans nul doute le meilleur emplacement pour observer le fourmillement de la ville.

En soirée

Bon à savoir – Pour vous informer sur les manifestations de la ville, le calendrier mensuel *Köln im…* (suivi du mois) est en vente à l'office de tourisme. D'autres magazines mensuels comme *StadtRevue* et *Prinz*, en vente dans les librairies et kiosques à journaux, sont aussi de précieuses sources d'informations.

Bon à savoir – Dans la vieille ville, vous trouverez un grand nombre d'endroits pour manger, boire et vous divertir. Les cafés se concentrent principalement dans le quartier belge, entre la Aachener et la Venloer Straße, le quartier de l'université (autour de la Zülpicher Straße), la Südstadt (autour de la Chlodwigplatz) et le Friesenviertel (Friesenstraße). La bière traditionnelle de la ville, servie habituellement dans des verres de 0,2 l, est la *Kölsch.*

Biergarten im Stadtgarten – *Venloer Str. 40 (rue qui part de la station Friesenplatz vers l'ouest) - ✆ 0221 95 29 94 33 - www. stadtgarten.de - avr.-oct : 12h-23h (fermé par mauvais temps).* À quelques encablures du centre-ville vous trouverez cet agréable *Biergarten* situé à l'entrée du parc public *(Stadtgarten).* À partir de 15h, on y sert de petits en-cas.

Früh am Dom – *Am Hof 12-14 - ✆ 0221 2 61 30 - www.frueh.de - 8h-0h30 - fermé 24 déc.* Brasserie décontractée, offrant sur chacun des trois niveaux que compte l'établissement une cuisine différente. Le client se voit servir sa Kölsch sans même l'avoir commandée. Le restaurant au 1er étage conviendra à ceux qui recherchent le calme ; la cave est, quant à elle, plus typique.

Papa Joe's Biersalon « Klimperkasten » – *Alter Markt 50-52 - ✆ 0221 2 58 21 32 - www.papajoes.de - 11h-1h, vend.-sam. jusqu'à 3h.* Ambiance rétro garantie dans ce restaurant dont les murs et même le plafond sont couverts de vieilles photos. Vous apprécierez ce voyage dans le temps au son du piano ou des airs entraînants joués par des automates musiciens.

Papa Joe's Jazzlokal « Em Streckstrump » – *Buttermarkt 37 (rue parallèle au Rhin qui part de Groß St. Martin vers le sud) - ✆ 0221 2 57 79 31 - www. papajoes.de - 20h-3h, dim. à partir de 15h30.* Depuis plus de 25 ans, le jazz règne en maître sur les soirées de cet établissement. Le prix des consommations est un peu élevé, mais les concerts sont gratuits et l'ambiance y est toujours bonne. Tous les dimanches : « Four O'Clock Jazz ».

Hyatt-Biergarten – *Kennedyufer 2a (venant de la cathédrale traverser Hohenzollernbrücke) - 50679 Köln-Deutz - ✆ 0221 82 81 234 - www.cologne.regency. hyatt.de - de fin avr. à déb. mai et de fin sept. à déb. oct. : lun.-sam. 12h-24h, dim. 11h-24h (fermé par mauvais temps).* Le Biergarten de ce luxueux hôtel, situé sur la rive droite du Rhin, offre une vue magnifique sur la cathédrale et le centre historique de Cologne. De début mai à fin août, les dimanches jazz (12h-15h, entrée libre) attirent toujours une foule d'amateurs.

Achats

Bon à savoir – La cathédrale constitue le point de départ de tout lèche-vitrine à Cologne. De là, on arrive directement dans la principale rue commerçante, la Hohe Straße. Cette dernière croise la Schildergasse, bordée de grands magasins. À proximité du Neumarkt, on trouve bon nombre de galeries et de passages commerçants, tels que le Neumarktpassage et la Neumarktgalerie. Les boutiques de luxe abondent dans la Breite Straße, la Mittelstraße et la Pfeilstraße. D'autres quartiers de la ville, par exemple la Chlodwigplatz dans le sud de la ville, ou encore la Bonner Straße et la Severinstraße, sont également propices au lèche-vitrine. Les antiquaires et les galeries d'art se concentrent dans la St-Apern-Straße ; on trouve également des galeries d'art au nord du Neumarkt (dans l'Albertusstraße) et dans le quartier de la cathédrale.

4711 Echt Kölnisch Wasser – *Glockengasse 4711 - ✆ 0221 9 25 04 50 - www.4711.com - lun.-vend. 9h-19h, sam. 9h-18h.* La maison traditionnelle de la fameuse eau de Cologne. Vous y trouverez une fontaine de l'*Aqua mirabile* pour vous rafraîchir, une exposition historique ainsi que des souvenirs et des produits de beauté. Le carillon sur la façade sud de la maison joue *La Marseillaise* toutes les heures entre 9h et 19h.

Événements

Carnaval – Début de la saison le 11 novembre. Elle se termine en février, avec le défilé du lundi des Roses le Lundi gras.

Ringfest der PopKomm – Août. Festival de musique gratuit.

Art Cologne – Fin oct. début nov. L'une des plus grandes expositions mondiales d'art moderne et contemporain.

Aix-la-Chapelle★

Aachen

256 610 HABITANTS
CARTE GÉNÉRALE A3 – CARTES MICHELIN N^{OS} 718 E 9 ET 543 D 40
RHÉNANIE DU NORD-WESTPHALIE

Aix-la-Chapelle est une ville de cure réputée dont les sources d'eau chaude étaient déjà connues des Celtes. Lieu de résidence préféré de Charlemagne, qui en fit la capitale de l'Empire franc, elle possède une remarquable cathédrale où furent couronnés trente empereurs. Aujourd'hui centre industriel actif et dotée d'une université technique de bonne réputation, elle doit à la proximité de la Belgique et des Pays-Bas le charme d'une ambiance cosmopolite.

- **Se repérer** – Aix-la-Chapelle est à 70 km à l'ouest de Cologne.
- **Pour poursuivre le voyage** – Massif de l'Eifel (Bad Münstereifel, point de départ de notre circuit, est situé 74 km au sud-est).

Comprendre

La ville de Charlemagne (747-814) – Le roi des Francs (depuis 768) choisit Aix-la-Chapelle pour y installer de façon permanente la cour franque, qui avait mené jusque-là une vie itinérante. En l'an 800, Charles fut couronné empereur romain. Il soumit les Saxons et les Bavarois et consolida la frontière de son Empire contre les invasions des Maures, des Slaves et des Danois. Il attira de grands savants à sa cour ; des écoles religieuses et des couvents favorisèrent le développement de la culture et de la christianisation. Charlemagne a transmis à l'Occident les trésors de la culture latine et le bénéfice d'un effort de réorganisation administrative. Il fut enterré dans l'octogone de la chapelle palatine.

Un lieu de sacres – De 936 à 1531 (soit pendant 600 ans), trente princes allemands furent sacrés rois de Germanie dans la cathédrale d'Aix-la-Chapelle. En 1562, la ville dut céder ce privilège à Francfort-sur-le-Main.

Visiter

QUARTIER DE LA CATHÉDRALE

La cathédrale Notre-Dame★★ (Dom)

(Cathédrale sous surveillance). ✆ 0241 4770 9127 - www.aachendom.de - ♿ - possibilité de visite guidée - lun. 10h-13h, mar.-dim. 10h-17h/18h (jeu. 21h) - fermé 1er janv., carnaval, Vend. saint, 25 déc. - 5 €.

La tour haute de 74 mètres indique le cœur du centre-ville. Le noyau de la cathédrale est constitué par la basilique octogonale à coupole dont Charlemagne entreprit la construction peu avant 800. C'était le premier édifice construit au nord des Alpes sur le modèle des églises byzantines. Le chœur gothique (commencé en 1355) fut consacré

Sime / PHOTONONSTOP

La cathédrale d'Aix-la-Chapelle.

en 1414, pour le six centième anniversaire de la mort de l'empereur. La cathédrale est inscrite sur la liste du patrimoine mondial de l'Unesco.

Extérieur – *Partant du Katschhof (côté nord), faire le tour de la cathédrale.* On voit successivement la chapelle St-Nicolas (avant 1487), la chapelle St-Charles-Hubert (1455-1474) avec son portail flamboyant, et enfin le chœur, où des statues du 19e s. s'intercalent entre les hautes fenêtres. De la Münsterplatz *(côté sud)*, on a une bonne vue sur la plus grande partie visible de l'église carolingienne surmontée d'une coupole à côtes (17e s.). Sur ce côté s'élèvent trois chapelles : la chapelle St-Matthias (1414), la chapelle Ste-Anne (avant 1449), toutes deux gothiques, et la chapelle hongroise (1756-1767). On accède au porche carolingien par une **porte en bronze** à deux vantaux, décorée de têtes de lion (vers 800).

Intérieur – L'octogone est entouré d'un déambulatoire à deux étages, dont les ouvertures, à l'étage supérieur, sont fermées par des grilles en bronze de l'époque carolingienne. La coupole est décorée de somptueuses mosaïques du 19e s. En son centre est suspendu un splendide **lustre★★** en cuivre offert par Frédéric Barberousse (1165). À droite des deux piliers précédant le chœur se trouve la statue vénérée de Notre-Dame d'Aix (14e s.). Le chœur est éclairé par des vitraux modernes. À droite, au-dessus de la porte donnant accès à la sacristie, on peut voir l'**ambon d'Henri II★★★**, chaire en cuivre doré ornée de pierres précieuses (début du 11e s.). Le maître-autel carolingien resplendit d'une **Pala d'Oro★★★** (parement en or), où sont représentés des scènes de la Passion et un Christ en gloire (vers 1020).

Dans l'abside, la **châsse de Charlemagne★★★** (Karlsschrein ; 1200-1215), merveilleux travail en argent doré et repoussé, conserve les ossements de l'empereur. Dans la travée d'entrée du chœur se trouve la **châsse de Marie**, datant de 1238.

Dans la travée ouest de l'étage se trouve le **trône★** de Charlemagne *(visible au cours des visites guidées uniquement)*. Ce siège, resté intact, est fait de simples plaques de

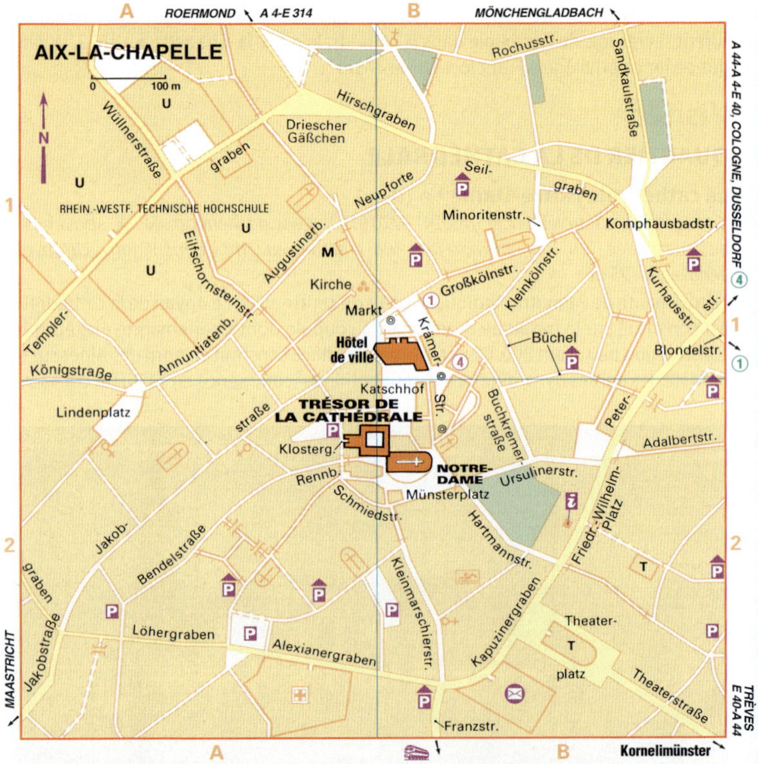

SE LOGER

Haus Press .... ①

Royal .... ④

SE RESTAURER

Ratskeller .... ①

Zum Schiffgen .... ④

marbre ajustées. Une fois élus et sacrés, plus de trente empereurs du Saint Empire romain germanique montèrent sur ce trône et y furent couronnés entre 936 et 1531. Les milliers de pèlerins, qui participent tous les sept ans depuis 1349 au pèlerinage d'Aix-la-Chapelle (le prochain est prévu en 2014), empruntent l'étroit passage situé sous le trône.

Trésor de la cathédrale★★★ (Domschatzkammer)

Entrer par la Klostergasse. Il s'agit d'un des plus riches trésors situés au nord des Alpes. Il réunit une collection unique d'objets précieux liés à l'histoire de la cathédrale.

Plus de cent magnifiques œuvres d'art sont exposées à cet endroit, parmi lesquelles le **buste-reliquaire de Charlemagne** (après 1349) en or et en argent, offert par Charles IV ; la **croix de Lothaire**, ornée de pierres précieuses (vers 1100) ; l'autel d'Aix-la-Chapelle (vers 1520) et une situle en ivoire unique en son genre (vers 1000). On y découvre également de nombreuses étoffes précieuses regroupées autour de la **Cappa Leonis** (14e s.), qui servait de manteau de couronnement.

Hôtel de ville (Rathaus)

✆ 0241 180 29 60 (office de tourisme) - www.aachen-tourist.de - ♿ - tlj 10h-13h, 14h-17h - possibilité de visite guidée (1h) sur demande préalable - 2 €. L'hôtel de ville fut construit au 14e s. à l'emplacement du palais de Charlemagne, dont il reste encore la tour de Granus *(à l'angle de la Krämerstraße).* Il rappelle également le passé impérial de la ville en exposant sur sa façade (côté marché) des statues d'empereurs et de rois couronnés à Aix.

La **fontaine du marché** est ornée d'une statue de Charlemagne.

À l'intérieur de l'hôtel de ville s'ouvre la **salle blanche** *(Weißer Saal)*, où fut négociée en 1748 la paix d'Aix-la-Chapelle. La **salle du Conseil** est décorée de boiseries (1730) d'un maître de Liège. C'est dans la **salle du couronnement** voûtée d'ogives qu'est décerné chaque année le prix Charlemagne de la ville d'Aix *Karlspreis*, qui récompense ceux qui ont œuvré pour l'unification de l'Europe.

Aux alentours

Kornelimünster

10 km au sud-est. Cette banlieue d'Aix, dans la vallée de l'Inde, avec ses maisons de pierre bleu et gris à toits d'ardoise, est typique des petites villes de l'Eifel.

L'ancienne église abbatiale **Kornelimünster★** est une construction irrégulière à cinq nefs (14e-16e s.), dont l'origine remonte à une église de bénédictins de l'époque carolingienne. Les galeries situées au-dessus du chœur *(côté est)* datent du 17e s., la chapelle octogonale St-Corneille fut ajoutée au début du 18e s. L'intérieur gothique (voûte sur croisée d'ogives, peintures de plafond) possède une décoration essentiellement baroque : voir surtout le **maître-autel** baroque, que J.-J. Couven a modifié vers 1750 dans le style rococo ; à gauche se trouve la statue en pierre de saint Corneille (vers 1460). Riches **reliques★**.

Depuis l'**église** romano-gothique **St-Stéphane** dans le cimetière situé sur une hauteur *(au nord)*, belle **vue** sur l'église, l'abbaye et la cité.

Monschau★★

À 35 km au sud d'Aix-la-Chapelle. La petite ville de Monschau, qui porta le nom de Montjoie jusqu'en 1919, est une ravissante bourgade nichée au fond d'une gorge sinueuse de la Rur. Le promeneur découvre, au fil de rues tortueuses, un chapelet de maisons étroites et hautes, aux toits d'ardoise, alignant leurs façades à colombages au bord de l'eau. Monschau est également réputée pour ses spécialités culinaires, en particulier les *Montjoier Düttchen* (croissants de Montjoie). Monschau est établie à l'ouest du massif de l'Eifel, à quelques kilomètres seulement de la frontière belge. Un belvédère★★ aménagé en bordure de la route 258, venant d'Aix-la-Chapelle, permet d'avoir un superbe coup d'œil sur la ville.

En partant du Markt par la rampe de l'*Unterer Mühlenberg*, à droite du café Kaular, puis à droite par le Kieberg, on atteint au-delà du cimetière une chapelle : de la terrasse, belle **vue★** sur Monschau, le château et la tour de guet ruinée du « Haller ».

Le quartier le plus ancien est situé autour de la Kirchstraße (voir la vieille maison recouverte d'ardoise au n° 33).

La Maison rouge★ (**Rotes Haus**) – *Laufenstr. 10 - ✆ 02 472 50 71 - du Vend. saint au 30 nov. : tlj sf lun. 10h, 11h, 14h, 15h, 16h - 2,50 €.* Le drapier et commerçant Johann Heinrich Scheibler fit construire en 1760 la **Maison rouge**, qui lui servait de logement et de magasin. L'**aménagement intérieur★** trahit le goût bourgeois en vogue durant les 18e et 19e s. : on y admirera des meubles en chêne provenant d'Aix-la-Chapelle et de Liège, des tentures peintes à la main et 6 000 échantillons d'étoffes sorties des fabriques de drap de Monschau. Mais on sera encore plus impressionné par les deux **escaliers rococo★** admirablement sculptés, probablement dus à des artistes liégeois. L'escalier bien dégagé desservant trois étages dans l'aile d'habitation illustre dans des cartouches rocaille les différentes étapes de la fabrication du drap.

Maison Troistorff (**Haus Troistorff**) – *Laufenstraße 18*. Maison cossue construite par un fabricant de drap en 1783. Comparativement à la Maison rouge, l'aspect architectural de la Maison Troistorff s'est perfectionné et donne à la bâtisse, avec ses pignons armoriés et ses balcons soutenus par des atlantes, une réelle allure de résidence urbaine.

Les lacs du Nord-Eifel

32 km au sud d'Aix-la-Chapelle - Circuit de 85 km – une demi-journée.

À 2 km au nord de Monschau, un **belvédère★**, sur la droite de la route, domine la ville. À partir d'Imgenbroich, de belles échappées se dégagent à droite sur la région des lacs de la Rur. Quittant Schmidt, on aperçoit la ruine de Nideggen.

Nideggen – Le **château** *(Burg)* en grès rose, construit au 12e s., fut la résidence des comtes et ducs de Juliers jusqu'au 15e s., puis tomba en décrépitude. Du donjon, aménagé en **musée des Forteresses et Châteaux** en Eifel *(Burgenmuseum)*, belle **vue★** sur la vallée de la Rur entaillant les plateaux de l'Eifel, au sud, et, au nord, sur le bassin d'Aix-la-Chapelle. L'église du 12e s., restaurée, possède un chœur roman décoré de fresques.

Barrage de la Rur★ (Rurtalsperre) – Dans un site sauvage, le lac de barrage, dit aussi lac de Schwammenauel, forme avec celui de l'Urft, au sud, le plus important plan d'eau de l'Eifel. Des **services de vedettes** permettent de les parcourir.

La route traverse le barrage et s'engage dans la forêt de Kermeter. À Einruhr, on longe l'extrémité sud du lac, que l'on domine du belvédère aménagé dans la montée.

Aix-la-Chapelle pratique

Informations utiles

Office de tourisme – *Elisenbrunnen, Friedrich-Wilhem-Platz - ✆ 0049-241/1 802 960 et 1 802 961 -www.aachen.de - lun.-vend. 9h-18h, sam. 9h-14h (pendant l'été, dim. et j. fériés 10h-14h).*

Se loger

⊖ **Haus Press** – *Trierer Straße 842-844 - 52078 Aachen-Brand, à 8,5 km d'Aix-la-Chapelle - ✆ 0241 92 80 20 - fax 0241 92 80 211 - www.haus-press.de - P 15 ch. - à partir de 42 €* ☕. Petit hôtel familial sans prétention. Chambres à l'équipement fonctionnel. (Des chambres à 3 lits sont également proposées). Les moins chères ont les toilettes et les douches sur le palier.

⊖⊖⊖ **Royal** – *Jülicher Straße 10 - 52070 Aachen- ✆ 0241 18 22 80 - www.royal.bestwestern.de - P - 35 ch. - 116 €* ☕. Hôtel moderne et confortable proche du centre-ville. Les chambres sont bien équipées et particulièrement au calme à l'arrière.

Se restaurer

⊖⊖⊖ **Ratskeller** – *Markt 40 - ✆ 0241 350 01 - www.ratskeller-aachen.de - ♿ - 27/37 €.* Ce coquet restaurant a été aménagé dans l'hôtel de ville historique donnant sur le marché, sous une ancienne voûte d'arête. Plats traditionnels.

⊖⊖⊖ **Zum Schiffgen** – *Hühnermarkt 21-23 - ✆ 0241 335 29 - www.zum-schiffgen.de - réservation conseillée - 20/35 €.* Un établissement propre et bien tenu qui accueille avec autant de convivialité les habitués et les visiteurs de passage. Plats régionaux. De la terrasse, belle vue sur l'hôtel de ville tout proche.

En soirée

Café Molkerei – *Pontstr. 141 (depuis Markt vers le nord-ouest) - ✆ 0241 489 82 - 10h-2h, vend.-sam. jusqu'à 3h.* Ce café, toujours très fréquenté par les étudiants, s'est installé au cœur d'un des quartiers les plus populaires d'Aix-la-Chapelle, dans une ancienne laiterie. Le matin, on y sert des formules petit-déjeuner. Le soir, cocktails savoureux.

Magellan – *Pontstr. 78 (depuis Markt vers le nord-ouest) - ✆ 0241 4 01 64 40 - dim.-jeu. 10h-1h, vend.-sam. 10h-2h.* Cet établissement, à la fois café-bar et restaurant, est très agréable en été, du fait de sa terrasse ombragée.

Van den Daele Alt Aachener Kaffee-und Weinstuben – *Büchel 18/ Körbergasse (près du Couvenmuseum) - ✆ 0241 3 57 24 - www.van-den-daele.de - lun.-sam. 9h-18h30, dim. 11h-18h30 - fermé 25 déc. et 1er janv.* Venez déguster ici la spécialité de Cologne, les *Printen* (pain d'épice), ou bien la *Milchreisfladen* (galette de riz).

Bassin de la Ruhr

Ruhrgebiet

CARTE GÉNÉRALE A3
CARTES MICHELIN N^{OS} 718 F8 ET 543 H 33 - N 34 AGRANDISSEMENT PLI 1
RHÉNANIE DU NORD-WESTPHALIE

Même si le bassin de la Ruhr reste un centre industriel important, la région a mené avec succès une reconversion dans le secteur tertiaire. Au fil de cette évolution, son attrait touristique n'a cessé de grandir. Depuis l'après-guerre, le festival de la Ruhr constitue chaque année un événement marquant dans la vie culturelle de la région. Les théâtres et opéras, mais aussi les églises servent de cadre à des manifestations où viennent se produire les grandes vedettes nationales et internationales de la scène et de la musique classique.

- **Se repérer** – Le bassin de la Ruhr s'étend sur un large territoire à 70 km au nord de Cologne. Traversé par de nombreuses autoroutes, il englobe notamment les villes de Duisburg, Essen et Dortmund.
- **À ne pas manquer** – La visite d'une ancienne mine.
- **Organiser son temps** – Une journée peut suffire pour se faire une idée, mais le riche passé industriel de la Ruhr offre un grand nombre de sites à visiter et peut mériter plus de temps, particulièrement pendant le festival.
- **Avec les enfants** – Le Movie Park Germany à Bottrop, le musée allemand de la mine et du Chemin de fer à Bochum.
- **Pour poursuivre le voyage** – Cologne (66 km au sud de Duisburg par l'A 3) ou Münster (67 km au nord de Dortmund par l'A 1).

Comprendre

Un centre industriel de première importance – La Ruhr figure aujourd'hui encore parmi les plus importants centres industriels du monde : une bonne partie de l'acier allemand y est produite ; le port de Duisburg est le premier port intérieur d'Europe et le plus grand port fluvial du monde. L'industrie chimique et les mines ultramodernes, dont certaines dépassent 1 000 m de profondeur, sont des éléments déterminants des paysages du nord, alors que la frange méridionale, avec ses exploitations à fort coefficient de main-d'œuvre, annonce déjà la petite industrie du pays de Berg.

Des « gueules noires » aux « cols blancs » – Le vaste ensemble urbain, débordant d'activité, qui s'étend de Duisburg à Dortmund, est constitué d'une myriade de villes qui ont pris de l'ampleur au cours de l'industrialisation et semblent aujourd'hui se confondre en un amalgame diffus. Depuis les années 1960, le « pays noir » se transforme en une société où dominent les prestations de services. Les fusions intervenues dans le secteur de l'acier et les fermetures de puits sont à l'origine d'un chômage sans cesse croissant, qu'il importait et importe encore de combattre à grand renfort de créativité et de pragmatisme. Aujourd'hui, plus de 60 % de la population active est employée dans le secteur tertiaire. L'objectif principal de la politique économique de la Ruhr est toujours d'attirer de nouvelles industries et de créer des entreprises, la recherche et la formation jouant ici un rôle décisif : six universités et écoles supérieures intégrées, ainsi que neuf écoles supérieures de technologie forment des cadres dans les disciplines les plus diverses et les technologies de pointe.

La Ruhr pose de nouveaux jalons – La restructuration de la Ruhr est passée et passe par les mesures les plus diverses. C'est ainsi que l'héritage de l'industrie lourde est aussi perçu comme une chance à saisir, un prétexte d'exploiter le caractère opiniâtre de l'ancien « pays noir » pour créer une nouvelle région culturelle. L'exposition internationale du bâtiment de l'Emscherpark, les comités régionaux de Westphalie et de Rhénanie, ainsi que l'association des communes de la Ruhr ont mené à bien des programmes de longue haleine pour promouvoir la reconversion de nombreuses installations industrielles ou terrains désaffectés. Par exemple, un ancien complexe industriel d'Oberhausen a fait place au centre commercial le plus moderne d'Europe : sur 70 000 m^2, quelque 200 magasins et boutiques invitent au lèche-vitrine. Vingt restaurants et cafés viennent compléter l'offre, sans compter les cinémas, les spectacles de variétés, les concerts de jazz et autres manifestations musicales. Les anciennes mines et usines ne sont pas seulement utilisées à des fins commerciales, mais elles sont aussi souvent transformées en musées de l'industrie. Sponsorisés par divers organismes comme œuvres éducatives, ces musées donnent un aperçu de l'histoire sociale et des méthodes de production de l'industrie lourde.

Visiter

Le texte ci-dessous évoque les principales curiosités de la Ruhr en suivant l'ordre alphabétique des villes de la région.

BOCHUM

Musée des Beaux-Arts (Kunstsammlung Museum Bochum)

Kortumstrasse 147, en face du Stadtpark.

✆ 02341 516 00 30 - www.museum-brochum.de - ♿ - tlj sf lun. 10h-17h (merc. 20h) - possibilité de visite guidée 1er merc. du mois - fermé 1er janv., 1er Mai, 24-25 et 31 déc. - 3 €.

Ce musée est installé dans un bâtiment moderne, aux amples dimensions et inondé de lumière. Il comporte notamment une importante collection d'art contemporain international.

Musée allemand de la Mine★★ (Deutsches Bergbau-Museum)

Am Bergbaumuseum 28. ✆ 02 34 587 70 - www.bergbaumuseum.de - ♿ - tlj sf lun. 8h30-17h, w.-end 10h-17h - fermé 1er janv., 24-26 et 31 déc. - 6,50 €.

Ce musée, qui existe depuis 1930, est situé en périphérie du centre-ville. Il donne une vue complète du développement de la mine, de l'Antiquité à nos jours. La reconstruction d'engins d'origine, de nombreux modèles réduits animés et des graphiques informent sur tous les aspects de l'extraction du minerai. Sous le musée, une **mine-musée** *(Schaubergwerk)* a été reconstituée avec 2,5 km de parcours souterrains. Elle donne une approche très concrète des techniques d'extraction, notamment dans les mines de houille. La visite de la mine-musée se termine par la montée dans le chevalement de 71 m de haut qui permet, de la plate-forme, d'avoir un beau panorama sur Bochum et ses environs.

Musée du Chemin de fer★ (Eisenbahnmuseum)

À Bochum-Dahlhausen, au 191 de la C. Otto-Straße, à mi-chemin entre Essen et Bochum. ✆ 0234 49 25 16 - www.eisenbahnmuseum-bochum.de - ♿ - de mars à mi-nov. : tlj sf lun. et sam., 10h-17h, fermeture annuelle mi-nov.- fin fév. - 5 €.

Le musée du Chemin de fer occupe une ancienne gare et un atelier de réparation ferroviaire, sur la rive nord de la Ruhr ; les installations de 1914 (dépôt de machines, plaque tournante sur rails, grue hydraulique…) sont restées en grande partie dans leur état d'origine. Plus de 180 engins sur rail retracent l'évolution des chemins de fer allemands jusqu'à la fin de l'époque de la vapeur. Les collections sont dominées par la présence de 15 **locomotives à vapeur**. On peut aussi voir de nombreux **engins spéciaux** (voies démontables, draisine à moteur) et toutes sortes de wagons.

BOTTROP

Musée Quadrat

Im Stadtgarten 20 (à proximité du centre). ✆ 02 041 29 716 - www.quadrat-bottrop.de - ♿ - tlj sf lun. 10h-18h - gratuit.

L'œuvre constructiviste du peintre et professeur d'art Josef Albers, originaire de Bottrop, a donné son nom au musée. *Hommage au carré*, c'est ainsi que l'ancien maître du Bauhaus a baptisé le fruit – devenu images – de ses études sur les effets qu'exerce et subit la couleur. Il est donc tout naturel que le musée se soit consacré au constructivisme. Le **parc aux Sculptures** adjacent présente des œuvres de Max Bill, Donald Judd, Norbert Kricke, etc.

On trouve dans le même complexe le **musée de Préhistoire et d'Histoire locale** *(Museum für Ur- und Ortsgeschichte)*. L'**espace consacré à l'époque glaciaire★** présente la plus grande collection d'Allemagne sur le quaternaire.

Movie Park Germany★

À Bottrop-Kirchhellen, accès par la A 31, sortie Kirchhellen. Warner Allee 1 - ✆ 02 045 89 90 - www.moviepark.de - juil. : 10h-20h ; oct. : w.-end 10h-22h ; avr.-juin, août-sept. et nov. : lun.-vend. 10h-17h, w.-end 10h-18h - fermé déc.-mars - 26 €.

Le parc, axé sur le thème « Hollywood en Allemagne », s'étend sur 45 ha et présente plus de 35 attractions, parmi lesquelles le **Triangle des Bermudes** avec ses rapides impétueux et ses cascades, **l'Aventure de Batman** à bord d'un simulateur de vol à couper le souffle, un spectacle de cascadeurs inspiré par la série *Police Academy*, l'Histoire sans fin, voyage aquatique à travers des cavernes et des gorges, le grand huit *lethal Weapon*, et bien d'autres choses encore.

Les objets rassemblés dans le **musée de l'Histoire allemande du cinéma★** évoquent un siècle de cinéma et l'évolution des appareils photographiques et des caméras.

DORTMUND

Mentionnée pour la première fois vers 885, Dortmund devint ville d'Empire en 1220 et fut au Moyen Âge une cité hanséatique florissante. Frappée de plein fouet par la guerre de Trente Ans, elle ne comptait plus en 1648 que 2 000 habitants. L'essor décisif vint au milieu du 19e s., avec la révolution industrielle. Le sort de Dortmund fut dès lors lié au charbon, à l'acier et… à la bière. La ville a aujourd'hui réussi sa reconversion, et le secteur tertiaire représente l'essentiel de son activité économique.

Parc de Westphalie★ (Westfalenpark)

An der Buschmühle 3 - ✆ 0231 502 61 00 - www.westfalenpark.de - ♿ - 9h-23h - 2 €.
Les principaux centres d'attractions du **parc de Westphalie** de 70 ha, au sud de la ville, sont la **roseraie** (3 200 variétés du monde entier) et la **tour de télévision** *(Fernsehturm « Florian »)*, haute de 220 m, symbole de la ville. Depuis la plate-forme et le restaurant tournant, magnifique **panorama★** sur la Ruhr et le Sauerland.

Église St-Renaud★ (Reinoldikirche)

Ostenhellweg, près du marché. L'église St-Renaud et ses trois nefs (début du gothique) abritent des trésors remarquables : à gauche de l'entrée du chœur se trouve la statue en bois du patron de la ville, saint Renaud, et à droite celle de Charlemagne (14e et 15e s.) ; le retable sculpté de la fin du gothique (15e s.) représente la Crucifixion.

Musée d'Art et d'Histoire des civilisations (Museum für Kunst und Kulturgeschichte)

Hansastr. 3 - ✆ 0231 502 55 22 - www.museendortmund.de/mkk - ♿ - mar., merc., vend., dim. 10h-17h, jeu. 10h-20h, sam. 12h-17h - fermé 1er janv., 24-25 et 31 déc. - 3 €.
Les collections du musée d'Art et d'Histoire des civilisations, présentées de façon chronologique, englobent des domaines aussi différents que l'histoire de la ville de Dortmund (nombreux objets de fouilles), l'art religieux à la fin du Moyen Âge, la maison et le mobilier à différentes époques, la peinture du 19e s. *(Berliner Sezession, C.D. Friedrich).* La partie consacrée à la période romaine abrite le **trésor de Dortmund★**, un ensemble de 444 pièces d'or datant pour la plupart du 4e s. apr. J.-C.

DUISBURG

Musée Wilhelm-Lehmbruck★★ (Wilhelm-Lehmbruck-Museum)

Au centre de Duisburg, Kantpark - Friedrich-Wilhelm-Str. 40 - ✆ 0203 283 32 94 - www.lehmbruckmuseum.de - ♿ - mar.-sam. 11h-17h, dim. 10h-18h - 5 €. Le Centre de sculpture

Jeux de lumière, la nuit, au parc paysager de Duisburg-Nord.

internationale possède plus de 700 œuvres d'art plastique et « objets » du 20e s. (Arp, Barlach, Beuys, Calder, Dalí, Giacometti, Moore, Kollwitz, Kricke, LeWitt, Magritte, Tinguely, Uecker, etc.). Dans une aile du musée, on s'attardera devant les œuvres principales du sculpteur **Wilhelm Lehmbruck** (1881-1919), originaire de Duisburg. Le parc de 7 ha qui entoure le musée sert de cadre aéré à des sculptures impressionnantes d'artistes internationaux.

Musée de la Navigation fluviale allemande★
(Museum der Deutschen Binnenschiffahrt)

Duisburg-Ruhrort - Apostelstr. 84 - ✆ (0203) 808 89 40 - www.binnenschiffahrtmuseum.de - ♿ - tlj sf lun. 10h-17h - fermé 1er janv., 24-25 et 31 déc. - 3 €.

Le plus grand musée d'Allemagne consacré à l'histoire sociale, technique et économique de la navigation fluviale a trouvé un cadre adéquat dans l'ancienne piscine couverte de Ruhrort, de style Art nouveau. Le visiteur peut en savoir plus sur l'évolution de la navigation, depuis la pirogue jusqu'aux navires des temps modernes, ainsi que sur la vie à bord et dans les ports. Dix minutes de marche dans le port de Ruhrort, sur le chemin situé près du marché des marins, permettent d'accéder à deux **bateaux-musées** (de 1882 et 1922).

Parc paysager de Duisburg-Nord (Landschaftspark Duisburg Nord)

Duisburg-Meiderich, Emscherstraße 71, parking - www.landschaftspark.de - jeux de lumière à partir de la tombée de la nuit. Gratuit.

Exemple réussi de reconversion d'un site industriel, le parc s'articule autour d'une usine métallurgique désaffectée, dominée par ses hauts-fourneaux et ses cheminées. Les anciennes halles industrielles accueillent aujourd'hui toutes sortes de manifestations. Le soir, les **jeux de lumière** *(Lichtinszenierung)* de l'artiste britannique Jonathan Park transforment cette ancienne usine en un fascinant spectacle de lumières et de couleurs.

ESSEN★

L'image d'un pays noir que l'on associait un temps à Essen est depuis longtemps surannée. Dans l'ancienne capitale minière de l'Europe, les trois quarts de la population active travaillent aujourd'hui dans l'administration, les prestations de services et le commerce.

La capitale de la Ruhr offre aujourd'hui l'image d'une ville résidentielle aux zones piétonnes animées par des magasins et de grands espaces verts *(Grugapark)* ; la forêt située au sud de la ville s'étend jusqu'au lac de Baldeney *(Baldeneysee)*.

Musée Folkwang★★ (Museum Folkwang)

Goethestr. 41 - ✆ 0201 884 53 01 - www.museum-folkwang.de - ♿ - tlj sf lun. 10h-18h (vend. 0h) - fermé 1er janv., lun. de Pâques et de Pentecôte, 1er Mai, 31 déc. - 5 €.

De renommée internationale, il regroupe des œuvres allemandes et françaises, peintures, sculptures, gravures et photographies des 19e et 20e s. À côté des Romantiques allemands et des réalistes du 19e s., on trouve de nombreuses œuvres des réalistes français, des impressionnistes, des cubistes et des surréalistes.

L'empire industriel Krupp

D'une petite entreprise de fonderie fondée en 1811 par son père, **Alfred Krupp** (1812-1887) fit l'un des plus gros producteur d'acier et d'armement d'Europe. En 1847, il mit au point un nouveau type d'acier fondu qui lui permit de couler le tube d'un canon lourd en une seule pièce. Les besoins de la guerre de 1870 remplirent ses bons de commande. À sa mort, il employait plus de 20 000 personnes. Son fils, **Friedrich Alfred**, également natif d'Essen, agrandit le patrimoine familial. Sa petite-fille **Bertha** épousa un fervent partisan du nazisme, le baron von Bohlen und Halbach, qui mit l'entreprise au service du IIIe Reich. La gestion du groupe fut confiée à leur fils, **Alfred Krupp von Bohlen und Halbach** en 1953. Il l'orienta vers des « activités de paix » qui lui permirent de retrouver une place prépondérante dans l'industrie. Depuis 1968, le groupe est géré par une fondation. Il a fusionné en 1998 avec Thyssen.

Les peintres du *Brücke* et du Cavalier bleu, les artistes du Bauhaus témoignent de la diversité de l'expressionnisme allemand et de l'art du 20e s. Remarquez surtout la collection très complète d'œuvres d'art réalisées après 1945, comme celles de Baselitz, Kiefer, Lüpertz, Penck, Richter ou d'artistes américains (Pollock, Newman, Stella).

Musée de la Ruhr★ (Ruhrlandmuseum)

✆ 0201 884 52 00 - www.ruhrlandmuseum.de - tlj sf lun. 10h-18h - gratuit.

Le musée de la Ruhr est essentiellement consacré, outre ses collections géologiques et archéologiques, à l'histoire sociale de l'industrialisation. Il retrace notamment la situation des familles ouvrières et le mode de vie de la grande bourgeoisie de la Ruhr au tournant du 20e s.

Cathédrale (Münster)

La partie la plus ancienne de la cathédrale est le **chœur ouest★** à trois pans (10e s.), inspiré de celui d'Aix-la-Chapelle. L'église – halle gothique actuelle – a été édifiée à la fin du 13e s., sur la crypte ottonienne (vitraux de Manessier). La chapelle latérale gauche abrite une œuvre de grande valeur, la **Vierge d'or★★★** datant de 980; elle passe pour être la plus ancienne statue de la Vierge en Occident. Dans la partie ouest se trouve un gigantesque chandelier à sept branches (vers l'an 1000), décoré de motifs géométriques. Le **trésor de la cathédrale★★** *(Domschatzkammer)* possède quatre splendides **croix processionnelles★★★** (10e et 11e s.), la couronne de la Vierge d'or, l'épée du martyre de Côme et Damien, des ostensoirs et des évangéliaires. *✆ 0201 220 42 06 - www.domschatz.info - mar.-sam. 10h-17h (merc. 19h), dim. 11h30-17h - fermé certains j. fériés - 3 €.*

Villa Hügel★

✆ 201 61 62 90 - www.villahuegel.de - possibilité de visite guidée (1h30) - parc : 8h-20h - villa : tlj sf lun. 10h-18h - 1 €.

Cette pompeuse villa de l'époque bismarckienne est située dans un joli parc, sur la rive nord du lac de Baldeney. C'est Alfred Krupp qui en dessina les plans et la fit construire en 1872. Destinée à servir d'habitation et de lieu de réception, elle comptait pas moins de 269 pièces! La villa Hügel fut habitée par trois générations de la famille Krupp jusqu'en 1945. Elle est ouverte au public depuis 1953. L'état général et l'ameublement de cette maison sont les mêmes qu'en 1915. On peut toujours admirer les magnifiques tapisseries murales (15e au 18e s.) de la décoration d'origine. La villa accueille aujourd'hui des expositions d'art.

HAGEN

Musée Karl-Ernst-Osthaus (Karl-Ernst-Osthaus-Museum)

Hochstr. 71 - ✆ 02331 207 31 31 - www.keom.de - ♿ - tlj sf lun. 11h-18h - fermé 1er janv., 1er Mai, 24-25 déc. - 2 €.

Karl Ernst Osthaus, industriel et mécène, créa ici en 1902 le musée Folkwang (la collection fut reprise en 1922 par la ville d'Essen). Le bâtiment qui abrite le musée a été aménagé dans le style **Art nouveau** par **Henry Van de Velde**. La collection exposée réunit aussi bien des œuvres classiques que des œuvres contemporaines.

Dans le **musée de Hagen** *(Stirnband 10)*, attenant au précédent, remarquez l'aménagement d'origine des pièces, réalisé par Henry Van de Velde, les œuvres de Ferdinand Hodler et Henri Matisse, ainsi que les ouvrages d'orfèvres de Hagen. Une partie de la collection d'art allemand du 20e s. (œuvres de Kirchner, Nolde, Dix) est consacrée à l'artiste Christian Rohlfs, qui travailla à Hagen jusqu'à sa mort en 1938.

Musée de plein air de Westphalie★★ (Westfälisches Freilichtmuseum)

Hagen-Selbecke. Sortir de Hagen vers le sud par la Eilper Straße. À Eilpe, tourner à droite en direction de Breckerfeld/Halver, et parcourir 2 km jusqu'à Selbecke. À partir du parc de stationnement (Museumsparkplatz, à gauche de la route), 10mn à pied.

☎ 02 331 78 070 - www.freilichtmuseum-hagen.de - avr.-oct. : mar.-dim. 9h-17h - 5 €.

Dans une portion de vallée de 2,5 km de long, le musée de plein air de Westphalie réunit plus de 70 installations ou bâtiments retraçant l'évolution des techniques, de l'artisanat et de l'industrie dans la région. La partie inférieure de la vallée est consacrée au travail traditionnel du métal.

De gigantesques marteaux de fer et de cuivre sont mus par l'eau de la rivière *(Mäckingerbach)* retenue en lacs artificiels (démonstration de travaux de forge) ; une maison à colombages du 18e s. abrite le **musée allemand de la Forge** *(Deutsches Schmiedemuseum)* ; le marteau à vapeur Nasmith (vers 1840) et le laminoir à zinc Hoesch (1841) sont autant de témoignages de la période marquant le début de l'industrialisation.

En remontant la vallée, on arrive à l'espace réservé au papier et à l'impression. Un **musée de l'Imprimerie** *(Druckereimuseum)* est installé dans un moulin à papier du 18e s.

Enfin, tout en amont, on trouve un village entier avec ses ateliers d'artisanat traditionnel ; des bleuisseurs, des bourreliers, des cordiers, des maréchaux-ferrants, mais aussi des boulangers et des brasseurs montrent leur savoir-faire (vous pouvez également acheter leurs produits sur place).

OBERHAUSEN

Gazomètre★ (Gasometer)

Oberhausen-Neue Mitte (à proximité du Centre). Am Grafenbusch 90 - ☎ 0208 850 37 30 - www.gasometer.de - ♿ - tlj sf lun. 10h-18h - 6 €.

L'actuelle halle d'exposition était autrefois le plus grand gazomètre de haut-fourneau d'Europe (117,5 m de hauteur, 68 m de diamètre, construit en 1928-1929). L'escalier extérieur conduit en 592 marches à la plate-forme panoramique (vue sur le parc des Floralies 1999 et sur la vallée inférieure du Rhin). À l'intérieur, un ascenseur panoramique mène les visiteurs à 106 m de hauteur.

Musée de l'Industrie du Rhin★ (Rheinisches Industriemuseum)

Au centre d'Oberhausen (derrière la gare), Hansastraße 20. ☎ 02 08 857 92 81 - www.rim.lvr.de - tlj sf lun. 10h-17h - fermé 1er janv., 24-25 et 31 déc. - 4 €.

La zinguerie d'Altenberg a fermé ses portes en 1981, après 130 années d'activité. Le musée de l'Industrie lourde, qui a élu domicile dans l'ancien hangar de laminage, est non seulement consacré à l'histoire du progrès technique depuis le milieu du 19e s., mais il met aussi en lumière le rôle déterminant de la sidérurgie dans l'histoire de la région Rhin-Ruhr. Des éléments d'origine de l'ancienne usine ont été repris et intégrés dans l'exposition.

RECKLINGHAUSEN

Musée des Icônes★★ (Ikonen-Museum)

Kirchplatz 2a - ☎ 02 361 50 19 41 - www.kunst-se.de - tlj sf lun. 11h-18h - possibilité de visite guidée (1h30) - 5 €.

Les icônes sont classées par thème : la Sainte-Trinité et la hiérarchie céleste (thème riche en représentations symboliques) ; la Vierge ; les saints et les jours de fête (splendide calendrier de tous les saints). À cela s'ajoute une collection d'iconostases (cloison séparant le sanctuaire du reste de l'église).

Ancien élévateur de bateaux de Henrichenburg (Altes Schiffshebewerk Henrichenburg)

Am Hebewerk 2 - Waltrop - ☎ 02363 970 70 - www.schiffshebewerk-henrichenburg.de - mar.-dim. 10h-18h - 3,50 €.

L'élévateur de bateaux de Henrichenburg, à l'époque unique en son genre, a été inauguré en 1899 par l'empereur Guillaume II : il permettait de franchir un dénivelé de 14 m sur le canal de Dortmund à l'Ems (1892-1899), qui relie la Ruhr à la mer du Nord. Le musée westphalien de l'Industrie montre aujourd'hui le fonctionnement de l'élévateur, entre-temps restauré ; il expose les circonstances techniques, politiques et économiques de la construction du canal ainsi que les conditions de vie et de travail des ouvriers. Le **bateau-musée MS Franz Christian** illustre la vie à bord d'une péniche.

SOLINGEN

Musée de la Lame★ (Deutsches Klingenmuseum)

Klosterhof 4 - Solingen-Gräfrath - ✆ 0212 25 83 60 - www.klingenmuseum.de - ♿ - tlj sf lun. 10h-17h (vend. 14h) - fermé 1er janv., 24-25 et 31 déc. - 3,50 €.

Connue dans le monde entier pour ses couteaux et ciseaux, Solingen est le centre de la métallurgie fine en Allemagne. Le musée de la Lame est installé dans l'ancien monastère de Gräfrath, édifice baroque admirable de simplicité, qui a été reconverti avec beaucoup de goût et d'imagination par Joseph Paul Kleihues, dont les artifices architectoniques méritent d'être découverts. Il possède une collection historique d'armes blanches (magnifiques sabres et épées). Autre point fort de la visite : les couverts et, d'une manière générale, les traditions de la table depuis le 18e s., qui séduiront aussi les visiteurs moins portés sur les arts martiaux. Au sous-sol du musée se trouve le trésor de l'église toute proche de l'Assomption.

Du jardin du monastère, on descendra l'escalier qui mène à la **Marktplatz**, riche en histoire. Les maisons à colombages qui l'entourent ont été restaurées dans le style traditionnel du pays de Berg : plaquettes d'ardoise recouvrant murs et toits, volets de bois verts.

WUPPERTAL

Musée von der Heydt★ (Von der Heydt-Museum)

Turmhof 8 - À Wuppertal-Elberfeld - ✆ 0202 563 62 31 - www.von-der-heydt-museum.de - ♿ - tlj sf lun. 11h-18h - fermé 1er janv., 1er Mai, lun. de Pâques, lun. de Pentecôte, 24-25 et 31 déc. - 3 €. Le musée a été aménagé dans l'ancien hôtel de ville construit de 1827 à 1842 et amplement remanié en 1990 : peintures flamandes et hollandaises des 16e et 17e s., allemandes et françaises du 19e s. à nos jours ; sculptures des 19e et 20e s. La cafétéria a été conçue par Buren.

Musée des débuts de l'industrialisation (Museum für Frühindustrialisierung)

À Wuppertal-Barmen - ✆ 02 02 563 64 98 - www.historisches-zentrum-wuppertal.de - tlj sf lun. 10h-18h - fermé 1er janv., 24-26 déc. - 4 €.

Installé dans une ancienne usine, ce musée est consacré à l'histoire économique et sociale de la vallée de la Wupper depuis le milieu du 18e s.

Chemin de fer suspendu (Schwebebahn)

Service régulier toute la semaine - 2,10 € - ✆ 0202 56 95 200 - www.schwebebahn.de

Aujourd'hui restauré, ce chemin de fer suspendu (1898-1903) relie les différents quartiers de Wuppertal. Il s'agit du plus ancien métro aérien du monde et de l'un des plus sûrs moyens de transport urbain qui soit ; 22,6 millions de voyageurs y circulent chaque année. Les stations datent elles aussi pour la plupart du tournant du siècle.

Bassin de la Ruhr pratique

Informations utiles

Office de tourisme – *En face de Hauptbahnhof Süd, Königswall 18a - 44137 Dortmund - ✆ 0231 18 99 92 22 ou 18 99 90 - fax 0231 18 99 93 33 - www.dortmund-tourismus.de - lun.-vend. 9h-18h, sam. 9h-13h, fermé le dim.*

Office du tourisme de Bochum – *Huestrasse 9 - 44787 Bochum - ✆ 018 05-26 02 34 (14 ct/min.) - www.bochumtermine.de - lun.-vend. 9h-19h, sam. 9h-18h.*

Se loger

⊖⊖ **Haus Überacker** – *Wittbräucker Straße 504 (B 234) - 44267 Dortmund-Höchsten - ✆ 02304 807 06 - www.haus-ueberacker.de - fermé 3 sem. en août/sept. - P - 17 ch. - 80 € ☕ - (restaurant 12-39 €, tlj sf jeu. 11h-24h).* Hôtel tenu par une famille dans une coquette maison à colombages. Les chambres sont en partie lambrissées, mobilier en bois. Un nouveau jardin d'hiver chauffé et une terrasse sur jardin complètent le restaurant.

Se restaurer

⊖ **Pfefferkorn** – *Hoher Wall 38 - ✆ 0231 14 36 44 - www.pfefferkorn-dortmund.de - réservation conseillée - tlj 11h-24h -25 €.* Remarquable aménagement dans le style ancien, décoration en bois sombre. Carte variée, viandes et poissons.

Événements

Ruhrfestspiele – Mai-juin. Parmi les nombreux événements culturels qui se tiennent dans le bassin de la Ruhr, ne manquez pas ce festival de théâtre, qui naquit un jour de l'hiver 1946 d'un échange de charbon contre de l'art. *Réservations au CMR – Am Lohtor 14 - 45657 Recklinghausen - ✆ 02361 30 68 60 - www.ruhrfestspiele.de*

Düsseldorf★

572 520 HABITANTS
CARTE GÉNÉRALE A 3 – CARTES MICHELIN N^OS 718 F8 ET 543 J 36
RHÉNANIE DU NORD-WESTPHALIE

Cet ancien village de pêcheurs est aujourd'hui l'un des centres économiques les plus importants d'Allemagne. Capitale du Land de Rhénanie-Westhpalie et capitale allemande de la mode, Düsseldorf est un lieu où l'on aime se montrer, en particulier le long de la Königsallee – la « Kö », comme l'appellent les habitants – où se succèdent les enseignes les plus prestigieuses. Et si le rayonnement de la ville s'exprime essentiellement à travers ses activités financières et industrielles, les promenades sur les rives du Rhin n'en sont pas moins agréables.

DÜSSERDORF MARKETING & TOURISMUS GMBH

Sur les rives du Rhin à Düsseldorf.

- **Se repérer** – Düsseldorf est à 40 km au nord de Cologne.
- **À ne pas manquer** – Le port Medienhafen, une bière *Düsseldorfer Alt* à une terrasse sur la « Kö ».
- **Organiser son temps** – Comptez une journée.
- **Pour poursuivre le voyage** – Essen (37 km au nord, voir bassin de la Ruhr), Cologne, Aix-la-Chapelle (81 km au sud-ouest).

Comprendre

Ville des arts – Düsseldorf n'acquiert le droit de cité qu'au 13e s. et devient résidence des ducs de Berg. Au 17e s. s'y installe la dynastie des Électeurs palatins, branche de la maison de Wittelsbach, dont le représentant le plus célèbre fut Jean Guillaume, dit Jan Wellem (1690-1716). Mécène et apôtre du baroque, il s'entoure d'une cour brillante de

Les artistes célèbres de la ville

Fils d'un petit commerçant de la Bolkerstraße, le poète et grand voyageur **Heinrich Heine (1797-1856)** vécut à Düsseldorf une jeunesse tout imprégnée de la présence française et du personnage de Napoléon. Poète volontiers pamphlétaire, défenseur du libéralisme, européen d'esprit et surtout francophile, il se définissait lui-même comme un « rossignol allemand qui aurait fait son nid dans la perruque de M. de Voltaire ».

Schumann et Mendelssohn figurent parmi les musiciens qui firent la réputation musicale de Düsseldorf. **Robert Schumann (1810-1856)**, nommé directeur de la musique de la ville en 1850, passa quatre années dans une maison de la Bilker Straße. Déjà gravement déséquilibré, il tenta de se suicider en se jetant dans le Rhin (1854). **Felix Mendelssohn-Bartholdy (1809-1847)**, son ami, dirigea brillamment le Festival du Rhin à Düsseldorf.

musiciens, peintres et architectes, et fait de la ville une cité des arts. Une bonne part de la galerie de tableaux rassemblés par ses soins fait aujourd'hui l'orgueil de l'Ancienne Pinacothèque de Munich.

Après la Révolution française, la ville devient un petit Paris ; Napoléon en fait la capitale du grand-duché de Berg. Murat et Jérôme Bonaparte se succèdent au gouvernement. Elle devient prussienne en 1815.

Le « bureau de la Ruhr » – Düsseldorf n'est pas seulement une très importante place financière et boursière de la République fédérale, c'est aussi le siège de nombreuses entreprises rhénanes. Cette fonction est symbolisée par le **« Dreischeibenhaus »** (immeuble de Thyssen, appelé les « Trois Tranches »).

La mode – La ville qui accueille plusieurs fois par an des présentations de collections et différentes expositions revendique le titre de « Petit-Paris » et de capitale allemande de la mode. Chaque année, plus de 2 000 participants venus de 40 pays se pressent à la foire consacrée à la mode, les « Collections Première Düsseldorf ». Une promenade dans la **Königsallee★** montre que cette prétention est justifiée. Tout ce qui se veut élégant dans la ville se donne rendez-vous sur cette avenue aménagée en promenade, de part et d'autre de l'ancien fossé d'enceinte.

L'Extrême-Orient à Düsseldorf – Düsseldorf joue un rôle de plus en plus important dans les relations économiques entre l'Allemagne et l'Extrême-Orient. On dénombre déjà 300 succursales pour les seules firmes japonaises. L'important **centre culturel japonais** dans la Immermannstraße, le Trade Center de Taiwan près de la gare centrale et un centre culturel japonais dans le quartier de Niederkassel sont autant de signes de cette forte représentation de l'Extrême-Orient.

La gastronomie

C'est dans les tavernes typiques de la vieille ville que l'on peut le mieux goûter la cuisine populaire. Parmi les spécialités : le boudin aux oignons, le *halve Hahn* (fromage au cumin, dégusté avec la moutarde forte locale), les *Röggelchen* (petits pains de seigle) et les *Reibekuchen*, petites crêpes de pommes de terre râpées qu'on mange le vendredi soir. La bière brune (*Alt-Bier*) est produite à Düsseldorf.

Visiter

La vieille ville (Altstadt)

Ce quartier en bordure du Rhin, avec ses tavernes souvent bondées dès les premières heures du soir, passe pour être **« le plus grand comptoir d'Europe »**. C'est là que l'on peut voir les **« Radschläger »**, ces garçons qui, selon la coutume de Düsseldorf, font la roue, en échange de quelques pièces de monnaie. La **Bolkerstraße** est certainement la rue piétonne la plus animée de la vieille ville ; on y trouve au n° 53 la maison natale de Heine. Elle est aussi indissociable de l'histoire du tailleur Wibbel, qui assista à son propre enterrement après avoir changé d'identité pour échapper à une peine de prison. Les personnages du carillon de la Schneider-Wibbel-Gasse rappellent cette anecdote populaire *(jeux à 11h, 13h, 15h, 18h, 21h)*.

Place du Marché (Marktplatz)

La place du marché n'est séparée du Rhin que par l'**ancien hôtel de ville** (fin du 16e s.). Au centre se dresse la statue équestre en bronze de Jan Wellem (début du 18e s.).

Jardin de la cour et château Jägerhof★ (Hofgarten et Schloss Jägerhof)

Ce parc ombragé part de la Königsallee au nord-ouest et se prolonge vers les quartiers des musées au bord du Rhin, et à l'est vers le château de Jägerhof. Cette ancienne résidence du maître des chasses des princes-électeurs fut construite au 18e s., avec la participation de l'architecte français Nicolas de Pigage. Elle abrite aujourd'hui le **musée Goethe★**, qui contient des manuscrits, des autographes, des dessins et des gravures de l'écrivain. Sur la colline Napoléon, un petit bronze de Maillol, *Harmonie*, signale le modeste **monument** dédié à Heine.

Musée des Beaux-Arts★ (Museum Kunst Palast)

☎ 0211 892 42 42 - www.museum-kunst-palast.de - ♿ - mar.-dim. 10h-20h - 10 €.

Le musée des Beaux-Arts possède une importante galerie de peinture où dominent les romantiques de l'école de Düsseldorf, les impressionnistes et les expressionnistes allemands. Les salles consacrées à la sculpture sont riches de très belles œuvres du Moyen Âge. L'importante **collection de verrerie★★** couvre toutes les époques et tous les continents, depuis la Rome antique jusqu'aux pays d'Asie, et culmine avec les créations Art nouveau. On peut voir aussi une section consacrée à l'Orient (artisanat d'art islamique, tissus), ainsi qu'une vaste collection d'objets conçus par des maîtres du design.

Musée d'Art Contemporain K20★ (K20 Kunstsammlung am Grabbeplatz)

℘ 0211 83 810 - www.kunstsammlung.de - ♿ - tlj sf lun. 10h-18h ; w.-end 11h-18h ; 10h-22h le premier merc. du mois - 6 €.

Un bâtiment moderne conçu par les architectes danois Dissing et Weitling héberge la collection de Rhénanie-Westphalie, consacrée à la peinture du 20e s. Elle compte des œuvres de Picasso, Braque, Léger, Chagall, Ernst et Beuys, ainsi que 92 tableaux et dessins de **Paul Klee**, qui fut professeur à l'Académie des beaux-arts de Düsseldorf, de 1930 à 1933.

SE LOGER		SE RESTAURER	
Doria	1	Berens am Kai	1
Jugendherberge Düsseldorf	4	Rheinturm Top 180	4

Musée d'Art Contemporain K21★ (K21 Kunstsammlung im Ständehaus) Hors plan, vers D2

Ständehausstraße 1, proche du centre, au sud de Harold Str. - ✆ 0211 83 81 600 - mêmes horaires que K20 - ♿ - 5,50 €.

Ce nouveau musée est consacré à l'art contemporain du 21e s. En réalité, il expose également des œuvres « remontant » aux années 1980. Nombreuses œuvres de Marcel Broodthaers et Nam June Paik. Étant donné la mission de ce musée, de nombreux événements artistiques s'y produisent régulièrement.

Le musée K20.

© WALTER KLEIN, DÜSSELDORF

Medienhafen Hors plan, vers D2

Renseignements et dates des visites : ✆ 0211 172 02 28 - www.medienhafen.de - tours en bateau ou visites guidées (www.duesseldorfer-stadtfuehrer.de)

En pleine mutation, le quartier Medienhafen offre un véritable tour d'horizon de l'architecture contemporaine. Des célébrités comme Frank O. Gehry, Steven Holl ou David Chipperfield ont contribué à sa métamorphose. Le mieux est sans doute de commencer la visite par la **tour du Rhin** (*Rheinturm*). Du haut de ses 172 mètres, on a un panorama sur la ville et sur l'ensemble de ces créations architecturales très diverses qui marquent le paysage urbain sur 15 hectares. Le projet continue avec le développement d'activités professionnelles de création (publicité, arts, médias…), et avec l'ouverture de nombreuses boutiques luxueuses de design auquel le centre commercial Stilwerk est entièrement consacré. On remarque en particulier le groupe d'immeubles **Neuer Zollhof 1-3** (Frank O. Gehry). Malgré la mutation du quartier, une certaine atmosphère portuaire est restée présente grâce à quelques éléments classés monuments historiques, tels que les parapets en fer forgé, les voies de l'ancienne cour de débord et les grues servant au transbordement.

Aux alentours

Château de Benrath★ (Schloss Benrath)

10 km au sud-est. Voir plan d'agglomération dans le Guide Rouge Deutschland. ✆ 0211 892 19 03 - www.schloss-benrath.de - ♿ - visite guidée (50mn) - de mi-avr. à fin oct. : tlj sf lun. 10h-18h (ouvert lun. de Pâques et de Pentecôte) ; reste de l'année : tlj sf lun. 11h-17h - fermé 1er janv., Vend. saint, 24-25 et 31 déc. - 7 €, billet combiné 10 €.

Le **château de Benrath**, construit entre 1755 et 1770 par Nicolas de Pigage, est d'ordonnance purement Louis XV. Deux ailes basses flanquent le pavillon central conçu pour le prince-électeur du Palatinat. Les appartements du château ont conservé leur décoration d'origine dans le style rococo, dont la sobriété annonce déjà le classicisme. Ils abritent de magnifiques meubles qui datent de la seconde moitié du 18e s.

Le **parc★**, tracé à la française et très arboré, s'étend à l'ouest jusqu'au Rhin.

Neandertal

14 km à l'est par Am Wehrhahn.

La vallée encaissée de la Düssel doit son nom de Neandertal au poète religieux calviniste Joachim Neander (1650-1680) qui venait souvent s'y retirer. C'est là, dans une grotte aujourd'hui détruite, que fut trouvé en 1856 le fameux squelette de **« l'homme de Neandertal »**, vieux d'environ 60 000 ans. Une plaque sur un rocher triangulaire (sur le côté droit de la route, 3 km après le passage sous l'autoroute) indique le lieu de la découverte.

Musée Neandertal (Neanderthal Museum) *– Talstraße 300 - ✆ 021 04 97 97 97 - www.neanderthal.de- tlj sf lun. 10h-18h - fermé 24, 25 et 31 déc. - 5 €.*

Situé non loin de la grotte disparue, ce musée consacré à l'**évolution de l'humanité** donne un aperçu de la vie des hommes préhistoriques et relate l'histoire de leur découverte. Reconstitution saisissante de cet ancêtre dont les traits du visage ont été calculés par ordinateur sur la base de la forme du crâne. Une grande dextérité s'est révélée nécessaire pour recréer des personnages grandeur nature en silicone.

Düsseldorf pratique

Informations utiles

Office de tourisme – *Immermannstraße 65b - ✆ 0211 17 202 844 - Berliner Allee 33 - ✆ 0211 17 202 841 - Burgplatz 2 - ✆ 0211 17 202 840 - www.duesseldorf-tourismus.de (dont réservation d'hôtels en ligne) - www.dticket.de - www.duesseldorf.de (programme des manifestations).*

Düsseldorf Welcome Card – *✆ 0211 17 20 2-28/14 - www.duesseldorf-tourismus.de.* Entrées gratuites, transport en commun et réductions ; carte disponible à l'office de tourisme et dans les musées. Valable 24h (*9 €*), 48h (*14 €*) ou 72h (*19 €*) ; le prix des cartes familiales (2 adultes et 2 enfants) est double.

Transports

La ville est au cœur d'un nœud autoroutier important qui la relie notamment à Cologne, Duisburg, Essen ou Dortmund. On peut se rendre à Düsseldorf depuis Paris en Thalys (1 liaison par jour). La ville possède également un aéroport international. Pour ce qui est du transport fluvial, il est possible de suivre le cours du Rhin jusqu'à Cologne avec, entre autres, les compagnies suivantes :

KD – *✆ 0211 323 92 63 - www.k-d.com (voir aussi le carnet pratique de Cologne).*

Weisse Flotte – *✆ 0211 32 61 24 - www.weisseflotteduesseldorf.de*

Pour se renseigner sur le réseau de bus et de trains desservant la région :

Rheinbahn – *✆ 01 803 50 40 30 - www.rheinbahn.de*

Deux compagnies organisent des visites en bus et à pied (avec un tour en bateau dans le nouveau port des médias en été). Rens. et réservations : *✆ 0211 172 0228 - www.stadtrundfahrt-duesseldorf.de*

Se loger

La ville étant un centre important pour les foires internationales, il est préférable d'organiser à l'avance son séjour. Réservation de chambres d'hôtel ou chez l'habitant - *✆ 0180 517 20 20 (0,12 €/min) ou www.duesseldorf.de*

⊖ **Jugendherberge Düsseldorf** – *Düsseldorfer Strasse 1 - 40545 Düsseldorf - accessible à pied depuis le centre-ville, peu après avoir traversé le pont Oberkasseler - ✆ 0211 55 73 10 - www.duesseldorf.jugendherberge.de - 184 lits - 57 €.* Possibilité d'acheter sur place une carte permettant l'accès à cette auberge de jeunesse internationale. Mieux vaut réserver si vous voulez une des 14 chambres doubles (la plupart des chambrées disposent de 4 lits).

⊖⊖ **Doria** – *Duisburger Strasse 1a - 40477 Düsseldorf - ✆ 0211 49 91 92 - www.doria.de - 41 ch. - 79/225 €* ☕. À 10mn à pied du centre-ville, dans un quartier commerçant où se mêlent bistrots et restaurants. Les chambres, toutes insonorisées, sont équipées du confort moderne avec wifi. Attention, les prix triplent pendant les foires.

Se restaurer

⊖⊖ **Rheinturm Top 180** – *Stromstraße 20 - 40221 Düsseldorf-Unterbilk - ✆ 0211 848 58 - www.rheinturm-restaurant-duesseldorf.de - 35/50 €.* Moins d'une minute suffit pour se rendre, en ascenseur, dans ce restaurant situé à 172 m de hauteur. Sa rotation tout en douceur autour de son propre axe vous permettra de profiter d'une vue superbe sur la ville.

⊖⊖⊖ **Berens am Kai** – *Kaistraße 16 - 40221 Düsseldorf-Unterbilk - ✆ 0211 300 67 50 - www.berensamkai.de - fermé 1er-7 janv., sam. midi, dim. et j. fériés - 50/75 €.* C'est dans un immeuble de bureaux, tout près de l'embarcadère du port, que s'est installé ce restaurant. Les murs et les colonnes en béton, ainsi que les chaises en chrome garnies de coussins noirs mettent en valeur la décoration épurée du lieu. Vue splendide sur le Rhin.

Faire une pause

Eis-Café Pia – *Kasernenstr. 3 - ✆ 0211 326 233 - 10h-23h - fermé de mi-oct. à mi-fév.* Sans doute les meilleures glaces à l'italienne de toute la ville. File d'attente possible, mais le jeu en vaut la chandelle !

En soirée

Bon à savoir – La vieille ville de Düsseldorf est connue comme étant le zinc le plus long du monde en raison de ses très nombreux bars, pubs et restaurants qui se succèdent entre Ratinger Straße et Karlsplatz. Mais ne commettez jamais l'erreur de commander une Kölsch à Düsseldorf, la bière brune dite *Alt-Bier* fait la fierté de la ville.

Op de Eck – *Grabbeplatz 5 (dans le bâtiment de Kunstsammlung Nordrhein-Westfalen) - ✆ 0211 32 88 38 - www.op-de-eck.de -vend.-sam. 11h-2h, mar.-jeu. et dim. 11h-1h, lun. 17h-1h.* Ce café-restaurant possède un intérieur au design moderne. Spécialités internationales, gâteaux et sorbets faits maison, bonne sélection de vins et cocktails : une adresse pour les petites faims, à toute heure.

Uerige – *Bergerstr. 1 (entre Karlsplatz et Marktplatz) - ✆ 0211 86 69 90 - www.uerige.de - 10h-0h - fermé lun. gras et 25 déc.* Vous voulez goûter l'Alt-Bier ? Alors venez ici, l'ambiance est unique. À l'intérieur, on se rassemble autour de tonneaux qui servent de tables ; en été, l'activité se déplace dans la rue qui devient le point de rencontre d'un public varié de tous les âges.

LTU arena et **ISS Dome** – Ces deux lieux accueillent régulièrement des concerts de stars internationales et des matchs de football.

Le Sauerland★

CARTE GÉNÉRALE A3 – CARTE MICHELIN N^{OS} 718 G8 ET 543 R 33 À S 37
RHÉNANIE DU NORD-WESTPHALIE

Ce massif montagneux couvert de forêts et aux villages encaissés déploie, au fil des méandres de la Lenne ou de la Ruhr, des paysages de carte postale. Il est particulièrement recherché en hiver par les amateurs de ski dont la plupart convergent vers la ville de Wintenberg. Outre la randonnée et le VTT, le Sauerland, qui possède de nombreux lacs, est un lieu idéal pour la pratique des sports nautiques.

- **Se repérer** – Le Sauerland est situé au nord-est de Cologne. Il est facilement accessible par le réseau autoroutier de Cologne, Düsseldorf ou Münster.
- **Organiser son temps** – Comptez une journée pour le circuit proposé.

Comprendre

Montagnes, lacs et forêts – Si le Sauerland n'est pas la région la plus haute du Massif schisteux rhénan, il est cependant la plus montagneuse. Il culmine à 843 m au **Langenberg**, près de Winterberg-Niedersfeld, qui forme déjà une transition avec le paysage montagneux du Waldeck. Les nombreux lacs artificiels du Sauerland alimentent en eau et en énergie les villes industrielles de la Ruhr et servent aussi aux sports nautiques. Le Haut Sauerland, particulièrement le massif du Rothaargebirge, couvert de hêtres et de conifères, est une région touristique très fréquentée.

Circuit de découverte

DE SOEST À BAD BERLEBURG

Circuit de 181 km.

Soest★

C'est à Soest qu'est fabriqué le célèbre **Pumpernickel (pain noir de Westphalie),** pain de seigle brun-noir cuit pendant 16 à 24 heures. Le paysage urbain est marqué par les constructions à colombages, situées le long de rues disposées en étoile. Les flèches des différentes églises dominent le centre.

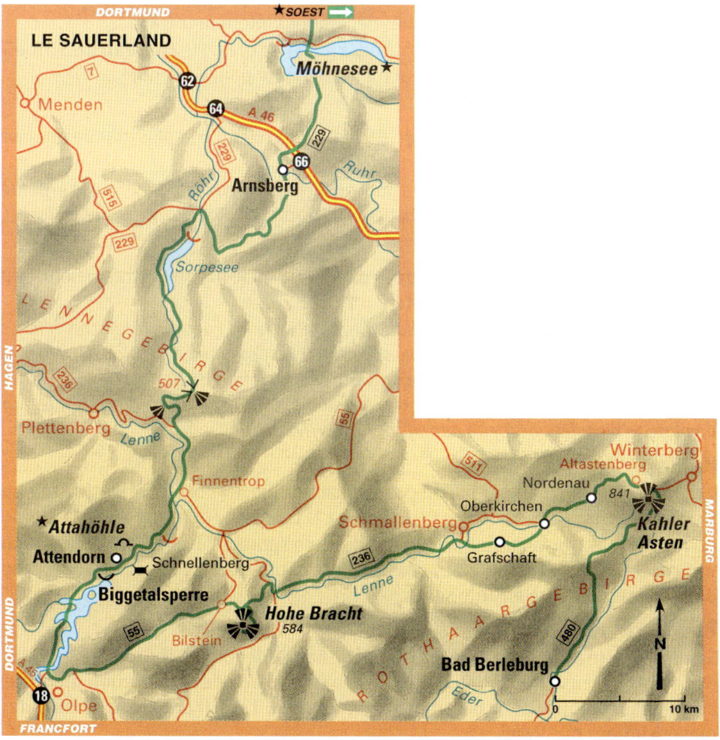

Église St-Patrocle★ – Tout l'intérêt de l'église St-Patrocle, forte construction romane des 11e et 12e s., se concentre sur la **partie ouest★★** ainsi que sa **tour★★** carrée parfaitement équilibrée et sobrement décorée d'arcatures et de roses aveugles.

Église Notre-Dame-des-Champs★ (Wiesenkirche) – Longueur, largeur et hauteur sont pratiquement identiques dans la nef de cette église-halle gothique très lumineuse datant du 14e s. Au trumeau du portail sud, une Vierge à l'Enfant (fin du 14e s.). Au-dessus du portail nord, le **vitrail de la Cène** (1520) donne lieu à une évocation des spécialités du pays : tête de porc, jambon, pichets de bière et petits pains de seigle. L'œuvre d'art la plus importante est le **retable d'Aldegrever★** (1525), dans l'absidiole de droite ; il présente la Vierge auréolée de lumière, entre sainte Agathe et saint Antoine.

Möhnesee★

Ce lac artificiel situé en bordure nord du Sauerland s'étend sur 10 km, derrière un barrage de 650 m de long et de près de 40 m de hauteur. Au nord, ses rives sont ouvertes au tourisme et aux sports nautiques ; en revanche, la partie sud bordée de forêts est une réserve naturelle où viennent nicher de nombreuses espèces d'oiseaux.

Arnsberg

La ville ancienne s'étage sur un éperon, au-dessus d'un méandre de la Ruhr. Au nord, la tour de l'Horloge commande l'accès des ruines du Schlossberg ; au sud, le quartier de l'abbaye garde une superbe porte rococo, la *Hirschbergertor.*

Après Arnsberg, la route contourne par la droite le lac artificiel sur la Sorpe, puis traverse le massif du Lennegebirge ; très jolis points de vue, surtout aux abords du col. Une fois passé Finnentrop, on traverse la vallée de la Bigge ponctuée de passages rocheux.

Attahöhle★

À droite de la route, juste avant la localité d'Attendorn.

✆ 02 722 93 750 - www.atta-hoehle.de - visite guidée (40mn) mai-août : 9h30-16h30 ; sept.-oct. : 10h-14h ; nov.-fév. : 10h30-13h30 - 6,50 €.

Cette grotte, qui s'étend sur 3 km, renferme une multitude de stalactites et de stalagmites, et des draperies de pierre parfois translucides.

Attendorn

Attendorn a connu son heure de gloire au Moyen Âge, comme en témoignent l'**hôtel de ville** (14e s.) avec son pignon à escalier près de l'ancien marché *(Alter Markt)*, la halle ouverte à arcades et, juste à côté, la **cathédrale du Sauerland** *(Sauerländer Dom)*, église-halle gothique aux magnifiques décorations intérieures (14e s.).

Au sud-est d'Attendorn, de l'autre côté de la Bigge, se dresse le **château de Schnellenberg** qui, dans sa configuration actuelle, remonte pour l'essentiel au 17e s.

Biggetalsperre

Couplé à celui de la Lister, le **barrage de la Bigge** constitue la plus grande retenue de Westphalie ; il a été mis en eau en 1964.

À environ 2 km avant Olpe, bifurquer à gauche sur la B55. Peu après Bilstein, sur la petite route de montagne, prendre l'embranchement à droite en direction de la Hohe Bracht.

Hohe Bracht (584 m)

La tour-belvédère (620 m) offre un beau panorama sur le massif très mamelonné du Rothaargebirge, jusqu'au Kahler Asten.

Après avoir traversé le paysage bucolique de la vallée de la Lenne, on atteint les villages de ***Grafschaft*** *et d'****Oberkirchen*** *(jolies maisons à colombages). La région devient plus sauvage et plus accidentée. Après* ***Nordenau,*** *village typique du Haut Sauerland, où les maisons sont recouvertes d'ardoise, et Altastenberg, station de sports d'hiver située sur un plateau bien dégagé (beau panorama), on arrive au Kahler Asten.*

Kahler Asten

C'est le point culminant du massif du Rothaargebirge (841 m). Il permet d'avoir un très large **panorama**, surtout si l'on grimpe à la tour-belvédère.

Au nord-est se trouve la station climatique et de sports d'hiver de Winterberg. Par une route sinueuse mais bien tracée (belles échappées vers le sud), on redescend dans une région riche en ardoisières.

Bad Berleburg

Situé au centre de la vieille ville historique de Bad Berleburg, le **château** des princes de Sayn-Wittgenstein marque encore largement l'image de cette station thermale. Le château, aujourd'hui « baroquisé », remonte au 13e s. Il prête son cadre à des manifestations musicales.

Bonn★

311 060 HABITANTS
CARTE GÉNÉRALE A3 – CARTES MICHELIN N^OS 718 F9 ET 543 K 40
RHÉNANIE DU NORD-WESTPHALIE

Lorsque Bonn devint capitale de la RFA en 1949, ce fut une surprise pour beaucoup d'Allemands. Sa taille modeste et son prétendu caractère « provincial » lui valurent même le surnom ironique de « village fédéral ». À défaut d'être aujourd'hui une grande capitale européenne, elle offre le charme d'une cité riche en musées, à l'atmosphère calme et accueillante. Bonn est également la ville de Beethoven qu'elle célèbre de multiples manières, en particulier à l'occasion d'un festival. Ville fluviale, elle offre aussi de nombreuses possibilités d'excursions.

Mauritius / PHOTONONSTOP

La place de l'hôtel de ville.

Se repérer – Bonn est à 30 km au sud-est de Cologne.
Organiser son temps – Comptez une journée.
Pour poursuivre le voyage – Le massif de l'Eifel.

Comprendre

Les origines – L'origine de Bonn remonte à un camp de légionnaires romain. La ville prit de l'importance au 16e s. lorsqu'elle devint la capitale fortifiée de l'archevêché de Cologne ; au 18e s., elle fut transformée en résidence baroque.
La capitale de la RFA – Après sa nomination en tant que premier chancelier fédéral le 23 mai 1949, **Konrad Adenauer** fit pression pour que la « paisible bourgade » de Bonn devînt la capitale « provisoire » de la nouvelle République. Elle l'est restée quarante ans. Le quartier gouvernemental s'était développé au sud-est de la ville dans une partie résidentielle. Ici et là fleurirent les ambassades. De nombreux musées virent également le jour. Depuis que Berlin est capitale de l'Allemagne réunifiée, Bonn a renoué avec la simplicité ; elle est aujourd'hui une ville universitaire paisible dont la vie culturelle constitue sans aucun doute l'un des points forts.
La jeunesse de Beethoven – **Ludwig van Beethoven** (1770-1827) est né et a grandi dans le quartier de l'**église St-Rémi** *(St. Remigius-Kirche)*. À 13 ans, il jouait du violon alto et du clavecin dans l'orchestre de la cour électorale. À 22 ans, grand admirateur de Mozart et de Haydn, il quitte définitivement Bonn pour Vienne, où il arrive avec pour tout bagage sa virtuosité de pianiste.

Se promener

Maison de Beethoven (Beethovenhaus) B1

Bonngasse 20 - ✆ (0228) 981 75 25 - www.beethoven-haus-bonn.de - avr.-oct. : 10h-18h (dim. 11h) ; nov.-mars : 10h-17h (dim. 11h) - fermé j. fériés - 5 €.

C'est dans cette maison bourgeoise que naquit Beethoven en décembre 1770. Un musée y a été aménagé dès 1890, dans lequel sont exposés des documents authentiques sur la vie et l'œuvre du grand compositeur. On voit ainsi des portraits de Beethoven et de ses amis, des manuscrits originaux, des instruments de musique lui ayant appartenu (piano à queue, instruments à cordes), ses cornets acoustiques et deux masques du maître dont un masque mortuaire. Un nouvel espace multimédia propose une approche interactive de l'univers musical de Beethoven.

Descendre la Bonngasse en direction du Markt.

Ancien hôtel de ville (Altes Rathaus) B2

Markt. Cet hôtel de ville, charmant édifice rococo (1738) à façade rose et gris, est célèbre pour son bel escalier extérieur à double volée, que de nombreuses personnes politiques ont gravi lors de séjours officiels dans la capitale.

Quitter l'hôtel de ville en direction du sud.

Résidence des princes-électeurs (Kurfürstliche Residenz) B2

À quelques pas de la cathédrale. L'ancienne résidence estivale des princes-électeurs, bâtiment baroque (1697-1725) tout en longueur, possède un très grand parc qui a été conservé. Ce château abrite l'université depuis 1818.

Cathédrale★ (Münster) A/B 2

Münsterplatz. L'ancienne **collégiale** St-Cassius-et-St-Florentius s'est développée sur le site d'un lieu de culte antique de la seconde moitié du 3e s. L'édifice actuel porte l'empreinte des styles florissants du 11e au 13e s., les éléments de l'art roman et du gothique de transition s'unissant en une rare harmonie.

À remarquer, de style roman, les fonts baptismaux et les sculptures à l'entrée du chœur, ainsi qu'un sgraffite datant d'environ 1200, qui représente la Vierge entre saint Cassius et saint Florentius. Une fresque (environ 1300) montre l'Assomption de la Vierge. Le tabernacle remonte à 1619, tandis que le reste du mobilier date pour l'essentiel du baroque ou de la fin du 19e s.

Sous le chœur surélevé se trouve la crypte à trois nefs (1040) abritant la châsse des martyrs. Le beau **cloître★** roman est réputé être le mieux conservé de son époque en Allemagne.

Depuis la Résidence des princes-électeurs, prendre la Poppelsdorfer Allee, grande rue bordée de châtaigniers.

Château de Poppelsdorf (Poppelsdorfer Schloss)

Meckenheimer Allee 171. Le château de Poppelsdorf (1715-1753) fut construit d'après les plans de l'architecte français **Robert de Cotte**.

Côté ville, la façade à trois pavillons reflète l'influence classique française. La cour intérieure présente quant à elle les marques du style italien. Derrière le château s'étend le **jardin botanique** de l'université.

Du château de Poppesldorf, vous pourrez vous promener dans les rues environnantes et découvrir le quartier universitaire où les bâtiments des différentes spécialités alternent avec de belles demeures, le long d'allées plantées (en particulier la Mozartstrasse).

Visiter

Musée rhénan★ (Rheinisches Landesmuseum) A2

Colmanstr. 14-18 - ✆ 0228 20 700 - www.rlmb.lvr.de - ♿ - tlj sf lun. 10h-18h (merc. 21h) - 5 € (enf. 2 €).

Le Musée rhénan donne une vue d'ensemble de l'histoire, de la culture et des arts en Rhénanie moyenne et inférieure, de la préhistoire jusqu'à nos jours.

Le **département de préhistoire** possède, outre le crâne de l'homme de Neandertal, d'intéressants témoignages du néolithique, de l'âge du bronze et de l'époque de La Tène (armes, ouvrages en métal, parures provenant de tumulus).

Le département des **antiquités romaines★** *(Römische Abteilung)* dispose d'une collection très riche. Les autels des Matrones évoquent un culte très répandu parmi les soldats romains stationnés en Rhénanie.

Il convient de remarquer la **mosaïque du dieu du soleil** (250 apr. J.-C.), chef-d'œuvre de l'art romain, qui représente la divinité sur son char dans le cercle du zodiaque. Le culte sépulcral est illustré par d'imposants tombeaux, tel celui de Marcus Caelius de Xanten (début du 1er s. apr. J.-C.).

La pièce centrale du **département consacré aux Francs** est le tombeau reconstitué d'un seigneur franc (vers 600 apr. J.-C.).

Le département couvrant la période du **Moyen Âge aux Temps modernes** est consacré à l'art et à l'artisanat de l'époque romane jusqu'au 19e s. Y sont abondamment représentés : l'architecture et le mobilier romans, la sculpture du bois et surtout la

peinture sur bois de l'époque gothique (maître de la légende de sainte Ursule, maître de saint Séverin, Barthel Bruyn l'Ancien), ainsi que la **peinture hollandaise** des 16e et 17e s.

Alter Zoll B2

Du bastion du Alter Zoll, on découvre un panorama sur l'ensemble de Bonn, le Rhin et les environs. La **vue★** sur le fleuve et le Siebengebirge *(voir Aux alentours)* est particulièrement attrayante en fin d'après-midi et en début de soirée.

Maison de l'histoire de la République fédérale d'Allemagne★ (Haus der Geschichte der Bundesrepublik Deutschland) Hors plan, vers B2

Willy-Brandt Allee 14 - ✆ 0228 91 650 - www.hdg.de - ♿ - tlj sf lun. 9h-19h - gratuit.
La Maison de l'histoire offre une présentation ludique de l'histoire allemande contemporaine. De nombreux moyens audiovisuels ont été mis en œuvre et les visiteurs ont fort à faire avec les écrans, les pupitres et les boutons. Les plus âgés se retrouvent plongés dans leur propre passé (depuis 1945) et les plus jeunes – extrêmement nombreux – n'en finissent pas de s'étonner. L'aspect socio-économique est présenté de façon aussi attrayante que l'aspect culturel et politique.

Au cours des travaux, une cave romaine a été mise au jour puis intégrée au musée *(sous-sol).*

Musée des Beaux-Arts★ (Kunstmuseum Bonn) Hors plan, vers B2

Friedrich-Ebert-Allee 2 - ✆ 0228 77 62 60 - www.kunstmuseum-bonn.de - ♿ - tlj sf lun. 11h-18h (merc. 21h) - fermé 24-25 et 31 déc. - 5 €. C'est davantage en déambulant à l'intérieur du musée des Beaux-Arts, inauguré en 1992, qu'en contemplant son imposante façade que l'on découvre le talent de l'architecte Axel Schultes. L'expressionnisme y est bien représenté, surtout à travers les œuvres d'**August Macke**, qui vécut à Bonn. L'art allemand depuis 1945 occupe également une place importante, avec des œuvres de Günther Uecker, Gerhard Richter, Anselm Kiefer, Georg Baselitz, A.R. Penck et Markus Lüpertz. Trois salles sont consacrées à Joseph Beuys et à ses réalisations.

Le **hall d'exposition de la République fédérale d'Allemagne** voisin *(Kunst und Austellungshalle der Bundesrepublik Deutschland)* a été réalisé par l'architecte viennois

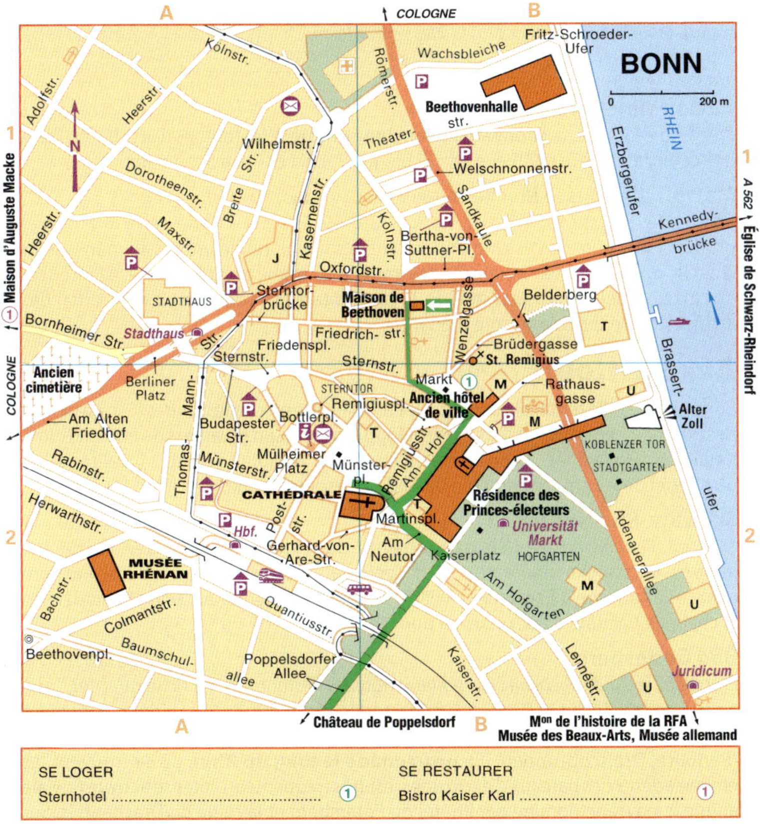

SE LOGER		SE RESTAURER	
Sternhotel	1	Bistro Kaiser Karl	1

Gustav Peichl. Des expositions temporaires s'y succèdent. *✆ 0228 9 17 12 00 - www.kah-bonn.de - tlj sf lun. 10h-19h, mar., merc. 10h-21h (dernière entrée 30mn avant fermeture) - 12 € le billet journalier.* Les 16 piliers situés devant la façade qui donne sur la rue symbolisent les Länder allemands.

Musée allemand de Bonn (Deutsches Museum Bonn) Hors plan, vers B2

Wissenschaftszentrum, Ahrstr. 45 - ✆ 0228 30 22 55 - www.deutsches-museum-bonn.de - tlj sf lun. 10h-18h - 4 €.

Affilié au célèbre Musée allemand de Munich, le Musée allemand de Bonn retrace une partie de la passionnante histoire des techniques et de la recherche opérées en Allemagne depuis 1945, tant sur le territoire de la République fédérale que sur celui de l'ex-RDA. Outils multimédias et films vidéo offrent une vue d'ensemble des techniques allemandes oscillant entre tradition et futurisme.

DEUTSCHES MUSEUM, BONN

Voiture-fusée Daimler-Benz au Musée allemand de Bonn.

Ancien cimetière (Alter Friedhof) A2

Bornheimer Strasse. On trouve dans l'**ancien cimetière** les tombes d'artistes et d'érudits célèbres : August Wilhelm von Schlegel, Robert et Clara Schumann.

Maison d'Auguste Macke (August Macke Haus) Hors plan, vers A1

Bornheimer Strasse 96. Auguste Macke (1887-1914) vécut à Bonn de 1910 à 1914 et produisit au cours de ces cinq années une œuvre picturale impressionnante dans laquelle on discerne les influences de l'impressionnisme et du fauvisme. À l'intérieur de cette demeure néoclassique de 1878, des tableaux du peintre mais aussi des archives sur l'expressionnisme rhénan.

Aux alentours

Bonn est une ville tentaculaire dont il est difficile d'apprécier les limites. Car, en dehors des quartiers centraux, la ville s'est développée vers le sud (quartiers de Popepelsdorf, Kessenich, Dottendorf, Gronau, Hochkreuz…) et a rejoint plusieurs localités telles que Beuel de l'autre côté du Rhin ou Bad Godesberg au sud.

Schwarz-Rheindorf★

Sortir par Kennedybrücke. L'**église**★ romane à deux étages fut consacrée en 1151. Les murs de la chapelle inférieure sont décorés de fresques très expressives, illustrant des scènes du livre d'Ézéchiel. La chapelle supérieure contenait, selon le modèle de la chapelle Palatine d'Aix, un trône pour l'empereur.

Bad Godesberg

Plan dans le Guide Michelin Deutschland Hôtels & Restaurants. Ce riche quartier, situé au sud de la ville, fut le siège des ambassades étrangères jusqu'au déménagement du gouvernement. Il séduit le visiteur avec ses belles villas et ses magnifiques parcs (Redoute, Draischbrunnen). La **promenade le long du Rhin**, où se trouvent les embarcadères des bateaux d'excursions, est très fréquentée. L'intense activité fluviale anime le paysage dominé par l'hôtel du Pétersberg et la ruine du Drachenfels. Sur un éperon basaltique, au milieu de la ville, se dressent les ruines du **Godesburg**, château construit au 13e s. par les princes-électeurs de Cologne. Du donjon, beau **panorama★** sur la ville, la dépression de Bonn jusqu'à Cologne et les Siebengebirge. *☎ 0228 31 60 71 - tlj sf lun. 10h-18h - 1 €.*

Siebengebirge★

Le massif volcanique des Sept Montagnes, qui culmine à 460 m d'altitude, domine Bad Godesberg depuis la rive droite du Rhin, où s'agrippent les plus septentrionaux des vignobles rhénans. Il doit son nom à sept sommets se détachant à l'horizon et qui, jadis, étaient presque tous couronnés de châteaux forts. Il s'agit du plus ancien parc naturel d'Allemagne. Ses collines et pitons volcaniques constituent un but d'excursions privilégié pour les nostalgiques du romantisme rhénan. Vous les trouverez dans les charmantes petites villes ou aux abords des nombreux sites et monuments historiques, tel le chœur en ruine du monastère de Heisterbach, et vous les verrez déguster le vin du Rhin dans de pittoresques tavernes et guinguettes.

Au pied du massif, le long du Rhin se trouvent les localités de **Bad Honnef-Rhöndorf** (maison de Konrad Adenauer) et **Königswinter**, d'où part un funiculaire montant jusqu'au **Drachenfels★**. C'est ici que, selon la légende, Siegfried, le héros de la chanson des Nibelungen *(voir Vallée du Rhin)*, a vaincu le dragon avant de se baigner dans son sang, devenant ainsi invulnérable.

De la terrasse, près des ruines de la tour, on jouit d'un vaste **panorama★★** avec (de gauche à droite) les plateaux du Westerwald et de l'Eifel, Bad Godesberg, Bonn et enfin Cologne.

Funiculaire : ☎ 0222 39 20 90 - www.drachenfelsbahn-koenigswinter.de - mai-sept. : 9h-19h ; oct. et mars : 10h-18h ; avr. : 10h-19h ; nov. et janv.-fév. : mar.-vend. 12h-17h, w.-end 11h-18h - 8 €.

Bonn pratique

Informations utiles

Office de tourisme – *Windeskstr. 1 (près de la Münsterplatz) - 53103 - ☎ 0228 77 50 00 - fax 0228 77 50 77 - www.bonn.de/tourismus (infos en français)- lun.-vend. 9h-18h30, sam. 9h-16h, dim. 10h-14h.*

Se loger

⊖⊜⊜ **Sternhotel** – *Markt 8 - ☎ 0228 726 70 - www.sternhotel-bonn.de - 🚭 - 80 ch. - 145 € ☕ (89 € ☕ le w.-end).* Situé près de l'ancien hôtel de ville, cet établissement à la belle façade fait partie de l'histoire de la ville. Central et calme, il propose des chambres confortables et offrant toutes les commodités.

Se restaurer

⊖⊜⊜ **Bistro Kaiser Karl** – *Vorgebirgsstraße 50 - ☎ 0228 69 69 67 - www.bistro-kaiser-karl.de - fermé 1 sem. pdt le carnaval, 2 sem. en août, sam. midi et dim. - 30/45 €.* Les magnifiques lustres et ornements des plafonds, les murs aux miroirs argentés et les belles fenêtres de style brasserie donnant sur la terrasse font, entre autres, l'attrait de ce bistrot *Jugendstil.*

Événements

Beethovenfest – Dernière semaine d'août et courant septembre - *☎ 0228 20 10 345 - www.beethovenfest.de.* Les concerts ont lieu dans l'un des 23 sites dans la ville ou de ses environs.

Massif de l'Eifel★

CARTES MICHELIN N°s 718 F9-F10 ET 543 H42 À H 64
RHÉNANIE DU NORD-WESTPHALIE ET RHÉNANIE-PALATINAT

Longeant la frontière avec la Belgique et le Luxembourg, entre Aix-la-Chapelle et Trèves, l'Eifel offre à celui qui vient de l'ouest l'occasion d'une première incursion dans la verte Allemagne. Vous ne trouverez ici ni autoroutes ni grands centres urbains, mais bien plutôt des petites routes qui, serpentant à travers les bois, traversent de charmantes bourgades aux allures moyenâgeuses.

- **Se repérer** – À cheval sur les Länder de Rhénanie-Palatinat et de Rhénanie-Westphalie, le massif de l'Eifel est encadré par la grande plaine au nord, le Rhin à l'est, la Moselle au sud et la frontière belge à l'ouest.
- **À ne pas manquer** – La dégustation des vins de l'Ahr.
- **Organiser son temps** – Comptez une journée pour le circuit proposé.
- **Pour poursuivre le voyage** – Bonn (39 km au nord-est de Bad Münstereifel), Cologne (49 km au nord-est), Aix-la-Chapelle (74 km au nord-ouest), la vallée du Rhin, la vallée de la Moselle.

Comprendre

Le milieu naturel – L'Eifel constitue le prolongement oriental des Ardennes; il s'agit d'un très vieux massif montagneux, dont les collines ne dépassent pas 900 m d'altitude. L'ensemble forme un grand plateau ondulé présentant des lacs de cratères *(Maare)*. Il y a bien longtemps, des volcans à l'activité explosive modelaient le paysage. Aujourd'hui, les forêts ont recouvert ces étendues; l'Ahr, la Kyll et la Rur ont entaillé le plateau en de jolies vallées boisées et les lacs font la joie des amateurs de sports nautiques. L'endroit est donc idéal pour les amoureux du grand air.

Le **Haut-Eifel** *(Hohe Eifel)*, au centre, est caractérisé par les manifestations du volcanisme qui ont laissé une empreinte originale : croupes basaltiques *(Hohe Acht* – 747 m), dépôts de tufs, lacs *(Maare)* et sources thermales.

Le **Schnee-Eifel**, région la plus rude et la plus isolée, forme au nord-ouest de Prüm, le long de la frontière belge, une barre sombre de près de 700 m d'altitude.

Le **Nord-Eifel**, couvert de landes et de forêts, est coupé de vallées profondes. La région touristique des Sept Lacs touche, au nord-ouest, les Hautes Fagnes *(Hohes Venn)*, plateau marécageux appartenant aux Ardennes.

Le **Sud-Eifel**, jouxtant la Suisse luxembourgeoise, offre des vallées très pittoresques.

Les vins de l'Ahr – Cultivé sur des versants schisteux, le vignoble de l'Ahr, planté de cépages bourguignons, produit après une vendange tardive des vins rouges fortement colorés, que l'on déguste bien chambrés.

Circuit de découverte

DE BAD MÜNSTEREIFEL À MANDERSCHEID

145 km – Une journée.

Cet itinéraire emprunte la vallée animée de l'Ahr, puis les reliefs couverts de forêts du Haut-Eifel, avant de serpenter entre les lacs volcaniques des Maare.

Bad Münstereifel★

Entourée de solides **remparts★**, la ville a conservé nombre de monuments et de maisons anciennes. L'**église St-Chrysanthe** *(St-Chrysanthus und Daria)* est précédée d'un ouvrage roman du début du 11e s., flanqué de tours rappelant St-Pantaléon à Cologne.

Une douzaine de kilomètres à l'est de Münstereifel, la route laisse sur la gauche un **radiotélescope** géant (diamètre 100 m, profondeur de la parabole 21 m), atteint l'Ahr à Kreuzberg et suit ses méandres encaissés.

Altenahr

Situé entre deux méandres, Altenahr est un centre d'excursions dominé par les ruines éparses du **Burg Are** (12e s.). En prenant le télésiège, vous aurez une jolie vue de la station supérieure.

La vallée, alternant vignobles et affleurements rocheux, est ponctuée de villages vignerons : **Rech** et son pont romain, **Dernau** et sa « fontaine du vin », **Marienthal** et son couvent en ruine.

Bad Neuenahr-Ahrweiler

Plan dans le Guide Michelin Deutschland Hôtels & Restaurants. La vieille ville d'**Ahrweiler★** a conservé ses fortifications et ses portes du Moyen Âge ; les rues piétonnes du centre sont bordées de maisons à colombages. Lors de travaux de voirie, on a récemment mis au jour une **villa romaine**.

La station thermale et climatique de Bad Neuenahr est réputée au-delà des frontières allemandes. À la sortie est de la ville est produite la célèbre eau minérale pétillante « Apollinaris ».

Au départ d'Ahrweiler, la route s'élève rapidement vers la forêt avant d'épouser les larges mouvements du relief.

Hohe Acht★

Une demi-heure à pied AR. De la tour-belvédère (75 marches), érigée au point culminant de l'Eifel (747 m), le **panorama★★** embrasse une vaste région vallonnée dont les seuls points saillants sont le château de Nürburg, au sud-ouest, et, à l'opposé, la ruine d'Olbrück en avant des Sept Montagnes.

Nürburg

Une demi-heure à pied AR. Ruine très restaurée au milieu d'un **paysage★** mouvementé que l'on découvre du donjon.

Nürburgring★

Ce célèbre circuit automobile tient son nom de la ruine du Nürburg qui se dresse à l'intérieur de son anneau nord. Le nouveau circuit, ouvert en 1984, accueille des

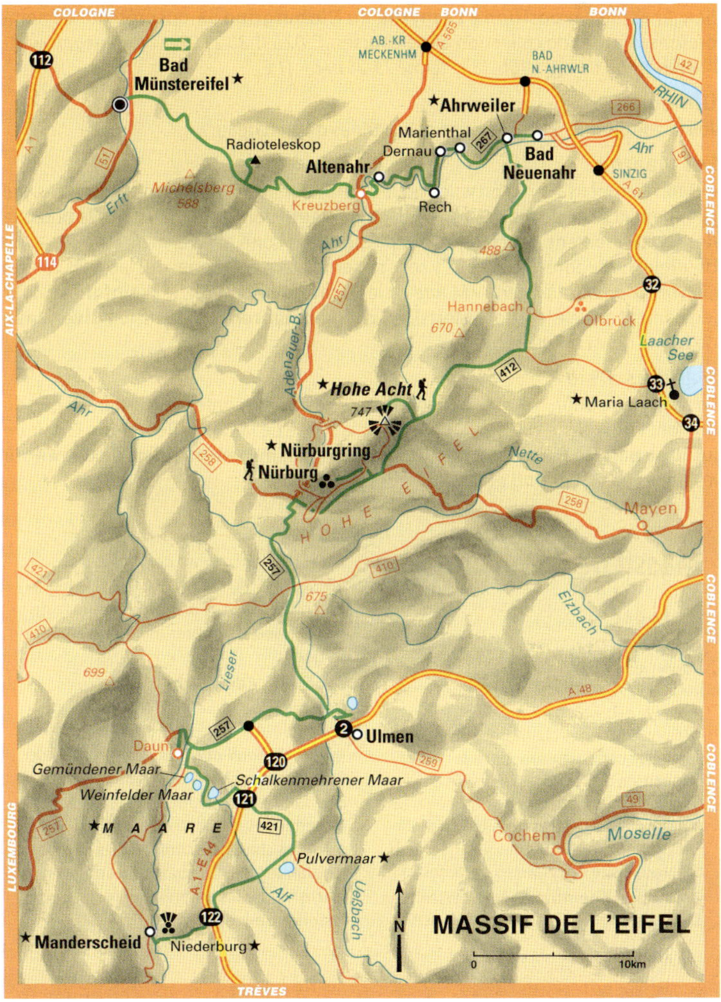

Paysage de l'Eifel.

compétitions aussi prestigieuses que le Championnat du monde des sports prototypes et les 24h du Nürburgring des voitures de tourisme. Il comporte 14 virages sur une longueur totale de 4 542 m et son dénivelé atteint 56 m.

L'Erlebnispark Nürburgring★ est entièrement dédié à la course automobile. Un hangar abrite l'**exposition « Le mythe du Nürburgring »★** qui présente de nombreuses voitures de collection et de course. *☏ 02 691 30 23 02 - www.erlebnis-welt-nuerburgring.de - ♿ - 10h-18h - fermé 25-26 déc. - 11 €.*

Ulmen

Joli lac de cratère entre le bourg et les ruines d'un château.

Les Maare★

À Daun commence la région volcanique des Maare, lacs de dimensions modestes, qui jalonnent la zone de dislocation tertiaire du Haut-Eifel volcanique. Sous la poussée des gaz se créèrent des cratères d'explosion sans cône ni lave, mais entourés d'un bourrelet de cendres. Les eaux s'y sont rassemblées pour former des lacs très calmes *(Suivre la signalisation verte « Maare »)* : le **Gemündener Maar**, le **Weinfelder Maar** (également appelé le lac des Morts), le **Schalkenmehrener Maar** et le **Pulvermaar**, de forme quasi circulaire.

Manderscheid★

En arrivant de Daun, s'arrêter à Niedermanderscheid et monter au **Niederburg★** : du donjon, **vue★** sur le village, l'Oberburg et la vallée de la Lieser. Reprendre la voiture jusqu'au parking *Burgenblick* ; emprunter le sentier menant au **point de vue★★** sur les ruines de l'Oberburg et du Niederburg.

Massif de l'Eifel pratique

Se loger

Pension Oos – *Lieserstraße 16 - 54550 Daun-Gemünden - ☏ 06 592 29 09 - fax 06 592 78 90 - www.pension-oos.de - fermé de déb. nov. à mi-mars - P - 6 ch. - 48 €.* Outre des chambres sobres et soignées, cette pension met à la disposition de ses hôtes une salle de séjour et une petite cuisine équipée d'un réfrigérateur. Diverses possibilités de loisirs à proximité : piscine, location de bateaux, visite des cratères de l'Eifel…

Hotel Seemöwe – *Am Obersee 10 - 52152 Simmerath-Einruhr - ☏ 02 485 271 - www.hotel-seemoewe.de - fermé en janv. et fév. - P ♿ - 50 ch. - 90 €.* Ce très bon hôtel est situé en bordure directe du lac Obersee. Chambres fonctionnelles et soignées.

Burg Adenbach – *Adenbachhutstraße 1 - 53474 Bad Neuenahr-Ahrweiler - ☏ 02641 389 20 - www.burghotel-adenbach.com - fermé lun. (restaurant) - P - réservation - 7 ch.- 83 €.* Ce château médiéval aux allures romantiques, converti en hôtel, propose de belles chambres confortables équipées de grandes salles de bains. Des murs en pierre naturelle confèrent un réel cachet historique au restaurant.

Trèves★★

Trier

100 180 HABITANTS
CARTE GÉNÉRALE A4 - CARTES MICHELIN N^{OS} 718 F10 ET 543 G 49
RHÉNANIE-PALATINAT

Capitale de l'Empire romain d'Occident au 3e s. de notre ère, Trèves peut revendiquer avec Worms le titre de plus ancienne ville d'Allemagne. Son remarquable ensemble de ruines romaines lui valut d'être classée au patrimoine mondial de l'Unesco en 1992. Avec ses larges places animées, la ville est une étape très agréable et un bon point de départ pour se lancer à la découverte de la vallée de la Moselle, de la vallée de la Sarre ou du Luxembourg tout proche.

- **Se repérer** – Trèves se trouve à 128 km au sud-ouest de Coblence.
- **À ne pas manquer** – Le soir venu, un moment de détente à la terrasse d'un restaurant sur les rives de la Moselle.
- **Organiser son temps** – Comptez une journée pour visiter la vieille ville.
- **Pour poursuivre le voyage** – La vallée de la Moselle (circuit au départ de Trèves), le massif de l'Eifel (Manderscheid est situé 60 km au nord).

Comprendre

La plus ancienne ville d'Allemagne – Trèves fut très tôt le point de contact entre les civilisations celtique, germanique et romaine. Après la soumission des Trévires, tribu celtique de la Gaule orientale, l'empereur Auguste fonda sur leur territoire **Augusta Treverorum** (vers l'an 16 av. J.-C.). La cité romaine fut le lieu d'une intense activité économique, culturelle et intellectuelle, et se développa jusqu'à l'invasion des tribus germaniques en 274.

La seconde Rome – Après la réorganisation de l'Empire romain par Dioclétien (fin du 3e s.), Trèves fut élevée au rang de capitale de l'Empire occidental (Gaule, Espagne, Germanie, Bretagne). La ville connut à nouveau un formidable essor sous l'empereur Constantin, qui fit construire de magnifiques édifices. En 313, l'édit de tolérance de Milan mit un terme à la persécution des chrétiens. Un an plus tard fut créé l'archevêché de Trèves, le plus ancien d'Allemagne. Vers la fin du 4e s., la pression des tribus germaniques était telle que la résidence impériale fut transférée à Milan et la préfecture à Arles. Vers 470, Trèves tomba définitivement aux mains des Francs.

Entre Empire germanique et République française – L'accès des archevêques de Trèves à la dignité de princes-électeurs au 14e s. entraîna une seconde période florissante pour la ville. Suite à la redéfinition des structures administratives opérée pendant la Révolution française, Trèves devint chef-lieu du département français de la Sarre (de 1794 à 1814) puis, en 1815, fut annexée à la Prusse. Les Français l'occupèrent de nouveau de 1918 à 1930 et de 1945 à 1955. Aujourd'hui, la ville, située au milieu d'une région viticole, rayonne par son dynamisme culturel et commercial, et attire de nombreux touristes.

Trèves est la ville natale du philosophe et économiste **Karl Marx** (1818-1883).

Visiter

LA VIEILLE VILLE

Porta Nigra★★ D1

☏ 0651 460 89 65 - www.trier-today.de - avr.-sept. : 9h-18h ; oct. et mars : 9h-17h ; nov.-fév. 9h- 16h - 2,10 €.

Si vous ne deviez garder en mémoire qu'une seule image de la ville, ce serait sans doute celle de la *Porta Nigra*, plus grand édifice romain sur le sol allemand. Cette porte monumentale (fin du 2e s.), qui défendait la partie nord de l'enceinte, est faite de pierres ajustées les unes aux autres sans mortier et retenues seulement par des crampons de fer. Deux puissantes tours flanquent la partie centrale à double arcade. Comme la porte était destinée à un usage militaire, seuls les étages supérieurs sont percés d'arcatures en forme de fenêtres. Ayant franchi les portes extérieures, les assaillants se retrouvaient dans une cour intérieure où ils recevaient des projectiles de toutes parts.

Au 11e s., la porte fortifiée fut transformée en église à deux niveaux, consacrée à saint Siméon, et dont il reste l'abside romane sur le côté est. On peut voir d'autres traces de l'église St-Siméon, entre autres des vestiges de sculptures rococo, dans les galeries de l'étage supérieur *(côté donnant sur la cour intérieure)*. La remise en l'état original du bâtiment est due à une initiative de Napoléon (1804). Belle vue sur la ville depuis la terrasse de la tour.

Musée du couvent St-Siméon (Städtisches Museum Simeonstift) D1

0651 718 14 59 - www.museum-trier.de - tlj sf lun. 10h-18h, jusqu'à 21h le 1er merc. de chaque mois - fermé 1er janv., 24, 25 et 31 déc. - 5 €.

Le Musée municipal est installé dans le couvent St-Siméon, de style roman (11e s.), à côté de la *Porta Nigra*. Il accueille des collections sur l'histoire de la ville : maquettes, meubles, peintures, ainsi que des sculptures, dont les figures originales, qui ornaient la fontaine du Marché, représentent les quatre Vertus et saint Pierre (fin du 16e s.). Il comprend aussi un **cloître** roman à deux étages qui abrite la plus ancienne cour conventuelle d'Allemagne.

Maison des Trois Rois★ (Dreikönigenbau) D1

Maison d'habitation de style gothique primitif (vers 1230), la Maison des Trois Rois, avec ses fenêtres à arcatures, rappelle les tours patriciennes de type italien que l'on rencontre aussi à Ratisbonne.

Hauptmarkt★ D1

C'est l'une des plus belles places anciennes d'Allemagne. Au centre se dresse la **croix du Marché★**, érigée en 958 à l'occasion de la remise du droit de marché à la ville et restaurée au 18e s. Une **fontaine,** ornée des figures des vertus cardinales et datant de la fin du 16e s. y a également trouvé sa place.

Du centre de la Hauptmarkt, on peut admirer des monuments illustrant quinze siècles de l'histoire de la ville : au nord la Porta Nigra, à l'est la cathédrale romane, au sud l'**église gothique St-Gangolf**, dont la tour (début du 16e s.) était autrefois occupée par un guetteur ; à l'ouest se trouvent quelques coquettes maisons à colombages datant de la Renaissance et de l'époque baroque. La **Steipe**, hôtel de ville médiéval (15e s.), avec son grand toit en pavillon, se dresse au-dessus d'une galerie ouverte ; à côté, la **maison Rouge**, du 17e s., porte la fière inscription : *Mil trois cents ans avant Rome, Trèves existait.*

A. Janssoone / WWW.ALL-FREE-PHOTOS.COM

La Hauptmarkt.

Frankenturm C1

Surmontée d'une couronne d'étain et percée de petites fenêtres, cette tour romane massive (vers 1100) doit son nom à un de ses anciens propriétaires, Franco von Senheim (14e s.).

Cathédrale★ (Dom) D1

Avr.-oct. : 6h30-18h, nov.-mars : 6h30-17h30.

Vue du parvis, la cathédrale a l'aspect d'une forteresse avec ses six tours. La façade massive et sévère sur laquelle fait saillie une abside ronde est, avec ses tours carrées et trapues, un bel exemple de l'architecture romane primitive.

Du flanc nord, on distingue les différentes étapes de construction de l'édifice : le corps central, avec son pignon plat et son plan rectangulaire, constitue le noyau romain (4e s.) ; à droite, du côté du parvis, la partie ouest est romane (11e s.) ; de même, à gauche, le chœur polygonal (12e s.) avec sa galerie naine ; la chapelle baroque, coiffée d'un dôme, a été ajoutée au 18e s.

À proximité du portail, vous trouverez la « pierre de la cathédrale » *(Domstein)*, tronçon de colonne datant de l'époque romaine.

L'intérieur de l'église est essentiellement baroque et contient des retables intéressants. Dans le chœur ouest *(à gauche de l'entrée)*, un monument funéraire gothique est consacré à l'archevêque et prince-électeur Baudouin de Luxembourg. Dans le bas-côté droit, un magnifique **tympan★** présente le Christ entre saint Pierre et la Vierge. La chapelle tapissée de stucs, à droite du chœur, possède une gracieuse Vierge du 16e s.

Trésor de la cathédrale★ (Domschatz) – *✆ 0651 979 07 90 - www.trierer-dom.de - avr.-oct. : 10h-17h, dim. 12h30-17h ; nov.-mars : 11h-16h, dim. 14h-16h - fermé 1er janv., 25 déc. - 3 €.* Le trésor a pour cadre une chapelle baroque. Il présente des ivoires de grande valeur, des pièces d'orfèvrerie dont l'étui du saint Clou et un autel portatif de saint André orné d'émaux, et des évangéliaires aux magnifiques enluminures.

Cloître (Kreuzgang) – Une jolie Vierge de Malberg (15e s.), à l'angle nord-est, veille sur le cloître gothique d'où l'on peut apprécier une belle **vue★** sur la cathédrale et l'église Notre-Dame.

Église Notre-Dame★ (Liebfrauenkirche) D1

En cours de restauration, réouverture prévue en décembre 2009.

L'église Notre-Dame est l'une des premières églises gothiques d'Allemagne (1235-1260), inspirée des modèles champenois. Le plan du bâtiment forme une croix grecque. De chaque côté, deux chapelles latérales à trois pans s'intercalent entre les quatre absides, donnant à l'ensemble de l'église la forme d'une rose à douze pétales. Au **tympan** du portail ouest sont représentés la Vierge en majesté, l'Annonciation, l'Adoration des Mages, le Massacre des Innocents et la Présentation au Temple. Au portail nord, le Couronnement de la Vierge.

À l'intérieur, le baguage en rinceaux des colonnes, l'élégance de la galerie de circulation et la richesse de la voûte à la croisée du transept confèrent à l'ensemble un charme incomparable. Vous trouverez sur le sol, quelques mètres après l'entrée centrale, une pierre noire : lorsqu'on se place dessus, elle permet d'embrasser dans un seul regard les peintures des douze apôtres sur les colonnes. Dans une chapelle à gauche se trouve le **monument funéraire★** du chanoine de Metternich (17e s.).

Musée épiscopal★ (Bischöfliches Dom- und Diözesanmuseum) D1

✆ 0651 710 52 55 - www.bistum-trier.de - ♿ - possibilité de visite guidée (1h) - lun.-sam. 9h-17h, dim. et j. fériés 13h-17h - 2 €.

Les pièces les plus intéressantes du Musée épiscopal sont les fresques du 4e s. trouvées sous la cathédrale et qui ornaient le palais de Constantin. On suppose que la peinture centrale représente Fausta, son épouse. Les couleurs ont gardé tout leur éclat ; la technique témoigne d'un grand savoir-faire. Le reste du musée est surtout consacré à l'art sacré.

Basilique★ (Basilika) D2

Ce grand bâtiment rectangulaire en brique était à l'origine la salle principale *(aula)* de la résidence impériale construite sous Constantin vers 310. L'imposant édifice fut plusieurs fois remanié avant de retrouver au 19e s. son aspect initial. Il a été reconstruit en 1954 et abrite aujourd'hui une église protestante. L'intérieur, d'une grande sobriété, est impressionnant par ses dimensions.

Ancien château du prince-électeur (Ehemaliges Kurfürstliches Schloss) D2

Il reste encore les ailes nord et est de l'ancien château du prince-électeur, de style Renaissance, dont la construction débuta en 1615. L'aile rococo fut construite entre 1756 et 1762 d'après les plans de l'architecte Johannes Seitz. La virtuosité de ce dernier (il a été l'élève de Balthasar Neumann) s'exprime dans le magnifique escalier. C'est l'une des plus belles créations de ce genre en Allemagne. La façade sud de couleur tendre donne sur un jardin à la française *(Palastgarten)* orné de pièces d'eau, de parterres fleuris et de statues baroques.

Musée de Rhénanie★★ (Rheinisches Landesmuseum) D2

✆ 0651 97 740 - www.landesmuseum-trier.de - mai-oct. : lun.-vend. 9h30-17h, w.-end 10h30-17h ; nov.-avr. : mar.-vend. 9h30-17h, w.-end 10h30-17h - fermé 1er janv., 24-26 et 31 déc. - 8 €.

Ce musée possède une section consacrée à la préhistoire *(rez-de-chaussée)* et une section d'antiquités romaines particulièrement riche.

Paléolithique : instruments de l'âge de pierre, céramiques et objets de l'âge du bronze, bijoux en or provenant de sépultures de l'âge de fer.

Époque romaine : merveilleuses mosaïques, statuettes en bronze, bas-reliefs (une scène d'école et une représentation du partage du fermage). Sculptures, parmi lesquelles le **bateau de Neumagen**, chargé de vin, descendant la Moselle et le célèbre « gai nautonier », qui est passé dans le folklore mosellan.

À voir aussi : des objets de tombes franques (bijoux, verreries), des céramiques rhéno-mosellanes, des œuvres d'art du Moyen Âge, de style Renaissance et baroque.

Thermes impériaux★★ (Kaiserthermen) D2

✆ 0651 460 89 65 - avr.-sept. : 9h-18h ; oct. et mars : 9h-17h ; nov.-fév. : 9h-16h - 2,10 €.

Les thermes impériaux remontent à Constantin et comptent parmi les plus importants de l'époque romaine. Mais il semble qu'ils n'aient jamais été mis en service.

Les murs incurvés aux larges fenêtres à arcatures entouraient autrefois le *caldarium*, salle où l'on se plongeait dans un bain chaud ; l'alternance de couches de briques et de moellons est typique du mode de construction des Romains. Le *caldarium* est précédé d'un *tepidarium*, salle tiède. Les thermes comprenaient aussi un *frigidarium*, salle réservée aux bains glacés, et une cour de gymnastique.

Trésor de la bibliothèque municipale★★ (Schatzkammer der Stadtbibliothek) D2

✆ 0651 718 14 29 - www.stadtbibliothek-trier.de - ouv. pdt les expositions - 3 €.

Le trésor de la bibliothèque renferme une collection de manuscrits et d'enluminures précieuses (évangéliaires du Moyen Âge, bibles, homiliaires, fables…), les premiers livres illustrés (bibles, livres d'enseignement et de loi…), ainsi que de vieux documents, des traités et des sauf-conduits.

Maison de Karl-Marx (Karl-Marx-Haus) C2

Au n° 10 de la Brückenstraße - ✆ 0651 97 06 80 - www.musem-karl-marx-haus.de - avr.-oct. : 10h-18h ; nov.-mars : lun. 14h-17h, mar.-sam. 10h-13h, 14h-17h - possibilité de visite guidée (1h) sur demande préalable - fermé 1er janv., 24-26 et 31 déc. - 3 €. La

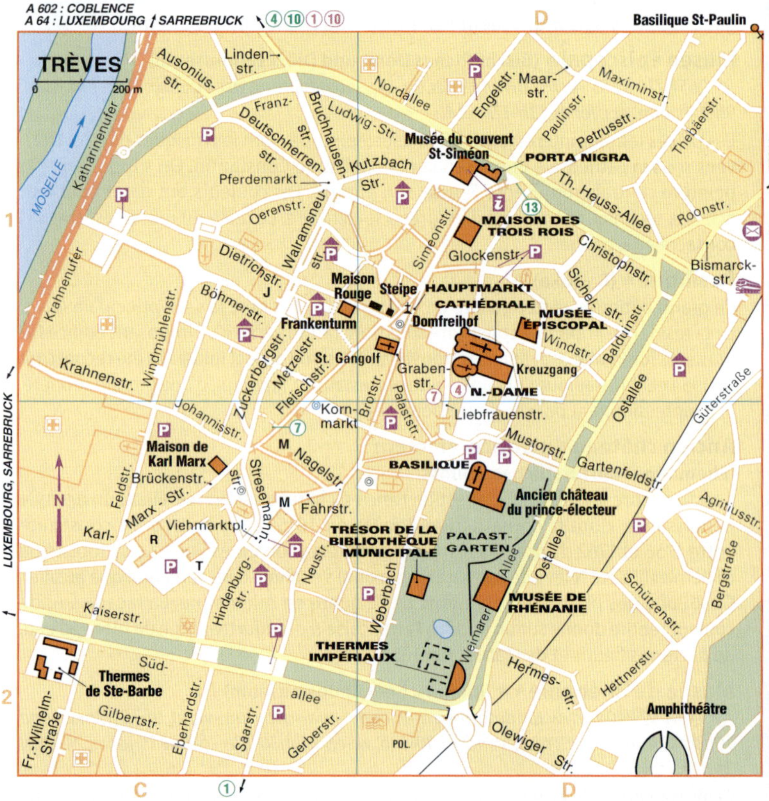

SE LOGER		SE RESTAURER	
Alte Villa	1	Gasthaus Mosellied	1
Berghotel Kockelsberg	4	Palais Kesselstatt	4
Hotel Aulmann	7	Weinstube Kesselstatt	7
Hôtel Petrisberg	10	WeissHaus Restaurant	10
Römischer Kaiser Hotel	13		

maison natale de Karl Marx est maintenant transformée en musée. Vous y trouverez des informations sur la vie et l'œuvre du père de la doctrine marxiste, les premières éditions et les premières traductions de ses écrits importants *(Manifeste du parti communiste, Le Capital)*, des manuscrits et des lettres.

AU NORD DE LA PORTA NIGRA

Basilique St-Paulin★ (Basilika St. Paulin) D1

Accès par la Thebäerstraße. Terminée en 1754, l'église St-Paulin est l'œuvre de Balthasar Neumann. L'intérieur de cette église élancée à nef unique est éclairé par de grandes fenêtres. La nef et la voûte présentent de belles décorations en stuc. Les peintures du plafond de Christoph Thomas Scheffler, originaire d'Augsbourg, illustrent le martyre de saint Paulin, citoyen de Trèves, et de la Légion thébaine (286).

AU SUD DE LA VIEILLE VILLE

Thermes de Ste-Barbe (Barbarathermen) C2

✆ 0651 460 89 65 - fermé pour travaux, se renseigner pour réouverture.
Construits dès le 2e s., les thermes de Ste-Barbe restèrent en service pendant plusieurs siècles. Seules les fondations sont visibles.

Amphithéâtre D2

✆ 0651 460 89 65 - avr.-sept. : 9h-18h ; oct. et mars : 9h-17h ; nov.-fév. 9h-16h - 2,10 €.
Cette arène romaine située à flanc de montagne pouvait contenir vingt mille spectateurs. Au Moyen Âge, elle servit de carrière. Au 18e s., les gradins étaient en si mauvais état qu'on y pratiqua la culture de la vigne. Les souterrains servaient à entreposer les machineries et les accessoires de théâtre.
Aujourd'hui, un festival antique s'y déroule pendant l'été.

Aux alentours

LA BASSE VALLÉE DE LA SARRE

Au sud de la vallée de la Moselle★★★ *(voir p. 279)*, et à l'écart des grands circuits touristiques, cette région, autrefois âprement disputée par la France et l'Allemagne, a su conserver toute son authenticité. Entre Mettlach et Konz, la vallée de la Sarre entaille le massif cristallin du Hunsrück, dont la résistance contraint la rivière à serpenter. À la beauté des paysages s'ajoute l'attrait d'une gastronomie combinant avec bonheur les arts culinaires français et allemand.
Les localités ci-dessous peuvent faire l'objet d'un petit circuit (57 km).

Saarburg

À 25 km au sud de Trèves.
Cette ville pittoresque, située le long de la Sarre, est dominée par les ruines imposantes de son château. Son nom fut évoqué pour la première fois en l'an 964 ; propriété des princes de la cour de Trèves, elle fut ensuite ravagée par les Français en 1705.
La **vieille ville**, « Petite Venise », est classée monument historique. Ses ruelles étroites et ses maisons à colombages d'influence moyenâgeuse, ainsi qu'une extraordinaire cascade de 20 m de haut en plein centre-ville, forment un ensemble particulièrement charmant.
Cette métropole souriante est aussi la capitale des vins de la Sarre. Le Musée municipal *Amüseum*, près de la cascade, le musée des Moulins d'Hackenberg, juste à côté de Leukbach, et une fonderie de cloches constituent les autres centres d'intérêt de la ville.

Cloef★★

À 21 km au sud de Saarburg (voir ci-dessus) et 1/4h à pied AR.
Un belvédère surplombe le méandre de Montclair, dont la boucle parfaite enserre le lobe couvert de forêts.
Depuis Cloef ou Orscholz, vous aurez la possibilité de faire un détour *(environ 30 km AR, par la L177 et la B406)*, en direction de la vallée de la Moselle, par la villa romaine de Nennig.

Mosaïques romaines de Nennig (Römisches Mosaik in Nennig)★★

42 km au sud de Trèves. ✆ 06 866 13 29 - www.nennig.de - avr.-sept. : tlj sf lun. 8h30-12h, 13h-18h ; mars et oct.-nov. : tlj sf lun. 9h30-11h30, 13h-16h30 - fermé déc.-janv. - 1,50 €.
En 1852 furent découverts les restes d'une immense villa romaine de 120 m de long, vraisemblablement construite au 2e ou 3e s. apr. J.-C. =Un somptueux sol en mosaïque (16 x 10 m) a été préservé. Ce dernier se compose de huit médaillons, entourés de

motifs géométriques finement travaillés, représentant des scènes de combat avec des gladiateurs et des animaux, semblables à celles qui devaient se dérouler dans les arènes de Trèves.

Mettlach

À 7,5 km à l'est de Cloef (voir ci-dessus).

La façade baroque en grès rouge de l'ancienne abbaye, occupée par le siège de la société de produits céramiques Villeroy & Boch, se détache dans la verdure, le long de la route qui monte jusqu'à Merzig. La Céravision complète la visite des bâtiments historiques en racontant l'histoire de la céramique à travers les époques.

Dans le parc historique voisin se dresse « l'ancienne tour » *(Alter Turm)*. Sacré et préservé, cet édifice est le plus ancien de la Sarre. En forme d'octogone et bâti en l'an 989, il servit de chapelle funéraire pour Lutwinus, fondateur de l'abbaye.

Trèves pratique

Informations utiles

Office de tourisme – *Simeonstraße 60, au niveau de la Porta Nigra - 54290 - 0651 97 80 80 - www.trier.de/francais*

Se loger

Berghotel Kockelsberg – *Auf dem Kockelsberg - 54293 Trier-Kockelsberg - 0651 824 80 00 - www.kockelsberg.de -* P *- 30 ch.- à partir de 60 €*. Cet hôtel fin 19e-début 20e s. offre une belle vue sur Trèves. La façade blanche avec sa petite tour abrite des chambres soignées et confortables.

Hotel Aulmann – *Fleistrasse 47-48 - 0651 97 670 - www.hotel-aulmann.de - - 36 ch. - 70 €*. Hôtel moderne à deux pas du centre-ville proposant des chambres confortables à un prix raisonnable.

Hotel Alte Villa – *Saarstraße 133 - 0651 93 81 20 - www.hotel-alte-villa.de -* P *- 20 ch. - 85 €*. Située en périphérie de la ville, cette villa de 1743 classée monument historique a été transformée en hôtel. Chambres fonctionnelles, équipées de meubles modernes dans le nouveau bâtiment. Préférez les chambres de derrière, la rue principale étant très fréquentée.

Hotel Petrisberg – *Sickingenstraße 11 - 0651 46 40 - www.hotel-petrisberg.de -* P *- 34 ch. - à partir de 95 €*. Cet hôtel possède des chambres soignées et bien aménagées, mais il se distingue surtout par sa situation calme ainsi que par sa vue exceptionnelle. Des sentiers de promenade agréables relient l'établissement au centre-ville.

Römischer Kaiser Hotel – *Porta Nigra Platz - 0651 9770 100 - www.hotels-trier.de - - 40 ch.- 98 €*. Une bonne solution à deux pas de la Porta Nigra, dans un immeuble centenaire.

Se restaurer

Weinstube Kesselstatt – *Liebfrauenstraße 10 - 0651 411 78 - www.kesselstatt.com - 15/25 €*. Ici, on se sert au bar. La terrasse, à proximité de la cathédrale, offre un cadre idéal pour déguster une pâtisserie.

Gasthaus Mosellied – *Zurlaubener Ufer 86 - 0651 265 88 - fermé janv.-fév. - 25/30 €*. Sur les rives de la Moselle, vous trouverez regroupés à cet endroit une demi-douzaine d'établissements allant du snack au restaurant gastronomique. Tous ont une terrasse. Le Gasthaus Mosellied est particulièrement apprécié par la population locale.

Palais Kesselstatt – *Liebfrauenstraße 9 - 0651 402 04 - www.restaurant-kesselstatt.de - fermé 12-30 janv., dim.-lun. - 25/40 €*. Prenez vos repas dans un cadre princier : le restaurant de ce palais baroque, agrémenté avec goût de stucs, peintures et lustres, vous propose une cuisine très raffinée.

WeissHaus Restaurant – *Weisshaus 1 - 0651 834 33 - www.weisshaus.de - fermé 1er janv.-28 fév., lun. et mar. - 25/40 €*. Sur l'autre rive de la Moselle et surplombant une petite falaise, ce restaurant chic offre une belle vue sur la ville. Côté cuisine, les viandes sont à l'honneur.

Faire une pause

Café Bley – *Simeonstr. 19 - 0651 7 36 80 - lun.-sam. 9h30-18h30, dim. 13h-18h.* Salon de thé classique dans la *Dreikönigenhaus*, une maison du 13e s. Grand choix de gâteaux. Vous pourrez emporter la spécialité de la maison, les truffes au riesling.

Vallée de la **Moselle**★★★

Moseltal

CARTE GÉNÉRALE A4 - CARTES MICHELIN N°s 718 F10-G9 ET 543 G 49 – N 44
RHÉNANIE-PALATINAT

Émaillée de villages pittoresques et réputée pour ses vins, la vallée de la Moselle est une région enchanteresse. Entre les massifs rhénans de l'Eifel et du Hunsrück, le fleuve déroule ses méandres au pied de nombreux châteaux et traverse des vignobles dont les origines remontent aux Romains.

- **Se repérer** – La vallée de la Moselle s'étend sur 195 km entre Trèves et Coblence.
- **À ne pas manquer** – Une excursion en bateau ou une promenade en vélo.
- **Organiser son temps** – Comptez au moins un jour, mais la richesse de ce parcours et le charme de cette vallée méritent que l'on s'y attarde.
- **Avec les enfants** – Profitez de la piste cyclable qui double la route pour faire du vélo en famille.
- **Pour poursuivre le voyage** – Le massif de l'Eifel (Manderscheid est à 56 km au nord de Trèves), ou la vallée du Rhin (notre proposition d'itinéraire inclut Coblence).

Circuit de découverte

DE TRÈVES À COBLENCE

195 km – une journée.

Trèves★★

Voir p. 273.

Neumagen-Dhron

Localité connue pour ses vestiges romains, transportés au musée de Rhénanie à Trèves. Près d'une chapelle, en face du café Am Römerweinschiff, copie du *Vaisseau chargé de vin.*

Bernkastel-Kues★

Cité de la vigne et du vin, Bernkastel-Kues est formée de villes jumelles situées de part et d'autre de la Moselle. Son vignoble – le plus grand d'Allemagne qui soit d'un seul tenant – englobe les coteaux de la boucle de la Moselle et se prolonge par les clos de Graach et de Zeltlingen. Il est planté à 95 % de riesling. La ville connaît une véritable effervescence à l'occasion de la fête des vignerons, qui se déroule pendant la première semaine de septembre.

Place du Marché★ (Markt) - Des maisons anciennes, pour la plupart à colombages, entourent cette petite place en pente, au centre de laquelle se trouve la **fontaine St-Michel** *(Michaelsbrunnen)*, du 17e s.

G. Corbic / MICHELIN

Le château de Cochem, l'un des sites les plus célèbres de la vallée.

Hôpital St-Nicolas (*Cusanusstift*) – *À Kues. ✆ 06 531 22 60 - www.cusanus.de - dim.-vend. 9h-18h, sam. 9h-15h - 4 €.* L'hôpital St-Nicolas est une fondation (1447) du **cardinal Nikolaus Cusanus** (1401-1464), humaniste et théologien né à Kues. Il fut construit pour héberger des vieillards nécessiteux au nombre de trente-trois – chiffre correspondant à l'âge du Christ à sa mort – et il répond encore aujourd'hui à sa destination première. Le cloître gothique (époque tardive) est particulièrement intéressant. Quant à la chapelle, elle possède un beau retable du 15ᵉ s., une copie en bronze de la pierre tombale du cardinal (l'original se trouve à San Pietro in Vincoli, à Rome), une fresque représentant le Jugement dernier (à gauche de l'entrée) et la **pierre tombale de Clara Cryftz**, sœur du prélat.

La **bibliothèque** abrite environ 400 manuscrits et incunables, ainsi que les instruments astronomiques du fondateur.

Burg Landshut – *6 km AR au sud-est de Bernkastel-Kues.* Le **château de Landshut**, situé sur un éperon rocheux, devint la propriété des archevêques de Trèves au 11ᵉ s. Il est en ruine depuis la guerre de succession du Palatinat.

De retour sur la route du circuit, après Bernkastel-Kues, large **panorama★★** sur la boucle de la Moselle, où même les pentes les plus raides sont utilisées pour la culture de la vigne.

Ponctuant de magnifiques vignobles, des cadrans solaires, plaqués sur les rochers, ont donné leur nom à des crus illustres : Wehlen, Zeltingen…

La route traverse les villages typiquement mosellans d'**Ürzig**, de **Kröv**, d'**Enkirch** (gagner, à 5 km, **Starkenburg**, dont la terrasse offre une **vue★** sur le méandre du Mont-Royal) et de **Pünderich**.

3,5 km après le pont de **Zell**, dont on admire de la rive opposée l'alignement des maisons au bord de l'eau, prendre à gauche vers Marienburg.

Marienburg

Cet ancien couvent occupait un **site★★** exceptionnel à l'endroit le plus resserré du méandre de Zell. La terrasse du restaurant et la tour panoramique en bois *(suivre le sentier, 3/4h AR)* offrent de belles **vues★★** sur le méandre et les vignobles.

Beilstein

Le minuscule bourg fortifié, dont le chancelier de Metternich fut le dernier seigneur, se masse au pied de sa vaste église et du château. Des ruines de ce **château** *(Burgruine)*

Des vins de caractère

Les versants de la vallée de la Moselle font une large place aux vignobles produisant des vins blancs secs, dont le cépage principal est le riesling. Le terrain schisteux joue un rôle important dans la maturation des grappes : les schistes broyés absorbent la chaleur pendant le jour et la restituent la nuit aux ceps. La récolte, tardive, peut être reportée jusqu'à la Saint-Nicolas (6 décembre). Légers, un peu âpres, au bouquet délicat, les vins de Moselle se font plus secs et plus froids à mesure que l'on progresse vers le nord.

(1/2h à pied AR au départ des rives de la Moselle par la Bachstraße), belle **vue★** sur la courbe de la vallée. *✆ 026 739 36 39 - www.burg-metternich.de - de Pâques à fin oct. : 9h-18h - 2 €.*

Cochem

Laisser la voiture à l'entrée de Cochem et suivre le bord de la Moselle pour découvrir le **site★★**, l'un des plus célèbres de Rhénanie : dominant le fleuve, le **château** *(Reichsburg, ✆ 026 71 2 55 - www.reichsburg-cochem.de - visite guidée (40mn) - de mi-mars à nov. : 9h-17h - 4,50 €)* couronne une butte plantée de vignes. Seul le donjon et la base des murs ont résisté aux destructions de 1689. Au 19e s., on s'efforça de relever les ruines dans l'esprit du 14e s., avec force tourelles et clochetons. L'**intérieur** a été remeublé dans un style féodal cossu. Le bar-restaurant offre une **vue** spectaculaire sur la vallée, mais vous pouvez aussi profiter de la buvette à mi-hauteur de la colline pour reprendre votre souffle et admirer le spectacle des vignes au pied du château.

Treis-Karden

L'**église St-Castor**, dans le quartier de Karden, représente l'étape de transition entre le style roman rhénan (« galerie naine » de l'abside) et le gothique (voûtes d'ogives). À l'intérieur, on verra, au maître-autel, le retable des Rois mages (1420) et, dans la chapelle gauche du chœur, la petite châsse de bois, gothique, de saint Castor (1490).

Burg Eltz★★

10 km au départ d'Hatzenport, puis 1/4h de marche ou 5mn en minibus ; sentier depuis Moselkern (1h env.). ✆ 02 672 95 05 00 - www.burg-eltz.de - Visite guidée (40mn) (en allemand, demandez une fiche explicative en français) : d'avr. à fin oct. : 9h30-17h30 - fermé de déb. nov. à fin mars - 6 €. Au premier virage après le parking, un promontoire permet d'avoir une vue plongeante sur le **site★★** romantique du **château** hérissé de tours et de clochetons. L'intérieur a conservé un abondant mobilier ancien et un trésor. Les pièces les plus remarquables sont la salle basse et son plafond de bois (15e s.) et la salle haute avec son décor gothique, sans oublier la salle des Chevaliers et la cuisine de la fin du Moyen Âge, encore intacte. Des tableaux exposés, on retiendra *La Madone aux raisins* de Lucas Cranach.

Sur la rive se profile la silhouette à deux tours du château de Thurant. Avant le dernier coude de la Moselle, la route traverse de part en part, à **Kobern-Gondorf**, un vaste château restauré (15e-17e s.) ; les deux tours dominant l'agglomération s'intègrent remarquablement au paysage.

Burg Thurant★

✆ 026 05 20 04 - www.thurant.de - Mi-mars à mi-nov. : 9h-17h - 3 €.

Privilège de ce petit château du 12e s : on peut déambuler dans ses jardins fleuris, le long de ses coursives, et grimper tout en haut du donjon sans avoir à suivre le groupe d'une visite guidée. Quelques salles-musée et une buvette avec des tables dispersées le long des remparts d'où l'on domine toute la vallée.

Coblence★

Voir p.284.

Aux alentours

Idar-Oberstein

À 37 km au sud de Bernastel-Kues.

Depuis le Moyen Âge, l'histoire d'Idar Oberstein est liée à la production et au commerce de pierres précieuses. C'est l'abondance, dans les environs de la ville, de gîtes d'agates, jaspes et améthystes qui détermina sa vocation pour la taille et le polissage des gemmes. Musées, ateliers, boutiques, tout ici évoque le monde des minéraux.

Musée allemand des Pierres précieuses★★
(Deutsches Edelsteinmuseum)

☏ 067 81 90 09 80 - www.edelsteinmuseum.de - à Idar (au centre), Hauptstraße 118 - ♿ - mai-oct. : 9h30-17h30 ; nov.-avr. : 10h-17h - fermé 24, 25 et 31 déc., 8 janv. au 14 avr., nov.-janv. le lun. - 4,20 €. Ce musée remarquable en son genre réunit des milliers de pierres provenant de toutes les parties du monde. La glyptothèque est un étonnant survol de 6 000 ans d'histoire de façonnage des pierres et de l'art de la gravure tel qu'on le pratique aujourd'hui.

Église Felsen★ (Felsenkirche)

1/2h à pied AR. Accès à partir de la Marktplatz d'Oberstein par un escalier (214 marches). Encastrée 50 m au-dessus de la Nahe sous un surplomb de falaise, l'église, restaurée à plusieurs reprises, vaut surtout pour le **retable** du maître-autel (début du 15e s.). Les scènes de la Passion expriment avec un réalisme appuyé la haine, la souffrance et l'anéantissement.

Musée Idar-Oberstein (Museum Idar-Oberstein)

À Oberstein, au pied de la Felsenkirche - ☏ 067 81 2 46 19 - www.museum-idar-oberstein.de - avr.-oct : 9h-17h30 ; nov.-mars : 11h-16h30 - fermé 1er janv., 24., 25. et 31 déc. - 3,90 €. Le musée municipal abonde aussi en minéraux et pierres fines. On peut y voir notamment des lames d'agate très minces d'origine locale présentant en transparence des paysages fantasmagoriques, des cristaux et pierres fluorescentes et des bijoux issus des ateliers locaux.

Mines des pierres précieuses de Steinkaulenberg★ (Edelsteinminen)

Tiefensteiner Strasse 87 - ☏ 067 81 90 19 61 - www.edelsteinminen-idar-oberstein.de - Visite guidée en allemand. Tlj mi-mars-mi-nov., 10h-18h. 4 €. Cette ancienne mine est la seule en Europe à être ouverte au public. Le parcours de 400 m de galeries est l'occasion de voir des pierres semi-précieuses encore prisonnières de la roche volcanique et d'en comprendre la formation.

Fabrique de bijoux★★ (Industriedenkmal Jacob Bengel)

Wilhelmstrasse 42a - ☏ 067 81 27 030 - www.jackob-bengel.de - visite guidée sur rendez-vous, prévenir un jour à l'avance (demandez M. Braun qui parle français) - 4,50 €.

Cet atelier connut son heure de gloire dans les années 1910-1920 avec ses bijoux Art déco et Bauhaus. À cette époque, la maison travaillait pour Coco Chanel et les grands magasins parisiens. Aujourd'hui, la production est pratiquement nulle mais toutes les machines reprennent du service lors de la visite : presse de 120 tonnes, machines pour fabriquer des chaînes, travail de la Galalith (pierre de lait), polissage... les ateliers baignant encore dans cette odeur particulière des lubrifiants.

Le Hunsrück

À 37 km à l'est de Bernkastel-Kues.

Les localités ci-dessous peuvent faire l'objet d'un circuit (141 km).

Le Hunsrück forme le rebord méridional du Massif schisteux rhénan. Cette région de moyenne montagne, aux forêts giboyeuses, est entaillée par des vallées profondément encaissées et comprend le Parc naturel de Soonwald-Nahe.

Erbeskopf – Culminant à 818 m, c'est le plus haut sommet du massif. De la tour en bois, vue panoramique sur le paysage ondulé et boisé.

Après Thalfang, la **Hunsrückhöhenstraße★** offre de très belles vues sur les vallées, les collines boisées et les villages aux maisons couvertes de schiste. On passe devant la Stumpfer Turm, ancienne tour de guet romaine.

Kirchberg – Juchée sur une colline, elle conserve de jolies maisons à colombages, notamment sur la place du Marché. L'église St-Michel remonte à l'époque préromane, mais l'édifice actuel fut construit au 15e s.

Simmern – C'est le centre économique du Hunsrück. L'église St-Étienne (15e s.) abrite sous ses voûtes en étoile les **pierres tombales★** des ducs palatins, qui comptent au nombre des sculptures les plus représentatives de la Renaissance dans la région du Rhin moyen. Derrière l'église, voir le quartier ancien.

Ravengiersburg – Ce village tapi au fond d'une vallée possède, sur une éminence, une église romane. Sa façade ouest, imposante, présente une corniche sculptée et une petite galerie. Au-dessus du portail, Christ en majesté.

Dhaun – Le château occupe un **site★** remarquable sur un rocher abrupt. Sur l'esplanade, derrière la statue, un escalier conduit aux casemates.

La fin du parcours suit la vallée de la Nahe pour atteindre Idar-Oberstein.

Vallée de la Moselle pratique

Informations utiles

Bon à savoir – Cochem et Bernkastel-Kues sont les deux villes les plus importantes des rives de la Moselle. La seconde est plus « chic » que la première, mais toutes deux constituent des haltes privilégiées pour la découverte de la région (hôtels, informations touristiques, etc.).

Office du tourisme de Cochem – *Endert Platz, 56805 - ✆ 02 671 60 040 - www.cochem.de*

Office du tourisme de Bernkastel-Kues – *Gestade 6 - 54470 - ✆ 06 531 40 23 - www.bernkastel.de*

Se loger

À COCHEM

⊖⊖ Alte Thorschenke – *Brückenstrasse 3 - 56812 Cochem - ✆ 02 671 70 59 - www.castle-thorschenke.de - 37 ch. - 82 €* . Réservez à l'avance, en particulier si vous voulez une des 3 chambres dans la partie la plus ancienne de cette maison de 1332, imbriquée dans l'ancien mur d'enceinte de la ville. Un antique escalier en colimaçon mène à ces chambres et la plupart sont meublées d'antiquités et quelques-unes avec des lits à baldaquin.

À BERNKASTEL-KUES

⊖ Jugendherberge (auberge de jeunesse) – *Jugendherbergstrasse 1 - 54470 - ✆ 06 531 23 95 - www.diejugendherbergen.de - P - 96 lits - 40 €* *- restaurant 15/32 €*. Accessible à tous, moyennant l'achat d'une carte (3,20 € par personne). Chambres de 1 à 8 lits. Il est préférable de réserver pour éviter les chambrées. L'ensemble est simplement aménagé mais cette belle maison aux toits d'ardoise bénéficie d'une vue imprenable sur la vallée et les ruines du château Burgruine Landshut.

⊖⊖ Weinhaus Porn Hotel – *Hebegasse 11 - 54470 - ✆ 06 531 62 58 - www.weinhausporn.de - 9 ch. - 70 €* . Hôtel confortable et charmant dont le rez-de-chaussée est occupé par un cellier avec un grand choix de vins.

⊖⊖ Doctor Weinstube Hotel – *Hebegasse 5 - 54470 - ✆ 06531 966 50 - www.doctor-weinstuben.de - 29 ch. - 75 €* . Maison historique transformée en taverne en 1830, où les chambres bénéficient de tout le confort moderne. La salle de restaurant et la terrasse sont particulièrement authentiques.

⊖⊖ Mosel Hotel - Drei Könige – *Bahnhofstrasse 1 - 54470 - ✆ 06 531 20 35 - www.hoteldreikoenige.de - 32 ch. - 89 €* . Si l'hôtel est situé de l'autre côté du pont dans un quartier moins agréable *(Kues)*, il n'en bénéficie pas moins d'une très belle vue sur Bernkastel.

⊖ Wein und Gastehaus Port – *Weingartenstrasse 57 - 54470 - ✆ 06531 911 73 - www.weingutport.de - 5 ch. et 5 apparts - 80 € - 7,50 €*. Repos garanti dans cet établissement au beau milieu des vignobles. Chambres et appartements de vacances confortables. Vous commencerez la journée par un copieux petit-déjeuner de vigneron et vous la finirez en dégustant des vins et des *Schwenkbraten* (côtelettes de porc marinées et grillées) entre amis.

À KRÖV

⊖⊖ Reichsschenke « Zum Ritter Götz » – *Robert-Schuman-Strasse 57 - 54536 - ✆ 06541 816 60- www.reichsschenke.de - fermé 2 sem. en fév. et 3 sem. en nov. - 15 ch. - 80 € . - restaurant 17/30 €*. Cette vieille auberge est située dans un charmant petit village au cœur des vignes. Chambres soignées à l'équipement plutôt sobre. Du bois sombre, en partie sculpté, et de petites salles aux plafonds bas confèrent au restaurant son caractère rustique.

Se restaurer

À BERNKASTEL-KUES

⊖⊖ Burgruine Landshut Café-Restaurant – *Parking à côté de l'auberge de jeunesse, puis 2mn. à pied - 54470 - ✆ 06531 24 91 - fermé 15 nov.-15 fév. - - 13/26 €*. On ne vient pas ici pour de la grande gastronomie, mais pour la situation de ce restaurant au cœur des ruines du château et au milieu des vignes. Terrasse et salle fermée avec de larges ouvertures vitrées pour la mi-saison.

Sports et loisirs

Location de vélos – *Schanzstrasse 22 - 54470 Bernkastel-Kues - ✆ 06 531 94 024 - www.funbiketeam.de.*

Croisières – À Bernkastel-Kues et à Cochem, plusieurs compagnies possédant un comptoir sur les quais proposent des excursions plus ou moins longues. La compagnie KD assure la liaison de fin avr. à déb. oct. entre Coblence et Cochem (23,40 €) - se renseigner aux bureaux des embarcadères - *✆ 0221 208 83 18 - www.k-d.com*

Baptême de l'air – **Drive & Fly Luftfahrt** *- 20 km de Trèves - Jean Monnet Strasse 11 - 54343 Föhren - ✆ 06 502 98 07 87 ; www.drive-and-fly.de*. Pour avoir un autre regard sur la vallée… Forfaits de 15 à 90mn.

DÉGUSTATION DE VINS

Weinstube Spitzhäuschen – *Karlstrasse 13 - 54470 Bernkastel-Kues - ✆ 06 531 74 76 - www.weinstube-spitzhaeuschen.de.* Bon choix de vins, mais c'est surtout pour la maison tout droit sortie d'un conte de fée qu'il convient de venir ici.

Bon à savoir – À l'office de tourisme de Cochem, vous trouverez la liste des producteurs régionaux – certains sont accessibles à pied depuis le centre-ville – avec dégustations et visites des caves.

Coblence★

Koblenz

107 610 HABITANTS
CARTE GÉNÉRALE A3 - CARTES MICHELIN Nos 718 G9 ET 543 N 44
RHÉNANIE-PALATINAT

À l'origine camp romain établi en l'an 9 av. J.-C. au confluent du Rhin et de la Moselle, Coblence (du latin « confluentes ») a su tirer parti de sa situation géographique privilégiée pour s'enrichir et se développer. Gravement endommagée au cours de la Seconde Guerre mondiale puis reconstruite, elle fait aujourd'hui figure de cité dynamique. Avec son festival d'été couronné par « l'embrasement du Rhin » et des concerts en plein air, son centre-ville entièrement réservé aux piétons et truffé de bars et de restaurants, Coblence est une base idéale pour la découverte de la région et pour des croisières sur le Rhin et sur la Moselle.

- **Se repérer** – Coblence est à 106 km au sud-est de Cologne.
- **À ne pas manquer** – L'ambiance le soir dans un des innombrables bars ou restaurants le long des rues piétonnes.
- **Pour poursuivre le voyage** – Bonn (61 km au nord).

Comprendre

Un refuge pour les nobles français – Coblence fut un point de chute pour nombre de nobles qui désertèrent le royaume de France lors de la Révolution de 1789. Les émigrant arrivèrent dans la ville avec à leur tête les comtes d'Artois et de Provence, frères de Louis XVI. De là, ils organisèrent une contre-révolution en sollicitant l'aide armée des royaumes voisins. Une guerre s'ensuivit, menant les troupes de la jeune République française sur la rive gauche du Rhin en 1794. En mai 1795, Frédéric-Guillaume II, roi de Prusse, signa le Traité de Bâle dans lequel il reconnut l'occupation de la rive gauche du Rhin par les Français. En 1798, la ville devint préfecture du département de Rhin et Moselle.

Ces années d'occupation française ont laissé des traces dans le paysage urbain. Ainsi la **Rheinanlage**, promenade tracée au bord du Rhin, est-elle l'œuvre du préfet Lezay-Marnésia en 1809. L'occupation dura jusqu'en 1815, date à laquelle le traité de Vienne, consécutif à la défaite de Napoléon, attribua la région au royaume de Prusse.

Visiter

« Le coin allemand »★ (Deutsches Eck) D1

Au confluent du Rhin et de la Moselle. Du sommet du socle *(107 marches)* qui supporte la statue de Guillaume Ier, on a une belle **vue**★ sur la ville et la rive droite du Rhin, dominée par la forteresse d'Ehrenbreitstein.

Église St-Castor (Stiftskirche St-Kastor) D1

Cette église romane a pour souche le sanctuaire où fut célébrée la conclusion du traité de Verdun (843), établissant le partage de l'Empire de Charlemagne. La nef et le chœur sont couverts d'amples voûtes en réseau. Parmi le mobilier, remarquer dans le chœur deux tombeaux d'archevêques au fond d'enfeus gothiques polychromes et, dans le croisillon droit, 16 panneaux peints sur bois (saint Castor est représenté en bas à gauche).

Empruntez la promenade le long de la Moselle, puis enfoncez-vous dans les ruelles piétonnes pour vous rendre à l'église Notre-Dame, autour de laquelle s'étend la ville ancienne.

Église Notre-Dame (Liebfrauenkirche) C1

Édifice roman remanié au 13e s., l'église Notre-Dame a été dotée d'un chœur gothique au 15e s. et de clochers baroques à petits bulbes du 17e s. Les réseaux des voûtes sont ornés de clefs sculptées. Remarquer les vitraux du chœur, conçus en 1992 par H. G. Stockhausen.

Place des Jésuites (Jesuitenplatz) D1

On découvre ici et là, en se promenant dans la vieille ville, de superbes maisons à colombages (la plupart reconstruites).

Dans la cour de l'ancien collège des Jésuites (17e s.), aujourd'hui occupé par l'hôtel de ville, le *Schängelbrunnen* (fontaine) évoque l'espièglerie des « gavroches » de Coblence.

SE LOGER		SE RESTAURER
Continental-Pfälzer Hof........ 1	Hotel Kornpforte.................... 4	Historischer Weinkeller.......... 1

Musée du Rhin moyen **(Mittelrhein museum) D1**

Florinsmarkt 15-17 - www.mittelrhein-museum.de

Plus proche de la Moselle que du Rhin, ce musée retrace le passé de la ville et des alentours à travers des tableaux, des objets religieux (statues, triptyques, icônes) et des objets de la vie courante du haut Moyen Âge.

Terminez votre promenade en longeant le Rhin jusqu'au château.

Aux alentours

Citadelle d'Ehrenbreitstein★

4,5 km sur la rive droite par Pfaffendorfer Brück. Cet endroit stratégique fut occupé dès le 10e s. par une forteresse qui resta possession des archevêques de Trèves jusqu'en 1799, date de sa destruction par les Français.

Vue sur la ville et le château de Coblence.

Entre 1816 et 1832, les Prussiens, qui régnaient sur la Rhénanie depuis le congrès de Vienne (1815), construisirent ce puissant ensemble fortifié.
De la terrasse, la **vue★** porte sur Coblence, le château de Stolzenfels *(voir Vallée du Rhin)* au sud, et les plateaux du Hunsrück boisé et de l'Eifel volcanique.

Abbaye de Maria Laach★ (Kloster Maria Laach)

20 km à l'ouest - www.maria-laach.de - voir plan du massif de l'Eifel p. 271.
Le vaste lac de cratère au bord duquel est construite l'abbaye de Maria Laach renforce le caractère de solidité et d'équilibre qui s'en dégage. L'église abbatiale (12e s.) est une basilique romane à trois nefs qui rappelle extérieurement les cathédrales de Worms, Spire et Mayence.
L'**atrium d'entrée★** (début du 13e s.) est décoré de chapiteaux très travaillés. L'autel est surmonté d'un bizarre baldaquin hexagonal qui pourrait révéler une influence mauresque. La crypte est la partie la plus ancienne de l'édifice.

Limburg an der Lahn★ et la vallée de la Lahn

Le cours inférieur de la Lahn, très sinueux, offre, avec ses plans d'eau sombres et son cadre sauvage de versants boisés, des paysages romantiques. La ville de Limburg est riche en souvenirs historiques.
Les localités ci-dessous, toutes à l'est de Coblence, peuvent faire l'objet d'un circuit (60 km).

Bad Ems

À 17 km de Coblence. Cette station thermale réputée, où sont traitées les affections rhinopharyngées, reçut à plusieurs reprises Guillaume Ier, roi de Prusse, puis empereur d'Allemagne. Une dalle portant la date du 13 juillet 1870, scellée à côté de la fontaine romaine en face du *Staatliches Kurhaus*, rappelle l'entrevue au cours de laquelle Guillaume Ier refusa à l'ambassadeur de France, Benedetti, d'interdire « à tout jamais » aux Hohenzollern de prétendre au trône d'Espagne. Sa dépêche, tronquée et divulguée par Bismarck, précipitera les hostilités franco-allemandes de 1870.

Nassau

Cette petite cité est le berceau des comtes de Laurenburg, qui prirent au 12e s. le nom de Nassau et dont la branche d'Orange-Nassau règne toujours sur les Pays-Bas. On remarquera surtout la Maison de la noblesse (aujourd'hui hôtel de ville) et le château de Stein.

Abbaye d'Arnstein

1 km au départ du pont d'Obernhof. L'église de cet ancien couvent de prémontrés, ordre de chanoines réguliers de Prémontré (France) fondé par saint Norbert, oppose son chœur ouest, roman, à son chœur est, gothique.

Diez

Le **château d'Oranienstein** (17e s.), qui attire tous les regards dans la petite ville, a été construit de 1672 à 1684 comme château de prédilection de la cour hollandaise. Devant le refus du prince Guillaume VI, futur Guillaume Ier des Pays-Bas, d'adhérer à la confédération du Rhin, Napoléon décida en 1806 de dissoudre la principauté de Nassau-Fulda. En 1867, le château d'Oranienstein fut transformé en une école de cadets. Servant aujourd'hui de caserne à une brigade blindée, le château abrite aussi le **musée d'Orange-Nassau** *(Oranien-Nassau-Museum)*, consacré à l'histoire de la maison d'Orange.

Limburg an der Lahn★

La silhouette imposante et pourtant gracieuse de la cathédrale qui se dresse au-dessus de la Lahn se remarque de loin. Le centre, classé monument historique, est pour une bonne part constitué de maisons à colombages du 13e au 18e s., ornées d'admirables sculptures sur bois.

La cathédrale★ (Dom) *visite : 1/2h* – Sur un éperon rocheux, la cathédrale St-Georges occupe un **site★★** pittoresque. Elle est en outre remarquable pour son architecture : c'est l'exemple le plus classique du style gothique de transition répandu en Allemagne de 1210 à 1250. Son ordonnance extérieure, encore romane, l'apparente étroitement aux cathédrales du Rhin *(voir chapitre « Art et Architecture »)*.

L'intérieur présente une structure gothique directement inspirée de Laon, avec la superposition des tribunes, du triforium et des fenêtres hautes ; les chapiteaux à crochets sont typiques de la première époque gothique. La voûte est sur croisée d'ogives. Une tour-lanterne à coupole surmonte la croisée du transept. La décoration d'origine a été dégagée et restaurée.

De la **terrasse du cimetière**, au flanc nord de l'église, on a une belle **vue★** plongeante sur le cours de la Lahn, le vieux pont et le viaduc de l'autoroute.

Musée diocésain★ (Diözesanmuseum) – *Domstraße 12- ✆ 06 431 29 53 27 - www.staurothek.de - ♿ - de mi-mars à mi-nov. : tlj sf lun 10h-13h, 14h-17h, dim. 11h-17h - possibilité de visite guidée (1h) - fermé 16 nov.-14 mars - 2 €.* Le Musée diocésain a pris ses quartiers, avec le trésor de la cathédrale, dans un bâtiment historique. Les pièces les plus précieuses de cette collection d'art sacré sont la staurothèque de Limbourg (un reliquaire byzantin de la Vraie Croix datant du 10e s.), ainsi que le reliquaire plaqué d'or de la crosse de saint Pierre, exécuté en 980 à Trèves sous l'archevêque Egbert. Dans la section d'iconographie médiévale, admirer la Déploration du Christ, une sculpture en terre cuite de l'époque du « style tendre », vers 1415.

Vieille ville★ – Plusieurs rues ont entièrement conservé leurs anciennes maisons, souvent à colombages (Domplatz, Fischmarkt, Brückengasse, Römer, Rütsche, Bischofsplatz). Le Walderdorffer Hof (Fahrgasse) est un domaine de style Renaissance disposé autour d'une cour rectangulaire.

Coblence pratique

Informations utiles

Office du tourisme de Coblence – *Bahnhofplatz 17 - ✆ 0261 313 04 - fax 0261 100 43 88 - www.touristik-koblenz.de (infos en français)- avr. et oct. : tlj 9h-18h, mai-sept. : tlj 9h-19h, nov.-mars : lun.-vend. 9h-18h, sam. 9h-14h.*

Office du tourisme de Limburg an der Lahn – *Hospitalstraße 2 - 65549 - ✆ 064 31 61 66.*

Se loger

⊖ **Continental-Pfälzer Hof** – *Bahnhofsplatz 1 - ✆ 0261 301 60 - www.tagungshotel.com - 35 ch. - 55 €* ☕. Cet hôtel moderne est situé à deux pas de la gare. Fenêtres à double vitrage, sommeil paisible garanti. Vous trouverez de nombreux autres hôtels bon marché aux environs de la gare mais c'est un peu loin du centre-ville.

⊖⊖ **Hotel Kornpforte** – *Kornpfortstraße 11 - ✆ 0261 311 74 - www.hotel-kornpforte.de - 19 ch. - 90 €* ☕. Hôtel agréable et à prix raisonnables dans le centre ville.

À LIMBURG AN DER LAHN

⊖⊖ **Martin** – *Holzheimer Straße 2 - ✆ 06431 948 40 - www.hotel-martin.de - P - 30 ch. - 80 €* ☕. Situé en plein centre-ville juste en face de la gare, cet hôtel tenu par une famille propose des chambres soignées à l'aménagement fonctionnel.

⊖⊖ **Romantik Hotel Zimmermann** – *Blumenröder Straße 1 - ✆ 06 431 46 11 - www.romantik-hotel-zimmermann.de - fermé 20 déc.-5 janv. - P - 24 ch. - 95 €* ☕. Équipées de meubles de style anglais, les chambres ont un parfum de luxe. Vous apprécierez l'extraordinaire petit-déjeuner qui vous sera servi à table.

Se restaurer

⊖⊖⊖⊖ **Historischer Weinkeller** – *Mehlgasse 14 - ✆ 973 89 87 - www.weinkeller-koblenz.de - mar. 18h-22h, merc.-dim. 12h-14h, 18h-22h - fermé le lun. - 41,50 €.* Carte variée. Décor rustique dans les trois caves voûtées du 13e s., luxueusement restaurées.

Vallée du Rhin★★★

Rheintal

CARTE GÉNÉRALE A3 - CARTES MICHELIN N^{OS} 718 G9-G10 ET 543 N44 – P47
RHÉNANIE-PALATINAT ET HESSE

Long de 1 320 km et baignant quatre pays, le Rhin constitue depuis le Moyen Âge une exceptionnelle voie d'échanges commerciaux, intellectuels et artistiques et une artère vitale de l'Occident. La beauté de ses paysages fut à l'origine de nombreux mythes qui contribuèrent à sa renommée. Alternant les vignobles et les affleurements rocheux, dominé par des châteaux accrochés aux éperons, le parcours qui s'étend de Rüdesheim ou Bingen à Coblence offre des perspectives splendides. Entre Coblence et Mayence, où seuls des bacs permettent la traversée du Rhin, le tourisme fluvial prend toutes ses lettres de noblesse.

- **Se repérer** – La vallée du Rhin côtoie la vallée de la Moselle.
- **À ne pas manquer** – Le légendaire rocher de Lorelei.
- **Organiser son temps** – Si vous n'avez que peu de temps, sachez que la partie la plus remarquable de cette vallée s'étend sur 75 km entre Rüdesheim et Coblence (notre première proposition de circuit). Comptez 4h pour cet itinéraire.
- **Avec les enfants** – Le musée des Instruments de musique à Rüdesheim.
- **Pour poursuivre le voyage** – Mayence (44 km à l'est de Rüdesheim), Bonn (61 km au nord de Coblence), la vallée de la Moselle.

Comprendre

Un fleuve de légendes – Il n'est guère le long du Rhin de château, d'île ou de rocher qui n'évoquent un récit chevaleresque ou une légende. Lohengrin, le chevalier au cygne, apparut au pied du château de Clèves. Roland le Preux, rescapé de Roncevaux, arriva trop tard devant l'île de Nonnenwerth où sa fiancée inconsolable avait pris le voile, et se retira alors, désespéré, dans le château voisin de Rolandsbogen. Quant à la **Lorelei**, c'est la « roche de Lore », cette sirène enchanteresse qui provoquait la perte des bateliers envoûtés par son chant. Mais l'œuvre capitale reste l'épopée des Nibelungen, la plus célèbre des épopées allemandes, inépuisable source d'inspiration dont Wagner a tiré des noms et des idées maîtresses pour sa tétralogie. Le **chant des Nibelungen**, vraisemblablement composé vers la fin du 12e s. et inspiré des légendes scandinaves et germaniques, chante les splendeurs de la cour burgonde de Worms, le déchaînement des passions dans le cœur des héros connus aussi sous le nom de Nibelungen.

Des Alpes à la mer du Nord – C'est dans les Alpes suisses que le fleuve prend sa source. Déferlant les versants des montagnes, il arrive rapidement au lac de Constance, qu'il traverse paresseusement. Les eaux du plateau suisse collectées par son affluent, l'Aar, et la réception du Neckar à Mannheim puis du Main à Francfort atténuent le caractère irrégulier de son débit dû à la fonte des neiges au printemps et achèvent de lui conférer un régime équilibré. À la sortie du lac de Constance, les bancs rocheux projetés par la Forêt-Noire et les contreforts du Jura forment les fameuses chutes du Rhin, près de Schaffhausen (*voir le Guide Vert Suisse*). Plus en aval, la présence de bancs calcaires se traduit par des rapides (*Laufen*). Ces ruptures sont des obstacles à la navigation, mais ont permis de développer l'équipement hydroélectrique.

À Bâle, le Rhin oblique vers le nord pour suivre le fossé d'effondrement qui sépare les Vosges de la Forêt-Noire. Jusqu'à Breisach, un canal dérive en Alsace une partie des eaux du fleuve, puis se limite à de simples dérivations au niveau des barrages-usines, jusqu'à Strasbourg. De Bingen à Neuwied, en aval de Coblence, le Rhin taille son lit à travers le Massif schisteux rhénan dont les roches dures, en particulier les quartzites

Les châteaux de la vallée du Rhin

La vallée du Rhin offre une impressionnante concentration de châteaux. Demeures seigneuriales, châteaux défensifs, péages, protection des voyageurs, tous avaient leur utilité. Beaucoup perdirent leurs tours crénelées dans les incendies provoqués par l'armée française de Louis XIV puis, au 18e s., lors des combats entre les révolutionnaires français et les émigrants nobles réfugiés à Coblence. C'est au 19e s., avec la création de la Confédération germanique en 1815, qu'un grand nombre de châteaux furent reconstruits.

mises à nu aux alentours de la Lorelei, provoquent des remous dangereux. Cette « trouée héroïque », alternant les vignobles et les affleurements rocheux, dominée par des burgs accrochés aux éperons, constitue la partie la plus attrayante de la vallée. Enfin, après avoir traversé la région industrielle de Duisbourg, il se dirige lentement vers la mer en sinuant à travers la plaine.

Circuits de découverte

LA LORELEI★★ 1

De Rüdesheim à Coblence -75 km – Environ 4h.

Cette rive, la plus sauvage et la plus escarpée, offre de très belles vues sur les bourgs de la rive opposée.

Rüdesheim am Rhein★

Entre Rhin et montagne, Rüdesheim, capitale du Rheingau, jouit d'une situation privilégiée. Les ruelles étroites de cette Mecque du riesling sont souvent prises d'assaut

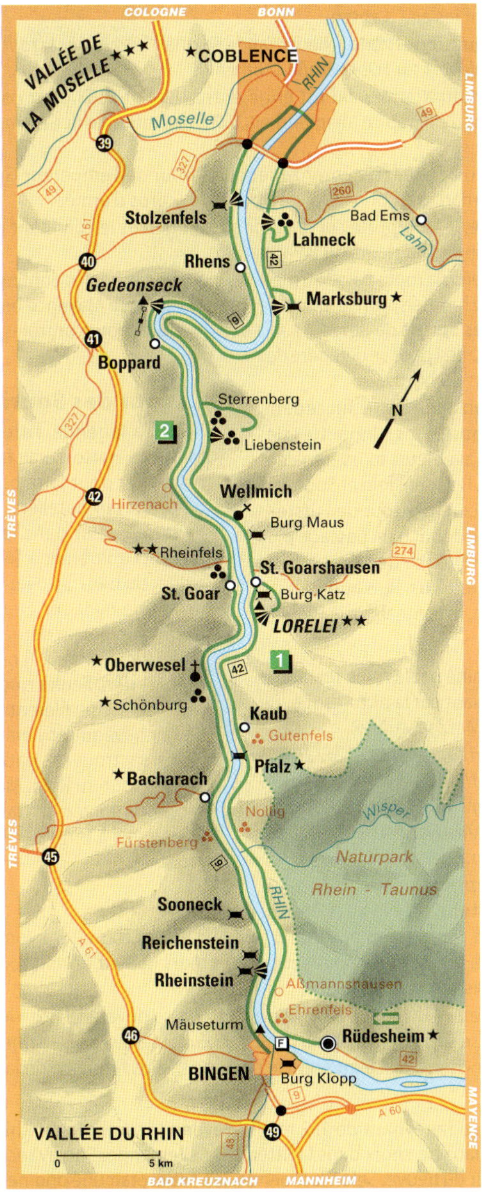

par la foule des visiteurs, attirés par les caves proposant la dégustation des fameux vins blancs. De mai à septembre, la célèbre Drosselgasse, riche en bars à vin, est un lieu où règne une animation incomparable.

Brömserburg - *Rheinstrasse 2 - ✆ 026 22 23 48 - mi mars-mi nov., tlj 9h-18h.* Après avoir servi de résidence-refuge aux évêques de Mayence jusqu'au 13e s., ce château fort passa aux mains des chevaliers de Rüdesheim et devint un repaire de brigands. Il fut repris en 1281 par l'archevêque Wernherr. Il est aujourd'hui aménagé en un **musée du Vin**, qui montre en particulier des pressoirs anciens et de riches collections d'amphores et de vases ayant servi à la conservation ou au transport du vin.

Musée des Instruments de musique mécaniques (Siegfried Mechanisches Musikkabinett)★★

Oberstrasse 27-29 - ✆ 067 22 49 217 - www.siegfrieds-musikkabinett.de - Visites guidées en français - Tlj de mars à déc. : 9h-18h - 5,50 €.

Il s'agit d'une des plus importantes collections d'instruments de musique mécaniques du 18e s. au 20e s. ; que le mécanisme soit manuel, à ressorts ou électro-mécanique, ces automates, qui vont de la simple boîte à musique au piano-orchestre-concert faisant jouer jusqu'à 15 instruments, ont été patiemment restaurés et rejouent aujourd'hui inlassablement les airs d'antan.

Monument du Niederwald (Niederwalddenkmal) - *Accès par la route (2 km) ou par la télécabine (départ sur l'Oberstraße, 20mn AR).*

Le monument du Niederwald fut érigé entre 1877 et 1883 pour commémorer le rétablissement de l'Empire allemand en 1871. La statue de la *Germania* pèse à elle seule 32 tonnes.

À ses pieds, un bas-relief en bronze réunit, autour de l'empereur Guillaume Ier, le chancelier Bismarck, les princes allemands et les corps d'armée.

De l'esplanade, la **vue** porte sur le vignoble, Bingen et le confluent de la Nahe, et, dans le lointain, les hauteurs du Palatinat.

Après Rüdesheim, la route passe au pied des vignes en terrasses dominées par la ruine du château d'Ehrenfels, construit par les archevêques de Mayence en même temps que la **tour des Souris** de Bingen, sur la rive d'en face, pour contrôler les péages sur le fleuve, mais aussi pour se défendre des ennemis venus du nord.

Après Aßmannshausen se succèdent, sur la rive opposée, les silhouettes des châteaux forts avec leurs tours crénelées de Rheinstein, Reichenstein et Sooneck. À hauteur de Lorch, la tour de Fürstenberg marque le début d'un passage plus épanoui, qui annonce Bacharach, avec ses vignes et ses tours. Puis apparaît, au milieu du Rhin, le château de la Pfalz.

Kaub

Le bourg, dominé par la ruine restaurée de Gutenfels, vaut par la pittoresque rue principale, la Metzgerstraße.

Pfalz★ – *Face à Kaub - ✆ 0172 262 28 00 - www.burgen-rlp.de - avr.-oct. : tlj 10h-18h ; nov. et janv.-fév. : le w.-end 10h-17h ; mars : tlj 10h-17h - Dernière entrée 1h av. fermeture. Fermé déc. 4,10 €.*

Ce château de péage, également appelé **Pfalzgrafenstein**, s'élève au milieu du Rhin et dresse son donjon entouré d'une enceinte à tourelles évoquant la forme d'un navire. Sa position et l'épaisseur de ses murs le maintinrent toujours hors de l'atteinte des assaillants.

Avant de parvenir à un coude à angle droit, on passe devant le **site★★** d'Oberwesel, dont les tours se succèdent au pied du Schönburg. Même l'église a une tour crénelée en guise de clocher. On atteint enfin le passage le plus farouche de la vallée.

La tour des Souris

Selon la légende, l'archevêque de Mayence, Hatto, aurait fait construire cette tour pour faire payer un droit de péage aux bateliers. Or, la famine venant à sévir dans la région, les paysans affluèrent à Mayence pour exiger du blé. Hatto les envoya dans la grange où le blé était entreposé. Il ferma les portes derrière eux et mit le feu au bâtiment. Il ne resta bientôt plus rien. Seules quelques souris ressortirent qui filèrent vers le palais de l'archevêque et y mangèrent tout ce qui s'y trouvait. Hatto se réfugia dans la tour du Rhin. Mais les souris montèrent avec lui dans le bateau et une fois à terre achevèrent de le croquer.

Lorelei★★

Ce rocher légendaire, haut de 132 m, est devenu le symbole du Rhin romantique et tient une place de choix dans la littérature allemande. Son avancée réduit d'un quart la largeur du fleuve. Selon la légende, la Lorelei était une ondine blonde (génie

La Lorelei qui fut fatale à bien des navigateurs, et le bateau « Goethe ».

des Eaux dans la mythologie nordique) qui captait l'attention des bateliers par ses attraits et ses chants mélodieux, à l'endroit le plus dangereux du fleuve. Heine a fait de cette légende un poème *Je ne sais d'où vient ma tristesse…*, que Silcher a mis en musique.

St-Goarshausen

La ville, qui s'étire au bord du fleuve (agréable promenade), est dominée par le château fort du **Katz** (Chat) *(on ne visite pas)*. Il aurait été construit pour neutraliser celui de la **Souris** *(Maus)*, élevé un peu plus en aval.

Belvédère de la Lorelei★★

En quittant St-Goarshausen, suivre « Loreley-Burgen Straße ». Pendant la haute saison, il y a un service de navettes entre l'embarcadère de St-Goarshausen et le plateau de la Lorelei. De différents éperons, on a des **vues★★** sur la « trouée héroïque » du Rhin romantique. Le plateau a été aménagé en un jardin paysager avec des chemins de randonnée, ainsi qu'un **centre Lorelei** *(Lorelei-Zentrum)*. Des installations interactives sont consacrées à la légende de la Lorelei, ainsi qu'à la géologie, la flore et la faune de la région. *☎ 067 71 59 90 93 - www.loreley-touristik.de - ♿ - mars-oct. : 10h-18h ; nov.-fév. : w.-end 11h-16h - 2,50 €.*

Wellmich

Dans l'église, des vestiges de peintures murales du 15e s. ont été restaurés. On reconnaît notamment, dans la nef, la Crucifixion et le Jugement dernier, ainsi que le martyre des apôtres.

Les « Frères ennemis »

À Kamp-Bornhofen, tourner à droite vers Dahlheim, puis à nouveau à droite au panneau « Zu den Burgen ». C'est ainsi que l'on désigne les deux châteaux qui dominent **Kamp-Bornhofen**. Des ruines de **Liebenstein**, on a un beau **panorama★★** sur le château de **Sterrenberg** et la vallée. Le paysage s'adoucit au niveau de Boppard, dont le méandre est couvert de vignes. Puis apparaît, sur son promontoire, la forteresse de Marksburg que l'on atteint en prenant à Braubach la route de Nastätten.

Marksburg★

Le **château**, le seul de la vallée qui n'ait jamais été détruit, occupe un **site★★** aérien au-dessus du fleuve. On remarque surtout la grande batterie, le jardin médiéval (170 espèces) et la salle des armures (de 600 av. J.-C. au 15e s.). La visite guidée permet de découvrir la vie dans un château moyenâgeux. *☎ 0262 72 06 - www.marksburg.de - visite guidée (50mn) avr.-oct. : 10h-17h ; nov.-mars : 11h-16h - fermé 24-25 déc. - 5 €.*

Lahneck

3 km au départ de Lahnstein.

Les ruines d'un **château** *(Burg)* construit au 13e s. pour protéger les mines d'argent voisines ont été relevées au 19e s. dans le style néogothique. *☎ 02 627 84 19 - www.burglahneck.de - avr.-oct. : 10h-17h - 3 €.* Du donjon, **vue** sur le confluent de la Lahn et le château troubadour de Stolzenfels, sur l'autre rive.

DE CHÂTEAU EN CHÂTEAU★★★ 2

De Coblence à Bingen - 63 km – Une journée.

En sortant de la banlieue de Coblence, on découvre, à droite, le château de Stolzenfels et, sur l'autre rive, la tour de Lahneck dominant le confluent de la Lahn.

Chateau Stolzenfels (Schloss Stolzenfels)

✆ 0261 51 853 - www.schloss-stolzenfels.de - visite guidée (45mn) avr.-sept. : 9h-18h ; reste de l'année : 9h-17h - fermé 1er jour ouvrable de la sem. et déc. - 2,60 €.

Ce vaste château fut reconstruit à grand renfort de créneaux par Frédéric-Guillaume IV en 1842, dans un style néogothique inspiré des manoirs anglais. L'**intérieur★**, somptueux, est aménagé en musée.

De la terrasse, on a une vue sur Coblence et la citadelle d'Ehrenbreitstein.

Rhens

Jolies maisons peintes à colombages.

Gedeonseck

1h AR dont 20mn de télésiège - ✆ 067 42 25 10 - www.sesselbahn-boppard.de - du 1er avr. au 10 avr. et de mi-oct. à fin oct. : 10h-17h ; du 11 avr. à fin avr. et de déb. oct. à mi-oct. : 10h-17h30 ; mai, juin et sept. : 10h-18h ; juil. et août : 9h30-18h30 - 6,40 € AR.

Cette promenade permet d'avoir une **vue★** sur le lobe convexe, très irrégulier, du méandre de Boppard.

Boppard

Issue d'un château fort romain, Boppard était au Moyen Âge une ville impériale libre. Remarquer l'église St-Séverin, de style roman tardif, ainsi que l'église gothique des carmélites avec sa très belle décoration : stalles (vers 1460) et monuments funéraires de style Renaissance. Le musée aménagé dans le château fort de la cour de Trèves (14e s.) abrite, entre autres, du mobilier ayant appartenu à Michael Thonet, qui vit le jour à Boppard. Belle promenade le long du Rhin.

Les deux ruines des Frères ennemis *(voir plus haut)* marquent le début de la section héroïque. Après Hirzenach, on aperçoit les châteaux forts de la Souris *(Maus)* et du Chat *(Katz)*, au-dessus de St-Goarshausen.

St-Goar

La ville, blottie au pied d'un château fort, commande, avec St-Goarshausen, le passage de la Lorelei.

Le **château de Rheinfels★★** *(Burg Rheinfels : ✆ 067 41 383 - www.burg-rheinfels.com - mi-mars à fin oct. : 9h-18h ; fin oct. à déb. nov. : 9h-17h ; déb. nov. à mi-mars : w.-end 11h-17h (dernière entrée 1h avant fermeture) - 4 €.)*, qui avait résisté aux assauts de Louis XIV, fut, jusqu'à son démantèlement par les Français en 1797, la plus puissante forteresse de la vallée. Montez à la tour de l'horloge pour découvrir l'ensemble des bâtiments et la vallée du Rhin avec, sur l'autre rive, les châteaux du Chat *(Burg Katz)* et de la Souris *(Burg Maus)*.

Sur l'autre rive, le rocher de la Lorelei rétrécit le passage, agitant le courant de profonds remous. Les rives restent très abruptes et boisées jusqu'à Oberwesel.

Oberwesel

Seize tours issues des fortifications de cette petite ville viticole idyllique ont été préservées ; une partie de l'enceinte médiévale est encore accessible et offre une belle vue sur le Rhin.

L'**église gothique Notre-Dame★** *(Liebfrauenkirche)*, au sud de la ville, abrite un très beau retable au maître-autel, un des plus anciens d'Allemagne (première moitié du 14e s.), un jubé gothique, et, dans le bas-côté gauche, un curieux triptyque (1510) représentant les quinze cataclysmes de la fin du monde.

De la terrasse du château de **Schönburg★**, bloc de trois forteresses protégées par un impressionnant mur de défense, s'offre une vue englobant Kaub et l'île fortifiée de Pfalz.

Au milieu du fleuve apparaît l'étonnante nef de pierre de la Pfalz dominée par le château de Gutenfels.

Bacharach★

Jadis propriété des comtes palatins, Bacharach, entourée de vignes et de vieilles tours témoignant des fortifications du Moyen Âge, reste une étape fréquentée sur la vallée du Rhin.

De jolies maisons à pans de bois, souvent fleuries, égayent l'Obserstraße et la Marktplatz. L'église St-Pierre *(Peterskirche)* possède une nef romane, une des dernières construites en Allemagne, dont l'élévation à quatre étages (grandes arcades, galerie, triforium, fenêtres hautes) reflète déjà l'art gothique français. Tout près s'élèvent les ruines de la chapelle St-Werner.

Burg Sooneck

À Niederheimbach - ✆ 06 743 60 64 - www.burgen-rlp.de - De avr. à fin sept. : tlj 10h-17h15 ; oct.-mars : tlj 10h-16h15 - 2,60 €. La **forteresse**, très restaurée, avec son dédale d'escaliers, de plates-formes et de jardins fleuris en terrasses, est suspendue sur une pente escarpée, à l'extrémité de la forêt de Soon. Le roi Frédéric-Guillaume IV de Prusse se consacra à l'aménagement de ce château en ruine à partir de 1842. Les pièces d'habitation ont été meublées dans le style néogothique et Biedermeier. Malheureusement, la mine à ciel ouvert à proximité gâche le plaisir des jardins et la visite guidée est assez décevante.

Burg Reichenstein

À Bacharach - ✆ 06 721 61 17 - www.burg-reichenstein.de - de déb. mars à mi-nov. : tlj sf lun. 10h-18h - 3,50 €. Ce **château** néoféodal (10e s.) est particulièrement bien situé, au débouché d'un vallon bucolique. Après avoir servi de péage d'Empire, il fut transformé en résidence d'été au 19e s. À l'intérieur, belles collections d'armes et de trophées de chasse.

Burg Rheinstein

✆ 06 721 63 48 - www.burg-rheinstein.de - avr.-oct. : 9h30-17h30 ; nov.-mars : lun.-vend. 14h-17h, dim. 10h-17h - fermé 20 déc.-10 janv. - 3,80 €.

Le **château** est perché sur un à-pic dominant le Rhin ; de la tour de guet la plus avancée, on a une **vue★★** plongeante sur le fleuve. Rheinstein fut le premier château du Rhin reconstruit par les Hohenzollern (à partir de 1823). À partir de la **tour aux Souris** *(Mäuseturm)*, sur son îlot, la vallée s'épanouit et se couvre, sur la rive droite, de vignobles en terrasses.

Bingen

Fondé par les Romains à la confluence du Rhin et de la Nahe *(castel Bingium)*, ce petit port fluvial dessert aujourd'hui un arrière-pays viticole et touristique. Le **Burg Klopp**, ancienne forteresse des évêques de Mayence, fut détruit à plusieurs reprises, en particulier par les troupes de Louis XIV en 1689.

De la terrasse, une large **vue★** s'ouvre sur le Binger Loch, entre le Hunsrück et les coteaux du Rheingau en amont du monument du Niederwald.

Aux alentours de Rüdesheim am Rhein

Abbaye d'Eberbach★★ (Kloster Eberbach)

À 15 km environ à l'est de Rüdesheim.

Cette ancienne abbaye est la seule fondation directe de Clairvaux en Allemagne, avec l'abbaye de Himmerod dans le massif de l'Eifel. Le lieu retient aujourd'hui encore une grande part du silence et de l'isolement propres au mode de vie de la communauté cistercienne qui l'habita. Murs blancs, toits pentus en ardoise, jardins tracés au cordeau… C'est un monde à part où l'on produit du vin selon des techniques séculaires.

Église abbatiale (Klosterkirche) - *✆ 06723 917 81 00 - www.klostereberbach.de - ♿ - avr.-oct. : 10h-18h ; nov.-mars : 11h-17h - fermé Rosenmontag, 24-25 et 31 déc. - 3,50 €.*

L'église abbatiale, à trois vaisseaux, fut édifiée en deux temps, de 1145 à 1160, puis de 1170 à 1186. Couverte de voûtes d'arêtes, au chevet plat et aux chapelles orientées rectangulaires très basses suivant la tradition cistercienne, elle dégage une

L'histoire de l'abbaye

Vers 1135, alors que l'ordre cistercien rayonnait en Europe, l'archevêque de Mayence, Adalbert, demanda à Bernard de Clairvaux de venir s'installer à Eberbach où était établie une petite communauté de moines bénédictins. Clairvaux envoya aussitôt un groupe de religieux chargés d'édifier l'un des plus beaux ensembles monastiques d'Allemagne. Les moines bourguignons eurent tôt fait de mettre à profit leurs connaissances viticoles au sein de l'abbaye. La règle de saint Benoît leur dictait de se procurer par eux-mêmes leurs revenus. L'abbaye prospéra assez vite, mais les guerres des 16e et 17e s. dispersèrent les richesses d'Eberbach. Après un renouveau au 18e s., l'abbaye fut sécularisée en 1802. Le domaine viticole fut néanmoins maintenu.

Statues dans l'abbaye d'Eberbach.

impression d'austère grandeur. Entre 1310 et 1340, on a ajouté sur le flanc sud une série de chapelles gothiques, percées de fenêtres à remplage. Nombreuses **pierres tombales★** du 14e au 18e s.

Bâtiments conventuels – Ils s'ordonnent autour du **cloître★**, construit du milieu du 13e s. au milieu du 14e s. Du **réfectoire des moines** ne subsiste plus d'origine (1186) que le portail ; refait en 1720, il possède un magnifique plafond à stucs réalisé par l'artiste mayençais Daniel Schenk (1738).

Dans le réfectoire des frères convers, on peut voir une magnifique collection de **pressoirs anciens★★**, dont les colonnes sont traitées de façon décorative. Le plus ancien remonte à l'année 1668.

À l'étage du bâtiment des Pères, le **dortoir des moines★**, d'une longueur de 72 m, date pour l'essentiel des années 1250-1270. Il se compose de deux vaisseaux en croix, dont le sol est légèrement incliné et les colonnes raccourcies, afin de leur donner plus de profondeur par le jeu des perspectives. La **salle capitulaire**, avec sa belle voûte en étoile de 1345 et ses rinceaux de 1500, fut construite avant 1186.

Du dortoir, on accède au **musée de l'abbaye** *(Abteimuseum)*, à l'étage supérieur, qui retrace l'histoire de l'abbaye et de l'ordre cistercien.

Vallée du Rhin pratique

Informations utiles

Office du tourisme de Rüdesheim – *Geisenheimerstraße 22 - 65385 - ✆ 067 22 194 33 - www.ruedesheim.de/tourist/*

Office du tourisme de Boppard – *Marktplatz - ✆ 067 42 38 88 - www.boppard.de*

Office du tourisme de Bacharach – *Oberstrasse 45 - ✆ 067 43 91 93 03 - www.rhein-nahe-touristik.de*

Se loger

Vous trouverez un grand nombre d'hôtels tout au long de la vallée, mais les deux voies ferrées de chaque côté du Rhin sont particulièrement bruyantes et les trains se succèdent jusqu'à tard dans la nuit.

À RÜDESHEIM AM RHEIN

⊖⊖ Hotel Trapp – *Kirchstraße 7 - 65385 - ✆ 06722 911 40 - www.ruedesheim-trapp.de - ouv. de mi-mars à mi-déc. - P - 38 ch. - à partir de 95 €* ☕. Au cœur de cette petite ville romantique, cet établissement familial bien tenu offre des chambres de caractère.

⊖⊖⊖ Hotel Rüdesheimer Schloss – *Steingasse 10 - 65385 - ✆ 06722 905 00 - www.ruedesheimer-schloss.de - fermé de Noël à déb. janv. - P ♿ - 21 ch. - 125 €* ☕. Cet ancien bâtiment (18e s) avec sa jolie cour intérieure et son vignoble est situé en bordure du Rhin et en plein centre-ville.

À BACHARACH

⊖ Jugendherberge Burg Stahleck – *Sur les hauteurs de la ville - 55422 - ✆ 06 743 12 66 - www.diejudendherbergen.de - 166 lits - 50 €.* Cette auberge de jeunesse est installée dans un superbe château en ardoise dominant la ville (15mn à pied ou 2 km en voiture). Réservation indispensable pour avoir une chambre double (sinon, chambrée de 6 ou 10 lits).

⊖⊖ Hotel Altkölnischer Hof – *Blücherstraße 2 - 55422 - ✆ 06 743 13 39 - www.hotel-bacharach-rhein.de - ouv. avr.-*

oct. - 20 ch. - à partir de 70 € . Cet hôtel, situé sur la belle place de l'église, est installé dans une ancienne maison à colombages restaurée. Coquettes chambres. Les repas sont servis dans la salle de restaurant lambrissée ou à la taverne. Spécialités rhénanes.

Park-Hotel – *Marktstraße 8 - 55422 - 06 743 14 22 - www.park-hotel-bacharach.de - ouv. de mi-mars à mi-nov. - 25 ch. - 90 €* . Chambres confortables, dont certaines offrent une vue splendide sur le Rhin. Dans la salle des comtes palatins *(Pfalzgrafen)*, on vous servira des spécialités régionales. Petite piscine et sauna. Seul bémol, la situation est bruyante à cause de sa proximité avec la voie de chemin de fer.

À BOPPARD

Baudobriga Rheinhotel – *Rheinallee 43 - 56154 - 06 742 23 30 - www.baudobriga.de - - 35 ch. - 56 €*. Le bâtiment n'a pas de charme particulier mais c'est l'un des moins chers de la promenade. La plupart des chambres ont vue sur le Rhin et disposent d'un balcon.

Hotel Zur Krone – *Rheinallee 36 - 56154 - 06 742 22 20 - www.rheinhotelkrone.de - 20 ch. - à partir de 65 €*. Dans une maison traditionnelle à colombages, sur la promenade le long du Rhin, des chambres agréables et lumineuses d'un bon rapport qualité/prix.

Hotel Bellevue – *Rheinallee 41 - 56154 - 06 742 102 0 - www.bellevue-boppard.de - - 92 ch. - 115 € - 20/40 € - restaurant 25/50 €*. Cet hôtel ouvert en 1897 propose des chambres luxueuses dans un cadre historique sur les bords du Rhin. Réductions hors saison.

À ST. GOAR

Hotel Landsknecht – *An der Rheinufer-Straße (B 9) - 56329 St. Goar-Fellen - 06 741 20 11 - www.hotel-landsknecht.de - fermé janv.-fév. - - 15 ch. - 70 €* . Chambres à l'équipement standard mais confortable. Joli jardin. Le restaurant offre un cadre rustique. Depuis sa terrasse, belle vue sur le Rhin.

Hotel Zum Goldenen Löwen – *Heerstraße 82 - 56329 - 06 741 16 74 - www.goldener-loewe-stgoar.de - - 12 ch. - 120 € - restaurant 20/45 €*. À la recherche d'une adresse pratique pour passer la nuit ? Ce petit hôtel propose des chambres soignées.

Schlosshotel und Villa Rheinfels – *Schlossberg 47 - 56329 - 06 741 80 20 - info@burgrheinfels.de - - 56 ch. - à partir de 125 €* . Très bien situé, dans la vallée de la Lorelei, devant l'impressionnant château, l'hôtel et la Villa Rheinfels offrent des chambres confortables. Belle vue depuis le restaurant.

Se restaurer

À BOPPARD

Tannenheim – *Bahnhof Buchholz 3 (B 327) - 56154 Boppard-Buchholz - 06 742 22 81 - www.hotel-tannenheim.de - fermé 1er-18 janv., sam. midi, jeu., dim. et j. fériés - 40/66 €*. Ce charmant restaurant est dirigé depuis quatre générations par la famille Fuchs. Il dispose également de quelques chambres et d'un joli jardin. La petite salle de chasse *(Jagdstübchen)* est confortable. On vous y servira des plats variés et de saison.

Gasthaus Hirsch – *Rheinstraße 17 - 56154 Boppard-Hirzenach - 06 741 26 01 - www.gasthaus-hirsch.net - fermé 2 sem. apr. Pâques et de mi-nov. au 25 nov. - 23,50 €*. Établissement rustique et de bon goût. Les plats concoctés à partir des produits du marché sont savoureux.

À KAUB

Zum Turm – *Zollstraße 50 - 56349 - 06774 922 00 - www.rhein-hotel-turm.com - fermé le mar., 1 sem. déb. janv., 1 sem. fin juil. et de mi-nov. à fin nov. - 25 €*. Cette maison fondée il y a plus de 300 ans est située près de la vieille tour et abrite depuis plus d'un siècle un petit restaurant familial. Plats préparés avec soin.

Sports et loisirs

CROISIÈRES SUR LE RHIN

Deux petites agences locales proposent des croisières la journée ou en soirée :

Bingen-Rüdesheimer Fahrgastschiffahrt – *Rheinkai 10 - 55411 Bingen - 067 21 141 40 - www.bingen-ruedescheimer.com*

Rössler Linie – *Lorcherstrasse 34 - 65385 Rüdesheim - 067 22 23 53 - www.roesslerlinie.de*

LOCATION DE VÉLOS

À Rüdesheim

Radkranz – *Oberstrasse 55 - 067 22 48 336 - www.rad-kranz.com* - Carte des pistes cyclables en vente.

EXCURSIONS

Entre mars et fin octobre, deux agences organisent des excursions au départ de Rüdesheim combinant l'ascension en téléphérique jusqu'à Niederwalddenkmal, une marche de 45mn à travers la forêt et un retour en bateau.

Romantik Tour – *Rens. à l'office de tourisme.* Ce tour inclut la visite du château de Rheinstein.

Seilbahn Rüdesheim - *Oberstrasse 37, 65385 Rüdesheim - 067 22 24 02 - www.seilbahn-ruedesheim.de*

Francfort-sur-le-Main★★

Frankfurt am Main

643 440 HABITANTS
CARTE GÉNÉRALE B3 – CARTES MICHELIN N^OS 718 H10 ET 543 T46
HESSE

Avec près d'un habitant sur trois n'ayant pas la nationalité allemande, Francfort est sans conteste la ville la plus internationale du pays. La ville de Goethe peut ainsi s'enorgueillir d'un brassage unique de cultures et de langues du monde. Capitale financière et commerciale de l'Allemagne, Francfort est aussi un important pôle scientifique et culturel, avec ses instituts de recherche, son université, son opéra, ses théâtres et un nombre sans cesse croissant de musées.

- **Se repérer** – Francfort est à 193 km au sud-est de Cologne.
- **À ne pas manquer** – La rive des musées ; un verre d'*Appelwoi* (cidre brut) et le *Handkäse mit Musik* (petit fromage jaune dans une sauce à l'oignon) dans un café du quartier d'Alt-Sachsenhausen, sur la rive gauche du Main.
- **Organiser son temps** – Une demi-journée suffit pour découvrir la vieille ville, mais la rive des musées mérite plus de temps.
- **Avec les enfants** – Le zoo, le musée d'Histoire naturelle Senckenberg.
- **Pour poursuivre le voyage** – Darmstadt (32 km au sud), Wiesbaden (41 km à l'ouest), Mayence (42 km à l'ouest), la vallée du Rhin (Rüdesheim est située à 66 km à l'ouest).

Comprendre

La seconde ville de sacre – Construite au 8e s., à l'emplacement d'un ancien camp romain, Francfort devint un siècle plus tard résidence impériale et capitale de la Franconie. En 1152, Frédéric Barberousse se fit élire empereur germanique à Francfort, inaugurant ainsi une tradition que Charles IV allait consacrer par la Bulle d'or. En 1562, la ville du Main remplaça Aix-la-Chapelle comme **ville du couronnement** des rois et des empereurs du Saint-Empire romain germanique ; ce privilège lui resta acquis jusqu'à la dissolution du Reich en 1806.

La jeunesse de Goethe – Johann Wolfgang von Goethe vit le jour à Francfort en 1749. Dans ses *Mémoires (Aus meinem Leben)*, le grand homme raconte les souvenirs attachés à sa ville natale qui lui est restée chère sa vie durant. Il y passa en effet les années les plus fécondes de son existence de poète, entre 1772 et 1775, et c'est là qu'il écrivit, en quatre semaines, son *Werther*.

La capitale de la finance et de l'économie – Au 16e s., la ville impériale obtint le droit de battre monnaie. Le marché financier prit un rapide essor et la **Bourse** fut créée. Au 18e s., les banques dominaient l'économie ; au 19e s., elles acquirent une réputation mondiale grâce aux géants de la finance **Bethmann** et surtout **Rothschild** (1744-1812), dont les fils, les « cinq Francfortois », créèrent des filiales à Paris, Londres, Vienne et Naples. Profitant de ce climat favorable, une industrie puissante ne tarda pas à se constituer. Les industries chimiques et pharmaceutiques sont aujourd'hui les plus actives.

D'importants salons spécialisés confortent également Francfort dans son rôle de métropole économique (Foire de la fourrure, Salon de l'automobile). La **Foire du livre** *(Buchmesse)*, en octobre, représente un événement culturel et commercial important. Le fait que Francfort ait été retenue pour être le siège de la **Banque centrale européenne** conforte la ville dans sa réputation incontestable de métropole financière.

L'élection des empereurs

La dignité impériale, dans le Saint-Empire romain germanique, ne se transmet pas de père en fils. Pour être élu, le candidat doit appartenir à l'une des familles souveraines. Franconiens (dynastie salienne), Saxons (les Othons), Bavarois et Souabes (les Hohenstaufen) se passent tour à tour la couronne. Mais les empereurs s'emploient à faire des donations et à octroyer des privilèges aux ducs, comtes et hauts prélats qui appartiennent à la diète afin de la garder dans leur famille. En 1356, la Bulle d'or limite le nombre des Électeurs à sept dont trois ecclésiastiques (les archevêques de Mayence, Cologne et Trèves) et quatre laïcs (duc de Saxe, margrave de Brandebourg, comte palatin, roi de Bohême).

G. Marth / TOURISM - CONGRESS GMBH KRANKFURT A.M.

Les gratte-ciel de Francfort donnent à la ville des allures de Manhattan.

La vie citadine – En dépit de son caractère cosmopolite, la métropole des bords du Main a conservé une note typiquement hessoise. C'est sur la **Hauptwache**, place datant de 1729 et située entre le Roßmarkt et la **Zeil**, la plus grande artère commerçante d'Allemagne, que la vie bat son plein. Au nord, le Westend, zone résidentielle calme et verte dont l'aménagement remonte à l'époque de Bismarck, cherche à se préserver de l'avancée des constructions commerciales.

La construction effrénée de grands immeubles dans le quartier des banques et de la foire témoigne aujourd'hui de la richesse économique de Francfort. Et cette rage de construire ne semble pas sur le point de se tarir. Le **quartier des gratte-ciel** s'est enrichi depuis peu de deux nouvelles silhouettes : la **Messeturm** (256 m), en granit rouge, de l'architecte germano-américain Helmut Jahn, et le siège de la Commerzbank (259 m), construit par Norman Foster. À l'avenir, les projets de construction ne devront cependant pas dépasser les 200 m de haut dans le quartier des banques ; il n'en est pas de même sur le terrain du parc des expositions *(Messegelände)*, où une *Millenium-Turm* de 340 m de haut devrait être construite.

Du haut des 120 m de la **Henninger Turm** *(sortir par Paradiesgasse)*, dans le quartier de Sachsenhausen, on a un **panorama complet★** sur la ville, le Main, la vaste forêt du Stadtwald et le massif boisé du Taunus. Plus récente, la tour **Main Tower** offre un panorama encore plus spectaculaire avec sa plate-forme culminant à 200 m.

Visiter

LA VIEILLE VILLE

Les fortifications médiévales, rasées en 1805 et dont subsiste la **tour d'Eschenheim** (*Eschenheimer Turm*, **G1**), terminée en 1428 et encore bien conservée, ont été remplacées par une ceinture verte. À l'intérieur de ce périmètre s'est développée la **vieille ville**, presque totalement détruite en 1943-1944, et dont un noyau a été reconstitué après 1945, autour du Römerberg.

C'est à partir du pont **Untermainbrücke** (**G2**), côté rive gauche, que l'on a la meilleure perspective sur ses silhouettes modestes, comparées aux gratte-ciel de la tour de la Foire, de la Deutsche Bank ou de la Dresdner Bank. Entre l'abside de l'ancienne église des carmélites et la cathédrale, on peut apercevoir successivement (de gauche à droite) la coupole de l'église St-Paul, les toits pointus du Römer, l'église St-Léonard en bordure du Main, le clocher élancé de l'église St-Nicolas et enfin, à l'extrémité de l'Eiserner Steg (pont métallique), le Saalhof, ancien palais impérial dont il reste la tour d'angle gothique.

Römer et Römerberg H2

Le Römer consiste en un bloc de trois maisons bourgeoises du Moyen Âge reconstitué dans les années 1980 ; devenu hôtel de ville en 1404, il fut ensuite utilisé pour les banquets lors de l'élection et du couronnement de l'empereur. Ses trois pignons gothiques à redans, devenus le symbole de Francfort, donnent sur le Römerberg. L'ensemble doit son nom à la **maison Zum Römer**, la plus ancienne et la plus somptueuse, située au centre ; les quatre statues d'empereurs surmontées d'aigles impériaux, au-dessus du

La Römerplatz.

balcon à balustrade sculptée, sont des adjonctions du 19e s. La petite cour intérieure s'orne d'un gracieux escalier à vis Renaissance. À l'intérieur de la **salle impériale** *(Kaisersaal)* ont été installés dans 47 niches et 5 médaillons, au 19e s., cinquante-deux portraits d'empereurs – de Charlemagne à François II (1806) – illustrant les mille années d'histoire de l'Empire. *069 21 23 40 64 - www.frankfurt.de - ♿ - tlj sf w.-end 10h-13h, 14h-17h - fermé 1er janv., 24-25 et 31 déc. et lors des réunions - 2 €.*

Le **Römerberg** est limité au sud par l'**ancienne église St-Nicolas**, construite au 13e s. en grès rouge ; tribune à quatre tourelles d'angle. Au sud-ouest se trouve la **maison Wertheim**, belle demeure à colombages de la fin de la Renaissance (1600). Sur le côté nord de la place, la **Steinernes Haus (C)**, de 1464, a manifestement été construite sur le modèle d'un palais italien. Une rangée de maisons à colombages bâties du 15e au 18e s. limitait le Römerberg à l'est : toutes ont été reconstruites. Au centre de la place se dresse la **fontaine de la Justice** (1543). La partie restaurée du vieux Francfort est directement en contact avec l'architecture postmoderne de la **galerie Schirn** *(Kunsthalle Schirn)* ; cette galerie tout en longueur, avec rotonde, abrite différentes expositions d'art moderne.

Église St-Léonard (Leonhardskirche) H2

L'aspect de l'église St-Léonard, gothique (15e s.), trahit sa filiation avec une basilique romane. À l'est, elle a conservé des tours octogonales et les belles sculptures du **portail de Maître Engelbert** qui, depuis l'adjonction de deux bas-côtés à l'édifice primitif, se trouve à l'intérieur.

La nef centrale, presque carrée, est entourée sur trois côtés par une galerie à tribunes et le chœur est illuminé par de beaux vitraux. À gauche de celui-ci se trouvent un magnifique retable sculpté (scènes de la vie de la Vierge) et un tableau d'Holbein l'Ancien représentant la **Cène**. Le bas-côté nord abrite une chapelle baptismale.

Cathédrale St-Barthélemy★ (Dom) H2

Dans cette église, dédiée à saint Barthélemy, eurent lieu, dès 1356, l'élection des empereurs, puis, à partir de 1562, leur couronnement, ce qui lui a valu l'appellation de **cathédrale**. Cette église-halle gothique à trois nefs, au large transept, a été édifiée entre le 13e et le 15e s., sur l'emplacement d'une construction carolingienne. La grande **tour ouest★★** *(Westturm)*, ornée d'un couronnement polygonal à gâbles et surmontée d'un dôme à lanternon, ne fut terminée qu'en 1877.

Dans le péristyle néogothique édifié devant la tour après l'incendie de la cathédrale (1867), voir le groupe très expressif de la **Crucifixion** (1509) en grès gris, œuvre du sculpteur de Mayence Backoffen. Les belles **stalles★** du chœur (vers 1350) sont dues à un maître du haut Rhin. Les **peintures murales** ont été exécutées en 1427 par un maître de l'école de Cologne ; on y voit la légende de saint Barthélemy.

Dans une niche, sur le côté droit du chœur, se trouve la pierre tombale (1352) du comte Günther von Schwarzburg, concurrent malheureux de Charles IV pour le titre de roi de Germanie. La porte voisine conduit à la chapelle *(Wahlkapelle)* de la 1re moitié du 15e s., où les sept princes-électeurs du Saint-Empire romain germanique procédaient à leur choix final.

Dans la chapelle à gauche du chœur se trouve l'**autel du sommeil de Marie** *(Maria-Schlaf)*, de 1434. Seul autel restant de l'ancien aménagement intérieur, il est également l'œuvre d'un maître de Cologne et représente les douze apôtres au chevet de Marie mourante. La grande **Descente de croix**, sur le mur ouest du transept nord, est l'œuvre de Anton Van Dyck (1627).

Musée de la Cathédrale★ (Dommuseum)

✆ 069 13 37 61 86 - mar.-vend. 10h-17h, w.-end 11h-17h - possibilité de visite guidée (30mn) sur demande préalable - fermé 1er janv., 24-25 et 31 déc. - 2 €.

Le musée de la Cathédrale est installé dans les vestiges du cloître gothique. Très petit, il expose le trésor de la cathédrale *(Domschatz)*. Ce dernier se compose de précieuses pièces d'orfèvrerie et de somptueux vêtements datant du haut Moyen Âge ainsi que de la **pierre tombale** mérovingienne d'une jeune fille enterrée dans la cathédrale. À l'ouest de la cathédrale se trouve le **Jardin archéologique** *(Historischer Garten)* où l'on a retrouvé des vestiges de fortifications romaines et carolingiennes.

Musée d'Art moderne★ (Museum für Moderne Kunst) H1

✆ 069 21 23 04 47 - www.mmk-frankfurt.de - tlj sf lun. 10h-17h (merc. 20h) - possibilité de visite guidée (1h) - 6 €.

L'architecte viennois Hans Hollein a réussi la prouesse de concevoir un édifice spacieux sur un terrain triangulaire d'une superficie extrêmement réduite. L'intérieur, plein de fantaisie, étonne par ses dimensions imposantes. Ce musée est notamment consacré à l'art contemporain. Remarquer particulièrement la collection de Karl Ströher de Darmstadt, acquise par la ville de Francfort en 1980 et peu à peu complétée depuis. Les artistes de l'école de New York (Claes Oldenburg, Andy Warhol) y sont également bien représentés, de même que l'art contemporain allemand (Joseph Beuys, Mario Merz, Katharina Frische, Gerhard Richter avec son oppressant *Cycle de Stammheim*). La photographie n'est pas oubliée. Tous les six mois, 6 à 8 pièces du musée sont réaménagées pour des expositions de photos.

Église St-Paul (Paulskirche) H2

C'est dans l'église St-Paul, bâtiment circulaire élevé au début de l'époque classique mais reconstruit, que siégea entre 1848 et 1849 l'Assemblée nationale allemande élue après la révolution de mars. L'édifice abrite une exposition consacrée à l'histoire du mouvement démocratique allemand.

Maison de Goethe★ – Musée de Goethe (Goethe-Haus – Frankfurter Goethe-Museum) G2

✆ 069 13 88 00 - www.goethehaus-frankfurt.de - lun.-sam. 10h-18h, dim. et j. fériés 10h-17h30 - fermé 1er janv., Vend. saint, 24-25 et 31 déc. - 5 €.

« La maison était spacieuse, claire et sereine, les escaliers dégagés, les vestibules bien aérés et plusieurs fenêtres permettaient de voir facilement sur les jardins. » C'est ainsi que Goethe décrit la maison paternelle.

Dans cette maison, reconstruite après 1945 d'après le modèle d'origine, le poète se sentirait de nouveau immédiatement chez lui ; le portrait de Charlotte Buff, son amour de jeunesse, est suspendu au mur dans la chambre de Goethe, comme autrefois. Une exposition est consacrée à la vie de la famille Goethe à Francfort au 18e s. et présente également des documents relatifs aux premières œuvres du poète.

Le **musée Goethe** attenant abrite une galerie de peintures datant de l'époque de Goethe (baroque tardif au romantisme) et illustre l'intérêt de toujours du poète pour les arts plastiques. On trouve, entre autres, des tableaux de Tischbein, Graff, Hackert, Füssli et Friedrich.

LA RIVE DES MUSÉES

Une impressionnante série de musées s'alignent sur le Schaumainkai, rive gauche du Main, entre le Eiserner Steg et le Friedensbrücke : créations ou simples extensions entreprises dans les années 1980 et habilement intégrées dans l'environnement soigné d'un quartier résidentiel qu'agrémentent des espaces verts, ils jouissent – pour certains d'entre eux – d'une renommée internationale.

Musée Städel (Städelsches Kunstinstitut) et Galerie municipale★★ (Städtische Galerie) G2

✆ 069 605 09 80 - www.staedelmuseum.de - ♿ - tlj sf lun. 10h-18h (merc., jeu. 21h) - fermé 1er Mai, 24 et 31 déc. - 8 €. Ce haut lieu de l'art réunit une importante **collection d'anciens maîtres** illustrée par des œuvres exceptionnelles : Hans Holbein l'Ancien *(Généalogie du Christ)*, Grünewald, Altdorfer, Dürer, Van Eyck *(Madone de Lucques)*, Fra Angelico, Mantegna, Botticelli. Les siècles suivants sont représentés par des

œuvres de Vermeer *(Le Géographe)*, Rembrandt, Frans Hals, Rubens *(Le Mariage de sainte Catherine)*, Tiepolo, Elsheimer, Poussin et Watteau. La peinture allemande de l'époque de Goethe est illustrée par Johann Heinrich Tischbein *(Goethe dans la campagne romaine, 1787)*. L'impressionnisme français est dominé par Renoir et Monet *(Le Déjeuner)*, l'impressionnisme allemand par Max Liebermann. Notons parmi les expressionnistes allemands des artistes tels que Beckmann, Kirchner et Marc. On peut également admirer des œuvres de peintres modernes (Matisse, Picasso). Une place est enfin accordée au surréalisme, au Bauhaus et à l'art contemporain (Dubuffet, Bacon, Tàpies).

Musée des Arts appliqués★ (Museum für Angewandte Kunst) H2

℘ 069 21 23 40 37 - www.museumfuerangewandtekunst.frankfurt.de - tlj sf lun. 10h-17h (dim. 21h) - possibilité de visite guidée (1h) sur demande au ℘ (069) 21 23 85 22 - 5 €.
Le bâtiment du musée (1985) est l'œuvre de l'architecte new-yorkais Richard Meier, qui y a intégré une villa de style classique, datant de 1803. Cet édifice très lumineux met parfaitement en valeur la pureté des lignes et la noblesse des matériaux des objets exposés, en particulier le mobilier : meubles du Moyen Âge, armoires et coffres sculptés Renaissance et baroques, commodes et cabinets aux incrustations précieuses, mobilier Art nouveau. La collection de verreries est aussi digne d'intérêt (verrerie vénitienne des 15e et 16e s.).

La section islamique contient surtout des faïences et des tapis. La section de l'Extrême-Orient abrite de beaux laques et porcelaines. Les objets de l'époque rococo et classique sont représentés par une remarquable collection de porcelaines (Meissen, Berlin, Nymphenburg, Vienne, Sèvres).

Galerie municipale de la maison Liebig
(Städtische Galerie Liebieghaus/Museum alter Plastik) G2

℘ 0212 38 615 - www.liebieghaus.de - tlj sf lun. 10h-17h (merc. 20h) - fermé 24 et 31 déc. - 4 €. Elle abrite de beaux exemples de sculptures appartenant à différentes civilisations et époques de l'Antiquité égyptienne (tête d'un dignitaire du Moyen Empire) au Moyen Âge (Vierge en majesté avec l'Enfant, Trèves, 11e s.). On peut également admirer des œuvres de Tilman Riemenschneider, ainsi que des œuvres classiques.

Musée allemand du Cinéma★ (Deutsches Filmmuseum) G2

℘ 069 961 220 220 - www.deutsches-filmmuseum.de - ♿ - mar., jeu. et vend. 10h-17h, merc., dim. 10h-19h, sam. 14h-19h - 2,50 €.
Ce musée présente les différentes inventions qui ont marqué les débuts de la photographie et de l'histoire du cinéma (kinétoscope d'Edison, 1899). La section Production cinématographique/Histoire du cinéma permet au visiteur de découvrir les coulisses du cinéma muet et parlant. Un petit cinéma présente plusieurs fois par jour des actualités, des spots publicitaires et des courts métrages.

Musée de la Communication★ (Museum für Kommunikation) G2

℘ 069 60 600 - www.museumsstiftung.de - ♿ - tlj sf lun. 9h-18h, w.-end 11h-19h - 2 €.
Retraçant l'histoire des communications depuis les tablettes d'argile jusqu'aux ordinateurs et aux lecteurs MP3 en passant par le télégraphe et le téléphone, ce musée impressionnera particulièrement les plus jeunes. On y voit des radios aussi imposantes que des machines à laver ou un magnétoscope de la taille d'une valise.

HORS DE LA VIEILLE VILLE

Zoo★★ Hors plan, vers H1

Ligne de métro U6 ou U7, descendre à la station Zoo. t 069 21 33 37 35 - www.zoo-frankfurt.de - j - été : 9h-19h ; hiver : 9h-17h - 8 € (enf. 4 €, -6 ans gratuit).
Environ 5 000 animaux (600 espèces) vivent dans ce zoo réputé pour ses succès dans la reproduction. Le département des oiseaux est particulièrement coloré avec sa grande volière. Dans l'exotarium vivent poissons, reptiles, pingouins et insectes. La **Grzimek-Haus**, plongée dans l'obscurité pendant la journée, permet d'observer des animaux chassant la nuit, tels fennecs, tapirs…

Musée d'Histoire naturelle Senckenberg★
(Naturmuseum Senckenberg) Hors plan, vers G1

Sortir par la Bockenheimer Landstraße. Senckenberganlage 25 - ℘ 069 75 420 - www.senckenberg.de - 9h-17h (merc. 20h) - possibilité de visite guidée - 6 €.
Rénové depuis fin 2003, le musée d'Histoire naturelle Senckenberg, fondé en 1821, se distingue par sa riche **section de paléontologie★★** *(rez-de-chaussée)*. Dans le hall d'entrée sont exposés des fossiles du jurassique inférieur (lias) trouvés près de Holzmaden (Wurtemberg) : crocodiles de mer, ichtyosaures et crinoïdes.

Dans la **salle des dinosauriens,** on peut voir des squelettes d'animaux géants du secondaire, tels que les diplodocus et les iguanodons. Un grand espace est réservé aux célèbres **fouilles du jurassique**, qui ont eu lieu principalement dans la région de Solnhofen au bord de l'Altmühl, là où furent retrouvés les ancêtres de l'oiseau et du dinosaure à bec. L'évolution de la race humaine est évoquée par les nombreux

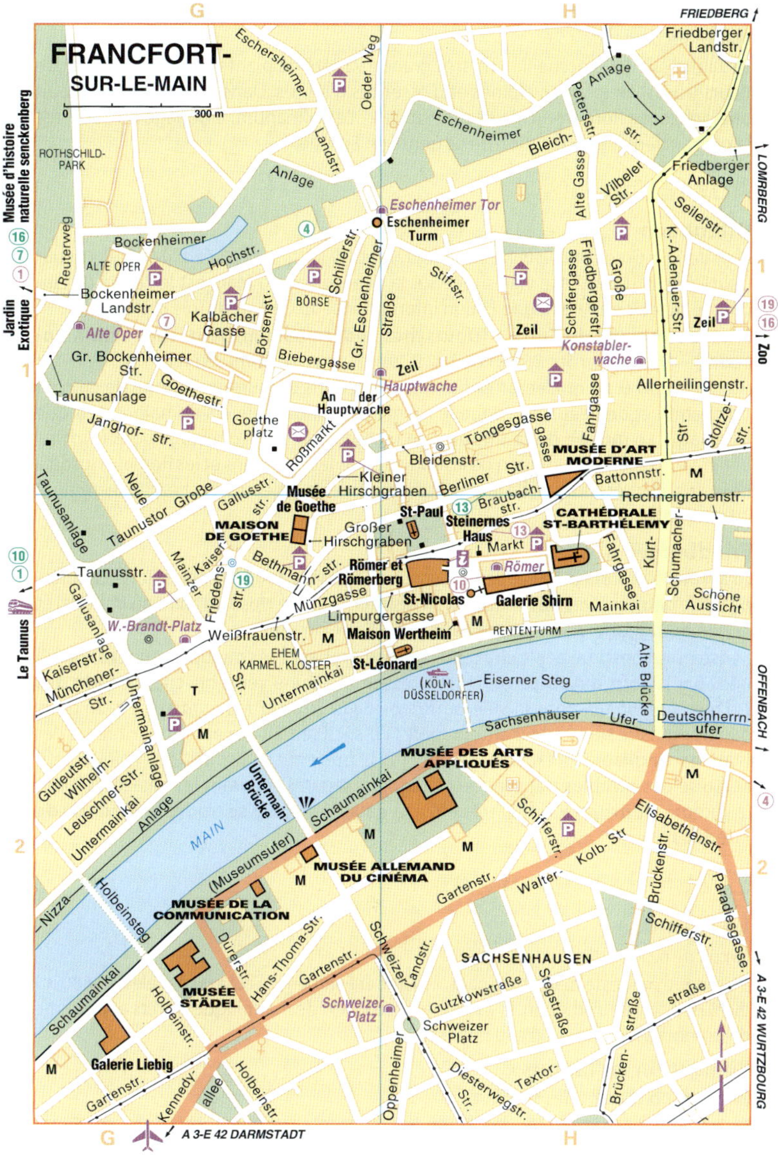

SE LOGER

- A Casa Bed&Breakfast 1
- Hilton 4
- Hotel-Pension Gölz 7
- Hotel Hamburger Hof 10
- Hotel Miramar 13
- Liebig-Hotel 16
- Steigenberger Frankfurter Hof 19

SE RESTAURER

- Ernos Bistro 1
- Lorsbacher Thal 4
- Meyer's Restaurant 7
- Restaurant-Café « Zum Schwarzen Stern » 10
- Steinernes Haus 13
- Tiger-Restaurant 16
- Toan 19

objets issus de fouilles. Pour avoir un aperçu du passé géologique, jeter un œil aux fossiles en parfait état de la carrière de Messel, près de Darmstadt.

Une intéressante collection d'animaux naturalisés et des dioramas achèvent la visite de ce grand musée allemand d'Histoire naturelle.

Jardin exotique★ (Palmengarten) **Hors plan, vers G1**

Sortir par la Bockenheimer Landstraße. Siesmayerstrasse 61 - ✆ 069 21 23 66 89 - www.palmengarten-frankfurt.de - fév.-oct. : 9h-18h ; nov.-janv. : 9h-16h - possibilité de visite guidée sur demande - 5 €.

Le Jardin exotique accueille une très grande variété de plantes ornementales et de fleurs (roses), de plantes alpines et d'essences d'arbres. Dans les **serres** s'épanouit une précieuse flore tropicale et subtropicale. Le palmarium, aménagé en 1869, est la plus ancienne construction de ce genre en Europe.

Aux alentours

Offenbach

Plan dans le Guide Michelin Deutschland Hôtels & Restaurants. 7 km à l'est. Sortir par Deutschherrn-Ufer. Cette ville située sur la rive gauche du Main est le centre de l'industrie du cuir en Allemagne (Salon international du Cuir, deux fois par an).

Musée allemand du Cuir★★ (Deutsches Ledermuseum/Deutsches Schuhmuseum) – *Frankfurter Str. 86 - ✆ 069 82 97 98 11 - www.ledermuseum.de - ♿ - 10h-17h (sam. 20h) - 4 €.* Ce musée présente des collections uniques au monde de cuir, de parchemin et de peau, et évoque le thème du cuir dans divers domaines, tels que le voyage. Le **musée de la Chaussure** (Schuhmuseum – *aménagé dans le même bâtiment*) présente l'évolution de la mode depuis les Égyptiens et les Romains jusqu'à nos jours. La présentation de la chaussure comme un objet d'art est particulièrement intéressante.

Friedberg★

28 km au nord. Sortir par Friedberger Landstraße. La ville, fondée par les Hohenstaufen, possède deux centres historiques bien distincts : la ville close du château impérial et la ville bourgeoise, reliées entre elles par la Kaiserstraße.

L'ensemble constitué par le **château** *(Stauferburg)*, avec ses multiples annexes dominées par la **tour d'Adolphe★** (1347), ressemble à une véritable cité. Le **bain des Juifs★** *(Judenbad)*, dans la ville bourgeoise *(au 20 de la Judengasse)*, est un puits quadrangulaire surmonté d'une coupole (13e s.) ; il servait aux ablutions rituelles des femmes. L'**église** *(Stadtkirche)*, des 13e-14e s., présente la disposition typiquement hessoise des combles transversaux à pignons séparés couvrant les bas-côtés. Dans le chœur : **ciborium★** (1482) très effilé ; à gauche du jubé se trouve la **Madone de Friedberg** (vers 1280).

Circuit de découverte

Le Taunus★

Circuit de 62 km – 4h.

D'étendue modeste mais atteignant, au Großer Feldberg, la cote la plus élevée (880 m) du Massif schisteux rhénan, le Taunus est recouvert de magnifiques forêts et parsemé de nombreuses sources d'eau minérale.

Königstein im Taunus★

24 km au nord-ouest de Francfort.

Les vestiges du **château féodal** *(Burgruine)* reposent sur d'imposants soubassements : bastions arrondis du 16e s. et saillants à la Vauban du 17e s. *✆ 061 74 20 22 51 - www.koenigstein.de - avr.-sept. : 9h-19h ; fév.-mars et oct. : 9h30-16h30 ; nov.-janv. : vend. 12h-16h, w.-end 9h-16h (dernière entrée 30mn av. fermeture) - possibilité de visite guidée sur demande - fermé 1er janv., 25 déc. - 2 €.*

De la terrasse du donjon *(166 marches)*, **vue** sur la ville et les pentes du Taunus. Cette ville d'eau présente également un certain nombre d'édifices historiques, tels que l'ancien hôtel de ville (13e s.).

Großer Feldberg★

163 marches. ✆ 061 74 93 35 84 - à partir de 9h (dim. à partir de 8h), fermeture à la tombée de la nuit - fermé en nov. - 1,60 €. La tour-belvédère *(Aussichtsturm)* de cet important centre de télécommunications offre un immense **panorama★★** englobant les plateaux du Westerwald au nord-ouest, la dépression de la Wetterau au nord-est et la plaine du Bas Main envahie par Francfort au sud-est. Par beau temps, on peut apercevoir les flèches des cathédrales de Cologne et de Strasbourg.

Saalburg

Le camp romain, établi le long du « limes », fit l'objet d'une reconstitution sur l'ordre de Guillaume II. On remarque le retranchement extérieur et, dans la cour centrale, les bâtiments aménagés en musée.

Bad Homburg vor der Höhe★

Plan dans le Guide Michelin Deutschland Hôtels & Restaurants. En 1840, l'ouverture d'un casino par les frères **Blanc** transforma la petite ville d'eau en une capitale européenne du jeu. Bad Homburg est aujourd'hui une ville moderne qui a cependant conservé son caractère exclusif. La vie des curistes s'organise autour du **parc thermal★** *(Kurpark)*, aménagé par Peter Joseph Lenné, qui, avec ses fontaines, le Kaiser-Wilhelms-Bad, le casino, l'église russe et le temple siamois, vous garantit un dépaysement certain.

Le **château**, dominé par la haute tour Blanche qui rappelle l'ancien château fort, fut successivement la résidence des landgraves de Hesse-Hombourg, puis la résidence d'été des rois de Prusse qui, à partir de Guillaume Ier en 1871, devinrent empereurs allemands. La visite permet d'évoquer le souvenir du landgrave Frédéric II (1633-1708), dont on montre la jambe de bois, dite « jambe d'argent » en raison du métal employé pour les jointures, mais qui doit son immortalité à la pièce de Kleist, *Le Prince de Hombourg*.

Francfort pratique

Informations utiles

Office de tourisme Hauptbahnhof – *Dans le hall d'accueil de la gare - 60329 - ✆ 069 21 23 88 49 - www.frankfurt.de - lun.-vend. 8h-21h ; w.-end et j fériés : 8h-13h (fermé 25-26 déc. et Nouvel An).*

Office de tourisme Römer - *Römerberg 27 - 60311 - lun.-vend. 9h30-17h30 ; w.-end et j. fériés : 10h-16h (fermé 25-26 déc. et Nouvel An).*

Renseignements – Pour la réservation de chambres : *t 21 23 08 08 - www.frankfurt-tourismus.de (infos en français).*

Quotidiens – *Frankfurter Allgemeine Zeitung, Frankfurter Rundschau, Frankfurter Neue Presse.*

Visites

TOURS DE LA VILLE

Sightseeing – *✆ 069 21 23 89 53 - www.frankfurt-tourismus.de.* Cette compagnie propose deux tours quotidiens en bus de 2h30 (1 seul de nov. à mars).

Ebbelwei-Express – *✆ 069 213 224 25 - www.ebbelwei-express.com.* Ancien tramway remis en service le w.-end pour les touristes.

CROISIÈRES

Primus Linie – *✆ 069 13 38 37 0 - www.primus-linie.de.* Cette compagnie propose des excursions de quelques heures ou pour la journée, jusqu'à Rüdesheim ou Mayence, des dîners-croisières, etc.

Transports

Circuler dans Francfort se révèle assez aisé, d'autant qu'une grande partie du centre-ville est piétonne.

TRANSPORTS EN COMMUN

Tous les transports en commun, tramways, bus, métros, S-Bahn et trains de banlieue de la région Frankfurt Rhein-Main sont gérés par le **RMV** (Rhein-Main-Verkehrsbund), réseau de transports urbains du Rhin et du Main. Pour tout renseignement :

RMV – *✆ 01805 768 46 36, 6h-0h - www.rmv.de.*

Le trafic suburbain de la ville de Francfort est géré par la **VGF** (Verkehrsgesellschaft Frankfurt am Main). Pour tout renseignement :

VGF – *✆ 069 19 449 - www.vgf-ffm.de - lun.-jeu. de 8h-17h, vend. 8h-13h. Renseignements : Verkehrsinsel, an der Hauptwache, lun.-vend. 7h-20h, sam. 9h-16h et Konstablerwache, Passage B-Ebene, ainsi que dans les autres gares de S-Bahn et stations de métro.*

Si vous voyagez à l'intérieur de Francfort, vous devez utiliser un billet valable en zone tarifaire 3 : le billet simple coûte 2,20 €, mais vous pouvez bénéficier de réductions si vous voyagez de 9h à 16h ainsi que pour les trajets de moins de 2 km. Prix du billet journalier : 5,40 € (valable jusqu'à l'arrêt du service, dont l'heure peut varier d'un jour à l'autre. Il peut être utilisé pour se rendre à l'aéroport). Vous pouvez vous procurer votre billet aux distributeurs automatiques ou auprès des conducteurs de bus. Il n'est, en revanche, pas possible d'obtenir un billet dans les wagons de métro, S-Bahn et tramway.

La **Frankfurt Card coûte** 8 € pour une journée et 12 € pour 2 jours ; elle permet de voyager sur le réseau du RMV, dans la banlieue de Francfort, y compris jusqu'à l'aéroport, et donne, de plus, droit à 50 % de réduction dans 22 musées et autres attractions, telles que le zoo et les terrasses de l'aéroport, ainsi que 25 % à 30 % de réduction sur certains circuits en bateau et en autocar. Vous pouvez vous procurer la **Frankfurt Card** dans de nombreuses agences de voyages, auprès des offices de tourisme et dans les deux terminaux de l'aéroport.

Attention : pour vous rendre jusqu'à l'**aéroport** en empruntant la S-Bahn, vous devez acheter un billet valable en zone tarifaire 4.

Se loger

La ville étant un centre important pour les foires internationales, il convient de réserver à l'avance et d'éviter ces périodes pendant lesquelles les hôtels augmentent nettement leurs tarifs. Il est possible de réserver la plupart des hôtels sur le site www.frankfurt-tourismus.de

Hotel-Pension Gölz – *Beethovenstr. 44 (au sud de Palmengarten et au nord-ouest de la gare centrale) - 069 74 67 35 - fax 069 746 142 - www.hotel-goelz.de - fermé déc. - P - 12 ch. - 70 €.* À quelques pas du centre-ville et de la foire, cet hôtel familial installé dans une villa du 19e s. possède des chambres doubles spacieuses et quelques chambres individuelles au confort plus simple (dont deux avec salle de bains à l'étage).

Hotel Hamburger Hof – *Poststraße 10 - 069 27 13 96 90 - fax 069 235 802 - www.hamburgerhof.com - - 66 ch. - à partir de 75 €.* Hôtel bon marché, intéressant pour sa proximité avec la gare et son niveau de confort.

A Casa Bed & Breakfast – *Varrentrappstraße 49 - S Messe - 069 97 98 88 21 - fax 069 97 988 822 - www.hotel-acasa.de - fermé de fin déc. à déb. janv. - P - 6 ch. - 90 €.* Ce petit hôtel a été aménagé dans une ancienne villa - une adresse de « Bed & Breakfast » sur le modèle anglais. Chacune des coquettes chambres d'hôte, personnalisée et aménagée avec goût dans les moindres détails, porte un nom, soulignant ainsi l'atmosphère familiale de l'établissement.

Hotel Miramar – *Berliner Straße 31 - 069 92 03 970 - www.miramar-frankfurt.de - 39 ch. - 110 €.* Hôtel moderne et confortable à deux pas du centre historique.

Liebig-Hotel – *Liebigstraße 45 - 069 72 75 51 - fax 069 727 555 - www.hotelliebig.de - fermé 22 déc.-2 janv. - - 20 ch. - à partir de 115 € - 14 €.* Aménagé dans une villa du quartier des banques, ce petit hôtel propose des chambres particulièrement coquettes et luxueuses, équipées de meubles de style italien et anglais. Un établissement soigné et très bien dirigé.

Steigenberger Frankfurter Hof – *Am Kaiserplatz - 069 215 02 - fax 069 215 900 - www.steigenberger.de - - 332 ch. - à partir de 300 € - 23 €.* Le grand hôtel de 1876, résidence traditionnelle des Steigenberg, n'est que splendeur et magnificence. Remarquer plus particulièrement la superbe rénovation de l'aile Weißfrauenflügel. Le luxe vous accompagne du hall, au style pur et élégant, aux chambres, modernes et de bon goût.

Hilton – *Hochstraße 4 - 069 133 80 00 - www.hilton.com - - 342 ch. - à partir de 300 €.* Pour pénétrer dans cet hôtel moderne, on emprunte un vestibule à l'architecture dépouillée, agencé comme un atrium. Des ascenseurs transparents conduisent aux chambres aménagées avec toutes les commodités. L'ancienne piscine de la ville, classée monument historique, a été intégrée avec goût dans l'établissement.

Se restaurer

Lorsbacher Thal – *Große Rittergasse 49-51 (rue qui descend de Deutschherrnufer vers le sud-est près de l'Alte Brücke) - 069 61 64 59 - www.lorsbacher-thal.de - mar.-sam. 16h-0h, dim. 12h-23h - - 10/20 €.* Établissement particulièrement convivial où l'on sert l'*Äppelwoi* (cidre brut). Le restaurant et son beau jardin sont un peu cachés dans une arrière-cour. Cuisine traditionnelle et copieuse.

Steinernes Haus – *Braubachstraße 35 - Tram 4+5 - 069 28 34 91 - www.steinernes-haus.de - ouv. 11h-23h - réservation - 15/30 €.* Cet établissement âgé de quelque 500 ans compte parmi les plus anciens de Francfort. Situé dans la rue des artistes (Künstlerstraße), il est entouré de galeries d'art. Vous pourrez y déguster des plats typiques de Francfort mais aussi des spécialités grillées à la pierre de lave.

Toan – *Friedberger Anlage 14 - 069 44 98 44 - 20/30 €.* Si vous avez un penchant pour l'Extrême-Orient, vous apprécierez ce bon restaurant vietnamien du Nordend, situé juste à côté du zoo. La terrasse donne sur un jardin.

Restaurant-Café « Zum Schwarzen Stern » – *Römerberg 6 - 069 29 19 79 - www.schwarzerstern.de - - réservation conseillée - 25/45 €.* Goethe écrivait que l'on pouvait « étudier les genres de construction les plus variés de Francfort » rien qu'en observant cette belle maison à colombages. C'est encore vrai aujourd'hui : le *Schwarzer Stern* ayant été reconstruit aussi fidèlement que possible à l'établissement d'origine après la guerre.

Meyer's Restaurant – *Große Bockenheimer Straße 54 - 069 91 39 70 70 - www.meyer-frankfurt.de - fermé 1er-5 janv. et dim. - 35/50 €.* Ce petit bistrot-restaurant chic est situé en bordure de la zone piétonnière, à l'angle de l'ancien opéra. À l'arrière du restaurant, vous pouvez jeter un œil à la cuisine, dans laquelle on vous concocte des plats aux influences maritimes.

Ernos Bistro – *Liebigstraße 15 - 069 72 19 97 - fermé 20 déc.-4 janv., 26 juil.-17 août, w.-end (sf jours de foires) -*

40/70 €. Cet établissement rustique, à la sympathique allure de bistrot, est aménagé dans une villa du quartier des banques. Vous pourrez y déguster de la très bonne cuisine française.

Tiger-Restaurant – *Heiligkreuzgasse 20 - ✆ 069 92 00 22 25 - www.tigerpalast.de - fermé 14 juil.-26 août, dim. et lun. - 50/70 €*. Ce restaurant, aux murs recouverts de photos d'artistes, propose une cuisine créative qui n'attire pas seulement les amateurs de spectacles (le Variété-Theater est situé dans le même bâtiment). Sa belle voûte de brique contribue à l'atmosphère particulière de ce bistrot. Possibilité de prendre un forfait repas et spectacle.

Faire une pause

Bon à savoir – Pour une petite pause à Francfort, il nous faut bien sûr indiquer la *Fressgass* (littéralement : « la ruelle pour bouffer »). Il s'agit de la Große Bockenheimer Str. où l'on trouve un grand choix de restaurants.

Café im Liebighaus – *Schaumainkai 71 - ✆ 069 63 58 14 - www.cafe-im-liebieghaus.de/ - tlj sf lun. 11h-20h, sam. 10h-18h30, dim. 10h-20h*. Si vous avez fait le tour des expositions de la rive des musées, le petit café self-service aménagé dans le musée de la Sculpture antique est tout à fait indiqué pour une pause. Buffet de gâteaux et salades faits maison. Terrasse très calme et idyllique.

IMA-Multibar – *Kleine Bockenheimer Str. 14 - ✆ 069 900 25 665 - www.ima-multibar.de - lun.-merc. 11h-20h30, jeu.-sam. 11h-1h30*. Petit restaurant à l'accueil familial. Ce fast-food à la fois créatif et interactif vous propose des recettes traditionnelles de différents pays. Produits frais garantis.

Kleinmarkthalle – *Hasengasse 5-7 - ✆ 069 29 79 905 - www.kleinmarkthalle.de - lun.-vend. 7h30-18h, sam. 7h30-16h*. Il vous sera difficile de résister à toutes les spécialités régionales et internationales que proposent les 80 stands de ce marché couvert. Vous pouvez y composer votre pique-nique ou bien y déguster de petits en-cas sur place.

Sandwicher FASTGOODFOOD – *Reuterweg 63 - ✆ 069 71 03 40 67 - www.sandwicher.de - lun.-vend. 10h-23h, sam. 10h-20h*. Ici on compose votre sandwich selon votre goût. Choisissez parmi les différents pains et ajoutez-y vos garnitures préférées. Si vous êtes pressé, on vous propose également des plats déjà préparés. À manger sur place ou à emporter.

Wacker's Kaffee – *Kornmarkt 9 (rue qui part du carrefour entre Kleiner Hirschgraben et Bleidenstr. vers le sud) - ✆ 069 28 78 10 - www.wackers-kaffee.de - lun.-vend. 8h-19h, sam. 8h-18h*. Ce petit établissement propose plus de 30 variétés de café torréfiées sur place et une soixantaine de thé. De petits en-cas peuvent accompagner la dégustation. À partir du mois d'octobre, la maison confectionne les *Frankfurter Bethmännchen*, une spécialité à base de pâte d'amandes.

Zarges – *Kalbächer Gasse 10 - ✆ 069 29 90 30 - 8h30-23h (hiver jusqu'à 20h)*. Épicerie fine où vous pouvez composer vous-même votre sandwich. À l'étage, le restaurant offre une carte « Fast lunch » (11h-18h) qui propose chaque jour 4 à 5 plats différents à prix raisonnables.

En soirée

Bon à savoir – L'office de tourisme distribue dans ses bureaux ainsi que dans la gare centrale et au Römer un calendrier gratuit des manifestations : le *Veranstaltungshinweise...* (suivi du mois). Les magazines *Journal Frankfurt* (en vente dans le commerce), *Fritz* (gratuit) et *Welcome to Frankfurt* (en allemand) vous informent sur les manifestations les plus diverses. Vous trouverez aussi dans toutes les librairies et kiosques à journaux les magazines *Prinz* (mensuel) ou *Journal Frankfurt* (bimensuel).

Bon à savoir – Le quartier animé par excellence est le Alt-Sachsenhausen sur la rive gauche du Main. Autour de la « Große Rittergasse » (au sud de Deutschherrnufer), on trouve de très nombreux restaurants traditionnels où l'on sert l'*Äppelwoi* ainsi qu'une grande variété de bars.

Jazzkeller – *Kleine Bockenheimer Straße 18a - ✆ 069 28 85 37 - www.jazzkeller.com - merc. et jeu. à partir de 21h, vend. et sam. à partir de 22h, dim. à partir de 20h*. Une institution en Allemagne. Depuis 1952, les plus grandes légendes du jazz comme Louis Armstrong ou Frank Sinatra y sont passées. On y présente aussi les stars de demain.

Café Hauptwache – *An der Hauptwache 15 - ✆ 069 21 99 86 27 - lun.-sam. 10h-1h (cuisine jusqu'à 23h)*. Construit en 1729-1730, le bâtiment de la Garde principale de Francfort a été entièrement rénové après sa destruction au cours de la Seconde Guerre mondiale. Depuis 1905, il abrite un café. Belle terrasse en été.

Achats

Bon à savoir – La plus grande artère commerçante est la Zeil avec, entre autres, la galerie marchande Les Facettes. De là, on accède aux boutiques de luxe, autour de la Große Bockenheimer Straße (« Fressgass ») et de la Goethestraße. La Schweizer Straße, dans le quartier de Sachsenhausen, et la Leipziger Straße, à Bockenheim, possèdent également quelques boutiques intéressantes.

Wiesbaden★

272 000 HABITANTS
CARTE GÉNÉRALE A3 – CARTES MICHELIN N^{OS} 718 H10 ET 543 Q 46
HESSE

Bénéficiant du doux climat de la vallée du Rhin, la capitale de la Hesse offre l'atmosphère soignée d'une ville de cure. Cette « ville rouge », que certains désignent parfois comme la « Nice du Nord », émerge littéralement des eaux ; le site sur lequel elle est bâtie compte en effet vingt-six sources d'eau chaude.

- **Se repérer** – Voisine de Mayence qui occupe l'autre rive du Rhin, Wiesbaden est située à 42 km à l'ouest de Francfort.
- **À ne pas manquer** – Un bain de vapeur au Kaiser Friedrich Bad.
- **Pour poursuivre le voyage** – La vallée du Rhin.

Comprendre

Un succès ancien – Wiesbaden fut mentionnée pour la première fois au 9e s. sous le nom de *Wisibada* (« bain dans les prairies »). Elle fut possession de la maison de Nassau à partir du 13e s. et devint en 1806 le siège du gouvernement du nouveau duché de Nassau. C'est à cette période que Wiesbaden connut un bel essor se traduisant par l'aménagement des routes et du quartier des bains *(Kurhausviertel)*, construit en style classique par Christian Zais. À l'époque où l'empereur Guillaume venait ici chaque été avec sa cour, on construisit de nouveaux quartiers comprenant des villas magnifiques et de nouvelles rues, comme la Wilhelmstraße et les Ringstraßen.

La Weltkurstadt (ville de cure mondiale) – Les Romains, déjà, savaient exploiter les nombreuses sources d'eau salée (températures de 46° à 66°), et Pline remarqua, très étonné, que l'eau jaillissant de cette source restait chaude pendant trois jours. Au milieu du 19e s., la renommée de Wiesbaden en tant que ville thermale était telle que toutes les têtes couronnées et la haute noblesse du monde entier s'y donnaient rendez-vous. Recommandées pour les affections rhumatismales, la ville et ses installations thermales modernes jouissent d'une excellente réputation.

Visiter

LA VIEILLE VILLE

Le centre-ville, essentiellement piéton, s'organise autour de la place du château *(Schlossplatz)*. La Landgasse et la Neugasse sont particulièrement animées.

Schlossplatz

C'est le cœur de la ville. Élégante et bien proportionnée, bordée de beaux bâtiments, la place du château accueille le marché deux fois par semaine autour d'une fontaine imposante dessinée par Johannes Barger en 1753.

Château *(Schloss)* – Avec son toit en ardoise composé de motifs à chevron, ses tours, ses pignons finement décorés et sa pierre rosée, ce bâtiment de trois étages contribue

WIESBADEN MARKETING

L'établissement thermal de Wiesbaden et son allée verte, la « Bowling Green ».

au charme de la place. Construit entre 1837 et 1841 pour héberger les ducs de Nassau, le château est devenu le siège de la diète hessoise.

Ancien hôtel de ville *(Altes Rathaus)* – Il s'agit du plus vieil édifice de la ville. Au rez-de-chaussée de style Renaissance, construit de 1609 à 1610, a été ajouté, en 1828, un étage de style romantique historié.

Nouvel hôtel de ville *(Neues Rathaus)* – C'est Georg Hauberisser, architecte de l'hôtel de ville de Munich, qui édifia (1886-1887) dans le style Renaissance allemande le nouvel hôtel de ville. Détruit pendant la Seconde Guerre mondiale, il a été entièrement reconstruit.

Église du Marché *(Marktkirche)* – Première construction imitant la brique élevée sur le territoire du duché de Nassau, l'église du Marché fut édifiée au milieu du 19e s. par l'architecte Carl Boos qui s'inspira de la *Friedrichswerdersche Kirche* de Berlin.

Le quartier des bains

Il s'est développé principalement à l'ouest de la vieille ville.

Kaiser Friedrich Bad – *Langgasse 38-42.* Le bâtiment de style Art nouveau construit au début du 20e s. a coûté 3 millions de Goldmarks à l'époque. Les fresques du hall d'entrée également de style Art nouveau sont remarquables, ainsi que le bain de vapeur avec ses faïences des manufactures de Darmstadt et de Karlsruhe.

Fontaine Kochbrunnen – Cette fontaine, la plus connue de la ville, est la réunion de quinze sources. Son eau chaude salée contient du fer, visible aux concrétions rougeâtres qui se déposent dans la vasque en granit. Les Romaines appréciaient beaucoup cette poudre rougeâtre, avec laquelle elles se teignaient les cheveux. Le **Kochbrunnentempel** octogonal date de 1854.

Établissement thermal★ *(Kurhaus)* – Une allée verte, appelée *Bowling Green,* mène à l'établissement thermal que l'empereur Guillaume II appelait la « plus belle maison de cure du monde » ; cette allée est bordée par les colonnes du Kurhaus et du théâtre ainsi que par des platanes qui furent plantés au 19e s.

La maison de cure fut construite en 1907. L'inscription *Aquis Mattiacis* signifie qu'elle abrite des sources et qu'une tribu germanique, les Mattiaques, s'y installa à l'époque romaine. La riche décoration intérieure a été complètement restaurée en 1987 conformément à l'original. Si les touristes n'ont pas le droit de visiter les magnifiques salles, à moins de participer aux séances de cure, ils ont au moins la possibilité de jeter un coup d'œil dans le foyer afin de se faire une idée de la beauté de cette décoration intérieure.

Théâtre national *(Staatstheater)* – Au sud de la colonnade du théâtre se dresse cet imposant édifice de style Renaissance construit entre 1892 et 1894. Au sein de son foyer rococo, on ressent le goût de la décoration exubérante du tournant du siècle.

Parc thermal et installations thermales★ – Derrière la maison de cure s'étend à l'est un vaste parc, aménagé en 1852. La Sonnenberger Straße *(*au nord*)* et la Parkstraße (au sud) possèdent de magnifiques villas datant de l'époque de leur fondation.

DE LA WILHEMSTRAẞE AU NEROBERG

Museum Wiesbaden

✆ 0611 335 22 50 - www.museum-wiesbaden.de - ♿ - tlj sf lun. 10h-17h, mar. 10h-20h - fermé 1er janv., 1er Mai, 24-25 et 31 déc. - 5 €.

Récemment rénové, il abrite trois sections : la **collection de sciences naturelles**, la **collection d'antiquités de Nassau** et les **collections d'art**, qui comportent, entre autres, la plus grande **collection de Jawlensky★**. Cet artiste vécut à Wiesbaden de 1921 jusqu'à sa mort (1941). On y trouve d'importantes œuvres des 16e et 17e s., mais également des tableaux des classiques du 20e s.

La grande rue de Wiesbaden, la **Wilhelmstraße**, est bordée, d'un côté, par des magasins élégants et, de l'autre, par un îlot de verdure *Warmer Damm* se prolongeant jusqu'au théâtre.

La **Taunusstraße** menant au **Nerotal** plaira aux amateurs d'objets et meubles anciens, puisque de nombreux antiquaires se sont établis dans cette rue.

Au cours d'une promenade dans la Nerotal, admirez les superbes villas datant de la fondation de la ville qui se dressent le long de la Wilhelminenstraße.

Nerobergbahn★

✆ 0611 236 85 00 - www.eswe-verkehr.de - mai-août : 9h30-20h ; avr. et sept. : merc. 12h-19h, w.-end et j. fériés 10h-19h - ttes les 15mn - 3 €. Ce train à crémaillère est un monument technique et fonctionne toujours aussi bien qu'en 1888, l'année de sa construction. Il mène au Neroberg, mont de Wiesbaden d'une hauteur de 245 m.

Église russe orthodoxe (Russische Orthodoxe Kirche)
Christian-Spielmann-Weg 2 - ✆ 0611 52 84 94 - 1 €. Connue aussi sous le nom de « chapelle grecque », l'église russe orthodoxe a été construite par le duc Adolphe de Nassau de 1847 à 1855 pour son épouse Élisabeth, grande-duchesse russe, qui mourut à 19 ans. L'édifice se signale par ses cinq bulbes dorés. Emil Alexander Hopfgarten est l'auteur de la tombe en marbre sculpté, qui rappelle la tombe de la reine Louise, réalisée dans le parc du château de Charlottenburg de Berlin par Christian Daniel Rauch.

Wiesbaden pratique

Informations utiles
Office de tourisme – *Marktstrasse 6 - 65183 - ✆ 0611 172 97 80 - www.wiesbaden.de - avr.-oct : lun.-vend. 10h-18h, sam. 10h-15h, dim. 11h-15h ; nov.-mars : lun.-vend. 10h-18h, sam. 10h-15h, fermé dim.*

Se loger
Drei Lilien – *Spiegelgasse 3 - ✆ 0611 99 17 80 - www.dreililien.com - fermé du 25 déc. à déb. janv. - - 15 ch. - 99 €.* Cet édifice de style Art nouveau (1905) propose des chambres soignées et modernes.

Se restaurer
Käfer's Bistro – *Kurhausplatz 1 (à l'intérieur de l'établissement thermal) - ✆ 0611 53 62 00 - www.kurhaus-gastronomie.de - 25/45 €.* Ce restaurant, qui a été aménagé à l'intérieur de l'établissement thermal *(Kurhaus)*, propose une cuisine variée (fruits de mer notamment). Belle terrasse.

Événements
Theatrium (ou Wilhemstraßen festival) – Juin. Festival de théâtre.

Rheingauer Weinwoche – Août. Semaine de festivités autour du vin.

Mayence★
Mainz

185 540 HABITANTS
CARTE GÉNÉRALE A 3/4 – CARTES MICHELIN N^OS 718 H10 ET 543 R47
RHÉNANIE-PALATINAT

« Mayence, il faut la vivre ! ». Cette devise se vérifie tout particulièrement à l'occasion du défilé du Lundi gras, qui attire chaque année des centaines de milliers de visiteurs. Sa vieille ville, qui fut détruite à 80 % lors de la Seconde Guerre mondiale, a été en grande partie reconstruite. Située au confluent du Rhin et du Main, entourée de vignobles, Mayence est la première ville d'Allemagne pour le commerce du vin. La ville natale de Gutenberg s'illustre également dans le domaine des médias : elle est le siège de la deuxième chaîne de télévision allemande, ZDF, et de la chaîne privée SAT1.

- **Se repérer** – Mayence est à 21 km de Wiesbaden et à 48 km de Francfort.
- **Organiser son temps** – Comptez une journée.
- **Pour poursuivre le voyage** – La vallée du Rhin.

Visiter

LE QUARTIER DE LA CATHÉDRALE Plan II
Partir de la Liebfrauenplatz. Prendre la Domstraße pour faire le tour de la cathédrale par la gauche.

Cathédrale St-Martin et St-Stéphane★ (Dom)
De la place Leichhof, on découvre l'**ensemble**★★ que constituent le chœur ouest et le transept, dont les faîtages compliqués sont dominés par la puissante tour-lanterne de la croisée. Celle-ci montre, sur une souche romane témoignant d'influences lombardes, un couronnement du 18e s. où se mêlent éléments gothiques et baroques.

La place contiguë, dite *Höfchen*, se prolonge au sud-ouest par la Gutenbergplatz, au nord-est par le Markt embelli par une **fontaine Renaissance** *(Marktbrunnen)*.

Entrer dans la cathédrale par le portail ouvrant sur le Markt (Marktportal).

Les vastes dimensions de la **cathédrale** romane (reconstruite) sont liées à son plan à deux chœurs : l'un à l'ouest, précédé d'un grand transept dont la croisée est éclairée par une belle coupole rhénane, l'autre, à l'est, d'architecture plus simple. L'église abrite un ensemble de **monuments funéraires★** d'archevêques, fixés aux robustes piliers romans.

En partant de la porte d'entrée, pénétrer dans le bas-côté à votre gauche.

Dans la deuxième chapelle **(1)**, vous découvrirez une Mise au tombeau de la fin du 15e s. et, au pilier **(2)**, un monument funéraire gothique.

Descendez dans la crypte est pour voir un **reliquaire d'or** moderne **(3)** des saints du diocèse de Mayence.

Au pilier **(4)**, vous verrez un monument funéraire gothique polychrome entouré de jolies statuettes de saint Benoît, saint Maurice et sainte Claire.

Par la porte du bas-côté sud, on gagne le **cloître★**. Il abrite le bas-relief **(5)** du maître chanteur Heinrich von Meißen, dit *Frauenlob*, qui, ayant chanté la louange des femmes avec exaltation, fut porté en terre en 1323 par les bourgeoises de Mayence.

Le portail **(6)** de l'ancienne salle du Chapitre (15e s.), d'un élégant style rhénan, présente de belles statues. Pénétrer dans le transept et en gagner, à l'opposé, le bras droit en passant sous le chœur ouest. Remarquez la cuve baptismale **(7)** de 1328 en étain, ornée de délicates figures. Un portail roman **(8)** donne accès à la chapelle romane St-Gothard à double étage.

S'orienter dans la ville

La ville a mis au point un système de signalisation très simple : les rues inscrites en rouge et blanc mènent au Rhin, tandis que les rues en bleu et blanc lui sont parallèles.

LA VIEILLE VILLE

Au sud de la cathédrale, la pittoresque place du *Kirschgarten* est encadrée de maisons à colombages. Le quartier, autour de l'Augustinerstraße, regorge de petites ruelles aux maisons anciennes abritant parfois des artisans. La Kapuzinerstraße et ses quelques maisons à portail de grès et vantaux rococo conduisent à l'église St-Ignace.

Église St-Ignace (Ignazkirche)

Conçue par l'architecte J. P. Jäger, l'église St-Ignace, érigée entre 1763 et 1775, illustre la transition entre le rococo et le néoclassique. À l'extérieur, sur la gauche, se dresse un groupe de la **Crucifixion★**, très expressif, conçu par Hans Backoffen (1519) pour orner son propre tombeau.

Église St-Étienne (Stephanskirche)

L'église gothique St-Étienne, construite à la fin du 13e s. et sévèrement endommagée en 1945, a été presque entièrement reconstruite. Passé la porte, vous pénétrez dans

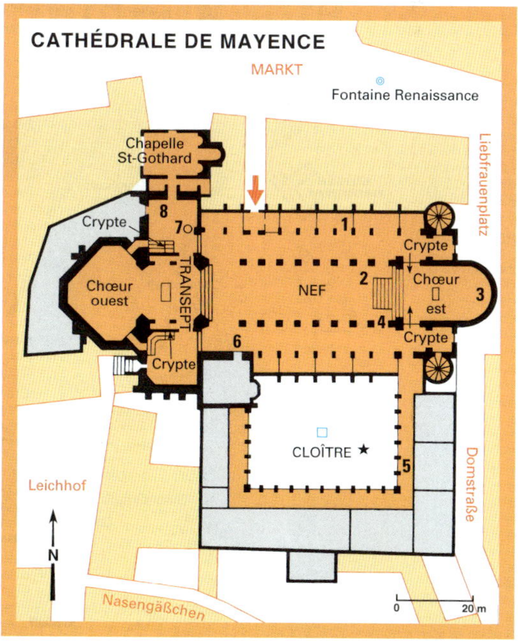

une atmosphère bleutée. Le chœur est a en effet reçu un remarquable ensemble de **vitraux★★**. Marc Chagall, avec une grande simplicité, a mis en scène des thèmes empruntés aussi bien à l'Ancien qu'au nouveau Testament. Au mur sud est accolé un **cloître★** dont l'architecture, en particulier des voûtes, exprime toute la virtuosité du gothique finissant.

Redescendre par la Maria-Ward-Strasse. Remarquer le long de la Ballplatz puis de la Schillerplatz les différentes cours (Hof), hôtels particuliers avec cour construits pour les grands du royaume.

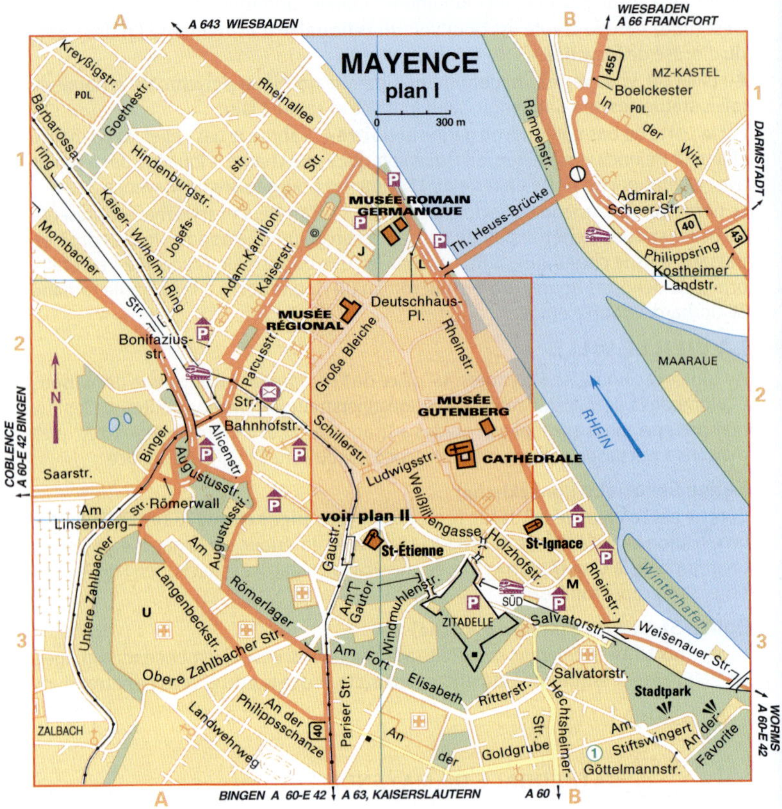

SE LOGER

Stiftswingert................ ①

SE RESTAURER

Weinhaus Schreiner..... ①

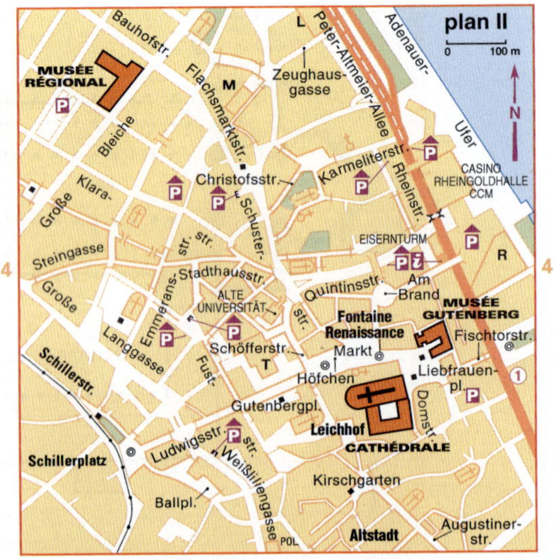

La révolution de Gutenberg

Gutenberg est la gloire de Mayence. Né dans la ville vers 1395, il travailla longuement, à Strasbourg, à un procédé d'impression révolutionnaire : l'impression à caractères mobiles. Permettant d'imprimer des livres en grand nombre et à moindre coût, cette technique ne tarda pas à remplacer l'impression à partir de plaques de cuivre. Elle ne devait pourtant pas apporter la fortune à son inventeur qui, incapable de rembourser son banquier, mourut dans la misère en 1468.

Schillerplatz et Schillerstraße

Leurs hôtels baroques, restaurés, abritent certains ministères du Land et l'Institut français. Au centre de la place, une fontaine figure des scènes de carnaval.

LES MUSÉES

Musée Gutenberg★★ (Gutenberg-Museum)

✆ 06 131 12 26 40 - www.gutenberg-museum.de - ♿ - mar.-sam. 9h-17h, dim. 11h-15h - fermé 1er janv., Vend. saint, dim. de Pâques, Ascension, dim. de Pentecôte, 3 oct., 1er nov., 24-25 et 31 déc., se renseigner pour autres dates - 5 €.

La visite rend sensible la prédilection qu'ont eue à travers les siècles les hommes de goût et d'esprit pour l'art du livre, le soin qu'ils ont pris à conserver et à transmettre ce patrimoine, comme l'un des plus précieux trésors de la civilisation, les efforts développés pour vulgariser l'imprimé.

La reconstitution d'un atelier d'imprimerie du 15e s. donne un aperçu de l'évolution des conditions de travail et des techniques de l'imprimerie. Dans une chambre forte, on peut admirer les deux premières **bibles de Gutenberg★★★** (à 42 lignes, 1452-1455). Autres pièces à ne pas manquer : incunables (ouvrages imprimés avant 1500) et livres du 16e au 19e s., anciennes presses, techniques modernes d'imprimerie et section « papier ».

Dans la section consacrée à l'Extrême-Orient sont exposées des gravures sur bois en couleurs et des imprimés japonais, chinois et coréens.

Musée romain germanique★ (Römisch-Germanisches Museum)

Ernst Ludwig Platz 2 - ✆ 06 131 91 240 - www.rgzm.de - tlj sf lun. 10h-18h - fermé 24, 25 et 31 déc.- gratuit.

Installé dans l'ancien palais des électeurs (15e-17e s.), le Musée romain germanique comprend trois sections ayant trait à la préhistoire et à la protohistoire de l'Europe, aux brillantes civilisations du Bassin méditerranéen, à l'archéologie romaine et médiévale.

Musée régional★ (Landesmuseum Mainz)

✆ 06 131 28 570 - www.landesmuseum-mainz.de - tlj sf lun. 10h-17h (mar. 20h) - 2 €.

Le Musée régional offre une vue d'ensemble de la civilisation rhénane depuis la période préhistorique.

La section lapidaire abrite plus de 300 pièces datant de l'époque romaine, notamment la colonne de Jupiter, dont une copie s'élève sur la Deutschhaus-Platz, devant l'ancienne commanderie des Chevaliers teutoniques, devenue le siège du Parlement régional de Rhénanie-Palatinat.

Ne manquez pas la section consacrée aux époques médiévale et baroque ainsi que les importantes collections de porcelaine de la manufacture de Höchst et de verres de style Art nouveau.

Aux alentours

Bad Kreuznach★

À 46 km au sud-ouest de Mayence.

L'origine de cette station thermale remonte à un castel romain. Elle est réputée pour ses sources d'eau salée et les vins de la Nahe dont le goût se situe à mi-chemin entre les vins puissants et frais de la Moselle et ceux, plus légers, du Rhin.

Le centre de la vie de cure se situe sur l'île de Badewörth, dont la partie inférieure est enjambée par le Vieux Pont (Alte Nahebrücke), dont les maisons (15e s.) semblent se jouer de toutes les lois de l'équilibre. Bad Kreuznach est située à 15 km du Rhin, à l'endroit où la Nahe sort des montagnes du Palatinat du Nord.

On a une bonne vue sur la ville et les environs depuis le Kauzenburg *(café-restaurant)*, sur le Kauzenberg.

Le carnaval de Mayence.

Römerhalle★ – *Hüffelsheimer Str. 11 - ✆ 0671 92 07 77 - www.museen-bad-kreuznach.de - ♿ - juil.-août : 10h-18h ; sept.-juin : 10h-17h (janv. 16h) - fermé fév., 1er janv., 24-25 déc. - 3,50 €.*

Le musée est installé dans une ancienne métairie du début du siècle, à l'extrémité ouest du parc du château. Il abrite des objets trouvés dans des fouilles faites à Bad Kreuznach et dans les environs. Deux pièces exceptionnelles sont constituées par des **sols en mosaïque★★** du 3e s. : la mosaïque *Oceanus* montre le dieu de la mer dans son élément, la mosaïque des gladiateurs présente des gladiateurs au combat et des animaux sauvages. En dessous est aménagé un système de chauffage romain (hypocauste). Dans les environs immédiats a été mise au jour une **villa romaine**.

À quelques pas de là se trouvent le parc historique du château, agrémenté d'étangs et d'arbres exotiques, et le **musée du Parc du château** *(Schlossparkmuseum)*.

Mayence pratique

Informations utiles

Office de tourisme – *Brückenturm - 55116 Mainz - ✆ 061 31 28 62 10 -www.info-mainz.de - Tlj 9h-18h, sam. 10h-16h, dim. 11h-15h.*

Se loger

⊖⊖ **Stiftswingert** – *Am Stiftswingert 4 - ✆ 06 131 98 26 40 - www.hotel-stiftswingert.de - P - 30 ch. - 70/90 €* ☕. Cet hôtel est dirigé avec beaucoup d'attention par sa propriétaire. Chambres avec meubles en cerisier, salles de bains soignées.

Se restaurer

⊖ **Weinhaus Schreiner** – *Rheinstraße 38 - ✆ 06 131 22 57 20 - fermé 2 sem. en juil.-août, dim. et j. fériés, juin-sept. sam. soir-dim. - 10/15 €.* Un bar à vin typique au cadre sobre et rustique et à l'ambiance animée. Le patron vous proposera des plats régionaux, différents selon la saison.

Darmstadt

139 700 HABITANTS
CARTE GÉNÉRALE B4 – CARTES MICHELIN N^OS 718 H10 ET 543 U48
HESSE

Grands-ducs, princes éclairés et amateurs d'art ont fait de Darmstadt une capitale intellectuelle et culturelle ; vers 1900, elle fut l'un des centres de l'Art nouveau. De nombreux instituts, en particulier l'Académie allemande de langue et de poésie et l'Institut d'esthétique industrielle (« Rat für Formgebung »), perpétuent aujourd'hui cette tradition. La ville constitue une étape plaisante et reposante pour tous ceux qui veulent découvrir la région.

Se repérer – Darmstadt est à 37 km au sud de Francfort.
Pour poursuivre le voyage – Heidelberg.

Visiter

Musée de Hesse★ (Hessisches Landesmuseum)

Friedensplatz 1 - ✆ 06 151 16 57 03 - www.hlmd.de - fermé depuis oct. 2007, réouverture prévue en 2011.

Le bâtiment principal du musée de Hesse abrite un grand choix de **peintures de retables du Moyen Âge**, ainsi que des œuvres de Stefan Lochner et Lucas Cranach l'Ancien. La peinture hollandaise, l'artisanat **(sculptures sur ivoire)** et la peinture allemande du 19e s. y sont également représentés. On peut enfin y admirer une belle collection d'Art nouveau et une collection d'histoire naturelle. Remarquer particulièrement le célèbre **Werkkomplex de Beuys** (1946-1969). L'annexe du bâtiment est dédiée à l'impressionnisme et à l'expressionnisme allemands ainsi qu'à l'art contemporain.

Mathildenhöhe

C'est sans doute l'un des endroits les plus insolites de la ville, avec ses terrasses, ses pergolas, et sa chapelle russe. L'ensemble est caractéristique de l'architecture de l'Art nouveau à la recherche de nouvelles formes d'expression. Le grand-duc Ernest-Louis avait fondé en 1899 une colonie d'artistes qui regroupait des architectes, des peintres et des sculpteurs voulant travailler ensemble au développement d'un « art total ». Joseph Olbrich, Peter Behrens et le sculpteur Bernhard Hoetger furent les représentants les plus marquants de ce groupe.

Les habitations et les ateliers groupés près de la chapelle russe formaient en 1901 le centre de l'exposition « Un document de l'art allemand ». La **tour des Mariés** *(Hochzeitsturm)*, érigée en 1908 à l'occasion du mariage d'Ernest-Louis, domine l'ensemble. Elle possède à l'intérieur deux belles mosaïques qui célèbrent l'Amour.

Château (Schloss)

✆ 061 51 2 40 35 - www. schlossmuseum-darmstadt.de - visite guidée (1h) tlj sf vend. à 10h, 11h, 12h, 14h, 15h, 16h, w.-end 10h, 11h et 12h - fermé 1er janv., Mar. gras, dim. Pâques et Pentecôte, 1er mai, 24, 25 et 31 déc. - 2,50 €.

Cet ancien château des landgraves au centre de la ville est composé de deux bâtiments : d'une part le Château Neuf (1716-1726), œuvre de Rémy Delafosse, avec sa façade régulière bordant la place du Marché ; d'autre part le Vieux Château (16e et 17e s.) avec des pignons à volutes, dont le portail décoré d'armoiries donne sur la cour.

Dans le **musée** *(Schlossmuseum)*, on peut voir des carrosses, le mobilier princier et de l'argenterie ; la galerie de peinture abrite *La Vierge de Darmstadt* par Hans Holbein le Jeune.

La Waldspirale

Au carrefour des rues Friedberger et Büdinger - wwx.waldspirale-darmstadt.de

La forêt en spirale est un étonnant complexe de logements de l'architecte Hundertwasser, réalisé entre 1998 et 2000. Une forme irrégulière en U, l'absence de ligne droite et d'angle droit, les couleurs vives du béton de recyclage, les mille fenêtres dont aucune n'est identique et le toit constitué d'un jardin planté de tilleuls et d'érables font de cette résidence un ensemble unique qui vaut le

Darmstadt pratique

Office de tourisme – *Luisen-Center, Luisenplatz 5 - 64283 - ✆ 061 51 13 27 81 - lun.-vend. 9h30-20h ; sam. 10h-16h et en face de la gare centrale (Hauptbahnhof) - ✆ 061 51 13 27 82 - www.darmstadt.de (infos en français).*

coup d'œil. Les installations extérieures sont libres d'accès, avec un restaurant-bar et un café dans chacune des deux tours.

Palais du prince Georges (Prinz-Georg-Palais)

✆ 06 151 71 32 - www.schloesser-hessen.de - jardins : mars-oct. : 7h-19h ; nov.-fév. : 8h-17h - palais : lun.-jeu. 10h-13h, 14h-17h, sam.-dim. 10h-13h - 4/8 €.

Ce palais, construit en 1710, était l'ancienne résidence d'été des landgraves (construite en 1710). Il abrite aujourd'hui la remarquable **collection de porcelaine★** *(Porzellansammlung)* des grands-ducs, dont presque toutes les pièces sont des cadeaux des familles royales et impériales d'Europe, formant ainsi la plus grande collection de porcelaine provenant de la manufacture grand-ducale de Kelsterbach et des manufactures allemandes et russes.

Le **jardin du prince Georges** *(Prinz-Georg-Garten)* est considéré aujourd'hui encore comme un véritable chef-d'œuvre. Véritable jardin historique, unique en son genre en Hesse, il fut créé au cours de la deuxième moitié du 18e s. selon les principes du jardin à la française (massifs symétriques de formes géométriques). D'une superficie de 2 ha environ, il est composé de massifs de plantes et de fleurs et comporte de nombreux pavillons et bassins ainsi qu'une orangerie.

Pavillon de chasse de Kranichstein (Jagdschloss Kranichstein)

5 km au nord-est. ✆ 06 151 71 86 13 - www.jagdschloss-kranichstein.de - avr.-oct. : merc.-sam. 13h-18h, dim. 10h-18h ; nov.-mars : merc.-sam. 13h-17h, dim. 10h-17h - possibilité de visite guidée (1h) - 2,70 €. Le pavillon accueille un **musée de la Chasse★** qui rassemble une collection intéressante d'armes, de trophées et de tableaux.

Mannheim

308 360 HABITANTS
CARTE GÉNÉRALE B4 – CARTES MICHELIN Nos 718 H11 ET 545 T 51
BADE-WURTEMBERG

Fondée en 1606 par l'Électeur palatin Frédéric IV, qui en fit une place forte, Mannheim se développa en un bourg marchand qui connut un essor rapide. Le centre-ville, organisé autour du palais, est constitué de 144 blocs d'habitation agencés en damier (Quadratestadt) et désignés uniquement par des lettres et des chiffres, suivant leurs coordonnées. Ville culturelle jadis réputée pour son école de musique et son théâtre (qui créa les pièces de Schiller), Mannheim est surtout aujourd'hui un centre industriel actif.

- **Se repérer** – Mannheim est située au confluent du Rhin et du Neckar, à 20 km au nord-ouest de Heidelberg.
- **Pour poursuivre le voyage** – Heidelberg, Spire, Worms.

Visiter

Musée municipal des Beaux-Arts★★ (Städtische Kunsthalle)

Friedrichsplatz 4 - ✆ 0621 293 64 52 - www. kunsthalle-mannheim.de - ♿ - possibilité de visite guidée tlj sf lun. 11h-18h - fermé dim., mar. de carnaval, Rosenmontag, 24 et 31 déc. - 7 €. Ce musée, installé dans un bâtiment Art nouveau dû à H. Billing (1907), est particulièrement réputé pour ses expositions temporaires consacrées aux grands noms de l'art moderne et contemporain. Les collections permanentes couvrent l'art des 19e et 20e s. La collection de sculptures est particulièrement riche : œuvres de Rodin, Lehmbruck, Barlach, Brancusi, Giacometti, Moore, Nam June Paik, Richard Long, Mario Merz. La peinture rassemble des œuvres importantes dont *L'Exécution de l'empereur Maximilien* de Manet et *Le Fumeur de pipe* de Cézanne ; on peut également voir des tableaux de Corot, Monet et Pissarro. Les peintres du mouvement sécessionniste allemand sont représentés par Slevogt et Corinth, ceux de l'école expressionniste par Beckmann, Heckel *(Tournesols)*, Kokoschka *(Vue d'Amsterdam)* et le Belge Ensor *(Nature morte)*. Une section présente le mouvement de la Nouvelle Objectivité et les tendances artistiques depuis 1945.

Musée Reiß pour l'histoire de l'art, de la ville et du théâtre★
(Museum für Kunst-, Stadt- und Theatergeschichte im Reiß-Museum)

✆ 0621 293 31 51 - www.reiss-engelhorn-museen.de - tlj sf lun. 11h-18h - fermé 24 et 31 déc. - 2,50 €. Le musée municipal Reiß réunit dans l'ancien arsenal (1777-1779) trois

sections. La **section des beaux-arts** regroupe surtout des sculptures et des peintures du 18e s. ainsi que des meubles baroques et rococo. La **collection de faïences et porcelaines européennes★** est riche en objets provenant de la manufacture de Frankenthal. On découvre aussi les **collections d'histoire locale** présentées suivant un parcours chronologique.

Une section réservée au théâtre rassemble costumes, accessoires et archives, retraçant l'histoire du Théâtre national de Mannheim.

Musée régional des Techniques et du Travail à Mannheim★
(Landesmuseum für Technik und Arbeit in Mannheim)

Museumsstraße 1 - ✆ 0621 429 88 39 - www.landesmuseum-manheim.de - tlj sf lun. 9h-17h, w.-end 10h-18h - possibilité de visite guidée (1h30) sur demande préalable - 3 €.
Le musée, dont les salles sont inondées de lumière, illustre 250 ans de vie industrielle dans la partie sud-ouest de l'Allemagne. Le visiteur est invité à suivre cette évolution depuis la période du « despotisme éclairé » *(5e étage)* jusqu'au 20e s. *(sous-sol)*. On peut compléter la visite en effectuant un petit parcours en train à vapeur.

Château (Schloss)

✆ 06 221 65 57 18 - www.tourist-mannheim.de - tlj sf lun. 10h-17h - possibilité de visite guidée (1h) - fermé 25 déc. - 5 €, 7 € avec la visite guidée.
Il fallut quarante ans (1720-1760) pour construire ce gigantesque château baroque, le plus grand d'Allemagne (plus de 400 pièces et 2 000 fenêtres). Reconstruit après les lourds dommages subis au cours de la Seconde Guerre mondiale, il est aujourd'hui occupé en grande partie par les locaux de l'université. Son plan s'ordonne selon celui de Versailles. Les ailes perpendiculaires au bâtiment principal délimitent une cour d'honneur. L'aile droite se termine par l'église et l'aile gauche par l'ancienne bibliothèque du château.

Depuis l'escalier d'honneur, on a une longue perspective sur la Kurpfalzstraße, jusqu'au Neckar. Les peintures du plafond ont été refaites d'après une œuvre originale de Cosmas Damian Asam. C'est au même artiste que l'on doit les fresques du plafond de la **salle des Chevaliers** *(Rittersaal)* ainsi que celles du plafond de l'**église** *(Schlosskirche)*. Dans l'aile de l'université se trouve le **cabinet-bibliothèque rococo**, vert et rose, orné de lambris, de stucs et de peintures en camaïeu.

Église des Jésuites★ (Jesuitenkirche)

L'église des Jésuites est un bâtiment massif, construit entre 1733 et 1769, et qui passe pour être la plus importante église baroque du Rhin supérieur. La façade est structurée par des pilastres superposés selon l'ordonnance classique. L'intérieur, tout baigné de lumière, est revêtu de stucs en marbre dans les tons rouges et verts. Le retable de Peter Anton von Verschaffel tout comme les anciennes loges princières, détruits pendant la guerre, sont en cours de reconstitution. La **Madone d'argent avec sa couronne de lumière** *(Silbermadonna im Strahlenkranz) (bas-côté gauche)* est une création de l'orfèvre d'Augsbourg J.I. Saler (1747).

Mannheim pratique

Informations utiles

Office de tourisme – *Willy-Brandt-Platz 3 (près de la gare) - 68161 - ✆ 0621 10 10 12 - www.tourist-mannheim.de*

Se loger

⊖⊖ **Mack** – *Mozartstraße 14 (près du Théâtre national) - ✆ 0621 124 20 - www.hotelmack.de - 🚭 - 50 ch. - 69/95 € ☕.* Vue de l'extérieur, cette ancienne maison de ville surmontée d'un clocheton ne manque pas d'attrait. À l'intérieur, un cadre soigné vous attend. Des chambres personnalisées et un succulent petit-déjeuner buffet rendront votre séjour particulièrement agréable.

Se restaurer

⊖ **Osteria Ochsen** – *Hauptstrasse 70 - ✆ 0621 799 550 - www.ochsen-mannheim.de - 20/35 €.* Un restaurant à l'atmosphère décontractée. Cuisine italienne. La carte change régulièrement.

Heidelberg★★★

142 960 HABITANTS
CARTE GÉNÉRALE B4 – CARTES MICHELIN N°s 718 H11 ET 545 U 52
BADE-WURTEMBERG

Ce haut lieu du romantisme allemand a inspiré de nombreux poètes, séduits par la beauté naturelle du site et les ruines de son château dont les remparts de grès rouge se découpent sur le vert de la forêt. Cette perle du Neckar, loin d'être une ville-musée, est aujourd'hui une cité universitaire animée, qui vibre d'une intense vie culturelle.

WWW.HEIDELBERG-TOURISMUS.DE

Vue sur le pont et le château.

- **Se repérer** – Heidelberg se trouve à 90 km au sud de Francfort.
- **À ne pas manquer** – La vue sur la ville au coucher de soleil depuis le chemin des Philosophes, ou depuis la rive droite du Neckar.
- **Organiser son temps** – Comptez une journée, mais l'ambiance et la vie nocturne de Heidelberg en font une excellente base pour découvrir les environs.
- **Pour poursuivre le voyage** – Spire (27 km), Bruchsal (38 km), Bad Wimpfen (57 km).

Comprendre

Le capitale politique du Palatinat – Le Palatinat du Rhin, dont Heidelberg fut le centre politique, doit son nom au titre de « palatins » donné à de grands officiers du Saint-Empire investis de la confiance la plus étroite du monarque. Au 14e s., ces fonctions et dignités n'existent plus, exception faite pour la dynastie héréditaire des territoires dont le confluent du Neckar et du Rhin marquait à peu près le centre. Grâce à la sage administration de ses princes-Électeurs – appelés à la cour de France **électeurs palatins** –, le « Palatinat électoral » devient l'un des États les plus cohérents d'Europe.

La « guerre d'Orléans » (1688-1697) – Au 16e s., les électeurs, qui ont adopté la Réforme, ne cessent de renforcer et d'embellir leur château de Heidelberg. L'électeur Charles-Louis restaure ses États de façon exemplaire après les ravages de la guerre de Trente Ans. Tolérant et pacifique, ce prince calviniste aux idées larges croit pouvoir mener, dans l'Empire, une politique étrangère personnelle. Dans l'espoir d'assurer la paix sur le Rhin et d'étendre l'influence de sa maison, il marie sa fille **Élisabeth-Charlotte** à « Monsieur » (Philippe d'Orléans), frère de Louis XIV. La **princesse palatine**, qui a le verbe haut et dru et ne cache pas son animosité contre Mme de Maintenon, ne passe pas inaperçue à la cour de France. Lorsque le fils de Charles-Louis meurt, en 1685, sans héritier direct, Louis XIV invoque cette union pour revendiquer le Palatinat au nom de sa belle-sœur. La **guerre du Palatinat**, que les Allemands appellent guerre d'Orléans, et qui ouvre la guerre de la Ligue d'Augsbourg, se révèle funeste pour le pays et surtout pour Heidelberg. Lors de l'affreuse campagne de 1689, la ville est dévastée, le château détruit. Le désastre est total, en 1693, après que la ville eut été totalement incendiée. L'agglomération est alors rebâtie, sur les mêmes fondations et sans percées nouvelles, dans un style baroque sans éclat. Les électeurs délaissent bientôt les ruines du château et consacrent tous leurs soins à leurs résidences de Mannheim et de Schwetzingen.

Découvrir

LE CHÂTEAU★★★ (Schloss)

Compter une demi-journée, visite de l'intérieur comprise.

☏ 06221 53 84 31 - www.service-center-schloss-heidelberg.com - Le jardin : avr.-sept. 8h-20h, oct.-mars 9h-18h, nov.-fév. 9h-17h (14h les 24 et 31 déc.) ; le château : avr.-oct. 11h-16h (17h w.-end et j fériés) - 8 € (jardin et château), 4 € (jardin seulement) 4 € en plus pour les visites guidées - fermé 24-25 et 31 déc. - 3 €.

Ses pierres rouges offrent un saisissant contraste avec la verdure qui l'environne. On y grimpe soit en voiture par la Neue Schlossstraße, soit à pied par l'escalier du Kurzer Buckel, soit par deux funiculaires (*Bergbahn*) qui partent du Marché aux grains (*Kornmarkt*) ou du Molkenkur.

Dès l'entrée, tournez à gauche comme indiqué sur le schéma ; on arrive ainsi au **Rondell**, saillant qui occupe une position de batterie et offre une belle **vue★** sur la ville, la vallée du Neckar et la plaine du Rhin. Pour entrer dans le château, revenez sur vos pas et passez par la **porte Élisabeth** *(Elisabethentor)* de 1615, que Frédéric V fit monter en une nuit pour faire une surprise à son épouse, Élisabeth Stuart !

Deux portes séparées par un fossé doivent être franchies avant d'atteindre la cour intérieure ; celle de la **Maison du Pont** construite en 1541 *(Brückenhaus)*, puis celle de la **tour du Portail** *(Torturm)*. Du pont fortifié qui les relie, on peut voir la **tour rompue** à l'angle sud-est du château. Une mine posée par les sapeurs français en 1693 l'éventra sur un côté et mit au jour ses casemates, dont les voûtes prennent appui sur un solide pilier central.

Les **jardins★** furent aménagés en terrasses sous Frédéric V, de 1616 à 1619, au prix de gigantesques travaux de remblai. De la terrasse de Scheffel, on découvre la face est du château avec ses trois tours.

La cour et ses bâtiments

Le chemin qui conduit dans la cour enjambe le pont fortifié défendu par la **tour du Portail** *(Torturm)*. Aussitôt à droite se trouve la halle gothique du **pavillon du Puits** *(Brunnenhalle)*, dont les colonnes romaines en granit proviennent du palais de Charlemagne à Ingelheim (près de Mayence). En face, un bâtiment d'habitation simple, le **Ruprecht**, construit par le prince-électeur Ruprecht III devenu roi des Allemands en 1400, abrite deux petits anges tenant une couronne de fleurs en haut de la clé de voûte. La légende veut que ce soit les jumeaux de l'architecte, décédés accidentellement juste avant la fin des travaux.

Bibliothèque (6) – Cette construction gothique, très en retrait par rapport à l'aile ouest du château, reçoit ainsi la lumière de tous côtés. Elle abritait autrefois la « librairie » de la famille princière, les collections d'objets d'art et le trésor. Jolie loggia.

Aile de Frédéric★★ (10) – L'ordonnance de la façade de ce palais, avec ses deux pignons festonnés, respecte encore l'étagement antique des colonnes (dorique, ionique et corinthien), redécouvert durant la Renaissance. Mais la composition de pilastres et de corniches, qui crée des contrastes d'ombre et de lumière, trahit déjà le goût baroque. Les **statues** (copies) représentent les ancêtres de Frédéric IV, parmi eux des princes de la maison de Wittelsbach.

L'arrière du bâtiment est la seule façade ornementée donnant sur la ville. On peut l'observer depuis la **grande terrasse**, à laquelle on accède en empruntant le passage voûté, à droite de l'aile de Frédéric, et qui domine directement la vieille ville.

Aile de la salle des Glaces (8) – Ce corps de bâtiment, réduit à sa carcasse par un incendie, montre un étagement de galeries inspiré de la Renaissance italienne.

Aile d'Otton-Henri (9) – Elle fut édifiée sous Otton-Henri, l'un des souverains les plus éclairés de la Renaissance. Pendant les trois années de son règne (1556-1559), ce prince ouvrit son territoire aux idées nouvelles, surtout en matière religieuse et artistique. Cet édifice inaugura la période féconde de la Renaissance tardive dans l'architecture allemande.

Les lignes horizontales dominent dans la composition de la façade. Suivant le goût de l'époque, la décoration mêle les symboles mythologiques et bibliques. Le portail en forme d'arc de triomphe, auquel collabora le grand sculpteur Alexandre Colin

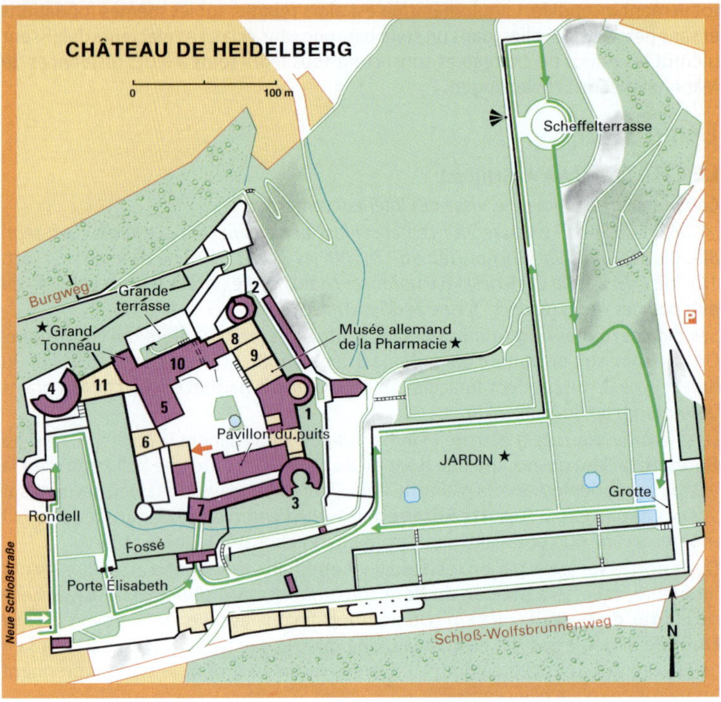

de Malines (1526-1612), présente les armes des électeurs : Le lion du Palatinat et les losanges des Wittelsbach encadrant un globe surmonté de la croix, symbole de l'Empire.

L'intérieur

Visites guidées seulement.

Deux maquettes permettent de comparer l'état actuel du château avec celui du 17e s. Pour la décoration Renaissance de l'aile de Frédéric, il s'agit en grande partie d'une reconstitution du début du siècle ; dans les couloirs se trouvent des statues originales de la façade. La chapelle fut « baroquisée » vers 1720.

Grand Tonneau★ (Großes Faß) – Ce gigantesque foudre (capacité : 221 726 l) fut installé sous Charles-Théodore à la fin du 18e s. Une pompe permettait de tirer du vin à partir de la salle royale (dans l'aile des Dames). L'estrade surmontant le tonneau pouvait aussi bien servir à la dégustation qu'à la danse. Le gardien de ce symbole bachique – aujourd'hui au centre de la vie folklorique locale – était le nain bouffon **Perkeo**, célèbre pour sa stupéfiante capacité d'absorption. Une sculpture en bois et l'horloge qu'il avait inventée, avec un système à effet de surprise, nous rappellent cette figure.

Musée allemand de la Pharmacie★ (Deutsches Apothekenmuseum) – *☏ 062 21 2 58 80 - www.deutsches-apotheken-museum.de - d'avr. à fin oct. : 10h15-18h ; nov.-mars : 10h-17h30 - fermé 25 déc. - 3 €, incluant la visite de la cour et du grand tonneau.*

Entrée sous le perron de l'aile d'Otton-Henri. Ce musée présente des ustensiles d'apothicaires des 18e et 19e s., une collection d'anciennes préparations pharmaceutiques et un laboratoire réunissant des instruments anciens dans la tour de l'Apothicaire.

En suivant le Molkenkurweg ou en prenant le funiculaire, on atteint le **Molkenkur**, restaurant situé à l'emplacement d'une ancienne fortification : belle **vue★** sur le château.

Se promener

De l'autre côté du pont Alte Brücke (ou Karl-Theodor-Brücke), légèrement sur la gauche, part un sentier assez abrupt qui mène au chemin des Philosophes.

Le chemin des Philosophes★ (Philosophenweg)

Commencez la visite de la ville par l'ascension de la colline jusqu'à ce chemin d'où l'on jouit d'une vue spectaculaire sur Heidelberg et son château. N'hésitez pas à y revenir en fin de journée pour profiter du coucher de soleil quand la lumière donne à la ville des couleurs flamboyantes.

Revenir sur ses pas jusqu'au Vieux Pont.

Alte Brücke★

Ce pont de la fin du 18e s. est encadré côté ville par deux tours qui datent de la fortification de Heidelberg au Moyen Âge ; la tour ouest abrite trois cellules d'arrestation.

Remonter le long de la Steingasse jusqu'à Marktplatz.

Église du St-Esprit (Heiliggeistkirche)

Elle est un témoin de l'architecture gothique tardive. Des échoppes se blottissent entre ses contreforts comme aux siècles passés. Le vaisseau et le chœur sont du type « halle » (*voir chapitre « Art et Architecture »*), mais des tribunes ont réduit, en hauteur, les bas-côtés de la nef. Le chœur très lumineux est le lieu de sépulture des électeurs palatins. Seules subsistent les pierres tombales de Robert III, qui fut empereur de 1400 à 1410 sous le nom de Robert Ier, et de son épouse, Élisabeth de Hohenzollern.

Maison du Chevalier★ (Haus zum Ritter)

Cette magnifique maison bourgeoise doit son nom au buste de saint Georges, en costume de chevalier, qui orne le fronton à volutes. Elle fut construite en 1592 pour le marchand huguenot Charles Bélier, et elle est la seule maison de la fin de la Renaissance à avoir été épargnée lors des ravages de 1689-1693.

S'engager dans la Haupstraße jusqu'à la place de l'Université (Universitätplatz) sur laquelle donne le bâtiment baroque à trois étages de l'ancienne université (Alte Universität).

Cette place de l'Université occupe l'emplacement de l'ancien cloître de St-Augustin où Martin Luther dut soutenir sa doctrine devant les supérieurs de son ordre, en avril 1518. À quelques pas se trouve l'une des attractions les plus prisées des touristes : l'ancien cachot des étudiants.

Cachot des étudiants (Studentenkarzer)

Augustinergasse 2 - ✆ (06221) 54 35 54 - avr.-sept. : tlj sf lun. 10h-18h ; oct. : tlj sf lun. 10h-16h ; nov.-mars : mar.-sam. 10h-16h - fermé 23 déc.-8 janv. - 2,50 €. Il reçut de 1712

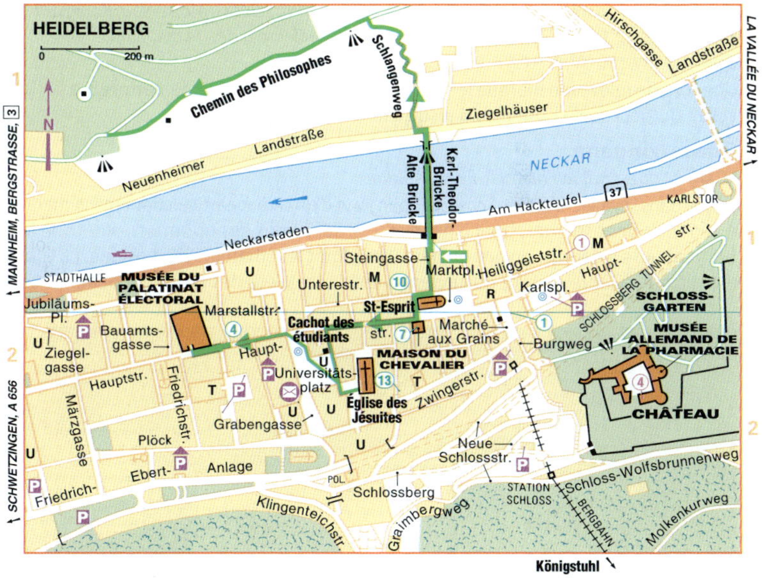

SE LOGER	Schnookeloch .... (10)
Am Kornmarkt .... (1)	Zum Pfalzgrafen .... (13)
Backmulde .... (4)	SE RESTAURER
Romantik Hotel Zum Ritter St. Georg .... (7)	Kulturbrauerei Heidelberg .... (1)
	Schlossweinstube .... (4)

à 1914 les étudiants trop tapageurs. Beaucoup d'entre eux laissèrent des inscriptions sur les murs, des silhouettes (noircies à la suie) ou des blasons, pour rappeler aux générations futures ce qu'ils considéraient comme un épisode particulièrement glorieux de leur carrière.

Église des Jésuites (Jesuitenkirche)

De style baroque (début du 18e s.), l'église des Jésuites fut construite d'après les plans de J.A. Breunig, architecte né à Heidelberg. La façade principale, élevée sur le modèle de l'église des Jésuites à Rome, est l'œuvre de l'architecte de la cour palatine F.W. Rabaliatti (1716-1782). Le lumineux vaisseau à trois nefs est soutenu par de solides piliers dont les chapiteaux sont ornés de stucs rococo.

Par cette église, on atteint le **musée d'Art sacré et liturgique** *(Museum für sakrale Kunst und Liturgie)*, où sont exposés des objets d'art religieux du 17e au 19e s. (madones, croix d'autel, objets liturgiques…). Le **trésor** du musée abrite des objets d'orfèvrerie en or et en argent (calices, ostensoirs…). *✆ 062 21 16 63 91 - juin-oct. : tlj sf lun. 11h-17h, dim. 12h30-17h ; nov.-mai : sam. 10h-17h, dim. 12h30-17h - 2 €.*

Reprendre la Hauptstraße vers l'ouest. Un peu plus loin sur la droite se trouve le palais Moraz qui abrite le musée du Palatinat électoral.

Musée du Palatinat électoral★ (Kurpfälzisches Museum)

Hauptstr. 97 - ✆ 06221 583 40 20 - www.museum-heidelberg.de - tlj sf lun. 10h-18h - 3 €.
Une partie des collections du musée du Palatinat électoral est aménagée dans le palais baroque érigé par J.A. Breunig. La section consacrée à l'histoire du Palatinat électoral possède un moulage de la mâchoire de l'homme préhistorique « de Heidelberg » (600 000 ans av. J.-C.). Le département des primitifs allemands conserve le **retable des Douze Apôtres★★** (1509) de Tilman Riemenschneider. La collection des **œuvres de l'époque romantique★★** présente essentiellement des vues de la ville et du château.

Aux alentours

Königstuhl

5 km au sud-est par la Neue Schlossstraße, le Molkenkurweg, puis le Gaiberger Weg ; ou prendre le funiculaire, stations Stadt (près du Kornmarkt), Schloss, Molkenkur, Königstuhl. Funiculaire : ✆ 06221 513 21 50 - www.bergbahn-heidelberg.de - 14 avr.-5 nov. : 9h-20h ; 6 nov.-13 avr. : 9h-17h - 8 €.

Une tour de télévision marque le sommet (568 m). D'en haut, large **panorama** sur la vallée du Neckar, de l'Odenwald jusqu'à la plaine du Rhin.

Schwetzingen★

10 km à l'ouest par la Friedrich-Ebert-Anlage.

Située dans la vallée du Rhin, Schwetzingen jouit d'un climat particulièrement clément. À l'époque des asperges, la ville devient le rendez-vous des gourmets, alors que le **festival** qui s'y déroule en mai et juin attire plutôt les amateurs de musique. La ville est surtout célèbre en tant qu'ancienne résidence d'été des électeurs palatins. Le

WWW.HEIDELBERG-TOURISMUS.DE

Le château de Schwetzingen.

somptueux château et le magnifique parc sont aujourd'hui encore les témoins de cette glorieuse époque.

Château★ – *✆ 062 21 53 84 31 - www.schloss-schwetzingen.de - ♿ - visite guidée (1h) - avr.-oct. : tlj sf lun. 11h-16h, w.-end 11h-17h ; nov.-mars : vend. 14h, w.-end 11h, 14h et 15h - fermé 24, 25 et 31 déc. 8 €, château et jardin.*

Détruit au cours du 17e s., le château fut rebâti entre 1700 et 1717 dans le style baroque. Il comporte un corps central flanqué de deux ailes. C'est lors des séjours estivaux qu'y firent l'électeur Charles-Théodore et son épouse Élisabeth-Auguste, entre 1742 et 1778, qu'il connut son âge d'or. En 1803, le domaine revint au pays de Bade. À l'intérieur, quarante pièces sont ouvertes à la visite.

Le ravissant **théâtre rococo★** *(Rokokotheater)* a été construit au milieu du 18e s. par l'architecte lorrain Nicolas de Pigage (1725-1796). Ouvert à la visite en été, il sert de cadre aux manifestations théâtrales et musicales du festival.

Jardin du château★★ (Schlossgarten) – *✆ 06 202 12 88 28 - www.schloesser-und-gaerten.de - jardin avr.-sept. : 8h-20h ; oct. et mars : 9h-18h ; nov.-fév. : 9h-17h - château visite guidée (1h) avr.-sept. : ttes les heures mar.-vend. 11h-16h, w.-end et j. fériés 11h-17h ; nov.-mars : w.-end et j. fériés 11h, 14h et 15h - fermé 24-25 et 31 déc. - jardins 4 €.*

Aménagé entre 1758 et 1796 par l'architecte lorrain Nicolas de Pigage, il couvre 72 ha et joint la rigueur d'un jardin à la française (perspective principale) à la fraîcheur des jardins de la fin du 18e s., inspirés par le goût des « spectacles de la nature » et par la mode des monuments symboliques dits « fabriques » (fausses ruines, temples…). La perspective principale débute par un hémicycle gracieux de dépendances et par un grand parterre rond à fontaines.

Circuit de découverte

LA BERGSTRASSE : DE HEIDELBERG À DARMSTADT

58 km – environ 3h.

Cette vieille route, tracée au pied des petites montagnes bocagères et forestières de l'Odenwald, a donné son nom au liseré de coteaux ensoleillés inclinés vers la vallée du Rhin. L'excellente exposition autorise la floraison précoce des arbres fruitiers. Les nombreux châteaux forts et les petites villes anciennes composent un paysage typiquement rhénan.

Info pratique

À cheval sur la Hesse et le Bade-Wurtemberg, la Bergstrasse court, du sud vers le nord, entre Heidelberg et Darmstadt, selon un tracé parallèle à celui de l'autoroute A 67 qui rejoint Francfort.

Weinheim

Encadrée au nord et à l'est de croupes montagneuses atteignant les 400 m d'altitude, Weinheim est la première ville de la Bergstrasse à accueillir le printemps. Élevé dès 1264 au rang de cité, ce bourg fut longtemps simple résidence des bourgeois qui exploitaient les terres alentour pour devenir peu à peu, à partir du début du 19e s., le gros centre administratif que nous connaissons aujourd'hui. De l'ancienne forteresse subsistent encore une partie des murs d'enceinte et quelques tours.

L'exquise vieille ville s'enorgueillit d'un nombre considérable de maisons anciennes ; le vieil hôtel de ville (vers 1577), sur la Marktplatz, et le Büdinger Hof *(Judengasse 15-17)*, édifié en 1582, méritent une attention particulière. L'ancien **château**, qui fait aujourd'hui office d'hôtel de ville, possède de beaux jardins à l'anglaise, où se dresse le plus grand cèdre d'Allemagne.

Attenante, la **Forêt exotique★** *(Exotenwald)*, d'une superficie de quelque 50 ha, a été aménagée de 1872 à 1884 et comprend une grande variété d'essences rares et de magnifiques exemplaires. Les ruines du fort de **Windeck** et le château de **Wachenburg**, érigé au début du 20e s., surveillent la ville de leurs promontoires.

Heppenheim an der Bergstrasse

La **Marktplatz★**, ou *Großer Markt*, dominée par la vaste église néogothique surnommée la « cathédrale de la Bergstraße », doit surtout son charme aux deux constructions de bois à oriels d'angle de l'hôtel de ville et de la pharmacie Liebig.

Lorsch

De la vaste abbaye fondée en 774 ne subsistent plus, à l'entrée est du bourg, que l'avant-nef de l'église et la **Torhalle★**. Cette porte triomphale, inscrite sur la liste du patrimoine mondial, est un témoin de l'architecture carolingienne. Au-dessus des colonnes à chapiteaux composites, l'étage montre une paroi ornée de baies aveugles en mitre et d'une marqueterie de grès rouge et blanc. Sur le site autrefois occupé par le monastère a été aménagé le complexe muséographique de Lorsch **(Museumszentrum Lorsch)**, comprenant une section sur l'histoire de l'abbaye, un espace consacré au folklore et un musée du tabac. *☎ 062 51 10 38 20 - www.kloster-lorsch.de - tlj sf lun. 10h-17h - fermé 1er janv. Mar. gras, 24 déc. - 4 € (3 € pour le musée seulement, sans visite guidée).*

Derrière l'église, une large vue s'offre sur la plaine du Rhin en direction de l'Odenwald.

Bensheim

La « ville des fleurs et du vin » est fière, à juste titre, de sa **vieille ville** *(Altstadt)*. De très belles maisons à colombages peuvent être admirées notamment sur la place du Marché *(Maktplatz)*, dans la rue principale et dans la Wambolterhofstraße.

Dans le quartier **Auerbach**, agréablement aéré, un vallon très abrité accueille le parc du **Fürstenlager★★**, ancienne résidence d'été des landgraves de Hesse. Il est planté d'arbres exotiques et parsemé de pavillons et de monuments symboliques dans le goût du 18e s. finissant. Un peu plus au nord, le **château d'Auerbach** constitue un observatoire sur la région. *☎ 062 51 7 29 23 - www.schloss-auerbach.de - tlj 10h-17h - entrée gratuite.*

Heidelberg pratique

Informations utiles

Office du tourisme de Heidelberg – *Willy-Brandt-Platz 1 (gare centrale) - 69115 Heidelberg - ☎ 062 21 194 33 - www.heidelberg-tourismus.de - Avr.-oct : lun.-sam. 9h-19h, dim. 10h-18h ; nov.-mars : lun.-sam. 9h-18h.*

Heidelberg Card – *Entrées gratuites (château, funiculaire…) et réductions (excursions, théâtre…). Cartes individuelles pour 1 jour (10 €), 2 jours (14 €) ou 4 jours (20 €) et cartes familiales (28 €).*

Office du tourisme de Weinheim – *Hauptstrasse 47 - 69469 Weinheim - ☎ 062 01 874 450 - www.weinheim.de*

Office du tourisme de Schwetzingen – *Dreikönigstrasse 3 - 68723 Schwetzingen - ☎ 062 02 94 58 75 - www.schwetzingen.de*

Office du tourisme de Lorsch – *Markplatz 1 - 64653 Lorsch - ☎ 062 51 175 260 - www.lorsch.de et www.nibelungenland.info.* Dans cet office de tourisme, vous trouverez en vente une série de 16 cartes pour des marches dans les environs.

Se loger

⊖⊖ Hotel Am Kornmarkt – *Kornmarkt 7 - ☎ 06221 282 18 - www.hotelamkornmarkt.de - 20 ch. - 77 €* Charmant petit hôtel au cœur de la vieille ville. En logeant dans cet établissement, vous pouvez bénéficier d'une réduction au parking n° 12, juste à côté.

⊖⊖ Zum Pfalzgrafen – *Kettengrasse 21 - ☎ 06221 204 89 - fax 06 221 536 141 - www.hotel-zum-pfalzgrafen.de - 27 ch. - 89 € -* Dans cette ville où le prix des hôtels est relativement élevé, vous trouverez ici des chambres confortables et aux tarifs raisonnables. Quelques chambres offrent une vue sur le château.

⊖⊖ Hotel Backmulde – *Schiffgasse 11 - ☎ 06221 536 60 - www.gasthaus-backmulde.de - P - ♿ - 19 ch. - 105 €.* Cet ancien gîte de matelots propose des chambres agréables. Dans la salle du restaurant, les bois sombres mêlés aux étoffes rouges confèrent à l'endroit une atmosphère chaleureuse. Les premiers prix concernent les chambres avec douche et wc sur le palier. Suite à des travaux en 2007, l'hôtel devrait compter une dizaine de chambres de plus en 2008.

⊖⊖⊖ Hotel-Restaurant Schnookeloch – *Haspelgasse 8 - ☎ 06 221 13 80 80 - fax 06 221 1 380 813 - www.schnookeloch.de - réservation - 11 ch. - 110 €*. L'histoire du Schnookeloch est étroitement liée à celle de cette ancienne ville universitaire : le restaurant est le bistrot traditionnel des étudiants. Piano bar tous les soirs sauf le lundi. À l'étage, on trouve des chambres d'hôte soignées et bien aménagées.

⊖⊖⊖⊖ Romantik Hotel Zum Ritter St. Georg – *Hauptstraße 178 - ☎ 06 221 13 50 - fax 06 221 135 230 - www.ritter-heidelberg.de - 39 ch. - 144 €.* Superbe maison de style Renaissance de 1592. La façade de grès est typique de la région. Le restaurant Belier aux allures de salon semble quelque peu pompeux ; la Salle des chevaliers est d'un grand confort.

Se restaurer

⊖⊖ Kulturbrauerei Heidelberg – *Leyergasse 6 (entre Hauptstr. et Am Hachteufel) - ☎ 06 221 50 29 80 - www.heidelberger-kulturbrauerei.de - 11h-1h (cuisine jusqu'à 23h, Biergarten jusqu'à 22h) - - ♿ - 20/30 € - 34 ch. - 120/180 €.* Cette brasserie a gardé son charme d'antan : piliers centraux, plafond ancien à caissons et lustres en fonte sont autant d'éléments qui décorent la grande salle. Pour accompagner la bière brassée sur place, on vous sert des spécialités régionales. Les chambres de l'hôtel à côté sont spacieuses et bien aménagées. De la suite, vous aurez même une jolie vue sur le château !

⊜⊜⊜⊜ **Schlossweinstube** – *(dans le château de Heidelberg) - ✆ 06221 979 70 - www.schoenmehl.de - fermé 23 déc.-15 janv. et merc. - 40/50 €.* Prenez-vous pour un châtelain le temps d'un dîner ! Les chaises noires modernes présentent un charmant contraste avec le cadre seigneurial du lieu, décoré de parquet et de précieux tableaux.

DANS LES ENVIRONS

⊜ **Blaues Loch** – *Zeyherstrasse 3 (rue à droite du château) - Schwetzingen - ✆ 062 02 2 13 60 - 12h-3h - - ♿ - 10/20 €.* Agréable terrasse ombragée d'arbres fruitiers. Les différentes salles ont du caractère, meublées d'antiquités à vendre. Cuisine traditionnelle allemande en fonction des saisons, avec des plats du jour le midi à 5 €.

⊜⊜ **Zur Sackpfeife** – *Kirchenstrasse 45 - 68526 Ladenburg - ✆ 062 03 31 45 - www.zursackpfeife.de - 11h30-13h30 et le soir à partir de 17h - 20/30 €.* Dans une superbe maison à colombages de 1598, ne pas manquer ce restaurant, le plus typique de cette petite ville-étape gastronomique qui compte un nombre impressionnant de restaurants.

Faire une pause

Strohauer's Café Alt-Heidelberg – *Hauptstr. 49 - ✆ 06221 18 90 24 - www.strohauer.de - en été : 9h-0h ; en hiver : 9h-19h (cuisine : de 11h jusqu'à 1h av. fermeture).* Dans ce café, vous aurez le choix entre plus de 20 gâteaux et tartes maison. À l'intérieur, remarquer le zinc de 1890 provenant d'un café viennois.

Sports et excursions

Navigation fluviale – *Rhein-Neckar Fahrgastschiffahrt - Untere Neckarstrasse 17 - 69117 Heidelberg - ✆ 06 221 20 181 - www.rnf-schifffahrt.de.* La compagnie RNF propose des liaisons avec Worms, Speyer, Rüdesheim et St. Goar.

Location de vélos – *Eldorado - Neckarstaden 52 - 69117 Heidelberg - ✆ 06 221 65 444 60 - www.eldorado-hd.de*

En soirée

Bon à savoir – Un grand nombre de cafés et restaurants sont concentrés dans la Untere Straße qui s'anime dès le soir venu.

Gasthausbrauerei Vetter – *Steingasse 9 - ✆ 06 221 165 850 - www.brauhaus-vetter.de - dim.-jeu. 11h30-0h, vend.-sam. 11h30-2h.* Grande salle aux allures de taverne avec de grandes tables en bois. La maison brasse toujours sa propre bière sur place et propose une cuisine simple du terroir.

Café Rossi – *Rohrbacher Str. 4 (près du début de la zone piétonne) - ✆ 06 221 9 74 60 - www.caferossi.de - lun.-sam. 8h-1h, dim. 10h-1h.* Café-bar au style Art déco avec grande terrasse d'été. Les plats du jour sont à des prix très raisonnables.

Zum Roten Ochsen – *Hauptstr. 217 - ✆ 06 221 2 09 77 - www.roterochsen.de - lun.-sam. 17h-minuit (avr.-oct. : égalt 11h-14h) - fermé dim. et j. fériés ainsi que 3 sem. après Noël.* Autrefois fréquenté par des célébrités comme Bismarck, Marc Twain ou Marylin Monroe, ce café-restaurant est le lieu de prédilection des étudiants. Le soir, à partir de 20h, l'endroit se transforme en un sympathique piano-bar.

Le Palatinat ★

Die Pfalz

CARTE GÉNÉRALE A4 - CARTES MICHELIN N^OS 718 H11 ET 543 S50 À Q55 RHÉNANIE-PALATINAT

Remarquable réserve zoologique et botanique, le massif du Palatinat bénéficie d'un microclimat d'une douceur étonnante qui autorise la culture de fruits exotiques dans sa partie est. Que ce soit pour la pratique d'activités autour de la très belle station climatique de Dahn, ou pour suivre la route allemande du Vin, les raisons d'explorer la région ne manquent pas.

- **Se repérer** – Le massif du Palatinat s'étend depuis les plaines du Rhin jusqu'aux Vosges. La route allemande du Vin débute 15 km à l'ouest de Worms, à Bockenheim (route B271) et court sur 80 km vers le sud en direction de la frontière française.
- **Organiser son temps** – Comptez une journée pour ce circuit de découverte.
- **Pour poursuivre le voyage** – Mannheim, Heidelberg, Karlsruhe.

Comprendre

Le milieu naturel – Prolongeant les Vosges du Nord, le massif montagneux du Palatinat rhénan présente des paysages forestiers analogues, interrompus d'escarpements ou de rochers de grès rouge. Au nord, la **forêt du Palatinat** *(Pfälzer Wald)*, peu habitée, est fréquentée par les amateurs de tourisme pédestre. Au sud s'étendent les paysages mouvementés du **Wasgau**, dont les buttes boisées surmontées de ruines ou coiffées de pitons rocheux dominent les cuvettes défrichées occupées par les villages.

Circuit de découverte

DE WORMS À BAD BERGZABERN

158 km – Une journée.

L'itinéraire que nous décrivons emprunte en partie la Route allemande du Vin *(Deutsche Weinstraße)*, qui relie Schweigen, à la frontière française, à Bockenheim.

Worms★

Ville au passé prestigieux, Worms fut, avec Spire et Mayence, une résidence impériale des bords du Rhin. Elle constitue le cadre d'une grande partie de la saga des Niebelungen ; la promenade, le long du fleuve, s'orne ainsi d'une statue du légendaire Hagen, brandissant le trésor avant de le précipiter dans le Rhin. Worms est par ailleurs un point de départ idéal pour se lancer à la découverte du Palatinat et du vignoble de la région.

Cathédrale St-Pierre★★ (Dom St-Peter) – *visite : une demi-heure.* Cette cathédrale, caractéristique de l'art roman rhénan, possède deux absides cantonnées chacune de deux tours rondes d'escalier. Extérieurement, le **chœur ouest★★**, terminé en 1181, constitue l'une des plus belles réalisations romanes d'Allemagne avec ses deux galeries naines rhénanes superposées. Entrer par le portail sud, gothique, dont le tympan représente le Couronnement de la Vierge. Au revers de ce portail, splendide Christ du Jugement, du 12e s.

Dans la première chapelle à droite en entrant, une sculpture très ancienne représente Daniel dans la fosse aux lions. Le chœur est, à droite, voûté d'ogives, est le plus ancien ; le maître-autel est l'œuvre de Balthasar Neumann. Admirer la croisée du transept avec sa coupole rhénane montée sur trompes. Sous le chœur sont exposés neuf tombeaux de proches de l'empereur Conrad II. La nef romane comporte cinq travées voûtées sur croisées d'ogives. Le chœur ouest, le dernier construit, est très élégant avec sa frise en damier, les voussures de ses arcatures et ses roses. Dans le bas-côté nord se succèdent cinq **sculptures gothiques★** *(Reliefs aus dem Leben Christi)* représentant l'Annonciation, la Nativité, la Mise au tombeau, la Résurrection et un arbre de Jessé.

Monument à la mémoire de Luther (Lutherdenkmal) – Inauguré en 1868, le **monument** commémore la comparution de Luther devant la diète. Luther, au centre, est entouré des précurseurs de la Réforme, Pierre Valdo, John Wyclif, Jean Hus et Savonarole ; aux quatre angles figurent Reuchlin et Melanchthon, théologiens de la Réforme, le landgrave de Hesse Philippe le Magnanime *(voir Marburg)* et l'électeur de Saxe, protecteur de Luther. Des effigies de femmes symbolisent Augsbourg, Spire et Magdebourg.

Musée Heylshof★ (Museum Heylshof) – *Stephangasse 9 - ☎ 06 241 22 000 - www.heylshof.de - mai-sept. : tlj sf lun. 11h-17h ; oct.-avr. : tlj sf lun. 14h-17h, dim. 11h-17h - 2,50 €.*

Installées dans les salons d'un palais construit après 1871, les **toiles★** du 15e au 19e s. comprennent notamment des œuvres de Rubens, Van Loo et du Tintoret. Le musée expose également des vitraux (15e et 16e s.), de précieuses porcelaines, des céramiques et des cristaux.

Luther devant la diète

En 1521, Rome promulgue une bulle d'anathème à l'encontre de Luther. Le jeune Charles Quint convoque alors la diète impériale à Worms et invite Luther à comparaître. Celui-ci s'y rend « comme on marche au supplice », quoique sans hésitation, retenu par ses amis angoissés, mais acclamé par la foule enthousiaste. Devant son refus de se rétracter, il est mis au ban de l'Empire.

Cimetière juif★ (Judenfriedhof) – Worms faisait partie des grands centres de la culture juive en Allemagne. 2 000 stèles gravées en hébreu se dressent dans le plus ancien cimetière juif d'Europe, utilisé depuis le 11e s. Jolie vue sur les tours de la cathédrale.

Freinsheim

Ce gros bourg viticole entouré de remparts possède un charmant hôtel de ville installé dans une gracieuse maison baroque, dont le toit protège un escalier extérieur, à côté de l'église (15e s.).

Bad Dürkheim

Cette station hydrominérale, à la lisière du Pfälzer Wald, est agrémentée d'un **parc thermal** remarquable où l'on trouve des figuiers et des amandiers qui bénéficient de la douceur du climat.

À l'ouest (4 km par la Schillerstraße et le Luitpoldweg), le site des ruines de l'abbaye de Limburg offre de jolies vues sur la vallée d'Isenach et les ruines d'Hardenburg à l'ouest, sur la plaine du Rhin à l'est.

J.-C. & D. Pratt / PHOTONONSTOP

Vignobles dans le Palatinat.

Deidesheim

Ce bourg vigneron est l'un des plus caractéristiques de la route du Vin avec sa place du Marché joliment décorée et ses maisons à colombages.

Neustadt an der Weinstraße – Vous trouverez ici la plus forte concentration de vieilles maisons de tout le Palatinat, une jolie place du Marché, et un hôtel de ville du 16e s.

Château de Hambach (Hambacher Schloss)

1 km au départ de Hambach. Le château est actuellement fermé pour travaux ; réouverture prévue en 2009 - ✆ 063 21 3 08 81 - www.hambacher-schloss.de

Construit au 11e s., le château de Hambach était la résidence d'été des évêques de Spire avant sa destruction en 1688. Ses ruines sont célèbres depuis la manifestation de 1832 au cours de laquelle les patriotes militant pour les idées libérales hissèrent pour la première fois le drapeau noir-rouge-or, adopté comme emblème national allemand en 1919, puis, à nouveau, en 1949.

Kalmit

8 km à partir de Maikammer et 1/4h à pied AR. Avec ses 673 m, le Kalmit, point culminant du Palatinat, est un but de nombreuses promenades. De la terrasse de la Kalmithaus, on a un formidable **panorama★★** sur la plaine du Rhin et, plein est, la cathédrale de Spire. Vous pourrez rejoindre la route du Vin par le joli village de St-Martin.

Château de Ludwigshöhe★ (Schloss-Villa Ludwigshöhe)

2 km au départ d'Edenkoben. ✆ 063 23 9 30 16 - www.burgen-rlp.de - salles historiques uniquement sur visite guidée - avr.-sept. : tlj sf lun. 9h-18h (dernière visite guidée à 17h) ; oct.-mars : tlj sf lun. 9h-17h (dernière visite guidée à 16h). Max Slevogt-Galerie également accessible librement - 2,60 €.

Créé par Louis Ier de Bavière dans le goût des villas italiennes, le château de Ludwigshöhe abrite une **galerie★** consacrée au peintre impressionniste Max Slevogt (1868-1932). Les pièces aux murs décorés dans le style pompéien sont pourvues d'un admirable **parquet★**. La terrasse offre une **vue★** magique sur les vignobles rhénans.

Un télésiège monte au **Rietburg** (550 m), point de départ de promenades en forêt. La descente en télésiège offre de superbes vues plongeantes sur les coteaux.

Le Trifels★

7 km à partir d'Annweiler et 1h1/2 de marche et de visite - ✆ 06 346 84 70 - www.burgen-rlp.de - avr.-sept. : 9h-18h ; reste de l'année : 9h-17h - fermé déc. - 2,60 €. D'une grande importance historique, le **château de Trifels**, monastère salésien à l'origine, devint la forteresse impériale des Hohenstaufen qui y déposèrent les insignes impériaux

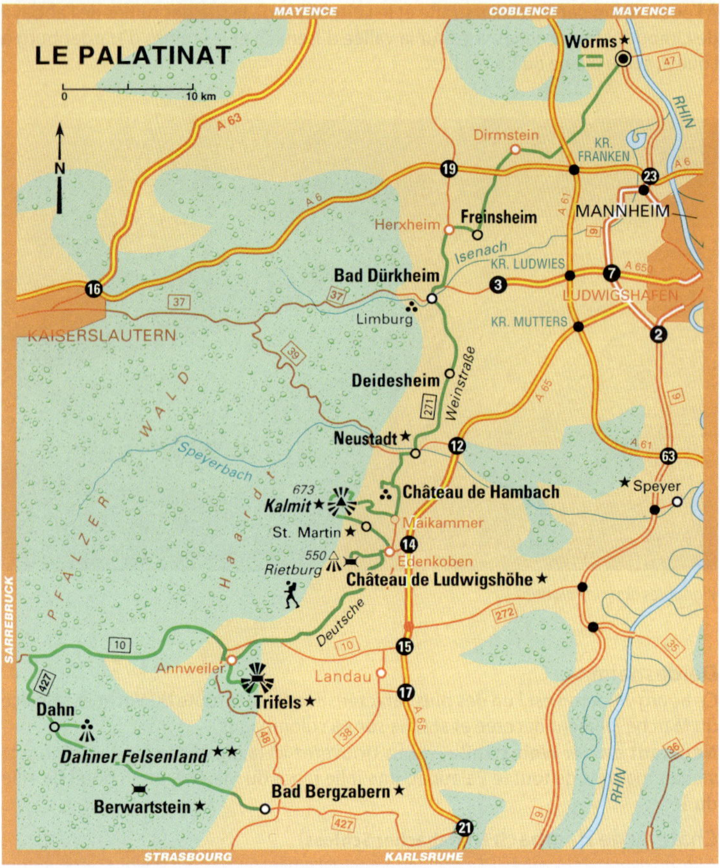

aux 12e et 13e s. Selon une légende, on y conserva même le saint Graal. Une chose est sûre cependant : c'est dans ces murs épais que l'empereur Henri VI tint emprisonné le roi d'Angleterre **Richard Cœur de Lion** lorsqu'il revint en 1193 de la troisième croisade. L'énorme rançon que l'empereur reçut pour la libération de Richard lui permit d'engager une campagne contre l'empire normand en Italie du Sud. C'est du Trifels que son expédition démarra le 9 mai 1194.

Dans son **site★★** grandiose, le château impressionne de loin par sa silhouette imposante. On comprendra aisément pourquoi lui échut le rôle stratégique de garder la route qui menait de Metz à la vallée du Rhin en passant par Pirmasens. Il se dresse sur un éperon de grès de 145 m de longueur et seulement 40 m de largeur, avec lequel il semble ne faire qu'une seule pièce.

Dahner Felsenland★★

Autour de la station climatique de **Dahn** s'étend l'une des plus belles régions de randonnée d'Allemagne, avec ses châteaux forts et ses nombreuses formations rocheuses de grès rouge. Pas moins de 47 monolithes sont ici classés monuments naturels. Les **ruines du château★** d'Altdahn dominent la silhouette de la ville. Les escaliers et postes de garde taillés dans le roc confèrent au château, dont les origines remontent aux alentours de 1100, une atmosphère profondément romantique. Des tours, on a de jolis **aperçus★** sur le Wasgau.

Burg Berwartstein★

Sur la B427, tourner à droite vers Erlenbach - ☎ 063 98 2 10 - www.burg-berwartstein.de - mars-oct. : 9h-18h ; nov.-fév. : w.-end 11h-18h - 4 €.

Au point de rencontre de plusieurs vallées, cet ancien repaire de chevaliers pillards surplombe de 100 m le village d'Erlenbach. Le château du haut date du 12e s., celui du bas du 15e s. Détruit en 1591 par un incendie, le château a été reconstruit à la fin du 19e s. On y visite la salle des chevaliers, la galerie de chasse, un puits profond de 104 m, l'ancienne cuisine, les casemates et des tunnels creusés dans le roc. Des terrasses, une **vue★** à l'infini embrasse les paysages ondulés du Wasgau, jusqu'en France.

Traversant des paysages rocheux, la route rejoint Bad Bergzabern.

Bad Bergzabern★

Cette charmante station balnéaire possède de nombreuses maisons à colombages (Königstrasse, Marktstrasse). Outre les coquettes maisons des 17e et 18e s., mentionnons l'**auberge Zum Engel★** (1579), réputée être le plus bel édifice Renaissance du Palatinat. Le **château**, avec ses tours rondes et trapues, a été construit de 1720 à 1725 à l'emplacement d'un ancien fort, dont subsiste encore aujourd'hui, du côté de la cour, une tour d'escalier polygonale de 1530.

Les vins du Palatinat

Les vendanges tardives permettent d'obtenir des vins fruités assez alcoolisés et souples, les plus appréciés étant les blancs. Les crus les plus célèbres sont produits à Bad Dürkheim, Wachenheim, Forst et Deidesheim.

Le Palatinat pratique

Informations utiles

Office de tourisme de Worms – *Neumarkt 14 - 67547 - ✆ 06241 250 45 - www.worms.de - avr.-oct. : lun.-vend. 9h-18h, sam. 9h30-13h30, dim. 10h-14h ; nov.-mars : lun.-vend. 9h-18h.*

Se loger

⊖⊖ Hotel Zum Lam – *Winzergasse 37 - 76889 Gleiszellen-Gleishorbach - ✆ 06 343 93 92 12 - www.zum-lam.de - fermé 2-23 janv. - P - 11 ch. - 72/80 €* ☕. Charmante station balnéaire, la commune est réputée aussi pour ses nombreuses maisons à colombages du 18e s., dont l'hôtel Zum Lam fait partie. Chambres confortables.

⊖⊖⊖ Hotel Deidesheimer Hof – *Am Marktplatz 1 - 67146 Deidesheim - ✆ 06326 968 70 - www.deidesheimerhof.de - fermé 1er-3 janv. - P ⊗ - 28 ch. - à partir de 125 € - ☕ 16 €.* Dans ce remarquable édifice Renaissance, où le confort et l'élégance sont de mise, on remarquera plus particulièrement les chambres rénovées au mobilier italien. L'hôtel compte deux restaurants gourmets. L'ancien chancelier Helmut Kohl aimait recevoir les personnalités officielles dans cet endroit.

À WORMS

⊖ Kriemhilde – *Hofgasse 2 - ✆ 06241 911 50 - www.hotelkriemhilde.de - 19 ch. - 70 €* ☕. Un petit hôtel du centre-ville au service aimable et aux chambres pratiques, équipées de meubles en pin ou en chêne.

Se restaurer

⊖ Weinstube Ester – *Triftweg 21 - 67098 Bad Dürkheim - ✆ 06 322 98 90 65 - www.ester24.de - fermé 2 sem. en sept. et lun.-mar. - 15/30 €.* De nombreux habitués fréquentent cette taverne au cadre rustique, typique du Palatinat. Plats essentiellement régionaux (spécialités de viande et de saucisse). Les vins sont élaborés à partir des vignes qui entourent l'établissement.

⊖⊖ Reuters Holzappel – *Hauptstraße 11 - 76889 Pleisweiler-Oberhofen - ✆ 06 343 42 45 - www.reuters-holzappel.de - ⊠ - 15/28 €.* Ancienne maison de vigneron (1742) à la charmante cour intérieure pavée. Objets de collection et mobilier de bois confèrent au lieu une atmosphère feutrée et confortable. Plats du terroir et cuisine internationale.

À WORMS

⊖⊖ Rôtisserie Dubs – *Kirchstraße 6 - 67550 Worms-Rheindürkheim - 9 km au nord, par le Nibelungenring - ✆ 06 242 20 23 - www.dubs.de - fermé 3 sem. en janv., mar. et sam. midi - 28/59 €.* Un cadre élégant distingue ce petit restaurant de campagne, où le patron, Wolfgang Dubs, régale ses hôtes avec une cuisine variée et raffinée.

Spire★

Speyer

50 250 HABITANTS
CARTE GÉNÉRALE A4 – CARTES MICHELIN N^{OS} 718 H11 ET 543 S 53
RHÉNANIE-PALATINAT

L'ancienne ville impériale de Spire, sur la rive gauche du Rhin, se reconnaît de loin à ses clochers. Cité historique au passé prestigieux, sa magnifique cathédrale, dont la crypte abrite les dépouilles de plusieurs empereurs, est le plus grand édifice roman d'Europe. Jadis objet de disputes entre la France et l'Allemagne Spire est aujourd'hui une ville-étape agréable, au confluent de routes touristiques majeures.

- **Se repérer** – À 32 km au sud-ouest de Heidelberg, Spire s'étend entre les montagnes boisées de l'Odenwald à l'est et du Palatinat à l'ouest.
- **Organiser son temps** – Comptez une demi-journée.
- **Avec les enfants** – Une visite au zoo aquatique Sea Life, le musée des Techniques.
- **Pour poursuivre le voyage** – Bruchsal, Karlsruhe.

Comprendre

Ville impériale du Rhin – Lieu de séjour privilégié des empereurs saliens, Spire – siège d'un évêché depuis le 4e s. – acquit une importance notable à partir du 11e s. ; elle devint ville d'Empire en 1294. Plus de cinquante diètes d'Empire s'y tinrent, la dernière en 1570. De 1526 à 1688, le tribunal impérial siégea aussi à Spire. La ville fut malheureusement anéantie en 1689 par les troupes de Louis XIV, lors de la guerre de succession du Palatinat. Seuls la cathédrale impériale, les vestiges des remparts dans le parc du Domgarten et la vieille porte, l'*Altpörtel*, à l'extrémité ouest de la Maximilianstraße, témoignent encore de sa splendeur médiévale.

Centre administratif – Après un bref intermède français – la ville passa aux mains de la France en 1797 –, Spire suivit avec la partie occidentale du Palatinat (rive gauche du Rhin) les destinées du royaume de Bavière. C'est à cette époque que s'y installèrent de nombreuses administrations, mais aussi des archives et des bibliothèques, qui font aujourd'hui encore la réputation de Spire comme centre administratif.

Visiter

CATHÉDRALE IMPÉRIALE★★ (KAISERDOM)

06 232 10 21 18 - www.bistum-speyer.de - ♿ sf crypte - avr.-oct. : lun.-sam. 9h-19h, dim. 12h-17h ; nov.-mars : lun.-sam. 9h-17h, dim. 12h-17h - gratuit.

La cathédrale impériale, fondée par Conrad II en 1030 et remaniée à la fin du 11e s., est une basilique romane à quatre tours et deux dômes. Il s'agit de la plus grande construction romane d'Europe.

Extérieur

Faire le tour de la cathédrale par le jardin. Depuis la **Heidentürmchen** (13e s.), belle **vue**★★ sur le chœur. Une galerie naine très élégante court tout autour de la nef et du transept, à la base de la toiture. Les chapiteaux de l'abside présentent une grande variété de motifs ; sur l'une des arcatures aveugles, au centre, on peut voir sur le premier tiers de la hauteur un bas-relief très fruste représentant le Royaume de la paix.

Les arcs des fenêtres de style lombard sur le transept est présentent, surtout du côté sud, une riche décoration de rinceaux et de palmettes ; ces motifs sont répétés sur la corniche à la base de la toiture *(voir également p. 68).*

Intérieur

On pénètre dans la cathédrale par le côté ouest, reconstruit au milieu du 19e s. Sous le porche, à droite, statue (1843)

Les « protestants »

En 1529, la diète de Spire confirme l'édit de Worms dans lequel l'empereur renonce à la nomination du clergé. Dans une déclaration solennelle, les États luthériens protestent contre les décisions de la diète, d'où le nom de « protestants » qui désigne les partisans de la Réforme. Sur la Bartholomäus-Weltz-Platz, une église néogothique, la *Gedächtniskirche*, évoque le souvenir de cette « protestation ».

de Rodolphe de Habsbourg. Les 133 m de la nef inondée de lumière sont surmontés de voûtes d'arêtes sur doubleaux sombres. Les demi-colonnes engagées dans les maîtres piliers sont coupées à mi-hauteur d'anneaux et de chapiteaux à feuilles d'acanthe. La sobriété des bas-côtés, voûtés d'arêtes, est encore plus expressive. De l'escalier du bas-côté droit, belle perspective sur l'ensemble.

Le **transept★★** surélevé et voûté d'ogives est un chef-d'œuvre d'harmonie et d'équilibre. L'absence d'ornements et de crépi sur les murs fait d'autant plus ressortir le caractère décoratif de la construction. La nef principale (1845-1853) a été peinte sous le roi Louis Ier de Bavière.

La **chapelle du Saint-Sacrement** *(Afrakapelle)*, avant le croisillon gauche, abrite deux bas-reliefs du 15e s. : le Portement de croix et l'Annonciation.

T. Krieger / MICHELIN

La cathédrale impériale de Spire.

Crypte★★★

Il s'agit sans doute de la plus grande et de la plus belle crypte romane d'Allemagne. Sous le chœur et le transept se développe un réseau de voûtes d'arêtes romanes. Quatre colonnes aux splendides chapiteaux en délimitent la croisée du transept. Les doubleaux ont des claveaux de grès rose et blanc alternés.

Dans la **crypte des empereurs** se trouvent quatre empereurs et quatre rois allemands. L'entrée de la crypte est gardée par la pierre tombale de Rodolphe de Habsbourg (fin du 13e s.).

L'**Ölberg** (1502-1512), dans le jardin situé au sud de la cathédrale, était autrefois le centre du cloître. La grande **vasque de pierre** sur le parvis contenait du vin lors de la nomination de nouveaux évêques, et chacun pouvait y puiser à satiété.

LA VIEILLE VILLE

Elle s'étend à l'ouest de la cathédrale jusqu'à l'**Altpörtel★**, belle porte-tour des 12e et 13e s. La Maximilianstraße, dont le joyau est l'hôtel de ville, du baroque tardif, est très animée.

À l'angle de la Korngasse s'élève l'édifice de l'*Alte Münze*, érigé en 1748 ; son nom évoque la corporation des frappeurs de monnaie, qui avaient ici au Moyen Âge leur maison commune.

Bain des Juifs★ (Judenbad) (Mikwe)

Accès par la Judengasse, au sud-ouest de la cathédrale (panneau) - 1,50 €.

Le **bain des Juifs** servait aux ablutions rituelles. Il fut aménagé au 12e s. dans la cour des Juifs *(Judenhof)*, le centre du quartier juif au Moyen Âge, par des ouvriers engagés pour la construction de la cathédrale. Un escalier conduit, à travers deux portails, dans une première salle voûtée d'arêtes, sur laquelle s'ouvre à gauche la pièce où l'on pouvait se changer. Par un autre escalier en demi-cercle, on atteint le niveau de la nappe phréatique avec le bain proprement dit.

Musée du Palatinat★ (Historisches Museum der Pfalz)

✆ 06 232 62 02 22 - www.museum.speyes.de - ♿ - tlj sf lun. 10h-18h, 1er janv., 24 et 31 déc. : 10h-16h - 4 €.

La pièce la plus précieuse des collections préhistoriques du musée du Palatinat est le célèbre **chapeau d'or★** de Schifferstadt (12e s. av. J.-C.), cône cultuel recouvert de feuilles d'or (rez-de-chaussée, salle 4). Les collections du 1er étage sont consacrées à l'art et à l'artisanat du 16e au 19e s., dont des porcelaines de Frankenthal.

Trésor de la cathédrale (Domschatzkammer) – *Dans les deux sous-sols du nouveau bâtiment.* La crypte des empereurs et des rois constitue le principal attrait du trésor de la cathédrale, tout comme d'autres grands symboles de l'histoire allemande, tels que la couronne mortuaire de Conrad II, le premier empereur salien, le globe impérial d'Henri III, ou encore la couronne d'Henri IV (l'empereur qui alla à Canossa). Très beaux vêtements et objets liturgiques.

Musée du Vin (Weinmuseum) – *Dans les caves.* Le musée du Vin retrace deux siècles d'histoire du vin. Dans la salle de la tour est conservé le **Römerwein★**, bouteille romaine contenant sous forme liquide le plus vieux vin du monde (3e s. apr. J.-C.).

Sea Life★

℘ 062 32 69 780 - www.sealifeeurope.com - tlj avr.-oct : 10h-17h (jusqu'à 18h le w.-end et 19h juil.-août) - 12,75 €, enf. 8,50 € (3-14 ans).

Cet aquarium ludique appartenant au groupe Sea Life Europe est avant tout conçu pour un public jeune. Il présente avec pédagogie une grande diversité d'espèces marines dans leurs différents habitats, des mers glaciales aux mers tropicales.

WWW.SEALIFEEUROPE.DE

Au cœur du Sea Life.

Musée des Techniques★ (Technik-Museum)

℘ 06 232 67 080 - www.technik-museum.de - lun.-vend. 9h-18h, w.-end 9h-19h - 16 €, 12 € enf. (3-14 ans).

Le musée des Techniques, situé au sud de la cathédrale, suscitera l'intérêt des grands comme des petits. On peut y admirer, dans des hangars et en plein air, un nombre impressionnant d'avions, de locomotives, et surtout de très belles voitures d'époque de tous les grands constructeurs, sans oublier une collection variée de voitures de pompiers. Est également exposé un sous-marin, l'U 9, construit en 1966, dans lequel on peut pénétrer pour se rendre compte de l'exiguïté que subit l'équipage. Outre un département consacré aux maquettes de bateaux, le musée possède également une riche collection d'anciens automates à musique.

Les amateurs d'émotions fortes et d'images délirantes ne manqueront pas de rendre une visite au spectaculaire **cinéma IMAX★**, que l'on trouve ici dans sa version classique ou en forme de dôme, avec un écran de 800 m^2.

Spire pratique

Informations utiles

Office de tourisme – *Maximilianstr. 13 - 67346 - ℘ 06 232 14 23 92 - www.speyer.de - nov.-mars : lun.-vend. 9h-17h ; avr.-oct. : lun.-vend. 9h-17h, w.-end. 10h-15h (dim. 14h).*

Se loger

⊖⊖ Hotel Goldener Engel – *Mühlturmstraße 5 - ℘ 06232 132 60 - www.goldener-engel-speyer.de - fermé 23 déc.-7 janv. - P - 46 ch. - 92 €* ☕. Hôtel situé au cœur du centre historique, à 50 m de la tour Altpörtel. Les chambres sont toutes très soignées.

⊖⊖ Hotel Domhof – *Bauhof 3 - ℘ 06232 132 90 - www.domhof.de - P - 49 ch. - 80 €* ☕. Cette adresse idéalement située au début de l'avenue piétonne Maximilien, à deux pas de la cathédrale, offre de nombreux avantages : un hôtel confortable d'un bon rapport qualité-prix et une brasserie-restaurant où vous avez le choix entre l'agréable terrasse ombragée et l'une des salles aux allures de taverne. Vous pourrez y goûter des spécialités du Palatinat.

Se restaurer

⊖⊖ Kutscherhaus – *Am Fischmarkt 5a - ℘ 06232 705 92 - www.kutscherhaus-speyer.de - fermé 3 sem. en août - 23/37 €.* Ravissante maison ancienne à la façade verte à colombages. Le *Biergarten* – l'un des plus beaux de la ville – vous offre un cadre propice à la détente.

⊖⊖ Ratskeller – *Maximilianstrasse 12 - ℘ 06232 786 12 - fermé 3 sem. en août - 17/30 €.* Sous l'hôtel de ville, dans les caves voûtées du 16e s., différentes salles en brique ou peintes à la chaux vous accueillent dans un cadre raffiné.

Excursions

Deux compagnies proposent des excursions fluviales dans un bras du Rhin classé réserve naturelle, interdit à la navigation commerciale.

MS Sea Life Speyer – *Hafenstrasse 22 - ℘ 06 232 62 21 95 - www.ms-sealife.de* - Excursions axées sur la découverte de l'écosystème.

Pfälzerland – *Martinskirchweg 2 - ℘ 06 232 7 13 66 - www.personenschiffahrt-streib.de* - possibilité d'aller plus loin, comme à Rüdesheim. Restaurant à bord.

Sarrebruck

Saarbrücken

181 860 HABITANTS
CARTE GÉNÉRALE A4 – CARTES MICHELIN N^{OS} 718 F11 ET 543 J 53
SARRE

Très endommagée pendant la Seconde Guerre mondiale, la capitale du Land de Sarre s'est ensuite développée en une métropole régionale sachant tirer profit de sa situation frontalière. De la glorieuse époque du prince Guillaume Henri de Nassau, elle conserve, malgré les vicissitudes du 20e s., un bel ensemble de bâtiments baroques.

- **Se repérer** – Sarrebruck est à proximité de la frontière française, à 100 km de Luxembourg et 120 km de Strasbourg.
- **Pour poursuivre le voyage** – Trèves, Worms, le Palatinat.

Comprendre

Du bourg à la cité – Sarrebruck est mentionnée pour la première fois en 999. Son origine remonte cependant à l'époque des Celtes et des Romains. Au cours du 1er s., les Romains érigèrent un *Vicus* (bourgade), qui se trouvait au point d'intersection des routes Metz-Worms et Trèves-Strasbourg ; c'est là, sur la Sarre, qu'ils construisirent un pont en pierre qui servit jusqu'au Moyen Âge. La cité fut le siège des comtes de Sarrebruck et, en 1381, passa à la maison de Nassau par mariage.

Une résidence princière – Le prince Guillaume Henri de Nassau (1741-1788) avait fait venir l'architecte **Friedrich Joachim Stengel** à la cour de Sarrebruck en 1738. Une période de construction intensive et fertile commença, qui donna à la ville la physionomie d'une résidence princière. Durant cette période, le château, la *Ludwigskirche*, la *Stiftskirche* dédiée à St-Johann furent construits. Influencé par Palladio, Stengel créa de magnifiques ouvrages de style baroque classique.

Visiter

LE VIEUX SARREBRUCK *(sur la rive gauche de la Sarre)*

Friedrich Joachim Stengel fut un peu le baron Haussmann de Sarrebrück. Cet architecte de la cour transforma le vieux centre en un ensemble baroque harmonieux.

Château (Schloss)

Au château fort succéda au début du 17e s. un château de style Renaissance, démoli en 1738 pour faire place au château baroque conçu par Stengel. Les guerres et les reconstructions marquèrent profondément le château, si bien qu'en 1982 une réorganisation totale de l'édifice fut nécessaire ; elle fut confiée à **Gottfried Böhm**. L'édifice classique à trois ailes fut rénové et le pavillon central radicalement modernisé. Ainsi la salle des fêtes a-t-elle été parée d'un plafond où éclatent les couleurs du ciel : bleu, rose, jaune sous forme de bandes qui se croisent.

Une construction de verre et d'acier s'appuie sur l'aile droite du château. Il s'agit d'une autre création de Gottfried Böhm, le **musée d'Histoire régionale du Land de Sarre** *(Historisches Museum Saar)*. Son exposition permanente traite de la Première Guerre mondiale et du national-socialisme en Sarre. Elle illustre également le développement de la région pendant l'après-guerre et dans les années 1950, jusqu'à l'intégration de la Sarre à la République fédérale (1957). *☎ 0681 506 45 01 - www.historisches-museum-saar.de - ♿ - tlj sf lun. 10h-18h, jeu. 10h-20h, sam. 12h-18h - 4 €.*

Musée de la Préhistoire et de la Protohistoire (Museum für Vor- und Frühgeschichte)

Premier bâtiment à gauche sur la place du château. ☎ 06 81 954 05 11 - www.vorgeschichte.de - ♿ - tlj sf lun. 10h-18h, merc. 10h-22h - fermé 1er janv., 24-25 déc. - gratuit.

Le musée de Préhistoire et de Protohistoire occupe un édifice néobaroque. À l'intérieur, remarquable rampe d'escalier en fer forgé provenant du palais Bode *(Altneugasse 25)* et réalisée par le forgeron de la cour, Höer. Au rez-de-chaussée, on peut surtout admirer des objets datant de l'époque romaine.

Le **tombeau celtique de la princesse★★** de Reinheim, datant d'environ 400 ans av. J.-C., constitue la pièce maîtresse du musée. Il s'agit de l'une des plus importantes découvertes celtiques en Europe centrale. Les bijoux de la princesse et les objets l'accompagnant, tel un pichet en bronze doré, sont parfaitement conservés.

L'église St-Louis (Ludwigskirche).

Ancien hôtel de ville (Altes Rathaus)

À l'extrémité ouest de la place du château. Cet autre édifice (1748-1750) de Stengel, doté d'un clocher à bulbe pourvu d'une horloge (1748-1750), fait apparaître au sommet les armoiries de la ville. Le **musée** *(Abenteuer-Museum)*, aménagé à l'étage supérieur, contribue à la compréhension des peuples étrangers et des pays lointains. Le palais du prince héritier Louis de Nassau, construit par Stengel entre 1760 et 1766, se trouve sur le côté sud de la place. Il est aujourd'hui occupé par des services administratifs.

Place Louis★★ (Ludwigsplatz) et église St-Louis (Ludwigskirche)

C'est ici que Stengel, entre 1762 et 1775, réalisa son chef-d'œuvre ; il s'agit d'un des ensembles baroques les plus beaux et les plus homogènes d'Allemagne.

Ludwigsplatz – Elle est bordée au nord, au sud et à l'ouest par huit palais de taille différente. Généralement composés de trois étages et d'un toit mansardé, ces palais caractérisent de façon magistrale le passage du baroque au classicisme. Leur couleur (blanc et gris argenté) met en relief la belle église St-Louis, en grès jaune rougeâtre, située au centre de la place. Le siège officiel du ministre-président se trouve également sur la Ludwigsplatz.

Ludwigskirche – *℘ 0681 52 524 - www.ludwigskirche.de - tlj sf lun. 10h-17h - 1,50 €.* Une reconstruction réussie a fait renaître la magnificence de cette église protestante baroque unique. Stengel édifia ici une église sur un plan en croix grecque dominée par une tour à couronnement octogonal. Les fenêtres sont surmontées d'élégants oculi. L'élégance contenue de l'**intérieur** contraste avec l'extérieur riche en sculptures.

À VOIR ÉGALEMENT

Marché St-Jean★ (St-Johanner Markt)

La vieille ville autour du marché St-Jean représente le cœur de Sarrebruck. La belle fontaine du marché construite en 1759-1760, avec son obélisque et sa grille en fer forgé, en forme le point central. La vie bat son plein dans les petites rues.

Basilique St-Jean★ (Basilika St-Johann)

℘ 0681 32 964 - www.basilika-saarbruecken.de - lun., merc. 9h30-17h, mar., jeu.-dim. 9h30-19h15 - Entrée gratuite.

Construite entre 1754 et 1758 par Stengel, et dédiée à saint Jean-Baptiste et à Saint Louis, cette église est un autre bijou du baroque. Les quatre **confessionnaux** reposant sur des motifs originaux de Stengel et annonçant déjà le style Louis XVI sont remarquables.

Musée de la Sarre – Collection ancienne (Saarland Museum – Alte Sammlung)

Karlstraße 1 (en face de la galerie moderne). ℘ 0681 99 640 - www.saarlandmuseum.de - tlj sf lun. 10h-18h (merc. 22h) - 1,50 €. Les collections d'art ancien regroupent des œuvres d'Allemagne du Sud et de Lorraine du Moyen Âge aux Temps modernes (peinture, artisanat d'art, dont une remarquable armoire Renaissance provenant de l'abbaye de Limburg). Vaste collection de céramiques.

Musée de la Sarre – Galerie moderne
(Saarland Museum – Moderne Galerie)
Bismarckstraße, sur la rive de la Sarre. ✆ 0631 99 640 - www.saarlandmuseum.de - tlj sf lun. 10h-18h (merc. 22h) - possibilité de visite guidée sur demande (45mn) - fermé 1er janv., 25 déc. - 1,50 €, gratuit sam. Art du 20e s. (peintures, sculptures, dessins). Les points forts de cette galerie sont les œuvres de l'impressionnisme et de l'**expressionnisme★** allemands utilisant les couleurs pures et les contrastes violents et prônant l'art abstrait. On y trouve également des chefs-d'œuvre d'artistes de renommée internationale tels que Picasso, Léger, Tàpies, Beuys et Polke.

Église collégiale St-Arnual★ (Stiftskirche St-Arnual)
Dans le quartier St-Arnual, par la Talstraße et la Saargemünder Straße.
Cet édifice gothique fut érigé entre la fin du 13e et celle du 14e s. et fut coiffé d'une coupole baroque conçue par Stengel en 1746. L'église a été baptisée d'après l'évêque Arnuald de Metz qui vécut au 7e s. Construite sur le plan basilical à trois nefs et transept, avec tour accolée au flanc ouest, elle figure parmi les édifices sacrés les plus remarquables du sud-ouest de l'Allemagne. Sépulcre des comtes de la lignée Nassau-Sarrebruck depuis le 15e s., la collégiale renferme près de cinquante magnifiques **tombeaux★★** du 13e au 18e s. rehaussés de couleurs, dont la quantité et la qualité restent sans égales. Dans le chœur se dresse la sépulture d'**Élisabeth de Lorraine** (décédée en 1446), célèbre traductrice et prosatrice du Moyen Âge. Adossé au mur nord du chœur, le tombeau Renaissance plus grand que nature du comte **Philippe de Nassau-Sarrebruck** (mort en 1621), avec sa mère Anne-Marie de Hesse et ses sœurs Dorothée et Louise Juliane. Dans la travée nord, on admirera la splendide sépulture du **comte Jean III** (mort en 1472) en armure d'apparat et de ses deux épouses Jeanne de Heinsberg et Élisabeth de Wurtemberg. Les **fonts baptismaux★** octogonaux (15e s.) en grès rouge représentent l'*Ecce homo* encadré de l'Ange et des instruments de supplice.

Aux alentours

Jardin franco-allemand (Deutsch-Französischer Garten)
Deutschmühltal, en direction de Forbach. Aux portes de Sarrebruck, ce parc (50 ha), avec le monde miniature de Gulliver, ainsi que le télésiège et l'orgue à pression d'eau le plus grand d'Europe, invite à la promenade.

Ancienne usine sidérurgique de Völklingen★
(Weltkulturerbe Völklinger Hütte)
10 km à l'ouest de Sarrebruck. Völklinger/Saar - ✆ 06 898 91 000 - www.voelklinger-huette.org - ♿ - avr.-oct. : 10h-19h ; reste de l'année : 10h-18h - fermé 24-25 et 31 déc. - 12 €.
Établie en 1873 et reprise en 1881 par la famille Röchling, cette usine sidérurgique est devenue un grand centre industriel, assurant toutes les étapes de la production de fonte et d'acier. La ville de Völklingen a été animée pendant un siècle par la vie de cette usine, qui employait plus de 16 000 personnes. L'ensemble, unique en Europe, doté de six hauts-fourneaux et de récupérateurs de chaleur, a été inscrit en 1994 au patrimoine mondial de l'Unesco. C'est le premier monument industriel à figurer sur la liste. On découvre les différentes étapes de la production de fonte brute. Point d'orgue de la visite, l'immense **atelier des soufflantes à gaz★**, véritable cathédrale illustrant avec ses lourdes machines la vie industrielle au début du 20e s.

Sarrebruck pratique

Informations utiles
Office de tourisme – *Reichsstr. 1 (Saar Galerie) - 66111 - ✆ 0681 93 80 90 - fax 0681 938 09 38 - www.saarbruecken-tourismus.de - lun.-vend. 9h-18h, sam. 10h-16h30.*

Se loger
Hotel Schlosskrug – *Schmollerstraße 14 - ✆ 0681 354 48 - www.hotel-schlosskrug.de - fermé de Noël à déb. janv. - P - 20 ch. - 65 € - restaurant (11h-1h, fermé le dim.) 14,50 €.* Hôtel de style pension de famille. Chambres fonctionnelles, certaines disposent de leur propre salle de bains.

Se restaurer
Weismüller -Gersweiler Str.43a - 66117 - *✆ 0681 521 53 - www.weissmueller-restaurant-quack.de - fermé sam. midi, dim. soir, lun. - 26 €.* Le restaurant et la brasserie proposent une cuisine soignée. Agréable terrasse agrémentée d'arbres.

Le village lacustre d'Unteruhldingen.

P. Vouillon/MICHELIN

LE SUD-OUEST

La Forêt-Noire★★★

Schwarzwald

CARTE GÉNÉRALE A 4/5 - CARTES MICHELIN N^{OS} 718 H12/H14 ET 545 R 58/O-66
BADE-WURTEMBERG
VOIR AUSSI LE GUIDE VERT FORÊT-NOIRE ALSACE

Son nom évoque les sombres forêts de conifères et un pays de légendes. Lorsqu'on la découvre, la Forêt-Noire surprend par la diversité de ses paysages. Au nord, les épicéas bordent des routes escarpées ; au centre, les vignes des coteaux cèdent la place aux pâturages et à de superbes fermes-auberges ; au sud, les lacs et les hauts sommets se partagent la vedette. La Forêt-Noire séduira les marcheurs – elle compte 23 000 km de sentiers pédestres – mais aussi les gourmands. Rien d'étonnant à ce qu'elle trône sur le podium des destinations touristiques en Allemagne et qu'elle attire les touristes français qui n'ont qu'à franchir le Rhin.

R. Mattes / MICHELIN

Paysage de Forêt-Noire.

- **Se repérer** – À 50 km à l'ouest de Stuttgart, 30 km à l'est de Strasbourg. À l'extrémité sud-ouest de l'Allemagne, la Forêt-Noire s'étend sur 170 km de Karlsruhe au nord, à Bâle au sud.
- **À ne pas manquer** – Une part de forêt-noire dégustée dans un salon de thé, la route des crêtes de Baden-Baden à Freudenstadt, les points de vue au sommet du Feldberg et du mont Belchen.
- **Organiser son temps** – Comptez au moins trois jours pour un aperçu de la région et de certaines villes aux portes du massif (Karlsruhe, Baden-Baden, Fribourg).
- **Avec les enfants** – La promenade des Cascades à Triberg, une baignade au Titisee.
- **Pour poursuivre le voyage** – Au nord : Tiefenbronn et Rastatt ; à l'est : Rottweil et Donaueschingen (*voir index pour ces quatre localités*) ; au sud : St-Blasien et Bad Säckingen.

Comprendre

Sœur jumelle des Vosges – Les massifs des Vosges et de la Forêt-Noire ont en commun leur socle cristallin et des sommets d'altitudes proches (1 493 m au Feldberg, 1 424 m au Grand Ballon). Ils partagent un contraste identique entre le versant abrupt s'abaissant vers la plaine du Rhin, et les pentes moins inclinées qui se fondent dans les plateaux souabe d'une part, lorrain de l'autre.

Les visages de la montagne – À quelques kilomètres de distance, le contraste est étonnant entre les coteaux de vignobles et de vergers qui s'épanouissent au sud de Baden-Baden, et les hauts pâturages *(Grinde)* de la lande que traverse la route des Crêtes. La forêt primitive rassemble ses conifères au nord et au centre du massif. Partout le relief a donné naissance à des lacs, des rivières, et les vallées profondément entaillées de la Haute Forêt-Noire, au sud, forment un paysage presque alpestre

Des ressources diversifiées – L'économie de la région s'est longtemps appuyée sur la forêt : le **bois** était pratiquement l'unique matériau de construction et la base de l'artisanat. L'**horlogerie** reste un secteur très actif, symbolisé par les fameux « coucous ». Une grande part de la richesse actuelle provient du **tourisme** thermal ou de sports d'hiver.

R. Corbel / MICHELIN

Maison traditionnelle de Forêt-Noire.

Circuits de découverte

LA ROUTE DES CRÊTES★★★ 1 (Schwarzwaldhochstraße)

De Baden-Baden à Freudenstadt. 80 km – environ 4h.

Tracée à des altitudes voisines de 1 000 m, cette route est jalonnée de belvédères.

Baden-Baden★★ *(voir ce nom)*

Suivre les panneaux Schwarzwald-Hochstraße/B500.

Au fur et à mesure que la route s'élève, on traverse de tranquilles stations climatiques, comme Bühlerhöhe, à 750 m d'altitude.

Mummelsee

Petit lac glaciaire aux eaux sombres, au pied du **Hornisgrinde** (1 164 m), point culminant de la Forêt-Noire du Nord.

Au Ruhestein, quitter la route des Crêtes pour plonger vers la ***combe★*** *d'Allerheiligen et remonter, à partir d'Oppenau, vers Zuflucht en grimpant au flanc de versants très raides.*

Allerheiligen★

Parmi les ruines de l'église, édifiée dans la seconde moitié du 13e s., on reconnaît le porche et les murs du transept, d'où fait saillie une chapelle gothique. Un sentier conduit le long du torrent jusqu'au pied des chutes.

Chutes d'Allerheiligen★ (Wasserfälle) – *3/4h à pied AR, au départ du parking situé au pied des chutes, 2 km après l'abbaye.* Sur un dénivelé total de 90 m, sept cascades s'enchaînent le long d'un sentier coupé d'escaliers au milieu de parois escarpées.

Poursuivre sur la Hochstraße en direction de Freudenstadt.

De Zuflucht à Kniebis, la route traverse une région de plateaux à l'aspect de lande marécageuse caractéristique des Grinde.

Freudenstadt★

Au croisement de plusieurs routes touristiques, Freudenstadt, bâtie à partir de 1599 et brûlée en 1945, s'est relevée suivant un plan quadrillé autour de la **Marktplatz★**. L'**église** (17e s.) offre une curieuse disposition : ses deux nefs en équerre forment un angle de la Marktplatz. On reconnaît les quatre évangélistes sur le **lutrin★★** sculpté du 12e s. À noter, les **fonts baptismaux**, réalisés vers 1100, ornés de masques et de représentations d'animaux.

LA FORÊT-NOIRE CENTRALE★★ 2

De Freudenstadt à Fribourg. 152 km – une journée.

L'itinéraire suit le fond des vallées de la Kinzig et de l'Elz, traversant de petites localités actives, avant d'atteindre, au mont Kandel, la Haute Forêt-Noire.

Alpirsbach★

L'**église★** de l'ancienne abbaye bénédictine est le plus ancien monument roman (début 12e s.) de Forêt-Noire. L'extérieur présente une curieuse ordonnance : le socle roman supporte un chœur gothique dont les contreforts n'atteignent pas le sol mais reposent sur des colonnes libres. À l'intérieur, plus austère, la niche la plus profonde après l'autel est

La Forêt-Noire à petite vitesse

Pour les amateurs de chemins de fer, le **train de la Forêt-Noire** *(Schwarzwaldbahn)* relie Offenburg à Singen, près du lac de Constance, en deux heures. La ligne franchit un dénivelé de 670 m selon un tracé pensé pour prévenir la construction de ponts. Malgré les 39 tunnels, le voyage traverse des paysages magnifiques. Le tronçon le plus intéressant (27 km) se situe entre Hornberg et St-Georgen.

décorée de peintures murales. L'accès au **cloître** (de style gothique flamboyant de la fin du 15e s.) s'effectue par l'accueil.

Schiltach★★

Cette ville pittoresque se niche au confluent de la Schiltach et de la Kinzig. Sa situation et un ensemble de maisons à colombages du 16e s. entourant la **Marktplatz★** en pente abrupte lui donnent son caractère idyllique.

Musée de plein air de la Forêt-Noire★★ (Freilichtmuseum Vogtsbauernhof), à Gutach

07 831 93 560 - www.vogtsbauernhof.org - ♿ - avr.-oct. : 9h-18h - 5 €.

Dans le cadre de la vallée de la Gutach, ce musée témoigne de l'habileté des habitants de cette région en matière de construction rurale, d'artisanat et d'agriculture.

Continuer en direction de Triberg.

Le passage du col de Landwassereck offre de jolies **vues★** sur les paysages de la Forêt-Noire centrale. En amont d'Oberprechtal, la route longe les petites cascades de l'Elz.

Triberg★

Centre d'industrie horlogère, Triberg est également une station climatique réputée. La **promenade des Cascades★** *(1h à pied AR)* longe les chutes de la Gutach dans un décor de rochers et d'arbres immenses. Le **musée de la Forêt-Noire** *(Schwarzwaldmuseum)* expose des costumes traditionnels et la production artisanale locale, ainsi que l'une des plus vastes collections d'orgues de Barbarie d'Europe. *077 22 44 34 - www.schwarzwaldmuseum.de - mai-sept. : 10h-18h ; oct.-avr. : 10h-17h - 4,50 €.*

L'église **Notre-Dame-des-Sapins** *(Maria in der Tannen)*, un des sanctuaires de pèlerinage les plus populaires de la Forêt-Noire, conserve un **mobilier★** baroque sculpté.

Furtwangen

Musée allemand de l'Horlogerie *(Deutsches Uhrenmuseum) - 07723 920 28 00 - www.deutsches-uhrenmuseum.de - ♿ - avr.-oct. : 9h-18h ; nov.-mars : 10h-17h - 4 €.*

Ce musée abrite la plus grande collection d'horloges de la Forêt-Noire au monde. L'exposition présente l'histoire, l'art et la technique des horloges et présente des chronomètres de tous les pays et toutes les époques.

De Furtwangen, on peut se rendre à la **source de la Breg** (6 km, direction « Katzensteig-Martinskapelle », puis « Donauquelle »), alimentant un ruisselet qui finit sa course 2 900 km plus loin en se jetant dans la mer Noire.

Trois kilomètres après Furtwangen, prendre à droite vers Hexenloch.

Cette gorge profonde et boisée est agrémentée de cascades. Entre St-Märgen et St-Peter, la route offre des **vues★★** très dégagées sur la Forêt-Noire centrale.

Au pays du coucou

L'artisanat horloger de la Forêt-Noire prend son essor dans la première moitié du 18e s. et les premières horloges à coucou datent de cette époque. Mais c'est vers 1850 que Friedrich Eisenlohr conçoit des boîtiers rappelant les maisonnettes de garde-barrière (*Bahnhaüsele*), bientôt ornés de feuillages et dont la forme originelle est presque restée inchangée. La route allemande de l'Horlogerie *(Deutsche Uhrenstraße)* propose de découvrir, sur environ 320 km, musées, fabriques ouvertes à la visite et horloges remarquables. *www.deutsche-uhrenstrasse.de (site en français).*

St-Peter★

Signalée par les deux tours coiffées de bulbes de son **église★**, l'abbaye bénédictine de St-Peter fut élevée de 1724 à 1754 sur les plans de Peter Thumb. L'abbaye est bâtie sur la nécropole des fondateurs de Fribourg, qui remonte au 11e s.

La **bibliothèque★**, à la décoration caractéristique de l'art baroque en Brisgau, présente à mi-hauteur une galerie tout en courbes ponctuées de statues et un plafond peint. *076 60 910 10 - ♿ - visite guidée (1h) mar. 11h, jeu. 14h30, dim. 11h30 - 6 €.*

Des randonnées pédestres de tout niveau partent des différents parkings.

Mont Kandel★

De la table d'orientation *(1/2h AR)*, le **panorama★** est magnifique sur les Vosges, le massif isolé du Kaiserstuhl, le Feldberg et le Belchen.

Waldkirch★
Autour de l'église Ste-Marguerite (ancienne collégiale) subsistent de jolies demeures du 18e s. L'**intérieur★** de l'église a conservé un riche mobilier.

Fribourg★★ *(voir ce nom)*

LA HAUTE FORÊT-NOIRE★★★ 3 (Hochschwarzwald)

Circuit au départ de Fribourg. 142 km – une journée.

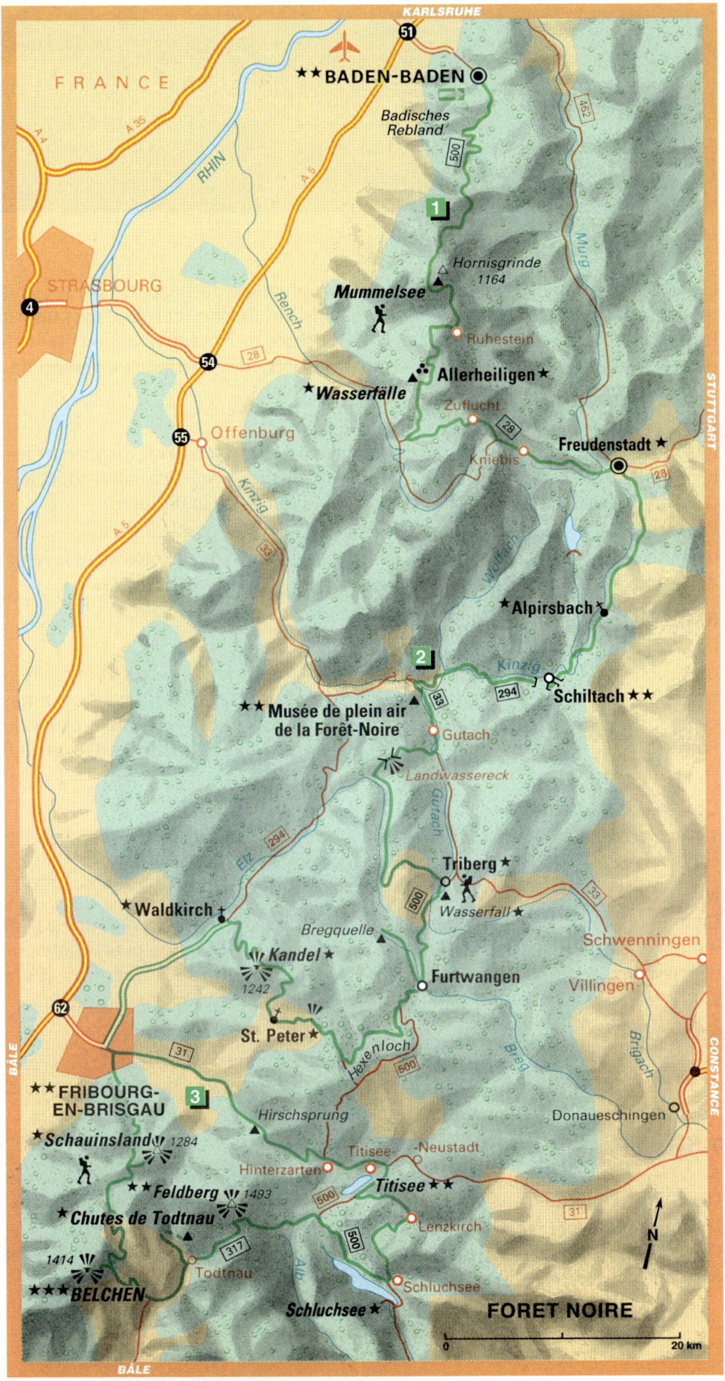

Le lac Titisee.

Ce parcours, à caractère montagnard dans sa première partie, passe par les trois principaux sommets de la Forêt-Noire (Schauinsland, Belchen et Feldberg), puis par les deux lacs les plus connus du massif (Schluchsee et Titisee). La région étant en grande partie un parc naturel, les sentiers permettent souvent de rencontrer des espèces rares de fleurs sauvages, et parfois des chamois.

Schauinsland★

La route conduit à la station supérieure du téléphérique. Du parking, gagner la tour-belvédère *(91 marches)* en suivant les panneaux « Rundweg » et « Schauinsland Gipfel » *(1/2h AR)*. La **vue★** se développe au-delà des pâturages sur le Feldberg.

Poursuivre la route sur 1 km et prendre à droite vers Stohren, puis Münstertal.

La route déroule ses lacets au milieu des pâturages avant de pénétrer dans la forêt.

À Wiedener Eck, tourner à droite vers le Belchen.

Mont Belchen★★★

Gagner la table d'orientation, 1/2h à pied AR.

Ce ballon (1 414 m) domine de façon impressionnante le Wiesental et les vallées qui, comme le Münstertal, entaillent le flanc ouest de la Forêt-Noire. Par bonnes conditions de visibilité, il constitue un magnifique **observatoire★★★** sur la plaine du Rhin, les ballons des hautes Vosges, et les Alpes, du Säntis (Alpes suisses d'Appenzel) au mont Blanc.

Chutes de Todtnau★

1,5 km de Todtnau. Remontant une combe boisée, un sentier *(1h AR)* conduit aux chutes *(Wasserfall)* qui dévalent sur 97 m de hauteur.

Massif du Feldberg★★

Un télésiège (le *Feldbergbahn*) aboutit au mont Seebuck (1 448 m), couronné par un monument dédié à Bismarck : **vue★** sur la vasque parfaite du Feldsee, petit lac au creux d'un cirque glaciaire. On peut se rendre au sommet déboisé du Feldberg, à 1 493 m *(1h1/2 AR)*, pour jouir d'un vaste **panorama★★** s'étendant jusqu'aux Alpes.

Schluchsee★

Ce lac, modeste à l'origine, est devenu, grâce à l'édification d'un barrage, le plus vaste plan d'eau de Forêt-Noire. Sur ses rives est édifiée une charmante station thermale.

Gagner le Titisee par Lenzkirch ; dans la dernière descente, la route domine le lac.

Titisee★★

Au carrefour de plusieurs routes touristiques, ce joli lac glaciaire est devenu un centre touristique important, à la fois station climatique – Titisee-Neustadt et **Hinterzarten★** – et point de départ d'excursions en Forêt-Noire.

On revient à Fribourg par la vallée de **Höllental★** (Val d'Enfer), qui ne justifie son nom que dans le défilé du **Hirschsprung**.

La Forêt-Noire pratique

Informations utiles

Schwarzwald Tourismus - *01 805 66 12 24 (0,12 €/mn) - www.foretnoire.info* Envoi de brochures, centrale de réservation. Parmi les nombreux offices de tourisme, citons ceux de Pforzheim (nord), Offenburg, Villingen-Schwenningen (centre) et Freiburg (sud).

La **SchwarzwaldCard** (valable 3 j., validité 1 an) donne accès à 150 sites et attractions (28 €, enfants 18 €, famille 5 pers. 90 €). De plus, la **carte d'hôte Konus**, délivrée par l'hébergeur, offre les transports gratuits sur les lignes de train et bus régionaux.

Se loger

SUR LA ROUTE DES CRÊTES

Hotel Hirsch – *Haus Nr. 10 - 72250 Freudenstadt-Zwieselberg - 07 441 86 01 90 - www.zwieselhirsch.de - fermé de déb. nov. à mi-déc. - P - 29 ch. - 52 € - rest. 17 €.* Cet hôtel typique de la Forêt-Noire, qui semble assez ancien vu de l'extérieur, est idéalement situé au cœur de la nature. Une grande partie de l'intérieur a retrouvé un éclat flambant neuf. Les salles du restaurant sont claires et accueillantes.

EN HAUTE FORÊT-NOIRE

Berggasthaus Gisiboden – *79674 Todtnau-Geschwend - 07 671 99 98 21 - www.gisiboden.de - P - 16 ch. - 37 €.* À 1 200 m d'altitude, vous trouverez ici le calme que vous recherchez. Cet hôtel de montagne propose des chambres simples équipées de douches et un agréable restaurant avec un charmant jardin. Sa situation en fait un point de départ idéal pour les promenades à pied et en mountainbike.

Hotel Sonne – *Krumlinden 44 - 79244 Münstertal-Obermünstertal - 07 636 319 - www.sonne-muenstertal.de - fermé de mi-nov. à mi-déc. - P - 13 ch. - 56 €.* Petit hôtel agréable avec une extension neuve situé dans la romantique Münstertal. Les chambres du nouveau bâtiment, équipées de parquet et de mobilier en bois naturel, sont vraiment confortables. Les salles du restaurant en partie lambrissées sont également agréables.

Hotel Belchen-Multen – *79677 Schönau-Aitern-Multen - 07 673 209 - www.belchen-multen.de - fermé de mi-nov. à mi-déc. - P - 22 ch. - 69 €.* Dans le paysage naturel de la Haute Forêt-Noire, un hébergement soigné s'offre à vous avec des chambres simples et fonctionnelles. Vous pourrez profiter de la piscine couverte, du solarium et du sauna, particulièrement appréciés par mauvais temps.

Schwarzwaldhaus – *Am Kurpark 26 - 79872 Bernau-Innerlehen - 07 675 365 - www.sbo.de/schwarzwaldhaus - fermé nov. ; rest. fermé jeu. - P - 14 ch.- 54 € - rest. 13 €.* Un établissement typique de la Forêt-Noire : cette ferme revêtue de bardeaux de bois est un lieu soigné et dirigé avec efficacité. Les chambres présentent une décoration rustique. L'ancienne écurie abrite le restaurant dont la cuisine est avant tout régionale.

Hotel Alemannenhof – *Bruderhalde 21, 79822 Titisee-Neustadt - 07 652 911 80 - www.hotel-alemannenhof. de - P - 22 ch. - 112 € - rest. 28 €.* Bien situé au bord du Titisee, cet hôtel moderne de la Forêt-Noire dispose d'une plage privée et d'un embarcadère. Outre des chambres confortables, l'établissement possède un restaurant agréable comprenant deux salles, l'une d'elles est agrémentée d'un poêle. La terrasse donnant sur le lac est particulièrement accueillante.

Se restaurer

SUR LA ROUTE DES CRÊTES

Jägerstüble – *Marktplatz 12 - 72250 Freudenstadt - 07 441 23 87 - www. jaegerstueble-fds.de - fermé 24 déc. - 22 €. - 14 ch. - 83 €.* Situé sur la place du Marché (Marktplatz), le Jägerstüble est un point de rendez-vous apprécié des habitants de la ville et des visiteurs de passage. Le cadre rustique et l'ambiance décontractée de cet établissement traditionnel contribuent à sa fréquentation.

Dorfstuben – *Gärtenbühlweg 14 - 72270 Baiersbronn-Mitteltal - 07 442 470 - 29 €.* De charmantes décorations et du bois qui craque font du Dorfstuben un adorable refuge. La cuisine est en rapport avec l'endroit, tout simplement savoureuse. Vous dégusterez des spécialités succulentes de la Forêt-Noire.

EN FORÊT-NOIRE CENTRALE

Gasthof Gedächtnishaus – *Fohrenbühl 12 - 78730 Lauterbach - 07 422 44 61 - www.king-gastro.de - fermé 6 sem. après 6 janv. ; rest. fermé merc. soir, jeu. - - 14 €- ch. double 44 €.* Ce gîte construit dans le style de la région est idéalement situé en haut d'un ballon. Le restaurant rustique est décoré de bois sombre. Les randonneurs fatigués qui ont envie de faire une halte trouveront ici un hébergement simple pour passer la nuit.

EN HAUTE FORÊT-NOIRE

Löffelschmiede – *Löffelschmiede 1 - 79853 Lenzkirch - 07 653 279 - www.sbo. de/loeffelschmiede - fermé de nov. à mi-déc. - 13,50 € - 7 ch. (58 €).* Ce petit restaurant familial et soigné est situé dans une petite vallée, à l'extérieur de la commune de Lenzkirch. Dans la salle de restaurant claire et accueillante avec son poêle en faïence, on vous servira des truites et des plats bourgeois régionaux.

Karlsruhe★

282 600 HABITANTS
CARTE GÉNÉRALE A4 – CARTES MICHELIN N^{OS} 718 H12 ET 545 S 56
BADE-WURTEMBERG

Toute ville est unique, mais Karlsruhe l'est encore plus que les autres ! La ville a été créée il y a à peine trois siècles selon un urbanisme en forme d'éventail. Impossible de s'y perdre : chaque rue porte le château en point de mire. Karlsruhe pourrait paraître froide et minérale au premier coup d'œil avant que l'on ne découvre les 800 hectares de verdure qui l'irriguent. Avec trois musées de premier ordre, toute visite pourra conjuguer nature, culture et architecture.

- **Se repérer** – À 54 km au sud de Heidelberg, 79 km à l'ouest de Stuttgart, 88 km au nord de Strasbourg. Centre-ville en partie piétonnier.
- **À ne pas manquer** – Le centre pour la culture et les médias (ZKM).
- **Organiser son temps** – Choisissez le tramway pour vos déplacements.
- **Pour poursuivre le voyage** – Le château de Bruchsal, l'abbaye de Maulbronn, la Forêt-Noire, Heidelberg, le Palatinat.

Comprendre

Une étoile est née – Karlsruhe fait partie de ces villes neuves au plan géométrique édifiées au 18e s. par les princes bâtisseurs de l'Allemagne du Sud. Après les dévastations de 1689 et la destruction de sa résidence de Durlach, le margrave de Bade-Durlach décida de se faire édifier un château un peu plus à l'ouest. La construction, qui débuta en 1715 par la tour octogonale, fut conçue comme le centre d'un réseau de voies rayonnantes. Ce plan de **« ville en éventail »** trouva son épanouissement au 19e s., lorsque Karlsruhe devint la capitale du grand-duché de Bade (1806). C'est l'architecte **Friedrich Weinbrenner** (1766-1826), natif de Karlsruhe, qui donna à la ville son empreinte néoclassique. De cette époque datent la **Marktplatz** avec l'hôtel de ville, l'église protestante *(Evangelische Stadtkirche)* et la petite pyramide du mausolée du fondateur. La Kaiserstraße *(zone piétonne)*, axe est-ouest parallèle au château et également tracé par Weinbrenner, est actuellement le centre de la vie citadine.

Une ville d'inventeurs – Son université est la plus ancienne école technique supérieure d'Allemagne (1825), illustrée par les noms de Hertz, qui y découvrit les ondes électromagnétiques, de Carl Benz, pionnier de l'automobile et du baron Drais von Sauerbronn, inventeur de la draisienne, l'ancêtre de la bicyclette.

Visiter

Musée des Beaux-Arts★★ (Staatliche Kunsthalle)

0721 926 33 59 - www.kunsthalle-karlsruhe.de - ♿ - mar.-vend. 10h-17h, w.-end 10h-18h - possibilité de visite guidée (1h) - fermé 24 et 31 déc. - 6 €.

Le bâtiment, construit entre 1838 et 1846, abrite une remarquable collection de **primitifs allemands★★**, parmi lesquels de nombreuses œuvres de Grünewald *(La Crucifixion)* et *La Passion de Karlsruhe*, réalisée vers 1450. L'âge d'or de la peinture flamande et hollandaise est représenté par des œuvres de Rubens, Rembrandt et Jordaens. La **collection Hans Thoma★** occupe une place privilégiée dans la peinture allemande du 19e s. L'ensemble constitue l'une des présentations les plus complètes de la peinture allemande et française, de Caspar David Friedrich à Paul Cézanne.

L'**orangerie** voisine renferme une **collection★** représentative du modernisme classique et de l'art contemporain. Outre les sculptures de Rodin, Barlach, Lehmbruck et Henry Moore sont exposées des toiles d'expressionnistes allemands (Franz Marc, *Chevreuils dans la forêt*), d'artistes influencés par le cubisme (Léger, Delaunay), mais également la *Bourrasque* de Max Ernst et *Les Sept Péchés capitaux* d'Otto Dix. Parmi les artistes contemporains, on citera Arnulf Rainer, Gerhard Richter, Yves Klein et Antoni Tàpies.

Château★ (Schloss)

Le **château**, qui ne se visite pas mais abrite le Musée badois, fut la résidence des grands-ducs jusqu'en 1918. De la première construction aux proportions modestes, il subsiste encore aujourd'hui la haute tour octogonale qui marque le centre du système rayonnant de Karlsruhe. Du sommet de la **tour** *(accessible par un escalier depuis le musée)*, on jouit d'une belle vue panoramique sur la région. Du parc qui, au nord, devient un vaste domaine boisé, on a accès au **jardin botanique** *(Botanischer*

Garten), dont les **serres★** offrent une magnifique collection d'orchidées et de cactées. *Serres : tlj sf lun. 9h-12h, 13h-16h (avr.-sept. : 17h), w.-end 10h-12h, 13h-16h (avr.-sept. : 17h). 2 €. ✆ 0721 926 30 08.*

Musée régional badois★ (Badisches Landesmuseum)

✆ 0721 9 26 65 14 - www.landesmuseum.de - ♿ - tlj sf lun. 10h-17h, vend. et w.-end 10h-18h - fermé 24 et 31 déc. - 4 €, gratuit vend. 14h-18h.

Installé dans le château, ce musée réunit d'importantes collections sur la préhistoire et la protohistoire de la région, les cultures antiques du bassin méditerranéen et sur l'histoire, l'art et la culture du pays de Bade du Moyen Âge à nos jours, parfois difficiles d'accès du fait de l'absence d'explications en français. On admirera notamment les célèbres **trophées** que le margrave Louis-Guillaume, dit **Louis le Turc** (1677-1707), rapporta de ses campagnes contre les Turcs. Un département est réservé à l'histoire du château et de la cour de Karlsruhe.

Musée « près du Marché » (Museum beim Markt) – *Entre la Marktplatz et le château ✆ 0721 926 65 78 - www.landesmuseum.de - ♿ - tlj sf lun. 11h-17h, vend. et w.-end 10h-18h - fermé 24 et 31 déc. - 2 €, gratuit vend. 14h-18h.* Annexe du Musée régional badois, il abrite des créations de style **Art nouveau★** et Art déco, des objets d'artisanat et design contemporains.

ZKM★★(Zentrum für Kunst und Medientechnologie)

Accès par la Kriegsstraße. ✆ 0721 81 00 0 - www.mnk.zkm.de - tlj sf lun. et mar. 10h-18h, w.-end. 11h-18h - ♿ - 8 € (pour un billet combiné comprenant les deux autres musées ci-dessous), gratuit le vend. ap.-midi.

Dans une ancienne usine d'armes et de munitions du début du 20ᵉ s., comprenant au total dix cours recouvertes d'une verrière, a été aménagé un centre d'art et de tech-

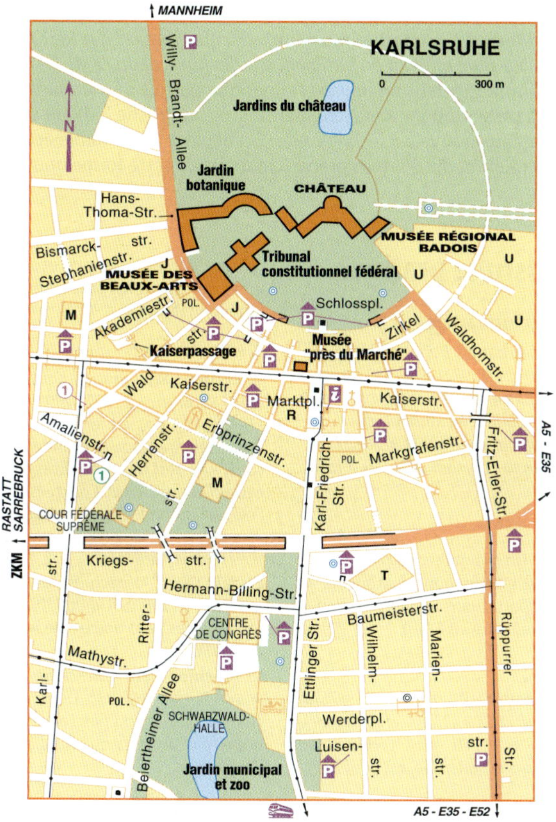

SE LOGER	SE RESTAURER
Hotel Betzler 1	Lehners Wirtshaus 1

Le château de Karlsruhe.

nologie des médias unique en son genre. Ce centre regroupe des activités de recherche et de formation ainsi que deux musées sur le thème de l'art et des médias.

Musée d'Art contemporain (Museum für Neue Kunst) – *Accès par Stirnseite, vers la Lessingstraße - mêmes horaires que le ZKM - 5 €.* Consacré à l'art européen et américain depuis 1960 (peinture, graphisme, sculpture, photographie et holographie), ce musée présente des œuvres issues de collections privées du Bade-Wurtemberg illustrant les principales tendances de l'art contemporain.

Musée des Médias★ ★ (Medienmuseum) – *Mêmes horaires que le ZKM - 5 € - accès par le cube bleu situé en haut du bâtiment (studio musical du ZKM).* Dans ce musée, le visiteur s'immerge dans un univers numérique parfois déroutant mais toujours captivant. La présentation interactive permet une approche ludique des formes et effets propres aux nouvelles technologies. On devient un véritable acteur face aux installations multimédia des plus grands créateurs de cette forme nouvelle d'art.

Karlsruhe pratique

Informations utiles

Office de tourisme – *Bahnhofplatz 6 (en face de la gare) - ✆ 0721 3720 5383 - www.karlsruhe-tourism.de (site en français) - tlj sf dim. 9h-18h (sam. 13h). Marktplatz (Weinbrennerhaus) - ✆ 0721 3720 5376 - lun.-vend. 9h30-19h, sam. 10h-15h, fermé dim.*

Visites

City Tour – Un ordinateur de poche (PDA) dispense des informations multimédia sur 22 points répartis dans la ville. Location à l'office de tourisme - 8 € (4h).

Se loger

Hotel Betzler – *Amalienstraße 3, 76133 Karlsruhe - ✆ 0721 91 33 60 - www.hotel-betzler.de - 34 ch. - 63 €.* Cet hôtel, situé au cœur de Karlsruhe, est bien desservi par les transports et offre à ses hôtes des chambres propres et fonctionnelles.

Se restaurer

Lehners Wirtshaus – *Karlstraße 21a - 76133 Karlsruhe - ✆ 0721 249 57 20 - 11h-1h - 12 €.* Anciennement Zum Goldenen Kreuz, cette grande brasserie conviviale sert des spécialités bavaroises et des *Flammkuchen*. Cocktails au bar et l'été, un agréable *Biergarten* de 300 places.

Faire une pause

Eiscafé Capri – *Kaiserpassage 2 - ✆ 0721 209 84 - 10h-22h (dim. 13h).* Des glaces savoureuses dans une petite boutique familiale.

BLM Schlosscafé – *Im Schloss - ✆ 0721 966 45 71 - 10h-23h.* Derrière le château, à l'orée du parc, agréable terrasse pour boire un verre ou prendre un petit-déjeuner.

Château de Bruchsal★★

Schloss Bruchsal

CARTE GÉNÉRALE B4 - CARTES MICHELIN N^{OS} 718 H11 ET 545 U 55
BADE-WURTEMBERG

Bruchsal, résidence des quatre derniers princes-évêques de Spire au 18e s., a hérité d'un fastueux château bâti en 1722 par l'architecte Maximilian von Welsch sur l'ordre du prince-évêque Damian Hugo von Schönborn, et entièrement rebâti après sa destruction en mars 1945. Édifié en bordure des collines du Kraichgau, ce vaste ensemble regroupe une cinquantaine de bâtiments, des jardins à la française et un musée original consacré aux instruments de musique mécaniques.

- **Se repérer** – À 20 km au nord de Karlsruhe, 37 km au sud de Heidelberg.
- **Organiser son temps** – Une demi-journée pour le château et l'un des musées.
- **Avec les enfants** – Les automates à musique et la section d'archéologie expérimentale au musée municipal. Dans ces deux musées, toucher est autorisé !
- **Pour poursuivre le voyage** – Karlsruhe, l'abbaye de Maulbronn, la Forêt-Noire, Spire, Heidelberg.

Visiter

Corps central

07 251 74 26 61 - www.schloss-bruchsal.de - ♿ - tlj sf lun. 9h30-17h - ouv. lun. fériés - fermé 24-25 et 31 déc. - 5 €.

Il est la pièce maîtresse de cet ensemble que l'on découvre sitôt franchie l'imposante porte St-Damian. Ce bâtiment qui nous plonge merveilleusement dans l'univers d'une cour du 18e s. s'articule autour d'un magnifique **escalier★★** à cage ovale, créé en 1731 par Balthasar Neumann, le plus renommé des architectes du baroque allemand, auteur de la résidence de Wurtzbourg. La coupole est décorée de stucs rococo. Autour des **salles d'apparat** sont exposés des objets qui faisaient autrefois partie de l'ameublement du château, comme de la vaisselle en porcelaine et en argent, des meubles d'époque et des tableaux représentant les princes.

De la Gartensaal, salle voûtée et dallée de marbre, on peut embrasser du regard le **parc** à la française, qui, à son heure de gloire, possédait une allée de 16 km de long conduisant au Rhin *(voir également p. 70)*.

Musée allemand des Automates à musique ★★
(Deutsches Musikautomatenmuseum)

Dans le bâtiment principal. 072 51 74 26 61 - www.dmm-bruchsal.de- visite guidée en allemand, mais les guides donnent des commentaires en français à la demande - ♿ - tlj sf lun. 9h30-17h - 5 €, visite du château incluse.

Ce musée compte parmi les plus grandes collections au monde depuis l'acquisition de plus de 100 instruments de la collection privée Jens Carlson de Königslutter. Avec ses quelque 500 pièces, il retrace l'historique de la musique mécanique, depuis les premiers coucous musicaux jusqu'aux volumineux accordéons, tambours et cymbales. Certains des instruments exposés au musée jouissent d'une réputation légendaire, tels que l'orgue construit pour le *Titanic*, par exemple, miraculeusement préservé pour ne pas avoir été prêt à temps lors du lancement du paquebot de luxe ou encore le piano à queue automatique du premier chancelier fédéral, Konrad Adenauer.

Depuis la réorganisation du musée en 2003, de riches mises en scène font revivre l'usage des instruments dans leur contexte initial. De nombreuses salles sont à découvrir seul et les visiteurs peuvent mettre en route eux-mêmes les automates musicaux.

Musée municipal (Städtisches Museum)

Dans l'attique sud du corps central. - 07 251 79 253 - ♿ - tlj sf lun. 10h-17h - fermé 24-25 et 31 déc. - 5 €.

Consacré à la préhistoire et à l'Antiquité, à la minéralogie et à la numismatique, ce musée retrace l'histoire de la ville de Bruchsal. Mais le point capital de l'exposition repose sur l'archéologie expérimentale mise à la portée de tous. À travers des expériences et la reproduction d'outils à partir des vestiges retrouvés sur place, elle fait revivre la vie quotidienne de l'âge de pierre. Haches, métiers à tisser, outillages d'os et de bois permettent de se rendre compte des diverses activités de la vie quotidienne et témoignent aussi de la difficulté de survie pour l'homme à l'époque néolithique.

Abbaye de Maulbronn★★

Kloster Maulbronn

CARTE GÉNÉRALE B4 - CARTES MICHELIN N^{OS} 718 H12 ET 545 V 56
BADE-WURTEMBERG

Au sein de la vallée de la Salzach, l'abbaye de Maulbronn se présente comme un petit village fortifié du Moyen Âge, avec un chemin de ronde couvert par endroits. Fondée en 1147, elle représente l'ensemble monastique médiéval le plus complet et le mieux préservé au nord des Alpes. Elle a eu une influence déterminante sur la diffusion de l'architecture gothique dans le centre et le Nord de l'Europe et fut par la suite épargnée par la « baroquisation ». Autant de raisons qui justifient son inscription au patrimoine mondial de l'Unesco. Le site offre une occasion unique de découvrir la vie quotidienne des moines cisterciens qui vécurent et prièrent ici durant près de quatre siècles.

- **Se repérer** – À 44 km à l'ouest de Stuttgart, 38 km à l'est de Karlsruhe.
- **Organiser son temps** – Une halte entre Stuttgart et la Forêt-Noire.
- **Pour poursuivre le voyage** – Le château de Bruchsal, Bad Wimpfen, Stuttgart, la Forêt-Noire, Baden-Baden.

Comprendre

L'ordre cistercien – L'ordre de **Cîteaux** (*Cistercium* en latin) fut fondé en 1098 par Robert de Molesmes en Bourgogne afin de réformer l'ordre originel des bénédictins, dont beaucoup de monastères dérivaient vers la laïcité. Aux 12e et 13e s., il couvrait l'Europe entière de ses fondations. À la fin du Moyen Âge, il regroupait 742 abbayes, disséminées jusqu'au Proche-Orient (Syrie). L'année 1115 fut marquée en Allemagne par la fondation de Morimond, l'une des quatre abbayes primaires du mouvement, qui joua un rôle capital dans son expansion germanique. Ses moines érigèrent l'abbaye de Camp en Rhénanie, Ebrach en Bavière, Altenberg au sud de Cologne et Maulbronn dans le Wurtemberg, qui essaimèrent à leur tour.

Saint Bernard de Clairvaux (1090-1153) a su redéfinir d'une façon intransigeante la règle de St-Benoît de Nursie. La **règle cistercienne** exige en effet une ascèse rigoureuse pour atteindre la spiritualité nécessaire à la vie monacale, d'où l'austérité de la vie imposée aux « **moines blancs** » (en référence à leur habit de laine blanche), le devoir du travail manuel et l'extrême dépouillement des abbayes. Cette discipline s'assouplit au 13e s. en déléguant les besognes quotidiennes aux frères **convers**, ou frères laïcs, entraînant une division dans l'ordre cistercien qui le mènera à son déclin.

Les abbayes cisterciennes – Situées dans des lieux retirés, elles adoptent pour la plupart les mêmes particularités architecturales : nef aveugle, bas-côtés voûtés en berceau, chœur carré, peu profond, se terminant par un chevet plat, absence de

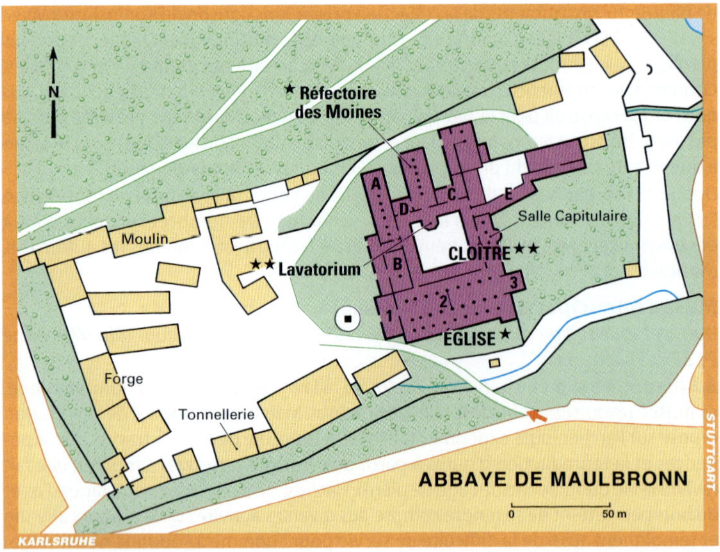

L'abbaye de Maulbronn.

clocher (seul un discret lanterneau à la croisée du transept signale la présence d'une communauté monastique). En évitant tout motif d'ornementation comme le décor peint et sculpté ou les vitraux de couleur, les cisterciens réalisent des monuments tirant leur beauté singulière de l'équilibre des formes et de la pureté des lignes.

Parmi les monastères ayant subsisté, un bon nombre ont été « baroquisés » dans l'Allemagne catholique alors que dans les régions passées à la Réforme, ils ont été conservés en général en leur état original, comme c'est le cas à Maulbronn. L'école qui y est installée depuis la Réforme (1556) a vu s'épanouir d'illustres talents, fiertés de la science, de la littérature et de la philosophie allemandes (Johannes Kepler, Friedrich Hölderlin, Hermann Hesse).

Visiter

L'ANCIENNE ABBAYE★★ *2h*

✆ 070 43 92 66 10 - www.kloster-maulbronn.de - ♿ - mars-oct. : 9h-17h30 ; nov.-fév. : tlj sf lun. 9h30-17h - 5,50 €.

Église★

Elle fut consacrée en 1178. Le porche (*Paradies* – **1**), du début du 13e s., est le premier témoignage allemand de la transition entre le roman et le gothique ; ainsi, on remarque que les piliers se décomposent en lignes de force et voient leur fonction mise en évidence.

Les **voûtes en réseau** de la nef et du bas-côté droit, ajoutées au 15e s., altérèrent l'impression massive qu'offrait l'intérieur, doté à l'origine d'un plafond plat. La nef est séparée en deux parties – un chœur réservé aux moines et la nef centrale, où se tenaient les frères convers – par un **jubé (2)** de style roman, couronné d'une corniche en damier, devant lequel se dresse un **crucifix** particulièrement réaliste sculpté en 1473 dans une seule pierre.

À sa gauche, dans la nef latérale nord, s'alignent 23 **stalles** du début du 15e s., plus anciennes mais moins riches que les 92 autres réservées aux moines *(derrière le jubé)* dont les fines ciselures montrent l'influence de l'école d'Ulm. Remarquez une belle **Vierge (3)** de style gothique rayonnant *(à gauche du maître-autel)* datant du 14e s., provenant probablement de l'école de Cologne.

Cloître★★

L'accès se fait par un passage sous les arcades qui mène à la galerie ouest. On peut pénétrer dans le **réfectoire des convers (A)** (restauré en 1869-1870), dont la rangée de piliers doubles et les oculi (ouvertures rondes) surmontant les fenêtres annoncent le gothique, et dans le **cellier (B)** aux voûtes présentant des nervures de section carrée.

Sur le côté nord, le **réfectoire des moines★** est flanqué par le chauffoir **(C)** et la cuisine **(D)**. Avec ses hautes colonnes baguées à mi-hauteur et sa voûte du gothique primitif, cette salle – conçue par le maître du Paradis vers 1220-1230 – est l'une des plus impressionnantes du monastère. Les dessins à la craie rouge que l'on voit çà et là sur les voûtes du réfectoire des moines sont des esquisses pour une fresque qui ne fut jamais peinte. En effet, leur auteur, le peintre Jörg Ratgeb, fut écartelé en 1526 pour avoir mené une révolte de paysans.

En face de la porte d'entrée, la charmante **chapelle du puits★★** *(Brunnenkapelle)*, édifiée vers 1350, servait aux ablutions et à la tonsure. Il faut d'ailleurs se glisser dans le **jardin** serein *(accès par l'aile est)* pour bien apprécier l'étage à colombages qui surmonte la chapelle saillante et les baies à réseau de style gothique rayonnant dont les vitraux ont été perdus.

Sur la galerie est s'ouvre la **salle capitulaire**, du 14e s., dont les nervures s'épanouissent en trois faisceaux à partir de piliers centraux, et la **salle des moines★ (E)**, aux superbes voûtes réticulées ornées de décorations figurant des plantes et des animaux ; elle servait vraisemblablement de parloir.

TITEL FOTO BECK-VERMÖGEN UND BAU BADEN-WÜRTTEMBERG

La chapelle.

Bâtiments conventuels★

À l'arrière du cloître *(faire le tour par le nord)* se trouve un **château** de trois étages construit à la Renaissance, mais encore dans le style gothique, pour le duc Ludwig von Wurtemberg qui voulait avoir ici un pavillon de chasse. Au coin sud-est des fortifications médiévales *(à droite après l'auberge des nobles, qui fait face au château)* domine la **tour** pittoresque dite *Faustturm* avec un étage à pans de bois au toit incurvé ; elle servait de pavillon de plaisance au château ducal et aurait accueilli **Johann Faust**. Ce fameux docteur – qui inspira Goethe, Wagner, Gounod, René Clair et bien d'autres – serait venu sur commande de l'abbé en 1516 pour des expériences d'alchimie.

De retour dans la cour principale du monastère, on peut visiter le **Musée du monastère**, abrité dans la maison des matines et le premier étage de l'ancienne tonnellerie (aujourd'hui centre d'information). Ne manquez pas d'aller voir de plus près les grands édifices à colombages qui lui font face, en particulier la **boulangerie** *(Pfisterei)* et le **grenier à avoine** *(Heberkasten)* et, un peu plus loin *(contre les fortifications nord)*, l'ancien **moulin** en pierre de taille.

À 500 m de l'abbaye, le **Tiefer See**, aménagé par les moines pour l'approvisionnement en eau et en poisson, est de nos jours un lac pour la baignade et de canotage.

Baden-Baden★★

53 940 HABITANTS
CARTE GÉNÉRALE A4 - CARTES MICHELIN N^{OS} 718 H12 ET 545 R 58
BADE-WURTEMBERG

Peu de villes gardent une empreinte aussi forte de la Belle Époque quand l'Europe du 19e s. avait deux capitales : Paris l'hiver, et Baden-Baden l'été. Les palaces et les villas au bord de la rivière Oos composent toujours la vitrine de la cité thermale. Le casino attire à lui la vie nocturne, tandis que le parc de la Lichtentaler Allee est le salon vert des après-midi de promenade. Retraités fortunés et nouveaux riches venus de Russie forment la clientèle touristique la plus visible. Mais peu importe que vous ne soyez ni l'un ni l'autre. Le charme de Baden-Baden et le repos trouvé dans ses thermes agissent sur chacun de ses visiteurs.

- **Se repérer** – À 43 km au sud de Karlsruhe, 65 km au nord de Strasbourg, 113 km à l'ouest de Stuttgart. La circulation automobile dans le centre est en partie interdite de 11h à 19h. Emprunter alors le tunnel qui passe sous la ville.
- **À ne pas manquer** – L'allumage des réverbères chaque soir devant le Kurhaus, le casino, les thermes de Friedrich ou de Caracalla.
- **Organiser son temps** – La visite de Baden-Baden prend une journée.
- **Pour poursuivre le voyage** – Rastatt, Karlsruhe, la route badoise du Vin, la Forêt-Noire.

Comprendre

Ville de cure – Les vertus curatives des eaux de Baden-Baden étaient déjà connues à l'époque romaine. Au 12e s., la ville devient la résidence des margraves de Bade de la lignée des Zähringen. Aujourd'hui, deux complexes thermaux proposent soins et relaxation grâce à toutes sortes de bains : de froid à très chaud, à remous, de vapeur. Le **Friedrichsbad** est un palais de style néo-Renaissance construit en 1877, qui a su

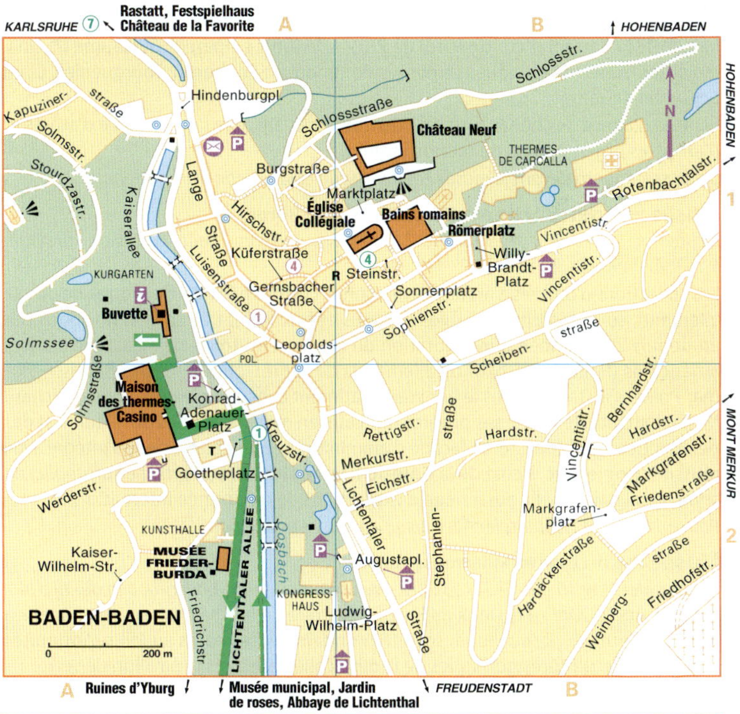

SE LOGER		SE RESTAURER	
Atlantic Parkhotel	1	Leo's	1
Hotel Am Markt	4	Weinstube im Baldreit	4
Schweizer Hof	7		

conserver l'esprit de la Belle Époque. Les **Thermes Caracalla**, du nom de l'empereur romain qui ordonna la rénovation des thermes, proposent une installation moderne, orientée vers la détente et la récréation (*voir Baden-Baden pratique, rubrique Sports et Loisirs*). Quelque 800 000 litres d'eau thermale jaillissent chaque jour des profondeurs de la terre via douze sources.

Ville de jeu – L'essor de la ville date du 19e s., avec le lancement du casino conçu par un homme d'affaires français, Jacques Bénazet, surnommé « le roi de Bade ». Depuis lors, les joueurs se sont succédé à la roulette ou à l'hippodrome, comme Léon Tolstoï ou Marlene Dietrich.

Se promener

SUR LES BORDS DE L'OOS

6 km AR jusqu'au cloître de Lichtental (Klostre Lichtental), 2h sans compter les visites des musées. L'itinéraire débute à la **buvette d'eau thermale (Trinkhalle)** *dont la galerie est ornée de peintures murales évoquant les légendes locales et où se trouve l'office de tourisme.*

Maison des thermes - Casino★ (Kurhaus)

Visites guidées du casino le matin à partir de 9h30 (avr.-oct.) ou 10h (nov.-mars) - ✆ 072 21 30 240 - 4 € pour les visites en allemand, tarif variable pour les visites en français ou anglais. Construite dans le style néoclassique entre 1821 et 1824 par Friedrich Weinbrenner, elle était la « maison de conversation », le lieu de rendez-vous de la haute société qui y organisait bals et concerts. Le **casino**, le plus ancien et le plus prestigieux d'Allemagne, en occupe l'aile droite. Les quatre **salles de jeu★** furent aménagées par Bénazet en 1855 dans l'esprit des salles d'apparat des châteaux royaux français.

En face, le kiosque à musique, puis l'allée dite des « Colonnades », bordée d'arbres et de boutiques de luxe, conduit au bord de l'Oosbach. Prendre à droite devant le théâtre.

Lichtentaler Allee★★

Tracée le long de l'Oos qui court dans un lit pavé, elle constitue la plus belle promenade de Baden-Baden. Sous ses ombrages, on vit passer Napoléon III et Eugénie, la reine Victoria, ainsi que Bismarck poursuivi par les diplomates ; c'est aussi là qu'eut lieu en 1861 l'attentat contre le roi de Prusse, le futur empereur Guillaume Ier. On y croise les bustes de quelques célébrités de l'époque : Coubertin, Tourgueniev, Clara Schumann, Brahms.

Plantée d'abord de chênes il y a plus de trois cents ans, elle s'est enrichie d'arbres et d'arbustes ornementaux du monde entier.

On passe d'abord devant le musée Frieder-Burda et la Galerie d'art nationale.

Musée Frieder-Burda★★ (Museum Frieder Burda)

Lichtentaler Allee 8b - ✆ 07221 973 72 22 - www.museum-frieder-burda.de - tlj sf lun. 11h-18h - fermé 24, 31 déc. - 9 €.

Les collections d'œuvres d'art de Frieder Burda, l'un des héritiers du groupe de presse allemand, sont désormais visibles par tous et font l'objet de trois expositions par an depuis 2004, année d'inauguration du musée. Des toiles de Picasso, d'artistes américains (Pollock, Rothko) ou allemands de l'après-guerre (Georg Baselitz, Sigmar Polke) s'installent dans le lumineux bâtiment conçu par le new-yorkais Richard Meier. L'architecte a créé ses propres tableaux en ménageant des ouvertures et des perspectives sur la nature. La façade d'aluminium couleur blanc cassé s'intègre avec réussite dans le parc, à côté de la **Galerie nationale d'Art** (*Staatliche Kunsthalle*) de style néoclassique, elle aussi siège d'expositions de renommée internationale.

Poursuivre sur la Lichtentaler Allee jusqu'au Musée municipal.

Musée municipal★ (Stadtmuseum)

Lichtentaler Allee 10 - ✆ 07 221 932 272 - www.stadtmuseum-baden-baden.de - tlj sf lun. 10h-18h (merc. 20h) - 4 €. Deux mille ans d'histoire de la ville des origines romaines à aujourd'hui, en particulier la société mondaine et les cures au 19e s. Antiquités romaines et sculptures gothiques de l'église collégiale dans le pavillon de verre.

Poursuivre sur la Lichtentaler Allee.

Sur la gauche, après la piscine, on accède par un pont à un joli **jardin de roses**, la **Gönneranlage**.

Abbaye de Lichtenthal ★ (Abtei Lichtenthal)

Hauptstraße 44 - ✆ 07 221 50 49 10 - www.abtei-lichtenthal.de - visite guidée tlj sf lun. et premier dim. du mois à 15h, sur réservation - 4 €. Fondée en 1245, cette abbaye abrite

Le musée Frieder-Burda.

depuis plus de 750 ans une communauté de sœurs cisterciennes. On accède librement à la cour du monastère et à l'abbatiale. La chapelle des Princes (*Fürstenkapelle*) abrite les sépultures des margraves de Baden.

On retourne vers le centre par le même chemin.

Visiter

LA VIEILLE VILLE

Château Neuf (Neues Schloss)

Ancienne résidence des margraves de Bade construite à la Renaissance, le château est privé mais la terrasse offre une très jolie **vue** sur la ville et la collégiale.

Église collégiale (Stiftskirche)

Le chœur de la collégiale contient plusieurs monuments funéraires parmi lesquels ceux des margraves Léopold-Guillaume (à gauche, fin du 17e s.) et **Louis le Turc** (à droite, 1753). Dans le chœur, le **crucifix en grès★**, réalisé par Nicolas Gerhaert de Leyde en 1467, constitue un remarquable témoignage de la sculpture de la fin du Moyen Âge et attire aujourd'hui encore les regards vers le chœur. Ne pas manquer le tabernacle tout en filigrane, du gothique tardif, à l'entrée du chœur.

Bains romains★ (Römische Badruinen)

Römerplatz 1 - ✆ 07 221 27 59 34 - www.badruinen.de - 16 mars-15 nov. : 11h-13h, 14h-17h ; fermé le reste de l'année - audioguide en français - 2,50 € (1 € enf.).

Des fouilles ont dégagé les vestiges de ces bains pour les soldats romains sous l'actuel établissement thermal **Friedrichsbad** *(voir encadré)*. On remarque particulièrement l'hypocauste, système de chauffage par le sol et les murs très bien conservés. Des animations par ordinateur restituent l'architecture complète d'origine.

Aux alentours

Ruines d'Yburg★

6 km au sud-ouest. Sortir par la Friedrichstraße.

Du château construit vers 1200, il ne reste que la tour. Du sommet (110 marches), **vaste panorama★★** sur la plaine du Rhin et le vignoble badois.

Mont Merkur

2 km à l'est. Sortir par la Markgrafenstraße ou prendre le bus 204 ou 205 de Leopoldsplatz. Funiculaire

La magie des bains

Les thermes Friedrich, inaugurés en 1877, restent l'un des plus beaux établissements thermaux au monde. De style néo-Renaissance, doté d'une coupole au-dessus du bassin central, le bâtiment a conservé les cuivres, les stucs, les fresques et les carreaux de faïence peints. Pour découvrir cette architecture unique, on goûtera aux bienfaits d'un bain romano-irlandais, choyé par un personnel attentif (*voir Baden-Baden pratique*). « Au Friedrichsbad, vous oubliez le temps au bout de dix minutes ; et au bout de vingt, c'est le monde que vous oubliez… », avait écrit Mark Twain après son passage.

WWW.BADENPAGE.DE

Le château de la Favorite.

(Merkurbergbahn) 10h-22h. 4 € AR. Du haut de la tour panoramique, la **vue★** étendue sur le site de Baden-Baden, à l'ouest sur la vallée du Rhin et les Vosges (par temps clair), à l'est sur la vallée de la Murg.

Rastatt★

À 19 km au nord de Baden-Baden. Le margrave Louis Guillaume de Bade (1655-1707), dit Louis le Turc, fit de Rastatt une petite place-forte et y éleva un château destiné à remplacer sa résidence de Baden-Baden. La ville conserve aujourd'hui des traces de son passé prestigieux. Et tous les deux ans, fin mai, Rastatt s'anime lors d'un des plus importants festivals de théâtre de rue d'Allemagne, Tête-à-Tête.

Le Château★ (Schloss) – *✆ 07 222 97 83 85 - www.schloss-rastatt.de - avr.-oct. : tlj sf lun. 10h-17h ; nov.-mars : tlj sf lun. 10h-16h - fermé 24-25 et 31 déc. - 5 €.* Cette construction à trois ailes fut érigée entre 1698 et 1707 par l'architecte italien Domenico Egidio Rossi. Après la mort de Louis le Turc en 1707, sa veuve, Sibylla Augusta, chassa l'architecte et lui choisit comme successeur **Michael Ludwig Rohrer** (1719-1723).

Appartements princiers – Le centre est constitué par la haute et somptueuse **salle des ancêtres** *(Ahnensaal)*. Voir aussi le **cabinet de porcelaines** *(Porzellankabinett)*.

Musée militaire (Wehrgeschichtliches Museum) – *Accès par l'aile latérale sud. ✆ 07 222 34 244 - www.wgm-rastatt.de - ♿ - mai-oct. : tlj sf lun. 9h-17h ; nov.-avr. : vend.-dim. et j. fériés 9h-17h - fermé 1er janv., 25 et 31 déc. - 3 €.* L'exposition illustre l'histoire militaire allemande de 1500 à la fin de la Première Guerre mondiale. Les pièces présentées sont remarquables (masque funéraire de Napoléon Ier), de même que le cadre du musée (plafonds peints, décorations en stuc).

Mémorial de la liberté dans l'histoire allemande★ (Erinnerungsstätte für die Freiheitsbewegungen in der deutschen Geschichte) – *Accès par l'aile latérale nord. ✆ 07 222 77 13 90 - www.bundesarchiv.de - ♿ - dim.-jeu. 9h30-17h, vend. 9h30-14h - fermé 1er janv., 24-26 et 31 déc. - gratuit.* L'exposition très complète de ce musée est consacrée aux mouvements de libération de l'histoire allemande, du début des Temps modernes à la résistance de l'ex-RDA en 1990.

Château de la Favorite★★ (Schloss Favorite)

À 5 km au sud-est de Rastatt. ✆ 07 222 41 207 - www.schloss-favorite.de - de mi-mars à fin sept. : tlj sf lun. 10h-18h ; du 1er oct.-15 nov. : tlj sf lun. 10h-17h - 5,50 €. Ravissante réalisation baroque, le **château de la Favorite** fut construit entre 1710 et 1712 par **Rohrer** pour la margrave Sibylla Augusta. La façade est recouverte d'un crépi original fait de gravillons et de petits morceaux de granit, caractéristique de l'époque. Le vaste parc paysager à l'anglaise invite à la flânerie.

L'**intérieur★★** est particulièrement précieux : **sols en scagliola** brillant (stuc imitant le marbre avec incrustations), effets de glaces, chinoiseries. Remarquer particulièrement la **chambre florentine** décorée de portraits miniatures et de travaux en pierre dure, les appartements de la margrave, le **cabinet des glaces**, la luxueuse cuisine avec collection de faïences (Francfort, Delft, Strasbourg) et enfin les porcelaines (Meißen, Nymphenburg, Chelsea).

Baden-Baden pratique

Informations utiles

Office du tourisme de Baden-Baden – *Kaiserallee 3 - ✆ 07 221 275 200 - www.baden-baden.de - lun.-sam. 10h-17h, dim. et j. fériés 14h-17h.*

Office du tourisme de Rastatt – *Herrenstraße 18 (Schloss) - ✆ 072 22 972 462 - lun.-jeu. 8h30-12h, 12h45-16h30 (vend. 15h).*

Transports

Train – La gare, située dans le quartier de Oos, à 7 km au nord-ouest du centre-ville, est desservie par bus et taxi. Liaisons avec le réseau des transports en commun de Karlsruhe. **Compagnie Baden-Baden-Linie** - *Beuernerstraße 25 - ✆ 07 221 27 76 38 ou Hôtel de ville t 07 221 27 73 52.*

Aéroport – *✆ 072 29 66 2000 - www.badenairpark.de.* L'aéroport de Karlsruhe/Baden-Baden (10 km au sud-est de la ville, accès par l'A 5, sortie Baden-Baden « Baden-Airpark ») propose des vols vers plusieurs villes d'Europe dont Marseille.

Visites

Visite guidée – en allemand, chaque dim. à 14h, à l'office de tourisme (2h) - *4 €.*

Train touristique – Grand tour de ville (50mn) avec le City-Bahn (dessert la gare du funiculaire du mont Merkur)- *15 mars-31 oct. - 9h30-16h30 - commentaires en français - 5 €.*

Se loger

⊖⊖ **Hotel Am Markt** – *Marktplatz 18 - ✆ 07221 270 40 - www.hotel-am-markt-baden.de - fermé 16-25 déc. - 23 ch. - 78 € ☕ (62 € avec sdb. à l'étage).* Hôtel discret et calme, dans le genre « pension de famille » au cœur de la vieille ville.

⊖⊖ **Schweizer Hof** – *Langestraße 73 - ✆ 07 221 30 460 - www.schweizerhof.de - P - 29 ch. 99 € ☕.* Voisin du *Festspielhaus*, cet hôtel de tradition offre des chambres au mobilier moderne, certaines avec balcon ou même terrasse.

⊖⊖ **Atlantic Parkhotel** – *Goetheplatz 3 - ✆ 07 221 36 10 - www.atlantic-parkhotel.de - 49 ch. - 139 € ☕ (159 € avec balcon, côté Lichtentaler Allee) - rest. 22 €.* Né en 1836 sous le nom d'Englischer Hof, l'Atlantic est un hôtel historique et plein de charme. Agréable terrasse pour le petit-déjeuner et vastes chambres où l'on goûtera au luxe d'un 4 étoiles pour un prix raisonnable.

Se restaurer

⊖⊖ **Weinstube im Baldreit** – *Küferstraße 3 - ✆ 07221 231 36 - tlj sf dim. 12h-14h, 17h-22h - 22 €.* À l'écart, dans une impasse de la vieille ville, cuisine badoise généreuse aux accents français – le chef vient d'outre-Rhin. Carte réduite à midi.

⊖⊖ **Leo's** – *Luisenstraße 8-10 - ✆ 07221 380 81 - 8h-2h - 25 €.* Café, restaurant et bar à vins, le Leo's est l'adresse où manger tard à Baden-Baden dans l'ambiance de brasserie à la fois distinguée et décontractée. Carte d'inspiration méditerranéenne et belle carte des vins.

Faire une pause

Café König – *Lichtentaler Straße 12 - ✆ 07 221 23 573 - café : 8h30-18h30, confiserie-pâtisserie : lun.-sam. 9h30-18h30, dim. 10h30-18h30.* Lustre de cristal et douceurs sucrées de la confiserie-pâtisserie dans ce café qui propose aussi des en-cas salés et des plats du jour. En été, terrasse ombragée sous un tilleul.

Eiscafé Capri – *Sophienstr. 1b - ✆ 07221 237 51 - lun.-sam. 8h-0h, dim. 9h-0h (en hiver : 20h).* Choix impressionnant de glaces maison et gâteaux alléchants à déguster l'été, en terrasse, au cœur de la ville.

En soirée

In der Trinkhalle – *Kaiserallee 3 (Trinkhalle) - ✆ 07 221 30 29 05 - 10h-2h (vend., sam. 3h).* Ce café-bar avec fauteuils en cuir et terrasse dans le parc thermal vous propose une large sélection de boissons et de petits en-cas.

Que rapporter

Confiserie Rumpelmayer – *Kurhaus-Kolonnaden - ✆ 07221 239 89 - lun. sam. 9h30-18h30, dim. 11h-18h30.* Chocolats et gâteaux *(Mohnstreusel, Gugolhupf).*

Sports et loisirs

Casino – *Kaiserallee 1 - ✆ 07 221 30 240 - www.casino-baden-baden.de - dès 14h - 21 ans minimum, tenue correcte exigée (veste et cravate).* Jeux automatiques et tables.

Thermes de Caracalla – *Römerplatz 1 - ✆ 07 221 27 59 40 - www.caracalla.de - 8h-22h - fermé 24 et 25 déc. - 13 € (2h) - enf. - 7 ans non admis.* Bains d'eaux thermales et de vapeur, sauna intérieur et extérieur dans un bâtiment ultramoderne.

Friedrichsbad – *Römerplatz 1 - ✆ 07 221 27 59 20- www.roemisch-irisches-bad.de - lun.-sam. 9h-22h ; dim. et j. fériés 12h-22h - fermé Vend. saint, 24 et 25 déc. - 21 € (3h sans massage) ; 29 € (3h30 avec massage).* Bains romano-irlandais en 16 étapes (montée progressive en température et repos final) dans l'établissement historique de 1877. On se baigne nu (hommes et femmes séparément les lundi et jeudi, mixte les autres jours, enf. - 14 ans non admis). Serviettes, sandales, savon et crème à disposition.

Festspielhaus – *Beim alten Bahnhof - ✆ 07 221 30 13 211 - www.festspielhaus.de - 10h-2h.* Opéras, ballets et concerts dans la deuxième plus grande salle d'Europe.

Événements

Courses hippiques – Mai, fin août, fin octobre sur l'hippodrome d'Iffezheim.

Route badoise du Vin★★

Badische Weinstrasse

CARTE GÉNÉRALE A 4/5 – CARTES MICHELIN N° 718 H12/H13 ET 545 R58/P62
BADE-WURTEMBERG

Robe rouge rubis du pinot noir, bouquet fruité du riesling, arôme épicé du pinot gris, pointe de muscat et d'acidité du Müller-Thurgau… La diversité des vins du Bade, troisième région viticole d'Allemagne, des sols et des paysages est à découvrir. Sur 400 km, de Heidelberg à la frontière suisse, s'étendent neuf régions viticoles. L'itinéraire décrit ici traverse l'Ortenau où les vignes enserrent de charmants villages de vignerons, à l'abri des sommets de la Forêt-Noire. Doux climat, ensoleillement, vues sur la plaine du Rhin ou d'imposantes ruines de château… Les vignes ne seront pas les seules à se réjouir d'une situation si favorable !

- **Se repérer** – De Baden-Baden à Weil-am-Rhein, la route badoise du Vin suit du nord au sud un tracé à peu près parallèle, mais distant, de l'A 5. (*Pour la description de l'intégralité de la route badoise du Vin, se reporter au Guide Vert Michelin Alsace-Lorraine*).
- **À ne pas manquer** – Château d'Alt-Windeck, Oberkirch, Durbach.
- **Organiser son temps** – Une journée par des petites routes (environ 100 km).
- **Pour poursuivre le voyage** – Fribourg, la Forêt-Noire, le lac de Constance.

Comprendre

Le vignoble badois – D'une superficie d'environ 13 000 ha, il se développe sur les sols très variés des collines qui s'abaissent doucement des sommets de la Forêt-Noire jusqu'à la plaine du Rhin ; Ortenau de Baden-Baden à Lahr, Breisgau de Lahr à Fribourg, Markgräfler Land de Fribourg à Weil-am-Rhein. Le vignoble badois produit des vins blancs et rouges : riesling, traminer et spätburgunder autour de Baden-Baden, Bühl et Offenburg, gutedel (chasselas) entre Bâle et Fribourg. Le pinot gris donne pour sa part les vins riches et parfumés du Kaiserstuhl. Le pinot donne l'essentiel des cépages rouges.

Circuit de découverte

L'ORTENAU

Quitter Baden-Baden par la route 3 en direction d'Offenburg.

Les derniers coteaux gréseux de la Forêt-Noire du Nord, au sud de Baden-Baden, permettent aux vignobles et aux vergers de s'épanouir.

Steinbach

Charmant village au pied des collines que dominent les ruines d'Yburg. Un monument célèbre la mémoire d'Erwin von Steinbach, l'un des architectes de la cathédrale de Strasbourg.

R. Mattes / MICHELIN

Sur la route des vignobles badois.

Neuweier

Au pied du château, le vignoble produit un cru réputé, le **mauerwein** (riesling). Les châtelains étant membres de la noblesse française, une autorisation historique spéciale du prince-archevêque de Würzburg permet la mise en bouteille du vin sur place, ainsi qu'à Steinbach, Umweg et Varnhalt. On emploie pour cela des *Bocksbeutel* (bouteilles à col court et à panse ventrue).

Au village d'Altschweier, quitter la route du Vin pour visiter le petit centre de Bühl.

Bühl

Cette petite ville commerçante est célèbre pour ses quetsches et le vin d'Affental. La Fête de la quetsche *(Zwetschgenfest)* a lieu chaque mois de septembre et permet de sympathiques dégustations de tartes. La collégiale néogothique St-Pierre-et-Paul présente dans son chœur de beaux vitraux modernes (1955-1958) d'Albert Burkart.

De retour à Altschweier, poursuivre jusqu'à Bühlertal.

Bühlertal

Le vignoble et les forêts forment un cadre romantique à cette petite station climatique appréciée pour la douceur de son climat.

La route s'élève jusqu'à Hof (quartier résidentiel de la commune de Bühlertal). Prendre à droite en direction de Neusatz et son château de Waldsteg du 13e s.

Château d'Alt-Windeck★

Ce vieux château, de plan circulaire, construit en 1200 et tombé en ruine au 16e s., a été transformé en hôtel-restaurant. Subsistent deux beffrois, deux habitations et une enceinte. De ses abords, la **vue★** est bien dégagée sur la plaine du Rhin.

Sasbach

15mn à pied AR. Laisser la voiture pour pénétrer dans le parc. Un obélisque et une stèle aux inscriptions française, allemande et latine marquent l'endroit où, en 1675, un boulet frappa mortellement le capitaine de Turenne que Louis XIV avait chargé de protéger l'Alsace contre les impériaux pendant la conquête de la Franche-Comté.

L'église paroissiale, dédiée à sainte Brigitte, est de style baroque, mais conserve quelques parties d'un ancien bâtiment gothique.

Sasbachwalden★

Centre de cure Kneipp, ce village viticole et fleuri s'est taillé une réputation comme vainqueur national du concours « Notre village doit s'embellir ». Son centre ancien aux belles maisons à colombages fait l'objet de soins attentionnés.

Des sentiers permettent de gagner le **Mummelsee** et le **Hornisgrinde**.

Kappelrodeck

Ce petit village viticole, dans la vallée de l'Acher, aux belles maisons à colombages, est sur le tracé du **chemin de fer touristique** qui relie Achern à Ottenhöfen.

Le **château de Rodeck**, datant du 11e s. et remanié à la Renaissance, constitue l'emblême du village. En contrebas du château croît la « sorcière de Dasenstein », sorte de bourgogne tardif. Le vin rouge de Waldulm connaît également une certaine notoriété.

Oberkirch★

Cette ravissante ville, possession des évêques de Strasbourg de 1303 à 1803, est entourée de vergers, de vignes et de forêts. Elle conserve, le long du Mühlbach, de pittoresques maisons à colombages, dont les plus anciennes datent du 17e s. La ville détient deux records : celui du plus grand marché de fraises d'Allemagne et celui du nombre de bouilleurs de cru. Rien d'étonnant à ce que l'eau-de-vie de cerise, de mirabelle et de framboise soit devenue une spécialité d'Oberkirch.

La ville est dominée par les ruines du **Schauenburg** fondé au 11e s. par les ducs de Zähringen ; du château, vue étendue sur la plaine du Rhin jusqu'à Strasbourg.

L'auberge Zum Silbernen Stern, située à Oberkirch-Gaisbach, vit l'élaboration du fameux *Simplicissimus* par le grand écrivain baroque **Grimmelshausen**, qui la fit construire au 17e s. et en fut le gestionnaire pendant un court laps de temps. Ce dernier vécut au village de Renchen dont il fut aussi le maire.

Lautenbach

3 km à l'est d'Oberkirch. Lautenbach, qui occupe un site de prairies, de vignobles et de forêts dans la vallée de la Rench, est connue pour ses différentes sortes de fruits à noyau et ses fraises. De nombreux points de vue offrent une vue magnifique sur les vallées de la Rench et du Rhin. L'**église de pèlerinage Maria Himmelfahrt**, de style gothique tardif, recèle l'un des rares jubés conservés en Allemagne et un superbe **maître-autel★**, formant l'un des plus beaux triptyques gothiques de la région. Créé à la fin du 15e s., il est attribué à l'école de Strasbourg et représente une symbiose magistrale de la sculpture et de la peinture. Dans la partie centrale, les statues polychromes de saint Jean-Baptiste et saint Jean l'Évangéliste encadrent une ravissante madone au croissant de lune. Les deux autels latéraux datent du début du 16e s. Jolies verrières du 15e s. provenant de l'atelier de Peter Hummel d'Andlau.

Durbach★

Cette commune pratique la culture de la vigne, et notamment de la variété traminer depuis le Moyen Âge. Dès 1836, on y cultive également du sauvignon à la suite d'un échange avec le propriétaire du château-yquem. Grâce à son joli **site★** au milieu des vignes et à son centre pittoresque, Durbach, dominé par le **château de Staufenberg** (11e s.) est devenu un village très apprécié des touristes.

Offenburg

Fondée en 1148 par les ducs de Zähringen, la ville était déjà habitée par les Romains au tout début de notre ère. Offenburg fut érigée au rang de ville d'Empire en 1240 par l'empereur Frédéric II, mais son développement fut brutalement interrompu en 1689 lorsque les troupes de Louis XIV l'incendièrent pendant la guerre de la Ligue d'Augsbourg. C'est à présent le centre administratif et industriel de la région de l'Ortenau.

La **rue principale (Hauptstraße)** et les ruelles adjacentes *(zone piétonne)* sont jalonnées de maisons intéressantes et de places pittoresques : la pharmacie à la Licorne *(Einhornapotheke)*, édifice baroque de 1720, avec sa façade à volutes sur laquelle trône une licorne ; la fontaine de Neptune datant de 1783 ; le marché aux poissons (Fischmarkt) et la pharmacie au Cerf *(Hirschapotheke)* de 1698 avec, devant, une fontaine au Lion *(Löwenbrunnen)* de 1599 ; la maison Beck *(Beck'sches Haus)*, de style baroque flamboyant et la maison Jenewein, maison à colombages du 19e s. ; la maison Battiany, grande maison bourgeoise décorée de motifs au sgraffite.

L'**église du St-Esprit★** *(Heilig-Kreuz-Kirche)*, dans la Pfarrstraße, est un édifice baroque aussi sobre qu'élégant, construit à partir de 1700, sur les bases d'une église du 13e s. détruite lors de l'incendie de 1689. L'intérieur dégage une impression de grande harmonie. Le maître-autel et les autels latéraux sont l'œuvre de Franz Lichtenauer de 1740 ; le tableau de l'autel de Joseph Esperlin (1737). Dans la chapelle St-Joseph se trouve un crucifix Renaissance de 1521. À noter une remarquable chaire néoclassique de Johann Nepomuk Speckert (1795) en marbre et stuc, ainsi que la grille rococo de la tribune d'orgue, sculptée avec virtuosité. Une sculpture en pierre, *Jésus au mont des Oliviers*, datant de 1524, se trouve dans un petit parc face à l'église du St-Esprit, réplique du groupe qui se trouve à la cathédrale de Strasbourg.

L'église baroque Notre-Dame du monastère des Franciscains *(Franziskanerkloster)*, érigée en 1702, détient un autel richement décoré et des orgues Silbermann. Dans la chapelle du cloître, on remarquera une ravissante statue de la Vierge du début du 16e s.

Dans la Spitalstrasse, près du marché aux poissons, l'hôpital St-André *(Sankt-Andreas-Hospital)* est un complexe du 18e s. On peut apercevoir, à l'extérieur de l'église attenante aux bâtiments, une madone gothique du 14e s. L'ancien grenier, dont la volumineuse charpente ne manquera pas d'impressionner, prête son cadre à des expositions et à des manifestations culturelles.

L'hôtel de ville *(Rathaus)*, enfin, séduit par ses belles proportions (1741). Les armes de la ville et le double aigle au-dessus du balcon témoignent du passé de la cité, possession de l'Autriche du milieu du 16e s. jusqu'en 1706 et de 1771 à 1805. Le carillon, constitué de 25 cloches de bronze, enchante la population – et les visiteurs – avec son remarquable répertoire de 100 mélodies.

Ortenberg

Le « village du vin, des fleurs et des fontaines » est dominé par le **château d'Ortenberg**. Érigé au 12e s. par les ducs de Zähringen pour condamner l'accès à la vallée de la Kinzig, il fut détruit en 1678 par les Français et « ressuscité » en 1838 par Friedrich Eisenlohr qui réalisa un édifice de style néogothique au goût de l'époque.

Le château est aujourd'hui l'une des auberges de jeunesse les plus modernes d'Allemagne.

La chapelle **Mariä Ruh** *(Bühlwegkapelle Mariä Ruh)*, située à Ortenberg-Käfersberg, date de 1497 ; elle est renommée pour ses fresques murales (début du 15e s.), remarquables témoignages de la peinture gothique flamboyante.

Gengenbach★

Située au bord de la Kinzig, au cœur de l'Ortenau, Gengenbach offre le charme d'une cité ancienne à l'architecture harmonieusement préservée. Le médiéval y côtoie avec bonheur le baroque, dont la petite cité se para après les destructions de la guerre de Trente Ans. Érigée au rang de ville libre en 1360, elle passa à la Réforme dès 1525. Mais dès 1547, elle embrassa à nouveau la foi catholique à la suite de son entrée sous juridiction autrichienne.

Les pittoresques rues de **la vieille ville**★ sont bordées de maisons à colombages ou à pignons baroques. La porte de la Kinzig et la porte Haute sont deux vestiges des anciennes fortifications. L'hôtel de ville de la fin du 18e s. se dresse sur la place du marché. À côté de la vieille ville, le vaste couvent du 18e s. cache en fait une très ancienne fondation bénédictine, remontant au 8e s. Il dépendit au 11e s. de l'évêché de Bamberg et embrassa la réforme de Hirsau en 1117.

L'**église Ste-Marie** reste le témoin architectural de cette époque. Cette importante église romane, avec un chœur rebâti à l'époque gothique (14e et 15e s.), est surmontée d'une élégante tour baroque que l'on doit à Jakob Rischer. L'intérieur fut remanié dans le style néoroman entre 1892 et 1906 et décoré de nombreux tableaux. Quelques belles œuvres baroques, telles que les stalles, les fonts baptismaux et l'autel de St-Joseph. Près de cette église, remarquer l'ancien moulin de l'abbaye et le bief aérien qui traverse la rue pour l'alimenter.

À voir également, le **musée des Bâteliers**, installé dans une ancienne maison de garde-barrière à l'entrée de la ville, et le **musée du Carnaval**, dans la tour de Niggel. La ville est appréciée pour son climat doux et ses ressources sportives (pêche, équitation, randonnée, cyclotourisme…).

À la sortie sud de Gengenbach, gagner la route 33 et reprendre la direction d'Offenburg. La route du Vin quitte la route 33 à la hauteur de Zunsweier.

Friesenheim

Petit centre aux belles maisons à colombages. Entre Friesenheim et Schuttern se trouvent à découvert les vestiges d'une cité romaine. À **Schuttern** *(à 2 km à l'ouest)*, on visitera l'église conventuelle Mariä Himmelfahrt. Schuttern abritait au Moyen Âge le très riche monastère d'**Offoniscella** créé en 603. Complètement détruit au 19e s. (seul le presbytère subsiste), le site a fait l'objet de fouilles qui ont permis de mettre au jour la plus ancienne **mosaïque** allemande. Datée du 11e s., elle présente la forme d'un médaillon de plus de 3 m de diamètre qui recouvrait la tombe du fondateur de l'abbaye, le moine irlando-écossais Offo.

Lahr

Ne vous fiez pas seulement à ses abords industriels ; cette ville de 42 000 habitants possède un centre historique, où l'on remarquera l'**ancien hôtel de ville (Altes Rathaus)** élevé en 1608 et la **Storchenturm**, vestige de l'ancien château fort du 13e s.

L'église de **Burgheim** remonte à l'époque carolingienne. Le clocher est roman. Dans la nef, les fresques représentant saint Christophe et la Sainte-Trinité datent de 1463, tandis que les fresques murales dans le chœur ont été réalisées en 1482.

S. Pothier / MICHELIN

Enseigne d'une cave viticole.

Kippenheim

L'église St-Maurice des 16e et 18e s. est coiffée d'une voûte en réseau et l'agencement intérieur est de style gothique tardif. L'hôtel de ville est orné d'un pignon à redans et d'un oriel de style Renaissance. Les deux bâtiments jouxtent de jolies maisons à colombages (du 16e au 19e s.).

Mahlberg

Quitter la route du Vin. Détour de 6 km AR.

Cette petite ville abrite un château élevé au 13e s., une chapelle baroque dédiée à sainte Catherine, mais aussi un très intéressant **musée du Tabac (Oberrheinisches Tabakmuseum)**. *✆ 078 258 438 12 - mai-sept. : dim. 10h-18h ; vac. scol. de printemps et été : 10h-18h - 2,50 € (enf. 1,50 €).*

Regagner la route 3.

Ettenheim

La ville badoise d'Ettenheim, qui doit son nom au duc d'Alsace Étichon II, fit partie jusqu'en 1803 des domaines de l'évêché de Strasbourg. Ettenheim garde le souvenir du cardinal de Rohan et de l'infortuné duc d'Enghien. La **vieille ville**, séparée du reste de l'agglomération par deux portes du 18e s., se groupe au pied de la grande église paroissiale. En face de l'hôtel de ville s'élève le pignon de l'ancien palais du **cardinal de Rohan**, longue bâtisse où le trop fameux héros de l'affaire du Collier acheva fort dignement, dans l'exil (de 1790 à 1803), son existence mouvementée. Plus haut, à l'endroit où la rampe de Rohanstrasse se coude vers l'église, on voit la maison *(armes au-dessus de la porte)* où logeait le duc d'Enghien. C'est là que le prince, fiancé à Charlotte de Rohan, nièce du prince-évêque, fut appréhendé dans la nuit du 14 au 15 mars 1804, au cours d'un raid organisé en violation de la souveraineté de l'État de Bade. Six nuits plus tard, le duc était exécuté à Vincennes. L'église conserve, sous le chœur, le caveau du cardinal de Rohan.

2h30. Le **sentier des Moulins** court le long de l'Ettenbach, d'Ettenheim à Ettenheimmünster.

Ettenheimmünster★

7 km à l'est. Cette commune, située dans la pittoresque vallée de Münster, était autrefois le siège d'un monastère de bénédictins, sécularisé en 1803, dont il ne reste que l'église de pèlerinage. Bâtie entre 1687 et 1689, l'église **St-Landelin** fut agrandie au 18e s., et sa tour néogothique au milieu du 19e s. L'intérieur se distingue par des ornements abondants : maître-autel richement décoré, sculptures virtuoses, stucs, fresques de plafond. Au nombre de ses pièces les plus précieuses, le trésor compte le **buste de Landelin★**, travail d'orfèvrerie strasbourgeoise daté de 1506. Il contient une relique crânienne du missionnaire et martyr irlando-écossais, qui fut assassiné ici vers 640.

L'**orgue★** somptueux, créé en 1769 par **Johann Andreas Silbermann**, passe pour le mieux conservé sur la rive droite du Rhin *(concerts durant les mois d'été).*

Europa-Park★★★

CARTE GÉNÉRALE A4 – CARTE MICHELIN N° 545 O 62
BADE-WURTEMBERG

La culture américaine n'a pas le monopole des parcs de loisirs. Pour preuve, Europa-Park a construit sa réussite autour du thème de l'Europe. Plus de 100 attractions et spectacles emmènent les visiteurs en voyage à travers douze pays du Vieux Continent. Sans prendre l'avion, vous pouvez rejoindre une piazza italienne depuis des fjords scandinaves, en faisant escale au pays de Shakespeare. Architecture, végétation, gastronomie : tout y est, dans le moindre détail. Spécialiste des grands 8, ce parc familial offre une dose de sensations adaptée à chaque membre de la famille. Et pas besoin d'être polyglotte ; le personnel parle aussi bien français qu'allemand.

Se repérer – À 40 km au nord de Fribourg, 50 km environ au sud de Strasbourg. Situé sur la commune de Rust. Accès par l'autoroute A 5, (sortie 57b Rust) ou par la D 468 et la D 5 (bac à Rhinau). Stationnement payant (4 €). Des navettes desservent le parc depuis Strasbourg *(voir Europa-Park pratique)*.

À ne pas manquer – Parmi les grands 8, le plus impressionnant est sans conteste le Silver Star. Pour vous rafraîchir, faîtes un tour à l'Atlantica ou au Poséidon. Les amateurs de spectacles apprécieront les cascades équestres du tournoi des chevaliers et le show de patinage artistique.

Organiser son temps – Il y a largement de quoi occuper une journée complète, voire plus en passant la nuit sur place. Le pique-nique est autorisé. Pensez à tenir compte des horaires des spectacles et animations du jour (dépliant à l'entrée). Attention aux dates d'ouverture : le parc est saisonnier. L'affluence est à son comble au mois d'août, mais toujours un peu moins le vendredi. Pour éviter la foule, visitez le parc en sens inverse, en commençant par l'Espagne. En hiver sont organisées des animations thématiques (Halloween et Noël).

Avec les enfants – Les tout-petits n'ont pas été oubliés : spécialement pour eux, l'univers des enfants et l'univers de l'aventure.

Visiter

✆ 0180 577 66 88 - www.europapark.de - ♿ - fermé de déb. janv. à fin mars - 30 € (-11 ans 26,50 €) ; il existe des billets pour une visite de 2 ou 3 jours et des cartes annuelles. Boutiques, restaurants et snacks, relais-bébé. Accès aux chiens autorisé si tenus en laisse.

Le plan distribué à l'entrée vous sera bien utile pour vous repérer dans le parc, car l'implantation des douze quartiers, illustrations de douze pays européens, ne respecte pas la géographie du continent : c'est sans sourciller que l'Autriche côtoie l'Espagne. Pour vous faire d'emblée une idée d'ensemble ou pour gagner l'autre bout du parc, vous pourrez emprunter le **train panoramique (EP-Express)**, dont les principales gares se situent en Allemagne, en Angleterre, en Grèce, en Russie et en Espagne. Le cadre boisé et les différents plans d'eau contribuent beaucoup à l'agrément général du parc. La Maison de la Science (Science House), nouveauté de la saison 2007 située près de l'entrée principale, propose aux chercheurs en herbe de réaliser des expériences scientifiques interactives, parmi 80 propositions *(entrée située à gauche d'Europa Park. Compter 1h30. Adulte 7 €, enfant 6 €. Tarif groupé avec Europa Park à acheter à Europa Park : adultes 35 €, enfants 30,50 €. Gratuit pour les moins de 4 ans)*.

Allemagne

Le pays hôte du parc ouvre le bal des quartiers thématiques ; peut-être y serez-vous accueillis par l'emblématique souris Euromaus. Dans l'Allée allemande, on reconnaît aussitôt l'architecture propre aux différentes régions d'Allemagne, du pays de Saxe à la Bavière. Les alentours du château médiéval Balthasar fournissent l'occasion de profiter de la verdure avec une agréable roseraie.

France

Pour avoir une vue panoramique sur le parc et sur la plaine du Rhin jusqu'à l'orée des Vosges et de la Forêt-Noire, montez à l'**Euro-Tower** (75 m). Avec le **Silver Star★★**, le plus haut (73 m) et le plus rapide des grands 8 d'Europe, les émotions sont garanties. Dans une ambiance de course automobile, vous apprécierez la fluidité avec laquelle le bolide vous propulse à 130 km/h sur des pentes à 70°. La grande boule blanche que l'on voit de partout abrite **Eurosat★**, un grand 8 dans le noir qui vous invite à la conquête de l'espace. Pour reposer les pieds sur terre, rien de tel qu'un petit tour parmi les bistrots et les boutiques anciennes du quartier français. Vous vous demandez

Les grands 8 d'Europa-Park.

quelle peut bien être la quatrième dimension du **Magic cinéma 4D** ? Il s'agit de surprenants effets dynamiques, tactiles, sonores ou même olfactifs.

Suisse

Le pays des Helvètes vous permettra d'assister à un spectacle de **patinage artistique sur glace★** vivant et très coloré. Les petits chalets qui donnent au quartier son cachet sont d'authentiques cabanons valaisans démontés et sauvés de la destruction. Pour une acculturation plus complète, faites un tour de **bobsleigh** : la glace a laissé la place à un canal en acier sur lequel le train glisse librement. L'**éclair du Cervin★** met en œuvre une spécialité maison, dans un décor montagnard : la « Wilde Mouse », un enchaînement de virages plats en épingle à cheveux qui donnent sans cesse l'impression que le wagon va quitter les rails. La montée en ascenseur, au début de l'attraction, est particulièrement originale.

Les petits seront ravis de prendre place dans le **manège de montgolfières**.

Grèce

La nouvelle attraction, **à la découverte de l'Atlantis**, emmène des équipages armés de pistolets infra-rouges à bord de sous-marins, à la découverte de la légendaire cité engloutie. Dans l'ambiance dépaysante d'une île des Cyclades, venez constater à quel point nos sens peuvent être trompeurs grâce aux illusions de la **malédiction de Cassandre**, logée dans la réplique d'une église byzantine. Au milieu d'un décor antique (temple grec, palais de Knossos, cheval de Troie), le **Poséidon★** conjugue le mouvement d'un grand 8 au plaisir rafraîchissant de la descente d'un torrent. Le **Pégasus** est, lui, un grand 8 familial ouvert aux enfants dès l'âge de 4 ans.

Russie

Deux options s'offrent à vous pour pénétrer en Russie. Côté tradition, le village d'artisans russes vous invite à percer les secrets de la confection des poupées russes et le tour de main des souffleurs de verre. Depuis l'espace, vous pourrez suivre les aventures aérospatiales de la station **Mir**. Et pour prolonger le voyage, les amateurs de sensations fortes essaieront l'**Euro-Mir**, un grand 8 dont les nacelles ne cessent de pivoter sur elles-mêmes, tandis que le train zigzague entre les cinq grandes tours à miroirs. Il faut avoir le cœur bien accroché pour supporter de dos la grande descente finale.

Espagne

À voir absolument dans le quartier : le **tounoi des chevaliers★** mis en scène par le dresseur français Mario Luraschi. Au milieu d'une arène, des seigneurs à cheval partis à la quête du Graal affrontent à l'aide d'épées et de lances le chevalier noir. Quant au spectacle de **flamenco,** il vous mettra sans retard à l'heure espagnole.

Portugal

Sur le thème des grands explorateurs, l'**Atlantica SuperSplash★★** est la première attraction du dernier-né des quartiers européens. Depuis la gare, une citadelle de défense portugaise du 16ᵉ s., votre barque commence son ascension, puis se retourne pour entamer une première descente en marche arrière. Après un parcours mouvementé, l'atterrissage vous promet tous les embruns souhaités.

Les autres pays méritent eux aussi une petite visite : dans une ambiance méditerranéenne, l'**Italie** vous propose son fameux carnaval de Venise ou son château hanté. En **Angleterre**, vous pourrez assister à une représentation du théâtre de Shakespeare. Aux **Pays-Bas**, rien de tel qu'une petite visite de la grotte des pirates. Pour une pause fraîcheur, les **pays scandinaves** et l'**Autriche** rivalisent d'éclaboussures avec le fjord-rafting et la descente des rapides du Tyrol.

L'univers des enfants

Les petits ont ici de quoi s'amuser quelques heures, entre une promenade en bateau viking, des manèges, une plage, un labyrinthe de toboggans géants, le manège de Dino et ses dinosaures.

Un peu plus loin, l'**univers de l'aventure** propose d'autres attractions spécialement conçues pour les enfants et ceux qui les accompagnent : calme croisière en radeau dans la jungle, croisière en bateau à vapeur ou balade dans l'allée des contes.

Europa-Park pratique

Informations utiles

Europa Park – *Europa-Park-Strasse 2 - 77977 Rust-bei-Freiburg - ✆ 01 805 77 66 88 - www.europapark.de*

Transports

Train – Gare de Ringsheim (à 4 km d'Europa-Park). Trains en provenance d'Offenburg et Fribourg, puis bus navette.

Bus – Navette à 8h de Strasbourg (gare routière des Halles) ; retour à 18h d'Europa-Park - *tlj de mi-juin à début sept. ; sam.-dim. et j. fériés le reste de la saison - ✆ 03 88 23 43 23.*

Se loger

Bon à savoir – Large choix d'hébergements à l'Europa-Park, dans des thématiques et gammes de prix très variées : 3 hôtels à thèmes (Monastère portugais, Colosseo, El Andaluz et Castillo Alcazar) accessibles depuis l'extérieur, des chambres d'hôte (Circus Rolando) au cœur du parc, un camping-caravaning, et même un village de tipis. Les forfaits « parc + hébergement » comprennent une nuitée avec petit-déj. et deux entrées au parc : prix par adulte à partir de 111 € en hôtel à thèmes, 97,50 € au Circus Rolando, 76 € au village des tipis. (Autres possibilités d'hébergement plus classiques à Rust).

Le monastère portugais – Ouvert depuis juillet 2007, ce bâtiment présente le style sobre et monacal d'un monastère, le luxe d'un hôtel 4 étoiles en plus.

Le Colosseo – C'est l'un des plus grands hôtels d'Allemagne. Il s'inspire de l'Antiquité romaine. Décor opulent, voire luxueux.

El Andaluz et le Castillo Alcazar – Ces hôtels revisitent l'atmosphère andalouse, façon *finca* pour le premier (un cottage typique du sud de l'Espagne), ou dans un style plus massif pour l'Alcazar, qui évoque les places fortes typiques de la Reconquista.

Circus Rolando – Hébergement convivial et plus abordable dans cet établissement situé au cœur du quartier allemand. Il propose 23 chambres d'hôte (7 doubles, 16 familiales), avec piscine et sauna.

Camping – Ambiance western pour ce camping qui offre 200 emplacements équipés pour caravane et camping-car, et une vaste prairie pour les tentes. 18 € max. la nuitée pour un camping-car - 10 € pour une tente.

Tipi-dorf – Ce village de tipis constitue une alternative originale, avec 25 tipis chauffés à louer à la nuitée et un coin feu de bois. Succès garanti auprès des enfants, mais prévoir un sac de couchage. Nuitée par pers. : 21 € (17 € enfants).

Pension Kern – *Franz-Sales-Strasse 30 - 77977 Rust - ✆ 07822 61 278 - www.pension-kern-rust.de - - 7 ch. 50 €.* Voisine du parc d'attractions, cette agréable maison fleurie vous séduira par son calme et le grand confort de ses 7 chambres. Chambres pour famille disponibles. En fin d'après-midi, chopes de bière et en-cas chauds au *Biergarten*.

Se restaurer

Bon à savoir – Le parc offre une vaste gamme de restaurants thématiques qui reflètent la diversité des cultures culinaires européennes. Inspiration française chez **Marianne**, poissons à la mode scandinave au **Fiskhuset**, tapas à la **Bodega** ou spécialités grecques à la taverne **Mykonos**.

Fribourg-en-Brisgau★★

Freiburg im Breigsau

212 500 HABITANTS
CARTE GÉNÉRALE A 5 – CARTES MICHELIN N^{OS} 718 G13 ET 545 P64
BADE-WURTEMBERG

Il est des cités où l'on souhaiterait rester plus longtemps, voire habiter. Fribourg en fait partie. Paisible village aux ruelles pavées dans le centre ancien, ville universitaire animée, elle dégage une douceur de vivre unique, au pied des collines de la Forêt-Noire. Les guerres successives ont laissé intacte l'admirable cathédrale, miraculée des bombardements de la Seconde Guerre mondiale, et la reconstruction réussie des bâtiments historiques a rendu à Fribourg son charme d'autrefois. Capitale de l'écologie, pionnière en matière de solaire et d'architecture économe en énergie, la ville semble en même temps pleine d'avenir.

- **Se repérer** – À 62 km au nord-est de Mulhouse, 73 km au nord de Bâle, 92 km au sud de Bâle.
- **À ne pas manquer** – La montée dans la tour de la cathédrale si vous n'êtes pas sujet au vertige, la dégustation d'une saucisse sur le marché au pied de la cathédrale, l'ambiance du marché couvert.
- **Organiser son temps** – Une journée de visite pour prendre son temps.
- **Avec les enfants** – Jouer dans l'eau des petites rigoles, les *Bächle*.
- **Pour poursuivre le voyage** – Badenweiler, Bad Säckingen, la Forêt-Noire (le circuit de la Haute Forêt-Noire débute à Fribourg), Rottweil, St-Blasien.

Comprendre

Éternelle enclave – Fondée au début du 12e s. par les ducs de Zähringen qui la gratifient d'un statut privilégié, comme l'indique son nom (*frei* : libre), Fribourg passe en 1388 sous la souveraineté des Habsbourg et devient un bastion du catholicisme après la Réforme. Elle reste propriété de l'Autriche jusqu'en 1805 malgré diverses incursions françaises comme celle de Louis XIV de 1677 à 1697. Les parties historiques, très détruites par les bombardements de 1944, ont été bien restaurées.

La douceur de vivre – Les habitants et les visiteurs apprécient particulièrement le climat doux et ensoleillé de Fribourg. Les « **Bächle** » (caniveaux à ciel ouvert), qui bordent les rues de la vieille ville et dans lesquels s'amusent les enfants donnent au centre-ville une note enjouée. Cette tradition ancienne, autrefois destinée à alimenter en eau les jardins ou en cas d'incendie, reste vivace et même les nouveaux quartiers en sont dotés. Deux employés municipaux sont chargés de leur entretien. Le centre- ville est réservé aux piétons et desservi par des tramways. Les vélos sont si nombreux qu'ils sont même interdits dans certaines rues ! Prudence. On remarquera aussi les élégants trottoirs pavés. Depuis environ 150 ans, selon une technique venue d'Europe du Sud, des galets du Rhin dessinent des blasons devant de nombreuses échoppes.

Visiter

Cathédrale★★ (Münster)

Münsterladen - centre d'information et de documentation - Herrenstraße 30 (derrière la cathédrale) - ✆ 0761 285 37 11 - tlj sf dim. 10h-18h (sam. 14h).

De la cathédrale romane primitive, commencée vers 1200, subsiste la croisée du transept, flanquée de tours octogonales, les « tours des Coqs », dont le couronnement est gothique. La construction se poursuivit lentement vers l'ouest, en tenant compte de l'évolution de l'art de bâtir à l'époque gothique. Cette étape s'acheva par l'édification de la splendide tour de façade dont les multiples pans se recoupent en arêtes vives. C'est l'une des rares tours d'Allemagne à avoir été entièrement achevée au Moyen Âge. En 1354 fut ouvert le chantier ambitieux d'un nouveau chœur ; il fallut attendre 1513 pour que soit consacré ce vaste vaisseau à déambulatoire, d'allure purement germanique, avec ses voûtes en réseau propres au style gothique tardif.

Flanc nord – Au tympan du portail nord du chœur, exécuté vers 1350, est illustré l'épisode du péché originel. L'archivolte (ensemble des arcs sculptés encadrant le portail) montre la création du monde selon la Genèse ; à droite, on remarque la représentation assez rare du Créateur au repos, le septième jour.

Flanc sud – Particulièrement riche, il montre, aux contreforts, de nombreuses statues de rois de l'Ancien Testament ou d'apôtres.

Tour★★★
La souche carrée, très sobre, forme le soubassement du clocher octogonal ajouré, autour duquel court une galerie en étoile aux belles gargouilles. Le clocher est surmonté d'une flèche en dentelle de pierre.

Porche de la tour★★ (Turmvorhalle) et portail ouest
Le porche orné de 418 statues de pierre de la fin du 13e s. a été restauré et apparaît dans toute sa splendeur. Le tympan à trois registres, au-dessus de la porte, raconte la naissance du Christ, sa Passion et le Jugement dernier. L'ensemble se lit en commençant en bas à droite par l'Annonce faite aux bergers et la Nativité. Sur les murs du porche, des figures bibliques et allégoriques illustrent les dogmes de la foi chrétienne : la vie de Marie de part et d'autre de la porte, Vierges sages sur la gauche, Vierges folles à droite précédées des septs Arts libéraux, base de la science médiévale.

La nef

Modérément élancée, elle est embellie par une gracieuse galerie à arcades trilobées courant le long du mur des bas-côtés. Les vitraux des 13e et 14e s. dont la plupart ont conservé leur vitrage coloré d'origine sont absolument remarquables. On reconnaît sur certains les blasons des corporations donatrices : botte des cordonniers, ciseaux des tailleurs, bretzel et miche de pain des boulangers.
Le mobilier et la statuaire comprennent en particulier :

1) Vierge au pilier (1270-1280), vénérée par deux anges.

2) Chaire à motifs rustiques du « gothique tardif » (1560). Le sculpteur s'est représenté dans une lucarne sous l'escalier.

3) Statue (ancien gisant, refait au 17e s.) de Berthold V, le dernier duc de Zähringen.

4) Derrière une délicate claire-voie gothique, saint sépulcre (1340).

5) Aux trois fenêtres du croisillon sud, vitraux à médaillons, les plus anciens de la cathédrale (13e s.), provenant probablement de l'ancien chœur roman.

6) Groupe sculpté de l'Adoration des Mages (1505).

Le chœur
Ce chœur, très lumineux, dévoile la disposition savante des voûtes du déambulatoire et celles des chapelles latérales largement ouvertes *(voir p. 68)*.

a) Chapelle Stürzel : fonts baptismaux rococo dessinés par Wenzinger.

b) Chapelle de l'Université : retable d'Oberried (1521). Les deux panneaux (la Nativité et l'Adoration des Mages) sont de **Hans Holbein le Jeune**.

c) Deuxième chapelle impériale : le retable sculpté de Schnewlin, par Hans Wydyz, représente le Repos de la Sainte Famille. Peintures de l'atelier de Baldung Grien.

d) Revers du grand retable : peinture représentant la Crucifixion.

e) Chapelle Böcklin : crucifix Locherer, œuvre romane en argent repoussé.

f) Chapelle Locherer : retable (1521-1524) de Sixt von Staufen avec une Vierge en manteau protégeant l'humanité.

Au maître-autel, admirez le **retable★★** réalisé de 1512 à 1516 par **Hans Baldung Grien**. Le panneau central représente le couronnement de la Vierge.

Montée à la tour – *Accès par l'extérieur, côté sud.* On atteint la galerie en étoile puis la plate-forme supérieure, coiffée par l'admirable flèche ajourée. **Vues★** sur Fribourg, le Kaiserstuhl et les Vosges.

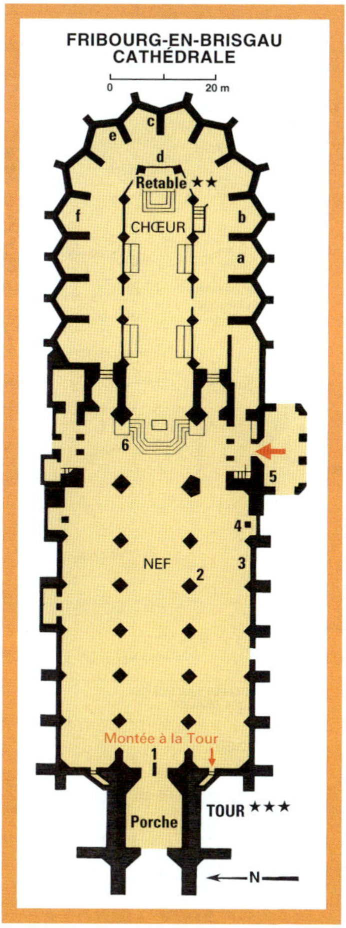

Se promener

Compter 1h30 sans la visite de la cathédrale et des musées.

Place de l'hôtel de ville (Rathausplatz)★

La place de l'hôtel de ville offre un coup d'œil agréable avec ses balcons fleuris et ses marronniers encadrant la statue de Berthold Schwarz, moine franciscain qui aurait inventé la poudre à canon vers 1350.

Le Nouvel hôtel de ville★ (Neues Rathaus) réunit deux anciennes maisons bourgeoises du 16e s., noyau de l'ancienne université de Fribourg, par un corps central à arcades. La fenêtre avancée surplombant la chaussée, ou oriel, qui marque l'angle de la place et de la Rathausgasse a gardé son décor sculpté, représentant la *Dame à la Licorne*. **L'ancien hôtel de ville (Altes Rathaus)**, à la façade rouge vif, dans son style fin 16e s. entièrement restauré, jouxte le premier.

Prendre la Franziskanerstraße, à gauche de l'église Saint-Martin liée à l'ancien couvent des Franciscains qui borde la place de l'hôtel de ville.

Maison de la Baleine (Haus zum Walfisch) A/B 1

Au 3 de la Franziskanerstraße, cette maison (1516) affiche un portail richement orné dans le goût de la fin du gothique et surmonté d'un oriel. Elle servit de refuge au philosophe humaniste Érasme lorsqu'il fuyait les foudres de la Réforme.

Traverser la Kaiser-Joseph-Straße, et prendre la Marktgasse.

Place de la Cathédrale (Münsterplatz)

Face au flanc sud de l'église se dressent différents bâtiments ayant servi, par leur pompe, le prestige municipal ou ecclésiastique.

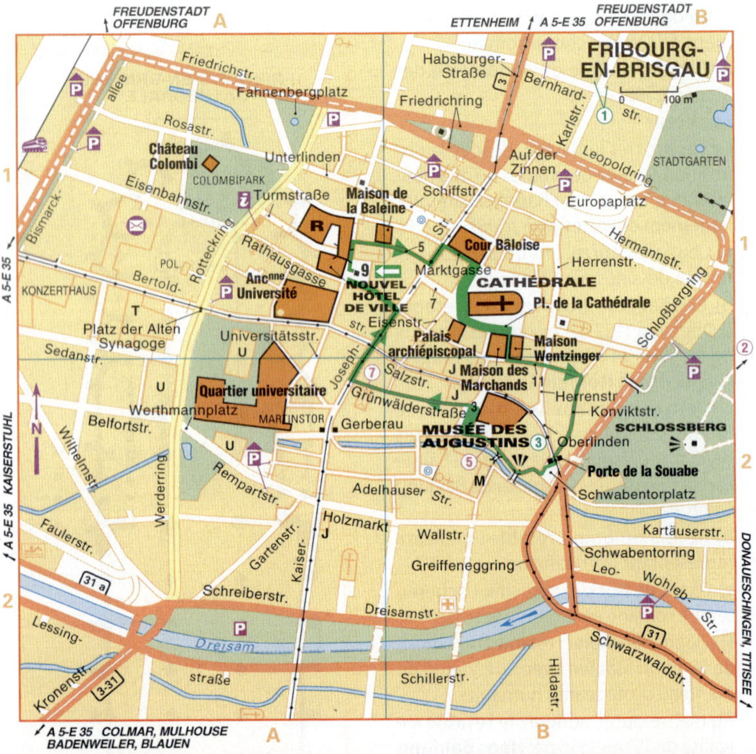

SE LOGER

Hotel Am Stadtgarten.......................... ①
Hotel Zum Roten Bären....................... ③

SE RESTAURER

Dattler Schlossbergrestaurant........... ②
Hausbrauerei Feierling....................... ⑤
Osteria Porto....................................... ⑦

INDEX DES RUES

Augustinerplatz.................................3
Franziskanerstraße...........................5
Münsterstraße...................................7
Place de l'Hôtel de ville.....................9
Schusterstraße..................................11
Ancien Hôtel de ville..........................R

Palais archiépiscopal (Erzbischöfliches Palais) – Construit en 1756 pour accueillir l'ordre de la Chevalerie, ce palais possède un beau balcon de fer forgé.

Maison des Marchands★ (Historisches Kaufhaus) – Siège de l'administration des douanes et du commerce de Fribourg au Moyen Âge, ce bâtiment gothique crépi de rouge, défendu par des échauguettes (guérites placées aux angles) au toit aigu, est couvert de tuiles vernissées et repose sur une galerie à arcades. Les grandes statues des empereurs (1530), au 1er étage, rappellent l'allégeance de la ville aux Habsbourg.

Maison Wentzinger (Wentzingerhaus) – *✆ 0761 2 01 25 15 - www.museen.freiburg.de - tlj sf lun. 10h-17h - fermé 1er janv., 24, 25 et 31 déc. - 2 €.* L'hôtel que se fit construire en 1761 le grand peintre et sculpteur fribourgeois Christian Wentzinger complète dignement l'ordonnance de la place. Il abrite aujourd'hui le **Musée historique de la ville** *(Museum für Stadtgeschichte).*

Quitter la place par la Buttergasse, ruelle entre Wetzingerhaus et Kaufhaus, puis tourner à gauche dans la Schusterstraße pour rejoindre la Konviktstraße, agréable rue commercante reconstruite dans les années 1960 et ombragée d'une pergola de glycine.

Porte de la Souabe (Schwabentor) B2

De la **porte de Souabe**, vestige des fortifications du Moyen Âge, on descend sur les quais pittoresques bordant le Gewerbekanal. Dans ce quartier de l'Insel s'étaient regroupés les métiers nécessitant l'emploi de l'eau ou moulins à eau : tanneurs, meuniers, tailleurs de pierre précieuses.

En longeant le canal, dans lequel les enfants chercheront la tête d'un crocodile, on passe à proximité du musée d'Art moderne (Marienstr.10a, expositions temporaires), et on parvient à Augustinerplatz.

Musée des Augustins★★ (Augustinermuseum)

✆ 0761 201 25 31 - www.freiburg.de - travaux d'assainissement - mar.-dim. 10h-17h - gratuit pendant travaux.

Les importants travaux menés dans l'église de l'ancien couvent des augustins condamnent partiellement la visite du musée jusqu'en 2009-2010 ; ce dernier présente une **section d'art du Moyen Âge★★** *(Mittelalterliche Kunst)* captivante.

Parmi ses trésors, on compte un volet du retable de Grünewald représentant le miracle de sainte Marie-des-Neiges (1519), des œuvres de Lucas Cranach et Hans Baldung Grien, ainsi qu'un impressionnant **crucifix★** du 14e s. *(Adelhauser Kreuz).* La statuaire, en particulier, est représentée par des œuvres admirables des 14e et 15e s.

Suivre la Grünwälderstraße. Au n° 2 se trouve l'entrée du marché couvert (Markthalle). Parvenu dans la Kaiser-Joseph-Straße, prendre à droite pour revenir vers le centre.

Visiter

Schlossberg★ B2

Sur le dernier contrefort de la Forêt-Noire, des bois remplacent aujourd'hui le château des Zähringen, détruit au 18e s. par les Français, dont Vauban avait édifié les fortifications.

La montée, que l'on peut effectuer soit en **télécabine** *(départ du Stadtgarten)*, soit à pied, à partir de la porte de Souabe, fait découvrir la cathédrale dans son ensemble, et une tour panoramique construite au sommet *(20mn à pied depuis la station supérieure du télécabine)* offre une vue globale sur Fribourg et sa région. *Télécabine : ✆ 0761 31 729 - www.dattler.de - été : 11h-19h ; hiver : 11h30-17h - fermé lun. et mar. (nov.-fév.) - AR 3,80 €.*

Château Colombi★ A1

✆ 0761 20 125 71 - tlj sf lun. 10h-17h - fermé 24 et 31 déc. - 2 €.

Cette surprenante villa de style néogothique entourée de vignes, au cœur de la ville, abrite un musée archéologique dont les pièces exposées couvrent une période allant du paléolithique au début du Moyen Âge.

Aux alentours

Le Kaiserstuhl★

Circuit de 73 km - 3h. Quitter Fribourg par la Lessingstraße et gagner Breisach par Gottenheim (sortie par A2 du plan).

Petit massif volcanique (538 m) isolé dans la plaine badoise, le Kaiserstuhl (« trône de l'empereur ») bénéficie sur ses derniers coteaux d'un climat chaud et sec, particulièrement favorable aux arbres fruitiers et à la vigne. Les crus d'Ihringen, Bickensohl et Oberrotweil comptent parmi les plus réputés. **Endingen**, avec son ancienne et

Les vignobles du Kaiserstuhl.

belle place du marché, et la pittoresque localité de **Burkheim**, située sur le versant sud-ouest du Kaiserstuhl, sont de coquets villages de vignerons.

Breisach★ – Le rocher de Breisach fut au 17e s. le noyau d'un système de fortifications parmi les plus redoutables d'Europe. La ville fut ruinée en 1793 par les révolutionnaires français et fortement endommagée en 1945.

La **cathédrale St-Étienne★** *(Münster St. Stephan)*, dont la nef, le transept et les deux tours sont romans, tandis que le chœur est gothique, abrite une riche ornementation intérieure, dont un **retable★** sculpté (1526) au décor extraordinairement fouillé. Dans la première travée ouest, les peintures murales du Jugement dernier (fin du 15e s.) sont dues au Colmarien Martin Schongauer. De la place du château, **vue★** sur les sommets de la Forêt-Noire du Sud, les hauteurs du Sundgau, les Vosges du Grand Ballon et les terrasses du Kaiserstuhl.

Badenweiler

À 36 km au sud, prendre la B3 à la sortie de Fribourg.

Parmi les vergers et les vignobles, Badenweiler constitue une étape reposante en Forêt-Noire. L'intérêt de ce modeste village construit à flanc de coteau réside dans ses thermes, bien exposés au sud. Certains curistes les fréquentent le temps d'une semaine, d'autres profitent des sources d'eau chaude connues pour leurs vertus apaisantes lors d'une baignade d'un après-midi.

Parc thermal★★ (Kurpark) – Aménagé sur un terrain artificiellement accidenté, le parc thermal abonde en plantes tropicales. Des cèdres et des cyprès se mêlent à d'énormes séquoias, près de l'étang. Le parc englobe les **vestiges de bains romains**, protégés par un vaste tunnel de verre, qui furent les plus importants au nord des Alpes (*avr.-oct. : 10h-19h ; nov.-mars : 10h-17h*). Les ruines du château procurent une belle **vue★** sur la station, la plaine du Rhin et les Vosges.

Blauen★

45 km au sud-ouest de Fribourg et 8 km au sud-est de Badenweiler. De la tour-belvédère, le **panorama★★** est remarquable sur la plaine du Rhin (on reconnaît les deux rubans parallèles du fleuve et du grand canal d'Alsace) et sur les ballons des Vosges. Au nord-est le sommet dénudé du Belchen et par beau temps, les Alpes suisses au sud.

Château de Bürgeln★

46 km au sud de Fribourg et 10 km au sud de Badenweiler. Dans un cadre soigné de jardins en terrasses, cette gentilhommière, construite en 1762 pour les abbés de St-Blasien, domine les dernières ondulations de la Forêt-Noire.

À l'intérieur, jolis stucs dans le goût rococo. *☏ 076 26 2 37 - www.schlossbuergeln.de - visite guidée (1h) de déb. mars à fin oct. : tlj sf mar. à 11h, 12h, 14h, 15h et 16h - 5€.*

Château de Rötteln★

63 km au sud de Fribourg, à Lörrach, et 27 km au sud de Badenweiler. Les ruines sont tout ce qui reste d'un complexe du 14e s. détruit lors de la guerre de succession du Palatinat à la fin du 18e s. On accède au château haut, noyau défensif de la forteresse, par des rampes et un pont. La tour Verte *(Grüner Turm)*, qui domine l'ensemble, a été restaurée et aménagée en belvédère : la vue embrasse la vallée de la Wiese qui va se perdre dans l'agglomération bâloise, le massif boisé du Blauen, les reliefs adoucis de la Forêt-Noire et, à l'horizon, les Alpes suisses.

Fribourg-en-Brisgau pratique

Informations utiles

Office du tourisme de Fribourg – *Rathausplatz 2-4 et Rotteckring 14 - ✆ 0761 388 18 81 - www.fwtm.freiburg.de - juin-sept. : lun.-vend. 9h30-20h, sam. 10h-17h, dim. 10h-12h ; oct.-mai : lun.-vend. 9h30-18h, sam. 9h30-14h30, dim. 10h-12h.*

Office du tourisme de Badenweiler – *Ernst-Eisenlohr-Straße 4 - ✆ 07 632 79 93 00 - www.badenweiler.de - lun.-vend. 9h-13h, 14h-17h30 ; sam. dim. et j. fériés 10h-13h ; Janv.-mi-mars, nov.-mi-déc. : fermé w.-end et j. fériés.*

Centrale de réservation – *✆ 0761 388 18 81 - www.fwtm.freiburg.de - de juin à sept : lun.-vend. 10h-20h, sam. 10h-17h30, dim. 10h-12h ; oct.-mai : lun.-vend. 8h-18h, sam. 9h30-14h30, dim. et j. fériés 10h-12h.*

Se loger

⊖⊖ **Hotel Am Stadtgarten** – *Bernhardstraße 5 - ✆ 0761 28 29 002 - www.hotelamstadtgarten.de - fermé janv. - 34 ch. - 85 € ☕ (119 € bâtiment neuf).* À 5mn à pied du centre, un nouvel hôtel aux chambres à la décoration moderne et colorée ; certaines ont un balcon.

⊖⊖ **Hotel Zum Roten Bären** – *Oberlinden 12 - ✆ 0761 38 78 70 - www.roter-baeren.de - 25 ch. 149 € ☕ - rest. 26 €.* Cet hôtel, modernisé et agrandi, est l'un des plus anciens de la ville, au cœur d'un quartier animé. Depuis des siècles, ses hôtes se restaurent dans une salle à manger aux accents alémaniques.

Se restaurer

⊖⊖ **Hausbrauerei Feierling** – *Gerberau 46 - ✆ 0761 24 34 80 - www.feierling.de - 11h-0h, sam. jusqu'à 1h, Biergarten 11h-23h - 🍽 - 16 €.* Cette micro-brasserie fabrique sa bière à partir de produits bio. Jetez un œil aux alambics en cuivre depuis la galerie. Pour accompagner la bière, on sert une cuisine régionale, en salle et dans le *Biergarten*, de l'autre côté de la rue.

⊖⊖ **Osteria Porto** – *Grünwälderstraße 2 - ✆ 0761 387 00 17 - fermé lun. - 🍽 - 15 €.* Jambons de Parme, ails tressés et déco Belle Époque. Les excellents *antipasti* sont à l'image de cette maison accueillante. Vins italiens et portugais.

⊖⊖ **Dattler Schlossbergrestaurant** – *Am Schlossberg 1 (accès par la Wintererstraße ou par la télécabine du Schlossberg) - ✆ 0761 317 29 - www.dattler.de - fermé mar. - 27 €.* Cette adresse fort appréciée mérite d'abord une visite pour sa seule situation en altitude. La vue surplombant les toits de Fribourg et le Kaiserstuhl est superbe.

Faire une pause

Marché – *Münsterplatz (autour de la cathédrale) - tlj sf dim. et j. fériés.* Il faut venir ici manger une saucisse *(rote Wurst)* dans un petit pain, de bon matin avec les Fribourgeois en train de faire leur marché chez les producteurs de légumes de la région.

Markthalle – *Kaiser-Joseph-Str. 233 (accès par Grünwälderstr. et Fressgässle) - ✆ 0761 38 70 00 - www.freiburger-markthalle.de - lun.-vend. 7h-20h, sam. 7h-18h.* Un lieu unique qui réunit une vingtaine de stands de spécialités internationales – afghanes, chinoises, portugaises… – à emporter ou à manger sur place. Une cuisine centrale gère les assiettes de chaque échoppe.

Sports et loisirs

À BADENWEILER

Thermes Cassiopeia – *Ernst-Eisenlohr-Straße 1 - ✆ 07 632 799 200 - 9h-22h - à partir de 10,30 €.* Bains romano-irlandais, sauna, piscine extérieure.

Que rapporter

Maison des vins de Bade (Haus der badischen Wein) – *Münsterplatz 38 - ✆ 0761 202 870 - www.alte-wache.com - lun.-vend. 10h-19h (sam. 16h).* Dans l'ancienne garnison (*Alte Wache*), plus de 100 références de producteurs de la région. Dégustation au verre.

En soirée

Kagan – *Bismarckallee 9 (dans la tour à côté de la gare de Fribourg, prendre l'ascenseur) - ✆ 0761 7 67 27 66 - www.kagan-lounge.de - café : tlj sf lun. 10-1h à 4h ; club : merc.-sam. à partir de 22h.* Vue exceptionnelle sur la ville depuis ce café-bar situé au 17e étage. Petite restauration. Jazz live, salsa et DJs sur la piste du club.

Bad Säckingen★

16 520 HABITANTS
CARTE GÉNÉRALE A5– CARTES MICHELIN N^{OS} 718 H14 ET 545 P 68
BADE-WURTEMBERG

Bâtie sur les deux rives du Rhin, Bad Säckingen est, depuis Napoléon, à la fois allemande et suisse. Mais l'architecture civile de cette petite bourgade accuse des traits helvétiques. En témoigne le pont couvert en bois, fleuri de géraniums rouges en été, qui rappelle celui de Lucerne. Et son carnaval haut en couleurs ne connaît toujours pas les frontières. La ville construite autour du monastère bénédictin du 9e s. passa en 1173 aux mains des Habsbourg et resta autrichienne jusqu'en 1805. Depuis que les propriétés curatives de ses sources d'eau chaude ont été reconnues, en 1978, elle porte le titre officiel de Bad Säckingen.

- **Se repérer** – À 39 km à l'est de Bâle, 101 km au sud de Fribourg, 123 km à l'ouest de Constance. Le centre-ville est interdit à la circulation automobile.
- **À ne pas manquer** – La vue sur le Rhin franchi par le pont couvert, le carnaval.
- **Pour poursuivre le voyage** – Saint-Blasien, Badenweiler, la Forêt-Noire.

Bad Säckingen pratique

Office de tourisme – *Waldshuter Straße 20 - 79713 Bad Säckingen - ✆ 07761 568 30 - www.bad-saeckingen.de - tlj sf dim. ; mai-oct. : lun.-vend. 10h-18h, sam. 9h-13h ; nov.-avril : lun.-vend. 10h-18h, sam. 10h-12h.*

Therme Aqualon – *Bergseestraße 59 - ✆ 07761 560 80 - 9h-22h (sam.-dim. et j. fériés 20h - 7,50 €).*

Visiter

Église St-Fridolin★ (Fridolinsmünster)

Placée sous le patronage de l'évangélisateur des Alamans qui fonda ici une cellule de missionnaires vers 552, la cathédrale gothique St-Fridolin date du 14e s. Elle offre un bon exemple de « baroquisation » : arcs brisés des arcades passant à l'arc en plein cintre, voûtes rabaissées pour constituer un berceau facile à décorer (stucs rocaille de l'école de Wessobrunn), fenêtres hautes transformées en baies arrondies. Le **trésor** conserve la châsse de saint Fridolin, magnifique travail augsbourgeois du 18e s., en forme de caisse de carrosse.

Pont couvert★

Jeté sur le Rhin à la fin du 16e s., cet ouvrage est le plus ancien pont couvert en bois d'Europe, et également le plus long (200 m). Il repose sur des piliers en pierre.

Parc du château (Schlosspark)

Ce joli parc entoure le château dit des « trompettistes » *(Trompeterschloss)*, qui fut édifié pour l'essentiel vers 1600 par les seigneurs de Schönau, régisseurs du couvent depuis 1360. Le château abrite un musée qui possède la plus riche **collection de trompettes** d'Europe. L'angle du parc où se trouve le minigolf offre une belle vue sur le vieux pont de bois.

Aux alentours

Waldshut

26 km à l'est. La ville se blottit sur le flanc d'un hémicycle boisé au pied duquel coule le Rhin. Waldshut a conservé ses deux portes fortifiées. Le **centre historique★** se groupe autour de la **Kaiserstraße**, dont le tracé régulier n'est interrompu que par les pignons à auvent. Elle débouche à l'ouest sur la tour inférieure ou tour de Bâle et à l'est sur la tour supérieure ou tour de Schaffhausen.

L'**hôtel de ville** du baroque tardif a été érigé en 1770, probablement sur les plans de Johann Caspar Bagnato. Un splendide portail avec cartouche et une petite tour à cadran solaire viennent agrémenter ce bel édifice. Parmi les maisons cossues de la Kaiserstrasse, mentionnons l'« homme sauvage » *(Wilder Mann)*, une villa patricienne du 16e s., arborant un pignon à auvent. L'*Alte Metzig (Metzgertörle)*, de 1588, héberge aujourd'hui un **musée des Arts et Traditions populaires** *(Heimatmuseum)*.

Saint-Blasien★

Sankt-Blasien

4090 HABITANTS
CARTE GÉNÉRALE A5 -CARTES MICHELIN N^OS 718 H14 ET 545 Q 67
BADE-WURTEMBERG

Un dôme digne de Saint-Pierre de Rome ou des Invalides dans un petit village du sud-est de la Forêt-Noire! La majestueuse église baroque, élevée sur l'emplacement d'un monastère médiéval dont la communauté rayonna sur toute l'Allemagne du Sud, a de quoi surprendre. Située au fond du vallon boisé du Hotzenwald, dominée par les hauteurs du Feldberg, Saint-Blasien invite à partir à la découverte du Parc naturel « Südschwartzwald ». Randonnée pédestre l'été, raquettes l'hiver... Les immenses pâturages de la région offrent des terrains d'aventure sans limites.

Se repérer – À 62 km au sud-est de Fribourg, 78 km au nord-est de Bâle.

À ne pas manquer – Les concerts sous le monumental dôme de l'église.

Avec les enfants – La randonnée facile au sommet du Hochkopf.

Pour poursuivre le voyage – La Forêt-Noire (le Schluchsee est à 15 km), Bad Säckingen, Donaueschingen, le lac de Constance.

St-Blasien pratique

Office de tourisme – *Am Kurgarten, 79837 Saint Blasien - ✆ 07672 48 16 80 - www.6richtige.com.*

Visiter

Église★★

Elle est enclavée, suivant un plan très en faveur à l'époque baroque, au milieu du quadrilatère des anciens bâtiments abbatiaux.

L'ampleur du monument est liée à l'influence de l'abbaye bénédictine, fondée au 9e s. et qui atteint son apogée au 18e s. Les plans furent conçus par l'architecte français Pierre-Michel d'Ixnard (1726-1795), qui fit élever, à 64 m du sol, la coupole centrale derrière un péristyle. Par ses dimensions (33,5 m de diamètre), le **dôme** est le troisième d'Europe après Saint-Pierre de Rome et les Invalides à Paris. À l'intérieur, la calotte éclairée par des fenêtres à pénétrations est une fausse coupole suspendue au dôme; elle ne prend donc appui qu'en apparence sur les colonnes de la rotonde centrale. Derrière le maître-autel s'enfonce le chœur, voûté en berceau.

T. Krieger / MICHELIN

L'église de St-Blasien.

Circuits

Le massif du Hochkopf

45 km – 3h. Par Todtmoos, à l'ouest, gagner le col de Weissenbachsattel.

Hochkopf – *1h à pied AR.* Du parking, à droite de la route, un sentier conduit à la tour-belvédère dont la terrasse offre des **vues★★** sur les croupes pelées du Belchen et du Feldberg, vers l'ouest, et les Alpes (par temps clair) vers le sud-est.

Bernau★ – Dans une combe de pâturages, de belles fermes sont regroupées en plusieurs hameaux. À Bernau-Dorf, la mairie abrite le **musée Hans-Thoma**, dont les collections offrent une rétrospective de l'œuvre du peintre, enfant du pays.

La vallée de l'Alb

30 km – 1h. La route domine les gorges de l'Alb, alternant les passages en corniche et les tunnels, pour rejoindre le Rhin à Albbruck.

Rottweil★

25 590 HABITANTS
CARTE GÉNÉRALE A/B 4 – CARTES MICHELIN N^{OS} 718 H13 ET 545 U 63
BADE-WURTEMBERG

Connue dans le monde entier pour son nom donné à une race de chiens, Rottweil est une charmante cité installée dans un méandre du Neckar. Fortifications, tours gothiques, oriels peints et maisons à colombages tracent un parcours historique dans la plus vieille ville du Bade-Würtemberg. En leur qualité de ducs de Souabe, les Hohenstaufen la fondèrent vers 1200. Entre Forêt-Noire et Jura souabe, il est plaisant d'y faire une halte ou d'y séjourner en février lors du Carnaval (le « Fasnet ») et de sa spectaculaire Cavalcade des fous (« Narrensprung »).

Se repérer – À 86 km à l'ouest de Constance, 93 km au nord-est de Fribourg, 97 km au sud de Stuttgart.

Pour poursuivre le voyage – Tübingen, la Forêt-Noire, le Jura souabe (ces deux circuits passent à moins de 40 km).

Rottweil pratique

Office de tourisme – *Hauptstraße 21 - 78628 Rottweil - ✆ 0741 494 280 - www.rottweil.de - avr.-sept. : lun.-vend. 9h30-17h30, sam. 9h30-12h30 ; oct.-mars. : lun.-vend. 9h30-12h30, 14h-17h.*

Se promener

Laisser la voiture de préférence au parking P 1 (am Kriegsdamm) ou P 2 (Nägelesgraben). L'un et l'autre se trouvent à 2mn à pied du centre-ville.

Vieille ville★

Avec ses fontaines et ses maisons bourgeoises aux fenêtres en saillie alignées à la manière suisse, le noyau urbain, formé pendant le bas Moyen Âge, est bien conservé. Depuis la Hauptstraße, la **vue★** sur l'enfilade des maisons colorées aboutissant au Jura souabe est un régal.

À l'angle de l'hôtel de ville (Rathaus), tourner à gauche.

Cathédrale Ste-Croix (Heiligkreuzmünster)

Édifié entre 1430 et 1534, l'édifice gothique abrite notamment un crucifix plus grand que nature, attribué par certains au grand maître de Nuremberg, Veit Stoß (1447/48-1533). Plusieurs **retables★** remarquables ornent les chapelles latérales : dans le bas-côté nord, celui de St-Pierre, de style gothique flamboyant ; dans le bas-côté sud, le retable de St-Nicolas et ceux des Apôtres et de la Vierge, l'un et l'autre du 15e s. La chaire du 17e s. est richement sculptée.

Traverser la Pfarrgasse, prendre à gauche la Schulgasse, puis le Kriegsdamm.

Musée des dominicains (Dominikanermuseum)

✆ 0741 49 43 30 - www.rottweil.de - ♿ - tlj sf lun. 14h-17h - possibilité de visite guidée (1h) - fermé j. fériés - 2 €. Il doit son nom au monastère dominicain fondé ici en 1266, dont il ne reste aujourd'hui que l'église baroque. Le musée, construit en 1992 et très intéressant d'un point de vue architectural, permet d'admirer différents objets datant de l'époque romaine découverts lors de fouilles à Rottweil. C'est ici que se trouve la **mosaïque Orphée★**, composée d'environ 570 000 pièces, datant du 2e s. Très belle collection de **sculptures souabes★** des 14e, 15e et 16e s. avec des œuvres d'artistes de très grande renommée (Multscher, Michel Erhart).

Se rendre à la chapelle St-Laurent par la Lorenzgasse.

Chapelle (Lorenzkapelle)

La construction de cette ancienne chapelle de cimetière remonte à 1580 lors du mouvement de la Contre-Réforme. Elle abrite une collection de **pierres taillées de Rottweil**. Cabane souabe du haut Moyen Âge.

Tourner à gauche pour regagner la Hauptstraße.

Église (Kapellenkirche)

La **tour★** de cette église gothique, à l'intérieur baroque, est une belle construction flamboyante. La base carrée, can-

Le rottweiler

Issus d'une race de chiens de berger utilisés par les légions romaines, les chiens de la famille des rottweilers (aujourd'hui mal vus en France et dans d'autres pays européens suite à plusieurs séries d'agressions) étaient très répandus dans la région à partir du Moyen Âge. À cette époque, ils assuraient la garde et la conduite des animaux pour les bouchers.

La « Cavalcade des fous » à Rottweil et ses remarquables masques anciens.

tonnée de gracieuses tourelles d'escalier, montre en façade une loggia finement ajourée d'un type rare. La partie supérieure, à deux étages octogonaux, est percée de fenêtres aux fins remplages (réseaux de pierre en garnissant l'intérieur). Les trois portails ont conservé leur décoration sculptée gothique, en particulier le portail du Jugement dernier, sur la façade ouest, et celui de la tourelle d'angle de droite montrant la scène des « fiançailles du chevalier ».

Aux alentours

Dreifaltigkeitsberg★

20 km au sud-est par Spaichingen – environ 1/2h. La petite route monte à l'église de pèlerinage du Dreifaltigkeitsberg, située sur le rebord du Jura souabe. Des abords du sanctuaire se dégage un large **panorama★** sur la dépression de la Baar, jusqu'à la ligne sombre de la Forêt-Noire.

Donaueschingen★

À 31 km au sud de Rottweil.

Le Danube naît ici de la rencontre entre deux ruisseaux. Cette particularité est rappelée par la rengaine « Brigach und Breg bringen die Donau zuweg », équivalent du proverbe français « Les petits ruisseaux forment les grandes rivières ». Donaueschingen doit notamment sa célébrité au Festival de musique contemporaine qui, depuis 1921, se déroule chaque année en octobre et à l'occasion duquel se produisent compositeurs et musiciens d'avant-garde.

Les collections de Fürstenberg (Fürstenberg-Sammlungen) – *☏ 0771 86 563 - www.fuerstenberg-kultur.de - avr.-nov. : mar.-sam. 10h-13h, 14h-17h, dim. et j. fériés 10h-17h - 5 €.* L'exposition de géologie, de minéralogie, de paléontologie et de zoologie présente la particularité d'être effectuée dans le mobilier d'origine (1868). **La galerie de peinture★ (Gemäldegalerie)** – Située au 2e étage, elle met à l'honneur les grands maîtres souabes des 15e et 16e s., en particulier Hans Holbein l'Ancien avec son très beau **retable de la Passion★★**. Œuvres de Cranach l'Ancien. L'art contemporain est admirablement représenté par des ouvrages d'Anselm Kiefer.

Château (Schloss) – *☏ 07 71 85 72 21 - www.fuerstenberg-kultur.de - fermé pour travaux, réouverture prévue courant 2008.* La résidence des princes de Fürstenberg, construction baroque de 1723 remaniée à la Belle Époque, expose une collection de porcelaines, des ouvrages d'orfèvrerie et de belles tapisseries des manufactures des Gobelins, de Beauvais et de Bruxelles.

Source du Danube – La fontaine monumentale *(Donauquelle)*, aménagée au 19e s. dans le parc du château, est l'origine officielle du Danube *(Donau)*. Le fleuve devra parcourir 2 840 km pour atteindre son embouchure, après avoir longé ou traversé l'Autriche, la République slovaque, la Hongrie, la Croatie, la Yougoslavie, la Roumanie, la Bulgarie et l'Ukraine.

Constance★

Konstanz

80 720 HABITANTS
CARTE GÉNÉRALE B5 – CARTES MICHELIN Nº 718 I14 ET 545 X 68
BADE-WURTEMBERG

Depuis quelques années, Constance retrouve son lac. Des cafés s'installent près du port, la compagnie maritime a rénové l'embarcadère, l'aquarium Sea Life a ouvert récemment ses portes. Côté ville, cette enclave allemande sur la rive suisse du Bodensee poursuit la mise en valeur d'un centre ancien né au Moyen Âge sur les rives du Rhin. L'ensemble est animé par une importante population étudiante, tandis que deux îles voisines, Mainau et Reichenau, vivent dans une étonnante tranquillité.

- **Se repérer** – À 71 km au nord-est de Zurich (Suisse), 63 km à l'ouest de Bregenz (Autriche), 126 km à l'est de Fribourg, 176 km au sud de Stuttgart.
- **À ne pas manquer** – La vue sur la ville du sommet de la tour de la cathédrale, l'île aux fleurs de Mainau.
- **Organiser son temps** – Comptez au moins une journée pour visiter la ville et l'une des deux îles, côté histoire ou botanique selon les goûts.
- **Avec les enfants** – Les aquariums de Sea Life.
- **Pour poursuivre le voyage** – Le lac de Constance, Lindau, le Jura et le plateau souabe, la Forêt-Noire.

Comprendre

Constance, capitale de la chrétienté – De 1414 à 1418, un concile réuni à Constance tente de rétablir l'unité de l'Église compromise par les prétentions de trois dignitaires ecclésiastiques élus au siège pontifical. Après de longues négociations, deux des trois papes, Grégoire XII et Jean XXIII, acceptent de démissionner ; seul Benoît XIII, réfugié en Espagne, demeure irréductible. En 1417, l'élection de Martin V met fin provisoirement au schisme.
Réformateur religieux et recteur de l'université de Prague, **Jean Hus**, qui conteste la primauté du pape et certains rites, est cité devant le concile de Constance en 1414. Ce précurseur du protestantisme sera jugé hérétique et brûlé vif.

Se promener

1h30. Partir de l'office de tourisme, franchir la voie ferrée par le passage souterrain.

Les bords du lac★ (Seeufer)

Sur le port de plaisance, on découvre l'ancien entrepôt du **Konzilgebäude**, élevé à la fin du 14e s. ; il accueillit le conclave qui procéda à l'élection du pape Martin V en 1417, et sert aujourd'hui de salle de concert. Au bout de la jetée se dresse la statue de 18 m de l'**Imperia**, œuvre du sculpteur contemporain Peter Lenk. Elle symbolise une courtisane italienne du 16e s. que Balzac transposa à Constance dans ses *Contes drôlatiques*. En face, dans le jardin municipal *(Stadtgarten)*, se dresse le **monument du comte Zeppelin** (1838-1917), célèbre constructeur de dirigeables, né à Constance.
Poursuivre le long de la voie ferrée.
On atteint un petit pont qui permet de rejoindre l'Insel, île sur laquelle un hôtel *(Steigenberger Inselhotel)* occupe l'ancien monastère dominicain fondé en 1235. On arrive ensuite au pont du Rhin *(Rheinbrücke)*. À gauche, une rangée de villas Art nouveau borde la Seestraße jusqu'au casino *(Spielbank)*.
Revenir sur ses pas et passer de l'autre côté du pont par un passage souterrain.
On arrive au pied d'une **tour de défense** *(Rheintorturm)*, ancienne porte nord de la ville face au pont du Moyen Âge, suivie d'une seconde tour en aval *(Pulverturm)*.
Emprunter la Rheingasse, qui s'engage à droite d'un bâtiment à la façade rouge, le prieuré de la cathédrale (Domprobstei), élégant palais du début du 17e s. Prendre à gauche dans Inselgasse pour rejoindre la place de la cathédrale (Münsterplatz). Ici, entre la cathédrale et le Rhin, serpentent les rues du Niederburg, le plus vieux quartier de la ville, où officiaient les artisans au Moyen Âge.

Cathédrale★ (Münster)

Sa construction s'étant échelonnée du 11e au 17e s., l'ancienne **cathédrale** constitue un monument dépourvu d'unité. Les **vantaux★** des portes du porche de façade sont décorés de bas-reliefs représentant des scènes de la vie du Christ (1470).

La nef centrale, voûtée au 17e s., repose sur les arcades du sanctuaire (11e s.) et dégage une harmonie toute romane. La décoration de la tribune d'orgue et du buffet de l'instrument annonce la Renaissance.

Dans le croisillon gauche se dresse la tourelle d'escalier finement travaillée dans le style flamboyant français. *D'ici, on accède au cloître (Kreuzgang) et à la crypte.*

La rotonde St-Maurice (Mauritius-Rotunde) du 13e s. abrite le **Saint-Sépulcre★**, remarquable ouvrage sculpté du haut Moyen Âge, en forme de dodécagone, orné de trois cycles iconographiques. Il s'apparente par sa facture à la statuaire de Bamberg et de Naumburg.

La crypte renferme quatre disques de cuivre doré, d'époques différentes (11e-13e s.) et connus sous le nom de **disques d'or de Constance★**. Ils représentent le Christ en gloire, l'aigle symbolique de saint Jean, saint Conrad et saint Pélage, patrons du diocèse.

L'accès à la **tour** se fait par un escalier, à droite à l'entrée de la nef. De là, belle vue sur la ville et le lac. *Tlj 10h-17h, dim. 12h30-17h30 - 2 €.*

Suivre la Wessenbergerstraße, rue piétonne aux façades peintes. On longe la place du Marché supérieur (Obermarkt) avant de tourner à gauche dans la Kanzleistraße.

Hôtel de ville (Rathaus)

Le bâtiment de style Renaissance est décoré de peintures se rapportant à l'histoire de la ville. La cour intérieure donne sur le remarquable corps de logis du 16e s. encadré de deux tours rondes.

En poursuivant dans la Kanzleistraße, on atteint la place du Marché (Marktstätte), d'où l'on peut rejoindre rapidement le point de départ de l'itinéraire.

SE LOGER

Hotel Barleben am See........ (1)

Steigenberger Inselhotel...... (4)

SE RESTAURER

Barbarossa........................ (1)

La Piazza.......................... (4)

Vue sur le lac.

Visiter

Musée archéologique (Archäologisches Landesmuseum)

07 531 98 040 - www.konstanz.alm-bw.de - ♿ - tlj sf lun. 10h-18h - fermé 1er janv., 24-25 et 31 déc. - 3 € (gratuit 1er sam. du mois).

L'ancien couvent de Peterhausen prête son beau cadre à ce musée réparti sur 3 000 m^2, qui retrace toute une période depuis le 4e millénaire av. J.-C. (maisons sur pilotis) jusqu'au récent passé industriel. On appréciera l'exposition sur la vie au Moyen Âge dans les villes du Bade-Wurtemberg. Une section est consacrée à la navigation maritime et fluviale d'autrefois dans le sud-ouest.

Sea Life★

Hafenstraße 9 - 07 531 12 82 70 - www.sealifeeurope.com - juin- 9 sept. : 10h-19h ; mai, sept., oct. : 10h-18h ; nov.-avr. : lun.-vend. 10h-17h, sam.-dim. 10h-18h (dernière entrée 1h avant fermeture) - 12,50 € (enfants -14 ans 8,50 €).

Du torrent de montagne au lac de Constance, des sources du Rhin au port de Rotterdam, cet aquarium reconstitue divers milieux et les poissons associés. L'attraction la plus spectaculaire consiste en un tunnel vitré de 8 m de long qui traverse le fond du bassin dédié à la Méditerranée.

Aux alentours

Île de Mainau★★ (Insel Mainau)

7 km, quitter Constance par la Mainaustr., 2h de visite - 07 531 30 30 - www.mainau.de - ♿ - avr.-oct. : 7h-20h ; nov.-mars : 9h-17h - 12,90 € (billet fam. enf. -15 ans 23,90 €).

Le vaste **parc** fut aménagé par les grands-ducs de Bade sur cette île de 45 ha. Propriété du comte Lennart Bernadotte depuis 1932, il constitue un véritable paradis pour tous les amoureux des plantes et des fleurs.

L'île tire son charme du mariage harmonieux des parterres et de la verdure, où se dressent majestueusement le château et l'église baroque. La douceur du climat permet d'y faire croître des plantes exotiques, comme les hibiscus, les orangers ou les daturas aux énormes fleurs en trompette. Ne manquez pas la grande **serre** aux papillons et les expositions florales au fil des saisons.

Île de Reichenau★ (Insel Reichenau)

7 km à l'ouest. Prendre la direction de Radolfzell, route 33.

En 724, saint Pirmin fonda sur l'île de Reichenau la première abbaye bénédictine allemande. Elle fut à l'origine d'un centre artistique et scientifique qui rayonna pendant des siècles. Là, au cours de la période ottonienne, on réalisa de remarquables enluminures. Les trois églises, témoignages de l'architecture monastique du 9e au 11e s., constituent la principale curiosité et l'une des raisons du classement du site au patrimoine mondial de l'humanité. Il est probable que l'accès libre aux fresques fragiles des églises soit restreint dans les années à venir.

Depuis 2001, deux moines bénédictins résident de nouveau sur l'île dont une large partie des 430 ha est consacrée aux cultures maraîchères.

Oberzell – L'église carolingienne St-Georges (remarquez l'harmonieuse disposition de ses constructions étagées) abrite des **peintures murales★★** réalisées aux environs de l'an 1000.

Mittelzell – L'ancienne **abbatiale Ste-Marie-et-St-Marc★**, construite du 8e au 15e s., possède un ouvrage *(à l'ouest)* dont la forte tour est allégée par un décor de bandes romanes. La **charpente en chêne** de la nef, remarquable œuvre d'art du Moyen Âge, mérite une attention particulière. D'après la datation, les chênes ont été abattus vers 1236 : il s'agit donc peut-être de la plus ancienne charpente d'Allemagne. Une très belle Madone en grès (1320) orne le sanctuaire. Le **trésor★** conserve un reliquaire de saint Marc (vers 1305) en argent repoussé, enrichi d'émaux. *Avr.-oct. : tlj sf dim. visite guidée du trésor 11h-12h, 15h-16h.*

Niederzell – À l'extrémité ouest de l'île se trouve la collégiale St-Pierre-et-St-Paul (12e s.). Les peintures murales du chœur, représentant le Christ en gloire surmontant les apôtres et les prophètes, remonteraient au début du 12e s. Chants des moines chaque jour dans la chapelle Ste-Bénédicte.

Constance pratique

Informations utiles

Office de tourisme – *Bahnhofplatz 13 - ✆ 075 31 13 30 30 - www.konstanz.de/tourismus - avr.-oct. : lun.-vend. 9h-18h30, sam. 9h-18h, dim. 10h-15h ; nov.-mars : lun.-vend. 9h30-12h30, 14h-18h.*

Sur l'île de Reichenau

Centre d'information – *Pirminstraße 145 - ✆ 07534 92 070 - www.reichenau.de*

Se loger

Hotel Barleben am See – *Seestraße 15 - ✆ 07 531 942 330 - www.hotel-barleben.de - P - 8 ch. 165 € (265 € pour les plus spacieuses sur le lac) - restaurant 28/45 €.* Cette villa de 1872, maison de vacances de rêve en bordure de la promenade du lac et classée monument historique, sert de cadre à un petit hôtel aux chambres coquettes et personnalisées.

Steigenberger Inselhotel – *Auf der Insel 1 - ✆ 07 531 12 50 - www.konstanz.steigenberger.de - P - 102 ch. - 188 € - rest. 28 €.* Hôtel de luxe situé dans un cadre privilégié. Le cloître de l'ancien monastère est particulièrement imposant. Vous déjeunerez dans l'élégant restaurant ou sur la splendide terrasse qui donne sur le lac. Une alternative rustique : la salle des Dominicains.

Se restaurer

La Piazza – *Marktstätte 2 - ✆ 07 531 917 927 - - 12 € (midi 6,90 €).* Une atmosphère décontractée et un cadre moderne pour une cuisine italienne et des desserts maison gourmands.

Barbarossa – *Obermarkt 8-12 - ✆ 07 531 128 990 - www.barbarossa-hotel.com - 55 ch. - 90 € (130 € grandes chambres) - rest. 24 € (menu 26 et 32 €, végétarien 16 €).* Un service attentionné et une cuisine traditionnelle délicate, servie dans la salle du 1er étage aux boisieries sombres et vitraux. Poissons du lac avec parfois une touche exotique. Bar à tapas avec musique live (merc.-sam. 18h-1h). Chambres confortables.

Faire une pause

Vogelhaus Café – *Wessenbergstraße 8 (angle Münzgasse) - ✆ 07531 918 95 20 -* Comme une grande cage à oiseau dorée, dans un style écolo et branché pour déguster cafés, thés et milkshake.

En soirée

Hafenhalle – *Hafenstraße 10 - ✆ 07531 211 26 - dim.-jeu. 10h-1h, vend.-sam. 10h-3h.* Devant l'embarcadère, face au lac, une immense terrasse festive pour déguster une bière. Concerts de jazz chaque dimanche matin d'avril à septembre.

Sports et loisirs

Location de vélos – Kultur-Rädle - *Banhofplatz 29 (à côté de l'office de tourisme) - ✆ 07 531 27 310 - lun. vend. 9h-12h30, 14h30-18h, sam. 10h-16h, dim. 10h-12h30.* Ce magasin vous donnera de nombreuses idées d'itinéraires sur les bords du lac. Possibilité de revenir à bord des bateaux.

Croisières en bateau – *Hafenstraße 6 (derrière l'office de tourisme) - ✆ 07 531 3460 389 - www.bsb-online.com.* Parmi les trajets possibles (AR + entrée) : Mainau, le village d'Uhldingen, le musée Zeppelin.

Lac de Constance★★

Bodensee

CARTE GÉNÉRALE B5 – CARTES MICHELIN N°s 718 I14 ET 545 X 66/AB 68
BADE-WURTEMBERG

Nous l'appelons le lac de Constance; ses riverains le nomment Bodensee. Cette vaste étendue d'eau de 536 km^2 – le plus grand lac allemand, le troisième en Europe – est presque une mer souabe. Voire une mer du Sud, avec la douceur de son climat, les vignes, les arbres fruitiers de ses rives ou encore la végétation tropicale de l'île de Mainau. C'est d'ailleurs un peu la Côte d'Azur des Allemands; une « Grande Bleue » où l'on vient se baigner, partir en croisière ou flâner sur les quais romantiques d'une promenade. Assis face au lac, plein sud, on ne se lasse pas de regarder la chaîne suisse de l'Alpstein culminant au Säntis (2052 m). La rive nord, elle, est bordée de joyaux comme le château médiéval de Meersburg ou l'église baroque de Birnau posée au milieu des vignes.

- **Se repérer** – Le lac de Constance est à la frontière de l'Allemagne, de la Suisse et de l'Autriche. À 71 km au nord-est de Zurich (Suisse), 63 km à l'ouest de Bregenz (Autriche), 126 km à l'est de Fribourg, 176 km au sud de Stuttgart. Le lac est divisé en trois bassins : Obersee, le principal, entre Bregenz et Constance; Überlingen See, le bras nord-ouest; Untersee, le bras sud-ouest, lui-même divisé en Gnadensee et Zeller See.
- **À ne pas manquer** – Le soleil couchant au bord du lac à Überlingen et Meersburg.
- **Organiser son temps** – Compter une journée pour longer la rive nord et visiter certains sites; deux jours pour ajouter à votre programme une croisière.
- **Avec les enfants** – Le village lacustre *(Pfahlbaumuseum)*.
- **Pour poursuivre le voyage** – La ville de Constance, le Jura et le plateau souabe, Lindau, la Forêt-Noire, la route allemande des Alpes, Saint-Gall et Rorschach (Suisse), Bregenz et le téléphérique du Pfänder (Autriche).

Circuit de découverte

D'ÜBERLINGEN À LINDAU

Itinéraire de 56 km sur la rive nord du lac de Constance – environ 4h. Pour rejoindre cette rive nord en partant de Constance, on conseille d'emprunter le ferry vers Meersburg (voir Lac de Constance Pratique).

Überlingen★

Cette ancienne ville d'Empire fut fondée en 1180 par Frédéric Ier Barberousse; les produits de la vigne et le commerce de sel et de blé contribuèrent à son essor au Moyen Âge. En 1379, Überlingen acquit sa liberté vis-à-vis de l'Empire, un statut qu'elle conserva jusqu'en 1802. Dès le milieu du 19e s., le tourisme y joua un rôle

P. Vouillon / MICHELIN

Au musée d'Unteruhldingen, on peut imaginer la vie d'un village lacustre au néolithique.

économique important, en raison d'un climat particulièrement clément. Située sur le bras nord-ouest du lac de Constance, elle siège au milieu des vergers dans un climat assez doux.

De l'office de tourisme, côté lac, on peut agréablement emprunter la Seepromenade, vers la droite, et atteindre le jardin municipal (Stadtgarten) et la verte promenade des Fossés★ (Stadtbefestigungsanlagen) qui monte vers le haut de la cité, sur l'ancien tracé des fortifications. De l'office de tourisme, côté ville, se tiennent à 100 m de là, regroupés autour de la Münsterplatz, les bâtiments majeurs d'Überlingen.

Münsterplatz – Sur cette place s'élèvent la cathédrale gothique, la façade nord de l'hôtel de ville et le bâtiment Renaissance de l'ancienne chancellerie municipale *(Alte Kanzlei).*

Cathédrale★ (Münster) – La vaste cathédrale gothique présente cinq nefs voûtées en réseau et peintes. Son influence est mise en lumière par un grand nombre de retables du style gothique au style Renaissance, parmi lesquels le célèbre maître-autel des frères Zürn de 1616. Dans la chapelle Ste-Élisabeth *(bas-côté droit),* la **Vierge au croissant de lune** est une œuvre souabe de 1510.

Hôtel de ville (Rathaus) – *✆ 07 551 99 11 22 - www.ueberlingen.de - visite guidée (20mn) mai-sept. : lun.-jeu. 11h, 14h, vend. 11h ; oct.-avr. : mar., jeu. 14h, merc. 11h - fermé j. fériés - gratuit.* La **salle du conseil★** *(Ratssaal)* constitue un ensemble gothique d'une grande finesse avec ses parois lambrissées ornées d'arcs décoratifs en accolade, et son plafond de bois nervuré, légèrement cintré. Les statuettes sont de la fin du 15e s. *Entrer par la tourelle de droite et monter au premier étage.*

Musée municipal (Städtisches Museum) – *Krummebergstr. 30 - ✆ 07 551 99 10 79 - www.ueberlingen.de - avr.-oct. : mar.-sam. 9h-12h30, 14h-17h, dim. 10h-15h ; reste de l'année : mar.-sam. 9h-12h30, 14h-17h - 2 €.*

Parmi les collections exposées dans une maison patricienne (Reichlin-von-Meldegg Haus) de la fin du 15e s. remanié dans le style baroque, une attention particulière est portée à la peinture et la sculpture d'Überlingen, du style gothique au style classique. Ne manquez pas les crèches du 18e s. et les 50 chambres de poupées, du style Renaissance au style Art nouveau.

Église de pèlerinage de Birnau★ (Wallfahrtskirche Birnau)

En contrebas de la route, sur une terrasse viticole dominant le lac de Constance, l'église actuelle fut construite de 1746 à 1750. Les cisterciens de **Salem** *(voir ci-dessous)* en confièrent les travaux à l'architecte du Voralberg Peter Thumb, qui s'entoura de Joseph Anton Feuchtmayer pour les stucs, et de Gottfried Bernhard Göz pour les fresques.

Le rococo se manifeste particulièrement dans l'architecture et la décoration peinte du plafond de la nef, de la coupole aplatie du chœur et de la coupole de l'abside. À mi-hauteur court une élégante galerie à encorbellement dont les culs-de-lampe (éléments en saillie formant un cône renversé) sont décorés de cartouches rocaille. Les pèlerins vénèrent une Vierge du début du 15e s. placée au-dessus du maître-autel.

Le château de Meersburg.

2 km après Birnau, on pourra quitter la route 31 pour se diriger vers l'abbaye de Salem, située 6 km au nord.

Salem★

L'abbaye de Salem, fondée par les cisterciens en 1137, fut pendant plus de 650 ans l'une des abbayes les plus importantes de cet ordre sur le territoire allemand. Directement rattachée à l'Empire, elle n'obéissait qu'à l'empereur et au pape. Elle atteignit son apogée sous l'abbé Anselme II (1746-1778), bâtisseur de l'église de pèlerinage de Birnau. Elle est la propriété des margraves de Bade depuis 1802. De nos jours, Salem est comme un petit village avec son collège privé, ses artisans d'art, son café-restaurant et même sa pharmacie installée dans la **porte basse** *(Untertor-Haus)*, pavillon baroque élégamment dessiné. C'est par là que l'on pénètre sur ce site de 17 ha qui offre un ensemble architectural saisissant où se côtoient les styles gothique, Renaissance, baroque et classique.

Cathédrale★ (Münster) – De style gothique rayonnant, sa construction débuta en 1297, tandis que sa consécration eut lieu au début du concile de Constance, en 1414. L'architecture extérieure est égayée par les fines baies gothiques ajourant les pignons est et ouest. L'intérieur est caractéristique de l'architecture cistercienne, avec son grand chœur à chevet plat et ses hautes voûtes. Il doit sa splendide décoration en albâtre à l'abbé Anselme II.

Château★ (Schloss) – *✆ 07 553 81 437 - www.salem.de - ♿ - 1er avr.-1er nov. : lun.-sam. 9h30-18h, dim. et j. fériés 10h30-18h - 5,50 €.*

Les anciens bâtiments conventuels, qui constituent aujourd'hui le château, furent construits après le terrible incendie de 1697 par un architecte de l'école du Voralberg, Franz Beer. Sa taille et sa décoration témoignent de la richesse de Salem au cours de son histoire.

L'ancien réfectoire d'été a conservé un beau plafond décoré de stucs, que l'on doit aux frères Schmuzer. Ces artistes ont également décoré la superbe voûte en anse de panier de la bibliothèque. La galerie Bernard *(Bernhardusgang)*, la **salle des Empereurs** *(Kaisersaal)* achevée en 1707 – la première grande salle de réception baroque dans une abbaye allemande – et le bureau de l'abbé Anselme II, de style rococo, méritent également une visite.

Le château sert aussi de lieu d'exposition à un **musée des Sapeurs-pompiers** (Feuerwehr-Museum).

De retour sur la route 31, prendre la direction Uhldingen et Pfahlbauten pour rejoindre le village lacustre situé au bord du lac.

Village lacustre d'Unteruhldingen★★ (Pfahlbaumuseum)

Strandpromenade 6 - 88690 Uhldingen-Mühlhofen - ✆ 07 556 85 43 - www.pfahlbauten.de - avr.-sept. : 8h-18h ; oct. et après Pâques : 8h-17h ; nov.-mars : sam.-dim. 9h-17h ; fév. : dim. 10h-16h - visite guidée en allemand ; livret en français (4 €) - 6,50 € (enfants 4,50 €).

Ce musée en plein air, dit des palafittes, – terme qui désigne une construction sur pilotis – s'est installé dès 1922 à proximité d'un site de fouilles pour donner une représentation vivante d'un village lacustre du néolithique et de l'âge de Bronze (entre 4000 et 1000 ans av. J.-C.). Les reconstitutions architecturales, dont les dernières datent de 2002, sont tout à fait convaincantes et les mises en scène de la vie quotidienne des habitants d'une vingtaine de maisons très réalistes. Même si le tour guidé se déroule en allemand, parents et enfants seront invités à jouer les archéologues en taillant la pierre ou en faisant du feu selon les techniques de nos ancêtres. Un exemple très réussi pour mettre l'histoire à la portée de tous.

Meersburg★

Ancienne résidence des princes-évêques, Meersburg est aujourd'hui un village pittoresque qui jouit d'une situation privilégiée, sur un plateau entouré de vignobles et de vergers offrant de beaux coups d'œil sur le lac de Constance. Le **Château Vieux** *(Burg)*, édifice médiéval imposant, avec ses chemins de ronde, ses donjons et ses murs parfois épais de 3 m, domine la petite ville. La **Marktplatz★** sur laquelle débouche la **Steigstraße★**, bordée de maisons à colombages, forme le centre de la ville haute *(Oberstadt)* ; ses rues étroites et piétonnes se prêtent bien aux promenades.

De la terrasse du **Château Neuf** *(Neues Schloss)*, un palais baroque à façade rose, on découvre une **vue★** magnifique sur le lac et le massif du Säntis.

L'itinéraire se poursuit sur la « Grüne Straße » (la Route verte) entre les plantations de pommiers dont les fruits (notamment ceux de la variété Jonagold) sont exportés dans l'Europe entière.

Friedrichshafen

Ville agréable malgré son port débordant d'activité, Friedrichshafen est affectueusement surnommée outre-Rhin « la cité des foires et du Zeppelin », pour insister sur son importance en tant que pôle industriel et berceau de l'aviation. Située directement sur le lac, elle invite à la flânerie sur l'une des plus longues et des plus belles promenades de la rive. L'**église** baroque *(Schloßkirche)* située à l'extrémité ouest de la promenade, en bordure du château (toujours habité par la famille ducale du Wurtemberg), mérite le détour. À partir de Friedrichshafen, il est possible d'effectuer des croisières jusqu'à la chute du Rhin, vers Schaffhausen, vers l'île de Mainau (« l'île aux Fleurs »), ou encore vers Überlingen, afin d'y visiter le village lacustre (*Pfahlbaumuseum Unteruhldingen*), qui présente des maisons sur pilotis reconstituées *(voir plus haut)*.

Musée Zeppelin★ – *✆ 07541 38010 - www.zeppelin-museum.de - mai-oct. : tlj sf lun. 9h-17h ; nov.-avr. : tlj sf lun. 10h-17h - fermé 24-25 et 31 déc. - 7,50 € - audioguide en français.* Situé dans l'ancienne gare maritime à la pointe est de la promenade, il est consacré aux dirigeables mis au point à Friedrichshafen par le comte Ferdinand von Zeppelin (1838-1917), dont ils portent le nom. Une partie du légendaire *Hindenburg*, qui explosa en 1937 à Lakehurst, a été reconstruite ici. Le musée abrite un département d'art présentant des œuvres datant du Moyen Âge à nos jours ; l'interaction de la technique et de l'art y est mise en évidence.

> **Le lac de Constance vu du ciel**
>
> Depuis peu, des dirigeables sont de nouveau construits à Friedrichshafen. Le *Zeppelin Neuer Technologie* (NT) a effectué son premier vol en septembre 1997, soit 97 ans après le tout premier vol du Zeppelin. Avec ses 75 m de long et un volume de 8 200 m³, il n'en demeure pas moins petit, si on le compare à ses prédécesseurs, tels que le *LZ 129 Hindenburg*, 245 m de long et 200 000 m³ de volume. Les douze places assises sont à la disposition des touristes fortunés qui souhaitent survoler le lac de Constance à une vitesse de croisière de 80 km/h. *De mars à septembre, à partir de 200 € les 30mn - ✆ 07541 5 900 499 - www.zeppelinflug.de*

Wasserburg am Bodensee

Ce village, très visité, se presse sur une étroite langue de terre s'avançant dans les eaux du lac. La promenade jusqu'à l'extrémité du cap offre une belle vue sur les berges de part et d'autre, ainsi que sur les sommets des Alpes.

Lindau★★ *(voir ce nom)*

Lac de Constance pratique

Informations utiles

Office de tourisme – *Landungsplatz 14 - 88662 Überlingen - ✆ 07 551 99 11 22 - www.ueberlingen.de - mai-sept. : lun.-vend. 9h-18h, sam. 10h-15h, dim. 10h-13h (horaires réduits le reste de l'année).*

Les deux autres offices de tourisme importants de la région sont à Meersburg et Friedrichshafen.

Ferry – *Entre Constance et Meersburg (20mn) - ✆ 07 531 8030 - www.sw.lonstanz.de - 24h/24 et 365 j/an ; ttes les 15mn de 6h à 20h - 5,40 € voiture, 2 € passager (1 € enfants).* Un air de croisière pendant 20mn et 60 km de route économisés.

©TOURIST INFORMATION KONSTANZ GMBH

Départ pour une croisière.

Se loger

SUR LE CIRCUIT ÜBERLINGEN - LINDAU

⊖⊖ **Hotel Seegarten** – *Seepromenade 7 - Überlingen - ✆ 07 551 91 88 90 - www.seegarten-ueberlingen.de - fermé nov.-mars - 21 ch. - 92 € ☕ (149 € avec balcon) - rest. 23 €.* Sa situation au bord même du lac, son soin et sa propreté comptent parmi les points forts de cet hôtel. Demandez une chambre avec vue sur le Überlingen See. Le restaurant possède une grande baie vitrée côté lac – et une belle terrasse côté jardin.

⊖⊖ **Hotel Rosengarten** – *Bahnhofstraße 12 - Überlingen - ✆ 07551 928 20 - www.haus-rosengarten.com - P ⊁ - 15 ch. 90 € ☕.* Cette villa romantique de style Art nouveau, avec une tour et une extension moderne, est idéalement située dans le jardin municipal, à quelques pas du lac. Vous logerez dans des chambres fonctionnelles mais moins charmantes que la maison elle-même.

⊖⊖ **Seehotel Off** – *Uferpromenade 51 - 88709 Meersburg - ✆ 07532 447 40 - www.hotels-meersburg.de - fermé janv.- P - 24 ch. 84 € (114 € avr.-oct.) ☕ - rest. 26 € (menu 31 €).* Vous trouverez cet hôtel dans la ville basse, en bordure directe du lac. Des chambres modernes à l'équipement fonctionnel sont à la disposition des visiteurs. Préférer les chambres avec vue sur le lac.

GNADENSEE (SUD-OUEST DU LAC)

⊖⊖ **Landgasthof und Hotel Zum Sternen** – *Schienerbergstraße 23 - 78345 Bankholzen - Moos am Bodensee (près de Radolfzell) - ✆ 07 732 24 22 - www.zum-sternen.de - P ⊁ ♿ - 18 ch. - 75 € ☕ - rest. 16 €.* Les chambres de cet hôtel à colombages rénové et muni d'une extension moderne contiennent des meubles en pin et autres bois clairs. Certaines chambres disposent également d'un coin cuisine. Dans le restaurant, vous pourrez déguster des plats du terroir et des spécialités régionales.

PRÈS DE STOCKACH (OUEST DU LAC)

⊖ **Gasthof Auer** – *Stockacher Straße 62 - 78359 Nenzingen - ✆ 07 771 24 97 - fermé 1 sem. fin juil. - P - 5 ch. - 56 €.* Chambres simples. Avec restaurant proposant un grand choix de plats traditionnels.

Se restaurer

SUR LE CIRCUIT ÜBERLINGEN - LINDAU

⊖ **Gasthaus Engel** – *Hafenstraße 1 - 88662 Überlingen - ✆ 07 551 937 397 - ⊁ - 13 € (midi plat du jour 5 €).* Face à l'office de tourisme, une maison accueillante avec une terrasse sur la place. Cuisine moderne et d'un très bon rapport qualité-prix.

⊖⊖ **Winzerstube zum Becher** – *Höllgasse 4 - 88709 Meersburg - ✆ 07532 90 09 - fermé 3 sem. en janv. et lun. - 22 €.* En 1610, on y désaltérait déjà les visiteurs assoiffés ! Ce local rustique et agréable, au cœur du centre historique de la ville haute (*Oberstadt*), appartient depuis 1887 à une même famille. Vins produits sur le domaine.

Faire une pause

GNADENSEE (SUD-OUEST DU LAC)

Strandcafé – *Strandbadstraße 102 - 78315 Radolfzell - ✆ 07 732 16 50 - ouv. tlj 11h-24h.* Sa situation en bordure directe du lac fait tout l'attrait de ce bâtiment moderne à la façade de verre. De l'intérieur, tout comme depuis la splendide terrasse, on jouit d'une superbe vue sur l'eau.

Sports et loisirs

Baignade – De nombreuses plages avec piscines autour du lac, notamment celles d'Überlingen et Meersburg.

Promenades en bateau – *Bodensee-Schiffsbetriebe - 88045 Friedrichshafen - ✆ 07 541 9238 389 - www.bsb-online.de* Circuits (*rundfahrt*) dans les divers bassins du lac : celui de l'Überlingen See au départ de Meersburg (*3h15, 13,60 €*) permet d'admirer le village lacustre, l'église de Birnau et l'île de Mainau. Croisières nocturnes au départ de Friedrichshafen, Immenstaad, Hagnau, Meersburg et Radolfzell.

Lindau im Bodensee★★

24 350 HABITANTS
CARTE GÉNÉRALE B5 – CARTES MICHELIN N^OS 718 J14 ET 546 AA 69
SCHÉMA : LAC DE CONSTANCE
BAVIÈRE

En entrant dans le port de Lindau en bateau, par cette passe étroite entre le phare et le lion de pierre de Bavière, on saisit du premier coup d'œil le charme unique de cette île-cité. Ancienne ville libre d'Empire (1275-1802), elle a blotti ses maisons bourgeoises à pignon le long de ruelles sinueuses. Lindau, jadis prospère et commerçante, garde ce visage au travers de boutiques élégantes. Certes, la foule l'étouffe certains après-midi d'été. Mais il suffit de s'aventurer dans une arrière-cour ou de flâner le soir, entre le port et la Maximilianstraße, pour apprécier la douceur de vivre et le charme un peu rétro de cette petite ville souabe au caractère méridional.

Mauritius / PHOTONONSTOP

Aux alentours de Lindau, dans les Alpes de l'Allgaü.

- **Se repérer** – À 81 km à l'est de Constance, 119 km au sud d'Ulm, 183 km au sud-ouest de Munich. L'agglomération étant plus grande que la seule île accueillant la vieille ville, il faut suivre les panneaux « Lindau-Insel » ou se garer dans l'un des parkings bordant le lac. Des liaisons maritimes permettent de joindre Constance ou Bregenz (en Autriche) plusieurs fois par jour.
- **À ne pas manquer** – La vue sur les Alpes, la ville et le lac du haut du phare, l'éclairage nocturne de la ville.
- **Pour poursuivre le voyage** – Le lac et la ville de Constance, la route allemande des Alpes (l'itinéraire démarre à Lindau), le plateau de Haute-Souabe, Ottobeuren.

Se promener

LA VIEILLE VILLE★★ *1h*

Place du Marché (Marktplatz)

Le marché se déroule autour d'une grande fontaine circulaire.

Du côté est, la place est dominée par les deux façades de l'église St-Étienne, protestante, et de la **Collégiale** (*Stiftkirche*), catholique et baroque, qui contient un très beau maître-autel.

Du côté ouest, la **maison Cavazzen**, exemple caractéristique d'architecture bourgeoise baroque (1729), abrite le **Musée municipal** *(Stadtmuseum)*.

Musée municipal – *✆ 08 382 27 75 65 14 - www.lindau.de - avr.-oct. : mar.-vend. 11h-17h, sam. 14h-17h, dim. 11h-17h - possibilité de visite guidée - fermé lun. et nov.-mars - 2,50 €.*
Il réunit des documents anciens sur Lindau, son habitat, son artisanat, ainsi qu'une collection d'instruments de musique. Galerie de peinture et de sculpture.

SE LOGER

Hotel Bayerischer Hof .... ①

Hotel Lindauer Hof .... ④

Hotel Vis à Vis .... ⑦

SE RESTAURER

Alte Post .... ①

Maximilianstraße★★

Artère principale de la vieille ville, la Maximilianstraße montre une succession assez pittoresque de maisons et d'auberges anciennes. Les étroites façades à colombages et à oriels, typiques de la vallée alpestre du Rhin et du Vorarlberg, s'y mêlent aux pignons en escalier de la Vieille Souabe, dont l'ancien **hôtel de ville** donne un exemple.

Tourner à droite dans la Zeppelinstraße.

Place du Grenier (Schrannenplatz)

La **tour des Brigands** *(Diebsturm)* couronnée d'échauguettes (guérites en encorbellement) était le point le plus occidental des fortifications médiévales. À ses pieds, la petite **église St-Pierre** *(Peterskirche),* la plus vieille église de la ville (autour de l'an 1000), a été transformée en monument aux morts de la Première Guerre mondiale. Elle abrite une fresque originale exécutée au 15e s. par Hans Holbein l'Ancien.

Redescendre la Zeppelinstraße vers le port.

Le port★ (Hafen)

Au milieu des quais se dresse l'**ancien phare** (*Mangturm)*, tour fortifiée du 13e s. *(possibilité de monter au sommet).* Un phare et le monument du Lion de Bavière (1856) commandent l'entrée de la rade. Par quelques marches, on gagne la **fortification romaine★** *(Römerschanze)*, belvédère sur la trouée du Rhin et le cadre alpestre du « Bodan » (forme ancienne du nom de Bodensee) : Kanisfluh, Hoher Freschen, Drei Schwestern, et, en Suisse, Säntis et Altmann.

Aux alentours

Wangen im Allgäu★

22 km au nord. En vue des premières crêtes des Alpes et de l'Allgäu, Wangen dispose ses maisons colorées suivant un plan cruciforme, autour des deux rues principales qui se rencontrent sur la **Marktplatz★**. La Herrenstraße, dont les maisons sont agrémentées de jolies enseignes, conduit à la porte de Ravensburg (*Ravensburgertor* ou *Frauentor*), ouvrage carré, dont le couronnement du 17e s., cantonné de tourelles engagées, est couvert d'une élégante toiture à côtes. Dans la direction perpendiculaire, la porte St-Martin, à toit pyramidal, est décorée de gargouilles très ouvragées et, comme la précédente, de peintures.

Lindau im Bodensee pratique

Informations utiles

Office de tourisme – *Am Hauptbahnhof, 88131 Lindau - ✆ 083 82 26 00 30 - mai-sept. : lun.-vend. 9h-13h, 14h-19h, sam.-dim. 14h-19h ; oct.-avr. : tlj sf sam.-dim. 9h-13h, 14h-17h.*

Se loger

SUR L'ÎLE

⊜⊜ Hotel Lindauer Hof – *Seepromenade - ✆ 08 382 40 64 - www.lindauer-hof.de - ♿ - 30 ch. - 110 € ☕ - rest. 22 €.* Dans cet hôtel au cadre moderne, vous logerez dans des chambres particulièrement confortables. La proximité du lac est agréable. Les repas sont servis au 1er étage, à l'intérieur, ou sur la très belle terrasse.

⊜⊜⊜ Hotel Vis à Vis – *Bahnhofplatz 4-5 - ✆ 08 382 39 65 - www.visavis-lindau.de - réception ouverte de 7h30 à 22h - 49 ch. - 120 € ☕.* Cet hôtel totalement rénové en 2005, face à la gare, offre des chambres aux couleurs chaudes, un design moderne et des salles de bains spacieuses.

⊜⊜⊜⊜ Hotel Bayerischer Hof – *Seepromenade - ✆ 08 382 91 50 - www.bayerischerhof-lindau.de - P - 🏊 - 97 ch. - 170 € ☕ - rest. 28 €.* Dans un site privilégié (lac et décor de montagne), cet hôtel vous offre un cadre confortable, soigné et élégant. Le restaurant est classique et de bon goût ; vous pourrez déguster des plats variés et apprécier la vue splendide.

SUR LA RIVE

⊜⊜ Hotel Köchlin – *Kemptener Straße 41 - ✆ 08 382 966 00 - www.hotel-koechlin.de - fermé 3 sem. en nov. - P 🚭 - 21 ch. - 78 € ☕ - rest. 10/20 €.* Un petit hôtel de campagne au toit de bardeaux et à la façade décorée de fleurs. L'intérieur, de bois naturel, est de style rustique. Derrière l'établissement, profitez en été du *Biergarten*, à l'ombre des vieux arbres.

Se restaurer

SUR L'ÎLE

⊜⊜ Alte Post – *Fischergasse 3 - ✆ 08 382 934 60 - www.alte-post-lindau.de - fermé nov., fin déc.-fin mars - 15 € - 11 ch. - 92 €.* Une cuisine traditionnelle servie avec le souci du détail sur une jolie terrasse d'été, dans le centre-ville de Lindau.

SUR LA RIVE

⊜⊜⊜ Schachener Hof – *Schachener Straße 76 - 88131 Lindau-Bad Schachen - ✆ 08 382 31 16 - www.schachenerhof-lindau.de - fermé 2 janv.-2 fév., fin oct.-début nov. ; rest. fermé mar., merc., midi sauf dim. - menu 25/49 €, carte 28 € - 10 ch. - 88 €.* Ce restaurant classique décoré de bois sombre vous propose une succulente cuisine mêlant plats régionaux et étrangers. Service accueillant.

⊜⊜⊜⊜ Hoyerberg Schlössle – *Hoyerbergstraße 64 (sur la Hoyerberg) - 88131 Lindau-Hoyren - ✆ 08 382 252 95 - www.hoyerbergschloessle.de - fermé fév., lun.-mar. midi - menu 64 €, carte 44 €.* Un décor agréable et un soupçon d'élégance caractérisent les salles aménagées sur deux étages de ce coquet petit château. Depuis sa superbe terrasse, la vue s'étend sur Lindau, les Alpes et le lac.

Sports et loisirs

Lindauer Marionettenoper – *Fischergasse 37 - ✆ 08 382 94 46 50 - www.lindauer-mt.de - 3 à 4 représentations par sem. de mars à nov. - 10 à 25 € (enfants 8 à 21 €).* Une salle d'opéra de 100 places unique au monde où des marionnettes à fils jouent les ténors et les sopranos. Au répertoire : *Carmen, La Flûte enchantée, L'Enlèvement au sérail.* Sitôt le rideau levé, on oublie que ce ne sont que des pantins de bois pour être pris par la magie du spectacle.

Stuttgart★★

589 170 HABITANTS
CARTE GÉNÉRALE B4 – CARTE MICHELIN N^OS^ 718 I 12 ET 545 X57
BADE-WURTEMBERG

Stuttgart est en pleine métamorphose. Elle quitte peu à peu le cocon tissé par les voies urbaines dans le centre-ville pour laisser plus de place aux piétons et renouer avec les collines boisées et couvertes de vignobles qui l'entourent. Ville d'architectes, elle témoigne de tous les styles du 20e s., et ses dernières créations, dont le cubique et transparent musée d'Art, renouvellent l'image de la capitale du Land de Bade-Wurtemberg. Avec l'arrivée du TGV, la voilà maintenant à moins de 4h de Paris. Une raison de plus pour se laisser surprendre.

- **Se repérer** – À 79 km à l'est de Karlsruhe, 208 km au sud-ouest de Nuremberg, 235 km à l'est de Munich, 182 km au nord de Fribourg.
- **À ne pas manquer** – L'époustouflant musée Mercedes-Benz, l'éclairage nocturne du musée d'Art *(Kunstmuseum)*, les alléchants étals du marché couvert.
- **Organiser son temps** – L'importante offre culturelle invite à rester deux jours et à prendre le temps de découvrir les vignobles et les espaces verts de la ville.
- **Avec les enfants** – Le jardin zoologique Wilhelma.
- **Pour poursuivre le voyage** – Tübingen, le Jura et le plateau souabe, Schwäbisch Hall, l'abbaye de Maulbronn.

Comprendre

Aux sources de l'automobile – Les origines de la ville se confondent avec celles d'un haras seigneurial du 10e s. nommé « Stutengarten » (jardin des juments). Elle devient au 14e s. la résidence des ducs et des rois de Wurtemberg, et prospère lors de la révolution industrielle.

Gottfried Daimler (1834-1900), ingénieur installé à Bad Cannstatt, quartier de Stuttgart, sur la rive droite du Neckar, fut l'un des pionniers du moteur à essence adapté à l'entraînement des véhicules. La collaboration de Wilhelm Maybach, un mécanicien génial, lui permit d'aboutir à un moteur vertical, breveté en 1883. Né et formé à Karlsruhe, **Carl Benz** (1844-1929) élabora lui-même, à Mannheim, un véhicule automobile, qui lui permit d'être le premier à passer à la production en série. En 1899, Benz livrait son 2 000e véhicule et était ainsi le premier constructeur automobile du monde. En 1901, la firme Daimler mit sur le marché un modèle baptisé **Mercedes**, prénom de la fille de son concessionnaire le plus important à l'étranger. En 1926, les deux entreprises s'unissaient pour fonder la société Mercedez-Benz. L'usine mère du groupe emploie de nos jours plus de 17 000 salariés. Avec Porsche, Bosch et de nombreux sous-traitants, le pôle automobile régional est l'un des leaders du secteur.

Se promener

DE LA GARE À LA PLACE DU CHÂTEAU

2h - De l'office de tourisme prendre la Schillesstraße. En face, la gare, construite entre 1917 et 1924, avec sa tour surmontée de l'étoile de Mercedes (accès gratuit), regarde la longue perspective de la Königstraße.

Jardins du château (Schlossgarten) L1

Agréable lieu de pique-nique et de repos, les jardins s'ouvrent sur le vaste « U » vert qui ceinture la ville et propose plus de 11 km de promenade. C'est ici que se situait le « jardin des juments » (*Stutengarten*).

Prendre à droite devant le théâtre (Schauspielhaus), puis à gauche après l'opéra pour emprunter un passage souterrain.

Konrad-Adenauer-Straße L1

Les habitants l'appellent « l'avenue de la culture » (*Kulturmeile*). De ce côté-ci, on longe un complexe architectural, œuvre majeure du postmodernisme conçue par James Stirling et Michael Wilford dont la construction s'est étalée sur plus de vingt ans (1979-2002).

De l'annexe de la **Galerie nationale** (*Staatsgalerie*) à la **Maison de l'Histoire** (*Haus der Geschichte*), puis au **Conservatoire de musique et d'art dramatique** (accès libre au sommet de la tour), rotondes, tuyaux colorés, facades de grès et encadrement de fenêtres jaunes s'affichent le long de cette avenue, au bout de laquelle se tient le **Wilhemspalais**, ultime demeure du dernier roi du Wurtemberg, Guillaume II, jusqu'à son abdication en 1918. La statue du monarque et de son petit chien se dresse devant le bâtiment néoclassique.

Traverser la Konrad-Adenauer-Straße, puis contourner le Nouveau Château par la droite.

Place du Château (Schlossplatz) L1

Espace vert et cœur battant de la ville, cette place s'ouvre devant le **Nouveau Château** *(Neues Schloss)*, demeure royale construite entre 1746 et 1807 et qui abrite désormais des ministères du Land. En face, derrière les colonnes classiques, le **Königsbau**

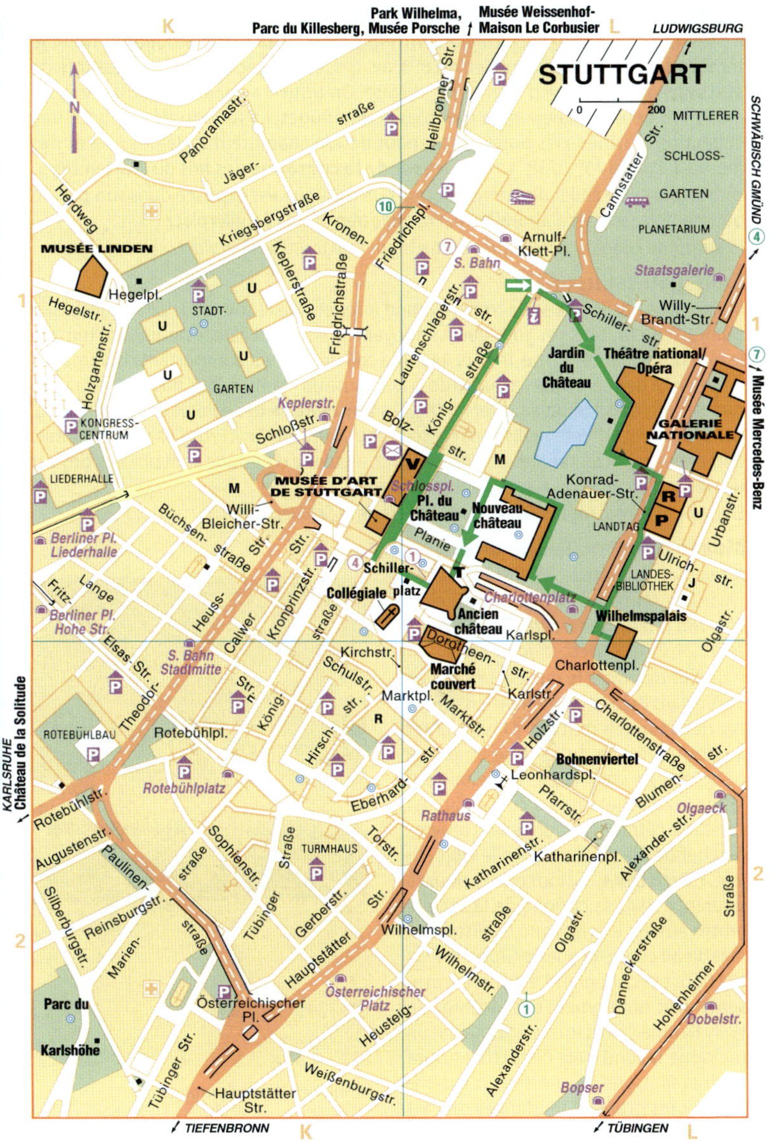

SE LOGER		SE RESTAURER			
Abalon	1	Alte Kanzlei	1	Conservatoire de musique et d'art dramatique	P
Bergmeister	4	Amici	4	Maison de l'Histoire	R
Geroksruhe	7	Cube	7	Musée régional du Wurtemberg	T
Rieker	10			Pavillon royal et Königsbau Passagen	V

(pavillon royal) cache une vaste galerie marchande doublée d'une récente construction, les **Königsbau-Passagen**. À gauche, le cube de verre du **musée d'Art** *(Kunstmuseum).*

Traverser la place pour rejoindre le Vieux Château.

Ancien Château (Altes Schloss) L1

En grande partie du 16e s., ce château à quatre ailes flanqué de tours rondes possède une **cour Renaissance★** *(qui permet d'accéder à la chapelle du château)* entourée de trois niveaux de galeries à arcades. Il abrite le **musée régional du Wurtemberg**.

Musée régional du Wurtemberg★ (Landesmuseum Württemberg) L1 (T)

℘ 0711 279 34 98 - www.landesmuseum-stuttgart.de - tlj sf lun. 10h-17h - 3 €.

Il présente l'histoire et la culture du Wurtemberg à partir du néolithique. À noter le tombeau princier celte du milieu du 6e s. av. J.-C. et une section très intéressante de **statuaire religieuse★** d'Allemagne du Sud. On trouvera également un cabinet de médailles et une collection de meubles et d'horloges. La tour du trésor abrite une collection d'armes, des objets provenant de « la chambre ducale des arts et des merveilles » (du 15e au 18e s.) et le **trésor de la couronne** des rois du Wurtemberg. Une importante collection d'instruments de musique est exposée dans son propre bâtiment, le Grenier d'abondance *(Fruchtkasten)*, sur la Schillerplatz.

Ressortir du château par la porte centrale, sur l'élégante Schillerplatz.

Collégiale (Stiftskirche) K1

Mêlant des parties de style roman (étage inférieur de la tour sud, 12e s.), gothique primitif (chœur, 14e s.) et gothique flamboyant (la nef, dont il ne reste aujourd'hui que le mur nord, ajoutée entre 1436 et 1455), la collégiale subit d'importants dommages en 1944. La dernière travée gauche de la nef abrite un manteau du Christ d'une grande rareté (gothique flamboyant, vers 1500). Les **tombeaux★** des comtes de Wurtemberg, dans le chœur, ont été réalisés par le sculpteur Sem Schlör (1576). Les onze figurines engainées représentant les ancêtres du duc en tenue d'époque sont placées devant un décor d'arcades dans le style Renaissance.

Emprunter un passage couvert, dans l'angle de la Schillerplatz.

Musée d'Art ★★ (Kunstmuseum) K1

Kleiner Schlossplatz 1 - ℘ 0711 216 21 88 - www.kunstmuseum-stuttgart.de - tlj sf lun. 10h-18h (merc., vend. 21h) - fermé Vend. saint, 24, 25 et 31 déc., 1er janv. - 5 €.

À défaut de visiter le musée, installé en partie dans l'espace souterrain laissé libre par deux tunnels routiers, il faut monter au dernier étage de ce cube de cristal pour jeter un coup d'œil surprenant sur la place du Château. La collection est célèbre à l'étranger pour les 250 œuvres du chef de file de la « Nouvelle Objectivité », **Otto Dix★**, surtout connu pour sa virulence dans sa critique de la société (entre autres, le triptyque *Großstadt* et le tableau contre la guerre *Grabenkrieg*). L'art abstrait allemand est bien représenté avec notamment des tableaux de Willy Baumeister et le musée poursuit un dialogue fécond avec des artistes dont les installations permettent d'expérimenter les grandes tendances de l'art contemporain.

P. Vouillon / MICHELIN

Le musée d'Art de Stuttgart.

Redescendre la Königstrasse si l'on veut rejoindre le point de départ.

Visiter

AU CENTRE-VILLE

Galerie nationale★★ (Staatsgalerie) L1

Konrad-Adenauer-Str. 30-32 - ℘ 0711 47 04 00 - www.staatsgalerie.de - ♿ - tlj sf lun. 10h-18h (jeu. 21h) - fermé Vend. saint, 24-25 déc. - 4,50 €. Cette galerie fut fondée en 1838-1843 par le roi Guillaume Ier de Wurtemberg. Le bâtiment primitif est consacré à la peinture, du Moyen Âge aux impressionnistes. Voir surtout la section des **maîtres anciens★★**, où la peinture souabe du 14e au 16e s. occupe une place de choix. L'un des chefs-d'œuvre exposés est l'**autel de Herrenberg** de Jerg Ratgeb (1519), sur lequel sont représentés la Cène, le martyre, la Crucifixion du Christ et sa Résurrection.

La section italienne comprend une excellente collection de peintres florentins et vénitiens du 14e s. Parmi les maîtres hollandais, on trouve Hans Memling *(Bethsabée au bain)*, Rembrandt *(Emprisonnement de saint Paul)*, Ruysdael et Rubens. La section consacrée au 19e s. présente des œuvres du « classicisme souabe », mais aussi tout un éventail de toiles allant des préraphaélites anglais à l'impressionnisme.

L'annexe abrite la section d'art moderne. Les collections classiques contiennent, entre autres, des tableaux des fauves et cubistes français (Matisse, Gris, Braque), des expressionnistes (Kokoschka) et des véristes (Dix, Grosz), ainsi que des artistes du Bauhaus. Une place particulière est faite à l'œuvre de Willi Baumeister (1889-1955) et Oskar Schlemmer, natifs de Stuttgart ; du second, voir les six figures du *Ballet triadique* et les monumentales esquisses pour peintures murales (1929), victimes de la croisade des nationaux-socialistes contre « l'art dégénéré ». Un autre temps fort est constitué par douze œuvres de Picasso, représentatives de ses différentes périodes de création, parmi lesquelles *Les Baigneuses*. La section d'art contemporain couvre la période allant de l'immédiat après-guerre avec Dubuffet et Giacometti jusqu'aux derniers travaux de Baselitz et Kiefer.

Musée Linden★★ (Linden-Museum) K1

Hegelplatz 1 - ✆ 0711 20 223 - www.lindenmuseum.de - ♿ - tlj sf lun. 10h-17h (merc. 20h) - fermé Rosenmontag, Vend. saint, 1er Mai, 24-25 et 31 déc. - 3 €.

Les collections riches et remarquablement présentées de ce **musée d'Ethnographie** sont réparties en cinq grandes sections régionales : l'**Amérique** (tribus indiennes d'Amérique du Nord, cultures du vieux Pérou), le **Pacifique Sud** (Mélanésie, culture de Sepik, Australie), l'**Afrique** (palais royal, masques), l'**Orient** (culture et histoire islamiques) et l'**Asie de l'Est et Asie du Sud** (Japon et Chine, Inde, Népal et Tibet).

HORS DU CENTRE

Parc du Killesberg (Höhenpark Killesberg)

4 km au nord du centre. Sortir par la Heilbronner Straße (L1). Le **parc du Killesberg** est situé sur une hauteur au nord de la ville, où il s'intègre parfaitement aux mouvements du terrain. Des jeux d'eau aménagés en terrasses et des parterres aux splendides couleurs invitent au repos, tandis qu'un **train miniature** permet de faire le tour du parc. De la tour-belvédère, panorama.

Musée Weissenhof - Maison Le Corbusier★

Rathenaustraße 1 (près du parc du Killesberg) - ✆ 0711 25 79 187 - www.weiseenhof-museum.de - tlj sf lun. 11h-18h (jeu. 20h) - fermé 1er janv. - 4 €.

Ce musée retrace l'épopée de la construction en 1927 de la cité expérimentale du Weissenhof *(Weißenhofsiedlung)*, qui allait marquer l'histoire de l'architecture mondiale. Dix-sept jeunes architectes talentueux bâtirent, dans le cadre d'une exposition, 21 habitations à toits plats, sur cette colline de Stuttgart. On déambule avec bonheur dans la villa conçue par Le Corbusier et Pierre Jeanneret, restaurée à l'identique et surprenante de modernité. Dix autres bâtiments sauvés de la destruction, mais seulement visibles de l'extérieur, complètent la visite du quartier.

Wilhelma★

Au nord-est, à 4 km du centre. Sortir par la Heilbronner Straße (L1). ✆ 0711 54 020 - www.wilhelma.de - ♿ - mai-août : 8h15-18h ; nov.-fév. : 8h15-16h ; mars-avr. et sept.-oct. : 8h15-17h - 11,40 €.

Ce jardin zoologique et botanique, aménagé au milieu du 19e s. sur l'ordre du roi Guillaume Ier, est considéré comme l'un des plus beaux d'Europe. Ses jardins et sa villa mauresques lui donnent un air unique d'Alhambra. Des serres abritent des plantes tropicales et une célèbre collection d'orchidées et de cactus. Plus de 8 000 animaux de 1 000 espèces différentes y sont réunis. Ne pas manquer surtout l'**aquarium-terrarium** et la **maison d'Amazonie**.

Musée Mercedes-Benz★★

Mercedesstraße 100 (6 km à l'est, côté Cannstatt) - ✆ 0711 173 00 00 - www.mercedes-benz.com/museum - ♿ - 9h-18h - 8 €.

Les amateurs d'architecture seront éblouis par le bâtiment à la façade de verre et d'aluminium dessiné par le cabinet néerlandais UN Studio et inauguré en 2006. À l'intérieur, une double spirale se déroule en pente douce autour d'un atrium époustou-

Le musée Mercedes-Benz.

flant, haut de 42 m. C'est ce chemin que suit le visiteur pour revivre 120 années d'une histoire unique de l'industrie automobile, du premier modèle de Carl Benz, breveté le 29 janvier 1886, jusqu'à nos jours. Le design architectural et une scénographie très soignée sert d'écrin à plus de 160 modèles.

Ne manquez pas non plus les salles thématiques qui rassemblent des collections autour des voyages, des véhicules utilitaires et les voitures de célébrités.

Musée Porsche★

À Zuffenhausen, à 8 km au nord. Ouverture en 2008 du nouveau musée Porsche - ✆ 0711 91 12 56 85 - www.porsche.de - ♿ - lun.-vend. 10h-16h, w.-end 9h-17h - gratuit. En 1934, **Ferdinand Porsche** (1875-1951), qui s'était auparavant distingué chez Daimler, mit au point le prototype de la célèbre *Volkswagen*. À partir de 1948, il se consacra à la voiture de sport Porsche, qui est fabriquée depuis à Zuffenhausen. C'est à proximité de l'usine que le nouveau bâtiment, futuriste et aérien, présentera plus de 80 modèles de la marque.

Château de la Solitude★ (Schloss Solitude)

9 km au sud-ouest. Sortir par la Rotebühlstraße. ✆ 0711 69 66 99 - www.schloesser-und-gaerten.de - visite guidée (30-45mn) avr.-oct. : mar.-sam. 9h-12h, 13h30-17h, dim. et j. fériés 9h-17h ; nov.-mars : mar.-dim. 9h-12h, 13h30-16h - fermé 24 et 31 déc. - 3 €.

Ancienne résidence d'été de la cour de Wurtemberg, le **château de la Solitude** occupe le rebord d'un plateau. Le pavillon ovale surmonté d'une coupole et les ailes latérales s'élèvent majestueusement sur un soubassement percé d'arcades. En face s'ordonnent les dépendances disposées selon un vaste arc de cercle. Le château fut édifié entre 1763 et 1769 sous la direction de l'architecte français La Guépière.

Les aménagements intérieurs de la salle centrale en rotonde *(Weißer Saal)* et de la petite salle de marbre sont traités dans le goût néoclassique. Les autres pièces, revêtues de boiseries, ont un décor rococo à la française. Remarquer le bureau du roi Frédéric Ier de Wurtemberg, évidé en raison de l'obésité de son possesseur.

Aux alentours

Esslingen am Neckar

13 km au sud-est. La route très fréquentée qui reliait l'Italie du Nord aux Flandres passait par cette cité souabe vieille de 1 220 ans. Le plus bel ornement de la pittoresque **Marktplatz★**, créée au 19e s., est la maison Kielmeyer. Toutes les rues qui aboutissent à la place sont bordées de vieilles maisons à pans de bois et offrent de jolis coups d'œil. L'**église St-Denis** *(Stadtkirche)*, gothique, contient de belles **verrières★** des 13e et 14e s. L'**ancien hôtel de ville★** *(Altes Rathaus)* des 15e et 16e s. réunit le charme des vieilles constructions à colombages et la grâce des façades Renaissance décorées.

Château de Ludwigsburg★

15 km au nord. Residenzschloss - ✆ (07141) 18 20 04 - www.ludwigsburg.de - ♿ - visite guidée (75-90mn) 10h-18h - 6 €. Construit par le duc Eberhard Ludwig de Wurtemberg au début du 18e s. sur le modèle de Versailles, le monumental quadrilatère compte 452 pièces ; on en visite 75.

Visite des appartements – À l'intérieur, le « bel étage » (1er étage) du nouveau corps de logis donnant sur le parc et ses appartements de style Empire accueillirent le premier roi de Wurtemberg. Par la galerie des Ancêtres *(Ahnengalerie)* et l'église catholique *(Schlosskirche)* décorée à l'italienne de stucs plantureux, on gagne les salles d'honneur du Fürstenbau, corps de bâtiment le plus ancien et le plus élevé, fermant la cour au nord.

Parc★ – Au sud, devant le nouveau corps de logis, ont été reconstitués des parterres de broderies entièrement en fleurs et des cabinets de verdure à la mode baroque. Au nord et à l'est, le terrain, plus accidenté, est planté dans le goût anglais. Le **jardin des Contes de fées★★** *(Märchengarten)* voit s'animer les légendes populaires du folklore allemand (contes des frères Grimm) ou étranger à l'aide de personnages. *☎ 07141 910 22 52 - www.ludwigsburg.de - ♿ - de fin mars à déb. nov. : 7h30-20h30 ; jardin féerique 9h-18h - 7 € (enf. 3,30 €).*

Tiefenbronn★

38 km à l'ouest. L'**église paroissiale Ste-Marie-Madeleine** surprend par son riche mobilier. Outre les peintures murales (*Le Jugement dernier* de la fin du 14e s., au-dessus de l'intrados de l'arc de triomphe ; les tableaux d'autel du mur est de la nef, vers 1400), les vitraux (fin du 14e s.) et les nombreux monuments funéraires, on remarque surtout les retables de style gothique tardif. Le maître-autel (1469) du maître d'Ulm Hans Schüchlin représente des scènes de la vie de Marie et de la Passion. Dans le bas-côté droit, on peut admirer le magnifique **retable de la Madeleine★★** (1432) de **Lucas Moser**, qui représente différentes étapes de la vie de la sainte. Dans le chœur, à gauche du maître-autel, est exposé un **ostensoir★** (vers 1500) qui constitue un chef-d'œuvre d'orfèvrerie du gothique tardif.

Schwäbisch Gmünd

54 km à l'est. L'orfèvrerie fait depuis toujours la renommée de Schwäbisch Gmünd ; aujourd'hui encore, la « ville de l'or et de l'argent » compte quelque 70 ateliers. La vaste **place du Marché** *(Marktplatz)* a un caractère baroque affirmé avec ses maisons cossues et sa fontaine de la Vierge à statue double. Quelques édifices à colombages, dont la *Grät* (ancien hôtel de ville) et l'hôpital rappellent cependant la période moyenâgeuse de la cité. La belle **cathédrale Ste-Croix★** *(Heiligkreuzmünster)* du 14e s. surprend par son unique clocheton. L'intérieur en halle est marqué par la statuaire des chapelles ; voir en particulier, dans la chapelle axiale, le *Saint Sépulcre* (vers 1350) avec les gardiens endormis et les trois *Marie*, et dans la chapelle baptismale l'*Arbre de Jessé* (1520) composé de 40 figurines sculptées.

Stuttgart pratique

Informations utiles

Office de tourisme – i-Punkt - *Königstraße 1 a - 70173 Stuttgart - ☎ 0711 22 280 - lun.-vend. 9h-20h, sam. 9h-18h, dim. et j. fériés 11h-18h. Aéroport - ☎ 0711 22 28 240 - 8h-20h - www.stuttgart-tourist.de*

Visites

Guide numérique de poche – Location à l'office de tourisme. Informations multimédia (sons, images) couplées avec un GPS - anglais/allemand - *5 €, 4h.*

Transports

Aéroport – *à 14 km au sud - ☎ 01 805 948 944 - www.stuttgart-airport.com - liaisons S-Bahn S2 ou S3 (25mn, départ toutes les 10 à 20mn de 4h55 à 0h25) du terminal 1.*

Gare centrale (Hauptbahnhof) – *Liaisons avec 13 capitales en Europe - ligne TGV est (3h40 de Paris) - ☎ 01 805 99 66 33.*

Transports en commun – Le VVS unifie le S-Bahn (équivalent du RER), le U-Bahn (métro), les tramways et les bus. Bureau d'information à l'office de tourisme. Ticket simple (2h) 1 € ; Ticket 3 jours (sur présentation de la réservation hôtel, valable pour adulte et deux enfants) 9 € (12,30 € ensemble du réseau).

Stuttcard Plus – Libre circulation sur le réseau durant 3 jours et réductions ou entrées gratuites dans les sites touristiques - *17,50 €.*

Location de vélos – À l'office de tourisme *- mai-oct. - 9,50 €, 6h (6 € Stuttcard).*

Location de voitures

Hertz – Aéroport et gare centrale - *☎ 0711 22 62 921.*

Avis – Aéroport et gare centrale - *☎ 0711 22 37 258.*

Se loger

⊖⊖ Hotel Geroksruhe – *Pischekstraße 70 - ☎ 0711 238 690 - P - 18 ch. - 68 €* . Des chambres fonctionnelles et très soignées font de cet établissement un endroit pratique et pas cher pour passer la nuit à 15mn du centre (tramway 15, arrêt Gerocksruhe). La salle du petit-déjeuner est, avec sa terrasse, particulièrement agréable.

Hotel Bergmeister – *Rotenbergstraße 16 - 0711 26 84 850 - www.hotel-bergmeister.de - fermé 23 déc.-6 janv. - - 37 ch. - 96 €* . Cet établissement (à 5mn du centre, bus 42, arrêt Urachstraße) offre des chambres claires et confortables, certaines avec un grand balcon.

Hotel Rieker – *Friedrichstraße 3 - 0711 22 13 11 - www.hotel-rieker.de - P - 61 ch. - 108 € (offres spéciales en fin de semaine)* . Situé en face de la gare, hôtel idéal pour ceux qui voyagent en train.

Hotel Abalon – *Zimmermannstraße 7 (accès en voiture par le n° 79 de la Olgastraße) - 0711 21 710 - www.abalon.de - P - 42 ch. - 99 €* . Cet édifice moderne avec sa terrasse couverte – où vous prendrez le petit-déjeuner – abrite des chambres spacieuses. Vous séjournerez ici quelque peu à l'écart de l'agitation de la ville, tout en restant proche du centre.

Se restaurer

Alte Kanzlei – *Schillerplatz 5a - 0711 29 44 57 - 19 €.* Une vaste salle, style brasserie, avec lumières tamissés en soirée où l'on sert une cuisine souabe et internationale. Goûter la *Flädlesuppe* (soupe avec des crêpes coupées en lanière). Plaisante terrasse en après-midi pour des formules « goûters ».

Amici – *Lautenschlagerstraße 2 - 0711 227 02 92 - www.amici.de - lun.-jeu. 11h-2h, vend. et sam. 11h-4h, dim. 17h-2h - - réservation - 19/23 €.* Restaurant, café, bar et salon où l'on vient dîner tard, cette adresse « tendance » se distingue par des effets de lumière saisissants. Plats méditerranéens préparés dans la cuisine vitrée – et musique live le week-end.

Cube – *Kleiner Schlossplatz 1 - 0711 280 44 41 - fermé dim. soir - - réservation conseillée - 25 € (soir 44 €).* Une salle aérienne et lumineuse au dernier étage du musée d'Art *(Kunstmuseum)*. Cuisine internationale d'un bon rapport qualité-prix à midi. Carte des vins étoffée.

Faire une pause

Markthalle – *Dorotheenstraße 4 - tlj sf dim. 7h-18h30 (sam. 16h).* Un des plus beaux marchés couverts d'Allemagne, de style Art déco, et plus de 40 étals pour savourer produits du terroir local et du monde entier. Restaurant et magasins dans la galerie supérieure.

Irma la douce - *Neue Brücke 8 (derrière le grand magasin Karstadt dans la Königstr.) - 0711 2 84 88 21 - lun.-sam. 11h-1h.* Délicieuses soupes, sandwichs et des desserts faits maison à consommer sur place ou à emporter. En été, profitez de la grande terrasse.

Brasserie Flo – *Marktstraße 1 - 0711 211 16 61 - fermé dim. et j. fériés.* Cet établissement se trouve dans le Karlspassage du grand magasin Breuninger. Petit-déjeuner, lunchs, gâteaux : il y en a pour tous les goûts – une manière de faire une pause agréable avant de courir de nouveau les magasins.

En soirée

Bon à savoir – Le Bohnenviertel entre Charlotten- et Pfarrstr. est un quartier plein de charme avec une forte concentration de restaurants et de bars. Les rues, pavées pour la plupart, sont en partie réservées aux piétons. De nombreux bars et discothèques sont alignés le long de la Theodor-Heuss-Straße.

Biergarten Karlshöhe – *Humboldtstr. 44 (dans le parc du Karlshöhe, au sud-ouest) - 0711 6 20 06 66 - mars-oct. : 12h-23h30 (par beau temps).* Un *Biergarten* pas facile à trouver, mais qui bénéficie d'une superbe vue sur la ville au couchant.

Achats

Bon à savoir – Les commerces de la ville se concentrent autour de la Königstr. et des rues adjacentes. Le grand magasin par excellence de Stuttgart est Breuninger *(Marktplatz)*. Artisans et antiquaires sont rassemblés dans le *Bohnenviertel* (entre Charlotten- et Pfarrstr.). Pour les boutiques de luxe, se rendre dans le Calwer Passage, près de Rotebühlplatz.

Loisirs et spectacles

Bon à savoir – Avec un opéra de renommée mondiale, une troupe de ballet et quatre orchestres dont deux symphoniques, l'offre de concerts de musique classique est exceptionnelle.

Événements

Cannstatter Volkfest – Fin sept. Fête de la bière et plus de cent attractions.

Hamburger Fischmarkt – Juil. Le marché aux poissons de Hambourg s'installe sur la Karlsplatz.

Fête du vin – Fin août, début sept.

Marché de Noël – Déc.

Bad Wimpfen★★

6 930 HABITANTS
CARTE GÉNÉRALE B4 – CARTES MICHELIN N^{OS} 718 I11 ET 545 X 54
BADE-WURTEMBERG

Dominant le Neckar, la petite cité fortifiée de Bad Wimpfen fut l'ancienne résidence impériale des Hohenstaufen, au 13e s. Elle possède un pittoresque ensemble de maisons à colombages que l'on découvre au fil de ruelles tortueuses. Au pied de la colline où elle s'est établie, s'étendent les salines de Ludwigshalle. Leur exploitation fit la richesse de toute la région, en premier lieu de l'agglomération de Bad Wimpfen im Tal (dans la vallée), groupée autour d'une ancienne collégiale.

- **Se repérer** – À 69 km au nord de Stuttgart, 57 km au sud-est de Heidelberg, 113 km au sud de Wurtzbourg.
- **À ne pas manquer** – Le cloître de la collégiale gothique.
- **Organiser son temps** – Il est agréable de gagner la ville en remontant la vallée du Neckar depuis Heidelberg par la très belle route 37 ou de faire le trajet inverse.
- **Pour poursuivre le voyage** – Maulbronn, Bruchsal, Heidelberg, Schwäbisch Hall.

Se promener

LA VILLE HAUTE★★ (Bad Wimpfen am Berg)

Visite : 1h1/2. Suivre l'itinéraire sur le plan en partant de la Marktplatz.

Palais impérial (Kaiserpfalz)

Derrière l'hôtel de ville subsistent des vestiges du **Palais impérial**, avec d'abord la **tour Bleue** *(Blauer Turm)*, dont le couronnement néoféodal date du 19e s. ; du sommet, occupé comme jadis par un veilleur, panorama sur la ville et sur la vallée. Plus loin, dans la **maison romane** dite **Steinhaus**, au pignon à redans (16e s.), un musée retrace l'histoire de la ville depuis l'occupation romaine.

De la terrasse panoramique dominant la *Steinhaus*, descendez huit marches et suivez le pied de la muraille pour découvrir, à droite, les arcatures romanes à colonnes jumelées par lesquelles prenait jour une galerie de l'ancien palais. La recherche décorative qui s'y manifeste évoque le génie bâtisseur des Hohenstaufen, sous lesquels l'architecture romane atteignit son apogée.

Continuer à longer la muraille et prendre l'escalier à droite pour la franchir, puis monter jusqu'à l'extrémité de l'éperon, au pied de la tour Rouge (Roter Turm), dernière défense

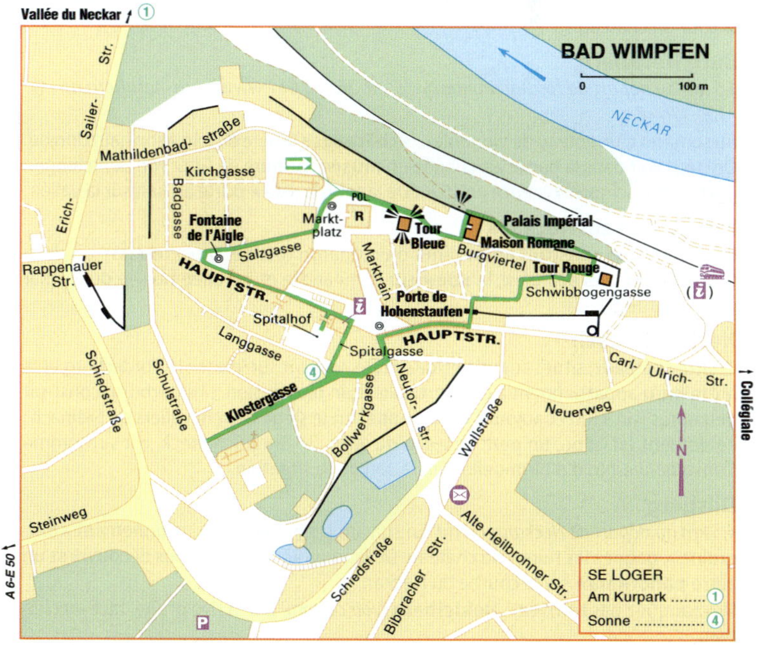

de la forteresse. Revenir vers le centre et passer sous la porte de Hohenstaufen (Hohenstaufentor) pour rejoindre la Klostergasse.

Vieilles rues

Dans la **Klostergasse**, dont les maisons à colombages sont environnées de jardins, on remarque sur la gauche les anciennes étuves *(Bad-Haus)*, reconnaissables à leur galerie extérieure.

Revenir au carrefour de la Langgasse et emprunter à droite une venelle très étroite qui débouche sur la **Hauptstraße★**.

Au n° 45 s'ouvre la cour d'un ancien hôpital *(Spitalhof)*, l'un des plus vieux bâtiments de Wimpfen ; remontez la rue, aux enseignes joliment ouvragées, et passez devant la **fontaine de l'Aigle** *(Adlerbrunnen)*, réalisée en 1576, avant de regagner la Marktplatz par la Salzgasse.

LA VILLE BASSE (Bad Wimpfen im Tal)

Collégiale (Stiftskirche)

À Bad Wimpfen im Tal par la Carl-Ulrich-Straße. ✆ 07 063 97 040 - visite guidée (1h) sur demande préalable. La collégiale gothique dédiée à saint Pierre a conservé, d'un édifice roman antérieur, un ouvrage ouest d'une simplicité frappante. Le **cloître★★** montre la progression du style gothique évoluant vers la sécheresse. La galerie est, de la fin du 13e s., témoigne de la « pleine époque » par la pureté des lignes de ses fenestrages à trois ou quatre lobes et son décor sculpté. La galerie nord (vers 1350), de dessin déjà plus anguleux, forme transition avec la galerie ouest (fin 15e s.), grêle et froide.

Circuit de découverte

LA VALLÉE DU NECKAR★ (NECKARTAL)

74 km – environ 4h.

En aval de Bad Wimpfen, le Neckar, recoupant le massif gréseux de l'Odenwald, coule entre des versants boisés sur lesquels se dressent des châteaux. Cet affluent du Rhin est un pur lieu de détente où l'on peut s'initier aux joies du canotage. Ouvert à la grande batellerie rhénane, le fleuve connaît un trafic intense.

Burg Guttenberg

✆ 06 266 91 022 - www.burg-guttenberg.de - avr.-oct. : 10h-18h ; mars et nov. : w.-end (en fonction du temps) 10h-17h - fermé déc.-fév. - 4 €.

Protégé du côté de la montagne par un impressionnant mur de défense, ce **château** conserve de curieuses collections d'**archives et d'objets d'art★**. Remarquer la bibliothèque de bois du 18e s., dont les plantes sont enfermées dans 92 faux livres en bois, et le retable de la Vierge au manteau (15e s.). Spectacles de fauconnerie dans la cour du château.

Burg Hornberg

1,5 km au départ de Neckarzimmern - ✆ 06 261 50 01 - www.burg-hornberg.de - ♿ - 10h-17h - 3 €.

Au sommet d'un coteau de vignobles, le **château** se repère de loin à son haut donjon. On peut voir dans la partie aménagée en **musée** l'armure de Götz von Berlichingen qui termina ici son existence en 1526. De la tour, la **vue★** porte au loin sur la vallée.

Hirschhorn am Neckar★

Le château est construit au sommet d'un éperon fortifié. De la terrasse ou de la tour *(121 marches pénibles)*, la **vue★** sur le méandre et la vallée boisée du Neckar est majestueuse.

Neckarsteinach

Quatre châteaux, situés sur une étroite crête, veillent sur le site : le Vorderburg et le Mittelburg appartiennent à des particuliers ; le plus ancien, l'Hinterburg, construit peu après l'an 1100 et aujourd'hui en ruine, fut le siège des chevaliers de Steinach ; également en ruine, un petit château du 13e s., le Burg Schadeck, est surnommé *Schwalbennest* (nid d'hirondelles) en raison de sa situation.

Dilsberg

4,5 km au départ de Neckargemünd. En suivant les panneaux de jalonnement « Burgruine », gagnez les ruines du château. De la tour *(97 marches)*, vous découvrirez un autre **panorama★** sur la courbe du Neckar.

Ne manquez pas l'arrivée à **Heidelberg** *(voir ce nom)* par la rive droite, face au château.

Bad Wimpfen pratique

Informations utiles

Office de tourisme – *Carl-Ulrich-Straße 1 - 74206 Bad Wimpfen - ☏ 07063 972 00 - www.badwimpfen.de - avr.-oct : lun.-vend. : 9h-18h, sam.-dim. 10h-12h30, 13h-14h30 ; nov.-mars : lun.-vend. 9h-13h, 14h-17h.*

Se loger

Am Kurpark – *Kirschenweg 16 - ☏ 07063 977 70 - www.amkurpark.de - fermé de mi-déc. à mi-janv. - P - 9 ch. - 87 €* . Cet hôtel-pension présente plusieurs atouts : sa situation calme à proximité du parc thermal, ses chambres confortablement aménagées (six chambres doubles avec balcon) et son accueil.

Sonne – *Langasse 3 - ☏ 07 063 245 - www.sonne-wimpfen.de - fermé 21 déc.-18 janv. - 18 ch.- 85 € - rest. 30 €.* Deux belles maisons à colombages de la vieille ville abritent les chambres rustiques et fonctionnelles de cet hôtel, qui offre un confort moderne dans un bâtiment ancien. Les restaurants Friedrich et Feyerabend sont associés à l'établissement.

Schwäbisch Hall★★

36 300 HABITANTS
CARTE GÉNÉRALE B4 – CARTES MICHELIN N^OS 718 I11 ET 545 AB 55
BADE-WURTEMBERG

Cachée dans la vallée de la Kocher, la ville s'accroche sur des versants abrupts que viennent parcourir ruelles ondulées et escaliers. Cette cité s'est développée autour de sources salines déjà connues des Celtes. Au Moyen Âge, elle s'est rendue célèbre par la frappe de la monnaie impériale, les Heller. Ses maisons à colombages remarquablement restaurées et la tranquillité qui y règne font de Schwäbisch Hall une cité authentique et plus calme que ses prestigieuses voisines, Heidelberg ou Rothenbourg.

- **Se repérer** – À 133 km à l'ouest de Nuremberg, 95 km au nord de Stuttgart, 112 km à l'est de Heidelberg, 96 km au sud de Wurtzbourg.
- **À ne pas manquer** – La vue sur la vieille ville de la Galerie Würth, une promenade sur les bords de la Kocher.
- **Pour poursuivre le voyage** – Stuttgart, la Route romantique (à rejoindre à Rothenbourg), Bad Wimpfen.

Visiter

Place du Marché★★ (Marktplatz)

Aménagée sur un terrain en pente, la belle place est dominée par l'escalier monumental de l'église St-Michel (54 marches) sur lequel évoluent les acteurs d'un festival consacré, de juin à août, à des œuvres de la littérature classique mondiale. Autour

T. Krieger / MICHELIN

Maisons à colombages et pont sur les bords de la Kocher.

de la place se succèdent des maisons de tous styles architecturaux, du gothique au baroque.

Depuis 1509, la **fontaine** *(Marktbrunnen)* s'appuie sur un mur orné des statues de Samson, saint Michel et saint Georges combattant les démons *(copies, originaux au Musée historique)*. La construction, dont le plan rectangulaire est exceptionnel pour une fontaine gothique, englobe la colonne du pilori qui servait à punir les délits mineurs par l'humiliation publique. Face à l'église se dresse l'élégant bâtiment de l'**hôtel de ville★**, de style baroque tardif (1730 à 1735), avec une saillie centrale légèrement élancée et une belle tour d'horloge.

Les deux rues parallèles de l'**Obere Herrngasse** et de l'**Untere Herrngasse**, reliées par des escaliers, ont gardé de nombreuses maisons à colombages des 15ᵉ et 16ᵉ s.

L'or blanc de Hall

Le mot *Hala* signifie « sel » en vieil allemand. Les Celtes avaient trouvé ici une source d'eau salée qu'ils exploitaient déjà vers 500 av. J.-C. Redécouverte en l'an 800 de notre ère, la saline a rapidement apporté prospérité et renommée à la ville de Hall. Pompée depuis un puits creusé à l'emplacement actuel de la Haalplatz, la saumure verte était traitée par des « bouilleurs » qui alimentaient d'énormes feux de bois afin de faire évaporer l'eau. Le sel résultant de l'opération, qu'on disait très blanc, très fin et de grande qualité, fut utilisé jusqu'en 1924. La ville de Hall fut rebaptisée Schwäbisch Hall en 1934.

Église St-Michel (Michaelskirche)

La tour romane à couronnement Renaissance qui donne sur le grand escalier abrite une statue de St-Michel terrassant le dragon (1290). L'**intérieur★**, d'ordonnance romane, fut transformé au 15ᵉ s. en halle gothique et reçut au 16ᵉ s. son chœur flamboyant. De la décoration, particulièrement riche, se détachent un crucifix du sculpteur Michel Erhard d'Ulm (1494) et *(à gauche de l'autel)* un tabernacle en dentelle de pierre haut de 15 m.

Musée historique (Hällisch-Fränkisches Museum)

☎ 0791 75 12 89 - www.schwaebischhall.de - ♿ en partie - tlj sf lun. 10h-17h - fermé Vend. saint, 24-25 et 31 déc. - 2,50 €. Le musée est aménagé dans six bâtiments historiques, parmi lesquels une tour de huit étages et un ancien moulin. Outre la géologie et la préhistoire en Franconie, des sections évoquent l'histoire de Hall depuis le Moyen Âge jusqu'à la fin de son époque de ville impériale en 1802.

Vous y apprendrez l'histoire du Heller, du commerce du sel dans la région, du grand incendie de 1728 qui ravagea toute la ville ; vous pourrez aussi découvrir les figurines d'ivoire de Leonhard Kern, un sculpteur du 17ᵉ s. qui puisait son inspiration dans ses souvenirs de voyage en Italie et en Afrique.

Les berges de la Kocher★

Du pont Henkersbrücke et surtout du débouché de la rue Am Spitalbach sur le quai *(Salinenstraße)*, on a une jolie **vue** sur les constructions à colombages du café Ilge et sur le chevet de l'ancienne église St-Jean.

La Mauerstraße *(quais rive gauche)* et l'île d'Unterwöhrd offrent une belle **vue d'ensemble★** sur le vieux quartier dont les toits s'enchevêtrent au pied de l'église St-Michel et de l'imposante construction du **Büchsenhaus** (1527) ou *Neubau*, l'ancien arsenal. Pour l'agrément de votre promenade, n'hésitez pas à emprunter les passerelles de bois couvertes qui enjambent les bras de la rivière.

Galerie Würth★★

Lange Straße 35 - ☎ 0791 946 720 - www.kunst.wuerth.com - tlj 10h-18h - fermé 24 et 31 déc. -gratuit. La prodigieuse collection d'art moderne réunie par l'industriel Reinhold Würth dispose, depuis 2001, d'un lieu d'exposition à la hauteur des 10 000 œuvres, propriété de l'entreprise. L'architecte Henning Larsen a conçu un bâtiment exemplaire pour son intégration dans un site ancien et qui offre une fenêtre sur la ville et jusqu'à l'abbaye de Großcomburg. Deux à trois expositions temporaires sont organisées chaque année, complétées par des prêts de plus grands musées d'art du monde.

Aux alentours

Abbaye de Großcomburg★ (Benediktinerkloster Großcomburg)

3 km au sud. ☎ 0791 93 81 85 - visite guidée (30mn) - d'avr. à fin oct. : tlj sf lun. à 11h, 13h, 14h, 15h et 16h, w.-end à 14h, 15 et 16h - 2,50 €. L'ancienne abbaye bénédictine dont

Le monastère de GroßComburg.

les origines remontent à 1078 est protégée par un mur fortifié circulaire ponctué de tourelles. L'église a gardé ses trois tours romanes ; le reste de l'édifice fut rebâti en 1715 dans un style baroque assez sobre.

Le **lustre★★★** *(Leuchter)* roman en forme de couronne (1130), exécuté en fer recouvert de cuivre doré, est l'un des plus précieux d'Occident avec ceux d'Aix-la-Chapelle et de Hildesheim. Il représente la « Jérusalem céleste » qu'habitent saints, martyrs, anges et philosophes détaillés à travers 412 figures.

Le **devant d'autel★** *(antependium)* du maître-autel en cuivre doré repoussé, de la même époque, représente le Christ entre les apôtres. Les encadrements sont traités en émail cloisonné ou en filigrane.

Musée de Plein Air du Hohenlohe★ (Hohenloher Freilandmuseum)

À Wackershofen, 5 km au nord-ouest. ✆ 0791 97 10 10 - www.wackershofen.de - mai-sept. : 9h-18h ; avr. et oct. : 10h-17h - possibilité de visite guidée (2h) - 5,50 €.

Une cinquantaine de bâtiments reconstruits évoquent fidèlement l'habitat rural du milieu du 16e s. à la fin du 19e s. dans le nord du Wurtemberg. Exposition de meubles et d'outils agricoles.

Schwäbisch Hall pratique

Informations utiles

Office de tourisme – *Am Markt 9 - 74523 - ✆ 0791 751 246 - www.schwaebischhall.de - mai-sept. : 9h-18h (sam. dim. 10h-15h) ; oct.-avr. : tlj sf sam.-dim. 9h-17h. Plan de visite de la ville en français.*

Se loger

Hotel Sölch – *Hauffstraße 14 - ✆ 0791 94 66 466 - www.hotel-soelch.de - fermé 24 déc.-6 janv. - P - 24 ch. 69 €.* Quinze minutes de marche suffisent pour gagner la vieille ville depuis cet hôtel accueillant. Pain et petits pains frais tous les jours, fabriqués sur place.

Se restaurer

Sonne – *Gelbinger Gasse 2 - ✆ 0791 97 08 40 - fermé lun. ; sept.-avr., le dim. soir - réservation conseillée - 29 €.* Plats régionaux à la carte de cet agréable restaurant au centre de Schwäbisch Hall. *Biergarten* aménagé dans la cour intérieure.

Faire une pause

Sudhaus – *Lange Straße 35 (Galerie Würth) - ✆ 0791 946 72 70 - www.sudhaus-sha.de - tlj 9h-24h ; restaurant : jeu.-lun. 12h-14h, 18h-22h.* Un restaurant-café installé dans une ancienne brasserie (microbrasserie en activité) et une terrasse au sommet d'une tour. Savoureuse cuisine internationale.

Événements

Fête du Gâteau et des Fontaines (Kuchen und Brunnenfest) – Pentecôte. Spectacle historique des sauniers.

Fête des nuits d'été – Fin août. Concerts au bord du Kocher à la lumière de 30 000 lampions.

Tübingen★★

83 140 HABITANTS
CARTE GÉNÉRALE B4 – CARTES MICHELIN N°s 718 I12 ET 545 W 60
BADE-WURTEMBERG

Dynamique et francophile, une vie étudiante au passé prestigieux anime Tübingen jusqu'en son cœur moyenâgeux. Marquée par la présence militaire française et des jumelages anciens, la ville garde un lien fort avec l'Hexagone à travers son université, parmi les plus réputées d'Allemagne, et l'Institut culturel franco-allemand. Le Neckar trace une paisible ligne bleue bordée de vert au pied de la cité. La vieille ville, ravissante avec ses maisons à pans de bois et ses ruelles en pente, est encadrée par les deux collines du Schlossberg et de l'Österberg à la verdure reposante.

- **Se repérer** – À 40 km au sud de Stuttgart, 130 km à l'est de Strasbourg.
- **À ne pas manquer** – La folle course de barque le premier jeudi de juin, la vue sur la ville et les environs du château de Hohentübingen.
- **Pour poursuivre le voyage** – Stuttgart, le Jura souabe, la Forêt-Noire.

Comprendre

L'université – On dit que Tübingen n'a pas d'université, mais qu'elle est une université, tant la ville est imprégnée, dans son histoire et sa vie spirituelle, de son *alma mater*. Tout commence en 1477, lorsque le comte Eberhard le Barbu décide de fonder une université dans une petite ville ne comptant que 3 000 âmes. Les 300 premières inscriptions sont le début d'une histoire à succès qui se prolonge jusqu'à nos jours. L'université de Tübingen réunit aujourd'hui 16 facultés ; 25 000 étudiants y sont inscrits dans pas moins de 74 disciplines.

L'université et le séminaire protestant *(Stift)* fondé en 1536 ont engendré des personnalités telles que les poètes Hölderlin, Mörike et Uhland ; c'est également ici qu'œuvrèrent l'astronome Kepler et l'humaniste Melanchthon. Wilhelm Schickard a inventé en 1623 à Tübingen la première machine à calculer, qui fut longtemps attribuée à Blaise Pascal. Friedrich Miescher découvrit ici en 1869, à l'âge de 25 ans, l'acide désoxyribonucléique (ADN). Et Christine Nüsslein-Volhard obtint en 1995 le prix Nobel de médecine pour ses travaux sur le développement embryonnaire.

L'université est aussi un berceau de la philosophie idéaliste avec Hegel et Schelling, formés à Tübingen, qui donnèrent un prolongement à la pensée de Kant.

Se promener

LA VIEILLE VILLE★★

1h. Au départ de l'office de tourisme, s'engager sur le pont.

Eberhardsbrücke

Ce pont offre une **vue★** fort pittoresque sur le Neckar : derrière les feuillages épars des saules pleureurs surgissent les toits des maisons et la tour d'Hölderlin ; à gauche s'étire la **Platanenallee**, belle promenade sur la rive du Neckar. Avec un peu de chance, vous verrez passer quelques barques mues au moyen de longues rames, les « gondoles de Tübingen ».

Sitôt franchi le pont, descendre sur les berges par un escalier.

Tour Hölderlin (Hölderlinturm)

070 71 22 040 - 10h-12h, 15h-17h, w.-end 14h-17h - fermé lun. - 2,50 €.

Vestige des anciennes fortifications, elle fut habitée par le poète Hölderlin de 1807 à sa mort, en 1843. Elle abrite aujourd'hui diverses expositions et manifestations.

Prendre à droite devant la tour, puis à gauche dans la Bursagasse. On longe le premier hôpital universitaire de Tübingen (Burse) avec son double escalier, puis le séminaire protestant (Evangeslisches Stift) où étudièrent ensemble Hegel, Hölderlin et Schelling. On monte ensuite au château par la Burgsteige. Au n° 20, une intéressante maison de corporation étudiante.

Château de Hohentübingen (Schloss Hohentübingen)

L'édifice, bâti sur les fondations du château élevé au milieu du 11e s. par le comte de Tübingen, date de la Renaissance. On y entre par un splendide portail (1606) construit dans le style d'un arc de triomphe romain. Délaissé au 18e s., le château a été restauré à partir de 1974 et abrite aujourd'hui un musée et des instituts universitaires. Le château sert par ailleurs de domicile à la plus grande colonie de chauves-souris d'Allemagne du Sud. Dérangées en 1995 par les travaux de restauration de la charpente, elles sont allées tout simplement s'installer dans la cave, de sorte qu'il n'est maintenant plus possible d'y contempler le gros tonneau de 1548, d'une contenance de 850 hl.

Musée d'Archéologie★ – *✆ 07071 297 73 84 - www.uni-tuebingen.de - mai.-sept. : merc.-dim. 10h-18h ; oct.-avr. : 10h-17h - possibilité de visite guidée (1h) - fermé 1er janv., 24-25 déc. - 3 €.* Dans le département de préhistoire et de protohistoire sont exposées des pièces d'une rareté exceptionnelle, tel le **petit cheval en ivoire★** trouvé dans la grotte du Vogelherd, datant de plus de 30 000 ans, l'un des plus anciens objets d'art du paléolithique inférieur. Les départements d'antiquités classiques, d'égyptologie et d'antiquités orientales disposent également de pièces de grande valeur, notamment la **chambre cultuelle★** d'un tombeau de l'Ancien Empire (3e millénaire av. J.-C.), entièrement couverte de reliefs. L'intéressante collection de plâtres de statues antiques est hébergée dans la salle des Chevaliers, dont l'oriel d'apparat, de 1537, est orné d'une splendide voûte en étoile.

La **terrasse** du château offre des vues saisissantes sur le Neckar et les toits de la vieille ville.

Redescendre par la même rue puis tourner à gauche dans la Wienergäßle pour déboucher dans la place du Marché.

Place du Marché★ (Am Markt)

La vieille place du Marché, occupée au centre par la fontaine de Neptune décorée des statues des quatre saisons de style Renaissance, fourmille d'activités les jours de marché *(lundi, mercredi, vendredi)*. Son charme doit beaucoup aux maisons anciennes à colombages qui l'encadrent. Sur la façade de l'**hôtel de ville★** *(Rathaus)* du 15e s., les sgraffites (décorations murales obtenues par grattage) datent de 1876 ; ils représentent

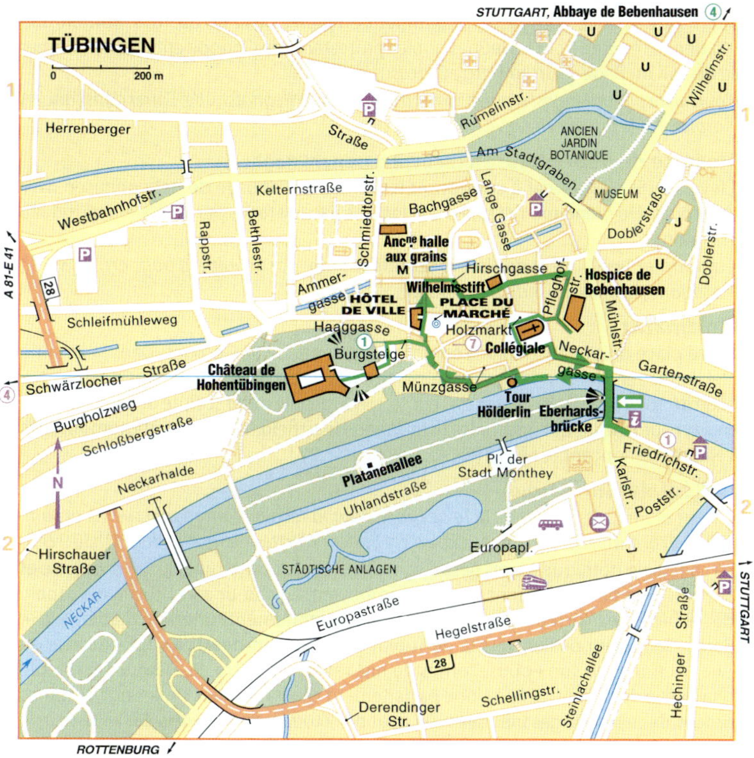

SE LOGER

Am Schloss 1

Metropol 4

SE RESTAURER

Casino 1

Schwärzlocher Hof 4

Weinstube Forelle 7

Façades sur le Neckar.

des allégories de la justice, de l'agriculture et des sciences, ainsi que des célébrités de la ville. L'horloge astronomique (1511) accrochée au pignon est de Johann Stöfler.

Descendre dans Marktgasse jusqu'au musée de la Ville (Stadtmuseum), ancienne halle aux grains du 15e s. Prendre à droite dans Kornhausstraße, puis Hirschgasse et Collegiumgasse.

Wilhelmsstift

Au n° 7 de la Collegiumgasse, ce bâtiment en pierre de la fin du 16e s. abritait une académie réputée pour les jeunes nobles protestants de l'Europe entière. Remarquer le blason du Bade-Wurtemberg au-dessus du portail.

Poursuivre par Hafengasse, puis tourner à droite dans Pfleghofstraße. Entrer dans l'ancien hospice par le porche en ogive.

Hospice de Bebenhausen (Bebenhausener Pfleghof)

Élevé au 15e s., il servait à entreposer les dîmes de l'abbaye de Bebenhausen *(voir Alentours)*. Du grand toit fait saillie une lucarne à trois étages par où étaient introduits les grains.

Contourner le bâtiment par le haut et resdecendre par Schulberg pour arriver sur la Holzmarkt, la place du marché au bois.

Holzmarkt

Cette place doit beaucoup de son attrait à la fontaine St-Georges. Dans la librairie Heckenhauer (Holzmarkt 5), l'écrivain Hermann Hesse passa ses années d'apprentissage de 1895 à 1899. Au chevet de l'église, remarquer le motif sculpté de saint Georges martyr sur la roue qui inspira l'artiste Johen Heartfield, auteur de photomontages célèbres dénonçant le nazisme.

Collégiale (Stiftskirche)

Chœur et tour, de Pâques à l'acte de grâce pour la récolte (Erntedank) : vend. et sam. 11h30-17h, dim. 12h45-17h ; vac. scol. d'été Baden-Württemberg : tlj sf lun. 11h30-17h.

La collégiale gothique à trois nefs d'égale hauteur fut construite au 15e s. Le jubé et la **chaire★** à baldaquin sont de style flamboyant. Le chœur constitue la nécropole des princes de Wurtemberg. On peut y voir le monument funéraire d'Eberhard le Barbu, fondateur de l'université de Tübingen, et les **tombeaux★★** Renaissance du duc Louis II et de son épouse, ornés de fins reliefs d'albâtre. Remarquer le retable d'un élève de Dürer (1520), le jubé parfaitement conservé et les stalles polychromes ornées de personnages bibliques. Du haut de la tour, la **vue★** porte sur le Neckar, le promontoire du château et, au loin, le Jura souabe.

Redescendre vers le Neckar par les escaliers à droite de la collégiale.

Aux alentours

Abbaye de Bebenhausen★ (Kloster Bebenhausen)

6 km au nord par la Wilhelmstraße. ✆ 07 071 60 28 02 - www.kloster-bebenhausen.de - possibilité de visite guidée avr.-oct. : lun. 9h-12h, 13h-18h, mar.-dim. 9h-18h ; nov.-mars : tlj sf lun. 10h-12h, 13h-17h - 3 €. L'ancienne abbaye cistercienne fondée en 1180 dans la solitude de la forêt de Schönbuch est un exemple intéressant de l'architecture romano-gothique allemande. Quelques éléments romans sont encore visibles dans l'église très restaurée.

Au 15e s., Bebenhausen était réputé être le plus riche des monastères du Wurtemberg; il possédait alors plus de 30 000 ha de terres. C'est de cette époque prospère que date le **lanterneau★**, marque distinctive de l'abbaye, qui a été construit de 1407 à 1409 par les convers du monastère de Salem et dont l'ouvrage en filigrane, véritable broderie dans la pierre, constitue un chef-d'œuvre d'architecture gothique. L'abbaye fut dissoute en 1535, mais une petite communauté catholique s'y maintint jusqu'en 1560. La même année, une école monastique protestante s'installa ici et subsista jusqu'en 1807. Enfin, de 1947 à 1952, le parlement du minuscule État de Wurtemberg-Hohenzollern siégea dans ces murs historiques.

Cloître – De style flamboyant (1475-1500), il présente de belles voûtes en réseau. En face du lavabo s'ouvre le **réfectoire d'été★**, lumineux et orné de fines peintures, qui a été bâti vers 1335 et dont la voûte repose sur trois colonnes libres. À voir également la salle capitulaire, le parloir et la salle des moines. L'aile ouest abrite le réfectoire d'hiver, orné d'un tableau historique de 1490. Poêle de faïence du milieu du 16e s. L'étage est occupé par le **dortoir**, qui a été divisé en cellules au début du 16e s.

Château – . Le roi Charles de Wurtemberg a érigé à partir de 1870 un pavillon de chasse dans l'ancienne maison seigneuriale. C'est ici que se retira le dernier roi de Wurtemberg, Guillaume II, après son abdication; sa veuve, Charlotte, vécut encore dans le pavillon de chasse jusqu'en 1946. Les pièces du château, de par leurs dimensions modestes et la simplicité de leur ornementation – on est loin du faste qu'affichent de coutume les demeures royales – ont un caractère presque intime.

Tübingen pratique

Informations utiles

Office de tourisme – *An der Eberhardsbrücke - 72072 Tübingen - ☏ 070 71 913 60 - www.tuebingen-info.de - lun.-vend. 9h-19h, sam. 10h-16h, dim. 11h-16h.*

Se loger

⊖⊖ **Hotel Am Schloss** – *Burgsteige 18 - ☏ 07071 92 940 - www.hotelamschloss.de - P - 37 ch. - 98 € - rest. 21 €.* Cet hôtel soigné en contrebas du château est installé dans deux maisons anciennes à pans de bois. Cuisine souabe au restaurant et jolie terrasse de petit-déjeuner.

⊖⊖ **Hotel Metropol** – *Reutlinger Straße 7 - ☏ 07071 910 10 - P - - - 12 ch. - 83 €* . Petit hôtel en périphérie de la ville et qui domine les toits de Tübingen. Chambres propres, modernes. La vieille ville est accessible à pied.

Se restaurer

⊖ **Casino** – *Wöhrdstraße 25 - ☏ 07071 240 94 - www.casino-am-neckar.de - ouvert tlj à partir de 11h, fermé le dim. à partir de 21h - 15 €.* Ambiance de brasserie moderne au bord du Neckar. Poissons à la carte et spécialités souabes. Terrasse et *Biergarten* en été.

⊖⊖ **Weinstube Forelle** – *Kronenstraße 8 - ☏ 07071 240 94 - www. weinstube-forelle.de - 17 €.* Très fréquenté le soir par les étudiants et par les touristes. Dans un cadre soigné, un personnel accueillant vous servira des plats typiquement souabes.

⊖⊖ **Schwärzlocher Hof** – *Schwärzloch 12,5 km à l'ouest de la ville, quitter Tübingen par Schwärzlocher Str. entre Schleifmühleweg et Burgholzweg - ☏ 07071 43 362 - www.hofgut-schwaerzloch.de -merc.-dim. 11h-22h - fermé du 25 déc. à mi-fév. - - 16 €.* Chœur d'une église du 12e s. intégré dans une ferme-auberge située en pleine campagne. De la terrasse, vue splendide sur les environs. On vous sert du *Most* (cidre brut) et des plats traditionnels.

Faire une pause

Hanseatica – *Hafengasse 2 - ☏ 07071 517 84 - lun.-vend. 8h30-18h30, sam. 8h30-16h, fermé dim.* Une institution de la ville depuis 1959 où l'on vient boire un café debout dans les odeurs de grains torréfiés.

Die Kelter – *Schmiedtorstr. 17 - ☏ 07071 25 46 90 - www.diekelter.de - café : lun.-vend. 9h30-23h, sam. 9h30-16h, bar : lun.-merc. jusqu'à 1h, jeu.-sam. jusqu'à 2h, dim. 17h-1h - fermé les deux premières sem. en janv.* Cette maison à colombages rassemble un café-restaurant, un bar, une épicerie aux spécialités méditerranéennes et un détaillant en vins (crus régionaux et internationaux : dégustation sur place ou vente à emporter).

En soirée

Schöne Aussichten – *Wilhelmstr. 16 - ☏ 07071 2 28 84 - www.schoene-aussichten-tuebingen.de - 10h-1h.* Ce café à l'ambiance décontractée propose différents en-cas sucrés et salés. Petits-déjeuners (plusieurs formules) servis de 10h à 18h (Tübingen est une ville étudiante!).

Sports et loisirs

Bootsvermietung H. Märkle – *Eberhardsbrücke (derrière l'office de tourisme) - ✆ 07 071 3 15 29 - www. bootsvermietung-tuebingen.de - avr.-sept. : 11h-18h - pour 1h : barque à rames à partir de 7,50 €, pédalo à partir de 10 €, Stocherkahn à partir de 48 € (jusqu'à 12 pers.).* Ramez en toute tranquillité autour de l'île dans le Neckar tout en profitant de belles perspectives sur la vieille ville. Plus reposante est la promenade en *Stocherkahn*, sorte de gondole conduite par un batelier (réservation recommandée 4-5 jours à l'avance).

Événements

Stocherkahnrennen – Premier jeudi de juin. Spectaculaire course de barques entre quarante corporations étudiantes.

Le Jura souabe★

Schwäbische Alb

CARTE GÉNÉRALE B4 – CARTES MICHELIN N^OS 718 I13 ET 545, DE Z 59 À X 64
BADE-WURTEMBERG

À l'est de la Forêt-Noire, entre Stuttgart et le lac de Constance, les hauts plateaux calcaires du Jura souabe culminent à 1 015 m, au Lemberg. Le « toit » de l'Allemagne du Sud dessine un relief karstique jalonné de grottes, de landes à genévriers et de gorges encaissées. Là, entre de hautes falaises, le Danube creuse son passage. Voilà un paradis qui réjouira les randonneurs, les cyclistes et les amateurs de vieilles pierres. Au sud de la longue falaise du Neckar, les bâtisseurs de châteaux ont dressé sur des buttes les demeures de deux dynasties glorieuses, celles des Hohenstaufen et des Hohenzollern.

- **Se repérer** – À 34 km au sud-est de Stuttgart (départ du circuit de découverte n° 1), à 31 km au sud de Tübingen (départ du circuit de découverte n° 2).
- **À ne pas manquer** – Les gorges du Danube en aval de l'abbaye de Beuron.
- **Organiser son temps** – Compter un jour et demi pour parcourir les deux itinéraires routiers.
- **Pour poursuivre le voyage** – Tübingen, Stuttgart, le plateau de Haute-Souabe et l'église de Zwiefalten, le lac de Constance.

Adresses utiles

Office de tourisme de Bad Urach – *Markplatz 1 - 72574 - ✆ 07 125 94 81 06 - www.schwaebischealb.de*

Office du tourisme de Sigmaringen – *Fürst-Wilhelm-Straße 15 - 72488 - ✆07571 106 222 - www.sigmaringen.de*

Circuits de découverte

DE KIRCHHEIM UNTER TECK AU CHÂTEAU DE HOHENZOLLERN 1

125 km – une journée.

Kirchheim unter Teck

L'**hôtel de ville** à colombages (1724) dresse sa tour à clochetons à la croisée des rues principales.

Holzmaden

Musée Hauff★ *(Urwelt-Museum Hauff, suivre le fléchage) - ✆ 07 023 28 73 - www. urweltmuseum.de - ♿ - tlj sf lun. 9h-17h - fermé 1er janv., 25 et 31 déc. - 5 €.*

Il rassemble des sauriens, des poissons, des lis de mer et des ammonites, découverts dans des couches schisteuses jurassiennes datant d'environ 180 millions d'années.

Château de Reußenstein

20mn à pied AR. Gagner le bord de l'escarpement pour apprécier le **site★★** de Reußenstein dominant le fond de la combe de Neidlingen. Du belvédère aménagé sur les ruines, **vue★** sur la combe et, au-delà, sur la plaine de Teck.

À partir de Wiesensteig (maisons à colombages), le parcours emprunte un tronçon de la « route du Jura souabe » (Schwäbische Albstraße) jalonnée de flèches de signalisation bleu-vert.

Bad Urach

Cette jolie ville regroupe ses maisons à colombages autour de la Marktplatz.

Cascade d'Urach (Uracher Wasserfall)

1/4h à pied AR. Laisser la voiture sur le parking portant le panneau « Aussicht 350 m ». Belle **vue★** sur la combe et la cascade, peu fournie en été.

Château de Lichtenstein

✆ 07 129 41 02 - www.schloss-lichtenstein.de - avr.-oct. : 9h-17h30 ; fév.-mars et nov. : tlj sf lun. 10h-16h - fermé déc.-janv. - 5 €. Bâti sur un piton rocheux défendu par une coupure naturelle, il fut complètement refait et décoré dans le style « troubadour » en 1842. À droite du pont d'accès, profiter d'abord des deux belvédères (sur la vallée de l'Echaz et sur le château).

Grotte des Ours (Bärenhöhle), à Erpfingen

✆ 071 28 92 518 - de déb. avr. à déb. nov. : 9h-17h30 ; mars et nov. : w.-end 9h-17h - possibilité de visite guidée (30mn) - 3 €. La cavité principale de cette grotte recèle de belles concrétions, ainsi que le squelette d'un ours debout.

À Onstmettingen, suivre « Nädelehaus » et « Raichberg ».

Raichberg★

1/2h à pied AR. De l'hôtel, gagner, au-delà d'une tour, le rebord du plateau (956 m) d'où la **vue★** se dégage sur la retombée du Jura souabe et le château de Hohenzollern.

Par Thanheim, rejoindre le château de Hohenzollern.

DE HOHENZOLLERN À SIGMARINGEN★ 2

89 km – une demi-journée.

Le berceau des Hohenzollern – La famille des comtes issus de Zollern prend une influence grandissante à partir du 11e s., et donne naissance à la dynastie des Hohen-

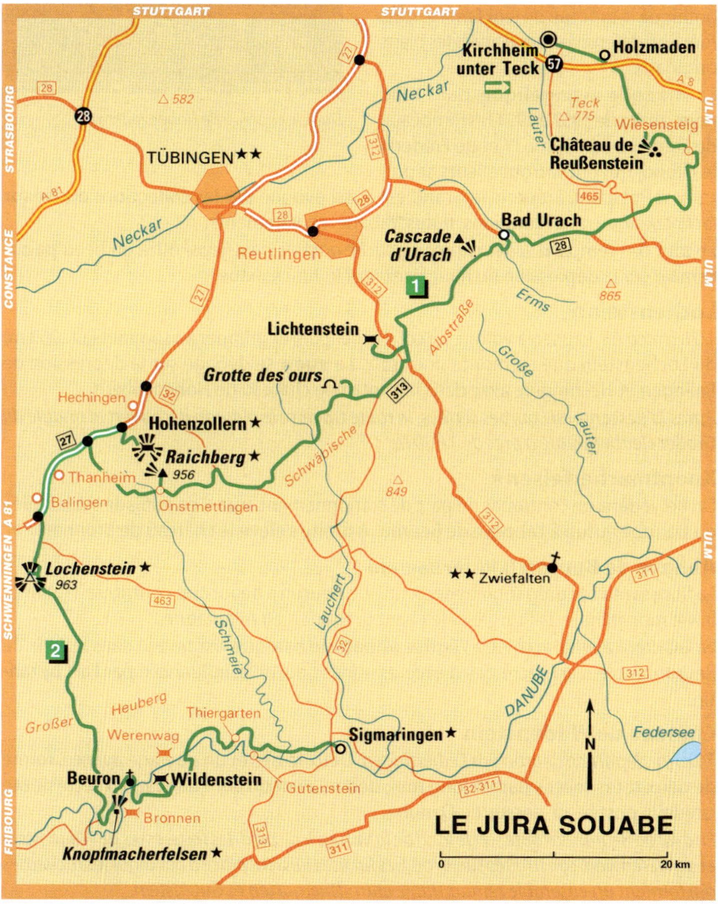

zollern qui va se ramifier en plusieurs branches au cours des siècles. En 1415, l'empereur Sigismond offre aux Hohenzollern de Franconie la marche de Brandebourg et les fait ainsi princes-électeurs. En 1618, ils héritent du duché de Prusse qui devient sous leur direction une grande puissance européenne au 18e s. En 1871, profitant d'un front commun des États de la confédération contre la France, le roi de Prusse Guillaume Ier fonde l'Empire allemand et en devient empereur. Mais à peine un demi-siècle plus tard, la défaite et la révolution qui suivent la Première Guerre mondiale mettent un terme à la domination des Hohenzollern : le 9 novembre 1918, Guillaume II doit abdiquer.

Château de Hohenzollern★

✆ 074 71 24 28 - www.burg-hohenzollern.com - visite guidée (35mn) - de mi-mars à fin oct. : 9h-17h30 ; de nov. à mi-mars : 10h-16h30 - fermé 24 déc. - 8 €.

De quelque côté qu'on le découvre, le château de Hohenzollern, élancé, hérissé de tours, apparaît sur sa colline détachée du Jura souabe, comme surgi pour un décor de légende. Le site★★★ et l'histoire de la dynastie qui y est née, plus que le bâtiment même du château, justifient sa célébrité.

De l'ancien château élevé au 11e et 15e s., tombé en ruines au 18e s., il subsiste encore les casemates et la chapelle catholique **St-Michel** *(Michaeliskapelle)*, dont les vitraux passent pour être les plus anciens d'Allemagne du Sud. En 1850, les Hohenzollern firent appel aux architectes prussiens von Prittwitz et Stüler pour reconstruire en style néo-gothique le berceau de leur famille, sans fonction défensive mais d'après les plans originaux.

BURG HOHENZOLLERN

Dans le château de Hohenzollern.

La **chapelle évangélique**, dans l'aile nord, abrita de 1952 à 1991 les tombeaux de Frédéric-Guillaume Ier et de Frédéric le Grand, qui ont retrouvé leurs sépultures à Potsdam. Frédéric le Grand est aussi évoqué par les collections du **trésor** *(Schatzkammer)* : décorations, flûtes, tabatières, vêtements.

Le tour des remparts *(commencer à gauche après le pont-levis)* offre un beau **panorama**★ sur la dépression du haut Neckar et le Jura souabe.

Lochenstein★

1/2h à pied AR. Laisser la voiture au col *(Lochenpaß)* et grimper au sommet (alt. 963 m) du Lochenstein que surmonte une croix. La **vue**★ se dégage sur la dépression de Balingen et Hechingen, avec dans le lointain le château de Hohenzollern.

Après la descente en courbes serrées, la route traverse le plateau découvert et ondulé du Großer Heuberg situé à près de 1 000 m.

Knopfmacherfelsen★

Du belvédère, en contrebas du parc de stationnement, **vue**★ en enfilade sur la vallée du Danube, jusqu'à l'abbaye de Beuron. À droite s'élève le château de Bronnen.

Abbaye de Beuron (Kloster Beuron)

La florissante congrégation bénédictine de Beuron a beaucoup contribué à ranimer la vie monastique, la liturgie et le chant grégorien en Allemagne.

La Gnadenkapelle, accolée à l'**église abbatiale** baroque, est traitée dans le style de Beuron, école d'art sacré des dernières années du 19e s. influencée par l'art byzantin.

Château de Wildenstein

7 km au départ de Beuron par Leibertingen. Deux fossés et un ouvrage avancé, formé de deux tours reliées par un long mur, défendaient du côté du plateau cette petite citadelle postée au-dessus du Danube.

En aval de Beuron, la route suit le fond de la ***vallée★*** *au pied des forteresses de Wildenstein et de Werenwag, construites sur le roc. Ces falaises laissent place à des aiguilles rocheuses qui forment un ensemble remarquable entre Thiergarten et Gutenstein.*

Sigmaringen★

La forte position défensive de Sigmaringen avait fait de la ville la petite capitale de la principauté de Hohenzollern-Sigmaringen, possession de la branche souabe et catholique de l'illustre lignée. Le château, bien campé sur la falaise, n'a de féodal que le site et l'allure d'ensemble. Les bâtiments et leur décoration intérieure sont des pastiches de différents styles.

Château (Schloss) – *℘ 07 571 72 92 30 - www.hohenzollern.com - visite guidée (1h) mai-oct. : 9h-16h45 ; fév.-avr. et nov. : 9h30-16h30 - fermé déc.-janv. - 6 €.*

Les pièces sont décorées, dans le goût du 16e s., de plafonds à caissons et de tapisseries (salle portugaise, salle des ancêtres), et renferment de précieux meubles ainsi que de grands tableaux. La salle des armes abrite l'une des plus vastes **collections d'armes** d'Europe (armes et armures du 15e au 19e s.).

De Vichy à Sigmaringen

Le 7 septembre 1944, le maréchal Pétain fuit le territoire français en suivant les Allemands et se réfugie au château de Sigmaringen avec ses proches. Il y préside une « commission gouvernementale » française, prolongeant le régime de Vichy. Finalement, renonçant à l'exercice illusoire d'un simulacre de pouvoir, il passe en Suisse en avril 1945 et se livre aux autorités françaises.

Musée Marstall – Il expose des carrosses, des traîneaux et des chaises à porteurs. Il contient également de belles collections de peinture souabe et des sculpture des 15e et 16e s.

Église St-Johann – L'église, toute lumineuse avec son décor de stucs rocaille, se colle au rocher du château. Dans une chapelle du transept, à gauche, est conservé le berceau de saint Fidèle de Sigmaringen (1577-1622), premier martyr et patron de l'ordre des Capucins, en même temps que protecteur du pays de Hohenzollern.

Le plateau de Haute-Souabe★

CARTE GÉNÉRALE B 4/5 - CARTES MICHELIN NOS 718 I13 ET 545 DE AA 66 À AA62
BADE-WURTEMBERG

Entre Ulm et le lac de Constance, traversez les douces collines inondées de lumière de Haute-Souabe. Sur ce plateau, les églises baroques à la décoration éblouissante et à l'architecture faite de jeux de lumière s'accordent délicieusement au paysage. Weingarten, Zwiefalten, Steinhausen… Autant de bijoux que les grands artistes de l'époque nous ont laissés « pour qu'en toutes choses Dieu soit glorifié », selon l'inscription portée sur la façade de Weingarten.

- **Se repérer** – Ravensburg, le point de départ du circuit de découverte, se situe à 20 km au nord des rives du lac de Constance et à 43 km au nord-ouest de Lindau.
- **Organiser son temps** – La visite du plateau de Haute-Souabe est un complément enrichissant à une découverte de la région du lac de Constance.
- **Pour poursuivre le voyage** – Lindau, le lac de Constance, Ulm, le Jura souabe.

Circuit de découverte

85 km – une demi-journée.

Ravensburg

La vieille ville fortifiée conserve un beau bloc de bâtiments anciens, au bout de la Marktstraße, constitué par l'hôtel de ville (*Rathaus*, 14e-15e s.) et la *Blaserturm*, tour d'horloge carrée (15e-16e s.). Pour mieux surveiller les agissements des châtelains du Veitsburg, sur la colline, les bourgeois surélevèrent une **tour** de 50 m surnommée le « sac de farine » *(Mehlsack)*. Du sommet *(240 marches)*, la **vue** s'étend jusqu'à l'église de Weingarten.

Au sein de l'**église Notre-Dame** *(Liebfrauenkirche)* se trouve une **copie de la Vierge de Ravensburg★★** (l'original est à la Galerie de peinture à Berlin), émouvante sculpture de la Vierge au Manteau du 15e s., à l'autel latéral droit. Remarquer également un triptyque en émail datant de la seconde moitié du 15e s.

Sortir par la B30 en direction de Weingarten.

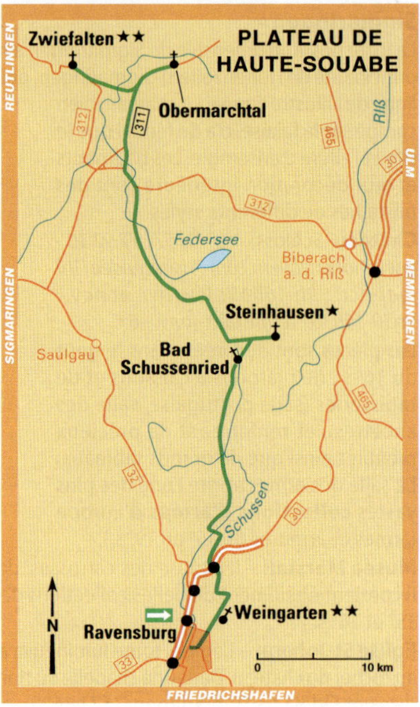

Weingarten★★

Par ses dimensions impressionnantes (102 m de long, transept de 44 m), l'abbatiale bénédictine de Weingarten, construite entre 1715 et 1724, dispute à Ottobeuren le premier rang parmi les églises baroques d'Allemagne. La façade encadrée par deux courtes tours et la présence au carré du transept d'un dôme élevé sur un tambour percé de larges fenêtres trahissent une influence italienne transmise par Salzbourg.

Les perspectives intérieures sont amplifiées par l'élan des tribunes passant à mi-hauteur dans les ouvertures des piles-cloisons, d'une facture caractéristique de l'école du Voralberg *(voir chapitre « Art et architecture »)*. Le décor de stucs, dont la finesse est rehaussée par endroits d'un fond de peinture argentée, reste relativement discret. Cosmas Damian Asam a brossé aux voûtes des scènes pleines de virtuosité : le *Triomphe de Benoît de Nursie* (où les piles semblent se prolonger en trompe l'œil vers le fondateur de l'ordre bénédictin) et la *Gloire du Saint-Sang*.

Remarquez la **chaire** aérienne portée par des anges, la **grille** du chœur formant une coupole et deux nefs en perpective, ainsi que les **stalles**★ de Joseph Anton Feuchtmayer. Derrière vous, le superbe **orgue**★★ dû à Joseph Gabler (1700-1771) s'intègre parfaitement à la décoration : ses 6 666 tuyaux épousent la forme des fenêtres et se mêlent aux colonnes de marbre rose.

Damné pour une voix divine

Parmi les 66 registres de l'orgue de Weingarten, le 46e se nomme *Vox Humana*. L'ambition de Gabler était de construire un orgue capable d'unir les instruments et l'homme dans un même éloge de Dieu retentissant. Après avoir maintes fois tenté de mettre au point un procédé permettant de rendre la voix humaine, on dit qu'il vendit son âme au diable ; il reçut en échange un morceau de métal qu'il fondit pour former les tuyaux du registre. Mais les moines, subjugués par la beauté du chant de l'orgue, se trouvèrent alors incapables de prier, si bien que l'abbé mena une enquête. Découvert, confessé puis condamné à mort, Gabler fut gracié lorsque l'on s'aperçut que l'orgue ne produisait plus que des sons ressemblant à des pleurs…

Le circuit continue sur la Route baroque de Haute-Souabe (Oberschäbische Barockstraße, *itinéraire fléché) par la B30 jusqu'à Bad Waldsee, où l'on prend à gauche la L275 en direction de Bad Schussenried.*

Bad Schussenried

Les bâtiments (transformés en lieu de congrès et de manifestation) et l'église de l'**ancienne abbaye** doivent leurs aménagements baroques fastueux aux prémontrés.

Dans le chœur de l'église s'alignent des stalles très décorées (1717) ; 28 statuettes de fondateurs d'ordres religieux séparent les panneaux des dossiers hauts.

La **bibliothèque**★ s'orne d'un vaste plafond peint par Franz Georg Hermann, peintre à la cour du prince-abbé de Kempten, et d'une galerie sinueuse à balustrade rococo reposant sur des colonnes jumelées. Sur le piédestal de ces colonnes alternent des groupes d'angelots pétulants en costumes burlesques et des effigies des Pères de l'Église, dus à Fidelis Sporer, originaire de Weingarten. *073 75 95 91 00 - été : 8h-18h ; hiver : 9h-17h - gratuit. Rejoindre Steinhausen, à 4 km au nord-est de Bad Schussenried.*

Steinhausen★

Cette église, « la plus belle église villageoise », œuvre de Dominikus Zimmermann, se compose d'une nef unique et d'un petit chœur, tous deux de forme ovale. Une couronne de piliers supporte la calotte de la voûte et délimite autour du vaisseau une galerie en anneau. Le décor sculpté et coloré des chapiteaux, des corniches et des embrasures de fenêtres, peuplés d'oiseaux ou fleuris de lourdes corolles, est impressionnant. Remarquez également la Pietà de 1415 au-dessus de l'autel.

Poursuivre sur la L275 jusqu'à Riedlingen, et récupérer sur la droite la B312 qui mène à Zwiefalten.

Zwiefalten★★

Comme c'est le cas pour la plupart des édifices baroques de Haute-Souabe, la façade de l'**église** de Zwiefalten est sobre et ne trahit en rien la somptuosité de sa décoration intérieure. En pénétrant dans l'édifice, élevé par **Johann Michael Fischer** entre 1739 et 1753, on est d'emblée saisi par la profusion des couleurs, l'exubérance de la décoration et la virtuosité des stucateurs. L'œil, d'abord désorienté par ce déluge de peintures, stucs et statues, s'arrête ensuite aux détails : les belles peintures de la voûte consacrées à la Vierge de Franz Joseph Spiegler (1691-1757), la chaire décorée par Johann Michael Feuchtmayer (l'oncle du sculpteur et stucateur Joseph Anton Feuchtmayer). Partout, anges et angelots, mêlés aux spirales de nuages dans des attitudes diverses, semblent s'adresser aux pèlerins.

CESA, MARBURG

L'église de Zwiefalten.

Le chœur est séparé de la nef par l'autel de la Vierge, encadré de superbes grilles (1757). Il possède des stalles très richement sculptées par Joseph Christian. Avant de quitter l'église, remarquez les extraordinaires confessionnaux en forme de grotte.

Redescendre jusqu'à Zwiefaltendorf puis bifurquer à gauche sur la B311.

Obermarchtal

L'église de l'**ancienne abbaye**, commencée en 1686, est l'une des premières réalisations de l'école du Vorarlberg. La rigidité de cette architecture baroque, accentuée par la lourdeur du mobilier, est toutefois allégée par la décoration de stucs de Wessobrunn.

Ulm★★

119 810 HABITANTS
CARTE GÉNÉRALE B4 – CARTES MICHELIN N^{OS} 718 J12 ET 545 AC 61
BADE-WURTEMBERG

Important centre urbain au Moyen Âge, forteresse ceinturée par 9 km de remparts au 19e s., Ulm sera presque totalement détruite par un bombardement en 1944. Son exceptionnelle cathédrale se dresse, épargnée, au centre d'une ville qui se prête volontiers aux promenades entre les canaux et le Danube. On n'hésitera pas non plus à flâner dans le pittoresque quartier des pêcheurs ou sur la promenade des remparts pour profiter de la douceur de vivre de cette charmante cité qui vit naître Albert Einstein en 1879.

- **Se repérer** – À 154 km à l'ouest de Munich, 119 km au nord du lac de Constance, 92 km à l'est de Stuttgart. La cité d'Ulm (Land du Bade-Wurtemberg) est séparée de sa jumelle bavaroise *Neu Ulm (la Nouvelle Ulm)* par le Danube.
- **À ne pas manquer** – La montée au sommet de la flèche de la cathédrale, la plus haute du monde.
- **Avec les enfants** – Le parc d'attractions Legoland.
- **Pour poursuivre le voyage** – Le Jura souabe et le plateau de Haute-Souabe, la Route romantique (à Nördlingen), Augsbourg.

Découvrir

LA CATHÉDRALE★★★ (MÜNSTER)

Visite : 3/4h (montée à la flèche non comprise). La **flèche**, la plus haute du monde, semble arracher la cathédrale gothique vers le ciel dans l'élan de ses 161 m. La perspective fuyante de ses lignes verticales et la légèreté de l'architecture ajourée sont admirables. Si la première pierre fut posée en 1377, les deux tours du chœur et la flèche ne furent élevées qu'en 1890, selon les plans originaux.

Un porche à trois arcades, d'une très belle élévation, précède les deux portes Renaissance. Au trumeau, l'émouvante statue de Hans Multscher, *L'Homme de douleur* (1429),

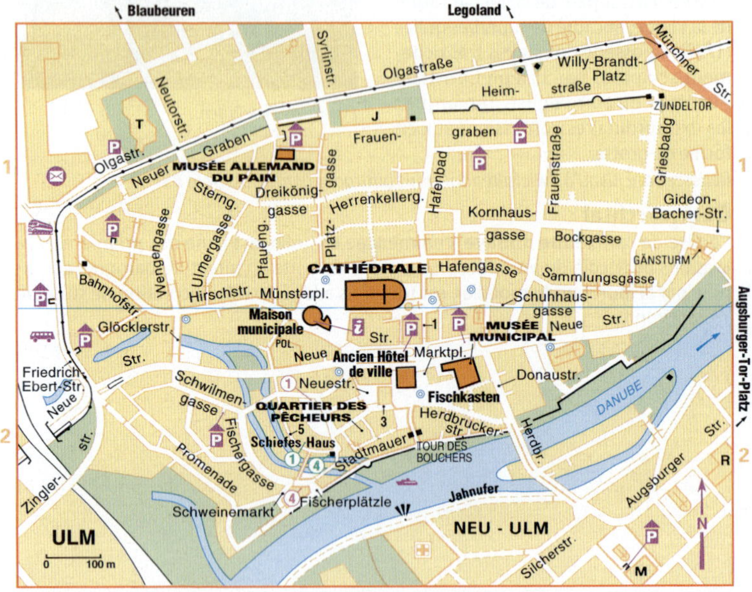

SE LOGER	SE RESTAURER	INDEX DES RUES
Pension Rösch 1	Weinkrüger 1	Krampgasse 1
Schiefes Haus 4	Zunfthaus 4	Kronengasse 3
		Schwörhausgasse 5

Les iconoclastes

Le mouvement suisse de la Réforme arrive à Ulm en 1530 par la voix d'un prédicateur virulent : Konrad Sam prône la destruction des images dans l'église. Suivi par 87 % de la population, consultée lors d'un référendum, il fait de la cathédrale un édifice protestant. Le conseil de la ville recommande alors aux donateurs privés de ramener leurs autels chez eux et fait cacher les éléments les plus précieux : le portail central, les stalles et le tabernacle. La fureur des iconoclastes éclate le 21 juin 1531 : ce qui subsistait dans la cathédrale, soit soixante autels, de nombreuses statues, et probablement un grand nombre de retables et de tentures, est sauvagement détruit.

d'une facture réaliste propre au gothique tardif, est une copie *(original à l'intérieur, à droite de l'arc du chœur).*

Intérieur

L'absence de transept accentue l'élan de la nef principale aux arcades très aiguës et concentre l'intérêt sur le chœur. L'arc triomphal porte la plus grande **fresque** qui existe au nord des Alpes. Elle représente le *Jugement dernier* (1471). Les statues accolées aux piliers de la nef centrale sont du 19e s. ; en revanche, les **consoles** qui les supportent datent du début du 15e s. La chaire est surmontée d'un admirable **abat-voix★** en bois (1510) de Jörg Syrlin le Jeune, dans lequel un minuscule escalier en colimaçon mène à une seconde chaire, celle de l'Esprit saint.

Sous l'arc triomphal se trouve la **cathèdre** (chaise gothique à dossier) à trois places, réalisée par Jörg Syrlin l'Ancien (le père du précédent) en 1468. Il s'agissait de tester le talent de celui à qui on commanda, par la suite, les stalles du chœur.

Tabernacle★ – *À gauche de l'entrée du chœur.* Avec ses 26 m, c'est le tabernacle le plus haut d'Allemagne. Ce chef-d'œuvre ciselé dans le calcaire et le grès a été réalisé entre 1460 et 1480. Les personnages disposés en trois rangées représentent les Prophètes et les Porteurs de la Loi. Sur la rampe de la balustrade, les petits sujets ciselés figurant des hommes et des animaux témoignent de la créativité de l'artiste.

Stalles★★★ – Ce splendide ensemble de bois sculpté (1469-1474), dû à Jörg Syrlin l'Ancien, met face à face trois séries de personnages appartenant à l'histoire chrétienne *(en haut, bustes des baldaquins)*, à l'Ancien Testament *(au centre, bas-reliefs au-dessus des dossiers)* et à l'Antiquité païenne *(au bout des pupitres, bustes grandeur nature, par paires)*. Les hommes sont groupés à gauche, les femmes à droite. Malheureusement, dans l'impossibilité de vous approcher, vous ne pourrez qu'effleurer du regard ces chefs-d'œuvre de réalisme du gothique tardif.

Les sculptures les plus expressives ornent les pupitres : à gauche, les bustes de philosophes et d'écrivains grecs ou latins (Pythagore, Cicéron, etc.), à droite les Sibylles. Les premières effigies, du côté de la nef, seraient celles du sculpteur et de son épouse.

Le maître-autel de Martin Schaffner et les **vitraux** du chœur (14e-15e s.) méritent également un coup d'œil.

Montée à la flèche

768 marches. La montée est en soi une expérience unique ; la structure, au fil de l'ascension, prend l'aspect d'une dentelle de pierre. De la plate-forme de la tour ou de la corbeille de la flèche, le **panorama★★** est extraordinaire sur la ville et le Danube, les plateaux du Jura souabe et les Alpes.

Visiter

Quartier des pêcheurs et des tanneurs★ (Fischerviertel)

Les ruelles qui longent le canal *Blau*, aux maisons à colombages bien préservées, sont pittoresques et très prisées des touristes. On peut partir de *Fischerplätzle*, petite place ombragée d'un tilleul, tourner à gauche dans une petite rue, et franchir le ponceau menant à la « **maison de guingois** » (*Schiefes Haus*, datant du milieu du 15e s.) en bordure du *Blau*. La minuscule ruelle en face s'appelle « ruelle du Baiser » *(Kußgasse)* car les toits des maisons se touchent. Chaque année, dans la maison voisine **Schwörhaus** (1613), le maire rend ses comptes et renouvelle son serment *(Schwörwoche)*.

Des **remparts**, belle vue sur les pignons des vieilles maisons. Remarquer la **tour des Bouchers** *(Metzgerturm)*, de 1349, inclinée à 2,05 m de la verticale. Par la roseraie, on arrive au **Adlerbastei**, d'où « le tailleur d'Ulm », Albrecht Berblinger, tenta de s'envoler en 1811 avec un planeur de sa confection.

La rive droite du Danube★

Cette promenade du côté Neu Ulm (Jahnufer) fait découvrir sur la rive opposée les pignons des maisons couronnant le rempart, la tour des Bouchers et la cathédrale.

Maison municipale (Stadthaus)

Cet édifice entièrement blanc, construit entre 1991 et 1993 par l'architecte américain **Richard Meier** tout près de la cathédrale, arbore une architecture d'avant-garde, qui a suscité des controverses en juxtaposant édifices ancien et moderne.

Formes olympiques

Les pictogrammes désignant chacune des disciplines olympiques ont leur origine à l'école de design d'Ulm. C'est en effet un designer allemand, Otl Aicher, qui conçut ces petits dessins pour les Jeux olympiques de Munich en 1972. Repris depuis à chaque édition, et présents sur les médailles, ils font, tous les deux ans, la fierté des habitants de la ville…

Musée municipal★ (Ulmer Museum)

☏ 07 31 161 43 12 - www.museum.ulm.de - 11h-17h - fermé lun., 24-25 et 31 déc. - 4 €, gratuit vend. Aménagé dans quatre maisons adjacentes, on y trouve de remarquables œuvres des maîtres d'Ulm (*Vierge de Bihlafingen* de Hans Multscher), ou la peinture en bleu et or de *Marie en deuil*, due à un maître originaire de Haute-Souabe (début du 13e s.). La *Kiechelhaus*, maison située la plus à l'est, est la seule intacte parmi les innombrables demeures des 16e et 17e s. Au 2e étage, magnifique **plafond à caissons** Renaissance. Plusieurs salles sont consacrées aux corporations, très importantes dans une ville prospère comme Ulm. Elles sont illustrées par des **tableaux de maîtres** des 16e-18e s. Outre une section d'archéologie, où est exposée la statuette de l'**homme-lion**, une des plus vieilles représentations connues d'un homme (environ 32 000 ans), le musée accueille la **collection Kurt Fried**, rassemblant des travaux d'artistes du 20e s. (Klee, Kandinsky, Kirchner, Rothko).

Ancien hôtel de ville (Altes Rathaus)

Cet élégant bâtiment gothique et Renaissance à pignons ajourés et murs peints porte sur sa façade ouest une horloge astronomique. Sur la place du Marché *(Marktplatz)*, devant l'hôtel de ville, se dresse le **Fischkasten**, fontaine ainsi appelée parce qu'autrefois les pêcheurs y rafraîchissaient leur marchandise. Le fût torsadé est attribué à Jörg Syrlin l'Ancien (1482).

Mauritius / PHOTONONSTOP

Façade de l'ancien hôtel de ville d'Ulm.

Musée allemand du Pain★ (Deutsches Brotmuseum)

☏ 0731 69 955 - www.museum-brotkultur.de - 10h-17h (merc. 20h30) - possibilité de visite guidée en anglais (1h) sur demande - fermé j. fériés - 3,50 €.

Unique en Allemagne, le **musée du Pain** a été aménagé dans un bâtiment Renaissance (1592) à l'initiative d'un entrepreneur d'Ulm qui a réuni une collection très importante, illustrant **huit mille ans d'histoire culturelle et sociale autour du pain**. Tous les objets exposés (fours, moules, emblèmes de corporation, monnaies, timbres), ainsi que les œuvres d'art (Bruegel, Corinth, Kollwitz, Picasso) ont une relation avec le pain ou les céréales. Un aperçu est donné sur l'alimentation dans le monde. Films vidéo et dioramas complètent l'information et permettent une approche vivante du sujet.

Aux alentours

Blaubeuren★

18 km à l'ouest. Sortir par Neutorstraße puis Ludwig-Erhard-Brücke. Village du Jura souabe connu pour son beau décor de rochers ; suivre la signalisation « Blautopf-Hochaltar » et laisser la voiture près de l'entrée monumentale de l'abbaye.

Blautopf – *1/4h à pied AR.* Ce bassin aux eaux d'un bleu profond a été formé par un remblai naturel d'origine glaciaire. Les abords sont aménagés en promenade.

Ancienne abbaye bénédictine – *✆ 07 344 96 26 25 - www.seminar-blaubeuren.de - du dim. des Rameaux au 1er nov. : 9h-18h ; reste de l'année : lun.-vend. 14h-16h, w.-end et j. fériés 11h-16h - 2 €.*

Elle groupe de pittoresques constructions à pans de bois. Dans le chœur de l'ancienne **église abbatiale**, le **retable★★** de Blaubeuren est une œuvre collective issue des principaux ateliers d'Ulm (15e s.) et représente la naissance et la Passion du Christ, ainsi que la vie de saint Jean-Baptiste et la Vierge entre les saints. Les magnifiques **stalles★** de 1493 et la cathèdre à trois places sont dues au maître d'Ulm, Syrlin le Jeune.

Legoland

À Günzburg (34 km à l'est d'Ulm, autoroute A 8, sortie Günzburg). ✆ 08 221 700 700 - www.legoland.de - 31 mars-4 nov. : 10h-16h (fermé lun., mar. et merc. certaines semaines) ; août : 9h-16h - 29,50 € (25 €, enfants moins de 11 ans).

Attractions en tous genres et un univers Miniland où les édifices les plus célèbres d'Allemagne sont reconstruits fidèlement en Lego (plus de 50 millions de pièces !).

Ulm pratique

Informations utiles

Office de tourisme – *Münsterplatz 50 - 89073 Ulm - ✆ 0731 161 28 30 - www.tourismus.ulm.de - mai-oct. : lun.-vend. 9h-18h, sam. 9h-13h, dim. 10h30-14h30 ; nov.-avr. : fermé dim. et j. fériés.*

Se loger

Pension Rösch – *Schwörhausgasse 18 - ✆ 0731 657 18 - 16 ch.- 55 €.* Hôtel simple, bon marché et très propre, situé à l'entrée du quartier des pêcheurs. Chambres convenables au mobilier clair.

Schiefes Haus – *Schwörhausgasse 6 - ✆ 0731 96 79 30 - www.hotelschiefeshausulm.de - 11 ch. - 148 €.* Maison médiévale bien restaurée et équipée de meubles au design chic. Une nuit sur l'un des matelas à eau et vous découvrirez le vrai sommeil !

Se restaurer

Weinkrüger – *Weinhofberg 7 - ✆ 0731 649 76 - 12/17 €.* Cadre très confortable dans cette ancienne tannerie transformée en restaurant. Bois sombre et décoration agréable confèrent à la salle de restaurant son caractère rustique. Vous pourrez y déguster des spécialités régionales.

Zunfthaus – *Fischergasse 31 - ✆ 0731 644 11 - www.zunfthaus-ulm.de - réservation - 20 €.* Au cœur de la vieille ville, cette maison à colombages de près de 600 ans hébergeait autrefois des pêcheurs et des constructeurs de navires. Aujourd'hui salles agréables et rustiques, aménagées sur trois étages.

Faire une pause

Café Ströbele – *Hirschstr. 4 - ✆ 0731 637 79 - lun.-sam. 7h30-19h, dim. 11h-19h.* Salon de thé (au 1er étage) offrant 10 sortes de tartes, plus de 40 spécialités de bonbons au chocolat et des gâteaux fraîchement préparés chaque jour.

En soirée

Alexandre – *Marktplatz 1 - ✆ 0731 60 27 490 - www.alexandre-welt.de - lun.-merc. 9h-1h, jeu.-sam. 9h-2h, dim. 10h-14h (brunch).* Café à la française au rez-de-chaussée de l'ancien hôtel de ville, reconnaissable de loin grâce à ses peintures murales du 16e s. L'intérieur est de style Art nouveau.

Barfüßer – *Paulstr. 4 (au nord-est de l'Augsburger-Tor-Platz) - 89231 Neu-Ulm - ✆ 0731 97 44 80 - www.barfuesser-brauhaus.de - 8h-1h.* Micro-brasserie aux façades vitrées aménagée avec bon goût et disposant d'un immense *Biergarten* au bord du Danube. Pour accompagner la bière brassée sur place, on sert des petits en-cas et des plats traditionnels.

Événements

Schwörwoche (Semaine du serment) – Juillet. Festivités dont une parade nautique (*Nabada*) sur le Danube.

Le sommet du Zugspitze.

Bayerische Zugspitzbahn Bergbahn AG

MUNICH
ET LE SUD DE LA BAVIÈRE

Munich★★★

München

1 247 880 HABITANTS
CARTE GÉNÉRALE C4 – CARTES MICHELIN N^OS 718 L13 ET 546 AO 63
BAVIÈRE

Voisine des Alpes, la vibrante capitale de la Bavière est une ville tout à la fois animée et paisible. Ne dit-on pas qu'elle est un village d'un million d'habitants ? Elle constitue la deuxième destination touristique d'Allemagne après Berlin. Les amateurs d'art s'attarderont volontiers dans ses fabuleux musées ou ses églises baroques. L'agitation de la célèbre Fête de la bière ravira surtout les inconditionnels de chopes et de kermesses ! Mais, tout au long de l'année, les Biergarten, les immanquables « jardins de bière » et les saveurs de la cuisine bavaroise sauront vous convaincre de profiter de l'hospitalité de Munich et de ses habitants, toujours prêts à s'installer aux terrasses de leurs places si italiennes dans l'âme.

MUNICH TOURIST OFFICE

L'Oktoberfest de Munich.

Se repérer – Nœud routier important au croisement de l'A 9 orientée nord-sud et de l'A 8 qui joint la France et l'Autriche. À 142 km à l'ouest de Salzbourg, 165 km au nord d'Innsbrück, 232 km à l'est de Stuttgart, 166 km au sud de Nuremberg. Pour atteindre le centre, suivre « Altstadtring », boulevard qui ceinture la vieille ville.

À ne pas manquer – Les Pinacothèques, la Résidence, le Deutsches Museum, Dachau, le marché aux victuailles.

Organiser son temps – Comptez trois jours pour visiter l'un des grands musées, parcourir à pied le centre ancien et découvrir les environs : château de Nymphenburg, Dachau ou les lacs voisins (Ammersee et Starnbergersee).

Avec les enfants – Le Deutsches Museum et le Centre des transports, l'aquarium Sea Life, le parc zoologique de Hellabrunn, le musée BMW.

Pour poursuivre le voyage – Les Alpes bavaroises à Garmisch-Partenkirchen ou au fil de la Route allemande des Alpes, les châteaux de Louis II près de Füssen ou du Chiemsee, la Route romantique et Augsbourg.

Comprendre

Les fondements de la prospérité – Le village de « Munichen » (*chez les moines* en vieil allemand) voit le jour au 9e s. près d'une abbaye bénédictine (le moinillon des armoiries de la ville rappelle cette origine). La cité prend véritablement son essor en 1158, lorsque le duc de Saxe Henri le Lion, à qui l'empereur Frédéric Barberousse avait cédé une partie de la Bavière, détruit un pont douanier établi à 10 km en aval pour en construire un nouveau à Munich, qu'il dote d'un marché et de fortifications. En 1180, Barberousse offre le duché de Bavière au comte palatin Otto von Wittelsbach, bannissant Henri le Lion et légalisant ainsi son coup de main. La dynastie des Wittelsbach s'élève jusqu'au titre d'empereur d'Allemagne, attribué en 1328 au duc Louis le Bavarois. En 1623, le duc Maximilien Ier entre dans le collège des électeurs palatins ; au cours de la guerre de Trente Ans, il fait de Munich le bastion du catholicisme allemand. Les reconstructions qui résultent de la guerre marquent l'explosion du style baroque.

La saga des rois de Bavière – Le prince-électeur **Max Joseph** (1799-1825) se range judicieusement du côté de Napoléon dans le conflit opposant l'Europe coalisée aux troupes révolutionnaires françaises. Il y gagne le trône du nouveau royaume de Bavière en 1806, sous le nom de **Maximilien Ier**, et les moyens d'embellir la ville d'édifices classiques. Son fils, **Louis Ier** (1825-1848), grand admirateur de l'Antiquité, attire à la cour des architectes (dont Leo von Klenze), des peintres et des sculpteurs, pour faire de Munich l'« Isar-Athen » *(Athènes sur les bords de l'Isar)*. Il fait construire l'université (qui s'illustrera dans le domaine scientifique avec les noms de Fraunhofer, Liebig et Ohm), l'Ancienne Pinacothèque et agrandit la Résidence. Le scandale causé par sa liaison avec la danseuse Lola Montes contribue à son abdication pendant la Révolution de 1848 en faveur de son fils aîné Maximilien.

Dans la dynastie des Wittelsbach, une place particulière doit être faite à **Louis II** (1864-1886). Romantique tourmenté, grand admirateur de Wagner, il monte sur le trône à l'âge de 18 ans. Après son choix malencontreux d'une alliance avec l'Autriche, battue au cours de la guerre allemande, il conclut une alliance avec la Prusse en 1867 et soutient la proclamation de Guillaume Ier au rang d'empereur d'Allemagne. Recherchant de plus en plus la solitude, il se fait construire trois châteaux d'un style exubérant : Neuschwanstein, Linderhof et Herrenchiemsee. Souffrant de troubles mentaux, il est déposé en 1886 et conduit au château de Berg sur les bords du lac de Starnberg. On l'y retrouve noyé trois jours après.

Otton Ier, frère et successeur de Louis II, ayant été dépossédé du trône pour aliénation mentale, c'est le prince **Luitpold**, fils de Louis Ier, qui assure la régence jusqu'en 1912. Habile et ouvert aux idées nouvelles, le régent favorise la construction du Musée allemand, du Musée ethnographique et du jardin zoologique Avec la fondation de la revue *Jugend* en 1896, Munich devint un centre de l'Art nouveau, et avec l'exposition du « Cavalier bleu » en 1911 *(voir chapitre « Art et Architecture »)* un haut lieu de la peinture moderne. Le fils de Luitpold, couronné sous le nom de **Louis III**, est le dernier roi de Bavière : la révolution socialiste de novembre 1918 signe la fin de la monarchie en Allemagne.

L'Entre-deux-guerres – Un écrivain pacifiste social-démocrate, Kurt Eisner, joue un rôle prépondérant lors de la révolution. Il instaure à Munich la République bavaroise et en devient ministre-président le 8 novembre. Il est assassiné trois mois plus tard, ce qui précipite la proclamation de la **République des conseils**, gouvernée par des conseils d'ouvriers et de soldats. Trop révolutionnaire pour le pouvoir central de la jeune République de Weimar, elle est écrasée dans le sang en mai 1919.

C'est dans ce contexte que naît à Munich le mouvement national-socialiste, dirigé à partir de 1921 par Adolf Hitler. Le 9 novembre 1923, Hitler et ses SA (Sturm Abteilung, en français Sections d'Assaut) kidnappent le chef du gouvernement bavarois et déclenchent un coup d'État contre la République. Mais le **putsch de Munich** échoue, le parti est dissous et Hitler emprisonné.

Les événements qui suivent dépassent de loin la capitale de la Bavière ; c'est pourtant elle qu'en 1938 un Hitler réhabilité et disposant des pleins pouvoirs choisit pour l'entrevue à laquelle participent Mussolini, Chamberlain et Daladier, et où est décidée l'annexion du territoire des Sudètes. Ces **accords de Munich** sont le symbole de la passivité des démocraties occidentales, prêtes à sacrifier des territoires entiers pour sauvegarder une paix bien illusoire.

Munich aujourd'hui – Lourdement bombardée pendant la guerre, Munich se relève rapidement et devient la plus importante zone économique de l'Allemagne du Sud. Des entreprises industrielles de grande envergure y installent leur siège (Siemens, BMW), les congressistes et les touristes affluent et la ville gagne de nouveaux édifices d'architecture contemporaine (deux nouvelles pinacothèques, des galeries de luxe et les installations des 20e Jeux olympiques d'été en 1972). Ces dernières années, les branches industrielles de haute technologie ont connu un fort développement. Avec le 21e s., de nouveaux quartiers émergent, au centre comme à la périphérie, qui mêlent immeubles d'habitation et bureaux, commerces et institutions culturelles. Il faut dire que la ville est soucieuse de son développement durable et des modes de transport doux, qu'il s'agisse des vélos ou des tramways.

SE LOGER

Am Viktualienmarkt.............1
Bayerischer Hof..................4
Creatif Hotel Elephant..........7
Drei Löwen Hotel................10
Mariandl.............................13
Müller.................................16
Platzl..................................19
Uhland................................22
Schlicker............................25

SE RESTAURER

Bogenhauser Hof................1
Dürnbräu............................4
Käfer Schänke....................7
Karawanserei.....................10
Lenbach.............................13
Ratzkeller...........................16
Schrannenhalle...................19
Spatenhaus an der Oper.....22
VaPiano..............................25

Musée de la Chasse et de la Pêche........................**M¹**
Palais archiépiscopal..............**Y**
Portique des maréchaux..........**S**

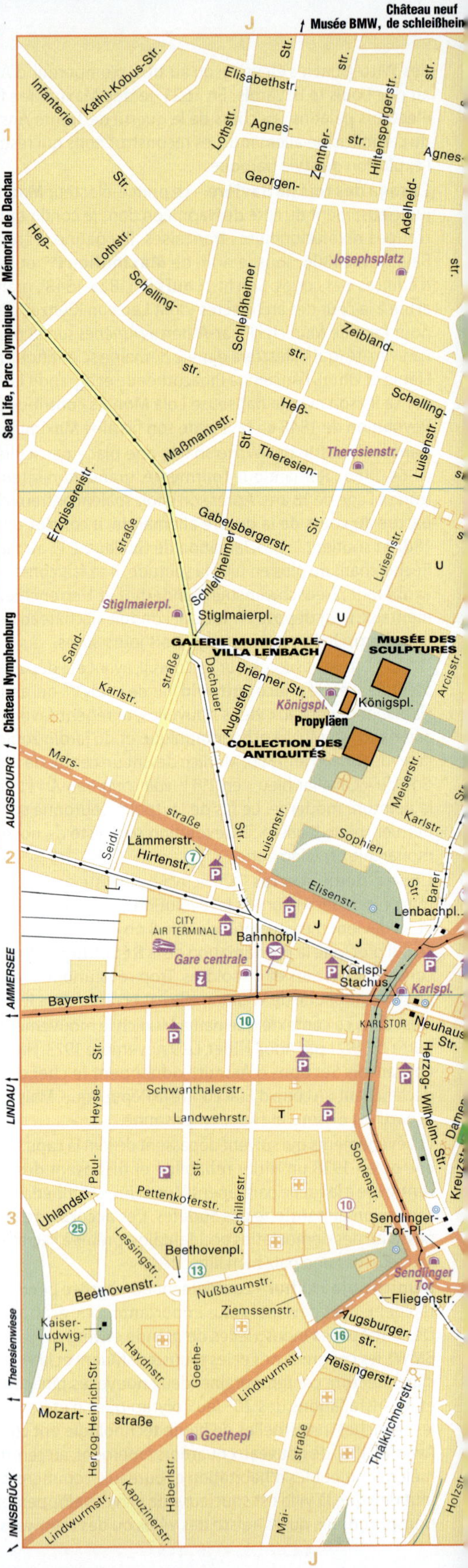

MUNICH
SCHWABING
WALKING MAN
PALAIS PACELLI ET PALAIS BISSING
ACADÉMIE DES BEAUX-ARTS
PORTE DE LA VICTOIRE
Université Louis-Maximilien
Universitat
Tour chinoise
Monopteros
JARDIN ANGLAIS
NOUVELLE PINACOTHÈQUE
ANCIENNE PINACOTHÈQUE
PINACOTHÈQUE D'ART MODERNE
Maison de l'Art
MUSÉE NATIONAL BAVAROIS
PALAIS LEUCHTENBERGER
PRINZ-CARL PALAIS
Odeonspl.
JARDINS DE LA RÉSIDENCE
RÉSIDENCE
THÉATINS
Fontaine des Wittelsbach
Fünf Höfe
Palais Portia
Max-Joseph-Platz
Théâtre national
Ancien Château
N.-DAME
ST-MICHEL
Weinstadel
Nouvel Hôtel de ville
Hofbräuhaus
Musée d'Anthropologie
PL. STE-MARIE
ANCIEN HÔTEL DE VILLE
St-Pierre
St-Esprit
ST-JEAN-NÉPOMUCÈNE
MUSÉE D'HISTOIRE DE LA VILLE
SCHRANNEN-HALLE
Marché aux victuailles
Sankt-Jakobs-Pl.
ISARTOR
Isartor
KULTURZENTRUM GASTEIG
DEUTSCHES MUSEUM
MUSEUMINSEL
Fraunhoferstr.
Lehel
Musée Villa Stuck
PASSAU
WASSERBURG
RATISBONNE
ROSENHEIM
Parc zoologique de Hellabrunn
La Cité du Cinéma
0 200 m

Découvrir

Les collections des trois Pinacothèques, la Résidence et le *Deutsches Museum* dédié aux sciences et techniques, constituent trois sites incontournables de visite.

LES COLLECTIONS DE PEINTURES★★★

Les trois musées des collections de peintures de l'État de Bavière forment un ensemble très cohérent et d'une richesse exceptionnelle. L'*Alte Pinakothek* (du Moyen Âge au 18e s.), la *Neue Pinalothek* (œuvres du 19e s.) et la nouvelle *Pinakothek der Moderne* (œuvres contemporaines) offrent un panorama complet de la peinture européenne et un nombre impressionnant de chefs-d'œuvre dans un mouchoir de poche. *Un ticket combiné permet de voir les trois pinacothèques en une journée pour 12 € ; au vu de la richesse des collections, il est toutefois conseillé d'étaler la visite sur plusieurs jours.*

Ancienne Pinacothèque★★★ (Alte Pinakothek) *3h* K2

☎ 089 23 80 52 16 - www.pinakothek.de - ♿ - possibilité de visite guidée (1h-1h15) - tlj sf lun. 10h-17h (mar. 20h) - fermé Mar. gras, 1er Mai, 24-25 et 31 déc. - 5,50 €.

L'Ancienne Pinacothèque est un gigantesque bâtiment dans le style de la Renaissance vénitienne construit entre 1826 et 1836 par Leo von Klenze pour accueillir les collections de peinture des Wittelsbach.

École allemande

La section consacrée aux **primitifs allemands** est la plus riche de la pinacothèque, grâce à la politique d'acquisition systématique des Wittelsbach. À côté des peintures sacrées du 15e s., où s'illustre le style gothique tardif, le musée expose des tableaux des maîtres qui ont importé la Renaissance au nord des Alpes. Parmi les plus remarquables, *Les Quatres Apôtres* (1526) d'**Albrecht Dürer**, où la hardiesse de la composition et le traitement des drapés en volume rend les rapporteurs de la parole divine à la fois proches et imposants. Le *Paysage* (1528) d'**Albrecht Atldorfer** montre pour la première fois un paysage sans personnage, c'est-à-dire une peinture dont le seul sujet est la représentation de la nature. Les thèmes restent en général religieux, mais le traitement des costumes se fait plus moderne, comme dans le *Retable de Saint-Sébastien* (1516) de **Hans Holbein l'Ancien**. D'autres peintres, tels ceux de l'**École de Cologne**, apprirent les nouvelles techniques de représentation de l'espace autour de la figure principale mais restèrent dans le mode classique des images religieuses du gothique sur fond doré.

Écoles flamande et hollandaise

Pieter Bruegel l'Ancien, peintre de scènes de genre paysannes, montre dans *Le Pays de cocagne* (1566) trois représentants des trois classes sociales soumis à une même goinfrerie. Outre les tableaux d'**Anton Van Dyck**, la contribution la plus frappante faite à la **peinture flamande du 17e s.** vient de son maître **Pierre Paul Rubens** qui mit au goût du jour de grands tableaux aux nombreux personnages, avec un don unique pour les rendre vivants, comme dans son *Jugement dernier* (vers 1614-1616).

Parmi les chefs-d'œuvre des **primitifs hollandais** possédés par le musée, le splendide *Retable des Trois Rois* (ou triptyque de sainte Colombe, vers 1455), l'une des œuvres principales de **Rogier Van der Weyden**, émerveille par l'éclat extraordinaire de ses couleurs. L'art qu'il dévoile apporte une nouvelle exigence technique, que les artistes du Nord essaieront de concilier avec les nécessités traditionnelles de la peinture religieuse. **Hans Memling** tente de transmettre la sensation d'omnipotence dans les *Sept Joies de Marie* (vers 1480), alors que **Jérôme Bosch** profite de la nouvelle liberté de la peinture pour montrer un enfer terrifiant dans son *Jugement dernier*.

Le centre de la collection de **peintures hollandaises du 17e s.** est constitué par le cycle de la *Passion* de **Rembrandt**, où malgré une sobriété propre à la manière de cette école, le sentiment s'exprime dans de grands gestes caractéristiques du baroque international. Le peintre s'y est représenté lui-même, ainsi que sur un *Autoportrait*.

École italienne

Les grands maîtres de la Renaissance sont à l'honneur, parfois à travers des œuvres atypiques, comme *La Déploration du Christ* (après 1490) où l'on sent chez **Sandro Botticelli** l'influence pessimiste du moine Savonarole. Trois œuvres majeures de **Raphaël** sont conservées ici, dont la *Madone Tempi* (1507), où la beauté idéale recherchée par l'artiste apparaît très humaine : on voit plus une mère et son fils que la Vierge à l'Enfant de ses prédécesseurs.

Les Wittelsbach ont marqué un intérêt continu pour la peinture vénitienne. *Le Christ couronné d'épines* (1560) montre la manière caractéristique du **Titien**, le plus célèbre peintre de Venise, de faire naître la couleur et la lumière par des touches qui semblent brutes et scintillantes. Deux siècles plus tard, l'école vénitienne est à nouveau à l'honneur avec le baroque, qui cherche à étonner en offrant toujours plus de complexité et d'originalité. À ce titre, **Tiepolo** est représenté par deux exemples caractéristiques de son œuvre : *Saint Clément adorant La Trinité* (1739) et l'*Adoration des Mages* (1753). Le musée compte également de belles *vedute* (paysages urbains) vénitiennes avec **Antonio Canaletto** et **Francesco Guardi**.

Les origines de la Pinacothèque

Le fonds des collections fut constitué au 16e s. par le duc Guillaume IV, qui commanda des scènes historiques aux peintres les plus réputés de son temps, Altdorfer et Burgkmair. Au 17e s., l'Électeur Maximilien Ier fonda la Kammergalerie qui devint, sous le roi Louis Ier, la plus riche galerie de peinture de toute l'Europe. En 1943, le bâtiment subit de sévères dommages, mais les peintures avaient déjà été mises à l'abri.

École française

Le classicisme français s'exprime à travers le *Port de mer au soleil levant* (1674) du grand paysagiste **Claude Lorrain**, et les tableaux de **Nicolas Poussin** traitant des sujets issus des *Métamorphoses* d'Ovide (1627). Parmi les peintres du 18e s., le musée nous invite dans l'intimité de la *Marquise de Pompadour*, qui avait demandé à son peintre favori, François Boucher, d'exécuter son portrait (1756). On lui doit également l'image sensuelle d'une *Femme nue* (1752), très en vogue à l'époque du style rococo.

École espagnole

Elle est notamment illustrée par des tableaux de genre pleins d'allégresse de **Murillo** ; l'Ancienne Pinacothèque en possède à elle seule pas moins de cinq.

Nouvelle Pinacothèque★★ (Neue Pinakothek) *2h* K2

✆ 089 23 80 51 95 - www.pinakothek.de - ♿ - tlj sf mar. 10h-17h (merc. 20h) - possibilité de visite guidée - fermé Mar. gras, 1er Mai, 24-25 et 31 déc. - 5,50 € (dim. 1 €).

Le bâtiment de la **Nouvelle Pinacothèque**, revêtu de grès aux tons clairs, est une œuvre de style post-moderniste (1981) de l'architecte Alexander von Brancas. De belles proportions et dispensant d'agréables effets de lumière, il s'est substitué à un édifice construit sous Louis Ier rasé après la Seconde Guerre mondiale.

Des expositions temporaires sont susceptibles de modifier la présentation de la collection et l'accrochage des tableaux dans les salles.

Début du 18e s.

Les **Salles 1, 2 et 2a, 3 et 3a** sont consacrées à l'art international vers 1800. Les portraits et paysages de **Thomas Gainsborough** sont caractérisés par des tons délicats et un retour à la nature inspiré par les philosophes des Lumières ; **Jacques Louis David** a peint *La Marquise de Sorcy* sans les habituelles contraintes de représentation du rang, **Joshua Reynolds** *(Captain Pownall)*, **William Turner** *(Ostende)* et **Goya** (*La Marquise de Caballero*, 1807) sont également présents.

Peintres allemands de la première moitié du 18e s.

Louis Ier de Bavière était un grand mécène qui commandait de nombreux tableaux, dont ceux exposés dans les **salles 4 et 4a** : son fils Otton arrivant en Grèce est immortalisé par Peter von Hess et on trouve ici un portrait célèbre du prince des poètes, Johann Wolfgang von Goethe, peint en 1828 par **Joseph Karl Stieler**, connu surtout pour ses portraits de la galerie des Beautés (au château de Nymphenburg). On admirera les néoclassiques allemands de Rome, parmi lesquels un paysage de **Ludwig Richter**, le *Watzmann* (1824), tente d'exprimer la communion joyeuse de l'homme et de la nature. Cet artiste a également peint les quatre grands tableaux de la *Vue depuis la Villa Malte de Rome* (entre 1829 et 1835).

La **salle 9** comprend des œuvres des débuts du romantisme de Dresde, Berlin et Munich, avec des paysages à symbolisme chrétien de **Caspar David Friedrich** et d'autres à la lumière contrastée, aux décors vallonnés et exotiques : Johann Christian Dahl (*Canal de Frederiksholm à Copenhague*, 1817), Karl Blechen (*Vue d'Assise*, 1830).

Les salles 10 et 10a s'attardent sur deux courants du début du 18e s. : les **Nazaréens**, tournés vers la religion et cherchant à réconcilier les peintures du Nord et du Sud à travers les influences de Raphaël et de Dürer (Johann Friedrich Overbeck, Rudolf Schadow), et les artistes du style **Biedermeier**. À contre-courant des sophistications du style Empire, ces derniers allègent l'ornementation et privilégient les lignes simples ; ainsi, le très large *Cendrillon* (1852) de **Moritz von Schwind** évoque le conte dans un agencement original de quatre tableaux et quinze vignettes.

Du Romantisme au Réalisme

Les Français sont à l'honneur dans les **salles 11 et 14**. Les romantiques sont exposés à travers **Théodore Géricault** (*Batterie d'artillerie*, 1814) et **Eugène Delacroix**. Et parmi les naturalistes, décidés à sortir de leur atelier pour aller capter la nature, citons des tableaux de **Gustave Courbet** *(Cheval emballé, Paysage fluvial)*, Camille Corot et Charles-François Daubigny.

La salle 12 présente une peinture de genre et des paysages issus des collections de Louis Ier de Bavière. **La salle 13** rassemble la peinture historique et les œuvres de **Carl Theodor von Piloty** (1826-1886), chef de file d'une peinture dramatique et réaliste durant la période d'expansion industrielle de l'Allemagne (*Gründerzeit*). La **salle 14a** met notamment en valeur le travail de Franz von Lenbach, élève de von Piloty.

La **salle 15** est entièrement consacrée à **Hans von Marées** (1837-1887), grand portraitiste inspiré par l'art de la Renaissance ; à découvrir, *Trois jeunes hommes sous les orangers*, les triptyques *Les Hespérides* et *La Demande en mariage*. Un groupe de peintres allemands venus s'installer et travailler à Rome s'illustre dans la **salle 16**. Arnold Böcklin et Hans Thoma s'ajoutent à **Anselm Feuerbach** dont le célèbre tableau *Médée en fuite* (1870) présente des personnages sculpturaux. La peinture de **Leibl**, le chef de file de l'école réaliste bavaroise, est représentée dans la **salle 18** par le *Portrait de Mina Gedon* (1868), *Jeune fille au foulard blanc* (1875) et *Chez les paysans* (1890).

Impressionnistes, postimpressionnistes et symbolistes

La salle **17** contient des peintures des impressionnistes allemands. On notera *En villégiature*, de Friedrich von Uhde, et le *Portrait de l'écrivain Eduard, comte de Keyserlingk* (1901) par Lovis Corinth.

Les impressionnistes français occupent les **salles 19 et 20** : une toile de la série des *Tournesols* (1888) de **Vincent Van Gogh** montre l'influence de l'art japonais sur l'artiste ; **Paul Gauguin** a peint le tableau quelque peu déroutant de la *Nativité*, qui mêle symboliques chrétienne et polynésienne (1896) ; d'**Édouard Manet**, le *Déjeuner dans l'atelier* (1868) et *La Barque* (1874). À noter également des œuvres de **Camille Pissarro** (*Rue d'Upper Norwood*, 1871), **Edgar Degas** (*La Repasseuse*, vers 1869) et **Paul Cézanne** (*Nature morte avec commode*, vers 1885 ; *La Construction de la voie ferrée*, 1870). Les postimpressionnistes et les nabis, Pierre Bonnard et Edouard Vuillard, occupent les **salles 21 et 21a**.

Des œuvres du symbolisme et de l'Art nouveau (*Jugendstil* en allemand) sont proposées dans la **salle 22**. *Margarethe Stonborough-Wittgenstein* semble flotter sur la blancheur éthérée de sa robe dans le superbe portrait que **Gustav Klimt** a fait d'elle en 1905. La femme mystérieuse au ventre dénudé qui regarde le visiteur avec un demi-sourire n'est autre que *La Guerre* (1894) de Franz von Stuck. Le buste en marbre d'*Helene von Nostitz*, qui trahit immédiatement l'art d'**Auguste Rodin**, est entouré des œuvres de Ferdinand Hodler (*Las de la vie*, où cinq vieillards éteints saisissent l'observateur par leur résignation), Egon Schiele (*Agonie*, 1912) et Giovanni Segantini (*Labours*, 1890).

Pinacothèque d'Art moderne (Pinakothek der Moderne)★★ *2h* K2

Barer Straße 40 - ✆ 089 23 80 53 60 - www.pinakothek.de - ♿ - tlj sf lun. 10h-18h, jeu. 10h-20h - fermé Mar. gras, 1er mai, 24, 25 et 31 déc. - 9,50 € (dim. 1€).

L'architecte munichois Stephan Braunfels a dressé les plans de l'édifice, qui, avec sa rotonde de verre et son toit en dents de scie, également en verre, mérite bien son nom de « cathédrale de lumière ».

Ouvert depuis septembre 2002, le bâtiment abrite quatre musées *(le ticket d'entrée offre l'accès à l'ensemble des collections)* dans lesquels l'art du 20e s. s'expose à travers des peintures, sculptures, photographies, dessins, maquettes et objets de design.

Galerie d'Art moderne (Staatsgalerie moderner Kunst)

3e étage. La question de la forme et du contenu dans l'Art moderne est le fil conducteur de l'exposition permanente. Elle s'organise de manière chronologique et par influences croisées. Il n'est donc pas indispensable de suivre la numérotation.

Art moderne classique (salles 1 à 17) – Une belle part est faite à l'expressionnisme allemand, qui érige le paroxysme en esthétique, et à ses différents mouvements : « Die Brücke » *(le Pont*, dont les œuvres se détachent des fauves par leurs sujets torturés) avec **Ernst Ludwig Kirchner**, et « Der Blaue Reiter » (*le Cavalier bleu*, tourné vers l'abstraction et la spiritualisation des formes) avec Franz Marc et **Wassily Kandinsky**.

MUNICH TOURIST OFFICE

La Pinacothèque d'Art moderne.

Un autre expressionniste, **Max Beckmann**, caractérisé par des coloris stridents et des contours épais, est largement représenté (triptyque de la *Tentation de saint Antoine* et un saisissant autoportrait). Dans une démarche radicalement opposée, on retrouve les cubistes et les futuristes ; ainsi, les nombreuses œuvres de **Pablo Picasso** (dont *Madame Soler*) et **Georges Braque**. Le surréalisme est présent avec Max Ernst, René Magritte et Salvador Dalí, la peinture du Bauhaus avec Feininger *(Église de Halle)* et Paul Klee.

Art contemporain (salles 20 à 36) – Des thèmes majeurs de l'art de la seconde moitié du 20e s. – art de l'informel, célébration du trivial, élévation de la pop culture au rang de culture… – s'offrent à la discussion à travers des monographies d'artistes. On peut suivre les travaux de **Joseph Beuys** (dont la sculpture *La Fin du 20e siècle* défend la capacité de communication de l'homme et de la nature), Lucio Fontana (qui, avec *Attese*, cherche l'espace devant et derrière la toile), **Francis Bacon** (*Crucifixion*), Georg Baselitz ou Willem de Kooning. Le musée propose aussi des œuvres d'artistes américains : peintures d'**Andy Warhol**, photographies de Jeff Wall ou vidéos de Bruce Nauman.

Info pratique

Pour compléter la visite – Deux autres musées de la région de Munich décrits dans ce guide exposent des œuvres des expressionnistes allemands : la Villa Lenbach pour le mouvement du *Cavalier Bleu*, et le Buchheim Museum, à Bernried, pour le mouvement du *Pont*.

Arts décoratifs et design★ (Neue Sammlung)

Par l'ancienneté et l'étendue de ses collections (60 000 pièces) acquises dès 1907, ce musée est l'un des plus importants du genre, notamment pour le design industriel (accessoires de sport, voitures, équipements informatiques). Sont exposés des prototypes d'objets conçus depuis la révolution industrielle jusqu'aux années 1960, en passant par le Bauhaus et l'Art nouveau. Des classiques du design mobilier ainsi que les travaux de visionnaires comme Colani et John Maeda s'intègrent dans une présentation mêlant écrans intéractifs, maquettes et objets finis.

Musée d'Arts graphiques (Grafische Sammlung) et musée d'Architecture (Architekturmuseum der Technischen Universität)

Les collections de ces deux musées font l'objet d'expositions temporaires au rez-de-chaussée en raison de leur grande sensibilité à la lumière.

DEUTSCHES MUSEUM★★★ *une demi-journée* L3

Museuminsel 1 - ☏ 089 21 791 - www.deutsches-museum.de - 9h-17h - fermé 1er janv., Mar. gras, Vend. saint, 1er mai, 1er nov., 24, 25 et 31 déc. - 8,50 € (+6 ans 3 €) ; 15 € billet combiné pour les trois sites, sans limite de temps.

Ouvert en 1925, le Deutsches Museum – l'un des plus importants du monde pour les sciences et les techniques – se trouve sur une île de l'Isar (Museuminsel). Il retrace le développement des techniques et des sciences depuis les origines jusqu'à nos jours, et explique de manière pédagogique les procédés et les phénomènes physiques. Il est fréquenté annuellement par près de 1,3 million de visiteurs. Deux annexes lui sont rattachées : le centre de la circulation (*Verkehrszentrum*) pour les transports terrestres, et le chantier aéronautique (*Flugwerft Schleissheim*).

Au vu de l'importance des collections (environ 16 000 objets exposés sur 47 000 m^2), choisir des repères thématiques en s'aidant du plan en français disponible à l'entrée. Outre un grand nombre de pièces originales de grande valeur et de reconstitutions, les collections contiennent des modèles à l'échelle et des dioramas. Suivant la volonté de son fondateur **Oskar von Miller**, le pionnier de l'électrification en Bavière, le visiteur est là pour toucher et découvrir. Les nombreuses **maquettes animées** rendent les procédés techniques accessibles, même aux novices. Des **installations interactives** permettent de reproduire des expériences de physique (pendule de Foucault, cage de Faraday...). On veillera à se renseigner sur les horaires des nombreuses démonstrations qui font l'intérêt de ce musée (fabrication de tuiles, fonte de métal, fabrication du papier, soufflage de verre, installation électrique à haute tension, expériences de chimie...).

Rez-de-chaussée

Métallurgie ; machines-outils ; moulins à eaux et machines à vapeur ; applications du courant électrique ; génie (construction de routes, de ponts, de tunnels, de chemins de fer et de canaux) ; la **section aéronautique** contient les premiers avions à réaction (Messerschmitt Me 262, le premier chasseur à réaction construit en série), des avions à décollage vertical, des hélicoptères et des planeurs.

Sous-sol

Navigation : mode de navigation, construction navale, pêche, bateaux de guerre (sous-marin U1 de 1906), technique de plongée (sphère du bathyscaphe de J. Picard, 1958) ; **mines** de charbon, extraction de minerai et de sel.

Étages

1er étage – Histoire du musée ; aéronautique : planeurs de Lilienthal (vers 1885), triplan **Fokker Dr. I de 1917** (« Richthofen » – réplique avec des éléments d'origine), type A standard de Wright (USA, 1909), Blériot type XI (1909), Junkers F 13 (le premier véritable avion de ligne, 1919), le légendaire Junkers Ju 52 (France – construit sous licence, 1947), avions militaires des années 1930 et 1940 (Messerschmitt Bf 109).

Depuis le nouveau hall de l'aéronautique, accès à la section des vols spatiaux au 2e étage *(par l'escalier mécanique)* : technologie des fusées et vols dans l'espace.

Physique : lois physiques et leurs applications pratiques (mécanique, thermologie, optique, électronique, physique nucléaire) ; chimie (alchimie, laboratoire de Liebig, pharmacie, biochimie...), techniques de l'information, instruments de musique.

2e étage – Fabrication du verre et de la céramique : beau poêle en faïence du Thurgau ; papier, imprimerie, photographie (appareil de Daguerre, 1839) ; techniques du textile (métier Jacquard, 1860) ; environnement.

3e étage – Poids et mesures ; mesure du temps ; agriculture (industrie laitière, minoterie, brasserie) ; informatique, robotique, microélectronique. Accès à l'observatoire au 4e étage *(s'inscrire à l'avance pour la visite).*

5e étage – Astronomie (globes célestes, cadrans solaires, astrolabes, quadrants...).

6e étage – Planétarium.

Centre des transports ★★ (Verkehrszentrum)

Theresienhöhe 14a. - ♿ - ✆ 089 2179 529 - www.deutsches-museum.de - 9h-17h - textes en allemand et anglais - fermé 1er janv., Mar. gras, Vend. saint, 1er mai, 1er nov., 24, 25 et 31 déc. 5 € (+6 ans 3 €).

Les collections du Deutsches Museum relatives aux transports terrestres (cycles, automobiles, chemin de fer) ont été installées dans trois halles de la foire de Munich entièrement restaurées, bâtiments historiques construits en 1908. La halle III, organisée autour de la « mobilité et des techniques » expose comme principale attraction une locomotive à vapeur, la « Puffing Billy » de 1814, en fonctionnement (deux fois par jour) et un espace de jeux pour enfants. La halle II décline le thème du voyage et permet d'expérimenter les sensations d'un trajet en calèche. La halle I propose un parcours pour remonter dans le temps de l'histoire de la circulation urbaine.

Chantiers de construction aéronautique★ (Flugwerft Schleißheim)

À côté du château de Schleißheim, à 13 km du centre-ville. ✆ 089 31 57 14 10 - www.deutsches-museum.de - ♿ - 9h-17h - fermé 1er janv., Mar. gras, Vend. saint, 1er mai, 1er nov., 24, 25 et 31 déc. - 5 €. Dans ces chantiers, mis en place entre 1912 et 1919 pour l'armée de l'air bavaroise, le Musée allemand a installé une annexe dans le hangar historique et la nouvelle halle d'exposition : le **musée d'Aéronautique et d'Astronautique** *(Museum für Luft- und Raumfahrt)*, avec ses avions, hélicoptères, moteurs et simulateurs de vol.

LA RÉSIDENCE★★ *une demi-journée*

Residenzstraße 1 - ✆ 089 29 06 71 - www.schloesser.bayern.de - 1er avr.-15 oct. : 9h-18h ; 16 oct.-fin mars : 10h-16h - fermé 24, 25 et 31 déc., 1er janv., Mar. gras - musée de la Résidence 6 € ; trésor 6 € ; billet combiné 9 € (gratuit -18 ans) - audioguide en français gratuit et conseillé.

En 1385, les Wittelsbach commencèrent la construction d'une nouvelle Résidence, qui devint avec le temps un complexe de plus en plus vaste ; les ducs, princes puis rois de Bavière y vécurent jusqu'en 1918. Les travaux ont particulièrement avancé à l'époque de la Renaissance (Antiquarium, Kaiserhof, façade sur la Residenzstraße) et du classicisme (Festsaalbau, Königsbau). Aujourd'hui, l'immense complexe accueille entre autres le trésor et le musée de la Résidence, où à travers 130 salles le visiteur peut découvrir cinq siècles de tradition de l'habitat princier.

Musée de la Résidence★★ (Residenzmuseum)

Pour voir l'ensemble de la Résidence où se succèdent les styles Renaissance, baroque, rococo et néoclassique, il faut suivre successivement, le matin, puis l'après-midi (à partir de 13h30), deux circuits empruntant des trajets différents. Mais les salles les plus importantes, comme la galerie des ancêtres ou l'Antiquarium, sont communes aux deux visites et chaque circuit donne déjà une vue très complète du palais.

L'Antiquarium, partie la plus ancienne du palais (vers 1570), immense salle dallée de marbre, impressionne le visiteur par sa voûte peinte de fresques et ses bustes antiques. Les **salles d'apparat** *(Reiche Zimmer* – 1730-1737), exécutées par Effner et Cuvilliés, sont des exemples brillants du début du rococo. À visiter : les **appartements du roi**, dans l'aile royale que Louis Ier avait fait bâtir de 1826 à 1835 par l'architecte de la cour Leo von Klenze. Ce corps de bâtiment, durement touché pendant la Seconde Guerre mondiale, a subi une restauration exemplaire. La **Galerie des ancêtres** des Wittelsbach est présentée dans une salle magnifiquement décorée de sculptures sur bois et de stucs dorés.

Les **salles des porcelaines** renferment des chefs-d'œuvre des manufactures de Meissen, Nymphenburg, Frankenthal et Sèvres (service « aux oiseaux » de 1759). La **chapelle de la cour** *(Hofkapelle*, 17e s.) est dédiée à Marie, patronne de la Bavière. Voir aussi la **chapelle d'apparat** *(Reiche Kapelle)*, qui mérite bien son nom, et tout près la **chambre des reliques** *(Reliquienkammer)*, avec ses précieux ouvrages d'orfèvrerie (16e au 18e s.).

Les **salles consacrées à l'argenterie** *(Silberkammer)*, les superbes **chambres de pierre** *(Steinzimmer)* revêtues de marbre, de faux marbre et de scagliola (stuc très fin), ainsi que la **salle impériale** *(Kaisersaal)*, restituée, débordent de magnificence.

Trésor★★ (Schatzkammer)

1h.

Quintessence de trois siècles de passion de l'art en Bavière, le trésor de la Résidence réunit des pièces d'orfèvrerie, des émaux, des ouvrages de cristal et d'ivoire dans l'une des plus fascinantes collections de ce genre en Europe. Il faut s'arrêter devant la superbe croix de la reine Gisèle de Hongrie (après 1006), la couronne du duc Henri, de 1280, un

autel privé avec la *Flagellation du Christ* (vers 1580-1585) et une éblouissante pièce d'orfèvrerie avec pierres précieuses : la statuette de saint Georges à cheval (1586-1597). Les insignes royaux de Bavière, avec couronne royale, globe impérial, sceptre, glaive impérial et porte-sceau furent créés à Paris en 1806-1807 pour le premier roi de Bavière Maximilien Ier Joseph.

Théâtre de la Résidence★ (Altes Residenztheater)

Accès par l'extérieur de la Résidence. Mêmes conditions de visite que pour le trésor. Fermé lors des répétitions et pour rénovation jusqu'à la mi-juin 2008.

Ce charmant théâtre rococo, aussi connu sous le nom de théâtre Cuvilliés, fut construit par **Cuvilliés** de 1751 à 1753. Chacune des quatre loges est décorée différemment ; la loge du prince-électeur, au centre, se distingue par la richesse exubérante des tentures, des marbres et des stucs. Les tons or, rouge et ivoire s'y marient avec bonheur.

Se promener

LA VIEILLE VILLE (ALTSTADT)★★ 1

Voir itinéraire sur le plan – une demi-journée.

Place Ste-Marie (Marienplatz)★ K3

C'est ici que bat le cœur de la ville. Au centre de la place se trouve la **colonne de Marie**, patronne de la Bavière, que fit ériger le prince-électeur Maximilien (1638). La partie nord de la place est occupée par le **nouvel hôtel de ville** *(Neues Rathaus)* de style néogothique (1867-1908), dont le **carillon**, logé dans l'oriel de la tour, constitue une véritable attraction : en haut, les personnages de cuivre recouverts d'émail de couleur rejouent le tournoi qui eut lieu pour les noces princières en 1568, en bas est figurée la danse des tonneliers *(jeux à 11h, 12h et 17h)* ; n'hésitez pas à pénétrer dans la cour pavée qui abrite une tour d'escalier en colimaçon. La tour de l'hôtel de ville offre une **vue** imprenable sur Munich *(ascenseur)*.

À l'est de la Marienplatz s'élève la façade de l'ancien hôtel de ville *(Altes Rathaus)*, avec son pignon à redans couronné de clochetons. En retrait de la place, au sud, se tient l'église St-Pierre.

Église St-Pierre (Peterskirche) K3

Les trois nefs gothiques de la très lumineuse église St-Pierre, baroquisée aux 17e et 18e s., remontent au 13e s. Le centre du monumental maître-autel est occupé par une statue de saint Pierre (1493) due à Erasmus Grasser. Les sculptures des quatre Pères de l'église, un peu en dessous, sont l'œuvre de E.Q. Asam (1732). Les Munichois appellent familièrement son clocher (1386) le « Vieux Pierre » ; la montée *(306 marches)* est récompensée par une belle **vue** sur la ville.

Emprunter la Burgstraße qui suit le tracé de l'ancien mur d'enceinte de la ville.

Weinstadel (dépôt de vin) K3

Burgstraße 5. La plus ancienne maison de Munich (1552) ; elle abritait autrefois le greffe municipal. La façade est décorée en trompe l'œil. Beau portail.

Au bout de la Burgstraße, passer sous la tour du château (1460).

Ancien Château (Alter Hof) K3

Édifice en forme de quadrilatère, il fut la résidence des Wittelsbach de 1253 à 1474. L'aile sud possède une élégante tour à colombages en encorbellement (fin du 15e s.) que les Munichois nomment *Affenturm* (la tour des singes).

Sortir par le passage du 8 Alter Hof et poursuivre dans la Münzstraße.

Hofbräuhaus K3

L'histoire de cette brasserie, située sur la Platz et célèbre dans le monde entier, remonte à 1589. Le bâtiment actuel fut construit à la fin du 19e s. ; la brasserie elle-même avait déjà été déplacée sur la rive droite de l'Isar par manque de place. Chaque jour, dans ce temple de la bière

MUNICH TOURIST OFFICE

Sur la Marienplatz.

La Fête de la bière

L'origine de la fameuse **Fête de la bière** d'octobre *(Oktoberfest)* remonte à la célébration du mariage du prince héritier Louis (futur Louis Ier de Bavière) et de la princesse Thérèse, en 1810. Une gigantesque fête foraine attire chaque année 6,5 millions de visiteurs sur la **Theresienwiese** *(sortir par la Mozartstraße)* de l'avant-dernier samedi de septembre au premier dimanche d'octobre. Après les parades des deux premiers jours, les festivités sont surtout l'occasion d'une beuverie prodigieuse : environ 5 millions de chopes d'un litre d'une bière spécialement brassée pour la circonstance, la *Wiesnbier,* sont servies. Les hôtels étant tous complets à cette époque de l'année, il est conseillé de réserver un an à l'avance.

de 3 500 places, on sert environ 100 hl de bière dans des chopes de 1 l *(Maßkrug).* C'est dans la **Bierschwemme**, gigantesque salle voûtée du rez-de-chaussée, que l'ambiance est la plus animée ; touristes et Munichois en famille partagent de grandes tables en bois. Noter les casiers métalliques où les hôtes d'honneur gardent leurs chopes personnelles et les tables d'habitués (*Stammtisch*) où l'on se retrouve le dimanche en costume traditionnel bavarois.

Par Am Platz, rejoindre la Maximilianstraße, avenue des boutiques de luxe, et prendre à gauche jusqu'à la Max-Joseph Platz.

Théâtre national (Nationaltheater) K2

Le premier Théâtre national, construit à cet emplacement entre 1811 et 1818, est affecté à l'Opéra national bavarois, l'une des plus grandes scènes internationales. Il peut contenir 2 100 spectateurs. Au centre de la place se tient la statue de bronze du premier roi de Bavière, Max-Joseph.

Résidence★★ K2

Pour une visite extérieure de la Résidence, il est conseillé de cheminer parmi les cours de l'édifice. Par la Max-Joseph Platz, entrer dans la cour du Königsbau, puis par la Residenzstraße, emprunter la cour de la chapelle (Kapellenhof), la cour de la fontaine (Brunnenhof), la cour de l'Apothicairerie (Apothekenhof), avant de ressortir par la cour impériale (Kaiserhof) sur Odeonsplatz.

Portique des maréchaux (Feldherrnhalle)

Cette galerie, construite de 1841 à 1844 par Friedrich von Gärtner, reprend le modèle de la Loggia dei Lanzi, à Florence. Derrière le bâtiment, dans la Viscardigasse, une ligne dorée sur le sol rappelle la résistance au nazisme de ceux qui, refusant de faire le salut hitlérien obligatoire devant une plaque commémorative pour les « héros » du putsch manqué de 1923, empruntaient cette ruelle.

Église des Théatins★ (Theatinerkirche) K2

La grande église baroque de l'ordre des Théatins a été construite entre 1663 et 1688, d'abord sous la direction de l'Italien Barelli, puis de Zuccalli, originaire des Grisons ; la façade fut terminée un siècle plus tard en style rococo par Cuvilliés. À l'intérieur, la coupole haute de 71 m donne une grandiose impression d'espace. Les stucs sont d'une grande richesse ; la double colonnade torse du maître-autel est aussi très généreusement décorée. Le bois sombre de la **chaire**, exécutée en 1681 par Andreas Faistenberger, contraste avec les tons blancs et grisés qui dominent par ailleurs. Dans la crypte, sous le chœur, sont inhumés des princes de la famille de Wittelsbach.

Suivre la Theatinerstraße et, après la Salvatorstraße, s'engager dans les passages des Fünf Höfe.

Fünf Höfe (cinq cours) K2

Ce réaménagement du quartier (1998-2003), dû en partie aux architectes Herzog & De Meuron, fait alterner cours, passages couverts, jardins suspendus, immeubles de bureaux et boutiques. Sur la Theatinerstraße, le bâtiment se couvre de volets métalliques ajourés, tandis que la façade 19e s. du palais de la HypoVereinsbank a été subtilement conservé au 10 Kardinal-Faulhaber-Straße.

À l'intérieur des Fünf Höfe, prendre le Pranner Passage pour ressortir Kardinal-Faulhaber-Straße.

Palais archiépiscopal (Erzbischöfliches Palais)

Kardinal-Faulhaber-Straße 7. L'ancien palais Holnstein, le plus beau palais conçu par **François de Cuvilliés**, fut bâti de 1733 à 1735 pour le fils naturel du prince-électeur Charles-Albert. Disposé autour d'une cour rectangulaire, il possède une superbe façade blanc et rose élégamment articulée autour d'un balcon arrondi porté par des angelots. Actuel palais archiépiscopal, il fut occupé de 1977 à 1982 par Joseph Ratzinger (Benoit XVI), alors archevêque de Munich.

Palais Portia K2

Kardinal-Faulhaber-Straße 12. Ce palais, construit sur les plans d'Enrico Zuccalli (1694), a été remanié en 1735 en style rococo par Cuvilliés pour la future comtesse Portia, une maîtresse du prince-électeur Charles-Albert.

Prendre le Dresdner Bank Passage dans le prolongement de la Kardinal-Faulhaber-Straße.

Église Notre-Dame★★ (Frauenkirche) K3

L'architecte de la gigantesque église de style gothique tardif (1468-1488) est **Jörg von Halsbach**, à qui l'on doit aussi l'ancien hôtel de ville. Extérieurement, cette construction de brique rouge sombre est très sobre ; seuls les portails latéraux et les pierres tombales encastrées dans les murs rompent la monotonie des murs. Les deux tours ouest (99 et 100 m) coiffées de leur dôme (1525) sont le symbole de Munich.

Intérieur – D'une blancheur éclatante, le vaisseau frappe par sa simplicité et son élévation. L'élégante voûte en réseau aux nervures ocre repose sur onze paires de puissants piliers octogonaux qui guident le regard vers les vitraux du chœur.

Dans le bas-côté sud, le regard est attiré par le somptueux **mausolée de l'empereur Louis de Bavière★**, ouvrage réalisé en marbre noir par Hans Krumper (1619-1622). Les quatre chevaliers harnachés proviennent d'une autre tombe (vers 1595).

Le mobilier marie l'ancien et le nouveau. Les 32 bustes en bois sculpté d'apôtres, de saints et de prophètes, réalisés par **Erasmus Grasser** (vers 1500), ont ainsi trouvé place dans les **stalles** modernes du chœur.

Toutes les chapelles sont décorées de magnifiques tableaux et retables. La chapelle axiale abrite une belle Madone au manteau de Jan Polack, vers 1510 ; l'image miraculeuse de Marie, qui se trouve dans la châsse, fut offerte par des Munichois en 1659. On peut également admirer un retable datant de 1445 ayant pour sujet la Crucifixion et des scènes de la vie du Christ.

Les chapelles du déambulatoire sont ornées de **vitraux** du 15e s., celui de la chapelle axiale est l'œuvre du chef d'atelier strasbourgeois Peter Hemmel d'Andlau. Derrière le maître-autel, un escalier conduit à la **crypte des évêques et des princes** (caveaux de certains cardinaux de Munich et de quelques Wittelsbach).

Un ascenseur conduit *(d'avr. à oct., de 10h à 17h)* au sommet de la **tour sud** : belle **vue★** sur la ville.

Par la Liebfrauenstraße, touner à droite dans la Kaufingerstraße qui se prolonge par la Neuhauserstraße.

Musée de la Chasse et de la Pêche★
(Deutsches Jagd- und Fischereimuseum) K3 (M1)

Neuhauser Str. 2 - ✆ 089 22 05 22 - www.jagd-fischerei-museum.de - 9h30-17h (jeu. 21h) - fermé Mar. gras, 24 et 31 déc. - 3,50 €.

Aménagé dans l'ancienne église des Augustins, il présente sur trois niveaux une belle collection d'armes et de trophées, de remarquables tableaux et dessins représentant des scènes de chasse, ainsi que des animaux empaillés. Dans un diorama sont regroupées les différentes espèces de poissons d'eau douce, et une section du musée détaille les êtres du monde des légendes *(« Wolperdinger »)*.

Église St-Michel★ (Michaelskirche) K3

Construite par les jésuites entre 1583 et 1597 sur le modèle du sanctuaire romain de la compagnie *(Il Gesù)*, elle est la première église de style Renaissance située au nord des Alpes. La façade, rythmée de pilastres, est aussi ornée de 15 statues de souverains, escorte du saint patron de l'église, l'archange saint Michel, dont la statue – magnifique bronze du maniériste Hubert Gerhard (1588) – se trouve entre les deux portails.

La nef unique – qui a inspiré de nombreux maîtres d'œuvre de l'école baroque du Vorarlberg – est surmontée d'une voûte en berceau de 20 m de large prenant appui sur des piles massives faisant corps avec les murs.

Au sommet du vaste chœur, le maître-autel s'élève jusqu'à la voûte, tel un arc de triomphe. La chaire et les neuf autels latéraux datent de 1697. Le bras gauche du transept abrite le tombeau d'Eugène de Beauharnais, beau-fils de Napoléon et gendre du roi Maximilien Ier, mort à Munich en 1824. Dans la **crypte** (sous le chœur) sont inhumés 30 princes de Wittelsbach, dont Louis II de Bavière.

Prendre la Eisenmannstraße qui devient la Damenstiftstraße puis, après Brunnstraße, prendre à gauche dans l'Asamhof Passage pour aboutir à la Sendlingerstraße. Prendre sur la droite pour découvrir l'église.

Église St-Jean-Népomucène (Asamkirche)★ K3

Sendlingerstraße 34. Élevée en 1733, cette petite église est surtout connue sous le nom de ses constructeurs, les **frères Asam** : Cosmas Damian, spécialisé dans la peinture de fresques, Egid Quirin, sculpteur et stucateur. Son unité de style tient à ce que les deux frères ont dessiné le plan, dirigé et exécuté la construction.

Les lignes intérieures sont d'une remarquable harmonie. Un balcon bombé relie le chœur, la nef et la galerie d'orgues ; au-dessus, supportée par les piliers, une deuxième galerie est ornée de stucs et de statues d'anges ou de chérubins. La fresque du plafond, éclairée par des fenêtres dissimulées derrière des moulures, montre des épisodes de la vie de saint Jean-Népomucène.

Revenir sur ses pas, tourner à droite dans Hermann-Sack-Straße, puis couper Oberanger.

Sankt-Jakobs-Platz K3

Au centre de la place s'élève la nouvelle **synagogue** de Munich inaugurée le 9 novembre 2006, 68 ans après la « nuit de cristal » où furent commis pogroms et destructions de lieux de culte juifs. L'édifice joue sur les formes du temple de Jérusalem, avec son mur des lamentations, et de la tente de Jacob pour la structure qui coiffe l'ensemble. La construction, proche du nouveau musée et du centre culturel juif, face au musée d'Histoire de la ville, marque le retour de la communauté juive qui, avec plus de 10 000 personnes, a retrouvé sa population des années 1930.

Musée d'Histoire de la ville★ (Münchner Stadtmuseum)

St-Jacobs-Platz 1, dans les anciennes écuries et l'arsenal. ☎ 089 23 32 23 70 - www.stadtmuseum-online.de - ♿ - tlj sf lun. 10h-18h - fermé Mar. gras, 24 et 31 déc. - 4 €, gratuit dim et j. fériés. Ce musée présente d'importantes collections sur l'histoire locale, l'aménagement intérieur des demeures munichoises, l'artisanat d'art, la peinture, la musique, le théâtre de marionnettes, la photo et le cinéma. Ne manquez pas les **danseurs mauresques**★★ *(rez-de-chaussée)*, dix figures en bois peint et doré d'**Erasmus Grasser** (1480).

Poursuivre vers la Sebastians Platz et la Schrannenhalle, ancienne halle aux grains à l'élégante charpente métallique reconstruite en 2004 et qui abrite de nombreux restaurants. Sur la gauche se situe le marché aux victuailles.

Marché aux victuailles★ (Viktualienmarkt) K3

Halte idéale lors d'une promenade dans Munich, ce marché pareil à celui d'un village est en activité depuis 1807. Adresse favorite des gourmets pour ses excellents produits fermiers qui côtoient les stands exotiques, c'est aussi un lieu de rendez-vous populaire dans son *Biergarten* où l'on prend le temps de vivre devant une chope de bière et une portion d'*obazda*, préparation à base de fromage à déguster sur un bretzel. Six fontaines l'entourent, dont deux représentant le comique Karl Valentin (1882-1948) et sa partenaire Liesl Karlstadt.

Église du St-Esprit (Heiliggeistkirche) K3

Cette église gothique a aussi payé son tribut au goût baroque puisque complètement transformée entre 1723 et 1730. Sa façade est une création néobaroque de 1888.

Le tableau du **maître-autel** est dû à Ulrich Loth (1664), et les deux anges aux grandes ailes devant les colonnes de l'autel sont l'œuvre de Johann Georg Greiff (1730).

Tourner à gauche dans Tal pour rejoindre Marienplatz.

DES JARDINS DE LA RÉSIDENCE AU NORD DE LA VIEILLE VILLE★★ 2

Voir itinéraire sur le plan – 3h.

Jardins de la Résidence★ (Hofgarten) K/L 3

Cet ancien jardin Renaissance de la Résidence, entouré d'un péristyle, a été construit à partir de 1613 par Maximilien Ier. Séparé d'Odeonsplatz par un portique néoclassique (*Hofgartentor*), première œuvre de l'architecte Léo von Klenze en 1816, il est un havre de paix fréquenté par les joueurs de pétanque francophiles ou les danseurs qui se réunissent dans le pavillon de Diane surmonté de la figure allégorique de la Bavaria, scuplture de bronze de Hubert Gerhard (1590).

Traverser le jardin en diagonale vers la gauche et passer près d'un cube de granit noir, monument à la mémoire du mouvement antinazi de la Rose blanche, puis emprunter le souterrain.

Maison de l'Art (Haus der Kunst) L2

Prinzregentenstraße 1 - ✆ 089 211 27 113 - www.hausderkunst.de - 10h-22h (sam.-dim. 20h) - tarif selon exposition.

Ce bâtiment de Paul L. Troost, inauguré en 1937, est typique de l'architecture du IIIe Reich. Son lourd alignement de colonnes le fit surnommer « allée des saucisses blanches ». Ce « temple » hitlérien abrita les expositions de propagande dédiées à l'art officiel. S'y tiennent désormais des expositions d'art contemporain internationales.

Contourner la Maison de l'Art par la droite pour admirer les surfeurs urbains qui s'amusent toute l'année dans les flots de l'Eisbach, la rivière qui traverse le jardin anglais.

Jardin anglais★ (Englischer Garten) L2

Poumon vert au cœur de la ville avec ses grandes étendues de pelouses – fréquentées l'été par des nudistes ! – bordées d'arbres, ses cours d'eau et son lac, le Jardin anglais fut aménagé à la fin du 18e s. par l'architecte F. **L. von Sckell**. Du **Monopteros**, temple rond bâti sur une colline par Klenze, on a une belle **vue★** sur les clochers de la vieille ville. Il est particulièrement animé en été, près de la **tour chinoise** *(Chinesischer Turm)*, où un *Biergarten* offre 7 000 places.

Poursuivre vers le nord-ouest et retrouver la seule voie de circulation qui traverse le jardin. Sortir dans la Thiemestraße qui se poursuit par la Martiusstraße.

Schwabing★ K/L 1

Peuplé dès le 8e s., avant la fondation de Munich, Schwabing est d'abord un village qui ne sera rattaché à la capitale bavaroise qu'en 1890. C'est le quartier bohème de la ville, celui des bars et de la vie nocturne. Côté architecture, l'Art nouveau ou *Jugendstil* est bien représenté avec notamment les immeubles du **5 et 7 Martiusstraße**. Les stries au rez-de-chaussée des façades, l'emploi de stucs et le recours à des trompe-l'œil colorés sont parmi les caractéristiques du mouvement à Munich.

Prendre à gauche la Leopoldstraße vers le centre ville.

Walking Man★ L1

36 Leopoldstraße. La sculpture monumentale de Jonathan Borofsky, *Walking Man*, haute de 17 m, s'élève devant l'entrée du siège de l'une des plus grandes sociétés de réassurance au monde, la Münchner Rück.

Traverser la Leopoldstraße et tourner à droite dans la Georgenstraße.

W. Bibikow / PHOTONONSTOP

La sculpture de Jonathan Borofsky, « Walking Man ».

Palais Pacelli et palais Bissing★ K/L 1

Georgenstraße 8-10. Le contraste de style entre ces deux demeures mitoyennes construites en 1900 est surprenant. À droite, la résidence néobaroque est parfois désignée du nom de l'un de ses résidents les plus illustres, Eugenio Pacelli, le futur pape Pie XII, nonce apostolique à Munich dès 1917. À gauche, la façade du palais Bissing (les portraits en médaillon sont ceux de Schiller, Raphaël, Donatello et Sophocle) est un bon exemple des décors peints du *Jugendstil* munichois.

Prendre à gauche la Türkenstraße, puis de nouveau à gauche l'Akademiestraße.

Académie des Beaux-Arts (Akademie der Bildenden Künste) K1

Akademiestraße 2. C'est dans ce quartier, entre Schwabing et Maxvorstadt, que bat le centre culturel de la ville depuis le milieu du 19e s., lorsque peintres et hommes de lettres s'y installent. Franz Marc, Wassily Kandinsky et Paul Klee fréquentent l'Académie des Beaux-Arts voulue par Louis II de Bavière et inaugurée en 1885. L'extension du bâtiment est due à l'agence Coop Himmelblau.

Au bout d'Akademiestraße, prendre à droite dans la Ludwigstraße jusqu'à Odeonsplatz.

Porte de la victoire (Siegestor) et Ludwigstraße★ L1

La Ludwigstraße fournit une belle perspective depuis la **porte de la Victoire**, arc de triomphe construit sur le modèle de l'arc Constantin de Rome, jusqu'au portique des maréchaux *(voir p.423)*. Elle est l'une des marques que Louis Ier de Bavière imprima sur l'urbanisme de sa capitale via les travaux menés par Leo von Klenze, architecte intendant à la Cour à partir de 1816.

Université Louis-Maximilien (Ludwig-Maximilians-Universität) K1

Les chercheurs les plus célèbres de cette université, construite entre 1835 et 1840, dans des styles néoclassique et néoroman, furent le physicien Wilhelm Röntgen, découvreur des rayons X, le chimiste Justus von Liebig et le sociologue Max Weber. C'est dans la cour intérieure que les étudiants Hans et Sophie Scholl, du mouvement de résistance au régime nazi, « **La Rose blanche** », lancèrent leurs tracts avant d'être arrêtés le 18 février 1943, comme le rappellent les plaques commémoratives posés au sol devant l'entrée principale.

Odeonsplatz K2

Au centre de cette place s'élève la statue équestre de Louis Ier de Bavière. En arrière, à droite, l'ancien palais Leuchtenberg (1816 à 1821), érigé par Leo von Klenze pour Eugène de Beauharnais, duc de Leuchtenberg, abrite aujourd'hui le ministère des Finances de Bavière.

Visiter

QUARTIER DES PINACOTHÈQUES

Propyläen J2

Côté ouest de la Königsplatz. Cette imposante porte (1846-1862) due à Klenze est inspirée des **Propylées** (en grec « entrée du temple ») de l'Acropole. La frise montre la lutte de libération des Grecs contre les Turcs et, sur les sculptures du fronton au-dessus des colonnades doriques, Otton Ier de Wittelsbach, roi de Grèce de 1832 à 1862.

Musée des Sculptures★ (Glyptothek) *3/4h* J2

✆ 089 28 61 00 - www.antike-am-koenigsplatz.mwn.de - mar.-dim. 10h-17h (jeu. 20h) - 3,50 € (dim. 1 €).

La **Glyptothèque** rassemble mille ans de sculpture grecque et romaine. La rareté des statues grecques (généralement conçues en bronze et malheureusement fondues par la suite) rend d'autant plus exceptionnels les marbres originaux présentés. L'**Apollon de Tenea** au visage fin et souriant *(salle I)* est l'un de ces Kouroi – figures mi-humaines, mi-divines – de la Grèce antique (6e s. av. J.-C.). Le **Faune Barberini** (vers 220 av. J.-C.) date de l'époque hellénistique *(salle II)*.

Voir également le **bas-relief de Mnesarete** *(salle IV)*, qui aurait orné la tombe de la fille de Socrate, et la statue d'Eirene, déesse de la Paix *(salle V)*. Les salles VII à IX présentent une reconstitution des frontons du temple d'Aphaia sur l'île d'Égine ; les **statues d'Égine**, en marbre de Paros et illustrant des épisodes de la guerre de Troie, comptent parmi les trésors de la collection.

Collection des Antiquités★ (Staatliche Antikensammlungen) *3/4h* J2

En face de la Glyptothèque. ✆ 089 28 61 00 - www.antike-am-koenigsplatz.mwn.de - tlj sf lun. 10h-17h (merc. 20h) - possibilité de visite guidée (1h) - 3,50 € (dim. 1 €). Le porche à colonnade d'ordre corin-

La place de la Culture

Louis Ier voulait que la Königsplatz soit la place de la Culture de son « Athènes sur l'Isar ». Le modèle antique inspira à l'architecte Léo von Klenze (1816-1830) les « ordres » des bâtiments bordant la place : dorique pour les propylées, ionique pour la Glyptothèque et corinthien pour la collection des Antiquités.

thien, construit par Ziebland entre 1838 et 1848, annonce la collection des Antiquités de Louis Ier. Une importante **collection de céramiques** *(rez-de-chaussée)* présente l'évolution de la poterie et de la peinture sur les vases en Grèce, dont l'apogée s'est située aux 6e et 5e s. av. J.-C. : amphores, coupes, canthares (vase à boire) avec leur décor selon diverses techniques (figures noires sur fond rouge ou rouges sur fond noir).

Les **bronzes** (vases d'apparat, plaques gravées, statuettes) au 1er étage, et surtout les **bijoux étrusques** au sous-sol *(salles VII et X)* témoignent d'une grande habileté dans le travail du bronze et de l'or.

Galerie municipale - Villa Lenbach★

(Städtische Galerie im Lenbachhaus) J2

℘ 089 23 33 20 00 - www.lenbachhaus.de - ♿ - tlj sf lun. 10h-18h - fermé Mar. gras, 24 et 31 déc. - 6-10 €.

Fermé en 2009 et 2010 pour une complète rénovation avant une réouverture prévue pour le centenaire du mouvement du Cavalier bleu.

Construite dans le style florentin entre 1883 et 1889, elle abrite principalement des **collections** de **peinture munichoise du 19e s.**, dont des paysages de E.B. Morgenstern *(Lac de Starnberg)* et des portraits de F. von Defregger et F.A. von Kaulbach. De **Franz von Lenbach** lui-même, on peut voir une série de puissants **portraits** *(Le Roi Louis Ier, Bismarck, Wagner).*

Mais la galerie doit surtout sa renommée internationale à la collection du **Cavalier bleu** *(Blaue Reiter)* ; l'art d'avant-garde de ce groupe *(voir Index)*, né peu avant la Première Guerre mondiale, est représenté par des œuvres de ses fondateurs, Kandinsky, F. Marc *(Cheval bleu)* et Kubin, ainsi que par des tableaux de Jawlensky, Klee et Macke. Elle présente également des œuvres d'art contemporain.

À L'EST DE LA VIEILLE VILLE

Musée national bavarois★★ (Bayerisches Nationalmuseum) *2h* L2

℘ 089 211 24 01 - www.bayerisches-nationalmuseum.de - ♿ - tlj sf lun. 10h-17h (jeu. 20h) - 5 €.

Maximilien II créa ce musée en 1855 pour conserver les richesses artistiques de la Bavière. L'exposition, très bien aménagée mais peu commentée, permet aux curieux de dénicher des trésors, en particulier dans la collection de sculptures.

Les salles du rez-de-chaussée donnent un aperçu de l'**art et de l'artisanat** depuis l'époque romane jusqu'à la Renaissance *(salles 1 à 19)* à travers des pièces d'orfèvrerie et de statuaire religieuses, du mobilier ou des peintures, parmi lesquels on notera le *retable du Chemin de croix* de Gabriel Engler (1445) et les travaux de Multscher *(salle 8)*, l'intérieur d'un atelier de tisserand d'Augsbourg *(salle 9)*. La Renaissance *(salles 21 à 31)* et le baroque *(salles 32 à 46)* sont évoqués par de magnifiques tapisseries, des maquettes de villes médiévales, des bronzes italiens *(salle 25)*, des faïences et des étains, des bijoux et des costumes.

Les collections du 1er étage regroupent instruments de musique, porcelaines et argenterie. Au sous-sol, exposition d'art populaire dont une très riche collection de crèches de Noël originaires des Alpes et d'Italie.

Musée Villa Stuck (Museum Villa Stuck) Hors plan, vers L2

Prinzregentstr. 60 - ℘ 089 455 55 10 - www.villastuck.de - ♿ - merc.-dim. 11h-18h - tarifs selon expositions.

Franz Stuck (1863-1928) fut l'un des fondateurs de la Sécession munichoise et professeur à l'Académie des beaux-arts de Munich. Il se fit construire cette villa dans le style Art nouveau, d'après ses propres plans qui portent l'influence des modèles italiens. L'intérieur que l'on doit à Stuck est impressionnant.

Voir aussi les célèbres tableaux de l'artiste *(Le Gardien du Paradis, Le Péché)* et ses sculptures *(Danseuse, Amazone)*. Le jardin avec sa pergola et ses statues antiques est splendide.

Musée d'Anthropologie (Staatliches Museum für Völkerkunde) L3

Maximilianstr. 42 - ℘ 089 210 136 100 - www.voelkerkundemuseum-muenchen.de - ♿ - tlj sf lun. 9h30-17h15 - fermé j. fériés - 3,50 €.

Les collections proviennent de la dynastie royale de Bavière et furent exposées pour la première fois en 1836. Fondé en 1868, le musée est aujourd'hui le deuxième d'Allemagne avec plus 200 000 objets en provenance des Amériques, d'Inde, du Moyen-Orient et d'Océanie.

Hors du centre

QUARTIER DU PARC OLYMPIQUE

Parc olympique (Olympiapark)

5 km au nord-ouest du centre par la Dachauer Straße. 089 30 67 24 14 - www.olympiapark-muenchen.de - - Accès libre toute l'année, se renseigner sur les différentes possibilités de visite - fermé 1er janv., 24-26 et 31 déc. - Olympiaturm : 9h-24h. 4 € (enf. 2,50 €). C'est ici qu'eurent lieu les XXe Jeux olympiques en 1972. Les nombreuses installations sportives et de détente sont aujourd'hui utilisées par les Munichois. De la terrasse panoramique de la **tour de télévision** *(Olympiaturm)* installée à 190 m de hauteur *(ascenseur)*, **vue★★★** splendide sur les Alpes. Possibilité de visiter le stade olympique ou de faire un tour du site dans un petit train touristique (avr.-oct., départ de la tour olympique).

Sea Life★

Willi-Daume-Platz 1. Face au stade olympique de glace - 089 45 00 00 - www.sealifeeurope.com - 10h-19h - fermé 24 déc.

Trente aquariums d'eau salée et d'eau douce pour découvrir les mondes aquatiques du Danube, de la Méditerranée ou de la mer Noire. Dans l'un d'entre eux, on chemine dans un spectaculaire tunnel de verre de 10 m de long, posé au fond d'un bassin.

Musée BMW★★ (BMW Museum)

Petuelring 130. 5 km au nord du centre par la Schleißheimer Straße et la Lerchenauer Straße. 089 38 22 33 07 - www.bmw-museum.de - - 10h-20h - 2 €.

Agrandi et entièrement rénové, le musée présente depuis l'été 2007 les importantes collections de la firme fondée en 1916 et spécialisée dans la construction de moteurs d'avions (à partir de 1916), de motocyclettes (à partir de 1923) et d'automobiles (à partir de 1928). À côté de cet édifice en forme de coupe argentée et de la **tour BMW** aux allures d'un quatre-cylindres, un troisième bâtiment futuriste au toit « flottant », conçu par l'agence Coop Himmelblau, abrite le « **BMW Welt** », nouveau centre de livraison des véhicules et espace de communication dédié à la marque munichoise.

CHÂTEAU DE NYMPHENBURG ★★ (SCHLOSS NYMPHENBURG)

Compter une demi-journée.

6 km à l'ouest du centre-ville. Sortir par la Marsstraße (J2). 089 17 90 80 - www.schloesser.bayern.de - de mi-avr. à mi-oct. : 9h-18h ; de mi-oct. à fin mars : 10h-16h - fermé 1er janv., 24, 25 et 31 déc. - 5 €.

Ce château était autrefois la résidence d'été des princes-électeurs et des rois de Bavière. La partie la plus ancienne est le pavillon central à cinq étages (1664-1674), édifié par Barelli d'après un modèle italien.

Le prince-électeur Max-Emmanuel (qui régna de 1679 à 1726) fit adjoindre de part et d'autre deux pavillons reliés à l'édifice central par des galeries à arcades ; il fit trans-

Ch. Reiter / FREMDENVERKEHRSAMT MÜNCHEN

Le château de Nymphenburg en hiver.

former le pavillon central en accentuant les lignes verticales par un jeu de pilastres. Ses successeurs, Charles-Albert (1726-1745) et Max III Joseph (1745-1777), entreprirent la construction des dépendances en demi-cercle, soulignant la ressemblance avec Versailles. À partir de 1701, le parc fut aussi agrandi sous la direction de Carbonet et de Girard, élèves de Le Nôtre. Les jardins à la française datent de cette époque, ainsi que les différents pavillons du parc : Pagodenburg (1719), Badenburg (1721), Magdalenenklause (1728) et Amalienburg (1739).

Château★

La **salle des fêtes**, tout en blanc, or et vert pâle, est ornée de stucs rococo et de fresques colorées dus à Johann Baptist Zimmermann et à son fils Franz.

Les pièces de l'aile nord du bâtiment central sont décorées de lambris, de tapisseries et de tableaux. La galerie nord présente des vues du château au début du 18e s.

La pièce la plus ravissante de l'aile sud du bâtiment central est le **cabinet des laques de Chine**. Le pavillon sud abrite la célèbre **galerie des Beautés de Louis Ier** ; le portraitiste de ces dames était Josef Stieler (1781-1858).

Parc★

Voir itinéraire sur le plan.

Du perron du château, on embrasse du regard une grande partie du parc : au-delà du grand parterre, orné de divinités et de vases en marbre blanc, le canal conduit en droite ligne jusqu'à la cascade de marbre.

Amalienburg★★ – Avec ce charmant petit pavillon de chasse, **Cuvilliés** a donné à l'architecture rococo l'un de ses modèles les plus accomplis. La sobriété de l'extérieur abrite une décoration intérieure d'une formidable richesse. Le cabinet Bleu et la très belle chambre à coucher, avec ses boiseries argentées sur fond jaune citron, conduisent à la **salle des Glaces** en rotonde : le bleu des murs et des plafonds, les stucs argentés et les glaces encadrées de lambris forment un merveilleux ensemble. Voir aussi la salle de chasse, la salle des faisans et la cuisine aux carreaux de Delft.

Badenburg – Ce pavillon de bains comprend, outre une luxueuse piscine qui pouvait être chauffée et dont les plafonds sont décorés de motifs mythologiques, un salon d'apparat, une salle de jeux et une chambre de repos.

Pagodenburg – Cette construction octogonale témoigne du goût du 18e s. pour l'exotisme extrême-oriental. Le premier étage de ce pavillon de thé est occupé par un salon chinois, un cabinet chinois et une chambre de repos.

Magdalenenklause – Cet « ermitage » dans le style ruines est dédié à sainte Marie-Madeleine.

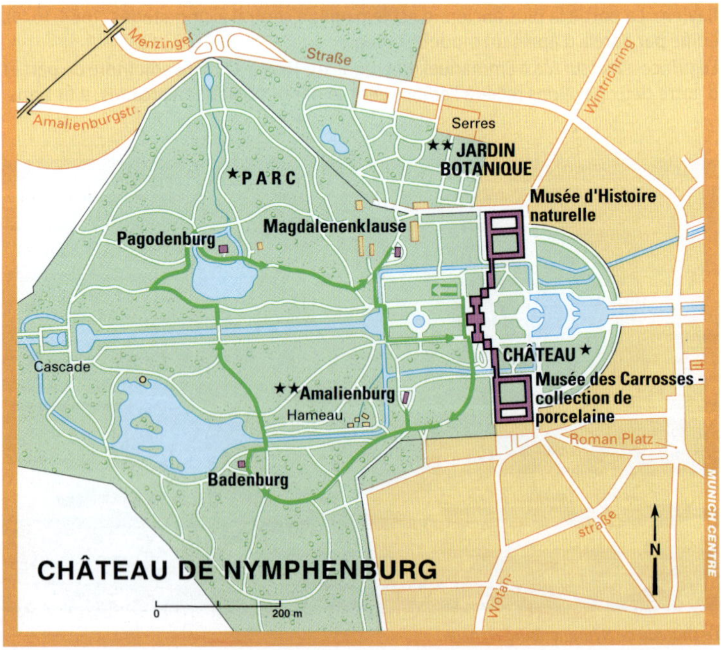

Musée des Carrosses (Marstallmuseum und Porzellansammlung)
Mêmes horaires de visite que le château de Nymphenburg. Installé dans les anciennes écuries du château, il rassemble, outre de splendides harnachements, des calèches, des traîneaux et des chaises à porteurs utilisés aux 18e et 19e s. par les Wittelsbach ; le carrosse du sacre de l'empereur Charles VII est d'un luxe inouï, tout comme la voiture d'apparat et les traîneaux du roi Louis II.
Les salles situées au-dessus de l'écurie abritent la **collection de porcelaines Bäuml**. Les figurines peintes de F.A. Bustelli, maître modéliste de la manufacture de Nymphenburg de 1754 à 1763, sont particulièrement belles. Les **reproductions sur porcelaines★** exécutées avec une grande minutie – copies miniatures des tableaux de l'Ancienne Pinacothèque – ont été faites à la demande de Louis Ier.

Jardin botanique★★ (Botanischer Garten)
✆ 089 17 86 13 50 - www.botmuc.de - ♿ - mai-août : 9h-19h ; avr. et sept. : 9h-19h ; fév.-mars et oct. : 9h-17h ; janv. et nov.-déc. : 9h-16h30 - fermé 24 et 31 déc. - 3 €.
Il passe pour être l'un des plus beaux et des plus riches jardins botaniques d'Europe. Une promenade à travers le Schmuckhof *(face au bâtiment principal)*, le jardin de printemps et la roseraie, les bosquets de rhododendrons à l'ombre des conifères et le jardin alpin près du grand étang, est non seulement un régal pour les yeux mais aussi un circuit fort instructif. Dans les **serres**, on peut admirer toutes sortes de plantes tropicales et subtropicales ainsi que de merveilleuses orchidées.

Aux alentours

MÉMORIAL DE DACHAU *2h*

*19 km au nord-ouest. Suivre la signalisation Dachau-Ost et « **KZ**-Gedenkstätte ».*
✆ 081 31 66 99 70 - www.kz-gedenkstaette-dachau.de - tlj sf lun. 9h-17h - gratuit - audioguide en français recommandé (3 €).
Ce camp, le premier ouvert en Allemagne sur l'ordre de Himmler en mars 1933, fut d'abord destiné aux opposants allemands avant de recevoir des dizaines de milliers de déportés, dont de nombreux juifs, de diverses nationalités. Plus de 32 000 y laissèrent leur vie – sans compter 6 000 prisonniers russes fusillés sur le champ de tir S.S. voisin – dans ce que Joseph Rovan, rescapé du camp, décrit comme « un ordre implacable, perverti, une organisation parfaitement meurtrière, une merveilleuse machine à abaisser et à déshumaniser l'homme ».
La visite du camp de Dachau (en allemand, prononcer « darao ») rend compte du système concentrationnaire nazi mieux que tout livre ou document télévisé.
Vestiges et monuments commémoratifs – Deux baraquements ont été reconstitués ; les fondations des 32 autres sont toujours visibles, laissant imaginer la vie quotidienne dans ce camp conçu pour 5 000 prisonniers mais qui en comptait 30 000 en 1944. Sur la place de l'appel, où les détenus devaient se présenter matin et soir quel que soit le temps, un monument a été érigé par la communauté internationale. Depuis 2005, et à la demande des survivants, l'entrée dans le camp se fait par la porte empruntée par les prisonniers où figure l'inscription *Arbeit macht frei (« Le travail rend libre »)*, par laquelle la propagande nazie voulait faire croire que Dachau n'était qu'un camp de rééducation.
Dans l'enceinte du camp ont été élevés une chapelle catholique en forme de tour ouverte, l'église protestante de la Réconciliation et un mémorial juif.
À proximité du camp *(au fond à gauche)* se dressent les fours crématoires dont les abords sont aménagés en parc-nécropole.
À l'extérieur de l'enceinte se trouve le couvent des carmélites dont on peut visiter la chapelle.
Musée de Dachau – Installé dans les anciens bâtiments de l'administration du camp, l'exposition est sobre et très complète *(en allemand et anglais)*. Elle fait connaître l'organisation des camps de concentration en Allemagne et en Europe, et détaille leur modèle, Dachau. Des témoignages, photographies, récits et documents d'époque illustrent les descriptions thématiques sur l'histoire du camp, le quotidien des prisonniers, le travail forcé, les expériences « médicales », les exécutions de masse et la libération du camp.

AUTRES VISITES

Stade Allianz Arena★ (Allianz Arena Stadion)
10 km au nord - métro ligne U6, station Fröttmaning - intersection des autoroutes A 9 et A 99 - ✆ 01 805 1555 101 - www.allianz-arena.de - visite guidée tlj sf jours de match (1h15)

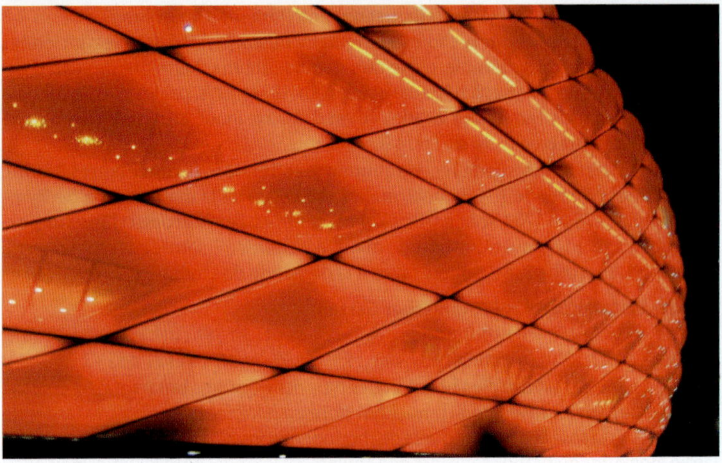
M. Hertlein / MICHELIN

Le stade Allianz-Arena, conçu par Herzog & de Meuron.

10h15-17h30 (nov.-mars 16h30) ; en anglais à 13h - 9 € (5 € -12 ans). Édifié pour la Coupe du monde de football 2006, ce gigantesque stade de 66 000 places impressionne par son enveloppe extérieure imaginée par les architectes Herzog & de Meuron. Chacun des 2 760 panneaux transparents gonflés à l'air qui la composent peuvent être éclairés d'une couleur particulière à chaque match : blanc (matchs internationaux), bleu (club TSV 1860 München), rouge (FC Bayern Munich).

Parc zoologique de Hellabrunn★ (Tierpark Hellabrunn)

6 km du centre au sud. Sortir par la Wittelsbacherstraße. ✆ 089 62 50 80 - www.zoo-munich.de - ♿ - avr.-sept. : 8h-18h ; oct.-mars : 9h-17h - 9 €.

Aménagé en 1911 dans le cadre idyllique des rives de l'Isar, il accueille 5 000 animaux dans de vastes enclos. Voir notamment : la grande volière, le pavillon des éléphants, le chapiteau de la jungle, l'espace polaire et le zoo des enfants.

La Cité du cinéma (Bavaria-Filmstadt) *1h30*

10 km au sud du centre. Sortir par la Hochstraße. Accès par la Grünwalderstraße et la Geiselgasteigstraße. ✆ 089 64 99 20 00 - www.filmstadt.de - ♿ - visite guidée (90mn) - mars-oct. : 9h-16h ; nov.-fév. : 10h-15h - fermé 24-25 déc. - 11 €.

La visite de ces studios donne un aperçu de ce qui se passe derrière les coulisses, montre les décors originaux de *Das Boot*, *L'Histoire sans fin* ou *Astérix et Obélix contre César*. Au cinéma Showscan, les sièges remuent au rythme de l'action, et dans l'**Action Show**, les cracks de la cascade font des démonstrations de leur périlleux métier.

Château neuf de Schleißheim★ (Schloss Schleißheim)

15 km au nord. Sortir par la Schleißheimer Straße. ✆ 089 315 87 20 - ♿ - avr.-sept. : tlj sf lun. 9h-18h ; oct.-mars : tlj sf lun. 10h-16h - fermé 1er janv., Mar. gras, 24, 25 et 31 déc. - 4 €.

Construit entre 1701 et 1727 sous le règne de Max-Emmanuel, le château s'allonge majestueusement sur 330 m et s'harmonise avec la longue perspective très stricte des jardins à la française dessinés par Carbonet et Girard. L'escalier d'honneur mène aux pièces d'apparat du 1er étage. On visite les appartements princiers et des salons aménagés en **galeries de peinture** (maîtres flamands et hollandais des 16e et 17e s.). Au fond du **parc** à la française se dresse le petit château de **Lustheim**, construit dans le style baroque sur les plans de Zuccali (1684-1689).

Circuits de découverte

AUTOUR DU LAC AMMER (AMMERSEE)

Circuit de 116 km. Une demi-journée.

Ammersee★

Situé à 533 m d'altitude, ce lac d'origine glaciaire s'inscrit dans un joli cadre de collines boisées. D'agréables stations comme Dießen ou Herrsching permettent de pratiquer la voile et la natation, et d'effectuer des **excursions** en bateau. Les amateurs de style rococo ne manqueront pas de visiter l'église de l'abbaye d'Andechs.

Gagner Dießen en longeant la rive ouest du lac.

Dießen – La **collégiale Notre-Dame★** (*Marienmünster* – 1732-1739) a été construite sur les lieux d'un ancien couvent de chanoines augustins par Johann Michael Fischer, l'un des architectes les plus renommés de la fin du baroque en Allemagne du Sud. Les frères Asam et François Cuvilliés contribuèrent à l'élaboration des plans.

La richesse décorative des stucs forme une unité saisissante avec les fresques et les précieux retables de célèbres maîtres italiens et d'Allemagne du Sud (dont Tiepolo et Straub). L'imposant maître-autel, de plus de 20 m de hauteur, avec panneau escamotable, accuse une particularité peu commune : il comporte une scène destinée à la représentation des mystères.

La montée de Fischen à Andechs offre de belles échappées sur le lac.

Andechs★ – Couronnant la « colline sacrée » *(Heiliger Berg)*, l'**abbaye d'Andechs** *(Kloster Andechs)* domine de près de 200 m l'Ammersee. Son **église★★**, de souche gothique, fut mise au goût rococo de 1751 à 1755. J.-B. Zimmermann (1680-1758), alors dans la pleine maturité de son talent, est à la fois l'auteur des fresques et des stucs. Une élégante galerie, dont la balustrade est décorée de panneaux peints évoquant l'histoire de l'abbaye, fait le tour du vaisseau. Le compositeur Carl Orff, auteur des *Carmina Burana*, est enterré dans l'une des chapelles. *Seules l'église abbatiale et la brasserie se visitent. ✆ 081 52 37 60 - www.andechs.de*

Revenir à Munich par Herrsching et Seefeld ou faire un crochet par Bernried.

Musée Buchheim★, à Bernried

45 km au sud-ouest. Prendre l'A 95 direction Garmisch (sortie Seeshaupt) jusqu'à Starnberg puis la route qui longe le lac. Accès possible par train (S8, arrêt Starnberg), puis via le musée-bateau ou le ferry (mai-mi-oct. 12h30, 14h45, 17h) - 7,80 €, 19 € (billet groupé train, bateau, entrée).

Ce musée, appelé aussi musée de l'Imagination, héberge la vaste collection privée de l'écrivain et peintre allemand Lothar-Günther Buchheim (auteur de *Das Boot ; Le Styx* dans sa traduction française). Les pièces maîtresses de la collection illustrent l'expressionnisme allemand, notamment les peintres du mouvement *Die Brücke* comme Kirchner, Heckel, Pechstein et Schmidt-Rottluff (tableaux, gravures, aquarelles, dessins). L'art populaire et l'artisanat bavarois, mais aussi des pièces d'Afrique et d'outre-mer sont également présentés dans ce remarquable édifice dont les toits-terrasses viennent surplomber les rives du **lac de Starnberg,** création de l'architecte Günter Behnisch à qui l'on doit le célèbre toit-chapiteau du stade olympique de Munich. *✆ 081 58 99 70 20 - www.buchheimmuseum.de - ♿ - avr.-oct. : tlj sf lun. 10h-18h ; nov.-mars : tlj sf lun. 10h-17h - fermé 24 et 31 déc. -8,50 €.*

Munich pratique

Informations utiles

Offices du tourisme – *✆ 089 233 96 555 - www.muenchen.de - Gare centrale (Hauptbahnhof) - 9h30-18h30, dim. et j. fériés 10h-18h - Hôtel de ville (Neues Rathaus) - Marienplatz - tlj sf dim. et j. fériés 10h-20h, sam. 10h-16h.*

Consulat de France – *Heimeranstraße 31 - 80339 Munich - ✆ 089 41 94 110 - www. botschaft-frankreich.de - lun., mar., jeu. 8h45-12h, vend. 8h45-12h30, merc. 13h30-17h.*

Visites

Tour en bus - Münchener Stadt-Rundfahrten Sightseeing – Départ gare centrale, devant magasin Hertie - ✆ 0700 28 786 877 - commentaires en français (1h) - d'avr. à oct. 10h-17h (départ ttes les 30mn ; 9h30 les vend., sam. et dim.) ; de nov. à mars 10h-16h (départ ttes les h et à 14h30) - *13 € (7 €).*

Tour 2 (centre-ville et parc olympique, 2h30) - avr.-oct. 10h et 14h30, nov.-mars 14h30 - *19 € (10 €).*

Tour 3 (visite du château de Nymphenburg, 2h30) 14h30 - *19 € (10 €).*

Transports

Aéroport – À 28 km au nord-est - ✆ 089 975 00 - www.munich-airport.de - liaisons S-Bahn S1 ou S8 *(départ toutes les 10mn de 4h à 1h, 8,80 €)*, et par la navette Lufthansa *(départ toutes les 20mn de 5h à 20h).*

Gare centrale (Hauptbahnhof) – Hauptbahnhofplatz (à 10mn à pied à l'ouest du centre) - ✆ 089 130 810 555 - www.hauptbahnhof-muenchen.de

Transports en commun – Le **MVV** unifie le S-Bahn (équivalent du RER), le U-Bahn (métro), le tramway et les bus. ✆ 089 41 424 344 (hotline 24h/24) - *4,80 € 1 j., 11,80 € 3 j. ; ticket groupe (5 pers., deux enfants 6-14 ans comptent pour un) 8,50 € 1 j., 20 € 3 j. (la zone 1 ou « Innenraum » couvre l'essentiel des besoins de déplacements).*

CityTourCard – Libre circulation sur le réseau (intérieur) et réductions dans 30 sites touristiques - 1 j. (*9,50 €*) ou 3 j. (*18 €*)

Location de vélos – *Radius Bike Tours* - Arnulfstraße 3, face aux quais 27-36 de la gare centrale - ✆ 089 59 61 13 - mi-avr. - mi-oct. : 10h-18h - 14,50 € par jour. L'agence propose aussi des excursions guidées. C'est un moyen idéal pour découvrir Munich.

Location de voitures

Hertz – Aéroport et gare centrale - Bahnhofplatz 2 - ✆ 089 550 22 56.

Avis – Aéroport et gare centrale - ✆ 089 550 22 51.

Se loger

L'office du tourisme de Munich offre les services d'une centrale de réservation disponible par Internet, par téléphone et dans ses deux centres d'informations (Hauptbahnhof et Neues Rathaus). La majorité des hôtels en centre-ville se situent dans le quartier de la gare. Les prix sont très dépendants des périodes de foires et salons, et varient donc parfois d'une semaine à l'autre. De nombreux établissements proposent des réductions les week-ends et des offres spéciales sur leur site Internet.

Creatif Hotel Elephant – *Lämmerstraße 6 - ✆ 089 55 57 85 - www.creatif-hotel-elephant.com - 45 ch. - 70 € (59 € ch. non rénovées).* Un designer lyonnais a posé des touches de couleurs vives sur la façade et dans les chambres rénovées en 2006 de cet hôtel, à côté de la gare centrale. Chambres anti-allergie disponibles. Tarifs les plus bas en juil.-août.

Mariandl – *Goethestraße 51 - ✆ 089 534 108 - www.mariandl.com - 30 ch. - 98 € (70 € douche et toilettes à l'étage) - rest. 22 €.* Tout près de la gare, mais à l'écart de son agitation, cette demeure de 1899 abrite un hôtel plein de charme avec son mobilier Belle Époque ou Art nouveau. Le restaurant et l'excellent café-concert au rez-de-chaussée ajoutent à l'agréable ambiance du lieu.

Am Viktualienmarkt – *Utzschneiderstraße 14 - ✆ 089 231 10 90 - www.hotel-am-viktualienmarkt.com - fermé 20 déc.-7 janv. - 30 ch. - 98 € (85 € vend.-dim. ; 130 € 4 lits).* Idéalement situé en centre-ville, hôtel à l'accueil familial et décontracté. Chambres – certaines petites – à la décoration sobre et moderne d'un bon rapport qualité-prix.

Hotel Uhland – *Uhlandstraße 1 - ✆ 089 54 33 50 - www.hotel-uhland.de - P - 27 ch. - 85/185 € (offres spéciales sur internet, parking gratuit).* Derrière une façade néo-Renaissance centenaire, dans un quartier résidentiel très vert, le long de la Theresienwiese et sa Fête de la bière, chacun trouvera ici la chambre qui lui convient. Tenu depuis cinquante ans par la famille Hauzenberger-Reim qui saura vous conseiller pour découvrir Munich.

Müller – *Fliegenstraße 4 - ✆ 089 23 23 860 - www.hotel-mueller-muenchen.com - P - 44 ch. - 90/145 €.* Situé près de la Sendlinger Tor, face à l'église St-Matthieu *(Matthäuskirche)*. Chambres réaménagées, service attentionné et cadre agréable.

Drei Löwen Hotel – *Schillerstraße 8 - ✆ 089 55 10 40 - www.hotel3loewen.de - 97 ch. - 102 €.* Hôtel accueillant au cœur du centre-ville, près de la gare principale *(Hauptbahnhof)*. Pour y entrer, empruntez un vaste hall lambrissé et muni de nombreux sièges. Chambres claires et dotées d'un équipement moderne.

Hotel Schlicker – *Tal 8 - ✆ 089 242 88 70 - www.hotel-schlicker.de - P - 68 ch. - 115/200 €.* Hôtel rénové, au cœur de la vieille ville. Chambres confortables, mais plutôt impersonnelles.

Hotel Platzl – *Sparkassenstraße 10 - ✆ 089 23 70 30 - www.platzl.de - P ♿ - 167 ch. - 190 € - rest. 19 € (Ayingers), 27 € (Pfistermühle).* Chambres confortables dans le style bavarois traditionnel, en plein cœur de la vieille ville historique – Marienplatz et Viktualienmarkt rapidement accessibles à pied. La voûte du restaurant Pfistermühle confère à l'endroit un parfum du « vieux Munich », et vous découvrirez un style « bistrot » soigné dans l'Ayingers.

Hotel Bayerischer Hof – *Promenadenplatz 2 - ✆ 089 212 00 - www.bayerischerhof.de - ♿ - 395 ch. - à partir de 220 € - 33 €.* Grand hôtel traditionnel qui mêle le luxe à une décoration personnalisée : rustique, nostalgique ou moderne – chaque chambre possède son style propre. Spécialités gastronomiques à déguster dans l'élégant Garden-Restaurant ou parfum de l'océan Pacifique dans le Trader Vic's. Le Palais Keller, taverne bavaroise, appartient aussi à cet établissement. À défaut de goûter le luxe des chambres, se délecter d'un déjeuner au champagne depuis le toit-terrasse de l'hôtel.

Se restaurer

VaPiano – *Theatinerstraße 15 - ✆ 089 20 60 658 - 11 €.* Dans le *Salvatorpassage* des *Fünf Höfe*, une adresse pour manger vite et pas cher en libre service : salades composées, pizzas, pâtes. Toutes vos consommations sont enregistrées sur une carte, vous payez à la sortie.

Karawanserei – *Pettenkoferstraße 1 - ✆ 089 54 54 19 54 - www.karawanserei-muenchen.de - 17 €.* Derrière une banale façade près de la Sendlinger Tor, tout l'éventail de la cuisine perse dans un décor « bavaro-oriental » avec jardin intérieur.

Schrannenhalle – *Viktualienmarkt 15 - ✆ 089 518 18 18 - www.schrannenhalle.de - 15 à 30 €.* Des restaurants bavarois, chinois, italien, autrichien, des bars à vins ou à bières, des concerts gratuits… Des halles historiques toujours en effervescence, surtout le jeudi, soir de discothèque.

Ratzkeller – *Marienplatz 8 - ✆ 089 21 99 89 30 - 16 € (carte en français avec* *photos)*. Populaire et raffinée, cette immense taverne installée dans les caves de l'hôtel de ville, comme son nom l'indique, est une véritable institution à Munich. Dans ce lieu magique, dégustez de croustillants jarrets de porc ou de petites saucisses à frire sous les arcs gothiques de sa grande salle ou dans de petits box de bois plus cosy.

⊖⊖ **Dürnbräu** – *Dürnbräugasse 2 - ✆ 089 22 21 95 - 18 €.* Dans une petite rue du centre-ville, établissement aux allures de brasserie servant une cuisine bavaroise classique. Bois sombre et longues tables confèrent à la salle son caractère rustique. L'été, terrasse à l'avant du restaurant et jardin intime dans la cour intérieure.

⊖⊖ **Spatenhaus an der Oper** – *Residenzstraße 12 - ✆ 089 290 70 60 - www.kuffler.de - 24 € (rdc) ; 32 € (à l'étage).* Élégante taverne au rez-de-chaussée, salle et carte plus raffinées à l'étage avec spécialités de gibier. Deux ambiances pour une cuisine traditionnelle de qualité.

⊖⊖⊖ **Lenbach** – *Ottostraße 6 - ✆ 089 54 91 30 -www.lenbach.de - fermé dim. et j. fériés- 34 €.* Le célèbre architecte sir Terence Conran a aménagé les salles de ce restaurant au sein du lumineux palais Lenbach. Sur une superficie de 2 200 m², sous les splendides plafonds en stuc, une cuisine internationale « tendance » où sushis et poissons apportent une note asiatique. Service très soigné.

⊖⊖⊖ **Käfer Schänke** – *Prinzregentenstraße 73 - ✆ 089 416 82 47 - fermé dim. et j. fériés - 39 €.* Sur la rive droite de l'Isar, agréable restaurant aux différentes petites salles décorées : ainsi la salle de Meissen, et ses quelque 300 pièces de porcelaine ! Réservation conseillée. Comprend aussi une grande épicerie fine.

⊖⊖⊖⊖ **Bogenhauser Hof** – *Ismaninger Straße 85 - 81675 München-Bogenhausen - ✆ 089 98 55 86 - fermé 24 déc.-7 janv., dim. et j. fériés - 43 €.* Ancien pavillon de chasse de 1825 devenu un lieu traditionnel de la gastronomie munichoise. Décor élégant, jardin d'été idyllique et personnel attentionné pour une succulente cuisine classique.

Faire une pause

Café Arzmiller – *Theatinerstraße 22 - ✆ 089 29 42 73 - 8h30-18h30.* Ce salon de thé vous permettra de vous détendre et d'oublier le stress de la ville. Café, gâteaux et plats du jour servis dans la belle et calme Theatinerhof. Spécialité maison à ne pas manquer : les *Strudel* !

Café Luitpold Palmengarten – *Briennerstraße 11 - ✆ 089 29 28 65 - www.cafe-luitpold.de - lun.-vend. 9h-20h, sam. 8h-19h, dim. 11h-18h.* Offre toute l'année un choix de plus de 300 tartes différentes. La spécialité de la maison est bien sûr la tarte Luitpold. À déguster sous la coupole de verre de la cour intérieure plantée de palmiers, ou en terrasse sur la Maximilianplatz et dans la Brienner Str.

Confiserie Rottenhöfer – *Residenzstr. 25/26 - ✆ 089 22 29 15 - www.rottenhoefer.de - lun.-vend. 8h45-19h, sam. 8h-18h, fermé dim. et j. fériés.* Boutique (plus de 160 sortes de bonbons au chocolat) et salon de thé au rez-de-chaussée, salon non-fumeurs à l'étage. Fondée en 1825, la maison était autrefois le fournisseur officiel de la couronne bavaroise.

Viktualienmarkt – *Viktualienmarkt - tlj sf dim. jusqu'à 20h.* Depuis 1807, ce marché traditionnel vous laisse le choix : aux différents étals vous trouverez tout ce dont vous avez envie, de la bière au vin et aux jus de fruits frais (2 € verre), des saucisses aux huîtres. Au centre, *Biergarten* très fréquenté par beau temps, endroit idéal pour déguster des saucisses blanches *(Weißwurst)* ou un *Leberkäse*, sorte de pâté de viande et d'abats servi chaud dans un petit pain rond.

En soirée

Les bars et les cafés de Munich où passer une agréable soirée se répartissent entre la vieille ville, Schwabing (autour de l'université pour les étudiants ou le long de la Leopoldstraße) – le quartier le plus célèbre en la matière –, Haidhausen (autour de la Pariser et de la Weißenburger Platz), la Gärtnerplatz et les rues alentour.

Alter Simpl – *Türkenstr. 57 - ✆ 089 272 30 83 - www.altersimpl.de - dim.-jeu. 11h-3h, vend.-sam. 4h.* Bar décontracté fréquenté par les étudiants depuis plus de cent ans. Plafonds en partie décorés de stuc. Bières, cocktails et cuisine bavaroise.

Brasserie Tresznjewski – *Theresienstr. 72 - ✆ 089 28 23 49 - www.tresznjewski.de - dim.-merc. 8h-1h, jeu.-sam. 8h-4h.* Face à la Nouvelle Pinacothèque. Brasserie raffinée, à l'ambiance soignée, proposant un large choix de boissons chaudes et rafraîchissantes, et une cuisine d'inspiration méditerranéenne.

Le Biergarten, littéralement « jardin de bière », fait partie intégrante de la vie bavaroise, notamment à Munich. Nombre de ces terrasses et jardins ombragés sont accessibles même en hiver, dès les premiers rayons de soleil. Service restreint voire inexistant (souvent self-service), l'atmosphère prime avant tout. On se délecte de jarrets de porc grillés *(Schweinshaxe)* ou de *Steckerlfisch*, poissons piqués sur un bâton et cuits sur le gril. Parmi les nombreuses adresses : Chinesicher Turm (Tour chinoise, dans le Jardin anglais), Hofbraükeller (Inner Wiener str. 19), Augustiner-Keller (Arnulfstraße 52) et les trois lieux ci-dessous.

Hofbräuhaus – *Am Platzl 9 - ✆ 089 2 90 13 60 - www.hofbraeuhaus.de - 9h-23h30.* Brasserie de renommée mondiale à l'ambiance originale, malgré le nombre de touristes. Musique d'instruments à vent dans la *Schwemme* toujours bruyante au rez-de-chaussée. Premier étage et *Biergarten* de la cour intérieure plus calmes *(Trinkstube, musique 18h-23h30)*. Spectacles folkloriques bavarois et buffet chaque soir dans l'immense *Festsaal* (à partir de 18h30).

Seehaus – *Kleinhesselohe 3 (dans l'Englischer Garten) - U3 U6 Münchner Freiheit (suivre ensuite Haidhauser Str.) - ✆ 089 381 61 30 - www.kuffler-gastronomie.de - 10h-1h.* Une situation de rêve, sur les rives du lac de Kleinhesselohe, dans le Jardin anglais, pour ce restaurant et ce *Biergarten* idyllique. Location de bateaux à proximité.

Hirschgarten – *Hirschgarten 1 - Tram 16, 17 Romanplatz (descendre ensuite Guntherstr.) - ✆ 089 17 999 119 - www.hirschgarten.de - 9h-0h (Biergarten de mars à oct.).* Proche du château de Nymphenburg, ce *Biergarten* (avec restaurant rustique à côté) est sans doute le plus grand de Munich, voire de Bavière. 8 000 places à l'extérieur (1 200 avec un service à table).

Achats

Bon à savoir – On trouve des passages commerçants ainsi que des boutiques pour tous les budgets dans la vieille ville, (périmètre facile à arpenter à pied). Beck am Rathauseck et d'autres grands magasins se concentrent entre la Marienplatz et Stachus, à l'ouest. Jetez également un coup œil au centre commercial Fünf Höfe (Theatinerstraße).

Dans l'est de la vieille ville, la **Maximilianstraße** concentre l'essentiel des boutiques de luxe et des galeries d'art que l'on trouve aussi dans les rues adjacentes, la Residenzstraße, puis, au nord, l'Odeonsplatz et la Briennerstraße.

Au nord de la vieille ville, **Schwabing** (le long et à l'ouest de la Leopoldstraße), l'ancien quartier des artistes, et **Maxvorstadt**, autour de l'Université, regroupent des antiquaires et des galeries d'art (Türkenstr., Amalienstr., Barerstr., Kurfürstenstr., Hohenzollernstr., Schellingstr. et Franz-Joseph-Str.), et des boutiques de mode pour jeunes.

Au sud de la vieille ville, au-delà du marché aux victuailles, les alentours de la **Gärtnerplatz**, avec ses boutiques de créateurs (mode, design) rendent agréable une promenade de shopping dans ce quartier gay de Munich.

Pour les souvenirs gastronomiques, Dallayr, le « Fauchon » munichois est recommandé.

Dallmayr – *Dienerstraße 14-15 - ✆ 089 213 50 - www.dallmayr.de - tlj sf dim. 9h-19h, sam. 18h.* Crus rares de café, vins et spiritueux, spécialités bavaroises.

Divertissements et spectacles

Trois orchestres symphoniques dirigés par de grands chefs (Opéra, Philarmonie et Radio-télévision bavaroise) font de Munich une métropole musicale unique. Le programme mensuel *München im…* (… nom du mois), disponible dans les bureaux de l'office de tourisme ou dans les kiosques, propose l'ensemble des informations culturelles. Réservations et achats de billets pour les spectacles possibles auprès de *München Ticket - Marienplatz 8 - ✆ 089 548 181 81 - www.muenchenticket.de*

Jazzclub unterfahrt – *Haidhausen - Einsteinstraße 42 (près de la Max-Weber-platz) - ✆ 089 448 27 94 - www.unterfahrt.de - de jeu. à dim. 19h30-1h, sam. 3h.* Riche programmation jazz dans un club réputé.

Événements

Fasching (carnaval) – Des centaines de bals traditionnels ou masqués dans toute la ville qui s'achèvent, jour de Mardi gras, par la danse des marchandes de la halle sur le marché aux victuailles.

R. Chéret / MICHELIN

L'arbre de mai sur le marché aux victuailles.

Starkbierzeit (fête de la bière forte) – Mars. À la fin du carnaval, festivités dans les brasseries Löwenbraükeller et Paulaner am Nockherberg : mise en perce traditionnelle (ouverture des fûts), danses folkloriques, concours de soulevé de pierre.

Fronleichnam (Fête-Dieu) – 15 juin. Procession, dans les rues pavoisées et garnies de feuillage de jeunes bouleaux, des ordres ecclésiastiques, corporations d'étudiants catholiques et d'artisans.

TollWood Festival – De mi-juin à début juil. et en déc. Musique, cabaret et théâtre au parc olympique.

Opernfestspiele (Festival d'opéra) – Juil.

Oktoberfest (Fête de la bière) – Fin sept.-début oct. La plus grande kermesse du monde sur la Therensienwiese.

Christkindlmarkt (marché de Noël).

Augsbourg★★

Augsburg

259 220 HABITANTS
CARTE GÉNÉRALE B4 – CARTES MICHELIN N^{OS} 718 K12 ET 546 AK 61
BAVIÈRE

Ses palais, ses églises et son hôtel de ville reflètent l'âge d'or d'Augsbourg, lorsqu'elle était aux 15e et 16e s. une ville de premier rang en Europe. On se plaît aujourd'hui à découvrir l'un des exemples majeurs de la Renaissance au nord des Alpes, marqué par l'empreinte de son architecte officiel, Elias Holl. La cité a également donné le jour, à travers les siècles, à de nombreux artistes et humanistes célèbres, parmi lesquels le peintre Hans Holbein l'Ancien et le dramaturge Bertolt Brecht. Traversée par un affluent du Danube, le Lech, qui se divise en canaux dans la ville basse, Augsbourg est la troisième ville de Bavière et un important pôle industriel, où Rudolf Diesel mit au point son fameux moteur à la fin du 19e s.

- **Se repérer** – 66 km à l'est de Munich, 161 km à l'ouest de Stuttgart.
- **À ne pas manquer** – L'hôtel de ville et la salle Dorée.
- **Organiser son temps** – Une journée de halte sur le trajet de la Route romantique ou une escapade depuis Munich.
- **Pour poursuivre le voyage** – La Route romantique, Munich, Ottobeuren, Füssen et les châteaux de Louis II, la route allemande des Alpes.

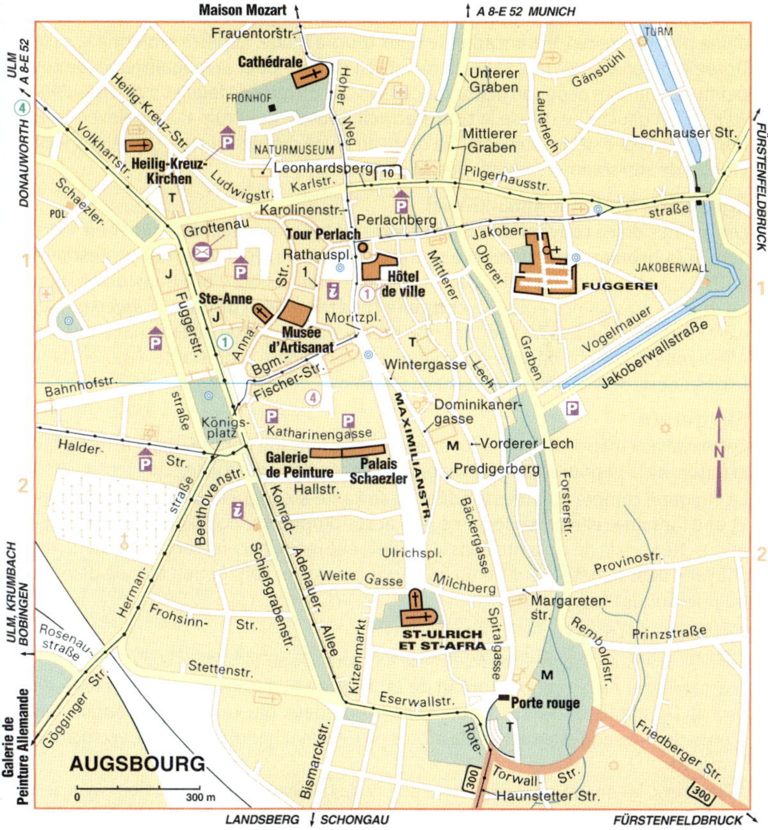

SE LOGER	SE RESTAURER	INDEX DES RUES
Ost am Kö............ (1)	Die Ecke............ (1)	Philippine-Welser-Straße 1
Unterbaarer Hof............ (4)	Zur alten Feuerwache............ (4)	

Comprendre

Une cité romaine – La cité fondée en 15 av. J.-C. par Drusus et Tibère – les beaux-fils de l'empereur Auguste, d'où son nom – figure parmi les villes les plus anciennes d'Allemagne avec Trèves et Cologne. Centre commercial sur le chemin de l'Italie, elle devient ville épiscopale à la chute de l'Empire romain. Elle est promue ville libre d'Empire et siège de la diète à la fin du 13e s.

Les Fugger – À la fin du 15e s., Augsbourg, qui compte déjà 50 000 habitants, devient un centre de la haute finance grâce aux Fugger et aux Welser, deux dynasties locales qui, disait-on, se partageaient le monde. L'histoire a retenu le nom de Jakob Fugger le Riche (1459-1525), célèbre comme banquier de l'Empire et surtout comme créancier des Habsbourg. On estime à quatre millions de ducats la dette, jamais éteinte, des Habsbourg envers leurs banquiers d'Augsbourg.

La Confession d'Augsbourg – En 1530, Charles Quint, inquiet de l'importance que prend la Réforme dans les divers États de l'Empire, réunit une diète impériale à Augsbourg, dans l'espoir de dissiper les troubles religieux. Les protestants, autour de Luther, proclament alors, dans une « confession » restée célèbre, les bases de leur croyance. Mais leur thèse est rejetée. C'est en 1555 seulement que la paix d'Augsbourg accordera aux protestants la **liberté de culte**. En 1686, Augsbourg donne encore son nom à la ligue dirigée contre Louis XIV, après la révocation de l'édit de Nantes, par la Prusse et l'Autriche.

Visiter

Place de l'Hôtel de Ville (Rathausplatz)

Vaste bâtiment Renaissance, l'**hôtel de ville** fut bâti par Elias Holl entre 1615 et 1620, et reconstruit à l'identique après d'importants dommages en 1944. Le fronton, orné d'une pomme de pin, est encadré de deux tours à bulbe. L'édifice renferme la salle Dorée *(Goldener Saal)*, une salle de réception célèbre pour la magnificence de ses peintures murales et de son plafond à caissons recouverts de feuilles d'or *(visite 10h-18h, 2 €)*. À gauche se dresse la **tour Perlach**, tour de guet romane surélevée trois fois au cours des siècles suivants. Un drapeau jaune est hissé lorsque les Alpes sont visibles de son sommet *(montée possible en saison)*.

Église Ste-Anne (St-Anna-Kirche)

Les moines de ce couvent de carmes fondé au 14e s. accueillirent Luther en 1518, venu à Augsbourg pour défendre sa thèse réformiste ; l'église devint protestante en 1525, et les salles où Luther avait séjourné sont aujourd'hui transformées en un musée. Au sein de l'église, la **chapelle funéraire des Fugger★** *(Fuggerkapelle)* est exceptionnelle à la fois en tant que premier témoignage de la Renaissance en Allemagne et comme enclave catholique dans une église protestante. À noter, dans le chœur est, trois tableaux de Cranach l'Ancien.

Fuggerei★

Cette cité aux maisons ocre recouvertes de lierre doit son nom à Fugger le Riche qui la fonda en 1519 pour abriter des habitants nécessiteux de la ville.

La Fuggerei compte huit rues bordées de soixante-six coquettes maisons à pignon, et une fontaine ; elle possède une église et ses propres services administratifs. Première cité sociale de ce genre dans le monde, elle reçoit encore, comme au 16e s., les citoyens dans le besoin contre un loyer symbolique et l'obligation morale de prier pour les fondateurs.

Cathédrale (Dom)

Fondée au 9e s. en l'honneur de Marie, elle fut remaniée au 14e s. dans le style gothique. Le portail sud du chœur ou **portail de la Vierge★★**, gothique, et les **portes★** de bronze (1re moitié du 11e s.), décorées de trente-deux bas-reliefs représentant des scènes de l'Ancien Testament et de motifs ou personnages symboliques, accrochent le regard.

À l'intérieur, les quatre autels de la nef s'ornent de **tableaux★** de Hans Holbein l'Ancien (à gauche *Naissance de Marie* et *Montée au temple*, à droite l'*Offrande refusée de Joachim* et la *Présentation au temple*). Aux fenêtres hautes de la nef, à droite, les **vitraux des prophètes★** (12e s.), les plus vieux d'Allemagne, sont d'une facture très rigide.

Sur le parvis sont exposés des vestiges de la cité romaine.

Maximilianstraße★

Bordée de maisons et d'hôtels particuliers édifiés par la haute bourgeoisie d'Augsbourg à l'époque de la Renaissance, elle offre l'une des perspectives les plus majestueuses de la vieille Allemagne, en dépit des profondes restaurations subies par nombre de façades. Trois élégantes fontaines de bronze Renaissance la décorent. Au nº 36, la maison des Fugger abrite une belle **cour des Dames** *(Damenhof)*.

Musée municipal★ (Städtische Kunstsammlungen)

Schaezlerpalais/Deutsche Barockgalerie - Maximilianstr. 46 - ✆ 0821 324 41 02 - www.augsburg.de - tlj sf lun. 10h-17h (mar. 20h) - fermé Vend. saint, 24-25 et 31 déc. - 7 €.
Les collections d'art sont réparties dans des édifices mitoyens. On parcourt d'abord les salles du **palais Schaezler** (1767), où sont rassemblées des œuvres des maîtres du baroque allemand. La vaste **salle des fêtes★★** *(Festsaal)* montre un plafond décoré de stucs et de fresques rococo.
Une seconde **galerie de peinture** *(Staatsgalerie alter Kunst)* présente des œuvres de maîtres souabes et augsbourgeois des 15e et 16e s. : tableau votif de la famille Schwarz par Hans Holbein l'Ancien, célèbre *Portrait de Jakob Fugger le Riche* par Albrecht Dürer. Au 2e étage sont réunies des œuvres de Van Dyck, Tiepolo et Véronèse.

Église St-Ulrich et St-Afra★

L'ancienne abbatiale bénédictine, et l'église protestante qui lui est accolée, portent toutes deux les noms des deux saints. Cette juxtaposition spatiale et nominale est l'un des traits caractéristiques d'Augsbourg (on le retrouve aux **églises de la Ste-Croix**).
La grande basilique fut fondée en 1474, et mêle une architecture de style gothique tardif à des aménagements Renaissance et baroque. Dès l'entrée, séparée des trois nefs par une belle grille baroque, on découvre le haut vaisseau central, à voûte en réseau, bien éclairé par de vastes fenêtres et au fond duquel se dressent trois autels baroques. À la croisée du transept, remarquez le groupe de bronze de la Crucifixion, de 1607. Parmi les chapelles latérales, arrêtez-vous devant celle de St-Simpert *(à droite)* qui présente un balcon surmonté de **statues de saints★** en terre cuite et un large baldaquin gothique.

Augsbourg pratique

Informations utiles

Office de tourisme – *Maximilianstraße 57 - ✆ 0821 50 20 70 - www.augsburg-tourismus.de - avr.-oct. : lun.-vend. 9h-18h, sam. 10h-17h, dim. 10h-14h ; nov.-mars : 9h-17h, sam. 10h-12h, fermé le dim.*

Se loger

⊖ Unterbaarer Hof – *Ulmer Straße 218 - Tram 2 - ✆ 0821 431 300 - www.unterbaarer-hof.de - P - 6 ch. - 30/55 € ☕ - restaurant 7,90/16,40 €.* Un peu éloignée du centre, petite pension aux chambres confortable et un vaste appartement de vacances. Le mobilier de bois et la décoration agréable confèrent à la salle de restaurant un caractère champêtre. Cuisine traditionnelle.

⊖⊖ Ost am Kö – *Fuggerstraße 4 - ✆ 089 50 20 40 - www.ostamkoe.de - P - 49 ch. - 88 € ☕ (ch. familiales 3 à 4 pers. à partir de 108 €).* Un hôtel bien situé dans le centre et à seulement 300 m de la gare. Les chambres sont bien équipées et la plupart donnent sur une cour tranquille. Un sauna est à la disposition des clients.

Se restaurer

⊖⊖ Zur alten Feuerwache – *Zeugplatz 4 - ✆ 0821 511 685 - ♿ - 15/25 €.* Situé en face de St-Moritz, l'ancien arsenal d'Augsbourg, du 16e s., abrite un agréable restaurant. Devant l'établissement, un grand *Biergarten* invite à la détente.

⊖⊖⊖ Die Ecke – *Elias-Holl-Platz 2 - ✆ 0821 51 06 00 - 36 €, menu 16 € (midi), 68 € (soir).* La décoration de ce restaurant aménagé dans une maison historique mêle boiseries rustiques et peintures modernes. Bertolt Brecht le fréquentait autrefois. Une des tables gourmandes de la ville dotée d'une belle carte des vins.

Faire une pause

Caféhaus Eber – *Philippine-Welser-Straße 6 (en face de la mairie) - ✆ 0821 36 84 7 - www.cafe-eber.de - lun.-sam. 8h-18h.* Une confiserie où les bonbons au chocolat se partagent le devant de la vitrine avec les délicieux gâteaux maison. Salon de thé au 1er étage et par beau temps, la terrasse sur la Rathausplatz. Des plats du jour vous sont proposés entre 11h et 14h *(7 €)*.

Marché couvert *(Stadtmarkt)* – *Annastr. 16 (accès également par Fuggerstr. 12) - lun.-vend. 7h-18h, sam. 7h-13h.* Vous trouverez ici les étals des charcutiers *(Fleischhalle)*, des épiciers *(Viktualienhalle)*, des cafés et des restaurants. Marché agricole le matin.

En soirée

Der Weinbäck (Laxgangs Weinstuben) – *Spitalgasse 8 - ✆ 0821 37 911 - www.weinbaeck.de - tlj sf dim. et j. fériés 17h-1h - fermé 25 déc.-1er janv.* Dans une cave historique du 16e s. (ou dans la charmante cour en été), une large carte des vins servis au verre.

Église d'Ottobeuren★★

CARTE GÉNÉRALE B5 – CARTES MICHELIN N^OS 718 J13 ET 546 AO 64
BAVIÈRE

Village entouré de forêts et de prairies, Ottobeuren est dominé par sa monumentale abbaye bénédictine fondée en 764. Cinquante années de travaux, entre 1711 et 1756, furent nécessaires pour bâtir ce chef-d'œuvre du baroque européen. Les prodigieux stucs et les trompe-l'œil de l'église donnent ici un avant-goût du paradis. Les bâtiments abbatiaux dévoilent une majestueuse salle des Empereurs, une bibliothèque inondée de lumière et deux kilomètres et demi de couloirs. Et, fait rarissime, ils sont encore occupés par ving-cinq moines,1 200 ans après l'arrivée des premiers bénédictins.

C. Labonne / MICHELIN

Richement décorée, l'abbatiale d'Ottobeuren est une perle du baroque.

- **Se repérer** – À 114 km à l'ouest de Munich, 121 km au nord-ouest de Garmisch-Partenkirchen, 157 km au nord-ouest de Constance.
- **À ne pas manquer** – Les concerts d'orgue du samedi après-midi.
- **Pour poursuivre le voyage** – Füssen et la route allemande des Alpes, Ulm, l'église de Wies.

Visiter

Église abbatiale★★

Se renseigner auprès de l'office de tourisme pour les conditions de visite.

Le grand architecte de l'Allemagne du Sud, **Johann Michael Fischer**, mit la dernière main à cette perle du baroque à partir de 1748 et signa là son chef-d'œuvre. Il faut lui associer, dans le domaine de la décoration rococo, les noms des Zeiller pour les fresques (Johann Anton Zeiller et son cousin Franz Anton Zeiller), de Johann Michael Feuchtmayer pour les stucs et de Johann Joseph Christian pour les sculptures figuratives *(voir illustration p. 71)*.

L'immensité de l'église est surtout visible lorsque l'on se trouve à l'intérieur ; cette impression est encore renforcée par l'éclairage inhabituel de l'édifice, dû à son orientation nord-sud. Toute l'architecture de l'église s'ordonne autour de la coupole centrale aplatie, dans un foisonnement de peintures, de stucs et de sculptures. Malgré cette profusion, le rythme et l'application donnés à l'ensemble forment un tout inséparable, habilement organisé pour symboliser

Ottobeuren pratique

Office de tourisme – *Marktplatz 14 - ☏ 08 332 91 19 50 - www.ottobeuren.de - tlj sf dim. 9h-12h, 14h-17h (vend. 16h, sam. 12h).*

Concerts – *De mai à sept. sf août, le plus souvent les sam. et dim.* Orchestres symphoniques, musique de chambre, concerts d'orgues dans la salle des Empereurs et dans la basilique.

la proclamation du *Credo* des Apôtres. Les quatre autels sont dédiés à saint Michel, patron de la région d'Ottobeuren et de l'Empire, aux Saints-Anges-Gardiens, à saint Joseph et à saint Jean-Baptiste. Admirez tout particulièrement les magnifiques œuvres d'art que constituent la **chaire** et le **groupe du baptême du Christ** qui lui fait face, réalisé par Feuchtmayer d'après le projet de Zeiller en marbre rouge et gris.

L'autel du Saint-Sacrement, à l'entrée du chœur, est surmonté d'un Christ très vénéré à Ottobeuren, sous la forme d'un **crucifix** réalisé après 1220. Le **maître-autel**, avec la représentation de la Sainte-Trinité de Zeiller et les effigies grandeur nature des saints et des apôtres, par Christian, constitue une splendide composition. Les **stalles★★** de noyer (1764) représentent un chef-d'œuvre de l'art de la sculpture sur bois. Leurs grands dossiers sont décorés de bas-reliefs dorés, sur bois de tilleul, dus à Joseph Christian (scènes de la vie de saint Benoît à droite et scènes de l'Ancien Testament à gauche).

Karl Joseph Riepp, élève du célèbre fabricant d'orgues Silbermann, réalisa les deux **orgues du chœur★★** en 1766.

Bâtiments abbatiaux

Ils furent construits entre 1711 et 1731. Le plan d'ensemble de l'abbaye forme un Christ en croix dont la tête (l'église) est légèrement penchée, reprenant l'idée de saint Paul pour qui l'Église, symbole d'un État chrétien idéal, s'organise comme un corps dans lequel chaque organe exerce une fonction vitale. Dans le **musée★**, admirez la superbe décoration des salles, en cohérence avec l'architecture de l'église ; le palais abbatial, la belle **bibliothèque**, la salle de théâtre et la **salle de l'Empereur** *(Kaisersaal)*, avec sa fresque au plafond représentant le couronnement de l'empereur Charlemagne, méritent toute votre attention. L'intérêt du musée réside également dans les pièces d'art médiéval et les peintures du 15e au 17e s. qui y sont exposées.

Aux alentours

Memmingen

11 km au nord-ouest. La **vieille ville**, entourée de remparts en grande partie préservés, conserve aujourd'hui encore l'apparence caractéristique d'une cité marchande du Moyen Âge. En longeant le ruisseau canalisé au centre de la ville, on découvre de vieilles bâtisses comme la **maison aux sept toits** *(Siebendächerhaus)*, autrefois maison de tanneur. La **Marktplatz** est encadrée d'édifices intéressants : la **Steuerhaus**, de 1495, dont le rez-de-chaussée s'ouvre par des arcades ; l'**hôtel de ville** de 1589, refait dans le goût rococo en 1765, et d'une architecture curieuse avec ses trois oriels, à plusieurs étages, coiffés de bulbes. Voir également la maison des Hospitaliers de St-Antoine *(Antonierhaus)*, de style gothique flamboyant, et son musée consacré à cet ordre religieux et aux frères Strigel, deux artistes originaires de la ville. La basilique gothique **St-Martin** *(Martinskirche)*, des 14e et 15e s., possède un chœur intéressant (1496-1500), œuvre majeure de l'architecte Matthias Böblinger. Les **stalles★** très ouvragées de 1501-1507 montrent 68 effigies de prophètes, de sibylles et de donateurs. Sur la place Hallhof, l'octogone terminal du clocher (1617) de la **Kreuzherrenkirche** surpasse en raffinement décoratif les autres tours de la ville.

Route allemande des Alpes★★★

Deutsche Alpenstrasse

CARTE GÉNÉRALE B5
CARTES MICHELIN N^{OS} 718 J14 À M13 545 X 13 À 18, N^{OS} 546 X 14 À 22
BAVIÈRE

Du lac de Constance aux abords de Salzbourg, suivant la limite sud du pays, cette route touristique parcourt des paysages toujours changeants, découvrant ici un lac de montagne, là des sommets escarpés où les sapins n'osent s'aventurer. Elle traverse les contreforts des Alpes de l'Allgäu et des Alpes bavaroises couverts de pâturages, mais garde en vue les massifs élevés comme la Zugspitze (2 964 m) et le Watzmann (2 712 m). Son parcours est ponctué de petits villages aux balcons fleuris, de stations de sports d'hiver et de célébrités internationales, au premier rang desquelles les châteaux de Louis II de Bavière et l'église baroque de Wies. Un plaisant mariage entre nature et culture à conseiller aux amateurs de randonnées qui prendront le temps d'aller hors des sentiers battus.

T. Krieger / MICHELIN

Hindelang vu de la Jochstrasse.

- **Se repérer** – La route suit un tracé d'ouest en est, du lac de Constance à Berchtesgaden.
- **À ne pas manquer** – Pour les tronçons routiers : l'Allgäu, de Füssen à Wies, la haute vallée de l'Isar, du Wendelstein à la vallée de l'Inn, de Reit à Ruhpolding.
- **Organiser son temps** – Trois jours pour les 500 km.
- **Pour poursuivre le voyage** – La Route romantique, le lac de Constance, le Chiemsee.

Circuits de découverte

L'ALLGÄU★ 1

De Lindau à Füssen. 112 km – une demi-journée.

Étymologiquement, c'est le « pays près des montagnes ». L'Allgaü, entre les vergers du lac de Constance et les sommets enneigés des Alpes, étale ses collines verdoyantes, ses lacs et ses rivières pour le plus grand plaisir des randonneurs. Le pays traversé au cours de cette étape n'est pas de civilisation bavaroise mais alémanique. Ici, Suisses, Autrichiens et Allemands sont de même culture. Les éleveurs de l'Allgäu ont fait de leurs montagnes une grande région fromagère et les traditions agricoles restent fortes, comme en témoignent les festivités au retour des alpages à la mi-septembre et les marchés où les vaches à la robe brun châtaigne de race Allgäu (*Deutsches Braunvieh*) côtoient les Haflinger, chevaux nés dans le Tyrol voisin. **Kempten** (16 km au nord de l'itinéraire) en est la capitale régionale. Ancienne cité romaine de Cambodunum, Kempten était scindée en deux jusqu'en 1818 : ville monastique gouvernée par le prince abbé d'un côté, ville impériale soutenue par la bourgeoisie de l'autre.

Route Romantique 480

WURZBURG 2 étoiles 1/2 J } 1 J 5
ROTHENBURG 3 étoiles 1/2 J
nuit ANSBACH

(6) — NUREMBERG

FEUCHWANGEN
DINKELSBÜHL 105 km
WALLERSTEIN 5 H
NORDLINGEN
HARBURG
DONAUWÖRTH

→ AUGSBURG (437) 2 étoiles marché couvert

FUSSEN —— → 110 km 1 journée

(8) FUSSEN

186 CRECHES/Saône

1. Anglet → St Galmier OU

2. Mulhouse + musée →

3- Mulhouse → TITISEE → Sigmaringen ?
FREUDENSTADT

4. BADEN. BADEN
HEIDELBERG.
WURZBURG. Neuf.

Les somptueuses salles d'apparat de la résidence (*Résidenz*) des princes abbés, la basilique (*Sankt-Lorenz basilika*) et ses délicates stalles décorées de marqueterie de stuc marbré et la place de l'Hôtel de ville (*Rathausplatz*) pleine de charme en sont les principales curiosités.

Lindau★★ *(voir ce nom)*

De Lindau, rejoindre l'échangeur n° 3 de l'A 96 (direction Memmingen), puis se diriger vers Lindenberg im Allgäu par la B308.

Paradies

Entre Oberreute et Oberstaufen, ce belvédère aménagé dans une courbe prononcée favorise une perspective lointaine, au sud-ouest, vers les Alpes d'Alpenzell (Säntis, Altmann) en territoire suisse.

Passé Immenstadt, la route remonte la vallée alpine de l'Iller, qui coule au pied du Grünten, le « gardien » de l'Allgäu. Si vous voulez faire un petit détour, notez qu'à Sonthofen, la route B19 mène à Oberstdorf, à 12 km au sud (voir Index).

Hindelang★

Avec sa voisine Bad Oberdorf, Hindelang constitue un centre de villégiature et de cure thermale agrémenté en hiver par la pratique du ski sur les pentes de l'Oberjoch.

La **montée★** de la Jochstraße offre des vues très variées sur les petites crêtes aiguisées des Alpes calcaires de l'Allgäu. Le belvédère du **Kanzel★**, vers le sommet, permet une vue d'ensemble sur la vallée de l'Ostrach et ses montagnes.

La route descend par la vallée de la Wertach, longe le Grüntensee, passe à proximité de l'importante station de Pfronten avant d'atteindre Füssen.

Füssen★ *(voir ce nom)*

L'AMMERGAU★ 2

De Füssen à Garmisch-Partenkirchen. 95 km – une journée.

Cet itinéraire contourne par le nord le saillant des Alpes de l'Ammergau et traverse une région toute ridée par les moraines de l'ancien glacier du Lech et piquetée de tourbières. Les clochers à bulbe des villages et les larges corps de fermes ponctuent le paysage.

De Füssen, la B17 vers Steingaden passe en vue du château de Neuschwanstein.

Hohenschwangau et Neuschwanstein★★★ *(voir ces noms)*

Steingaden

L'ancienne abbaye des Prémontrés (*Welfenmünster*), fondée au 12e s., possède encore sa remarquable **abbatiale★** transformée au 18e s. dans le goût baroque. Seul l'extérieur, avec ses tours massives ornées d'arcatures romanes, a conservé l'aspect trapu des édifices romans. L'entrée gothique de l'église porte une généalogie peinte de la maison des Welf, fondateurs de l'abbaye. Le chœur, entièrement orné de stucs, contraste par sa sobriété avec la nef dont les stucs sont rehaussés par une riche décoration peinte. Un mobilier de style baroque et rococo – chaire, tribune d'orgue, retables, statues – confère à l'ensemble un caractère théâtral, symbole du triomphe de la décoration sur l'architecture.

À Steingaden, quitter la B17 pour la direction de l'église de Wies (en retrait de 3 km de l'itinéraire).

Église de Wies★★ *(voir p.450)*

On rejoint ensuite la B23 au niveau du pont d'Echelsbach (Echelsbacher Brücke) qui franchit la gorge de l'Ammer, profonde de 76 m. Prendre à gauche pour visiter l'église de Rottenbuch (6 km AR) ou poursuivre l'itinéraire vers Oberammergau, à droite.

Rottenbuch

L'**église de la Nativité de la Vierge★** *(Mariä-Geburts-Kirche)*, primitivement construite pour un couvent de chanoines augustins, a été remaniée dans les styles baroque et rococo du 18e s. Les stucs révèlent la virtuosité des maîtres de l'école de Wessobrunn, parmi lesquels Joseph et Franz Schmuzer. Les fresques, dues à Matthäus Günther, s'harmonisent avec la décoration sculptée exubérante. La chaire, la tribune d'orgue et les autels de Franz Xaver Schmädl sont surchargés de statues et de dorures dans la pure tradition rococo.

Oberammergau★

Enserrée dans les contreforts boisés de l'Ammergau, cette petite ville d'artisans sculpteurs sur bois, parsemée de chalets et de superbes maisons historiques (18e s.) aux façades peintes, doit sa renommée aux représentations du **mystère de la Passion**, qui

s'y déroulent tous les dix ans *(les prochaines en 2010)* au cours de l'été, conformément au vœu fait par les habitants épargnés par une épidémie de peste en 1633. Les rôles sont tenus par 1 100 acteurs amateurs et l'action dure une journée entière.

3,5 km après Oberammergau, une route conduit au château de Linderhof (22 km AR).

Linderhof★★ *(voir ce nom)*

Ettal★

La vénération d'une statue de la Vierge attribuée à Giovanni Pisano et la floraison de la vie bénédictine expliquent les vastes dimensions de l'abbaye d'Ettal, belle réussite de l'art rococo, fondée par l'empereur Louis le Bavarois en 1330.

L'**église**, caractéristique unique en Allemagne, a pour souche un bâtiment gothique de plan polygonal dont l'élévation actuelle est due aux architectes baroques Enrico Zucalli, qui dressa la façade et le chœur (1710-1726), et Joseph Schmuzer, maître d'œuvre et stucateur de l'école de Wessobrunn, qui monta la coupole après que les bâtiments eurent été dévastés par un incendie en 1774. La **décoration peinte** de cette coupole est l'œuvre de Johann Jacob Zeiller.

La route rejoint la vallée de la Loisach. Vers le sud apparaît la chaîne du Wetterstein avec les sommets de la Zugspitze, de l'Alpspitze à la forme pyramidale et de la Dreitorspitze. Poursuivre jusqu'à Garmisch-Partenkirchen.

Garmisch-Partenkirchen★★ *(voir ce nom)*

LA HAUTE VALLÉE DE L'ISAR ET LES LACS★ 3

De Garmisch-Partenkirchen à Schliersee. 105 km – une journée.

La première partie de l'itinéraire dans la haute vallée de l'Isar, large, sauvage et dont les crues sont violentes, est l'une des plus surprenantes portions de la route des Alpes.

De Garmisch-Partenkirchen, prendre la E 533 vers Mittenwald et Krün. À la sortie de Wallgau, dans un virage, prendre à droite la petite route qui s'engage dans la haute vallée de l'Isar ; puis la route 307 longe le lac du barrage de Sylvenstein et le traverse, fait une incursion de 2 km en Autriche, avant de franchir l'Achenpass et de plonger vers le Tegernsee.

Bad Wiessee

Cette station est un important centre de cure thermale (eaux iodées sulfureuses) et un lieu de séjour bien situé, entre le lac de Tegernsee et l'arrière-pays semi-alpin.

Schliersee

Au bord du lac éponyme, Schliersee offre, avec les agglomérations voisines de Fischhausen, Neuhaus et Spitzingsee *(voir itinéraire 4)*, d'intéressantes possibilités de séjour.

L'**église paroissiale St-Sixtus**★ est une ancienne collégiale dépendant du chapitre de Notre-Dame de Munich rebâtie dans le goût baroque de 1712 à 1714. Les peintures des voûtes, les stucs délicats ont été exécutés par Johann Baptist Zimmermann (1680-1758), frère de l'architecte de Wies *(voir ce nom)*.

LE SUDELFELD ET LES MONTS DU CHIEMGAU★ 4

De Schliersee à Berchtesgaden. 172 km – une journée.
Poursuivre sur la 307. À Neuhaus, une route monte au Spitzingsee (10 km AR).

Spitzingsee

Avant d'atteindre ce lac de montagne, un belvédère routier offre une **vue d'ensemble** du bassin de Fischhausen-Neuhaus et du Schliersee.
De retour sur la 307, 3 km avant Bayrischzell, on atteint la station inférieure d'un téléphérique menant au sommet du Wendelstein.

Wendelstein★★

Pour gagner le sommet du Wendelstein, emprunter soit le téléphérique à la station inférieure de Bayrischzell-Osterhofen *(ascension : 7mn)*, soit le **chemin de fer à crémaillère** *(Zahnradbahn)* au départ de la gare inférieure de Brannenburg/Inntal. Se frayant hardiment un chemin de plus en plus escarpé, le train atteint en un peu moins d'une demi-heure l'altitude de 1 738 m. On achève l'ascension par un chemin taillé à même la roche, jusqu'au sommet (1 838 m), couronné par un observatoire solaire et une chapelle construite en 1718. *À partir de la gare inférieure de Brannenburg - ✆ 8 034 30 80 - www.wendelsteinbahn.de - été : 9h-17h ; hiver : 10h-16h (ski 9h) - fermé de déb. nov. au 20 déc. - AR 25 €.*

Il y a 230 millions d'années, le Wendelstein faisait partie d'un récif de corail s'étirant à des centaines de kilomètres au sud. Dénommé « parc géologique » en raison de cette particularité, il est sillonné par quatre itinéraires de randonnée balisés et jalonnés de panneaux explicatifs. Le chemin le plus attrayant est celui qui mène au sommet *(Gipfelweg, 2h1/2 AR)*.

Le **panorama★★** englobe, d'est en ouest, les monts du Chiemsee et les Alpes de Berchtesgaden, les Loferer et les Leoganger Steinberge, les Kaisergebirge et leurs dentelles de pierre, les crêtes glaciaires des Hautes Tauern.

Après un parcours sinueux où la route passe à proximité de la cascade du Tatzelwurm (10mn à pied), l'itinéraire descend la vallée de l'Inn et prend l'autoroute Munich-Salzbourg en direction de la rive sud du **Chiemsee★** *(voir ce nom). Sortir à Bernau am Schiemsee, et suivre alors la route 305. À partir de Marquartstein, on traverse une succession de vallons tortueux, aux parois abruptes, pour déboucher au-dessus du vaste bassin de Reit, au pied du Zahmer Kaiser. Rebroussant vers l'est après Reit-im-Winkl, la route suit un long couloir passant à proximité d'étangs peu profonds, aux eaux sombres.*

Ruhpolding★

Cette localité, très fréquentée par les villégiateurs, est restée un centre de traditions populaires. La plus précieuse œuvre d'art de l'**église St-Georges** est une Vierge romane (12e s.), qui trône sur l'autel latéral de droite.

Le passage du col de Schwarzbachwacht (868 m) fait apparaître un vif contraste entre le sévère vallon boisé du Schwarzbach et les pâturages dégagés du versant de Ramsau. La descente sur Ramsau donne l'occasion, en plusieurs endroits, d'apprécier le **panora-**

ma★★ *sur les dents du Hochkalter, encadrant la tache blanche du Blaueis (le seul glacier d'Allemagne avec le Höllentalferner dans le massif de la Zugspitze) et le Watzmann. La route des Alpes finit à Berchtesgaden.*

Berchtesgaden★★ *(voir ce nom)*

Route allemande des Alpes pratique

Informations utiles

POUR L'ALLGÄU

Office de tourisme – *Rathausplatz 24 - Kempten - ✆ 0831 194 33 - www.kempten.de - www.allgaeu.info (site en français).*

Se loger

DANS L'ALLGÄU

⊖⊖ Alpengasthof Hirsch – *Kurze Gasse 18 - Hindelang-Bad Oberdorf - ✆ 08 324 308 - www.alpengasthof-hirsch.de - fermé en nov. - P - 25 ch. 72 € (98 € haute saison, 110 € Noël) - rest. 17 €.* Cet établissement du siècle dernier abrite un hôtel tenu par une famille. Chambres confortables et modernes ; certaines disposent d'une petite cuisine, d'autres d'un coin salon. Restaurant champêtre et agréable terrasse.

DANS L'AMMERGAU

⊖ Gasthof Zum Fischerwirt – *Linderhofer Straße 15 - Ettal, Graswang - ✆ 08 822 63 52 - www.zum-fischerwirt.de - fermé de nov. à mi-déc. - P - 10 ch. 64 € - rest. 12,80/24,50 €.* À 5 km d'Ettal, sur la route du château de Linderhof, un hôtel à la fois agréable et authentique, aux chambres à la décoration sobre. Plats régionaux, truites de rivière, bière et liqueur de l'abbaye d'Ettal.

DANS LES MONTS DU CHIEMGAU

⊖ Gästehaus Weißes Rössl – *Dorfstraße 19 - Reit-im-Winkl - ✆ 08640 982 30 - www.weissesroessl-riw.de - fermé 3 sem. ap. Pâques et de mi-oct. au 20 déc. - P - 20 ch. 48 €.* Hôtel soigné, à la situation centrale ; chambres propres et confortables. La salle de séjour rustique, où l'on sert aussi le petit-déjeuner, est conviviale. Espace sauna et remise en forme.

⊖ Alpengasthof Winkelmoosalm – *Dürrnbachhornweg 6 - Reit-im-Winkl - ✆ 08640 974 40 - www.winkelmoosalm.com - fermé nov.-déc. - P - 18 ch. 56 € (98 € demi-pension en hiver) - rest. 15 €.* Un hôtel-restaurant d'altitude (1 160 m), à 11 km de Reit-im-Winkl (direction Seegaterl) pour estivants et skieurs. Cuisine bio servie à l'intérieur ou sur la terrasse panoramique.

DANS LA HAUTE VALLÉE DE L'ISAR ET LES LACS

⊖⊖ Hotel Lederer am See – *Bodenschneidstraße 9 - Bad Wiessee - ✆ 08 022 82 90 - www.lederer.com - fermé de nov. à mi-déc. - P - 88 ch. 104 € - rest. 20 €.* Quatre maisons, construites dans le style de la région, constituent cet hôtel agréable situé au cœur d'un superbe parc avec une vue unique sur le lac. Restaurant rustique, clair et convivial. Vue sur le lac.

Se restaurer

DANS L'ALLGÄU

⊖⊖⊖ Obere Mühle – *Ostrachstraße 40 - Hindelang - ✆ 08 324 28 57 - fermé mar. et à midi - 26 € - 11 ch. 130 €.* Cet agréable restaurant est installé dans les bâtiments d'un ancien moulin de 1433. Dans un cadre propret, cuisine régionale et plats cuits au feu de bois. Fromagerie de démonstration accolée au restaurant. Piscine, sauna et solarium.

DANS LA HAUTE VALLÉE DE L'ISAR

⊖⊖ Freihaus Brenner – *Freihaus 4 - Bad Wiessee - ✆ 08022 820 04 - www.freihaus-brenner.de - 25 €.* Restaurant de montagne offrant une jolie vue sur le lac de Tegernsee. Salles confortables, aux tables bien dressées, avec plafond en bois, poutres apparentes et petites fenêtres aux jolis rideaux. Un cadre des plus agréables.

Événements

DANS L'ALLGÄU

Marché au bétail et aux chevaux – 3e lundi de sept. - À Buching, entre Füssen et Halblech. Vaches coiffées de fleurs et paysans en costumes traditionnels qui scellent toujours chaque transaction d'une poignée de main.

Oberstdorf★★

9 880 HABITANTS
CARTE GÉNÉRALE B5 – CARTES MICHELIN N^{OS} 718 J14, 545, 546 X 14
BAVIÈRE

Destination privilégiée des amateurs de montagne et de sports d'hiver, Oberstdorf (843 m d'altitude) est la localité la plus méridionale d'Allemagne. On dit aussi qu'elle est la plus grande zone piétonne du monde : 10 % de son territoire sont interdits à la circulation automobile et 75 % sont des sites naturels protégés. Avec l'implantation de la plus grande centrale solaire de Bavière et un réseau de bus électriques, la commune joue la carte de l'innovation écologique tout en maintenant son patrimoine et ses traditions agricoles. Profondément encaissée dans les Alpes de l'Allgäu, à l'orée de la vallée de l'Iller qui recueille ici les eaux de sept autres torrents, ce charmant village invite à un séjour doux et paisible.

- **Se repérer** – À 80 km à l'est du lac de Constance, 170 km au sud-ouest de Munich.
- **À ne pas manquer** – Le panorama du sommet du Nebelhorn.
- **Organiser son temps** – Deux jours pour profiter des nombreuses possibilités de randonnée.
- **Avec les enfants** – Jeux aquatiques et visites à la ferme.
- **Pour poursuivre le voyage** – La route allemande des Alpes (15 km au nord), le lac de Constance, Füssen, Garmisch-Partenkirchen.

Randonnées

Nebelhorn★★

083 22 9 60 00 - www.das-hoechste.de - 1h1/2 AR environ dont 20mn de téléphérique (3 sections). Liaisons (20mn) ttes les 10mn à partir de 8h30, dernier trajet retour à 16h50 (été) ou 16h30 (hiver). Ne fonctionne pas : 4 sem. avr./mai et du 5 nov. à mi-déc. - été : 25 € AR, hiver : 31 €.

Le téléphérique le plus haut de l'Allgäu conduit au sommet du Nebelhorn à 2 224 m. Par beau temps, on a une **vue panoramique★★** sur plus de 400 sommets alpins : sur la Zugspitze *(voir ce nom)* à l'est, sur le Säntis à l'ouest, et jusqu'aux neiges de l'Oberland bernois. Au premier plan, les silhouettes souvent hardies des Alpes de l'Allgäu.

Le Nebelhorn, but d'innombrables randonnées, est aussi le point de départ du magnifique « sentier d'escalade de Hindelang ». Un **sentier didactique** permet d'expliquer la formation des Alpes.

Fellhorn★★

Le téléphérique conduit, en deux parties, à la station supérieure à 1 967 m - 0822 96 000 - www.das-hoechste.de - été : 8h30-16h45 ; hiver : 8h30-17h - fermé de déb. nov. à mi-déc. et de mi-avr. à mi-mai - AR 21,50 €.

Du sommet du Fellhorn, à 2 037 m, on jouit d'une superbe **vue panoramique★★** sur l'Allgäu, les Alpes autrichiennes et suisses.

Les flancs du Fellhorn proposent tout un réseau de chemins de randonnée à une altitude comprise entre 1 500 et 2 000 m. Un **sentier de découverte de la flore** familiarisera le touriste avec de rarissimes fleurs et herbes alpestres, dont des orchidées qui fleurissent en été jusqu'au sommet. Les **rhododendrons** offrent de la mi-juin à la mi-juillet un spectacle impressionnant.

KURBETRIEBE OBERSTDORF

Le village d'Oberstdorf.

Aux alentours

Breitachklamm★★

6,5 km au sud-ouest, 1h1/2 à pied AR. 08 322 48 87 - www.breitachklamm.de - mai-sept. : 8h-17h ; oct.-avr. : 9h-16h - fermé nov., déc. et pendant la fonte des neiges - 3 €. Le chemin s'enfonce dans une coupure profonde de 100 m, aux parois polies, toutes travaillées par l'érosion tourbillonnante.

On peut faire demi-tour au pied des longs escaliers qui conduisent à la gorge supérieure, moins impressionnante. Pour rentrer à Oberstdorf sans voiture, sortir directement en haut de ces escaliers, en abandonnant le chemin de la gorge, pour aboutir à la Walserschanze, sur la route du Kleinwalsertal *(nombreux autobus).*

La Kleinwalsertal★

17 km – environ une demi-heure. Peuplée et défrichée au 13e s. par des émigrés du Haut-Valais, les **Walser**, de civilisation germanique, la Kleinwalsertal (petite vallée des Walser) a conservé jusqu'à l'apparition de la route moderne en 1930 une tradition de farouche individualisme que l'on retrouve dans la dispersion de l'habitat.

Sous la suzeraineté des Habsbourg depuis 1453, les Walser se retrouvèrent sujets autrichiens lorsque les frontières nationales se fixèrent. Coupé du reste du Vorarlberg par les crêtes de l'Allgäu mais orienté vers l'Allemagne dans le domaine des échanges, le pays obtint un statut spécial en 1891 qui lui permet, tout en restant sous la souveraineté autrichienne, de faire partie de l'espace économique allemand.

Oberstdorf pratique

Informations utiles

Office de tourisme – *Marktplatz 7 - Oberstdorf - ✆ 08 322 70 00 - www.oberstdorf.de (site en français).*

Se loger

Hotel Traube – *Hauptstraße 6 - ✆ 08 322 80 99 40 - www.hotel-traube.de - P - 20 ch. 110 € - rest. 8,90/29,80 €.* Situé en plein centre, cet hôtel traditionnel propose des chambres confortables à la décoration champêtre. Un sauna et un solarium sont également à votre disposition. Au restaurant, un large choix de plats régionaux et étrangers vous sera proposé. L'été, il est particulièrement agréable de prendre place dans le charmant *Biergarten*.

Hotel Scheibenhaus – *Scheibenstraße 1 - ✆ 08 322 95 93 02 - www.scheibenhaus-oberstdorf.de - fermé avr., fin juin 1 sem., de nov. à mi-déc. - P - 8 ch. 104 € (144 € suite).* L'hospitalité au sens propre du terme : les nombreuses petites attentions portées aux hôtes, telles que les rafraîchissements à volonté et les gâteaux faits maison au petit-déjeuner, distinguent cet établissement des autres. Sa vue sur la Trettachtal et les montagnes environnantes constitue une autre particularité agréable de l'endroit.

Se restaurer

Oberstdorfer Einkehr – *Pfarrstraße 9 - ✆ 08 322 977 850 - www.oberstdorf.net/einkehr - réservation conseillée - 14/35 €.* L'Oberstdorfer Einkehr est apprécié des natifs de la région tout comme des visiteurs. Dans cet établissement traditionnel, on trouve des salles confortables et lambrissées, où l'on vous servira des spécialités locales.

Maximilians – *Freibergstraße 21 - ✆ 08322 967 80 - www.maximilians-restaurant.de - fermé dim. et midi, 3 sem. en nov. - 43 €, menu 55/90 € - 8 ch. 145/190 €, 170/225 € (d'août à nov., et en hiver).* Restaurant élégant aménagé dans une maison de campagne typique de la région. Ici le plaisir des yeux est associé à celui du palais. Le chef vous proposera une cuisine au goût du jour tout en raffinement et délicatesse.

Sports et loisirs

Thermes – *Promenade 3 - ✆ 08 322 60 69 60 - 9h30-22h (vend.-sam. 23h) - 12,50 €, 2h (9,50 € -17 ans, gratuit -5 ans).* Saunas, massages, bains de vapeur et d'eau thermale en intérieur et extérieur.

Événements

Marché agricole (*Viehscheid*) – 12 sept. à Schöllang, 13 sept. Fête du retour d'alpage : vaches couronnées de fleurs, musique folklorique.

Füssen★

13 910 HABITANTS
CARTE GÉNÉRALE B5 – CARTES MICHELIN N^OS 718 K14, 545, 546 X 16
BAVIÈRE

La vieille ville de Füssen présente un visage à la fois médiéval et méridional. Entre 1313 et 1803, elle fut la résidence des princes-évêques d'Augsbourg. Son château et les vestiges de ses remparts témoignent de ce riche passé. Mais il suffit de s'installer en terrasse dans ses rues piétonnes ou sur les rives d'un lac de la région avec vue sur les sommets du Tyrol pour tout oublier de l'histoire de la Bavière. La foule estivale se presse dans ses murs – Route romantique et château de Neuschwanstein obligent. Qu'importe, on attendra le début de soirée pour profiter de lieux plus calmes.

- **Se repérer** – À 133 km au sud-ouest de Munich, à 66 km à l'ouest de Garmisch-Partenkirchen, à 102 km à l'est du lac de Constance.
- **À ne pas manquer** – Aux alentours de Füssen, l'église de Wies. À Füssen, le Haut-Château éclairé de nuit et les trompe-l'œil des façades de la cour, vue sur la ville du cloître des Franciscains (Franziskaner Kloster).
- **Organiser son temps** – Une agréable fin de journée et une soirée après la visite des châteaux de Neuschwanstein et Hohenschwangau.
- **Avec les enfants** – Baignade dans les lacs.
- **Pour poursuivre le voyage** – Le château de Neuschwanstein, la route allemande des Alpes, la Route romantique.

Visiter

Ancienne abbaye St-Magnus (Ehemaliges Kloster St-Mang)

Tlj sf lun., avr.-oct. : 11h-17h, nov.-mars : 13h-16h - 2,50 € (3 € billet combiné avec galerie du Hohes Schloss). Billet valable pour la chapelle Ste-Anne, les bâtiments abbatiaux et les collections du musée (entrée libre pour l'église paroissiale).

De fondation bénédictine, l'abbaye est installée sur l'emplacement de l'ermitage où mourut en 750 saint Magnus, l'« apôtre de l'Allgäu ». Transformée au 18e s. suivant le goût baroque, avec plafonds ovales et angelots joufflus, elle fut sécularisée en 1803 et son église devint alors un sanctuaire paroissial.

La cour d'honneur *(Klosterhof)*, due à Johann-Jakob Herkomer, enfant du pays, offre un bel ensemble d'architecture baroque ; remarquez les pignons à volutes de ses trois avant-corps. Dans les anciennes salles d'apparat de l'abbaye (salle des fêtes, salle du chapitre en forme de cercueil, réfectoire, bibliothèque) est installé un **Musée régional** *(Museum der Stadt Füssen)* qui évoque notamment, à travers une collection d'instruments à cordes, la grandeur de la lutherie de Füssen au 16e s.

Chapelle Ste-Anne – *Accès libre le dimanche après la messe, à gauche du porche de l'église.* Partie la plus ancienne de l'abbaye (830), elle abrite une curieuse **Danse macabre★** *(Totentanz)*, peinte par un artiste local vers 1600, et un groupe gothique de la Sainte Parenté.

Église paroissiale (St-Mag Kirche) – Herkomer reconstruisit également l'église paroissiale de 1701 à 1717 et s'en fit non seulement l'architecte, mais le stucateur et le peintre, assurant ainsi au monument une remarquable unité. La crypte romane, devant le maître-autel, a été réaménagée en 1971.

Haut-Château (Hohes Schloss)

La rampe d'accès s'amorce devant l'église paroissiale. Accès libre à la cour du château. Tlj sf lun., 11h-17h d'avr. à oct., 13h-16h de nov. à mars - 2,50 € (3 € billet combiné avec abbaye). L'entrée payante donne accès au musée, aux remparts et à la tour de l'horloge.

Les princes-évêques d'Augsbourg établirent ici leur résidence d'été à la fin du 15e s. Les **peintures en trompe l'œil des façades de la cour★** datent du début du 16e s. et sont uniques en Allemagne.

Les salles aménagées pour le musée *(Staatsgalerie)*, en particulier la salle des Chevaliers *(Rittersaal)*, au riche plafond à caissons octogonaux, abritent des collections de peinture souabe (15e s.-18e s.).

Parc municipal et chute du Lech (Lechfall)

Du château, on accède au parc voisin (Baumgarten) et en 10mn on parvient à la rivière.

Cet endroit offre plusieurs échappées sur le Säuling, haut de 2 047 m, et sur le Lech en contrebas. La rivière du Lech quitte les Alpes et s'écrase avec fracas au fond d'une petite gorge rocheuse, traversée par une passerelle donnant accès au sentier qui mène à Füssen. Le site est assez impressionnant au printemps, en période de hautes eaux.

Aux alentours

ÉGLISE DE WIES★★

À 26 km au nord-est de Füssen. Privilégier une visite tôt le matin ou en fin de journée, ou hors saison pour éviter la foule. Éviter les offices du dim.

Joyau exceptionnel à la décoration somptueuse, classée au patrimoine mondial de l'Unesco, l'église de Wies est l'expression la plus parfaite du rococo bavarois. Elle fut érigée au milieu du 18e s. par l'architecte Dominikus Zimmermann qui nous a laissé là son testament spirituel. Niché dans une charmante vallée des Alpes, ce remarquable édifice blanc et jaune, destiné à accueillir les pèlerins venus adorer le « Christ flagellé », reçoit chaque année plus d'un million de visiteurs venus prier ou admirer l'architecture de ce vaisseau de lumière.

Historique – Cette église de pèlerinage installée *in der Wies* (dans la prairie) est dédiée au Christ flagellé, sculpture due au révérend père Magnus Straub et au frère convers Lukas Schweiger. En 1738, une paysanne vit pleurer ce Christ, un miracle à l'origine d'un vaste pèlerinage. L'ancienne chapelle ne fut plus en mesure d'accueillir les pèlerins venus de toute l'Europe. En 1743, il fut décidé de bâtir un nouvel édifice. Sa construction est confiée à **Dominikus Zimmermann** (1685-1766), l'un des représentants les plus doués de l'**école de Wessobrunn**, qui mena à bien ce travail en collaboration avec son frère Johann Baptist, peintre à la cour de Bavière. Reprenant le plan de Steinhausen *(voir Plateau de Haute-Souabe p. 403)*, Zimmermann éleva une coupole ovale se prêtant à la décoration peinte et donna à l'ensemble du vaisseau l'empreinte du style rococo. Il passa les dix dernières années de sa vie dans une petite maison, non loin de l'ouvrage qui marquait le couronnement de sa carrière.

Sime / PHOTONONSTOP

L'église de Wies.

Extérieur et intérieur

08 862 93 29 30 - www.wieskirche.de - ♿ - heure d'été : 8h-19h ; heure d'hiver : 8h-17h.

L'église de Wies se dresse dans le frais paysage de forêts, de tourbières et de prairies dont les douces ondulations caractérisent l'avant-pays alpin de l'Ammergau, entre Lech et Ammer. Hormis le vaste parking et quelques constructions voisines, l'édifice est resté dans son écrin naturel, au bout d'une petite route forestière.

La sobriété extérieure de l'église contraste avec la magnificence de la travée ovale et du chœur étroit et profond qui la prolonge. L'enduit à la chaux qui recouvre les murs fait ressortir les stucs pour certains dorés, et les fresques aux splendides couleurs.

La **lumière** pénètre abondamment par les ouvertures dont les formes, très caractéristiques du style de Zimmermann, contribuent à l'ornementation de l'ensemble, tant à l'intérieur qu'à l'extérieur. L'équilibre tout en finesse entre décoration et architecture donne une impression d'unité et de parfaite harmonie. Les parties basses (murs et piliers jumelés délimitant le déambulatoire comme c'est l'usage dans les églises de pèlerinage) sont volontairement peu ornées, puisqu'elles symbolisent la terre. En revanche, dans les parties hautes symbolisant le ciel, c'est une profusion de peintures, de stucs et autres éléments décoratifs. L'immense **fresque de la coupole** représente le retour du Christ, la porte encore fermée du Paradis et le trône sur lequel le Juge du monde n'a pas encore pris place.

Dans le **chœur**, l'éclat le dispute à la splendeur : colonnes, balustrades, statues, stucs dorés et fresques, tout concourt à une impressionnante symphonie de couleurs. La grande peinture du retable montre le Christ fait homme. L'orgue et la chaire représentent, par la richesse et la finesse de leur ornementation, l'apogée du style rococo en Allemagne du Sud.

Füssen pratique

Informations utiles

Office de tourisme – *Kaiser-Maximilian-Platz 1 - ✆ 083 62 93 850 - www.fuessen.de - lun.-vend. 9h-17h, sam. 10h-14h, fermé dim. sf juil.-sept., Pâques, Pentecôte.*

Vous trouverez également deux offices de tourisme à Weißensee et Hopfen am See.

Se loger

⊖⊖ **Hotel Eiskristall** – *Birkstraße 3 - ✆ 08 362 50 78 12 - www.hotel-eiskristall.de - P - réservation - 32 ch. 78 €* ☕. Hôtel simple et soigné en périphérie de Füssen, à proximité immédiate de la patinoire. On gagne aisément le centre-ville à pied.

⊖⊖ **Hotel Geiger** – *Uferstraße 18-Füssen-Hopfen am See - ✆ 08 362 70 74 - www.hotel-geiger.de - fermé de déb nov. à mi-déc. - P - 23 ch. 78 € ☕ - rest. 17,50/34,50 €.* À 4 km du centre-ville, cet hôtel, tenu depuis plusieurs décennies par la même famille, est situé directement sur la promenade du Hopfensee ; la plupart des chambres ont un balcon avec vue sur le lac. Son restaurant, aux allures de jardin d'hiver, offre un superbe panorama.

⊖⊖⊖ **Hotel Sonne** – *Prinzregentenplatz 1 - ✆ 08 362 90 80 - www.hotel-sonne.de - P ⊁ - 52 ch. 99/125 € ☕ (117/155 € en été, à Noël).* Cet hôtel familial à la coquette façade est situé au cœur de la vieille ville. Trois catégories de chambres entièrement rénovées. Sympathique café-bar Via pour des cocktails, salades et cuisine légère.

Se restaurer

⊖ **Zum Schwanen** – *Brotmarkt 4 - fermé le lun., de mi-janv. à fin mars - ✆ 08 362 61 74 - ⊁ - 14 €.* Restaurant installé dans une maison de la vieille ville. On y déguste des spécialités de l'Allgäu.

⊖ **Frühlingsgarten** – *Alatseestraße 8 - Füssen-Bad Haulenbach - fermé le mar. - ✆ 08 362 91 730 - menu 10,20 € ; carte 17,50 € - 11 ch. - 77 €.* La famille Weyerer sert une cuisine régionale savoureuse dont les Maultaschen, gros raviolis farcis d'épinards, d'oignons et viande hachée. Terrasse en été.

Faire une pause

Marché couvert (Markthalle) – *Schrannenplatz - tlj sf dim. 7h30-18h30 (sam. 14h).* Dans l'ancien grenier à blé *(Kornhaus)* gothique, divers petits stands pour un casse-croûte.

En soirée

Kultur Kafé – *Lechhalde 1 - tlj sf lun. 10h-minuit - ✆ 08 362 924 924 - www.k4-fuessen.de* Sous l'abbaye, dans les anciennes caves à poissons et dans un jardin du monastère, ce bar propose une petite restauration, des concerts, des expositions et des projections de film en plein air.

Sports et loisirs

Promenades en bateau (Forggensee Schifffahrt) – *✆ 08 362 92 13 63 - 1er juin-15 oct. : 10h-17h - 7 € (enfants 3,50 €), 50mn ; 9,50 € (enfants 5 €), 2h. Départ du Bootshafen de Füssen.* Le Forggensee, un lac de retenue situé aux portes de Füssen, se prête à la promenade et à la baignade. Location possible de bateaux individuels.

Événements

Fête de l'Empereur (Kaiserfest) – Week-end autour du 15 août. Grande fresque historique dans les rues de la ville, la cour du château et le parc : combats de chevaliers, mariage médiéval en l'honneur de Maximilien Ier, fondateur de la puissance des Habsbourg.

Château de Neuschwanstein★★★

Schloss Neuschwanstein

CARTE GÉNÉRALE B5 – CARTES MICHELIN Nos 718 K14, 545, 546 X 16 BAVIÈRE

Hérissée de tours et de pinacles en calcaire gris, dressée sur un éperon rocheux haut de 200 m, la forteresse tout droit sortie de la fantaisie du roi Louis II de Bavière ressemble vraiment à un château de conte de fées. À moins que ce ne soit le contraire… Disney le prit en effet pour modèle du château de la Belle au Bois dormant de son premier parc d'attractions. Première destination touristique de Bavière, et par là-même extrêmement fréquenté, le Neuschwanstein n'en reste pas moins une destination incontournable, que les nombreux sentiers avoisinants permettent d'apprécier avec plus de tranquillité et à son propre rythme.

- **Se repérer** – À 5 km à l'est de Füssen, 130 km au sud-ouest de Munich, à 65 km à l'ouest de Garmisch-Partenkirchen, à 106 km à l'est du lac de Constance. Pour les deux châteaux (Neuschwanstein et Hohenschwangau), suivre les pancartes « Hohenschwangau ».
- **À ne pas manquer** – La vue sur le château depuis le pont Marie.
- **Organiser son temps** – Ne pas oublier d'acheter son billet avant de monter au château. Attention à bien respecter l'heure de visite inscrite sur le billet. Réservation possible à l'avance par Internet.
- **Pour poursuivre le voyage** – La Route romantique, la route allemande des Alpes, l'église de Wies (25 km au nord-est).

Comprendre

La construction – Non loin du château de Hohenschwangau, où il a passé une partie de son enfance et de sa jeunesse, **Louis II de Bavière** *(voir à Munich)* trouve ici le site idéal pour bâtir *Neu-Hohenschwangau* (Neuschwanstein sera baptisé en 1890). Il s'inspire sans nul doute des plans de la **Wartburg** (résidence des landgraves de Thüringe, à Eisenach) qu'il a visitée en 1867. Il confie l'élaboration du projet en 1868 à Eduard Riedel. La première pierre est posée un an plus tard. L'ouvrage reste d'une unité surprenante si l'on considère que trois architectes se sont succédé sur le chantier (Georg Dollman à partir de 1874 et Julius Hoffmann à partir de 1886), chacun d'eux devant se plier aux goûts du souverain.

Les châteaux de Louis II – Le nom de **Königsschlösser** désigne généralement le château de Hohenschwangau *(voir « Aux alentours »)* et la construction néoféodale follement romantique de Neuschwanstein. Il ne faut cependant pas oublier les autres résidences royales de Haute-Bavière telles que **Linderhof** *(voir ce nom)* et **Herrenchiemsee** *(voir Chiemsee)*, où Louis II donna d'autres témoignages de sa passion pour la reconstitution historique.

Sime / PHOTONONSTOP

Le château de Neuschwanstein.

La fin d'un rêve – Le monarque n'habitera Neuschwanstein que cent soixante-dix jours. Les travaux ont vidé son trésor particulier, et son comportement fantaisiste pousse des ministres de Bavière à demander une expertise psychiatrique. Le 10 juin 1886, une commission gouvernementale accourue de Munich vient lui signifier sa déposition. Le souverain solitaire, qui a perdu ses amis et ne s'est jamais marié, se noie trois jours plus tard, à l'âge de 40 ans, dans le lac de Starnberg. Les circonstances de sa mort et de celle de son médecin, qui l'accompagnait pour une promenade le soir du drame, ne seront jamais vraiment élucidées. À ce moment, seules la construction du palais et la décoration intérieure des 3e et 4e étages de Neuschwanstein sont achevées. Le château sera pourtant ouvert au public la même année, afin de payer les énormes dettes accumulées pendant la construction.

Visiter

LE CHÂTEAU★★★

Ticket-Center - Alpseestr. 12 - Hohenschwangau - ✆ 08 362 93 08 30 - possibilité de réservation en ligne - www.neuschwanstein.com - temps de marche jusqu'au château env. 30mn, forte pente - visite guidée avr.-sept. : 9h-18h ; oct.-mars : 10h-16h - fermé 1er janv., Mar. gras, 24-25 et 31 déc. - 9 € (-18 ans gratuit).

On ne découvre le château, imposant et majestueux, qu'à la fin de la montée, là où le gros des touristes attend la visite. Si vous avez du temps, profitez-en pour aller l'admirer depuis le pont Marie *(20mn AR, voir plus bas)* ou pour monter dans la cour haute *(après le porche)*.

La visite des aménagements intérieurs, où les lambris dorés et les peintures murales sont dispensés à profusion, crée une impression d'irréalité. Les pièces les plus révélatrices sont, au 3e étage, la **salle du trône★** (inachevée), la **chambre à coucher★** meublée d'éléments gothiques, le **grand salon★** dont l'ornementation a pour thème la légende de Lohengrin, et la fausse **grotte à stalactites**, avec petit jardin d'hiver attenant, évoquant la légende de Tannhäuser. Pour la **salle des Chanteurs★★** *(Sängersaal)*, l'architecte s'est référé au modèle de la Wartburg *(voir Eisenach)*, où aurait eu lieu, au début du 13e s., le tournoi poétique légendaire évoqué par l'opéra wagnérien *Tannhäuser*. Fervent admirateur de Wagner, le jeune monarque voulut reconstituer ici l'univers romantique des opéras de la *Tétralogie*.

La visite peut être complétée par la projection d'un **film** *(20mn, en anglais ou en allemand)* sur la vie du roi.

À l'issue de la visite, vous pouvez monter jusqu'au pont Marie *(Marienbrücke, 10mn à pied, pente plus raide)* pour admirer la chute de la Pöllat dans une gorge encaissée et une **vue★★** privilégiée sur le château dans son ensemble. De ce pont, Louis II venait parfois contempler, la nuit tombée, son ouvrage vide et silencieux, après avoir fait illuminer la salle des Chanteurs. La randonnée peut se poursuivre autour des pentes boisées d'où la perspective sur le château change à chaque instant.

Après la descente, un petit détour sur les bords de l'**Alpsee★** *(100 m derrière les guichets)* offre des promenades tranquilles, avec le Tyrol à l'arrière-plan, sur des berges fréquentées par ces cygnes que la famille de Louis II aimait tant.

Aux alentours

Château de Hohenschwangau★

✆ 08 362 93 08 30 - www.hohenschwangau.de - visite guidée (35mn) avr.-sept. : 9h-18h ; oct.-mars : 10h-18h - fermé 24 déc. - 9 €.

De 1832 à 1836, Maximilien II de Bavière, alors prince héritier, fit élever cette construction à partir d'importantes ruines féodales du 12e s. Le style néogothique adopté, fortement influencé par la formule du manoir anglais, répondait au goût de l'époque pour un romantisme à la troubadour. Louis II lui-même rêva dans ce décor une grande partie de sa jeunesse.

Contournant la colline boisée du **château de Hohenschwangau**, gagner, sur la rive nord de l'Alpsee, l'éperon ombragé du **Pindarplatz**, **belvédère★** sur le lac cerné de sapins et dominé par les escarpements du Säuling ; puis prendre à droite l'allée d'accès du château.

Comparé à Neuschwanstein et malgré quelques outrances – répétition obsédante du motif du cygne *(Schwan)* dans la décoration, accumulation d'objets d'art –, Hohenschwangau a gardé l'agrément des demeures habitées : la longue présence de la reine Marie, mère de Louis II, explique son atmosphère de relative intimité. Le style gothique des pièces se marie curieusement avec le mobilier Biedermeier. La place

Le « gothique confortable »

Dans sa quête d'une demeure recréant la mythologie germanique à travers l'architecture gothique, Louis II n'a pas oublié les progrès effectués par la science. Les grues servant à la construction du château fonctionnaient à vapeur, on utilisa une structure en acier pour la salle du trône, et les fenêtres se fermaient par de larges vitres peu répandues même au 19e s. De plus, un système de chauffage central par le sol, des chasses d'eau dans les toilettes, un ascenseur, des sonnettes électriques pour appeler les serviteurs et des téléphones aux 3e et 4e étages équipaient le château.

faite à l'art de l'Orient est tout à fait compatible avec l'ambiance chevaleresque du lieu, que rappellent encore les vastes peintures murales exécutées d'après les esquisses de Moritz von Schwind.

Au 2e étage, l'ancien **salon de musique** conserve des témoignages de l'admiration que le souverain voua à Richard Wagner : extraits de leur correspondance, piano que l'un et l'autre utilisèrent. On retrouve le fantastique dans la chambre à coucher de Louis II dont le plafond figure la voûte céleste semée d'étoiles (celles-ci s'allumaient à volonté). De sa fenêtre, le roi pouvait surveiller à la lunette l'avancement des travaux de Neuschwanstein.

Garmisch-Partenkirchen★★

26 270 HABITANTS
CARTE GÉNÉRALE B5 – CARTES MICHELIN N^OS 718 K14, 545, 546 X 17
BAVIÈRE

Avec 300 km de sentiers de randonnées et des dizaines de sommets à plus de 2 000 m d'altitude, le terrain de jeu du couple Garmisch-Partenkirchen est presque sans limites. L'été, on fuit l'agglomération pour les alentours où les promeneurs cherchent la fraîcheur dans les sous-bois, sur les plages de petits lacs de montagne ou aux terrasses des refuges d'altitude. En hiver, la ville occupe la place de première station de sports d'hiver allemande.

- **Se repérer** – 91 km au sud de Munich, 61 km au nord d'Innsbruck. Les centres de Garmisch et de Partenkirchen sont distants d'une vingtaine de minutes à pied.
- **À ne pas manquer** – Aux alentours, le château de Linderhof et le Zugspitze.
- **Organiser son temps** – Une journée pour l'ascension du Zugspitze.
- **Pour poursuivre le voyage** – La route allemande des Alpes.

Comprendre

Garmisch et Partenkirchen sont devenues une station de sports d'hiver de grand renom, consacrée par les IVe Jeux olympiques d'hiver de 1936, les championnats de ski de 1978, et préparent ceux de 2011. C'est en 1935 que les deux villages, à la confluence des rivières Partnach et Loisach, unirent leurs forces et leurs destins.

Le **stade de saut à ski** *(Olympia Skistadion)* témoigne de cette époque, tandis que la patinoire olympique, totalement transformée, reçoit les matchs de hockey. De nombreuses maisons des deux bourgs affichent leurs belles façades peintes dont la plupart datent des années 1930. Les motifs renseignent sur la confession ou la profession des propriétaires et cette tradition se poursuit encore aujourd'hui.

Visiter

Vieille église St-Martin★ (St-Martin Alte Kirche)

À Garmisch. Elle s'élève dans le pittoresque quartier de la Loisach, dont de nombreux chalets ont été sauvegardés. L'intérieur forme une halle à deux nefs égales dont les voûtes gothiques nervurées (16e s.) sont supportées par un pilier central unique. Un vaste ensemble de peintures murales des 14e au 16e s. a été dégagé et remis en valeur (effigie géante de saint Christophe unique et scènes de la Passion).

Musée Aschenbrenner (Staatliches Museum für Völkerkunde)

À Garmisch. Loisachstraße 44 - ✆ 08821 730 31 05 - www.museum-aschenbrenner.de - tlj sf lun. 10h-12h30, 15h-17h30 (19h déc.-fév.) - fermé 20 avr., 19 mai - 3 € (1 € -18 ans).

Une riche collection de porcelaines de Meissen, de poupées et de crèches.

Randonnées

Wank★★

Par télécabine. ✆ 08 821 79 70 - www.zugspitze.de - durée du trajet : 18mn - été : 8h45-17h ; hiver (2 sem.) : 9h-16h30 - 17 €.

Le Wank est la montagne d'été de Partenkirchen. Du sommet (1 780 m), panorama sur la chaîne du Wetterstein et vue sur le bassin de Garmisch-Partenkirchen et les Alpes. De là et au départ de la station intermédiaire, promenades panoramiques.

Le Chemin des philosophes (Philosophenweg)

À Partenkirchen, au pied du Wank. 1h jusqu'à Farchant, retour possible en bus.

Le **parc St-Antoine** *(St-Anton-Anlagen)* est le point de départ de ce chemin panoramique qui offre des **vues**★ dégagées sur les massifs environnants, dont la Zugspitze se détachant derrière le Waxenstein. Sanctuaire de pèlerinage, **l'église St-Antoine** *(Wallfahrtkirche St-Anton)* a vu sa nef octogonale (1708) doublée de 1734 à 1736 par Joseph Schmuzer d'une autre nef ovale, dont la coupole est décorée de fresques réalisées par J.E. Holzer.

Gorges de la Partnach★★ (Partnachklamm)

1h1/2 AR dont 5mn de télécabine - été : 8h-18h ; hiver : 9h-17h. Prévoir un vêtement de pluie. Trajet possible en calèche.

Gagner à partir du stade de ski de Partenkirchen la station inférieure de la télécabine de Graseck qui aboutit à l'hôtel Forsthaus Graseck. De là, un sentier conduit aux **gorges** : le chemin taillé dans le rocher traverse deux étranglements spectaculaires, au milieu du fracas des cascades.

On retrouve à l'auberge Partnachklamm le chemin emprunté à l'aller. La visite est également possible en hiver, dans un décor de pendeloques de glace.

Plateau de Kramer (Kramerplateauweg)

Au départ de Garmisch, franchir la Loisach.

Au pied du Kramerspitz, ce sentier à plat sur presque la totalité du parcours conduit vers le restaurant d'altitude Almhütte (45mn) ou jusqu'au Pflegersee (1h30), lac très agréable pour la baignade.

SE LOGER		SE RESTAURER	
Gästehaus Brigitte	1	Kurpark Pavillon	1
Gasthof Fraundorfer	4	Zur Schranne	4

Aux alentours

ZUGSPITZE★★★

À 10 km de Garmisch-Partenkirchen. Prévoir une demi-journée et un vêtement chaud.
Le toit de l'Allemagne, à 2 962,06 m d'altitude, est accessible à tous ! Dommage pour la sérénité de cette haute barrière rocheuse fermant la vallée de la Loisach... Tant mieux pour les non-alpinistes ravis de découvrir un panorama exceptionnel à la frontière autrichienne. Lorsque souffle le föhn, la vue depuis le sommet s'étend sur quatre pays : vers Munich en Allemagne, les Dolomites en Italie, le pic de la Bernina en Suisse et le Grossvenediger en Autriche.

Gravi pour la première fois par le lieutenant topographe Josef Naus le 27 août 1820, la Zugspitze fut par la suite un site de « premières » technologiques : refuge dès 1855, via ferrata en 1875, station météorologique équipée du téléphone en 1900, envol en planeur en 1927, et inauguration en 1930 d'un chemin de fer à crémaillère et d'un téléphérique ultra-moderne pour l'époque.

Ascension

Le sommet peut être atteint soit par le chemin de fer à crémaillère partant de Garmisch *(Zugspitzbahn)*, soit en téléphérique au départ de l'Eibsee, un lac de forêt à 1 000 m d'altitude accessible par la route, soit, sur le versant tyrolien, à partir d'Ehrwald, avec le train *Tiroler Zugspitzbahn* (cabines de 100 personnes).

L'ascension à pied n'est conseillée qu'aux randonneurs confirmés et bien équipés.

De Garmisch-Partenkirchen – *durée de l'ascension : 1h15 - départ toutes les heures de 8h15 à 14h15. 47 € AR - dernier retour à 16h30.* Un tunnel de 4 500 m marque la fin du parcours ferroviaire qui s'achève à la *Zugspitzplatt*. Là, d'octobre à mai, le fond du cirque constitue un domaine skiable de 7,5 km^2, équipé de nombreux remonte-pentes. Le funiculaire *(Gletscherbahn)* de la gare *Zugspitzplatt* gravit les 350 derniers mètres avant le sommet.

De l'Eibsee – *durée de l'ascension : 10mn - départ toutes les 30mn de 8h à 16h45 - même tarif - ✆ 088 21 79 70 - www.zugspitze.de.*

Du Zugspitzkamm (versant tyrolien) – Il est possible de se lancer à l'ascension de la Zugspitze depuis la ville d'Ehrwald, en Autriche, avec le téléphérique tyrolien. Compter environ 1h dont 10mn en téléphérique (capacité de 100 personnes). La route longue de 4,5 km au départ de Ehrwald s'étire entre Larchen et Buchen jusqu'à Obermoos, où se trouve la station inférieure du **téléphérique tyrolien de la Zugspitze** *(Zugspitzbahn)*.

Le même trajet peut être parcouru à pied en 1h, en suivant un joli chemin forestier. Même si l'on ne monte pas jusqu'à la Zugspitze, le parcours promet une promenade agréable, à pied ou en voiture.

Le sommet★★★ (Zugspitzgipfel)

En territoire allemand se dressent du côté de la pointe est, surmontée d'une croix, les stations supérieures du *Gletscherbahn* (terrasse-belvédère à 2 964 m) et du téléphérique de l'Eibsee, puis le refuge *Münchner Haus* et l'observatoire. En territoire autrichien a été élevée la station supérieure du *Tiroler Zugspitzbahn*.

Le sommet offre un **panorama★★★** superbe : au sud se dressent les bastions avancés des Kaisergebirge, du Dachstein et des Karwendel, auxquels succèdent les sommets glaciaires des Hautes-Tauern (Großglockner, Großvenediger), des Hautes-Alpes du Tyrol (Alpes de Zillertal, de Stubai, de l'Ötztal), de l'Ortler et de la Bernina.

Plus rapprochées, à l'est, les montagnes de l'Arlberg (Silvretta, Rätikon) laissent apparaître le Säntis dans les Alpes d'Appenzell, et les montagnes de l'Allgäu et de l'Ammergau ; au nord, le bas-pays bavarois, avec l'Ammersee et le Starnberger See.

LE CHÂTEAU DE LINDERHOF (Schloss Linderhof)★★

À 27 km au nord de Garmisch-Partenkirchen. Compter 2h de visite et de longs délais d'attente en saison, que comblera facilement une promenade dans le parc.

✆ 08 822 92 030 - www.linderhof.de - de déb. avr. à mi-oct. : 10h-18h ; reste de l'année : 10h-16h - fermé 1er janv., 24-25 et 31 déc. - 7 €.

Le précieux petit palais de Linderhof n'est que luxe et brillance : or et miroirs, lustres de cristal, lapis-lazulis, malachites et porcelaines.

Dans l'une des sauvages vallées des Alpes dont les souverains de Bavière se réservaient l'usage comme domaine de chasse, Louis II fit élever sa « villa royale » de 1874 à 1879 dans un style mariant la seconde Renaissance italienne et le baroque, en hommage à Louis XIV. Il espérait y trouver une intimité relative. L'homogénéité dans l'outrance décorative laisse une certaine impression d'harmonie ; le luxe omniprésent de l'aménagement oblitère presque les pièces les plus remarquables comme les tissus des Gobelins ou les lustres en cristal de Bohême. Voir les chambres de l'étage dominées par la salle d'audience (baldaquin couvrant un fauteuil de velours vert), la **chambre à coucher de parade**, surpassant en luxe Versailles, et le **cabinet des glaces** aux 94 vases, lieu de travail du roi.

Parc★★

L'architecte paysagiste Karl von Effner, qui dirigea l'aménagement du parc, a tiré parti des pentes du vallon pour installer bassins, cascades et jardins en terrasses selon le modèle des villas italiennes.

Les parterres latéraux se rattachent eux au modèle du jardin à la française. L'ensemble jette une note inattendue dans ce paysage alpestre.

Temple de Vénus – Monter à la rotonde du temple de Vénus qui ferme la perspective principale, au-dessus du grand bassin (surtout au moment des jeux d'eau). Redescendre ensuite sur la droite en regardant le château, pour remonter au pavillon mauresque et à la grotte, sur le versant opposé. Dans le creux du vallon, les jardins paysagistes laissent insensiblement les futaies de conifères reprendre leur densité naturelle.

L'État, c'est Moi...

Le couvent d'Ettal possédait autrefois le pavillon de chasse qui servit de base à la construction du château de Linderhof, et Louis II choisit cet endroit où son père adorait chasser (lui-même haïssait autant la chasse que la guerre) pour élever son « Trianon ». Seul parmi les trois châteaux qu'il se fit construire à être terminé de son vivant, Linderhof fut conçu sous le nom de code « Meicost Ettal », anagramme de la devise de Louis XIV, « L'État, c'est moi ».

Pavillon mauresque (Maurischer Kiosk) – Acquise par Louis II à l'Exposition universelle de Paris de 1867, cette construction métallique lui servait de décor lorsqu'il lui prenait l'envie de jouer au souverain oriental.

Grotte de Vénus – *Visite guidée uniquement*. Cette caverne artificielle a été aménagée pour recréer l'ambiance de l'épisode du Venusberg de l'opéra wagnérien *Tannhäuser* ; un lac, portant un esquif doré en forme de conque, un rocher évoquant la Lorelei et le trône du roi matérialisent le goût de Louis II pour les mises en scène théâtrales. L'illumination électrique, révolutionnaire lors de son installation, ajoutait des jeux de lumière aux représentations données pour le roi de Bavière.

C. Labonne / MICHELIN

Le château de Linderhof.

Hutte de Hunding (Hundinghütte) – Aménagée à l'origine dans l'Ammerwald, elle fut installée à la limite sud du parc en 1876 pour évoquer la scénographie de la *Walkyrie* de Wagner, dont Hunding est l'un des protagonistes. Détruite par un incendie en 1945, elle a été reconstruite en 1990 selon les plans d'origine, en troncs bruts autour d'un arbre vivant.

AUTRES SITES AUX ALENTOURS DE GARMISCH

Eibsee★

8 km à l'ouest. Ce lac aux eaux calmes occupe un superbe site forestier, à 1 000 m d'altitude, au pied de la Zugspitze. Un sentier *(2h de marche)* en fait le tour.

Mittenwald★

20 km à l'est. Sur l'ancienne voie commerciale reliant Augsbourg à Vérone, Mittenwald connaît une intense fréquentation due aux nombreuses possibilités d'excursions (massifs du Kranzberg et des Karwendel) et aux très belles **maisons peintes★★** bordant la rue principale. Si Mittenwald est un « vivant livre d'images » (Goethe), un monument érigé au pied de l'église rappelle qu'un enfant du pays, Matthias Klotz, y introduisit en 1684 la lutherie, après un séjour en Italie où il avait été l'élève de Stradivarius. Aujourd'hui, une douzaine d'artisans, une école technique et un **musée de la Lutherie** *(Geigenbau- und Heimatmuseum)* maintiennent cette tradition. *✆ 08 823 25 11 - www.geigenbaumuseum-mittenwald.de - de déb. fév. à mi-mars, de mi-mai à mi-oct. et de mi-déc. au 6 janv. : tlj sf lun. 10h-17h ; reste de l'année : tlj sf lun. 11h-16h - fermé 5 nov.-15 déc., 24 et 31 déc. - 4 €.*

Château-musée de Murnau (Schlossmuseum)

À Murnau, 25 km au nord - Schlosshof 4-5 - ✆ 08 841 476 207 - www.schlossmuseum-murnau.de - tlj sf lun. 10h-17h - fermé 24 déc. - 5 € (4 € -15 ans).

Nombreuses œuvres du mouvement expressionniste du « Cavalier bleu », dont celles de Gabriele Münter qui séjourna ici avec Kandinsky dès 1908 s'adonnant à une peinture en plein air anti-académique. Voir la **maison Münter** (Münter-haus) appelée aussi « maison des Russes ».

Garmisch-Partenkirschen pratique

Informations utiles

Office de tourisme – *Richard-Strauß-Platz 2 - ✆ 08 821 180 700 - www.garmisch-partenkirchen.de - 8h-18h ; dim. et j. fériés 10h-12h.*

Se loger

⊖ Gästehaus Brigitte – *St-Martin-Straße 40 - ✆ 08821 739 38 - www.hotelbrigitte.de - P - 11 ch. - 58 €* ☕. Propre et soignée, coquette pension en centre-ville à deux minutes de la Marienplatz.

⊖⊖ Gasthof Fraundorfer – *Luswigstraße 24 - ✆ 08 821 92 70 - www.gasthof-fraundorfer.de - fermé en nov. - P - 31 ch. - 76 € ☕ - rest. 13 €.* Chambres parfois petites mais certaines avec balcon et vue sur le Waxenstein. Restaurant bavarois convivial, musique, yodels et danses folkloriques.

À MITTENWALD

⊖ Hotel garni Edlhuber – *Innsbrucker Straße 33 - 82481 Mittenwald - ✆ 08 823 13 89 - www.edlhuber-mittenwald.de - P - 16 ch. - 50 €* ☕. Hôtel familial au pied du massif des Karwendel. Cadre idéal pour des vacances, en pleine nature. Chambres confortables et accueil soigné.

Se restaurer

⊖ Zur Schranne – *Griesstraße 4 - ✆ 08 821 16 99 - fermé mar. - ♿ - 13,80/19 €.* Adresse typique de la région proposant une cuisine bavaroise copieuse. Les comptoirs d'origine, à l'entrée, dissimulent la grande salle de ce restaurant. Terrasse couverte.

⊖ Kurpark Pavillon – *Richard-Strauss-platz 1 - ✆ 08 821 31 79 - 15 €.* Un agréable pavillon vitré au centre de Garmisch, lieu de dîner après une soirée au Casino ou au théâtre. Spécialités régionales.

À MITTENWALD

⊖ Postkeller und Alte Braustub'n – *Innsbrucker Straße 13 - ✆ 08 823 17 29 - www.postkeller-mittenwald.de - fermé lun. - ♿ - 10,50/14 €.* Au menu de ce restaurant couplé à une brasserie artisanale, cuisine régionale et bière fraîchement brassée.

Faire une pause

Konditorei-Café Thron – *Marienplatz 13 - ✆ 08821 522 60 - www.konditorei-thron.de - 8h30-19h.* Grand choix de pâtisseries, tartes et chocolats : le gâteau du prince-régent *(Prinzregententorte)*, les roulades à la crème de vin *(Weincremerouladen)* et la crème en flocons *(Flockensahne)*.

Sports et loisirs

Casino – *Am Kurpark 10 - ✆ 08 821 95 990 - - 12h-2h (vend.-sam. 3h) - +21 ans.* Machines à sous et tables de jeux.

Événements

Concours de saut à ski – Janv. Compétition internationale.

Festival Richard-Strauss – Mai, juin. Opéras, lieds, pièces pour orchestre, etc.

Le Chiemsee★

CARTE GÉNÉRALE C4 - CARTES MICHELIN N° 718 M13 ET 546 W 21
BAVIÈRE

Une « mer bavaroise » avec les Alpes en toile de fond… Le Chiemsee (prononcer Kimzé), le plus vaste des lacs de Bavière, étale ses eaux calmes entre des rives cernées de roseaux et des stations estivales animées. Baignade, sports nautiques et farniente pour les uns ; embarquement vers les îles pour les autres, où les extravagances de Louis II donnèrent naissance à un extraordinaire château, pastiche de Versailles avec sa galerie des Glaces aussi vaste et étincelante que l'originale.

T. Krieger / MICHELIN

Au nord du lac, la bourgade de Seebruck.

- **Se repérer** – À 90 km au sud-est de Munich, 66 km à l'ouest de Salzbourg. L'autoroute A 8 longe la rive sud du lac (sorties 106, 107, 108).
- **À ne pas manquer** – Le panorama sur les contreforts des Alpes bavaroises depuis la rive nord, entre Rimsting et Seebruck.
- **Avec les enfants** – En bateau vers les îles, le centre nautique de Prien *(voir Chiemsee pratique).*
- **Pour poursuivre le voyage** – La route allemande des Alpes, Burghausen, les châteaux de Louis II (Linderhof et Neuschwanstein), Berchtesgaden.

Visiter

LES ÎLES

Accès par l'embarcadère de **Prien-Stock** *(autoroute A 8, sortie n° 106 direction Prien). ☎ 080 51 60 90 - www.chiemsee-schifffahrt.de - traversée en bateau : 1/4h pour Herreninsel, 6,20 € AR ; pour un ticket combiné Herreninsel et Fraueninsel, compter 7,30 € (1h15 de croisière en tout). Départs toutes les 30mn - Promenades sur le lac : toute l'année dép. de l'embarcadère de Prien-Stock - 10,20 € AR.*

Herreninsel

Les parcs, taillis et futaies de l'« île aux Messieurs », parcourus de nombreux sentiers, invitent à la promenade. Des fouilles ont révélé qu'un monastère s'élevait ici dès le 8e s. Ayant acheté l'île en 1873 pour la préserver d'un déboisement systématique, le jeune roi Louis II de Bavière voulut y élever un somptueux château.

Château de Herrenchiemsee★★ – *20mn. à pied depuis l'embarcadère. ☎ 08 051 68 870 - ♿ - visite guidée de déb. avr. à mi-oct. : 9h-18h ; reste de l'année : 9h45-16h15 - fermé 1er janv., Mar. gras, 24-25 et 31 déc. - 7 €.*

L'admiration et le respect que **Louis II** avait toujours éprouvés pour le Roi-Soleil redoublèrent encore après ses visites de Versailles en 1867 et 1874. Herrenchiemsee devait en être la réplique : dans la solitude paradisiaque de l'île en grande partie boisée, il commença en 1878 à ériger le **Château Neuf** *(Neuer Schloss)*. Huit ans plus tard, sa destitution puis sa mort tragique, alors qu'il n'avait résidé qu'une semaine dans son château inachevé, mirent un terme à ce rêve souverain. Les travaux avaient englouti une fortune et vidé la cassette du roi.

La ressemblance est frappante entre la copie et le modèle : ordonnance des jardins à la française au centre desquels se dresse la fontaine de Latone ; façade ornée de colonnes et couverte d'un toit plat à l'italienne dissimulé par une balustrade. L'intérieur, excessivement fastueux, montre parfois des anachronismes dans la reconstitution ; ainsi le toit de verre de l'escalier d'honneur, ou la statue équestre de Louis XIV dans la deuxième antichambre (salle de l'Œil-de-Bœuf) pour laquelle le cheval favori de Louis II servit de modèle. L'opulente décoration est une constante dans la succession des appartements ; la **chambre de Parade★** et la **galerie des Glaces★** en constituent l'apogée.

Dans l'aile sud, le **musée Roi-Louis-II** *(König Ludwig II.-Museum, entrée comprise dans le ticket du Château Neuf)* vous permettra de mieux comprendre la vie du roi et de patienter avant l'heure de la visite guidée indiquée sur les tickets.

Vieux Château (Museum Augustiner Chorherrenstift) – Un chapitre de chanoines augustins fut fondé sur l'île vers 1130 ; voué au déclin pendant la Réforme, il connut au 17e s. un renouveau accompagné d'intenses travaux de construction (collégiale St-Sébastien-et-St-Sixte notamment). Une partie des bâtiments de l'ancien monastère est aujourd'hui préservée et abrite un **musée** qui retrace l'histoire de l'île.

Fraueninsel

De dimensions modestes, l'« île aux Dames » accueille un charmant village de pêcheurs et le **couvent de Frauenchiemsee**, monastère de bénédictines, qui aurait été fondé en 782 par le duc Tassilon III. L'église du 13e s. a été remaniée au 15e s. dans le style gothique. L'intérieur, « baroquisé », abrite un maître-autel de 1694.

On remarque de loin le campanile octogonal, dont les étages inférieurs datent du 11e s. Le couronnement en bulbe a été installé en 1626.

Le Chiemsee pratique

Informations utiles

Office de tourisme – *Felden 10 - Bernau am Chiemsee - ✆ 08051 965 550 - www.chiemsee.de - 9h-18h (sam., dim. et j. fériés 10h-15h).*

Se loger

⊖ Gruber-Alm – *Almweg 18 - Seeon-Seebruck - ✆ 08667 696 - www.gruber-alm.de - P - réservation - 19 ch. - 50 € (64 € haute saison) - restaurant 14,20 €.* Hôtel simple, sur une petite colline avec vue sur Chiemgau et les Alpes. Certaines chambres avec plancher et plafonds ornés de peintures. Rustique dans son aménagement, la salle à manger de cet hôtel-restaurant propose des plats traditionnels.

⊖ Hotel Alter Wirt - Bonnschlößl – *Kirchplatz 9 - Bernau am Chiemsee - ✆ 08051 965 69 90 - www.alter-wirt-bernau.de - fermé de mi-mars à mi-avr.et de déb. nov. à mi-déc. ; rest. fermé lun. sf août - P - 41 ch. - 59 € (Alter Wirt), 69 € (Bonnschlößl) - rest. 12/27,50 €.* Deux hôtels au centre de Bernau : Bonnschlößl, ancien hôtel particulier au milieu d'un superbe parc ; Alter Wirt, maison bavaroise aux façades peintes. Ce dernier possède une « charcuterie-auberge » typiquement bavaroise.

⊖⊖ Hotel Zur Linde – *Chiemsee - sur « l'île aux Dames », en bateau de Gstadt (5mn) - ✆ 08054 903 66 - www.inselhotel-zurlinde.de - fermé 6 janv.-15 mars - 14 ch. 110 € - rest. 23 €.* Envie d'aller sur une île ? Datant de 1396 et autrefois fréquenté par les artistes, cet agréable hôtel, situé au cœur d'une zone sans voiture, est aujourd'hui ouvert à tous. La salle de restaurant historique donne du caractère à l'établissement.

Se restaurer

⊖⊖ Klosterwirt – *Frauenchiemsee 50 - sur « l'île aux Dames », en bateau de Gstadt (5mn) - ✆ 08054 77 65 - www.klosterwirt-fraueninsel.de - 18 €.* Dans les bâtiments du cloître et près du débarcadère, vaste restaurant avec son *Biergarten* de 200 places. Dans un cadre soigné, on vous proposera des plats traditionnels, des gâteaux et des tartes.

Sports et loisirs

Croisières Chiemsee Schifffahrt – *Toute l'année de Prien-Stock, Gstadt, Seebruck, Chieming et Bernau. ✆ 08051 60 90 - www.chiemsee-schifffahrt.de.* Accès aux îles ou tour du lac. Un bateau de 1926, le *Ludwig Fessler*, fonctionne toujours avec ses roues à aubes.

Prienavera – *Seestraße 120 - Prien am Chiemsee - ✆ 08051 60 95 70 - 10h-21h (sam., dim., j. fériés 9h-21h) - 7,90 € (3,50 € - 14 ans) pour 2h.* Un centre nautique (intérieur, extérieur) avec espace de soins, sauna, jeux pour enfants et une vue unique sur le château de Herrenchiemsee.

Baignades – Nombreuses plages sur les bords du lac à Prien, Rimsting, Breitbrunn, Gstadt, Seebruck et au bord de certains petits lacs des environs (Simsee, Klostersee, Hartsee).

TOTAL

LE Lindau à Fussen 122 Km 1/2 J

FUSSEN à Garmisch 95 Km 1 J

Garmisch-Schliersee 105 1 J

Schliersee-Berchtesgaden 172 k 1J

| 3 1/2 jours 494 km |

Moyenne 145 Km / Jour.

71 - 03/2012

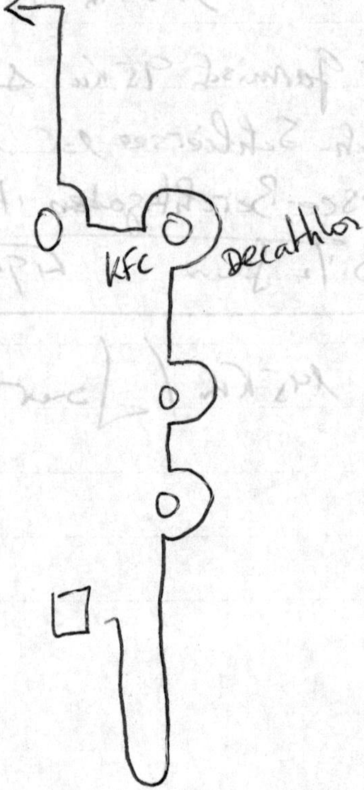
KFC
Decathlon

Berchtesgaden★★

7 670 HABITANTS
CARTE GÉNÉRALE C5 – CARTES MICHELIN N^{OS} 718 M13 ET 546 X 22 –
SCHÉMA : ROUTE ALLEMANDE DES ALPES
BAVIÈRE

Il faudrait parler du pays de Berchtesgaden pour être juste, tant on a l'impression de découvrir une véritable petite région, et non une simple commune de montagne. Sans doute un héritage de l'histoire de cet État rattaché à la Bavière en 1810 seulement… La figure du légendaire Watzmann, troisième sommet d'Allemagne mais plus haute paroi rocheuse des Alpes avec ses 1 750 m d'à-pic, marque le paysage au premier coup d'œil. En face, au Kehlstein, les touristes américains viennent exclusivement visiter le « nid d'aigle » d'Hitler. Quel dommage ! La nature préservée du Parc national et les lacs alpins, dont l'inoubliable Königssee et sa chapelle St-Bartholomä, offrent un terrain d'aventure et de calme exceptionnel à qui sait quitter un instant les sentiers battus, fréquentés par de nombreux touristes en été.

- **Se repérer** – À 157 km au sud-est de Munich, 24 km à l'ouest de Salzbourg.
- **À ne pas manquer** – Le panorama de la maison du Parc national au coucher du soleil, le Königssee et la chapelle St-Bartholomä.
- **Organiser son temps** – Deux journées pour découvrir les alentours de Berchtesgaden (Königssee, Hintersee, « nid d'aigle ») et profiter des sites pour faire une randonnée.
- **Avec les enfants** – La visite des mines de sel, façon parc d'attractions.
- **Pour poursuivre le voyage** – La route allemande des Alpes, Le Chiemsee, Burghausen et Passau, Salzbourg (Autriche).

Visiter

Place du Château★ (Schlossplatz)

Cette place triangulaire est le cœur de la ville. Sur le côté ouest s'élève l'ancien grenier à blé ; la galerie à arcades date du 16e s. L'influence lombarde se manifeste dans la façade de l'**église St-Pierre-et-St-Jean** par l'alternance de pierres de couleurs différentes, visant à un effet décoratif. Les tours furent rebâties au siècle dernier à la suite d'un incendie. Les voûtes en réseau de la nef, du début du 16e s., le chœur, de deux cents ans plus ancien, beaucoup plus élevé et d'un gothique plus pur, caractérisent l'aspect intérieur de l'édifice.

Château royal

08 652 94 79 80 - www.haus-bayern.com - visite guidée (1h) de mi-mai à mi-oct. : tlj sf sam. 10h-13h, 14h-17h ; reste de l'année : tlj sf w.-end 11h-14h - 7 €.

L'ancien prieuré des chanoines devint, à l'époque des abbés commendataires, un palais fastueux. À partir de 1923, il fut habité par le prince héritier Rupert, ancien

BERCHTESGADEN TOURISMUS

Berchtesgaden en hiver.

généralissime des troupes bavaroises durant la Première Guerre mondiale et chef de la maison de Wittelsbach jusqu'à sa mort en 1955. On lui doit l'aménagement du château embelli de précieux meubles et objets d'art (notamment des porcelaines de Nymphenburg et des tapisseries françaises) dispersés dans les salles visitées.

Visite guidée – Le **cloître** du 13e s. a conservé ses galeries romanes sur trois côtés; certaines colonnes ont gardé leur décor d'entrelacs et de rinceaux (ornements en forme d'arabesque végétale). Le **dortoir★** *(Dormitorium)*, beau vaisseau gothique à deux nefs, abrite entre autres objets d'art religieux, douze magnifiques bustes provenant des stalles de la basilique de Weingarten (1487) et deux tableaux d'autel de Tilman Riemenschneider. La visite se poursuit au 1er étage avec deux salles Renaissance (mobilier italien des 15e et 16e s.), et l'enfilade des huit chambres des Seigneurs *(Herrenzimmer)* offrant une rétrospective du 19e s. romantique et Biedermeier. Sur la plus haute terrasse, vous serez récompensé de votre ascension par la belle roseraie et ses vues très dégagées sur le Watzmann.

La commende

La commende consistait en la nomination par le roi d'un administrateur temporaire pour une abbaye. Au 13e s., elle devint un privilège perpétuel accordé aux cadets de certaines familles aristocratiques, qui ne laissaient au monastère qu'une somme minime et tiraient avantage du reste pour leur propre famille. Ce fut le cas à Berchtesgaden où certains avaient le titre d'abbés commendataires, alors qu'ils n'étaient pas ecclésiastiques et ne s'intéressaient en rien aux affaires de l'Église. La commende fut abrogée seulement au 18e s.

Mines de sel★ (Salzbergwerk)

Bergwerkstraße 23 - ✆ 08 652 60 02 20 - www.salzzeitreise.de - mai-oct. : 9h-17h ; nov.-avr. : 11h30-17h - fermé 1er janv., Vend. saint, Toussaint, 24 et 25 déc. - visite guidée (2h) audioguide français - 14 € (enfants 9 €), 17,50 € (11,50 €) billet groupé avec l'ancienne saline de Bad Reichenhall.

Exploitées à partir de 1517, les mines de sel assurèrent la prospérité de la région et des chanoines qui en exploitaient les droits. La roche saline est lessivée par des amenées d'eau douce. La saumure obtenue, contenant 27 % de sel, est évacuée vers Bad Reichenhall pour y être raffinée.

Le nouveau circuit de visite souterrain ouvert en 2007, à suivre en tenue de mineur, alterne informations scientifiques, outils multimédia et attractions ludiques : parcours en petit train, passage dans le tunnel d'une mine, effets lumineux dans la « cathédrale du sel », traversée en bateau du lac sous une voûte de cristaux de sel, visite du « laboratoire ».

Aux alentours

Obersalzberg★★ et le « nid d'aigle » (Kehlsteinhaus)

4 km à l'est. Accès à Obersalzberg en voiture, bus ou télécabine, puis montée obligatoire au « nid d'aigle » par navettes d'autobus (mi-mai à mi-oct.) - ✆ 08 652 96 70 - 14,50 € AR.

Suite à l'échec du putsch de 1923 et sa sortie anticipée de prison, **Adolf Hitler**, que des amitiés et des liens de famille attachaient à Berchtesgaden, vient faire retraite sur l'Obersalzberg. Dès 1933, le nouveau chancelier fait transformer en palais présidentiel *(Berghof)* le chalet qu'il avait acquis. D'autres dirigeants nazis acquièrent ici des maisons. Après l'expulsion des habitants, cette station touristique réputée devient la « zone interdite du Führer » *(Führersperrgebiet)* et un second centre stratégique du pouvoir après Berlin avec ses installations militaires, hôtels, bunkers et souterrains. La plus grande partie des bâtiments fut détruite le 25 avril 1945 par une attaque aérienne américaine précédant de peu la prise de possession, le 4 mai, par un élément de la 2e DB française opérant avec la 101e Division Airborne US.

Centre de documentation Obersalzberg *(Dokumentation Obersalzberg).*
Salzbergstraße 41 - ✆ 08 652 94 74 60 - www.obersalzberg.de - avr.-oct. : 9h-17h ; nov.-mars : 10h-15h - fermé 1er janv., 1er nov., 24, 25 et 31 déc. - 2,50 € - livret en français.
L'exposition permanente, consacrée à l'histoire du site de l'Obersalzberg et de la dictature nazie, est en partie installée dans les bunkers souterrains.

Kehlstein★★ – On parcourt en autobus l'impressionnante petite **route★★★**, chef-d'œuvre du génie civil, ouverte à la mine dans l'éperon rocheux du Kehlstein (1 834 m). À l'arrivée *(s'inscrire pour le retour)*, un ascenseur épargne les derniers cent mètres de montée. Au sommet, le bâtiment surnommé le « nid d'aigle » *(Kehlsteinhaus)*, offert

L'Hintersee.

à Hitler en cadeau pour son 50e anniversaire par le Parti ouvrier allemand national-socialiste, devait tenir lieu de salon de thé pour recevoir les hôtes de marque.
Le **panorama**★★ *(prendre un peu de hauteur sur la crête)* se déploie sur les sommets environnants et, au-delà de Salzbourg, sur les Préalpes du Salzkammergut, butant contre le massif du Dachstein, où brillent de petits glaciers.

Le Königssee★★

5 km au sud. ✆ 086 52 9 63 60 - www.bayerische-seenschifffahrt.de - croisières toute l'année sf le 24 déc., départ toutes les 30mn environ ; compter 1h45 de bateau, plus 1h minimum pour les petites randonnées possibles aux escales. Hors saison, les croisières s'arrêtent à St-Bartholomä - 11,50 € à 14,50 € AR.

Tel un fjord couvert d'une sauvage végétation alpine, le lac allongé du Königssee est dominé par les escarpements gigantesques (jusqu'à 1 800 m) du Watzmann et du Steinernes Meer. À l'endroit où le lac se resserre, apparaît la **chapelle St-Bartholomä**, avec sa triple abside. Une escale permet d'admirer le **site**★ et de visiter les bâtiments historiques. Du ponton de Salet, au bout du lac, on gagne *(1/4h de marche)* l'**Obersee**, au pied du Teufelshörner d'où dévale, d'une hauteur de 400 m, la cascade du Röthbach.
Vous pouvez également emprunter le téléphérique du Jenner à Königssee pour profiter d'une **vue** imprenable sur le lac et les sommets environnants. Nombreuses possibilités de randonnées à l'arrivée du téléphérique.

Hintersee★

12 km à l'ouest. La route remonte l'étroite vallée de Ramsau pour atteindre le lac encadré par les dômes escarpés de la Reiteralpe et les dents du Hochkalter. La rive est et sa « forêt enchantée » *(Zauberwald)*, et les bords ombragés du torrent, en aval, sont un but de promenade très apprécié. Une boucle de 2h, au départ du point d'information du Parc national, monte vers les alpages de Halsalm d'où la vue sur le lac et la vallée de Ramsau est superbe.

Circuit de découverte

Roßfeld-Höhenringstraße★★

Circuit de 29 km (à parcourir dans le sens inverse des aiguilles d'une montre) – env. 1h1/2. ✆ 086 52 96 70 - www.berchtes-gadener-land.com - péage : 2,60 € par voiture, 1,70 € par personne.

La **route du Roßfeld** atteint le tranchant de la crête, au-dessus de la vallée autrichienne de la Salzach, et offre un beau panorama sur le Tennengebirge.

Une nature protégée

Le Parc national de Berchtesgaden, créé en 1978, compte parmi les plus anciens espaces naturels protégés des Alpes. Depuis 1909, les bateaux circulant sur le Königssee sont dotés d'un moteur électrique. D'autres mesures furent prises tout au long du 20e s. pour maintenir une eau d'une grande pureté où se reproduisent l'omble chevalier et la truite de lac. Sur 210 km², aigle royaux, chamois, marmottes et salamandres noires habitent les vastes forêts et les faces rocheuses à pic de ce massif montagneux.

Le Dachstein, reconnaissable à ses petits glaciers, culmine à l'arrière-plan. De l'autre côté, vue imprenable sur le Hoher Göll, le Kehlstein, l'Untersberg, la région de Berchtesgaden et Salzbourg.

Du parc de stationnement du Hennenkopf, on peut grimper en quelques minutes au signal et à la croix du Hennenkopf (1 551 m). Après la Roßfeldhütte, la route sinue dans la jolie région vallonnée et boisée d'Oberau.

Berchtesgaden pratique

Informations utiles

Office de tourisme – *Königsseer Straße 2 - ✆ 08 652 96 70 - www.berchtesgadener-land.com - Pentecôte-mi-oct. : 8h30-18h, sam. 9h-17h, dim. et j. fériés 9h-15h ; reste de l'année : 8h30-17h, sam. 9h-12h, fermé dim. et j. fériés.*

Maison du Parc national de Berchtesgaden (Nationalparkhaus) – *Franziskanerplatz 7 - ✆ 08652 643 43 - www.nationalparkberchtesgaden.de - tlj sf dim. et j. fériés 9h-17h.* Exposition, documentation en français. Autres bureaux d'informations au Königssee (St-Bartholomä, embarcadère) et à Ramsau (Wimbachbrücke, Hintersee). 230 km de sentiers, plus d'une dizaine de refuges et des randonnées accompagnées par des guides (gratuit) permettent de partir à la découverte du Parc national.

Se loger

AU CENTRE

Hotel Fischer – *Königsseer Straße 51 - Berchtesgaden - ✆ 08 652 95 50 - www.hotel-fischer.de - fermé en mars et de fin oct. à mi-déc. - P - 54 ch. - 108 € - restaurant 13/16,50 €.* Situé à 500 m de la gare, cet hôtel constitue un point de départ pratique pour les activités de loisirs les plus diverses. Ses chambres sont simples et soignées, la plupart disposant d'un balcon ou d'une terrasse.

DANS LES ENVIRONS

Neuhäusl – *Wildmoos 45 - Berchtesgaden - 7 km à l'est - ✆ 08 652 94 00 - www.neuhaeusl.de - nov.-15 déc. - P - 32 ch. - 98 € - rest. 15 €.* Cet hôtel rustique vous accueille dans un cadre soigné. Alors que vous serez sous le charme du magnifique paysage alpin le jour, vous serez sensible, le soir, au confort douillet des chambres et appartements joliment aménagés.

Alpenhotel Denninglehen – *Am Priesterstein 7 - Berchtesgaden - 7 km à l'est - ✆ 08652 978 90 - www.denninglehen.de - fermé 1er-18 déc., 15-30 janv. - P - 22 ch. - 74 € - rest. 18 €.* Cet hôtel à flanc de montagne se distingue par sa situation isolée. Décor intérieur champêtre. Vous pourrez pratiquer les sports d'hiver à proximité immédiate de l'établissement.

Berghotel Rehlegg – *Holzengasse 16 - Ramsau - 10 km au sud-ouest - ✆ 08657 988 40 - www.rehlegg.de - P - 61 ch. 126 € - rest. 28 €.* Un panorama de rêve sur les sommets et un accueil en français dans cet hôtel de grand confort. Certaines chambres dans une maison à l'écart disposent d'un jardinet.

Se restaurer

Goldener Bär – *Weihnachtsschützenplatz 4 - ✆ 08 652 25 90 - - 12 €.* Cuisine bavaroise, simple et savoureuse, servie en terrasse au centre de Berchtesgaden. Vente à emporter.

Gasthof Auzinger – *Hirschbichlstraße 8 - Ramsau - ✆ 08 657 230 - tlj sf merc. - fermé soir, du 1er nov. au 25 déc., 3 sem. à Pâques - - 12 €.* Près du lac Hintersee, l'ambiance d'une taverne de campagne et une cuisine familiale à base de produits frais. Viande de bœuf de leur élevage.

Graflhöhe – *Scharitzkehlstraße 8 - ✆ 08 652 25 77 - tlj sf merc. - fermé soir - - 18 € - . Accès par le téléphérique de l'Obersalzberg puis 30mn à pied ou en voiture dir. Obersalzberg puis Hinterbrand.* Un panorama époustouflant surtout au coucher du soleil et des goûters divins en savourant des choux à la crème double.

Faire une pause

Café Lockstein – *Am Lockstein 1 - ✆ 08 652 21 22 - 13h30-18h.* Perché sur un piton rocheux, accessible en 20mn à pied depuis le centre-ville (escaliers près de Rathausplatz), ce café offre à la fois un but de promenade et une sublime terrasse où déguster des patisseries maison.

Achats

Berchtesgadener Handwerk Kunst – *Am Schlossplatz 1 1/2 - ✆ 08 652 97 97 90 - tlj sf dim. 9h-12h, 14h-18h ; sam. 9h-13h.* Artisanat d'objets en bois dans la plus belle tradition régionale : boites peintes et sifflets en forme d'oiseau.

Sports et loisirs

Rupertus Therme – *Freidrich-Ebert-Allee 21 - ✆ 01 805 606 706 - www.ruperustherme.de - 9h-22h (dim. et fêtes 20h) - 12 € (4h).* Le bienfait des sources salées et des bassins extérieurs avec vue sur les montagnes.

Ratisbonne★★

Regensburg

128 610 HABITANTS
CARTE GÉNÉRALE C4 - CARTES MICHELIN N^OS 718 L11 ET 546 S20
BAVIÈRE

Ratisbonne est une merveilleuse machine à remonter le temps. Épargné par les destructions de la Seconde Guerre mondiale, son centre ancien nous replonge aux 12e et 13e s., âge d'or de la ville qui faisait alors commerce des denrées venues d'Orient autour de son port fluvial et de son pont de pierre, toujours aussi solide sur le Danube. Une cathédrale gothique et des tours de maisons patriciennes à chaque coin de ruelle complètent un tableau médiéval unique et authentique, récompensée par l'inscription au patrimoine mondial de l'Unesco en 2006. Aux portes de la Bavière orientale, ce musée à ciel ouvert invite à flâner dans les rues pavées, sur les quais ou à la terrasse de nombreux cafés.

- **Se repérer** – À 124 km au nord de Munich, 105 km au sud-est de Nuremberg, 123 km au nord-ouest de Passau, 265 km au sud-ouest de Prague.
- **À ne pas manquer** – Les ruelles médiévales, la vue depuis l'autre rive du Danube, la « chorale des moineaux » de la cathédrale, l'un des chœurs les plus célèbres d'Allemagne, à la grand-messe du dimanche.
- **Organiser son temps** – Au moins une nuit pour profiter de l'ambiance nocturne et des bâtiments illuminés, et une journée pour la visite de la ville.
- **Pour poursuivre le voyage** – Straubing, Landshut, Eichstätt, Nuremberg, Passau.

Comprendre

La Bavière orientale – Ratisbonne est la capitale de cette région, qui s'étend à la frontière de l'Autriche et de la République tchèque. À l'est s'étire une chaîne de montagnes entre 1 000 et 1 450 m d'altitude, couverte par le plus grand massif forestier d'Europe centrale qu'elle partage avec la Bohême voisine. Au sud, la Basse-Bavière étale des plateaux calcaires et de paisibles vallées fluviales entre le Danube et l'Inn qui vient de traverser les Alpes bavaroises. Les deux cours d'eau se retrouvent à Passau, qui, avec Landshut, Straubing et Burghausen, sont les principales cités touristiques de la région.

Préservée par le temps – Une garnison romaine *(Regina Castra)* garde au 2e s. la frontière naturelle du Danube à l'endroit où le fleuve s'avance le plus vers le nord. L'Empire fait disparaître cette frontière et Ratisbonne, ville libre, dès 1245, jouissant d'une position centrale, devient aux 13e et 14e s. une importante cité commerciale. Des tours sont érigées à la mode italienne par des marchands ambitieux, et de nombreux édifices romans puis gothiques se construisent. Intégrée à la Bavière en 1810, elle sera épargnée par les bombardements de la Seconde Guerre mondiale : son centre médiéval demeure aujourd'hui miraculeusement intact.

La ville des diètes – Dès le haut Moyen Âge se tiennent à Ratisbonne des diètes impériales *(Reichstag)* et des assemblées princières, chargées de délibérer sur les questions importantes de la paix intérieure et de la sécurité extérieure, dans un Empire aux proportions gigantesques et de plus en plus morcelé. De 1663 à 1806, la ville est le siège de la **diète perpétuelle**, assemblée permanente des États de l'Empire. Cette même diète, installée à l'hôtel de ville, sanctionne en 1803 la réorganisation territoriale de l'Allemagne imposée par Napoléon. Cet acte annonce la dissolution de l'ancien Empire, devenue effective lors de l'abdication de François II en 1806.

Se promener

LE QUARTIER ANCIEN

Visite : une demi-journée – suivre l'itinéraire indiqué sur le plan.

Cathédrale St-Pierre★ (Dom St-Peter) E

Centre d'information - Domplatz 5 - ☏ 0941 298 62 78 - 9h30-17h (dim. et j. fériés 13h30-14h30) - visites guidées

La moutarde de Ratisbonne

Pour apprécier une *Bratwurst* bavaroise, rien ne vaut la *Händlmaier's süßer Hausmachersenf*, une moutarde franche au goût sucré et fumé, spécialité de la ville. Johanna Haendlmaier l'inventa en 1914 pour offrir aux clients de sa boucherie un complément parfait aux saucisses confectionnées par son mari.

de la cathédrale et du cloître (1h15) : mai-oct. : 11h, 14h ; reste de l'année : 11h - 3 €. La construction de la cathédrale St-Pierre commença après 1260, sur le modèle des cathédrales gothiques françaises. L'édifice fut achevé vers 1525, mais les flèches ne furent ajoutées qu'au 19ᵉ s. De l'ancienne église romane située à cet emplacement subsiste encore la **tour de l'Âne** *(Eselsturm)*, sur la partie nord du transept.

La **façade principale**, richement décorée, est l'œuvre des Roritzer, famille de sculpteurs de Ratisbonne. Le portail principal, entre les deux tours néogothiques, possède un porche original, triangulaire et en saillie, présentant une statue de saint Pierre sur le trumeau (pilier central). D'autres statues remarquables occupent les niches, parmi lesquelles une gracieuse *Rencontre de la Vierge et de sainte Élisabeth*.

L'intérieur impressionne par ses dimensions : 85 m de longueur et 32 m de hauteur. Les bas-côtés sont entourés d'une galerie qui, sur le côté sud *(à droite)*, repose sur des consoles finement ciselées. Sur les piliers ouest du transept, on peut voir l'ange de l'Annonciation Gabriel – appelé « l'Ange au sourire » – et la Vierge Marie – deux chefs-d'œuvre de l'art gothique dus au maître d'Erminold (vers 1280). Les **vitraux★★** qui ferment le chœur et ceux du transept sud (14ᵉ s) sont les plus remarquables, de même que le maître-autel baroque, en argent et cuivre doré.

Cloître – *Visite guidée uniquement.* À droite de la galerie centrale pavée de pierres tombales se trouve la **chapelle de Tous-les-Saints** *(Allerheiligenkapelle)*, romane, dont les murs portent des traces de fresques.

Une galerie conduit à la **chapelle St-Étienne** (l'« ancienne cathédrale ») datant du 11ᵉ s., qui renferme un autel pourvu d'une confession (sépulcre de saint) s'ouvrant à l'extérieur par de très petits orifices et qui aurait vu le jour entre le 5ᵉ et le 8ᵉ s.

Trésor (Domschatz) – *✆ 0941 595 322 530 - www.bistumsmuseem-regensburg.de - avr.-oct. : mar.-sam. 10h-17h, dim. 12h-17h ; déc.-mars : vend.-sam. 10h-16h, dim. 12h-16h - possibilité de visite guidée (1h) - fermé nov., 1ᵉʳ janv., 24-25 déc. - 2 €.* Objets cultuels, reliquaires et parements d'autels du 11ᵉ au 18ᵉ s. Remarquer la croix d'Ottokar

SE LOGER

Am Peterstor .... ①

Hotel Goldenes Kreuz .... ④

Hotel Kaiserhof .... ⑦

SE RESTAURER

David .... ①

Haus Heuport .... ④

Wurstkuchl .... ⑦

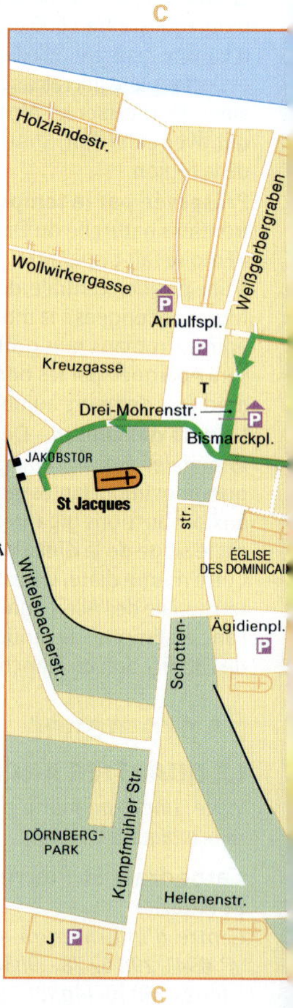

(1261 ?) et l'autel Schaumberg (1534-1540) dans la chapelle des Douze Messagers.
Se diriger vers le chevet de la cathédrale pour observer le travail des tailleurs de pierre.

Musée diocésain St-Ulrich★ (Diözesanmuseum St-Ulrich) E

☏ 0941 595 322 530 - wwwbistumsmuseen-regensburg.de - avr.-oct. : tlj sf lun. 10h-17h - possibilité de visite guidée (1h) - fermé nov.-mars - 2 €.

L'**église St-Ulrich**, édifice à galeries du début du gothique (vers 1225-1240) décoré de peintures murales de 1571, sert de cadre à ce musée contenant entre autres d'anciennes crosses d'évêques (crosse de saint Emmeram, 12e s.), de beaux reliquaires du Moyen Âge et des représentations religieuses.

Passer au pied de la tour romaine (Römerturm) reliée à la résidence ducale (Herzogshof) de style roman, pour arriver sur le vieux marché aux grains (Alter Kornmarkt).

Ancienne chapelle★ (Alte Kapelle) E

Ancienne basilique Notre-Dame de l'époque carolingienne, la chapelle située sur le côté sud de l'*Alter Kornmarkt* fut complètement transformée au 18e s. dans le style rococo : les deux doubles oratoires du chœur, le splendide retable, les peintures du plafond et les stucs dorés dus à Anton Landes, un des maîtres de Wessobrunn, se conjuguent en un ensemble harmonieux.

Quitter la place par la Niedermünstergasse, ruelle opposée à l'ancienne chapelle.

La **Niedermünster**, basilique romane à deux tours, était autrefois l'église d'un couvent de nonnes. L'intérieur fut entièrement « baroquisé » aux 17e et 18e s.

Tourner à gauche dans la rue Unter dem Schwibbögen, située sur le tracé de l'enceinte du camp romain.

Porta Praetoria E

À gauche, vestiges de l'ancienne muraille et de la porte nord du camp romain du 2e s. (arche ouest et tour d'angle), qui couvrait près de 25 ha.

Descendre à droite vers le Danube.

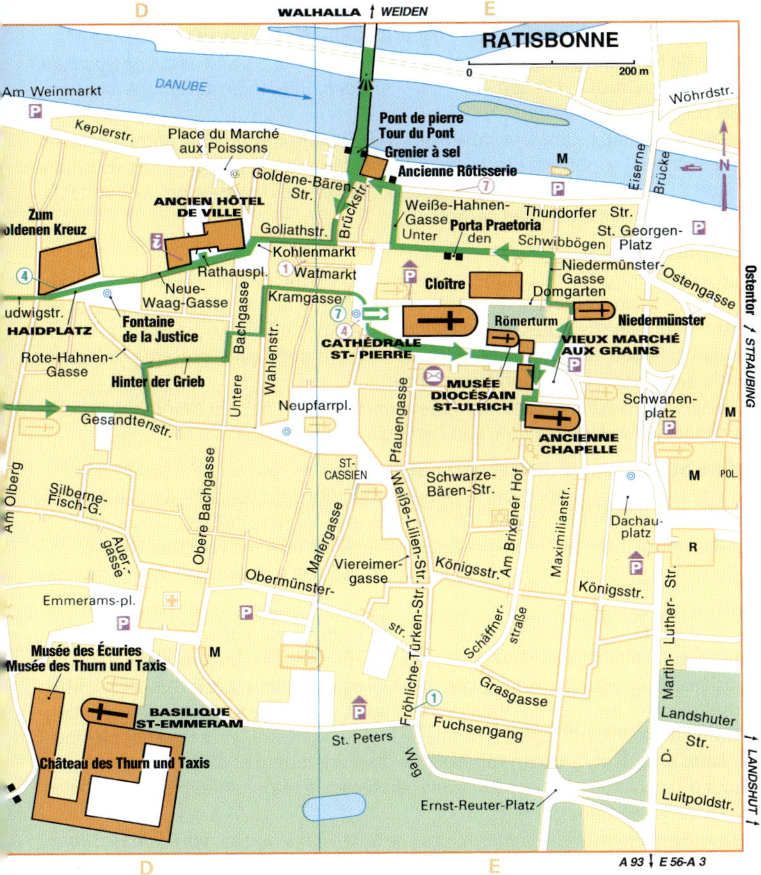

Le pont de pierre de Ratisbonne.

Pont de pierre (Steinerne Brücke) E

Construit entre 1135 et 1146, ce pont long de 310 m et reposant sur seize arches constitue un tour de force architectonique. Depuis son centre, la **vue★** sur la vieille ville est magnifique : les flèches de la cathédrale dominent les toits des maisons bourgeoises ; au premier plan, on voit la **tour du pont** datant du 14e s. *(Brückenturmmuseum)*, flanquée à gauche du **grenier à sel** (*Salzstadel*, début du 17e s.) avec son grand toit.

Sur le quai, à côté du grenier à sel, se trouve la **Historische Wurstküche**, qui passe pour être la plus ancienne rôtisserie de saucisses d'Allemagne.

Revenir au centre par la Brückstraße, puis à droite la Goliathstraße.

Rue Goliath (Goliathstraße) D

On peut admirer la maison Goliath (*Goliathhaus*) et ses fresques monumentales du 16e s. puis, au 4 Watmarkt, un exemple de demeure patricienne médiévale : tour gothique du 13e s. avec chapelle privée au rez-de-chaussée – aujourd'hui un restaurant –, loggia au 1er étage autrefois entièrement ouverte et bâtiment d'habitation accolé.

Ancien Hôtel de Ville★ (Altes Rathaus) D

La tour de huit étages de l'ancien hôtel de ville a été construite vers 1250. La partie ouest du bâtiment date de 1360 environ ; sa façade présente un charmant oriel posé sur un socle surélevé. Beau portail à gâble (pignon très pointu, début 15e s.).

Musée du Reichstag (Reichstagsmuseum) – *✆ 0941 507 34 42 - www.regensburg.de - visite guidée (1h) avr.-oct. : lun.-sam. 9h30-16h, dim. 10h-15h30 ; nov.-mars : lun.-sam. 9h30-16h, dim. 10h-11h - 6 €.*

Le musée contient la fameuse **salle impériale** *(Reichssaal)*, de style gothique, où se réunissait la diète perpétuelle. Le *Reichsstädtische Kollegium* abrite une exposition retraçant l'histoire des diètes de Ratisbonne. Au rez-de-chaussée, on peut visiter la salle des interrogatoires et les cachots.

Haidplatz★ D

La place est entourée de bâtiments historiques parmi lesquels l'auberge au fronton crénelé **Zum Goldenen Kreuz**, avec sa tour et sa façade grise *(Haidplatz 7)*. Au centre, la fontaine de la Justice *(Justitiabrunnen)* date de 1655. Le palais Thon-Ditter, *(Haidplatz 8)* bâti sur la base de plusieurs maisons gothiques, présente sa façade néoclassique et cache sa cour Renaissance.

Traverser la place, suivre la Ludwigstraße et tourner à gauche dans Drei-Mohrenstraße pour rejoindre la place Bismarck, puis l'église St-Jacques.

Église St-Jacques (Schottenkirche St-Jakob) C

Protégé par une verrière, le portail★ de l'église dite des Écossais – fondée par des moines bénédictins irlandais en 1090 – est un chef-d'œuvre de l'art roman (1183). Sa signification reste en partie énigmatique même si l'on reconnaît aisément des scènes du Jugement dernier avec la représentation du Bien (à gauche) et du Mal (à droite).

Bismarckplatz C

À la limite de la ville médiévale, cette place si vivante en été illustre les 18e et 19e s. de Ratisbonne avec plusieurs résidences pour les représentants des princes électeurs en poste à cette époque. Face au théâtre de la ville *(Stadttheater)*, le palais présidentiel *(Präsidialpalais)* avec son portique à colonne fut construit en 1805 pour la légation française de la Diète d'Empire. À l'angle de la Gesandtenstraße ou « rue des plénipotentiaires », se tient l'ancienne ambassade du Würtemberg et dans cette même rue autour de l'église de La Trinité *(Dreieinigkeitskirche)*, les étonnantes pierres tombales baroques de ces ambassadeurs.

Dans la Gesandtenstraße, prendre à gauche Rote-Hahnengasse, puis à droite Hinter der Grieb.

Hinter der Grieb D

Cette ruelle et les suivantes, avec leurs vieilles maisons bourgeoises nous ramène au Moyen Âge. Au fond, belle vue sur l'une des flèches de la cathédrale.

Une fois arrivé dans la Untere Bachgasse, emprunter un passage au numéro 7 qui débouche au 16 Wahlenstraße où l'on tourne à gauche pour rejoindre la Kramgasse, étroite ruelle qui ramène à la cathédrale.

Visiter

Musée Galerie est-allemande★

(Kunstforum Ostdeutsche Galerie) Hors plan, vers C

Dr. Johann-Maeir-Straße 5 - ✆ 0941 29 71 40 - www.kog-regensburg.de - tlj sf lun. 10h-17h (jeu. 20h) - fermé 1er janv., Jeu. saint, 1er mai, 1er nov., 24, 25 et 31 déc. - 4 €.

Présentée selon une organisation très réussie de quinze salles thématiques (par style ou sujet) aux couleurs vives, la collection balaye une histoire de la peinture d'Europe de l'Est, du romantisme jusqu'à la fin du 20e s. Citons au passage : Lovis Corinth, représentant de l'impressionnisme allemand, des expressionnistes et des artistes de la Sécession, Otto Dix, Kokoschka, des bronzes émouvants de Käthe Kollwitz.

AUTOUR DE LA PLACE ST-EMMERAM

Basilique St-Emmeram D

Depuis l'Emmeramplatz, un portail gothique conduit à un enclos d'où l'on atteint l'église.

Ancienne abbatiale d'un monastère bénédictin fondé au 8e s., la basilique conserve un vaste **porche roman** (12e s.), menant à un double portail dont les **sculptures** (le Christ, saint Emmeram et Dionysos) comptent parmi les plus anciennes d'Allemagne (11e s.). À l'intérieur, l'aspect roman d'origine est à peine reconnaissable depuis sa « baroquisation » pompeuse par les frères Asam.

Château des Thurn und Taxis (Schloss Thurn und Taxis) D

✆ 0941 504 81 33 - www.thurnundtaxis.de - visite guidée (80mn) avr.-oct. : mar.-vend. 11h, 14h, 15h, 16h, w.-end et j. fériés aussi à 10h ; nov.-mars : w.-end et j. fériés 10h, 11h, 14h, 15h - fermé 24-25 déc. - 11,50 €.

Franz von Taxis avait établi le système postal européen au 15e s., et ses descendants en conservèrent le monopole jusqu'en 1812. Lorsqu'il leur fut retiré, ils reçurent entre autres compensations les bâtiments de l'ancienne abbaye St-Emmeram, qu'ils transformèrent dans le style de l'époque pour en faire leur résidence. On peut voir les salles d'apparat (dont la salle de bal et la salle du trône), qui laissent imaginer le luxe exquis des réceptions organisées au château. Celui-ci est toujours habité par la famille princière Thurn und Taxis, l'une des plus grandes fortunes d'Allemagne.

Le **cloître** romano-gothique, construit en différentes phases du 11e au 14e s., présente le magnifique portail de St-Benoît, de la première moitié du 13e s.

Musée des Écuries (Marstallmuseum) – *✆ 0941 504 81 33 - www.thurnundtaxis.de - ♿ - avr. à fin oct. : 11h-17h, w.-end 10h-17h - 4,50 €.*. Il contient une belle collection de carrosses et diligences, de traîneaux et chaises à porteurs, mais aussi de harnais de gala et d'accessoires d'équitation.

Musée des Thurn und Taxis (Thurn und Taxis Museum) – *✆ 0941 504 81 33 - www.bayerisches-nationalmuseum.de - avr.-oct. : mar.-vend. 11h-17h, w.-end 10h-17h ; nov.-mars : se renseigner - 3,50 €.*

Cette annexe du Musée national bavarois a été installée en 1998 dans l'aile nord des écuries, après l'acquisition de nombreux objets d'art provenant de la famille princière. On y voit des ouvrages d'orfèvrerie et d'horlogerie, des meubles, de la porcelaine et des objets de valeur du 17e au 19e s.

Aux alentours

Walhalla★

11 km à l'est – franchir le Danube (B16-B15) et prendre tout de suite à droite (fléchage). ✆ 09403 96 16 80 - www.walhalla-regensburg.de - ♿ - avr.-sept. : 9h-17h45 ; oct. : 9h-16h45 ; nov.-mars : 10h-11h45, 13h-15h45 - fermé Mar. gras, 24-25 et 31 déc. - 3 €.

Entre 1830 et 1842, Louis Ier de Bavière fit construire sur le modèle du Parthénon un monument à la mémoire des grands hommes qui avaient marqué la culture germanique. Ce surprenant temple dorique paraît égaré dans la vallée du Danube. On voit à l'intérieur 124 bustes de personnalités « de langue allemande ». Du péristyle s'offre une belle **vue** sur la courbe du Danube, les ruines du château de Donaustauf et les flèches de la cathédrale de Ratisbonne.

Abbaye de Weltenburg★ (Kloster Weltenburg)
33 km au sud-ouest. ✆ 09 441 20 40 - www.kloster-weltenburg.de - visite guidée (30mn) sur demande préalable lun.-sam. : 9h-11h, 14h-17h ; dim. 12h-17h - 1,50 €.
À l'entrée de la « percée du Danube », l'abbaye de Weltenburg trône majestueusement en bordure du fleuve. L'**église** (1718), œuvre de Cosmas Damian Asam, présente une avant-nef et une nef principale formées toutes sur un plan ovale. L'attention est immédiatement attirée sur la statue de *Saint Georges terrassant le dragon* qu'un « jour céleste » éclaire de façon théâtrale. Par l'orifice de la coupole apparaît la calotte supérieure, recouverte d'une peinture d'Asam en trompe l'œil sur le thème de l'Église triomphante. La plus grande partie de la décoration est due au frère de Cosmas Damian, le stucateur Egid Quirin Asam. Le site abrite également la plus vieille brasserie d'abbaye du monde, où l'on brasse la même bière brune depuis 1050.

Ratisbonne pratique

Informations utiles

Office de tourisme – *Altes Rathaus - ✆ 0941 507 44 10 - www.regensburg.de - 9h15-18h (sam., dim. et j. fériés 16h) ; nov.-mars : dim. et j. fériés 9h30-14h30.*

Se loger

⊖ **Am Peterstor** – *Fröhliche-Türken-Straße 12 - ✆ 0941 545 45 - www.hotel-am-peterstor.de - 36 ch. - 58 € ☕ - réception : 7h-11h, 16h-22h30.* Ni piscine, ni sauna, mais des prix imbattables pour un confort très correct, à cinq minutes à pied de la cathédrale.

⊖⊖ **Hotel Kaiserhof** – *Kramgasse 10 - ✆ 0941 58 53 50 - www.kaiserhof-am-dom.de - 30 ch. - 92 € ☕.* Les chambres de cet hôtel sont accueillantes et donnent toutes sur les tours jumelles de la cathédrale. Un haut plafond voûté surplombe la salle des petits-déjeuners, aménagée dans l'ancienne chapelle du 14e s.

⊖⊖ **Hotel Goldenes Kreuz** – *Haidplatz 7 - ✆ 0941 558 12 - www.hotel-goldeneskreuz.de - 9 ch. - 90 € (120 €) ☕ -* salon de thé : *7h-19h, dim. et j. fériés 9h-19h.* Depuis le 16e s., c'était l'hôtel le plus réputé de la ville, résidence des princes et des empereurs. Il vient de rouvrir avec 9 chambres très élégantes. On prend son petit déjeuner dans le salon de thé au rez-de-chaussée, l'ancienne chapelle du lieu.

Se restaurer

⊖ **Wurstkuchl** – *Thundorferstraße 3 - ✆ 0941 466 210 - www.wurstkuchl.de - 8h-19h - 13,50 €.* Une institution au bord du Danube ! On patiente devant la baraque où cuisent les saucisses maison accompagnées de choucroute et de moutarde. Service en terrasse et à l'intérieur. Vente à emporter.

⊖⊖ **Haus Heuport** – *Domplatz 7 - ✆ 0941 599 92 97 - www.heuport.de - fermé 2 sem. en janv. - 17 €.* Cet hôtel particulier du 13e s., avec sa belle façade percée de fenêtres gothiques, face de la cathédrale. abrite un restaurant et un bar à cocktails. En salle ou en terrasse, on vous servira une cuisine simple à midi, plus délicate le soir.

⊖⊖⊖⊖ **David** – *Watmarkt 5 (5e étage) - ✆ 0941 56 18 58 - fermé dim.-lun., 1 sem. pour Carnaval, 2 sem. en août - 41 €.* Un ascenseur permet d'accéder à cet établissement dans la maison historique de Goliath. Dans un cadre romantique, une cuisine teintée d'influences françaises et italiennes. Très belle terrasse couverte avec vue sur la ville.

Faire une pause

Beim Dampfnudel-Uli – *Watmarkt 4 - ✆ 0941 532 97 - tlj sf dim. et lun. 10h-18h, sam. 15h.* Des spécialités bavaroises et surtout de savoureux et légers beignets, que l'on déguste à la cuillère avec une crème à la vanille.

Alte Schnupftabakfabrik – *Gesandtenstraße 3-5.* Dans les bâtiments rénovés de l'ancienne manufacture de tabac à priser, une galerie regroupe plusieurs boutiques gastronomiques idéales pour une pause : *Hornung* (thé et chocolat), *Aran* (sandwichs, salades), *Lizarran* (tapas) et *Black Bean Coffe.*

En soirée

Orphée – *Untere Bachgasse 8 - ✆ 0941 59 60 20 - 11h-23h - rest. 24 € - 2 hôtels : Das Kleine Haus - 15 ch. 70 € ; Das Große Haus - 24 ch. 85 € à 185 €.* Un étonnant bistrot parisien quasi authentique à la décoration datant de 1896. On vient y boire un verre ou manger tard et les deux hôtels, sur place et dans la rue voisine, possèdent des chambres époustouflantes.

Spitalgarten – *St-Katharinenplatz 1 - ✆ 0941 847 74.* Franchissez le pont de pierre et sur une île du Danube, installez-vous à l'une des tables du *Biergarten* pour savourer une bière fraîche et le panorama.

Événements

Bayerisches Jazz Weekend – Juin-juil.

Marché de l'Enfant Jésus et marché de Noël – Centre ancien et au château des Thurn und Taxis.

Landshut★

60 290 HABITANTS
CARTE GÉNÉRALE C4 – CARTES MICHELIN N^{OS} 718 L12 ET 546 U 20
BAVIÈRE

Ancienne capitale de la Basse-Bavière, Landshut a conservé pratiquement intact son centre médiéval, l'un des mieux préservés d'Allemagne. Riche de plus de huit siècles d'histoire, elle garde un souvenir très vivant des ducs Wittelsbach, qui surpassèrent souvent en faste leurs cousins de Munich. Et tous les quatre ans, le « Landshuter Fürstenhochzeit », l'une des fresques historiques les plus importantes d'Europe, réunit plus de 2 000 figurants pour faire revivre le Moyen Âge.

Se repérer – À 75 km au sud de Ratisbonne, 77 km au nord-est de Munich.
Pour poursuivre le voyage – Ratisbonne, Munich.

Visiter

Église St-Martin★ (St-Martinskirche)

Élevée au 14e-15^{e}s. par le maître Hans von Burghausen, l'église en brique rose frappe surtout par l'imposante **tour★★** qui la couronne. Carrée à la base, elle s'affine en octogone et représente, avec près de 131 m de haut, le plus grand édifice en brique du monde. Des pierres tombales décorent les murs extérieurs de l'église. Les cinq portails flamboyants sont richement ornés.
L'intérieur, d'une belle unité, est particulièrement clair. Les piliers octogonaux d'aspect fragile portent d'un seul élan les voûtes à 29 m de hauteur. À noter sur l'autel du bas-côté droit, une *Vierge à l'Enfant* de Hans Leinberger (1518), qui a également réalisé le chœur.

« Altstadt★ »

Dans cette large artère légèrement sinueuse, bordée de maisons à arcades des 15e et 16e s. entre l'église St-Martin et le *Rathaus*, se concentrent les principaux monuments. Remarquez la fantaisie et la variété des pignons que l'on retrouve dans l'artère parallèle, plus récente, dite *Neustadt*, aux façades souvent « baroquisées ».

La Résidence (Stadtresidenz)

0871 92 41 10 - www.schloesser.bayern.de - visite guidée (45mn) avr.-sept. : 9h-18h ; oct.-mars : 10h-16h - fermé 1er janv., Mar. gras, 24-25 et 31 déc. - 3 €.
Le palais de la Résidence, situé face à l'hôtel de ville, comprend deux corps de bâtiment reliés par deux ailes étroites : la partie allemande donne sur l'Altstadt (mobilier et décoration en grande partie du 18e s.) ; la partie Renaissance italienne (16e s.) sur la cour (plafonds à caissons peints).

Château de Trausnitz (Burg Trausnitz)

0871 92 41 10 - www.schloesser.bayern.de - visite guidée avr.-sept. : 9h-18h ; oct.-mars : 10h-16h - fermé 1er janv., Mar. gras, 24-25 et 31 déc. - 4 €.
De la forteresse initiale du 13e s., il subsiste le donjon, la chapelle St-Georges, remarquable surtout pour ses statues, et la halle gothique dite *Alte Dürnitz*. Le reste du château fut remanié à la Renaissance. À noter, les belles galeries à arcades et l'escalier des Bouffons *(Narrentreppe)*, peint de scènes de la Commedia dell'arte. D'une loggia *(Söller)*, **vue** exceptionnelle sur la ville et la flèche de St-Martin.

Landshut pratique

Informations utiles

Office de tourisme – *Altstadt 315 - 0871 92 20 50 - www.lanshut.de - tlj sf dim. 9h-17h, sam. 12h.*

Se loger

Gasthof zur Insel – *Badstraße 16 - 0871 92 31 60 - www.insel-landshut.de - fermé du 24 déc. au 6 janv. - P - 12 ch. 75 € (65 € salle de bains à l'étage) - rest. 15 €.*
Dans un coin très tranquille de la ville, sur l'île des Moulins *(Mühleninsel)*, cet hôtel offre des chambres simples, face à la vieille ville. Cuisine bavaroise servie en terrasse au bord de l'Isar.

Se restaurer

Bernlochner – *Ländtorplatz 3 - 0871 899 90 - menu 28 €, carte 23 €.*
Cuisine internationale et régionale préparée avec soin, entre *antipasti* et ragoût de chevreuil. Une touche de décoration moderne et décontractée. Terrasse sur l'Isar.

Burghausen★★

18 250 HABITANTS
CARTE GÉNÉRALE C4 – CARTES MICHELIN N^{OS} 718 M12 ET 546 V22
BAVIÈRE

Burghausen est d'abord un site exceptionnel : un éperon étroit et allongé entre les eaux de la rivière Salzach et celles d'un lac, le Wöhrsee, venu prendre la place d'un ancien lit du cours d'eau. Sur cette hauteur, la plus longue forteresse d'Allemagne étire sur plus d'un kilomètre son mur d'enceinte ponctué de créneaux et de tours. L'ensemble fortifié surplombe la paisible ville médiévale et le panorama s'étend vers les contreforts boisés des Alpes, entre Allemagne et Autriche. Faire le guet ici de nos jours est un véritable plaisir !

STADT, VERKEHRS- U. KULTURAMT, BURGHAUSEN

Burghausen, dominée par son château, fut longtemps la plus grande forteresse d'Allemagne.

- **Se repérer** – À 83 km au sud-ouest de Passau, 75 km au sud-est de Landshut, 76 km au sud de Berchtesgaden et 57 km au nord de Salzbourg (Autriche).
- **À ne pas manquer** – Le panorama du château, une baignade dans le Wöhrsee.
- **Organiser son temps** – Au moins une demi-journée.
- **Avec les enfants** – La visite du château fortifié.
- **Pour poursuivre le voyage** – Passau, Landshut, le Chiemsee, la partie est de la route allemande des Alpes, Berchtesgaden.

Visiter

Château fort★★

Compter environ 2h1/2 de marche et de visite. Accès possible en voiture. Les ducs de Bavière – seigneurs du château depuis le 12ᵉ s. – firent de Burghausen la plus grande forteresse d'Allemagne. Son système de défense, encore renforcé à la fin du 15ᵉ s. face à la menace d'une invasion turque, s'étend sur près de 1 100 m. Dans sa forme actuelle depuis 1490, le château présente six cours que l'on peut parcourir successivement.

À partir de la Stadtplatz, dans la ville basse, contourner la falaise à l'extrémité sud de l'éperon, passer sous le **Wöhrseeturm**, et longer un instant le plan d'eau du Wöhrsee. Par un chemin en pente raide, on gagne rapidement le premier mur d'enceinte, d'où l'on a une belle vue sur les fortifications qui montent sur l'autre versant à l'assaut de la colline de l'Eggenberg. La **porte St-Georges** *(Georgstor)* permet d'accéder à l'enceinte intérieure, qui protège la dernière petite cour étroite restée à l'époque médiévale.

Deux musées sont installés dans le bâtiment principal.

Collection municipale (Staatliche Sammlungen) – Les anciens appartements du duc abritent des meubles d'époque du 15ᵉ s. au 17ᵉ s., ainsi qu'une intéressante collection de peintures de l'école bavaroise. À partir du 2ᵉ étage, on accède à la **plate-forme** d'observation *(62 marches)* depuis laquelle on jouit d'un large **panorama★** sur Burghausen, la vallée de la Salzach et les collines environnantes.

La **chapelle** gothique *(dans la même aile)* possède une élégante voûte en étoile.

Musée municipal (Stadtmuseum) – *✆ 086 77 6 51 98 - www.burghausen.de - de mi-mars à fin avr. et oct. : 10h-16h ; mai-sept. : 9h-18h. 2€.* Dans les anciens appartements de la duchesse *(côté ouest du château principal)* sont présentées l'histoire de la ville de Burghausen et des collections d'artisanat et d'art populaire (meubles paysans, etc.).

En descendant directement sur la Stadtplatz par le **Burgsteig** *(rampe entre la porte du château et la porte St-Georges)*, on a une très belle **vue** sur la vieille ville. On prendra alors le temps de se promener dans les environs de la Stadtplatz et au bord de la Salzach pour admirer de nombreux bâtiments aux façades baroques, églises ou palais officiels, certains à l'ornementation rococo. Dans le prolongement de la Brückgasse, un pont donne accès à la rive autrichienne.

La rivière de l'or blanc

La rivière Salzach, qui prend sa source au sud de Kitzbühel et se jette dans l'Inn en aval de Burghausen, fit la richesse de la ville du 14e au 16e s. Elle permettait le transport et le commerce du sel qui était acheminé par des barques à fond plat, les *Plätten*, depuis Hallein, près de Salzburg, jusqu'à Passau.

Aux alentours

Marienberg

4 km au sud. Église de pèlerinage rococo (1764) de plan presque carré. À l'intérieur du bâtiment central, le regard est attiré par la fresque de Martin Heigel qui orne la coupole : on y voit un bateau (symbole de l'Église) sous la Sainte-Trinité, entouré par des figures célèbres des ordres fondateurs. Remarquez également le maître-autel, richement décoré.

Raitenhaslach★

6 km au sud. Cette ancienne église cistercienne (12e s.) fut « baroquisée » à la fin du 17e s. À l'intérieur, admirez les **peintures du plafond★★** (1739) de Johannes Zick (1702-1762), né à Lachen près d'Ottobeuren, illustrant la vie de saint Bernard de Clairvaux.

Tittmoning

16 km au sud. Sur la rive gauche de la Salzach, face à l'Autriche, Tittmoning a conservé des vestiges de ses fortifications du Moyen Âge et un château qui fut l'une des résidences des princes-archevêques de Salzbourg. Deux anciennes portes fortifiées permettent d'accéder à la **grand-place** : des façades peintes, des enseignes, des fontaines armoriées et quelques oriels donnent à cet ensemble beaucoup de caractère.

Altötting

21 km au nord-ouest. Ce lieu de pèlerinage consacré à la Vierge, l'un des plus anciens de Bavière, attire chaque année 700 000 personnes. La statue vénérée de la « Vierge noire » est exposée dans une niche d'argent sur l'autel de la chapelle octogonale de la **Ste-Chapelle** *(Heilige Kapelle).*

Dans l'**église paroissiale**, de style gothique tardif, le trésor possède deux très belles pièces : un Christ flamand, en ivoire, de 1580, et un petit cheval d'or (vers 1400) que le roi de France Charles VI avait reçu de son épouse Isabeau de Bavière. Le comte de Tilly (1559-1632), fameux général de la Ligue pendant la guerre de Trente Ans, est enterré dans une crypte *(accès par le cloître).*

Burghausen pratique

Informations utiles

Office de tourisme – *Rathaus, Stadtplatz 112 - ✆ 08 677 887 140 - www.burghausen.de - tlj sf dim. 9h-17h, sam. 13h.*

Se loger

⊖⊖ **Bayerische Alm** – *Robert-Koch-Straße 211 - ✆ 08 677 98 20 - www.bayerischealm.de - P - 23 ch. - 92,50 € (105 € avec vue sur le château)* ☕ *- rest. 23 €.* Offrez-vous donc des vacances dans les pâturages, avec vue sur la Salzach. Un établissement rustique et intime muni de balcons de style alpin. Beau restaurant champêtre, agréable terrasse sur jardin.

Se restaurer

⊖⊖ **Fuchsstuben** – *Mauthnerstraße 271 - ✆ 08677 627 24 - fermé de fin août à mi-sept., dim. soir et lun. - 18 €.* Une bonne adresse située au cœur de la vieille ville. La salle de ce restaurant est équipée de beaux meubles allemands de style ancien ; les sols sont en terre cuite et la décoration de bon goût.

Passau★★

50 690 HABITANTS
CARTE GÉNÉRALE C4 – CARTES MICHELIN N°s 718 N 12 ET 546 U 24
BAVIÈRE

Il suffit de prendre un peu de hauteur pour que Passau vous apparaisse dans toute sa splendeur, avec les tours baroques de sa cathédrale dressées sur l'étroite presqu'île bâtie entre Inn et Danube, juste avant la confluence avec l'Ilz. Cette ville, aux trois fleuves et au centre si vivant, voit se côtoyer les 10 000 étudiants de son université et les retraités en croisière sur le Danube. À la frontière avec l'Autriche et à seulement 50 km de la République tchèque, Passau donne aussi envie de partir en escapade vers les forêts de Bohême et la Haute-Autriche.

- **Se repérer** – À 119 km au sud-est de Ratisbonne, 192 km à l'est de Munich. La vieille ville est presque totalement interdite aux voitures. Se garer sur les parkings P1 à P6 près de la gare, à 10mn à pied du centre ancien.
- **À ne pas manquer** – Le musée du Verre de Passau, la vue sur la ville du salon de thé Diwan, une montée nocturne à la forteresse Oberhaus.
- **Organiser son temps** – Une journée pour la visite de la ville, celle du musée et la croisière en bateau.
- **Pour poursuivre le voyage** – Burghausen, Straubing, Landshut, Ratisbonne.

Comprendre

Un puissant évêché – L'évêché de Passau est fondé au 8e s. par saint Boniface, apôtre de la Germanie *(voir Fulda)*. À la fin du 10e s., les évêques dirigent la ville avant de devenir princes d'Empire en 1217 ; leur influence est comparable à celle des archevêques de Salzbourg. Le gigantesque diocèse englobe, jusqu'au 15e s., toute la vallée autrichienne du Danube, y compris Vienne.

Nœud fluvial – À Passau, le débit du Danube est presque doublé par l'Inn. Déjà au Moyen Âge, la navigation fluviale était une importante source de revenus. Aujourd'hui, la ville aux trois fleuves s'est imposée dans le transport de voyageurs (découverte des trois fleuves en 45mn ; navettes et croisières de luxe pour Vienne et Budapest).

Visiter

DANS LA VIEILLE VILLE

Cathédrale St-Étienne (Dom St-Stephan)

De l'édifice original gothique flamboyant, détruit au 17e s. par un incendie, il ne reste que le chœur est et le transept. Lors de la reconstruction, la cathédrale St-Étienne fut transformée en église baroque d'influence italienne. La majestueuse façade ouest est dans l'ensemble d'une grande sévérité ; une note de fantaisie est apportée par l'étage octogonal (fin du 19e s.) des deux tours de façade.

L'intérieur, très vaste, est abondamment décoré de fresques et de stucs. Quatre des **autels latéraux** aménagés en chapelles contiennent des tableaux de l'Autrichien J. M. Rottmayr (1654-1730). L'orgue refait en 1928, avec ses 17 774 tuyaux et 233 registres, passe pour être le plus grand du monde.

De la place de la Résidence, admirez le **chevet**★★ très élancé de la cathédrale, chef-d'œuvre du gothique flamboyant (1407-1530) ; derrière se dresse la coiffe baroque de la coupole du transept.

Place de la Résidence (Residenzplatz)

Elle est bordée au sud par la **Nouvelle Résidence**, du début de la période néoclassique. Dans les ruelles avoisinantes, de nombreuses demeures anciennes pleines de charme à arcades, encorbellement ou « toit en fossé » masqué par un pignon.

Place de l'Hôtel de ville (Rathausplatz)

L'une des places les plus pittoresques de Passau. La façade peinte de l'**hôtel de ville** date du 14e s. ; la tour de l'hôtel de ville fut édifiée à la fin du 18e s. Remarquer, sur les façades, les repères qui rappellent les hauteurs des inondations.

Musée du Verre★★ (Glasmuseum)

Am Rathausplatz ; entrée hôtel Wilder Mann - ✆ 0851 35 071 - www.glasmuseum.de - 13h-17h - 5 €. Quatre demeures du 14e s., dont l'ancien tribunal et l'hôtel de prestige Wilder Mann, ont fait l'objet d'une restauration exemplaire avant d'accueillir ce musée, la « plus belle maison du verre », selon les mots de l'écrivain suisse Friedrich Dürrenmatt.

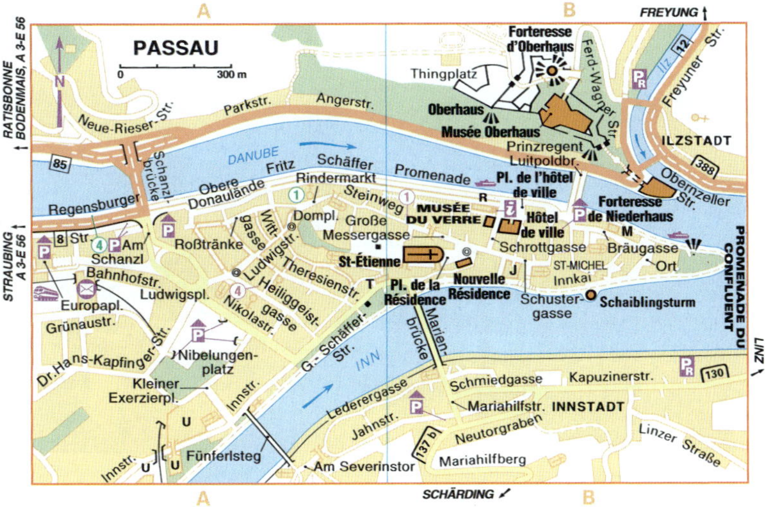

SE LOGER		SE RESTAURER	
Hotel Passauer Wolf	1	Gasthof 3 Linden	1
Rotel Inn	4	Heilig-Geist-Stift-Schenke	4

Perdez-vous parmi les quatre étages et les 35 salles de ce palais des Mille et Une Nuits. Quelque 20 000 pièces réunies par un collectionneur, Georg Höltl, évoquent 250 ans d'histoire du verre, à partir du 18e s., lorsque les régions de Bohême, de Silésie et de la forêt Bavaroise ravirent à Venise la place de leader pour la fabrication et le commerce du précieux matériau. La collection de **verres de Bohême**, du 19e s. et début du 20e s., est d'une exceptionnelle diversité et de grande qualité. Voir notamment la coupe de Lobmeyr, réalisée entre 1878 et 1881.

Promenade du confluent★ (Dreiflußeck)

De l'église St-Michel, descendre jusqu'au quai de l'Inn et prendre à gauche.
Le flot rapide de l'Inn passe au pied de la **Schaiblingsturm** (1481), qui servait autrefois de dépôt de sel. Une terrasse aménagée au **confluent** permet de voir comment les eaux vertes de l'Inn se mêlent aux eaux brunes du Danube et aux eaux noires de l'Ilz. Depuis la rive du Danube, beau **point de vue** sur le Georgsberg avec la forteresse d'Oberhaus. De même, en remontant le quai de l'Inn jusqu'à la passerelle piétonne Fünferlsteg puis en passant en rive droite, la vue sur Passau est admirable.

SUR LA RIVE GAUCHE DU DANUBE

Forteresse d'Oberhaus (Veste Oberhaus)

Accès à pied en 20mn par le pont suspendu ou navettes de bus au dép. de la place de l'Hôtel de ville. Cette imposante **forteresse**, édifiée à partir de 1219, servait de refuge aux évêques lors des rébellions des bourgeois. Elle est reliée à la **forteresse de Niederhaus** par un chemin fortifié sur la langue de terre séparant le Danube de l'Ilz.
Depuis le belvédère *(Zur Aussicht)* près du parc de stationnement, ou depuis la tour *(142 marches)* à l'intérieur de l'enceinte, des **vues★★** magnifiques s'offrent sur la vieille ville entre le Danube et l'Inn. Nombre de maisons sont encore couvertes de toits en fossé (cachés par des frontons rectilignes), traditionnels dans la vallée de l'Inn.
À l'intérieur, un **musée** *(Oberhausmuseum)* propose de découvrir l'histoire de l'artisanat, l'art populaire, la vie religieuse (Musée diocésain) et l'histoire de la ville.

Circuits de découverte

LA FORÊT BAVAROISE★ (BAYERSICHER WALD)

Située au nord du Danube, entre Passau et Ratisbonne, la Forêt bavaroise offre un paysage de moyenne montagne, aux éperons rocheux sauvages, où les gorges profondément échancrées alternent avec de doux vallons. Il s'agit de l'une des montagnes les plus anciennes du monde ; voir le *Pfahl* (pieu), curiosité géologique, long ruban

Vue nocturne de Passau.

de quartz de 50 à 100 m de largeur et de 150 km de longueur. Au sud, le Parc national de la Forêt bavaroise protège, depuis 1970, près de 25 000 ha de forêts. Avec celle de Bohême (Parc national de Sumava en République tchèque), elle forme un ensemble forestier appelé le « toit vert de l'Europe ». Les sentiers du Parc, avec plus de 320 km de sentiers, permettent d'approcher la faune. Parmi les sites majeurs : les sommets du Großer Rachel, Lusen, Große Falkenstein et le lac de Rachel *(Rachelsee)*. La région est traversée par la route touristique du verre *(Glasstraße)*, qui relie les verreries et les musées dédiés à ce savoir-faire. À Zwiesel, le centre de formation aux métiers du verre et les ateliers de souffleurs de verre sont réputés dans toute l'Europe.

AU SUD DU MASSIF : DE FREYUNG À ZWIESEL★

De Freyung à Zwiesel : 70 km - 2h. Pour gagner Freyung depuis Passau, prendre la B12. Poursuivre au nord, vers Mauth, puis prendre à gauche vers Weidhütte.

Maison Hans-Eisenmann (Hans-Eisenmann Haus)

À Neuschönau - ✆ 08 558 96 150 - www.nationalpark-bayerischer-wald.de - 9h-17h (16h du 15 janv. au 15 mars) - fermé de mi-nov. au 24 déc.

Perdu au cœur de la forêt, ce centre d'information du Parc national permet d'organiser au mieux sa découverte de la région. Outre les salles d'exposition (en allemand), parcourez le sentier (7 km, 3h) qui longe une vaste réserve *(Tierfreigelände)* où des animaux (lynx, bison, loup, ours brun, chat sauvage, cerf) en liberté sont à observer.

Rejoindre Spiegelhau où sont implantés des verreries, puis poursuivre vers Frauenau.

Musée du Verre★

Am Museumpark 1 - à Frauenau - ✆ 09 926 941 020 - www.glasmuseum-frauenau.de - lun.-vend. 9h-17h, sam.-dim. et j. fériés 10h-16h - fermé de mi-nov. au 20 déc. - (texte en anglais et allemand) - 5 €.

Réouvert depuis 2005, ce musée retrace les trois millénaires de l'histoire du verre dans l'humanité. Dans les collections, nombreuses œuvres d'artistes américains et allemands du 20e s., notamment autour du pop art et des liens entre art et industrie.

AU NORD DU MASSIF : AUTOUR DU GROßER ARBER★

Boucle au départ de Bodenmais (70 km au nord de Passau). Environ 65 km – 3h.

Pour gagner Bodenmais depuis Passau, prendre la B85 (Bayerische Ostmarkstr) *jusqu'à Regen, puis bifurquer à droite.*

Bodenmais★

La station se groupe au pied de l'Arber dans un bassin de pâturages. Le sous-sol renferme du soufre et des pierres magnétiques exploités depuis le 15e s.

Longer le massif en direction de Kötzting sur 23 km.

De Kötzting, la route remonte la vallée du Weißer Regen vers les pitons de l'Osser.

Lam

Cette séduisante station est située dans un fond de vallée très ouvert. On s'élève progressivement dans une combe de prés et de bois, le *Lamer Winkel*, qui marque l'origine de la vallée. Un parcours panoramique à flanc de montagne, offrant des vues sur le Großer Arber, termine cette progression vers les hauteurs (point culminant : Brennes-Sattel à 1 030 m).

Hindenburg-Kanzel★

Belvédère★ sur le Lamer Winkel et l'Arber (frontière tchèque 200 m plus haut).

Großer Arber★★

1 456 m ☎ 09925 94 140 - www.arber.de - été : 9h-16h30 ; hiver : 8h-16h30 - AR 9,50 €.

De la station supérieure, poursuivre la montée à pied. On arrive entre deux pitons rocheux. Celui de gauche (au-dessus d'une chapelle) domine la dépression du Schwarzer Regen et procure des vues étendues vers la région frontière, au sud-est. Celui de droite (croix) est le point culminant du massif (1 456 m) ; la **vue★★** est splendide sur le Lamer Winkel au nord et les moutonnements boisés de la forêt de Bohême *(Böhmer Wald).*

Poursuivre la descente en direction de Bodenmais.

La route, laissant sur la droite le **Großer Arbersee★**, joli lac au milieu des sapins, descend au flanc des contreforts du versant sud de l'Arber et s'agrémente de plusieurs **points de vue★** magnifiques sur les bassins de Zwiesel, le Falkenstein et le Rachel.

Passau pratique

Informations utiles

Office de tourisme – *Rathausplatz 3 - ☎ 0851 95 59 80 - www.tourismus.passau.de - de Pâques à fin oct. : lun.-vend. 8h30-16h, sam.-dim. et j. fériés 9h-16h ; de nov. à Pâques : tlj sf sam.-dim. 8h30-17h (vend. 16h).*

Se loger

⊖ **Rotel Inn** – *Donauufer - à 50 m de la gare principale (Hauptbahnhof) - ☎ 0851 951 60 - www.rotel-inn.de - mai-sept. - ⊠ P - 93 ch. - 40 € - ☕ 5 €.* Au bord du Danube, pour les cyclistes itinérants parcourant la piste cyclable, il offre des chambres cabine (4 m par 1,5 m) et des services très pratiques pour les voyageurs.

⊖⊖ **Hotel Passauer Wolf** – *Rindermarkt 6 - ☎ 0851 93 15 10 - www.hotel-passauer-wolf.de - P - 42 ch. - 99 € ☕ (149 € avec vue sur le Danube).* Hôtel charmant, au cœur de la vieille ville, dans la zone piétonne. Salle de petit-déjeuner avec belle vue sur le fleuve.

Se restaurer

⊖⊖ **Heilig-Geist-Stift-Schenke** – *Heiliggeistgasse 4 - ☎ 0851 26 07 - fermé 6 janv.- 1er fév. et merc. - 17 €.* Restaurant de 1358 avec beau plafond voûté et lambrissé, cave millénaire (vins à déguster à partir de 18h) et charmant jardin couvert de vignes. Carte en français.

⊖⊖ **Gasthof 3 Linden** – *Steinweg 6 - ☎ 0851 756 83 83 - 16 € (4,90 € plat du jour midi).* Cuisine traditionnelle et modernité dans un cadre « tendance ». Parmi les spécialités : *Krustenschweinbraten* (porc au four) et *Kasssptaz'n* (nouilles au fromage).

Faire une pause

Diwan – *Nibelungenplatz 1 - ☎ 0851 49 032 80 - lun.-jeu. 9h-19h, vend.-sam. 9h-0h, dim. 13h-18h.* Une surprise dans le nouveau quartier de la ville : au 9e étage de la moderne Stadturm, vue époustouflante sur la ville. Salon de thé à l'ambiance *lounge* et délicieuses pâtisseries. La maison Greindl est aussi propriétaire de deux autres adresses en centre-ville *(Theresienstr. 8 et Wittgasse 8).*

Atelier Café – *Ort 2 (entre Schaiblingsturm et Dreiflüsseeck) - ☎ 0851 9 34 66 11 - www.ort2.de - mars-oct. : merc.-dim. 11h30-19h30 ; nov.-fév. : sam.-dim. 11h30-18h.* La propriétaire, Astrid Störzer, artiste et gastronome, concocte des gâteaux et des plats froids dans son atelier de peinture. En été, jardin idyllique qui donne sur l'Inn.

En soirée

Café Duft – *Theresienstr. 22 - ☎ 0851 346 66 - www.cafeduft.de - lun.-sam. 9h-1h, dim. et j. fériés 10h-1h.* Atmosphère feutrée le soir à la lumière des bougies dans la belle salle voûtée. Cuisine régionale et *tapas.*

Achats

Bon à savoir – Des usines ou ateliers de verriers offrent dans la région de la forêt bavaroise des objets en **verre soufflé ou gravé**. À Spiegelau, la galerie *Gravur Pur*, et à Zwiesel, les ateliers Schmid, Männerhaut et Kristall Rimpler présentent des pièces exceptionnelles. À Frauenau, le magasin d'usine (*Glaszentrum - Werksverkauf*) propose aussi une visite des ateliers le matin (de mai à oct. : lun.-vend., 9h15-13h15 ; sam. 9h-12h).

Sports et loisirs

Promenades fluviales – Compagnie Wurm + Köck - *Höllgasse 26 - ☎ 0851 92 92 92 - www.donauschiffahrt.de*

Balades autour du confluent (45mn) : de mars à déb. nov. - ttes les 30mn en saison, des quais 7 et 8 - de 10h à 17h - 7,50 €. Grand tour (2h), croisières vers Linz (5h), Vienne (11h).

Événements

Concerts d'orgue – De mai à oct., de 12h à 12h30, à la cathédrale St-Étienne - 4 €.

Festival des Semaines européennes (Europaïsche Wochen) – Juin, juil. Opéra, concert, théâtre à Passau et en Bavière orientale.

La crypte de la cathédrale de Bamberg.

LE NORD DE LA BAVIÈRE

La Route romantique★★

Romantische Straße

CARTE GÉNÉRALE B4/B5 - CARTES MICHELIN N^{OS} 718 DE I10 À K14 ET 546 DE AC49 À AH68
BADE-WURTEMBERG ET BAVIÈRE

La Route romantique est la route touristique la plus populaire d'Allemagne. Au gré de vallées fluviales ou de collines fertiles, cet itinéraire de 350 km, qui se fait en voiture, à vélo ou en bus, fait revivre à chaque étape des aspects du passé germanique : grandes heures des vieilles cités médiévales (Rothenbourg, Nördlingen, Dinkelsbühl), prestige de la chevalerie teutonique (Bad Mergentheim), ou encore faste baroque des cours épiscopales ou des villes impériales telles que Wurtzbourg et Augsbourg… Chacun trouvera son bonheur tant dans la richesse historique du parcours que dans la diversité des paysages traversés.

T. Krieger / Michelin

Les façades colorées de Dinkelsbühl.

- **Se repérer** – La Route romantique s'étend de la vallée du Main au pied des Alpes bavaroises. Le parcours est signalé par des panneaux « Romantische Straße ».
- **À ne pas manquer** – Les vins franconiens, les cités médiévales, Neuschwanstein.
- **Pour poursuivre le voyage** – La route allemande des Alpes, Munich.

Circuits de découverte

DE WURTZBOURG À ROTHENBOURG

100 km – environ 4h.

Quittant **Wurtzbourg★★** *(voir ce nom)*, la B27 descend vers la vallée de la Tauber qu'elle atteint à Tauberbischofsheim.

Bad Mergentheim★

La vieille ville de Bad Mergentheim, choisie comme résidence par les chevaliers de l'ordre Teutonique au 16e s., doit sa fréquentation à sa situation sur la Route romantique, à son château, son musée et son centre thermal.

Admirez les maisons à colombages, l'hôtel de ville et les demeures baroques, sans oublier la cathédrale St-Jean.

Château des chevaliers de l'ordre Teutonique (Deutschordensschloss) - *079 31 15 22 12 - www.deutschordensmuseum.de - avr.-oct. : tlj sf lun. 10h30-17h ; nov.-mars : mar.-sam. 14h-17h, dim. 10h30-17h - possibilité de visite guidée (1h30) - fermé 24-25 et 31 déc. - 3,80 €.* Édifié au 12e s. et entouré de douves, agrandi au milieu du 16e s. pour abriter la résidence du grand maître de l'ordre, il subit par la suite de nombreuses transformations.

Au-dessus du portail de l'entrée principale se détachent les armes du grand maître Maximilien d'Autriche (1590-1618). Les tours de la cour intérieure sont occupées par des escaliers à vis Renaissance.

L'ordre Teutonique

Ordre religieux et militaire, il a pour origine une communauté hospitalière germanique de Terre sainte, devenue après l'effondrement du royaume de Jérusalem ordre religieux en 1190 et ordre militaire en 1198. Les chevaliers furent alors employés à la conquête, sur les Slaves, de la Prusse et des pays baltes.
En 1525, le grand maître de l'ordre, Albert de Brandenbourg-Ansbach, adoptant les recommandations de Luther, quitta l'état religieux et transforma le patrimoine de sa communauté en une principauté qui devint le berceau de l'État prussien. Ceux des chevaliers restés fidèles au catholicisme se regroupèrent sous la dépendance du siège de Mergentheim. Cette situation dura jusqu'à la dépossession de l'ordre, décrétée par Napoléon en 1809.
L'ordre a repris aujourd'hui sa vocation d'institut religieux dédié aux œuvres caritatives, le grand maître étant désormais un ecclésiastique et le siège à Vienne.

Le **musée de l'ordre Teutonique (Deutschordensmuseum)** est réparti sur trois étages. Au 2e étage, les deux appartements princiers, aux plafonds baroques en stuc, et la salle du chapitre classique présentent l'histoire de l'ordre. Également département d'histoire locale, collection d'antiquités (pièces de porcelaine, de faïence, des sculptures sur ivoire et de l'art sacré) et importante **collection de maisons de poupées** regroupant quarante modèles des 19e et 20e s.

Weikersheim

Ancienne résidence des comtes de Hohenlohe, cette petite cité a gardé son unité monumentale, visible dans l'ordonnance du Markt, en hémicycle du côté du palais. Le **château** fut élevé entre 1580 et 1680 au bord de la Tauber, dans un style sobre dégagé des influences baroques. Son **mobilier★★** illustre l'art décoratif de 1550 à 1750 environ. La magnifique **salle des Chevaliers★★**, terminée en 1603, témoigne de la transition entre Renaissance et baroque. Voir les effigies d'empereurs et d'impératrices sur le portail monumental. La perspective du **parc** (1710), peuplé de statues caricaturales dans le goût des cours franconiennes, se termine par le joli pavillon ajouré de l'Orangerie. *✆ 07 934 99 29 50 - www.schloesser-und-gaerten.de - visite guidée avr.-oct. : 9h-18h ; nov.-mars : 10h-12h, 13h-17h - fermé 24 déc. - 5 €.*
En amont de Bieberehren commence un parcours pittoresque dans la section rétrécie de la vallée de la Tauber.

Creglingen

La **chapelle de Notre-Seigneur** *(Hergottskirche, 1,5 km par la route de Blaufelden)* abrite le précieux **retable de la Vierge★★** sculpté par Tilman Riemenschneider. Au centre, le thème de l'Assomption a permis à l'artiste de faire passer toute sa sensibilité dans l'attitude et l'expression de la Vierge.
En face de l'église, le **musée du Dé à coudre**, unique en son genre en Allemagne.

Detwang

Dans l'église s'élève un autre **retable★** de Riemenschneider figurant la Crucifixion.

Rothenbourg ob der Tauber★★★ *(voir ce nom)*

DE ROTHENBOURG À DONAUWÖRTH

105 km – environ 5h.

Feuchtwangen

L'ancienne ville impériale libre, où le troubadour Walther von der Vogelweide vit le jour, se distingue par sa place du Marché entourée de jolies façades et dominée par la collégiale romane *(Stiftskirche)*, qui abrite l'**autel de la Vierge** de Michael Wolgemut, maître de Dürer. Accès au **cloître** roman par le café Am Kreuzgang. Un **musée du Folklore franconien** *(Fränkisches Museum)*, installé dans une maison bourgeoise du 17e s., réunit de beaux meubles rustiques, des faïences et des costumes régionaux.

Dinkelsbühl★

Cette ville moyenâgeuse idyllique, entourée de remparts et de tours, s'anime chaque été, à la mi-juillet, au cours de la célèbre *Kinderzeche*, fête des enfants qui commémore le salut de la ville pendant la guerre de Trente Ans. La **cathédrale St-Georges★**, une des plus belles églises-halles allemandes en style gothique flamboyant, a gardé sa tour romane. L'intérieur, dont les trois nefs sont couvertes d'une voûte en réseau, contient dans le bas-côté sud *(à droite)* un reliquaire montrant les ossements de St-Aurélien, et un panneau sur le maître-autel représentant une Crucifixion singulière (1490), où les symboles des évangélistes ornent les poutres de la croix.

Parmi les très nombreuses maisons anciennes, arrêtez-vous devant la **Deutsches Haus★** *(sur la place Weinmarkt)*, à la riche façade de style Renaissance, et le **Hezelhof** *(Segringer Straße, n° 7)*, avec sa cour intérieure aux longs balcons doubles fleuris.

Le paysage ondulé caractérisant la région de Feuchtwangen et de Dinkelsbühl fait place, en arrivant à Nördlingen, aux vastes étendues du bassin du Ries. Cette dépression presque dépourvue d'arbres dessine au milieu des hauteurs du Jura souabe une cuvette régulière de 20 km de diamètre et de 240 m de profondeur qui, selon certains géologues, serait due à la chute d'une énorme météorite.

Wallerstein

Du sommet d'un rocher *au centre de la ville, (« Wallersteiner Felsen », accès par le Fürstlicher Keller)*, goûtez le vaste **panorama** sur le Ries.

Nördlingen★

Cette ancienne ville impériale, mentionnée pour la première fois en 898, s'est développée par extensions concentriques (voir le tracé de ses rues et sa ceinture de fortifications). Ses maisons médiévales, très bien conservées, présentent des formes variées, parfois de guingois. Occupant une position commerciale importante, la cité a vu entre 1796 et 1800 les engagements victorieux des Français sur les Autrichiens.

Église St-Georges★ (St-Georgskirche) – Église à trois nefs d'égale hauteur (de type « halle »), bâtie en pierre volcanique à la fin du 15e s., St-Georges est surmontée d'un majestueux clocher de 90 m au décor flamboyant, baptisé « Daniel ». La montée de ses 350 marches vous permettra d'embrasser du regard le cratère du Ries.

À l'intérieur, magnifique voûte en réseau. La chaire (1499) présente un gracieux escalier à encorbellement. Un curieux petit **orgue** repose sur un baldaquin ouvragé *(sur le côté droit)*. Le retable baroque a conservé le groupe de la Crucifixion et les statues de saint Georges et de **sainte Madeleine★**, œuvres de Nicolas-Gerhaert de Leyde.

Remparts★ – Seul mur d'enceinte parfaitement conservé et totalement accessible en Allemagne. Pour pénétrer dans la vieille ville, empruntez l'une des cinq portes fortifiées. En suivant le chemin de ronde, en grande partie couvert, on dénombre onze tours de défense ; les plus intéressantes entre le Berger Tor, l'Alte Bastei et le Reimlinger Tor.

Musée municipal★ (Stadtmuseum) – *✆ 09081 273 82 30 - www.stadtmuseum-noerdlingen.de - de mi-mars à fin oct. : tlj sf lun. 13h30-16h30 - possibilité de visite guidée (1h) sur demande préalable - fermé de déb. nov. à mi-mars - 3 €.* L'exposition évoque la préhistoire du Ries et l'histoire de la ville. On y trouve aussi des tableaux du 19e s. et de primitifs allemands, tels les panneaux de l'*ancien retable de l'église St-Georges*, peints de 1462 à 1477 par Friedrich Herlin, citoyen de Nördlingen. Voir ceux de Hans Schäufelin et Sebastian Taig. Un diorama composé de figurines d'étain retrace la *bataille de Nördlingen* (1634).

Musée du cratère du Ries★ (Rieskrater-Museum) – *À côté du musée municipal. ✆ 09081 273 82 20 - www.noerdlingen.de - ♿ - tlj sf lun. 10h-12h, 13h30-16h30 - possibilité de visite guidée (1h30) - fermé 1er janv., Mar. gras, Vend. saint, 24-26 déc. - 3 €.* Il y a 15 millions d'années, une énorme masse d'1 km de diamètre quittant sa trajectoire entre Mars et Jupiter et lancée à 70 000 km/h a heurté la Terre et s'est enfoncée sur 1 km de profondeur. L'énergie déployée équivalait à celle de la bombe atomique d'Hiroshima en 250 000 exemplaires. La chaleur si intense a provoqué la disparition de la météorite, formant un cratère géant de 14 km de diamètre, qui par la suite s'est élargi de 11 km et dont le fond a fini petit à petit par se stabiliser à 240 m par rapport à la crête circulaire.

Le musée, installé dans une grange de 1503, dispose d'un matériel moderne expliquant ce phénomène. Une pierre de lune pesant 165 g, prêtée par la NASA, y est exposée.

Abbaye de Neresheim★ – *19 km au sud-ouest, par la B466.* L'**église**, commencée en 1745 par B. Neumann, est sa dernière œuvre. À l'intérieur, décoration peinte de Martin Knoller (1755), très aérée, s'accordant avec l'ampleur exceptionnelle de l'édifice.

Château de Harburg

✆ 09080 96 860 - www.fuerst-wallerstein.de - avr.-oct. : tlj sf lun. 10h-17h. Cet important château fort, considérablement agrandi et remanié au 18e s., domine un pittoresque village serré au bord de la Wörnitz.

Sortir par la Mündlingerstraße, sur la gauche, et s'écarter de la Route romantique en direction de Mündling pour atteindre Kaisheim. L'étranglement final de la vallée de la Wörnitz, que gardait le château de Harburg, fait communiquer le Ries avec la vallée du Danube.

Donauwörth

Ancienne ville impériale libre, ses bâtiments historiques, aux façades à pignons et colorées de tons pastel, bordent surtout la montée de la Reichsstraße ; admirez l'hôtel de ville et la *Fuggerhaus* (1543). L'église abbatiale et de pèlerinage **Ste-Croix** (*Heilig Kreuz*, construite de 1717 à 1722), de style baroque tardif, est enrichie de stucs de Wessobrunn. La **cathédrale Notre-Dame**, de style gothique et richement décorée (fresques du 15e s.), suit la déclivité du terrain. Fortifications en partie préservées.

DE DONAUWÖRTH À FÜSSEN

148 km – une journée.

Ce parcours de l'antique *Via Claudia* doit moins son intérêt à la route qu'aux souvenirs historiques évoqués par **Augsbourg★★** *(voir p. 437)*, par l'**église de Wies★★** *(voir p. 443)* et par les **châteaux de Neuschwanstein★★★** et de **Hohenschwangau** (*voir p. 452)*.

Route romantique pratique

Informations utiles

Office du tourisme de Dinkelsbühl – *Waaggässlein 1 - ✆ 09851 902 71 - www.romantischestrasse.de*

Office du tourisme de Bad Mergentheim – *Marktplatz 3 - ✆ 079 31 571 31.*

Office du tourisme de Nördlingen – *Marktplatz 2 - ✆ 090 81 43 80.*

Transports

Europabus – D'avr. à oct., le bus Europabus relie les villes de la Route romantique dans les deux sens une fois par jour. *Rens. Deutsche Touring - ✆ 069 790 32 56 - www.deutsche-touring.com ou www.romanticroadcoach.de*

Se loger

À DINKELSBÜHL

⊖ **Hotel Kunst-Stuben** – *Segringer Straße 52 - 91550 Dinkelsbühl - ✆ 09851 67 50 - www.kunst-stuben.de - fermé fév. - P ⅔ - 5 ch. - 55/70 €* ☕. Adresse hors du commun, dirigée par deux artistes. Abrite, outre un petit hôtel à l'ambiance intime, des presses historiques et un atelier de poterie. Chambres coquettes et bibliothèque pour séjour reposant.

⊖⊖ **Hotel Goldener Anker** – *Untere Schmiedgasse 22 - 91550 - ✆ 09851 578 00 - www.goldener-anker-dkb.de - 18 ch. - 72/77 € ☕ - restaurant 16 €.* Réouverture après rénovation en février 2008 pour cet hôtel à la coquette façade en centre-ville. Chambres pratiques et aménagées avec soin.

⊖⊖ **Hotel Blauer Hecht** – *Schweinemarkt 1 - 91550 - ✆ 09851 58 10 - www.blauer-hecht.de – 🏊 ⅔ - 44 ch. - 90 €* ☕. Ancienne brasserie-hôtel de 1648. Chambres personnalisées, soigneusement aménagées. Restaurant classique agréable.

À WEIKERSHEIM

⊖⊖ **Laurentius** – *Marktplatz 5 - 97990 - ✆ 07934 910 80 - www.hotel-laurentius.de - P ⅔ - 11 ch. - 98/178 €* ☕. Établissement familial, situé sur la place du Marché. Chambres impeccables avec meubles de style italien. Restaurant avec cuisine vitrée, installé dans une belle cave voûtée. Terrasse sur la place.

À FEUCHTWANGEN

⊖⊖ **Romantik Hotel Greifen-Post** – *Marktplatz 8 - 91555 - ✆ 09852 68 00 - www.hotel-greifen.de - fermé du 2 au 15 janv. - 🏊 - 35 ch. - 99/150 € ☕ - rest. fermé dim. soir, cuisine régionale et internationale.* Chambres de plus de 600 ans, élégamment aménagées et personnalisées. Le restaurant reflète le charme de ce bâtiment historique.

À BAD MERGENTHEIM

⊖⊖ **Hotel Bundschu** – *Cronbergstraße 15 - 97980 - ✆ 07931 93 30 - www.hotel-bundschu.de - fermé de déb. janv. à mi-janv. - P - 50 ch. - 85/105 € ☕ - restaurant 21,50/41,50 € - fermé lun.* Établissement tenu par la famille Bundschu. Au calme, au milieu d'une zone résidentielle. Chambres au confort moderne. Restaurant convivial au parfum de Méditerranée et agréable jardin-terrasse.

À NÖRDLINGEN

⊖⊖ **Hotel Sonne** – *Marktplatz 3 - 86720 - ✆ 09081 50 67 - www.kaiserhof-hotel-sonne.de - P - 29 ch.- 75/90 €* ☕. Hôtel traditionnel, de 1477, au cœur de la ville. Chambres confortables et fonctionnelles. Couloirs et escaliers de guingois, d'origine. Décor champêtre dans le restaurant.

Se restaurer

À BAD MERGENTHEIM

⊖⊖⊖⊖ **Zirbelstube** – *Poststraße 2 - ✆ 07 931 59 36 07 - fermé 1er janv., 15 fév., 15 juil.-31 août, dim. et j. fériés - 58/81 €.* Murs de lambris en pin sombre, vieux poêle en faïence, beaux tableaux et tables joliment dressées confèrent ici élégance et confort. Cuisine originale et raffinée.

À NÖRDLINGEN

⊖⊖ **Meyer's Keller** – *Marienhöhe 8 - ✆ 09 081 44 93 - www.meyerskeller.de - fermé 2 sem. en janv., lun. tte journée et mar. midi - 23/69 €.* Décoration contemporaine ; terrasse agréable sous de vieux arbres. Dans la brasserie, plats régionaux ou cuisine internationale, le tout préparé avec goût.

Wurtzbourg★★

Würzburg

132 690 HABITANTS
CARTE GÉNÉRALE B4 – CARTES MICHELIN N°s 718 I10 ET 546 AC 48
BAVIÈRE

De la rive est du Main, en haut de la forteresse Marienberg, la vue sur Wurtzbourg, son vieux pont et ses clochers est telle que l'on peine à imaginer qu'une grande partie de la ville fut détruite à la fin de la Seconde Guerre mondiale. Sa grandeur passée, liée à trois princes-évêques de la famille de Schönborn (17e s.), se retrouve dans les églises baroques et le splendide palais de la Résidence, classé au patrimoine mondial de l'Unesco. Ville du sculpteur Riemenschneider, dont on peut admirer de nombreuses œuvres, mais aussi du physicien Wilhelm Conrad Röntgen qui découvrit les rayons X en 1895, Wurtzbourg allie parfaitement modernité, art et histoire.

- **Se repérer** – Point de départ de la Route romantique, Wurtzbourg est à 116 km à l'est de Francfort.
- **À ne pas manquer** – La Résidence, la forteresse Marienberg et la vue qu'elle offre sur la ville, les vins de Franconie.
- **Organiser son temps** – Une journée pour la ville et la citadelle suivant l'itinéraire proposé. Une autre pour les environs.
- **Avec les enfants** – L'excursion en bateau jusqu'à Veitshöchheim, la promenade au milieu des vignes sur les coteaux de la forteresse (difficile pour les poussettes).
- **Pour poursuivre le voyage** – La Route romantique, Bamberg (99 km à l'est), Francfort.

Comprendre

Le maître de Wurtzbourg – Ce nom fut donné au grand sculpteur du gothique flamboyant **Tilman Riemenschneider** (1460-1531), qui s'installa en 1483 à Wurtzbourg, et dont il fut maire de 1520 à 1521. Ses œuvres n'ont jamais une valeur purement décorative : tout l'intérêt se fixe sur les personnages ; visages, mains, vêtements sont les supports essentiels de l'expression et de la sensibilité et expriment souvent une gravité un peu mélancolique. Les retables de Creglingen et de Rothenbourg, les statues du musée du Main franconien à Wurtzbourg et le tombeau d'Henri II dans la cathédrale de Bamberg font partie des plus précieux trésors de l'art franconien.

Se promener

LA VIEILLE VILLE ET LA FORTERESSE MARIENBERG★★ plan II

Suivre l'itinéraire sur le plan, en partant de la Residenzplatz. La visite commence par l'édifice le plus prestigieux de Wurtzbourg.

La Résidence ★★ *1h*

☎ 0931 355 170 - www.schloesser.bayern.de - visite guidée avr.-oct : 9h-18h ; nov.-mars : 10h-16h - visites en anglais tlj à 11h et 15h - fermé 1er janv., Mar. gras, 24-25 et 31 déc. - 5 €.
Magnifique château baroque, la Résidence *(Residenz)* fut construite entre 1720 et 1744 sous la direction de l'architecte de génie **Balthasar Neumann**. Il devint la résidence des évêques, en remplacement de l'ancienne forteresse de Marienberg.

Palais★★ – Le monumental **escalier d'honneur★★** est un chef-d'œuvre de Neumann ; il occupe toute la partie nord du vestibule. La gigantesque **fresque★★** (600 m^2) décorant les voûtes est l'œuvre du Vénitien **Tiepolo** (1752-1753) ; elle représente l'hommage des quatre continents alors connus au prince-évêque von Greiffenclau.

À l'étage – Dans la salle blanche *(entre l'escalier d'honneur et la salle impériale)*, les éclatants **stucs** sont dus à l'Italien Antonio Bossi.

La splendide **salle impériale★**, de forme ovale *(1er étage)*, est également décorée de **fresques de Tiepolo** (en rénovation jusqu' à début 2009, voir photo page suivante). Les éléments en relief (corniches, sculptures, stucs) se mêlent admirablement aux peintures sculpturales inscrites dans des éléments d'architecture en trompe l'œil, suivant une mode baroque. La visite guidée se poursuit dans les **appartements d'apparat** restaurés dans toute leur splendeur rococo.

Napoléon et son épouse Marie-Louise dormirent en 1812 dans la **chambre à coucher** (le duc de Wurtzbourg était l'oncle de Marie-Louise). Le musée comporte aussi une **galerie de peinture** où l'on trouve de belles peintures italiennes du 17e et 18e s. ; à

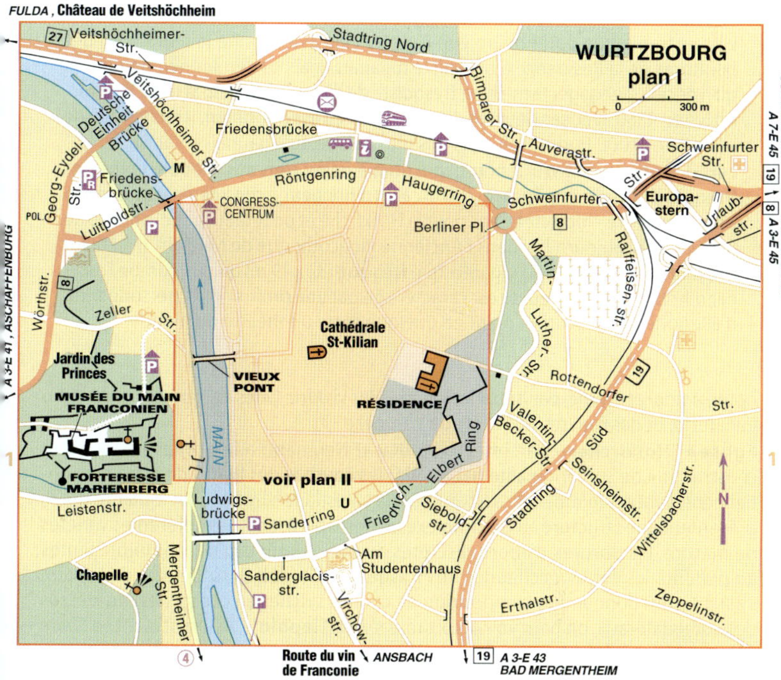

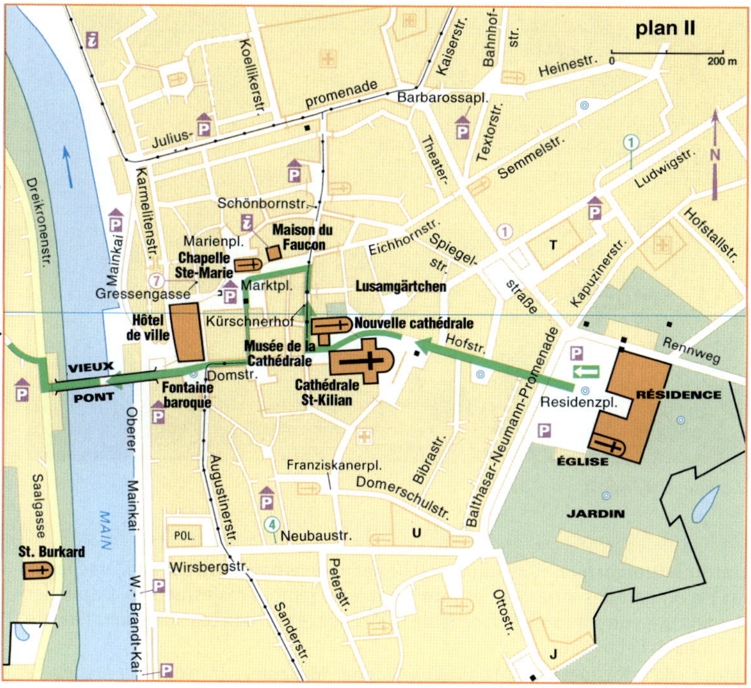

SE LOGER

Hotel Amberger.. 1

Hotel Rebstock.. 4

SE RESTAURER

Bürgerspital.. 1

Schützenhof.. 4

Weinhaus zum Stachel.. 7

Le chef-d'œuvre de la Résidence

Le prince-évêque Carl Philipp von Greiffenclau avait confié la réalisation des peintures de la Résidence à un artiste milanais, mais ce dernier peignait si mal qu'il décida d'engager le meilleur fresquiste de l'époque, **Giambattista Tiepolo**. Arrivé en 1750 avec ses deux fils, l'artiste fut reçu avec honneur. Il était prévu de lui verser 10 000 florins, soit trois fois plus que ce qu'il gagnait à Venise.

Lors de son séjour à Wurtzbourg, qui dura à peine trois ans, Tiepolo réalisa les fresques de la salle impériale et de l'escalier d'honneur – considérées comme son œuvre majeure – deux retables pour la Hofkirche et un retable pour l'abbaye de Schwarzach (aujourd'hui dans l'Ancienne Pinacothèque de Munich). Il lui fallut 210 jours pour exécuter la gigantesque **fresque** (32 x 19 m) qui surplombe l'escalier d'honneur. Cette œuvre est caractérisée par une profusion de personnages, d'allégories et de *putti* – créant en quelque sorte un théâtre du monde.

noter, *Amour et Psyché*, par Antonio Bellucci, des *vedutte* (vues de Venise) par Antonio Canaletto, et des œuvres de l'école de Véronèse.

Église★ (Hofkirche) – L'architecte Balthasar Neumann a fait preuve dans cette construction de son originalité habituelle ; les courbes des lignes de force qui soutiennent la voûte, comme celles qui guident la balustrade surplombant le maître-autel, présentent une structure aussi complexe qu'agréable à l'œil. Les différentes variétés de marbre, les dorures d'abord discrètes au premier niveau puis omniprésentes au plafond, les couleurs chaudes des fresques de Rudolf Byss, peintre de la cour, s'allient pour donner une composition de couleurs riches en contrastes. Au-dessus des autels latéraux, on peut voir deux tableaux de **Tiepolo** : *L'Assomption* et *La Chute des anges*.

H. Veiller / EXPLORER, PARIS

La fresque de Tiepolo.

Jardin★ (Hofgarten) – L'utilisation habile des anciens bastions a permis d'aménager, à l'est du parc, les terrasses des **jardins** et leurs rampes majestueuses. Depuis les jardins est, vue sur toute la façade de la Résidence (167 m). Les stucs sont l'œuvre de Johann Peter Wagner.

Musée de la Résidence★ (Martin-von-Wagner-Museum) – *Entrée près de la chapelle dans l'aile sud. t 0931 31 22 83 - www.uni-wuerzburg.de/museum - j - galerie : mar.-sam. 9h30-12h30 - Antikensammlung : mar.-sam. 14h-17h - Graphische Sammlung : mar., jeu. 16h-18h - gratuit.*

La **galerie de peinture★** *(2ᵉ étage)* présente l'art allemand et européen du 14ᵉ au 20ᵉ s. Parmi les pièces les plus intéressantes, on compte les tableaux d'autel des maîtres de Wurtzbourg du 14ᵉ au 16ᵉ s. et la sculpture franconienne, en particulier celle de Riemenschneider. Collections de peintures hollandaise et italienne du 16ᵉ au 18ᵉ s. La **collection d'antiques** *(3ᵉ étage)* comporte une intéressante série de **vases grecs peints★★** (surtout du 6ᵉ au 4ᵉ s. av. J.-C.), des sculptures grecques et romaines en marbre, mais aussi des antiquités étrusques, de l'ancien Orient et de l'ancienne Égypte. Cabinet de dessins et d'estampes (*ouvert mar. et jeu. 16h-18h*).

Du 1er avr. au 31 oct., une navette vous conduit de la Résidence à la forteresse Marienberg ; BUS *9 sur la Residenzplatz. Pour s'y rendre à pied, emprunter la Hofstrasse jusqu'à la cathédrale.*

Cathédrale St-Kilian (Dom St-Kilian)

Lun.-sam. 10h-17h, dim. et j. fériés 13h-18h – brochure en français à l'entrée.

Un chef-d'œuvre de l'architecture allemande du 11e et 12e s. et l'une des plus grandes églises romanes d'Allemagne. Reconstruite en 1945, elle a conservé la silhouette datant de son édification. L'intérieur a reçu les empreintes d'une dizaine de siècles : les stucs baroques du chœur contrastent avec la nef romane plafonnée ; l'**autel des apôtres** moderne *(côté droit du transept)* fut créé par H. Weber en 1967 pour recevoir les trois **sculptures de grès★** de Riemenschneider (1502-1506). Contre les piliers de la grande nef, les **tombeaux des princes-évêques★** (du 12e au 17e s.) ; les monuments des 7e et 8e piliers *(côté gauche)* sont de Riemenschneider (*Rudolf von Scherenberg* et *Lorenz von Bibra*). La crypte *(accès par le bras gauche du transept)* abrite le tombeau (13e s.) du fondateur de la cathédrale, l'archevêque Bruno. La **chapelle Schönborn**, dans le croisillon gauche, édifiée entre 1721 et 1736 par B. Neumann et l'architecte Maximilian von Welsch, accueille les tombeaux des princes-évêques de la maison de Schönborn. Le côté droit de la cathédrale jouxte le **cloître** gothique (15e s.) et l'exposition du trésor.

Musée de la Cathédrale (Museum am Dom)

Tlj sf lun., 10h-19h d'avr. à oct., 10h-17h de nov. à mars - 3 €.

Ouvert en 2003, il présente surtout des œuvres d'art moderne (Joseph Beuys, Otto Dix) mais également, dans une surprenante juxtaposition, quelques travaux de maîtres de l'art roman, gothique et baroque (T. Riemenschneider, Georg Anton Urlaub).

En sortant du musée, tourner à droite, emprunter le petit passage couvert qui mène à la grande rue Domstr., puis tourner à droite sur la Kürschnerhof.

Nouvelle cathédrale (Neumünster)

L'impressionnante **façade ouest** (1710-1716) de style baroque est attribuée à Johann Dientzenhofer. L'intérieur, remanié au début du 18e s., n'est coloré que sous la **voûte**, dont les décorations tranchent avec la sobriété de l'ensemble. Sous la coupole, dans des niches : une *Vierge à l'Enfant* de Riemenschneider et un curieux Christ aux bras repliés sous la poitrine (14e s.). Dans la crypte ouest : le **tombeau de saint Kilian**, apôtre et patron de la Franconie, exécuté à Wurtzbourg en 689. Riche ornementation à l'intérieur, dont une madone et la pierre tombale d'un abbé, l'érudit Trithemius, sculptés par Riemenschneider. Par la gauche du chœur, jardinet de Lusam *(Lusamgärtchen)*, où serait enterré le trouvère Walther von der Vogelweide, mort en 1231.

Continuer sur la Kürschnerhof jusqu'à Marktplatz (place du Marché), à gauche.

Avant l'église, passer devant la **maison du Faucon** (*Falkenhaus*), la plus riche de la ville – à la façade rococo de 1752 (reconstruite) –, abritant l'office de tourisme.

Chapelle Ste-Marie (Marienkapelle)

Élégante, cette chapelle, construite par les bourgeois de Wurtzbourg aux 14e-15e s., porte sur le tympan du portail nord une jolie Annonciation (vers 1420). À l'intérieur, Tombeau de Konrad von Schaumberg (1502) par Riemenschneider *(revers de la façade ouest)* et **Vierge en argent** du maître d'Augsbourg J. Kilian, de 1680 *(côté nord)*.

Traverser la place du marché et emprunter la rue Schustergasse ; au bout, tourner à droite sur la Domstrasse.

Hôtel de Ville (Rathaus)

À l'origine siège d'un administrateur de l'évêque, le bâtiment, construit au 13e s., devint hôtel de ville en 1316. À l'intérieur, la salle Wenzel (*Wenzelsaal*), l'une des plus belles du haut Moyen Âge allemand à usage laïc. Pénétrez un instant dans la cour intérieure qui, à la belle saison, accueille les clients de la brasserie Ratskeller. Le bâtiment Rouge (*Roter Bau*, partie ouest) témoigne de l'architecture de la fin de la Renaissance (1659). Sur la place, la fontaine baroque (*Vierröhrenbrunnen*) date de 1765.

Continuer tout droit jusqu'au pont.

Vieux Pont★ (Alte Mainbrücke)

Le Vieux Pont sur le Main, construit entre 1473 et 1543, a été enrichi vers 1730 de douze monumentales statues de saints en grès.

O. Forir / MICHELIN

Le Vieux Pont (Alte Mainbrücke).

Depuis le pont, remarquez en bordure du Main l'**Ancienne Grue** *(Alter Kranen)*, caractéristique de la ville. Elle a été édifiée par le fils de B. Neumann, Franz Ignaz, vers 1770. L'ancien bureau de douane abrite la Maison des Vins de Franconie *(Haus des Frankenweins)*.

Au bout du pont, le chemin le plus direct vers la forteresse est fléché, tout droit. Un autre, qui part vers la gauche, propose d'emprunter les chemins à travers les vignes (Weinwanderweg), sur les coteaux de la forteresse ; promenade agréable (env. 30mn) offrant de jolis points de vue, notamment sur la chapelle.

Forteresse de Marienberg★ (Festung Marienberg)

Se renseigner pour nouveaux horaires d'ouverture (après restauration en 2007) - ✆ 086 77 88 71 40.

Les princes-évêques ont résidé de 1253 à 1719 dans cette citadelle qui occupe une position dominante sur la rive gauche du Main. Le château médiéval (début du 13e s.) fut transformé sous Julius Echter, vers 1600, en château Renaissance. C'est sous les évêques de Schönborn qu'il devint forteresse d'Empire (à partir de 1650).

Dans la cour rectangulaire s'élèvent le donjon rond (13e s.), le bâtiment d'un puits Renaissance (profond de 104 m) et la **chapelle ronde** de la Vierge *(Marienkirche)*. Surmontée d'une coupole décorée de stucs baroques, elle fut consacrée en 706 et abrite de nombreuses pierres tombales de princes-évêques de Wurtzbourg.

Depuis la terrasse du **jardin des Princes** *(Fürstengarten)*, belle **vue★** sur la ville.

Appartements princiers (Fürstenbaumuseum) – *✆ 0931 35 51 750 - Avr.-oct. : mar.-dim. 9h-18h - 4 €.* Décorés de meubles, tableaux et tapisseries, dont l'immense *Tapis de la famille Echter* de 1564, les appartements princiers présentent aussi les précieux parements de la cathédrale, de l'église de la Résidence et de celle de la forteresse.

Musée du Main franconien★★ (Mainfränkisches Museum) – *Entrée à droite dans la première cour du château. ✆ 0931 20 59 40 - www.mainfraenkisches-museum.de - avr.-oct. : tlj sf lun. 10h-17h ; nov.-mars : tlj sf lun. 10h-16h - possibilité de visite guidée (1h30) - 4 €.*

Dans les salles de l'ancien arsenal (1702-1712) sont exposés l'art et l'artisanat de la région ; au 1er étage, collection de **sculptures de Riemenschneider**, la plus importante au monde (80 œuvres).

Les splendides salles voûtées de l'**Echterbastei** montrent statues, orfèvrerie religieuse, peintures de chevalet gothiques et collections d'art populaire franconien. L'ancien cellier, qui abrite de vieux pressoirs, est remarquable.

Chapelle (Käppele)

Nov.-mars : 6h45-17h (dim. et j. fériés 8h30-18h30) ; avr.-oct. : 6h45-18h.

Situé au sommet d'un chemin de croix monumental avec des statues grandeur nature de Wagner (1767-1778), ce sanctuaire de pèlerinage baroque aux curieuses coupoles bulbeuses fut construit par B. Neumann en 1748. L'intérieur est somptueusement décoré. Depuis la terrasse, **vue★★** splendide sur Wurtzbourg et le Main ; au premier plan, la forteresse de Marienberg au milieu des vignobles.

Aux alentours

Château de Veitshöchheim★

*7 km au nord-ouest par Veitshöchheimer Straße (**plan I**).*

☏ 0931 9 15 82 - avr.-fin oct. : tlj sf lun. 9h-18h (visite guidée : 10h-12h, 14h-17h) - fermé 1er janv., Mar. gras, 24., 25 et 31 déc. - 3 € - Jeux d'eau, avr.-fin oct. : 13h à la tombée de la nuit - gratuit.

Une idée pour s'y rendre : excursions en bateau-mouche d'avr. à mi-oct.- Wurtzbourg (Alter Kranen) - Veitshöchheim - Wurtzbourg - durée aller simple : 40mn - tarif aller simple : 6 € - tarif aller-retour 9 € - renseignements : ☏ 0931 556 33.

Le **château**, érigé à la fin du 17e s. et agrandi vers 1750 selon les plans de B. Neumann, contient de beaux meubles rococo et Empire.

C'est surtout le **parc★** qui bénéficia d'une attention particulière des princes-évêques, qui le firent constamment embellir au cours du 18e s. dans le style rococo. Dans la partie sud, dessinée à la française, environ 200 statues bouffonnes égayent les allées de tilleuls, les charmilles, les berceaux et les cabinets de verdure. Au milieu du grand lac se dresse le superbe **groupe du Parnasse** (*Pégase*, les *Muses* et *Apollon*).

Circuit de découverte

ROUTE DU VIN DE FRANCONIE★ (BOCKSBEUTELSTRAßE)

*Circuit de 87 km – Compter une journée. Sortir de Wurtzbourg par la B13, direction Ansbach ou Ochsenfurt (**plan I**).*

Ce sont des moines qui introduisirent au début du Moyen Âge la culture de la vigne dans la région franconienne du Main, au climat doux et aux étés chauds et secs. Les 4 500 ha de vignobles produisent essentiellement le **Müller-Thurgau** et le traditionnel **sylvaner** fruité (vins blancs), mais aussi le kerner, le bacchus et le riesling. La forme des bouteilles *Bocksbeutel*, plates et ventrues, est caractéristique du vin de Franconie. De mars à novembre, des fêtes du vin *(Weinfeste)* sont organisées à Wurtzbourg et ailleurs. *Pour plus d'informations : www.fraenkisches-weinland.de*

Sommerhausen

Petite cité de Franconie entourée de murs. Les coquets pignons de l'hôtel de ville (16e s.) et du château dominent la rue principale.

Ochsenfurt

La ville est ceinte de ses vieux **remparts★** percés de portes. Dans le centre, grand nombre de vieilles maisons à colombages et d'auberges ornées de statuettes ou d'enseignes en fer forgé. Voir l'horloge à jacquemart du **nouvel hôtel de ville** (fin 15e s.), l'**église St-André** (*Stadtpfarrkirche St-Andreas* ; 13e-15e s.) et sa riche décoration.

Quitter la B13 par la gauche pour longer le Main sur la U47.

Marktbreit

La porte au débouché du pont forme avec l'hôtel de ville (1579) un bel **ensemble Renaissance★**, tableau complété par deux maisons baroques à oriels d'angle.

Sulzfeld

Le centre historique et fortifié de la ville, réservé aux piétons, est marqué par ses tours et ses portes, ses maisons à colombages et ses coins idylliques. Le bijou de cette petite localité : l'**hôtel de ville** Renaissance au pignon décoré de volutes en saillie.

Traverser Kitzingen et Mainstockheim (rive droite du Main) en direction de Dettelbach.

Dettelbach★

Cité fortifiée accrochée sur les pentes nord de la vallée du Main qui charme par son hôtel de ville de la fin du gothique (vers 1500) et son église paroissiale (milieu du 15e s.), dont la tour principale est reliée par un pont de bois à la petite tour à escalier.

Au nord-est de la ville haute, l'**église de pèlerinage « Maria im Sand »** (1608-1613), transition entre le gothique flamboyant et le style Renaissance déjà mâtiné de baroque. Le **portail Renaissance★** (1623) et la **chaire★** (1626) en grès et en albâtre sont l'œuvre de Michael Kern.

De Dettelbach à Neuses am Berg, la route traverse un plateau couvert de vignobles. Puis on redescend dans la vallée du Main, dont on suit un méandre avant de passer sur l'autre rive.

Volkach★

Coquette petite cité de vignerons située sur la bordure est du Main. De l'enceinte médiévale, il ne reste que deux portes, **Gaibacher Tor** et **Sommeracher Tor**.

En bordure de la Marktplatz, l'**hôtel de ville Renaissance** (office de tourisme), du milieu du 16e s., avec son escalier extérieur à double volée et sa tourelle d'angle. La maison dite **Schelfenhaus**, de style baroque érigée vers 1720 *(dans la Schelfengasse, au nord de la place du Marché),* mérite une visite pour ses décorations intérieures.

Au nord-ouest de la ville *(environ 1 km, en direction de Fahr),* l'**église de pèlerinage « Maria im Weingarten »** (15e s.), située sur le Kirchberg au milieu des vignes. À l'intérieur, la **Vierge au chapelet★**, œuvre tardive (1521-1524) de T. Riemenschneider. Depuis le Kirchberg, admirez le **panorama** sur Volkach, les vignobles et la vallée du Main.

Rentrer sur Wurtzbourg par Schwarzach, puis à droite la B22. Si vous partez en direction de Nuremberg, sur la B8, faites une halte à Iphofen :

Iphofen

Outre ses nombreuses maisons à colombages, tours et remparts, Iphofen est aussi une escale gourmande sur la route des vins avec le restaurant Zehntkeller (*✆ 093 23 18 440*) à la cuisine renommée et raffinée, ou le Deutscher Hof, cuisine créative à base de produits des environs (*✆ 09 323 3348, fermé merc. et jeu.*). Visite de la Vinothek ou promenade digestive sur le Schwanberg.

Wurtzbourg pratique

Informations utiles

Office de tourisme – *Im Falkenhaus am Markt - ✆ 0931 37 23 35 - www.wuerzburg.de - janv.-mar. : lun.-vend. 10h-16h, sam. 10h-13h ; avr. -déc. : lun.-vend. 10h-18h, sam. 10h-14h ; mai-oct. : dim. et j.fériés 10h-14h.*

Welcome Card – Pour 2 €, remises portant sur de nombreuses curiosités et musées de la ville, sur les excursions en bateau et dans certains restaurants. En vente à l'office de tourisme.

Se loger

⊜ **Hotel Rebstock** – *Neubaustraße 7 - ✆ 0931 309 30 - www.rebstock.com - ⊭ - 163/176 € - ☕ 12 € - restaurant 38/45 €.* Derrière la façade rococo de 1737, chambres élégantes, modernes ou même rustiques. Lambris et plafond à caissons confèrent son charme au restaurant.

⊜⊜ **Hotel Amberger** – *Ludwigstr. 17-19 - ✆ 0931 35 100 - www.hotel-amberger.de – 70 ch. - 102/130 € ☕.* À côté du centre-ville, chambres modernes et spacieuses. Beau buffet de petit-déjeuner.

Se restaurer

⊜⊜ **Bürgerspital** – *Theaterstraße 19 - ✆ 0931 35 28 80 - ⊭ - 17/24 €.* Taverne du vignoble de Bürgerspital parmi les plus importantes d'Allemagne. Dans un cadre historique, sous une belle voûte d'arêtes, prenez place à des tables impeccables pour découvrir vins de la région et cuisine franconienne.

⊜⊜ **Schützenhof** – *Mainleitenweg 48 - BUS 35 Käppele ; en voiture accéder par l'Albert-Günther-weg - ✆ 0931 7 24 22 - www.schuetzenhof-wuerzburg.de - cuisine chaude de 11h à 23h - fermé de mi-déc. à déb. mars - 17 €.* En dehors de la ville près de la *Käppelle*. Le calme dans des salles de styles différents, ou à l'ombre des arbres, sur une terrasse panoramique. Cuisine simple, fraîche et inventive, à partir des produits du jardin. Dégustez un gâteau et un café en admirant la vue. À partir du 1er oct., on sert de l'oie, élevée sur place.

⊜⊜⊜ **Weinhaus zum Stachel** – *Gressengasse 1 (près de Marktplatz) - ✆ 0931 5 27 70 - www.weinhaus-stachel.de - fermé dim. midi - réserv. conseillée – 25/40 €. Weinstube* traditionnel, remontant au 15e s., au cadre rustique avec une cour idyllique. Dégustez d'excellents vins, surtout de Franconie, et une cuisine raffinée à l'accent régional.

Voir également deux noms de restaurants à **Iphofen** (ci-dessus).

Faire une pause

Café Michel – *Marktplatz 11 - ✆ 0931 5 37 76 - www.cafe-michel.de - lun.-vend. 8h-18h, sam. 7h30-18h, dim. et j. fériés 13h30-17h30 ; Brasilino : lun.-mar. 9h-18h.* Salon de thé sur deux étages offrant une grande variété de tartes, de gâteaux et assortiment de plats salés. Possibilité aussi de prendre un verre au café-bar voisin, le Brasilino, d'aspect plus moderne.

En soirée

Bon à savoir – Vous trouverez de nombreux bars fréquentés surtout par des jeunes et des étudiants le long de Juliuspromenade au nord du centre-ville et dans la Sanderstr. au sud, ou encore dans la Karmelitenstr. Informations sur la vie de « Wurtzbourg by night » dans les bulletins mensuels *Frizz* ou *Leporello.*

Événements

Africa Festival – Mai. Le plus grand festival de culture africaine en Europe. *www.africafestival.org*

Barockfest – Mai. Quand vin et musique baroque s'assemblent, dans le décor somptueux de la Résidence.

La Würzbourger Mozartfest – Juin-juil. Orchestres symphoniques, solistes, concerts dans les châteaux… Réservez ! *mozartfest-wuerzburg.de*

Rothenbourg★★★

Rothenburg ob der Tauber

11 310 HABITANTS
CARTE GÉNÉRALE B4 – CARTES MICHELIN N^{OS} 718 J11 ET 546 AE52
BAVIÈRE

À l'abri de ses remparts, Rothenbourg domine le cours sinueux de la Tauber. Particulièrement bien préservée, elle concentre un nombre impressionnant de bâtisses médiévales sur un site spectaculaire en bordure de falaise. Dans ce véritable musée du Moyen Âge à ciel ouvert, il fait bon se promener, en empruntant des ruelles étroites bordées de maisons à pignons pointus, fontaines et édifices à colombages, ou le long des remparts qui dominent la Tauber, en bordure des vignes. Étape de choix sur la Route romantique, Rothenbourg offre des panoramas saisissants sur des paysages surgis d'un autre âge.

- **Se repérer** – Rothenbourg se trouve sur la Route romantique, à 70 km au sud de Wurtzbourg, et à 83 km à l'ouest de Nuremberg.
- **À ne pas manquer** – La vieille ville médiévale, les remparts, la dégustation de *Schneeballen (voir Rothenbourg pratique)*.
- **Organiser son temps** – Une demi-journée pour visiter la ville.
- **Avec les enfants** – Musée des Poupées et des Jouets, le magasin de Noël (*voir rubrique achats dans Rothenbourg pratique*).
- **Pour poursuivre le voyage** – La Route romantique, Nuremberg.

Comprendre

Grandeur médiévale – L'éperon du Burggarten, position défensive de choix, accueille dès le 12e s. un château impérial érigé par le roi Conrad III. Mais la cité reste encore modeste. Devenue ville libre en 1274, elle s'épanouit puis perd ses châteaux, détruits par un séisme en 1356. L'ambition des notables se porte alors vers l'édification et l'embellissement des monuments publics ou des maisons bourgeoises.

Une magistrale rasade – Pendant la guerre de Trente Ans, Rothenbourg, protestante, ne peut résister au siège de l'armée impériale catholique commandée par Tilly et ouvre ses portes aux 40 000 mercenaires victorieux. Après trois mois d'occupation et de pillage, le général est décidé à raser la ville. Là commence la légende : toutes les suppliques ayant échoué, le bourgmestre offre au vainqueur une coupe du meilleur vin du pays. Le miracle se produit : Tilly sent la générosité lui monter au cœur. Il épargnera la cité si un notable parvient à vider d'un trait un hanap (3 l 1/4) de ce vin. L'ancien bourgmestre Nusch relève le défi qu'il réussit ; depuis, tout Rothenbourg participe à une vaste reconstitution de l'événement chaque année à la Pentecôte.

Sauvée une seconde fois – Trop appauvrie pour s'agrandir, la ville végète aux 17e et 18e s. Des peintres romantiques redécouvrent ses hauts pignons aux toits en forte pente, ses tourelles d'escalier et ses oriels d'angle au 19e s., assurant son renouveau touristique. Un tiers de la ville (surtout au nord et à l'est) est détruit par les bombardements du 31 mars 1945 visant un général nazi réfugié entre ses murs ; l'intervention d'un officier anglais familier des merveilles de la cité évite une destruction totale, et la générosité des habitants et des donateurs permet sa reconstruction à l'identique.

Se promener

LA VIEILLE VILLE★★★

Comptez une demi-journée.
Suivre l'itinéraire sur le plan, en partant de la Marktplatz.

Hôtel de ville★ (Rathaus)

La partie gothique de l'**hôtel de ville**, avec son pignon coiffé d'un beffroi de 60 m, date du 14e s., tandis que le bâtiment en façade sur la Marktplatz est pourvu, avec sa tourelle d'escalier octogonale Renaissance, d'un portique à bossage du 18e s. On peut visiter les salles voûtées *(Historiengewölbe, sur la gauche)* aménagées en Musée historique et depuis la tour admirer la **vue★** sur les toits et l'enceinte de Rothenbourg.

Au nord de la Marktplatz se dresse le pignon de la *Ratstrinkstube*, auberge réservée aux notables, abritant aujourd'hui l'office de tourisme, dont l'horloge principale à tableaux animés illustre la fameuse rasade *(Meistertrunk)*, toutes les heures, de 11h à 15h.

Emprunter vers le sud la rue Obere Schmiedgasse, en pente.

Baumeisterhaus

Les redans du pignon de cette maison Renaissance sont amortis par des motifs en forme de dragon. Au 1er étage, statues des sept Vertus cardinales, au 2e étage les sept Péchés capitaux.

Continuer sur Obere Schmiedgasse, puis prendre à droite dans la Burggasse.

Musée de la Justice au Moyen Âge (Mittelalterliches Kriminalmuseum)

☏ 09861 53 59 - www.kriminalmuseum.rothenburg.de - avr.-oct. : 9h30-18h ; nov., janv., fév. : 14h-16h ; mars, déc. : 10h-16h - 3,80 €.

Dans l'ancienne commanderie des chevaliers de l'ordre de St-Jean-de-Jérusalem, ce musée propose un retour passionnant sur l'histoire du droit, de la société face à la criminalité et à la marginalité. Sont exposés des instruments d'humiliation publique, de torture, d'exécution, des livres de droit, des sceaux et de nombreuses gravures.

Plönlein

Ce coin pittoresque, du latin « petite place », est formé par la fourche de deux rues, l'une à niveau menant à la tour Siebers (*Siebersturm*, 14e s.), l'autre descendante vers la vallée de la Tauber et le pont double *(Doppelbrücke)*. Toutes deux aboutissent à une autre porte fortifiée au sud. La fontaine servait à alimenter les deux réserves à poissons dédiées au commerce des pêcheurs de la Tauber.

Traverser la Siebersturm et emprunter la Spitalgasse. La rue doit son nom à l'ancien hôpital qui se trouve au bout de la rue. Entrer dans l'ensemble de bâtiments sur votre droite.

Hôtel-Dieu★ (Spital)

Les bâtiments de l'**hôtel-Dieu** – pour la plupart des 16e et 17e s. – occupent, au sud, l'excroissance de l'enceinte appelée la « pointe du bonnet ». Arrêtez-vous devant les œuvres d'art de la chapelle gothique *(Spitalkirche)* et, au centre de la cour, la silhouette du **Hegereiterhaus**, pavillon à toit pointu et tourelle-escalier garnie d'un toit en forme de lanterne, abritant autrefois les cuisines et le domicile de l'intendant. L'ancienne cave et boulangerie, édifice à colombages, est aujourd'hui une auberge de jeunesse. À l'ouest, la maison de la dîme transformée en salle des fêtes municipale (*Reichsstadthalle*).

Monter au **Kalkturm** (accessible aussi par l'extérieur), **belvédère★** sur les monuments de la ville, et accéder au chemin de ronde reliant le *Stöberleinsturm* au *Sauturm*.

Reprendre la Spitalgasse.

L'entrée sud de la ville est défendue par la **porte de l'Hôpital★** (*Spitaltor*), puissant bastion du 17e s. englobant deux cours intérieures ovales. En faire le tour en empruntant le profond fossé ou le chemin de ronde sur la droite, mais aussi par l'intérieur des remparts.

L'itinéraire repart sur la Spitalgasse jusqu'à Plönlein. Tourner à gauche, sortir de la ville par la porte de Koboldzell, à droite, et tourner, en arrière et à droite, dans le chemin de promenade qui suit de loin le pied des murailles.

Au fond de la vallée, le viaduc à deux étages (*Doppelbrücke*) sur la Tauber.

Parc du château (Burggarten)

Du double château fort comtal et impérial érigé sur ce promontoire, il ne reste que la chapelle St-Blaise *(Blasiuskapelle)* aménagée en mémorial de guerre, et la porte fortifiée.

Le grand jardin public offre une **vue★** sur le quartier du Spital (au sud), le méandre de la Tauber, le *Topplerschlößchen*, tour bizarrement surmontée d'un pavillon d'habitation, et le village de Detwang *(voir la Route romantique)*.

On rentre à nouveau dans la ville par la Burgtor.

Au-dessus de la deuxième porte, remarquer le masque grimaçant destiné à l'assaillant qui risquait de recevoir ici un flot d'huile bouillante.

Herrngasse★

Le long de cette rue très commerçante *(magasin-musée d'articles de Noël au n° 1)* s'alignent d'anciens hôtels de notables.

Dans l'**église des franciscains** *(Franziskanerkirche)*, la clôture de bois (jubé) séparant la nef du chœur ainsi que les colonnes et les parois voisines sont décorées de belles sculptures des 15e et 16e s. ; voir aussi, à gauche, au-dessus d'une niche funéraire (enfeu), la Vierge de Creglingen (1400).

De retour dans la rue Herrngasse, vous pouvez visiter quelques cours, par exemple celle du n° 15 dont la galerie à colombages repose sur des colonnes de bois à bossages.

Prendre la Kirchgasse à gauche après la fontaine circulaire « des seigneurs ».

Église St-Jacques★ (St-Jacobskirche)

Avr.-oct. : 9h-17h15, déc. : 10h-17h, nov., janv., mars : 10h-12h, 14h-16h - prospectus en français - 2 €. Ses origines remontent à 1311, mais la partie ouest *(sur la gauche)* ne fut achevée qu'en 1471. À l'intérieur, splendide **retable★★** de Tilman Riemenschneider dit du *Saint-Sang* (1504), placé dans le chœur ouest *(monter sur la gauche après l'entrée)*. Le groupe principal, la Cène, est d'une composition originale : Judas, au centre de la représentation, regarde le Christ, qui lui tend du pain. À noter, les vitraux de 17 m (1350-1400) qui illuminent le maître-autel. Sur la place que domine le chœur est de l'église, le bâtiment Renaissance (1593) de l'**ancien collège** *(Altes Gymnasium)* arbore une belle cage d'escalier octogonale.

Visiter

Les fortifications★ (Stadtmauer)

Élevés aux 13e et 14e s., les remparts et leurs tours sont entièrement conservés, et de longues portions sont ouvertes au public. Ces promenades sont très agréables.

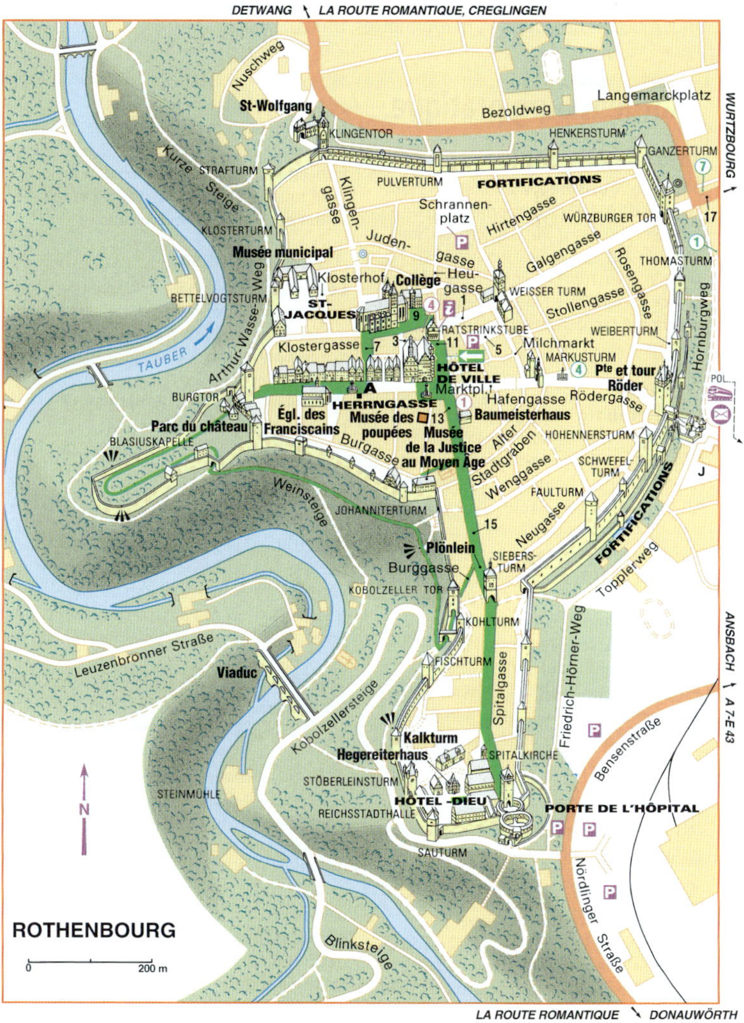

SE LOGER

- Hornburg ... (1)
- Hotel Spitzweg ... (4)
- Mittermeier ... (7)

SE RESTAURER

- Baumeisterhaus ... (1)
- Reichs-Küchenmeister ... (4)

INDEX DES RUES

- Georgengasse ... 1
- Grüner Markt ... 3
- Kapellenpl ... 5
- Kirchgasse ... 7
- Kirchpl ... 9
- Markt ... 11
- Obere Schmiedgasse ... 13
- Untere Schmiedgasse ... 15
- Vorm Würzburger Tor ... 17

Il est possible, au départ du Spitaltor, de revenir sur vos pas sur la Spitalgasse, et en empruntant une percée à droite, de suivre le chemin de ronde. Celui-ci conduit à la porte Röder *(Rödertor)* flanquée de la Maison de la Douane et de la Maison des Gardes.

Église St-Wolfgang (Wolfgangskirche)

Au nord du Klingentor, curieuse église gothique fortifiée (1475-1493), incorporée à la barbacane, doublant les défenses de la porte, avec casemates et chemin de ronde.

Musée municipal (Reichsstadtmuseum)

✆ 09861 93 90 43 - www.reichsstadtmuseum.de - avr.-oct. : 9h30-17h30 ; nov.-mars : 13h-16h - possibilité de visite guidée (1h) sur demande préalable - 3 €. Aménagé dans l'ancien couvent des dominicaines (1258-1554). Présente une cuisine médiévale, le chemin de croix de Rothenbourg (1494) et le hanap du bourgmestre Nusch, avec l'empereur entouré des sept princes-électeurs (1616).

Musée des Poupées et des Jouets (Puppen- und Spielzeugmuseum)

Hofbronnengasse 13 - ✆ 098 61 7 330 - mars-déc. : 9h30-18h, janv.-fév. : 11h-17h. Plus de 500 poupées historiques ainsi que des poupées d'artistes récentes, épiceries, maisons de poupées, marionnettes, trains…

Rothenbourg pratique

Informations utiles

Office de tourisme – *Marktplatz 2 - 91541 - ✆ 098 61 404 92 - www.rothenburg.de - mai-oct. : lun.-vend. 9h-12h, 13h-18h, sam.-dim. 10h-15h ; nov. à avr. : lun.-vend. 9h-12h, 13h-17h, sam. 10h-13h, en déc. dim. 10h-15h.* L'office de tourisme édite un petit fascicule gratuit en français détaillant l'histoire des bâtiments.

Se loger

Hornburg – *Hornburgweg 28 - 91541 - ✆ 09861 8 480 – www.hotel-hornburg.de - fermé 2 sem. en fév. - 10 ch. - 71/98 €* . Petit hôtel plein de charme, situé dans une charmante villa *Jugenstil*, avec un beau jardin attenant.

Hotel Spitzweg – *Paradeisgasse 2 - ✆ 09861 942 90 - www.hotel-spitzweg.de - P - 9 ch. - 85 €* . Établissement de 1536, classé monument historique et restauré avec soin. Petit hôtel aux chambres confortables et rustiques.

Mittermeier – *Vorm Würzburger Tor 9 - ✆ 09861 945 40 - www.mittermeier.rothenburg.de – rest. fermé dim. - P - 27 ch. - 142 €* . Dormez en « Afrique » ou en « Espagne » ! Tels sont les noms de deux des chambres et suites de cet hôtel coquet. Style champêtre et frais, dans le restaurant. Cuisine savoureuse et raffinée.

Se restaurer

Baumeisterhaus – *Obere Schmiedgasse 3 - ✆ 09861 947 00 - tlj sf mar., fermé janv.-mars et nov. - 18/30 €.* Joyau de la Renaissance construit en 1596 face à l'hôtel de ville, cette maison abrite un restaurant sur deux étages orné de peintures murales anciennes et une cour entourée de galeries à colombages. Bonne cuisine, grand choix de gâteaux maison.

Reichs-Küchenmeister – *Kirchplatz 8-10, jardin - ✆ 09861 9 700 - www.reichskuechenmeister.com - fermé 15-30 janv. - 19 €.* - Derrière sa façade moyenâgeuse, cet hôtel abrite un restaurant de plusieurs salles. Spécialités franconiennes ou cuisine internationale, pour tous les budgets et à toute heure. Jardin agréable à la belle saison.

Faire une pause

Les « Schneeballen » – Il s'agit d'une pâtisserie traditionnelle de la région faite à base de pâte brisée. À l'origine, les *Schneeballen* (boules de neige) étaient uniquement couvertes de sucre glace ou de cannelle, mais aujourd'hui elles se présentent sous d'autres formes, couvertes ou fourrées de chocolat par exemple ; des traditionnelles chez Bäckerei Striffler, Untere Schmiedgasse 1 ou Kappellenplatz, ou chez Uhl.

Café Uhl – *Plönlein 8 - ✆ 09861 4895 - terrasse.* Des *Schneeballen* délicieuses et une belle carte dans ce salon de thé traditionnel, qui fait aussi restaurant et hôtel. Accueil agréable. Coin non-fumeur.

Achats

Käthe Wohlfahrt – *Herrngasse 1 - ✆ 09861 40 90 - www.wohlfahrt.com -lun.-vend. 9h-18h30, w.-end 9h-18h (fermé dim. de Noël à mi-mai) ; musée de mi-avr. à déb. janv. 10h-17h30 (dernière entrée 17h) - musée : 4 €.* Ici, c'est toute l'année Noël ! Choisissez votre décoration à la lumière des bougies du « village de Noël » (plus de 65 000 articles). À l'étage, musée de Noël allemand *(Deutsches Weihnachtsmuseum)* retraçant l'histoire de cette fête et de ses décorations. Exposition exceptionnelle de casse-noisettes.

Événements

Mai – À la Pentecôte, épisode de la « rasade magistrale », qui délivra la ville. L'histoire est rejouée par des centaines de Rothenbourgeois. Grand défilé costumé.

Décembre – Marché de Noël *(Reiterlesmarkt).*

Nuremberg★★

Nürnberg

493 560 HABITANTS
CARTE GÉNÉRALE B4 - CARTES MICHELIN N^{OS} 718 K11 ET 546 AL 51
BAVIÈRE

Nuremberg, métropole moderne et capitale de la Franconie, séduit par la multiplicité de ses facettes : on pense à Dürer en découvrant, derrière ses remparts et ses portes, des maisons bourgeoises à colombages et à pignons historiés. Son centre médiéval et son caractère typiquement germanique lui valurent d'être choisie comme théâtre des grands rassemblements du parti national-socialiste, et de subir en retour un déluge de bombardements à la fin de la Seconde Guerre mondiale. Reconstruite avec énergie, Nuremberg est aujourd'hui l'un des principaux centres industriels d'Allemagne du Sud et une capitale culturelle grâce à son exceptionnel Musée national.

- **Se repérer –** Nuremberg est à 166 km au nord de Munich.
- **À ne pas manquer** – Le Musée national germanique, le fameux pain d'épice de la ville *(Nürnberger Lebkuchen)*, les saucisses grillées *(Nürnberger Rostbratwürste)*, le marché de Noël pendant la période de l'Avent, l'un des plus beaux d'Allemagne.
- **Organiser son temps** – Comptez une demi-journée de promenade dans la ville, une autre pour découvrir le Musée national germanique. Gardez la visite de l'ancien site des congrès du parti nazi pour la fin (2h-3h).
- **Avec les enfants** – Le musée du Jouet, Playmobil Funpark, le parc animalier.
- **Pour poursuivre le voyage** – Bayreuth, Bamberg, Rothenbourg, Ratisbonne.

Comprendre

L'âge d'or – La ville connaît son apogée aux 15e et 16e s. Carrefour d'axes commerciaux et vitrine de l'artisanat franconien, elle rivalise en importance avec Augsbourg. Le rayonnement particulier de Nuremberg s'est appuyé sur les arts et les sciences : le serrurier Peter Henlein fabrique en 1510 des montres de gousset ; les audacieux sculpteurs **Veit Stoß** (vers 1445-1533) et **Adam Krafft** (vers 1460-1508), le fondeur-bronzier de talent **Peter Vischer** (1460-1529), le peintre de nombreux retables **Michael Wolgemut** (1434-1519) et surtout son disciple **Albrecht Dürer** ont profondément marqué l'art allemand. **Hans Sachs** et les *Meistersinger* (maîtres-chanteurs) donnent dès le 13e s. un nouvel essor à la poésie allemande ; ils inspireront Wagner pour son opéra de 1868, *Les Maîtres chanteurs de Nuremberg*.

Le procès de Nuremberg – C'est Nuremberg, promue par Hitler « capitale idéologique » du IIIe Reich et où avaient été promulguées en 1935 les lois antisémites, que les Alliés choisirent pour y juger, devant un tribunal militaire international, 24 hauts responsables et huit organisations du régime nazi (dont la Gestapo et les SS). Ces hom-

C. Labonne / MICHELIN

L'Hôtel-Dieu, au bord de la rivière de la Pegnitz.

mes étaient accusés de crimes de guerre, de crimes contre la paix et contre l'humanité. Le procès se déroula entre le 20 novembre 1945 et le 1er octobre 1946 au palais de justice au bord de la Fürther Straße, aujourd'hui tribunal de grande instance.

Se promener

LA VIEILLE VILLE★★ *4h sans les musées.*

Cette visite commence par un lieu symbolique qui montre l'ampleur des bombardements subis par la ville et permet ainsi de mieux mesurer les efforts de reconstruction entrepris par les habitants de Nuremberg.

Ruines de l'église Ste-Catherine (Katharinenkirche)

Peter-Vischer-Straße. Cet ancien couvent de dominicaines devint plus tard école de chant des maîtres-chanteurs. Il fut incendié en 1945.

En sortant de l'église, prendre en face l'ObereBergauerplatz, puis à gauche la Pfarrgasse.

Église St-Laurent★ (Lorenzkirche)

La façade ouest de l'église gothique St-Laurent (13e-14e s.) est ornée d'une magnifique rosace, qui couronne le tympan du portail retraçant la vie de Jésus. L'imposant chœur en « halle » fut ajouté au 15e s. *Entrer par le côté droit.*

Dans la nef, admirez deux magnifiques œuvres d'art : *le Crucifix de la poutre de gloire* (1400), mais surtout le **Salut de l'Ange★★**, dans le chœur, merveilleuse sculpture sur bois de Veit Stoß (1517-1518) : l'Annonciation faite à Marie par l'archange Gabriel s'inscrit dans une couronne de 55 roses évoquant le chapelet de cinq séries de dix *Ave Maria* et un *Pater*. À gauche du maître-autel se trouve le **tabernacle★★** gothique de A. Krafft (1493-1496) dont les statues évoquent la Passion du Christ. En bas, le sculpteur s'est lui-même représenté grandeur nature supportant la balustrade.

Dans le déambulatoire, attardez-vous devant les magnifiques vitraux colorés, notamment celui de l'Arbre de Jessé (1487) de l'atelier alsacien de Peter Hemmel d'Andlau *(2e à droite en partant du vitrail central).*

En sortant de l'église emprunter la Königstr. vers le nord – voir la maison Nassau (Nassauer Haus), qui fait l'angle avec la Karolinenstr. et qui représente la forme la plus ancienne de l'habitat nurembourgeois avec sa tour fortifiée.

Adam Krafft

Né à Nuremberg vers 1460, il a marqué de son empreinte toutes les églises de la ville. Le style de ses débuts, caractéristique du gothique tardif, se reconnaît à des figures très expressives aux draperies tumultueuses, enluminées de reliefs décoratifs luxuriants. Il évolua vers davantage de clarté, et ses œuvres tardives, plus monumentales, marquent des poses arrondies et mesurées (voir à ce titre le chemin de croix du cimetière de St-Jean, datant de 1505, au Musée germanique).

Hôtel-Dieu (Heilig-Geist-Spital)

L'hôtel-Dieu (14e-15e s.) enjambe, tel un pont supporté par deux voûtes basses, un bras de la Pegnitz. Du côté du Museumsbrücke, un oriel orne la façade. La partie couverte du pont *(accès depuis l'île en amont derrière le bâtiment)*, ou « **cour de la Crucifixion** » en raison du groupe de la Crucifixion d'A. Krafft au nord, présente des arcades de grès surmontées d'une galerie en bois, qui accueillait les personnes âgées.

Continuer tout droit après le pont, arrivée sur la place Hauptmarkt.

Église Notre-Dame★ (Frauenkirche)

Cette église gothique se dresse sur le côté est de la place, à l'emplacement de la synagogue détruite ; don de Charles IV, elle fut construite de 1350 à 1358. Le pignon orné de niches et de pinacles, dû à A. Krafft (début du 16e s.), couronne la façade, l'une des seules parties d'origine. Le **jacquemart** (automates de l'horloge) au-dessus du balcon date de 1509 : souvenir de l'octroi de la Bulle d'or par Charles IV (1356), l'horloge montre le défilé des sept princes-électeurs devant l'empereur *(tous les jours à midi).* À l'intérieur, le hall est soutenu par quatre piles massives. Sur le mur gauche se trouve le **tombeau des Peringsdörffer** *(Madone au manteau)* d'A. Krafft (1498). L'**autel de Tucher**, dans le chœur décoré de personnages, est un chef-d'œuvre de l'école des peintres de Nuremberg ; le triptyque (Crucifixion, Annonciation, Résurrection) date de 1440 environ. Remarquez, à la clef de voûte du chœur, une représentation de Jésus allant à l'école.

Info pratique

La ville propose un ticket de 5 € qui vous permet d'entrer gratuitement dans tous les musées municipaux, sur une même journée. Le Musée national germanique n'est pas compris dans cette opération. Renseignements : *www.museen.nuernberg.de*

Place du Marché (Hauptmarkt) et Belle Fontaine★ (Schöner Brunnen)

L'animation de la place, surtout lors du marché de Noël, cache l'horreur de son origine : le quartier juif qui s'étendait là jusqu'en 1349 fut rasé et ses occupants brûlés.

La **fontaine** gothique (14e s.) et ses 40 figures sur quatre étages (copies) domine la place du Marché. Tout en haut de la pyramide (19 m), on reconnaît Moïse et les prophètes, en dessous les sept princes-électeurs et une série de neuf héros : trois antiques, trois juifs et trois chrétiens. Un anneau d'or sans soudure est prisonnier de la grille *(sur la partie supérieure)*, où l'aurait placé un apprenti serrurier au 17e s.

Au bout de la place prendre à droite vers la montée.

Hôtel de ville (Rathaus)

La partie la plus ancienne date du 14e s. Visite des cachots et de la chambre des tortures (*Lochgefängnisse*).

Musée municipal (Stadtmuseum Fembohaus)

✆ 0911 231 25 95 - www.museen.nuernberg.de - ♿ - tlj sf lun. 10h-17h (w.-end 18h) - fermé 1er janv., 31 déc. - 5 €.

Le **musée de la Maison Fembo** occupe une maison Renaissance dont le pignon est orné de volutes, de cornes et d'obélisques. Consacré à la vie domestique dans les demeures de Nuremberg (16e s.-19e s.) et à l'histoire de la ville.

Continuer sur la Burgstr. qui vous emmènera au Château impérial.

Château impérial (Kaiserburg)

✆ 0911 244 65 90 - www.schloesser.bayern.de - visite guidée (1h30) avr.-sept. : 9h-18h ; oct.-mars : 10h-16h - fermé 1er janv., 24-25 et 31 déc. - 3 €.

Le château de Nuremberg se dresse sur un rocher de grès au nord de la ville. L'ancien **château des Burgraves** *(Burggrafenburg)*, presque totalement détruit en 1420, a été complété au 12e s. par le **Kaiserburg**, dont l'aspect actuel remonte aux 15e et 16e s. De la cour extérieure et le **donjon** *(Sinwellturm)*, haut de 30 m, **vue★** exceptionnelle sur les toits très pentus et les tours de la vieille ville. Dans la cour voisine, le **puits profond** *(dans le bâtiment)* fut creusé à même la roche jusqu'à 50 m de profondeur. Parmi les bâtiments, voir la **chapelle impériale** dans le Kaiserburg, double chapelle romane avec une galerie qui permettait à l'empereur de voir sa suite assemblée.

Sortir de l'enceinte du Kaiserburg, puis aller en contrebas vers la droite.

Fortifications★

Terminées au milieu du 15e s., elles sont restées pratiquement intactes. L'enceinte intérieure, avec son chemin de ronde couvert, est précédée d'une enceinte extérieure *(Zwingermauer)* devant laquelle s'ouvre un large fossé à sec. Soixante-sept tours de défense subsistent, parmi lesquelles les quatre **grosses tours** (16e s.) garnies d'une chape de maçonnerie à l'épreuve des boulets et pouvant présenter jusqu'à 6 m d'épaisseur : Frauentor, Spittlertor, Neutor et Laufertor.

La promenade des fortifications offre de jolis points de vue. La partie la plus intéressante se situe entre le Kaiserburg et la Spittlertor *(côté ouest)*. La **promenade** depuis le jardin du château *(Burggarten) (à l'extérieur, en contrebas du Kaiserburg)* mène à la galerie de défense que l'on peut suivre jusqu'au Neutorzwinger (*poursuivre ensuite sur le côté intérieur)*. On traverse la Pegnitz sur la passerelle suspendue à côté des fortifications du pont, avant d'achever la promenade par le côté extérieur (jolie vue sur le château).

Place Tiergärtnertor

C'est autour de la pittoresque place Tiergärtnertor que les maisons à colombages ont le moins souffert de la Seconde Guerre mondiale. La statue de St-Georges orne la **maison de Pilate**, autrefois demeure d'un armurier-heaumier. Juste en face, de l'autre côté de la place, la maison de Dürer (15e s.), avec un pignon à auvent.

Maison de Dürer★ (Albrecht-Dürer-Haus)

✆ 0911 231 54 21 - www.museen.nuernberg.de - juil.-sept. : 10h-17h ; oct.-juin : tlj sf lun. 10h-17h - fermé 31 déc. - 5 €. **Dürer** l'acquit en 1509 et y vécut jusqu'à sa mort (1528).

L'intérieur sobrement meublé instruit sur sa vie et son œuvre, grâce à des projections, à des démonstrations d'impression de gravures sur une presse d'époque, et à des reproductions de travaux de l'artiste et de ses disciples d'hier et d'aujourd'hui.
Prendre la rue Albrecht-Dürer str., en pente, puis la rue Weinmarkt à gauche.

Église St-Sébald★ (Sebalduskirche)

Cette église à double chœur fut construite au 13e s. et agrandie au 14e s. en l'honneur d'un ecclésiastique de Nuremberg canonisé en 1425. La sobriété de la façade ouest romane contraste avec la masse du chœur est gothique, richement orné de pinacles et de statues.

À l'intérieur, on distingue nettement les éléments romans et ceux du début du gothique (nefs médiane et latérale, du 13e s.) des éléments de style gothique rayonnant (chœur en « halle » et déambulatoire, du 14e s.). À droite de l'entrée, au fond du premier chœur, trône le **retable de St-Pierre** (1485), peint sur fond doré, de l'atelier de Michael Wolgemut.

Au centre, la **cuve baptismale★** gothique richement décorée avec foyer de chauffage (vers 1430) est le plus ancien ouvrage de bronze fondu à Nuremberg. Dans la nef, sur le côté intérieur de la grosse pile gauche, on voit la statue peinte de saint Sébald (1390) et sur la colonne suivante, une **Vierge au nimbe★** en bois de poirier. Le centre du chœur ouest sert d'écrin au **tombeau de saint Sébald★★**. La châsse gothique se trouve dans un présentoir en laiton de Peter Vischer (1519), supporté par des colimaçons et des dauphins et orné d'une profusion de statuettes ; sur les côtés, l'artiste en tenue de travail et saint Sébald.

Dans le déambulatoire, un bas-relief en grès *(la Cène, le Jardin des Oliviers et l'Arrestation du Christ)* de **Veit Stoß** et de superbes **vitraux** (14e-15e s.).

SE LOGER

Hotel Am Jakobsmarkt 1
Hotel-Restaurant Jägerheim 4
Le Méridien Grand-Hotel 7

SE RESTAURER

Essigbrätlein 1
Historische Bratwurstküche Zum Gulden Stern 4
Sebald 7

INDEX DES RUES

Museumsbrücke 1
Pfannensschmiedsgasse 3

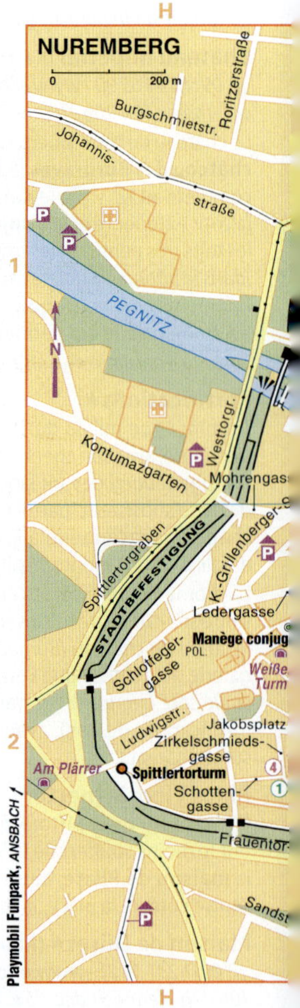

À l'extérieur, sur le côté du chœur est, A. Krafft a sculpté un admirable bas-relief représentant la Passion et la Résurrection sur le **monument funéraire des Schreyer★**.

En sortant de l'église St-Sébald, prenez tout droit la rue Weinmarkt, puis la deuxième sur votre gauche, la Kalrstr., qui descend.

Musée du Jouet★ (Spielzeugmuseum)

Karlstr. 13-15 - ✆ 0911 231 31 64 - www.museen.nuernberg.de - ♿ - tlj sf lun. 10h-17h (w.-end 18h) - fermé 1er janv., 31 déc. - 5 €.

Nuremberg fabrique des jouets depuis le Moyen Âge. Jouets anciens et modernes sont rassemblés, avec un espace pour les enfants.

Poursuivre la Kalrstraße ; prendre à droite pour emprunter la passerelle du bourreau (Henkersteg), qui forme un joli ensemble avec la construction à colombages de la halle aux vins (Weinstadel). Face à vous, la Hutergasse vous mènera à la Ludwigsplatz. Prendre à droite jusqu'au pied de la WeisserTurm.

Le manège conjugal (*Ehekarrussel*), une fontaine surprenante, achevée en 1984 par le sculpteur Jürgen Weber, illustre le poème de Hans Sachs : « La vie conjugale douce-amère ».

Revenir par la Breite Gasse ou la Karolinenstr., deux rues commerçantes.

Le Mauthalle, grenier à blé et à sel construit de 1498 à 1502 ; à partir de 1572, il servira de bureau de pesage et d'octroi pour la ville impériale.

Visiter

Musée national germanique★★★ (Germanisches Nationalmuseum)

✆ 0911 13 310 - www.gnm.de - ♿ - tlj sf lun. 10h-18h - 6 €. Avec 20 000 pièces exposées parmi les millions qu'il possède, le Musée national germanique, fondé en 1852, consti-

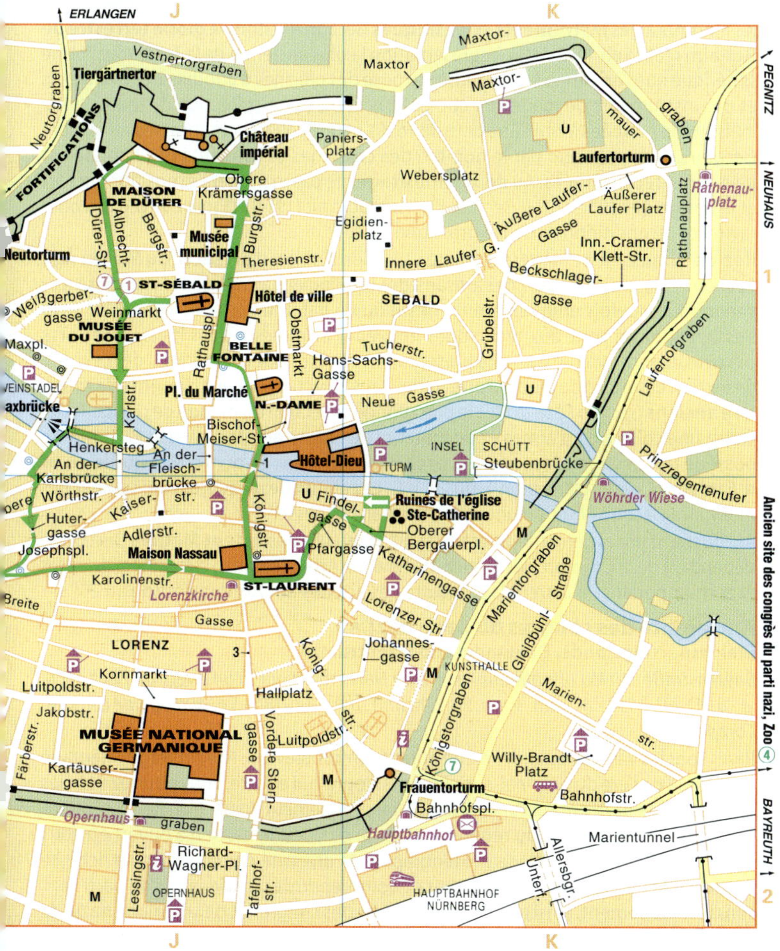

tue la plus importante collection d'objets d'art et d'antiquités d'Allemagne. Le centre de la gigantesque collection occupe un ancien cloître de Chartreux du 14e s. ; le musée s'est étendu par la suite au couvent voisin des Augustins, puis au-delà de la Kartäusergasse. Cette même rue, qui s'intègre complètement dans le complexe muséographique, a été baptisée **rue des-Droits-de-l'Homme** par l'artiste israélien Dani Karavan.

Au vu de la richesse des collections, il est conseillé de choisir un itinéraire thématique. Comme dans tous les musées d'Allemagne, ne vous laissez pas arrêter par une porte fermée : toutes les salles sont ouvertes à moins d'une mention contraire.

NATIONALMUSEUM NUREMBERG

À l'intérieur du Musée national germanique.

Étages supérieurs – La **galerie de peinture** *(premier étage, section B)* présente des œuvres d'**Albrecht Dürer** (portraits de son maître Michael Wolgemut et de Charlemagne), de Hans Baldung Grien (scènes religieuses), Hans Holbein l'Ancien (portraits), Albrecht Altdorfer et Lucas Cranach l'Ancien (portrait de *Martin Luther*, *Vénus* et *L'Amour piqué par une abeille*). On trouve aussi des œuvres plus tardives, tel un *Autoportrait* de Rembrandt. Dans la **collection de sculptures**, voir les œuvres de **Veit Stoß** *(L'Archange Raphaël et le jeune Tobie)*, de Tilman Riemenschneider *(Déploration du Christ)* et d'Ignaz Günther. Parmi les innombrables **instruments scientifiques** *(section A)*, citons le **globe terrestre de Behaim** réalisé en 1492-1493 : représentation la plus ancienne de la Terre sous forme sphérique que l'on connaisse. Le musée expose des officines d'apothicaires d'autrefois et des instruments de médecine anciens *(section C)*, une collection de jouets et de maisons de poupées (dont l'une date de 1639), et une collection consacrée au folklore *(section D)* qui surprend par le nombre des costumes et la qualité des habitations paysannes reconstituées. Au **deuxième étage**, ne pas manquer l'exposition sur l'art et le design des 19e et 20e s. *(section E)* : l'*Autoportrait* (1914) d'Ernst Ludwig Kirchner ravira les inconditionnels de l'expressionnisme.

Rez-de-chaussée – L'impressionnante collection d'objets d'**art sacré du Moyen Âge** *(section C)* illustre les travaux des artisans, des carolingiens au début de la Renaissance ; variant quelquefois uniquement un geste ou un habit jusqu'au milieu du 15e s., ils s'essayent par la suite aux techniques nouvelles inspirées par les Italiens. Les **arts décoratifs** sont évoqués par une présentation de verres, de céramiques, de meubles, de textiles et surtout de pièces d'orfèvrerie. Dans la section des **instruments de musique anciens** *(section D)* se trouve la plus grande collection du monde de pianos-forte. Outre une collection d'armes et de matériel de chasse anciens *(section E)*, le musée possède une section consacrée à la **préhistoire** *(section B)*, où trône la **quille en or d'Ezelsdorf**, datant d'environ 1100 av. J.-C. Le cabinet des gravures et le cabinet des monnaies *(section F)* sont d'une exceptionnelle richesse.

Au Musée national germanique est rattaché le **musée des Arts et Métiers** *(section D)* dépendant de la Chambre des métiers de Bavière. Arts décoratifs, créations artisanales et contemporaines illustrent la créativité des artistes de l'Antiquité jusqu'au 20e s.

Ancien site des congrès du parti nazi ★★
(Reichsparteigelände, Dokumentationszentrum) Hors plan, vers K2

Bayernstraße 110 (à Luitpoldhain), sortir de Nuremberg par la B4 direction Fischbach. ☏ 0911 231 7538 - ♿ - lun.-vend. 9h-18h, sam.-dim. 10h-18h - 5 €, audioguide compris. Compter 2-3h.

Rares sont les villes allemandes à être autant confrontées que Nüremberg à l'héritage historique de l'ère du national-socialisme. Aujourd'hui encore, vous pourrez voir des édifices qui se dressent sur l'ancien site de rassemblement du parti du Reich, témoins de la folie des grandeurs du régime. Le Centre de documentation a ouvert en 2001 sur le site. La modernité de sa muséographie, la diversité des supports, sa richesse et sa qualité pédagogique permettent de comprendre les fondements du parti nazi, son développement, ainsi que l'histoire du site des congrès et de la période nazie de la ville. Une visite passionnante.

Aux alentours

Playmobil Funpark Hors plan, sortie par H2

À 16 km à l'ouest de Nuremberg - Pour sortir de la ville, suivez la direction de Ansbach. ✆ 0911 9666-1700 -playmobil-funpark.de - Tlj 9h-18h - 5 à 9 € selon la saison.

Créé par la société Playmobil à côté de son siège, à Zirndorf, ce parc d'attractions est très bien aménagé, pour l'été comme pour l'hiver. Possibilités de restauration.

Zoo (Tiergarten) Hors plan, sortie par K2

Am Tiergarten30 - ✆ 0911 54 546 - www.tiergarten.nuernberg.de - Sortir de la ville par la Bahnhofstr., à hauteur de la gare, puis prendre la Kressengartenstr et la Ostendstr. Avr.-sept. 8h-19h30, oct.-mars 9h-17h - Adultes 7,50 €, enfants 3,70 €.

Il constitue l'un des plus grands zoos d'Europe (63 ha) et comporte le seul delphinarium du Sud de l'Allemagne. De Pâques à octobre, promenade en petit train « Adler », réplique réduite du premier train allemand. Venez flâner dans les jardins des Hespérides, aménagés au 17e et 18e s., à partir des jardins paysans du Moyen Âge.

Erlangen

24 km au nord. Dans cette ville de l'époque baroque, aux immeubles d'ordonnance uniforme, se réfugièrent de nombreux huguenots français. L'église réformée marque le centre de leur quartier. Ville universitaire, c'est la patrie du physicien **Georg Ohm** (1789-1854), qui découvrit les lois de la résistance des circuits électriques.

Dans le **parc** *(Schlossgarten)* se dresse la curieuse **fontaine des Huguenots**, érigée par les Français en 1706 pour remercier le margrave de Bayreuth, leur protecteur.

Forchheim

39 km au nord. Charmante vieille ville à l'atmosphère moyenâgeuse, nombreuses maisons à colombages, notamment sur la place de l'Hôtel de ville *(Rathausplatz)*.

Circuit de découverte

Hersbrucker Alb

Circuit de 109 km – Compter une demi-journée. Sortir par la Sulzbacher Straße, puis prendre la A 9 en direction de Bayreuth jusqu'à la sortie Plech.

Neuhaus an der Pegnitz★ – Cette charmante localité dominée par la grande tour du château de Veldenstein surgit d'un seul coup.

Continuer le long de la Pegnitz en direction de Hersbruck. La vallée est profondément encaissée entre de grands rochers pointus.

Hersbruck – Ancienne ville forte, située à l'endroit où la vallée s'élargit, très animée en saison, elle possède de belles demeures anciennes et les vestiges d'une fortification médiévale. Dans l'église, bel autel de style gothique tardif. Le **Musée pastoral** *(Deutsches Hirtenmuseum – Eisenhüttlein 7)* présente ses collections folkloriques dans un édifice de 1524. *Continuer en direction de Happurg jusqu'au pont jeté sur la Pegnitz,* d'où l'on peut voir en se retournant la porte du Wassertor (tour d'habitation), sa guérite de péage et les vieux toits des maisons voisines se serrant au pied du Michelsberg. *Retour à Nuremberg par la B14.*

Nuremberg pratique

Informations utiles

Office de tourisme – *Hauptmarkt 18 - 90403 Nuremberg - ✆ 0911 233 61 35 - lun.-sam. 9h-18h (mai à oct. dim. 10h-16h), pendant marché de Noël : lun.-sam. 9h-19h, dim. 10h-19h.*

Nürnberg Info – *Königstr. 93 - ✆ 0911 233 6 132 - lun.-sam. 9h-18h, dim. 10h-16h pendant le marché de Noël.*

Visites

Visites guidées – Visites de la ville en français (2h) possibles - *8 € (gratuit enf. - 14 ans) - ✆ 0911 23 360* - Pour horaires et inscriptions : *www.nuernberg-tours.de*

Transports

Bon à savoir – La ligne de bus 36 sillonne la ville pour faire le tour de ses curiosités.

Se loger

⊖⊖ Hotel-Restaurant Jägerheim – *Valznerweiherstraße 75 - 90480 Nürnberg-Zerzabelshof - ✆ 0911 94 08 50 - fax 0911 9408 585 - www.hotel-jaegerheim.de - P - 33 ch. - 82 €* . Hôtel calme, à proximité de la foire, bien desservi par les transports. Chambres à l'aménagement soigné, équipées d'un mobilier en bois clair et restaurant traditionnel.

⊖⊖ Hotel Am Jakobsmarkt – *Schottengasse 5 - ✆ 0911 200 70 - fax 0911 2 007 200 -www.hotel-am-jakobsmarkt.de - fermé 24 déc.-2 janv. -* P

- 72 ch. - 105/145 € . Les chambres sont réparties en deux bâtiments : le corps principal et une annexe à colombages que l'on atteint par la cour intérieure – toutes possèdent un équipement fonctionnel et moderne. Le petit-déjeuner est servi dans une agréable salle à la façade en verre.

Le Méridien Grand-Hotel – *Bahnhofstr. 1 - 0911 2 32 20 - fax 0911 2 32 24 44 - www.grand-hotel.de - - 186 ch. - 258/402 € -20 €* . Hôtel situé à côté de la gare centrale et à deux pas de la vieille ville. Accueil dans un cadre luxueux et dans des chambres raffinées de style Art nouveau : salles de bains en marbre et climatisation font partie du standard !

Se restaurer

Bon à savoir – La spécialité culinaire de la ville sont les saucisses grillées, les *Nürnberger Rostbratwürste* que l'on peut déguster dans les échoppes du centre-ville (souvent selon la formule *Drei im Weckla* : trois saucisses dans un petit pain), mais aussi dans la plupart des restaurants qui servent une cuisine traditionnelle.

Historische Bratwurstküche Zum Gulden Stern – *Zirkelschmiedsgasse 26 - 0911 205 92 88 - www.bratwurstkueche.de - 12/16 €.* Cette maison historique de 1419 est la plus vieille *Bratwurstküche*. Bois et décor champêtre confèrent au lieu son caractère. Dégustez la saucisse de Nuremberg, grillée au bois de hêtre, avec une délicieuse choucroute ou une salade de pommes de terre traditionnelle.

Sebald – *Weinmarkt 14 - 09 101 38 13 03 - www.restaurant-sebald.de - tlj à partir de 11h - 28/44 €.* Charmante maison de la vieille ville abritant un bistrot et un restaurant au décor moderne. Des murs en marbre jaune et des tons chauds évoquent la Toscane. Cuisine internationale originale et raffinée.

Essigbrätlein – *Weinmarkt 3 - fermé 24 déc.-5 janv., 3 sem. en août et dim.-lun. - 0911 22 51 31 - 42 € le midi, 86 € le soir.* Parfum de nostalgie dans cette auberge de 1550, dans son état d'origine et installée dans un ancien bâtiment en grès franconien. Andree Koethe vous servira des plats de sa composition : un nouvel art culinaire ambitieux !

Faire une pause

Konditorei-Café Beer – *Breite Gasse 79 - 0911 2 30 84 20 - www.cafebeer.de - lun.-sam. 8h30-19h.* Salon de thé classique avec terrasse dans l'une des rues commerçantes les plus importantes de la ville. Les pièces montées sont la spécialité de cette pâtisserie-confiserie fondée en 1864 et dirigée toujours par la même famille.

En soirée

Bon à savoir – Pour le programme des manifestations, se procurer les magazines mensuels *Plärrer* ou *Prinz* dans les librairies et les kiosques à journaux de la ville. Distribution gratuite du calendrier mensuel *Doppelpunkt* dans les bars, cinémas et boutiques. Informations sur Internet : *www.kubiss.de, www.events-nuernberg.de, www.congressing.de*

Altstadthof - Braustüberl « Schwarzer Bauer » – *Bergstr. 19-21 - 0911 22 72 17 - www.altstadthof.de - 11h-1h (terrasse jusqu'à 22h).* Différentes sortes de bière brassées sur place (selon des recettes traditionnelles) et eaux-de-vie faites maison. Vous pouvez les déguster dans la petite salle ou dans le *Biergarten* dans l'arrière-cour, ou même les emporter.

Biergarten Am Hexenhäusle – *Vestnertorgraben 4 - 0911 36 73 24 - www.sudhausnuernberg.de - 11h-23h.* Non loin du château au nord. Atmosphère conviviale dans cette ancienne maison de garde, dite maison de la sorcière, et son jardin ombragé. Profitez du *Biergarten* et de la belle vue pour consommer boissons rafraîchissantes et spécialités locales.

Achats

Bon à savoir – Les rues commerçantes les plus importantes de la ville où trouver grands magasins et variété de boutiques spécialisées sont Karolinenstr., Breite Gasse et Königsstr. Pour ramener un petit cadeau, pensez aux *Lebkuchen*, les pains d'épice, qui traditionnellement étaient fabriqués lors de l'Avent et sont aujourd'hui disponibles toute l'année – souvent emballés dans de jolies boîtes en métal (voir magasin Lebkuchen Schmidt à l'angle sud-est du Hauptmarkt/ Plobenhofstr. 6).

La cour des artisans (Handwerkerhof) – *Königstor (face à la gare centrale ; près de Frauentorturm) - 0911 8 60 70 - www.handwerkerhof.de - mars-déc. : boutiques : lun.-vend. 10h-18h30, sam. 10h-16h, restaurant : lun.-sam. 10h30-22h.* Cour pittoresque entourée de remparts avec à la fois petites boutiques d'artisanat et restaurants traditionnels. Pour se procurer souvenirs de voyage (pain d'épice) ou pour faire une petite pause.

Événements

Bardentreffen, les rencontres des bardes – Le 1er w.-end des vacances d'été (fin juil., déb. août). Festival de musiques du monde le plus important d'Allemagne. Dans la vieille ville, 7 scènes en plein air.

Klassik Open Air – Juil.-août. Festival grandiose de musique classique rassemblant, depuis 2000, 50 000 participants. Entrée gratuite.

Rock im Park – En juin, à Luitpoldhain, à l'extérieur de Nuremberg. Festival de rock accueillant des « pointures » sur plusieurs scènes, pendant 3 jours.

Marché de Noël *(Christkindlesmarkt)* – Du vend. précédant le 1er dim. de l'Avent à la veille de Noël sur la Hauptmarkt.

Bamberg★★

69 900 HABITANTS
CARTE GÉNÉRALE B3 – CARTES MICHELIN N^{OS} 718 J10 ET 546 AH 48
BAVIÈRE

Du passé glorieux de Bamberg, émane toujours une incontestable magie. Inscrite au patrimoine mondial de l'Unesco, cette ville construite sur sept collines est née au Moyen Âge. Transformée aux 17e et 18e s. en cité baroque par les princes-évêques et épargnée par les bombardements, elle compte aujourd'hui près de 2 300 monuments classés historiques. Les églises médiévales côtoient des maisons bourgeoises de style baroque et des édifices monumentaux. Sur l'une des collines, vous découvrirez la ville haute, le centre ancien avec ses petites rues bordées d'antiquaires et sa cathédrale impériale aux quatre clochers qui constitue encore le cœur de la cité et le plus important chef-d'œuvre architectural de la région.

- **Se repérer** – À 60 km au nord de Nuremberg par l'A 73.
- **À ne pas manquer** – La vue de la « petite Venise » sur le pont de la Regnitz ; à Noël, le chemin des crèches ; à la belle saison, la roseraie de la Nouvelle Résidence ; les spécialités locales : les carpes (*Karpen*), les saucisses franconiennes et la « bière fumée » (*Rauchbier*) brassée dans l'une des 10 brasseries de la ville.
- **Organiser son temps** – Compter une demi-journée pour la découverte de la vieille ville (beaucoup d'escaliers !).
- **Pour poursuivre le voyage** – Bayreuth (70 km), Nuremberg, Wurtzbourg (100 km), la Route romantique.

Visiter

LA VIEILLE VILLE *2h.*

Partir du pont Obere Brücke qui relie la vieille ville au centre-ville moderne.

Cathédrale★★ (Kaiserdom)

La cathédrale St-Pierre et St-Georges, achevée en 1237, appartient au style romano-gothique de transition et se caractérise par ses deux absides : la plus ancienne *(sur l'avancée)* s'orne d'une fine balustrade et de corniches travaillées en damier ; l'autre *(à l'arrière, non visible)* est entièrement gothique. Quatre tours élancées flanquent les deux chœurs. Ce plan, hérité d'un ancien édifice ottonien *(voir chapitre « Art et Architecture »)*, matérialise la réticence des puissantes institutions ecclésiastiques de l'Empire face aux innovations du gothique français.

S'ouvrant sur la Domplatz, le **portail des Princes** *(Fürstenportal)*, le plus beau de la cathédrale, compte dix voussures cannelées, striées ou à chevrons venant s'appuyer

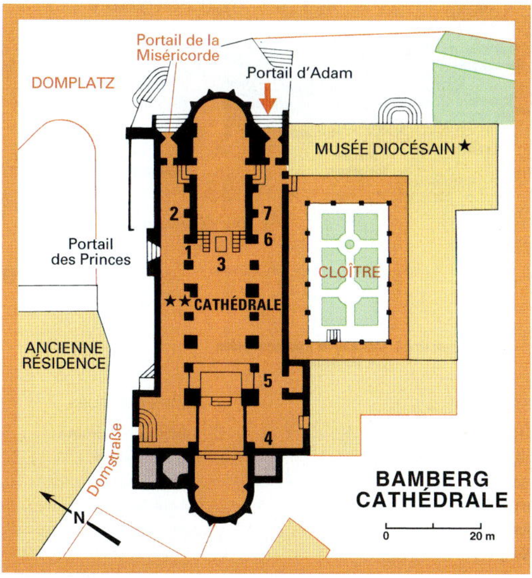

sur des colonnes alternées avec des statues représentant les prophètes portant les apôtres sur leurs épaules. On pénètre dans l'édifice par le portail d'Adam, à la décoration en pointes de diamant et dents de scie (les statues qui l'ornaient sont au **Musée diocésain**). Au fil de l'avancée apparaît l'évolution du roman au gothique. Deux chœurs, fortement surélevés, encadrent une nef dont les murs dépourvus de galeries trahissent le conservatisme du style. Sous chacun des chœurs s'ouvre une crypte : la première *(près de l'entrée)* comporte trois nefs aux vastes proportions ; la seconde *(au fond de l'église)*, réalisée à l'époque de l'empereur Henri II, sert de sépulture aux archevêques de Bamberg.

Parmi les chefs-d'œuvre de la sculpture gothique allemande abrités par l'église :

1) Statue équestre du **cavalier de Bamberg★★★** *(Bamberger Reiter)*, du 13e s., qui représenterait peut-être saint Étienne (969-1038), premier souverain de Hongrie et beau-frère d'Henri II ; ce cavalier, dont les traits sont ceux d'un jeune homme gracieux, est devenu le symbole d'un Moyen Âge idéalisé.

2) Célèbre **groupe de la Visitation** (remarquez le visage de sainte Élisabeth à droite de la statue centrale de Marie). Ce groupe est, comme le Cavalier, l'œuvre d'un artiste fortement influencé par l'école française, en particulier celle de Reims.

3) À l'entrée du chœur, **tombeau★★★** de Henri II le Saint et de Cunégonde *(St. Heinrichs-Grab)*. L'œuvre nécessita quatorze années de travail à T. Riemenschneider.

En faisant le tour du tombeau *(par la droite)*, on reconnaît les scènes suivantes : ordalie de Cunégonde, lavée par le feu du soupçon d'adultère ; rétribution, par Cunégonde, d'ouvriers à l'église St-Stéphane ; mort de l'empereur Henri II ; pesée de l'âme d'Henri II en présence de saint Laurent ; l'empereur guéri de la pierre par saint Benoît.

4) Retable de la Nativité★ (1523) par le sculpteur Veit Stoß.

5) Statue funéraire d'évêque.

6) Statue représentant l'Église.

7) Admirable statue de la Synagogue, au regard voilé.

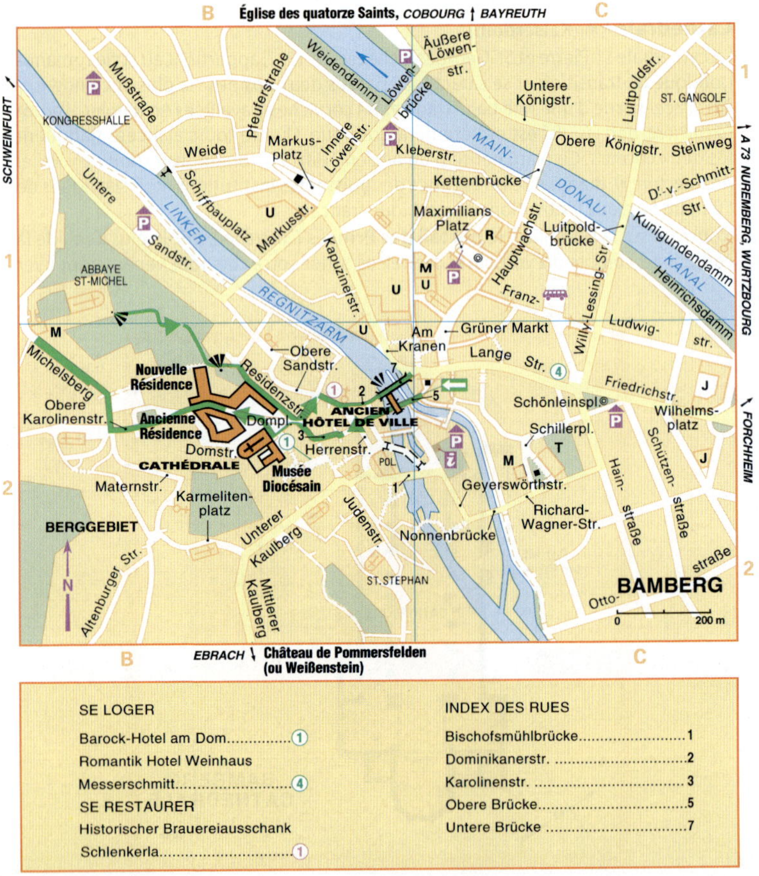

SE LOGER

Barock-Hotel am Dom .... ①

Romantik Hotel Weinhaus Messerschmitt .... ④

SE RESTAURER

Historischer Brauereiausschank Schlenkerla .... ①

INDEX DES RUES

Ancien hôtel de ville★ (Altes Rathaus)

Érigé au 14e s. sur un minuscule îlot artificiel sur la Regnitz, à la frontière entre ville bourgeoise et ville épiscopale, cet édifice fut transformé au 18e s. Il comprend à gauche l'hôtel de ville lui-même, aux façades peintes de fresques, une porte rococo à cheval sur le pont et la Rottmeisterhaus, maison à colombages en équilibre sur un avant-bec du pont. L'ancien hôtel de ville héberge la Collection Ludwig, la plus importante collection privée de faïence de Strasbourg et de porcelaine de Meissen.

Monter par la Karolinenstr. jusqu'à la Domplatz, encadrée par la cathédrale, la Nouvelle Résidence et l'Ancienne Résidence. Quelques détours par les rues attenantes, notamment du côté de la Jugenstraße, vous dévoileront de belles façades et, aux angles des maisons, des statues de la Vierge.

Ancienne Résidence (Alte Hofhaltung)

La cour ferme à la tombée de la nuit. L'ancien palais épiscopal fut édifié sur les fondations du palais impérial des 10e-11e s. Sa façade à pignons sculptés, oriel, tourelle d'angle et son portail datent de la Renaissance. La très jolie **cour intérieure★★** est entourée de bâtiments gothiques à colombages, aux toits en forte pente et aux très pittoresques galeries de bois. Elle abrite le **Musée historique** (art et culture dans l'histoire de la ville).

Traverser la place.

Nouvelle Résidence (Neue Residenz)

☏ 0951 51 93 90 - www.schloesser.bayern.de - visite guidée (45mn) avr.-sept. : 9h-18h ; oct.-mars : 10h-16h - fermé 1er janv., 20 fév. (Mar. gras), 24-25 et 31 déc. - 5 €

La Nouvelle Résidence, le plus vaste des palais de Bamberg, réunit quatre corps de bâtiments : deux corps Renaissance le long de l'Obere Karolinenstraße, construits au début du 17e s., et deux ailes baroques, encadrant la Domplatz, entreprises en 1695 par Léonard Dientzenhofer pour Lothar Franz von Schönborn, prince-électeur de Mayence et prince-évêque de Bamberg.

Au 1er étage, le musée expose sa collection de peintures, avec des œuvres de maîtres allemands (maître de la Vie de la Vierge, Hans Baldung Grien, etc.).

Au 2e étage, les **appartements impériaux**, donnant sur la Domplatz, avec leurs jolis parquets, leur mobilier baroque et leurs Gobelins authentiques. Voir en particulier la **salle des Empereurs** *(Kaisersaal)*, ornée de fresques allégoriques et de portraits.

De la roseraie du palais, belle **vue★** sur la ville et l'ancienne abbaye bénédictine de St-Michel.

En sortant de la Nouvelle Résidence, prendre à droite l'Obere Karolinenstr.

Musée franconien de la brasserie (Fränkisches Brauereimuseum)

☏ 0951 530 16 - www.brauereimuseum.de - avr.-oct : tlj sf lun. et mar. 13h-17h - 2,50 €.

Avec ses dix brasseries, Bamberg est la capitale de la bière en Franconie. Ce musée en présente les outils et les processus de fabrication.

Abbaye St-Michel (Kloster St-Michael)

Franziskanergasse 2 - tlj 9h-18h, en dehors de l'office du dim., à 10h.

Sur la colline Michaelsberg se trouve l'ancienne abbaye bénédictine, construite en 1015 à la demande d'Henri II, remaniée en style postgothique après l'incendie de 1610, puis en baroque au 18e s., sous la direction des frères Dientzenhofer. Admirez les fresques du plafond, « herbarium divin » ou « jardin du ciel » avec ses 578 fleurs et plantes. De la terrasse derrière l'église, vue magnifique sur la ville.

À travers les jardins en terrasse, redescendre vers la ville. Au pied de la Nouvelle Résidence, rejoindre la Dominikanerstr. qui conduit au pont Untere Brücke.

Les crèches de Bamberg

Ce sont des Jésuites qui, les premiers, dressèrent une crèche à Bamberg, au 17e s. La ville a gardé depuis une tradition d'exposition de crèches sur les places publiques, dans les églises ou les musées du premier samedi de l'Avent, avant Noël, et jusqu'au 6 janvier (vous en verrez encore dans les églises et les musées au mois de février). Près de 35 crèches sont réparties dans la ville. On les découvre en suivant le chemin des crèches *(Krippenweg)*. La plupart de celles de Bamberg ont, comme arrière-plan, des sites de la région : on peut ainsi voir les maisons à colombages de Franconie, la silhouette de la ville ou une grotte de la Suisse franconienne. Plan et brochures disponibles auprès de l'office de tourisme.

De l'**Untere Brücke**, pont jeté à la pointe aval de l'île, belle vue★ sur les maisons à colombages du quartier des pêcheurs des bords de la Regnitz, quartier surnommé « petite Venise » *(Klein Venedig)* par le roi de Bavière Maximilien II.

Avec leurs balcons et leurs minuscules jardins auxquels sont amarrées des barques, ces maisons constituent un ensemble romantique et offrent, tous les ans en août, un décor féerique à la kermesse « Sandkerwa » avec son concours de joutes nautiques et sa nuit italienne.

Aux alentours

Château de Pommersfelden★ (Schloss Pommersfelden)

21 km au sud. ✆ 09 548 98 180 - www.schlosspommersfelden.de - visite guidée (50mn) avr.-oct. : 10h-17h - 6 €.

Également appelé **Weißenstein**, il fut élevé de 1711 à 1718 pour l'archevêque Lothar Franz von Schönborn sur les plans de Dientzenhofer et Hildebrandt ; il devint vite l'un des modèles de palais baroques les plus remarqués.

Une visite rapide permet d'admirer la **cage d'escalier★**, à trois étages de galeries, dont le plafond peint représente les divinités de l'Olympe et les quatre parties du monde. Au rez-de-chaussée, une salle de rocaille perpétue, avec son « décor de grotte », une tradition de la Renaissance. La salle de marbre du premier étage, aux pilastres de stuc, possède des fresques de Rottmayr.

Une visite plus complète permet de parcourir les appartements de l'Électeur avec leurs cabinets de peintures et leur cabinet des glaces.

Église des Quatorze Saints★★ (Wallfahrtskirche Vierzehnheiligen)

À 32 km au nord.

L'église s'élève à flanc de pente, dans un site épanoui de la vallée du Haut-Main, face à l'abbaye de Banz.

Ce sanctuaire de pèlerinage, dédié aux quatorze intercesseurs, est une merveille du baroque. L'ordonnance intérieure révèle la hardiesse de l'architecte Balthasar Neumann et la décoration captive les yeux par sa richesse.

Le pèlerinage – En 1445 et 1446, un pâtre est favorisé, en ce lieu, de plusieurs apparitions, dont la dernière est identifiée comme celle de l'Enfant Jésus parmi les « quatorze intercesseurs ». Le culte de cette pieuse cohorte de saints, vivement préconisé alors par les dominicains et les cisterciens d'Allemagne, doit être replacé dans l'atmosphère mystique du début du 15e s., durant lequel les visions sont nombreuses : les « voix » de Jeanne d'Arc (née en 1412) étaient celles de sainte Catherine et de sainte Marguerite, qui font elles-mêmes partie de ce groupe. Restée longtemps vivace dans le peuple, cette dévotion envers les saints secourables entraîne la foule des pèlerins vers une chapelle qui, au 18e s., fait place à une somptueuse église rococo.

L'église★★ – Construite de 1743 à 1772 en belle pierre ocre, elle dresse une façade encadrée de tours à bulbe remarquablement hautes pour un édifice baroque. Le fronton brisé est surmonté de statues, jadis dorées, figurant le Christ entre celles de la Foi et de la Charité.

Intérieur – L'organisation architecturale de l'espace est déterminée par une succession de trois travées de plan ovale encadrées de colonnades et couvertes de calottes surbaissées. La travée de l'autel des Intercesseurs tient lieu de centre, au détriment de la croisée du transept, sur laquelle sa colonnade empiète. Les bras du transept sont surmontés de coupoles circulaires.

Toutes ces subtilités géométriques créent une étonnante perspective d'ensemble, suivant l'idéal du plan central qui a hanté les architectes du 18e s., lassés de la succession monotone de travées droites.

La précieuse décoration rococo du sanctuaire surprendra les visiteurs par ses raffinements et son élégance ; remarquer en particulier la fraîcheur des peintures des coupoles, la légèreté des stucs, la richesse des rechampis d'or (ornements ressortant du fond pour souligner les boiseries des tribunes) et la grâce des *putti* (angelots représentant l'Amour) qui surmontent les confessionnaux ou les corniches.

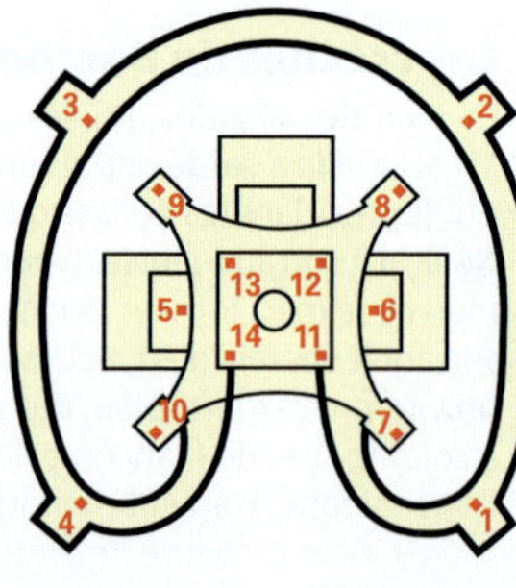

Autel des Intercesseurs★★ (Nothelfer-Altar) – Tout en courbes et en contre-courbes, cette construction rococo pyramidale à baldaquin ajouré (1764) fut exécutée par des stucateurs de l'école de Wessobrunn. Elle occupe l'emplacement des apparitions et ses statues représentent les fameux Intercesseurs :

Balustrade : **1**) Saint Denis. – **2**) Saint Blaise. – **3**) Saint Érasme. – **4**) Saint Cyriaque (délivré du démon à la dernière heure).

Niches d'autel : **5**) Sainte Catherine d'Alexandrie, patronne des érudits, des étudiants et des filles à marier (modèle de la sagesse chrétienne). – **6**) Sainte Barbe, patronne des mineurs, des artilleurs et des prisonniers (grâce d'une bonne mort).

Contreforts : **7**) Saint Acace (angoisses de la mort). – **8**) Saint Gilles, le seul Intercesseur non martyr (obtient la grâce d'une bonne confession). – **9**) Saint Eustache (converti par l'apparition d'un cerf portant une croix entre ses branches). – **10**) Saint Christophe, patron des voyageurs.

Sommet du baldaquin : **11**) Saint Guy (épilepsie). – **12**) Sainte Marguerite (intercède pour le pardon des péchés). – **13)** Saint Georges, patron des paysans et de leurs biens. – **14**) Saint Pantaléon.

Les amateurs de prises de vues originales monteront sur les pentes dominant l'église. Ils verront alors apparaître l'abbaye de Banz encadrée par les tours, dans le prolongement de la ligne de faîte du toit.

Ebrach★

35 km à l'ouest.

L'ancienne abbaye (actuellement maison d'arrêt), premier établissement cistercien fondé sur la rive droite du Rhin en 1127, subit une transformation baroque radicale aux 17e et 18e s. sous la direction de J. L. Dientzenhofer, puis de Balthasar Neumann. Le plan de l'église★, au chœur à fond plat, est directement inspiré de celui de Cîteaux, avec déambulatoire carré. Une rose de 7,60 m de diamètre décore la façade.

L'intérieur contient de belles grilles de clôture rococo, un retable Renaissance (transept gauche) et des orgues baroques dans le chœur.

Cobourg★ (Coburg)

46 km au nord. Les débuts brillants des ducs de Saxe-Cobourg au 17e s. ont marqué la ville d'une empreinte Renaissance. Dominée par une citadelle imposante, Cobourg surprend surtout par les belles façades qui cernent la place du Marché *(Marktplatz)* et par le **lycée Casimir★** *(Gymnasium Casimirianum, face à l'église St-Maurice)*, de 1605.

La forteresse (Veste Coburg) – *✆ 095 61 879 79 - www.kunstsammlungen-coburg.de - avr.-oct. : tlj 9h30-17h ; nov.-mars : tlj sf lun. 13h-16h - fermé Mar. gras, 24, 25 et 31 déc. - 3,30 €.* C'est l'une des plus grosses forteresses d'Allemagne, avec triple enceinte fortifiée. Sa fondation remonte au 12e s., mais l'ensemble actuel date du 16e s. et de l'époque de Jean-Casimir, premier duc de Saxe-Cobourg.

Le musée possède des **collections d'art★** *(Kunstsammlungen)* d'envergure européenne, dont des tableaux d'Albrecht Dürer et de Lucas Cranach. Le bâtiment dit de Charles-Édouard abrite des objets d'artisanat, notamment la plus grande collection européenne de verreries vénitiennes et un cabinet d'estampes.

Château d'Ehrenbourg (Schloss Ehrenburg) – *✆ 09 561 80 88 32 - www.sgvcoburg.de - visite guidée avr.-sept. : tlj sf lun. ttes les heures 9h-17h ; oct.-mars : tlj sf lun. ttes les heures 10h-15h - 4 € (-18 ans gratuit).* Ce fut la résidence des ducs de Cobourg de 1547 à 1918. L'intérieur porte la marque du baroque bien que la façade sur la place du château *(Schlossplatz)* ait été remaniée dans le style néogothique. Salles d'apparat dotées de meubles Empire et Biedermeier. Des maîtres italiens ont œuvré sur les stucs de la salle des Gobelins, la salle Rouge, la salle des Géants et la chapelle. Galerie de peintures (maîtres allemands et néerlandais).

Les Saxe-Cobourg

Au cours de siècles d'intrigues et de diplomatie, la dynastie de Saxe-Cobourg a fait souche dans presque toutes les cours d'Europe : on la retrouve dans les familles royales de Belgique, du Portugal, de Russie, de Suisse et de Bulgarie. C'est de l'union du duc Édouard de Kent avec la princesse Victoire de Cobourg qu'est issue la légendaire reine Victoria, qui épousa à son tour son cousin le prince Albert de Saxe-Cobourg.

Bamberg pratique

Informations utiles

Office de tourisme – *Geyerswörthstraße 3 - 96047 - ✆ 0951 2976-200 à 204 - www.bamberg.info (infos en français)- lun.-vend. 9h30-18h, sam. 9h30-14h30 du 1er avr. au 31 déc., ouv. les dim. et j. fériés (sf Vend. saint et 25-26 déc.) de 9h30 à 14h30.*

Se loger

Barock-Hotel am Dom – *Vorderer Bach 4 - ✆ 0951 540 31 - www.barockhotel.de - fermé fév. et 24-27 déc. - ♿ - 19 ch.- 93 €* ☕. Établissement de 1520, pourvu d'une élégante façade baroque en 1740, à proximité immédiate de la cathédrale. Très convivial. Petit-déjeuner servi le matin sous une voûte gothique.

Romantik Hotel Weinhaus Messerschmitt – *Lange Straße 41 - ✆ 0951 297 800 - www.hotel-messerschmitt.de - 🚭 - 67 ch. -130 €* ☕ - Hôtel à la façade jaune et blanc, style « confiseur », situé au début de la rue commerçante. Chambres rustiques ou modernes. La belle terrasse du restaurant s'ouvre sur une cour avec fontaine.

Se restaurer

Historischer Brauereiausschank Schlenkerla – *Dominikanerstraße 6 - ✆ 0951 560 60 - www.schlenkerla.de - tlj sf mar. 9h30-23h30 - 💳 - 14 €.* Dans ce beau bâtiment à colombages, spécialités franconiennes et bière fumée *(Rauchbier)*, brassée sur place.

Faire une pause

Teegiesserei – *Pfahlplätzchen 2 - ✆ 0951 297 2595 – mar.-sam. 11h-19h, dim. et j. fériés 14h-19h.* Dans un salon de thé aménagé en coins et recoins, belle carte de thés, cafés, chocolats, et gâteaux du jour ou en-cas salés faits maison.

Café im Rosengarten – *Domplatz (dans la Neue Residenz) - ✆ 0951 98 04 00 - de Pâques à mi-oct. : 10h-18h.* Dans le petit pavillon ou sur la terrasse de la roseraie, friandises de la pâtisserie-confiserie Graupner dont la maison-mère se trouve à Lange Str. 9. Pour les gourmands…

Bayreuth★

74 820 HABITANTS
CARTE GÉNÉRALE B3 – CARTES MICHELIN N^OS 718 K10 ET 546 AN 47
BAVIÈRE

Connue mondialement pour son festival wagnérien, Bayreuth porte l'empreinte d'une princesse du 18e s. hors du commun qui en fit un pôle culturel européen et la vitrine d'un rococo original. Mais aujourd'hui, le chef-lieu de la Haute-Franconie est également devenu une importante ville universitaire et un centre économique de pointe en matière de haute technologie. La proximité de la Suisse franconienne en fait aussi un point de départ idéal pour des excursions, à pied ou en voiture.

- **Se repérer** – Bayreuth est à 240 km au nord de Munich et à 360 km au sud de Berlin.
- **À ne pas manquer** – L'opéra des Margraves, le Château Neuf, le parc du château de l'Ermitage, le Palais des Festivals.
- **Avec les enfants** – Le musée du Monde primitif de Haute-Franconie.
- **Pour poursuivre le voyage** – Iéna et la haute vallée de la Saale, Nuremberg.

Comprendre

La princesse Wilhelmine – Fille du roi de Prusse Frédéric-Guillaume Ier, la princesse Wilhelmine devait devenir reine d'Angleterre par le jeu des mariages entre grandes familles. Mais l'affaire traîne, et elle est contrainte par son père d'épouser le margrave Frédéric de Brandebourg-Bayreuth. La princesse est l'une des femmes les plus intelligentes et les plus sensibles du 18e s. ; le margrave, quant à lui, est assez terne. Déçue, elle se tourne alors vers les arts et s'entoure des esprits les plus cultivés de son époque, parmi lesquels Voltaire qui fut souvent son hôte.

Sa vie (1709-1758) marque la période la plus brillante de l'histoire de la ville, jusqu'alors assez paisible. Artiste de talent, écrivain, compositeur et mécène, elle donne l'essor au « rococo de Bayreuth », forme très personnelle et originale du style de l'époque, où la décoration se garnit de fleurs et de guirlandes.

Wagner et le festival – Attiré à Bayreuth par la renommée de l'opéra qu'avait fait construire la princesse, Wagner s'y installe en 1872 avec sa femme Cosima, fille du Hongrois Franz Liszt. La musique de Wagner porte d'ailleurs la marque de son admiration pour l'œuvre de son beau-père et ami, de deux ans son aîné. En dix ans, l'auteur et compositeur de *Parsifal* et de *L'Anneau du Nibelung* établit les conditions les plus propices à la représentation de ses œuvres. Il fait construire un deuxième opéra, le Palais des festivals *(Festspielhaus)*, financé par son protecteur Louis II ; sa conception est à l'époque une révolution tant par la place donnée au spectateur que pour son acoustique hors du commun.

C'est ici que Wagner fait donner le premier festival de ses œuvres lyriques en 1876. Après sa disparition en 1883, la tradition se poursuit sous la direction de Cosima puis de ses descendants, jusqu'à Wolfgang Wagner qui est le directeur actuel. En 1945, la ville a payé cher le rôle extraordinaire que Bayreuth et Wagner ont joué dans l'idéologie d'Adolf Hitler, qui était, avec son entourage, un visiteur régulier du Festival. Pendant les dernières semaines de la guerre, la ville a été lourdement bombardée.

BAYER, VERWALTUNG DER STAATL. SCHLOSSER, GARTEN UNE SEEN

L'opéra des Margraves.

Visiter

Opéra des Margraves★ (Markgräfliches Opernhaus)

0921 759 69 22 - www.schloesser.bayern.de - ♿ - visite guidée (45mn) avr. sept. : 9h-18h ; oct.-mars : 10h-16h - fermé 1er janv., 24-25 et 31 déc. - 5 €.

Théâtre baroque le plus beau et le mieux conservé d'Europe, l'opéra est officiellement référencé sur les listes indicatives de l'Unesco pour devenir un site reconnu au patrimoine mondial. Wilhelmine fit édifier son théâtre de cour en 1748 pour y faire jouer opéras et ballets par la troupe qu'elle entretenait. On ne soupçonne pas la richesse de la décoration intérieure derrière la sévère façade, enclavée entre des maisons bourgeoises du 18e s. Pourtant, cet opéra demeura le plus grand d'Allemagne jusqu'en 1871. La scène et l'avant-scène forment un ensemble plus profond que le parterre. Dépourvu de sièges, celui-ci était à l'origine réservé à la danse.

L'**ornementation**, due à Giuseppe Galli Bibiena, brillant décorateur bolonais de l'époque, est d'une richesse exubérante. Les tons rouges, verts et bruns s'harmonisent avec les nombreux stucs dorés qui s'enroulent autour des colonnes, entourent les médaillons et les chandeliers, surplombant chaque loge.

Château Neuf (Neues Schloss)

0921 759 69 21 - ♿ - avr.-sept. : 9h-18h ; oct.-mars : tlj sf lun. 10h-16h - fermé 1er janv., 24-25 et 31 déc. - 4 €.

Wilhelmine, voulant faire de Bayreuth un autre Potsdam, fit construire le Château Neuf en 1753-1754. La décoration des **appartements★** doit son charme au rococo fleuri et léger cher à la princesse Wilhelmine. Elle fit appel au stucateur Pedrozzi et inspira notamment l'ornementation du cabinet des Glaces, de la chambre japonaise et de l'ancien salon de musique.

Le rez-de-chaussée de l'aile nord abrite le **musée des Faïences de Bayreuth** *(Museum Bayreuther Fayencen)*.

Musée Richard-Wagner★

0921 757 28 16 - www.wagnermuseum.de - avr.-oct. : lun.-mar. et jeu. 9h-20h, dim. 9h-17h ; nov.-mars : lun.-mar., jeu. et dim. 10h-17h - fermé j. fériés et 24 déc. - 4 € (4,50 € en juil.-août). La **villa Wahnfried**

Le festival de Bayreuth

Du 25 juillet au 28 août, Bayreuth vit au rythme de Wagner. Tous les hôtels sont complets à dix kilomètres à la ronde pendant cette période. Les 60 000 places disponibles sont réservées jusqu'à sept ans à l'avance, et les réservations se font uniquement par courrier *(adresse ci-dessous)*. Tarifs variables d'une année à l'autre mais comparables à une place d'opéra classique. Pendant le festival, quelques tickets retournés sont vendus le jour de la représentation. Mais la queue commence à 6h du matin…

Bayreuther Festspiele – *Kartenbüro - Postfach 100262 - 95402 Bayreuth - informations (en allemand) sur www.bayreuth-festspiele.de*

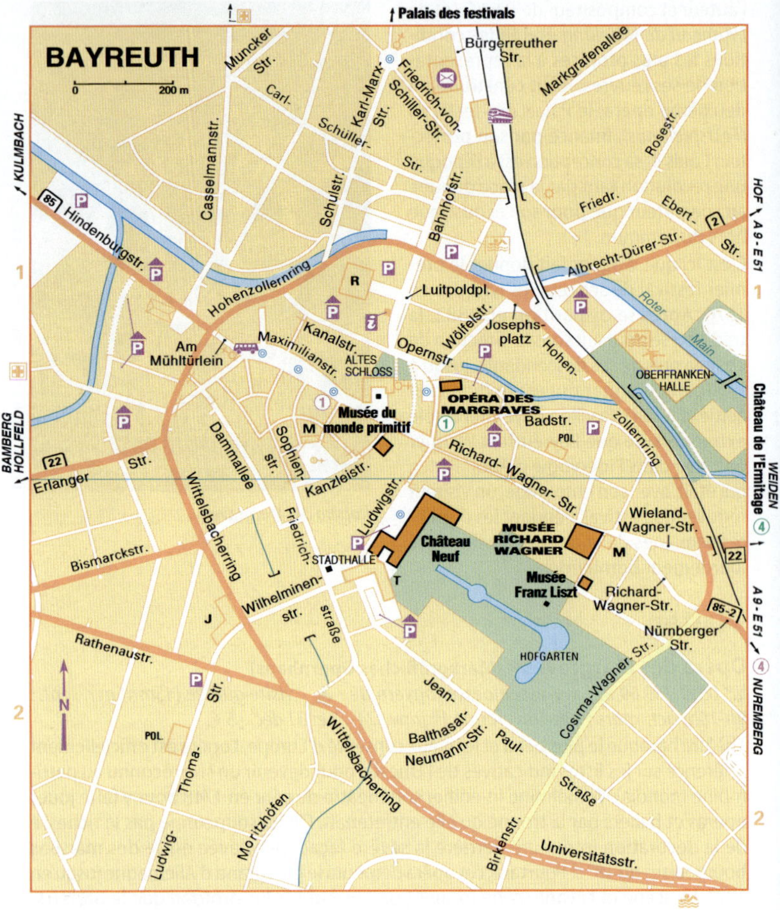

SE LOGER		SE RESTAURER	
Goldener Anker	1	Oskar - Das Wirtshaus am Markt	1
Grunau Hotel	4	Zur Sudpfanne	4

(la Paix suprême), que le maître habita à partir de 1874, appartint à sa famille jusqu'en 1966. Seule la façade est d'origine. Cette villa attire des amateurs de Wagner du monde entier. Les collections évoquent la vie et l'œuvre du compositeur, ainsi que l'histoire du festival.

Dans le jardin reposent Richard et Cosima Wagner, son épouse. La tombe du grand ami et beau-père, Liszt, mort au cours de l'un des premiers festivals (1886), se trouve pour sa part au cimetière (Stadtfriedhof – *accès par l'Erlanger Straße*).

Musée Franz-Liszt

Wahnfriedstraße 9 - ✆ 0921 5166 488 – sept.-juin : tlj 10h-12h, 14h-17h ; juil.- août : 10h-17h - 1,60 €. La maison dans laquelle le pianiste virtuose passa la fin de son existence est devenu un musée consacré à sa vie et à son œuvre (portraits, lettres, piano, etc.).

Palais des festivals (Festspielhaus)

Festspielhügel 1-2 (Accès par la Karl-Marx-Straße) - ✆ 0 921 78 780 – www.bayreuther-festspiele. de - visite guidée à 10h, 11h, 14h et 15h ; fermé les lun., les j. de répétition et en nov. ; pendant le festival (fin juil., déb. août) seulement le matin en fonction des possibilités (téléphoner) - 5 €.

Le Palais des festivals sur la *Grüner Hügel* (Colline verte) est, aujourd'hui encore, l'une des scènes d'opéra les plus importantes au monde. Il a été spécialement conçu par Richard Wagner lui-même. Financé par Louis II de Bavière et inauguré en 1876, ce théâtre devait être temporaire, comme l'atteste sa structure de briques et de bois. Dès sa création, l'édifice apporte des changements révolutionnaires pour l'époque : le public ne voit plus l'orchestre, dissimulé sous la scène, et peut se concentrer entièrement sur le spectacle ; par ailleurs, dans un souci d'égalité entre spectateurs, la salle est organisée en amphithéâtre. Plus de loges et de théâtre à l'italienne. De cette conception et des matériaux résulte une acoustique exceptionnelle. Ses sièges de bois sont célèbres pour leur inconfort, une particularité du Festival !

Musée du Monde primitif de Haute-Franconie (Urwelt-Museum Oberfranken)

Kanzleistr. 1 - ✆ 092 151 12 11 - www.urwelt-museum.de – tlj sf lun. 10h-17h, ouv. aussi le lun. en juil.-août – 2 €.

Ce musée présente l'évolution naturelle de la Haute-Franconie au cours des dernières 500 millions d'années.

Aux alentours

Château de l'Ermitage★ (Schloss Eremitage)

4 km à l'est, sortir par Wieland-Wagner Straße - ✆ 0921 759 69 37 - www.bayreuth.de - ♿ - avr.-sept. : 9h-18h ; de déb. oct. à mi-oct. 10h-16h - 3 €.

L'Ermitage était le château de plaisance des margraves de Bayreuth et fut offert par son mari à Wilhelmine qui s'empressa de le transformer. Le **château ancien** *(Altes Schloss)*, élevé en 1715 et modifié par la margrave en 1736, est entouré de parterres géométriques. C'est dans le **cabinet des glaces chinois** *(Chinesisches Spiegelkabinett)* que Wilhelmine écrivit ses Mémoires. Le **parc★** est aménagé dans le style des jardins anglais. Voir la curieuse grotte qui s'ouvre sur la cour intérieure, l'ermitage du margrave Frédéric et un peu plus loin les fausses ruines d'un théâtre construit en 1743.

Le **Nouveau Château** *(Neues Schloss)*, disposé en hémicycle, a été reconstruit après 1945. Au centre, le temple du Soleil est décoré de scènes mythologiques.

Circuits de découverte

LA SUISSE FRANCONIENNE★★ ET SANSPAREIL 1

Circuit de 105 km – une journée.

Au sud-ouest de Bayreuth, à l'écart des grandes voies de communication, un plateau ondulé entaillé par de profondes vallées, appelé Suisse franconienne *(Fränkische Schweiz)*, forme l'extrémité septentrionale du Jura franconien. Le sol, composé de calcaires poreux, a subi une érosion intense qui est à l'origine de plusieurs grottes et de reliefs dolomitiques. La région comporte de nombreux sentiers de randonnées. À la période de Pâques, ses villages s'ornent de fontaines savamment décorées.

Tüchersfeld

Le village disperse ses maisons dans un étonnant décor d'aiguilles rocheuses.

Pottenstein

Le château, ancienne résidence des princes-évêques de Bamberg, domine le bourg. Dans les environs, nombreuses curiosités naturelles (gorges, grottes).

Grottes du Diable (Teufelshöhle)

✆ 09 243 208 - www.teufelshoehle.de - mars-oct. : 9h-17h ; nov.-fév. : tlj sf lun. 10h-15h - 3,80 €.

Certaines cavités des grottes du Diable sont assez grandes pour loger une église. Les concrétions (stalactites et stalagmites) peuvent être impressionnantes, particulièrement dans la « cathédrale de Barberousse ». La sortie, à travers un dédale de gros rochers entassés en chaos, est pittoresque.

Gößweinstein★

Le circuit des **Marienfelsen** *(3/4h à pied environ, suivre à partir du château le jalonnement : Marienfels-Schmitt-Anlagen)* conduit à travers les sous-bois parsemés de beaux rochers où plusieurs **belvédères★★** dominent la vallée profonde de la Wiesen.

Dans le bourg, l'église de pèlerinage *(Wallfahrtskirche)*, construite de 1730 à 1739 par B. Neumann, conserve sur la partie supérieure du maître-autel un groupe gothique (début 16e s.) de la Trinité.

Sanspareil★

Tlj sf lun. du 15 avr. au 15 sept., 9h-18h - 2,50 €, entrée libre pour le jardin de rocaille.

Après avoir achevé l'Ermitage à Bayreuth, Wilhelmine et son mari acquirent un ancien terrain de chasse qu'ils transformèrent en **jardin de rocaille★** (*Felsengarten*) et baptisèrent « Sanspareil ». À l'orée du bois s'élève la **maison du Levant** *(Morgenländischer Bau)*, construite dans le style rococo de Bayreuth, bel exemple de l'art franconien.

Château de Zwernitz (Burg Zwernitz) – *Au nord de Sanspareil.* Le château fut pour la première fois mentionné en 1156 ; acquis par les Hohenzollern à partir de 1338, il tomba aux mains de la Bavière en 1810. Mobilier, armes des 16e, 17e et 18e s. Le donjon offre une très belle **vue**. *✆ 0921 759 69-0 - avr.-sept. : tlj sf lun. 9h-18h ; déb. à mi-oct. : tlj sf lun. 10h-16h. 2,50 €.*

LA MONTAGNE FRANCONIENNE★ 2 (Frankenwald)

Circuit de 125 km – environ 5h.

Döbraberg★

3/4h à pied AR. Monter à la tour-belvédère (795 m).

Majestueux **panorama★** jusqu'aux monts de Thuringe au nord, et du Fichtelgebirge au sud. Ces massifs encadrent le bassin de Hof.

Kronach

La **forteresse de Rosenberg** (16e-18e s.), l'une des plus grandes de l'Allemagne médiévale, domine la petite ville de Kronach et le Frankenwald. À l'intérieur, la Galerie franconienne, annexe du Bayerisches Nationalmuseum (Musée national bavarois). L'art franconien du Moyen Âge et de la Renaissance y est représenté avec, entre autres, des œuvres de **Lucas Cranach l'Ancien**, né à Kronach (peut-être en 1472).

Kulmbach

Plan dans le Guide Michelin Deutschland Hôtels & Restaurants.

La ville, ancienne capitale d'un margraviat des Hohenzollern de Franconie, est aujourd'hui réputée pour ses bières fortes *(Echt Kulmbacher, Bayrisch Gfrorns)*.

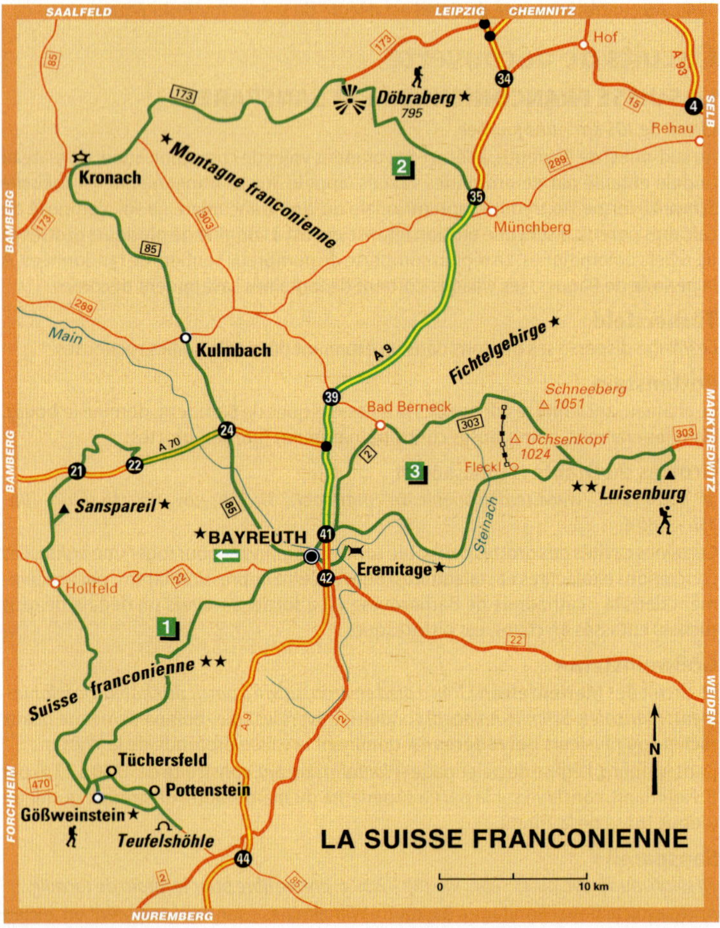

Le **château de Plassenburg★**, impressionnante forteresse médiévale très bien conservée, oppose la rudesse de ses bâtiments au raffinement de sa **cour Renaissance★★**, entourée sur trois côtés de galeries superposées. Les salles, restaurées, accueillent différents musées : le musée national des Figurines en étain *(Deutsches Zinnfigurenmuseum)*, avec sa très attrayante **collection de figurines en étain★** riche de quelque 300 000 sujets, le musée régional du Main supérieur et les collections nationales d'art. *✆ 092 21 80 45 72 - www. kulmbach. de - ♿ - avr.-oct. : 9h-18h ; nov.-mars : 10h-16h - fermé 1er janv., 24, 25 et 31 déc. 4 €.*

PARC NATUREL DU FICHTELGEBIRGE★ 3

Circuit de 92 km – environ 5h.

La **route panoramique★** emprunte la vallée de la Steinach pour s'enfoncer dans le Parc naturel du Fichtelgebirge, dernier massif couvert de sapins avant les plaines de la République tchèque. Au-dessus de Fleckl, un téléphérique conduit à l'**Ochsenkopf** (1 024 m), l'un des points culminants du massif, surmonté d'une tour de télévision.

Luisenburg★★

Ce labyrinthe d'énormes blocs de granit, en place ou basculés, de rochers érodés en boule ou superposés, peut être parcouru suivant un itinéraire accidenté *(flèches bleues à l'aller, rouges au retour)*, desservant au passage quelques belvédères sur le Fichtelgebirge. **Goethe**, alors ministre du gouvernement de Weimar et passionné de géologie, fut le premier à l'explorer scientifiquement en 1785.

Revenir à Bayreuth par la route n° 303 qui traverse la petite station de Bad Berneck.

Bayreuth pratique

Informations utiles

Office de tourisme - *Luitpoldplatz 9 - 95444 Bayreuth - ✆ 0921 885 88 - lun.-vend. 9h-18h, sam.-dim. 10h-14h.*

Se loger

⊖⊖ Grunau Hotel – *Kemnather Str. 27 (en prolongation de Wieland-Wagner-Str. et Königsallee vers l'est) - ✆ 0921 7 98 00 - www.grunau-hotel.de - P - 🚭 - ♿ - 60 ch. - 82/110 € ☕.* Hôtel aménagé au 2e étage d'un complexe commercial à l'est du centre-ville. Chambres modernes, spacieuses, calmes et confortables. Possibilité d'accéder au centre de fitness au 1er étage à des tarifs préférentiels.

⊖⊖ Goldener Anker – *Opernstraße 6 - ✆ 0921 650 51 - www.anker-bayreuth.de - fermé de Noël à mi-janv. - 35 ch. - 98 € ☕.* Chacune des chambres de cet hôtel traditionnel possède une décoration spécifique. Très grandes, elles sont équipées de meubles anciens ou modernes. Restaurant proposant une cuisine traditionnelle.

Se restaurer

⊖ Oskar - Das Wirtshaus am Markt – *Maximilianstr. 33 - ✆ 0921 5 16 05 53 - www.oskar-bayreuth.de - tlj 8h-1h, 9h le dim. - 16 €.* Restaurant à la fois moderne et traditionnel aménagé dans l'ancienne mairie. Différentes salles à l'atmosphère intime, joli jardin d'hiver et terrasse. Spécialités typiques de la Bavière.

⊖⊖ Zur Sudpfanne – *Oberkonnersreuther Straße 6 - 95448 Bayreuth-Oberkonnersreuth - 3 km au sud-est par la Nürnberger Straße - ✆ 0921 528 83 - www.sudpfanne.de - menu 18 € le midi, carte 26 €.* À l'extérieur, cet établissement mêle brique ancienne et verre moderne ; à l'intérieur, un restaurant au décor rustique. Excellente cuisine, internationale et régionale.

Faire une pause

Café Funsch – *Sophienstr. 9 - ✆ 0921 6 46 87 - www.funsch.de - tlj 8h30-18h15, dim. 9h-18h - fermé 2 sem. après Pentecôte et à Noël.* La terrasse de ce salon de thé ouvre sur la zone piétonne de la ville. À la carte, chacun y trouvera un petit plat ou une friandise à son goût. Dans la boutique, petites figurines en pâte d'amandes qui seront de bons souvenirs de voyage.

Café Orangerie – *Eremitage 6 (4 km à l'est de la ville par Wieland-Wagner-Str.) - ✆ 0921 79 99 70 - www.eremitage-bayreuth.de - avr.-oct. (selon le temps) : 11h-18h.* Magnifique terrasse aménagée dans l'orangerie, idéale pour une petite pause à 5mn à pied du château et de son parc. Restaurant avec *Biergarten*.

En soirée

Sinnopoli – *Badstr. 13 - ✆ 0921 6 20 17 - www.sinnopoli.de - lun.-jeu. 8h-minuit, vend.-sam. 8h-1h, dim. et j. fériés 9h-minuit.* Bar décoré avec goût. Large choix de pâtes savoureuses faites maison. Plus de 40 cocktails avec ou sans alcool proposés au bar. Très beau jardin à disposition l'été.

Le parc du château de Wörlitz.

Sime / Photononstop

Magdebourg★★

Magdeburg

227 540 HABITANTS
CARTE GÉNÉRALE B3 – CARTES MICHELIN N^{OS} 718 K6 ET 542 AM 28
SAXE-ANHALT

S'étalant le long des rives de l'Elbe, la capitale de la Saxe-Anhalt est une cité verdoyante et agréable. Au carrefour de voies commerciales séculaires, Magdebourg, avec son histoire jalonnée de guerres et de destructions, est la perle de la route romane. Vous ne manquerez pas d'apprécier l'abbaye des Prémontrés, l'église St-Jean où Luther prêcha et, surtout, la splendide cathédrale St-Maurice et Ste-Catherine, joyau national.

- **Se repérer** – Magdebourg occupe le cœur de la Saxe-Anhalt, sur le cours moyen de l'Elbe. La ville se trouve au « point de rencontre » des autoroutes A 2 (Berlin-Hanovre) et A 14 (vers Leipzig).
- **Organiser son temps** – Compter une bonne journée pour visiter la ville.
- **Avec les enfants** – Le parc de l'Elbe, la Citadelle verte.
- **Pour poursuivre le voyage** – Dessau (63 km au sud-est), le parc de Wörlitz (79 km au sud-est), Wolfenbüttel (96 km à l'ouest).

Comprendre

Une cité marchande souvent éprouvée – Magdebourg connut une ascension rapide grâce à l'empereur **Otton Ier** qui y fit bâtir son palais favori et l'éleva au rang d'archevêché en 968. L'importance précoce de cette cité marchande, connue de

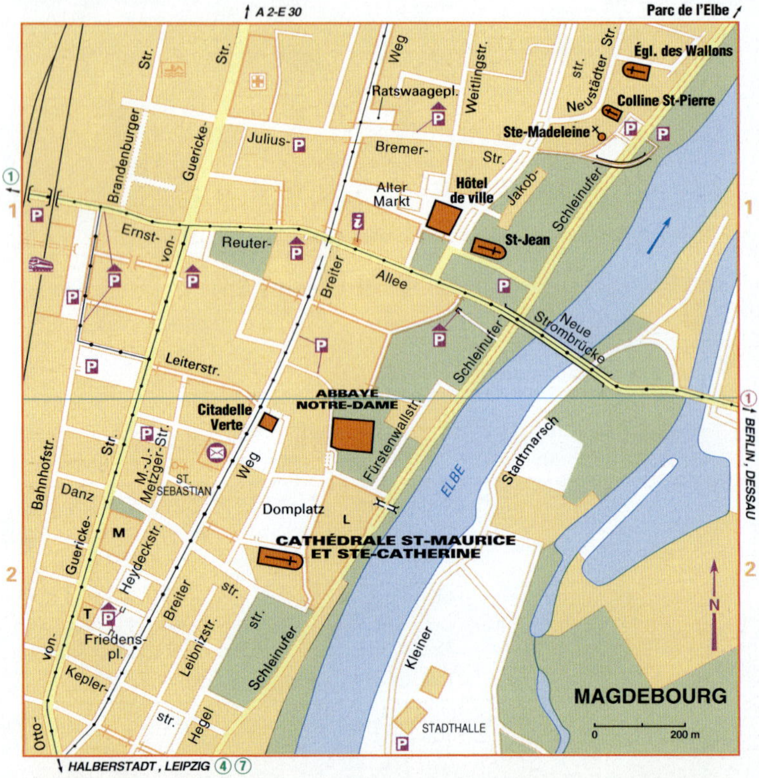

SE LOGER
Bördehof .... ①
Plaza Hotel .... ④
Residenz Joop .... ⑦
SE RESTAURER
Die Kirche .... ①

Luther dès 1524, diminua temporairement en 1631, avec la destruction de la ville par les troupes impériales. Cette période malheureuse de l'histoire de Magdebourg coïncide avec l'émergence de personnalités importantes, telles que le bourgmestre et physicien **Otto von Guericke** (1602-1686), célèbre pour ses expériences sur les effets du vide, ou le compositeur baroque **Georg Philipp Telemann** (1681-1767). Au 19e s., l'industrialisation permit à la ville de s'agrandir et de prospérer de nouveau. Le 16 janvier 1945, un intense bombardement aérien détruisit le centre à 90 %. Magdebourg a été patiemment reconstruite sous le régime de la RDA, souvent dans le style austère de l'architecture socialiste…

Découvrir

CATHÉDRALE ST-MAURICE ET STE-CATHERINE★★★

Située au sud de la vieille ville. Entrée par le portail nord.

Au moment où le style roman s'essouffle en Allemagne, la construction au début du 13e s. de la cathédrale de Magdebourg représente la première tentative d'implantation du style gothique reprenant les canons architecturaux des grandes cathédrales françaises. Le projet fut décidé par l'archevêque Albert II, qui avait étudié en France et avait vu surgir les nouvelles cathédrales. Il posa la première pierre de l'ouvrage en 1209 après l'incendie du précédent édifice ottonien. La cathédrale de Magdebourg, achevée en 1520 avec la construction de sa tour ouest, haute de 103 m, peut être considérée comme le premier grand édifice religieux du gothique allemand.

À l'extérieur, le chevet dégage, grâce à ses trois étages (absidioles, déambulatoire, rond-point du chœur), une impression de puissance. Sur le côté nord, le **portail du Paradis** *(accès par l'intérieur de la cathédrale)* supporte les **statues★★** des Vierges folles et des Vierges sages (vers 1250), qui marquent, à l'image de la statuaire de Bamberg et Naumburg, une étape dans l'évolution de la sculpture gothique, de plus en plus portée vers l'expression du sentiment.

Intérieur – De larges travées divisent la haute nef, baignée de lumière. Le **tombeau en bronze★** (entre les tours) de l'archevêque Ernst de Saxe a été fondu en 1495 dans l'atelier de Peter Vischer à Nuremberg. **Statues★** représentant le Christ et l'Église ou, plus vraisemblablement Otton Ier et son épouse Editha, abritées sous une petite chapelle à seize côtés (milieu du 13e s., bas-côté nord). Juste derrière, remarquer la **chaire en albâtre★** dans le style Renaissance tardive (fin du 16e s.). Le jubé du gothique rayonnant permet d'accéder au chœur, qui abrite le sarcophage tout simple de l'empereur Otton Ier, et aux stalles de 1363, décorées de superbes ouvrages sculptés. À droite, **statue★** en grès de l'Africain saint Maurice, vers 1250. Dans le transept nord, admirer la sculpture sur bois réalisée par Ernst Barlach, *Monument aux victimes de la Première Guerre mondiale* (1929). Le transept sud permet d'atteindre le cloître qui abrite une chapelle de source.

Visiter

VIEILLE VILLE★

Le centre historique de Magdebourg, dominé par la tour de la cathédrale St-Maurice et Ste-Catherine, s'étend à l'ouest de l'Elbe. Situés en bordure du fleuve, les monuments et curiosités évoqués ci-dessous le sont selon un axe sud-nord, depuis l'abbaye Notre-Dame jusqu'à la colline St-Pierre.

Abbaye Notre-Dame★★ (Kloster Unser Lieben Frauen)

Regierungsstraße 4-6 - ✆ 0391 56 50 20 - www.kunstmuseum-magdeburg - tlj sf lun. 10h-17h - fermé 24-25 et 31 déc. - gratuit. L'**abbaye Notre-Dame**, fondée au 11e s., fut affectée en 1129 à l'ordre des Prémontrés qui durent y renoncer en 1632 pendant la guerre de Trente Ans. L'abbaye servit ensuite de séminaire et d'école (jusqu'en 1945). Depuis 1974, elle abrite un **musée des Beaux-Arts** (remarquable collection de sculptures, de l'Antiquité à nos jours, sous une **triple voûte**). L'**église abbatiale★** sert de salle de concerts depuis 1977. La basilique à trois nefs reçut sa voûte gothique entre 1220 et 1240. La crypte, également à trois nefs, située sous le chœur, est la partie la plus ancienne de l'édifice. Le **cloître★** est particulièrement harmonieux. La maisonnette de source, avec son toit conique, est l'un des plus vieux édifices de ce type en Allemagne.

Citadelle verte (Grüne Zitadelle)

✆ 0391 620 86 055 - www.gruene-zitadelle.de - tlj 10h-18 - visites guidées lun.-vend. 11h, 15h, 17h, sam.-dim. ttes les heures de 10h à 17h, départ du point information de

La Citadelle verte, conçue par Friedensreich Hundertwasser.

la citadelle verte. Inaugurée fin 2005, cette œuvre est l'un des derniers projets de Friedensreich Hundertwasser. L'artiste autrichien, disparu en 2000, a voulu concevoir une « oasis pour l'Homme et la nature dans un océan de maisons rationnelles ». La réalisation de cet ensemble architectural a été très controversée. La Citadelle verte abrite aujourd'hui plusieurs dizaines d'appartements, des bureaux, un hôtel, des boutiques ainsi qu'une exposition permanente rassemblant des œuvres de Hundertwasser.

Hôtel de Ville (Rathaus)

Devant ce bâtiment baroque (1691-1698) à deux étages, se dresse une copie dorée de la célèbre statue du **chevalier de Magdebourg** (vers 1240). L'original est conservé dans le *Kulturhistorisches Museum*.

Église St-Jean (Johanniskirche)

✆ 0391 59 34 50 - www.mvgm-online.de - janv.-fév. et nov.-déc. : tlj sf lun. 10h-17h ; mars-avr. et oct. : 10h-18h ; mai-sept. : 10h-19h - gratuit. C'est la plus ancienne église de Magdebourg (on évoque son nom dès 941). Luther y prêcha en 1524 (monument commémoratif devant l'église) et elle fut détruite jusque dans ses murs de clôture pendant la Seconde Guerre mondiale. Elle sert aujourd'hui de salle de spectacles et d'expositions. Il est possible de monter en haut de la tour sud *(attention aux marches de hauteur inégale !)*. À 60 m d'altitude, belle **vue panoramique**★★ sur Magdebourg.

Colline St-Pierre (Petriberg)

Au nord de l'hôtel de ville, au bord de l'Elbe. Trois églises marquent la **colline St-Pierre** : la **chapelle Ste-Madeleine** (1315), simple nef gothique, l'**église St-Pierre**, halle gothique à trois nefs (14e-15e s.), avec son beau porche sud dans le style gothique de brique, et l'**église des Wallons** (*Wallonerkirche*, 1285), ancienne abbatiale d'une communauté wallonne réformée (1694-1945).

Parc de l'Elbe★ (Elbauen Park)

Au nord-est de la vieille ville, à droite de l'Elbe. Accès depuis le centre par la Schleinufer et la Markgrafenstraße. ✆ 0391 59 34 50 - ♿ - été : 9h-20h ; hiver : 10h-16h - 3 €.
Grand parc de 140 ha aménagé pour l'exposition d'horticulture de 1999 avec lac, jardins à thème, maison aux papillons, piste de luge d'été et vue panoramique. Dans la maison de jeux, pleine de fantaisie, on s'occupera même de vos enfants. Mais le centre d'intérêt essentiel de ce parc réside toutefois dans sa **tour millénaire**★★, la plus haute tour en bois du monde avec 60 m de haut. Une exposition interactive informe sur 6 000 ans d'histoire de la science et de l'humanité. On commence la visite par la « fosse de la protohistoire et de la préhistoire » pour atteindre, via une spirale, six étages plus haut, la « vitrine du futur ».

Aux alentours

Halberstadt

À 45 km au sud-ouest. En 804, Charlemagne éleva la mission de Halberstadt au rang de siège épiscopal. Au Moyen Âge, l'ancienne ville hanséatique était un important centre économique, dont l'activité principale était le commerce des étoffes et du lin. La plus grande partie du centre-ville a été détruite par un bombardement juste avant la fin de la guerre.

Cathédrale St-Étienne★★ (Dom St-Stephanus) – *✆ 03 941 24 237 - www.dom-und-domschatz.de - ♿ - possibilité de visite guidée (1h) mai-oct. : 10h-17h (dim.11h30) ; nov.-avr. : tlj sf lun. 11h-16h - fermé 24 et 31 déc. - 1 €.* Par son allure générale et son ampleur, la **cathédrale St-Étienne** s'apparente aux cathédrales françaises. Sa construction débuta en 1240 et la nef fut achevée vers la fin du 15e s. Le **jubé★**, clos dans sa partie inférieure, est finement ouvragé dans le goût du gothique flamboyant (vers 1510). Au-dessus, le **groupe de la Croix triomphale★** offre un bel exemple de sculpture romane tardive. Sur le côté sud de la nef s'ouvre le cloître (chemin de croix du 13e s.).

Trésor★★ (Domschatz) – *4 €.* Le **trésor** se compose de précieux vêtements liturgiques et d'objets du culte, ainsi que d'un ensemble de tapisseries (12e s.), notamment la tapisserie d'Abraham longue de plus de 10 m.

Magdebourg pratique

Informations utiles

Office de tourisme – *Ernst-Reuter-Allee 12 - 39104 Magdeburg - ✆ 0391 540 49 03 - www.marburg.de - lun.-vend. 9h-18h, sam. 10h-14h*

Se loger

⊖⊖ Plaza Hotel – *Halberstädter Straße 146 - ✆ 605 10 - fax 605 110 - www.12plaza.de - P ✈ ♿ - 104 ch. - 88 € ☕ - restaurant 30 €.* Cet hôtel en périphérie de la ville est bien desservi par les transports. Derrière sa façade blanche et moderne, des chambres au confort douillet et à l'aménagement de bon goût ainsi qu'un restaurant de style bistrot, avec terrasse sur cour, accueillent les hôtes.

⊖⊖ Residenz Joop – *Jean-Burger-Str. 16 - ✆ 0391 6 26 20 - fax 0391 6 262 100 - www.residenzjoop.de - P ✈ - 25 ch. - 108 € ☕.* Cette villa située dans un quartier résidentiel et calme a été, de 1903 jusqu'à la Seconde Guerre mondiale, le siège du consulat suédois. Aujourd'hui reconverti en hôtel, vous y séjournerez dans des chambres spacieuses de bon confort et aménagées avec goût.

À MAGDEBOURG/EBENDORF

⊖ Hotel Bördehof – *Magdeburger Straße 42 - 39179 Magdeburg-Ebendorf - ✆ 039 203 515 10 - www.boerdehof.de - P ✈ - 42 ch. - 70 € ☕.* Située près de l'autoroute, à 12 km au nord-ouest de Magdebourg, cette ancienne ferme avec annexe transformée en hôtel est bien desservie. Certaines chambres ont été rénovées, d'autres plus anciennes sont plus simples. Le dîner vous sera servi dans un jardin d'hiver.

Se restaurer

⊖⊖ Die Kirche – *Alt-Prester 86 (sur la rive droite de l'Elbe, traverser les deux bras du fleuve et suivre Cracauer Str., Genthiner Str. et Pechauer Str. vers le sud) - ✆ 535 33 52 - lun.-vend. à partir de 17h, w.-end. à partir de 10h - réserv. conseillée - 22,50 €.* Situation et cadre exceptionnels pour ce restaurant bâti à l'emplacement d'une ancienne église néogothique. Dans une ambiance feutrée, vous y savourerez une cuisine raffinée au goût du jour. L'été, profitez de sa belle terrasse ombragée au bord de l'eau.

Faire une pause

Klostercafé – *Regierungsstr. 4-6 (dans l'abbaye Notre-Dame) - ✆ 565 02 33 - www.klostercafe-magdeburg.de - tlj sf lun. 10h-18h, jusqu'à 17h en hiver.* Salon de thé aménagé dans l'ancien réfectoire de l'abbaye. Si le cadre est un peu austère, la vue sur le cloître et surtout les gâteaux faits maison susciteront l'enthousiasme. Laissez-vous tenter par celui au fromage blanc à la magdebourgeoise, un vrai délice !

En soirée

Alex – *Ulrichplatz 2 (au sud-est du carrefour entre Ernst-Reuter-Allee et Otto-von-Guericke-Str.) - ✆ 597 49 11 - www.alexgastro.de - ouv. lun.-jeu. 8h-1h, vend.-sam. 8h-3h, dim. 9h-1h.* Café moderne et jeune sur deux étages, tout près du centre-ville. Vous jouirez en fin de soirée et par beau temps d'un joli coucher de soleil sur la fontaine de l'Ulrichplatz. Si vous êtes plutôt du matin, vous apprécierez les formules petit-déjeuner.

Le Frog - Brasserie am See – *Heinrich-Heine-Platz 1 (dans le parc public Rotehorn sur la rive droite de l'Elbe près de Stadthalle ; traverser le fleuve et suivre Kleiner Stadtmarsch) - ✆ 5 31 35 56 - www.lefrog-md.de - lun.-sam. 11h-24h (en été 10h-24h), dim. 10h-24h.* Pavillon vitré au bord d'un étang dans le charmant parc de Rotehorn. Ici, il y en a pour tous les goûts : que l'on vienne pour déguster un simple café accompagné d'un gâteau, savourer une cuisine d'inspiration méditerranéenne ou tout simplement finir la soirée autour d'un cocktail. Quand le temps le permet, profitez de l'agréable *Biergarten.*

Parc de Wörlitz★★

Wörlitzer Park

CARTE GÉNÉRALE C3 – CARTES MICHELIN N°s 718 L7 ET 542 AR 30
SAXE-ANHALT

Havre de paix s'étendant sur 112 ha, le parc de Wörlitz est le premier jardin anglais aménagé sur le continent. Il servira d'exemple à de nombreux jardins réalisés par la suite en Prusse. Vous flânerez avec le plus grand plaisir au fil de ses chemins et de ses canaux ou à bord d'une barque, à la découverte de ses nombreuses îles.

- **Se repérer** – Le parc de Wörlitz se trouve à 17 km à l'ouest de Dessau. Depuis l'autoroute A 9 (Leipzig-Berlin), prendre la sortie 10 et suivre la route 185 jusqu'à Orienbaum. Continuer ensuite sur la route 107 qui mène à Wörlitz.
- **Organiser son temps** – Comptez environ deux heures de visite.
- **Pour poursuivre le voyage** – Dessau, Leipzig, Magdebourg.

Comprendre

Le prince Léopold III d'Anhalt-Dessau (1740-1817), souverain éclairé, très soucieux de la prospérité de son État *(voir Dessau)*, se lança dans de grandes entreprises politiques. Désireux de mêler l'utile à l'agréable, il encouragea également la littérature, la musique, l'architecture et l'art des jardins. Il fut particulièrement sensible, à l'occasion

de ses voyages, à l'harmonie des jardins anglais ; elle lui semblait illustrer à merveille le principe fondamental de la philosophie des Lumières, à savoir l'unité de la nature et de la raison. Son ami, l'architecte **Friedrich Wilhelm von Erdmannsdorff**, l'aida à réaliser des jardins comparables en Allemagne C'est ainsi qu'un jardin vit le jour dès 1764. Au premier coup d'œil, il ressemble à un paysage naturel, mais il résulte en réalité de la transformation d'un site : les axes panoramiques (parfois jusqu'à quatorze « lignes de visée ») et les nombreux édifices ainsi que les différents ponts s'intègrent dans un paysage que l'on peut qualifier d'arcadien. L'élaboration de cette œuvre d'art s'est déroulée en trois étapes jusqu'en 1800.

Se promener

Prévoir une demi-journée pour l'ensemble du parc, le château et la maison gothique.

Château★ (Schloss)

✆ 034 905 20 302 - www.gartenreich.com - mai-sept. : tlj sf lun. 10h-18h ; avr. et oct. : tlj sf lun. 10h-17h - 4,50 €.

Ce **château** néoclassique fut édifié par Erdmannsdorff de 1769 à 1773 sur le modèle du château Claremont dans le Surrey, de style palladien. Le bâtiment à deux étages, crépi en jaune et blanc, tranche avec la végétation environnante. Le vestibule, soutenu par quatre colonnes corinthiennes, s'ouvre par une porte couronnée d'un tympan de facture simple. Une inscription indique que le prince Franz fit construire ce château pour son épouse Louise. Les aménagements pratiques sont soignés, comme en témoignent la canalisation d'eau, les monte-charges, les lits escamotables et les placards muraux. Les sculptures et les ouvrages d'ébénisterie furent réalisés par des artisans locaux, dont Erdmannsdorff s'efforçait d'encourager la formation.

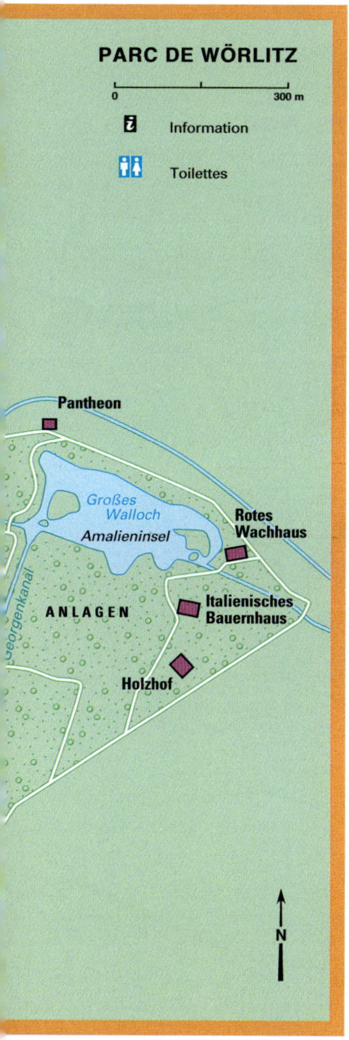

À l'intérieur, les pièces ont conservé quasi intégralement leur décor d'origine. À remarquer : l'élégante **salle à manger** *(Speisesaal)*, décorée de nombreux stucs et de fines colonnes corinthiennes, ainsi que la **grande salle des fêtes** *(Großer Festsaal)*, couverte d'un plafond à caissons et de fresques peintes d'après Caracci. Ne pas manquer non plus la **bibliothèque** et les autres pièces, ornées de tableaux (Snyers, Van Ruysdael, Antoine Pesne) et de meubles provenant de l'atelier de Roentgen, comme dans le cabinet de la Princesse.

Maison gothique★ (Gotisches Haus)

✆ Mêmes conditions de visite que celles du château.

Construite en plusieurs étapes entre 1773 et 1813, la **maison gothique** présente côté canal une façade imitée de celle de l'église gothique Santa Maria dell'Oro à Venise et arbore, côté jardin, une façade en brique de style anglais Tudor percée de fenêtres ogivales. Cette maison est la première construction néogothique édifiée en Allemagne après la *Nauener Tor* à Potsdam.

C'était pour le prince un refuge où il pouvait se retirer et où il aimait séjourner. Grâce à l'aide du savant suisse Johann Caspar Lavater, il put acquérir une remarquable collection de **peintures suisses sur verre★** des 15e et 17e s., qui ont servi à décorer les fenêtres. À l'intérieur, toutes les salles sont décorées de tableaux (*Portrait masculin* du Tintoret dans le cabinet martial, œuvres de Lucas Cranach l'Ancien dans la bibliothèque).

Dessau

78 380 HABITANTS
CARTE GÉNÉRALE C3 – CARTES MICHELIN N°s 718 L7 ET 542 AQ 30
SAXE-ANHALT

Agrémentée de beaux jardins paysagers, la cité des princes bienfaiteurs d'Anhalt est réputée pour son riche patrimoine du Bauhaus : l'école du même nom y élut domicile au milieu des années 1920. Dessau est également le berceau de l'architecture néoclassique : quelques beaux exemples témoignent encore de ce mouvement.

- **Se repérer** – Près du confluent de l'Elbe et de la Mulde, Dessau est accessible par l'autoroute A 9 qui lie Berlin à Munich.
- **À ne pas manquer** – Les édifices du Bauhaus.
- **Pour poursuivre le voyage** – Le parc de Wörlitz (17 km à l'est), Magdebourg (63 km au nord-ouest), Halle (53 km au sud).

Comprendre

« Le vieux feld-maréchal de Dessau » – Fondée au 12e s., Dessau se développa rapidement et devint en 1474 résidence d'une ligne collatérale des princes d'Anhalt. Le prince Léopold Ier d'Anhalt-Dessau (1676-1747) était un original, qui avait – contre vents et marées – épousé la fille d'un pharmacien. En cinquante années de règne, il réussit à marquer la ville par une politique de construction et de logement active.

« Le royaume des jardins » – Son petit-fils, Léopold III (1740-1817), transforma les rives de l'Elbe en un immense jardin, qui s'étendait jusqu'à **Wörlitz** *(voir ce nom)*. Le « prince éclairé » entreprit des réformes pour le bien de ses 36 000 sujets. Il prit exemple sur l'Angleterre progressiste et s'engagea dans la modernisation de l'agriculture, la construction de digues et l'ouverture de manufactures. Négligeable sur le plan politique, sa principauté faisait figure d'État modèle dans l'ombre de la Prusse.

Découvrir

LES ÉDIFICES DU BAUHAUS

Dessau possède un grand nombre de bâtiments élevés par le Bauhaus qui, depuis 1996, ont été classés au patrimoine culturel mondial par l'Unesco.

Bâtiment du Bauhaus

(Bauhausgebäude)

0340 650 82 51 - www.bauhaus-dessau.de - visite guidée (1h) 10h-18h - fermé 24 et

31 déc. - 4 €. « L'École supérieure de création », construite sur les plans de Walter Gropius, ouvrit ses portes en 1926. Le **bâtiment du Bauhaus** présente toutes les caractéristiques propres au style prôné par le Bauhaus : blocs cubiques, supports masqués aux angles, façade en verre.

Maisons des maîtres (Meisterhäuser)

Walter Gropius avait conçu pour les enseignants de l'école du Bauhaus un petit ensemble, composé de sa propre maison et de trois maisons mitoyennes, les **maisons des maîtres**, érigées entre 1925 et 1926 sur une parcelle boisée.

Deux maisons mitoyennes sont encore en état et accessibles : la **Kandinsky-Klee-Haus** et la **Feiningerhaus**, laquelle abrite aujourd'hui le **centre Kurt-Weill**, dédié au compositeur né à Dessau en 1900. *Feiningerhaus : ✆ 03 40 6 61 09 34 - www.meisterhaeuser.de - de mi-fév. à fin oct. : tlj sf lun. 10h-18h ; de déb. nov. à mi-fév. tlj sf lun. 10h-17h - 5 €.*

Ne pas manquer de visiter les maisons restaurées en 1994 jusque dans les moindres détails. On y décèle rapidement les innovations apportées par le Bauhaus en matière de « lumière et d'air », à une époque où la plupart des logements étaient encore aménagés comme à la fin du 19e s.

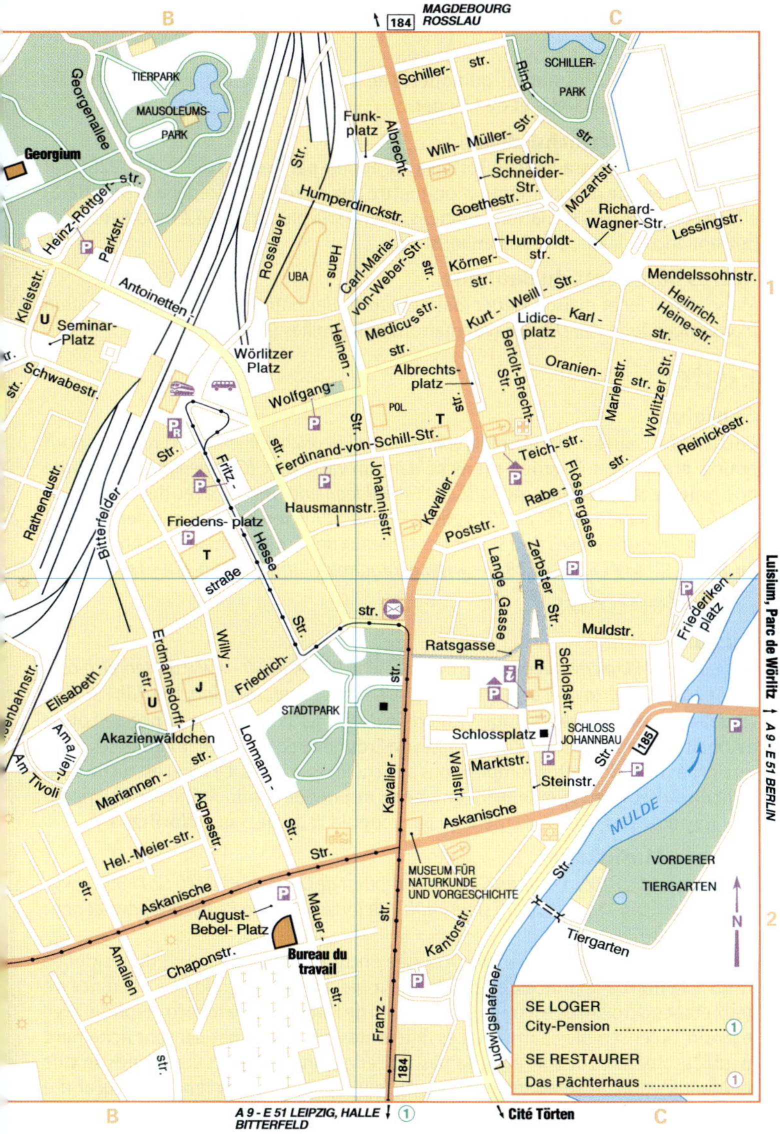

Le Bauhaus

En 1919 fut créée à Weimar sous le nom de *Staatliches Bauhaus* l'école artistique la plus importante du 20e s. Sous la direction de **Walter Gropius** étaient enseignées l'architecture, la peinture et la sculpture, ainsi que toutes les disciplines annexes. Les élections de 1924 ayant porté l'extrême droite à la tête de la Thuringe, l'établissement déménagea et les artistes s'installèrent à Dessau. Dans cette ville, plus propice à la réalisation de leurs projets, ils mirent au point dans leurs ateliers une nouvelle conception de l'aménagement intérieur. Cependant, en 1932, la montée du nazisme entraîna la dissolution de l'institut de Dessau.

Le directeur de l'époque, **Mies van der Rohe**, transféra alors l'école à Berlin afin de poursuivre ses activités. Mais, le 12 avril 1933, peu après l'accession au pouvoir des nazis, l'institut dut définitivement fermer ses portes. Conséquence de cette fermeture, les idées et les concepts du Bauhaus se diffusèrent à travers le monde, exerçant une influence considérable sur l'architecture internationale du 20e s.

Bureau du travail (Arbeitsamt)

Sur la August-Bebel-Platz. Conçue par Gropius en 1928, cette construction plate et semi-circulaire est l'exemple type de l'architecture fonctionnaliste.

Kornhaus

Au nord de la ville. Restaurant-guinguette au bord de l'Elbe bâti en 1929 selon les plans de Hermann Baethe et Carl Fieger.

Cité Törten (Törtenensiedlung)

Située au sud de Dessau, la cité Törten a été édifiée par Gropius de 1926 à 1928 pour pallier le manque de logements et permettre aux ouvriers d'accéder à la propriété ; elle se compose de 314 maisons alignées. Même si la plupart ont été modifiées, elles portent encore la marque du Bauhaus.

Autres bâtiments du Bauhaus

Maison en acier et maison Fieger *(dans la Südstraße)*, bâtiment de la consommation *(Konsumgebäude, Am Dreieck 1)* et maisons à charmilles *(Peterholzstraße)*.

Visiter

Georgium

Ce charmant château néoclassique, construit par Friedrich Wilhelm von Erdmannsdorff pour le prince Jean-Georges, est niché dans un vaste parc *(Georgengarten)*. Il abrite une **galerie de peinture** *(Anhaltische Gemäldegalerie Dessau)* avec des œuvres de maîtres allemands du 15e au 19e s., dont Cranach l'Ancien (retable princier) et Hans Baldung Grien, des toiles du 18e s. et des tableaux des écoles flamande et hollandaise du 15e au 17e s. *✆ 03 40 61 38 74 - www.georgium.de - tlj sf lun 10h-17h - 3 €.*

Aux alentours

Luisium

À Waldersee, 4 km environ à l'est de Dessau. ✆ 0340 64 61 50 - www.gartenreich.com - visite guidée (1h) - avr. et oct. : tlj sf lun. 11h-17h ; mai-sept. : tlj sf lun. 10h-18h - 4,50 €.

Ce délicieux manoir néoclassique fut édifié de 1774 à 1778 pour la princesse Louise d'Anhalt-Dessau par Friedrich Wilhelm von Erdmannsdorff. Les plafonds et les murs sont ornés de séduisantes compositions aux couleurs tendres. Le bijou est niché dans un écrin de verdure. Agrémenté d'ornements inspirés de l'Antiquité, le parc fait partie du « royaume des jardins », aménagé par Léopold III de Dessau à **Wörlitz★★**.

Château Mosigkau★

En bordure de la B185, à environ 5 km au sud-ouest de Dessau. ✆ 0340 52 11 39 - www.gartenreich.com - mai-sept. : tlj sf lun. 10h-17h (ouvert lun. de Pentecôte) ; avr. et oct. : tlj sf lun. 10h-17h - 4,50 €.

Le **château de Mosigkau**, « folie » érigée entre 1752 et 1757, servit de résidence jusqu'à sa mort à la princesse Anna Wilhelmine, fille de Léopold Ier. Cet édifice de deux étages à trois ailes est un exemple réussi de l'architecture rococo et forme, avec le jardin, un ensemble charmant. Les différentes pièces du château sont richement meublées ; tentures de soie et de damas, boiseries, lambris blancs et plafonds en stuc reflètent le caractère enjoué du rococo. Ne pas manquer la **Gartensaal★** qui abrite une remarquable collection de tableaux de maîtres flamands et hollandais.

Dessau pratique

Informations utiles

Office de tourisme – *Zerbster Straße 2c - 06844 Dessau - ✆ 0340 204 14 42 - fax 0340 204 11 42 - www.dessau-tourismus.de - avr.-oct. : lun.-vend. 9h-18h, sam. 9h-13h ; nov.-mars : lun.-vend. 9h-17h, sam. 10h-13h.*

Se loger

⊜ **City-Pension** – *Ackerstraße 3a - ✆ 882 30 76 - www.city-pension-dessau.de - 24 ch. 58 €* ☕. Proche du centre, cet hôtel à étages offre des chambres claires, spacieuses et fonctionnelles. En prenant le petit-déjeuner, vous pourrez observer l'animation de la ville par la fenêtre.

Se restaurer

⊜⊜ **Das Pächterhaus** – *Kirchstraße 1 - 06846 Dessau-Ziebigk - ✆ 0340 650 14 47 - www.paechterhaus-dessau.de - fermé lun. - 20 €.* Dans cette maison à colombages de 1743 restaurée avec élégance, on déguste une agréable cuisine régionale.

Halle★

240 120 HABITANTS
CARTE GÉNÉRALE B3 - CARTES MICHELIN N^OS 718 K7 ET 542 AP 33
SAXE-ANHALT

La plus grande ville de la Saxe-Anhalt est une cité dynamique et toujours animée. Halle doit d'abord sa prospérité à l'exploitation du sel qui commença au début du Moyen Âge : dès 806, une forteresse fut érigée ici même pour protéger les sources salées. Aujourd'hui, la ville concentre d'importantes usines chimiques et de construction mécanique. Halle cultive également son identité culturelle, avec des traditions universitaires qui remontent au 17e s. Mais elle est surtout la ville natale de Georg Friedrich Haendel. Chaque année, un festival renommé rend hommage à son célèbre musicien.

- **Se repérer** – Halle est établie sur les bords de la Saale, à une trentaine de kilomètres au nord-ouest de Leipzig.
- **À ne pas manquer** – La visite du château Moritzburg et de sa galerie d'art.
- **Organiser son temps** – Comptez une bonne journée pour découvrir la ville.
- **Avec les enfants** – Le musée des Salines.
- **Pour poursuivre le voyage** – Leipzig (34 km à l'est), Naumburg (47 km au sud), Dessau (53 km au nord).

Visiter

Place du Marché★ (Marktplatz)

La vaste **place du Marché** est dominée par les tours de l'église du Marché et la **tour Rouge** *(Roter Turm)*, édifiée au 15e s. et haute d'environ 80 m. Cette dernière abrite aujourd'hui l'office de tourisme de la ville.

Au centre se dresse la statue de Haendel (1859). Le marché et le passage des tramways en font l'endroit le plus animé de la ville.

Église du marché★ (Marktkirche)

Cette église à trois nefs dépourvue de chœur a été élevée de 1529 à 1554 entre les paires de tours de deux églises romanes ruinées.

À l'intérieur, on peut admirer le délicat entrelacs des nervures apposé sous la voûte en berceau, remarquable par l'absence de divisions transversales correspondant aux travées. Les murs des nefs latérales portent des tribunes en pierre.

O. Forir / MICHELIN

Dans la Kleine Ulrichstrasse, à Halle.

En parfaite harmonie avec le reste se dresse la chaire de 1547, dont l'abat-voix (1596) est l'œuvre de Heinrich Heidereiter. Le **retable du maître-autel★**, représentant la Vierge et l'Enfant, a été peint par un élève de Cranach. Dans une chambre située derrière l'autel est conservé le masque mortuaire de Luther.

Église St-Maurice (Moritzkirche)

Hallorenring. Église à trois nefs, élevée entre 1388 et 1511, l'**église St-Maurice** possède des voûtes réticulées et en étoile, caractéristiques du style gothique flamboyant. Elle contient des **œuvres★ du sculpteur Conrad d'Einbeck**, marquées à la fois par un réalisme naïf et une forte puissance d'expression : voir en particulier *L'Homme des douleurs*, la statue de saint Maurice (1411) et la Pietà (1416).

Cathédrale (Dom)

Am Domplatz. En cours de restauration.

L'église abbatiale gothique à trois vaisseaux (14e s.) fut transformée sous le cardinal Albert de Brandebourg vers 1520. Les piliers portent les statues du Christ, des apôtres et de saints, exécutées vers 1520 dans l'atelier de Peter Schroh, un des sculpteurs les plus talentueux de son temps. Comme la chaire (vers 1525), elles s'apparentent déjà au style de la Renaissance.

Musée des Salines (Technisches Halloren- und Salinenmuseum)

Mansfelder Str. 52 - ✆ 0345 209 32 30 - tlj sf lun. 10h-17h - fermé 1er janv., 24-25 et 31 déc. - 2,10 €.

Le **musée des Salines** est consacré à l'histoire de l'exploitation des mines de sel par les *Halloren*, corporation des sauniers de Halle.

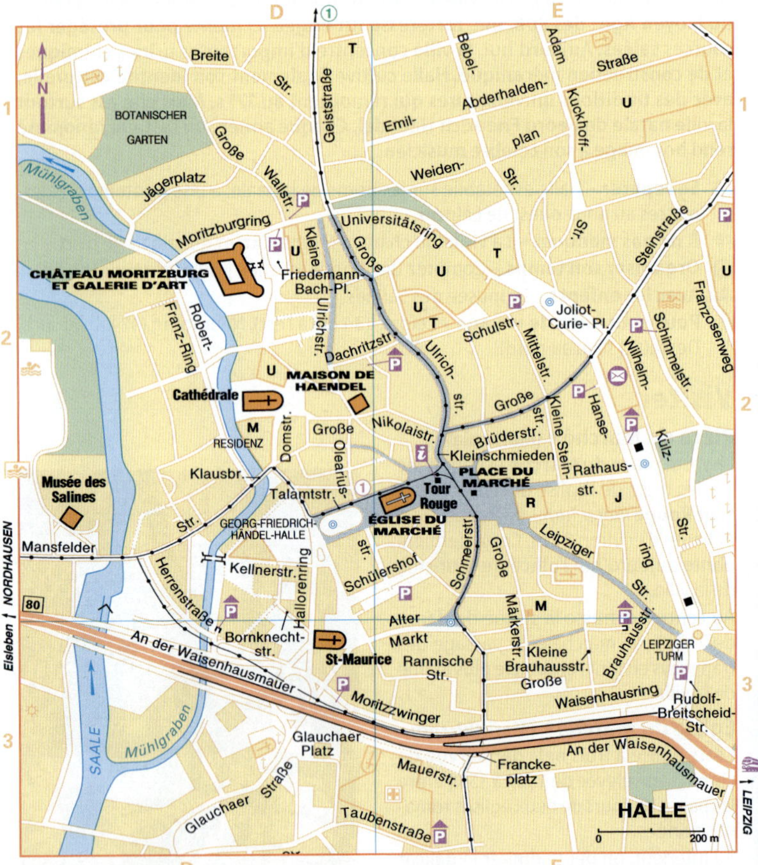

SE LOGER	SE RESTAURER
Apart Hotel ①	Mönchshof ①

Château Moritzburg et Galerie d'art★★ (Staatliche Galerie Moritzburg-Halle)

Friedemann-Bach-Platz 5- ✆ 0345 21 25 90 - www.moritzburg.halle.de - 10h-19h (mar. 20h30) - 7 €. C'est en 1484 que fut construit le Moritzburg, première des quatre ailes que compte la forteresse. Jusqu'en 1541, elle fut la résidence favorite des archevêques de Magdebourg et de Mayence. Détruite pendant la guerre de Trente Ans, une partie de la forteresse fut transformée au début du 20e s. en musée : la **galerie nationale de Moritzburg** abrite aujourd'hui la plus belle collection d'art de Saxe-Anhalt.

Peinture allemande des 19e et 20e s. – Les collections exposées rassemblent des œuvres de premier ordre appartenant aux périodes du **romantisme**, de l'**impressionnisme** et de l'**expressionnisme**. Le mouvement *Die Brücke* est illustré par des œuvres de ses principaux membres, Otto Müller, Ludwig Kirchner, Erich Heckel, Karl Schmidt-Rottluff. À leur suite sont présentés les précurseurs de la peinture abstraite, Kandinsky et Feininger.

Sculpture allemande des 19e et 20e s. – Œuvres d'Ernst Barlach *(La Baigneuse)*, Wilhelm Lehmbruck. Verrerie et céramique du Moyen Âge à nos jours, porcelaine et orfèvrerie.

Dans la tour est exposée une riche collection de monnaies et de médailles.

Maison de Haendel★ (Händel Haus)

Avr.-oct. : 9h30-17h30 (jeu. 19h) ; nov.-mars : tlj sf lun. 9h30-17h30 (jeu. 19h) - fermé 25 déc. - gratuit. Le compositeur est né dans cette grande maison à colombages en 1685. Il quitta Halle en 1703 et finit, après plusieurs étapes en Allemagne et en Italie, par s'établir à Londres. Il prit la nationalité britannique en 1727.

Aux alentours

Chapelle de Landsberg (Doppelkapelle Landsberg)

À Landsberg, à 19 km à l'est de Halle.

✆ 034 602 20 690 - www.stadt-landsberg.de - visite guidée (1h) mai-oct. : lun.-vend. sur RV, sam. 15h, dim. 11h, 15h ; nov.-avr. : sur RV - fermé 6 janv., Vend. saint, dim. de Pâques, 1er Mai, Ascension, lun. de Pentecôte, 3 et 31 oct., 24 déc.-1er janv. - 2 €.

On aperçoit de loin, perchée sur une éminence rocheuse, la **chapelle de Landsberg** dédiée à la Sainte-Croix. Elle vit le jour entre 1195 et 1200 à la place de l'ancien édifice. Pendant la messe, le peuple restait confiné dans la partie inférieure tandis que les seigneurs assistaient au service dans la chapelle haute.

Les **chapiteaux★** des piliers et colonnes sont ornés de magnifiques motifs figurant des personnages, des animaux et des fleurs.

Du haut du balcon, belle **vue★** à la ronde sur Leipzig, Halle et Merseburg.

Eisleben

34 km à l'ouest. Petite cité minière en vue des premières hauteurs du Harz, Eisleben a vu naître et mourir **Martin Luther**. La mémoire du Réformateur est évoquée non seulement dans sa **maison natale** (Luther-Geburtshaus – *Lutherstraße 16*) et dans la maison qui le vit s'éteindre (Luther-Sterbehaus – *Andreaskirchplatz 7*), mais aussi par l'église St-Pierre-et-Paul (Sankt-Petri-Pauli-Kirche), où il fut baptisé en 1483, l'église St-André (Sankt Andreas), qui abrite la chaire où il prêcha pour la dernière fois, et la Marktplatz, où sa statue fut érigée en 1883.

Halle pratique

Informations utiles

Office de tourisme – *Marktplatz 13/ Marktschlößchen - 06108 Halle - ✆ 0345 122 99 84 - fax 0345 122 99 85 - www.stadtmarketing-halle.de - lun.-vend. 9h-19h, sam. 10h-16h.*

Se loger

⊖ **Apart Hotel** – *Kohlschütterstraße 5 - ✆ 0345 525 90 - www.apart.halle.de - P - 48 ch. - 89 €.* Cet hôtel est né du rachat d'une vieille villa et d'un ancien hôpital. De hauts plafonds et des stucs caractérisent le décor des deux bâtiments. Dans les chambres modernes et confortables dominent l'acajou ou le bois naturel clair.

Se restaurer

⊖⊖ **Mönchshof** – *Talamtstraße 6 - ✆ 0345 202 17 26 - www.moenchshof-halle.de - fermé dim. soir - 17 €.* Si vous appréciez le confort rustique, vous serez parfaitement à l'aise dans ce restaurant ! Lambrissé de bois sombre, il est situé juste à côté de la cathédrale et propose une bonne cuisine traditionnelle régionale.

Quedlinburg★

23 220 HABITANTS
CARTE GÉNÉRALE B3 – CARTES MICHELIN Nos 718 J7 ET 542 AK 31
SAXE-ANHALT

Pittoresque cité médiévale classée au patrimoine mondial de l'Unesco, Quedlinburg est nichée au pied d'un imposant piton rocheux sur lequel se dressent son château et son église abbatiale. Vous tomberez sous le charme de ses ruelles sinueuses, bordées de maisons à colombages de tous les styles et de toutes les époques.

- **Se repérer** – Quedlinburg s'étend à quelques kilomètres au nord du massif du Harz. La ville, proche de l'autoroute A 14 qui mène à Leipzig (au sud) ou Magdebourg (au nord), constitue une base idéale pour une expédition dans le Harz.
- **À ne pas manquer** – L'église St-Servais.
- **Organiser son temps** – Prévoyez une bonne demi-journée pour profiter des charmes de la cité.
- **Pour poursuivre le voyage** – Le massif du Harz (Wernigerode est 32 km à l'ouest), Halle (75 km au sud-est), Dessau (85 km à l'est), Magdebourg (56 km au nord-est).

Visiter

LA VIEILLE VILLE★

Place du Marché★ (Markt)

La **place du Marché** est fermée du côté nord par l'**hôtel de ville**, bâtiment Renaissance (début du 17e s.) à deux étages flanqué d'un portail décoré aux armes de la ville ; à gauche de la façade, statue de Roland (vers 1440). La place est bordée de maisons des 17e et 18e s.

Vieilles rues★

Parcourir les rues anciennes en faisant le tour, derrière l'hôtel de ville (par la Marktstraße et le Kornmarkt), de l'église St-Benoît. Revenir vers la place du Marché par la Breite Straße, sur laquelle donnent plusieurs ruelles pittoresques. Traverser la place et gagner la colline du château en flânant dans la Wordgasse (**Fachwerkmuseum** dans la construction à colonnes), la Hohe Straße et la Blasiistraße.

En bordure de la charmante **place du Schlossberg★**, une maison de la fin du 16e s. (au no 12) a vu naître en 1724 le poète Friedrich Gottlieb Klopstock. Puisant aux sources nationales et inspiré par les vieux mythes allemands, il composa notamment une épopée à la gloire d'Arminius. Il est surtout connu pour le vaste poème épique de *La Messiade*. La visite des différentes pièces du **musée Klopstock** *(Klopstockhaus)* instruit sur la vie et l'œuvre du poète. *✆ 03 964 26 10 - www.quedlinburg.de - merc.-dim. 10h-17h (nov.-mars : w.-end 16h) - fermé 1er janv., 24-25 et 31 déc. - 3 €.*

Galerie Feininger★ (Feininger-Galerie)

Derrière le musée Klopstock, entrée au 5 A, Finkenherd - ✆ 039 46 22 38 - www.feininger-galerie.de - ♿ - avr.-oct. : tlj sf lun. 10h-18h ; nov.-mars : tlj sf lun. 10h-17h - fermé 1er janv., 24 et 31 déc. - 6 €.

Intéressante collection de dessins et d'aquarelles du peintre américain Lyonel Feininger, venu rejoindre le Bauhaus en 1919, où il enseigna jusqu'à la fermeture de l'école par les nazis. Son œuvre, mariant expressionnisme et cubisme, s'inspire de sujets quotidiens, reflets de la vie moderne (usines, ports…).

LA COLLINE DU CHÂTEAU★ (SCHLOSSBERG)

Accès par une large terrasse offrant une belle **vue★** d'ensemble sur la ville.

Église St-Servais★★ (Stiftskirche St-Servatius)

À l'emplacement de l'**église St-Servais** primitive, fondée au 9e s., la basilique actuelle, en forme de croix latine, fut commencée en 1070 et consacrée en 1129. Les **chapiteaux★** et les **frises** de la nef centrale ont été sculptés par des artistes venus du nord de l'Italie. Sous le chœur, la **crypte★★** est divisée en trois nefs dont les voûtes ogivales sont décorées de **fresques★** décrivant des scènes de la Bible. Voir les sarcophages du roi Henri Ier et de son épouse Mathilde, ensevelis au 10e s., et des pierres tombales d'abbesses. Le **trésor★★** est conservé dans la sacristie : manuscrits, **évangéliaire** du 10e s. et, surtout, **tapis noué de Quedlinburg★**.

Château (Schloss)

Le socle rocheux explique l'irrégularité du plan de cet édifice, construit de la fin du 16e s. au milieu du 17e s. Il servait de bâtiment abbatial.

Le **musée du Château★** *(Schlossmuseum)* présente l'histoire de la ville de Quedlinburg. On visite le salon de l'abbesse, la salle du trône et la salle des princes (milieu du 18e s.). *☏ 03 946 90 56 84 - www.quedlinburg.de - avr.-oct. : 10h-18h ; nov.-mars : tlj sf vend. 10h-16h - fermé 1er janv., 24-25 et 31 déc. - 3,50 €.*

Aux alentours

Gernrode

7 km au sud. Évoquée pour la première fois en 961, la **collégiale St-Cyriaque★** présente des caractéristiques typiques du style ottonien : plan basilical à trois nefs, plafond plat et galeries supérieures. La crypte est l'un des premiers exemples de construction de ce style en Allemagne. Le chœur ouest fut transformé au début du 12e s. La croisée du transept abrite la plaque funéraire du fondateur du couvent, le margrave Gero. Les fonts baptismaux romans datent de la deuxième moitié du 12e s. Dans le collatéral sud, le **Saint Sépulcre★** demeure un rare et bel exemple de sculpture romane.

Quedlinburg pratique

Informations utiles

Office de tourisme – *Markt 2 - ☏ 03 946 905 624 - www.quedlinburg.de - janv.-mars et oct.-déc. : lun.-vend. 9h30-17h, sam. 9h30-14h ; avr.-sept. : lun.-vend. 9h30-18h30, sam. 9h30-16h (mi-avr.-mi-oct., égalt le dim. 9h30-15h).*

Se loger

€€ Romantik Hotel Theophano – *Markt 14 - ☏ 03946 963 00 - www.vorharz.de/Theophano.htm - P - 22 ch. - 99 €* . Dans cette maison à colombages, chambres coquettes, aménagées avec soin et agrémentées de beaux tissus d'ameublement.

€€€ Schlosshotel Zum Markgrafen – *Weingarten 30 - ☏ 03946 811 40 - www.schlosshotel-zum-markgrafen.de - - P - 12 ch.- 150 €* . Proche de la place du Marché, cette villa construite en 1898 est située au cœur d'un parc de 12 000 m². Idéal pour un jogging le matin… Chambres élégantes et dotées d'un mobilier italien.

Erfurt★

201 650 HABITANTS
CARTE GÉNÉRALE B3 - CARTES MICHELIN NOS 718 J8 ET 544 AK 38
THURINGE

Capitale de la Thuringe, Erfurt est une cité paisible et pleine de charme, avec ses maisons à colombages, ses édifices Renaissance, ses églises gothiques et son pittoresque pont des Épiciers. Favorisée par les archevêques éclairés de Mayence, la ville des clochers est également un foyer universitaire historique, qui a attiré les plus grands noms de l'humanisme allemand, parmi lesquels Luther, Goethe, Schiller, Herder et Bach.

- **Se repérer** – Erfurt est située au cœur de la Thuringe, entre Gotha et Weimar.
- **Organiser son temps** – Prévoyez une journée pour flâner dans les charmantes rues du centre historique.
- **À ne pas manquer** – La cathédrale Ste-Marie.
- **Pour poursuivre le voyage** – Weimar (21 km à l'est), Eisenach (61 km à l'ouest), la forêt de Thuringe (itinéraire à partir d'Eisenach).

Comprendre

La ville du pastel – En 742, saint Boniface, venu d'Angleterre, crée à Erfurt un évêché, bientôt rattaché à celui de Mayence. Sa situation sur l'importante route commerciale reliant le Rhin à la Russie lui permit de devenir dès le Moyen Âge une place commerciale de premier plan au point de faire partie de la Ligue hanséatique au 15e s. : Erfurt constitua ainsi un véritable trait d'union entre les puissants ports du nord et l'Europe centrale. C'est principalement le commerce du pastel, seule plante alors capable de produire la couleur bleue, qui assura sa prospérité aux 15e s et 16e s.

Spiritualité et humanisme – Les très nombreux clochers s'élevant au-dessus des toits de la ville permettent de mesurer le rôle joué sur le plan religieux par Erfurt sous l'impulsion des archevêques-électeurs de Mayence. Après **Maître Eckhart**, provincial de Saxe des dominicains (établis à Erfurt à partir de 1303) qui sera à l'origine du courant des mystiques rhénans, la ville recevra deux siècles plus tard le jeune **Martin Luther**. Après ses études de philosophie à l'université, considérée comme le foyer de l'humanisme allemand, il entre en 1505 au couvent des augustins qu'il quittera six ans plus tard pour s'établir à Wittenberg.

Visiter

AUTOUR DE LA DOMPLATZ

La Domplatz est dominée par les deux édifices imposants que sont la cathédrale Ste-Marie et l'église St-Séverin.

Cathédrale Ste-Marie★★ (Dom St-Marien)

La cathédrale Notre-Dame, basilique romane originelle, élevée en 1154 sur la colline de la citadelle, reçut au milieu du 14e s. un chœur gothique très élancé et le porche nord. Un siècle plus tard, la nef romane fut remplacée par une nef de style gothique flamboyant, entourée par d'amples collatéraux.

Portails nord★★ – Le porche d'entrée est formé par deux portails supportant une élégante statuaire : au nord-est, la facture des Apôtres rappelle le travail des maîtres des cathédrales françaises, tandis que le portail nord-ouest présente les Vierges folles et les Vierges sages.

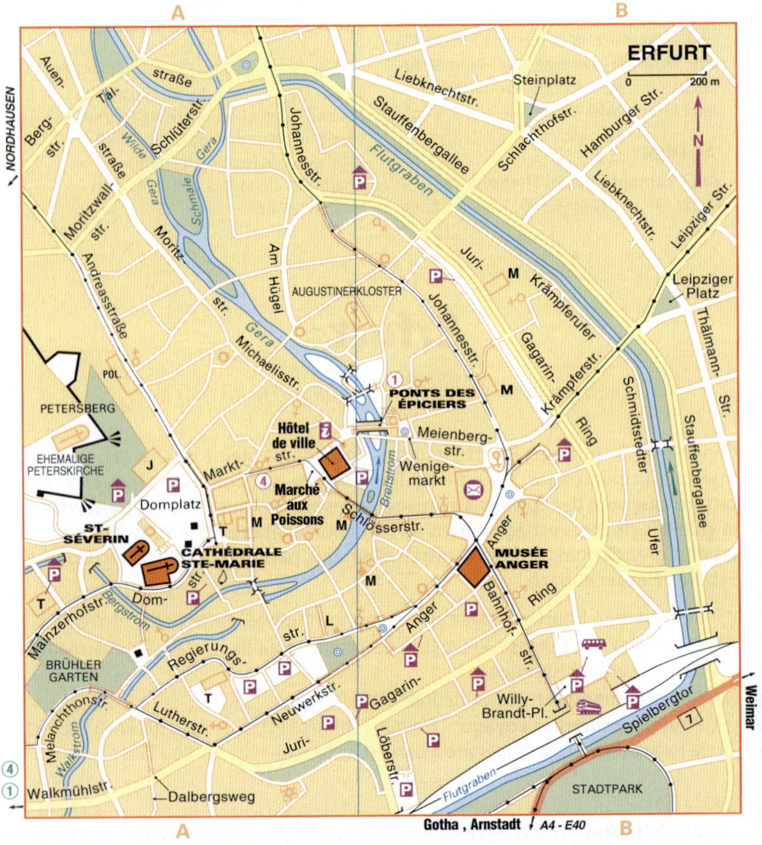

SE LOGER

Erfurtblick .... ①

Kleine Nachbar .... ④

SE RESTAURER

Alboth's Restaurant .... ①

Zum güldenen Rade .... ④

Intérieur – Plusieurs œuvres d'art retiennent l'attention : l'autel de la Vierge, roman (1160), la **statue-candélabre★** dite « Wolfram » (1160), la pierre tombale du comte de Gleichen et de ses deux femmes, les stalles du chœur très ouvragées (14e s.), les **vitraux★** du chœur (vers 1370-1420), dont certains montrent des scènes de la vie quotidienne à la fin du Moyen Âge.

Église St-Séverin★ (Severi-Kirche)

Ancienne abbatiale des bénédictins du monastère St-Paul et des chanoines de St-Augustin, l'**église St-Séverin** est une église à cinq nefs de style gothique primitif. Dans le collatéral sud, **sarcophage★** de saint Séverin (vers 1365), évêque de Ravenne.
Traverser la Domplatz et emprunter la Marktstraße.

AUTOUR DU MARCHÉ AUX POISSONS (FISCHMARKT)

Marché aux Poissons (Fischmarkt)

L'intérieur de l'imposant hôtel de ville *(Rathaus)*, de style néogothique, est décoré de **fresques★** évoquant la vie de Luther ainsi que les légendes de Faust et Tannhäuser. Au nord de la place (nos 13-16), la maison *Zum Breiten Herd* est un bel édifice à trois étages dans le style Renaissance.

Pont des Épiciers★ (Krämerbrücke)

Construit en 1325, ce pont dit « des Épiciers » a des allures de Ponte-Vecchio ; particularité unique au nord des Alpes, ses deux côtés sont occupés par des maisons habitées. Coiffés de toits raides, ces bâtiments étroits à colombages, érigés du 16e au 19e s., constituent un ensemble de caractère médiéval.

Musée Anger★ (Angermuseum)

Anger 18 - ✆ 0361 55 45 60 - www.angermuseum.de - fermé pour travaux - se renseigner sur la date de réouverture.

Le **musée Anger**, installé dans un édifice baroque de 1706, est surtout connu pour son exposition sur l'art en Thuringe au Moyen Âge (ensemble de **retables★★** des 14e, 15e et 16e s. ; **Pietà★★** du maître du sarcophage de saint Séverin ; tableau de Hans Baldung Grien sur la Genèse). La galerie de peinture rassemble des tableaux de paysagistes allemands des 18e et 19e s. L'exposition sur l'artisanat permet de découvrir des objets en porcelaine et en faïence fabriqués dans les usines de Thuringe.
Le musée Anger abrite un petit trésor : une peinture murale d'Erich Heckel (1923/24), *La Vie des hommes (Das Leben der Menschen)*.

Aux alentours

Arnstadt

16 km au sud.

Cette petite ville de Thuringe, fondée dès le 8e s., est surtout connue pour le séjour qu'y fit **J.-S. Bach** de 1703 à 1707 en tant qu'organiste de l'église paroissiale *(An der Neue Kirche)* qui porte aujourd'hui son nom. Le **Musée historique** de la ville regroupe, entre autres, des souvenirs du compositeur (*Museum für Stadtgeschichte und Bachgedenkstätte). Ce musée est fermé et doit emménager dans le Neues Palais ; il rouvrira ses portes au courant de l'année 2008. Se renseigner au ✆ 036 28 60 20 49.*
Dans l'ancien cimetière (Alter Friedhof, *Bahnhofstraße*) se trouvent les sépultures d'une vingtaine de membres de la famille Bach.
Dans le **Nouveau Palais** (Neues Palais, *Schlossplatz*), voir également la **collection de poupées★** (Puppensammlung « Mon Plaisir »), les tapisseries bruxelloises de la Renaissance et les **porcelaines★** d'Asie et de Meissen. *✆ 036 28 60 29 32 - tlj sf lun. 9h30-16h30 - fermé 24 déc. 4 €.*

Gotha

Gotha acquit une réputation internationale par son almanach qui éditait la généalogie des familles nobles. La place du Marché, aux ravissantes maisons bourgeoises, s'étend jusqu'au château. L'**hôtel de ville**, de style Renaissance (1567-1574), avec son portail et sa façade nord richement ornés, se trouve sur le marché principal, dans la partie basse de la ville. Le château massif, un peu en retrait, domine la ville.

Château Friedenstein (Schloss Friedenstein)

✆ 03 621 82 34 51 - www.stiftungfriedenstein.de - mai-oct. : tlj sf lun. 10h-17h ; nov.-avr. : tlj sf lun. 10h-16h - 5 €. Le **château de Friedenstein**, austère édifice baroque à trois ailes, fut commencé en 1643 par Ernest Ier le Pieux, et terminé en 1655. Si l'extérieur peut décevoir, l'intérieur est un régal : plus de trente pièces de style baroque, rococo et classique.

La Domplatz, à Erfurt.

Les plafonds originaux en stuc de la fin du 17e s., les sols en marqueterie et le précieux mobilier (quelques pièces de l'atelier d'Abraham Roentgen) sont remarquables.

Le château héberge de nombreuses collections rassemblées au cours des siècles par la maison de Gotha et complétées plus tard.

La **collection d'œuvres d'art** comprend des peintures hollandaises et flamandes du 17e s., mais surtout des œuvres allemandes des 15e et 16e s. Les **tableaux de Lucas Cranach l'Ancien** retiennent l'attention, de même que le gracieux **Couple d'amoureux de Gotha★**, premier portrait double de la peinture allemande, peint en 1484 par un maître inconnu. L'autel de Gotha est également magnifique : ses 157 panneaux racontant la vie du Christ en font l'œuvre la plus imagée de l'art d'église allemand.

Le château abrite une collection remarquable de sculptures de l'artiste français **Jean Antoine Houdon** (1741-1828), la deuxième après celle du musée du Louvre. Une **collection d'objets antiques et d'art égyptien** – peu importante, mais de qualité – témoigne de la passion de ses collectionneurs. La visite du château de Friedenstein devrait également inclure la visite du **Ekhof-Theater** (1774).

Parc du château

Le vaste parc de style anglais comprend un magnifique espace boisé et une orangerie construite entre 1747 et 1767 : il est très agréable de s'y promener.

Erfurt pratique

Informations utiles

Office de tourisme – *Benediktsplatz 1 - 99084 Erfurt - ✆ 0361 664 00 - fax 0361 66 40 290 - www.erfurt-tourismus.de - avr.-déc. : lun.-vend. 10h-19h, sam. 9h-18h, dim. 10h-16h ; janv.-mars : lun.-sam. 10h-18h, dim. 10h-16h.*

Se loger

⊖⊖ Hotel Erfurtblick – *Nibelungenweg 20 - ✆ 0361 22 06 60 - www.hotel-erfurtblick.de - P - 10 ch. - 84 €*. Hôtel-pension bien tenu offrant des chambres claires et agréables dans un cadre convivial. Jardin aménagé avec goût et pièce d'eau. Depuis la salle du petit-déjeuner et la terrasse, jolie vue sur la ville.

À GOTHA

⊖ Der kleine Nachbar – *Weimarer Straße 16 - 99867 Gotha Thür- ✆ 03 621 40 07 95 - www.derkleinenachbar.de - P - 9 ch. - 50 €*. Petite pension avec chambres sobres mais très soignées, bien desservie par les transports - on peut atteindre rapidement le centre historique de Gotha.

Se restaurer

⊖⊖ Köstritzer « Zum güldenen Rade » – *Marktstraße 50 - ✆ 0361 561 35 06 - www.zum-gueldenen-rade.de - tlj 11h-24h - ♿ - 19/45 €*. Dans la vieille ville, non loin de la mairie ; murs en pierre de taille, bois et tableaux forment un décor agréable. Jardin d'été et terrasse dans la cour intérieure. Un bâtiment séparé abrite un ancien moulin à tabac.

⊖⊖⊖ Alboth's Restaurant – *Futterstraße 15/16 - ✆ 0361 568 82 07 - www.alboths.de - fermé dim., lun., 3 sem. en janv., 15 juil.-9 août - 40 €*. Restaurant chic et soigné dans une maison historique de la ville. Dégustez des plats variés accompagnés de l'un des vins de la très riche carte.

Weimar★★

64 410 HABITANTS
CARTE GÉNÉRALE B3 – CARTES MICHELIN N°s 718 K8 ET 544 AL 38
THURINGE

À la croisée des grands hommes de la culture germanique, Weimar est sans conteste la « capitale du classicisme allemand » : ses bibliothèques renferment une partie des plus belles lettres du pays. Toute la ville est imprégnée de la mémoire de ses génies passés : Cranach y réalisa son ultime œuvre majeure, Bach y fut maître de chapelle, Liszt y dirigea l'opéra, Nietzsche y termina ses jours… Sans oublier Goethe qui habita ici pendant plus de vingt ans. Le charme provincial de Weimar a sûrement contribué à son pouvoir d'attraction. La ville a gardé ce caractère, avec ses petites rues bordées de maisons colorées, sa place de l'hôtel de ville animée chaque jour par le marché et son château à l'orée d'un parc à l'anglaise.

- **Se repérer** – Traversée par l'Ilm, Weimar se situe au cœur de la verte Thuringe, à une vingtaine de kilomètres de la capitale du Land, Erfurt. L'autoroute A 4 la relie à Dresde côté est et Francfort au sud-ouest.
- **À ne pas manquer** – S'imprégner de l'atmosphère du centre historique et visiter la maison de Goethe. Prévoir éventuellement un détour au musée du Panorama.
- **Organiser son temps** – Comptez au moins deux jours pour découvrir les nombreuses curiosités de la ville et de ses alentours.
- **Pour poursuivre le voyage** – Erfurt (21 km à l'ouest), Iéna (22 km à l'est), Naumburg (50 km au nord).

Comprendre

L'« Athènes allemand » (Madame de Staël) – On ne peut guère faire un pas dans la ville sans rencontrer le souvenir des hommes les plus prestigieux du panthéon des Arts et des Lettres allemands : Cranach, Bach, Liszt, Schiller et en premier lieu Goethe, pour ne citer que les plus célèbres, ont résidé et exercé leurs talents à Weimar.

Un centre intellectuel et culturel – Weimar connut son heure de gloire avec l'arrivée au pouvoir de la duchesse Anna Amalia en 1758. Sous son impulsion, la ville devint un centre intellectuel important dominé par **Johann Wolfgang von Goethe** (1749-1832) qui, à vingt-six ans, fut appelé dans cette petite capitale de seulement 5 000 habitants par le duc Charles Auguste, fils d'Amalia. Il devint ministre, y fut anobli et y rédigea la plupart de ses œuvres, dont *Faust*.

Son influence sur la vie théâtrale a largement déterminé le rayonnement intellectuel de Weimar ; pendant plus de vingt-cinq ans, Goethe dirigea le théâtre, qui allait devenir le Théâtre national allemand. Il se lia d'amitié avec **Friedrich von Schiller** qui, en 1799, s'établit définitivement dans la ville. La collaboration fructueuse entre les deux hommes ainsi que les travaux de l'écrivain et théologien J.-G. **Herder**, qui résida à Weimar de 1776 à 1803, expliquent que Weimar ait été considérée comme le lieu phare du « classicisme allemand ». Dans les **archives Goethe et Schiller** *(Jenaer Straße)*, qui comptent parmi les plus grandes archives littéraires d'Allemagne, sont conservés des œuvres posthumes ainsi que des manuscrits et des lettres d'environ mille personnalités.

L'art et la musique à Weimar – C'est à Weimar que, de 1552 à sa mort, Lucas Cranach l'Ancien travailla et termina sa dernière grande œuvre, le triptyque de l'autel de l'église Herder *(Herderkirche)*. Jean-Sébastien Bach, organiste et maître de chapelle à Weimar de 1708 à 1717, composa durant cette période de nombreuses œuvres pour orgue. En 1848, Franz Liszt vint s'installer à Weimar et, en prenant la direction des concerts et de l'opéra de la ville, rassembla autour de lui l'élite artistique de l'époque.

En 1860 fut ouverte l'École des beaux-arts, préfiguration de l'actuelle université du Bauhaus, École supérieure d'architecture, qui allait marquer la peinture du 20e s. C'est sous l'influence de peintres aussi célèbres qu'Arnold Böcklin (1827-1901) que se créa « l'école de peinture de Weimar », à l'avant-garde des courants artistiques.

« Jugendstil et Bauhaus » – L'artiste belge Henry Van de Velde, l'un des maîtres du *Jugendstil* ou « Art nouveau », fut appelé à Weimar en 1902. Avec un groupe d'artistes, il conçut des projets pour la « nouvelle Weimar » et fonda l'École des arts décoratifs, puis érigea quelques maisons de type *Jugendstil*, comme dans la Cranachstraße aux n°s 15 et 47. Sa propre maison, *Hohe Pappeln* (hauts peupliers), sise au n° 58 Belvederer Allee et récemment restaurée, témoigne de sa créativité. D'autres bâtiments *Jugendstil* bordent la Gutenbergstraße et la Humboldtstraße.

En 1919, à Weimar, **Walter Gropius** fusionne l'École des arts décoratifs et l'École des beaux-arts sous la dénomination *Das Staatliche Bauhaus Weimar.* Le mouvement prône l'harmonie entre les activités artistiques et artisanales et leur intégration dans une nouvelle conception de l'habitat. Le style du Bauhaus s'est affirmé à Weimar : l'abstraction géométrique et le fonctionnalisme préludent à la réalisation de travaux dans lesquels les aspects utilitaires l'emportent sur l'esthétique. Mais la très conservatrice Weimar ne peut faire face à ce concept de renouveau radical et, en 1925, le mouvement doit quitter la ville pour s'installer à Dessau.

La République de Weimar – La constitution de l'éphémère « République de Weimar » (1919-1933) fut adoptée par l'Assemblée nationale réunie dans le théâtre de la ville en 1919. Cependant, le gouvernement n'eut jamais véritablement son siège à Weimar et regagna Berlin une semaine après l'adoption du texte. Par sa tradition humaniste, la ville de Goethe avait simplement fourni à la démocratie naissante un contrepoint bienvenu au climat politiquement lourd du Berlin d'après-guerre.

Se promener

LE CENTRE HISTORIQUE★★

Lieu vivant et essentiellement piéton, le centre-ville de Weimar concentre en un périmètre restreint des curiosités majeures, la plupart liées aux grands hommes de la Renaissance ou des Lumières allemandes. Il s'ordonne autour de deux places importantes et géographiquement voisines : la *Theaterplatz*, sur laquelle se trouvent le Théâtre national et le musée du Bauhaus, ainsi que la place du Marché *(Marktplatz).*

Maison de Goethe et musée Goethe★★
(Goethes Wohnhaus und Goethe Museum) B2

Frauenplan - ✆ 036 43 54 54 01- www.weimar-klassik.de - avr.-oct. : tlj sf lun. 9h-18h ; nov.-mars : tlj sf lun. 9h-16h - fermé 24 déc. 6,50 €.

Goethe a habité cette maison baroque du *Frauenplan* durant plus de vingt ans, de 1809 jusqu'à sa mort en 1832. L'intérieur est pour l'essentiel en l'état. On visite salle à manger, cabinet de travail, bibliothèque (5 400 titres), chambre à coucher et jardin. Chaque pièce a fait l'objet d'une décoration particulière utilisant largement les peintures et sculptures amassées par le grand homme lors de ses voyages. L'exposition permanente du Musée national situe Goethe dans le contexte du classicisme weimarien de la fin du 18e s. et du début du 19e s. Manuscrits, lettres et objets d'art évoquent ses contemporains : hommes de lettres comme Wieland, Herder et Schiller, ou mécènes comme la duchesse Anna Amalia et son fils le duc Charles Auguste.

De la maison de Goethe gagner celle de Frau von Stein par l'Ackerwand.

Maison de Frau von Stein (Haus der Frau von Stein) B2

Ackerwand 25. Goethe fit la connaissance de **Charlotte von Stein**, dame d'honneur de la duchesse Anna Amalia, en novembre 1775, et son inclination pour elle marqua les dix premières années de son séjour à Weimar. La maison fut transformée en 1776 selon les plans du poète. Elle abrite aujourd'hui l'Institut Goethe ainsi qu'une école de langues et un centre culturel.

Place de la Démocratie (Platz der Demokratie) B2

La statue équestre du grand duc de Saxe-Weimar-Eisenach, Charles Auguste (1757-1828), est l'œuvre de A. von Donndorf.

L'ancien palais, au sud (1770-1774), est occupé par l'**École supérieure de musique « Franz Liszt ».**

Le **Château Vert** *(Grünes Schloss)* (16e-18e s.) abrite aujourd'hui la **bibliothèque de la duchesse Anna Amalia★**. En partie ravagée par un incendie en septembre 2004, elle a réouvert ses portes en octobre 2007. Ses fonds ont été heureusement en grande partie épargnés : elle contient des manuscrits du Moyen Âge, des incunables, de précieux imprimés des 16e et 17e s. et surtout des exemplaires originaux du 18e s. de grande valeur. Depuis quelques dizaines d'années, la bibliothèque s'est s'attachée à rassembler des éditions et des traductions sur le siècle des Lumières *(Aufklärung).*

De la place de la Démocratie, gagner la place du Marché voisine.

Maison de Cranach (Cranach-Haus) B2

C'est dans cette maison Renaissance (1549) aux pignons à volutes que **Lucas Cranach** a passé la dernière année de sa vie. L'atelier du peintre était installé au 3e étage.

En face, l'**hôtel de ville**, bâti vers 1500 et largement remanié au milieu du 19e s.

S'engager dans la Schillerstraße en direction de la place du Théâtre.

Maison de Schiller★ (Schillers Wohnhaus) B2

Schillerstraße 12 - ✆ 036 43 5 545 350 - tlj sf mar. 9h-18h, nov.-mars 9h-16h - 4 €.
L'écrivain **Schiller** (1759-1805) s'établit ici en avril 1802 pour être plus près de son ami Goethe. C'est ici qu'ont été écrits *La Fiancée de Messine* et *Guillaume Tell*. Une partie de la maison est aménagée en **musée**.
Suivre la Schillerstraße jusqu'à la Theaterplatz.

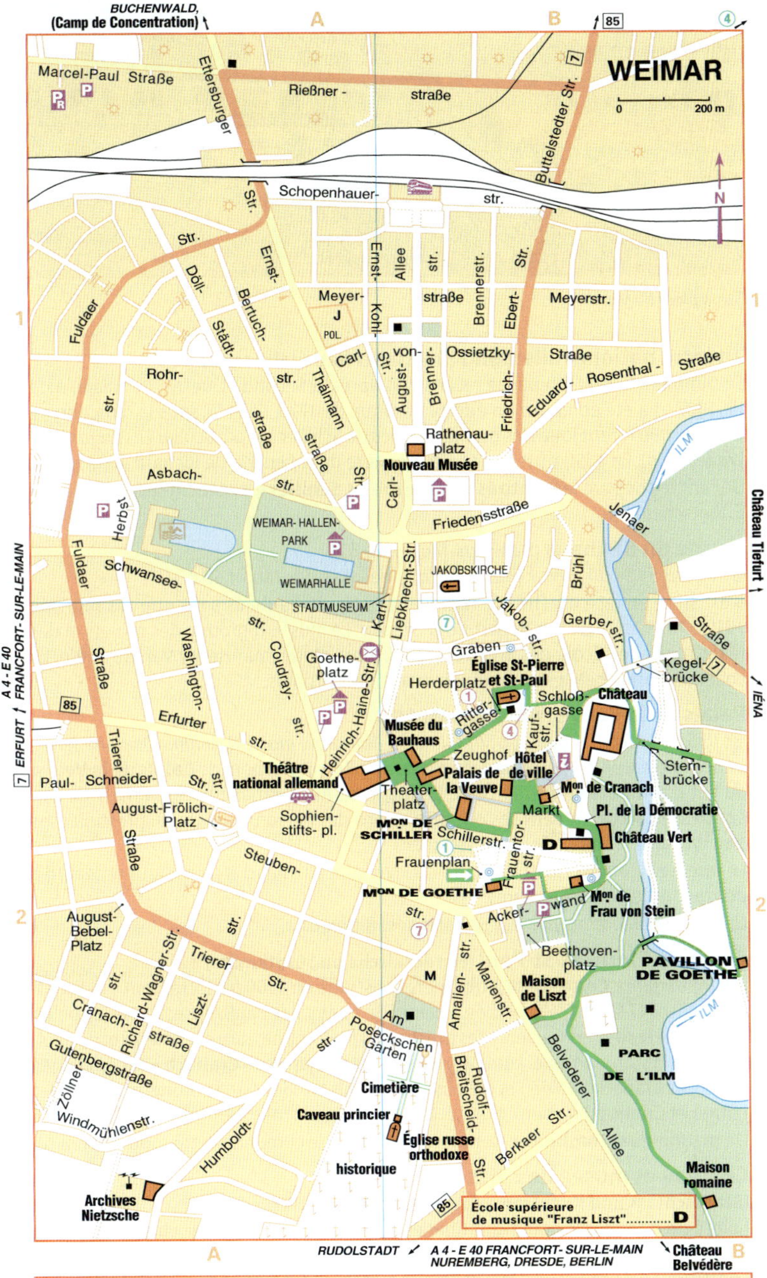

SE LOGER

Am Frauenplan............ ①

Romantik Hotel Dorotheenhof............ ④

Zur Sonne............ ⑦

SE RESTAURER

Da Giuseppe............ ①

Estragon............ ④

Sommer's Weinstube............ ⑦

Sur la place du Marché.

Théâtre national allemand (Deutsches Nationaltheater) A2

Le bâtiment actuel, en partie reconstruit après la Seconde Guerre mondiale, date de 1907 et a été édifié sur un édifice baroque de 1779. C'est là, sous la direction de Goethe, que furent joués les grands drames de Schiller (en particulier *Les Brigands* et *Wallenstein*). En 1850 y fut donnée la première de *Lohengrin* de Richard Wagner.

Devant le théâtre, les **statues de Goethe et Schiller★★**, exécutées en 1857 par E. Rietschel.

Musée du Bauhaus (Bauhaus-Museum) B2

✆ 03 643 54 54 00 - www.klassik-stiftung.de - ♿ - 10h-18h - 4,50 €.
Il est situé en face du Théâtre national. L'école du Bauhaus a occupé ces murs de 1919 à 1925, date de son départ pour Dessau. Le musée regroupe des projets et des réalisations de l'École des arts décoratifs, alors dirigée par Henry Van de Velde. La collection principale est celle réunie par Walter Gropius.

Palais de la Veuve (Wittumspalais) B2

✆ 036 43 54 54 01 - avr.-oct. : tlj sf lun. 9h-18h ; nov.-mars : tlj sf lun. 10h-16h - fermé 24 déc.- 4 €. Ce palais baroque à deux ailes (1767) doit son nom de **palais de la Veuve** au fait d'avoir été la résidence de la duchesse Anna Amalia après la mort de son époux. Elle accueillit dans ses célèbres salons des personnalités aussi prestigieuses que Wieland, Goethe, Herder et Schiller.

Le **musée Wieland** illustre l'œuvre du « Voltaire allemand », traducteur et maître à penser du siècle des Lumières.

Gagner la Herderplatz par le Zeughof puis la Rittergasse.

Église St-Pierre et St-Paul (Herderkirche ou Stadtkirche) B2

Am Herderplatz. Cette église à trois nefs construite en 1500 fut fortement « baroquisée » entre 1735 et 1745. Dédiée à saint Pierre et saint Paul, elle est aussi appelée **église de Herder** en souvenir des prêches du philosophe qui y est enterré et dont on peut voir la statue à l'extérieur. On y admire le **triptyque de Cranach★★**, commencé par Lucas Cranach l'Ancien et terminé par son fils en 1555 ; sur la droite, on reconnaît Luther et Cranach l'Ancien.

De magnifiques **tombeaux Renaissance★** dans le chœur de cette modeste église.

Château et musée des Arts (Stadtschloss und Kunstsammlungen zu Weimar) B2

Suite à un incendie, le grand-duc Charles Auguste fit reconstruire le **château** de 1789 à 1803 dans le style néoclassique. L'édifice (à quatre ailes) a été achevé en 1914 par la construction de l'aile sud. On y découvre certaines des plus belles salles du début et de la fin du classicisme allemand : la salle des Fêtes, la Grande Galerie et la salle des Poètes en l'honneur de Goethe, Schiller, Wieland et Herder.

Le **musée** abrite les collections d'art de Weimar, dont une importante **collection de Cranach★★** *(Sibylle de Clèves, Portrait de Luther)*, des œuvres de Hans Baldung Grien, Albrecht Dürer, Barthel Bruyn l'Ancien, des peintures flamandes et italiennes, des œuvres de l'école de Weimar et des mouvements impressionniste et expressionniste allemands. Au sud-ouest de l'édifice, la tour du château (1729-1732) avec son couronnement baroque.

Parc de l'Ilm ★★ B2

Weimar est une ville verte. De Tiefurt au Belvédère, ce n'est qu'un ruban de verdure dont le centre est formé par le parc aménagé le long de l'Ilm, à quelques pas seulement du centre-ville. En dessinant ce jardin anglais, l'intention de Goethe n'était pas de brider la nature, mais de la modeler en la respectant.

Le Pavillon de Goethe★★ (Goethes Gartenhaus) – Charles Auguste fit don de ce **pavillon** à Goethe, qui y résida de 1776 à 1782, et qui resta jusqu'à la fin de sa vie son refuge préféré.

« Elle est sans prétention
Cette petite maison avec son grand toit
Tous ceux qui y sont venus
Ont eu le cœur en fête
Les arbres plantés de mes mains grandissaient et verdissaient
Et pour l'esprit aussi
C'était un terrain béni. » (Goethe)

Goethe y rédigea *La Mission théâtrale de Wilhelm Meister*, ainsi que d'importantes parties d'*Iphigénie*, les esquisses d'*Egmont* et *Torquato Tasso*. La maison a été convertie en un musée regroupant meubles et dessins de son ancien propriétaire.

Face au pavillon se trouve la **Borkenhäuschen**, lieu de détente préféré de Charles Auguste ; la **Maison romaine** *(à 10mn)*, bâtiment de style néoclassique (1791-1797), a été conçue par Goethe pour Charles Auguste.

Traverser le parc en direction de la Belvederer Allee.

Maison de Liszt (Liszt-Haus) – *Entrée Belvederer Allee - ✆ 036 43 54 5 388 - avr.-oct. : tlj sf mar. 10h-18h - 2,50 €.* Dans cette ancienne maison des jardiniers, visite des pièces où vécut **Franz Liszt** lors de son deuxième séjour à Weimar de 1869 à 1886.

Visiter

Nouveau Musée (Neues Museum) B1

Rathenauplatz - ✆ 036 43 545 963 - avr.-oct. : tlj sf lun. 11h-18h ; nov.-mars : tlj sf lun. 11h-16h - 3,50 €.

Le Nouveau Musée, édifice néo-Renaissance, a été bâti de 1863 à 1869 pour abriter le musée grand-ducal. Quartier général de la direction régionale du parti nazi sous le IIIe Reich, il a aujourd'hui retrouvé sa vocation première et abrite la collection de Paul Maenz, galeriste renommé de Cologne. Le musée est consacré à l'avant-garde internationale depuis 1960, l'accent étant mis sur les artistes allemands et l'*arte povera* italien. On peut aussi y voir des œuvres des mouvements minimaliste et conceptuel américains.

Cimetière historique et caveau princier (Historischer Friedhof und Fürstengruft) B2

Au centre du cimetière historique, le **caveau princier** fut érigé par C.W. Coudray entre 1825 et 1827. C'est ici que reposent, côte à côte, Goethe, Schiller et le duc Charles Auguste.

Derrière le monument se trouve l'**église russe orthodoxe** construite entre 1859 et 1862 pour la grande-duchesse Maria Pawlowna, belle-fille de Charles Auguste. Frau von Stein, muse de Goethe, repose également dans ce cimetière.

Archives Nietzsche (Nietzsche Archiv) A2

✆ 03 643 54 51 59 - www.klassik-stiftung.de - avr.-oct. : tlj sf lun. 13h-18h - 2,50 €.

C'est dans cette maison que le philosophe Friedrich Nietzsche passa les trois dernières années de sa vie (il mourut en 1900). Atteint d'aliénation mentale, il y fut soigné par sa sœur Élisabeth. Elle institua ici les **Archives Nietzsche** et confia à Henry Van de Velde, en 1903, l'aménagement du rez-de-chaussée. S'appropriant l'héritage intellectuel de son frère, Élisabeth fut loin de transmettre son œuvre et sa pensée de façon fidèle ; elle contribua en fait beaucoup à la formation de l'image erronée d'un Nietzsche antisémite et pro-allemand ouvrant la voie à l'idéologie du IIIe Reich.

La plus belle pièce des Archives est la **bibliothèque★**, où les meubles comme les autres éléments s'intègrent de façon harmonieuse. Remarquez le buste de Nietzsche réalisé par Max Klinger. Des documents retracent la vie et l'œuvre du philosophe.

Aux alentours

Château Tiefurt (Schloss Tiefurt)

2 km à l'est. ✆ 036 43 54 54 01 - tlj sf mar. 10h-18h - fermé j. fériés et certains samedis pdt l'automne - tarif non communiqué. Ancienne résidence d'été (18e s.) de la duchesse Amalia, le **château de Tiefurt** est entouré d'un parc à l'anglaise. Sous l'impulsion d'Amalia, le château et le parc devinrent des centres de rencontres littéraires, dont les habitués avaient pour nom Goethe, Wieland, Herder, Schiller, Humboldt...

Château Belvédère (Schloss Belvedere)

4 km au sud-est. ✆ 036 43 5469 62 - d'avr. à mi-oct. : tlj sf lun. - fermé de mi-oct. à fin mars - 4 €. Le Belvédère est l'un des châteaux d'agrément (1724-1732) les plus réussis de Thuringe. Il est composé d'un important corps central flanqué de deux ailes basses, et complété par quatre bâtiments annexes et une orangerie dont les pavillons présentent une **collection de calèches**. Dans le château, visiter les pièces bien restaurées. Collection exceptionnelle de porcelaines et verres du 17e au 19e s. Le parc, qui était à l'origine aménagé dans le style baroque, fut remanié entre 1814 et 1840 en jardin anglais.

Buchenwald (Camp de concentration)

8 km au nord-ouest. ✆ 03 643 43 02 00 - www.buchenwald.de - avr.-oct. : 10h-18h ; nov.-mars : 10h-16h - possibilité de visite guidée (2h) - fermé 1er janv., 25 déc. - gratuit.

À quelques kilomètres seulement de ce haut lieu de l'humanisme que fut Weimar, l'Ettersberg hébergea huit années durant l'un des plus importants camps de concentration du régime hitlérien. Créé en juillet 1937 pour l'internement des opposants allemands, le camp reçut rapidement les Juifs et les Tsiganes persécutés par les nazis, puis, au fur et à mesure de l'invasion de l'Europe, des ressortissants de nombreux pays occupés : au total, environ 250 000 hommes de 32 nationalités différentes, y compris des enfants, prirent le chemin de Buchenwald. Pour plus de 50 000 d'entre eux, ce fut un voyage sans retour. Le 11 avril 1945, les prisonniers, profitant de la fuite des gardiens SS à l'approche des troupes américaines, parvinrent à se libérer ; il était 15h15, horaire que l'horloge du camp, pour mémoire, indique de façon définitive.

Camp de concentration *(Gedenkstätte Buchenwald) – Brochure descriptive et plan à l'entrée.* Le centre d'information projette un film retraçant l'histoire du camp. Le circuit de visite pénètre dans le camp par la porte du bâtiment d'entrée sur laquelle figure encore la sinistre inscription : *Jedem das Seine* (À chacun son dû). L'emplacement des baraques est matérialisé sur le sol ; en bas, vers la droite, le bâtiment des effets a été transformé en musée. À l'extérieur du camp, un chemin conduit à la carrière où les conditions de travail inhumaines provoquaient un taux de mortalité particulièrement élevé parmi les détenus qui y étaient affectés. Près de 20 000 prisonniers furent envoyés de Buchenwald au camp de **Dora**, au nord de Nordhausen *(schéma : le Harz)*, pour travailler dans une usine souterraine d'armes secrètes ; la nature de leur travail leur interdisait à tout jamais de revoir la lumière.

Camp spécial n° 2 – Les forces soviétiques d'occupation ont ouvert ce camp spécial en 1945. Elles y ont interné jusqu'en 1950 d'anciens cadres du parti nazi, des criminels nazis, mais aussi des prisonniers politiques. De sources soviétiques, on estime à plus de 7 000 le nombre de personnes qui y trouvèrent la mort.

Mémorial – *1 km en direction de Weimar.* Par le portail d'entrée et le chemin des Stèles, on accède à l'allée des Nations reliant trois fosses communes. Pour finir, on atteint la tour-clocher devant laquelle se dresse un ensemble sculptural réalisé par Fritz Cremer et symbolisant la résistance dans le camp.

Musée du Panorama★★ (Panorama Museum)

55 km au nord-ouest (Bad Frankenhausen) - ✆ 034 671 6190 - www.panorama-museum.de - 10h-18h (17h nov.-mars) - fermé lun. sf juil.-août - 4 € - (bar-restaurant sur place).

Perché sur les hauteurs de la montagne de Kyffhäuser, ce musée abrite la peinture monumentale de Werner Tübke, la **Première révolution bourgeoise en Allemagne** : cette toile circulaire de 123 m de long sur 14 m de haut évoque la révolte de 1525 où 6 000 paysans tentèrent, ici même, de renverser l'autorité séculière. Ils furent emmenés par Thomas Müntzer, réformateur radical persuadé que le moment était arrivé d'installer le royaume de Dieu sur Terre. Il fut finalement décapité et les insurgés, pour la plupart, massacrés. Inauguré à la veille de la chute du mur de Berlin, ce projet commandé par l'ex-république démocratique était conçu à l'origine comme un mémorial dédié à l'histoire de la RDA. L'artiste, qui consacra plus de 20 ans à son élaboration, en fit une œuvre universelle, composée de plus de 3 000 personnages.

Weimar pratique

Informations utiles

Office de tourisme – *Markt 10 - ✆ 03 643 545 407 - www.weimar.de - lun.-vend. 9h30-18h (16h nov.-mars), sam.-dim. 9h30-15h (14h nov.-mars).*

Se loger

⊖⊖ **Hotel Zur Sonne** – *Rollplatz 2 - ✆ 03 643 80 04 10 - fax 03 643 862 932 - www.thuringia-online.de/hotel-sur-sonne - 21 ch. - 66/77 €.* Coquette maison en brique au cœur de la vieille ville. Chambres pratiques et accueillantes. Le restaurant est aménagé dans le style d'une auberge traditionnelle.

⊖⊖ **Hotel Am Frauenplan** – *Brauhausgasse 10 - ✆ 03643 494 40 - fax 03 643 4944 444 - www.thotal-am-frauenplan.de - 48 ch. - 68/81 €.* Face à la maison de Goethe, cet hôtel occupe l'ancien palais de la comtesse von Bernstoff. Chambres confortables et feutrées. En saison, petit déjeuner dans la cour.

⊖⊖ **Romantik Hotel Dorotheenhof** – *Dorotheenhof 1 (4 km au nord-est du centre), ✆ 03 643 45 90 - fax 03 643 459 200 - info@dorotheenhof.com -* P ⊁ ♿ *- 60 ch. - 108/115 €.* Cette ancienne propriété du capitaine de cavalerie Carl von Kalkreuth abrite, dans un cadre champêtre idyllique, un bel hôtel de style maison de campagne. Restaurant aux tables soigneusement dressées sous un charmant plafond voûté.

Se restaurer

⊖ **Estragon** – *Herderplatz 3 - ✆ 03 643 90 85 99 - fermé dim. soir - ⊭ - 10/15 €.* Agréable petite adresse face à l'église St-Pierre et St-Paul, proposant une cuisine simple à base de soupes et de salades, parfumées aux herbes. Épicerie bio attenante.

⊖⊖ **Trattoria Da Giuseppe** – *Eisenfeld - ✆ 03 643 81 48 38 - fermé le soir lun.-mar. et dim. - ⊭ - 15/20 €.* Pizzas, tagliatelles fraîches et vins rouges en provenance directe d'Italie, à déguster à l'intérieur de ce charmant restaurant tenu par le Calabrais Giuseppe.

⊖⊖ **Sommer's Weinstube Restaurant** – *Humboldtstr. 2 - ✆ 03 643 40 06 91 - fermé midi et dim - ⊭ - 15/20 €.* Dirigé depuis plus de 130 ans par la famille Sommer, ce restaurant a su conserver son charme d'autrefois. On y sert des spécialités de Thuringe, souvent à base de pommes de terre. Grand choix de vins régionaux et internationaux.

Faire une pause

Crêperie du palais – *Am Palais 1 (à l'est de Wittumspalais) - ✆ 03 643 40 15 81 - fermé 2e sem. de janv.* La France vous manque ? Consolez-vous dans cette crêperie proposant crêpes, galettes, cidre, vins, apéritifs et même cigarettes françaises. Terrasse ombragée de l'autre côté de la rue.

En soirée

Café Louis – *Jakobstr. 10 - ✆ 03 643 80 16 81 - fermé lun.* Un peu caché dans la cour d'une maison ancienne, cet établissement vous offre un cadre exceptionnel : terrasse, salon Goethe du 19e s. et jardin idyllique avec un petit pavillon derrière la maison. Cuisine thaïe, gâteaux, dégustation de vins de la région et nombreux cocktails.

Iéna

Jena

102 640 HABITANTS
CARTE GÉNÉRALE B3 – CARTES MICHELIN N^OS 718 K8 ET 544 AN 38
THURINGE

Célèbre pour la victoire remportée par Napoléon le 14 octobre 1806 contre les Prussiens, Iéna doit également sa renommée à Carl Zeiss et à Ernst Abbe, inventeurs du microscope. Devenue grâce à eux, au milieu du 19e s., le berceau de l'industrie optique allemande, la ville reste aujourd'hui encore un pôle de haute technologie. Iéna est enfin une cité de grande tradition universitaire, où résonnent toujours les noms de Goethe, Schiller ou des frères Humboldt. Hors de la ville, la remontée du cours de la Saale offre de beaux paysages jalonnés de châteaux.

E. Lessing / AKG-IMAGES

Représentation de la bataille d'Iéna.

- **Se repérer** – Iéna est à 255 km au sud-ouest de Berlin.
- **Organiser son temps** – Prévoyez deux jours pour Iéna et ses alentours.
- **Avec les enfants** – Le planétarium Zeiss.
- **Pour poursuivre le voyage** – Weimar (22 km à l'ouest), Naumburg (31 km au nord), la forêt de Thuringe (Ilmenau est située 92 km au sud-ouest).

Visiter

Porte St-Jean (Johannistor)

Elle constitue, avec la **Pulverturm** (de l'autre côté de la place), les restes des fortifications du 14e s.

Musée de la ville (Stadtmuseum)

03641 359 80 - mar., merc. et vend. 10h-17h, jeu. 14h-22h, w.-end 11h-18h - fermé lun., 1er janv., 24 et 31 déc. - 4 €. Les quatre niveaux du **musée de Iéna**, installé dans le plus beau bâtiment gothique de la ville, présentent l'histoire de cette dernière depuis sa fondation.

Église St-Michel (Stadtkirche St-Michaelis)

Ancienne collégiale des cisterciennes, l'**église St-Michel** fut profondément remaniée au 15e s. dans le style gothique : remarquez le portail à baldaquin. L'église abrite la plaque de la tombe de Martin Luther (le réformateur repose à Wittenberg).

Maison Goethe (Goethe-Gedenkstätte)

03 641 93 11 88 - www.jena.de - merc.-dim. 11h-15h - fermé j. fériés - 1 €.
L'écrivain vécut cinq années à Iéna et disait y trouver la tranquillité nécessaire à la création littéraire. La maison du gardien du jardin botanique, qu'il habitait lors de ses séjours, devenue le **musée Goethe**, conserve divers souvenirs du poète.

La bataille d'Iéna

La politique expansionniste de Napoléon, dans laquelle s'inscrivait la création de la confédération du Rhin qui marquait la fin du Saint-Empire romain germanique, ne manqua pas d'inquiéter les Prussiens. Le 1er octobre 1806, Napoléon recevait un ultimatum de la Prusse lui enjoignant de retirer ses troupes au-delà du Rhin. Essuyant un net refus, l'état-major prussien décida d'attaquer les Français de Thuringe. Napoléon affronta avec 200 000 hommes les troupes commandées par le prince de Hohenlohe, tandis que Davout, avec des effectifs bien inférieurs, tenait tête à l'armée dirigée par le roi Frédéric-Guillaume III en avant d'Auerstaedt. Les batailles d'Iéna et d'Auerstaedt, qui se déroulèrent le 14 octobre 1806, furent décisives pour les troupes françaises, qui atteignirent Berlin le 27 octobre.

Pavillon de Schiller (Schillers Gartenhaus)

✆ 03 641 93 11 88 - www.uni-jena.de/gartenhaus.html - avr.-oct. : tlj sf lun. 11h-17h ; nov.-mars : mar.-sam. 11h-17h - 2,50 €. Une exposition sur le thème « La décennie Schiller à Iéna » est présentée dans ce pavillon, également réaménagé en musée. Schiller l'habita entre 1797 et 1802 et y écrivit notamment son *Wallenstein*.

Planétarium Zeiss★ (Zeiss-Planetarium der Ernst-Abbe-Stiftung Jena)

✆ 03 641 88 54 88 - www.sternevent.com - ♿ - se renseigner sur les horaires d'ouverture - fermé lun.

Il constitue, avec le musée de l'Optique, la grande attraction de la ville. Construit en bordure du jardin botanique par la firme Zeiss, il fait voyager le spectateur à travers le cosmos, parmi le mouvement des planètes et les systèmes stellaires.

Musée de l'Optique★ (Optisches Museum)

✆ 03 641 44 31 65 - www.optischesmuseum.de - ♿ - mar.-vend. 10h-16h30, sam. 11h-17h - fermé j. fériés - 5 €.

Ce musée retrace 500 ans d'histoire de l'optique. Très importante collection de lunettes, microscopes, télescopes, objectifs et appareils photographiques.

Aux alentours

DE RUDOLSTADT À SAALBURG

Circuit de 61 km – 4h.

Haute vallée de la Salle (Oberes Saaletal)

Prenant sa source à l'extrémité orientale de la forêt de Thuringe, la Saale parcourt 427 km vers le nord, avant de rejoindre l'Elbe en amont de Magdebourg. Son cours est un fil conducteur naturel entre des villes comme Iéna et Halle ou des chefs-d'œuvre de l'architecture tels Merseburg et Naumburg. Les méandres de ses rives offrent des paysages agréables ponctués de pittoresques châteaux.

Notre itinéraire remonte la vallée supérieure de la Saale et vous invite à découvrir l'attrayante région des lacs.

Rudolstadt

Résidence des princes de Schwarzbourg-Rudolstadt jusqu'en 1918, c'est ici qu'eut lieu la première rencontre entre Goethe et Schiller en 1788. La ville est dominée par le **château de Heidecksburg★**, édifié à partir de 1737. Visite de plusieurs **salles★★** décorées dans le style rocaille. *✆ 03 672 42 900 - www.heidecksburg.de - avr.-oct. : tlj sf lun. 10h-18h ; nov.-mars : tlj sf lun. 10h-17h - 6 €.*

Saalfeld

Au Moyen Âge, Saalfeld comptait parmi les cités les plus importantes de Thuringe grâce à l'extraction du cuivre et de l'argent et à sa situation sur la route de la Bohême qui lui assuraient une importante fonction commerciale. Saalfeld impressionne aujourd'hui encore le visiteur par ses nombreux édifices historiques.

Sur la Marktplatz, la façade de l'**hôtel de ville** Renaissance s'articule autour d'une tour-escalier encadrée par deux oriels. En face, la **pharmacie du Marché** *(Stadtmarkt-Apotheke)* est l'un des rares édifices romans de la région (restauré). L'**église Saint-Jean** *(Stadtkirche St-Johannis)* montre au portail principal un Jugement dernier (fin 14e s.).

Dans le **musée municipal de Saalfeld** *(Stadtmuseum)*, situé dans l'abbaye des franciscains, visite des salles historiques, montrant l'histoire de la ville, des collections

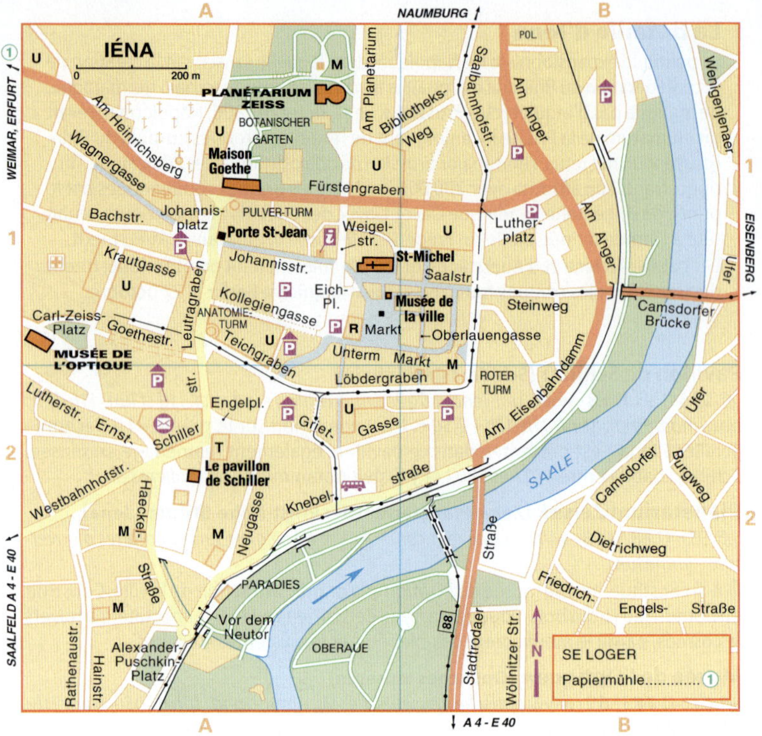

folkloriques et plusieurs retables du gothique flamboyant provenant des ateliers de Saalfeld. *✆ 036 71 59 84 71 - www.museumimkloster.de - ♿ - Tlj sf lun. 10h-17h - fermé 24 et 31 déc. - 4 €.*

Grottes des Fées★ (Feengrotten)

1 km au sud-est de Saalfeld par la route n° 281. ✆ 036 71 550 40 - www.feengrotten.de - avr.-oct : tlj 9h30-17h - nov.-mars : 10h30-15h30 - ouvert seult le w.-end en janv. - 7 € (- 12 ans 4,50 €). Des concrétions et des pétrifications se sont formées dans les **grottes des Fées**, galeries désaffectées d'une ancienne mine.

Quitter Saalfeld par la B85. Franchir la Saale sur le barrage de Hohenwarte.

La **retenue de Hohenwarte** s'étale sur une dizaine de kilomètres en formant de larges méandres magnifiquement intégrés au paysage. La route coupe par le plateau sur lequel alternent les bois et les cultures.

Par Drognitz et Remptendorf, on gagne le barrage de Bleiloch, que l'on franchit pour revenir sur la rive droite.

Avec 29 km de long et près de 200 millions de mètres cubes de volume, c'est le plus important des cinq lacs artificiels situés entre Blankenstein et Saalfeld.

Saalburg

Partiellement recouvert par la montée des eaux, Saalburg a conservé des restes de ses fortifications du 16e s.

Iéna pratique

Informations utiles

Office de tourisme – *Johannisstraße 23 - 07743 - ✆ 036 41 49 80 50 - www.jena.de - avr.-oct : lun.-vend. 9h30-19h, sam. 9h30-16h, dim. 11h-15h ; nov.-mars : lun.-vend. 9h30-19h, sam. 9h30-15h, fermé le dim.*

Se loger

⊖⊖ **Hotel Papiermühle** – *Erfurter Str. 102 - ✆ 03 641 45 980 - fax 03 641 459 845 - www.papiermühle-jena.de - P - 25 ch. - 75 €* Deux jolies maisons en brique et en pierre abritent cet hôtel familial. Les chambres sont décorées de meubles de bois sombre. L'auberge datant de 1737 dispose de sa propre brasserie.

Naumburg★

30 010 HABITANTS
CARTE GÉNÉRALE B3 -CARTES MICHELIN N°s 718 K8 ET 542 AO 36
SAXE-ANHALT

Au cœur d'un paysage où s'enchevêtrent vignes et forêts, la petite ville de Naumburg déploie ses charmantes maisons autour de son exceptionnelle cathédrale, qui marie avec grâce roman et gothique. Nietzsche, le plus illustre de ses admirateurs, y fit de nombreux séjours. Le dernier week-end de juin, toute la ville s'enflamme pour la fête du kirsch.

- **Se repérer** – Naumburg est à 230 km au sud-ouest de Berlin.
- **À ne pas manquer** – La cathédrale St-Pierre et St-Paul.
- **Organiser son temps** – Comptez une demi-journée pour la ville seule. Mais Naumburg, qui se trouve au milieu du Parc national Saale-Unstrut-Triasland, constitue une base idéale pour découvrir la région.
- **Pour poursuivre le voyage** – Halle (47 km au nord), Weimar (50 km au sud-ouest), Leipzig (63 km au nord-est).

Comprendre

Une cité commerçante – Naumburg, siège d'un évêché depuis 1028, se trouve au bord du bassin de Thuringe. Dès le 12e s., un bourg autonome s'établit à côté de la cité épiscopale. Naumburg était à la fin du Moyen Âge et pendant la Renaissance une importante place commerciale – la foire *(Peter-Pauls-Messe)* qui s'y tenait concurrençait celle de Leipzig. Le congrès de Vienne en fit une ville prussienne où s'établit l'administration de la province de Saxe.

Une ville modèle – Largement épargnée par la Seconde Guerre mondiale, Naumburg fut en 1991 l'une des cinq villes des nouveaux Länder de l'Est à être sélectionnée comme modèle d'assainissement d'un centre historique. La structure économique est essentiellement marquée par les activités administratives et les prestations de services ainsi que par les petites et moyennes entreprises de type artisanal.

Visiter

Cathédrale St-Pierre et St-Paul★★ (Dom St. Peter und Paul)

Accès par la Domstraße. Église à double chœur, la **cathédrale St-Pierre et St-Paul** illustre l'évolution architecturale du roman tardif vers le gothique primitif.

La nef et le chœur oriental ont été élevés au début du 13e s. dans le style roman. Une dizaine d'années plus tard, la partie occidentale était complétée par un chœur présentant déjà les traits du gothique primitif. Le chœur oriental, sous lequel subsiste une crypte romane, sera transformé au 14e s. dans le style gothique.

Chœur occidental – Le « maître de Naumburg », auteur des célèbres **statues des donateurs★★★** placées autour du chœur, a incontestablement porté à son apogée la sculpture allemande du Moyen Âge. L'individualisation des figures et la profondeur de l'expression donnent à ces statues un caractère d'humanité et de grandeur. Les plus célèbres sont celles du margrave Ekkehardt et de son épouse Uta, fondateurs de la ville (à droite, au milieu).

Le **jubé★★** porte une suite de hauts-reliefs représentant les scènes de la Passion exécutées par le même atelier. Au-dessus de la porte centrale, ornée d'une Crucifixion, une fresque, enchâssée dans un quadrilobe, représente le Christ en majesté.

Autour de la place du Marché (Marktplatz)

La **place du Marché** est bordée de maisons des 16e et 17e s. L'**hôtel de ville**, de style gothique flamboyant, arbore un portail de 1611 et six pignons à remplage. Le même décor de façade se retrouve au **petit château** (*Schlösschen*, 1543), derrière lequel se détache l'église St-Venceslas. À l'entrée de la Herrenstraße, un édifice gothique tardif à pignon à redans et remplages, baptisé Hohe Lilie, occupé par le Musée municipal.

Église St-Venceslas★ (St-Wenzel)

Un lieu de culte est mentionné pour la première fois ici en 1228. L'actuelle **église St-Venceslas** est une église-halle en gothique flamboyant du 15e s., au plan singulier : la largeur de l'octogone occidental correspond à la longueur

Naumburg pratique

Office de tourisme – *Markt 12 - 06618 - ✆ 034 45 27 31 12 14 - infos en anglais sur www.naumburg-tourismus.de*

ouest-est jusqu'à l'entrée du chœur surélevé à l'est (33 m). Entre 1610 et 1618 furent ajoutées cinq galeries Renaissance et, au milieu du 18e s., l'intérieur fut transformé en style baroque, avec plafond en voûte aplatie, superbe autel sculpté, chaire et orgue. Ce dernier est le plus grand ouvrage conservé de **Zacharias Hildebrandt** (16e s.) et sa disposition a été fortement influencée par Jean-Sébastien Bach.

On remarquera deux tableaux de **Lucas Cranach l'Ancien** : *L'Adoration des Mages* (1522), en face de la chaire, et *La Bénédiction des enfants* (1529), dans l'abside sud du chœur. Sur chacun des tableaux, le peintre s'est représenté lui-même.

Autres maisons anciennes

Dans la Jakobstraße, on remarque l'ancienne poste (*Alte Post*, 1574) à oriel d'angle, à trois étages. La **Marienstraße** recense un grand nombre de maisons patriciennes, aux portails ouvragés témoignant de la prospérité passée de la ville. Noter la scène de combat entre Samson et le lion de la Peter-Pauls-Haus. Dans la **Herrenstraße**, de beaux oriels, en particulier au n° 1 (le plus ancien de la ville), auquel on peut ajouter celui de la pharmacie adjacente *Lorbeerbaumapotheke* et celui du n° 8 (1525).

Marientor

Seule porte conservée parmi les cinq donnant autrefois accès à la ville ; elle constitue un exemple rare de double porte aux tours jumelées avec cour d'embûche à chicane et chemin de ronde. L'appareil date du 14e s., mais fut remanié et renforcé au 15e s.

Maison de Nietzsche

(*Am Weingarten*) Nietzsche fut soigné dans cette maison par sa mère de 1890, date de son effondrement mental, à 1897. Photos et documents (en allemand) évoquent l'itinéraire intellectuel et géographique du philosophe voyageur.

Aux alentours

Freyburg

7 km au nord. Dominée par l'imposante silhouette du château de Neuenburg, cette localité viticole occupe un **site** pittoresque au bord de l'Unstrut. À bord d'un bateau à vapeur, on peut effectuer une croisière à travers les paysages sereins de la région.

Shloss Neuenburg★ – *✆ 034 464 35 530 - www.schloss-neuenburg.de - avr.-oct. : 10h-18h ; reste de l'année : 10h-17h - fermé lun. - 4 €.* Fondé en 1090 par le landgrave Louis de Thuringe, il comporte une particularité architecturale, la **chapelle double★**, bâtie en 1230, dans laquelle le peuple et les nobles assistaient séparément à l'office ; les nobles à l'étage supérieur, le peuple en bas. L'ornementation s'inspire du style en vogue dans les régions baignées par le Rhin inférieur, comme l'illustrent les arcs doubleaux dentelés et les **chapiteaux★** historiés dorés. L'escalier à vis Renaissance desservant le premier étage de la chapelle a été transféré ici au 19e s.

Le **logis** abrite une douzaine de salles magnifiquement meublées, notamment la salle des fêtes et la salle princière s'ouvrant par un portail de 1552.

Le beffroi coiffé d'ardoises (fin 12e s.), qui abrite une exposition sur l'histoire de l'édifice et de la ville, est affectueusement appelé **« Gros Guillaume »** *(Dicker Wilhelm).*

Bad Kösen★

À 7 km, sur la route B87.

Charmante ville de cure établie sur les rives de la Saale, cette localité abrite une **installation technique★** destinée à extraire la saumure. Elle comporte une roue à aubes mue par en dessous, un double système de **bras de transmission** s'étirant sur 180 m (1780), ainsi qu'un bâtiment de graduation long de 320 m.

Une **maison romane** *(Romanisches Haus – Am Kunstgestänge) – ✆ 0344 63 276 68 - mai-oct. : tlj sf lun. 10h-12h, 13h-17h, w.-end 10h-17h - nov.-avr. : merc. 10h-12h, 13h-16h, w.-end 10h-16h - fermé de mi-déc. à mi-janv. - 2 €.* Cette maison, qui abrite un musée, est déjà mentionnée en 1138 comme ferme du **monastère de Schulpforta** (Situé à l'entrée de Bad Kösen, cet ancien monastère se visite. Il a été transformé en internat et a accueilli plusieurs figures allemandes de la littérature et de la philosophie). Les objets exposés évoquent en partie cette époque, comme par exemple une armoire romane à parements du 13e s. Les ravissantes poupées empreintes de nostalgie, que Käthe Kruse confectionna dans son atelier à Bad Kösen de 1912 à 1950, ont trouvé une place idoine dans cette maison.

Eisenach★

44 090 HABITANTS
CARTE GÉNÉRALE B3 – CARTES MICHELIN N^OS 718 J8 ET 544 AE 38
THURINGE

Haut lieu de la culture allemande, la « chère ville » de Luther lui inspira ses thèses réformatrices et sa traduction du Nouveau Testament. Eisenach vit naître également le génie Bach, dans une discrète demeure du centre historique. Dominant la cité et ses venelles pittoresques du haut de son éperon rocheux, la forteresse de la Wartburg était le théâtre des célèbres joutes des troubadours.

- **Se repérer** – Ville de l'ex-RDA proche de la frontière qui divisait les deux Allemagnes, Eisenach est située aux confins nord-ouest de la forêt de Thuringe.
- **À ne pas manquer** – La Wartburg, la forêt de Thuringe.
- **Organiser son temps** – Prévoyez une bonne journée pour découvrir pleinement la Wartburg et la ville.
- **Pour poursuivre le voyage** – Erfurt (61 km à l'est), Weimar (77 km à l'est), Hann. Münden (96 km au nord-ouest).

Comprendre

Au cœur de l'Allemagne – Au début du 13e s., les troubadours *(Minnesänger)* s'affrontèrent à la Wartburg au cours des fameuses joutes qui inspirèrent à Wagner le thème de son opéra *Tannhäuser*. C'est également à Eisenach qu'étudia **Luther**, avant d'y rédiger sa traduction du Nouveau Testament sous la protection du duc de Saxe. **Jean-Sébastien Bach** y vit le jour en 1685, la ville étant alors résidence des ducs de Saxe-Eisenach, qui durent la céder en 1741 à la maison de Saxe-Weimar.
En 1817, la Wartburg servit de cadre à une manifestation patriotique organisée par les corporations étudiantes pour exalter le sentiment national et les idées progressistes. Une cinquantaine d'années plus tard (1869), le « programme d'Eisenach » marquera la création par August Bebel et Wilhelm Liebknecht du parti social-démocrate allemand.

Découvrir

LA WARTBURG★★ *visite : 2h*

Laisser la voiture sur l'un des parkings (payants) de la Wartburg puis compter 1/4h de montée à pied. Il est également possible de prendre le bus depuis la place du Marché.
☎ 03 691 25 00 - www.wartburg.de - visite guidée mars-oct. : 8h30-17h (dernière entrée) ; nov.-fév. : 9h-15h30 (24 déc. 11h, 31 déc. 14h) - 6,50 €.
Ancienne résidence des landgraves de Thuringe, la Wartburg est inscrite, depuis 2000, au patrimoine mondial de l'Unesco. C'est un site exceptionnel, chargé d'histoire, dont la visite est indispensable lors d'un passage à Eisenach.
Perchée sur un éperon rocheux, la forteresse se présente comme un assemblage de constructions de différentes époques. On passe d'abord sous le porche de la maison d'entrée dont les parties les plus anciennes datent du 12e s., pour atteindre la **première cour** *(Erster Burghof)* encadrée par des bâtiments à colombages des 15e et 16e s. La seconde cour donne accès aux parties les plus intéressantes de la forteresse : sur la gauche, le « **palais** »★, le logis des landgraves, superpose trois étages garnis d'arcatures romanes du début du 13e s.
Depuis la redoute et la tour sud, **vue**★ panoramique sur Eisenach et la forêt.
La visite guidée d'une heure (en allemand, rarement en anglais) permet de parcourir les salles historiques. Remarquez notamment la **salle des**

J. Bouraly / MICHELIN
La forteresse de Wartburg.

Troubadours avec sa grande fresque, sur laquelle Schwind a représenté la légendaire guerre des compositeurs sur la Wartburg.

La visite s'achève par le **musée de la Wartburg** qui renseigne sur la construction de la forteresse ; plusieurs tableaux de Lucas Cranach l'Ancien.

Par le chemin de ronde couvert, on accède à la **chambre de Luther** *(Lutherstube)*, où le Réformateur travailla à la traduction du Nouveau Testament en langue allemande.

Visiter

Place du Marché (Markt)

Elle est bordée de bâtiments administratifs et de maisons bourgeoises. Au centre se trouve une fontaine ornée d'une statue du patron de la ville, saint Georges.

Château (Schloss)

La sobre façade baroque du **château** ferme le côté nord de la place. Cette ancienne résidence des ducs de Saxe-Weimar abrite le **musée de Thuringe** *(Thüringer Museum)* : porcelaines, faïences et verreries régionales des 18e et 19e s. ; salle des fêtes rococo. *✆ 036 91 67 04 50 - tlj sf lun. 11h-17h - 2 €.*

Hôtel de ville (Rathaus)

Bâtiment à trois étages du 16e s. (baroque et Renaissance), l'**hôtel de ville** fut bâti à l'emplacement d'une ancienne taverne. Il fut remanié après un incendie survenu en 1636. Remarquer sa tour légèrement inclinée.

Église St-Georges (Georgenkirche)

Église à trois nefs (16e s.), l'**église St-Georges** contient les pierres tombales de plusieurs landgraves de Thuringe. Luther vint y prêcher le 2 mai 1521, alors qu'il avait été mis au ban de l'Empire, et Jean-Sébastien Bach y fut baptisé le 26 mars 1685.

Église des Prédicateurs (Predigerkirche)

De style gothique primitif (fin 13e s.), cette église a reçu la **collection de sculptures sur bois★** du musée de Thuringe, composée d'œuvres du 12e au 16e s.

Maison de Luther (Lutherhaus)

✆ 036 91 2 98 30 - www.lutherhaus-eisenach.de - 10h-17h - 3 €. C'est dans cette belle **maison** de la fin du 14e s. que vécut **Luther** de 1498 à 1501, en tant qu'élève de l'école latine. On peut y voir divers documents et livres religieux, dont le recueil complet de ses thèses.

Maison de Bach (Bachhaus)

✆ 03 691 79 340 - www.bachhaus.de - 10h-18h - 5 €. Considérée comme la **maison natale de Jean-Sébastien Bach**, fils d'Ambroise, lui-même musicien et notable d'Eisenach, cette discrète demeure, située au 21 Frauenplan, montre un cadre de vie typique de la fin du 17e s. ; manuscrits et portraits évoquent le souvenir de l'artiste et de plusieurs autres membres de la famille Bach, également compositeurs.

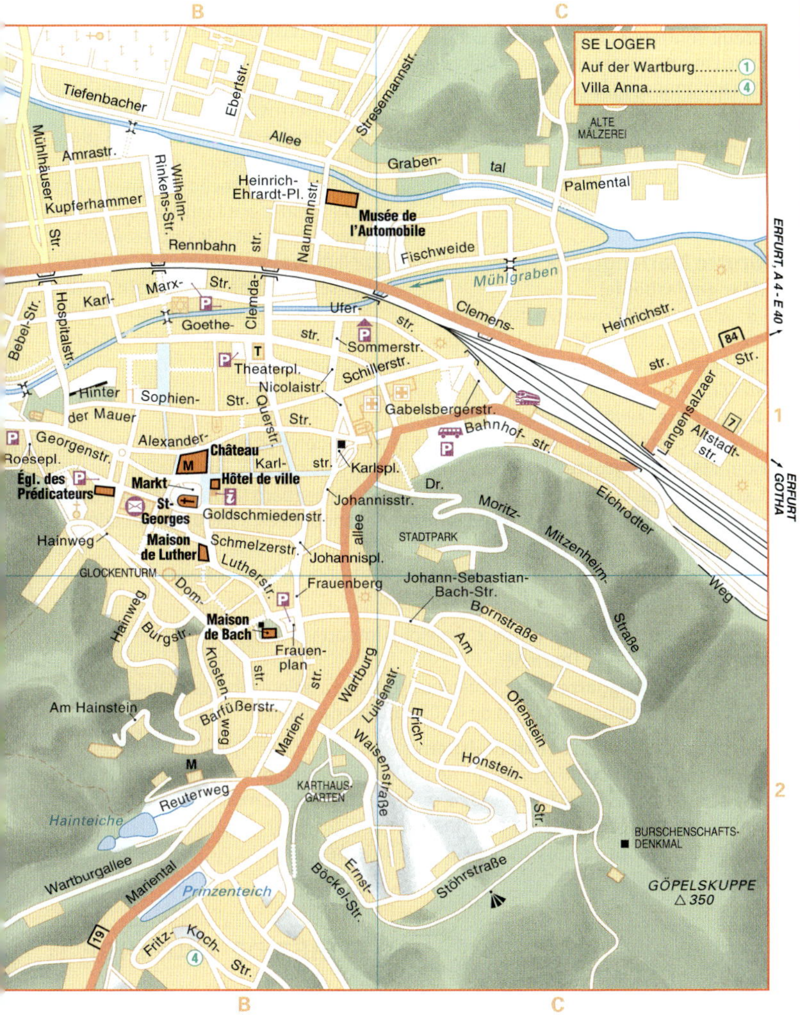

Musée de l'Automobile (Automobile Welt)

03 691 77 212 - www.eisenach.de - tlj sf lun. 11h-17h - 3 €. Dans les locaux de la caisse d'épargne (Rennbahn 6), juste à côté de l'ancienne usine automobile, une petite exposition est actuellement installée, relatant l'histoire de la Wartburg (c'est ici que furent produites, à partir de 1955, les célèbres « Wartburg », fleuron de l'industrie automobile de l'ex-RDA). La nouvelle exposition inaugurée fin 2001 sur le terrain même de l'ancienne usine, dans un ancien hangar *(Friedrich-Naumann-Straße 10)*, a pour thème l'**Automobile Welt Eisenach** (Le monde automobile d'Eisenach) et présente l'histoire technique de la construction automobile à Eisenach (1896-1991), essentiellement liée aux noms de Wartburg, Dixi et BMW (fabriquées à Eisenach entre 1928 et 1940) et à l'histoire sociale et culturelle de l'époque.

Circuit de découverte

LA FORÊT DE THURINGE ★★ (Thüringer Wald)

110 km – D'Eisenach à Ilmenau - Une journée.

La haute route de Thuringe suit en grande partie le **Rennsteig**, chemin de randonnée long de 160 km qui court sur la ligne de crête de la forêt de Thuringe et qui franchit les plus hauts sommets, comme le Großer Inselsberg et le Großer Beerberg.

Poumon vert au cœur de l'Allemagne, la forêt de Thuringe recouvre presque complètement un massif culminant à près de 1 000 m d'altitude. Perdus au milieu de ces immensités verdoyantes, les vieux villages perpétuent leur artisanat traditionnel et leurs savoir-faire ancestraux. Les nombreux sentiers et le vaste choix d'hébergements combleront les amateurs de randonnées et les estivants.

Quitter Eisenach en direction de Gotha.

Großer Inselsberg

1h AR à pied. Le **panorama★★** embrasse une grande partie de la forêt de Thuringe.

Grotte Marienglass★ (Marienglashöhle)

✆ 03 623 31 16 67 - www.marienglashoehle.de - ♿ (galerie supérieure) - visite guidée (50mn) avr.-oct. : 9h-17h ; nov.-mars : 9h-16h - 4 €.

De cette cavité naturelle était extrait le gypse cristallin, dont l'utilisation dans la décoration des autels est à l'origine du nom donné à la **grotte** *Marienglas* (verre de Marie).

La route coupe le Rennsteig et serpente entre le Regenberg (727 m) et le Spießberg (749 m), offrant de nombreuses possibilités de randonnées, surtout en direction de l'**Ebertswiese**, zone de prairies marécageuses.

La route continue vers Oberhof par le Kanzlersgrund, vallée aux belles prairies.

Un patrimoine menacé

La forêt de Thuringe se compose principalement de pins, de sapins et de hêtres. Dans les régions les plus élevées apparaissent des plateaux marécageux, et la bruyère prolifère à l'approche des cimes. Les pluies acides ont malheureusement endommagé bien des arbres. À cette pollution s'ajoutent parfois les torts causés par une industrialisation forcenée et l'architecture socialiste. L'ensemble du massif reste malgré tout bien préservé.

Oberhof★

Situé à environ 800 m d'altitude, c'est le plus important centre de loisirs et de sports d'hiver de la forêt de Thuringe.

Dans le **Rennsteiggarten**, parc botanique consacré à la flore des montagnes d'Europe centrale, on peut observer plus de 4 000 variétés de plantes.

Barrage de l'Ohratal (Ohratalsperre)

Prendre la B247 jusqu'au grand parc de stationnement. Le **barrage de l'Ohratal** est une retenue d'une superficie de 88 ha qui peut stocker 19,2 millions de m³ d'eau. Elle alimente Erfurt, Weimar, Iéna et Gotha.

Quitter Oberhof en direction de Schmücke, Großer Beerberg.

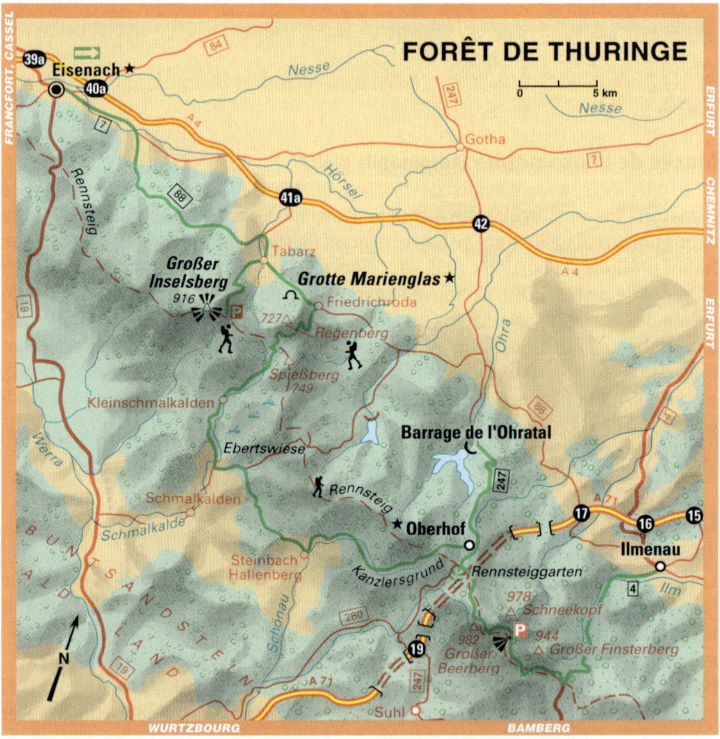

Paysage de la forêt de Thuringe.

Cette route bucolique serpente entre le Großer Beerberg (982 m) et le Schneekopf. Du parc de stationnement de l'auberge de Schmücke, beau point de vue sur la vallée. Le Finsterberg apparaît à gauche.

Ilmenau

Cette localité située en bordure septentrionale de la forêt de Thuringe est surtout liée au nom de Goethe, qui appréciait particulièrement son aspect harmonieux. Une plaque a été apposée sur la maison municipale (*Amtshaus*, place du Marché), aménagée en musée Goethe, et une autre dans le pavillon de chasse de Gabelbach. Un chemin d'environ 20 km baptisé **Sur les traces de Goethe** *(« Auf Goethes Spuren »)* relie les lieux où résonne encore le nom du poète.

Eisenach pratique

Informations utiles

Office de tourisme – *Markt 9 - ✆ 03691 792 30 - fax 03 691 79 23 20 - www.eisenach.de - lun.-vend. 10h-18h, sam. 10h-16h.*

Se loger

⊖⊖ **Villa Anna** – *Fritz-Koch-Str. 12 - ✆ 03691 239 50 - fax 03 691 239 530 - www.hotel-villa-anna.de* - P - *15 ch. - 78 €.* Une agréable combinaison d'atmosphère historique et d'élégance toute moderne pour cette villa où vous apprécierez également l'accueil chaleureux.

⊖⊖⊖⊖ **Auf der Wartburg** – *Sur la Wartburg (navette jusqu'à l'hôtel) - ✆ 03 691 79 70 - fax 03 691 797 100 - www.wartburghotel.de - fermé 6 janv.- 6 fév.* - P - *35 ch. - 190 €.* De par sa localisation, en dessous même de la Wartburg, une nuit dans cet hôtel restauré avec goût est une expérience hors du commun. Accolé à l'hôtel, le restaurant des landgraves vous accueille dans un cadre rustique.

Cassel★

Kassel

194 330 HABITANTS
CARTE GÉNÉRALE B3 – CARTES MICHELIN N^{OS} 718 I8 ET 543 Z 35
HESSE

Avec son parc romantique aux ruines fantaisie et sa riche galerie des maîtres anciens où l'on peut admirer des œuvres de Dürer, Rembrandt et Rubens, le Wilhelmshöhe fait la renommée de Cassel. La cité des frères Grimm connaît une intense activité culturelle, théâtrale, musicale et picturale. La plus célèbre de ses manifestations est la Documenta, exposition internationale d'art contemporain. Vous pourrez profiter enfin des rives verdoyantes de la Fulda et de son île.

- **Se repérer** – Cassel est à 168 km au sud de Hanovre.
- **À ne pas manquer** – La galerie des Maîtres anciens et le parc du Wilhelmshöhe.
- **Organiser son temps** – Prévoyez une bonne journée pour découvrir les principales curiosités de la ville. Vous pouvez également opter pour une promenade en bateau à partir du pont « Fuldabrücke ».
- **Avec les enfants** – Le musée d'Astronomie et le planétarium.
- **Pour poursuivre le voyage** – Hann. Münden (23 km au nord-est), Göttingen (87 km au nord-est), Eisenach (87 km au sud-est), la forêt de Thuringe (circuit au départ d'Eisenach).

Cassel pratique

Office de tourisme – *Obere Königstrasse 8 (hôtel de ville) - ✆ 0561-7077 07 - www.kassel-tourist.de - lun.-vend. 9h-18h, sam. 9h-14h.*

Comprendre

Les frères Grimm – **Jakob** (1785-1863) et **Wilhelm Grimm** (1786-1859) vécurent à Cassel de 1805 à 1830. Ils y travaillèrent comme bibliothécaires de la cour. Par leurs travaux communs sur la linguistique et la littérature (grammaire allemande, premiers tomes du dictionnaire de la langue allemande), ils furent les initiateurs de la philologie allemande. Passionnés d'histoire populaire, ils recueillirent dans toute la Hesse un nombre considérable de contes et de légendes qu'ils publièrent entre 1812 et 1822 sous le titre *Kinder- und Hausmärchen (Contes de l'enfance et du foyer).*

La Documenta – Bien qu'elle soit également connue pour son intense activité musicale et théâtrale, Cassel est surtout célèbre pour la Documenta, une exposition internationale d'art contemporain qui, depuis 1955, a lieu tous les quatre ou cinq ans. Le centre principal de cette manifestation est le **Fridericianum** sur la vaste Friedrichsplatz ; cette construction préclassique fut conçue par Simon Louis du Ry pour être le musée et la bibliothèque du landgrave Frédéric II.

Découvrir

WILHELMSHÖHE★★ *visite : une demi-journée*

Le parc★★

L'aménagement de ce grand parc de 350 ha, où poussent près de 800 essences d'arbres, a commencé en 1701 sous le landgrave Charles, d'après les plans de l'architecte italien Guerniero. Le parc de style baroque fut transformé dans la seconde moitié du 18e s. en un jardin anglais comportant des temples, des pavillons, des grottes et des ruines artificielles.

C'est le château du **Löwenburg**, une ruine fantaisie élevée entre 1793 et 1801, qui témoigne le mieux du goût pour le sentimentalisme romantique (remarquer à l'intérieur les armes, les armures et les objets d'ameublement).

Le clou du parc est sans doute l'**Hercule★**, emblème de Cassel qui se dresse au point le plus élevé. Cette gigantesque statue – copie (1717) de l'Hercule Farnèse conservé au Musée national archéologique de Naples – se trouve au sommet d'une pyramide, elle-même posée sur un gigantesque octogone (hauteur totale du monument : 72 m) ! On y a donc une belle **perspective★★** sur le parc et le château jusqu'à Cassel.

Au pied de l'octogone commence le grand **escalier d'eau**. C'est le point de départ des **grandes eaux★** : les eaux se jettent dans la grande cascade jusqu'au bassin de

Neptune, avant de poursuivre leur cours plus bas jusqu'au bassin de la Fontaine devant le château. Le dénivelé entre les deux points extrêmes atteint 200 m.

Château (Schloss)

✆ 0561 31 68 00 - www.museum-kassel.de - tlj sf lun. 10h-17h - possibilité de visite guidée (1h) - fermé 1er janv., 24-25 et 31 déc. - 3,50 €.

Le château, de style classique, fut terminé en 1803. Les salons historiques de l'aile sud (musée du château – Schlossmuseum) sont garnis de précieux meubles Louis XV et Empire. Largement endommagé au cours de la Seconde Guerre mondiale, le château fut reconstruit sans son dôme central d'origine. Depuis juin 2000, l'édifice a été réaménagé afin de donner un nouvel éclat à la galerie des Maîtres anciens qu'il abrite, notamment grâce à l'adjonction d'un toit en bâtière en verre.

Antiquités★ – Dans l'entrée, des vases antiques (6e et 5e s.) évoquent l'époque classique grecque. L'Empire romain est représenté par l'**Apollon de Cassel** (2e s., d'après Phidias), une série de bustes, un sarcophage et des urnes, l'art égyptien par des statuettes de dieux et d'animaux sacrés en bronze et en pierre.

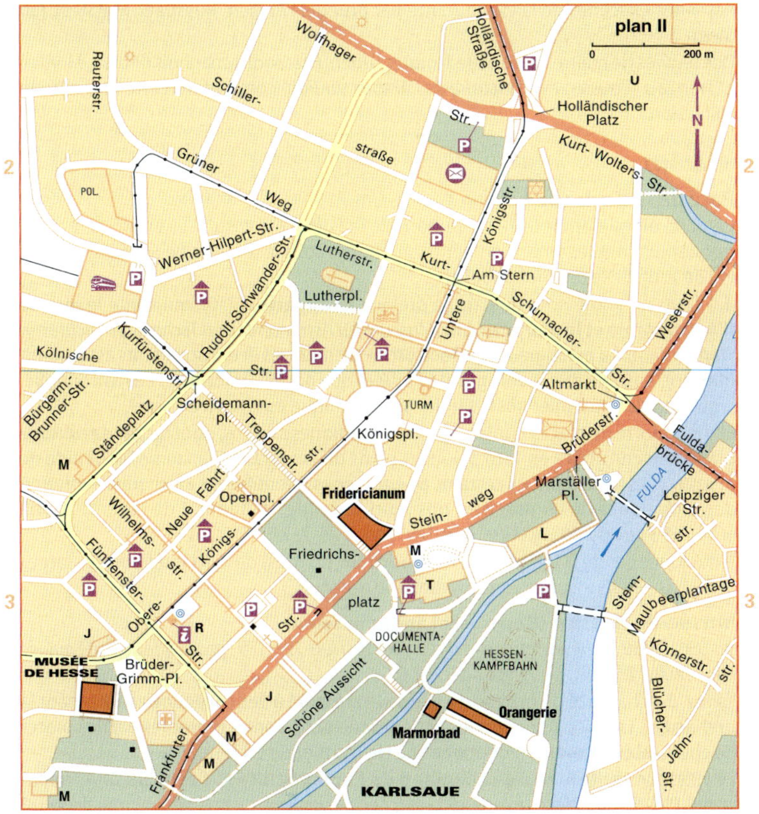

Le parc et le château de Wilhelmshöhe.

Galerie des Maîtres anciens★★★ – Ses réserves sont constituées par les collections des landgraves. Les maîtres allemands sont représentés par des œuvres majeures : *Crucifixion* d'Altdorfer, *Triptyque* de voyage de Cranach l'Ancien, *Portrait d'Élisabeth Tucher* par Dürer, *Hercule et Antée* de Baldung Grien.

La peinture hollandaise est également bien illustrée par des œuvres de Rembrandt : *Bénédiction de Jacob* (1656), *Portrait de Saskia Van Uylenburgh*, *La Sainte Famille au rideau*, *Paysage d'hiver*, et des autoportraits tel *L'Homme au chapeau mou* de Franz Hals.

Rubens est représenté avec *Le Couronnement du héros*, *Marie et l'Enfant Jésus comme refuge des pécheurs*, et Van Dyck avec un portrait de *Sebastian Leerse avec sa femme et son fils*. Jordaens se peint lui-même en joueur de luth dans *Les Noces du peintre*. Paysages et scènes de la vie courante par Bruegel l'Ancien, Ruysdael, Metsu et Jan Steen.

Des œuvres de maîtres italiens (le Tintoret, Titien, Bassano), espagnols (Ribera, Murillo) et français (Poussin avec *Victoire de l'Amour sur Pan*) complètent cette magnifique collection.

Visiter

Parc de la Karlsaue★

Ce parc, établi depuis le 18e s. au bord de la Fulda, est vaste. Les endroits les plus fréquentés sont les jardins en pente aménagés sous la terrasse de Schöne Aussicht et l'île artificielle des Siebenbergen.

Dans un angle nord du parc se dresse **l'Orangerie** (1710), qui abrite le **musée d'Astronomie et le planétarium** *(Museum für Astronomie und Technikgeschichte mit Planetarium)*. La prestigieuse **collection★★** de montres et d'instruments astronomiques anciens a pu être réunie grâce à l'intérêt que portait Guillaume IV à l'astronomie, lequel fonda le premier observatoire astronomique européen à Cassel.

Elle comporte de précieux instruments scientifiques anciens, dont la grande horloge planétaire construite en 1561 selon les plans du landgrave Guillaume IV. À l'aide de maquettes sont expliqués certains phénomènes scientifiques ainsi que l'évolution des techniques de l'Antiquité à nos jours (énergie, traitement de l'information).

05 61 3 16 80-500 - tlj sf lun. 10h-17h - fermé 24, 25 et 31 déc. - 3 €.

À quelques pas de l'Orangerie, le **Marmorbad** (1728) est orné, à l'intérieur, de statues et de bas-reliefs inspirés de la mythologie grecque.

Musée de Hesse★ (Hessisches Landesmuseum)

0561 31 68 00 - www.museum-kassel.de - tlj sf lun. 10h-17h - possibilité de visite guidée (1h) - fermé 1er janv., 24-25 et 31 déc. - 2 €.

Le rez-de-chaussée du **musée de Hesse** est réservé à des collections concernant la préhistoire. Le paléolithique et les périodes suivantes sont représentés par des pièces de choix (objets datant des époques de Hallstatt et de La Tène).

Le 1er étage abrite le **musée allemand du Papier peint★★** *(Deutsches Tapetenmuseum)*. Plus de 600 pièces exposées présentent l'évolution du revêtement mural (du 18e au 20e s.) : papiers peints d'inspiration proche ou extrême-orientale, cuirs repoussés, sujets panoramiques, impressions sur papiers peints avec différents motifs issus de célèbres ateliers français (Réveillon, Paris) et allemands ; procédés d'impression.

Le 2e étage rassemble des sculptures, des porcelaines manufacturées à Cassel et à Fulda et des objets d'art décoratif allant du Moyen Âge au 19e s., dont des cristaux de Bohême colorés et de l'argenterie de Cassel.

Aux alentours

Château de Wilhemsthal★ (Schloss Wilhelmsthal)

12 km au nord par la Rasenallee. ✆ 0561 31 68 00 - www.museum-kassel.de - tlj sf lun. 10h-17h - possibilité de visite guidée (1h) - fermé 1er janv., 24-25 et 31 déc. - 2 €.

Édifice rococo (1743-1770) construit par François de Cuvilliés, le château de Wilhelmsthal est situé dans un parc à l'anglaise. La décoration intérieure est soignée avec de beaux lambris, un mobilier de valeur (commode avec incrustation de nacre), porcelaines de Chine et une galerie des beautés par J. H. Tischbein l'Ancien, correspondant au goût de la cour à l'époque.

Göttingen

47 km au nord par l'A 7.

Avec Tübingen, Heidelberg et Marbourg, Göttingen est la ville d'Allemagne la plus imprégnée de traditions universitaires. La vie étudiante y entretient une animation bigarrée, surtout en période d'examens et à l'occasion des fêtes de corporations *(Stiftungsfest)*.

La ville ancienne – on remarquera au passage le nombre d'étudiants cyclistes, qu'explique la dispersion des salles de cours et des bibliothèques – forme avec ses églises gothiques et ses bâtiments universitaires néoclassiques un ensemble intéressant.

Hôtel de ville – Les étudiants, les touristes et les citoyens de Göttingen font de la place du Marché *(Marktplatz)* et des sous-sols *(Ratskeller)* de l'hôtel de ville le centre d'animation de la cité. Le bâtiment, des 14e et 15e s., présente le schéma médiéval classique. Devant l'hôtel de ville se dresse la **fontaine** de la Gardeuse d'oies *(Gänselieselbrunnen)*, but de cortèges d'étudiants lorsque se terminent les périodes d'examens.

Point de vue des quatre églises – De l'angle sud-est du Markt, la vue embrasse quatre églises : à l'est, le dôme campagnard de St-Alban ; au sud, St-Michel ; à l'ouest, les tours octogonales de St-Jean ; au nord, le fier clocher de St-Jacques (72 m).

Maisons à colombages – Elles sont surtout présentes dans la moitié est du quartier ancien. Près de l'hôtel de ville, à l'angle de la Barfüßerstraße et de la Jüdenstraße, se dresse la vieille taverne du **Junkernschänke★**, maison à colombages de la Renaissance dont les médaillons à bustes sont surmontés de personnages bibliques (Adam et Ève, Samson et Dalila, etc.). Au poteau d'angle figurent le maître et la maîtresse de maison.

Musée municipal (Städtisches Museum) – Le musée municipal, consacré en grande partie à l'art religieux régional, comprend aussi une section d'histoire locale évoquant le développement de la ville et de l'université. On y verra de belles peintures médiévales et modernes, ainsi qu'une collection de porcelaines de diverses provenances.

Fulda

63 450 HABITANTS
CARTE GÉNÉRALE B3 – CARTES MICHELIN N^{OS} 718 I9 ET 543 AA 42
HESSE

Fulda est restée profondément marquée par son passé religieux. Gardienne du tombeau de saint Boniface, l'« évangélisateur » de l'Allemagne, Fulda a conservé un noyau baroque de palais, de clochers, de portes et balustrades monumentales. Ses nombreux parcs invitent à la promenade.

- **Se repérer** – Fulda est à 104 km au nord-est de Francfort.
- **Organiser son temps** – Comptez quelques heures pour faire le tour de Fulda.
- **Pour poursuivre le voyage** – Eisenach, Francfort, Wurtzbourg.

Comprendre

Saint Boniface, l'apôtre de l'Allemagne – Au début du 8e s., le moine anglo-saxon Winfried, du couvent d'Exeter, se voit confier par le pape Grégoire II l'évangélisation de la Germanie. Le pape lui donne le nom latin de Bonifatius – « qui fait le bien ». Boniface charge Sturmius de construire un monastère à Fulda. Les travaux commencent le 12 mars 744. Ce monastère sera le préféré de Boniface. En 754, le moine tente de convertir les Frisons au christianisme, mais il est massacré à Dokkum. Le corps du martyr, transféré à Fulda, est inhumé dans le monastère. L'abbaye bénédictine devient un foyer de spiritualité, d'art et d'érudition auquel l'Allemagne doit les premiers monuments de sa littérature (*Chant de Hildebrand*, copié par deux moines vers 820).

Un centre économique et religieux – Jusqu'aux guerres de Religion, la ville continua à développer les échanges commerciaux avant d'être marginalisée. Elle connut un nouvel essor, en même temps que l'abbaye, à la fin du 17e s., grâce aux princes-abbés qui entreprennent la construction de la cathédrale, d'un nouveau château, d'une université, d'un hôpital et de palais pour l'aristocratie. De cette période, placée sous le signe du baroque, la ville garde une grande cohérence architecturale.

Visiter

Cathédrale (Dom)

En 1704, l'architecte Johann Dientzenhofer reconstruit la cathédrale sur les bases de l'ancien sanctuaire, dans un style baroque inspiré des réalisations italiennes.

L'église est élevée autour du tombeau de saint Boniface, placé dans une crypte *(Bonifatiusgruft)* sous le maître-autel. À la base du **monument funéraire★** en forme d'autel *(Bonifatiusaltar)*, le bas-relief d'albâtre du 18e s. représente le saint quittant sa sépulture au moment du Jugement dernier.

Les reliquaires (« chef » de saint Boniface) sont conservés dans le **musée de la Cathédrale** *(Dommuseum)* où est également exposée une importante collection de vêtements liturgiques baroques *(accès sur la gauche de la cathédrale). ✆ 0661 87 207 - www.bistum-fulda.de - ♿ - avr.-oct. : mar.-sam. 10h-17h30, dim. 12h30-17h30 ; nov.-mars : mar.-sam. 10h-12h30, 13h30-16h, dim. 12h30-16h - fermé 15 janv.-15 fév. - 2,10 €.*

Église St-Michel★ (Michaelskirche)

Dominant le parvis de la cathédrale, l'église St-Michel avec sa puissante tour carrée est une prouesse architecturale : elle possède en son centre une crypte carolingienne dont les voûtes retombent sur un seul pilier ! Au-dessus, une rotonde datant du début du 9e s., repose sur huit colonnes.

Château (Schloss)

L'ancien château Renaissance, agrandi et transformé de 1706 à 1721 par J. Dientzenhofer, est devenu la résidence des princes-abbés de Fulda. Voir les **appartements**, avec la salle de l'empereur et celle des princes, richement décorées, la collection de porcelaine de Fulda. Le cabinet des glaces, de style rococo, peut être considéré comme le fleuron des lieux. Une promenade dans les jardins mène à l'**Orangerie** (1724), par un escalier d'honneur en ovale, où est placé à mi-hauteur le **vase de Flore** (1728), œuvre baroque du sculpteur Johann Friedrich Humbach, originaire de Bamberg.

Marburg★★

78 520 HABITANTS
CARTE GÉNÉRALE B3 – CARTES MICHELIN N^{OS} 718 H9 ET 543 V 39
HESSE

Siège d'une prestigieuse université, Marburg est une agréable cité estudiantine, dressée à flanc de colline. Elle se distingue par son château perché sur un éperon et par son imposante église gothique, dédiée à sainte Élisabeth. Cette dernière, princesse de Hongrie venue se retirer ici pour soigner les malades incurables, fit longtemps de la ville un centre de pèlerinage. Avec la Réforme, Marburg devint un important foyer de théologie protestante.

Se repérer – Marburg est à 93 km au nord de Francfort.
Pour poursuivre le voyage – Le Sauerland.

Comprendre

Sainte Élisabeth (1207-1231) – Fille du roi de Hongrie, la princesse Élisabeth, destinée au landgrave Louis de Thuringe, fut conduite, dès l'âge de quatre ans, à la forteresse de la Wartburg, siège de la cour de Thuringe, près d'Eisenach. Elle s'y fait remarquer très tôt par sa bonté envers les malheureux. En 1221, elle épouse le landgrave Louis, que la peste emporte en 1227. Élisabeth décide alors de se retirer du monde et s'installe au pied du château de Marburg, dans un logement contigu à un hospice d'incurables dont elle accepte la charge. Elle y meurt d'épuisement à l'âge de 24 ans.

Un lieu de pèlerinage – Dès 1235, Élisabeth est canonisée. Ses restes sont exhumés l'année suivante et l'ordre Teutonique fait construire une magnifique église gothique, destinée à recevoir ses reliques. Celles-ci attirent des foules nombreuses faisant de la ville un grand centre de pèlerinage de l'Occident chrétien.

Un foyer de la Réforme – En 1527, un descendant de la sainte, le landgrave **Philippe le Magnanime**, passe avec éclat à la Réforme. Décidé à porter un coup fatal au culte des reliques, il fait forcer la châsse vénérée et se saisit lui-même des ossements de son aïeule pour les faire enfouir dans le cimetière voisin.

Visiter

Église Ste-Élisabeth★★ (Elisabethkirche)

06 321 65 573 - www.elisabethkirche.de - ♿ - avr.-oct. : lun.-vend. 9h-18h (oct. 17h), sam. 9h-17h, dim. 11h15-17h ; nov.-mars : lun.-vend. 10h-16h, sam. 10h-17h, dim. 11h15-17h - 2 €. Construite de 1235 à 1283, l'église Ste-Élisabeth est la première église gothique proprement allemande et possède un certain nombre d'œuvres d'art exceptionnelles. Le type germanique s'exprime dans ses trois nefs d'égale hauteur qui en font un modèle d'église-halle, et à l'ensemble homogène formé par le chœur et les croisillons, tous terminés par une abside. À cela s'ajoute un caractère typiquement hessois par la disposition transversale des combles qui couvrent les nefs latérales. Les tours surmontées de flèches de pierre prennent assise sur de puissants contreforts.

Entrer par le portail de façade.

Nef – On y remarque les œuvres suivantes :

1) La statue de sainte Élisabeth (vers 1470), vêtue d'une robe de cour et tenant l'église dans sa main.

2) Le jubé gothique très ajouré présente des consoles (moulures saillantes servant de support) finement décorées. On aperçoit sur l'autel, du côté de la nef, un crucifix moderne d'Ernst Barlach.

Chœur et transept – On y trouve les **œuvres d'art★★★** suivantes :

3) Un magnifique retable de la Vierge (1517) et, dans la partie inférieure du tableau d'autel, à la prédelle, une Pietà de 1360.

ÉGLISE STE-ÉLISABETH

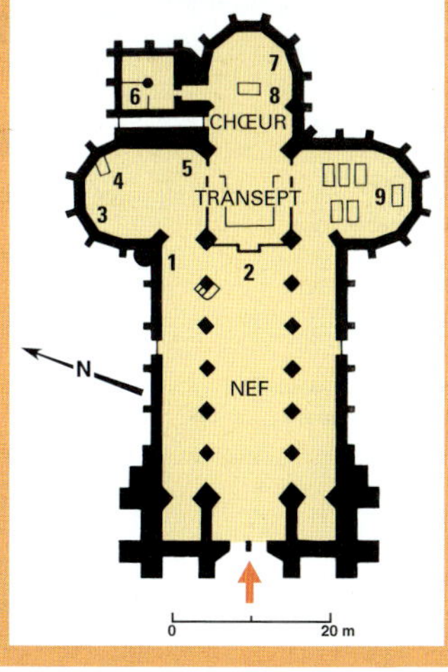

4) Le mausolée de sainte Élisabeth (après 1250). Le sarcophage montre un bas-relief du 14e s. représentant sa mise au tombeau.

5) Dans des niches, des vestiges de fresques du 14e et 15e s. qui représentent l'épisode de la charité d'Élisabeth (le landgrave voit, en esprit, l'image du Christ dans le lit où Élisabeth avait placé un malade) et l'exhumation solennelle de 1236.

6) La **châsse de sainte Élisabeth★★** *(Elisabethschrein)* est présentée dans l'ancienne sacristie. Ce chef-d'œuvre d'orfèvrerie fut terminé vers 1250 par des artisans rhénans. Les scènes les plus intéressantes de la vie de la sainte figurent sur les panneaux inclinés du coffret.

7) Le vitrail de sainte Élisabeth, reconstitué à partir de médaillons du 13e s., représente les bienfaits de la sainte.

8) Couronnant l'ancien siège du célébrant, la statue de sainte Élisabeth personnifiant la Charité (1510) est attribuée à Juppe, l'un des meilleurs artistes de Marburg.

9) Le « Chœur des landgraves » (croisillon droit), où reposent les landgraves de Hesse, les descendants de sainte Élisabeth.

En sortant de l'église, pénétrer dans le vieux Marburg par le Steinweg, curieuse rampe à trois niveaux qui se prolonge par la voie dite Neustadt et la Wettergasse.
Tourner à droite dans la Marktgasse.

Place du Marché★ (Marktplatz)

Dans la partie supérieure, l'Obermarkt, un ensemble de maisons anciennes, parmi lesquelles se distinguent les maisons des nos 14, 21 (1560) et 23.

La maison du no 18, datant de 1323, constitue la plus ancienne maison d'habitation. La fontaine du Marché, dédiée à saint Georges, est un point de rendez-vous pour les habitants.

Hôtel de ville (Rathaus) – Bâtiment gothique de 1524, élevé entre 1512 et 1527. Au-dessus de la porte de la tourelle d'escalier, une belle sculpture, due à Juppe, représente Élisabeth tenant les armes de sa maison de Hesse-Thuringe.

L'horloge animée fait entendre, aux heures, le chant d'un coq.

Par la Nicolaistraße, gagner le terre-plein de l'église Ste-Marie (Marienkirche).

L'**église Ste-Marie** date de la fin du 13e s. et est précédée à droite par l'édifice gothique de l'ancien ossuaire *(Karner)*. De la terrasse, la vue se dégage sur les toits de la vieille ville et sur la vallée. Dans l'alignement de la façade de l'église, étroitement encaissée, une jolie échappée, en contre-haut, permet d'apercevoir le château.

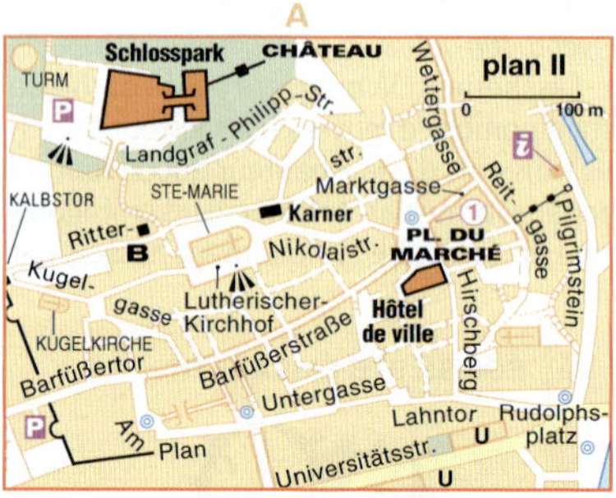

SE LOGER

Dammühle .... (1)

SE RESTAURER

Zur Sonne .... (1)

Maison de Friedrich Karl von Savigny .... **B**

Au bout de l'esplanade, descendre par un passage vers la *Kugelkirche*, une fine église gothique d'époque tardive (fin du 15e s.).

Poursuivre, en montant, le long de la Kugelgasse. Avant la porte du Kalbstor, prendre à droite la Ritterstraße.

Au no 15, maison du grand historien du droit, Friedrich Karl von Savigny, qui forme avec Clemens von Brentano, Achim et Bettina von Arnim, Jakob et Wilhelm Grimm le cercle des romantiques de Marburg.

Château★ (Schloss)

✆ 06421 282 23 55 - www.uni-marburg.de/uni-museum - avr.-oct. : tlj sf lun. 10h-18h ; nov.-mars : tlj sf lun. 10h-16h - fermé 1er janv., 25-26 et 31 déc. - 3 €.

Le château resta, du 13e au 17e s., la résidence des landgraves de Hesse. De la terrasse, on voit la vallée de la Lahn.

La visite des bâtiments les plus chargés d'histoire, situés au sommet de l'éperon (13e-15e s.), conduit successivement à travers la salle des Princes, salle gothique à deux nefs, la salle ouest, offrant une vue sur les vestiges des précédents châteaux forts (9e et 11e s.), la salle sud, évoquant le souvenir de la fondation de l'université (1527) et des colloques religieux de Marburg (1529), et enfin la chapelle, qui a conservé son pavement de céramique.

Le **musée d'Art et d'Histoire régionale★** *(Museum für Kulturgeschichte)*, dans l'aile dite « Wilhelmsbau », du 15e s., abrite, entre autres, de précieux objets d'art provenant de l'église Ste-Élisabeth (fragments de vitraux, tapisserie du 15e s. représentant l'histoire de l'enfant prodigue, etc.) ainsi qu'une collection de boucliers du Moyen Âge.

Musée des Beaux-Arts (Marburger Universitätsmuseum für bildende Kunst)

✆ 06421 282 23 55 - www.uni-marburg.de/uni-museum - tlj sf lun. 11h-13h, 14h-17h - fermé 1er janv., 25-26 et 31 déc. - 2 €. Le musée des Beaux-Arts présente des peintures et des sculptures allemandes du 16e s. au 20e s., dont *Le Facteur de Rosenthal* par Carl Spitzweg.

Marburg pratique

Informations utiles

Office de tourisme – *Pilgrimstein 26 - 35037 Marburg - ✆ 064 21 991 20 - fax 99 12 12 - www.marburg.de - lun.-vend. 9h-18h, sam. 10h-14h.*

Se loger

Dammühle – *Dammühlenstraße 1, 35041 Marburg-Wehrshausen-Dammühle - 5 km à l'ouest par la Barfüßertor - ✆ 06421 935 60 -dammuehle@t-online.de - P - 26 ch. - 90 €.* Dans un moulin du 14e s. Petit hôtel à colombages aux chambres joliment décorées et confortables. Salle de restaurant au décor champêtre, *Biergarten*, minigolf et aire de jeux.

Se restaurer

Zur Sonne – *Markt 14 - ✆ 06421 171 90 - tlj 8h-14h30, 18h-24h - 20 €.* Établissement du 16e s. abritant des salles rustiques anciennes aux tables impeccables. Plats variés.

Printemps dans le Johanna Park de Leipzig.

Mauritius / Photononstop

Dresde★★★

Dresden

483 640 HABITANTS
CARTE GÉNÉRALE C3 - CARTES MICHELIN N^OS 718 M8 ET 544 BA 36
SAXE

Joyau baroque blotti le long des berges de l'Elbe, la capitale de la Saxe est une cité monumentale où s'ordonnent avec grâce escaliers d'apparats, terrasses panoramiques et vastes places décorées de statues de saints et de monarques aux allures solennelles. Presque entièrement rasée à la veille de la chute du Reich en 1945, Dresde vit une véritable renaissance : restaurations exemplaires des principaux monuments, réhabilitations réussies des édifices hérités de l'ex-RDA, centre historique rendu aux piétons… La ville, qui a eu 800 ans en 2006, a également fêté la reconstruction de l'église Notre-Dame et la réouverture de la Voûte verte, l'inestimable chambre du trésor des ducs de Saxe.

C. Labonne / MICHELIN

Les toits de Dresde depuis la terrasse du Zwinger.

- **Se repérer** – Dresde est à 193 km au sud de Berlin et à moins de 50 km de la frontière tchèque.
- **À ne pas manquer** – Le centre historique, la Voûte verte et le Zwinger.
- **Organiser son temps** – Pour la visite de la Voûte verte, réservez vos places à l'avance ou allez-y dès l'ouverture des guichets (8h).
- **Avec les enfants** – Le musée des Arts et Traditions populaires.
- **Pour poursuivre le voyage** – Bautzen (64 km au nord-est), Görlitz (107 km au nord-est), Leipzig (113 km à l'ouest).

Comprendre

« La Florence de l'Elbe » – Ville slave, à l'origine, Dresde fut germanisée au 12e s. par les margraves de Misnie. Elle revint en 1485 au duc Albert et devait rester, jusqu'en 1918, possession de la lignée albertine.

C'est au cours de la première moitié du 18e s., sous le règne des électeurs de Saxe et rois de Pologne **Auguste II le Fort** et de son fils **Auguste III**, qu'eut lieu le véritable développement de la ville. Attirés par ces souverains mécènes, de nombreux artistes italiens, en particulier vénitiens, fréquentaient alors la cour de Dresde.

De cette époque datent le magnifique ensemble baroque du Zwinger, le Palais japonais et l'église de la cour *(Hofkirche)*, ainsi que les exceptionnelles collections de peintures et d'objets d'art. À ces trésors Dresde, qui fut aussi le berceau de l'expressionnisme allemand, adjoint les œuvres de nombreux peintres allemands des 19e et 20e s. Le 19e s. fut placé sous le signe du développement économique ; de nombreuses industries et manufactures, stimulées par le chemin de fer (la ligne Dresde-Leipzig fut inaugurée en 1839) et la navigation à vapeur sur l'Elbe, s'installèrent à la périphérie de la ville.

La nuit de l'apocalypse – À quelques mois de la fin de la Seconde Guerre mondiale, dans la nuit du 13 au 14 février 1945, Dresde fut la cible de l'un des plus importants bombardements alliés, destiné à briser le moral de la population. Après le passage de deux vagues de bombardiers Lancaster et de plus de 300 forteresses volantes américaines, on évalua le nombre de morts entre 35 000 et 135 000 : la ville était détruite à 75 %. L'enjeu stratégique de cette opération militaire d'envergure était faible et l'ampleur du déploiement allié, destiné à frapper une ville alors peuplée de réfugiés, a suscité bien des débats. La restauration du patrimoine historique – en particulier le Zwinger miraculeusement reconstitué – et la reconstruction des quartiers d'habitation, traversés par de larges artères, ont donné à Dresde sa spécificité alliant l'urbanisme moderne au patrimoine historique. La **Prager Straße**, jonction entre le quartier de la gare et la vieille ville, est l'exemple le plus frappant de ce nouvel urbanisme, avec ses imposants immeubles alignés de part et d'autre d'une large allée piétonne : elle aboutit à la **Wiener Platz★**, encadrée par la Krugel Haus (laquelle est bâtie autour d'une sphère en verre), et à la gare centrale (*Hauptbahnof*) à la belle verrière de fer et de verre.

Se promener

Dresde est traversée par l'Elbe qui la divise en deux parties bien distinctes. Au sud du fleuve se trouve la vieille ville *(Altstadt)* dominée notamment par les silhouettes du Zwinger, de l'opéra et de la cathédrale. Au nord, la ville nouvelle s'ordonne autour de l'Albertplatz.

LE CENTRE HISTORIQUE★★★ (ALTSTADT)

Partir de la Theaterplatz, où se trouvent le Zwinger (voir description dans « Visiter »), l'opéra et la cathédrale.

Opéra Semper★★ (Semperoper)

Il fut construit entre 1871 et 1878 par **Manfred Semper**, ami personnel de Richard Wagner, sur des plans de son père Gottfried auquel on devait le précédent édifice brûlé en 1869. Le bâtiment emprunte ses formes à la Renaissance italienne. La façade, en arc de cercle, est composée de deux étages d'arcades surmontés d'un troisième, en retrait. Les retours latéraux sont creusés de niches occupées par les statues de Shakespeare et Sophocle à gauche, de Molière et Euripide à droite. Des chefs d'orchestre célèbres, tel Karl Böhm, se produisirent au Semperoper où neuf opéras de Richard Strauss, dont *Le Chevalier à la rose*, furent présentés pour la première fois.

Traverser la Theaterplatz vers l'est.

Cathédrale★★ (Hofkirche)

L'ancienne église catholique de la cour est le plus grand édifice religieux de Saxe. De plan basilical, elle fut construite de 1738 à 1755 sur ordre d'Auguste III par l'architecte italien Chiaveri. Les Albertins venaient de se convertir au catholicisme romain, condition indispensable à leur accession à la couronne polonaise. Fortement inspirée du baroque italien, l'église, dominée par un clocher de 85 m, est décorée de statues d'apôtres et de saints disposées notamment sur les attiques. La nef est séparée des collatéraux par un déambulatoire circulaire ouvrant sur quatre chapelles ovales. Au maître-autel, un très beau tableau (1750) d'Anton Raphaël Mengs représente l'Ascension. La chaire a été réalisée par Permoser en 1722 tandis que l'orgue (1750-1753) constitue la dernière œuvre du fameux facteur Gottfried Silbermann. Dans la crypte sont conservés les sarcophages de plusieurs rois et princes de Saxe ainsi que le cœur d'Auguste le Fort dont le corps repose dans la cathédrale de Cracovie.

Une lignée de facteurs d'orgues

Gottfried Silbermann (1683-1753) fit son apprentissage à Strasbourg dans les ateliers de son frère Andreas, créateur des célèbres orgues d'Ebersmunster en Alsace. Dès 1710, Gottfried s'installa à Freiberg, où il conçut des instruments au timbre exceptionnel. Son neveu Johann Andreas reprit lui aussi le flambeau de la profession et conçut 54 orgues dans la région du Rhin supérieur.

Château★★★ (Schloss)

Presque entièrement détruit à la fin de la Seconde Guerre mondiale, le château de style Renaissance, où résidait autrefois la Cour, est encore en restauration. Il devrait retrouver son aspect d'origine fin 2013. Il abrite en particulier la célèbre **Voûte verte★★★** (*Grüne Gewölbe)*, la chambre du trésor des ducs de Saxe, rouverte en 2006 après un lent et minutieux travail de restauration *(voir description p.564)*. Il abrite également le **cabinet des estampes**, dont les 500 000 œuvres datant des 13e-20e s. sont dévoilés en partie par expositions tournantes, et le **cabinet des monnaies** dont les collections sont, à l'heure actuelle, présentées temporairement en été. Le château devrait par ailleurs récupérer en 2009 les collections du musée d'Armes actuellement situé dans le Zwinger.

Vous pourrez enfin monter au sommet de la **tour de l'horloge** (*Hausmannsturm*) où vous disposerez d'une **vue★★** d'ensemble sur la ville, du centre historique à la ville nouvelle, et sur l'Elbe.

La façade extérieure du château reliant l'aile ouest au Johanneum est recouverte par une immense mosaïque, la **Procession des ducs★** (*Fürstenzug*, 102 m). Réalisée originellement par le peintre Wilhelm Walter en technique de sgraffite, cette peinture monumentale représentant les ducs de la maison de Saxe-Wettin fut transférée en 1906 sur 25 000 carreaux de porcelaine de Saxe. L'œuvre qui sortit miraculeusement indemne des bombardements de 1945 met en scène 35 margraves, princes-électeurs et rois sur une période d'environ mille ans.

Reliant le Johanneum au bâtiment Georges, le **Langer Gang★** *(Long Passage)* est une longue galerie, formée par des arcades toscanes, qui ferme la cour des écuries.

Le bâtiment du **Johanneum** (à gauche de l'entrée, *Schöne Pforte*, porte de style Renaissance), occupé autrefois par les écuries, abrite le **musée des Transports** *(Verkehrsmuseum)* : collections d'automobiles et de motocyclettes ; évolution des transports en commun urbains.

En quittant le Johanneum, traverser la Neumarkt.

Église Notre-Dame★★ (Frauenkirche)

✆ 0351 656 06 56 - www.frauenkirche-dresden.de - lun.-vend. 10h-12h, 13h-18h.

L'imposante église Notre-Dame fut érigée à partir de 1726. Elle est l'œuvre maîtresse de l'architecte Georg Bähr. Le dôme, achevé en 1738 et considéré comme l'emblème de la ville, avait un diamètre de 23,5 m pour une hauteur de 95 m. L'édifice passe pour être le plus représentatif de l'architecture sacrée protestante.

Presque entièrement détruite par les bombardements des 13 et 14 février 1945, l'église a été rebâtie à partir de 1994 *(voir encadré ci-contre)* et consacrée le 30 octobre 2005. Jusqu'à la réunification, ses ruines symbolisèrent de façon saisissante la destruction de la ville.

La **crypte** abrite l'autel de pierre du sculpteur anglais Anish Kapoor et la sépulture de l'architecte Georg Bähr. L'église peut recevoir jusqu'à 2 200 fidèles et accueille régulièrement des concerts (*sam. à 20h en général*).

Gagner la terrasse de Brühl aménagée à l'emplacement des anciennes fortifications.

Un travail de titan

Quelques chiffres illustrent l'importance du chantier de la reconstruction de l'église Notre-Dame : au milieu des ruines ont été retrouvées 8 390 pierres de façade, de mur et de plafond (soit un quart de la surface totale) dont 10 % seulement étaient intacts. Dix mille clichés anciens des plans originaux ont permis de localiser, de mesurer et de photographier les pierres avant de leur attribuer leur place définitive. Elles ont été répertoriées dans une base de données contenant 90 000 photographies numériques.

Terrasse de Brühl★ (Brulsche Terrasse)

Cette terrasse panoramique est reliée à la cathédrale par un escalier monumental : **vue★** intéressante sur l'Elbe et les édifices monumentaux du quartier de Neustadt, sur la rive droite, dont l'imposante façade néoclassique du **ministère des Finances et du Culte de Saxe** (1883).

Rebrousser chemin et traverser le Neumarkt.

Musée de la Ville★ (Stadtmuseum Dresden)

✆ 0351 65 64 80 - www.stmd.de - ♿ - tlj sf lun. 10h-18h (vend. 12h-20h) - 3 €.

Construit entre 1770 et 1775 pour abriter les services de l'État de Saxe, cet édifice baroque abrite un musée consacré à l'histoire de Dresde depuis sa fondation au 13e s., avec un développement particulier sur le 19e s. et le 20e s.

Nouvel Hôtel de Ville (Neues Rathaus)

Situé derrière l'église Ste-Croix, il s'agit d'un édifice néo-Renaissance bâti au début du siècle et surmonté d'une statue dorée d'Hercule. Pas de visites organisées.

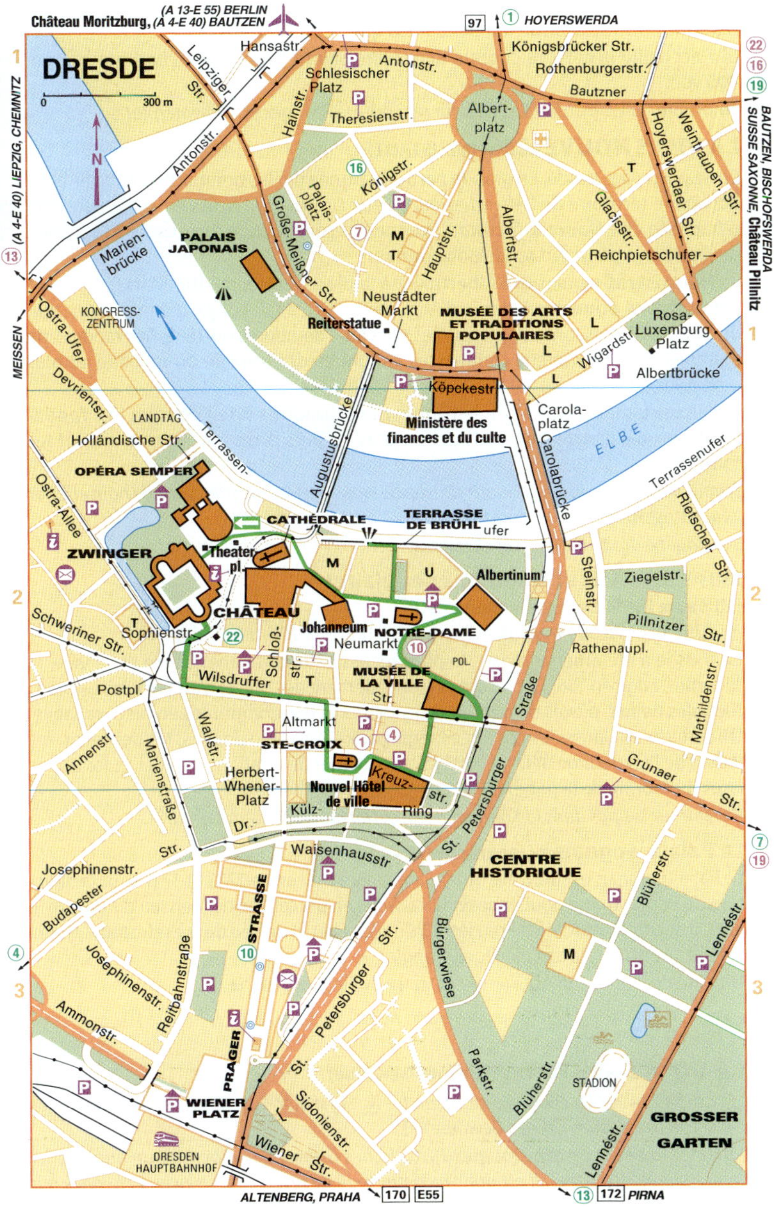

SE LOGER

- Gästehaus Mezcalero 1
- Gasthof Coschütz 4
- Goldener Apfel 7
- Ibis 10
- Landhaus Lockwitzgrund 13
- Martha Hospiz 16
- Schloss Eckberg 19
- Taschenbergpalais 22

SE RESTAURER

- Aha 1
- Capetown Seafood 4
- Caroussel 7
- CoselPalais 10
- Gourmet-Restaurant 13
- Historisches Fischhaus 16
- Kurhaus Kleinzschachwitz 19
- Luisenhof 22

Église Ste-Croix★ (Kreuzkirche)

Cette église, la plus ancienne de la ville (début du 13e s.), fut remaniée dans le style baroque après sa destruction pendant la guerre de Sept Ans.

Elle accueille la célèbre chorale masculine Sainte-Croix *(Kreuzchor)* qui compte 400 voix !

Emprunter la Wildsruffer Straße pour rejoindre le Zwinger et la Theaterplatz.

LA VILLE NOUVELLE ★ (NEUSTADT)

Cette partie de Dresde, en grande partie épargnée par les bombardements de 1945, occupe le territoire de l'*Altendresden* (Vieux Dresde) qui brûla en 1685. Elle a été rebaptisée Ville Nouvelle *(Neustadt)* lors de la reconstruction du quartier à l'occasion de laquelle la pierre fut rendue obligatoire.

La **Hauptstraße** qui relie l'Albertplatz à la place du Neustädter Markt, dominée par la **statue équestre★** dorée d'Auguste le Fort, a fait l'objet d'une restauration de bon goût. Ainsi ont été préservées plusieurs demeures du 18e s. Ses rangées de platanes et ses nombreux commerces en font un des lieux de promenade les plus agréables de la ville.

Avec ses demeures de style baroque, néoclassique et de l'époque des fondateurs, le quartier de Neustadt est de plus en plus prisé par les riverains et les touristes.

Si vous venez du centre historique de Dresde, vous pouvez accéder à la ville nouvelle par l'Augustusbrücke.

S'engager à droite dans la Köpckerstraße.

Musée des Arts et Traditions populaires★ (Museum für Sächsische Volkskunst)

✆ 0351 49 14 20 00 - www.skd-dresden.de - tlj sf lun. 10h-18h - 3 €.

Ce musée a été aménagé dans le plus ancien bâtiment Renaissance de la ville, le Jägerhof, érigé en 1568. Il présente essentiellement des objets d'art populaire saxon : meubles peints, pièces de poterie et de vannerie, tissus imprimés en bleu, vaisselle. On remarquera aussi les costumes régionaux saxons et souabes, les dentelles, les jouets de l'Erzgebirge et les sculptures sur bois, les décorations de Noël, et les objets issus du monde de la mine.

Revenir sur ses pas dans la Köpckerstraße et franchir le Neüstadtermarkt.

Le Palais japonais★ (Japanisches Palais)

Le Palais japonais est un vaste quadrilatère construit entre 1715 et 1717 sous la direction de Pöppelmann pour exposer la vaisselle en porcelaine de Meissen d'Auguste le Fort. Il abrite aujourd'hui le musée d'Ethnologie et le musée de la Préhistoire. Notez les toits à l'orientale des pavillons d'angle.

Du côté de l'Elbe, agréable jardin et **vue★** sur la rive gauche.

Visiter

LA VOÛTE VERTE★★★ (Grünes Gewölbe)

✆ 0351 49 14 20 00 - www.skd-dresden.de - ♿ - tlj sf mar. 10h-18h - Historisches Grünes Gewölbe 10 €; Neues Grünes Gewölbe 6 €.

L'accès à la Voûte verte historique (Historisches Grünes Gewölbe) suit un quota strictement limité d'entrées. Il est donc recommandé de réserver ses places à l'avance par téléphone ou de se rendre sur place à l'ouverture des guichets (8h). Audioguides (en français) recommandés.

Cette chambre du trésor unique en son genre est un point de passage obligé lors d'une visite de Dresde. Après un transfert provisoire à l'Albertinum suite à la Seconde Guerre mondiale, les chefs-d'œuvre de joaillerie et d'orfèvrerie rassemblés par Auguste II ont retrouvé en septembre 2006 leur emplacement d'origine, dans les salles de la **Voûte verte historique**, baptisée ainsi en raison de la couleur vert émeraude de la pièce principale.

Les 3 000 pièces, toutes exceptionnelles, sont exposées dans neuf cabinets décorés avec le plus grand luxe et consacrés chacun à un matériau particulier (ambre, émeraude, argent blanc, joyaux, bronze, etc.).

Vous pourrez compléter cette visite avec les collections de la **Nouvelle voûte verte,** en prêtant une attention particulière aux réalisations de **Johann Melchior Dinglinger**, joaillier de la cour de Dresde (*La Cour du grand moghol* et *Le Bain de Diane*).

✆ 0351 491 22 85 - Tlj sf mar. 10h-18h - Fermé 25 déc. - 6 €.

LE ZWINGER★★★

La visite de ce palais baroque du 18e s., érigé à la gloire d'Auguste le Fort, doit constituer l'un des temps forts de toute visite à Dresde.

Le bâtiment abrite aujourd'hui cinq musées dont la Galerie des Maîtres anciens. Sévèrement endommagé par les bombardements de 1945, il a fait l'objet d'une minutieuse reconstruction.

La meilleure vue d'ensemble s'obtient en entrant par le pavillon du Carillon, Sophienstraße.

L'idée initiale d'Auguste le Fort était d'élever, à l'emplacement d'une ancienne forteresse, une orangerie. Son architecte, **Matthäus Daniel Pöppelmann** (1662-1736), donna une telle ampleur au projet que la destination du chantier changea au cours de sa réalisation pour aboutir à une vaste esplanade entourée de galeries et de pavillons. Le grand attrait de ce joyau baroque est d'allier intimement l'œuvre sculptée due à l'atelier de **Balthasar Permoser** (1651-1732), artiste bavarois très influencé par ses séjours en Italie, à l'œuvre architecturale.

La vaste cour carrée comporte deux extensions semi-elliptiques incluant le **pavillon du Carillon** *(Glockenspielpavillon)* et le **pavillon du Rempart★★** *(Wallpavillon)*, dans lequel l'accord entre la sculpture et l'architecture s'exprime avec le plus de perfection. Aucun mur transversal ne vient rompre la verticalité des lignes tendues et animées par la vigueur et l'exubérance des atlantes à face d'Hermès noyés dans les décors végétaux. Couronnant ce pavillon, l'**« Hercule portant le monde »**, auquel Auguste le Fort s'identifiait volontiers, est la seule œuvre signée personnellement par Permoser.

Par l'escalier du pavillon du Rempart, on accède à la terrasse conduisant, sur la droite, au **bain des Nymphes★★** *(Nymphenbad)*. C'est certainement au cours de son voyage en Italie que Pöppelmann trouva l'inspiration qui lui permit de réaliser ce merveilleux nymphée.

Du côté sud-ouest, le bâtiment est fermé par l'élégante **Zwingergalerie** que l'on doit admirer de l'extérieur, en passant sous la **porte de la Couronne** *(Kronentor)*.

Cette dernière est décorée de statues représentant les Quatre Saisons et surmontée d'un bulbe terminé par la couronne polonaise portée par quatre aigles. La galerie nord-est a été construite par **Gottfried Semper** (1803-1879) en 1847.

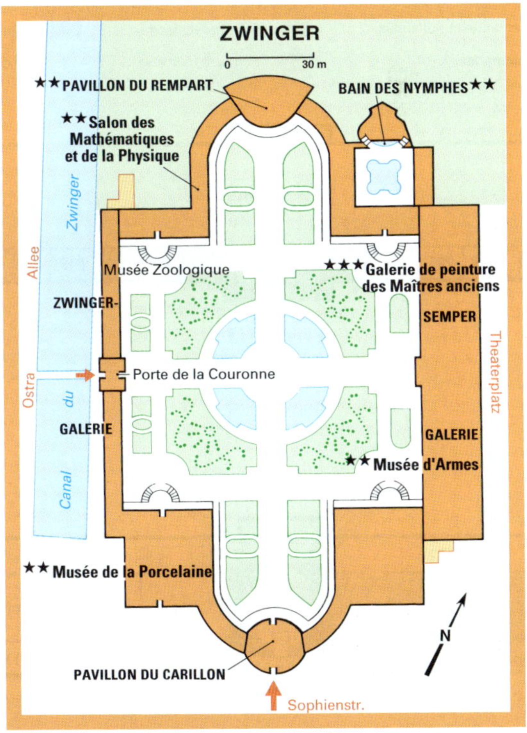

Galerie de peinture des Maîtres anciens★★★
(Gemäldegalerie Alte Meister)

Semperbau, aile ouest. ✆ *0351 49 14 20 00 - www.skd-dresden.de - ♿ - tlj sf lun. 10h-18h - 6 €.*

La Galerie de peinture des Maîtres anciens présente la collection de peintures rassemblée par Auguste le Fort et son successeur Auguste III. C'est l'une des plus importantes du monde. On y trouve des chefs-d'œuvre de peintres de la Renaissance italienne et du baroque, aussi bien que des toiles de peintres flamands et hollandais du 17e s.

À titre d'information : les peintures italiennes sont accrochées sur fond rouge, les peintures hollandaises et flamandes sur fond vert, les peintures espagnoles et françaises sur fond bleu.

Rez-de-chaussée : Dans les salles 1 à 4, on peut admirer, outre des tapisseries d'après des canevas de Raphaël, de nombreuses *vedute* (vues de villes) de Canaletto, peintes au milieu du 18e s. et représentant les villes de Dresde et de Pirna.

Salles 5 et 6 : tableaux réalisés par des peintres de Dresde.

1er étage : Salles 101-102 : œuvres de Silvestre et Canaletto.

Salles 104-106 et 108-111 : peintures flamandes et hollandaises des 16e et 17e s. *Autoportrait avec Saskia* de Rembrandt (salle 106), *Bethsabée* de Rubens, *Jeune Fille lisant une lettre à la fenêtre* de Vermeer de Delft (salle 108).

Salle 107 : peinture hollandaise (Jan Van Eyck représenté par un superbe triptyque), peinture allemande avec des œuvres de Holbein, Cranach l'Ancien et Dürer.

Salle 112 : peinture française du 17e s. (Claude Lorrain, Nicolas Poussin).

Salles 113-121 : peinture italienne du 16e s. dans les salles 117-119 avec un éclairage zénithal, tableaux de Véronèse, Tintoret, Giorgione *(Vénus couchée)* et Titien. *La Vierge de St-Sixte* de Raphaël (salle 117) est l'œuvre la plus intéressante.

Salle 116 : tableaux de Botticelli, Mantegna, Pinturicchio *(Portrait de jeune garçon)*.

2e étage : La salle 201 est consacrée à la peinture au pastel. Le ravissant tableau *La Chocolatière* de Jean-Étienne Liotard attire immédiatement le regard. C'est ici que se trouve la plus grande collection d'œuvres de Rosalba Carriera, avec 75 pastels.

GALERIE DE PEINTURE

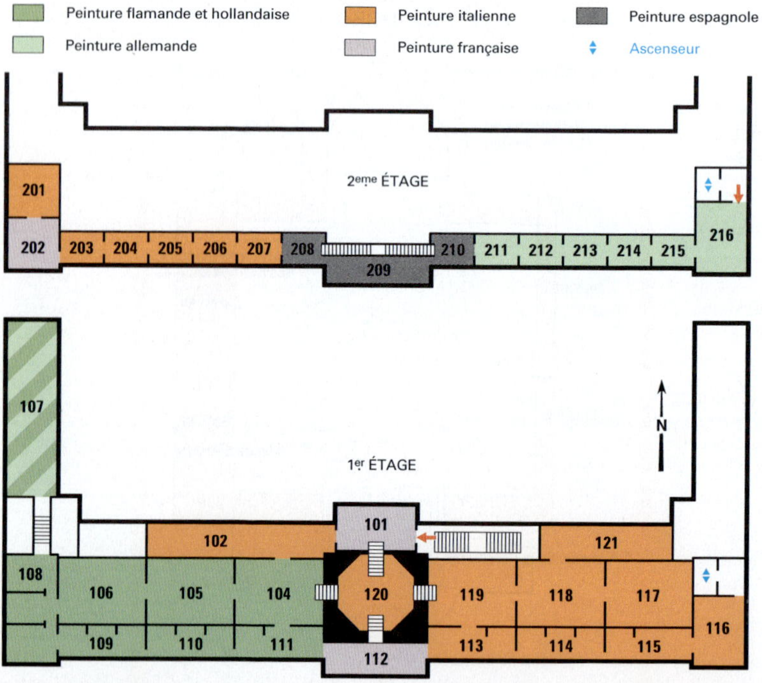

La salle 202 est réservée à la peinture française du 18e s.
Salles 203-207 : peinture italienne du 18e s. avec des œuvres de Tiepolo, Crespi.
Salles 208-210 : peinture espagnole (le Greco, Murillo, Zurbarán, Vélasquez).
Salles 211-216 : tableaux allemands des 17e et 18e s. On atteint le seuil du 19e s. dans la salle 216.

C. Labonne / MICHELIN

Le musée de la Porcelaine.

Musée de la Porcelaine★★ (Porzellansammlung)

Entrée par la Sophienstraße. ✆ 0351 49 14 20 00 - www.skd-dresden.de - ♿ (rdc) - tlj sf lun. 10h-18h - 6 €.

La **collection des Porcelaines** est un musée qui rassemble aussi bien les porcelaines du Japon et de Chine, acquises par Auguste le Fort, que des objets uniques issus de la célèbre manufacture de **Meissen**. Les fameux « vases des dragons » sont particulièrement impressionnants. Remarquer aussi les personnages en porcelaine grandeur nature de Meissen (1re moitié du 18e s.) à l'étage, ainsi que la salle consacrée à **Böttger**, qui introduisit la fabrication de la porcelaine dure en Europe en 1708, après avoir produit de la poterie ou « porcelaine rouge ».

Musée d'Armes★★ (Rüstkammer)

Semperbau, aile est. ✆ 0351 49 14 20 00 - www.skd-dresden.de - tlj sf lun. 10h-18h - 3 €. Nul besoin d'être amateur d'armes pour être fasciné par les pièces extraordinaires exposées dans la salle d'armes ; elles font en effet partie de ce que l'artisanat a produit de mieux et ont été rassemblées ici par la dynastie princière des Wettin. Cette importante collection compte mille trois cents pièces datant du 15e au 19e s.

Les **armures** sont impressionnantes. Parmi celles-ci, on trouve des œuvres du fabricant d'armures Anton Peffenhauser d'Augsbourg. La collection d'armures pour enfants est unique. Ces dernières étaient autrefois portées lors de tournois d'enfants à la cour de Saxe.

Salon des mathématiques et de la physique★★ (Mathematisch-Physikalischer Salon)

Pavillon d'angle nord-ouest. ✆ 0351 49 14 20 00 - www.skd-dresden.de - ♿ (rdc) - tlj sf lun. 10h-18h - 3 €.

Dans le salon des Sciences mathématiques et physiques, le génie inventif des scientifiques est illustré par des horloges et d'autres instruments datant du 16e au 19e s. Vous pouvez admirer des cadrans solaires, des sabliers et plusieurs modèles d'horloges, parmi lesquelles des horloges de parquet et des horloges murales.

Remarquer également les instruments de mesure optiques, astronomiques et météorologiques.

En se dirigeant vers la **Theaterplatz**, occupée en son centre par la statue équestre du roi Jean (1854-1873), on passe devant la **garde de la vieille ville** *(Altstädter Wache)*, dessinée par Schinkel.

ALBERTINUM

L'édifice, en cours de rénovation, devrait rouvrir ses portes en 2009. Il retrouvera alors les collections de la Galerie des 19e et 20e s. (Galerie Neue Meister) et sa collection de sculptures. Ces collections ont été transférées provisoirement au Zwinger (sous forme d'expositions temporaires pour les œuvres de la Galerie). Ce bâtiment de style néo-Renaissance fut érigé à la demande du roi Albert, en 1884, sur les fondations de l'ancien arsenal.

Aux alentours

Château Moritzburg★ (Schloss Moritzburg)

14 km au nord-ouest, par la Hansastraße. ✆ 035 207 87 30 - www.schloss-moritzburg.de - possibilité de visite guidée - avr.-oct. : 10h-17h30 ; fév.-mars et nov.-déc. : tlj sf lun. 10h-16h, janv. : sam.-dim. 10h-16h - fermé 24 déc. - 6 € (-16 ans 1 €).

Simple pavillon de chasse de style Renaissance construit entre 1542 et 1546 par le duc Maurice, ce château fut remanié entre 1723 et 1736 par M.D. Pöppelmann à la demande de Frédéric-Auguste Ier (1670-1733), qui voulait en faire un château d'apparat baroque. Le bâtiment à quatre ailes avec ses imposantes tours d'angle ocre et blanc, couleurs du baroque en Saxe, est entouré d'un lac artificiel et d'un parc aux proportions généreuses.

Château Pillnitz★ (Schloss Pillnitz)

15 km à l'est par Bautznerstraße. ✆ 0351 491 42 000 - ♿ - Bergpalais : tlj sf lun. 10h-18h ; Wasserpalais : tlj sf mar. 10h-18h - 4 €.

Ce **château** de plaisance situé sur la rive droite de l'Elbe a été conçu entre 1720 et 1724 par Matthäus Daniel Pöppelmann, l'architecte des princes-électeurs. La prédilection du baroque finissant pour les chinoiseries transparaît dans la forme des toits. Le parc fut agrandi et transformé en jardin anglais en 1778. Les berges de l'Elbe invitent à la promenade ; l'île située en face est une réserve ornithologique, peuplée de hérons cendrés.

Freiberg★

37 km au sud. Située au pied des monts Métallifères, Freiberg était au Moyen Âge la plus grande ville de Saxe. Elle vécut longtemps de l'exploitation de son sous-sol d'où l'on extrayait divers minéraux (argent, cuivre, plomb, zinc, fluorine, spath et agate). Si aujourd'hui toutes les mines sont désaffectées, la ville reste fière de son passé minier et perpétue des traditions comme les défilés annuels.

La cathédrale★★ – Cette église-halle de style gothique flamboyant fut érigée entre 1490 et 1501 pour remplacer l'ancienne cathédrale romane. *✆ 03 731 30 03 40 - www.freiberger-dom.de - ♿ - visite guidée mai-oct. : lun.-sam. 10h, 11h, 14h, 15h, 16h, dim. et j. fériés 11h30, 14h, 15h, 16h ; nov.-avr. : 11h (dim. 11h30), 14h, 15h - 3,50 €.*

La **chaire★★** est un chef-d'œuvre de l'art sacré, dont la forme rappelle la corolle d'une tulipe. Elle fut réalisée autour de 1505 par le maître sculpteur Hans Witten et représente en fait un arbre de vie sur le tronc duquel s'amorce l'escalier.

Avec leurs trois claviers, leurs 45 registres et 2 674 tuyaux, les **orgues★★** passent pour être le chef-d'œuvre du facteur **Gottfried Silbermann**. L'instrument aux formes équilibrées et décoré d'anges délicats possède un timbre resplendissant, que Silbermann obtint en fusionnant subtilement les savoir-faire saxon et français.

Admirez le splendide **portail doré★★** à huit voussures qui fut conçu vers 1230 pour l'ancienne église romane. Au tympan sont représentées la Vierge en majesté et l'Adoration des Mages *(dépliant explicatif)*. Le portail tient son nom de l'ornementation polychrome, d'origine, qui présentait une dominante dorée.

La chapelle mortuaire★ mérite également votre attention. Au 16e s., le chœur fut transformé pour recevoir les tombeaux de la ligne albertine de la dynastie de Saxe, puis modifié dans le style maniériste. Le tombeau du prince-électeur Maurice de Saxe, sculpté en 1563 par Antonius Van Zerroen d'Anvers, constitue la première œuvre Renaissance de ce type en Saxe.

Château Augustusburg★ (Schloss Augustusburg)

75 km au sud-ouest. Le **château d'Augustusburg** est un pavillon de chasse que l'Électeur de Saxe Auguste Ier fit construire vers 1570 au sommet de la colline de Schellenberg (515 m). Au maître-autel de la chapelle, un tableau de Lucas Cranach le Jeune (1571) montre l'Électeur entouré de ses quatorze enfants. Le château abrite un musée du Gibier et de l'Ornithologie ainsi qu'un musée des Motocyclettes.

Circuit de découverte

LA SUISSE SAXONNE★★★

Au départ de Dresde - 78 km – Une journée.

Avec ses parois de grès en forme de tables et ses gorges profondes, la Suisse saxonne constitue un des sites naturels les plus spectaculaires d'Allemagne. Classée au patrimoine mondial de l'Unesco, la vallée de l'Elbe dessine en amont de Dresde de larges méandres encaissés jalonnés de châteaux, de forteresses et de somptueux jardins.

Château Pillnitz★ (Pillnitz Schloss)

Voir p. 568.

Le Bastion★★★ (Bastei)

Ce magnifique belvédère perché à près de 200 m au-dessus de l'Elbe se présente comme une arête dominant un décor de formations rocheuses. Un pont principal enjambe le précipice entre les rochers, et des passerelles relient entre elles les impressionnantes tours de grès. **Vue★★** sur une grande partie de la Suisse saxonne.

Après une courte descente, on atteint le Basteibrücke, long de 76 m. Possibilité de suivre de nombreux sentiers pédestres balisés au milieu des rochers.

Bad Schandau★

Centre touristique le plus important de la Suisse saxonne, Bad Schandau est également une station thermale réputée pour ses sources ferrugineuses exploitées depuis 1730. À la sortie de la ville, en direction de Schmilka, on accède par un ascenseur et un sentier au point panoramique de l'Ostrauer Scheibe : **vue★** sur les Schrammsteine, massif chaotique très prisé par les amateurs d'escalade.

La **vallée de la Kirnitzsch★**, que l'on peut remonter en chemin de fer, est bordée de rochers abrupts.

Traverser l'Elbe à Bad Schandau et prendre à droite vers Königstein.

Forteresse de Königstein★★ (Festung Königstein)

La grande boucle de l'Elbe est dominée par le Lilienstein (415 m) situé sur la rive droite, et le **Königstein** (360 m), couronné par une formidable **forteresse**. Édifiée aux 13e et 16e s. et agrandie aux 17e et 18e s., celle-ci servit à plusieurs reprises de refuge à la cour de Saxe. Les prisonniers qui y étaient internés n'avaient pratiquement aucune chance de s'en échapper; parmi les détenus les plus célèbres figurent Böttger *(voir Meißen)*, l'inventeur de la porcelaine, August Bebel, fondateur avec Karl Liebknecht du parti social-démocrate en 1869, et le général Giraud (ce dernier réussit à s'évader en 1942, à l'aide d'une corde accrochée aux barreaux d'une meurtrière).

Le chemin de ronde, qui suit le bord de cette « table de grès », offre des **vues★★** magnifiques sur l'Elbe, les sommets des monts Métallifères, les contreforts des montagnes de Lusace et les monts de Bohême.

Jardin Baroque Großsedlitz★ (Barockgarten Großsedlitz)

☎ 03 529 56 390 - ♿ - avr.-sept. : 8h-20h ; oct. : 8h-18h ; nov.-mars : 8h-16h - 3 €. Ce **jardin** fut en partie aménagé en 1719 par Pöppelmann dans le goût français. Il fait

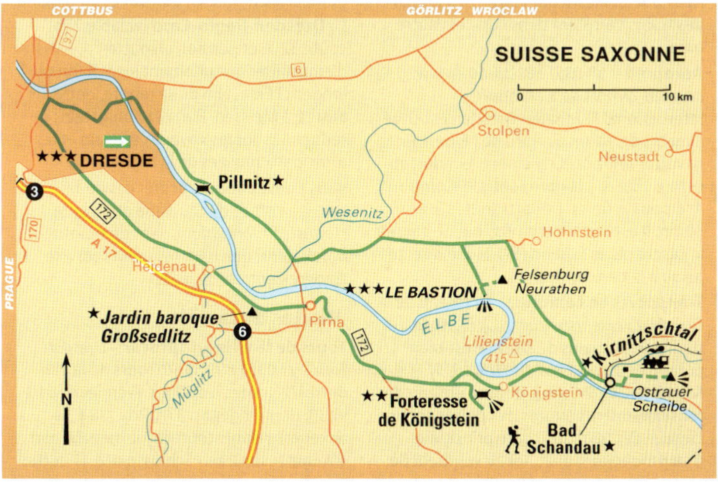

aujourd'hui encore partie des compositions les plus achevées de l'art des jardins baroque allemand. Remarquer surtout le somptueux ensemble formé par les espaces verts entourés de haies, les bordures de fleurs, les sculptures en grès, les nombreux jeux d'eau, les deux orangeries et le petit château.

Poursuivre la route jusqu'à Dresde.

Dresde pratique

Informations utiles

Offices de tourisme – *Schinkelwache (Theaterplatz) / Prager Straße 2a - ✆ 0351 49 19 21 00.*

Renseignements – *Dresden Werbung & Tourismus GmbH - ✆ 0351 49 19 20/fax 0351 49 19 21 16, lun.-vend. 8h à 19h, w.-end 9h-16h.* **Bureaux de tourisme** : *Schinkelwache (Theaterplatz), lun.-vend. 10h-18h, sam.-dim. 10h-17h (16h hors sais.) ; Prager Straße 2a, lun.-sam. 10h-18h, fermé dim.*

Bureaux de poste aux horaires spéciaux – *Postamt 1 - Königsbrücker Straße 21-29 - lun.-vend. 6h30-19h, sam. 6h30-13h.* Il existe un autre bureau de poste, de situation plus centrale et voisin de l'office de tourisme, au Prager Straße 72.

Quotidiens – *Sächsische Zeitung, Dresdner Neueste Nachrichten.*

Internet – *www.dresden-tourist.de ; www.cityguide-dresden.de ; www.dresden-online.de ; www.dresden.de*

Transports

Le centre historique de Dresde est essentiellement réservé aux piétons et aux vélos. La plupart des curiosités et musées se concentrent dans un périmètre restreint et sont facilement accessibles à pied. La ville est efficacement quadrillée par un réseau de 18 lignes de tramway auxquels s'ajoutent bus et trains express régionaux *(S-Bahn DB)*.

Dresde possède deux gares : la *Hauptbahnhof* (Am Hauptbahnhof 4) au sud de la vieille ville et la *Bahnohf Neustadt* (Schlesischer Platz 1). La plupart des trains s'arrêtent dans l'une et l'autre gare.

Aéroport – *✆ 0351 881-33-60 - www.dresden-airport.de.* L'aéroport international Flughafen Dresden est situé à moins de 10 km au nord de l'Elbe. Une navette, « Airport City Liner », conduit au centre ville et à la gare centrale. Compter 4 € pour le trajet. Départs toutes les 30mn. Il est également possible de gagner le centre par la S-Bahn (S2). Ligne directe jusqu'à la gare centrale.

Transports en commun – Le réseau de la *Dresdner Verkehrsbetriebe* (DVB), régie des transports urbains de Dresde, est bien organisé, ✆ 0351 857 *10 11/fax 0351 857 10 10, 24h/24.* Vous pouvez obtenir des renseignements auprès des points service *(Service-Zentren)* de la gare principale *(Hauptbahnhof)*, du lundi au vendredi de 7h à 19h, le samedi de 8h à 18h, le dimanche de 9h à 18h ; Postplatz, du lundi au vendredi de 7h à 20h, le samedi de 8h à 18h, le dimanche de 9h à 18h ; Pirnaischer Platz et Albertplatz, du lundi au vendredi de 7h à 18h, le samedi de 9h à 16h. La DVB fait partie de la *Verkehrsverbund Oberelbe* (VVO), réseau des transports de l'Elbe supérieure, qui réunit, outre Dresde, la Suisse saxonne, la partie est des monts Métallifères, ainsi que des parties de l'Oberlausitz, Info-Hotline *✆ 0180 24 519 98 (lun. au vend. de 7h à 20h, le sam. et le dim. de 8h à 19h), www.vvo-online.de* Vous pouvez vous procurer des billets dans les points service *(Service-Zentren)*, aux distributeurs automatiques situés aux différents arrêts, ainsi que dans les stations de tramway et auprès des conducteurs de bus. Le billet simple coûte 1,80 € (valable une heure). Possibilité de prendre un billet à la journée *(Tageskarte)*. Il existe par ailleurs des formules de billets de famille / groupe *(Familientageskarte)*.

Internet – **VVO** : *www.nahverkehr.sachsen.de*, **DVB** : *www.dvbag.de*

La **Dresden-City-Card** (valable 48h) coûte 21 € et permet à un adulte (ainsi qu'aux enfants de moins de 6 ans qui l'accompagnent) de voyager à volonté sur toutes les lignes de bus et de tramway du réseau urbain et d'emprunter les bacs qui traversent l'Elbe. Ce billet donne également droit à des entrées gratuites dans douze musées réunissant des collections d'œuvres d'art d'État (Galerie de peinture des maîtres anciens, Galerie de peinture des 19e et 20e s., Collection des porcelaines, Voûte verte…) et à des tarifs réduits dans d'autres musées ; il offre des réductions pour certaines visites guidées de la ville en autocar et en bateau.

La **Dresden-Regio-Card** (valable 72h) coûte 32 € et permet, en outre, d'emprunter gratuitement les S-Bahn qui longent l'Elbe, afin de se rendre, entre autres, à Meissen, Pirna et Königstein ; réductions sur les voyages en train et les principaux musées de la région.

Vous pouvez vous procurer ces deux cartes à l'office du tourisme de Dresde *(Touristeninformation)*, dans de nombreux hôtels, ainsi que dans les points service *(Service-Zentren)* de la DVB.

Visites de la ville

Tours de la ville en autocar – *Dresden Tour - ✆* 0351 899 *56 50.* Tours de la ville de 1h1/2, toutes les 30mn. Premier départ 9h30, dernier départ 17h. Prix : 18 €, le ticket est valable toute la journée. Départ d'Augustusbrücke / Schlossplatz, 11 autres arrêts, tels que Königstraße, Frauenkirche et Dr.-Külz-Ring. Le billet *Dresden Tour* permet de bénéficier sans frais supplémentaires des prestations suivantes : visites guidées du Zwinger, du cortège des princes, de la Grauenkirche, tour de ville en soirée et ronde des veilleurs de nuit. Le *Super Dresden Tour* propose, outre un tour de la ville en bus, une visite à pied du centre historique au départ d'Augustusbrücke, tous les jours à 10h30, 12h, 13h30 (uniquement le sam. de nov. à avr.) Les *Igeltours – une autre façon de visiter Dresde* proposent des visites thématiques à pied. Pour obtenir des informations sur les autres visites guidées de la ville : *✆ 0351 804 45 57 / fax 0351 804 45 48 - www.igeltour-dresden.de*

Croisières – Sächsische Dampfschiffahrts, *✆ 0351 86 60 90/ fax 0351 866 09 88, www.saechsische-dampfschiffahrt.de.* Cette compagnie propose des croisières quotidiennes sur l'Elbe à bord de bateaux à aubes d'époque ou de bateaux à moteur modernes, au départ de Dresde, vers Meißen en aval (11,20 €) et la Suisse saxonne en amont (20 € pour Bad Schandau). Embarcadère et débarcadère : Terrassenufer sous la Brülsche Terrasse.

Se loger

⊖ Gästehaus Mezcalero – *Königsbrücker Straße 64 (500 m au nord de l'Albertplatz) - ✆ 0351 810 770 - fax 0351 8 107 711 - www.mezcalero.de - P - 23 ch. - 60/70 € - ☕ 6 €.* Cet établissement a été entièrement aménagé d'après le modèle mexicain-aztèque ; des couleurs agréables et une belle décoration vous accueillent de la réception jusqu'aux chambres, « personnalisées » et, pour certaines d'entre elles, munies d'un lit en mezzanine. Des dortoirs sont réservés aux petits groupes.

⊖⊖ Landhaus Lockwitzgrund – *Lockwitzgrund 100 - Lockwitz (10 km env. au sud-est du centre)- ✆ 0351 271 00 10 - fax 0351 27 100 130 - www.landhaus-lockwitzgrund.de - P ✗ - 12 ch. - 75 €.* Le romantique Lockwitzgrund vous accueille dans un cadre agréable et tout à fait propice au repos : les chambres, confortables, dans le style maison de campagne, conservent de nombreux caractères de l'ancienne propriété agricole que fut l'établissement. La jolie décoration vient appuyer le caractère rustique et convivial du restaurant.

⊖⊖ Hotel Goldener Apfel – *Schulweg 3 - Pillnitz (12 km env. au sud-est du centre)- BUS 83 - ✆ 0351 26 16 60 - fax 0351 2 616 613 - www.goldener-apfel.de - ✗ P ✗ - 12 ch. - 86/106 €.* Depuis 1999, cette école de village de 1840 abrite un hôtel avec un Centre Vital (sauna, massages, espace hydrothérapie et oxygénothérapie). Hébergement pratique et soigné à des prix raisonnables. Vous prendrez le petit-déjeuner dans la taverne à thé historique.

⊖⊖ Gasthof Coschütz – *Kleinnaundorfer Straße 1 (5 km env. au sud du centre)- BUS 72 - ✆ 0351 401 03 58 - fax 0351 401 384 - gasthof-coschuetz@t-online.de - P ✗ ♿ - réservation - 11 ch. - 78/95 €.* Cet hôtel est tenu par la même famille depuis quatre générations. Quelques chambres bien aménagées et confortables sont à la disposition des hôtes.

⊖⊖ Ibis Hotels – *Prager Straße - ✆ 0351 48 56 54 45 / 64 45 / 74 45 - www.ibis-dresden.de - P - 918 ch. (3 établissements) - 69/83 € - ☕ 3,50 €.* Alignés le long de la Prager Straße, ces trois vastes édifices hérités de l'ère soviétique proposent des chambres standard confortables et abordables à quelques minutes à pied seulement des principaux monuments de la ville.

⊖⊖ Martha Hospiz – *Nierizstraße 11 - ✆ 0351 817 60 - fax 0351 8 176 222 - marthahospiz.dresden@t-online.de - fermé 22-27 déc. - ♿ - 50 ch. - 72/121 € - ☕ 8 €.* Établissement traditionnel de l'église évangélique, le Martha Hospiz propose à ses hôtes des chambres élégantes au mobilier classique de couleur miel, dont une partie est de style Biedermeier. Certaines chambres sont réservées aux personnes handicapées. Agréable restaurant, utilisé autrefois comme cave à charbon et pommes de terre.

⊖⊖⊖ Hotel Schloss Eckberg – *Bautzner Straße 134 (4 km env. de l'Albertplatz) - ✆ 0351 809 90 - fax 0351 8 099 199 - www.hotel-schloss-eckberg.de - P ✗ - 84 ch. - 123 € (Kavalierhaus) / 245 € (château).* Un parc de grand style et des chambres confortables – certaines abritant de précieuses antiquités, d'autres plutôt modernes – font de cet hôtel, composé du château néogothique et de la *Kavaliershaus* (Maison des cavaliers), une adresse intéressante. Le restaurant classique et de bon goût s'intègre parfaitement aux salles historiques.

⊖⊖⊖⊖ Hotel Taschenbergpalais – *Taschenberg - ✆ 0351 49 120 - www.kempinski-dresden.de - P - 350 ch.- à partir de 195 € - ☕ 25 €.* Relié au château des électeurs de Saxe par un passage, ce palais baroque fut construit en 1705 par Auguste II Le Fort pour sa concubine, la comtesse Cosel. Détruit en grande partie pendant la Seconde Guerre mondiale, il a retrouvé toute sa splendeur. Les chambres disposent du plus grand confort et d'une décoration soignée : marqueterie, marbre, tissus précieux, etc.

Se restaurer

⊖ Aha Ladencafé – *Kreuzstraße 7 - ✆ 0351 496 06 73 - www.ladencafe.de - ✗ - 15 €.* Une plaisante adresse face à l'église Sainte-Croix proposant, au milieu d'un décor coloré, une cuisine sud-américaine où chaque pays est représenté par son plat national. Vins du monde entier. Magasin d'artisanat au sous-sol.

Historisches Fischhaus – *Fischerhausstr. 14 (à 5 km au nord-est du centre-ville ; suivre Bautzner Str.) - 0351 89 91 00 - www.fischhaus-dresden.de - lun.-vend. 12h-minuit, sam. 11h-minuit, dim. 11h-23h - - réserv. conseillée - 15/25 €.* Maison de tradition au cadre verdoyant, proche de la ville. Parmi les spécialités, on trouve poissons et gibier. En été, vous apprécierez le cadre idyllique du jardin.

Capetown Seafood – *Weisse Gasse 1 - 0351 497 62 80 - 20 €.* Au milieu d'une agréable rue piétonne située à trois minutes du parvis de l'église Notre-Dame, vous pourrez déguster une cuisine roborative à base de poisson.

Luisenhof – *Bergbahnstraße 8, Weißer Hirsch (5 km à l'est de l'Alberplatz)- 0351 214 99 60 - gastronomie@luisenhof.org - 15/35 €.* Dans un bâtiment historique de 1895, ce restaurant panoramique est surnommé le « balcon de Dresde » en raison de sa vue unique. L'endroit se distingue par sa décoration moderne et une grande façade vitrée. Il est particulièrement agréable, en été, de s'asseoir en terrasse, à l'ombre des arbres.

Kurhaus Kleinzschachwitz – *Berthold-Haupt-Straße 128 - Kleinzschachwitz (10 km au sud-est du centre) - Tram 1 - 0351 200 19 96 - www.kurhaus.net - fermé de la 2e sem. de janv. à fin janv. - - réservation conseillée - 15/35 €.* Ce restaurant rénové, fidèle à l'établissement d'origine, est situé dans le quartier résidentiel et se distingue par sa belle architecture. À l'intérieur, salle chaleureuse ainsi que quelques jolies chambres confortables. Cette adresse constitue une étape agréable en bordure de l'Elbe et face au château de Pillnitz.

CoselPalais – *An der Frauenkirche 12 - 0351 496 24 44 - 25/35 €.* L'ancien palais baroque (18e s.) du comte de Cosel, garde du corps de Frédéric Auguste, abrite autour de sa cour un restaurant situé idéalement au pied de l'église Notre-Dame. Cuisine classique.

Gourmet-Restaurant – *Merbitzer Straße 53 (5 km à l'ouest de la Theaterplatz) - 0351 425 50 - info@pattis.net - fermé 2 sem. en janv., 2 sem. en août, dim. et lun.- 60/70 €.* Situé derrière la façade reconstruite dans le style *Jugendstil* du romantique Hotel Pattis, ce restaurant se distingue par son somptueux intérieur : un plafond extrêmement travaillé, des tableaux et des tables dressées avec goût donnent à cette ancienne salle de bal un air de luxe.

Caroussel – *Rähnitzgasse 19 - 0351 800 30 - info@buelow-residenz.de - 60/70 €.* Ce restaurant gâte ses hôtes avec un cadre de bon goût- des porcelaines, un poêle en faïence et des tableaux décorent la pièce – et l'excellente cuisine de Stefan Hermann. Vous pouvez également prendre un verre sur l'agréable terrasse au toit de verre ; des chaises claires en rotin et des tons pastel forment le décor.

Faire une pause

Café Schinkelwache – *Theaterplatz 2 - 0351 4 90 39 09 - www.restaurant-dresden.de - 10h-0h.* Cet ancien poste de garde, construit par le fameux architecte du néoclassicisme allemand Friedrich Schinkel, est situé entre le Zwinger, le château et l'opéra.

Café Toscana – *Schillerplatz 7 (5 km à l'est de la vieille ville au bord de l'Elbe) - 0351 310 07 44 - lun.-sam. 9h-19h, dim. 11h-19h.* Ce salon de thé classique avec jardin d'hiver et terrasse offre une belle vue sur le pont *Blaues Wunder*. Assez exceptionnel, son buffet de gâteaux est long de 12 m ! Des plats du jour sont également proposés.

Dresdner Molkerei Gebrüder Pfund – *Bautzner Str. 79 - 0351 8 10 59 48 - lun.-sam. 10h-18h, dim. et j. fériés 10h-15h, café-restaurant : 10h-20h.* La boutique de cette laiterie est entièrement recouverte de faïences peintes à la main (1892). Debout autour des tables, vous pourrez y déguster des produits laitiers et fromagers. Café-restaurant au 1er étage.

En soirée

Bon à savoir – Pour tout savoir sur les manifestations culturelles, consultez le *Theater.Konzert.Kunst - Kulturkalender für Dresden* ou le *Dresdner - Kulturmagazin*. Ces magazines paraissent une fois par mois et sont distribués gratuitement par *Dresden Werbung und Tourismus GmbH*. D'autres mensuels comme *SAX - Das Dresdner Stadtmagazin* ou *Prinz* sont également disponibles dans les librairies et kiosques à journaux de la ville. Le site www.dresden.de (suivre les liens Tourismus et puis Veranstaltungen) est aussi une source d'informations intéressante.

Bon à savoir – On trouve de nombreux salons de thé, bistrots et cafés dans la vieille ville, et à l'intérieur du quartier de la ville nouvelle, au croisement des rues Alaunstr. et Luisenstr.

Ballhaus Watzke – *Kötzschenbroder Straße 1 (en prolongement vers l'ouest de la Leipziger Straße) - 0351 85 29 20 - www.watzke.de - 11h-0h.* Brasserie située sur les bords de l'Elbe, installée dans un bâtiment historique dont le 1er étage accueillait autrefois de grands bals. Le *Biergarten* offre une superbe vue sur la vieille ville dite « Vue de Canaletto » comme on la trouve représentée sur une toile du maître.

Brauhaus am Waldschlösschen – *Am Brauhaus 8b (à 2 km à l'est d'Albertplatz ; suivre la Bautzner Str.) - 0351 81 19 90 - www.waldschloesschen.de - 11h-1h.* Sans doute la plus belle brasserie de la ville. Dans un décor rustique et de bon goût, on y sert trois bières brassées sur place, des cocktails ainsi que des plats traditionnels. Du lundi au samedi, musique de piano à partir de 20h. Le *Biergarten* offre de magnifiques vues sur l'Elbe.

Frank's Bar – *Alaunstraße 80 (au nord d'Albertplatz entre la Rothenburger Str. et la Königsbrücker Str.) - ✆ 0351 8 02 67 27 - 20h-3h.* Dans une ambiance feutrée et un cadre agréable, ce petit bar propose plus de 200 cocktails avec ou sans alcool, sucrés ou acides, soft ou hard… Mieux vaut se faire conseiller.

Italienisches Dörfchen – *Theaterplatz 3 (à l'angle de l'Augustusbrücke et de la Terrassenufer) - ✆ 0351 4 98 16 60 - www.italienisches-doerfchen.de - 10h-0h (cuisine jusqu'à 23h).* Salon de thé (avec terrasse qui donne sur l'Elbe), café au rez-de-chaussée et restaurant à l'étage. On peut savourer les délices de la maison dans de magnifiques salles ornées de poutres, de stucs et de fresques au plafond.

Winzerstube Zum Rebstock – *Hauptstr. 17 - ✆ 0351 5 63 35 44 - www.winzerstube-zum-rebstock.de - lun.-sam. 12h-22h, dim. 14h-22h.* Cette adresse est à la fois un « Weinstube » et une boutique de vins. L'établissement propose des crus de la région de Bad Kreuznach et de Meissen ainsi que des petits plats pour accompagner le vin. Terrasse calme avec vue sur un magnifique pavillon baroque.

Achats

Bon à savoir – Les principales artères commerçantes de Dresde sont la Prager Straße (grands magasins), la Wilsdruffer Straße et l'Altmarkt dans la vieille ville, la Königstraße (boutiques de luxe) et la Hauptstraße.

Kunsthofpassage Dresden-Neustadt – *Alaunstr. 70 (au nord d'Albertplatz entre la Rothenburger Str. et la Königsbrücker Str. ; accès également par Görlitzer Str. 21-25) - ✆ 0351 8 02 67 04 - www.kunsthof.com* Entre Alaunstr. et Görlitzer Str. se succèdent plusieurs arrière-cours dont les façades, souvent fantaisistes, sont décorées selon différents thèmes. Boutiques d'artisanat et bars.

Neustädter Markthalle – *Metzer Str. 1 (à la hauteur de Hauptstr. 36 ; accès par Ritter- et Metzer Str.) - ✆ 0351 8 11 38 60 (musée) - www.automobilmuseum-dresden.de (musée) - lun.-vend. 8h-20h, sam. 8h-18h ; musée : 10h-19h, 3,80 €.* Dans ce marché couvert historique, les stands traditionnels cohabitent avec ceux proposant des spécialités internationales. Au 1er étage une exposition divertissante présente l'histoire de la construction de l'automobile en RDA entre 1945 et 1990. Nombreux carrosses d'origine.

Marchés – Altmarkt, le matin à partir de 8h, tous les jours sauf le dimanche. Au même endroit ont lieu le marché de printemps *(Frühlingsmarkt)* en mai et le marché d'automne *(Herbstmarkt)* en septembre, ainsi que le célèbre *Striezelmarkt* en décembre.

Événements

Festival de musique de Dresde (Dresdner Musikfestspiele) – *Mi-mai-déb. juin - ✆ 0351 478 560 - www.musikfestspiele.com.* Pendant près de deux mois, Dresde vit au rythme des chefs-d'œuvre de la musique classique : concerts sur la Theaterplatz ou sur les escaliers de la terrasse de Brühl et à l'intérieur des principales salles et églises de la ville.

Bautzen★

42 160 HABITANTS
CARTE GÉNÉRALE C3 – CARTES MICHELIN N^{OS} 718 N 7 ET 544 BE 35
SAXE

Perchée au sommet d'un méandre de la Spree, Bautzen est une cité pleine de charme. En arrivant sur le pont Friedensbrücke, vous pourrez admirer ses fortifications médiévales, son château gothique, sa cathédrale signalée par une tour au couronnement baroque et sa fontaine qui lui sert d'emblème. En déambulant dans ses venelles, vous atteindrez la Grand Place bordée de maisons bourgeoises : ici, vous entendrez sûrement encore les habitants parler la langue de leurs ancêtres.

- **Se repérer** – Bautzen s'est développée sur le cours supérieur de la Spree qui ceinture la vieille ville. Elle est accessible par l'autoroute A 4 qui relie Dresde et Gorlitz.
- **À ne pas manquer** – Le découverte du centre ancien, à l'intérieur de ses fortifications et la tour du roi Frédéric-Auguste.
- **Organiser son temps** – Consacrez une journée à Bautzen et ses alentours.
- **Avec les enfants** – L'ancien château d'eau.
- **Pour poursuivre le voyage** – Görlitz (40 km à l'est), Dresde (64 km à l'ouest).

Comprendre

La ville des Sorabes – Bautzen regroupe un grand nombre de Sorabes. Cette minorité ethnique d'Allemagne occupe la région de la Lusace, à cheval sur les Länder de Saxe et du Brandebourg. Apparentés aux Slaves occidentaux, les Sorabes ont longtemps fait partie du royaume de Bohême. Ce sont les grandes migrations du 6e s., qui les conduisirent entre l'Elbe et la Neisse. Aujourd'hui encore, leurs enfants apprennent le sorabe, langue slave de l'ouest proche du tchèque et du polonais. De nombreuses traditions, telles que la décoration des œufs de Pâques, le port du costume sorabe et des grandes coiffes brodées, perpétuent les coutumes de cette minorité nationale.

Visiter

Grand Place (Hauptmarkt)

La **Grand Place** est bordée de maisons bourgeoises et d'un hôtel de ville baroque, érigé en 1730 sur les plans de Johann Christoph Naumann. La tour asymétrique, située en avant, est coiffée d'une belle coupole. De la place, la Reichenstrasse mène à la **Reichenturm**. Du haut de cette tour penchée (haute de 56 m et accusant une inclinaison de 1,44 m) s'offre une belle vue sur la ville. *✆ 035 91 46 04 31 - www.bautzen.de - avr.-oct. : 10h-17h -1,40 €.*

Cathédrale St-Pierre★ (Dom St-Peter)

Église de type halle à trois nefs, la **cathédrale St-Pierre** (1213-1497) est la seule église de la région à être fréquentée à la fois par les catholiques et les protestants (office catholique dans le chœur, protestant dans la nef). La construction, commencée au 13e s., est marquée par un coude de l'axe central. Au milieu du 15e s., l'église fut agrandie dans sa partie sud. Les fenêtres en gothique flamboyant datent de cette époque. En 1664, la tour haute de 85 m reçut un couronnement baroque.

Voir à l'intérieur le grand **crucifix en bois** (1714) de **Balthasar Permoser**, le **maître-autel baroque** (1724) dû à G. Fossati que décorent des statues de saints et un **retable** de G.A. Pellegrini *(La Remise des clefs à saint Pierre)*, ainsi que la tribune des princes (1674) dans la partie protestante.

Suivre la rue qui longe la cathédrale jusqu'au couvent.

Les bâtiments du **couvent** restés intacts datent de 1683 ; la façade sud avec son grand portail (1755) est particulièrement belle. Entre les frontons arrondis à peine esquissés, on remarque les armoiries du couvent.

Suivre la Schlossstrasse.

Cette rue pleine de charme, bordée de maisons baroques pour la plupart restaurées, mène tout droit au château d'Ortenburg.

Château d'Ortenburg (Schloss Ortenburg)

À l'emplacement du château actuel d'Ortenburg s'éleva à partir de l'an 600 un fort qu'Henri Ier agrandit en 958 pour protéger ses frontières. Deux incendies dévastateurs anéantirent la forteresse au début du 15e s. et le roi de Hongrie Mathias Corvin (la Lusace fut province hongroise de 1469 à 1490) la fit réédifier de 1483 à 1486 en

J. Matschie/Michelin

Bautzen.

style gothique tardif. La tour de l'aile nord porte encore aujourd'hui un relief représentant ce roi. La guerre de Trente Ans y laissa elle aussi de profondes cicatrices, qui furent effacées après 1648 par des travaux de reconstruction. En 1698, en plein baroque, le château se vit affubler de trois pignons Renaissance, un véritable anachronisme.

Bautzen pratique

Office de tourisme – *Hauptmarkt 1 - 02625 - ✆ 035 91 420 16 - www.bautzen.de/tourismus.asp - mars-oct. : lun.-vend. 9h-18h, dim. et j. fériés 9h-15h ; nov.-fév. : lun.-vend. 9h-17h, dim. 9h-14h.*

Musée des Sorabes (Sorbisches Museum / Serbski Muzej)

✆ 03 591 42 403 - www.museum.sorben.com - ♿ - avr.-oct. : lun.-vend. 10h-17h, w.-end 10h-18h ; nov.-mars : 10h-16h, w.-end 10h-17h - fermé 24-25 et 31 déc. - 2,50 €. Aménagé dans l'ancien entrepôt à sel (bâtiment annexe du château), le **musée des Sorabes** familiarise le visiteur avec l'histoire, la culture et le mode de vie des Sorabes du 6e s. à nos jours.

Fortifications★

D'origine médiévale, très bien conservées et percées de portes, elles épousent les contours de la ville. Ponctuées de nombreuses tours, elles offrent une agréable vision d'ensemble sur la ville. Remarquer au nord les ruines de l'**église St-Nicolas** *(Nikolaikirche)* et le cimetière du même nom.

Ancien château d'eau★ (Alte Wasserkunst)

✆ 03 591 41 588 - www.bautzen.de - avr.-oct. : 10h-17h ; nov.-déc. et fév.-mars : 10h-16h ; janv. : w.-end 10h-16h - 1,50 €.

L'**ancien château d'eau** fortifié fut érigé en 1558. Il a approvisionné la ville jusqu'en 1965. Il est intéressant de visiter l'intérieur de cet ouvrage technique, qui s'élève sur sept étages et possède un impressionnant mécanisme de pompage.

Aux alentours

DE BAUTZEN À HERRNHUT

31 km (par la route B178)

Tour du roi Frédéric-Auguste★ (König-Friedrich-August-Turm), à Löbau

Au sud-ouest de Bautzen par la Herwigsdorfer Straße. ✆ 03585 45 01 40 - www.loebau.de - mai-sept. : 9h-20h, w.-end et j. fériés 9h-22h ; reste de l'année : 10h-18h, w.-end et j. fériés 10h-22h - 1 €. La **tour du roi Frédéric-Auguste** est un belvédère en fonte, haut de 28 m, unique en Europe. Il a fallu assembler 6 000 pièces pour obtenir cet ouvrage en filigrane pesant 70 tonnes. Des trois plates-formes la vue est agréable.

Obercunnersdorf★

3 km au sud de Löbau, tourner à droite. Le village entier a été classé site historique car il constitue un ensemble fermé de maisons sorabes typiques. Un bon nombre de ces 250 maisons sont ouvertes au public.

Herrnhut

Cette localité a acquis une renommée mondiale grâce à la fraternité évangélique qui porte son nom. Fondée en Moravie en 1457, la communauté religieuse fut persécutée en raison de son adhésion au protestantisme. Elle trouva finalement refuge en ces lieux en 1722. Là, elle édifia des maisons (toutes de même style) formant un ensemble compact, pour donner ce que l'on appelle le « style baroque de Herrnhut ». Un musée ethnographique instruit sur l'activité pédagogique des fraternités, présentes aujourd'hui encore dans 22 pays répartis sur les cinq continents.

Görlitz★

58 520 HABITANTS.
CARTE GÉNÉRALE C3 – CARTES MICHELIN N^OS 718 O7 ET 544 BH 35
SAXE

Art gothique, Renaissance, baroque et Art nouveau : la belle cité de Görlitz, la perle de la basse Silésie, a retrouvé tous ses fastes d'antan, après de longs travaux de rénovation. La ville doit son riche patrimoine (3 500 maisons classées dans la vieille ville) à la prospérité que lui procura, aux 15e et 16e s., la fabrication de drap et le commerce de la guède, le pastel des teinturiers.

Se repérer – Görlitz est à 107 km à l'est de Dresde. La ville s'est développée sur les bords de la Neisse qui constitue, depuis le traité de Potsdam (1945), la frontière avec la Pologne.

À ne pas manquer – La découverte de la vieille ville, entre l'Obermarkt et l'Untermarkt et la dégustation du *Schlesisches Himmelsreich*.

Organiser son temps – Compter une bonne demi-journée de visite.

Pour poursuivre le voyage – Bautzen (40 km à l'ouest), Dresde.

Görlitz pratique

Office de tourisme – *Brüderstr. 1 - 02826 Gorlitz - ✆ 035 81 475 70 - www. goerlitz.de*

Se promener

VIEILLE VILLE★

Le centre historique de Görlitz est dominé par deux places de caractère, l'Obermarkt et l'Untermarkt, autour desquelles se concentrent la plupart des curiosités de la ville.

Obermarkt

Cette place s'étend entre la Reichenbacher Turm, porte fortifiée des 14e et 15e s., située côté ouest et l'église de La Trinité à l'est. La partie nord conserve de belles maisons de style baroque. Au **nº 29** *(office de tourisme)*, la façade, dans laquelle s'ouvre un portail flanqué de colonnes, est finement décorée de stucs. Napoléon a séjourné dans cette maison en 1813 et harangué ses troupes depuis le balcon du 1er étage.

Église de La Trinité (Dreifaltigkeitskirche)

L'église de La Trinité bordant l'Obermarkt se caractérise par une haute tour baroque. À l'intérieur, les deux nefs du 15e s., très étroites, se prolongent par un chœur élevé entre 1371 et 1381. Remarquer les imposantes **stalles★** (1484), surmontées d'inscriptions franciscaines. Le maître-autel baroque (1713) est l'œuvre de Caspar Gottlob von Rodewitz, élève de Permoser ; la chaire des Douze Apôtres date de la fin de la Renaissance.

La **chapelle Ste-Barbe** renferme des trésors d'art sacré, notamment le **retable de la Vierge★** (vers 1510), chef-d'œuvre du gothique tardif. Il représente Marie auréolée et la Nativité. Repliés, les panneaux du retable montrent la Passion du Christ. La Mise au tombeau fut réalisée par Hans Olmützer en 1492, tandis que l'émouvant Christ au repos (fin du 15e s.) est attribué à un maître du Sud de l'Allemagne.

Untermarkt★

L'ancienne place commerçante de Görlitz est dominée par la tour (1378) de l'**hôtel de ville** *(Rathaus)* ; à l'angle de la Brüderstraße, remarquer l'escalier extérieur (1537-1538) qui contourne une élégante statue (copie) représentant la Justice. À droite du portail Renaissance, un panneau sculpté de style gothique tardif (1488) figure les armoiries du roi de Hongrie Matthias Corvinus. La partie centrale du bâtiment date de la Renaissance. L'édifice a été agrandi au début du 20e s. dans le style néogothique.

Au milieu de la place, l'**ancienne Bourse** *(Alte Börse)*, au portail décoré de figures allégoriques, est le plus ancien monument baroque de la ville (1706). Il est prolongé par l'**ancien poids municipal** *(Alte Waage)*, composé de trois étages de style Renaissance élevés sur un rez-de-chaussée baroque.

Le côté sud de l'Untermarkt, bordé de maisons à arcades, est très évocateur du Görlitz des notables et des bourgeois.

Musée municipal (Kulturhistorisches Museum)

Neißstraße 30. À l'angle sud-est de la place, une imposante maison baroque (1727-1729) abrite les collections d'art de la ville, ainsi que des objets artisanaux du 16e au 19e s. et du beau mobilier de styles Renaissance et baroque. Riche collection de verreries. Les **armoires rustiques★** du 18e s., réunies au 2e étage, se distinguent par leurs intéressantes peintures. La section gravures abrite des œuvres du 16e au 20e s.

Église St-Pierre★ (St-Peterskirche)

Cette imposante église à cinq nefs au toit de cuivre surplombe à pic la Neisse. Sa construction, qui dura 75 ans, s'est achevée à la fin du 15e s. Le portail ouest (1235) provient de l'ancienne église romane et a été remanié dans le style gothique tardif.

Intérieur – Les trois nefs du milieu sont coiffées par une belle voûte en étoile. Les baies sont ornées de remplages. Une statue d'ange supporte la **chaire** (1693), rehaussée de feuilles d'acanthe dorées. Le maître-autel baroque (1695), en grès et faux marbre, est une œuvre du sculpteur Georg Heermann. Le retable représente l'Ascension du Christ. Le **grand orgue** (1703) est dû à Eugenio Casparini, maître d'Andreas Silbermann. Le buffet de Johann Conrad Buchau, artiste originaire de la ville, est surmonté de trois groupes d'anges jouant de la musique.

À droite de l'église se dresse le plus ancien bâtiment civil de la ville, la **maison de la Guède** (*Waidhaus*, 13e s.), où était stockée la précieuse plante tinctoriale, qui donnait la couleur bleue.

Le Schlesisches Himmelsreich

Avec un peu de chance, vous pourrez savourer la spécialité gastronomique locale. Ce plat, à la saveur aigre-douce, est composé de viande de porc salée et de fruits séchés. Il est servi avec des *Knödel* (boulettes) et une sauce blanche préparée au jus de citron.

Kaisertrutz

✆ 03 581 67 73 55 - www.museum-goerlitz.de - actuellement en travaux d'assainissement - se renseigner sur la date de réouverture. Cette massive rotonde de 19 m de diamètre, construite entre 1490 et 1541, faisait partie de l'ancienne fortification de la ville. Elle abrite aujourd'hui le **musée municipal d'Histoire et d'Art** *(Museum für Stadtgeschichte und Kunst)*.

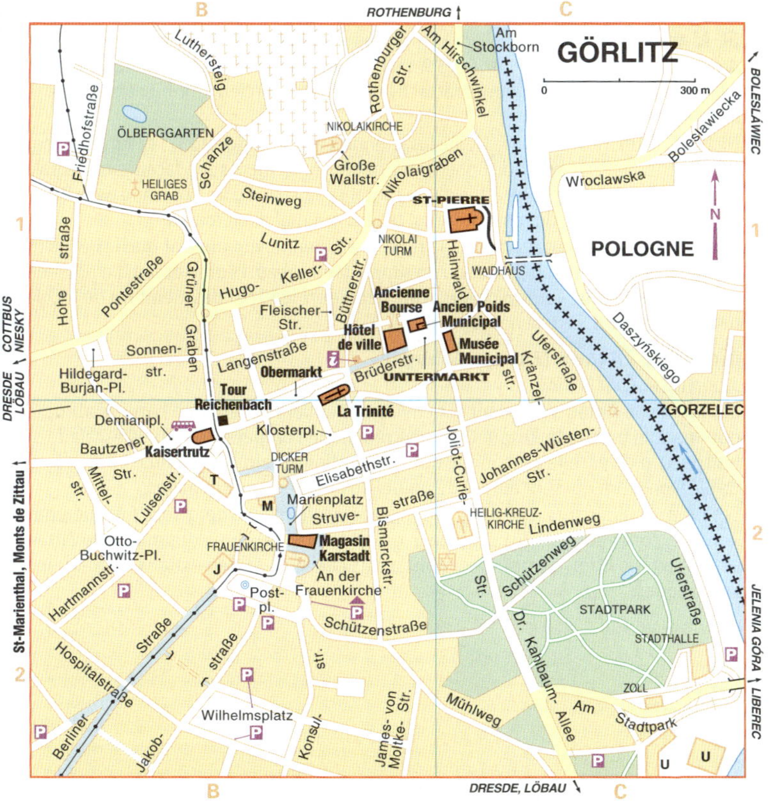

Vue sur la vieille ville de Görlitz.

Tour Reichenbach (Reichenbacher Turm)

℘ 03 581 67 13 55 - www.museum-goerlitz.de - mai-oct. : tlj sf lun. 10h-17h (vend. 20h) - 2 €. En face du Kaisertrutz se dresse la **tour Reichenbach**, mentionnée dès 1376 et considérée comme l'emblème de la ville. 165 marches conduisent au sommet de l'édifice (52 m), d'où l'on bénéficie d'une belle **vue★** sur Görlitz.

Magasin Karstadt (Karstadt-Warenhaus)

Dernier exemple de grand magasin de style Art nouveau encore debout, le **magasin Karstadt** fut conçu en 1912-1913 par l'architecte Schmanns de Potsdam. D'aspect massif à l'extérieur, il possède une cour intérieure surmontée d'un toit de verre en berceau, un magnifique escalier et des colonnes d'une extrême élégance.

Aux alentours

St-Marienthal★

À Ostritz, à 18 km au sud par la B99. La reine Cunégonde de Bohême fonda en 1234 ce couvent de religieuses rattaché à l'ordre cistercien, dont il relève encore aujourd'hui.

Niché dans un méandre de la Neiße lusacienne, l'édifice, érigé au 17e s., surprend par ses dimensions. L'influence de Bohême transparaît nettement sur la façade occidentale ornée d'un portique et précédée d'une fontaine ainsi que d'une colonne de la Peste de 1704. Le vignoble du monastère est le plus oriental d'Allemagne.

Klosterkirche – Contrairement à la règle cistercienne, qui prescrit que les édifices religieux ne doivent comporter qu'un simple lanterneau, l'église abbatiale possède une tour. L'intérieur, voûté d'ogives, a été décoré en 1850 par des membres de l'école nazaréenne dans le style néoroman.

Monts de Zittau★ (Zittauer Gebirge)

35 km au sud par la B99.

Les monts de Zittau s'étendent sur environ 20 km et forment une barrière abrupte dominant le bassin de Zittau. C'est une région où l'on peut pratiquer l'escalade et les sports d'hiver; elle est connue pour ses stations thermales comme Lückendorf, Oybin, Jonsdorf, qui sont autant de points de départ de promenades.

Les points culminants, Lausche (793 m), Hochwald et Jonsberg sont faits de phonolithes, cônes abrupts disposés sur le grès. La caractéristique des monts de Zittau est la juxtaposition de grandes montagnes calcaires et de vestiges de hauteurs volcaniques.

Annaberg-Buchholz★

23 390 HABITANTS
CARTE GÉNÉRALE C3 – CARTES MICHELIN N^{OS} 718 M9 ET 546 AW 41
SAXE

Connue pour sa fière église au gothique flamboyant, la ville d'Annaberg-Buchholz conserve les noms de ses deux anciennes localités. Appartenant à deux seigneuries différentes, celles-ci connurent un essor formidable, à partir du 15e s., avec la découverte d'importants gisements d'argent et d'étain dans la région, et finirent par ne former qu'une seule et même cité. La capitale des monts Métallifères exploita 600 mines avant de tirer sa richesse du travail de la dentelle, pour compenser le déclin de ses gisements.

Se repérer – À une centaine de kilomètres au sud-ouest de Dresde, Annaberg-Buchholz est située dans la région des monts Métallifères de la Saxe et près de la frontière tchèque.

À ne pas manquer – L'église Ste-Anne.

Organiser son temps – Prévoyez une demi-journée pour découvrir la ville et traverser les monts Métallifères.

Avec les enfants – La mine d'argent Im Gößner.

Pour poursuivre le voyage – Freiberg (51 km au nord-est ; *voir Index*), Dresde (106 km au nord-est), la Suisse saxonne (circuit au départ de Dresde).

Annaberg-B. pratique

Office de tourisme – *Markt 1 - 09456 Annaberg-Buchholz - ✆ 03733 194 33 - www.annaberg-buchholz.de - lun.-vend. 10h-18h, sam. 10h-13h.*

Visiter

Église Ste-Anne★★ (St-Annen-Kirche)

L'église Ste-Anne, construite entre 1499 et 1525, constitue l'un des exemples les plus accomplis du gothique flamboyant de Saxe. De douze piliers hauts et élancés montent en volutes les nervures de la voûte, composée de sept étoiles alignées à six branches et sous-tendant chaque travée d'un dais en forme de fleur. Cette magistrale composition de la voûte est due à Jakob Heilmann de Schweinfurt.

Sur les murs latéraux courent des tribunes dont les parapets sont décorés de scènes de l'Ancien et du Nouveau Testament.

Au fond de l'édifice, sur le mur collatéral gauche, la **Belle Porte★★** *(Schöne Tür)*, provenant d'une autre église, montre une brillante polychromie. Elle fut réalisée par H. Witten en 1512. Sur la **chaire★★** (1516), du sculpteur F. Maidburg, remarquer un relief représentant un mineur.

Reprenant le même thème, le **retable des mineurs★** (vers 1520 – *à gauche dans l'abside*) et ses revers peints détaillent les travaux de la mine.

Musée des monts Métallifères (Erzgebirgemuseum)

✆ 03 733 23 497 - visite guidée de la mine d'argent (1h), visite libre du musée - 10h-17h - fermé 24 déc. - 3,50 € mine d'argent, 2,50 € musée, 5,50 € billet combiné mine et musée.

Le musée des monts Métallifères retrace l'histoire de la ville et des mines. Une place de choix est réservée aux arts et traditions populaires.

La **mine d'argent** *(Besucherbergwerk)* « **Im Gößner** », rattachée au musée et ouverte au public, propose une visite intéressante d'un gisement, exploité à Annaberg à partir de 1498 et parvenu à épuisement un quart de siècle plus tard. *Le puits d'accès est situé dans la cour du musée. Des escaliers métalliques mènent aux galeries qui s'étendent sur 260 m.*

Musée technique de la forge de Frohnau (Technisches Museum Frohnauer Hammer)

✆ 03 733 22 000 - www.annaberg-buchholz.de - visite guidée (1h) 9h-12h, 13h-16h - fermé 1er janv., 25 déc. - 3 €.

Ce musée occupe un ancien moulin à grain transformé en atelier de frappe de monnaie lors de la découverte des filons d'argent, puis en forge. Marteaux-pilons et soufflets sont actionnés par la force hydraulique.

Circuit de découverte

LES MONTS MÉTALLIFÈRES★

D'Annaberg-Buchholz à Klingenthal - 81 km (93 km par Schwarzenberg) – environ 3h.

Quitter Annaberg-Buchholz par la route 95 en direction d'Oberwiesenthal.

Ce massif de moyenne montagne doit son nom aux nombreux gisements de métaux précieux (argent, étain, cobalt, nickel et fer) disséminés dans son sous-sol. Ces richesses ont permis à plusieurs petites villes, telles Zwickau, Annaberg et Schneeberg, de se développer. Le sommet le plus haut, côté allemand, est le Fichtelberg (1 214 m). Des lacs de retenue, des paysages ouverts et verdoyants, des forêts parcourues par des sentiers et des villages de villégiature contribuent à rendre la région particulièrement accueillante. L'itinéraire ci-dessous fait découvrir la partie occidentale des monts Métallifères et longe dans sa première partie la frontière tchèque.

Fichtelberg★

Dominant la station climatique et de sports d'hiver d'**Oberwiesenthal**, le Fichtelberg (1 214 m) est reconnaissable de loin grâce à ses installations météorologiques. On y accède par un télésiège ou à pied *(1/2h AR, laisser la voiture sur le parking situé 500 m après la station inférieure du télésiège)*. Vaste **panorama**★ sur les environs. Vers le sud, le mont Klinovec (1 244 m), en territoire tchèque, est le point le plus élevé des monts Métallifères.

D'Oberwiesenthal à Ehrenzipfel, joli parcours à travers la forêt le long d'une rivière. À Rittersgrün, on peut emprunter l'extension vers Schwarzenberg ou continuer l'itinéraire principal.

Schwarzenberg

Perchée sur un éperon rocheux, la vieille ville, classée monument historique, se blottit autour du château et de l'église. La forteresse, érigée vers 1150, a été transformée de 1555 à 1558 en un pavillon de chasse à l'usage des princes-électeurs ; aujourd'hui, le musée *Schloss Schwarzenberg* y a élu domicile. À côté se dresse l'imposante **église St-Georges**★ *(St-Georgenkirche)* de style baroque (1690-1699). L'intérieur révèle une seule nef, un impressionnant plafond de bois et une chaire aux riches sculptures évoquant La Trinité. Une belle grille en fer forgé sépare la nef du sanctuaire.

Sosa-Talsperre

Du parking, gagner à pied le kiosque, puis le promontoire. Petit lac de barrage dans un cadre forestier idyllique.

Après avoir longé la rive méridionale du lac de barrage d'Eibenstock, la route n° 283 remonte la vallée sinueuse de la Zwickauer Mulde avant d'atteindre Klingenthal.

Klingenthal

Fondée à la fin du 16e s. pour héberger les mineurs, cette localité est depuis la seconde moitié du 17e s. un grand centre de fabrication d'instruments de musique. Remarquer l'église du Prince pacifique *(Zum Friedensfürsten)*, édifice baroque à plan octogonal.

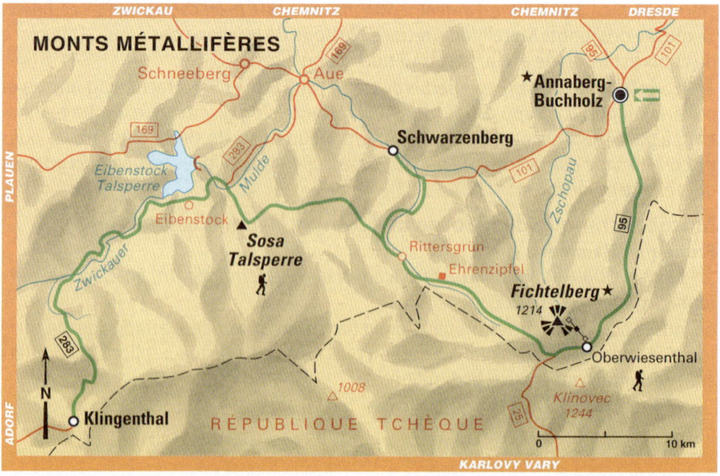

Meissen★

28 640 HABITANTS
CARTE GÉNÉRALE C3 – CARTES MICHELIN N^{OS} 718 M8 ET 544 AZ 36
SAXE

Bordée de coteaux viticoles produisant un vin blanc sec et fruité, Meissen est une cité de l'Elbe remarquablement préservée, dominée par sa cathédrale et son château au gothique flamboyant. Elle doit sa célébrité à sa manufacture nationale de porcelaine, la première d'Europe, dont les œuvres sont marquées de deux épées bleues entrecroisées.

- **Se repérer** – Meissen est à 195 km au sud de Berlin.
- **À ne pas manquer** – Le promontoire du Burgberg.
- **Organiser son temps** – Prévoyez une demi-journée pour visiter la ville.
- **Avec les enfants** – L'atelier de démonstration de la manufacture nationale de porcelaine.
- **Pour poursuivre le voyage** – Dresde (23 km), Leipzig (100 km).

STAATLICHE PORZELLAN-MANUFAKTUR MEISSEN GMBH

Décoration des porcelaines de Meissen.

Comprendre

Un peu d'histoire – La fondation de Meissen doit être replacée dans le contexte des campagnes militaires menées par le roi allemand Henri Ier contre les peuplades slaves, à l'est de l'Elbe et de la Saale. En 929, il fit fortifier la montagne située à l'endroit stratégique constitué par un gué sur l'Elbe. La ville, qui s'est développée au pied de la colline du château à la fin du 12e s., doit sa renommée à sa manufacture de porcelaine fondée en 1710.

La porcelaine de Saxe – C'est sous Auguste le Fort que l'alchimiste **Johann Friedrich Böttger** (1682-1719) présenta, le 29 mars 1709, la découverte de la formule de la porcelaine dure chinoise, à base de kaolin. L'année suivante, l'électeur de Saxe fit installer la première manufacture européenne de porcelaine dans le château qui, de par sa situation isolée et bien gardée, était tout à fait adapté à la protection du secret. Le kaolin provenait de mines situées au nord-ouest de la ville, où il est toujours exploité.

Les motifs de la porcelaine – La richesse de décoration imitée des modèles chinois et japonais (dessins de végétaux, lions jaunes, dragons rouges et verts, rochers, oiseaux, fleurs, animaux fantastiques…) remonte à la première période de prospérité (le Vieux Saxe), sous Johann Gregorius Höroldt (1720-1755). On lui doit également le célèbre décor dit à l'**« oignon »** *(Zwiebelmuster)*, au bleu de cobalt, qui deviendra l'un des motifs sous glaçure les plus connus dans le monde. J. J. Kändler (1706-1775) fut le créateur des fameux animaux géants et d'innombrables services.

Visiter

LE VIEUX MEISSEN

Meissen possède un riche patrimoine gothique et Renaissance. Sur la **place du Marché** *(Marktplatz)* se dressent l'hôtel de ville de la fin du gothique (1472-1478), la maison Benno *(Bennohaus)* de la seconde moitié du 15e s., l'officine du Marché

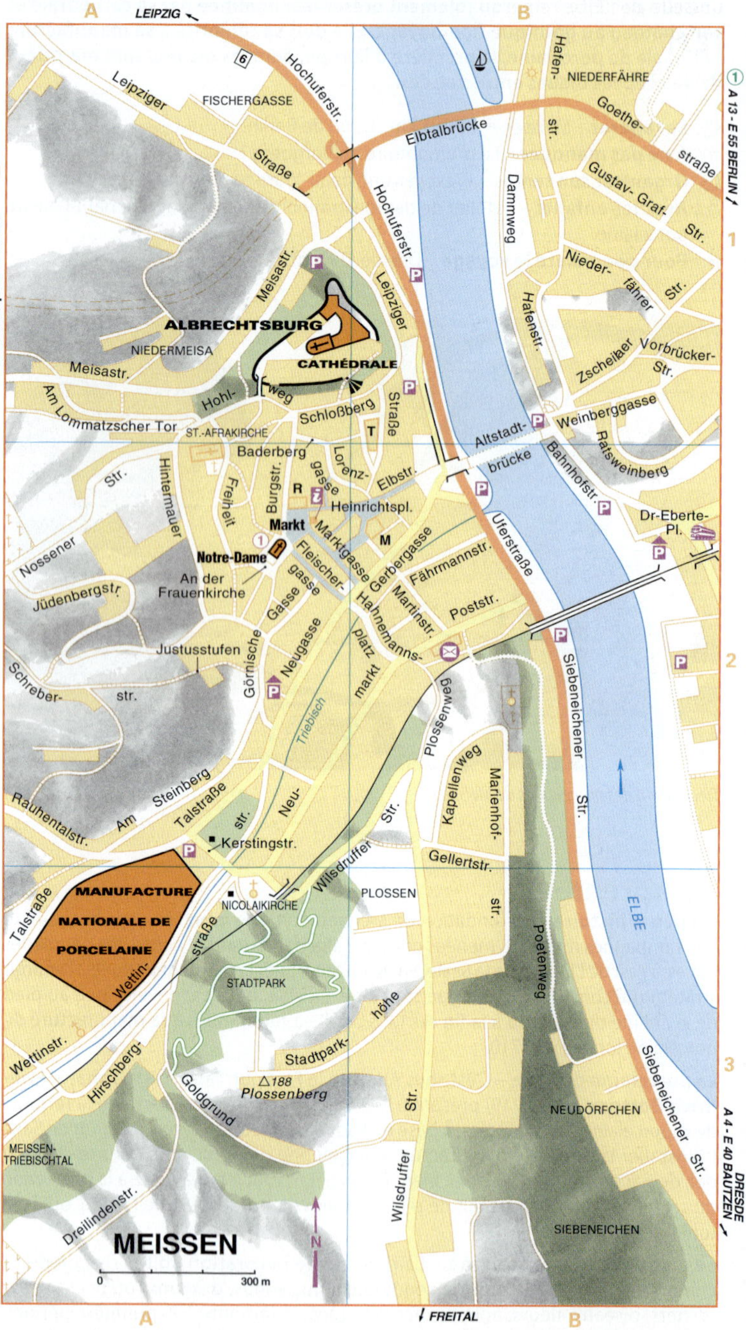

SE LOGER

Am Talkenberger Hof................................ 1

SE RESTAURER

Romantik Restaurant Vincenz Richter...... 1

(Marktapotheke), édifice construit entre 1555 et 1560, ainsi que la maison du Cerf *(Hirschhaus)*, ornée d'un beau portail de 1642. À quelques pas de là, voir la porte des Drapiers *(Tuchmachertor)*, de la fin de la Renaissance (vers 1600), et la brasserie (*Brauhaus*, 1569-1574).

Église Notre-Dame (Frauenkirche)

Cette église à trois nefs, de style gothique flamboyant datant de la fin du 15e s., possède un carillon, dont les cloches sont en porcelaine de Meissen.

LE PROMONTOIRE DU BURGBERG★★

Sur cette hauteur se dressent le château, la cathédrale et les bâtiments conventuels. Du Burgberg se déploie une belle **vue** sur la vieille ville, le vignoble et les paysages traversés par l'Elbe.

Albrechtsburg★

03 521 47 070 - www.albrechtsburg.de - mars-oct. : 10h-18h ; nov.-fév. : 10h-17h - 3,50 €.
Construit à partir de 1471 à l'initiative du margrave Albert par Arnold von Westfalen, un des plus célèbres architectes de la fin du Moyen Âge, le château passe pour être l'un des plus beaux bâtiments profanes du gothique flamboyant. Entre 1710 et 1865, il a abrité la Manufacture nationale de porcelaine, première du genre en Europe.
L'**escalier en colimaçon**, qui orne la façade, est un modèle du genre. Les nombreuses salles, souvent décorées de fresques illustrant l'histoire de la Saxe, exposent des collections d'histoire et des œuvres d'art allemandes, principalement du 16e s.

Cathédrale★ (Dom)

Église gothique à trois nefs et transept, la **cathédrale** a été construite à partir de 1250 sur les vestiges d'une église romane et terminée vers la fin du 15e s. On a commencé à construire les tours occidentales (hauteur : 81 m) en 1315, puis, après les destructions survenues entre 1904 et 1908, on les a achevées sur les plans de Carl Schäfer. Les esquisses des **plaques tombales**★ en bronze (début du 16e s.), dans la chapelle des Princes *(Fürstenkapelle)*, sont attribuées pour partie à Albrecht Dürer et Lucas Cranach l'Ancien, et proviennent du célèbre atelier de Peter Vischer à Nuremberg. Devant le jubé (1260-1270), sculpté à Naumburg, se trouve l'**autel des novices**★ de l'atelier de Lucas Cranach l'Ancien. Les **statues des donateurs**★★ (13e s.) dans le chœur principal représentent l'empereur Otton Ier et l'impératrice Adélaïde ; créées dans le même atelier, elles rappellent les statues du chœur de la cathédrale de Naumburg.
La place est entourée par les **bâtiments conventuels** : la résidence du doyen date de 1526 *(au nº 5)*, la maison des chanoines de 1728 *(au nº 6)*, et le prieuré de 1500 environ *(au nº 7)*.

Manufacture nationale de porcelaine★ (Staatliche Porzellanmanufaktur)

03 521 46 87 00 - www.meissen.de - ♿ - mai-oct. : 9h-18h ; nov.-avr. : 9h-17h (déc. 16h) - fermé 24-26 déc. - 8,50 € (sous réserve de modification en cours d'année).
En 1865, la Manufacture de porcelaine quitta le château Albrechtsburg, pour s'installer au sud-ouest du centre ville. L'histoire de cette industrie est retracée au travers des nombreuses pièces exposées. Un atelier de démonstration présente la préparation de la pâte à porcelaine et le processus de fabrication (files d'attente souvent importantes pour la visite de l'atelier).

Meissen pratique

Informations utiles

Office de tourisme – *Markt 3 - 01662 - 035 21 419 40 - www.meissen.de ou www.meissen24.de*

Se loger

Hotel Am Talkenberger Hof – *Am Talkenberger Hof 15 - Coswig, à 7 km de Meissen, prendre l'A 13 direction Berlin, sortie Radeburg - 03523 743 17 - www.talkenberger-hof.de - P - réservation - 9 ch. - 25,50 € par pers.* Sympathique petite pension, blottie au cœur des vignobles ; on y vient même à vélo ! Les chambres, propres et soignées, sont aménagées dans un style champêtre. De la terrasse, belle vue sur les environs.

Se restaurer

Romantik Restaurant Vincenz Richter – *An der Frauenkirche 12 - 03 521 45 32 85 - www.vincenz-richter.de - fermé 15 janv.-31 janv., dim. soir-lun. - 21 €.* Vous tomberez immédiatement sous le charme de cette maison de drapier de 1523. L'été, agréable terrasse dans la cour intérieure.

Leipzig★

497 540 HABITANTS
CARTE GÉNÉRALE C3 – CARTES MICHELIN N[OS] 718 L7 ET 544 AS 34
SAXE

Cœur battant de la Saxe, Leipzig est une des cités les plus dynamiques du pays et un foyer intellectuel toujours en effervescence. Au croisement d'axes commerciaux majeurs, la capitale économique de la région vit au rythme de ses grandes foires séculaires et profite pleinement de la réunification. Cité mélomane où ont résidé plusieurs grands noms de la musique – Bach, Mendelssohn et S-chumann –, Leipzig est également un berceau historique de l'édition allemande et un foyer universitaire de premier plan. Enfin, la ville peut se targuer d'être à l'origine des grandes manifestations contre le régime de l'ancienne république démocratique, qui ont entraîné la chute, quelques mois plus tard, du mur de Berlin.

- **Se repérer** – Leipzig se trouve à l'extrémité ouest de la Saxe, à 113 km à l'ouest de Dresde.
- **À ne pas manquer** – Découvrir les œuvres du musée des Beaux-Arts, visiter le forum d'histoire contemporaine et déambuler dans les passages du centre.
- **Organiser son temps** – Comptez au moins deux jours pour apprécier l'atmosphère de la ville et découvrir ses curiosités.
- **Avec les enfants** – L'ascension du monument de la bataille des Nations.
- **Pour poursuivre le voyage** – Halle (34 km à l'ouest), Naumburg (63 km au sud), Dresde (via l'autoroute A 14).

Comprendre

Les foires de Leipzig – La localité est mentionnée pour la première fois dans la chronique de l'évêque Thietmar de Merseburg, lorsque ce dernier relate la mort de l'évêque de Meissen, qui mourut dans la *urbs Lipzi* ; vers 1165, le bourg de Lipzk obtient une charte urbaine. Sa situation au carrefour des grands axes de circulation et l'octroi de la *Stadtbrief* – l'une des distinctions les plus anciennes du droit féodal bourgeois – par le margrave Othon le Riche lui valent le privilège de tenir marché. Dès le 12e s., des marchés se déroulent à Pâques et à la Saint-Michel, et, à partir de 1458, au Nouvel An. Les foires de printemps et d'automne, symbolisées par le célèbre double « M » *(Messe)*, ont lieu depuis 1896.

La ville de la musique… – La musique occupe une place particulière dans la vie des habitants de Leipzig. Dans l'église St-Thomas repose **Jean-Sébastien Bach**, qui vécut ici entre 1723 et 1750 et occupa la fonction de *Director musices* de la ville et celle de *cantor* dans cette même église, où se produit toujours un chœur d'enfants réputé. Lorsque le compositeur **Felix Mendelssohn-Bartholdy** prit la tête de l'orchestre du Gewandhaus en 1835, la formation qu'il animait comptait déjà au nombre des plus prestigieuses d'Europe. En dix ans, grâce à lui, les activités musicales à Leipzig acquirent une notoriété internationale. Il créa notamment l'École supérieure de musique,

Mauritius / PHOTONONSTOP

La façade de l'ancien Hôtel de ville.

Une gare métamorphosée...

Fort délabrée depuis la Seconde Guerre mondiale, la gare de Leipzig s'est refait une beauté à partir de 1995. En l'espace de deux ans, les halls ont été restaurés et un complexe commercial de 30 000 m^2 a vu le jour sur trois niveaux. Le voyageur qui arrive aujourd'hui en train à Leipzig n'en croit pas ses yeux : l'édifice, érigé en 1915, avec son immense hall transversal de 267 m de long sur 32 m de large et ses deux halls d'entrée, est devenu un véritable temple de la consommation, dans lequel se sont installés 130 magasins et boutiques. L'art n'a pas été oublié : la machine de Jean Tinguely intitulée *Der Luminator* en constitue le pôle d'attraction.

qui, suivant une longue tradition d'enseignement, entretient avec les musiciens du Gewandhaus des liens si étroits, qu'ils sont à l'origine du « son » particulièrement homogène de l'orchestre et de son pupitre de cordes. Il favorisa la reprise d'œuvres oubliées, comme la *Passion selon saint Matthieu* de J.-S. Bach, qu'il dirigea dès 1829. Clara Wieck et **Robert Schumann** passèrent leur première année de mariage à Leipzig, au n° 18 de l'Inselstraße, où furent composées les premières mesures de la *1re Symphonie dite du Printemps*.

... et du livre – L'un des premiers livres, le *Glossa super Apocalipsim* d'Annius von Viterbo, fut imprimé par un artisan ambulant à Leipzig en 1481. En 1825 furent fondés la « Bourse du commerce du livre allemand », puis en 1912 la Bibliothèque allemande et le musée allemand du Livre et de l'Écriture. Il existe aujourd'hui environ 35 éditeurs réputés à Leipzig, dont Kiepenheuer, Brockhaus et Reclam.

Une cité prospère – La découverte au 16e s. de mines d'argent, dans les montagnes voisines de l'Erzgebirge, a longtemps assuré la richesse de Leipzig. La ville reste aujourd'hui un pôle économique important et ne cesse de se développer depuis la réunification ; dotée d'infrastructures modernes (gare entièrement rénovée, aéroport, *business center*...) elle a su attirer des investisseurs de premier ordre, comme Porsche et BMW.

Visiter

LE CENTRE HISTORIQUE★

Circonscrite à l'intérieur du « Ring » routier, la vieille ville de Leipzig s'ordonne autour de la vaste place du marché (*Markt*). Vous pourrez profiter de son animation permanente en déambulant dans ses rues réservées, pour la plupart, aux piétons, et reliées par de nombreux **passages couverts★** pleins de charme. Vous remarquerez également ses nombreuses **façades Art déco**.

Ancien Hôtel de ville★ (Altes Rathaus) A1

Bâtiment tout en longueur, orné d'une belle façade Renaissance, l'ancien hôtel de ville possède un toit à pignons percés de fenêtres. Ce style de construction profane est l'un des premiers exemples d'architecture typique d'hôtel de ville de la Renaissance allemande. L'édifice fut construit en 1556 sur les plans de Hieronymus Lotter, architecte et bourgmestre de Leipzig. L'hôtel de ville abrite le **musée historique de la Ville** *(Stadtgeschichtliches Museum). ☎ 0341 9 65 13 20 - ♿ - tlj sf lun. 10h-18h - fermé 24, 25 et 31 déc. - 4 €, gratuit 1er merc. du mois.*

Forum d'histoire contemporaine★★ (Zeitgeschichtliches Forum Leipzig) A2

☎ 0341 22 220 - www.hdg.de - Mar.-vend. 9h-18h, sam.-dim. et j. férié. 10h-18h - gratuit.

Cet intéressant musée, consacré à l'histoire de la ville et de l'Est de l'Allemagne depuis la Seconde Guerre mondiale, est conçu comme un lieu de mémoire qui comprend également une bibliothèque et un centre d'information. Après une introduction sur la guerre et ses atrocités, l'exposition, réalisée par différentes personnalités, retrace les moments clés de l'histoire contemporaine et évoque de façon touchante le quotidien de ses habitants : citations, banderoles, extraits de discours-clés, images de manifestation, photographies, etc.

Ancienne Bourse★ (Alte Börse) A1

Sur le Naschmarkt. L'**Ancienne Bourse** du commerce, construite entre 1678 et 1687 d'après les plans de Johann Georg Starcke, fut le premier édifice baroque de Leipzig ; elle est aujourd'hui utilisée pour des festivités. La statue, œuvre de Carl Seffner (1903), représente **Goethe** lorsqu'il était étudiant.

C. Labonne / MICHELIN

Devant le musée des Beaux-Arts de Leipzig.

Katharinenstraße A1

Au nord de l'Ancienne Bourse. Quelques maisons baroques sont conservées du côté ouest de la rue. La plus belle est sans aucun doute la **Romanushaus** (à l'angle du *Brühl*), bâtie de 1701 à 1704 sur des plans de Johann Gregor Fuchs pour le bourgmestre Franz Conrad Romanus. Les maisons voisines *(n°s 21 et 19)* furent construites vers le milieu du 18e s. et présentent de charmantes façades. La Fregehaus *(n° 11)*, elle aussi bâtie par Fuchs, appartenait au riche banquier Christian Gottlob Frege, le *Fugger* de Leipzig, dont l'empire commercial s'étendait sur toute l'Europe et même par-delà l'Atlantique.

Musée des Beaux-Arts★★ (Museum der Bildenden Künste) A1

☎ 0341 21 69 99 14 - www.mdbk.de - tlj sf lun. 10h-18h (merc. 12h-20h) - possibilité de visite guidée (1h30) - fermé 24 et 31 déc. - 7 €.

Le musée des Beaux-Arts abrite l'une des plus importantes collections d'art européen, regroupant des œuvres de la fin du Moyen Âge à l'époque contemporaine. L'**édifice** forme un cube de verre de 34 m de hauteur, réalisé par un bureau d'architectes berlinois (Hufnagel, Pütz et Rafaelian) et composé de puits de lumière et d'un vaste hall d'entrée. Le musée offre notamment des œuvres majeures des maîtres anciens allemands et néerlandais ainsi que de la peinture allemande du 19e s.

Maîtres anciens allemands : **Maître Francke** (*L'Homme de douleurs*, vers 1425), **Lucas Cranach l'Ancien** (*Portrait de Luther et Junker Jörg*, 1521), **Cranach le Jeune**, **Hans Baldung Grien** (*Les Sept Âges de la femme*, 1544).

Peinture flamande : école de **Jan Van Eyck** (*Portrait d'un vieil homme,* 1430-1440), **Rogier Van der Weyden** (*Visitation*, vers 1434), Gerard van Honthorst, atelier de **Rembrandt** (*Portrait*, vers 1653), **Frans Hals** (*Le Mulâtre*, vers 1630), Van Goyen, Van Ostade, van Ruisdael.

Peinture italienne : Cima da Coneglio, Francesco Francia, **le Tintoret** (*Résurrection de Lazare*, vers 1565).

Peinture allemande : Anton Graff, **J.F.A. Tischbein**, J.A. Koch, **C.D. Friedrich** (*Les Degrés de la vie*, vers 1835), Spitzweg, Moritz v. Schwind, Arnold Böcklin (*L'Île des morts*, vers 1886), Max Liebermann (*Les Faiseuses de conserves*, 1879), Max Klinger (*L'Heure bleue*, 1890), W. Leibl.

Sculptures de Balthasar Permoser, Berthel Thorvaldsen, Auguste Rodin, Max Klinger.

La **collection de dessins** présente un panorama presque complet de l'évolution du dessin du Moyen Âge (Martin Schongauer) à nos jours.

Église St-Nicolas (Nikolaikirche) B1

Nikolaistraße. Située au carrefour de deux importantes routes commerciales, cette église bâtie en 1165 fut tout naturellement consacrée au patron des commerçants Saint-Nicolas. Initialement construite dans le style roman, elle a été transformée en halle gothique vers 1520. La triple nef est entourée d'une double galerie. L'intérieur est aménagé dans le style néoclassique (1784-1797). L'orgue date du milieu du 19e s.

L'**intérieur**★, conçu par Carl Dauthe dans le style classique (1784-1797), offre un spectacle saisissant : les colonnes cannelées de couleur claire s'épanouissent en palmes d'un vert tendre ; la voûte est compartimentée en caissons vieux rose aux stucatures florales. Trente tableaux d'Adam Friedrich Oeser, contemporain de Dauthe, parent les porches et le chœur. Dans le chœur, le crucifix en bois, de style roman finissant, est réputé pour être la plus vieille œuvre d'art de Leipzig. L'orgue (1858-1862) est dû au célèbre facteur d'orgues Friedrich Ladegast, de Weissenfels.

Église St-Thomas★ (Thomaskirche) A2

Citée pour la première fois en 1212 dans la charte de fondation du couvent des chanoines des augustins, St-Thomas ne reçut sa forme actuelle d'église à trois nefs qu'à la fin du 15e s. Elle doit notamment sa célébrité à **Bach**, qui y fut *cantor* vingt-sept ans durant et qui repose en face de l'autel. Le **Chœur d'enfants St-Thomas**, jadis dirigé par Bach, contribue également à la notoriété de l'église : issu de l'école de St-Thomas fondée après 1212, il n'avait à l'origine que 12 chanteurs. Il en réunit aujourd'hui 80 et chante lors des vêpres du vendredi (18h), le samedi à 15h (musique sacrée et cantates de Bach) et le dimanche à la messe de 9h30.

Musée Bach (Bachmuseum) A2

En face de l'église St-Thomas, Thomaskirchhof 16. ✆ 0341 913 72 00 - www.bach-leipzig.de - ♿ - 10h-17h - fermé 24-25 et 31 déc. - 4 €. Le **musée Bach** est installé dans la maison des Bose, une famille de commerçants avec laquelle le musicien s'était lié d'amitié. Construite en 1586, cette demeure fut remaniée au 18e s. Instruments, manuscrits et documents divers retracent la vie, l'œuvre et l'influence du grand compositeur. La plus grande partie du musée est consacrée aux années que Bach passa à Leipzig (de 1723 à 1750).

Musée égyptien★ (Aegyptisches Museum) A2

✆ 0341 973 70 10 - tlj sf lun. 13h-17h, dim. 10h-13h - fermé j. fériés - 2 €.
Remarquables collections regroupant environ 9 000 pièces depuis l'Ancien Empire jusqu'à l'ère chrétienne.

LES PASSAGES COUVERTS

La plupart des passages couverts de Leipzig ont été restaurés de main de maître et offrent avec leurs magasins et cafés un mélange bigarré, apprécié des habitants autant que des touristes.

Mädlerpassage (A2) – *En face du Naschmarkt.* C'est le passage le plus somptueux et aussi le plus connu, sans doute à cause du caveau **d'Auerbach** immortalisé par Goethe dans *Faust*. Avant d'y descendre, ne pas oublier de jeter un coup d'œil aux deux bronzes de Matthieu Molitor, représentant *Faust, Méphisto et les buveurs*.

Specks Hof (A1) – *Schuhmachergäßchen.* La restauration du bâtiment d'exposition construit en 1911 a soulevé bien des controverses, mais le résultat est fort bien réussi : l'ancien a été préservé, la part de moderne est mesurée. La cour du Specks Hof débouche dans la **maison de la Hanse** *(Hansahaus)*, pittoresque avec sa cour vitrée aux murs en brique vernissée.

Strohsack (B1) – Ce passage d'allure moderne relie la Nikolaistraße à la Ritterstraße. Regardez l'horloge incrustée dans le sol et recouverte de verre.

Steibs Hof (B1) – *Entre la Brühlstraße et la Nikolaistraße.* Ce bâtiment d'exposition avec ses cours intérieures au carrelage bleu et blanc, a été érigé en 1907 pour un marchand de fourrures – Leipzig était en effet jusque dans les années 1930 le centre européen de la pelleterie.

La prière du lundi

Depuis 1982, chrétiens et non-chrétiens se réunissaient tous les lundis à 17h dans l'église St-Nicolas afin de prier pour la paix. Durant l'été 1989, lorsque la vague d'émigration gagna la RDA, cette prière commença à prendre une importance considérable. La police fut chargée, à partir de mai, de contrôler toutes les voies d'accès à la Nikolaikirche. Mais les gens continuèrent d'affluer à l'église. De nombreuses arrestations eurent lieu après la prière, faisant monter la tension. Le 7 octobre, la police s'étant acharnée sur des manifestants sans défense, on craignit le pire pour la prière du lundi 9 octobre, à laquelle allaient être envoyés pas moins de 1 000 membres du SED (parti socialiste unifié de la RDA). Lorsque l'église commença à se vider, des dizaines de milliers de personnes tenant des bougies attendaient sur la place. C'est alors que s'accomplit le miracle de la révolution pacifique. Un membre du comité central du SED avoua plus tard : « Nous avions tout prévu. Nous nous attendions à tout. Sauf à des bougies et à des prières. »

Jägerhofpassage (**A1**) – *Entre la Hainstraße et la Grosse Fleischergaße.* Un cinéma s'est installé dans ce passage au sol couvert de dalles couleur ivoire, un chef-d'œuvre de l'Art nouveau finissant (1913-1914).

LE RING ET SES ALENTOURS

Ce grand axe routier circulaire et verdoyant suit le tracé des anciennes fortifications médiévales. Les institutions principales et les édifices les plus importants de la ville jalonnent son parcours, dont l'imposante **gare centrale** (*Hauptbahnhof*), la plus importante tête de ligne d'Europe.

Augustusplatz B2

L'ancienne Karl-Marx-Platz, qui a fait l'objet d'une rénovation complète, regroupe quelques-uns des monuments les plus marquants de la ville.

Sur le côté nord se dresse l'**opéra**, bâti de 1956 à 1960 et particulièrement renommé pour son acoustique. Il se prolonge, en direction de la gare centrale, par un parc agréable *(Schwanenteich)* dont un recoin abrite une statue de Wagner.

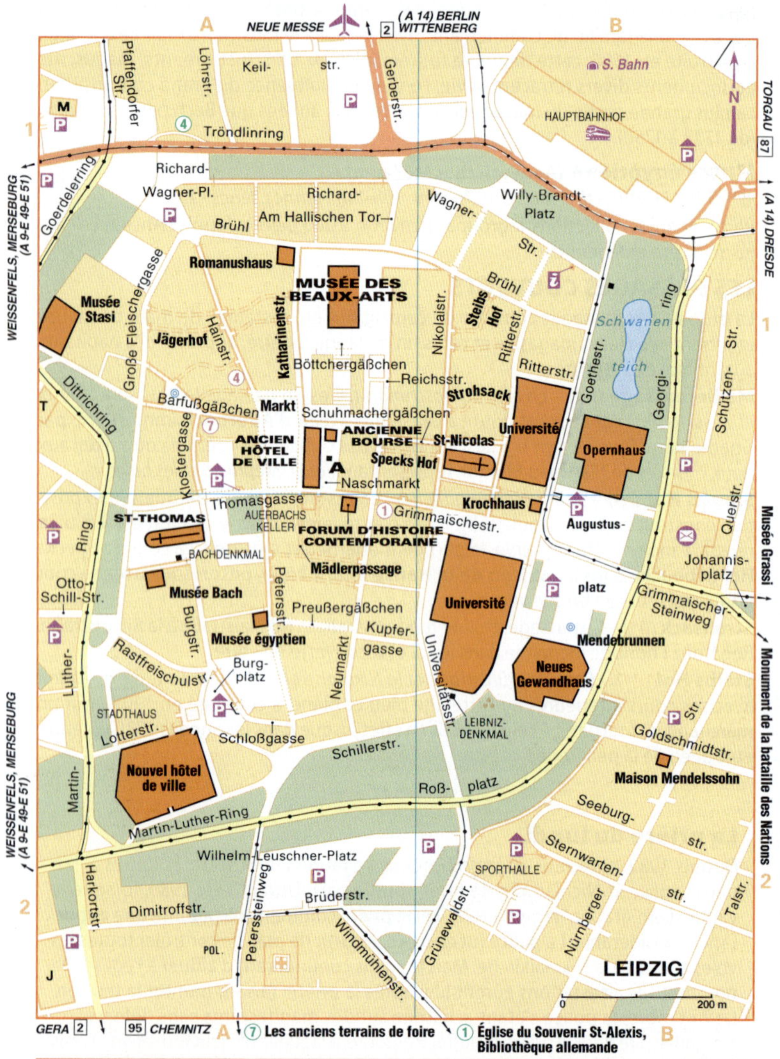

SE LOGER		
SE LOGER	Michaelis ... 7	Barthels Hof ... 4
Am Bayrischen Platz ... 1	SE RESTAURER	Zill's Tunnel ... 7
Fürstenhof ... 4	Auerbachs Keller ... 1	**Statue représentant Goethe étudiant ... A**

À l'ouest, le regard s'arrête inévitablement sur la **Krochhaus**, le premier « gratte-ciel » de la ville. Il a été élevé en 1928-1929 et est couronné d'une réplique des Maures, qui frappent les heures sur la tour de l'Horloge de Venise. Cependant, le bâtiment le plus marquant du côté occidental de la place est la **tour de l'Université** (142 m de hauteur).

Neues Gewandhaus B2

Cette salle de concert prestigieuse fut inaugurée en 1981. Plus de 1 900 spectateurs peuvent y prendre place pour écouter notamment l'orchestre du Gewandhaus. Le buste de Beethoven (1902), qui se trouve dans le foyer, est dû au sculpteur **Max Klinger**, originaire de Leipzig.

La fontaine **Mendebrunnen** (1886), devant le Gewandhaus, est une allégorie de l'empire des eaux.

Maison de Mendelssohn (Mendelssohn-Haus) B2

Goldschmidtstraße 12 - ✆ 0341 127 02 94 - www.mendelssohn-stiftung.de - Tlj 10h-18h - 3,50 €.

Cette maison fut la dernière résidence du célèbre compositeur, de 1845 à 1847. Mendelssohn s'installa à Leipzig à partir de 1835 pour diriger la prestigieuse salle de concert du **Gewandhaus**. À l'intérieur de l'appartement du 1er étage qu'il occupait, vous découvrirez en particulier son cabinet de travail, lumineux et décoré de copies des nombreuses aquarelles qu'il dessinait avec la chaise originale du musicien. *Concert tous les samedis à 11h.*

Nouvel hôtel de ville (Neues Rathaus) A2

Construit entre 1899 et 1905 sur les fondations de l'ancien château Pleissburg (où Luther et Eick, en 1519, eurent une dispute restée célèbre), il présente des éléments Renaissance et baroques mariés à des parties plus modernes.

L'orchestre du Gewandhaus

L'orchestre du Gewandhaus a été créé en 1743 par de riches marchands et des bourgeois. À partir de 1781, les concerts furent donnés dans la grande salle du bâtiment de la guilde des drapiers. C'est ici que se donnèrent entre autres les premières du *Triple Concerto* de Beethoven, de la *Symphonie en ut majeur* de Schubert, de la *Symphonie écossaise* de Mendelssohn Bartholdy et du *Concerto pour violon en ré majeur* de Brahms. En 1884, la ville bâtit à l'orchestre son propre palais des concerts. Ce bâtiment fut détruit en 1944 par des bombardements. Ce n'est qu'en 1981 que fut inauguré le troisième Gewandhaus. Depuis 1998, l'orchestre est dirigé par le Suédois Helmut Blomstedt.

AUTOUR DES ANCIENS TERRAINS DE FOIRE

À 2 km env. au sud-est de la Wilhelm-Leuschner-Platz. Accès en tramway (ligne 2).

Les anciens terrains de foire (Altes Messegelände) Hors plan, vers A2

Ils s'étendent entre la Deutscher Platz et le parc Wilhelm-Külz, au sud-est de la ville. Accès par le Windmülenstraße.

Église du Souvenir St-Alexis (St-Alexi-Gedächtniskirche) Hors plan, vers A2

Philipp-Rosenthal-Straße. Construite par W.A. Pokrowski (1912-1913) dans le style de l'ancienne Russie, elle est dédiée aux 22 000 soldats russes tombés au cours de la bataille de Leipzig ou bataille des Nations.

Bibliothèque allemande (Deutsche Bücherei) Hors plan, vers A2

Deutscher Platz. Fondée en 1912, elle rassemble un vaste ensemble d'œuvres en langue allemande dont le nombre s'élève actuellement à 7,5 millions de titres. Elle héberge en outre le **musée du Livre et de l'Écriture**.

Monument de la bataille des Nations (Völkerschlachtdenkmal) Hors plan, vers B2

Par la Johannisplatz. Prager Str. - ✆ 0341 878 04 71 - www.stadtgeschichtliches-museum-leipzig.de - ♿ - avr.-oct. : 10h-18h ; nov.-mars : 10h-16h - fermé 1er janv., 24-25 et 31 déc. - 5 €. Élevé à l'occasion du centième anniversaire de la victoire des Alliés (essentiellement Prussiens) sur les armées de Napoléon (1813), il a été inauguré en 1913 après quinze années de travaux. 500 marches conduisent à la terrasse qui permet d'embrasser toute la ville et ses environs. Au cœur de l'édifice, la **crypte** est soutenue par des géants et sculptée de veilleurs en armure.

LES AUTRES MUSÉES DE LEIPZIG

Musée Grassi★ **(Grassi-Museum)** **Hors plan, vers B2**

Situé à l'est du centre historique, sur la Johannisplatz, le musée Grassi est accessible par le Grimmaischer Steinweg. Le complexe imposant du musée Grassi, avec ses quatre cours intérieures, a été construit de 1925 à 1929 par les architectes Carl William Zweck et Hans Voigt en style expressionniste, avec quelques nuances évoquant l'Art déco. Confiée à l'architecte anglais David Chipperfield, la rénovation complète de l'édifice devait s'achever en décembre 2007.

Musée de l'Artisanat★ (Museum für Kunsthandwerk) – *Se renseigner pour les conditions de visite.* Il abrite divers ouvrages d'artisanat européen du Moyen Âge à la première moitié du 20e s., qu'il s'agisse de meubles (armoire de vestibule de Nuremberg, 16e s.), de porcelaines (de Meissen) ou de verreries (de Venise, de Bohême), parmi lesquelles on compte de précieux ouvrages d'Art nouveau (Gallé, Lalique). Une place d'honneur est également faite à l'école de Vienne. Une gracieuse poupée articulée en buis de 1521, pièce de cabinet d'une rareté exceptionnelle, retiendra l'attention.

Musée d'Ethnographie★ (Museum für Völkerkunde) – *✆ 0341 973 19 00 - www.mvl-grassimuseum.de - ♿ - tlj sf lun. 10h-18h - 3 €.* C'est l'un des plus anciens et des plus importants d'Europe. Il propose, à partir d'une grande diversité d'objets matériels et d'une riche documentation très imagée, un vaste panorama de l'histoire, de la culture et du mode de vie des peuples d'Asie, d'Afrique, d'Amérique, d'Australie et d'Océanie.

Musée des Instruments de musique★ (Musikinstrumenten-Museum) – *✆ 0341 9 73 07 50 - tlj sf lun. 10h-18h - fermé 1er janv., 24-26 et 31 déc. - 3 €.* Il constitue le deuxième musée de ce genre en Europe après celui de Bruxelles. Cinq mille instruments sont présentés dont certains vieux de cinq siècles. On pourra notamment admirer un clavicorde, créé à Venise en 1543 et réputé être le plus ancien instrument daté, une épinette (1693), un piano-forte de Florence (1726) et une guitare d'Antonio Mariani (Venise, 1680), aux incrustations de nacre finement ouvragées.

Musée Stasi **(Museum in der Runden Ecke)** **A1**

Au nord-ouest du centre historique, Dittrichring 24, Documents en langue allemande exclusivement. ✆ 0341 961 24 43 - www.runde-ecke-leipzig.de - ♿ - 10h-18h - fermé 1er janv., 23-26 et 31 déc. - 3 €.

L'exposition d'histoire contemporaine *Stasi – Pouvoir et banalité* met l'accent sur les aspects démentiels de ce régime totalitaire et donne un aperçu des méthodes appliquées par le ministère de la Sécurité d'État, qui comptait 85 000 employés à l'affût des moindres faits et gestes de leurs concitoyens. Dans des locaux d'origine – c'est en effet ici que siégeait l'administration du district de Leipzig de la Stasi –, un comité de défense des droits du citoyen a mis sur pied cette exposition qui en dit long sur les atrocités commises dans l'ancienne RDA.

Leipzig pratique

Informations utiles

Office de tourisme – *Richard-Wagner-Straße 1 - ✆ 0341 710 40 - www.leipzig.de - lun.-vend. 9h30-18h, sam. 9h30-16h, dim. 9h30-15h.*

Se loger

€€ Hotel Am Bayrischen Platz – *Paul-List-Straße 5 (à 5mn à pied de la W.-Leuschner-Platz) - ✆ 0341 14 08 60 - fax 0341 1 408 648 - P - ⊁ - 32 ch. - 76/82 €* ☕.En septembre 1874, Karl Marx et sa fille Eleanor logèrent dans cet hôtel construit dans le style d'une villa. Si vous le souhaitez, vous pourrez passer la nuit dans la chambre qu'il occupa. Tout comme les autres, elle est meublée avec beaucoup de goût.

€€€ Hotel Michaelis – *Paul-Gruner-Straße 44 (à 5mn à pied de la W.-Leuschner-Platz) - ✆ 0341 267 80 - fax 0341 2678 100 - wwwhotel-michaelis.de - P - ⊁ - ♿ - 59 ch. - 95/179 €* ☕. Ce bâtiment de 1907 classé monument historique a été rénové avec beaucoup de soin. Les chambres séduisent par leur harmonie et leur élégance.

€€€€ Hotel Fürstenhof – *Tröndlinring 8 - ✆ 0341 14 00 - fax 0341 1403 700 - www.luxurycollection.com/fuerstenhof - ⛱ ⊁ ♿ - 92 ch.- 240 € - ☕ 22 €.* La façade de cet hôtel particulier classique (1770) dissimule un intérieur d'une luxueuse élégance. Le service est irréprochable. Le complexe de bains séduit par son ambiance, tendance méditerranéenne. Restaurant au cadre des plus raffinés.

Se restaurer

€€ Zill's Tunnel– *Barfußgässchen 9 - ✆ 0341 960 20 78 - www.zillstunnel.de - ♿- 15/25 €.* Depuis 1841, cette maison est à la fois une brasserie et une taverne. La carte est entièrement rédigée en saxon (plats régionaux principalement).

⊜⊜ **Barthels Hof** – *Hainstraße 1 - ✆ 0341 14 13 10 - www.barthels-hof.de - 20/30 €.* Un hôtel typique de foire, construit entre 1747 et 1750 pour le marchand Gottlieb Barthel. Depuis plus de cent ans, un restaurant a élu domicile dans ses murs ; on vous y servira une cuisine simple (spécialités saxonnes).

⊜⊜⊜ **Auerbachs Keller - Historische Weinstuben** – *Grimmaische Straße 2 (Mädler-Passage) - ✆ 0341 21 61 00 - info@auerbachs-keller-leipzig.de - le soir seulement, fermé dim. - 25/50 €.* Ce *Weinstube* existe depuis 1525 ; Goethe, qui fréquentait l'endroit, s'en inspira, dit-on, pour son *Faust*. Cuisine classique et bons plats traditionnels. Selon la légende, le magicien Faust chevaucha un tonneau de cette taverne…

Faire une pause

Bon à savoir – « Leipziger Lerchen », les alouettes de Leipzig, sont une des spécialités de la ville que vous trouverez dans toutes les pâtisseries. Après que le roi de Saxe eut interdit, en 1876, la chasse de ces oiseaux dont la préparation contribua à la renommée gastronomique de la ville, les pâtissiers eurent l'idée de créer une nouvelle spécialité du même nom, faite de pâte brisée enveloppant de la pâte d'amandes.

Kaffeehaus Riquet – *Schumachergässchen 1-3 - ✆ 0341 9 61 00 00 - vend.-sam. 9h-24h, dim.-jeu. 9h-22h.* Repérable par deux grandes têtes d'éléphants en façade, le Riquet, une ancienne maison de commerce du début du 19e s., est aménagé depuis 1996 sur le modèle d'un café viennois. Salle à l'étage.

Zum Arabischen Coffe Baum – *Kleine Fleischergasse 4 (au croisement de Barfußgässchen et de Kleine Fleischergasse) - ✆ 0341 9 61 00 60 - www.coffe-baum.de - rez-de-chaussée : 11h-minuit, 1er étage : lun.-sam. 12h-15h, 18h-0h, 2e étage et musée : 11h-19h.* Une des plus anciennes maisons de café d'Europe. Au rez-de-chaussée : café-bistrot et terrasse, au 1er étage : restaurant et au 2e : salons de thé aménagés à l'orientale, à la viennoise et à la parisienne. Du 2e au 4e étage, exposition sur la culture du café en particulier en Saxe.

En soirée

Bon à savoir – Pour vous informer procurez-vous le calendrier mensuel des manifestations *Leipzig im…* : disponible auprès de Leipzig Tourist Service, 0,50 €. Le mensuel *Prinz* peut être acheté des kiosques de la ville. Pour information sur Internet : www.leipzig.de/touristservice

Les lieux de sortie – Vous trouverez une forte concentration de bars toujours animés dans le centre-ville entre Brühl et le Neues Rathaus. Le lieu le plus vivant est la Barfußgässchen, une ruelle en zone piétonne bordée exclusivement de bars, restaurants et cafés. Autre fief des noctambules, principalement des étudiants, la Gottschedstrasse, à l'ouest du centre-ville. Elle débouche dans Dittrichring à hauteur de la Thomaskirche.

Gasthaus & Gosebrauerei Bayerischer Bahnhof – *Bayrischer Platz 1 (au croisement de Windmühlenstr. et Nürnberger Str.) - ✆ 0341 1 24 57 60 - www.bayerischer-bahnhof.de - 11h-1h - fermé 1er janv. et 25 déc.* Dans une ancienne gare, on brasse de nouveau aujourd'hui la *Gose*, la bière traditionnelle de Leipzig qui, dans les années 1960 avait disparu (on ajoute aux ingrédients habituels du sel, de l'acide lactique et de la coriandre). D'autres bières sont également proposées. Cadre rustique, beau *Biergarten* (self-service) et plats copieux.

Kümmel-Apotheke – *Grimmaische Str. 2-4 (dans Mädlerpassage) - ✆ 0341 9 60 87 05 - www.kuemmel-apotheke.de - lun.-sam. 9h30-1h, dim. 10h30-21h.* Ici vous pouvez venir à toute heure prendre un verre, faire un petit repas dans un cadre agréable et regarder flâner les gens dans le Mädlerpassage. Vous pouvez même commander une coupe de champagne.

Vinothek 1770 – *Tröndlinring 8 (dans l'hôtel Fürstenhof) - ✆ 0341 1 40 33 33 - www.arabellasheraton.com/fuerstenhof - 12h-1h.* Haut lieu pour les amateurs de vin qui y trouvent plus de 170 crus internationaux. Les bouteilles au mur derrière le zinc annoncent l'ordre des vins proposés sur la carte. Pour accompagner la dive bouteille : fromages, antipasti et quelques plats selon la saison ainsi que de bons cigares.

Achats

Bon à savoir – Le shopping est très plaisant à Leipzig. De nombreux passages commerciaux, autant appréciés des habitants que des touristes, abritent sous leurs verrières des boutiques et des cafés. Promenez-vous dans Mädlerpassage, Specks Hof, Strohsack, Steibs Hof ou Jägerhofpassage, vous ne le regretterez pas.

Munich : villes, curiosités et régions touristiques.
Bauhaus : noms historiques et termes faisant l'objet d'une explication.
Les sites isolés (châteaux, abbayes, grottes...) sont répertoriés à leur propre nom (exemple : Hohenschwangau, château).
Les villes, sites ou régions dont le nom diffère nettement en français figurent dans les deux langues dans l'index (exemple : Aachen/Aix-la-Chapelle).

A

B

INDEX

C

D

M

N

O

P

Q

R

S

Y - Z

CARTES ET PLANS

CARTES THÉMATIQUES

PLANS DE VILLES

PLANS DE MONUMENTS

CARTES DES CIRCUITS ET RÉGIONS

LEXIQUE

Le lexique ci-dessous vous donne quelques mots clés qui vous seront utiles lors de votre séjour en Allemagne.

Vie courante

Oui **Ja**
Non **Nein**
Je **Ich**
Tu **Du**
Il **Er, sie, es**
Nous **Wir**
Vous **Ihr, sie**
Ils **Sie**
Bonjour (*le matin*) **Guten Morgen**
Bonjour **Guten Tag**
Au revoir **Auf Wiedersehen**
Bonsoir **Guten Abend**
S'il vous plaît **Bitte**
Merci **Danke**
Pardon **Entschuldigung**
Combien ? **Vieviel ?**
Comment ? **Wie ?**
Où ? **Wo ? wohin ?**
Quand ? **Wenn ?**
Plus **Mehr**
Moins **Weniger**
Avant **Vor**
Après **Nach**
Assez **Genug**
Trop **Zu viel**
Bon **Gut**
Mauvais **Schlecht**
Petit **Klein**
Grand **Gross**
Ouvert **Geöffnet**
Fermé **Zu**
Toilettes **Toilette**
Horaires **Fahrplan**
Je ne comprends pas **Ich verstehe nicht**

Chiffres et nombres

1 **Eins, ein, eine**
2 **Zwei**
3 **Drei**
4 **Vier**
5 **Fünf**
6 **Sechs**
7 **Sieben**
8 **Acht**
9 **Neun**
10 **Zen**
11 **Elf**
12 **Zwölf**
13 **Dreizehn**
14 **Vierzehn**
15 **Fünfzehn**
16 **Sechszehn**
17 **Siebzehn**
18 **Achtzehn**
19 **Neunzehn**
20 **Zwanzig**
30 **Dreizig**
40 **Vierzig**
50 **Fünfzig**
60 **Sechzig**
70 **Siebzig**
80 **Achtzig**
90 **Neunzig**
100 **Hundert**
1000 **Tausend**

Directions et transports

Où se trouve ? **Wo ist ?**
À droite **Rechts**
À gauche **Links**
Arrivée **Ankunft**
Départ **Abfahrt**
Entrée **Eingang**
Sortie **Ausgang**
Train **Zug (der)**
Bateau **Schiff (der)**
Guichet **Schalter**
Quai **Bahnsteig**
Arrêt **Anhalten**
Voyage **Reise**
Aéroport **Flughafen**
Route, rue **Straße**
Autoroute **Autobahn**
Station-service **Pfegedienst**
Essence **Benzin**
Billet **Fahrkarte**

Urgences

Hôpital **Krankenhaus**
Pharmacie **Apotheke**
Médecin **Arz**
Police **Polizei**
Pompiers **Feuerwehrmann**

Hébergement

Hôtel **Hotel**
Réception **Rezeption**
Chambre **Bettzimmer**
Salle de bains **Bad**
Chambre simple **Einbettzimmer**
Prix **Preis**
Chambre double **Doppelbettzimmer**

Manufacture française des pneumatiques Michelin
Société en commandite par actions au capital de 304 000 000 EUR
Place des Carmes-Déchaux - 63000 Clermont-Ferrand (France)
R.C.S. Clermont-Fd B 855 200 507

Compogravure : Maury, à Malesherbes
Impression et brochage : Book Partners China Ltd,
Shenzen (Chine)
Dépôt légal : 01 2008
Imprimé en Chine : 04-2009.

QUESTIONNAIRE
LE GUIDE VERT

VOTRE AVIS NOUS INTÉRESSE...
TOUTES VOS REMARQUES NOUS AIDERONT À ENRICHIR NOS GUIDES.

Merci de renvoyer ce questionnaire à l'adresse suivante :
MICHELIN
Questionnaire Le Guide Vert
46, avenue de Breteuil
75324 PARIS CEDEX 07

En remerciement,
les 100 premières réponses recevront en cadeau
la carte Michelin Départements de leur choix !

VOTRE GUIDE VERT

Titre acheté : ....

Date d'achat : ....

Lieu d'achat *(point de vente et ville)* : ....

VOS HABITUDES D'ACHAT DE GUIDES

1) Aviez-vous déjà acheté un Guide Vert Michelin ?

O oui O non

2) Achetez-vous régulièrement des Guides Verts Michelin ?

O tous les ans O tous les 2 ans

O tous les 3 ans O plus

3) Si oui, quel type de Guides Verts ?

– des Guides Verts sur les régions françaises : lesquelles ? ....

....

– des Guides Verts sur les pays étrangers : lesquels ? ....

....

– Guides Verts Thématiques : lesquels ? ....

....

4) Quelles autres collections de guides touristiques achetez-vous ?

....

5) Quelles autres sources d'information touristique utilisez-vous ?

O Internet : quels sites ? ....

....

O Presse : quels titres ? ....

....

O Brochures des offices de tourisme

Les informations recueillies font l'objet d'un traitement informatique destiné à actualiser notre base de données clients et permettre l'élaboration de statistiques.
Ces données personnelles sont réservées à un usage strictement interne au groupe Michelin et ne feront l'objet d'aucune exploitation commerciale ni de transmission ou cession à quiconque pour des fins commerciales ou de prospection. Elles ne seront pas conservées au-delà du temps nécessaire pour traiter ce questionnaire et au maximum 6 mois, mais seulement utilisées pour y répondre.
Conformément à la loi « Informatique et libertés » du 6 janvier 1978, applicable sur le territoire français, vous bénéficiez d'un droit d'accès, de modification, de rectification ou suppression des données vous concernant. Si vous souhaitez exercer ce droit, veuillez vous adresser à MICHELIN, Guide Vert, 46 avenue de Breteuil, 75324 Paris Cedex 07

VOTRE APPRÉCIATION DU GUIDE

1) Notez votre guide sur 20 : ....

2) Quelles parties avez-vous utilisées ? ....

....

3) Qu'avez-vous aimé dans ce guide ? ....

....

4) Qu'est-ce que vous n'avez pas aimé ? ....

....

5) Avez-vous apprécié ?

	Pas du tout	Peu	Beaucoup	Énormément	Sans réponse
a. La présentation du guide (maquette intérieure, couleurs, photos…)	O	O	O	O	O
b. Les conseils du guide (sites et itinéraires)	O	O	O	O	O
c. L'intérêt des explications sur les sites	O	O	O	O	O
d. Les adresses d'hôtels, de restaurants	O	O	O	O	O
e. Les plans, les cartes	O	O	O	O	O
f. Le détail des informations pratiques (transport, horaires, prix…)	O	O	O	O	O
g. La couverture	O	O	O	O	O

Vos commentaires ....

....

6) Rachèterez-vous un Guide Vert lors de votre prochain voyage ?

O oui O non

VOUS ÊTES

O Homme O Femme Âge : ....

Profession :

O Agriculteur, Exploitant
O Artisan, commerçant, chef d'entreprise
O Cadre ou profession libérale
O Employé
O Enseignant
O Étudiant
O Ouvrier
O Retraité
O Sans activité professionnelle

Nom ....

Prénom ....

Adresse ....

....

....

....

Acceptez-vous d'être contacté dans le cadre d'études sur nos ouvrages ?

O oui O non

Quelle carte Michelin Départements souhaitez-vous recevoir ?

Indiquez le département : ....

Offre proposée aux 100 premières personnes ayant renvoyé un questionnaire complet.
Une seule carte offerte par foyer, dans la limite des stocks disponibles.